国家 "十二五"规划重点图书

国家出版基金资助项目

国家自然科学基金项目　国家社会科学基金项目
上海市社会科学重大项目

中國行政區劃通史

中华民国卷

傅林祥　郑宝恒　著

周振鹤 ◎ 主编

复旦大学出版社

中国行政区划通史

周振鹤　主编

总论 先秦卷	周振鹤 李晓杰 著
秦汉卷	周振鹤 李晓杰 张 莉 著
三国两晋南朝卷	胡阿祥 孔祥军 徐 成 著
十六国北朝卷	牟发松 毋有江 魏俊杰 著
隋代卷	施和金 著
唐代卷	郭声波 著
五代十国卷	李晓杰 著
宋西夏卷	李昌宪 著
辽金卷	余 蔚 著
元代卷	李治安 薛 磊 著
明代卷	郭 红 靳润成 著
清代卷	傅林祥 林 涓 任玉雪 王卫东 著
中华民国卷	傅林祥 郑宝恒 著

全书简介

本书研究自先秦至民国时期的中国行政区划变迁史。这一研究不仅是传统的关于历时政区沿革的考证（纵向），而且对同一年代各政区并存的面貌作出复原（横向），在条件许可的情况下相关的复原以详细至逐年为尺度。全书在总论外，分为十三卷，依次是先秦卷、秦汉卷、三国两晋南朝卷、十六国北朝卷、隋代卷、唐代卷、五代十国卷、宋西夏卷、辽金卷、元代卷、明代卷、清代卷及中华民国卷。

在掌握传世与出土历史文献的基础上，本书充分吸收前人的研究成果，力求最大可能地反映历史真实。全书以重建政区变迁序列、复原政区变迁面貌为主要内容，而由于历史时期中国行政区划的变化很大，在正式政区以外又有准政区的形式存在，加之政区层级、幅员及边界在不同时期的变迁程度不一，因此各卷又独立成书，其考证过程和编写结构有各自的侧重点。

本书是中华人民共和国成立以来第一部学术意义上的行政区划变迁通史。各卷作者在相关领域有长期的学术积累，全书的写作也倾注了十余年之功，希望能成为中国行政区划变迁史研究的重要参考著作。

作者简介

傅林祥，1961年生，上海市人。1984年毕业于复旦大学历史学系，现为复旦大学中国历史地理研究所教授。长期从事历史政区地理和古代上海史的研究。参加编纂的主要著作有《中华大典·历史地理典·域外分典》（主编之一）、《上海历史地图集》（副主编）等，主要论文有《吴淞江下游演变新解》等，参加的重大科研项目有《中华人民共和国国家历史地图集》等。

郑宝恒，1941年生，福建福州市人。1962年毕业于复旦大学历史学系并留校在中国历史地理研究所任教。长期从事中国政区地理、城市地理及中国地理学史的教学和研究工作。著有《民国时期政区沿革》，合著、校点有《中国历史大辞典·历史地理卷》、《汪伪政权全史》、《旧唐书》、《肇域志》等8种；发表有《上海市各区县沿革及名称由来》、《连云港市的历史变迁》等论文40余篇；参加的重大科研项目有《中国历史地图集》、《中华人民共和国国家历史地图集》等。

中华民国卷 提要

本卷依据各种政府公报、全国行政区划表、内政年鉴等官方资料及各省年鉴、新旧方志、地图、文集等对中华民国时期地方行政制度与行政区划的变迁过程进行了详尽的考述。

全卷分为三编,注重全面掌握第一手的原始资料,并充分吸收最新的研究成果。

绪编简述民国时期对行政区划变化产生过影响的各个政权从产生至消亡的过程。

上编阐述民国时期各种政权的地方行政制度的变化过程及特点。

下编分述各个行政区划个体,包括由国民政府划定的各省、直辖市、地区从清末到民国末年的具体变迁过程,以及中国共产党领导的革命根据地与日本扶持的伪政权统治地区的政区变化。

本卷对辛亥革命爆发后南方各省的行政区划改革与变动,民国初年黑龙江省呼伦贝尔地区"自治"对当地行政区划的破坏,直隶、山东、河南等省的县佐设置过程,以及民国三十八年以海南岛及南海诸岛区域置海南特别行政区等问题进行了详细考订,首次复原了事实真相;另外,对各政区置废过程的记载,在时间精度上也有相当提高。附录以表格的形式反映了民国时期省级政区的变迁沿革,便于检索。

目　　录

前言 …………………………………………………………………… 1

绪编　中华民国时期的政权

第一章　中华民国政权更迭 ……………………………………… 9
第一节　中华民国军政府与南京临时政府 ……………………… 9
第二节　北京政府 ………………………………………………… 11
第三节　南京政府 ………………………………………………… 12

第二章　人民革命政权 …………………………………………… 18
第一节　土地革命战争时期的工农民主政权 …………………… 18
第二节　抗日战争时期的民主政权 ……………………………… 19
第三节　解放战争时期的人民民主政权 ………………………… 20

第三章　日伪政权演变 …………………………………………… 22
第一节　伪满洲国 ………………………………………………… 22
第二节　华北、华中、华南伪政权及汪伪政府 ………………… 23
　　一、伪临时政府 ……………………………………………… 23
　　二、伪维新政府 ……………………………………………… 24
　　三、汪伪国民政府 …………………………………………… 24
第三节　伪蒙疆联合自治政府 …………………………………… 25

上编　中华民国时期地方行政制度的变迁

第一章　辛亥革命与南京临时政府时期的地方行政制度 ……………… 29
　　第一节　辛亥革命前的地方行政制度与行政区划变化趋势 ………… 29
　　第二节　辛亥首义后各地军政府的设立与行政区划的变化 ………… 30
　　第三节　南京临时政府时期的地方行政制度 ………………………… 32

第二章　北京政府时期的省、道、县三级制与行政区划变迁 ………… 34
　　第一节　民国元年北京政府的行政制度改革措施 …………………… 34
　　第二节　《划一令》的颁布与省、道、县三级制的实施 ……………… 35
　　第三节　省级行政区划的变化与特别区域的设立 …………………… 37
　　　　一、京兆地方 ……………………………………………………… 37
　　　　二、热河、绥远、察哈尔特别区域 ……………………………… 38
　　　　三、西康（川边）特别区域 ……………………………………… 39
　　　　四、阿尔泰区域 …………………………………………………… 40
　　　　五、东省特别行政区 ……………………………………………… 41
　　　　六、胶澳商埠 ……………………………………………………… 44
　　第四节　道的分布与变迁 ……………………………………………… 44
　　　　一、各省道数及辖县数 …………………………………………… 46
　　　　二、道的等级 ……………………………………………………… 46
　　　　三、道区及道尹驻地 ……………………………………………… 52
　　　　四、道制的废除 …………………………………………………… 53
　　第五节　县级行政区划的变化 ………………………………………… 54
　　　　一、县级政区的整理 ……………………………………………… 54
　　　　二、《县佐官制》与县佐置废过程 ……………………………… 59
　　第六节　自治市制与城市型政区的萌芽 ……………………………… 60

第三章　南京国民政府时期的省、县二级制 …………………………… 63
　　第一节　省级行政制度与区划的变迁 ………………………………… 65
　　　　一、省级政区的置废 ……………………………………………… 65
　　　　二、省界调整 ……………………………………………………… 70

三、省级政区更名及省会迁徙 …………………………………… 73
第二节 县级行政制度与区划的变迁 ………………………………… 73
一、县的置废与更名 …………………………………………… 73
二、特殊的县政制度——实验县 ……………………………… 85
三、县的等级 …………………………………………………… 87
四、设治局、管理局制度 ……………………………………… 101
第三节 城市型政区——市的出现与发展 …………………………… 106
一、民国十六年至十九年 ……………………………………… 106
二、民国十九年至三十四年 …………………………………… 107
三、民国三十四年至三十八年 ………………………………… 108
第四节 准行政区划之一——民国十四年至二十年间各省的
中间行政组织 ………………………………………………… 110
一、广东行政委员制 …………………………………………… 112
二、广西行政督察委员制 ……………………………………… 112
三、江西党政委员分会制、江西区长官制 …………………… 112
四、安徽首席县长制 …………………………………………… 113
五、江苏行政区监督制 ………………………………………… 113
六、浙江县政督察专员制 ……………………………………… 113
七、新疆区行政长制 …………………………………………… 114
八、云南殖边督办公署制 ……………………………………… 114
第五节 准行政区划之二——行政督察区制度及其辖区的变迁…… 115

第四章 革命根据地的行政区划制度 ………………………………… 122

第一节 土地革命战争时期 …………………………………………… 122
第二节 抗日战争时期 ………………………………………………… 124
第三节 解放战争时期 ………………………………………………… 126

第五章 日伪政权统治区域的行政区划制度 ………………………… 128

第一节 伪满洲国的地方行政制度 …………………………………… 128
一、《省公署官制》与省级政区的变化 ………………………… 130
二、兴安省制与旗制 …………………………………………… 135
三、特别市制与市制 …………………………………………… 138
四、特别区制 …………………………………………………… 139

　　　　五、《县官制》与县级政区的变化 ……………………………………… 139
　　　　六、街村制 ……………………………………………………………… 140
　第二节　华北地区伪政权与伪临时政府的地方行政制度 ……………………… 143
　　　　一、抗战初期华北地区伪政权 ………………………………………… 143
　　　　二、伪临时政府、伪华北政务委员会 ………………………………… 144
　第三节　伪蒙疆政权及其地方行政制度 ………………………………………… 144
　　　　一、伪蒙古军总司令部 ………………………………………………… 145
　　　　二、伪蒙古军政府 ……………………………………………………… 145
　　　　三、伪蒙古联盟自治政府 ……………………………………………… 145
　　　　四、伪察南自治政府、伪晋北自治政府 ……………………………… 147
　　　　五、伪蒙疆联合委员会 ………………………………………………… 147
　　　　六、伪蒙疆联合自治政府 ……………………………………………… 148
　　　　七、伪蒙古自治邦 ……………………………………………………… 148
　第四节　华中、华南地区伪政权与汪伪政权的地方行政制度 ………………… 148
　　　　一、抗战初期华中、华南地区伪政权 ………………………………… 149
　　　　二、汪伪政权 …………………………………………………………… 151

下编　中华民国时期地方行政区划的沿革

第一章　江苏省 ………………………………………………………………… 155
　　　　一、省行政机构 ………………………………………………………… 155
　　　　二、省会 ………………………………………………………………… 156
　　　　三、统辖区域 …………………………………………………………… 156
　　　　四、道、县、市 ………………………………………………………… 157
　　　　五、行政区督察制与行政督察区 ……………………………………… 163
　　　附　南京临时政府首都——南京府 …………………………………… 166

第二章　浙江省 ………………………………………………………………… 167
　　　　一、省行政机构 ………………………………………………………… 167
　　　　二、省会 ………………………………………………………………… 168
　　　　三、统辖区域 …………………………………………………………… 168
　　　　四、道、县、市 ………………………………………………………… 168

五、县政督察专员制与行政督察区 …………………… 174

第三章　安徽省 ……………………………………………… 177
　　　一、省行政机构 ………………………………………… 177
　　　二、省会 ………………………………………………… 178
　　　三、统辖区域 …………………………………………… 178
　　　四、道、县、市 ………………………………………… 178
　　　五、首席县长制与行政督察区 ………………………… 183

第四章　江西省 ……………………………………………… 187
　　　一、省行政机构 ………………………………………… 187
　　　二、省会 ………………………………………………… 187
　　　三、统辖区域 …………………………………………… 188
　　　四、道、县、市 ………………………………………… 188
　　　五、区长官制与行政督察区 …………………………… 195

第五章　湖北省 ……………………………………………… 199
　　　一、省行政机构 ………………………………………… 199
　　　二、省会 ………………………………………………… 200
　　　三、统辖区域 …………………………………………… 200
　　　四、道、县、市 ………………………………………… 200
　　　五、行政督察区 ………………………………………… 206

第六章　湖南省 ……………………………………………… 209
　　　一、省行政机构 ………………………………………… 209
　　　二、省会 ………………………………………………… 209
　　　三、统辖区域 …………………………………………… 209
　　　四、道、县、市 ………………………………………… 210
　　　五、行政督察区 ………………………………………… 217

第七章　四川省 ……………………………………………… 220
　　　一、省行政机构 ………………………………………… 220
　　　二、省会 ………………………………………………… 221

　　　　三、统辖区域 ·· 221
　　　　四、道、县、市、设治局、管理局 ·· 221
　　　　五、行政督察区 ·· 234

第八章　西康省 ·· 237
第一节　川边特别区域、西康特别区域 ·· 237
第二节　西康省 ·· 242
　　　　一、建省过程 ·· 242
　　　　二、省会 ·· 243
　　　　三、统辖区域 ·· 243
　　　　四、县、设治局 ·· 244
　　　　五、行政督察区 ·· 251

第九章　福建省 ·· 253
　　　　一、省行政机构 ·· 253
　　　　二、省会 ·· 253
　　　　三、统辖区域 ·· 254
　　　　四、道、县、市 ·· 254
　　　　五、行政督察区 ·· 261

第十章　台湾省 ·· 264
　　　　一、建置过程 ·· 264
　　　　二、县、市 ·· 265
　　　　附　中华民国时期日占台湾省行政区划 ·· 266

第十一章　广东省 ·· 268
　　　　一、省行政机构 ·· 268
　　　　二、省会 ·· 269
　　　　三、统辖区域 ·· 269
　　　　四、道、县、市 ·· 269
　　　　五、区行政委员与行政督察区 ·· 277
　　　　附　海南特区 ·· 279

第十二章 广西省 ... 282
一、省行政机构 ... 282
二、省会 ... 282
三、统辖区域 ... 283
四、道、县、市及改土归流 ... 283
五、行政督察委员制与行政督察区 ... 297

第十三章 云南省 ... 301
一、省行政机构 ... 301
二、省会 ... 301
三、统辖区域 ... 301
四、道、县、市、设治局 ... 302
五、殖边督办公署与行政督察区 ... 318

第十四章 贵州省 ... 321
一、省行政机构 ... 321
二、省会 ... 321
三、统辖区域 ... 321
四、道、县、市 ... 322
五、行政督察区 ... 334

第十五章 河北省 ... 338
第一节 直隶省 ... 338
一、省行政机构 ... 338
二、省会 ... 339
三、统辖区域 ... 339
四、道、县 ... 339

第二节 河北省 ... 341
一、省行政机构 ... 341
二、省会 ... 342
三、统辖区域 ... 342
四、县、市、设治局 ... 342

　　　　五、行政督察区 ·· 351
　　　　附　京兆地方 ·· 354

第十六章　山东省 ·· 356
　　　　一、省行政机构 ·· 356
　　　　二、省会 ·· 356
　　　　三、统辖区域 ·· 356
　　　　四、道、县、市、设治局 ·· 357
　　　　五、行政督察区 ·· 367
　　　　附　威海卫行政区 ·· 370

第十七章　河南省 ·· 371
　　　　一、省行政机构 ·· 371
　　　　二、省会 ·· 371
　　　　三、统辖区域 ·· 371
　　　　四、道、县 ·· 372
　　　　五、行政督察区 ·· 381

第十八章　山西省 ·· 384
　　　　一、省行政机构 ·· 384
　　　　二、省会 ·· 384
　　　　三、统辖区域 ·· 384
　　　　四、道、县、市 ·· 385
　　　　五、行政督察区 ·· 393

第十九章　陕西省 ·· 395
　　　　一、省行政机构 ·· 395
　　　　二、省会 ·· 395
　　　　三、统辖区域 ·· 395
　　　　四、道、县、设治局 ·· 396
　　　　五、行政督察区 ·· 404

第二十章　甘肃省 ... 407
- 一、省行政机构 ... 407
- 二、省会 ... 407
- 三、统辖区域 ... 407
- 四、道、县、市、设治局 ... 408
- 五、行政督察区 ... 416

第二十一章　宁夏省 ... 419
- 一、建省过程 ... 419
- 二、县、市、设治局 ... 419
- 三、境内盟旗 ... 423

第二十二章　青海省 ... 424
- 一、建省过程 ... 424
- 二、县、市、设治局 ... 424
- 三、行政督察区 ... 429
- 四、境内盟旗 ... 430

第二十三章　绥远省 ... 432
第一节　绥远特别区域 ... 432
第二节　绥远省 ... 432
- 一、建省过程 ... 432
- 二、县、市、设治局 ... 433
- 三、行政督察区 ... 437
- 四、境内盟旗 ... 437

第二十四章　察哈尔省 ... 440
第一节　察哈尔特别区域 ... 440
第二节　察哈尔省 ... 441
- 一、建省过程 ... 441
- 二、县、市、设治局 ... 441
- 三、行政督察区 ... 444

四、境内盟旗⋯⋯⋯⋯⋯⋯⋯⋯⋯⋯⋯⋯⋯⋯⋯⋯⋯⋯⋯⋯⋯ 444

第二十五章 热河省⋯⋯⋯⋯⋯⋯⋯⋯⋯⋯⋯⋯⋯⋯⋯⋯⋯⋯⋯⋯ 446

第一节 热河特别区域⋯⋯⋯⋯⋯⋯⋯⋯⋯⋯⋯⋯⋯⋯⋯⋯ 446
第二节 热河省⋯⋯⋯⋯⋯⋯⋯⋯⋯⋯⋯⋯⋯⋯⋯⋯⋯⋯⋯ 447
一、建省过程⋯⋯⋯⋯⋯⋯⋯⋯⋯⋯⋯⋯⋯⋯⋯⋯⋯⋯ 447
二、县、市、设治局⋯⋯⋯⋯⋯⋯⋯⋯⋯⋯⋯⋯⋯⋯⋯ 447
三、境内盟旗⋯⋯⋯⋯⋯⋯⋯⋯⋯⋯⋯⋯⋯⋯⋯⋯⋯⋯ 449

第二十六章 辽宁省、安东省、辽北省⋯⋯⋯⋯⋯⋯⋯⋯⋯⋯⋯⋯ 451

第一节 辽宁省⋯⋯⋯⋯⋯⋯⋯⋯⋯⋯⋯⋯⋯⋯⋯⋯⋯⋯⋯ 451
一、省行政机构与省名变迁⋯⋯⋯⋯⋯⋯⋯⋯⋯⋯⋯⋯ 451
二、省会⋯⋯⋯⋯⋯⋯⋯⋯⋯⋯⋯⋯⋯⋯⋯⋯⋯⋯⋯⋯ 452
三、统辖区域⋯⋯⋯⋯⋯⋯⋯⋯⋯⋯⋯⋯⋯⋯⋯⋯⋯⋯ 452
四、道⋯⋯⋯⋯⋯⋯⋯⋯⋯⋯⋯⋯⋯⋯⋯⋯⋯⋯⋯⋯⋯ 453
五、九一八事变前所辖县、设治局⋯⋯⋯⋯⋯⋯⋯⋯⋯ 454
六、抗日战争胜利后所辖县、市、旗⋯⋯⋯⋯⋯⋯⋯⋯ 459
第二节 安东省⋯⋯⋯⋯⋯⋯⋯⋯⋯⋯⋯⋯⋯⋯⋯⋯⋯⋯⋯ 460
第三节 辽北省⋯⋯⋯⋯⋯⋯⋯⋯⋯⋯⋯⋯⋯⋯⋯⋯⋯⋯⋯ 460

第二十七章 吉林省、松江省、合江省⋯⋯⋯⋯⋯⋯⋯⋯⋯⋯⋯⋯ 462

第一节 吉林省⋯⋯⋯⋯⋯⋯⋯⋯⋯⋯⋯⋯⋯⋯⋯⋯⋯⋯⋯ 462
一、省行政机构⋯⋯⋯⋯⋯⋯⋯⋯⋯⋯⋯⋯⋯⋯⋯⋯⋯ 462
二、省会⋯⋯⋯⋯⋯⋯⋯⋯⋯⋯⋯⋯⋯⋯⋯⋯⋯⋯⋯⋯ 463
三、统辖区域⋯⋯⋯⋯⋯⋯⋯⋯⋯⋯⋯⋯⋯⋯⋯⋯⋯⋯ 463
四、道⋯⋯⋯⋯⋯⋯⋯⋯⋯⋯⋯⋯⋯⋯⋯⋯⋯⋯⋯⋯⋯ 463
五、九一八事变前所辖县、设治局⋯⋯⋯⋯⋯⋯⋯⋯⋯ 464
六、抗日战争胜利后所辖县、市、旗⋯⋯⋯⋯⋯⋯⋯⋯ 468
第二节 松江省⋯⋯⋯⋯⋯⋯⋯⋯⋯⋯⋯⋯⋯⋯⋯⋯⋯⋯⋯ 468
第三节 合江省⋯⋯⋯⋯⋯⋯⋯⋯⋯⋯⋯⋯⋯⋯⋯⋯⋯⋯⋯ 469

第二十八章 黑龙江省、嫩江省、兴安省⋯⋯⋯⋯⋯⋯⋯⋯⋯⋯⋯ 471

第一节 黑龙江省⋯⋯⋯⋯⋯⋯⋯⋯⋯⋯⋯⋯⋯⋯⋯⋯⋯⋯ 471

一、省行政机构 ········· 471
二、省会 ········· 472
三、统辖区域 ········· 472
四、呼伦贝尔"独立"与"自治" ········· 472
五、道 ········· 473
六、民国初年的佐治局制度 ········· 475
七、九一八事变前所辖县、设治局 ········· 476
八、抗日战争胜利后所辖县、市、旗 ········· 485

第二节 嫩江省 ········· 486
第三节 兴安省 ········· 487

第二十九章 新疆省 ········· 489

一、省行政机构 ········· 489
二、省会 ········· 489
三、统辖区域 ········· 489
四、道、县、市、设治局 ········· 490
五、行政区与行政督察区 ········· 503
附 阿尔泰区域 ········· 506

第三十章 直辖市 ········· 507

第一节 南京市 ········· 507
第二节 上海市 ········· 508
第三节 北平市 ········· 510
第四节 青岛市 ········· 512
第五节 天津市 ········· 513
第六节 重庆市 ········· 514
第七节 大连市 ········· 514
第八节 哈尔滨市 ········· 515
第九节 汉口市 ········· 515
第十节 广州市 ········· 516
第十一节 西安市 ········· 517
第十二节 沈阳市 ········· 517

第三十一章 西藏地方 · · · · · · 518

    一、前藏 · · · · · · 519

    二、后藏 · · · · · · 522

    三、民国三十八年的宗豀 · · · · · · 523

第三十二章 外蒙古 · · · · · · 525

    一、三音济雅图右翼盟 · · · · · · 526

    二、三音济雅图左翼盟 · · · · · · 526

    三、唐努乌梁海部 · · · · · · 527

    四、毕都哩雅诺尔盟 · · · · · · 528

    五、齐齐尔哩克盟 · · · · · · 528

    六、汗山盟 · · · · · · 529

    七、克鲁伦巴尔城盟 · · · · · · 530

第三十三章 革命根据地 · · · · · · 532

第一节 土地革命战争时期 · · · · · · 532

    一、中央革命根据地 · · · · · · 532

    二、闽浙赣根据地 · · · · · · 534

    三、鄂豫皖根据地 · · · · · · 535

    四、湘赣根据地 · · · · · · 536

    五、湘鄂西根据地 · · · · · · 536

    六、湘鄂赣根据地 · · · · · · 537

    七、川陕根据地 · · · · · · 538

    八、湘鄂川黔根据地 · · · · · · 538

    九、其他革命根据地 · · · · · · 539

第二节 抗日战争时期 · · · · · · 540

    一、陕甘宁边区 · · · · · · 541

    二、晋察冀边区 · · · · · · 543

    三、晋冀鲁豫边区 · · · · · · 553

    四、晋绥边区 · · · · · · 553

    五、山东抗日根据地与华中、华南抗日根据地 · · · · · · 554

第三节 解放战争时期 · · · · · · 555

一、东北解放区	556
二、华北解放区	578
三、西北解放区	586
四、中原解放区	587
五、华东解放区	587

第三十四章　伪满洲国 589

第一节　新京特别市 589
第二节　吉林省、龙江省、北安省 590
　　一、吉林省 590
　　二、龙江省 592
　　三、北安省 594
第三节　黑河省、东满省、间岛省 595
　　一、黑河省 595
　　二、东满省 596
　　三、间岛省 598
第四节　三江省、滨江省、通化省、安东省 599
　　一、三江省 599
　　二、滨江省 600
　　三、通化省 602
　　四、安东省 603
第五节　四平省、奉天省、锦州省、热河省 603
　　一、四平省 603
　　二、奉天省 604
　　三、锦州省 606
　　四、热河省 607
第六节　兴安总省 609
　　一、兴东地区 610
　　二、兴中地区 613
　　三、兴南地区 614
　　四、兴西地区 616
　　五、兴北地区（兴安北省） 617
第七节　北满特别区 619

第三十五章　汪伪政权及其他伪政权 ····················· 621

第一节　伪临时政府、伪华北政务委员会 ················ 621
一、河北省 ···························· 621
二、山东省 ···························· 622
三、山西省 ···························· 624
四、河南省 ···························· 625
五、北京特别市 ························ 625
六、天津特别市 ························ 625
七、青岛特别市 ························ 626
八、苏北行政专员公署 ···················· 626
九、威海卫行政专员公署 ·················· 626
十、第一直辖行政区、冀东特别行政区 ········ 626

第二节　伪维新政府 ······························ 626

第三节　汪伪国民政府 ···························· 627
一、江苏省 ···························· 627
二、浙江省 ···························· 628
三、安徽省 ···························· 628
四、湖北省 ···························· 628
五、广东省 ···························· 629
六、江西省 ···························· 629
七、淮海省 ···························· 630
八、南京特别市 ························ 630
九、上海特别市 ························ 631
十、厦门特别市 ························ 631

第四节　伪蒙疆政权 ······························ 632

附　录　中华民国时期行政区划变迁表 ················· 635

主要参考文献 ····································· 787

后　记 ··· 801

前　　言

一、本卷研究的范围

本卷研究中华民国时期的行政区划变迁，即上自辛亥革命运动的兴起，下迄1949年10月1日中华人民共和国成立前夕，在中华民国版图上，各种政权统辖区域的行政区划变迁过程。从中央政权施行的地方行政制度变化过程来看，可以分为辛亥革命和南京临时政府时期、北京政府时期、南京政府时期这三个阶段。

辛亥革命和南京临时政府时期，从清宣统三年(1911)武昌起义爆发，到民国元年(1912)4月6日临时参议院最后一次会议及南京临时政府结束止。具体又可分为两个阶段，第一阶段从武昌起义到宣统三年12月底南京临时政府成立前，是各省军政府及法制的创建时期，由于缺少一个统一的领导机构，各省军政府按照资产阶级民主共和国的国家法律理念，大多颁布了各自的《临时约法》，也有一些省份颁发了地方官制，如《江苏暂行地方官制》、《江西暂行地方官制草案》等。这些地方官制大都承袭了清光绪末年至宣统年间的地方行政改制趋势，实行省县两级制。有的省虽然保留了府、厅、州的名称，但府、州不辖县，实际上仍为两级制。只有个别起义的省份仍保留清代的政区层级。第二阶段从民国元年元旦南京临时政府成立起，到同年4月6日南京临时政府结束止，时间虽然短暂，但临时政府仍颁布了一系列的法规，主要是中央各部的官制，关于地方行政制度的只有《南京府官制》、《大总统令将各省行政各部改称为司》、《参议院议决撤销各省军政分府》等规章制度。起义各省的地方行政制度没有得到统一。

北京政府时期，从民国元年3月10日袁世凯在北京就任临时大总统起，至民国十七年(1928)6月国民革命军攻占北京止。民国元年2月12日，清朝末代皇帝溥仪接受中华民国对皇室的优待条件，正式退位。15日，临时参议院选举袁世凯为中华民国临时大总统。袁世凯上任伊始，首先便调整直接控制地区的省级行政长官的名称，将各省总督、巡抚改为都督。此后，"军民分治"与《省官制》草案之争成为袁世凯与革命党人之间的长期斗争。社会舆论关于缩小省区或者是废省存道的两种观点也争论不定。民国二年1月8日，袁世凯为加强中央集权，统一地方行政制度，公布《划一现行各省地方行政官厅组织令》、《划一现行各道地方行政官厅组织令》、《划一现行各县地方行政官厅组织令》等法令，并通令全国，以民国二年3月以前为限，一律办齐。《划一现行各道地方行政官厅组织令》与起义各省的行政制度现状有矛盾，遭到了一些省份的消极抵抗。民国三年5月，公布《省官制》、《道官制》、《县官制》，正式确立了北京政府时期的省、道、县三级制的框架。此后，只是官制内容的局部调整。以少数民族为主的区域称为"特别区域"，不实行《省官制》，而实行民国三年7月6日颁布的《都统府官制》，行政长官为军民合一的都统，道、县制度与各省相近或相同。蒙古族等少数民族地区实行民族自治。西藏地区、外蒙古地区实行单一的少数民族自治制度。首都地区实行《京兆尹制》。此外，东省特别区等区域，由于政情特殊，都实行特殊的管理体制。在新开发地区则继续实行准县级政区的设治局制度。

南京政府时期，从民国十六年（1927）4月18日中华民国国民政府成立起，到1949年10月1日中华人民共和国成立前夕止，并追溯到此前的广州国民政府、武汉国民政府。本时期的行政区划变化有以下特点：第一，这一时期的中央政府是以国民党为主导的政权，在广州国民政府时期，就以孙中山先生的《建国大纲》为理念，为加强对基层政权的控制，实行省县两级制，并改北京政府时期的行政长官独任制为委员制。第二，由于两级制并不符合当时的国情、省情，各省政府不能有效地指导、监督省内各县政府的日常工作，先后产生了适合各省省情、介于省县之间的中间行政层级，并最终在20世纪30年代"围剿"中国共产党领导的革命根据地和改革县政的大背景下，出现了统一的、介于省县间的行政督察区。由省、行政督察区、县组成的虚三级制，成为南京政府时期地方行政层级的主体。第三，对北京政府时期设立的特别区域，先后改行省制。为响应社会舆论缩小省区的呼声，南京政府于抗日战争结束后将东北地区划分为9省。第四，适应经济发展现状需要，市制正式成为国家行政区划的一部分。第五，县以下的基层行政区划得到了大力推行。

民国时期，除了中央政权外，还先后存在着一些其他政权，它们对民国时期的行政区划也产生了深刻的影响。

由中国共产党领导的革命根据地，在土地革命时期是工农民主政权，在抗日战争时期是名义上属于国民政府领导的抗日民主政权，在解放战争时期是人民民主政权。由于政治、军事形势的不同，革命根据地政区形式多有变化，层级较多,政区变化较为频繁。随着解放战争的胜利,革命根据地不断得到巩固、壮大,行政区划也趋于统一、稳定。

抗日战争期间,由日本帝国主义掌控的伪政权,因日本侵略者控制程度的深浅,同时因为各个伪政权政治派别的差异,行政制度与行政区划形式也各有不同。完全被日本人操纵的伪满洲国,由日籍官员担任中央机关和地方省市县的副职甚至是正职,在行政层级上实行省县两级制,在行政制度上以省制、市制、县制与兴安省制、旗制并行;并随着控制的加强,不断缩小省区。在华北地区,日伪推行省、道、县三级制。在汪伪国民政府的实际控制区域,实行省、行政督察区、县的虚三级制。在伪蒙疆政权控制区域,市县制与盟旗制并行,并由日本人出任顾问。

二、本卷结构与内容

每个具体的行政区划变化,都受该时期的地方行政制度的约束。而每次地方行政制度的变化,又受当时政权的性质和政治理念的影响。因此,本卷由三部分组成。绪编简述中华民国时期各个政权从产生至消亡的过程,由于民国时期政权众多,本编主要简述对行政区划变迁产生过影响的政权。上编阐述各个政权的地方行政制度的变化过程及特点,按先中央政权、后其他政权的顺序排列。下编分述行政区划个体的变化,由两大部分组成,主体是中央政权控制的各省、市、地区,以下分别是革命根据地、伪政权统治地区的行政区划变迁过程。下编的排列,以中华民国时期疆域最大的民国三十五年(1946)为准,每省(地区)一章,排列顺序参照内政部方域司编《中华民国行政区域简表》第11版(商务印书馆,1947年);在此前后存在的省级政区,附收在其合并或析出的省份内,东省特别行政区与胶澳商埠见于上编相关记载;各直辖市合为一章。每省政区变化包括三个部分:(1) 省行政机构、省名、省域的变化;(2) 道与县级行政区划(县、市、设治局、旗、管理局)的置废、迁治、名称变化(县级政区排列顺序,亦参《中华民国行政区域简表》第11版),并以附录表格的形式反映其变化过程;(3) 行政督察区(包括行政督察区设立以前省县之间的行政管理机构)的变化。由于革命根据地的行政区划变化极为繁复,本卷难以全部囊括,因此,本卷只记载革命根据地稳定时期的行政区划。民国三十七年、三十八年间,新解放区个别县治的迁徙,则附记于下编各省相关文字之后。

三、民国政区的研究状况

民国时期,关于地方行政制度、地方行政制度史的专著较多,如程幸超《中国地方行政史略》(中华书局,1948年)、施养成《中国省行政制度》(商务印书馆,1947年)、程方《中国县政概论》(商务印书馆,1939年)等。重新划省,是贯穿整个民国时期学术界和内政(务)部相关部门的研究重点,著作有傅角今《重划中国省区论》(商务印书馆,1948年)等。钱端升、萨师炯、郭登皞等《民国政制史》(商务印书馆,1939年),介绍了民国成立以后20余年间中央及地方政治制度的变化,是民国时期有关政治制度和行政区划的重要著作。此外,民国二十五年内政部编制的《内政年鉴》(商务印书馆,1936年),全面记录了此前南京政府地方行政制度的变化。而反映行政区划名称与个案变化的著作则有李炳卫主编《中华民国省县地名三汇》(北平民社,1935年)、吴承湜《近六十年全国郡县增建志要》(东亚印书局,1936年)等。

1949年后,有关民国时期政治制度类的著作主要有以下几种:钱实甫《北洋政府时期的政治制度》(中华书局,1984年),对于制度与区划变迁都有所记载,但该书是未完稿,因此内容不够完备;孔庆泰等《国民党政府政治制度史》(安徽教育出版社,1998年),对国民党政权的政治制度研究极为系统、深刻。政区沿革类的著作中,张在普《中国近现代政区沿革表》(福建地图出版社,1987年)是第一本系统展现民国时期政区沿革的著作,该书出版于1987年,由于当时资料较为缺乏,一些与时间有关的表述较为模糊;郑宝恒《民国时期政区沿革》(湖北教育出版社,2000年),参考的著作较为丰富,订正了前人许多模糊之说。台湾地区"国史馆"地理志编纂委员会编《中华民国史地理志(初稿)》(台北"国史馆",1990年),其编纂方法与民国时期的各省地志相类似,行政区划内容较为简略,且没有反映出历史变化过程。另外,相关的论文数量较多,但大多局限于分省或是某个具体政区的考证。

四、本卷资料状况

本卷采用的资料,第一类是各个时期的政府公报,包括清宣统年间的《政治官报》,南京临时政府时期的《临时政府公报》,北京政府时期的《政府公报》,南京政府时期的《中华民国政府公报》、《中华民国总统府公报》,以及伪政权系统的伪满《满洲国政府公报》、《政府公报》,伪维新政权的《政府公报》,汪伪政权的《国民政府公报》等。笔者所见均为影印本,除少数有漏缺外,大多完整。在有的政权的某些时期,最高决策权并不在政府手中,如民国十七年8月14日,国民党二届五中全会通过《中央政治会议案》决议,规定凡是政治会议的决议,应由中央执行委员会交国民政府执行。因此,该时期省级政区的变动,实际均由国民党中央政治会议决定,交由国民政府令准。县级行政区划的变动,其决定权在省政府,省政府决定后咨报内政部,内政部核准后呈行政院,最后由国民政府令准。因此,本卷有关政区变化的时间,有各种《政府公报》记载的,均采用之。

第二类是北京政府时期内务部、南京政府时期内政部编定的资料性书籍,如《全国行政区划表》、《临时政府内务行政纪要》、《职官任免月表》、《内政年鉴》等。由于内务部、内政部是管理行政区划的中央机构,其所编纂的资料具有相当的权威性,大多可信,有的甚至相当重要,如民国七年8月刊行本《全国行政区划表》谓直隶、山东、河南等省的县佐迟至民国七年尚未设置,其他史料均未言及。当然,也有一些误记、漏记的,需要在使用时加以辨别。此外,由于战乱和公私图书馆不注意收藏,有的行政区划表已经相当稀见。如北京政府时期曾编印有《全国行政区划表删补(民国九年九月止)》,当时是附入民国七年8月刊行本《全国行政区划表》内一起发售,至今国内主要图书馆未见收藏;又如抗日战争时期内政部油印的行政区划表,据国家图书馆网站显示,有民国三十二年版、民国三十三年版《全国行政区域简表》,民国三十三年版《全国行政区域变更一览表》,民国三十五年版《续全国行政区域变更一览表》,但收藏的只有民国三十二年版,其余各版均未见原书。

第三类是各省政府的出版物,如江苏省长公署统计处《江苏省政治年鉴》、广西省政府编辑室《广西省施政纪录》等。由于民国时期特殊的政治形势,各省政府在变动政区时,并不一定都向中央政府的内务部、内政部报告,有的是事后才报告。因此,这类资料中往往记载有实际的变动时间。

第四是当事人的著作。最典型的如吴承湜的《近六十年全国郡县增建志要》一书,由于吴氏长期在内务部工作,得以见到相关案卷,其记载也具有相当的权威性,可以补充上述三类著作的不足。

第五是各种地方志。地方志由地方政府编纂,大多能反映当时地方政府的观点。尤其是地方志中保存的原始资料,更可以补充其他资料的不足。

第六是今人的资料汇编。如黑龙江省档案馆编的《黑龙江设治》一书,虽然校刊不精,但全书为行政区划变化的原始资料汇编,对了解黑龙江省政区设置过程及其背景尤显珍贵。又如贵州省档案馆编纂的《民国贵州省政府委员会会议辑要》,也有相当部分与行政区划有关,据此可得知南京政府时期贵州省一些政区变化的真实情形。

第七是民国与今人的著述和各种地图。

五、需要说明的问题

民国时期政区的具体变化,如置、废、迁治、划界等,大多有一个较为复杂的过程。以北京政府时期新置一个县为例,大致是先由道尹向省长(都统)提出,省长(都统)批复同意、派员勘界后向内务部、财政部(特别区域再加陆军部)申报,内务部等认为可行,再报大总统,大总统一般照例令准,内务部等据此答复省长,然后正式成立县政府。这是先申批后成立的一类。也有先成立后申报的,即省长在接到道尹的报告后,直接派员勘界、设治,再向内务部等申报。在政情稳定的情况下,一般这一程序在半年左右、一年之内即可完成。而在全国政局较为混乱、上下政情不通,或是地方割据、手续不完备等情况下,完成整个程序需要一年多甚至多年的时间。其中最为典型的是新疆省。民国三十一年时新疆曾设昭苏等县,民国三十三年内政部发函请依法报部核准,但直至民国三十六年时,部分变动仍在办理法律手续过程中。因此,许多县级政区的设置时间,往往是实际设立时间与中央政府批准的时间有较大的差异。本卷对这个问题的处理方法是:时间相差在半年左右、一年之内的,即以中央政府批准者为准,不再说明县政府实际成立时间;时间相差在一年左右或一年以上的,同时记载中央政府批准和实际设立的两个时间。至于因资料缺少,目前只见一处记载的,则以该说为准。少数变化到本卷竣稿时仍未能找到原始资料或较为权威的说法,只能沿袭旧说,不加注明。

另外,本卷在叙述北京政府、南京政府和中国共产党领导的革命根据地的史实时,采用民国纪年;叙述伪满洲国政权时,采用伪满年号(图表除外),其他伪政权仍用民国纪年。为节省篇幅,注释和表格用公元纪年。

绪编　中华民国时期的政权

第一章　中华民国政权更迭

清宣统三年八月十九日（1911年10月10日），武昌起义爆发，各省响应，翌年清朝统治被推翻。辛亥革命结束了两千多年的帝制，建立起资产阶级共和国式的政权——中华民国。从南京临时政府成立的民国元年（1912）1月1日，至中华人民共和国成立前夕的民国三十八年（1949）9月30日，是为中华民国时期。中华民国时期，因政权性质与中央政府所在地的不同，可以划分为中华民国军政府与南京临时政府、北京政府、南京政府三个时期。每一时期内，除中央政权外，往往还存在着一些地方性政权。

第一节　中华民国军政府与南京临时政府

20世纪初年，清朝统治日益腐朽，外国侵略进一步加深，国内矛盾迅速激化。与此同时，西方资产阶级政治思想经过长期的传播，逐渐深入人心，以孙中山为代表的资产阶级革命党人，在长期的政治斗争、武装斗争中积累了经验，日益成熟起来。辛亥革命正是在这种历史背景下爆发的。

清宣统三年四月，清政府借实行铁路国有之名，将民办的川汉、粤汉铁路收归"国有"，并以铁路修筑权为抵押，向英、法、德、美四国银行团借款，激起四川、湖北、湖南、广东等省人民的反抗，掀起轰轰烈烈的保路运动。四川的保路运动又发展为各县人民的武装斗争。七月，清政府急调川汉、粤汉铁路督办大臣端方率领湖北新军入川镇压。湖北革命团体文学社、共进会在同盟会中部总会的推动下实现联合，决定利用有利形势举行起义。八月十九日（10月10日），武昌新军起义爆发。次日晨，起义军攻占武昌城，湖广总督瑞澂和第八镇统制张彪等人弃城逃走，起义一举成功。二十日，革命党人、前谘议局议员和各界绅商代表举行会议。会议宣布成立鄂军都督府（湖北军政府），推举原新军第二十一混成协统领黎元洪出任军政府都督。军政府宣布国号为中华民国，废除清帝年号并发文声讨清政府，号召各省立即起义。湖北军政府的成立，象征着革命政权的建立，是民国的开端。

武昌起义的胜利,在全国各地迅速得到响应。九月一日(10月22日),湖南革命党人发动会党和新军进攻长沙,建立湖南军政府。同一天,陕西同盟会员联络会党和新军起义,在西安建立了陕西军政府。此后,江西、山西、云南、上海、浙江、江苏、贵州、安徽、广西、福建、广东等地相继发动武装起义,成立军政府。在其他省份也都爆发了规模不等的群众起义,内蒙古、新疆等少数民族地区也发生了拥护共和的革命运动,形成全国规模的辛亥革命。

各省军政府均以中华民国为国号,但在中央政府未建立之前,仍属独立性质的地方政权,互不统属。九月二十五日(11月15日),共有10省代表出席的"各省都督府代表联合会"(简称各省代表会)在上海成立,成为临时性的革命各省联合机构。十月四日(11月24日),会议决定:为便利联络,各省代表留一人在沪,其余代表均赴武昌。十日,14省代表会议在汉口英租界召开第一次会议,议决以湖北军政府为中央军政府,代行中央政府的职权。十二日,江浙联军经过10天的奋战,攻克清两江总督所在地南京。次日,代表会议通过《中华民国临时政府组织大纲》,为南京临时政府的建立奠定了法律基础。

同年十月二十四日(12月14日),各省代表汇聚南京,确定南京为临时政府所在地,临时政府实行总统共和制。十一月六日(12月25日),孙中山由欧洲回到上海。十日,17省代表在南京依照《中华民国临时政府组织大纲》,推举孙中山为中华民国临时政府大总统。十二日,根据孙中山的提议,各省代表联合会议决议改国号为中华民国,以黄帝纪元四千六百零九年十一月十三日(农历)为中华民国元旦(公历)。

民国元年(1912)1月1日,孙中山在南京正式就职,宣告中华民国临时政府(通称南京临时政府)成立,统治中国两千多年的帝制从此结束。1月2日,临时政府通电各省改用阳历。3日,各省代表会议选举黎元洪为副总统,并通过了孙中山提出的各部总长、次长名单,正式组成中华民国临时政府。1月28日,中华民国临时参议院成立,代行议会职权。

中华民国承袭了清朝的领土疆域,由临时大总统孙中山签署颁布的《中华民国临时约法》第一章第三条宣告:"中华民国领土为二十二行省、内外蒙古、西藏、青海。"①当时台湾省仍处在日本占领之下。1月中旬,置南京府,为中华民国首都。南京临时政府的实际辖区,包括江苏、浙江、福建、安徽、江西、湖南、湖北、广东、广西、四川、云南、贵州、陕西、山西等14省区。在山东、河南、

---

① 《中华民国临时约法》,《临时政府公报》第35号,1912年3月11日,第1页。

直隶、甘肃、新疆以及东三省等地区,虽然也建立过军政府,但均属临时性的地方革命政权,就全省范围来说,这些省仍属于清政府控制区域。

武昌起义爆发后,清政府被迫于宣统三年九月六日(10月27日)起用袁世凯为钦差大臣,授予指挥湖北军事的全权。十一日(11月1日),清军攻陷汉口。同日,摄政王载沣宣布解散"皇族内阁",交出全部军政大权。袁世凯被任命为内阁总理大臣,掌管了清政府的军政大权。他下令北洋军攻占汉阳,迫使革命党人接受了停战议和的建议。

由于南京临时政府在财政上内外交困,孙中山被迫于民国元年1月22日声明,只要清帝退位,袁世凯宣布赞成共和,即向临时参议院推荐袁世凯为临时大总统。袁世凯得到孙中山的保证后,加紧逼迫清帝退位。2月12日(清宣统二年十二月二十五),隆裕太后终于接受中华民国对皇室的优待条件,正式下诏退位,结束了专制王朝在中国的统治。

根据南北议和条件,2月13日,孙中山向临时参议院提请辞职,荐袁世凯以自代。15日,孙中山辞职,参议院一致选举袁世凯为临时大总统。3月10日,袁世凯在北京宣誓就职。11日,南京临时政府颁布具有资产阶级共和国宪法性质的《中华民国临时约法》,要求袁世凯宣誓遵守,并到临时政府所在地南京就职。但袁世凯以北京发生"兵变"为由,拒绝赴南京履职。后经临时参议院议决,允许袁世凯在北京就任。4月1日,孙中山正式解职。5日,南京临时政府参议院议决迁都北京,中华民国临时政府宣告结束。袁世凯委任黄兴为南京留守府留守。据《南京留守条例令》,"南京留守直隶大总统,有维持整理南方各军及南京地面之责"①。6月14日,黄兴正式卸南京留守职,留守府撤销。

第二节 北 京 政 府

民国元年(1912)3月10日,袁世凯在北京正式就任中华民国临时大总统,中华民国政府定都北京。北京政府时期,中央政权相继为北洋军阀各派系所操纵,故俗称北洋政府、北洋军阀政府。民国十七年(1928)6月,国民革命军攻占北京,北洋政府统治宣告结束。北洋政府在大多数时间里,披着资产阶级民主共和政体的外衣,但实际上被北洋军阀的各个派系所掌控,直至最后由

---

① 中国第二历史档案馆编:《中华民国史档案资料汇编》第二辑,江苏古籍出版社,1991年,第140页。

张作霖掌权时，直接以军政府相称。

民国元年4月4日，临时参议院由南京迁往北京。民国二年4月8日，中华民国第一届国会开幕。10月6日，国会选举袁世凯为大总统，黎元洪为副总统。民国四年12月11日，袁世凯导演所谓国民代表投票，由御用的参政院以国民代表大会总代表的名义推戴他为"中华帝国大皇帝"的闹剧。12日，袁世凯承认帝制，改中华民国为"中华帝国"。此后，又下令改元，以民国五年为"中华帝国洪宪元年"，准备于元旦举行登基典礼，正式称帝。袁世凯的倒行逆施，遭到全国各族人民的坚决反对。民国四年12月25日，蔡锷、唐继尧等在云南起义，发动护国战争，讨伐袁世凯。贵州、广西相继响应。在一片反对声中，袁世凯被迫于民国五年3月22日撤销帝制，翌日宣布废除"洪宪"年号，复称大总统。6月6日，在全国人民的声讨中，袁世凯忧惧而死。黎元洪于次日继任总统。

民国六年7月1日，张勋拥立清废帝溥仪复辟帝位，恢复"宣统"年号。12日，复辟帝制的丑剧在全国人民的唾骂声中草草收场。

此后，北洋军阀分化为直、皖、奉三系，他们割据地盘，争权夺利，不断发生混战，北洋政府动荡不安，先后有黎元洪（民国五年6月7日至六年6月30日、民国十一年6月11日至十二年6月13日）、冯国璋（民国六年7月30日至七年10月7日）、徐世昌（民国七年10月10日至十一年6月2日）、高凌霨（民国十二年6月14日至10月初摄行大总统）、曹锟（民国十二年10月10日至十三年11月2日）等5人当选总统或摄行总统职权，另有段祺瑞（民国十三年11月24日至十五年4月20日）、颜惠庆（民国十五年5月13日起）、杜锡珪（民国十五年6月22日起）、顾维钧（民国十五年10月1日至十六年6月17日）等4人出任执政或摄行临时执政，张作霖任中华民国军政府陆海军大元帅（民国十六年6月18日至十七年6月4日）。民国十七年6月初，国民革命军进据北京，奉系军阀张作霖于6月2日通电率部退出北京，次日出京，北洋政府最后一届安国军潘复内阁随之瓦解。随后，南京政府任命阎锡山为京津卫戍总司令，全权处理接收北京事务。

第三节 南京政府

南京政府包括成立于民国十六年（1927）4月18日的中华民国国民政府与成立于民国三十七年（1948）5月的中华民国总统府两个时期。在此之前，还有广州国民政府、武汉国民政府。由于这些政权均以国民党为政治核心，因此又被统称为国民党政府。国民党政府自民国十四年7月开国,迄于民国三十八年9月覆灭,前后共约24年,以其首都更迁,可划分为广州国民政府、武汉国民政府、南京国民政府暨总统府三个时期。

民国十三年1月20日,中国国民党第一次全国代表大会通过了《组织国民政府之必要提案》,公布了孙中山手拟的《中华民国建国大纲》。孙中山在《建国大纲》中扼要阐明了三民主义的含义和实行三民主义的方法与步骤,确定国民政府"本革命之三民主义、五权宪法,以建设中华民国"之建国纲领;建国程序分为军政、训政、宪政三个时期。当日,孙中山在《开幕词》及《关于组织国民政府之说明》等演说中,又着意揭示了"用政党力量去改造国家"、"把党放在国上"、"以党建国"、"以党治国"这一重要原则,指出"中华民国国民政府就是国民党政府"。

民国十四年6月14日,国民党中央执行委员会政治委员会第14次会议根据广东形势,决议改组大元帅大本营为中华民国国民政府。6月24日,陆海军大元帅大本营总参议、代行大元帅胡汉民公布了《中国国民党中央执行委员会关于政府改组议决案》,议决设置国民政府、军事委员会、监察院、惩吏院、省政府、审政委员会等机构。民国十四年7月1日,国民党中央执行委员会公布《中华民国国民政府组织法》,正式将大元帅府改组为中华民国国民政府,国民政府宣告在广州改组成立。民国十五年12月5日,国民政府停止在广州办公,迁都武汉。这一时期的国民政府通称广州国民政府。

民国十五年7月初,国民革命军出师北伐。9月16日,收复汉口、汉阳。10月10日,攻克武昌。为适应北伐战争胜利发展之需要,11月26日,国民党中央政治委员会临时会议决定,将国民党中央和国民政府迁往武汉。11月28日,广州国民政府委员会召开第43次会议,决定国民政府所有直辖机关,除总司令部外,均准备迁移。12月5日,国民党中央党部、国民政府发出通电,正式宣布将中央党部和国民政府北迁武昌,停止在广州办公。12月12日,先期抵达武汉的中国国民党中央执行委员会及国民政府委员成立临时联席会议,行使党、政最高临时权力,指导政务。翌年1月1日,国民政府明令定都武汉,将武昌、汉口、汉阳三城合建为"京兆区",定名武汉。

民国十六年2月21日,国民政府在汉口开始办公,成立新的政府委员会。3月10日至17日,国民党二届三中全会在汉口召开,讨论并通过了《中华民国政府组织法修正案》,废除主席制,选举汪精卫等27人为国民政府委员。武汉国民政府初期,在国民党左派和中国共产党人的共同领导下,继续执行孙中山的"联俄、联共、扶助工农"的三大政策,进行反帝、反军阀统治的斗争,并继续北伐。6月1日，北伐军与冯玉祥部会师郑州，次日攻占开封。奉军连战皆败，全部撤出河南。嗣后，汪精卫等人与冯玉祥召开郑州会议，决定北伐军一律撤回武汉，河南让与冯玉祥。

武汉国民政府前期共辖有11个省份。广东、广西两省是国民政府控制最早的地区；湖南省于民国十五年7月30日成立省政府；湖北省政府于民国十六年2月1日成立；江西省政府成立于民国十五年11月27日；福建省于民国十六年1月3日成立省政府；贵州省地方军阀袁祖铭等人于民国十五年8月服从国民政府领导，掌握贵州省行政权力；四川省临时政府于民国十六年1月8日在重庆成立；绥远省因冯玉祥在民国十五年8月25日率全体国民军正式加入国民党，亦成为武汉政府的一个省；甘肃省的国民联军领导人刘郁芬于民国十五年底宣布与北京政府脱离关系，遂为武汉政府辖区；陕西省在冯玉祥解西安之围后，也成为武汉政府的辖区。至四一二政变前，北伐军还先后光复了江苏、浙江、安徽等省，它们在名义上也接受武汉国民政府的管辖。

但其后，国民革命军总司令蒋介石等人为控制国民政府，坚持要求迁都南昌。民国十六年4月12日，蒋介石等人在上海以"清党"为名，发动四一二政变。同月17日，蒋介石、胡汉民等以"中央政治会议主持一切"为由，"中国国民党中央执行委员会政治会议"第73、74次会议在南京召开，议决国民政府自18日起在南京办公。次日，发表《国民政府宣言》，声称："政府谨遵总理遗志，接受多数同志之主张，依据中央政治会议决议，于4月18日在南京开始办公。"①18日，南京政府举行成立大会，由蔡元培代表国民党中央党部授印，胡汉民代表国民政府接印，与武汉国民政府对立的南京政府建立。6月19日，武汉国民政府常务委员汪精卫在徐州与蒋介石达成"清党反共"协议。7月15日，武汉国民政府汪精卫集团实行"清党反共"。9月，宁汉合流。

民国十七年6月，北伐军进驻北京，安国军政府解体，南京政府改北京为北平。至此，南京政府完全取代北洋政府，宣布"统一告成"。不久，新疆杨增新归附南京政府。同年12月29日，张学良宣布东北奉天、吉林、黑龙江、热河4省区易帜，"服从国民政府"，遵守"三民主义"。31日，南京政府任命张学良为东北边防守军司令长官。东北易帜，标志着北洋军阀统治的全部结束。至此，以国民党为代表的南京政府完成了"全国统一"。

民国二十年九一八事变后，日本侵占东三省。翌年3月1日，日本侵略者

---

① 《国民政府公报》宁字第1号，1927年5月1日，第1页。

以伪满洲国政府名义发表所谓《满洲国建国宣言》，宣布"满洲国"正式成立；此后又侵占热河省。民国二十一年1月，日本挑起一·二八事变后，南京受到日军的威胁。国民政府于同月迁都洛阳。同月，国民党中央政治会议决议以陕西长安（今陕西西安市）为陪都，定名西京，设立直隶于行政院之直辖市，兼负建设陪都之专责。12月1日，国民党中央党部、国民政府及各院部返回南京。民国二十六年7月，卢沟桥事变爆发，日军大举进攻中国，全面抗战开始。11月，南京政府决定西迁重庆，以重庆为陪都。同年11月至次年10月，国民政府先迁驻武汉。此后，始迁重庆。抗战胜利后，民国三十五年5月，国民政府返回南京。民国三十七年1月4日，南京政府明令北平市为陪都。3月，行宪国民大会召开，组织中华民国总统府，选举总统、副总统。由此产生的总统府代替原来的国民政府。5月20日，蒋介石、李宗仁就任总统和副总统，南京政府正式进入所谓的"行宪"时期。

抗日战争胜利后，台湾光复。民国三十四年8月29日，国民政府任命陈仪为台湾省行政长官。9月21日，国民政府公布《台湾省行政长官公署组织条例》，规定"台湾省暂设行政长官公署，隶属于行政院，置行政长官一人，依据法令综理台湾全省政务"①。10月2日，台湾省行政长官公署在台北设立。17日，中国军队登上台湾岛。25日，驻守台湾的侵华日军代表安藤利吉向陈仪递交投降书。同日，陈仪发表广播讲话，郑重宣告：自即日起，台湾及澎湖列岛已正式重入中国版图，所有一切土地、人民、政事皆已置于中国主权之下。

外蒙古封建主在沙俄策动下，于辛亥革命后宣布"独立"。民国四年，中、俄、蒙三方在恰克图签订《中俄蒙协约》，外蒙古承认中国宗主权，中国、俄国承认外蒙古自治，为中国领土的一部分。民国六年，俄国沙皇政权被推翻，外蒙古遂于民国八年撤销"自治"。民国十年初，外蒙古封建王朝在白俄残匪策划下，再次宣布"独立"。同年7月，蒙古国民党在苏俄支持下击败白俄，成立君主立宪政府。民国十三年5月31日，中俄签订《中俄解决悬案大纲协定》，苏联政府承认外蒙古为完全中华民国之一部分。同年11月26日，蒙古废除君主立宪制，成立蒙古人民共和国。民国三十四年8月14日，中国政府与苏联政府签订《中苏友好同盟条约》及其附件，中国政府同意于抗战胜利后，在外蒙古举行公民投票，如民意赞成独立，则中国承认外蒙古独立。民国三十五年1月5日，国民政府发表关于外蒙古问题的公告，承认外蒙古独立。

民国三十八年1月，人民解放军兵临江北，威逼南京，国民党政权总崩溃。

---

① 《国民政府公报》渝字第862号，1945年9月21日，第1页。

2月5日,孙科率行政院迁往广州。4月23日,人民解放军占领南京,国民党政权覆灭。10月1日,毛泽东主席在北京天安门向全世界宣告中华人民共和国成立。随着新中国的诞生,中华民国宣告消亡。10月10日,人民解放军逼近广东新街(今广东花都市驻地新华镇),广州陷于重围。12日,国民党"总统府"由广州逃往重庆,"行政院长"阎锡山逃往台湾。10月14日,广州解放。11月29日,国民党"总统府"又逃往成都。11月30日,重庆解放。12月27日,成都解放。此后,国民党"总统府"流亡台北。

在南京政府统治时期,由于国民党内派系斗争和政见矛盾,曾建立过与中央政府相对峙的军政组织和地方自治暨割据政权。这些军政组织与地方自治暨割据政权的性质是多重的、复杂的,各自成为一个独立体系。其中时间较长,与行政区划相关的有以下几个。

中华共和国人民革命政府 民国二十二年11月20日,第十九路军将领陈铭枢、蔡廷锴等人,联合其他反蒋势力,发动福建事变。是日,在福州召开中国人民临时代表大会,议决建立人民革命政府,公开与南京国民政府对抗。22日,中华共和国人民革命政府(通称"福建人民政府")正式在福州成立,更定年号为中华共和国元年,新国旗为上红下蓝二横条组成,中嵌黄色五角星一颗。12月13日,福建人民政府决定将福建省划分为4省、1市:闽海省(省治闽侯、辖15县)、延建省(省治延平,辖18县)、兴泉省(省治晋江,辖11县)、龙潭省(省治龙溪,辖12县),福州市。翌年1月,福建人民政府在蒋介石的军事战争与分化瓦解下宣告失败。

东蒙古人民自治政府 民国三十五年1月17日,原伪兴安总署蒙古军政人员上层分子在兴安盟之葛根庙(王爷庙南、白城子北)召开国民代表大会,宣布建立"东蒙古人民自治政府"。5月28日,在海拉尔召开第二次国民代表大会,改组"自治政府",下设兴安省、纳文慕仁省、呼伦贝尔省、昭乌达省、卓索图省等5省。"内蒙古自治运动联合会"成立后,"东蒙古人民自治政府"改组为东盟分会。

东土耳其斯坦人民共和国临时政府 民国三十三年11月7日,新疆伊宁人民起义。10日,建立临时政权——"东土耳其斯坦共和国人民委员会"。民国三十四年1月,于伊宁召开代表大会,宣告成立"东土耳其斯坦人民共和国",与国民党政府脱离关系。据1月5日公布的"共和国"《政纲》与13日伊犁《东土耳其斯坦革命日报》公布的"共和国"《宣言》声称,该政府为新的"独立自主国家","国体定为民主政体"。临时政府中央设主席1人。地方政权辖有阿山、伊犁、塔城、迪化等行政区,设正、副行政长。是年6月,临时政府"民族军"攻占额敏。7月,攻占塔城。9月,占领阿勒泰。至此,伊、塔、阿3区连成一片。至民国三十四年12月,有伊犁、塔城、阿山、迪化(辖绥来、呼图壁2县)等4行政区。民国三十五年1月2日,临时政府与国民党中央政府达成和平协议,"东土耳其斯坦共和国"名义撤销。7月1日,新疆联合政府正式成立。

第二章　人民革命政权

从民国十六年(1927)八一南昌起义起,由中国共产党领导的人民武装,实行土地革命和武装反抗国民党政权,先后创建了一批农村革命根据地,建立工农民主政权;并在以国共合作为主体的抗日民族统一战争中,建立了许多抗日民主根据地,在各根据地建立"三三制"的民主政权。抗日战争胜利后,国民党政权悍然撕毁停战协定和政协决议,于民国三十五年6月底,向解放区发动全面进攻。中国共产党领导解放区军民采取积极防御的作战方针,粉碎了国民党军队的全面进攻和对陕甘宁边区及山东解放区的重点进攻,随后转入反攻,至民国三十八年(1949)1月,先后取得辽沈、淮海、平津三大战役的胜利。4月21日,人民解放军强渡长江,23日占领南京,结束了国民党政权在中国大陆的统治。1949年10月1日,中华人民共和国正式宣告成立,标志着新民主主义革命在全国的胜利。

第一节　土地革命战争时期的工农民主政权

民国十六年,蒋介石发动四一二政变,公开叛变革命。中国共产党召开八七会议,确定了实行土地革命、武装反抗国民党政权的总方针,并部署了在湘、鄂、赣、粤4省进行秋收暴动的计划。通过一系列武装起义,中国共产党创建了工农武装,建立了许多革命根据地。从此,工农民主政权(又称苏维埃政权)在中国诞生。至民国十九年上半年,开辟有赣南闽西、湘鄂西、湘鄂赣、鄂豫皖、赣东北、左右江等10余个革命根据地。民国二十年11月7日,中华工农苏维埃第一次全国代表大会在江西瑞金开幕。会议通过了《中华苏维埃共和国宪法大纲》,选出了63人的中央执行委员会。11月27日,中央执行委员会召开第一次会议,选举毛泽东为中央执行委员会和人民委员会主席。工农红军二万五千里长征之后,国际国内形势大变,为了促进国共合作,民国二十六年7月15日,中华苏维埃共和国中央政府改为陕甘宁边区政府。

第二节　抗日战争时期的民主政权

民国二十六年(1937)7月,日本帝国主义以制造卢沟桥事变为起点,发动了全面侵华战争。9月22日,国民党通过中央通讯社发表《中共中央为公布国共合作宣言》。次日,蒋介石发表谈话,指出了团结御侮的必要,并承认中国共产党的合法地位。从此,以国共两党合作为基础的抗日民族统一战线正式形成。

为了充分发动和组织广大人民群众进行抗日战争,中国共产党把工农红军先后改编为国民革命军第十八集团军和新四军,开辟抗日前线,在敌后广泛发动群众,进行游击战争,创建敌后抗日根据地,建立抗日民主政权。

民国二十六年底至二十七年初,八路军一一五师一部分赴晋东北、察南、冀西各地,在粉碎敌人围攻以后,建立了晋察冀抗日根据地。民国二十七年1月10日,晋察冀边区军政民代表大会召开,在民主选举的基础上成立了晋察冀边区行政委员会。

民国二十六年底至二十七年底,八路军一二〇师挺进到晋西北、绥远,发动群众,开展游击战争,建立了晋西北和大青山抗日根据地,为晋绥抗日根据地的形成打下了基础。

太原失陷后,一二九师挺进晋东南地区,以太行山为依托建立根据地。民国二十七年3月至4月,一二九师取得了两次伏击战的胜利,又粉碎了敌人的九路围攻,收复县城18座,控制了以太行山为依托的晋冀豫地区。4月下旬开始,一二九师分兵进入冀西、冀南、豫北等平原地区。到8月初,掌握冀南大部分县政权,随后召开了各县代表会议,成立了冀南行政公署。在豫北,到9月初建立了安阳、内黄和汤阴3个县的抗日政权。同年7月到年底,一一五师和一二九师各一部开辟以冀鲁边的宁津、乐陵为中心,包括沧县、盐山、庆云、东光等县的平原根据地。以上根据地的开辟为后来的晋冀鲁豫抗日根据地的形成做好了准备。

在山东,从民国二十六年11月至二十七年3月,共产党组织领导发动了十几个地区的群众武装起义。从5月开始,进入了有计划地创建抗日根据地的阶段,以开辟沂蒙山区和抱犊崮山区为中心的抗日游击根据地为重点,同时在胶东建立了蓬莱、黄县、掖县3个抗日民主县政府。后来在八路军一一五师进入山东后,正式建立起了山东抗日根据地。

在华中,新四军先后创建了皖中、皖东、鄂豫边、豫皖苏、皖东北、苏皖边、苏北、皖南、苏南等抗日根据地。

在华南,共产党领导的广东人民抗日游击队创建了东江、珠海、琼崖等抗日游击根据地。

在八路军、新四军和其他人民武装开辟敌后抗日根据地的同时,陕甘宁边区得到了进一步的巩固。从民国二十六年7月15日起,陕甘宁边区开始了从乡、区、县以至边区的民主选举运动。9月20日,原陕甘宁边区革命根据地的苏维埃政府,正式改称为陕甘边区政府,由林伯渠任边区政府主席。

整个抗日战争时期,全国先后共建立了19块根据地(包括陕甘宁边区在内)。它们遍及陕西、甘肃、宁夏、山西、绥远、察哈尔、河北、河南、山东、江苏、安徽、湖北、广东等省。

第三节　解放战争时期的人民民主政权

抗日战争胜利后,民国三十五年(1946)6月26日,国民党以30万兵力围攻湖北宣化店地区的中原解放区,并相继向华东、晋冀鲁豫、晋绥、晋察冀、东北等解放区进攻,全面内战从此爆发。共产党领导的人民军队虽然在战争初期退出了许多城市和乡村,却消灭了大量的国民党军队,逐渐消耗了敌人的战略机动兵力。从民国三十六年3月起,国民党军队被迫放弃全面进攻,改为重点进攻山东战场和陕北战场,也以失败告终。民国三十六年6月,人民解放军由战略防御转入战略进攻,至三十七年,将国民党军队分割在东北、华北、华东、中原、西北五大战场上。从民国三十七年9月起,经过辽沈战役、淮海战役、平津战役,人民解放军解放了长江以北的大片区域,先后成立了东北军政委员会、华北人民政府,分别管理东北、华北地区的行政工作。

解放战争经过民国三十七年秋季攻势的胜利,国共两党军事力量发生了根本性的变化,人民解放军在质量上和数量上都超过了国民党军队。由于南京国民党政府拒绝在国共谈判所拟定的国内和平协定书上签字,中国人民革命军事委员会主席毛泽东和中国人民解放军总司令朱德于4月21日发布了《向全国进军的命令》,命令人民解放军向南方和西北进军,"奋勇前进,坚决、彻底、干净、全部地歼灭中国境内一切敢于抵抗的国民党反动派,解放全国人民,保卫中国领土主权的独立和完整"[①]。4月20日,人民解放军百万大军分3路在西起九江、东至江阴的1500里的战线上,以雷霆万钧之势,向长江南岸

---

① 《人民日报》1949年4月22日。

广大区域发起了规模空前的大进军。4月22日,国民党政府各院、部、会已撤往广州,总统府在同日迁往上海。23日晨,行政院长何应钦逃往上海,代总统李宗仁飞往桂林。4月24日,人民解放军解放南京城,宣告国民党政权二十二年统治的覆灭。各路解放军乘胜前进,最后解放了除台湾、澎湖、金门、马祖等岛屿以外的全部国土。

民国三十八年9月,中国共产党、各民主党派、各人民团体、人民解放军、各地区、各民族以及国外华侨代表,在北平举行中国人民政治协商会议第一届全体会议,选举产生中央人民政府。1949年10月1日,中华人民共和国成立。

第三章 日伪政权演变

民国二十年(1931)日本帝国主义发动九一八事变后,迅速将我国东北地区沦为其殖民地;二十六年又发动了七七事变,开始全面的侵华战争。在沦陷区域,日本侵略者扶植傀儡政权,先后出现了"满洲国"、"蒙疆联合自治政府"、"中华民国临时政府"、"中华民国维新政府"等地方性汉奸政权,而汪精卫伪国民政府则是在合并伪临时政府和伪维新政府基础上建立的控制区域最大的汉奸傀儡政权。这些伪政权是日本侵略者对我国沦陷区进行殖民统治的工具。

第一节 伪 满 洲 国

九一八事变后,日本侵略者立即在东北网罗汉奸,拼凑傀儡政权。在辽宁,民国二十年9月24日,"奉天地方自治维持会"成立,由汉奸袁金铠任委员长。9月26日,改为"辽宁省地方维持委员会",代行省政府的职权。28日,"辽宁省地方维持委员会"等3个伪政权发表所谓的"独立宣言",宣布脱离张学良政权。11月20日,将辽宁省改名为奉天省。12月16日,伪奉天省政府成立。在吉林,执政的吉林军参谋长熙洽在事变后便投敌叛国,于民国二十年9月26日宣布取消原来吉林省军政机关,改置吉林省长官公署,自任长官,统辖吉林省的军民两政。28日,伪吉林省公署发表声明,脱离南京国民政府,宣布"独立"。在黑龙江,东省特别区行政长官张景惠投敌后,于民国二十一年1月1日发表"独立宣言",宣布就任伪黑龙江省长。至此,东北三省的伪政权先后登台。

三省伪政权出笼以后,日本侵略者加快了筹建伪满洲国的步伐。民国二十一年2月16日,三省伪政权头目张景惠、熙洽、臧式毅等奉关东军之命,在沈阳召开伪建国会议。次日,按照关东军事先拟订的方案,决定成立伪"东北行政委员会",由张景惠出任委员长,负责在3月以前筹建成"新国家"。18日,该"委员会"宣布东北地区脱离中华民国,完全"独立";25日,公布《新国家组织大纲》，规定"新国家"称"满洲国"，"元首"称执政，"年号"为大同，"首都"设在长春（后改为"新京"），并推溥仪为"执政"；3月1日，发表《建国宣言》，正式成立"满洲国"。3月9日，溥仪在长春举行"就职典礼"，充任伪满洲国执政。10日，溥仪任命郑孝胥为国务总理，张景惠为参议府议长，并任命各部总长。这样，由日本侵略者一手炮制的伪满洲国政权终于登场。溥仪在就任执政的当天，就与日本关东军司令官本庄繁签订密约，规定："满洲国"的国防、治安、铁路、港湾、航空等由日本管理；日本所需设施由"满洲国"援助；日本人得充任"满洲国"官吏（即"日系"），任职、解职均由关东军司令部决定。伪满洲国是日本帝国主义侵略势力和中国封建余孽复辟势力相勾结产生的傀儡政权。9月9日，日本政府正式承认"满洲国"。15日，郑孝胥又与日本驻"满洲国"特命全权大使武藤信义签订《日满议定书》，进一步确认日本及其臣民在"满洲国"的既得权利和利益，并有无限期驻兵权。民国二十二年3月，日本侵略者悍然宣称热河是伪满洲国的一部分，并占领热河。民国二十三年3月1日，伪满洲国改名"满洲帝国"，溥仪改称皇帝，郑孝胥改称国务总理大臣，"年号"改为康德，中央行政体制改为君主立宪制。

伪满洲国成立后，即遭中国人民和中国政府的强烈反对。民国二十一年3月12日，南京国民政府发表声明，否认"满洲国"。东北各族人民在中国共产党的领导下，组织抗日武装，坚持长期游击战争，给日本侵略者和"满洲国"以沉重打击。民国三十四年（1945）8月14日，抗日战争胜利，日本宣布无条件投降。18日，溥仪颁发《退位诏书》。20日，"满洲帝国"宣布解散。

第二节　华北、华中、华南伪政权及汪伪政府

一、伪临时政府

民国二十二年（1933）3月，日本侵略者悍然宣称热河是伪满洲国的一部分，并占领热河。5月31日，与南京国民政府签订《塘沽协定》，南京国民政府事实上承认日本占领东北四省的合法权，承认冀东为非武装区。民国二十四年，日本又策划河北、察哈尔、绥远、山西、山东等华北5省实行"自治"。面对日本侵略者的步步紧逼，南京政府采取妥协政策，于民国二十四年11月26日下令在北平设立以宋哲元为首的冀察政务委员会，为半傀儡式组织。民国二十六年，日本侵略者发动全面侵华的七七事变后，平津沦陷，冀察政务委员会

很快撤销。此后,日本侵略者迅速在北平、天津两地组成"地方治安维持会",并策划平津两地的维持会与"冀东防共自治政府"合并。民国二十六年12月14日,伪中华民国临时政府在北平成立。伪临时政府是一个典型的傀儡政权,其最高指挥权及行政设施全部由日本人控制,军政指挥调动完全由日人主持。伪临时政府下辖河北、山西、山东、河南4省及北平、天津2市。民国二十九年3月并入汪伪政权,改组为伪华北政务委员会。

二、伪维新政府

民国二十六年(1937),日本侵略军先后占领上海、南京等地,在当地建立汉奸组织——地方维持会。随着日军占领区的扩大,日本侵略者开始策划建立伪维新政府。民国二十七年3月28日,伪中华民国维新政府在南京成立。伪维新政府的最高行政机关是行政院,下辖江苏、浙江、安徽3省和南京、上海两个特别市,于民国二十九年3月汪伪政权成立时宣布解散,并入汪伪政权。

三、汪伪国民政府

民国二十七年(1938)12月18日,汪精卫等人由昆明逃往河内。29日,汪精卫发表降日公开信及声明(即臭名昭著的"艳电"),公开走上投敌叛国的罪恶道路。民国二十八年4月15日晚,在日本人严密保护下,汪精卫等人由海防乘船到上海,并于5月31日秘密前往日本。6月6日,日本内阁决定合并华北、华中、华南等地的伪政权,根据"调整日华新关系原则","正式调整日华国交"。汪精卫接受了日本提出的各项规定。6月18日,汪精卫离开日本回国。8月28日,伪国民党第六次代表大会在上海召开,成立以汪精卫为主席的伪国民党中央委员会,并且授权汪精卫实现与南北两个伪政权的合作,准备"还都"南京。11月1日至12月30日,汪精卫在上海与日本特务机构——梅机关签订了《日支新关系调整要纲》。民国二十九年1月23日至26日,汪精卫、王克敏、梁鸿志及伪蒙疆联合自治政府的代表李守信等,集会于青岛,秘密成立"中央政府",并就伪中央政府的纲领、机构以及各方面在"中央政府"中的地位等问题,达成了初步的协议。3月20日至23日,汪精卫在南京召开了伪国民党中央政治会议,通过伪中央政府政纲、名称、地点、旗帜、组织机构及人选,完成了成立伪中央政府的准备。3月30日,汪精卫在南京正式宣布"还都",成立"中华民国国民政府",打出了"和平反共建国"的招牌,其组织机构仍采用原国民政府的相关形式。汪伪政府名为全国性政权,实际管辖的区域只有江苏、浙江、安徽等省大部,上海、南京两市全部和湖北、湖南、江西、山东、河南等省小部分。在这些控制区内,其政令也很难到达广大农村。日本侵略者出于政治、军事、经济需要,给有些"地方政权"以很大程度的独立自治权,以便直接控制。如"华北政务委员会"名义上是伪国民政府的地方政权机构,但实际上不受汪伪中央政府的管辖。此外,日本侵略者还在一些战略要地建立"特别行政区"。民国三十四年(1945)8月,汪伪政权败亡。

第三节 伪蒙疆联合自治政府

日本侵略军侵占东北四省后,加紧推行其所谓的"满蒙政策",引诱锡林郭勒盟苏尼特右旗札萨克郡王德穆楚克栋鲁普(德王)等蒙古反动王公,进行分裂中国的"蒙古自治运动"。民国二十五年(1936)2月,德王在西苏尼特旗王府召开各盟首领会议,宣布成立"蒙古军总司令部",脱离南京国民政府,成为内蒙古地区第一个伪政权。民国二十六年9月,伪察南自治政府在张家口成立。10月,伪晋北自治政府在大同成立。10月,日本侵略军占领绥远省归绥。27日,德王在归绥召开"第二次蒙古大会",决定将"蒙古军政府"改为"蒙古联盟自治政府"。民国二十八年7月28日,日本兴亚院决定合并伪蒙疆联合委员会和伪蒙古联盟自治政府、伪察南自治政府、伪晋北自治政府。9月1日,这些傀儡政权合并成立"蒙疆联合自治政府",由德王任主席,以"政务院"为最高行政执行机关,以张家口为"首都"。民国三十年8月,伪蒙疆联合自治政府改为"蒙古自治邦政府"。伪蒙疆联合自治政府建立后,将原伪察南、晋北两自治政府改为两个政厅,直隶伪政务院。原伪蒙古联盟自治政府所辖的巴彦塔拉盟、察哈尔盟、锡林郭勒盟、乌兰察布盟、伊克昭盟等5个盟,也直隶于伪政务院。该伪政权于抗战胜利时灭亡。

上编　中华民国时期地方行政制度的变迁

第一章 辛亥革命与南京临时政府时期的地方行政制度

清宣统年间,地方行政区划改制的趋势已经出现,一方面是吉林、黑龙江等省在设置政区时,主动减少行政层级;另一方面是迫于经济压力,裁撤内地各府的附郭首县。辛亥革命的发生加速了这一进程。由于革命没有在全国展开,这一时期新旧制度并存。

第一节 辛亥革命前的地方行政制度与行政区划变化趋势

清宣统三年(1911),清政府在全国设有直隶、奉天、吉林、黑龙江、江苏、安徽、山西、山东、河南、陕西、甘肃、浙江、江西、湖北、湖南、四川、福建、广东、广西、云南、贵州、新疆等 22 个省级行政区划,各省共设府、厅、州、县 1 700 多个;另有内蒙古、外蒙古、青海、西藏等 4 个少数民族区域,内蒙古六盟、察哈尔、归化城土默特、套西二旗、乌里雅苏台(辖外蒙古喀尔喀 4 部、科布多参赞大臣辖区、唐努乌梁海地区)、青海、西藏、阿尔泰等 8 个地区被认为相当于省级区划。台湾省于光绪二十一年(1895)被日本侵占。

清朝末年,全国的行政区划实行省、府(直隶州、直隶厅)、县(州、厅)三级制。另在省、府两级政区间设道,作为省的派出机构,其主要职责为监察府、县官吏,兼具部分行政职能,不具备行政区划全部要素。吉林、黑龙江两省的部分道则实行新制度,除了原有的监察职能外,已经具备行政机构与行政区划的基本要素。这两省的部分府、直隶州、直隶厅不再辖县,形成省、道、府(直隶州、直隶厅)县新的三级制,实际的层级有所减少。另外,清末开始裁并各省同城州县。清宣统二年时,两江总督张人骏就因举办地方自治,"自治公所同城而设,而监督执行之官分峙并立,既多文书往复之嫌,又有意见纷歧之虑",要求裁并各省同城州县。此后,又因各省准备设立地方审判厅,缺乏经费而进展缓慢,于是有裁并各省府治附廓首县,用节省下来的经费开办地方审判厅的提议。宣统三年四月奉旨依议①。同年八月,清政府下旨令各省裁并府的附廓首县,由知府直接管理原属附廓首县的地方,以节余的经费开办地方审判厅②。此后,一些府的首县知县期满离任后,清政府不再委派新的知县③,也有一些同城之县被裁撤合并④。

第二节 辛亥首义后各地军政府的设立与行政区划的变化

辛亥革命爆发后,在南方光复各省,对地方行政制度进行了改革。先后响应起义的光复各省,依据《中国同盟会革命方略》的规定,一般都是推举"都督"统率起义部队,都督府(军政府)成为一地的军政、行政组织。各省在省会成立全省性的军政府,作为一省的最高军事、行政、财政组织,如鄂州(即湖北)、福建、浙江、湖南、江西、安徽、陕西、山西、贵州等。个别省份设有两个独立的军政府,如四川省在重庆设有蜀军军政府,在成都设有大汉四川军政府,这两个独立的军政府后又合并为四川军政府。由于起义部队是在各地自发行动的,起义成功后大多自行设立军政府。因此,在一些省的特殊地区也设立有独立的军政府,如伊犁、滦州、重庆、沪军(上海)等,它们并不受本省军政府的领导。此外,在清朝的道治或形势特殊的府治,省军政府在此设立低一级的军政分府,下辖若干个县,如湖南凤凰设有湘西军政分府,广西柳州设有右江军政分府,四川叙州设有川南军政府,江西赣州设有赣南分都督府。军政分府的都督,或是当地起义部队首领,或由省军政府任命。而在光复各县,一般设有县级军政府或民政机构。因此,辛亥革命时期,光复各省大多形成了省、府县两级或省、重要地区(军政分府)、府县三级行政机构并存的局面。光复各省政区改革的另一个共同点是沿袭清末以来的政区发展趋势,裁并各省同城州县,撤销府的附廓首县。如浙江省公布的《浙江省县自治章程议决案》第一章第一条规定:"本章程所称为县者,以固有行政区域为准;县之辖境,向有插花攘地不便行政者,得由县知事呈请民政司,转呈都督核办。"⑤可见浙江省在辛亥革命

---

① 《两广官报》宣统三年五月第1期,"近代中国史料丛刊三编"本,第1册,第76页。
② 《两广官报》宣统三年八月第17期,第8册,第2855页。
③ 《内阁官报》宣统三年七月十五日第15号,台湾文海出版社影印本,第49册,第174页。
④ 《内阁官报》宣统三年八月初三日第32号,第50册,第36页。
⑤ 蒋尊篯:《公布〈浙江省县自治章程议决案〉》,《辛亥革命浙江史料选辑》,浙江人民出版社,1981年,第551页。

后实行的是省、县两级制。又如贵州省"还有府、县名称,惟府不辖县,府县之长,均称知事"①。

此外,由于光复各省尚未成立全国性的政权,因此,新的制度由各省自行制定,侧重点有所不同。广东省在辛亥革命成功后的宣统三年(1911)年九月,就裁撤了清代的道,改府州为县②。江苏省也在同年公布《江苏暂行地方官制》,第一条即规定裁原有的道、府、厅,保留州、县,同城州县合并为一县;第二条规定江苏省实行省、县两级制,州、县设民政长,直隶于江苏都督;第十二条规定县级以下基层政区为市乡制③。同月公布的《江苏军政分府》,将全省划分为5个军政分府,长官称军政使,接受江苏省都督的监督,管理所辖地方。因此,江苏省实际上执行的是省(都督府)、军政分府、州县、市乡的4级地方行政层级。该5个军政分府的名称和管辖区域如下:苏州军政分府管辖原苏州府、常州府区域,镇江军政分府管辖原镇江府、扬州府区域,上海军政分府管辖原松江府、太仓直隶州区域,江北军政分府管辖原淮安府、海州直隶州、通州直隶州、海门直隶厅区域,徐州军政分府管辖原徐州府区域④。

而江西省政事部编制处制定的《江西暂行地方官制草案》19条,将全省地方行政区划分为府、县两种形式,实行省、府县二级制。《草案》虽然保留了清代的府名,但府的管辖区域与职权均发生了实质性的变化:"各府设府知事一员,各县设县知事一员,均由省政事部选定,呈请都督委任。各首县均裁,即以首县有之辖境,为各府区域,宁都州改州为府,余各厅州,一律改县,以归划一。"由此,各府的行政范围与清代相比,大为缩小,与一般县相似。"府知事直接于省各部,承其指挥,处理本府直辖地方事务,兼有监督所属各县之权","县知事直接于省各部,承其指挥,处理本县一切事务,受府知事之监督"⑤。府、县行政层级相等,均直隶于省,但府可以监督县。

浙江省制定的《浙江各府县暂定编制简章》,内容与江西省《草案》相似,也是将全省划为府、县两种政区,均接受省都督的领导,但府可以监督县。与江西省不同的是,《简章》第八条规定,在离城较远乡镇,可以设执法员若干人:"凡向有分府、巡检、主簿、典史、县丞驻在离城较远之各镇乡,得酌设执法员若

---

① 韩祉章:《贵州政局的回忆》,《云南、贵州辛亥革命资料》,科学出版社,1959年,第313页。
② 《临时政府内务行政纪要》,第51页。
③ 《江苏暂行地方官制》(1911年11月),蔡鸿源主编:《民国法规集成》第2册,黄山书社,1999年,第60页。
④ 《江苏军政分府》(1911年11月),蔡鸿源主编:《民国法规集成》第2册,第54页。
⑤ 《江西暂行地方官制草案》(1911年10月),蔡鸿源主编:《民国法规集成》第2册,第52页。

干人,受理一切民刑诉讼事件,直辖于府县。"①

在辛亥革命起义的地区,也有个别省份保留道级区划。《四川宣慰使章程》对道的长官及其职责有所规定,以清代四川省 5 个道的区域为基础,置 5 个宣慰使,各管辖一道,负责"察吏安民,绥靖地方"②。这可能与四川省辖区较为辽阔有关。直至民国元年(1912)南京临时政府成立后,道级政区在四川省仍继续存在③。

第三节 南京临时政府时期的地方行政制度

民国元年(1912)1 月 1 日,中华民国临时政府大总统孙中山在南京就职,宣告中华民国临时政府成立。由于临时政府仅存在 3 个多月的时间,地方秩序仍未恢复,革新尚感困难,南京临时政府还来不及对控制区域内的地方行政机构与区划进行统一改革,只是采取了一些必要的或临时性的措施。

南京为临时政府所在地,具有首都的地位。因此,南京临时政府在成立不久即拟设立南京府④,并于 1 月中下旬任命首位南京府知事⑤,3 月 10 日公布《南京府官制》⑥。《官制》第一条规定了南京府的地位及管辖区域:"民国临时政府所在地方,设南京府,以原有之上元、江宁二县为区域,直隶于内务部。"因南京为中华民国临时政府的首都,所以设府管辖,这与当时起义各省以都督府所在地的行政区划为府的习惯相一致。而原驻南京的江苏都督府迁驻吴县(今江苏苏州市),吴县成为南京临时政府时期的江苏省会。此后,随着临时政府北迁,南京已不具备首都地位。4 月初,取消南京府,设立江宁县,仍为江苏省会。

南京临时政府另一个与行政制度有关的举措,是通电各省都督将所属行政各部改称为司:

> 查各省光复以来,地方官职,均系各自为制,所定名称,难免歧异。兹值中央政府成立,关于设官分职事项,允宜统筹全局,从新厘定,以昭划一。当经法制局将中央行政各部官制编纂草案具呈前来,先后咨交院议

---

① 《浙江各府县暂定编制简章》(1911 年 11 月),蔡鸿源主编:《民国法规集成》第 3 册,第 217 页。
② 《四川宣慰使章程》(1911 年 11 月),蔡鸿源主编:《民国法规集成》第 1 册,第 322 页。
③ 四川军政府全权大使张治祥、蜀军军政府全权委员朱之洪致孙中山等人电:"都督印文应定为中华民国军政府蜀军都督之印文,各道、府、厅、州、县印文应改为蜀军政府各种关防,以昭划一。"(《临时政府公报》第 24 号,1912 年 2 月 28 日)
④ 按:《临时政府公报》第 1 号(1912 年元月 29 日)《公报暂定门类》中有《南京府令》一栏。
⑤ 按:《临时政府公报》第 6 号(1912 年 2 月 3 日)有内务部委任南京府知事令,但无签署日期。
⑥ 《南京府官制》,《临时政府公报》第 34 号,江苏人民出版社影印本,第 1 页。

在案。所有中央行政各部,既称为部,则各省都督府所属之行政各部,应拟改称为司,庶使中央各部与地方各部示有区别。且各省亦有先行之者,即彼此更不宜有互相歧异之处。合就令行贵部,仰即分电各省都督,将都督府所属之行政各部先改为司,一俟地方官制草案议决后,即作为确定可也。①

第三个举措是下令各省军政分府不得干涉民政事务。民国元年 2 月,参议院通过如下议案:

> 查各省光复后,军政、民政、财政等权,往往归于同一机关。如军政分府,虽在一隅之地,而权限辄逸出军事范围以外,至民政、财政难于统一。今官制既未订定,急宜发布临时命令,将军政分府名目即日撤销。如地势上为应驻兵之处,应由该省都督酌设司令部,专管该处军事。所需款项,开列预算,呈由都督核拨。其他民政、财政悉由地方官主政,司令部长绝对不得干涉。②

为此,临时大总统令陆军、内务、财政三部照此议案办理。

---

① 《临时政府公报》第 11 号,1912 年 2 月 9 日,第 1 页。
② 《临时政府公报》第 21 号,1912 年 2 月 24 日,第 1 页。

第二章　北京政府时期的省、道、县三级制与行政区划变迁

第一节　民国元年北京政府的行政制度改革措施

民国元年(1912),是政区变迁承前启后的一年,就全国范围而言,也是极为混乱的一年。在北京政府直接控制的北方地区,较少受到辛亥革命的冲击,保留了清代的省、府、县三级制,作为监察机构的道也继续存在。而在南方地区,清代的行政机构随着辛亥革命而自动瓦解,由军政府掌管当地的军政与民政。随着民政机构的设立,南方各省大多数实行省县两级制;在省会和一些重要的地区设府,府的行政层级与县相等,原先拥有的对县的管辖职能已被取消,只对本区域的县实行有限的监察作用。在川边地区,则新设立了一批县级政区。

民国元年3月10日,袁世凯在北京就任临时大总统。上任伊始,袁世凯没有立即对全国政区的混乱局面进行大的整顿、改革,只是对直接控制地区的官制进行了一些调整。3月17日,袁世凯发布临时大总统令,改东三省等地区的总督为都督,"东南各省长官均称都督,现在全国统一职官尚未确定,自应先行改归一律,以一观听。所有东三省总督改为东三省都督,直隶总督改为直隶都督,陕甘总督改为甘肃都督,其河南、山东、吉林、黑龙江、新疆等巡抚亦均改称都督。惟官名虽更,职权仍旧,所有各省文武属官照旧供职,官制、营制概不更动,其应行之政务、应司之职掌,仍当继续进行"①。

此后,"军民分治"与《省制与外官官制草案》之争,成为袁世凯政权与革命党人之间长期复杂的斗争。民国元年2月26日,章太炎在《大公报》上发表《条拟官制之要电》,向当选临时大总统的袁世凯建议"废省存道,废府存

---

① 《临时大总统改东三省等地区总督为都督令》,《中华民国史档案资料汇编》第三辑政治(一),江苏古籍出版社,1991年,第78页。

县，县隶于道，道隶于部。其各省督抚、都督等改为军官，不与民事，隶陆军部"①。其目的是试图改清朝的地方三级制为两级，缩小行政区，划分军民二政，以加强中央集权。章太炎的这个建议，正好符合袁世凯削减南方各省都督权力的愿望，很快就得到袁世凯的赞同。从民国元年3月起，袁世凯就指定北京临时筹备处法制股股长汪荣宝，根据章太炎提出的外官制精神，制定新的外官制草案。4月初，汪荣宝等拟订的外官制草案得到袁世凯的批准，"探其大纲，系仍照现制，各省分设都督总统军政、保卫疆界，以民政长为地方行政长官，其外交、理财、教育、司法、工商、农林等政各设一使，照省地情形，分别支配。裁道、府、厅、州，一律改为县治云"②。7月10日，袁世凯将《省制与外官制草案》提交参议院审议。草案遭到多数省份的都督和省议会的反对。此后，袁世凯又多次提出外官制草案，但大多数议员和省份均以各种原因予以反对。

5月份以后，内务部对应采用何种行政区划，进行了多次讨论，并取得了共识：全国行政要得到统一，必须以整理区域为根本，而整理区域的基础是调查。于是，内务部于10月16日通知各省调查各地行政区划，并在11月14日将调查表发往各省，"令其按照填注，务期区域之经过、历史及现时状况，详晰记载，俾收整齐划一之效"③。

第二节 《划一令》的颁布与省、道、县三级制的实施

由于省官制草案虽经数次修订，始终未能在参议院的通过，民国二年（1913）1月8日，袁世凯以参议院人数不足、势将休会，《省官制》等案难以议决公布为理由，不经参议院通过，擅自公布《划一现行各省地方行政官厅组织令》、《划一现行各道地方行政官厅组织令》、《划一现行各县地方行政官厅组织令》（简称《划一令》）等法令，并通令全国："按照政府计划，以民国二年三月以前为限，一律办齐。"④这是我国近代首批全国性整理政区和行政机构的命令。

《划一现行各省地方行政官厅组织令》称："地方行政编制法及地方各官制未公布以前，民国之国家行政区域，除蒙古、西藏、青海地方别有规定外，其他

---

① 《大公报》1912年2月26日，人民出版社1980年影印本，第17册，第189页。
② 《临时外官制草案之批准》，《时报》1912年4月19日。转引自胡绳武、金冲及：《辛亥革命史稿》第四卷《革命的成功与失败》，上海人民出版社，1991年，第437页。
③ 《临时政府内务行政纪要》，第39页。
④ 《政府公报》第243号，1913年1月9日，第9册，第141页。

各省地方划一现行行政长官之名称,已设民政长省份为该省行政长官;未设民政长省份,以都督兼任民政长为该省行政长官。"①

《划一现行各道地方行政官厅组织令》规定:"现设巡道各省分,该道官名均改为观察使,由该省行政长官呈国务总理呈请简任";"各道观察使之管辖区域,仍以该道原管之区域为准";"已裁巡道省分,如该省行政长官认为地方有必要情形,得就该省原设巡道地方,依以上各条之例,酌设观察使";"各道观察使依现行法规之例,办理该道行政事务及该省行政长官委任之事务,仍受监督于该省行政长官"②。

《划一现行各县地方行政官厅组织令》规定县的行政长官为县知事,行政机关一律称县知事公署,"其现设巡道各省份所属知事,除受监督于该省行政长官外,仍直接受该道长官之监督"。该令正式将清代直接管辖地方的府、直隶厅、直隶州,改置为县;其余各散州、散厅,均改称县,"其由有直辖地方之府,或直隶厅州,或厅州,改称为县者,各以原管地方为其管辖区域"③。

这三个《划一令》的颁布,以及民国三年5月公布的《省官制》、《道官制》、《县官制》,构成了北京政府时期省、道、县三级制的框架:保存清代的省、县;废除清代无直辖地的府,"本令施行后,凡各道所属各府之无直隶地方者应即裁撤";将道从清代以监察职能为主的机构,转变为完全的行政机构,成为介于省、县间的二级政区,实行省、道、县三级制;将有直辖地的府、直隶州、直隶厅和州、厅均改置为县。由于北京政府时期各省的政权多由军阀掌握,道的设立,无疑削弱了各地军阀的权力。因此,民初的道并未真正起到行政区划的作用,始终只是省县之间的公文承转机构。同时,每省只分划三四道或四五道而已,每道辖区过大,辖县数量较多,因此也不具实际的区划意义。

此外,由于一般每省仅设立3~5个道,每道所辖县数达到数十个甚至达60多个,县知事很难晋升为道尹,省、道、县三级制缺少对县级官员的激励作用。民国四年初,仍有个别地方官员要求恢复清代的省、道、府、州、县等行政制度,以调动县知事的工作积极性:"查现今外官官制,道尹之下,即列知事,知事之晋擢道尹,犹天之不可阶而升,故高等人材不肯俯就,即现任知事亦以希望既绝,无力求上进之心。吏治之堕,职由于此。查前清官制有府、州、县之分,即日本亦有府、郡、县之别,实为驭吏之良法。愚拟规复府、州、县旧制,仍为三级,但不相统属而严辨等威。"此议遭到大总统的反对而停息④。

---

① 《政府公报》第243号,1913年1月9日,第9册,第144页。
② 同上,第149页。
③ 同上,第151页。
④ 《政府公报》第963号,1915年1月13日,第33册,第364页。

第三节　省级行政区划的变化与特别区域的设立

民国元年(1912),全国共划分为直隶、奉天、吉林、黑龙江、江苏、安徽、山西、山东、河南、陕西、甘肃、浙江、江西、湖北、湖南、四川、福建、广东、广西、云南、贵州、新疆等22省,及内蒙古六盟、察哈尔、归化城土默特、套西二旗、乌里雅苏台(辖外蒙古喀尔喀4部、科布多参赞大臣辖区、唐努乌梁海地区)、青海、西藏、阿尔泰等8个少数民族地区,共30个省级行政单位。此后,随着《顺天府属地方行政官厅组织令》、《都统府官制》等一系列法令的公布,先后设置、改置多个省级政区。民间对改特别区域为省的呼声较高。如民国十一年9月17日,京兆改省期成会成立①;20日,京兆、热河、察哈尔、绥远等特别区域为改省问题,组织省制促进会,发表宣言②。北京政府时期省的数量没有大的变化,主要是各种特别区域的先后设立。至民国十五年(1926)年底,全国省级政区共有直隶、奉天、吉林、黑龙江、江苏、安徽、山西、山东、河南、陕西、甘肃、浙江、江西、湖北、湖南、四川、福建、广东、广西、云南、贵州、新疆等22省,热河、绥远、察哈尔、西康等4个特别区域,以及京兆地方、东省特别行政区、青海、西藏、蒙古等,共31个省级行政机构。各特别区域分述如下。

一、京兆地方

清代北京附近的24州县,由顺天府管辖,名义上隶属于直隶省,实际上为特别区域,史称"顺直兼辖区域"。民国成立后保持原状,仍称顺天府。民国二年1月8日,袁世凯颁布《划一现行顺天府属地方行政官厅组织令》,规定该府的辖区及其与直隶省的关系,一仍其旧;长官为府尹,废除清代的监尹;"凡从前该府所设之官名,有与本令划一办法抵触者,应即裁撤或改正之"③。次月,改霸、涿、通、蓟、昌平5州为县④。民国三年5月,内务部呈请将原顺直兼辖区域的20个县仍归顺天府管辖,宁河、文安、新镇、大城4县因离府尹驻地较远,划属直隶省。顺天府成为一个独立的区域。因顺天府为清代旧名,帝王色彩浓厚,北京政府于民国三年10月4日公布《京兆尹官制》,将顺天府改名为

---

① 《东方杂志》第19卷第20号,1922年10月25日,第133页。
② 同上,第134页。
③ 《政府公报》第243号,1913年1月9日,第9册,第146页。
④ 内务部职方司第一科:《全国行政区划表》,1914年,第1页。

京兆地方,"中央政府所在地方称京兆,置京兆尹一人,为京兆地方行政长官",京兆尹直接由中央政府任命,其职权略同省区行政长官,但地位较低;同时公布《京兆地方区域表》,辖大兴等20县[①](见图1)。

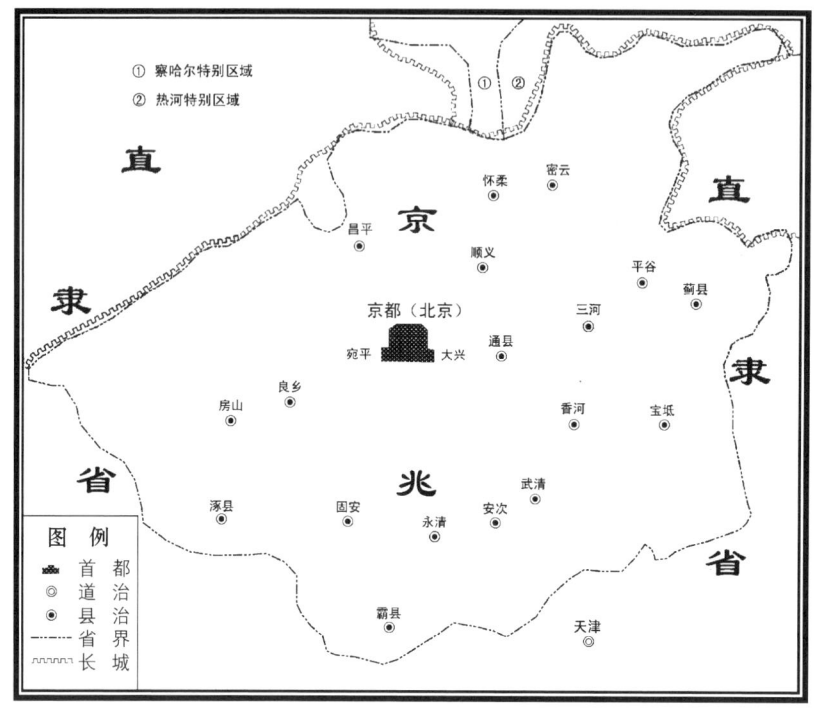

图1 京兆地方区域图

二、热河、绥远、察哈尔特别区域

北京政府时期省级行政区划方面最大的变迁当推热河、绥远、察哈尔等特别区域的创立,为以后这些地区的建省铺平了道路。

清代直隶、山西两省的北部地区汉、蒙杂居,在行政机构方面既有两省的厅县,又有隶属于理藩院的蒙旗,体制不一,辖区互相重叠交错。民国二年11月,大总统批准以山西归绥道所属12县暨内蒙古乌兰察布、伊克昭2盟区域置绥远特别区域,以绥远都统统辖各县暨蒙旗事务[②]。民国三年1月置热河

---

① 《政府公报》第869号,1914年10月5日,第30册,第71页。
② 内务部职方司第一科:《全国行政区划表》,1914年,第137页。

特别区域①。6月设立察哈尔特别区域②。由于"热河、绥远、察哈尔各属僻在边陲,毗连蒙境,诚恐直隶、山西巡按使驻扎之处相距辽远,难以控制,故特为划分,由各该都统、将军直接管辖。惟热河、绥远、察哈尔均系边圉重镇,军事、民政极为冲繁,绥远城将军着改为绥远都统,俾与热河都统、察哈尔都统名称划一,并于热河都统之下设署热河道尹一缺,绥远都统之下设置绥远道尹一缺,察哈尔都统之下设置兴和道尹一缺,各该道尹均治理民政,兼管蒙旗事务,以专现成"③。7月6日,大总统颁布《都统府官制》、《热河道、绥远道、兴和道区域表》,以法律的形式规定了这三个特别区域的行政制度与行政区划。热河都统驻承德县,辖承德、滦平等14县和经棚设治局,境内另有卓索图、昭乌达2盟和锡埒图库伦喇嘛游牧地。绥远都统驻归绥县,辖区包括原山西省归绥道所辖归绥、萨拉齐等8县,境内另有(归化)土默特右翼旗,以及乌兰察布盟6旗(四子部落、茂明安、喀尔喀右翼、乌喇特前、乌喇特中、乌喇特后)与伊克昭盟7旗(鄂尔多斯左翼中、鄂尔多斯右翼前、鄂尔多斯左翼后、鄂后多斯左翼前、鄂后多斯右翼后末、鄂尔多斯右翼中、鄂尔多斯右翼后)。察哈尔都统驻张北县,辖境包括原直隶省口北道所辖张北等3县,以及原绥远特别区域所辖丰镇等4县,境内另有内蒙古锡林郭勒盟10旗(乌珠穆沁左、乌珠穆沁右、浩齐特左、浩齐特右、苏尼特左、苏尼特右、阿巴噶左、阿巴噶右、阿巴噶那尔左、阿巴噶那尔右),及察哈尔部的察哈尔左翼4旗(正白、镶白、正蓝、镶黄)、右翼4旗(正黄、正红、镶红、镶蓝),以及各旗牧厂和达里冈厓牧厂、商都达布尔逊牧厂。

三、西康(川边)特别区域

本区域地理位置重要,"边地界于川藏之间,乃川省前行,为西藏后劲,南接云南,北连青海,地处高原,对四方皆有建瓴之势",建省后可"守康境,卫四川,援西藏,一举而三善备"④。所辖范围宽广,东西计3 000余里,南北计4 000余里。清光绪三十二年(1906)设川滇边务大臣,统辖四川打箭炉厅(治今四川康定县)及所属各土司和原属西藏的康部,置康安、边北两道,受四川省节制⑤。但因其他"应设州县八九十缺,若无一定行政总机关,措置失当,又酿后患。川督距离太远,不能遥知情形,遇有变故,徒事铺张,靡费帑款,不可胜计",宣统三年(1911),代理川滇边务大臣傅嵩炑请建行省,西康之名亦自此

---

① 内务部职方司第一科:《全国行政区划表》,1914年,第136页。
② 同上书,第139页。
③⑤ 《政府公报》第779号,1914年7月7日,第27册,第122页。
④ 《傅嵩炑奏请建设西康省折》,傅嵩炑:《西康建省记》,陈栋梁1932年重刊本,第359页。

始。后因清朝覆灭,未予施行。

民国元年8月,改川滇边务大臣为川边镇抚使,因在四川西边得名。民国二年1月任命首任川边镇抚使①。民国二年2月又以原康安、边北两道辖区置边东、边西两道,隶四川省。民国二年6月,川边镇抚使易名川边经略使,主管行政。7月,加都督衔。民国三年1月,裁川边经略使,改设川边镇守使,受四川都督节制,管理区内军民二政,辖区、隶属关系不变。

民国三年4月置川边特别区域,辖境包括原四川省的边东、边西两道区域,原设两道尹裁撤,直辖巴安、昌都等33县,治康定县②。其后,四川巡按使以"川边地方远在西陲,所辖三十余县面积辽阔,番汉杂居,军务初平,抚治尤亟。以前该处历经置有两道,分辖各县。规复旧制,划分权责,自宜合并为治"③,请求设道。民国五年1月23日,仿照《都统府官制》,设立川边道尹,治康定县,专理民政。民国十二年以后,川战频繁,镇守使陈遐龄与四川第三军军长刘成勋等火并尤烈,陈师屡战屡败,刘军势力逐渐控制川区。民国十四年2月7日,北京政府改川边特别区域为西康特别行政区域④,改设西康屯垦使,为区内最高长官,兼管民政事宜⑤。

四、阿尔泰区域

清光绪三十年(1904),蒙古科布多、阿尔泰分治,设阿尔泰办事大臣,驻承化寺(今新疆阿勒泰市)。辖境约相当于今新疆维吾尔自治区阿勒泰市东北、蒙古国巴彦列盖省以西地区。民国三年8月改设阿尔泰办事长官,直隶中央,领有阿尔泰乌梁海7旗(左翼散秩大臣1旗、副都统1旗、总管2旗,右翼散秩大臣1旗、总管2旗)、新土尔扈特部2旗(郡王旗、贝子旗)和新霍(和)硕特部1旗(扎萨克台吉旗),以及布尔津、哈巴河、布伦托海等设治局,驻承化寺⑥(见图2)。民国元年外蒙古反动活佛在沙俄唆使下宣布"独立"后,发兵侵犯阿尔泰。停战后,沙俄又借机驻兵承化寺,严重影响我国国防。为此,外交、内务、财政、陆军、农商各部和蒙藏院联合呈文,请求将阿尔泰归并新疆省,改区为道,巩固边防。北京政府于民国八年6月1日正式行文裁撤阿尔泰长官署,所辖区域归

---

① 印铸局:《职官任免月表》,1917年,第43页。
② 内务部职方司第一科:《全国行政区划表》,1914年,第143页。
③ 《政府公报》第25号,1916年1月30日,第45册,第1247页。
④ 《政府公报》第3182号,1925年2月8日,第154册,第671页。
⑤ 同上,第672页。
⑥ 内务部职方司第一科:《全国行政区划表》,1918年,第165页。

图 2　阿尔泰区域图

(说明：据陈镐基《中国新舆图》1917 年第三版之《阿尔泰区域》改绘)

并新疆省,改设阿山道①。6 月 13 日任命周务学署阿山道尹,加副都统衔,兼外交部特派阿山交涉员②。

五、东省特别行政区

东省特别区的名称,较早出现于民国九年(1920)11 月公布的《东省特别区域法院编制条例》。其第一条谓:"东省铁路界内,为诉讼上便利起见,定为

---

① 《政府公报》第 1195 号,1919 年 6 月 2 日,第 86 册,第 33 页。
② 《政府公报》第 1207 号,1919 年 6 月 15 日,第 86 册,第 393 页。

东省特别区域。"①民国十一年12月2日,张作霖划中东铁路沿线为特别区域,以朱庆澜为长官,所有区内军警、外交、行政、司法各机关统归其管辖②。民国十三年收回中东铁路路权后正式置东省特别行政区,简称东省特别区。其辖境为中俄合办的中东铁路沿线两侧各30华里范围内的条状区域,以滨江县(今黑龙江哈尔滨市)为中心,西起满洲里(今内蒙古满洲里市),东至绥芬河(今黑龙江绥芬河市),南达长春,地跨黑龙江、吉林两省(见图3)。凡中东铁路用地之行政,吉林、黑龙江二省政府不得过问。南京国民政府成立后,内政部以其他特别区域或已先后改省,或已予撤销,东省特别区的地位也要重新考虑。民国十八年5月,内政部公函东北政务委员会,征求改组意见。翌年5

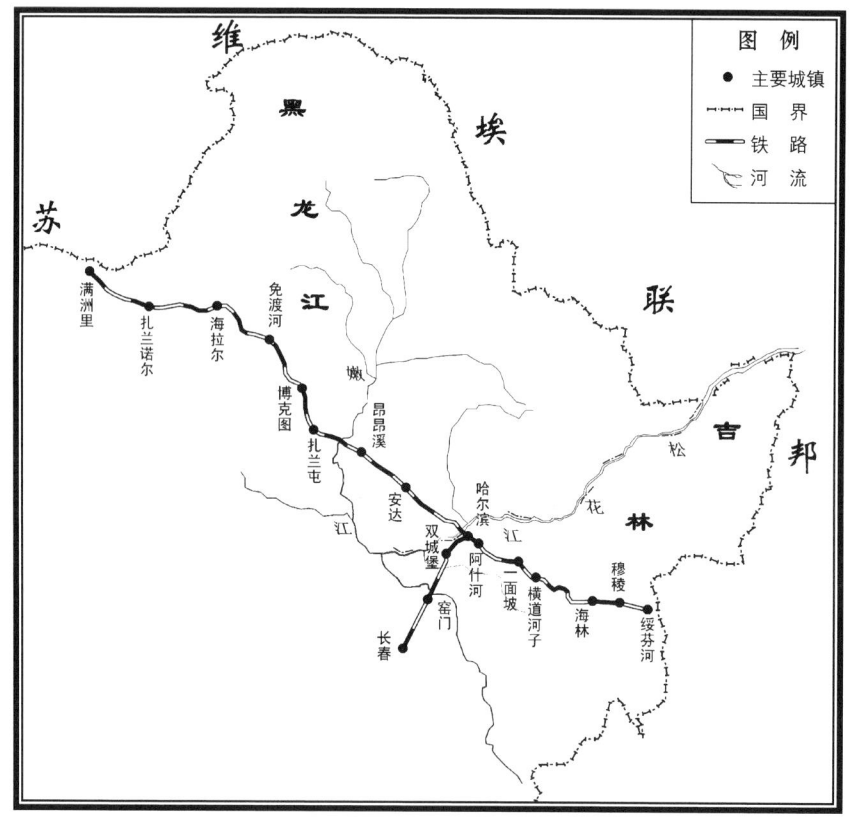

图3　东省特别行政区图

---

① 钱端升等:《民国政制史》下册,上海商务印书馆,1946年,第127页。
② 《东方杂志》第20卷第1号,1923年1月10日,第155页。

图 4 胶澳商埠区域图

（说明：据1928年版《胶澳商埠区域图》改绘）

月,东北政务委员会复函,认为东省特别区地位特殊,拟请暂予保留。内政部据此经由行政院转奉国民政府第 79 次国务会议议决保留①。

六、胶澳商埠

清光绪二十四年(1898)三月,德国强行租借胶州湾(今山东青岛市)为胶澳租界,租期 99 年。次年,德国沿用原有"青岛"一名,称胶澳租界地的新市区为青岛。民国三年,第一次世界大战爆发,日本取代德国侵占胶澳租借地。民国十一年 12 月,中日签订《解决山东悬案条约》,日本将青岛交还中国。民国十二年 12 月,中国政府正式收回,改称胶澳商埠,范围包括胶澳口南面自离齐伯山岛起至笛罗山岛,北面自阴岛东北角起至劳山湾所边旱地,及齐伯山岛、阴岛、笛罗山、炸连等屿,市区为市街、台东镇、台西镇(见图 4)。行政机构为胶澳商埠督办公署,直隶北京政府。民国十四年,改督办公署为胶澳商埠局,改属山东省政府。7 月 25 日,张宗昌以省令缩小胶澳商埠范围,原任督办温树德去职,以赵琪任总办②。

第四节 道的分布与变迁

清末的道有两种。一类是按地区设置的,是省的派出机构,介于省与府、直隶州(直隶厅)间,其职能以监察辖区内的政府官员为主,兼有一定的行政职能。另一类是按事务设置的,如盐业道、劝学道、巡警道等,分管全省的相应事务,是省的专门行政组织。民国成立初,南方各省大多废府州,实行省县两级制,县直辖于省。省县两级制的优点是可以减少行政机构层次,提高办事效率;缺点是由于各省辖县数较多,省政府对各县的管理困难。因此,民国二年(1913)1 月 8 日公布的《划一现行各道地方行政官厅组织令》,决定保留清代的道制,在职能和区域上均有所调整,道成为一个完全意义上的行政层级,形成以省辖道、以道辖县的省、道、县三级制。道的行政长官为观察使,由各省民政长官提名,经国务总理同意后呈请大总统简任。

《划一现行各道地方行政官厅组织令》公布后,遭到南方各省的消极抵制。浙江都督先是在民国二年 2 月"电称各道裁撤后,于行政尚无阻碍"③,继又在 3 月份电称"浙省财政困难,暂缓设道"④。江苏省直至民国二年 7 月,才以旧

---

① 钱端升等:《民国政制史》下册,第 127 页。
② 《东方杂志》第 22 卷第 17 号,1925 年 9 月 10 日,第 135 页。
③ 《政府公报》第 499 号,1913 年 9 月 24 日,第 13 册,第 553 页。
④ 《临时政府内务行政纪要》,第 45 页。

上编 第二章 北京政府时期的省、道、县三级制与行政区划变迁 45

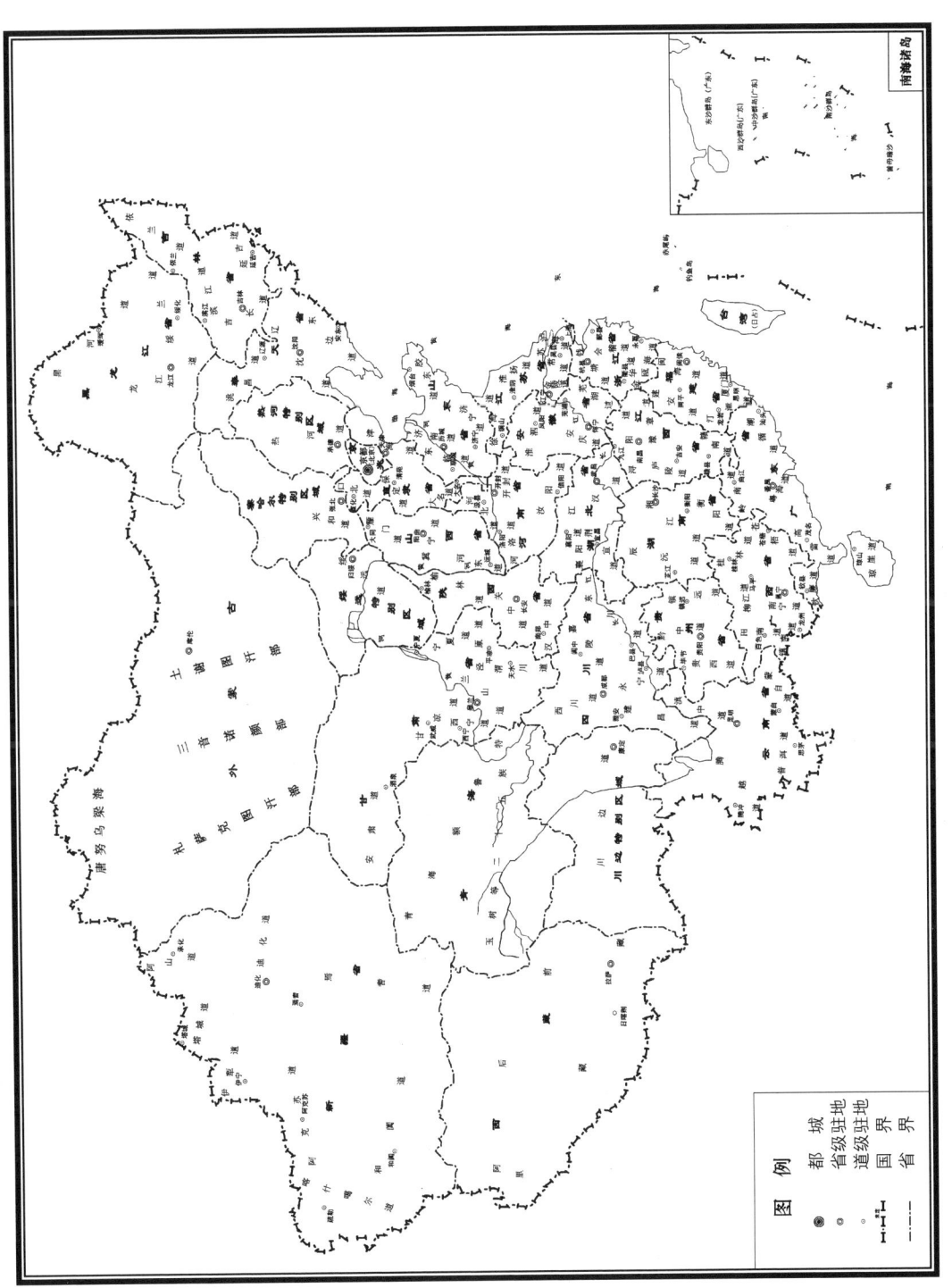

图 5 民国九年(1920)初中华民国政区图

徐州道所辖地设徐州观察使；8月，复就淮扬道所辖地区设淮扬观察使；民国三年1月，就旧苏松道所辖地区设上海观察使。名义上江苏省设立了三个道，并委派了观察使，但各道的区域均未经划分确定①。

民国三年，袁世凯为加强对地方的控制，公布《道官制》，进一步实行地方军民分治，改观察使为道尹。6月1日，公布《各省所属道区域表》。6月29日，公布《各省所属各道道尹驻在地表》②，道制由此在全国各省实行，各道的名称、道尹驻地及等级、辖县多少，均由各省自行制定后报内务部。

道的行政长官，民国二年称观察使，民国三年《道官制》改为道尹。道尹由省民政长官提名，经由国务总理呈请大总统简任。道长官公署初名观察使公署，民国三年改名道尹公署。由于民国二年的道名为各省自行决定，因此在全国范围内，有一些道名雷同，如奉天、山西均有北路道。为避免重复，民国三年6月大总统发布申令，规定各省所属道区辖境基本沿袭清末道的区域，同时大量更改道名。民国九年各省道名及分布见图5。

一、各省道数及辖县数

民国三年，全国共设93个道，各省所设道数平均在3~4道之间。京兆地方和稍后设立的东省特别行政区域，因政区特殊，均未设道；热河、察哈尔、绥远和川边特别行政区因县级政区较少，管理制度与行省有别，均只设1道；黑龙江、安徽、湖北、陕西、贵州等省置3道；甘肃、新疆最多，设7道。各道所辖的县数一般比清代的为多，在二三十县左右，也有管辖10余县者。各道间辖县数量较为悬殊：最少的如黑龙江的黑河道仅辖3县，新疆省的伊犁道及后设的塔城道也只辖三五县；最多的如陕西关中道和山西冀宁道，辖县多至40个以上。

二、道的等级

道尹公署设立后，日常经费的多寡，以内务部、财政部于民国三年8月28日联合拟定的道尹公署等级（等差）为依据："兹拟上仿宋代紧、望、上、中、下之遗意，近师前清最要、要、中、简之成规，定为六类。"③第一类"繁要缺"，一是驻

---

① 《江苏省政治年鉴》之《官厅略说》，总第2页，台湾文海出版社，"近代中国史料丛刊三编"。按：谢观《各省区域沿革一览表》（商务印书馆，1914年，第35页）所记江苏省设道时间有所差异：清代五道，"民国成立，均经裁撤。三年，复有徐州观察使、淮阳观察使、上海观察使之设，而区域仍未确定"。
② 《政府公报》第774号，1914年7月2日，第27册，第559页。
③ 《政府公报》第834号，1914年8月31日，第28册，第801页。

扎在省会的首道,因政务殷繁,均应归入;二是地方形势紧要,而治理又属繁难者。第二类是"边要缺",凡地处边陲,形势紧要者。第三类是"繁缺",凡辖县较多、财赋较富,或辖县虽少而繁剧者。第四类是"边缺",地处边区而又形势重要者。第五类是"要缺",地当冲要或境内辖有重要商埠者。第六类是"简缺",辖县较少、政务较简,或财赋一直较薄者。以上 6 类,第一、二类为第一等,第三、四、五类为第二等,第六类为第三等。因道的等级与日常发放行政经费的多少有关,在内务部制定各道等级后,各省纷纷提出升等的要求。民国三年至四年 6 月间,内务部先后批准河南省河洛道、江苏省徐海道、广西省苍梧道和镇南道、吉林省依兰道升等。同一时期内,江苏省淮扬道、浙江省瓯海道、黑龙江省绥兰道、广东省潮循道、山东省东临道的升等要求,因"或区域本非广远,事务甚属清简;或形势虽居扼要,行政尚不过繁;或原列之等本系据该省拟定,而此次又请更张;或与他道互列而斟酌情形,亦觉未臻妥协",均被内务、财政两部驳回。在一年半的时间里,有如此多的道因经费问题而请求升等,引起了北京政府的注意。内务、财政两部于民国四年 6 月经大总统批准,规定在一般情形下不再批准道缺升等:"全国现时各道一等三十有八,二等三十有九,三等仅十有六缺,正不必再事变更,致滋纷扰。且等差只有三级,改列复无已时","长此以往,势必至通国俱为一等道缺而后已","当此经济困难之秋,本年度预算不敷甚巨,对于此项匪急之需,亟应力求拊节","嗣后除实有特别情形,不得不另行核办外,所有各道等差仍查照厘定原案办理,一二年内毋庸再请改列,藉免纷更而节糜费"①。但同年 7 月,两部还是批准山西雁门道尹移驻大同县并改为要缺、二等②。此后仍有一些道由于各种原因升等,详见表 1。

表 1　北京政府时期道级政区及等级变迁表

省（区）	道　　名			等　级	备　注
	1913 年	1914 年	其他年份		
直隶	渤海 范阳 冀南 口北	津海 保定 大名 口北		繁要缺,一等 繁要缺,一等 要缺,二等 简缺,三等	

---

① 《政府公报》第 1112 号,1915 年 6 月 12 日,第 38 册,第 458 页。
② 《政府公报》第 1142 号,1915 年 7 月 13 日,第 39 册,第 538 页。

续 表

省(区)	道 名			等 级	备 注
	1913年	1914年	其他年份		
奉天	南路 东路 北路 中路 西路	辽沈 东边 洮昌		繁要缺,一等 边缺,二等 要缺,二等	 1913年9月裁 1913年9月裁
吉林	西南路 西北路 东南路 东北路	吉长 滨江 延吉 依兰		繁要缺,一等 繁要缺,一等 边缺,二等 简缺,三等	 1921年9月升为一等 1915年5月改为边缺、二等
黑龙江	黑河	龙江 绥兰 黑河	呼伦	繁要缺,一等 繁要缺,二等 边要缺,一等	 1915年9月改为一等 呼伦道,1925年置
山东	岱北 岱南 济西 胶东	济南 济宁 东临 胶东	济南 东昌 泰安 武定 德临 淄清 莱胶 东海 兖济 琅琊 曹濮	繁要缺,一等 要缺,二等 简缺,三等 繁要缺,一等	1925年10月,山东省督办兼省长张宗昌裁撤4道 1925年10月,山东督办兼省长张宗昌置,1927年8月,北京政府大元帅令准并任命道尹。各道等级不详

续 表

省(区)	道 名			等级	备注
	1913年	1914年	其他年份		
河南	豫东 豫北 豫西 豫南	开封 河北 河洛 汝阳		繁要缺,一等 要缺,二等 简缺,三等 要缺,二等	1914年11月改为繁缺,二等
山西	中路 北路 河东	冀宁 雁门 河东		繁要缺,一等 简缺,三等 要缺,二等	1915年7月改为要缺,二等
江苏	 淮扬 徐州	金陵 沪海 苏常 淮扬 徐海		繁要缺,一等 繁要缺,一等 繁要缺,一等 繁缺,二等 要缺,二等	 1914年1月名上海道,5月改名 1914年11月改为繁要缺,一等
安徽		安庆 芜湖 淮泗		繁要缺,一等 要缺,二等 要缺,二等	
江西	 赣南 赣北	豫章 庐陵 赣南 浔阳		繁要缺,一等 简缺,三等 要缺,二等 要缺,二等	 1916年2月升为一等
福建	东路 南路 西路 北路	闽海 厦门 汀漳 建安		繁要缺,一等 繁要缺,一等 要缺,二等 简缺,三等	
浙江		钱塘 会稽 金华 瓯海		繁要缺,一等 繁要缺,一等 简缺,三等 要缺,二等	

续表

省(区)	道名 1913年	道名 1914年	道名 其他年份	等级	备注
湖北	鄂东 鄂北 鄂西	江汉 襄阳 荆南	荆宜 施鹤	繁要缺,一等 要缺,二等 要缺,二等	1921年8月改名并缩小管辖区域 1921年8月析荆南道置
湖南	衡永彬桂 辰沅永靖	湘江 衡阳 武陵 辰沅		繁要缺,一等 繁要缺,二等 要缺,二等 要缺,二等	
陕西	中道 陕南 陕北 陕西 陕东	关中 汉中 榆林		繁要缺,一等 要缺,二等 边缺,二等	
甘肃	兰山 陇南 陇东 朔方 海江 河西 边关	兰山 渭川 泾原 宁夏 西宁 甘凉 安肃		繁要缺,一等 要缺,二等 简缺,三等 简缺,三等 边缺,二等 边缺,二等 简缺,三等	
新疆	镇迪 伊犁 阿克苏 喀什噶尔	迪化 伊犁 阿克苏 喀什噶尔	塔城 阿山 焉耆 和阗	繁要缺,一等 边缺,二等 简缺,三等 边要缺,一等 边缺,三等 边缺,三等	1916年12月置 1919年6月置 1920年4月置 1920年4月置

续　表

省（区）	道　名			等　级	备　注
	1913年	1914年	其他年份		
四川	川西 川东 上川南 下川南 川北 边东 边西	西川 东川 建昌 永宁 嘉陵		繁要缺，一等 繁要缺，一等 要缺，二等 简缺，三等 要缺，二等	1915年3月改为二等 民国三年划入川边特别区域，废
广东		粤海 岭南 潮循 高雷 琼崖 钦廉		繁要缺，一等 简缺，三等 繁缺，二等 要缺，二等 边要缺，一等 边缺，二等	
广西	邕南 郁江 漓江 柳江 田南 镇南	南宁 苍梧 桂林 柳江 田南 镇南		繁要缺，一等 简缺，三等 要缺，二等 简缺，三等 简缺，三等 边缺，二等	1915年1月改为繁缺、二等 1915年1月改为边要缺，一等
云南	滇中 临开广 滇南 滇西	滇中 蒙自 普洱 腾越		繁要缺，一等 边缺，二等 简缺，三等 边缺，二等	
贵州	黔中 黔东 黔西	黔中 镇远 贵西		繁要缺，一等 要缺，二等 简缺，三等	

续　表

省（区）	道　名			等　级	备　注
	1913年	1914年	其他年份		
热河		热河		边要缺，一等	
绥远		绥远		边要缺，一等	
察哈尔		兴和		边缺，二等	1920年8月升为一等
川边			川边	边要缺，一等	1916年1月置

三、道区及道尹驻地

《道官制》规定，首道必须驻守在省城，这一制度与民国初年的官制有关，是为保证省城有两位级别较高的行政长官——巡按使（省长）和道尹，一方面可以加强对省城的管理，另一方面以备不虞。自元代出现行省这一行政区划以来，元、明、清三代均特别注重省城，在省城设有多位高级官员，清代在省城一般设有总督或巡抚、布政使等官员。民国实行省、道、县三级制，各个行政区域的长官均为独任制，即每一行政区只有一位行政长官，而无副职。巡按使为全省的长官，道尹为第二级政区的长官。与巡按使同驻省城的省财政厅长虽与道尹行政级别相同，但没有管辖地方之责；省政务厅长只是巡按使署内的佐治官，仅负责巡按使署内部管理之责。遇巡按使因公出差，或事故出缺时，二者并不能担负起管理地方之责。而道尹与巡按使同城而治，遇到上述情况时，道尹"可为代拆代行及暂时护摄之预备"，可以临时负担起全省行政长官的职责，保证省城的安定。民国三年7月，江苏省巡按使准备将首道金陵道道尹驻地从江宁县移驻丹徒县，便遭到内务部的否决①。

随着各省政治、经济、交通条件的变化，道的辖区及道尹驻地（除首道外）时有变化。民国五年1月，川边特别区域以原四川省边东、边西两道辖区新置川边道；10月，湖南省裁撤武陵道，将常德等11县并入湘江道，桃源等4县改隶辰沅道。12月，新疆省析伊犁道塔城县和迪化道沙湾、乌苏两县合置塔城

---

① 《政府公报》第805号，1914年8月2日，第28册，第457页。

道。民国九年4月,新疆省析阿克苏道焉耆、轮台、尉犁、婼羌、且末5县和迪化道鄯善、吐鲁番两县置焉耆道,析喀什噶尔道和阗、墨玉、于阗、洛浦、皮山、叶城6县置和阗道。民国八年6月,阿尔泰区域划属新疆省,改置为阿山道。民国十年8月,湖南省改荆南道为荆宜道,析荆南道置施鹤道。民国十四年3月,黑龙江省废呼伦贝尔善后督办公署,改置呼伦道。民国十四年10月,山东省督办兼省长张宗昌将济南、济宁、东临、胶东4道改建为济南、东昌、泰安、武定、德临、淄青、莱胶、兖济、东海、琅琊、曹濮11道。民国十六年8月,北京政府核准山东省道区变化,并任命各道道尹①。

各道的驻所,由内务部在道区内选定适当的县,迁移时须经核准。民国三年8月,河南省河北道驻地由武陟县移驻汲县。民国五年4月,山西省河东道驻地由安邑县运城徙治安邑县城。同年,江西省庐陵道驻地由宜春县迁往吉安县,湖南省辰沅道驻地由凤凰县改治芷江县。民国六年,浙江省金华道驻地由兰溪县徙治衢县,奉天省洮昌道驻地由洮南县迁往辽源县。民国九年,陕西省榆林道驻地由榆林县移驻肤施县。民国十五年,云南省普洱道驻地由思茅县移驻宁洱县。

四、道制的废除

由于各种政治派别的主张不同,道制在一些省份的施行时间很短。民国九年9月30日,湖南省督军谭浩明宣布按照民国元年办法,裁撤省内道署机关②。此后,广东省长陈炯明于12月6日宣布裁撤省内所有道署③。贵州省于民国九年至十二年间将所属3道先后废除④。民国十三年6月4日,内务部遵照民国十二年10月10日公布实施的"贿选宪法"《中华民国宪法》通令各省裁撤道尹,自7月1日起实行⑤,旋因曹锟的下野而未能实行。国民党主张实行孙中山的省县两级制,随着北伐军向北挺进,所至地区的道尹大多自动离职。因此,绝大多数省区于民国十六年至十八年间陆续自行废道。较晚废道的是东北三省和四川省。民国十八年1月25日,奉天省政府规定:"所有本省辽沈、东边、洮昌各道缺,应自奉令之日起,遵即一律裁撤,停止职权,结束交

---

① 《政府公报》第4056号,1927年8月7日,第184册,第2233页;《政府公报》第4066号,1927年8月17日,第184册,第2381页。
② 《中国大事记》,《东方杂志》第17卷第20号,1920年10月25日,第140页。一说1922年后不见任命道尹,见郭卿友主编:《中华民国时期军政职官志》上册,甘肃人民出版社,1990年,第198页。
③ 《中国大事记》,《东方杂志》第18卷第1号,1921年1月10日,第148页。
④ 《贵州省志·地理志》上册,贵州人民出版社,1985年,第85页。
⑤ 《中国大事记》,《东方杂志》第21卷13号,1924年7月10日,第153页。

代,应领经费,裁至本月月底止。"①四川省则在民国十八年底、十九年初才废道。民国十九年(1930)2月,国民党中央委员会第209次政治会议议决废除道尹②;并由内政部将以前设置之道尹、县佐一律废除,以符合县制。至此,道作为一种行政区划,正式消亡。

第五节 县级行政区划的变化

自秦代以来,"县"作为基本行政单位,是地方行政的基础,直接管理民众,同时起着承上启下的重要作用。在近现代中国的行政区划中,县的建置具有其历史的延续性和相对的稳定性,民国时期的县级行政单位,基本上保持在2000个左右。同时,设治局制度得到了推广。而在少数民族地区,则有旗、土司、宗等与县相当的区划。

一、县级政区的整理

为了改变辛亥革命后的县级区划名称、等级各不相同的混乱状况,民国二年(1913)1月颁布的《划一现行各县地方行政官厅组织令》第一条规定:"现设有直辖地方之府及直隶厅、州地方,该府、该直隶厅州,名称均改为县。"第二条规定:"改设厅、州地方,该厅、州名称,均改为县。"《组织令》首先规定民国的基本行政区划为县,清代遗留下来的直隶州、直隶厅、有亲辖地的府,一律废除,改称为县;其次,原先与县同级的州、厅等县级区划,亦改称为县。各省普遍推行。除此前已经改定的浙江、江苏等省外,其余各省改定时间如下:民国二年2月,直隶、山东、河南、奉天、陕西5省;3月,福建、吉林、黑龙江等3省;4月,云南、四川、甘肃、新疆等4省;5月,山西省;6月,广西省;9月,湖南、贵州两省。至此,民国初年的县级行政区划,统一称为县。

我国行政区划名称重复的现象,在各个朝代均有。如清朝的3个长宁县,同置于明代:四川省长宁县置于洪武五年(1372),广东省的长宁县置于隆庆三年(1569),江西省长宁县置于万历四年(1576)。3个长宁县同时存在了330多年。到了民国初年,在改府、厅、州为县的过程中,各省在给新的县取名时各自为政,相当一部分是直接沿用旧府、厅、州名,而与原先已有的县名重复,如

---

① 辽宁省档案馆:《辽宁省档案馆珍藏张学良档案——张学良与东北易帜》,广西师范大学出版社,1999年,第311页。
② 内政部年鉴编纂委员会:《内政年鉴》,1936年,第(B)244页。

吉林临江州、新城府，贵州清江厅、开州、织金州、归化厅、直隶祁州、保安州、开州，云南南安州、临安府（建水县）、镇边厅、永昌府（保山县）、宁州、新兴州、威远厅、赵州、开化府（文山县）、永康州、安平厅，湖南乾州厅，奉天凤凰厅，甘肃泾州，江西义宁州，山东宁海州，陕西孝义厅、定远厅，广东万州，湖北兴国州，广西永安州、新宁州、安化厅、永宁州，山西宁远厅，共34组；有的虽是新命名，也与他省县名重复，如浙江嘉禾县，甘肃沙县，湖北寿昌县，山西乐平、归化，四川东安，贵州新城等，共7组。加上历代累积的重复政区名，全国重名的县多达94组、221个。其中两县重名者最多，为74组148县；3县重名者次之，有12组36县；4县重名者有4组；5县重名者为3组；也有6县同名者。在这94组重名的县名中，最早的在晋代（265—420）已出现。

如此众多的重复县名，给行政管理和民众生活带来极大的不便。民国三年1月，内务部决定将各省同名之县，保留一个，其余全部改名。由此，全国共有127县改名，仅有京兆与川边的怀柔、奉天与甘肃的金县因遗漏而保留原名。这是我国近代史上一次重大的地名整理，虽有遗漏，但在一个较长时期内使行政区划名称重复的现象大为减少。各省重复政区名称与改动的数量如表2所示。

表2　民国三年（1914）各省重复县名变更数量表

省　名	重复数	变更数	省　名	重复数	变更数
直　隶	14	8	浙　江	14	3
奉　天	12	9	湖　北	3	3
吉　林	2	2	湖　南	16	4
黑龙江	2	2	陕　西	11	4
山　东	7	4	甘　肃	12	7
河　南	4	1	新　疆	2	2
山　西	11	6	四　川	13	9
江　苏	7	6	广　东	20	13
安　徽	7	2	广　西	10	6
江　西	20	10	云　南	14	13
福　建	8	1	贵　州	12	10

资料来源：《内务部改定各省重复县名及存废理由清单》。

这次改定重复县名的基本原则是"保留设置较为古远、政区较为稳定的地名,而改掉重名的其他地名"①。如海丰县,广东省与山东省均有,广东省的海丰县为晋末置,至民国未变,而山东省的海丰县迟至明永乐中为避成祖朱棣之讳,才由无棣县改名。所以广东的海丰县保留,山东的海丰县改名。其次是已开为商埠且对外条约中涉及的县名,因其影响面较广,虽然设置时间较晚,也尽量不改。如奉天省与江苏省均有安东县,奉天安东县在清光绪二年(1876)才设治,但在光绪三十二年开为商埠,得名虽较江苏安东县晚,但事关条约,使用面较广,所以得到保留②。又如广东三水县设置于明嘉靖五年(1526),较晚,陕西三水县置于明成化十四年(1478)较早,但广东三水县在清光绪二十二年开有商埠,影响较大,因此,只能将陕西三水县改名为栒邑县。其他照顾后置县的有晋咸和中设置的广东省海阳县改为潮安县,保留清雍正十三年(1735)置的山东海阳县。第三是保留边疆地区的县名。直隶省建平县因"边地不便骤改",改安徽建平县为郎溪县。改唐置江苏华亭县而保留五代周置甘肃华亭县。甘肃西宁县设置时间晚于广东西宁县,"而地属边陲,习称较著,拟仍其旧"。

新更改的县名,其命名的方式有以下数种:第一,以该县曾经用过的县名,或治所曾在该县境内的府、州、郡、军名;第二,以县内或县治所在地的主要自然景观(如山、水、泉)名称命名,或加方位字;第三,以县治所在地或县境重要地名及其简称命名;第四,以在旧新政区中的方位命名;第五,以祈盼用词命名;第六,以县内两个主要地名的各一字组合而成,或古地名与祈盼词组合。见表3。

表3　民国三年(1914)各省新命名县名得名原因表

得名原因	省名	旧（新）县名
旧政区名	直隶	祁县(安国)、保安(涿鹿)、开县(濮阳)、西宁(阳原)、东安(安次)
	奉天	宁远(兴城)
	吉林	新城(扶余)
	山东	海丰(无棣)、乐安(广饶)、宁海(牟平)
	山西	凤台(晋城)、宁乡(中阳)、宁远(凉城)

---

① 华林甫:《中国地名学源流》,湖南人民出版社,1999年,第410页。
② 《内务部改定各省重复县名及存废理由清单》。

续 表

得名原因	省名	旧（新）县名
旧政区名	江苏	安东(涟水)、桃源(泗阳)、清河(淮阴)、山阳(淮安)、华亭(松江)
	安徽	建德(秋浦)
	江西	新昌(宜丰)、德化(九江)
	福建	永福(永泰)
	浙江	石门(崇德)、嘉禾(嘉兴)、新城(新登)
	湖北	兴国(阳新)
	湖南	兴宁(资兴)、永定(大庸)、安福(临澧)
	陕西	三水(栒邑)
	甘肃	泾县(泾川)、安定(定西)、平远(镇戎)、安化(庆阳)
	新疆	新平(尉犁)
	四川	石泉(北川)、东乡(宣汉)
	广东	新安(宝安)、石城(廉江)、万县(万宁)、长宁(新丰)
	广西	永安(蒙山)、永康(同正)、新宁(扶南)
	云南	南安(摩刍)、临安(建水)、宁县(黎县)、开化(文山)、永康(镇康)、永昌(保山)、新兴(休纳)
	贵州	安平(平坝)
自然景观	直隶	广昌(涞源)
	吉林	临江(同江)
	黑龙江	大通(通河)
	山东	新城(耏水)
	河南	唐县(沘源)
	山西	永宁(离石)
	安徽	建平(郎溪)

续　表

得名原因	省名	旧（新）县名
自然景观	江西	泸溪(资溪)、安仁(余江)、义宁(修水)、龙泉(遂川)、长宁(寻邬)、新城(黎川)
	浙江	太平(温岭)
	陕西	孝义(柞水)、怀远(横山)
	甘肃	宁远(武山)
	四川	大宁(巫溪)、新宁(开江)、定远(武胜)、太平(万源)
	广东	镇平(蕉岭)、昌化(昌江)、永安(紫金)、长乐(五华)、东安(云浮)、新宁(台山)
	云南	镇边(澜沧)、威远(景谷)、赵县(凤仪)
	贵州	清江(剑河)、清溪(汉源)、清平(炉山)、开县(紫江)、平远(织金)、归化(紫云)、安化(德江)、永宁(关岭)
主要地名	直隶	龙门(龙关)、建昌(塔沟)
	奉天	镇安(黑山)、醴泉(突泉)、凤凰(凤城)、奉化(犁树)、余庆(庆城)
	山西	乐平(昔阳)、太平(汾城)
	江西	兴安(横峰)
	湖北	寿昌(鄂城)、长乐(五峰)
	湖南	乾县(乾城)
	甘肃	海城(海原)
	四川	德化(德格)
	广西	怀远(三江)
	云南	安平(马关)
	贵州	新城(兴仁)
方位	江苏	太平(扬中)
	四川	东安(潼南)
	广东	会同(琼东)、西宁(郁南)
	广西	安化(宜北)

续 表

得名原因	省名	旧（新）县名
祈盼用词	奉天	东平(东丰)、广宁(北镇)
	江西	永宁(宁冈)
	新疆	宁远(伊宁)
	四川	定远(镇巴)
	云南	定远(牟定)、靖江(绥江)
地名组合	奉天	怀仁(桓仁)、靖安(洮安)
	山西	归化(归绥)
	甘肃	沙(洮沙)
	广东	海阳(潮安)
	广西	永宁(古化)
	贵州	龙泉(凤泉)

二、《县佐官制》与县佐置废过程

清代在一部分县设有分防县丞、主簿等官吏，与知县分城而治，协助知县管理一定区域；一些府州的佐贰官也被派驻关隘、重要的集镇等地，以起震慑作用。民国成立后，各省对这些分防官员采取不同措施，有的仍保留原制，有的则全部废除，代之以警察所。一些省保留的分防官员，名称不一：陕西省统一改为县丞[1]；奉天省统一改为分治委员[2]；福建省经多次改名，民国三年统一改为分驻科员[3]。黑龙江省则自行实施《佐治局制》[4]。

面对这些五花八门的行政制度，北京政府于民国三年8月公布《县佐官制》，规定：凡一县的辖境过广，且县公署权力难以周及者，县知事陈明情况，

---

[1] 《政府公报》第1067号，1915年4月28日，第36册，第1053页。
[2] 《政府公报》第1154号，1915年7月25日，第39册，第736页。
[3] 《政府公报》第871号，1914年10月7日，第30册，第523页。
[4] 《内务部民治司为抄送黑龙江省各佐治局章程及统系表公函》(1914年7月10日)，黑龙江省档案馆：《黑龙江设治》，哈尔滨，1985年，第108页。

由省长陈述理由,咨陈内务部,呈经大总统核定,设立县佐。县佐由省长委任,承知县之命,掌理巡檄、弹压及其他勘实、捕蝗、摧科、堤防水利,以及县知事委托的其他各项事务。县佐为县政之佐理,其所辖区域名曰分县,仍是县的一部分,非别成一级。县佐以设于该县辖内之要津地方为限,不得与县知事同城①。

县佐并非每省普遍设立,一省之内也不是每县都置,每个县县佐的数量也不相等,有数县同设一个县佐的,也有一县设有两三个县佐的。直隶、奉天、黑龙江、山东、河南、山西、福建、湖北、陕西、新疆、四川、云南、贵州等13省置有县佐,或准备设置县佐,其他各省级行政区域则均未设置。直隶、山东、河南等省的县佐虽然经北京政府核准,但实际上迟至民国七年时尚未设置②。山西省设有管(黄)河县佐,新疆省设有边防县佐,均为专门县佐,不是一级行政区划。南京国民政府成立后,于民国十九年(1930)2月举行的国民党中央第207次政治会议,通过训政时期完成县治实施方案,有废除道尹和县佐的决定。嗣后各省对于县佐率行裁撤。边远地区的四川、陕西、云南、贵州、黑龙江、新疆等6省部分县佐或分期裁撤,或暂时保留。

第六节 自治市制与城市型政区的萌芽

自秦始皇在全国范围实行郡县制以来,除辽、金、元以外,我国一直是地域型政区的一统天下。民国初年,起源于清末的自治运动断而复续,成为近代城市型政区的萌芽。

辛亥革命后,江苏省参考清末旧制,在民国元年(1912)将县治所在地的城厢,以及村庄屯集人口在5万以上的镇,均称为市。市设董事会,为市的行政机关。董事会设总董1人,董事1~3人,均由本市议事会依法定程序选举。总董相当于市长,综理一切事务,对外代表董事会,担任董事会会议时的议长。民国三年,袁世凯停办地方自治,江苏等省的市制停止施行。

北京政府时期,管理国内大城市的是各种形式的市政管理机构,也有少数是警察机构,它们在实际上行使着行政机构的职能,也有着自己的管辖区域,但未能从地域型政区中分离出来,没有独立的行政单位与行政区划。

民国六年8月14日,在收回天津、汉口两市的德国租界后,内务部呈准

---

① 《政府公报》第912号,1914年8月9日,第28册,第112页。
② 内务部职方司第一科:《全国行政区划表》,1918年,第11、34、42页。

《天津、汉口特别区市政管理局简章》，并于同日刊登于《政府公报》。《简章》共6条，第一条规定，管理局置局长一人，承省长之指挥、监督行使下列各职权："一、管理区内一切行政事宜；二、管理警察并实施警察处分及其他行政处分，但关涉外交事件应会同特派该省交涉员办理。"

民国六年12月29日，督办京师市政公所公布《京都市政公所暂行编制》3章、14条，并于民国七年1月10日刊登于《政府公报》。由于京都是一国之都会，所以它的市政机构的行政地位相当高："京都全市市政暂由内务总长兼任，督办市政事宜。"办事机构为京都市政公所，"由督办遴员组织之，有统辖全市执行市政之权"。市政公所下设4处，每处所办之事，均有明确规定。

民国十年前，广州与中国其他城市一样，也有因自治运动而产生的市政机构——市政公所，民国九年改称市政厅。这些市政机构负责处理城市的公用事务，但并非一级政权机构，管辖的范围也不是一级行政区域。民国九年11月，以广州为中心的中华民国军政府任命陈炯明为广东省长，其时陈有锐意改革之心，欲使广州成为不受旧行政区划管辖的城市，因此委托孙科起草有关条例。正从美国学成回国的孙科不满于广州市政公所的职能只限于拆墙修路，向省署建议改造市政。省政府遂命令孙科接管市政公所，并建议他另建新制，组织现代化市政系统。于是孙科穷一夜之功，撰成《广州市暂行条例》57条。2月中旬，省署公议通过此《条例》。这是我国首次以市为行政单位订立法规，超出了地方自治的范围。《条例》第三条规定："广州市为地方行政区域，直接隶属于省政府，不入县行政范围。"这条规定至关紧要，可视为宣告中国第一个城市型政区的诞生。因为在中国历史上从来没有哪一个城市能成为与县平等的行政区域，广州市是第一个。民国十年2月15日，依据这一《条例》，成立广州市政厅，组成广州市政府，以孙科为首任广州市长。紧随广州市之后，在广东省军政府管辖区域的汕头市也在同年3月制定了《汕头市暂行条例》，成为继广州之后的第二个城市型政区。民国十四年7月3日，广州国民政府设立广州市政厅，以伍朝枢任市政委员长[①]。

但民国十年以广州为中心的南方政府还不是全国性政府，所以广州市的政区模式不可能立即推行全国。但是北洋政府显然注意到了广州市的变化，遂仿照其例，于同年7月3日颁布了《市自治制》。这是我国第一部全国性的关于城市的法规，它首次把全国城市法定为两种：一种是特别市，地位相当于县，由内务部认为必要时呈请大总统明令规定，受地方最高行政长官监督，归

---

① 《东方杂志》第22卷第16号，1925年8月25日，第136页。

省领导;另一种为普通市,受县知事监督,人口满1万人以上的城镇均可设立。市设市长1人,由市自治会就本市公民中具有自治会会员被选举资格者选举。民国十一年6月17日,北京政府公布《市自治制》施行日期及施行区域令,宣布首先在京都实行特别市自治制,自9月1日起施行,所有从前之市政督办各职,即行裁撤,在自治机关未成立以前,由内务总长暂行兼理市政事宜①。民国十四年6月24日,临时执政公布《直隶省属各地施行市自治制及区域令》②。7月8日,又公布《陕西省属长安施行市自治制及区域令》③。

翌年,京都(今北京)与青岛两特别市正式设立。京都特别市市长由内务部遴选,经国务总理呈请大总统任命。民国十一年的修正案规定,市长由市民选出3人,经由内务总长、国务总理呈请大总统择一任命。此后,有些省的宪法也自行规定了一些类似的条款,力图使城市成为一种新型的政区。联省自治运动期间,湖南省设市,市长由全市公民直接选出。民国十三年云南省设市,市长由市议会选举,省行政公署加委。

虽然有了《市自治法》,但全国范围内正式设市者并不多,更多的是在大城市设立督办商埠公署,如重庆商埠督办公署、淞沪商埠督办公署等;并在中等城市设立市政筹备处,以此作为城市市政的管理机构。

---

① 《政府公报》第2260号,1922年6月18日,第122册,第2727页。
② 《政府公报》第3317号,1925年6月25日,第158册,第3055页。
③ 《政府公报》第3329号,1925年7月9日,第159册,第3296页。

第三章 南京国民政府时期的省、县二级制

民国十六年(1927)建立的南京国民政府,依据孙中山在《建国大纲》中提出的"县为自治单位,省立于中央与县之间,以收联络之效"①的精神,为了便于对基层政权的控制,废除北京政府时期的道级行政建置,实行省直接辖县的省、县二级制,作为南京国民政府时期的主要地方行政体制。县以下的基层行政组织,有区、乡(保甲)等。城市型政区也在这个时期得到普及,是中国近代政区体制改革过程中的一项重要变革。市由直隶于中央政府的直辖市和隶属于省政府的普通市组成。20世纪30年代,为了"围剿"中国共产党领导的革命根据地和改革县政的需要,出现了介于省县间的行政督察区,实际上打破了省县两级行政体制。在省级政区发展过程中,南京国民政府成立伊始,便率先建立特别市;嗣后又将各特别区域改建为省;抗战胜利后,接收了台湾省,又进行缩小省区的改革,将东北地区重划为9省。在县级政区发展过程中,20年代在中西部边远省份大量建立设治局,30年代后改建为县;在辽北、吉林、黑龙江、嫩江、兴安等省境内,则承袭了伪满洲国时期的地方制度,将旗与县并列,同为行政区划,而其他各省的蒙旗仍为民族自治组织。抗战胜利后,普通(省辖)市在各省均有设立,数量上以东北地区、台湾省及东部经济发达省份为多。民国三十六年6月5日,南京国民政府公布全国行政区域,"现全国辖省三十五,院辖市十二,省辖市五十七,行政督察区二百零九,县二千零十六,设治局四十,管理局一,地方一"②。此后,又有所变化。民国三十七年(1948)4月的全国行政区划情况详见表4。

---

① 《孙中山选集》,人民出版社,1956年,第603页。
② 内政部方域司:《中华民国行政区域简表》(第11版),商务印书馆,1947年,第4页。

表 4　民国三十七年(1948)4月全国行政区划简表

省　别 (市、地方)	简称*	省　会	行政 督察区	行　政　区　域			
				县	市	局	旗**
江苏省	苏/江	镇江县	9	61	2	1	
浙江省	浙	杭州市	6	77	1		
安徽省	皖	合肥县	10	63	1		
江西省	赣	南昌市	9	81	1		
湖北省	鄂/楚	武昌市	8	70	1		
湖南省	湘	长沙市	10	77	2		
四川省	川/蜀	成都市	16	139	2	3	
西康省	康	康定县	2	48		4	
福建省	闽	福州市	7	67	2		
台湾省	台	台北市		8	9		
广东省	粤	广州市	9	100	2		
广西省	桂	桂林市	9	99	1		
云南省	滇	昆明市	13	112	1	16	
贵州省	黔	贵阳市	6	78	1	1	
河北省	冀	清苑县	15	132	2	2	
山东省	鲁	济南市	16	108	3		
河南省	豫	开封县	12	111			
山西省	晋	太原市	14	105	1		
陕西省	陕/秦	西安市	11	92		1	
甘肃省	甘/陇	兰州市	9	69	1	2	
青海省	青	西宁市	1	19	1	1	
辽宁省	辽	沈阳市		22	4		
安东省	安	通化市		18	2		
辽北省	洮	辽源县		18	1		6
吉林省	吉	吉林市		18	2		1
松江省	松	牡丹江市		15	2		
合江省	合	佳木斯市		17	1		
黑龙江省	黑	北安市		25	1		1
嫩江省	嫩	齐齐哈尔市		18	1		2

续　表

省　别 (市、地方)	简称*	省　会	行政 督察区	行　政　区　域			
				县	市	局	旗**
兴安省	兴	海拉尔市		7	1		11
热河省	热	承德县		20			
察哈尔省	察	张垣市	4	19	1		
绥远省	绥	归绥市	4	20	3		
宁夏省	宁	银川市		13	1		
新疆省	新	迪化市	10	77	1	4	
西藏地方	藏						
外蒙古	蒙	1946年1月中国政府已承认其独立,但详确疆界尚待勘定					
南京市	京						
上海市	沪						
北平市	平						
天津市	津						
青岛市	青						
重庆市	渝						
大连市							
哈尔滨市							
沈阳市	沈						
西安市							
汉口市	汉						
广州市	穗						
总　　计			210	2 023	55	35	21

说明：* 此后设立的海南特区简称琼。** 青海、热河等省境内蒙旗因不隶属于省政府,数字不包括在内。

资料来源：内政部方域司：《中国之行政督察区》附录二《全国行政区划概况表》,大中国图书局,1948年,第57～62页;《中华民国史地理志(初稿)》,第4～14页。

第一节　省级行政制度与区划的变迁

一、省级政区的置废

国民政府建都南京后,民国十七年(1928)6月,因北京已不是首都所在地而裁京兆地方,原辖20县并入直隶省,并改名为河北省。此外,内政部以孙中山先生的《建国大纲》仅有省治,并无特别区之规定,而且北伐战争已经结束,没有必要继续保留以军政为主的特别区域制度,而且热河、察哈尔、绥远3特别区"内地移民日众,垦地日多,蒙民亦逐渐进化,地沃俗淳,物产丰富,改为行省,施以开发,实为当急之务"①,于是年9月17日,裁绥远、热河、察哈尔、西康等特别区域,设置绥远省(省会归绥县)、热河省(省会承德县)、察哈尔省(省会万全县)、青海省(省会西宁县)、西康省(省会康定县,民国二十八年正式成立省政府)②。10月22日,析原甘肃省宁夏道区域设立宁夏省(省会宁夏县)。12月底,东北易帜后,中央政府始对热河省有直接管辖权。民国十八年1月28日,将奉天省改名为辽宁省。

西康省的建省过程较为曲折。民国十七年9月,南京国民政府通过西康建省议案,改西康特别区域为西康省。但由于康藏历年纠纷,境内又屡经兵患,民穷财尽③,暂未实行省制,先由西康特别政务委员会治理。民国二十四年2月2日,国民政府公布《西康建省委员会组织条件》,规定西康在省政府成立前,设西康建省委员会筹备建省事宜并执行政务;西康建省委员会直隶于行政院,并受中央主管部、会之指挥、监督。民国二十四年7月,西康建省委员会在雅安正式成立④。为"使川省西南边区化为康省东南腹地,既可完成西康建省计划,并可藉以巩固国防,增强抗战力量"⑤,民国二十七年9月,将四川省宁属(旧宁远府)的西昌等8县及宁东设治局、雅属(旧雅安府)的雅安等6县及金汤设治局划入。民国二十八年1月1日,西康省政府成立,驻康定县。

民国十九年10月,中国政府收回被英国租借的威海卫。11月初,设置直隶于中央政府的威海卫行政区。民国二十年4月25日,国民政府公布《修正威海卫管理公署组织条例》23条,规定"威海卫在未辟为军港前置威海卫管理公署,掌理行政及监督地方自治事务","威海卫管理公署直隶于行政院,关于行政事务并受中央主管部会之指挥监督"⑥。其辖境包括沿今山东威海市及荣成市北部的沿海滨岸至内地10英里之地,及刘公岛并附近诸小岛。

---

① 《内政年鉴》,第(B)47页。
② 《国民政府公报》第93期,1928年9月,第5页。
③ 《刘委员长文辉复霍济光书》,李亦人:《西康综览》,正中书局,1941年,第57页。
④ 《国民政府公报》第1656号,1935年2月4日,第1页。
⑤ 《国民政府公报》渝字第97号,1938年11月2日,第16页。
⑥ 《国民政府公报》第758号,1931年4月28日,第1页。

至抗战爆发前,全国省级行政区划有江苏、安徽、江西、湖北、湖南、四川、西康、云南、贵州、广东、广西、福建、浙江、山东、山西、河南、河北、陕西、甘肃、宁夏、青海、新疆、辽宁、吉林、黑龙江、热河、绥远、察哈尔等28省,南京、上海、北平、天津、青岛、西京等6个院辖市,东省特别行政区、威海卫行政区等2个行政区,及外蒙古、西藏地方。

抗战期间,重庆为战时首都所在地,成为全国的政治、军事、经济和文化中心,重庆市升为院辖市。东省特别行政区亦在伪满时期消亡。威海卫行政区于民国二十七年被日军侵占,抗战胜利后,于民国三十四年10月31日由行政院核准改设为山东省辖威海市①。

抗战胜利以后,根据《开罗宣言》和《波茨坦公告》,被日本侵占的台湾省(含台湾本岛、澎湖列岛及钓鱼、黄尾、赤尾等岛屿)归还我国。民国三十四年8月29日,国民政府任命陈仪为台湾省行政长官。8月31日,国民政府签署《台湾省行政长官公署组织大纲》②。10月2日,台湾省行政长官公署在台北设立。民国三十六年4月22日,行政院撤销台湾省行政长官公署,改设台湾省政府,下辖9市、8县。

此外,清代以来,缩小省区的呼声一直不断。清末,一些政治家、学者鉴于省的长官权力过大,提出缩小省区的设想。民国初年,因各省都督集军政、民政大权于一身,自募军队,截留田赋,各省大多成为独立王国,缩小省制的呼声再次出现。国民党领袖之一宋教仁在《中央行政与地方行政之划分》一文中,力主重划省区。民国二年2月,熊希龄组阁,将改革省制列为三大施政方针之一,认为"行政区域太大,政难下逮,且监督官层级太多,则亲民之官愈无从举其职,元、明、清之治,所以不及前代,职此之由。今拟仿汉宋之治,改定地方行政为两级,以道为第一级,以县为第二级"。但这一主张被袁世凯召集的中央政治会议否决③。南京国民政府成立后,一些省区仍为地方势力所控制,中央政府并不能完全控制各省区。民国十九年11月,在三届四中全会上,国民党中央委员伍朝枢提出《缩小省区案》,胡汉民、陈铭枢、陈立夫等提出《改划省行政区域原则案》,但最终都未能实施。抗战期间,面临国家和民族的存亡关头,有识之士提出"抗战"与"建国"可以同时并进,省区重划亦属建国内容之一。民国二十八年8月,行政院奉国防最高委员会之令,成立"省制问题设计委员

---

① 《全国行政区域变更一览表(三十三年九月至三十四年十一月)》。
② 《国民政府公报》渝字第847号,1945年9月4日,第6页。
③ 袁继成:《中华民国政治制度史》,湖北人民出版社,1991年,第541页。

会",主持设计省制问题。民国三十三年后,抗战行将胜利,行政院设计局成立区域计划组,再次研究调整省区计划。

民国三十四年8月,抗日战争胜利,伪满洲国崩溃,东北地区未被任何派系军阀势力所占有,国民政府便借此机会进行省区重划的试验。"东北各省,经'九一八'事变而陷于敌伪,改划为十八省,胜利来临,中央为便于接收及缩小省区之试验起见,即就敌伪原划省区,以两省并为一省(嫩江省除外),共划为辽宁、辽北、安东、吉林、合江、松江、黑龙江、嫩江、兴安等九省。"①南京国民政府在其8月31日签署的《收复东北各省处理办法纲要》第四款中表述为"辽宁、吉林、黑龙江三省区域,重行划分为辽宁省、安东省、辽北省、吉林省、松江省、合江省、黑龙江省、嫩江省、兴安省九省"②。9月4日,分别任命了各省政府主席与哈尔滨市、大连市市长③。但到民国三十五年底,国民政府对东北9省区划、设置大连和哈尔滨2院辖市、撤销东省特别行政区等决定仍未明令公布④。直至民国三十六年6月5日,南京国民政府正式公布《东北九省辖境地名一览表》⑤:辽宁省治沈阳市,以伪满奉天、锦州两省合并设置;安东省治通化市(今吉林通化市),以伪满安东、通化两省合并设置;辽北省,治辽源县(今吉林双辽县),以伪满四平、兴安南两省大部及黑龙江省少部合并设置;吉林省,治吉林市,以伪满吉林省及滨江省部分合并设置;松江省,治牡丹江市(今黑龙江牡丹江市),以伪满牡丹江省全境及滨江、三江两省部分合并设置;合江省,治佳木斯市(今黑龙江佳木斯市),以伪满东安省及三江省大部合并设置;黑龙江省,治北安市(今黑龙江省北安市),以伪满北安、黑河两省合并设置;嫩江省,治齐齐哈尔(今黑龙江齐齐哈尔市),以伪满滨江、龙江两省大部合并设置;兴安省,治海拉尔市(今内蒙古自治区海拉尔市),以伪满兴安北省与兴安东省合并设置。然而东北9省的大部分地区,在抗日战争胜利后已相继被共产党领导的军队解放,国民党政府虽任命了官吏,但只是虚名,没有实际意义。

抗战胜利后全国政区情况详见图6。民国三十六年(1947)6月5日,国民政府公布新的全国行政区划,全国共有35个省、12个院辖市和1个西藏地方。民国三十八年4月,以海南岛及南海诸岛区域置海南特别行政区。

---

① 内政部方域司:《中华民国行政区域简表》(第11版),第4页。
② 《国民政府公报》渝字第846号,1945年9月1日,第5页。
③ 《国民政府公报》渝字第849号,1945年9月6日,第3页。
④ 《全国行政区域变更一览表(三十三年九月至三十四年十一月)》。按:在1947年6月前出版的东北9省地图,其政区及界线大多是根据东北调查委员会计划编制的,如葛绥编《现代中国大地图》(上海亚光舆地学社,1946年3月)。
⑤ 《国民政府公报》第2844号,1947年6月6日,第11页。

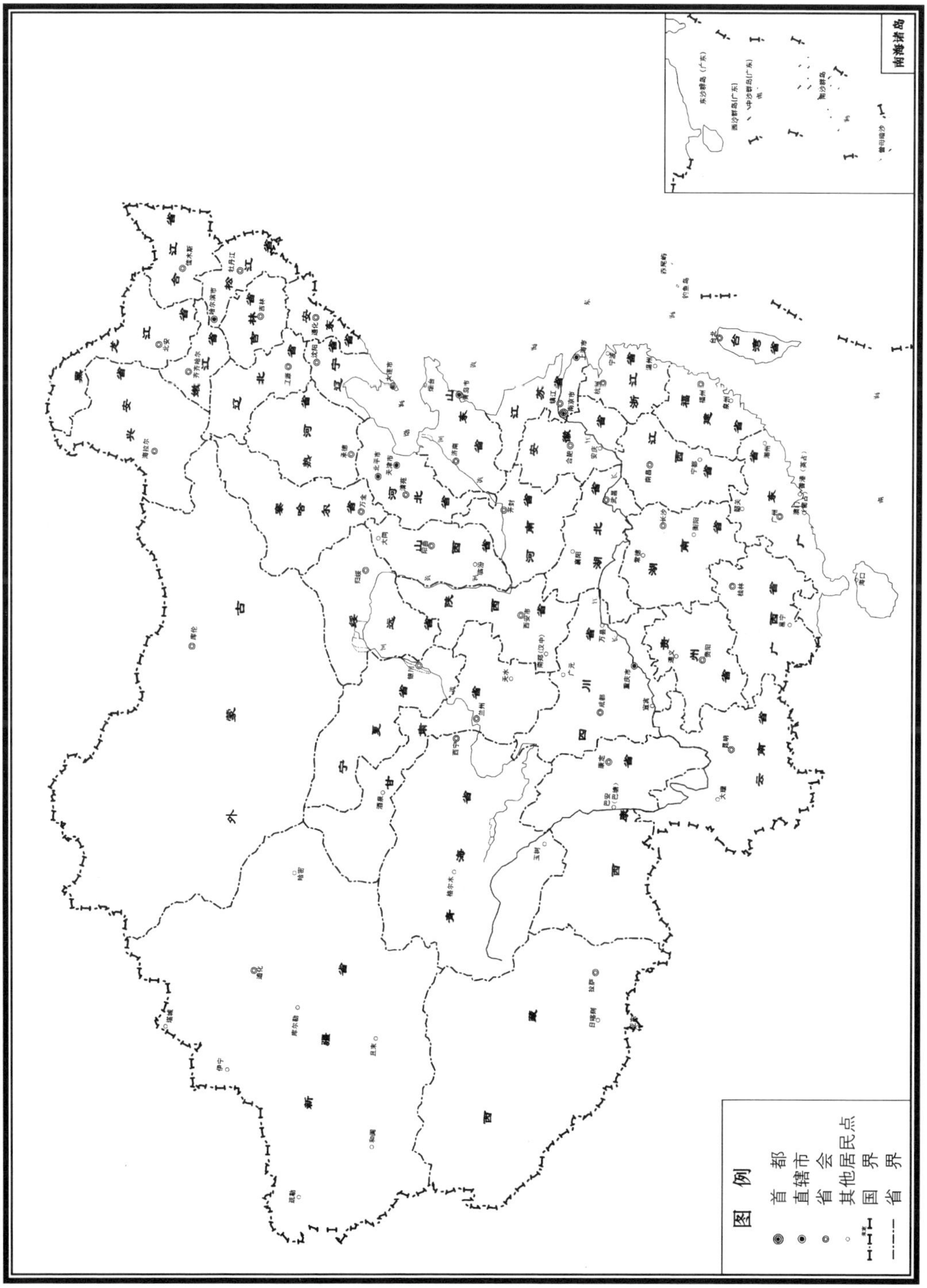

图 6 民国三十四年(1945)9月中华民国政区图

二、省界调整

南京国民政府时期的省界调整的原因主要有三：一是出于两省之间沿界居民之间的争执，二是两省之间的飞地，三是政治、军事的需要。

1. 依《省市县勘界条例》规定调整省界

民国成立后，各省境界大多沿袭清代旧制，其中不少境界混淆，纠纷迭起。南京国民政府内政部为解决各地无意义的纠纷，在民国十九年初拟定《省市县勘界条例》，5月31日获国民政府批准。《条例》第三条规定："省、市、县行政区域界线之划分，除有特殊情形外，依左列标准：一、山脉之分水线；二、道路河川之中心线；三、有永久性之关隘、堤塘、桥梁及其他坚固建筑物为界线者。"第五条规定："固有省、市、县行政区域，如确系旧界太不显明，因而发生争议时，得重行勘划，依本条例第二条规定各款原则，议定新界线。"第七条规定："固有县行政区域，遇有下列情事之一者，于必要时，得变更编制，重行勘议界线：一、因省或市行政区域之变更，必须裁并或设置时；二、固有区域与天然形势抵触过甚，有碍交通时；三、固有区域太不整齐，如插花地、飞地、嵌地及其他犬牙交错之地，实于行政管理上甚不便利时；四、固有区域或狭、或畸，与县治距离太远，或交通甚不便利时；五、面积过于狭小或过于广大时；六、户口过于稀少或过于繁密时；七、地方经济力与邻近各县相差过甚时；八、警卫之支配及自治区域之划分，甚不适宜时；九、有其他特殊情形时。"①各行政区域，经过勘定改划后，应树立界标，以资识别。原有的户口、赋税、文卷、簿册、官产、公产、学校、局所、名称、古迹、古物、寺庙，以及慈善机构，均一律随地转移管辖。据此，一些省区进行省界的勘定。

民国十九年8月，勘定江苏省萧县与安徽灵璧县交界处的青冢湖省界。

民国二十年5月，勘定浙江开化县与安徽休宁县省界，同月又勘定浙江昌化县与安徽绩溪县省界；7月，勘定江苏高淳与安徽宣城、当涂县交界的丹阳湖省界。

民国二十一年1月至二十二年7月间，浙江省江山县、遂昌县与福建省浦城县间的省界作了调整②。

民国二十二年4月，勘定湖南城步县与广西龙胜县交界处的横岭下乡坪

---

① 《省市县勘界条例》（民国十九年6月12日），中国第二历史档案馆：《国民党政府政治制度档案史料选编》下册，安徽教育出版社，1994年，第316页。
② 《水陆地图审查委员会会刊》第3期，第64页。

省界。

民国二十三年3月,调整江苏省吴江县与浙江省桐乡县及嘉兴县的省界。

民国二十四年3月,勘定江西光泽县与福建邵武县省界;6月,勘定山东及青岛市新界;9月,勘定江苏吴江县与浙江嘉善县省界、浙江常山县与江西玉山县省界;11月,勘定浙江於潜县与安徽宁国县省界、安徽休宁县与江西婺源县省界;12月,勘定江苏吴县与浙江吴兴县省界、浙江景宁县与福建寿宁县省界。

民国二十五年1月,勘定浙江长兴县与安徽广德县省界,以及浙江庆元县与福建松溪县省界;2月,勘定浙江庆元县与福建寿宁县省界;4月,勘定江苏吴江县与浙江吴兴县省界,以及浙江孝丰县与安徽广德县省界;6月,勘定浙江昌化县与安徽歙县省界;9月,划定江苏省与南京市界域;12月,勘定浙江昌化县与安徽宁国县省界。

民国二十七年12月,勘定浙江泰顺县与福建寿宁县省界。

民国二十八年2月,勘定浙江江山县与江西广丰县省界。

民国二十九年2月,划定四川省与重庆市新市区界域;12月,勘定甘肃永登县与青海互助县省界。

2. 政区调整与省界变迁

民国十七年6月,将含有帝制意义的直隶省更名河北省。9月,旧口北道所属万全、宣化、赤城、龙关、怀来、阳原、怀安、蔚县、延庆、涿鹿10县划归察哈尔省,河北省界缩小。10月,甘肃省旧宁夏道及原宁夏镇守使辖区析出置宁夏省;甘肃省旧西宁道及青海地方析出,置青海省,甘肃省界内缩。

民国二十七年9月,四川省原宁属西昌等8县及宁东设治局、原雅属雅安等6县及金汤设治局划属西康管辖,四川省西南界内缩。

抗战胜利后,以伪满的18省为基础,国民政府对东北地区的省区进行了新的划分,划界的原则充分吸收了当时社会各界对调整省区的设想。调整后,新9省的省界、面积、人口、经济等要素,得到了较为合理的分配。辽宁省,该省北部与辽北省嵌插并杂有蒙旗的地方,划归辽北省,以求地形完整,而便治理;东部山岳地带则划归安东省,而以哈达岭及千山山脉与安东省为界;南部则划入大孤山以西地区,包括辽东半岛大部。如是,则辽宁全境大部分属松辽平原,而富庶程度比较平均,面积也不是特大。安东省,该省西南部所属辽东半岛地区,与辽宁东部山岳地带交换后,其与辽北省界,亦改以哈达岭为界。由此,全境均属长白山岳地区,不仅原有带状地形得以稍事调整,而且富庶程度与土地面积亦略与邻近各省相埒。辽北省,该省与辽宁、安东两省界调整后,复将嫩江省插入省境的洮南、洮安一带地区并入。调整后,全境地形较为完整,而其富庶程度及人口数字亦可相称。吉林省,该省东部延吉一带山地划归松江省,并将松江省属中长、拉滨铁路线上的五常、双城两县并入。如是,省境全属松辽平原,而面积不致过大,富庶不致特厚,并地形地势亦得调整。松江省,与吉林省界调整后,复将松花江以北地区划归嫩江省,而以松花江与嫩江省为界。如此,省境不仅符合自然地势,而且对外交、军事、国防也可收统一指挥之效果。合江省,地势低平,是一自然区域,因此,除松花江、牡丹江三角地带的方正县与合江属地为江水阻隔应划归松江省治理外,其余并无再改划的必要。黑龙江省,因地形限制,境域呈狭长形,无法避免,除将嫩江省突入省境的讷河县并入外,其余辖境仍照其旧。嫩江省,南部地区划归辽北省,松江省北部划入,全省仍属松辽平原,地形完整。兴安省,面积较大,人口较少,境内虽有兴安岭纵贯中央,但以其岭广坡缓,对交通无妨碍,因此,境界没有变更。

3. 为了进攻革命根据地的军事需要调整省界

为了进攻中国共产党领导的革命根据地,加强对地方的政治控制,民国二十二年4至9月间,南京国民政府在皖、鄂、豫3省新置立煌、礼山、经扶3县,并调整了省界。民国二十三年6至7月间,为了"围剿"革命根据地,蒋介石在南昌设立南昌行营,将福建省光泽县和安徽省婺源县划属江西省。民国三十六年6月,两县复归原省。民国二十五年2月,安徽省英山县改属湖北省。

由于这些调整均是出于政治、军事的临时需要,没有考虑到其他各方面的因素,往往引起当地民众的反对。如民国二十三年7月,国民政府军事委员会委员长蒋介石在江西"剿共",决定将婺源县由安徽省划入江西省。经国民政府行政院第166次会议批准,并于当年9月4日办理交接。婺源县原属安徽省,向为徽州六邑之一,正式交接后,当地人民掀起长达13年的"回皖运动"。民国二十八年5月,婺源旅外人士以适应抗日战争形势为由,再次呼吁军政当局准予划婺源回皖,仍未果。从民国三十五年4月起,婺源以县参议会为主,联络旅外同乡,再次发动"回皖"活动,得到皖籍国大代表的支持。尤其是著名学者胡适等奔走联络国民党当局开明人物的支持,使国民党当局慑于压力,被迫令内政部方域司及皖、赣两省政府共同派员勘察。当年6月,婺源县核准回皖。民国三十六年8月16日,婺源县正式划回安徽省。又如光泽县,在第二次国内革命战争时期是闽北苏区的重要县份之一,民国二十年至二十二年,红军曾两度解放县城。民国二十三年6月,蒋介石决定将光泽县由福建省划入江西省。光泽县位于闽江支流富屯溪上游,与中、下游经济关系密切,自宋太平兴国六年(981)置县后,一直隶属于福建省。因此,抗日战争胜利后,于民国三十六年6月复归福建省。

三、省级政区更名及省会迁徙

南京国民政府时期,对一些不适合国民党政治主张的省名,进行了更改。一些省会,则或因地理位置不当、交通不便,或因改设直辖市,多有迁徙。

民国十七年6月,将直隶省(除旧口北道10县外)改名为河北省。原直隶省以保定为省会,但在北京政府时期,督军、省长皆驻天津县。南京国民政府初拟以清苑县(今河北保定市)为省会,嗣北平政治分会电请迁徙北平,遂以北平为河北省会。民国十九年10月,国民政府复令河北省改驻天津市。民国二十四年10月,河北省会由天津移治清苑县。

江苏省会本设于江宁县(今江苏南京市),自国民政府建都南京后,南京设特别市。民国十七年7月,江苏省会移驻镇江县。

民国十八年2月,因"奉天"二字含有浓厚的君主色彩,乃取"辽水流域永久安宁"之意,改奉天省为辽宁省。

民国二十五年10月,广西省因邕宁县(今广西南宁市)僻处西南,迁驻桂林。

西康特别政务委员会原设康定县,嗣于民国二十年4月改设于扼全区中枢的巴安县(今四川巴塘县)。民国二十四年7月成立西康建省委员会,驻地迁至雅安县。次年11月,西康建省委员会驻地由雅安迁往康定。

民国三十四年11月,因怀宁县偏处安徽省境南部,安徽省会由怀宁县(今安徽安庆市)迁驻合肥县。

第二节 县级行政制度与区划的变迁

南京国民政府时期的县级政区,主要由县、省辖市、设治局、直辖市的区组成。省辖市、直辖市的区的变化,见本章第三节。此外,为了加强对基层的控制,改进县政府的办事制度和效率,政府机构和一些学者还在某些县份实行特殊的县政制度,即实验县。

一、县的置废与更名

县为我国基层行政区域,也是一切行政的起点,其区域之大小、交通之便否,关系治理极为重要。南京国民政府成立后,增设的县以黑龙江、新疆、青海、云南、河北、宁夏、贵州、甘肃、绥远、广东、广西、江西、安徽、湖北、湖南等省为多。凡区域过小,人口过稀,财赋不足,建设不易者,则分别予以裁并。裁并之县,酌予划归邻近各县,以河南、云南、贵州3省居多。另有一些县名因"欠雅驯",或有伤民族感情,或与邻国和有关省县同名或同音易混,或因置市以及纪念人物等原因更换新名,这种情况在边区及内地诸省均有。

南京国民政府时期新设置的县,大多数分布在边疆省份。设置新县的原因大致有以下几种情况。

第一是原为设治局,因开发已达到一定程度,符合设县的条件,因而改置县治。如林东设治局,因"物产丰富,面积五万方里,人口八万余名,已达设县程度"①,因而于民国二十一年8月改置为县。

第二是原县境域广阔,在北京政府时期设有县佐,南京国民政府裁撤县佐,引起治理不便,于是增置新县,加强对地方的控制。如云南省顺宁县,在北京政府时期设有右甸县佐,撤销县佐后,顺宁县对于右甸地方控制不便。为便利行政起见,民国二十四年5月,以原右甸县佐地方并邻县相近区域设置昌宁县②,起到了控制原保山、顺宁两县边远地区的作用。也有的省份并未裁撤县佐,但县佐的职权并不能控制该地区,因而析置新县。如新疆迪化县所属乾德县佐,"因该城为边防重地,幅员辽阔,垦务发达,民族杂居,难资控制"③,因而于民国十七年7月改置乾德县。又如于阗县策勒村县佐,"因其地幅员辽阔,县佐权轻,难为治理。为便利诉讼,开发荒地,注重边防"④,民国十八年1月改县。

第三是原县境域辽阔,又有一定经济基础,但县政府管理不便,于是析置新县,加强管理。如青海省幅员辽阔,县治稀少,拉加寺等地方为青海省东南重镇,森林茂盛,畜牧发达,有设县治之必要。民国二十四年5月,析贵德县鲁仓、汪什科三白佛所属地,同仁县黄河沿岸的拉加寺、什则寺一带地方置同德县。又如河南省于民国十八年7月置博爱县,原因为该地偏于沁阳县的东北隅,面积辽阔,地方富庶,但是民情强悍,很难治理,因而析沁阳县丹江以东、沁河以北地置博爱县。另一种情况是因县境域辽阔,地处交通要道,距县治又较远,因而置新县进行管理。如宁夏省平罗县幅员辽阔,治理较难,磴口地处甘肃、绥远两省往来要道,形势扼要,于民国十八年2月析平罗县置磴口县。

---

① 《国民政府公报》洛字第21号,1932年9月30日,第90页。
② 《国民政府公报》第1748号,1935年5月23日,第6页。
③ 《国民政府公报》第78期,1928年7月,第77页。
④ 《国民政府公报》第120号,1929年3月20日,第5页。

第四是改土归流。民国时期,在边远省份的少数民族地区,仍设有一些土官。南京国民政府时期,广西省改土归流,新设多个县治,民国十七年4月以太平、安平、下雷3土州辖地置雷平县,以忻城土县改置忻城县。同年7月,又以上龙、金龙两土司辖地置上金县。另一种情况是土官虽已消亡,但县域多沿袭旧制,因而析置新县或调整县界。如广西省于民国二十五年6月置敬德、田阳、平汉、田东、田西、乐业、万业、资源等县,均因"旧田南道属各种疆界,多系沿袭土属区划,于现代政治设施上殊不适宜,有加整理之必要","为谋开发边隅,便利行政",撤销旧县,重划县界而设立①。

第五是因自然条件变化,新增长出土地,因而置新县。如陕西省朝邑、华阴两县地濒黄河,黄河东徙,淤出田地甚多,面积广袤,盗匪潜藏,为便于控制起见,于民国十八年2月析朝邑、华阴两县黄河滩地置平民县。又如江苏省崇明县,在民国年间,外沙面积不断增大,因为中隔大江,管辖不便,民国十八年于外沙置启东县。

第六是在边疆与外国接壤地区设立新县。如新疆省莎车县,汉、回、俄侨杂处,诉讼、外交时起纠纷,水利、开垦事务也需整顿,于民国十八年11月析莎车县近回城地区的密霞等22大庄置叶尔羌县。又如云南省猛烈行政区,地连缅甸,内政、外交均极重要,于民国十八年改置江城县。

第七是为了镇压革命政权、农民起义而设立新县。如江西省吉安、吉水、永丰等县区域,因"东固地域辽阔,形势重要"②,于民国二十年9月析3县接壤地域置平赤县。又因金家寨地跨安徽、河南两省,为红色根据地,为了"围剿"根据地,于民国二十一年4月析安徽省霍山、霍丘、六安等县及河南省商城、固始等县置立煌县。

第八是抗日战争胜利后,接收台湾省及东北地区,除原设县份外,对于日占时期及伪满洲国设立的县级政区,基本上沿袭下来。

民国二十年3月行政院公布《县行政区域整理办法大纲》,规定在整理县界时,因"土地辽阔,施政不易,应将其划分两县或并入他县一部以便治理",可以"割数县之一部设县治或将旧治取销,与他县归并另成新县"③。此后,广西、贵州等省据此调整县的设置。

民国时期,全国与各省区辖县数量变化情况详见表5。

---

① 《国民政府公报》第2097号,1936年7月11日,第13页。
② 《国民政府公报》第899号,1931年10月15日,第11页。
③ 蔡鸿源主编:《民国法规集成》第39册,第130页。

表 5　民国元年至三十八年(1912—1949)全国与各省区辖县数量变动表

单位：个

年份	全国	江苏	浙江	安徽	江西	湖北	湖南	四川	西康	福建	台湾	广东	广西
1912	1450	60	75	59	81	69	53	140		58		93	63
1913	1803	60	75	59	81	69	75	171		61		93	77
1914	1814	60	75	59	81	69	75	146	31	62		94	77
1915	1818	60	75	59	81	69	75	146	31	63		94	80
1916	1824	60	75	59	81	69	75	146	31	63		94	85
1917	1836	60	75	59	81	69	75	146	31	63		94	86
1918	1843	60	75	59	81	69	75	146	31	63		94	87
1919	1846	60	75	59	81	69	75	146	31	63		94	88
1920	1849	60	75	59	81	69	75	146	31	63		94	88
1921	1852	60	75	59	81	69	75	146	30	63		94	88
1922	1854	60	75	59	81	69	75	146	30	63		94	88
1923	1855	60	75	59	81	69	75	146	30	63		94	88
1924	1858	60	75	59	81	69	75	146	30	63		94	90
1925	1862	60	75	59	81	69	75	146	30	63		94	90
1926	1864	60	75	59	81	69	75	146	31	63		94	90
1927	1871	60	75	59	81	69	75	146	31	63		94	90
1928	1882	60	75	59	81	69	76	146	31	64		94	93
1929	1914	61	75	59	81	68	76	147	31	64		94	94
1930	1922	61	75	59	81	68	76	148	31	64		94	94
1931	1923	61	75	59	81	68	75	148	31	64		94	94
1932	1927	61	75	60	81	68	75	148	31	64		97	94
1933	1932	61	75	60	81	69	75	148	31	64		97	94
1934	1934	61	75	61	83	69	75	148	31	63		97	94
1935	1936	61	75	62	83	69	75	148	31	62		97	94
1936	1945	61	75	62	83	70	75	149	31	62		97	99
1937	1948	61	75	62	83	70	75	149	32	62		97	99
1938	1950	61	75	62	83	70	75	135	46	62		97	99
1939	1954	61	76	62	83	70	75	135	46	62		97	99
1940	1958	61	76	62	83	70	75	135	46	64		97	99
1941	1961	61	76	62	83	70	75	136	46	64		97	99
1942	1968	61	76	62	83	70	76	137	46	64		98	99
1943	1974	61	76	62	83	70	76	137	47	64		98	99
1944	1980	61	76	62	83	70	76	138	47	64		98	99
1945	1990	61	76	62	83	70	76	139	48	66	8	98	99
1946	1992	61	76	62	83	70	76	139	48	66	8	98	99
1947	2021	61	76	63	81	70	77	139	48	67	8	99	99
1948	2027	61	78	63	81	70	77	141	48	67	8	99	99
1949	2031	62	79	63	81	70	77	141	48	67	8	77	99

续　表

年份	云南	贵州	河北	山东	河南	山西	陕西	甘肃	宁夏	青海	绥远	察哈尔
1912	43	27	128	96	89	118	73	47				
1913	96	80	156	107	108	105	91	76			12	
1914	96	80	139	107	108	105	90	76			8	7
1915	96	81	139	107	108	102	90	76			8	7
1916	96	81	139	107	108	102	90	76			8	7
1917	97	81	139	107	108	104	90	77			8	7
1918	97	81	139	107	108	105	90	77			8	8
1919	97	81	139	107	108	105	90	77			8	8
1920	97	81	139	107	108	105	91	77			8	8
1921	97	81	139	107	108	105	91	77			8	8
1922	97	81	139	107	108	105	91	77			8	9
1923	97	81	139	107	108	105	91	77			9	9
1924	97	81	139	107	108	105	91	77			9	9
1925	97	81	139	107	108	105	91	77			10	11
1926	97	81	139	107	108	105	91	77			10	11
1927	100	81	139	107	111	105	91	77			10	11
1928	101	81	129	107	111	105	91	64	8	7	15	16
1929	108	81	129	107	113	105	92	66	9	11	16	16
1930	108	81	130	107	113	105	92	66	9	12	16	16
1931	108	81	130	108	110	105	92	66	9	14	16	16
1932	107	81	130	108	110	105	92	66	9	14	16	16
1933	109	81	130	108	111	105	92	66	10	15	16	16
1934	109	81	130	108	111	105	92	66	10	15	16	16
1935	110	81	130	108	111	105	92	66	10	16	16	16
1936	112	81	130	107	111	105	92	66	10	16	16	16
1937	112	81	130	107	111	105	92	66	10	16	16	16
1938	112	81	130	107	111	105	92	66	10	17	16	16
1939	112	81	130	107	111	105	92	66	10	17	16	16
1940	112	82	130	107	111	105	92	67	10	17	16	16
1941	112	79	130	107	111	105	92	68	11	17	16	16
1942	112	78	130	107	111	105	92	68	13	17	18	16
1943	112	78	130	107	111	105	92	68	13	19	18	16
1944	112	78	130	107	111	105	92	69	13	19	20	16
1945	112	78	130	107	111	105	92	69	13	19	20	16
1946	112	78	130	107	111	105	92	69	13	19	20	16
1947	112	78	132	107	111	105	92	69	13	19	20	19
1948	112	79	132	108	111	105	92	69	13	19	20	19
1949	113	79	132	108	111	105	92	69	13	19	20	19

续　表

年份	热河	辽宁	安东	辽北	吉林	松江	合江	黑龙江	嫩江	兴安	新疆	海南
1912		31			18			8			21	
1913		54			37			23			37	
1914	15	55			37			23			39	
1915	15	55			37			24			40	
1916	15	55			38			24			40	
1917	15	55			39			30			40	
1918	15	56			39			31			42	
1919	15	56			39			31			44	
1920	15	56			39			32			45	
1921	15	56			39			33			48	
1922	15	56			39			33			49	
1923	15	56			39			33			49	
1924	15	56			39			33			50	
1925	15	57			39			33			50	
1926	15	57			39			33			50	
1927	15	57			41			33			50	
1928	15	58			41			33			53	
1929	15	59			41			42			54	
1930	15	59			41			42			59	
1931	16	59			41			43			59	
1932	16	59			41			43			60	
1933	16	59			41			43			59	
1934	16	59			41			43			59	
1935	16	59			41			43			59	
1936	16	59			41			43			60	
1937	16	59			41			43			62	
1938	16	59			41			43			63	
1939	16	59			41			43			66	
1940	16	59			41			43			66	
1941	16	59			41			43			69	
1942	16	59			41			43			70	
1943	16	59			41			43			73	
1944	16	59			41			43			75	
1945	16	22	17	18	16	14	14	21	13	5	76	
1946	16	22	17	18	16	14	14	21	13	5	78	
1947	20	22	18	18	18	15	17	25	18	7	78	
1948	20	22	18	18	18	15	17	25	18	7	78	
1949	20	22	18	18	18	15	17	25	18	7	78	16

说明：表中数据按照本卷下编各省政区统计。民国时期的行政区划表是根据内政（务）部档案材料编制，往往与实际情况有所不同。如1947年版《中华民国行政区域简表》，反映的是民国三十六年初的全国政区状况。该表也有一些错误，如其中第207页言新疆省辖75县，据后面的表格则应作76县。又新源、民丰两设治局，此时已经提升为县，正在补办手续，本表则据实际情况统计为县，《中华民国行政区域简表》仍作设治局。如此，新疆一省便有3个县的差异。

民国时期，各省新置的县，由清代府、州、厅和民国时期设治局改置的县，以及废除的县，如表6所示。

表6 民国元年至三十八年(1912—1949)各省(区)县置废变动表

省(区)	新置县	由府、厅、州、设治局改置县	废除县
江苏	1912年灌云，1929年启东	1912年太平、川沙、海门等厅，太仓、通州、泰州、高邮、海州等州；1949年嵊泗局	1912年上元、娄县、长洲、元和、昭文、新阳、震泽、阳湖、金匮、荆溪、甘泉
浙江	1939年磐安，1948年文成、四明，1949年滃洲	1912年改海宁州、定海厅、玉环厅为县，合石浦、南田厅为南田县	1912年钱塘、秀水、归安、会稽
安徽	1932年嘉山，1933年立煌，1934年临泉，1936年岳西	1912年无为、和州、六安、广德、寿州、宿州、亳州、泗州、滁州等州	
江西	1931年平赤	1912年莲花、定南、虔南、铜鼓等厅，宁都州、义宁州	1931年平赤
湖北	1933年礼山	1912年夏口厅、鹤峰厅，兴国、沔阳、蕲州、随州、荆门、均州、归州等州	1926年夏口
湖南	1928年阳明，1942年怀化，1947年隆回	1913年长沙、宝庆、常德、岳州、衡州、永州、沅州、辰州、永顺等府，南洲、凤凰、乾州、永绥、晃州、古丈坪等厅，茶陵、武冈、澧州、道州、郴州、靖州、桂阳等州	1912年善化、清泉，1931年阳明
四川	1912年道坞、怀柔、炉霍、丹巴、德荣、武成、宁静、察雅、贡县、察隅、科麦、恩达、嘉黎、硕督、太昭，1913年东安，1929年宝兴，1936年靖化，1941年青川	1913年康定、巴安、登科、昌都等府，江北、石硅、城口、盐边、里化、三坝等厅，简州、汉州、崇庆、茂州、绵州、合州、酉阳、涪州、眉州、忠州、邛州、泸州、永宁、资州、巴州、剑州、广安、天全、甘孜、白玉、德化等州；1914年懋功、松潘、理番、峨边、雷波、马边等厅；1930年披砂局；1942年沐川局；1944年武隆局；1945年旺苍局；1948年沐爱局、平昌局	
西康		1926年九龙局，1943年泰宁局，1945年德昌局	

续 表

省(区)	新置县	由府、厅、州、设治局改置县	废除县
福建	1913年平潭、思明，1914年金门，1915年东山，1928年华安，1940年三元、水吉，1945年柘荣、周宁	1913年云霄厅、永春州、龙岩州	1913年侯官、瓯宁，1935年思明
台湾	1945年台北、基隆、新竹、台中、彰化、嘉义、台南、高雄、屏东		
广东	1932年乐东、保亭、白沙，1942年连南，1947年梅茂	1912年赤溪、连山、南澳等厅，德庆、罗定、南雄、连州、连平、嘉应、化州、阳江、儋州、崖州、钦州等州；1914年佛冈厅	
广西	1912年恩阳，1915年果德、隆山、都安，1916年钟山、绥渌、龙茗、镇结、思乐，1917年向都，1918年思林，1919年凤山，1924年榴江县、南丹，1928年忻城、雷平、上金，1929年万承，1936年资源、田西、乐业、万冈、天峨	1912年龙胜、信都、那马、中渡、凭祥、明江、安化等厅，永宁、全州、永安、象州、宾州、横州、新宁、河池、西隆、东兰、奉议、养利、左州、永康、宁明等州；1913年桂林、郁林、浔州、梧州、上思、武鸣、南宁、庆远、百色、泗城、镇安、龙州、太平、归顺等府	
云南	1912年兰坪、漾濞、盐丰，1913年彝良、盐兴，1917年盐津，1927年镇越、象明、芦山，1928年双江，1929年曲溪、西畴、佛海、车里、五福、江城、永仁、普文，1933年昌宁、屏边，1936年威信、金平	1913年巧家、鲁甸、大关、个旧、安平、富州、思茅、他郎、腾越、维西、中甸、蒙化、永北、景东、威远、镇边、镇沅、缅宁、龙陵等厅，嵩明、晋宁、安宁、昆阳、武定、宣威、沾益、马龙、陆凉、罗平、寻甸、新兴、路南、镇雄、南安、石屏、阿迷、宁州、广西、永康、浪穹、赵州、邓川、宾川、云龙、弥渡、鹤庆、剑川、姚州、镇南、云州、元江等州；1935年砚山局；1949年潞西局	1929年象明，1932年普文

续 表

省(区)	新 置 县	由府、厅、州、设治局改置县	废 除 县
贵州	1913年大塘、三合、邛水、沿河、后坪、省溪、新城、册亨、长寨,1915年鳛水,1940年望谟,1941年金沙、纳雍、道正、赫章,1948年雷山	1913年贵阳、都匀、遵义、镇远、黎平、思州、铜仁、石阡、安顺、思南、大定、兴义等府,罗斛、都江、丹江、八寨、台拱、古州、下江、清江、安平、归化、盘州、水城、松桃、赤水、郎岱等厅,开州、定番、平越、正安、独山、麻哈、黄平、镇宁、贞丰、平远、永宁、黔西、威宁、广顺等州	1941年大塘、三合、八寨、下江、后坪、省溪、广顺,1942年青溪
河北	1930年兴隆,1947年滦宁、涇阳	1913年承德府、朝阳府,张家口、独石口、多伦诺尔、围场等厅,霸州、涿州、通州、蓟州、昌平、沧州、景州、遵化、祁州、安州、定州、晋州、易州、开州、深州、磁州、冀州、赵州、蔚州、延庆、保安、平泉、赤峰等州	1913年元城
山东	1931年郓城	1913年滨州、济宁、莒州、临清、德州、高唐、东平、濮州、宁海、胶州、平度等州	1936年郓城
河南	1912年河阴,1927年博爱、自由、平等,1929年民治、民权,1933年经扶	1913年开封、归德、陈州、彰德、卫辉、怀庆、南阳、汝宁等府,淅川厅,禹州、睢州、许州、郑州、陕州、汝州、信阳、邓州、裕州、光州等州	1931年民治、河阴、平等
山西	1912年清源、平顺、乐平、马邑,1918年方山	1912年归化城、绥化城、和林格尔、清水河、托克托城、萨拉齐、丰镇、宁远、五原、陶林、武川、兴和、东胜等厅,永宁、岢岚、沁州、辽州、代州、平定、朔州、浑源、应州、保德、忻州、吉州、解州、绛州、霍州、隰州等州	1915年马邑
陕西	1920年镇坪,1929年平民	1913年孝义、砖坪、佛坪、定远、汉阴、留坝、宁陕、潼关等厅,耀州、华州、商州、陇州、邠州、乾州、宁羌、葭州、鄜州、绥德等州	

续 表

省(区)	新 置 县	由府、厅、州、设治局改置县	废 除 县
甘肃	1913年红水、沙县、漳县、西固、庄浪、东乐、金塔、毛目、盐池,1917年宁定,1928年永康,1929年永靖、和政,1941年西吉,1944年会川	1913年洮州、化平川、抚彝、循化、贵德、巴燕、丹噶尔、宁灵等厅,狄道、河州、岷州、秦州、阶州、静宁、宁州、泾州、固原、肃州、安西、灵州等州;1928年拉卜楞局;1940年康乐局	
宁夏	1929年磴口,1933年中宁,1942年永宁、惠农	1941年陶乐局	
青海	1929年亹源、共和、同仁、玉树,1930年民和,1931年互助、都兰,1933年囊谦,1935年同德,1938年称多	1943年海晏局、兴海局	
绥远	1942年米仓	1923年固阳局,1925年包头局,1929年临河局,1942年安北局,1944年狼山局、晏江局	
察哈尔		1918年商都局,1922年集宁局,1925年康保局,1925年宝昌局,1947年新明、崇礼、尚义等局	
热河	1931年全宁	1932年林东,1947年宁城、凌南、天山、鲁北等局	1932年全宁
辽宁	1912年双山,1914年台安,1915年瞻榆,1918年通辽,1925年清源	1913年奉天、锦州、新民、兴京、长白、海龙、洮南、昌图等府,金州、盘山、锦西、庄河、营口、凤凰、辉南、法库门等厅,复州、辽阳、义州、宁远、岫岩、辽源等州;1929年金川局	1945年营口
安东	1947年孤山		
吉林	1916年宝清,1917年勃利,1947年九台	1913年吉林、长春、新城、双城、宾州、五常、延吉、宁安、依兰、临江、密山等府,榆树、宾江、东宁、珲春、虎林等厅,伊通、濛江、绥远等州;1927年乌珠河局、苇沙河局,1947年乾安局	
松江	1947年绥芬		

续表

省（区）	新置县	由府、厅、州、设治局改置县	废除县
合江	1947年鹤立、林口		
黑龙江	1947年孙吴	1912年黑河府；1913年龙江、嫩江、海伦、绥化、胪滨、呼兰等府，讷河、大赉、肇州、安达、呼伦等厅及巴彦州；1913年呼玛、昌五城、萝北等局；1915年克山局；1917年漠河、龙门镇、通北、绥楞、泰来镇、林甸等局；1918年望奎局；1920年吉拉林局；1921年奇乾局；1929年乌云、佛山、明水、依安、景星、雅鲁、绥东、鸥浦、奇克等局；1931年逊河局；1947年德都局、克东局	
嫩江		1947年甘南、富裕、东兴、泰康等局，郭尔罗斯后旗	
兴安		1947年布西局、索伦局	
新疆	1914年霍尔果斯、且末，1915年沙湾，1918年呼图璧、额敏，1919年墨玉，1920年博乐，1921年承化、布伦托海、泽普，1922年麦盖提，1924年布尔根，1928年乾德、木垒河、叶尔羌，1929年策勒，1930年柯坪、阿瓦提、托克苏、哈巴河、吉木乃，1932年巩留，1939年和靖	1913年吐鲁番厅、精河厅，1919年布尔津河局，1936年托克逊局，1937年特克斯局，1938年乌鲁克恰提局，1939年尼勒克局、库尔勒局，1941年温泉局、可可托海局、青格里河局，1942年昭苏局、和丰局，1943年岳普湖局、阿图什局、伊吾局，1944年阿合奇局，1945年新源局、裕民局，1946年民丰局、和硕局	1933年布尔根，1942年叶尔羌

南京国民政府时期，仍有一些县更名。更名的主要原因已经与民国三年北京政府更改重复县名不同，主要是由于县名的政治含义问题。因为历史的原因，我国西部少数民族地区的一些县名，往往带有一些对少数民族侮辱性、歧视性的含义，如四川的理番，甘肃的伏羌、抚彝等，因不符合南京国民政府的政治立场，先后被更名。其次是一些县的合并重置。第三是县名与其他政区（省、市）名重名，大多是改县名，保留省、市名。如云南的广西县、黑龙江的嫩

江县,分别与广西省、嫩江省同名而改名。第四是为了纪念人物,如广东的中山县、福建的林森县、湖北的自忠县。第五是县名中含有"州"字,容易与清代的州名混淆,如广西的柳州县、龙州县,云南的富州县等。民国时期(民国三年除外)更名的县名如表7所示。

表7 民国时期(1912—1913、1915—1949)各省(区)县名更名情况

省(区)	新（旧）县名
江 苏	1912年仪征(扬子),1928年镇江(丹徒)
浙 江	1912年杭县(仁和、钱塘)、嘉禾(嘉兴、秀水)、吴兴(乌程、归安)、绍兴(山阴、会稽)、衢县(西安),1940年三门(南田)
安 徽	1932年至德(秋浦)
湖 北	1912年宜昌(东湖),1913年武昌(江夏)、寿昌(武昌),1933年蕲水(浠水),1944年自忠(宜城)
湖 南	1913年宝庆(邵阳)、常德(武陵)、岳阳(巴陵)、汉寿(龙阳)、汝城(桂阳),1926年邵阳(宝庆)
四 川	1938年理县(理番)
西 康	1916年瞻化(怀柔),1945年乾宁(泰宁)
福 建	1913年建瓯(建安、瓯宁),1933年明溪(归化),1943年林森(闽侯)
广 东	1912年惠阳(归善),1925年中山(香山)
广 西	1913年桂林(临桂)、古化(永宁)、武鸣(武缘)、南宁(宣化),1930年柳州(柳江),1933年百寿(古化),1936年田东(恩隆)、敬德(恩阳)、田阳(奉议)、平治(思林),1937年龙津(龙州)、柳江(柳州),1940年临桂(桂林)
云 南	1913年曲靖(南宁)、东川(会泽)、昭通(恩安)、澂江(河阳)、临安(建水)、开化(文山)、广南(宝宁)、普洱(宁洱)、永昌(保山)、大理(太和),1916年玉溪(休纳)、墨江(他郎),1927年富宁(富州),1928年泸西(广西),1929年会泽(东川)、双柏(摩刍)、峨山(嶍峨)、祥云(云南)、六顺(芦山),1931年开远(阿迷)、华宁(黎县),1934年永胜(永北)、南峤(五福),1935年谷昌(昆明),1948年昆明(谷昌)
贵 州	1913年平舟(都匀)、锦屏(开泰)、江口(铜仁)、德江(安化),1926年灵山(邛水),1928年三穗(灵山),1930年麻江(麻哈)、岑巩(思县)、凤冈(凤泉),1931年安龙(南笼),1941年贵筑(贵阳)、惠水(定番)、三都(三合、都江)、平塘(平舟、大塘)、丹寨(丹江、八寨)、从江(永从、下江)、晴隆(安南)、台江(台拱),1942年长顺(长寨、广顺)
河 北	1928年尧山(唐山)

续表

省（区）	新（旧）县名
河南	1913年开封（祥符）、淮阳（淮宁）、沁阳（河内）、汝南（汝阳），1927年唐河（沘县），1931年广武（荥泽、河阴），1932年伊川（自由）
山西	1947年晋源（太原）
陕西	1917年岚皋（砖坪），1941年宁强（宁羌），1944年黄陵（中部），1947年铜川（铜官）
甘肃	1919年榆中（金县），1928年临洮（狄道）、临夏（导河）、甘谷（伏羌）、民勤（镇番）、永登（平番）、临泽（抚彝）、鼎新（毛目），1929年康县（永康），1933年景泰（红水）、民乐（东乐）
宁夏	1928年豫旺（镇戎），1938年同心（豫旺），1942年贺兰（宁夏）
青海	1928年巴燕（巴戎），1930年化隆（巴燕），1945年湟中（西宁）
察哈尔	1915年沽源（独石）
辽宁	1929年新宾（兴京），清原（清源）
辽北	1947年北丰（西安）
吉林	1929年永吉（吉林）、抚远（绥远）、延寿（同宾），1947年蛟河（额穆）
黑龙江	1920年绥棱（绥楞），1947年嫩城（嫩江）
新疆	1941年新和（托克苏）、霍城（霍尔果斯），1942年福海（布伦托海），1944年宁西（河南），1946年新源（巩乃斯），1947年景化（呼图璧），布尔津（布尔津河）（年代不详）

说明：表中数据按照本卷下编统计。民国三年的更名，详见表3"1914年各省新命名县名得名原因表"。

二、特殊的县政制度——实验县

20世纪20年代初期，政府当局及社会人士均认识到县行政还有若干问题亟待解决，而究竟采用何种方式最为合适，都无确切的把握。于是，政府当局和社会人士发起了一种县政实验运动，希望借此探究各种改革方案的实际效用。当时有若干人士从事乡村及县政建设的改良研究，分别择地实验。其中最负盛名的实验县为山东邹平、菏泽两县与河北的定县。前者由山东乡村建设研究院主办，院长为梁漱溟先生。后者系河北省县政建设研究所所办，负责者为晏阳初先生主持的中华平民教育促进会。其他从事乡村建设的社会团体也不少，于是实验县政之潮流风靡一时。民国二十一年（1932）12月，国民政府内政部议决各省设立"县政建设实验区"。次年8月颁布《各省设立县政建设实验区办法》,声称以"改进地方人民生活,实现地方建设"。

实验县原则上以县为单位,但在必要时也可以扩充为数县。内政部又规定,具备下列5个条件者可以列入实验县:(1)该区情形可代表本省一般情形者;(2)交通便利,地位适中者;(3)从前办理地方自治较有成绩者;(4)地方有领导人才,且能出力赞助者;(5)实验场所有相当设备者。

此外,实验区、县的区长官或县长,较之普通县政府的县长,更有实权,县政府组织也更为充实。且从事实验县建设的人员,多为专门人才,经费多有专款。此外,在不抵触法令的范围内,省政府及各厅不得事事干涉;而对于中央或省法令的执行有窒碍时,县政府有斟酌变更,并有请求暂缓执行的权利。

列入实验县制的县主要有广东中山县、江苏江宁县等10余县。

广东中山县是孙中山先生的故乡,将其设为模范县实本孙中山先生的遗志。国民政府将中山县树立为全国县政实验的模范,并为其专门颁布法令、成立相关机构。民国十八年2月8日,国民政府第19次国务会议确定中山县为全国模范县,并设立中山县训政实施委员会,为中山县实施训政建设模范县的计划、指导、监督机关。此后,公布《训政实施委员会组织大纲》,并于同年4月29日在中山县城内召开成立大会。民国二十三年11月1日,国民政府又公布修正的《中山县训政实施委员会组织大纲》。《组织大纲》明确规定:县政实施委员会由国民政府选派15人任委员;委员会每年至少开会2次,决定中山县的训政实施计划;中山县县长由训政实施委员会提请广东省政府任命;委员会为办理日常事务,设立秘书处;中山县行政及建设事业经费,由国、省两库每月拨付3万元,其用途分配由委员会审定①。

此外,江苏省江宁县在民国二十二年7月,浙江省兰溪县在民国二十二年8月,河北省定县在民国二十二年4月相继施行实验县制。山东省邹平县在民国二十年由梁漱溟先生设立"乡村建设实验县",在《各省设立县政建设实验区办法》颁布后继续实施。山东省菏泽县在民国二十二年8月,河南省辉县在民国二十二年10月、禹县在民国二十二年10月,广西省宾阳县在民国二十二年初,云南昆明县在民国二十三年3月相继施行实验县制。湖南湘潭县于民国二十二年5月宣布推行实验县制,后因农村经济疲滞,政费支绌,迄未见具体实施②。西康省于民国二十六年析康定、道孚两县置泰宁

---

① 《中华民国史档案资料汇编》第五辑第一编政治(一),江苏古籍出版社,1994年,第139页。
② 《内政年鉴》,商务印书馆,1936年,第(B)242页。

实验区,民国二十九年改置泰宁设治局①。抗日战争前夕,四川省析巴县之北碚镇,江北县之文星、二岩、黄桷3镇及璧山县之澄口镇设立嘉陵江三峡实验区,民国三十一年改为北碚管理局②。

抗日战争胜利后,实验县制的推行已经无形停止。只有"绥靖区"内为推行"绥靖区之土地政策",经国民政府核定,先后以江苏淮阴、东台、兴化、宿迁,河北昌黎、丰润,山东临沂,河南洛宁,安徽天长、泗县,察哈尔涿鹿、张北,及陕西延安、甘泉等14县为实验县。此类实验县,以土地处理为第一要务,与原有实验县以改进一般行政为对象者,已有本质区别。

三、县的等级

北京政府时期,县已划分为若干等级。南京国民政府成立初,各省县等划分极不一致,有分为一、二、三等者,有分为甲、乙、丙、丁、戊5等者。为改变这种混乱局面,民国十九年7月7日,南京国民政府公布修正后的《县组织法》,其第四条规定:"各县县政府按区域大小、事务繁简、户口及财赋多寡分为三等,由省政府编定,咨内政部呈行政院请国民政府核准公布之。"③为此,各省重行厘定县等。至民国二十三年,先后有浙江等14省呈准公布县等。广西省仍实行5等制,其中一等为11县,2等为9县,三等为16县,四等为35县,五等为23县。表8所列为民国二十三年各省县等情况。

表8 民国二十三年(1934)各省县等表

省别	等级	数量	县 别
江苏	一等	14	镇江、江宁、上海、吴县、常熟、吴江、武进、无锡、南通、如皋、阜宁、盐城、江都、铜山
	二等	17	丹阳、金坛、溧阳、松江、南汇、青浦、太仓、昆山、宜兴、江阴、泰兴、淮安、涟水、东台、兴化、泰县、高邮
	三等	30	句容、溧水、高淳、江浦、六合、扬中、奉贤、金山、川沙、嘉定、宝山、崇明、启东、海门、靖江、淮阴、泗阳、仪征、宝应、丰县、沛县、萧县、砀山、邳县、宿迁、睢宁、东海、灌云、沭阳、赣榆

---

① 《四川省志·地理志》,成都地图出版社,1996年,第72页。
② 同上书,第70页。
③ 蔡鸿源主编:《民国法规集成》第39册,第69页。

续 表

省别	等级	数量	县　　别
浙江	一等	27	杭县、海宁、新登、嘉兴、吴兴、长兴、鄞县、绍兴、萧山、诸暨、余姚、嵊县、临海、黄岩、仙居、宁海、衢县、江山、兰溪、东阳、淳安、永嘉、青田、遂昌、龙泉、瑞安、平阳
	二等	27	富阳、嘉善、海盐、平湖、奉化、镇海、象山、定海、上虞、新昌、天台、温岭、龙游、常山、开化、金华、义乌、永康、浦江、建德、遂安、缙云、庆元、景宁、乐清、泰顺、玉环
	三等	21	余杭、临安、於潜、昌化、崇德、桐乡、德清、武康、安吉、孝丰、慈溪、南田、武义、汤溪、桐庐、寿昌、分水、丽水、松阳、云和、宣平
安徽	一等	17	怀宁、桐城、合肥、无为、六安、芜湖、广德、歙县、宣城、寿县、宿县、阜阳、霍丘、亳县、泗县、盱眙、滁县
	二等	26	宿松、太湖、潜山、庐江、舒城、巢县、和县、霍山、当涂、休宁、泾县、宁国、贵池、凤阳、定远、凤台、怀远、灵璧、颍上、太和、蒙城、涡阳、立煌、嘉山、天长、全椒
	三等	18	望江、含山、英山、繁昌、郎溪、黟县、祁门、绩溪、南陵、太平、旌德、铜陵、石埭、东流、至德、青阳、五河、来安
	未定	1	临泉
湖北	一等	10	武昌、沔阳、黄冈、随县、襄阳、钟祥、荆门、枣阳、宜昌、江陵
	二等	24	鄂城、蒲圻、大冶、阳新、汉阳、汉川、黄陂、孝感、黄安、蕲春、麻城、广济、京山、天门、南漳、谷城、均县、郧县、房县、竹溪、监利、松滋、巴东、恩施
	三等	35	嘉鱼、咸宁、崇阳、通山、通城、礼山、黄梅、浠水、罗田、安陆、云梦、应山、应城、潜江、当阳、远安、宜城、光化、竹山、保康、郧西、公安、石首、枝江、宜都、长阳、兴山、五峰、秭归、宣恩、建始、利川、来凤、咸丰、鹤峰
湖南	一等	22	长沙、湘阴、浏阳、醴陵、湘潭、益阳、湘乡、安化、邵阳、新化、武冈、常德、岳阳、平江、澧县、衡阳、衡山、耒阳、零陵、祁阳、沅陵、桃源
	二等	21	攸县、茶陵、临湘、华容、汉寿、沅江、临澧、常宁、东安县、道县、宁远、郴县、永兴、桂阳、芷江、溆浦、黔阳、永顺、绥宁、石门、慈利

续表

省别	等级	数量	县别
湖南	三等	31	新宁、城步、安乡、南县、安仁、酃县、永明、江华、新田、资兴、宜章、汝城、桂东、临武、蓝山、嘉禾、凤凰、泸溪、辰溪、麻阳、保靖、龙山、桑植、古丈、靖县、会同、通道、乾城、永绥、晃县、大庸
	未定	1	宁乡
广东	一等	17	番禺、中山、南海、顺德、东莞、台山、新会、清远、高要、曲江、惠阳、潮安、潮阳、揭阳、茂名、阳江、琼山
	二等	26	增城、三水、广宁、开平、云浮、郁南、南雄、英德、澄海、博罗、海丰、陆丰、河源、饶平、普宁、梅县、五华、电白、信宜、化县、廉江、海康、阳春、文昌、钦县、灵山
	三等	51	从化、龙门、宝安、花县、佛冈、赤溪、四会、新兴、高明、鹤山、德庆、封川、开建、恩平、罗定、始兴、乐昌、仁化、乳源、翁源、连县、阳山、连山、新丰、紫金、龙川、和平、连平、丰顺、惠来、大埔、南澳、兴宁、平远、蕉岭、吴川、遂溪、徐闻、澄迈、定安、琼东、乐会、临高、儋县、崖县、万宁、陵水、感恩、昌江、防城、合浦
广西	一等	11	苍梧、桂平、邕宁、贵县、全县、平南、博白、桂林、凌云、藤县、郁林
	二等	9	宜山、北流、横县、靖西、怀集、容县、武鸣、龙州、马平
	三等	16	百色、宾阳、贺县、陆川、融县、都安、东兰、兴安、上林、昭平、恩隆、灵川、岑溪、永淳、平乐、崇善
	四等	35	龙胜、河池、罗城、灌阳、武宣、西隆、阳朔、恭城、钟山、本江、象县、荔浦、西林、柳城、奉议、思恩、蒙山、富川、天保、迁江、兴业、恩阳、来宾、上思、忻城、思乐、隆安、隆山、雷平、扶南、向都、镇边、果德、信都、百寿
	五等	23	天河、凤山、修仁、龙茗、南丹、义宁、永福、宜北、镇结、那马、万承、榴江、上金、同正、雒容、绥渌、中渡、养利、思林、宁明、凭祥、左县、明江
贵州	一等	20	贵筑、遵义、桐梓、正安、镇远、黎平、榕江、铜仁、思南、婺川、松桃、毕节、安顺、安龙、兴义、盘县、大定、威宁、黔西、赤水
	二等	38	息烽、修文、龙里、贵定、开阳、定番、罗甸、平越、瓮安、湄潭、绥阳、仁怀、都匀、平舟、荔波、独山、施秉、黄平、台拱、锦屏、江口、岑巩、玉屏、沿河、德江、后坪、石阡、凤冈、普定、清镇、镇宁、郎岱、平坝、紫云、关岭、贞丰、织金、水城

续　表

省别	等级	数量	县　　　　别
贵州	三等	22	大塘、广顺、长寨、余庆、鳡水、炉山、麻江、三合、八寨、都江、丹江、三穗、剑河、永从、下江、省溪、青溪、印江、普安、兴仁、安南、册亨
	未定	4	天柱、纳雍、金沙、道真
河北	一等	22	清苑、通县、武清、天津、沧县、河间、献县、抚宁、昌黎、滦县、临榆、遵化、丰润、束鹿、正定、获鹿、定县、深县、大名、濮阳、邢台、磁县
	二等	34	大兴、宛平、霸县、涿县、蓟县、宝坻、密云、盐山、静海、任丘、交河、宁津、景县、吴桥、卢龙、迁安、乐亭、玉田、新城、蠡县、安国、平山、藁城、新乐、易县、饶南、永年、曲周、邯郸、冀县、南宫、枣强、赵县、宁晋
	三等	73	良乡、固安、永清、安次、香河、三河、昌平、顺义、怀柔、房山、平谷、青县、庆云、南皮、肃宁、阜城、故城、东光、文安、大城、新镇、宁河、满城、徐水、定兴、唐县、博野、望都、容城、完县、雄县、安新、高阳、井陉、阜平、栾城、行唐、灵寿、元氏、赞皇、晋县、无极、涞水、涞源、曲阳、深泽、武强、安平、南乐、清丰、东明、长垣、沙河、南和、平乡、广宗、巨鹿、尧山、内丘、任县、肥乡、鸡泽、广平、成安、威县、清河、衡水、新河、武邑、柏乡、隆平、临城、高邑
	未定	1	兴隆
河南	一等	18	开封、杞县、禹县、商丘、太康、许昌、郑县、安阳、新乡、延津、滑县、洛阳、陕县、临汝、信阳、南阳、汝南、潢川
	二等	35	尉氏、永城、睢县、淮阳、西华、扶沟、襄城、郾城、汲县、武陟、林县、武安、辉县、浚县、沁阳、博爱、济源、嵩县、灵宝、卢氏、唐河、泌阳、邓县、内乡、方城、舞阳、叶县、西平、遂平、确山、罗山、光山、固始、息县、商城
	三等	57	陈留、通许、洧川、鄢陵、中牟、兰封、密县、新郑、宁陵、鹿邑、夏邑、虞城、民权、考城、柘城、商水、项城、沈丘、临颍、长葛、荥阳、广武、汜水、汤阴、临漳、内黄、涉县、获嘉、淇县、封丘、原武、修武、孟县、温县、阳武、偃师、巩县、孟津、宜阳、登封、洛宁、新安、渑池、阌乡、鲁山、郏县、宝丰、伊阳、伊川、南召、镇平、桐柏、新野、正阳、上蔡、新蔡、淅川
	未定	1	经扶

续表

省别	等级	数量	县别
山西	一等	22	阳曲、榆次、文水、汾阳、平遥、长治、晋城、高平、平定、大同、代县、浑源、朔县、忻县、崞县、安邑、临汾、曲沃、永济、临晋、新绛、闻喜
	二等	42	太原、太谷、祁县、交城、孝义、介休、临县、离石、长子、襄垣、壶关、阳城、陵川、辽县、沁县、盂县、寿阳、阳高、天镇、灵丘、右玉、左云、宁武、五台、繁峙、保德、河曲、洪洞、翼城、汾城、襄陵、荣河、猗氏、解县、夏县、平陆、芮城、稷山、河津、霍县、灵石、赵城
	三等	41	岚县、兴县、徐沟、清源、岢岚、石楼、中阳、方山、屯留、潞城、平顺、黎城、沁水、和顺、榆社、沁源、武乡、昔阳、怀仁、山阴、广灵、应县、平鲁、偏关、神池、五寨、定襄、静乐、浮山、乡宁、安泽、吉县、虞乡、万泉、垣曲、绛县、汾西、隰县、在宁、蒲县、永和
甘肃	一等	6	皋兰、临洮、临夏、天水、武威、张掖
	二等	41	靖远、榆中、定西、陇西、临潭、夏河、会宁、岷县、秦安、清水、徽县、礼县、通渭、武山、甘谷、西和、武都、文县、城县、平凉、静宁、隆德、庆阳、宁县、泾川、镇原、灵台、固原、海源、化平、永昌、民勤、古浪、永登、山丹、临泽、酒泉、高台、安西、敦煌、玉门
	三等	19	景泰、洮沙、宁定、永靖、和政、渭源、漳县、两当、西固、康县、华亭、庄浪、正宁、合水、环县、崇信、民乐、金塔、鼎新
青海	一等	5	西宁、互助、大通、乐都、民和
	二等	8	亹源、循化、同仁、贵德、化隆、湟源、共和、玉树
	三等	1	都兰
	未定	2	囊谦、同德
察哈尔	一等	4	万全、宣化、蔚县、张北
	二等	1	延庆
	三等	11	赤城、龙关、怀来、阳源、怀安、涿鹿、商都、康保、沽源、多伦、宝昌
吉林	一等	7	永吉、长春、扶余、双城、延吉、宁安、珲春
	二等	7	磐石、德惠、滨江、宾县、榆树、延寿、依兰
	三等	27	伊通、濛江、农安、长岭、舒兰、桦甸、双阳、五常、珠河、苇河、阿城、东宁、敦化、额穆、汪清、和龙、勃利、同江、宝清、密山、虎林、抚远、桦川、富锦、饶河、方正、穆棱

续　表

省别	等级	数量	县　　　别
新疆	一等	12	迪化、奇台、伊宁、阿克苏、库车、焉耆、疏勒、疏附、莎车、叶城、和阗、于阗
	二等	14	绥来、哈密、吐鲁番、塔城、乌苏、温宿、乌什、沙雅、巴楚、伽师、叶儿羌、英吉沙、墨玉、洛浦
	三等	33	乾德、木垒河、昌吉、呼图壁、阜康、孚远、沙湾、镇西、鄯善、巩留、绥定、霍尔果斯、精河、博乐、额敏、柯坪、阿瓦提、拜城、托克苏、轮台、尉犁、婼羌、麦盖提、蒲犁、泽普、皮山、且末、策勒、承化、布尔津、布伦托海、吉木乃、哈巴河

资料来源：据《内政年鉴》第(B)10～45 页《各省所辖市县名称等级治所一览表》、第(B)73 页编制。

此后，各省县等仍屡有变化，至民国末，有最多分为 6 等者，仍有一些省份未定等级。具体如表 9 所示。

表 9　民国末年各省区县等表

省(区)	等级	数量	县　　　别
江苏	一等	12	镇江、江宁、吴县、武进、无锡、江阴、南通、如皋、阜宁、盐城、江都、铜山
	二等	12	松江、常熟、吴江、宜兴、泰兴、淮阴、淮安、东台、泰县、高邮、东海、灌云
	三等	28	句容、六合、丹阳、金坛、溧阳、上海、南汇、青浦、奉贤、太仓、嘉定、宝山、崇明、启东、海门、昆山、泗阳、兴化、宝应、丰县、沛县、萧县、砀山、邳县、宿迁、睢宁、沭阳、赣榆
	四等	8	沭水、高淳、江浦、扬中、金山、川沙、靖江、仪征
浙江	一等	13	嘉兴、吴兴、鄞县、绍兴、诸暨、余姚、临海、衢县、兰溪、东阳、永嘉、瑞安、平阳
	二等	13	杭县、长兴、镇海、萧山、嵊县、黄岩、宁海、温岭、江山、金华、永康、淳安、青田
	三等	14	海宁、慈溪、奉化、象山、上虞、天台、仙岩、义乌、建德、丽水、缙云、遂昌、龙泉、乐清

续 表

省（区）	等级	数量	县　　　别
浙江	四等	17	富阳、於潜、嘉善、海盐、平湖、新昌、龙游、常山、开化、浦江、遂安、松阳、庆元、景宁、泰顺、文成、玉环
	五等	11	余杭、临安、昆化、崇德、安吉、孝丰、武义、汤溪、桐庐、云和、宣平
	六等	8	新登、桐乡、德清、武康、三门、磐安、寿昌、分水
	未定	2	瀛洲、四明
安徽	一等	9	合肥、桐城、六安、芜湖、宣城、寿县、宿县、阜阳、泗县
	二等	9	怀宁、无为、和县、广德、歙县、凤阳、霍丘、亳县、立煌
	三等	9	舒城、休宁、凤台、怀远、临泉、蒙城、涡阳、盱眙、滁县
	四等	11	太湖、庐江、巢县、南陵、泾县、宁国、贵池、定远、灵璧、颍上、太和
	五等	13	宿松、潜山、岳西、含山、霍山、祁门、绩溪、东流、至德、青阳、天长、全椒、来安
	六等	10	望江、繁昌、郎溪、黟县、太平、旌德、铜陵、石埭、五河、嘉山
	未定	2	婺源、当涂
江西	一等	19	南昌、新建、丰城、临川、上饶、玉山、贵溪、吉安、清江、萍乡、高安、赣县、大庾、宁都、九江、鄱阳、乐平、浮梁、修水
	二等	37	进贤、南城、黎川、南丰、金溪、崇仁、东乡、余江、弋阳、铅山、广丰、宜春、泰和、吉水、永丰、安福、遂川、万安、永新、新喻、万载、上高、宜丰、零都、信丰、兴国、龙南、南康、瑞金、湖口、彭泽、都昌、永修、余干、万年、奉新、靖安
	三等	24	广昌、资溪、宜黄、横峰、宁冈、莲花、新淦、峡江、分宜、会昌、安远、寻邬、定南、虔南、上犹、崇义、石城、德安、瑞昌、星子、安义、德兴、武宁、铜鼓
湖北	一等	7	武昌、黄冈、随县、襄阳、宜昌、江陵、恩施
	二等	21	汉阳、鄂城、大冶、阳新、黄陂、孝感、沔阳、蕲春、浠水、麻城、钟祥、京山、天门、荆门、南漳、枣阳、郧阳、房县、公安、监利、松滋

续　表

省（区）	等级	数量	县　　别
湖北	三等	31	蒲圻、咸宁、崇阳、汉川、礼山、黄安、黄梅、罗田、广济、安陆、云梦、应山、应城、潜江、当阳、自忠、谷城、光化、均县、竹溪、竹山、郧西、石首、枝江、宜都、长阳、秭归、建始、利川、来凤、咸丰
湖北	四等	11	嘉鱼、通山、通城、英山、保康、兴山、巴东、五峰、宣恩、鹤峰
湖南	一等	6	长沙、湘潭、湘乡、邵阳、常德、衡阳
湖南	二等	21	湘阴、浏阳、醴陵、宁乡、益阳、攸县、安化、隆回、新化、武冈、岳阳、平江、汉寿、澧县、衡山、耒阳、零陵、祁阳、芷江、沅陵、桃源
湖南	三等	15	茶陵、华容、沅江、南县、常宁、郴县、桂阳、溆浦、黔阳、永顺、靖县、会同、石门、慈利、怀化
湖南	四等	13	新宁、临湘、安乡、临澧、东安、道县、宁远、永兴、宜章、辰溪、龙山、绥宁、晃县
湖南	五等	13	安仁、鄱县、永明、江华、资兴、汝城、临武、凤凰、保靖、桑植、乾城、永绥、大庸
湖南	六等	9	城步、新田、桂东、蓝山、嘉禾、泸溪、麻阳、古丈、通道
四川	一等	25	简阳、绵阳、巴县、江津、合川、万县、涪陵、达县、渠县、荣县、邛崃、泸县、宜宾、富顺、内江、资中、南充、巴中、广安、三台、仁寿、岳池、中江、遂宁、安岳
四川	二等	36	广汉、崇庆、金堂、彭县、平武、江北、奉节、松潘、理县、绵竹、长寿、永川、荣昌、綦江、云阳、开县、梁山、酉阳、秀山、铜梁、璧山、大竹、宣汉、丰都、乐山、犍为、威远、眉山、忠县、资阳、叙永、隆昌、合江、南部、广元、蓬溪
四川	三等	36	成都、华阳、什邡、双流、新都、江油、温江、灌县、郫县、新津、茂县、德阳、武胜、靖化、安县、南川、石砫、黔江、大足、开江、万源、彭水、峨眉、大邑、南溪、古蔺、屏山、江安、阆中、通江、剑阁、射洪、营山、邻水、潼南、乐至
四川	四等	28	新繁、崇宁、梓潼、罗江、彰明、汶川、懋功、巫山、巫溪、垫江、洪雅、峨边、夹江、蒲江、庆符、井研、雷波、彭山、高县、长宁、马边、南江、蓬安、盐亭、西充、仪陇、苍溪、青川
四川	五等	10	武隆、城口、丹陵、名山、琪县、古宋、兴文、纳溪、昭化、沐川

续表

省（区）	等级	数量	县别
四川	六等	3	北川、青神、筠连
	未定	3	旺苍、平昌、沐爱
西康	未定	48	康定、巴安、义敦、九龙、泸定、雅江、道孚、理化、瞻化、宁静、察雅、稻城、盐井、甘孜、炉霍、丹巴、定乡、昌都、得荣、武成、德格、同普、贡县、察隅、科麦、恩达、石渠、雅安、芦山、西昌、德昌、盐源、天全、宁南、嘉黎、硕督、太昭、邓柯、白玉、荣经、汉源、冕宁、昭觉、会理、乾宁、盐边、越巂、宝兴
福建	一等	10	林森、莆田、仙游、晋江、南安、长汀、龙溪、南平、建瓯、浦城
	二等	24	古田、长乐、永泰、福清、霞浦、福鼎、宁德、福安、惠安、安溪、同安、永春、龙岩、宁化、上杭、武平、永定、漳浦、沙县、尤溪、顺昌、永安、邵武、建阳
	三等	29	屏南、闽清、连江、罗源、寿宁、平潭、金门、德化、大田、清流、连城、明溪、云霄、华安、南靖、长泰、平和、诏安、东山、海澄、漳平、宁洋、将乐、崇安、政和、松溪、泰宁、建宁、永吉
	未定	4	柘荣、周宁、三元、光泽
台湾	未定	16	台北、宜兰、桃园、新竹、苗栗、台中、彰化、南投、云林、嘉义、台南、高雄、屏东、花莲、澎湖
广东	一等	18	番禺、中山、南海、顺德、东莞、台山、新会、清远、高要、曲江、惠阳、潮安、潮阳、揭阳、茂名、阳江、琼山*、合浦
	二等	29	增城、三水、广宁、开平、罗定、云浮、南雄、英德、澄海、博罗、海丰、陆丰、河源、饶平、普宁、梅县、五华、兴宁、电白、信宜、化县、廉江、海康、遂溪、阳春、文昌*、钦县、防城、灵山
	三等	39	从化、龙门、宝安、花县、佛冈、四会、新兴、高明、鹤山、德庆、封川、恩平、郁南、始兴、乐昌、仁化、翁源、连县、阳山、连山、新丰、紫金、龙川、和平、连平、丰顺、惠来、大埔、平远、蕉岭、吴川、徐闻、澄迈*、定安*、临高*、儋县*、崖县*、万宁*、陵水*
	四等	8	赤溪、开建、乳源、南澳、琼东*、乐会*、感恩*、昌江*
	五等	3	乐东*、保亭*、白沙*
	未定	3	连南、梅茂、南山

续　表

省（区）	等级	数量	县　　　　别
广西	一等	14	临桂、全县、柳江、博白、郁林、贵县、平南、桂平、怀集、藤县、苍梧、邕宁、宜山、北流
	二等	10	贺县、陆川、容县、宾阳、都安、武鸣、横县、百色、龙津、靖西
	三等	18	兴安、灵川、平乐、荔浦、昭平、钟山、融县、罗城、三江、象县、岑溪、上林、永淳、田东、天保、田阳、凭祥、万冈
	四等	39	阳朔、百寿、资源、灌阳、龙胜、恭城、富川、修仁、蒙山、柳城、来宾、兴业、武宣、信都、上思、隆山、隆安、扶南、天河、思恩、河池、迁江、南丹、忻城、凌云、西林、西隆、东兰、向都、凤山、平治、崇善、龙名、镇结、思乐、镇边、雷平、田西、乐业
	五等	18	永福、榴江、义要、中渡、雒容、那马、果德、绥禄、敬德、义利、万承、左县、同正、宁明、明江、上金、天峨、宜北
云南	一等	27	谷昌、宜良、武定、宣威、会泽、昭通、永善、玉溪、镇雄、楚雄、建水、石屏、开远、个旧、文山、马关、广南、腾冲、保山、弥渡、丽江、蒙化、永胜、顺宁、云县、景东、澜沧
	二等	26	嵩明、曲靖、平彝、沾益、陆良、罗平、寻甸、巧家、澂江、彝良、蒙自、通海、西畴、富宁、泸西、宁洱、墨江、镇康、大理、祥云、宾川、维西、中甸、姚安、车里、元江
	三等	59	富民、呈贡、罗次、禄丰、易门、晋宁、安宁、昆阳、元谋、禄劝、马龙、绥江、鲁甸、大关、盐津、路南、江川、威信、广通、双柏、牟定、盐兴、曲溪、河西、峨山、华宁、弥勒、师宗、丘北、思茅、双江、永平、双陵、洱源、凤仪、邓川、云龙、兰坪、鹤庆、剑川、漾濞、华坪、盐丰、镇南、大姚、佛海、昌宁、南峤、砚山、镇越、六顺、江城、金平、屏边、景谷、新平、镇沅、永仁、缅宁
	未定	5	昆昌、宁蒗、潞西、德钦、龙武
贵州	一等	19	贵筑、惠水、遵义、正安、桐梓、仁怀、独山、镇远、铜仁、毕节、安顺、思南、兴义、盘县、大定、黔西、威宁、松桃、赤水
	二等	49	修文、龙里、贵定、开阳、平塘、余庆、罗甸、平越、瓮安、湄潭、都匀、绥阳、鰼水、三都、炉山、荔波、麻江、天柱、黄平、台江、黎平、锦屏、榕江、从江、沿河、印江、婺川、玉屏、石阡、德江、普定、镇宁、凤冈、平坝、贞丰、清镇、兴仁、金沙、晴隆、织金、普安、关岭、水城、纳雍、道真、郎岱、安龙、长顺、赫章

续　表

省（区）	等级	数量	县　　别
贵州	三等	10	息烽、丹寨、三穗、施秉、岑巩、剑河、江口、紫云、册亨、望谟
	未定	1	雷山
河北	未定	132	清苑、大兴、宛平、良乡、固安、永清、安次、香河、三河、怀柔、房山、霸县、涿县、通县、蓟县、昌平、武清、宝坻、顺义、密云、静海、河间、平谷、天津、青县、沧县、盐山、庆云、南皮、吴桥、故城、东光、卢龙、献县、肃宁、任丘、阜城、交河、宁津、景县、临榆、遵化、兴隆、丰润、迁安、抚宁、昌黎、滦县、乐亭、徐水、满城、定兴、新城、唐县、博野、玉田、文安、大城、新镇、宁河、蠡县、雄县、安国、安新、束鹿、高阳、望都、容城、定县、阜平、栾城、行唐、灵寿、平山、元氏、赞皇、晋县、正定、获鹿、井陉、藁城、新乐、易县、无极、涞水、涞源、完县、曲阳、深泽、武强、饶阳、安平、大名、南乐、清丰、东明、濮阳、长垣、永年、深县、邢台、沙河、南和、平乡、广宗、巨鹿、尧山、内丘、任县、磁县、曲周、肥乡、鸡泽、广平、邯郸、成安、威县、清河、隆平、高邑、冀县、衡水、南宫、新河、枣强、武邑、赵县、柏乡、临城、宁晋、滦宁、浭阳
山东	一等	17	历城、章丘、泰安、惠民、滕县、沂水、曹县、临沂、莒县、临清、莱阳、掖县、平度、潍县、即墨、益都、诸城
	二等	18	长清、莱芜、济宁、峄县、菏泽、单县、郯城、费县、郓城、聊城、德县、牟平、昌邑、胶县、高密、临朐、安丘、日照
	三等	24	淄川、长山、滨县、济阳、肥城、阳信、无棣、商河、宁阳、邹县、汶上、巨野、东平、阳谷、濮县、蓬莱、黄县、栖霞、招远、荣成、海阳、文登、临淄、广饶
	四等	24	桓台、齐河、利津、博山、乐陵、沾化、博兴、金乡、鱼台、滋阳、曲阜、泗水、蒙阴、堂邑、夏津、德平、馆陶、高唐、恩县、禹县、寿张、平原、福山、昌乐
	五等	13	邹平、齐东、新泰、博平、茌平、清平、冠县、城武、定陶、武城、东阿、朝城、临邑
	六等	11	蒲台、青城、高苑、嘉祥、莘县、丘县、平阴、陵县、范县、观城、寿光
	未定	1	复兴
河南	一等	14	开封、杞县、禹县、商丘、永城、淮阳、太康、许昌、安阳、滑县、济阳、信阳、南阳、汝南

续 表

省（区）	等级	数量	县　　　别
河南	二等	16	鹿邑、襄城、郾城、郑县、新乡、陕县、灵宝、临汝、唐河、邓县、内乡、方城、舞阳、叶县、潢川、固始
河南	三等	29	鄢陵、密县、睢县、西华、汲县、武陟、林县、武安、辉县、浚县、沁阳、博爱、济源、巩县、洛宁、嵩县、卢氏、鲁山、镇平、泌阳、上蔡、新蔡、西平、确山、罗山、光山、息县、商城、淅川
河南	四等	25	陈留、通许、尉氏、新郑、夏邑、柘城、项城、沈丘、扶沟、临颍、汤阴、临漳、内黄、获嘉、修武、孟县、温县、偃师、阌乡、郏县、宝丰、伊川、新野、正阳、遂平
河南	五等	27	洧川、中牟、兰封、宁陵、虞城、民权、考城、商水、长葛、荥阳、广武、汜水、涉县、淇县、延津、封丘、原武、阳武、孟津、宜阳、登封、新安、渑池、伊阳、南召、桐柏、经扶
山西	未定	105	阳曲、晋源、榆次、太谷、祁县、交城、文水、岚县、兴县、中阳、离石、徐沟、石楼、清源、岢岚、汾阳、孝义、平遥、介休、临县、壶关、黎城、方山、长治、长子、屯留、襄垣、潞城、平顺、榆社、沁县、沁源、武乡、晋城、高平、阳城、陵川、沁水、辽县、和顺、代县、怀仁、山阴、阳高、平定、昔阳、盂县、寿阳、大同、右玉、左云、平鲁、朔县、宁武、神池、天镇、广灵、灵丘、浑源、应城、定襄、静乐、五台、崞县、繁峙、保德、偏关、五寨、忻县、河曲、安邑、临汾、洪洞、浮山、乡宁、安泽、曲沃、翼城、汾城、襄陵、吉县、永济、临晋、虞乡、荣河、万泉、猗氏、解县、芮城、新绛、垣曲、闻喜、绛县、稷山、夏县、平陆、河津、霍县、汾西、灵石、赵城、隰县、大宁、蒲县、永和
陕西	一等	5	长安、临潼、蒲城、南郑、安康
陕西	二等	17	咸阳、兴平、鄠县、蓝田、泾阳、盩厔、富平、大荔、郃阳、韩城、华县、凤翔、宝鸡、城固、洋县、西乡、榆林
陕西	三等	18	三原、朝邑、澄城、华阴、商县、雒南、岐山、陇县、邠县、乾县、武功、沔县、褒城、汉阴、扶风、绥德、米脂、洛川
陕西	四等	13	高陵、醴泉、耀县、白水、郿县、长武、宁强、略阳、洵阳、镇安、府谷、鄜县、宜川
陕西	五等	19	铜川、潼关、栒邑、汧阳、永寿、平利、白河、紫阳、石泉、山阳、商南、凤县、神木、横山、疏县、肤施、清涧、黄陵、宜君

续　表

省（区）	等级	数量	县　　　别
陕西	六等	19	平民、柞水、麟游、淳化、岚皋、佛坪、镇巴、留坝、镇坪、宁陕、安塞、甘泉、保安、安定、延长、延川、定边、靖边、吴堡
	未定	1	渭南
甘肃	一等	7	皋兰、临夏、天水、平凉、武威、张掖、酒泉
	二等	9	临洮、岷县、秦安、武都、庆阳、宁县、泾川、镇原、固原
	三等	23	靖远、榆中、定西、陇西、会宁、清水、徽县、礼县、通渭、武山、甘谷、西和、康县、文县、成县、静宁、庄浪、灵台、永昌、永登、高台、安西、敦煌
	四等	15	宁定、永靖、和政、渭源、临潭、夏河、华亭、隆德、正宁、海原、民勤、金塔、玉门、西吉、会川
	五等	12	景泰、漳县、两当、西固、崇信、化平、古浪、民乐、山丹、临泽、鼎新、康乐
	六等	3	洮沙、合水、环县
宁夏	一等	2	贺兰、永宁
	二等	2	宁朔、中卫
	三等	2	灵武、中宁
	四等	3	平罗、金积、惠农
	五等	2	磴口、同心
	六等	2	盐池、陶乐
青海	一等	1	湟中
	二等	4	互助、大通、乐都、民和
	三等	8	亹源、循化、共和、贵德、化隆、湟源、玉树、兴海
	四等	6	同仁、称多、都兰、囊谦、同德、海晏
绥远	二等	4	归绥、武川、丰镇、萨拉齐
	三等	4	凉城、兴和、集宁、托克托

续 表

省（区）	等级	数量	县　　　　别
绥远	四等	5	五原、临河、固阳、陶林、和林格尔
	五等	7	包头、东胜、安北、米仓、狼山、晏江、清水河
察哈尔	一等	2	宣化、蔚县
	二等	5	万全、怀来、怀安、涿县、张北
	三等	12	赤城、龙关、阳原、延庆、商都、康保、沽源、多伦、宝昌、新明、崇礼、尚义
热河	一等	3	承德、朝阳、赤峰
	二等	7	平泉、凌源、阜新、建平、开鲁、围场、凌南
	三等	10	滦平、隆化、丰宁、绥东、林西、经棚、林东、宁城、天山、鲁北
辽宁	未定	22	沈阳、锦县、金县、复县、盖平、海城、辽阳、本溪、抚顺、新民、辽中、台安、黑山、北镇、盘山、义县、锦西、兴城、绥中、庄河、岫岩、铁岭
安东	未定	18	通化、安广、凤城、宽甸、桓仁、辑安、临江、长白、抚松、濛江、辉南、金川、柳河、海龙、东丰、清原、新宾、孤山
辽北	未定	18	辽源、北丰、西丰、开原、彰武、法库、康平、昌图、梨树、通辽、开通、瞻榆、安广、洮南、突泉、洮安、镇东、长岭
吉林	未定	18	永吉、长春、敦化、蛟河、桦甸、磐石、双阳、伊通、怀德、农安、九台、扶余、德惠、舒兰、榆树、五常、双城、乾安
松江	未定	15	宁安、延吉、安图、和龙、汪清、珲春、东宁、穆棱、苇河、延寿、珠河、宾县、阿城、方正、绥芬
合江	未定	17	桦川、依兰、勃利、密山、虎林、宝清、饶河、抚远、同江、富锦、绥滨、萝北、汤原、通河、凤山、鹤立、林口
黑龙江	未定	25	瑷珲、漠河、鸥浦、呼玛、逊河、奇克、乌云、佛山、嫩城、龙镇、孙吴、克山、通北、海伦、绥棱、庆城、绥化、望奎、明水、拜泉、依安、讷河、德都、克东、铁骊
嫩江	未定	18	龙江、景星、泰来、林甸、安达、青冈、兰西、肇东、肇州、大赉、呼兰、巴彦、木兰、甘南、富裕、东兴、泰康

续　表

省（区）	等级	数量	县　　　　别
兴安	未定	7	呼伦、奇乾、室韦、胪滨、雅鲁、布西、索伦
新疆	一等	16	迪化、奇台、绥来、吐鲁番、伊宁、疏附、阿克苏、库车、塔城、乌苏、承化、和阗、焉耆、哈密、莎车、叶城
新疆	二等	16	绥定、精河、霍城、疏勒、伽师、英吉沙、巴楚、温宿、拜城、乌什、额敏、于阗、墨玉、皮山、库尔勒、镇西
新疆	三等	26	昌吉、鄯善、呼图壁、乾德、阜康、孚远、托克逊、博乐、巩留、宁西、特克斯、巩哈、温泉、昭苏、蒲犁、乌恰、岳普湖、沙雅、沙湾、布尔津、洛浦、策勒、尉犁、轮台、婼羌、麦盖提
新疆	四等	12	木垒河、阿图什、柯坪、阿瓦提、新知、富蕴、哈巴河、吉木乃、青河、福海、且末、泽普
新疆	五等	6	阿合奇、裕民、和靖、和硕、伊吾
海南特区	未定	16	琼山、澄迈、安定、文昌、琼东、乐会、临高、儋县、崖县、万宁、陵水、感恩、昌江、乐东、保亭、白沙

说明：广东省带＊号的县名在民国三十八年划属海南特区，为反映其等级，在广东、海南两处均列出。

资料来源：据《中华民国史地理志（初稿）》之第一章第二节第四项《县省辖市》制作，略有订正。

四、设治局、管理局制度

设治局制度萌芽于清光绪末年，为设县之阶梯。当时东三省等边远地区，拟设新县（厅、州）时，由设治委员前往划界，招徕移民垦殖、加强治安，待确有成效后，再正式设立县治。北京政府时期，设治局名称正式出现，成为与县并列但地位略低的地方行政机构，长官称设治员，经费按县缺减半预算。民国二十年（1931）6月2日，南京国民政府颁布《设治局组织条例》，规定在各省未设县治地方，可以暂时设置设治局，到相当时期，再改升为县治。设治局的置废与区域的划分，与设置新县一样，由省政府拟具图说咨请内政部呈由行政院转请国民政府核准公布。设治局设局长一人，荐任，由省民政厅提出合格人员，经省政府委员会议决委用并转报内政部备案，受省政府的指挥监督，处理该管区域内各行政事务。在不抵触中央、省法令的范围内，设治局可以发布局令与制定单行规则。

设治局在地理分布上以边远新开发地区为多,在抗日战争爆发前,以东北、西北地区为多。民国二十四年,全国共有29个设治局。东北三省的设治局,在伪满统治时期的1933年10月1日统一改置为县①。抗日战争期间,政治中心向西转移,在西北的陕西、甘肃、宁夏、青海、新疆以及绥远,西南地区的四川、西康、云南、贵州等省,设治局数量有较大的增加。抗日战争胜利后,四川、西康、青海等省的设治局继续发展。民国三十六年,地处东南沿海的江苏省嵊泗列岛,作为海防要地,也设立了设治局。民国三十七年,全国有设治局39处,主要以云南、四川、西康3省增加较多。由表10可见,设治局制度贯穿于整个民国时期,共有19个省先后设置有145处设治局,其中最多的4个省分别为黑龙江32处、新疆28处、云南17处、青海13处。这4个省均地处我国边远地区,除云南外,均开发较晚,清末设立的政区较少,民国时期加强了开发力度,移入人口相对较多,因而设治局的数量也较多。云南省则是由于废除土司制度和加强对云南边疆地区的开发而在多处设立设治局。民国时期各省区设治局设置情况详见表10。

表10 民国时期设治局设置情形一览表

省别	局名	设置年份	升县年份	说明	省别	局名	设置年份	升县年份	说明
江苏	嵊泗	1947	1949		西康	普格	1946		
						泸宁	1946		
四川	披砂	1928	1930	1941年令准设兴中局、麦桑局,1945年令准设农祥局,实际均未设置	广西	金秀	1942		1947年废
	金汤	1932			云南	泸水	1932		1949年令准升龙武局为县,实际未提升
	宁东	1938				陇川	1932		
	沐川	1940	1942			瑞丽	1932		
	武隆	1941	1944			贡山	1932		
	旺苍	1941	1945			龙武	1932		
	沐爱	1944	1948			梁河	1932		
	平昌	1946	1948			莲山	1932		
西康	泰宁	1940	1945			盈江	1932		
	德昌	1943	1945						

---

① 伪满《政府公报》第218号,1933年9月9日,第2页。

续 表

省别	局名	设置年份	升县年份	说 明	省别	局名	设置年份	升县年份	说 明
云南	潞西	1932	1949	1949年令准升德钦、宁蒗局为县，实际未提升	青海	和顺	1938		1946年废
	碧江	1932				通新	1939	1943	
	福贡	1932				兴海	1939		
	德钦	1932				祁连	1939		
	宁江	1932				河曲	1939		1941年废
	砚山	1933	1935			星川	1940		
	沧源	1934				白玉	1940		1941年废
	宁蒗	1936				西乐	1940		1946年废
	耿马	1939				哈姜	1941		1943年废
贵州	雷山	1943	1948			南屏	1942		1944年废
河北	都山	1933				香日德	1943		1946年废
	新海	1937			绥远	固阳	1920	1923	与宁夏陶乐局辖区相近，1937年废
山东	东莱	1948				包头	1924	1925	
	临冠丘	?				临河	1925	1929	
陕西	黄龙	1941				大佘太	1925	1942	
	龙驹	1948				沃野	1930		
甘肃	拉卜楞	1926	1927			狼山	1942	1944	
	康乐	1932	1940			晏江	1942	1944	
	肃北	1937			察哈尔	商都	1915	1918	
	卓尼	1939				宝昌	1917	1925	
宁夏	陶乐	1929	1941	1929年令准设紫湖局、居延局，实际未设置。香山局1947年废		集宁	1922	1923	
						康保	1922	1925	
						化德	1934	1946	
	香山	1941				崇礼	1934	1947	
						尚义	1935	1947	
青海	海晏	1937	1943	1946年废	热河	经棚	1913	1914	
	和兴	1938				鲁北	1924	1947	

续　表

省别	局名	设置年份	升县年份	说明	省别	局名	设置年份	升县年份	说明
热河	林东	1925	1932		黑龙江	明水	1923	1929	
	天山	1926	1947			依安	1923	1929	
	宁城	1931	1947			雅鲁	1925	1929	
	凌南	1931	1947			甘南	1926	1947	
	全宁	1931	1931			泰康	1927	1947	
辽宁	突泉	1915	1928			东兴	1927	1947	
	金川	1926	1929			佛山	1927	1929	
吉林	乌珠河	1921	1927			逊河	1928	1931	
	苇沙河	1921	1927			克东	1929	1947	
	乾安	1928	1947			奇克	1929	1929	
黑龙江	肇东	1912	1914			鸥浦	1929	1929	
	龙门镇	1912	1917			凤山	1929	1947	
	萝北	1912	1914			富裕	1929	1947	
	呼玛厅	1912	1914			德都	1929	1947	
	泰来镇	1913	1917		新疆	布尔津河	1914	1919	
	林甸	1914	1917			哈巴河	1914		1921年废
	漠河	1914	1917			布伦托海	1914		1919年废
	克山	1915	1915			布尔根	1919		1920年废。1927年复置，似未设立
	景星	1915	1929			耳里匮	1921		何时废除不详
	绥楞	1915	1917			吉木乃	1926		1930年前废
	通北	1915	1917			托克逊	1930	1936	
	铁骊	1915	1947			乌鲁克恰提	1930	1938	
	布西	1915	1947			和什托落盖	1930	1944	
	望奎	1916	1918			赛图拉	1930		1944年废
	乌云	1916	1929			库尔勒	1930	1939	
	绥东	1917	1929			七角井	1930		
	索伦山	1917	1947						
	奇乾	1920	1921						

续　表

省别	局名	设置年份	升县年份	说　明	省别	局名	设置年份	升县年份	说　明
新疆	特克斯	1931	1937		新疆	昭苏	1938	1942	
	河南	1937	1939			阿图什	1938	1943	
	卡克满	1937	1945			阿合奇	1938	1944	
	可可托海	1937	1941			和硕	1938	1946	
	青格里河	1937	1941			岳普湖	1940	1943	
	伊吾	1937	1943			裕民	1940	1944	
	巩哈	1938	1939			民丰	1943	1946	
	温泉	1938	1941			乌河	1947		

资料来源：据本卷下编各章。

　　管理局制度是南京国民政府时期的一项特殊行政管理制度，只有北碚管理局是经国民政府批准、具有县政实验性质的行政区划，"照一等县设置，组织和权责与一般县政府相同"①。其余各管理局均不是地方行政区划，这在《国民政府公报》刊登的莫干山、庐山等管理局的管理条例中也有所反映。这些管理局虽然具备了独立的管理系统，但是它们的管辖区域，理论上仍属原来政区，如民国三十五年11月27日公布的《庐山管理局组织规程》第六条明确规定："本局管辖区域内地方行政及自治事宜，仍由各该县政府主管，本局协助之。"②又如，民国三十八年7月台湾省政府设草山管理局，辖境包括原属台北县的士林、北投2镇。林熊祥等纂修的《台湾省通志稿》③将其列入行政区划栏，与市县并列。《台北县志》也将其列入行政区划，与镇乡并列。两者均将草山管理局列入行政区划内，但行政等级不同，互相矛盾。而据台湾省政府新闻处编印的《台湾光复廿年》的记载，民国"三十八年八月间省政府为适应实际需要，维护草山风景区内治安暨各项建设，特设草山管理局，将台北县之士林、北投二镇划由该局管辖（其行政区域仍属于台北县）"④，则草山管理局的管辖区域，在法律上仍为台北县行政区域，作为行政机构与县并级，作为行政区划仍属于台北县。《中华民国史地理志（初稿）》等也将管理局列为"虚级"。管理局虽然也

---

① 《重庆市北碚区志》，科学技术文献出版社重庆分社，1989年，第80页。
② 《国民政府公报》第2687号，1946年11月29日，第2页。
③ 《中国地方志丛书》台湾地区第64号，台湾成文出版社，1983年，第14册，第5670页。
④ 台湾地区新闻处编印：《台湾光复廿年》，1965年10月，第1～26页。

有自己的管辖区域,但该区域常与县级行政机构辖区重叠。除了北碚管理局外,其他管理局只负责管理区域内的特定事务,一般不兼管地方行政事务,不属于地方政府体系的一环。民国末,管理局见于官方记载的有浙江省莫干山、江西省庐山、湖北省鸡公山、四川省北碚、台湾草山、河北省北戴河海滨区、山东省利广沾棣垦区、甘肃省湟惠渠等几处①。莫干山、庐山、鸡公山、北戴河等地区均为风景名胜区,利广沾棣为新开发的垦区,湟惠渠为水利工程。其他还有陕西省黄龙山垦区管理局、湖南省南岳管理局等。

第三节 城市型政区——市的出现与发展

城市的产生和发展,必然要求行政管理和行政建制与之相适应,即要求有专门负责城市管理的行政机构。从"城乡合治"走向"城乡分治",是世界政治制度史所揭示的一个共同规律。中国城市型政区在北京政府时期萌芽后,在南京国民政府时期得到了初步的发展。现按不同时段分述如下。

一、民国十六年至十九年

民国十六年(1927)5月7日,国民党中央政治会议第89次会议通过并公布《上海特别市暂行条例》,共6章、37条。第一条规定:"本市为中华民国特别行政区域,定名为上海特别市。"第二条规定:"上海特别市直隶中央政府,不入省县行政范围。"②由于这是南京国民政府通过的第一个特别市条例,因此上海成为中国第一个直辖(特别)市。6月6日,国民政府公布《南京特别市暂行条例》,共6章、34条,格式和内容基本与《上海特别市暂行条例》相同。南京特别市和上海特别市,均是与省平行、直辖于中央政府的城市型政区。直辖市的出现,与先前广东省设立的广州市等省辖市一起,组成了我国城市型政区体系。

南京国民政府成立之初,在法律上仅对新设的特别市实行个案处理,并以暂行条例的形式颁布。随着特别市和省辖市数量的逐渐增加,为某个市单独立法的形式已经满足不了实际的需要,必须有一部统一的市组织法。民国十七年5月,国民党中央政治会议第139次会议讨论了由国民政府法制局起草的《市组织法》。在审议过程中,特别市提出了意见。同年6月20日,国民党中央政治会议第145次会议通过《特别市组织法》与《市组织法》,并于7月3

---

① 《中华民国史地理志(初稿)》,第34页。吴以政:《中华民国行政区域表》,1966年。
② 《国民政府公报》宁字第2号,1927年5月11日,第12页。

日由国民政府公布。

《特别市组织法》计7章、35条，规定特别市在行政体制上直辖于国民政府，不入省、县范围。符合下列条件的都市，经过中央政府特许，可以设立为特别市：(1)中华民国首都；(2)人口百万以上之都市；(3)其他有特殊情形之都市。根据这一法规，全国先后设立南京、上海、北平、天津、青岛、汉口、广州7个特别市。按照《特别市组织法》第七章《附则》的要求，南京特别市、上海特别市先后完成了市政府的改组。此后，其他各市陆续成立。民国十七年6月21日，国民党中央政治会议第154次会议议决建立北平、天津特别市政府。民国十七年10月起，河北省政府驻北平特别市。民国十八年4月20日，国民政府公布《青岛特别市暂行条例》；同年7月，青岛市政府正式成立。民国十八年6月，改武汉特别市为汉口特别市。民国十九年1月，广州市升为特别市。

《市组织法》共计7章、42条。第一条规定市政府隶于省政府，不入县政范围。第二条规定：凡人口满20万以上之都市，得依所属省政府之呈请暨国民政府之特许建市。根据这两条规定，民国十七年7月至十九年5月前，先后有下列城市成为省辖市：苏州、杭州、宁波、安庆、南昌、武昌、开封、郑州、济南、成都、重庆、沈阳、梧州等。

二、民国十九年至三十四年

《特别市组织法》和《市组织法》公布施行后，引起各方批评。市政论者认为该制缺乏自治精神，而且市参议会权力过小，被指为官办市政；行政人员的批评则侧重于行政系统。国民政府为此于民国十九年（1930）5月20日将上述两法废止，另行制定新的《市组织法》公布施行。新《市组织法》内容异常详尽，凡15章、145条，对市的各方面均有规定。市的名称不再作"特别市"与"普通市"之区分，而于市之地位，则有"直隶于行政院"（院辖市）与"直属于省政府"（省辖市）之区别。院辖市设立的标准，依照该法第二条之规定，凡人民聚居地方，具有下列情形之一者设市，直隶于行政院：(1)首都；(2)人口在百万以上者；(3)在政治上、经济上有特别情形者。但有上列第一、二两项之一，以非省政府所在地为限，而为省政府所在地者，该市应隶属于省政府。

民国十九年5月28日，根据新《市组织法》的规定，改组特别市并重新任命市长。南京、上海、天津、青岛、汉口5个特别市均去除"特别"二字，直隶于行政院。而北平特别市、广州特别市因为分别是河北省政府、广东省政府所在地，分别改称为北平市、广州市，隶属于河北省及广东省政府管辖。此后，因汉口市为湖北省会，也降为省辖市。院辖市仅余南京、上海、北平（民国十九年6

月因为河北省会降为省辖市，11月省会迁天津，复为院辖市）、天津（民国十九年11月河北省会迁此，降为省辖市）、青岛等5市。

抗日战争期间，新设立的院辖市仅有重庆一地。重庆市原为四川省辖市。民国二十六年12月13日，南京陷落，重庆成为战时首都，成为全国的政治、军事、经济和文化中心。民国二十七年9月，行政院决定重庆市政府照直辖市组织，但仍属四川省管辖。民国二十八年，行政院院长孔祥熙向国防最高委员会提议改重庆市直隶于行政院。民国二十八年5月5日，国民政府发布命令，改重庆市为院辖市。民国二十九年定为陪都。

省辖市设立之条件，较以前的普通市略有变更，《市组织法》第三条规定："凡人民聚居地方，具有下列情形之一者设市，隶属于省政府：1. 人口在30万以上者；2. 人口在20万以上，其所收营业税、牌照税、土地税每年合计占该地总收入1/2以上者。"设市标准较以前提高，引起一些省、市政府的非难，有的城市只能以市政筹备处或市政委员会等形式进行过渡。

从民国十九年5月至三十二年5月，批准设置的省辖市有汕头、北平、天津、福州、长沙、厦门、昆明、连云、桂林、贵阳、自贡、西安、衡阳、陕坝、开封等。

民国三十二年5月，国民政府再度颁布新的《市组织法》，仍分院辖市与省辖市两种，与此前的法律相比，设立条件基本上相同，不同之处是取消了省会不设院辖市的规定。因此，该时期院辖市除原有的南京、上海、北平、青岛4市外，又增加了天津、重庆、广州等市。但当时除重庆外，其他院辖市均在沦陷区。

三、民国三十四年至三十八年

民国三十四年（1945）8月，抗日战争胜利，国民党政府接收被日伪所占各大城市。东北地区和台湾省在日占时期建有一些城市，因此，战后城市型政区的数量比战前有明显的增加。民国三十六年7月，《市组织法》再次修正，对院辖市设置的规定基本未变，但在执行中对人口标准有所降低。此时全国共设有院辖市12个：南京、上海、北平、天津、青岛、汉口、广州、重庆、西安、沈阳、哈尔滨、大连。

台湾和东北这两个地区，在日占时期设立的许多城市，约有三分之二以上城市人口不足20万，据新的《市组织法》第三条规定成为设市的主要依据。民国三十四年后批准设置的省辖市有石门、湛江、威海卫、银川、归绥、包头、本溪、抚顺、徐州、迪化、西宁、台北、基隆、新竹、台中、彰化、台南、嘉义、高雄、屏东、烟台、柳州、南宁、福州、蚌埠、太原、唐山、锦州、营口、鞍山、旅顺、通化、安东、四平、吉林、长春、牡丹江、延吉、佳木斯、北安、齐齐哈尔、海拉尔等。

民国时期,省辖市设置情况详见表11。

表11 民国时期省辖市设置情形表

省别	市名	设置年份	说明	省别	市名	设置年份	说明
江苏	苏州	1928	1930年废	台湾	台北	1945	
	无锡	1927	1930年废		基隆	1945	
	徐州	1945			新竹	1945	
	连云	1935			台中	1945	
浙江	杭州	1927	市政发展困难,为节省支出,1931年废		彰化	1945	
	宁波	1927			台南	1945	
					嘉义	1945	
					高雄	1945	
					屏东	1945	
安徽	安庆	1927	与《市组织法》不合,1930年废	广东	广州	1921	1947年升为直辖市
	蚌埠	1947			江门	?	与《市组织法》不合,1930年废
江西	南昌	1938			海口	?	
湖北	武昌	1926	武昌市曾一度废除。汉口1947年升为直辖市		梅菉	?	
	汉口	1926			汕头	1930	
					湛江	1945	
湖南	长沙	1933		广西	梧州	1927	1930年废,1946年复置
	衡阳市	1942			桂林	1940	
四川	重庆	1927	1939年升为直辖市		柳州	1946	
	万县	1928	未经南京国民政府核准,1935年废		南宁	1946	
	成都	1930		云南	昆明	1935	
	自贡	1942		贵州	贵阳	1941	
福建	福州	1946	1933年批准设市,未能实施	河北	北平	1930	同年11月复为直辖市
	厦门	1935			天津	1930	1935年复为直辖市

续 表

省别	市名	设置年份	说 明	省别	市名	设置年份	说 明
河北	唐山	1947		察哈尔	张家口	1947	
	石门	1947		辽宁	沈阳	1929	升为直辖市
山东	济南	1929	1931年废，1946年复置		锦州	1947	锦州等4市在伪满洲国时设立，1947年国民政府核准公布。以下东北各省同
	烟台	1930			营口	1947	
	威海卫	1945			鞍山	1947	
					旅顺	1947	
河南	开封	1929	因市县分设增加负担，1931年废。1936年1月令准设立，5月再次撤销	安东	通化	1947	
	郑州	1929			安东	1947	
				辽北	四平	1947	
山西	太原	1947		吉林	吉林	1947	
					长春	1947	
陕西	西安	1928	1930年因经济困难撤销。1943年再置，1947年升为直辖市	松江	牡丹江	1947	
					延吉	1947	
甘肃	兰州	1941		合江	佳木斯	1947	
宁夏	银川	1945		黑龙江	北安	1947	
青海	西宁	1945		嫩江	齐齐哈尔	1947	
绥远	包头	1933		兴安	海拉尔	1947	
	归绥	1947		新疆	迪化	1945	
	陕坝	1942		海南	海口	1949	

资料来源：据本卷下编各章。

第四节　准行政区划之一——民国十四年至二十年间各省的中间行政组织

广州国民政府成立后，遵照孙中山《建国大纲》的设想，裁撤道级行政机构，实行省县两级制。但是一省辖有数十个乃至上百个县，使省政府难以对所辖各县进行有效的监督与管辖。因此,在广州国民政府控制的各省,出现了介于省县之间,以监察为主要职能的中间准行政组织。此后,在武汉国民政府控制地区,以及南京国民政府的部分地区,也出现过此类行政组织。设立此类行政组织的缘由,内政部长黄绍竑于民国二十一年(1932)6月26日的提案中有详尽的阐述:

> 按现行地方行政制度,依照总理《建国大纲》第十八条"县为自治之单位,省立于中央与之间,以收联络之效"之原则,暨二十年六月一日国民政府公布之《训政时期约法》关于地方制度之规定,应确定为省县两级制,自属毫无疑义。历年以来,内政部为尊重法令、划一制度起见,迭经督促各省将道尹、县佐制度及类似道尹、县佐之各种制度,厉行废除,一面拟具缩划省区方案,呈候中央核定施行,以增加省县两级制之效率。虽缩划省区方案,因时间上与空间上之关系,尚未见诸实施,而各省废除特种行政制度,实行省县两级制度,则已趋于一致,亦未始非各省地方政府尊重中央法令之表现。乃迩近数月以来,长江各省因剿匪清乡积极进行之故,为应事实上之需要,每每自订单行章程,于省与县之间增设特种行政组织。论其名称,如安徽省则曰首席县长,江苏省则曰行政区监督,浙江省则曰县政督察专员,江西省则曰行政区长官;论其区域,除浙江区数尚未划定外,安徽、江西两省均有以七八县为一区,江苏省则多至两县三县为一区;论其办法,苏、皖、赣三省均兼领县长职务,而浙江省则否;论其职权,安徽省则以清乡为注重,浙江省则以督察为范围,而苏、赣两省则几与省政府之职权相埒。在各该省政府增设此种特殊行政组织之初意,本谓省政府及民政厅指挥不便,为增加行政效率起见,不得不有此变更。而考其实际,则如江苏省之江南各县,交通便利,秩序安定,江西省之南昌等县,即为省政府附郭之区,省政府指挥本无不便,乃亦架床叠屋,多设此承转机关,实无必要。事关变更地方行政制度,应属立法范围,业经内政部汇案呈请行政院转咨立法院核议在案。①

由此可见,此类介于省县间的中间行政组织,是有关各省因辖区较大、省政府领导不便,在不违背《建国大纲》的基本原则下,为了加强对县的有效领导而设立的。除安徽首席县长制系临时性质,且又不违背法律,经内政部准予备案外,其他各省所设实际上是违背当时法律的,均有变更地方制度之嫌。因此,立法院以其违背当时法令,拒绝通过②。各省此类中间行政组织设置情形

---

① 《国民党政府政治制度档案史料选编》下册,第457~458页。
② 钱端升等:《民国政制史》下册,第149页。

如下。

一、广东行政委员制

广东省在民国十四年11月至十五年11月间,将全省划分为广州、西江、东江、南路及琼崖等5个行政区域。每一区域的领导机关为行政委员公署,长官为行政委员,由广州国民政府简任。按当时实际情形,行政委员多由其他官员兼任,单独设置者较少。行政委员公署内,分科办事,科设科长一人。行政委员的职责,据民国十四年11月25日广州国民政府对东江、南路各行政委员的规定,有下列二项:"(一)督率所属各县县长处理地方行政事宜;(二)对于所属各县县长,得先行任免,再报告于省政府。"[①]东江各属行政委员所辖区域相当于清代的惠州、潮州、梅州3府全境,南路辖区相当清代的廉州府、雷州府、高州府及肇庆府的恩平、开平、新兴、阳春、阳江和罗定州的罗定等县。民国十五年11月10日,广州国民政府明令裁撤各路行政委员,该项制度遂告消亡[②]。

二、广西行政督察委员制

广西行政督察委员制,与广东行政委员制相仿,也是将全省划为若干区,每区设一行政督察署,长官为行政督察委员,责权为监察地方行政机构。南京国民政府以该制度与《建国大纲》的规定不符,也与当时实行的《省政府组织法》相抵触,因此未予照准。广西省政府再次向中央陈明:设置该项委员的原因是广西省辖境辽阔,特于边远各区各设委员1人,专司调查特殊案件,及督促各县进行要政,并非永久制度。民国十六年12月,经南京国民政府核准备案,设有桂林、柳江、田南及镇南4个行政督察委员[③]。

三、江西党政委员分会制、江西区长官制

民国二十年国民党军队"围剿"江西红军时,军事委员会委员长南昌行营内设有党政委员会,借以联合党、政、军三方,加强集权;同时,将江西全省划为若干区域,每区设党政委员分会,作为南昌行营党政委员会的派出机构,管辖区内各县党务、行政及治安责任,对革命根据地进行军事、政治、经济、文化"围剿"。分会的辖区,多为三五县。分会驻地所在县的县长,即由分会委员长兼

---

① 中国第二历史档案馆:《中华民国史档案资料汇编》第四辑(一),第48页。
②③ 钱端升等:《民国政制史》下册,第143页。

任。因此,分会的职责亦得兼领所在县县政府的职能。具体而言,分会有下列职权:(1)督察区内各县党政机关及其所属职员,并将各职员的工作成绩呈报党政委员会分别查明奖惩;(2)凡与职务有关的事件,可以随时向党政委员会提出建议,并可以出席党政委员会的各种会议,陈述意见;(3)对于有些事情,应该在兼领的县内提早完成,以为属县的表率,并督促其办理;(4)指挥区内的保安队及保卫团;(5)各县政府、县党部呈报省政府及省党部的文件,应该同时呈报所在地的党政分会查核①。在对红军第三次"围剿"失败后,这一机构于民国二十年12月裁撤。此后,江西省又实行区长官制,将全省分为13个行政区,每行政区设长官1人,简任,兼任驻地县县长。13个区长官驻地分别为南昌、萍乡、武宁、九江、鄱阳、上饶、临川、宜黄、吉安、永新、赣县、宁都及龙南,其主要职能是在省政府指挥监督之下,管理区内行政、保安事宜,对行政区内县长的表现,可呈报省政府奖惩等②。

四、安徽首席县长制

民国二十一年4月,吴忠信任安徽省主席,试行首席县长制,将安徽60个县分为10区,每区设置首席县长1人,由区内首县县长兼任。首席县长有权督导区内各县行政和自治工作。实行行政督察专员制度后,首席县长即被取消。

五、江苏行政区监督制

民国二十年底,依照江苏省制定的《行政区监督署组织规程》,将全省各县分隶15个行政区。每区设置行政监督1人,简任,兼领区内首县县长。其15个首县为镇江、江宁、武进、吴县、上海、松江、嘉定、南通、江都、泰县、盐城、淮阴、东海、铜山及宿迁。行政监督的职权主要有:承省政府及主管厅之命,指挥辖区内各县;考核辖区内各县长成绩,并呈报省政府;节制、调遣区内各县警察或保卫队等。民国二十一年9月,行政督察专员制度实行后,该制裁撤③。

六、浙江县政督察专员制

该制创设于党政委员分委裁撤以后。依照浙江省于民国二十一年5月31日颁布的《县政督察专员章程》,将全省各县划分为12区,每区设置县政督

---

① 钱端升等:《民国政制史》下册,第144页。
② 同上书,第147页。
③ 同上书,第145页。

察专员1人,简任,由民政厅就区内选用"才望兼备"的县长兼任。其职权是:每三个月巡视区内各县一周,并将巡视情形及各县政治实况呈报省政府,督促辅导区内各县;负责区内治安,需要奖惩者,呈请省主管厅核办。其12区的首县为杭县、海宁、吴兴、鄞县、绍兴、临海、兰溪、衢县、建德、永嘉、丽水及龙泉。民国二十一年8月,行政督察专员制度施行后,该制裁撤[1]。

七、新疆区行政长制

民国十七年,新疆省撤道后,实行区行政长制。民国十八年,新疆省政府基于以下原因,请求国民政府暂缓裁撤各区行政长制度:第一,新疆幅员辽阔,和阗、喀什、阿山各地,距离省城五六千里不等,较内地有如隔数省之遥,若无行政长官视察监督,对于行政有许多不便之处;第二,新疆三面与苏联以及英国殖民地接壤,沿边各城皆驻有苏、英领事,外交向称棘手,历来以沿边各区行政长兼任外交特派名义,与驻地领事办理交涉事宜,苏、英两国久已认为惯例,认定各区行政长有一切谈判之权,若不变通设置,对外交涉将立即停顿,此为最大困难;第三,新疆司法,因人才、经费两皆缺乏,各级法院尚未完成,为权宜计,暂以各县政府兼理民刑诉讼,自不能不给予各区行政长以监督司法的权力[2]。国民政府遂将该案送呈中央政治会议,经第181次会议议决暂保留新疆各区行政长制度。直到民国三十二年底,国民政府明令简派新疆各区行政督察专员,始改为专区,先后设置有迪化、伊犁、塔城、阿山、焉耆、阿克苏、喀什、和阗、哈密、莎车等区。

八、云南殖边督办公署制

云南滇西、滇南分别与缅甸、安南(今越南)等国接壤,边疆事务极为重要。撤道以前,边疆事务由道尹督同办理。但因道尹仍兼理其原有的民政事务,已有不能兼顾之苦。废道后,为了解决这一问题,云南省政府于民国十八年11月在腾冲成立第一殖边督办公署,负责滇西边疆事务,在宁洱成立第二殖边督办公署,负责滇南沿边事务。民国十九年9月,云南省政府将公署暂行章程及设立理由,呈请内政部查办,后经中央政治会议议决暂准执行。殖边督办公署受省政府领导,督察沿边各县的殖边事务,如界务、垦殖、防守,以及边地的交通、实业、文化、教育、卫生等;在必要时,对边境各县局之常备团队有指挥权;

---

[1] 钱端升等:《民国政制史》下册,第146页。
[2] 同上书,第147页。

边境发生非常紧急事件,可径行处理,后呈请省政府查核等。沿边各县、设治局的普通行政,仍归省民政厅直接管理,而不受公署支配。两公署于民国二十七年撤销。

第五节 准行政区划之二——行政督察区制度及其辖区的变迁

在长江中下游各省以及一些边远省份,出现了上述介于省县之间,名目各异,职能不尽相同的各种准行政机构之后,虽然立法院不予通过,但各省仍在施行,南京国民政府也不得不承认这种现状。为了"剿共"的需要,同时为加强省对县的领导,国民政府在不打破省县二级制的原则下,将这些准行政机构规范为行政督察专员公署,以统一各省准行政区的设立、责权、区域等,同时将这一制度向其他省份推行。内政部长黄绍竑在民国二十一年(1932)6月26日的提案中,提出了设立行政督察区的设想:

> 唯我国省区过大,缩划省区案既一时不能实行,每遇有特种事件发生之际,离省会过远地方交通梗滞,省政府指挥考察或有未便,亦属实在情形。在此特种地方与特种情形之下,须临时增设一督察机关,以辅助省政府权力之所不及,似亦非无必要。然必须由中央统筹办法,以免纷歧。此种临时增设之督察机关,仍以不破坏省县两级制为原则,亦所以保持总理遗制及中央法令之尊严也。①

由此可以看出当时内政部的设想,是在不破坏省县两级地方行政制度的基础上,在局部地区遇"特种事件"时,临时设立行政督察专员,"以辅助省政府及各厅处督察该区域内各县市地方行政","行政专员以由省政府委员兼任为原则"。7月29日,黄绍竑奉国民党中央政治会议函,对《行政督察专员暂行条例》中个别条款进行了修改,行政督察专员改为"由省政府于县长中择定人选派为某某数县行政督察专员"②。

民国二十一年8月6日,行政院颁布由院长汪精卫、内政部长黄绍竑联名签署的《行政督察专员暂行条例令》,行政督察专员制度正式确立。《行政督察专员暂行条例》共17条。第一条规定了行政督察专员的性质、设立的条件:"省政府在离省会过远地方,因有特种事件发生(如剿匪、清乡等等),得指定某

---

① 中国第二历史档案馆:《中华民国史档案资料汇编》第五辑第一编政治(一),第97页。
② 同上书,第100页。

某等县为特种区域,临时设置督察专员,于不抵触中央法令范围内,辅助省政府督察该特种区域内地方行政,定名为某某省某某等县行政督察专员。"第二条规定了行政督察区区域的划定方法:"行政督察专员之设置,经省政府委员会议决后,由省政府开明设置事由及所划定之区域范围,绘具图说,咨请内政部核议转呈行政院决定行之。前项区域之范围,以发生特种事件之区域为取胜,但区域过广时,得分为两个以上之督察区域。"行政督察专员由省政府就本督察区域内各县县长中指定一人兼任,可随时考察、指导本督察区内各县市政府地方行政,召集督察区内的县市长举行行政会议,认为对有关行政人员需要奖惩时,可以随时密报省政府及主管厅核办。条例公布施行后,此前"所有关于变更地方行政制度而设立固定具有权力机关之组织,应一律依照本条例改定或取消之"[1]。由此,行政督察专员制度开始由临时性向固定性演变,并逐步在各个省份建立起来。

民国二十一年10月10日,国民政府公布《剿匪区内各省行政督察专员公署组织条例》。这个由国民政府主席林森、行政院代院长宋子文签署的训令,主要内容是时任"豫鄂皖三省剿匪总司令"的蒋介石对行政督察区的7点看法。蒋介石首先回顾了其在"剿匪"过程中设立准行机构的过程:

> 本总司令鉴往筹今,当时在赣乃有总部设党政委员会之举,并将全省划分若干区,每区设一党政委员会分会,每分会管辖内若干县,即以分会委员长兼任驻在地之县长,集中党政军之事权于一处,使负监督各县及整顿本县之重任。试办以来,颇著成效,沿逮今岁,乃迭与长江各省当局协议,欲试行移植此制而推广之,或径名之为行政督察专员,创立较为完备之制度。试以每一省内欲物色数十或百余之贤良县长,实属不易,而访求十余人或数人之精干行政专员,尚有可能,然后藉专员之躬行指导,使所属县长贤者愈奋而加勉,庸者望风而有为,庶几砥砺事功,转移风气,得以形成澄清吏治、铲除匪患之重要枢纽,此实挈领提纲、执简驭繁之良法也,特足惩前毖后。

接着,蒋介石阐述了欲使行政督察专员发挥实效,而与《行政督察专员暂行条例》有关规定不同的7点看法。第一点是行政督察专员必须在全省普遍实行,而不是只在"特种事件"发生区实行:"全省分区,必须普遍行之,不能谓有匪之区或边远之区可设专员,无匪之区或近省之区则可置而不顾,盖有匪、

---

[1] 中国第二历史档案馆:《中华民国史档案资料汇编》第五辑第一编政治(一),第101页。

无匪、边远、近省，其境虽殊，而吏治腐败、民生凋敝之亟须整饬，则原无二致，倘不同时并设，共谋改进，恐有匪或边远之区虽经清除安宁，而无匪或近省之区又将匪患萌动矣。"第二是行政督察专员的政治地位必须高于所属各县市的长官："对于行政督察专员必须隆重其体制，予以简任之待遇，授以监督区内各县县长之大权，故其人选决不能就区内现任县长任择其一提升加委，致为原与同官同职之县长所轻，未由尽其监督之使命，故必精选有为有守之干员，使之专任其责，具有俨然难犯之势，乃易实行其监察督促之权。"第三是专员必须兼任驻在县县长，一方面是以身作则，另一方面是了解地方实情："专员必须兼任驻在地之县长，仿佛如前清直隶州制之知州，除自理一县之外，兼管所属之他县，一面固当监督他人之优劣，一面尤应本身作则，推行要政，改革尽利，以作所属县长之表率，藉免专事批评，不明地方实际政务之甘苦，致蹈过去道尹之覆辙。"第四是专员兼任保安司令，对辖区内的各种事务要统筹兼顾："专员除为推行要政、模范所属以外，并在区内负有统筹兼顾之职责。例如一县不能举办之事，该区专员即应督同属县领导办理，庶几各县旧日畛域之见，涣散之弊赖以化除而归联络，同时并由专员兼任保安司令，全区军民两政统归主持。体制之重，有似前清之兵备道。"第五是为行政督察专员辖区非一级政区辩护："确定行政专员之管区为单纯行政区域而非地方自治团体，行政专员所管之职务实如一省中之民政分厅，只系横面之扩张而非纵体之层叠，自与另创一级自治团体者迥不相侔，故虽属暂行政制，然按之省县自治二级制固根本不变，即与总理《建国大纲》之规定亦依然契合。"第六点规定专员必须由"总司令"任命。第七是指出专员的设置，为县长提供了一条官位"升迁之途径"。由此，行政督察区经国民政府正式批准在全国推行，成为介于省县之间的一种新行政层级。这项制度实行初期，在所谓的"剿匪区"与其他省份有所不同，专员由"剿匪总司令部"直接委派，设立专员公署，同时撤销驻在地县政府及其所属各科、局，由专员兼任县长及保安司令，指挥所属县、市行政及"围剿"事宜。专员公署内除设秘书外，还设立4科。一般省份的专员则由省政府指定，经国民政府任命一名县长兼任；办公机构设在驻在地的县政府内，为办事处；专员负责统辖所属地区县、市行政及地方武装。

  行政院的《暂行条例》与"剿匪"总司令部的《组织条例》，在对行政督察专员设置目的的表述上，有所不同。行政院为了在立法院的法律原则与各省的实际情况间找到一个平衡点，在不违反省县二级制原则下制定了《暂行条例》，规定"省政府在离省会过远地方，因有特种事件发生（如"剿匪"、"清乡"等等），得指定某某等特定区域，临时设置督察专员，于不抵触中央法令范围内，补助省政府督察该特种区域内地方行政"。而且行政督察专员公署是临时机构,不是常设机关,"行政督察专员于某项特种事件办理完竣后,即撤废之"。"剿匪"总司令部《组织条例》的设置目的,则是为了"整饬吏治,增进行政效率,以便彻底清乡及办事善后",并未明确说明专员制度是否为常设制度。

根据《行政督察专员暂行条例》和《剿匪区内各省行政督察专员公署组织条例》,各省从民国二十一年起,陆续设立行政督察区。《行政督察专员暂行条例》在"剿匪"区域以外省份施行,《剿匪区内各省行政督察专员公署组织条例》在"剿匪"区内各省执行。各省在执行《条例》时,实际执行情况有所不同。至民国二十五年初,已有江西、河南、湖北、安徽、福建、四川、贵州等省的专员由军事委员会委员长行营任命,江苏、浙江、陕西、甘肃、湖南、山东等省由省政府任命,河北省由驻北平政务整理委员会派充①。绥远省则迟至民国二十七年,察哈尔省迟至抗日战争胜利后才设置。在设立方法上,大部分省份是在全省各地同时设立行政督察区,但山东等省是先在局部地区置行政督察区,再在全省推行;青海等省则只设立个别行政督察区。行政督察区的辖县数量较为悬殊,多者如贵州省第一区,在民国二十六年辖有20县,少者如察哈尔省第一区、青海省第一区,均仅辖3个县。

民国二十五年3月25日行政院公布、同年10月15日修正的《行政督察专员公署组织暂行条例》②,明确规定各省一律划分若干行政督察区,设置行政督察专员公署,为省政府辅助机关或派出机关;同时废除民国二十一年8月6日公布的《行政督察专员公署组织条例》及《剿匪区内各省行政督察专员公署组织条例》,行政督察专员制度由两个不同系统合而为一。同年10月公布的《修正区保安司令部组织暂行条例》,规定区保安司令除有特别情形者外,由行政督察专员兼任。此次《行政督察专员公署组织暂行条例》的特点,在于删去了第一次《条例》中关于专员制度为临时性的规定。因为特殊事务办理完毕后,各处所设专员,各省不但不予裁撤,反于条例规定无须设置专员之地置专员。如江苏省为"清乡"及"剿匪",置江北各区专员,事后并未裁撤,并将此制度推行到无须"清乡"及"剿匪"的江南地区。至此,行政督察专员公署成为南京国民政府时期的常设事务机关。

行政督察专员的设置程序,各次条例均有明确规定。如《剿匪区内各省行政督察专员公署组织条例》规定,各省行政督察区的划定、专员公署的所

---

① 中国第二历史档案馆:《国民党政府政治制度档案史料选编》下册,第487页。
② 同上书,第491~494页。

在,均由"剿匪"司令部按照各省面积、地形、户口、交通及经济状况暨人民习惯,以命令定之。行政院第二次《条例》的规定则更为详尽:行政区域之划定,专员公署之所在,均由省政府决定,惟省政府于划定行政督察区设置行政督察专员公署时,应开明行政督察区的名称、设置次第、区划情形、管辖县市及行政督察专员公署驻在地点,绘具详细图说,咨请内政部转呈行政院核定,并呈报国民政府备案。关于行政督察区或督察专员名称的确定,行政院第一次《条例》规定应名为某某省某某等县行政督察专员或行政督察区,第二次《条例》则规定以数字定之,即第一区、第二区等。抗战前各省行政督察区设立时间详见表12。

表12 抗战前各省行政督察区成立时间表

省 别	行政督察区 总数	官署名称	成 立 时 间
湖北省	11	第一至十一行政督察区专员公署	第六:1932年10月3日 第七:1932年10月12日 第四、五:1932年11月1日 第八、十一:1933年10月21日 第一:1934年3月8日 第二:1934年5月1日 第九:1934年5月10日 第十:1934年6月10日 第三:1934年10月18日
河北省	2	滦榆区、蓟密区行政督察专员公署	1933年9月
甘肃省	7	第一至七行政督察区专员公署	第一:1936年4月10日 第二至七:1936年4月20日
四川省	18	第一至十八行政督察区专员公署	第四、七、九、十、十七:1936年4月17日 第一、二:1936年5月25日 第三、五、六、八、十一至十六、十八:1936年6月13日
江西省	8	第一至八行政督察区专员公署	1936年5月30日
贵州省	8	第一至八行政督察区专员公署	1936年6月8日

续　表

省　别	行政督察区 总数	行政督察区 官署名称	成　立　时　间
福建省	7	第一至七行政督察区专员公署	1936年6月9日
河南省	11	第一至十一行政督察区专员公署	1936年6月19日
安徽省	10	第一至十行政督察区专员公署	1936年6月20日
江苏省	9	第一至九行政督察区专员公署	1936年6月29日
浙江省	9	第一至九行政督察区专员公署	1936年6月29日
湖南省	4	第一至四行政督察区专员公署	1936年7月28日
陕西省	7	第一至七行政督察区专员公署	第七：1936年8月12日 第一至六：1936年9月29日
山东省	7	第一至七行政督察区专员公署	第一至三：1936年8月25日 第四至七：1937年1月15日
广东省	9	第一至九行政督察区专员公署	1936年10月3日

资料来源：孔庆泰等：《国民党政府政治制度史》，第424～425页。表名为作者所加，格式略有改变。

此后，由于日军的大举入侵，国内政治形势大变。行政院于民国二十六年10月15日发出通令："在抗战期间由于职责繁重，所有兼任团管区司令之行政督察专员一律免兼县长，其余各区行政督察专员亦以不兼县长为原则。"民国三十年10月，为适应战时的需要，行政院核准将督察专员公署与区保安司令部正式合并，其名称定为某省某区行政督察专员兼保安司令，赋予行政督察专员以"指挥地方团队以绥靖地方事宜之权力，其军事权更无可疑"[①]。这一

---

① 钱端升等：《民国政制史》下册，第162页。

情况直至民国三十八年未有改变。抗日战争胜利后,内政部根据当时现状,制订了整理行政督察区的三项原则:"一、省会附近各县(市、局)由省政府直接监督指挥,不另划区设署;二、每区所辖县(市、局)数,以十为原则,不得多于十二而少于六;三、各专员公署,应驻辖区内位置适中及交通便利之地点。"考虑到各省情况不同,又特别规定,"当地省政府,格于事实,未便执行者,仍可详述理由,随加变更,极富弹性"。至民国三十七年(1948)4月,全国共有23个省区设立行政督察区:江苏省9个,浙江省6个,安徽省10个,江西省9个,湖北省8个,湖南省10个,四川省16个,西康省2个,河北省15个,山东省16个,山西省14个,河南省12个,陕西省11个,甘肃省9个,青海省1个,福建省7个,广东省9个,广西省9个,云南省13个,贵州省6个,察哈尔4个,绥远省4个,新疆省10个,共210个[①]。

对于行政督察区与行政督察专员制度,有学者认为至少有如下三点弊端:(1)"徒增层次,减低效率";(2)"就行政督察专员之兼职效果言,更是或则徒挂虚名、甚少实效,或则个人揽权、漫无限制、养成独裁行政官员";(3)"专员兼职既多,对于所兼县政设施未必能专力筹措并做到模范程度,因而督促其他各县完成,也是徒托空言而已"[②]。

---

① 内政部方域司:《中国之行政督察区》,第2页。
② 孔庆泰等:《国民党政府政治制度史》,第425~427页。

第四章 革命根据地的行政区划制度

第一节 土地革命战争时期

民国二十年(1931)11月7日,中华工农苏维埃第一次全国代表大会在江西瑞金正式开幕。会议通过了《中华苏维埃共和国宪法大纲》。该大纲规定中华苏维埃共和国的最高政权为全国工农兵苏维埃代表大会,它由省苏维埃代表大会、中央直属县苏维埃代表大会、直属市苏维埃代表大会所选举出来的代表组成。土地革命时期的工农民主政权,在地方行政制度上具有以下特点:由于革命斗争发展的不平衡和战争与地理的特殊条件,革命根据地有的占有一省、一县或一区的局部,有的介于数省、数县或数区之间,不能按旧的行政区域来建立政权。民国二十年11月,中央执行委员会第一次会议通过了《中华苏维埃共和国划分行政区域暂行条例》①,把根据地的政权精简为省、县、区、乡(市)4级,并重新确定了划分的标准。《条例》规定:(1)在山区,每乡管辖纵横不得超过15里,人口不得超过3 000人;在平地,每乡管辖纵横5里,最多不得超过10里,人口不得超过5 000人;城市苏维埃管辖市区和市郊2里的地方。(2)区政府,在山地每区管辖以9个乡为限,地域纵横不得超过45里;在平地每区管辖12个乡为限,地域纵横不得超过30里。(3)县政府,山地多的县管辖不得超过12个区,平地多的县管辖范围不得超过15个区。(4)省政府的管辖范围依照当时战争与地理的原则划分。民国二十二年7月,临时中央政府又颁布了《重新划分行政区域的决议》,调整与缩小了原定的行政区划。

对于地方政权的行政机构,中央执行委员会第一次全体会议通过了《苏维埃地方政府的暂行组织条例》。民国二十二年12月,中央执行委员会又公布了《中华苏维埃共和国地方苏维埃暂行组织法(草案)》。该组织法规定,在省、

---

① 《中央革命根据地史料选编》下册,江西人民出版社,1982年,第192~193页。

县、区级执行委员会及其主席团之下,设立劳动、土地、军事、财政、国民经济、粮食、教育、内务等部,和审计委员会及总务处,具体管理该苏维埃管辖范围内的政治、军事、经济、教育等各方面的行政事务。

基层政权机构由市政权(除中央、省直辖市外)、乡政权组成。其主要特点是经常的代表会议制度,代表为不脱产,来自群众。市、乡政权对居民的领导主要通过代表进行。市政府下设劳动、土地、军事、财政、国民经济、粮食、教育、内务、裁判等部,以及工农检察委员会、审计委员会、总务处等行政机构。

各根据地在执行《中华苏维埃共和国地方苏维埃暂行组织法(草案)》的过程中,大多因形势的变动而有所变化,有的还制定了相应的组织法。中央革命根据地地方政权由省、县、区、乡4级组成,各级政权机构的具体组成如下:

乡苏维埃为地方基本政权组织,不设执行委员会,仅设主席1人,大乡可设副主席1人。乡苏维埃不分科,一切事务由整个苏维埃负责,可组织各种临时委员会。每10天由主席召集一次乡苏维埃全代表会议。乡苏维埃工作人员以不脱离生产为原则。

除中央和省直辖市外,其他城市苏维埃也是地方基本政权组织。由全体代表会议选出主席团,再由主席团选出正、副主席各1人。下设总务处和内务、劳动、文化、军事、卫生、粮食、工农检查、土地等科。市苏维埃全体代表会议每两个星期召集一次,主席团会议每星期召集一次。

区、县、省各级苏维埃代表大会选出执行委员会,再由各级执行委员会选出主席团。区、县执委主席团设正、副主席各1人,省执委主席团设主席1人、副主席2人。各级执委之下设立土地、财政、劳动、军事、文化、卫生、工农检查、粮食、内务等部,并设总务处。区执委主席团每月召集一次区执委会全体委员会议,县执委主席团每2个月召集县执委全体会议一次,省执委主席团每4个月举行一次省执委全体会议。

湘赣根据地于民国二十一年1月召开了第一次苏维埃代表大会,制定了《湘赣苏区各级苏维埃政府暂行组织法》,将政权划分为省、县、区、乡、村等5级。各级权力机关为同级工农兵代表大会,由它选举若干人组成执委会,再由执委会推选出常委会,常委会设主席1人。省苏维埃常委会接受执行委员会的一切决议,处理省苏维埃政府全部之日常事务,管理各种专门的行政委员会;为了执行决议,省常委有权发布命令及采取各种必要的行政方针,但必须交执行委员会审核与批准。下设军事、经济财政、土地、裁判肃反、交通、粮食、文化、社会保险等部及秘书处。县常委设主席1人,下设赤卫、财政经济、土地粮食、社会保险、裁判肃反、文化等科。县执行委员会的职权是接受上级机关的决议,议决并执行本县内的一切行政方针及解决本县范围内的一切争执问题。区常委会设主席1人,下设赤卫、经济财政、裁判肃反、粮食、文化等委员。乡工农兵代表大会由各村代表组成,其职权是执行上级机关的命令和决定本乡的行政方针。乡执行委员会设主席和秘书处,不设常务委员会,并设赤卫、经济粮食、裁判肃反、文化、土地等委员分管各项行政事务。村政权的最高权力机关为全村群众大会,其职权是执行上级机关的命令,议决和解决本村的一切行政方针和日常事务,选举并撤换村执行委员和出席上级代表大会的代表,反映群众的要求。村执委会不设常务委员会,只设主席1人处理日常事务,召集会议。在紧急情况下不能开会时,由主席处理,事后再报告执委会追认。

但由于中华苏维埃共和国始终处于国民党政权的包围之中,"围剿"与反"围剿"战争持续不断,因此苏维埃政权及其行政区划,处于经常变化之中。而且,由于中华苏维埃共和国的地域被白区阻隔成多块,始终处于分散状态,未能连成一片。又由于交通、通讯条件的落后,使得苏维埃中央政府难以对各根据地实行有效的行政管理。只有在中央苏区的各省及直辖县区域,苏维埃中央政府才可有效行使管理。其他与中央苏区相距甚远的根据地,只能各自为政。因此,各苏区的地方政权具有很大的独立性和自主权。此外,由于经常处于战争状态,苏维埃政权未能完整地占有原有的整个行政区域,因此,一个苏维埃县的行政区域,大多辖有数个旧县的交界地区,而在一个旧县的地域内,往往同时存在着苏区政权和白区政权。

第二节 抗日战争时期

抗日战争时期,各抗日根据地在名义上属国民政府领导,所以抗日民主政权与土地革命战争时期的工农民主政权不同,不设中央政府机构,只有边区、县、乡(或村、市)三级。但各根据地具体情形又有所不同。

边区一级行政机构的名称,各抗日根据地称谓不一。有的称为边区政府(如陕甘宁、晋冀鲁豫等根据地),有的称为边区行政委员会(如晋察冀根据地),有的称为战时行政委员会(如山东抗日根据地)。边区政府行政首长的称呼,有的称为政府主席,有的称为主任委员;所设副职为1人或2人不等;政府委员的人数,由9人至15人不等;行政首长及政府委员的任期,1年至2年不等,都是由边区参议会选出。边区政府是边区议会(参议会)闭会期间的最高行政机关,在国民政府领导与边区议会(参议会)监督下,综理边区政务。边区政府之下,设立若干厅(有的设若干处)处理民政、财政、教育、建设、实业、军事、司法等事项。

边区行政机构的职权,一般有以下几个方面:执行国民政府所委托的事项和边区参议会作出的决议,颁发本区内的行政命令,制定和颁布各种单行法规;负责选举工作的举行;确定边区的行政设施,监督所属机关和任免所属行政人员;征收税款和编制预算决算,以及处理其他民政、财政、教育、生产建设等方面的行政事项。边区行政首长的职权为:召集边区政府委员会并在开会时为主席,领导执行边区政府委员会作出的决议案;代表边区政府监督全边区行政和司法机关执行职务,处理边区政府的日常及紧急事务。

行政公署(简称行署)和行政督察专员公署(简称专署)是边区政府行政机关的派出机构。行署视行政上的需要,可以代行边区政府的职权,专署是边区政府的辅佐机关。晋察冀边区共设冀晋、冀察、冀中和冀热辽4个行署,设正、副主任各1人,有的由边区行政首长遴选并经边区政府委员会通过任命,有的由行政区内的行政委员会互推,并呈请省行政委员会加委。下设若干处,处理本行政区内各项行政事务。行署以下设专署,设专员1人,由边区政府委任,下设若干科分理行政事务。陕甘宁边区一般划两个以上的县为一行政分区,设置专署。

县政府是抗日民主政权的一级正式行政机构。县长和县政府委员由县参议会选出,其任期为1年至2年不等,县长须由边区政府委任。县政府委员会由6人至11人组成。下分设若干科、局处理本县各种行政事宜。县政府的职权一般是执行上级政府交办的事项和县参议会决定的事项。如晋察冀边区行政委员会于民国二十七年(1938)7月29日制定了《晋察冀边区县佐公署组织章程》①。章程共8条,第一条规定了设置的条件:"边区各县,如特殊情形发生行政上之不便时,由边区行政委员会划定区域,设置县佐公署,处理各项政务。"第二条第一款规定了县佐公署的组织及其职权:"县佐公署,设县佐一人,于行政委员会或该主管县政府指导之下,综理一切行政。"第四条规定了县佐与区的关系:"区域内原有之各区,仍设区公所,区长由县佐遴员呈请委任;但若仅有一区,区长由县佐自兼。"第六条规定了县佐与主管县、边区行政委员会之间的关系:"依本章程第二条之规定,县佐公署在可能范围内,有禀承或请求该主管县政府之义条与权利;但并有迳向边区政府行政委员会申述报告或请求之权;边区行政委员会并得直接命令之。"从这一条可以看出,晋察冀边区的县佐,与中央政府规定的县佐职权有较大的差别,地位更高,与县政府几乎是平等的。在民国二十九年的县级选举中,"设县[佐]公署之县,亦以单独一县

---

① 《晋察冀抗日根据地史料选编》上册,河北人民出版社,1983年,第58页。

论,单独成立县议会,选举法与一般县同"①。晋察冀边区政府在区域较为完整的县,设立县抗日民主政府;在不完整的县,按地域大小,有的设立县政府,有的设立县佐公署;在数个县相邻地区,则设立联合县政府。随着根据地的巩固与扩大,敌伪政权被摧毁或缩小,县佐公署可以发展为县政府,联合县政府可以分成新的县政府。

在有些地区,因战争或其他特殊情况的发生不便于行政领导时,则设立县佐公署,在边区政府或该主管县政府的指导下代理本区域内的各种行政事务。

为了加强县对各乡(或村)的领导,设区公署(或区公所)作为县政权的助理机关,其业务是帮助县政府了解乡村和乡村政权的情况,向乡村政权传达上级的指示,并帮助乡村政权开展自己的工作。区公署设区长1人或助理员若干人,有的直接由县长任命并经县政府委员会通过,有的由区民代表会议选举,报经县政府批准。

抗日民主政权的基层行政机构为乡政府(或相当于乡的市、村政府)。乡(或市、村)政府设乡长(或市长、村长)1人,有的还设有副职,并设委员若干人,下设若干个常设的或临时的委员会负责各项工作。

第三节　解放战争时期

抗日战争胜利后,随着人民武装不断取得胜利,中国共产党领导的解放区得到了进一步巩固和扩大。人民民主政权的行政区划体系也有所改变。在全面内战爆发前,各解放区基本保持抗日民主政权的组织形式,但对基层政权建设有所改进。民国三十四年(1945)10月14日,陕甘宁边区参议会驻会委员会和陕甘宁边区政府发出联合通知,宣布将乡(市)参议会改为乡(市)人民代表会。从民国三十五年6月,各解放区政权完成了从抗日民主政权到人民民主政权的转变。在新的政治形势下,各解放区人民民主政权的组织形式也逐步从参议会制过渡到人民代表会议制。

随着解放区的不断扩大,原来分散的、隔离的小块解放区逐渐连成一片。由于建立全国性的民主政权条件尚未成熟,中共中央将原来分散的各边区政府归并成若干大行政区的人民政权,形成大行政区,省、行署、直辖市,专区,县、市4级地方行政体系,基层行政体系则为县、区、乡3级制。华北人民政府

---

① 《晋察冀边区行政委员会关于胜利完成各级选举的批示信》,《晋察冀抗日根据地史料选编》上册,第337页。

的地方行政制度,继承了晋察鲁豫边区和晋察冀边区的传统,为华北人民政府、地区行政公署、县市人民政府的4级制,有的地区行政公署下还设有专区,形成4级制。民国三十七年10月24日,华北人民政府发令统一所属各行署、市府名称,对原属于两个边区的地方行政机构名称进行规范,"本府所辖各行署一律改名为:'某某(地区名)行政公署';本府直辖各市政府一律改名为:'某某(市名)市政府',其所属原有各机关名称如冠以'两边区'或前'两边府'字样等应即转饬一律改正"[①];同时任命了各行政公署主任和各市市长,共设北岳、冀中、冀南、冀鲁豫、太行、太岳(以上均民国三十七年10月24日改组)、晋中等7个行政区。民国三十八年将市划分为华北直辖市及省辖市两种,除北平、天津两直辖市外,石家庄、太原改为河北、山西省辖市;其余各市一概撤销,改称镇或城关区,归专署或县领导。经此,华北区地方行政区划分为华北区、省、专区、县4级制。

在内蒙古地区,中国共产党实行民族区域自治制度,于民国三十六年5月1日成立的内蒙古自治政府,是中国共产党领导下的中国第一个省级的民族区域自治政权。《内蒙古自治政府施政纲领》规定:内蒙古自治政府是内蒙古民族各阶层,联合内蒙古区域内各民族,实行高度自治的区域性的民主政府,是中国人民民主政权的组成部分。在不抵触中央政府法令的范围内,可制定并公布单行法。内蒙古自治政府为内蒙古最高行政机关,设主席、副主席各1人和委员19～21人,由内蒙古临时参议会选举产生,任期3年。地方行政制度实行盟,旗、县、市,区,村4级制。各级地方政府均由同级人民代表大会选举产生。

[①] 中央档案馆编:《共和国雏型——华北人民政府》,西苑出版社,2000年,第190页。

第五章　日伪政权统治区域的行政区划制度

民国二十年(1931)9月18日,日本帝国主义制造了震惊中外的九一八事变。从此,日军不断发动侵略战争,企图灭亡中国;为了使其侵占合法化,先后在侵占地区建立了一系列伪政权。为了加强军事、政治、经济上的控制,日本侵略者对侵占地区实行分而治之,让多个伪政权同时存在。虽然在民国二十九年建立了表面上统一的汪伪政权,实际上仍由日本侵略者直接控制各个地区;表现在行政区划上,就是各个伪政权统治区域之间或汪伪政权统治区域内部,也是各自为政,花样不一。

第一节　伪满洲国的地方行政制度

伪满洲国早期,按其公布的法律制度,地方行政制度分为两个系统。一是伪国务院民政部系统的省、县制,其基本法律是《省公署官制》和不断修正的《省官制中修正之件》,管辖原东北三省的农垦地区。另一个是伪国务院兴安局("大同元年"(1932)8月改兴安总署,"康德元年"(1934)改蒙政部)系统的省、旗制,其基本法律是《兴安局官制》、《兴安各省公署官制》,管辖区域是以蒙古族为主(包括达斡尔族、鄂温克族等)的游牧区域。按行政层级划分,可以分为两类:在以农垦业为主、设有县治的地区,实行省、县(市)两级制,一度在局部地区实行总省、分省、县(市)3级制;在以牧业为主的蒙旗地区,实行总省、分省、旗3级制,一度实行省、旗两级制,并将原来已经设立的一些县、设治局撤销,改制为旗。除此以外,还有特别区、特别市制等。

伪满洲国地方行政的最高管理机构,即伪中央政府管理地方行政的机构,进行了4次大的调整。根据"大同元年"3月9日公布的《国务院各部官制》①,

---

① 伪满《政府公报》第1号,1932年4月1日,第11页。按:伪满洲国时为《满洲国政府公报》,伪满洲帝国时称《政府公报》,辽沈书社1990年影印本作《伪满洲国政府公报》。以下均简称"伪满《政府公报》"。

在伪国务院下设有民政部,民政部内设有地方司,掌管关于地方行政、自治行政、公共组合等事项,分别掌管除兴安各分省外的省公署以下地方官署的指导监督事项。"康德四年","正值日本治外法权撤销,以及移交满铁附属地行政权,伴随恢复治安实施产业开发五年计划的第一年……为加强中央与地方的协作,使贯彻施政更加简捷有效"[1],伪满洲国撤销民政部,设立隶属于伪国务院的内务局,掌管原民政部的地方司等业务。内务局内设管理处,掌管有关地方行政、自治行政制度等事项。"康德六年"7月1日,为了进一步加强对地方的控制,伪满洲国又撤销内务局,改设隶属于总务厅的地方处。太平洋战争爆发后,伪满洲国为了贯彻所谓的"战时国策",在"康德十二年"5月,又对总务厅的机构设置进行了调整,将地方处、企划处、统计处等部门进行合并,重新组成计划局,使总务厅的"职能达到了集中化"[2]。

在以蒙古族为主的游牧地区,伪满洲国划定为特殊行政地区,总称为兴安省,并于"大同元年"3月9日颁布《兴安局官制》,兴安局"掌管关于兴安省之一般行政事宜并关于另定地域、内蒙古旗务"[3]。在伪满国务院设置兴安局,除掌管省内一般行政外,还可以处理奉天、吉林、黑龙江3省境内的旧蒙族14个旗的旗务,以辅佐"国务总理"的形式实行监督;兴安局总长综理局务并指挥监督兴安各分省长。同年8月3日,改兴安局为兴安总署,但无实质性变化。"康德元年"12月1日,又改兴安总署为蒙政部,成为与"民政部"同一级的官署,不再受各部大臣的节制。"康德四年"7月1日,伪满为加强对蒙旗地区的统治,撤销蒙政部,设立隶属于"国务院"的兴安局,"作为对蒙古行政的咨询联络机关,直接的行政由各有关部局实行统辖"[4],只有一些关于蒙地、蒙旗的特殊事务,各有关部才需事先主动征求兴安局的意见。至此,可以看作伪满对各省与蒙旗地区的行政统一。

伪满洲国的各级政权受到日本侵略者全面的严密控制,其地方行政体系内的官员配置,上至伪满洲国政府,下至各县,均由日本人出任掌握实权的副职。而伪兴安总省和东满总省,甚至一度由日本人担任总省长。其他各省内,掌管行政实权的总务厅亦由日本人任厅长。各县设有参事官,由日本人担任。从"大同元年"起,首先向奉天省指派了40余名日本参事官,第二年,4省各县

---

[1] 〔日〕"满洲国"史编纂刊行会编,东北沦陷十四年史吉林编写组译:《满洲国史(分论)》上册,长春,1990年,第269页。
[2] 同上书,第273页。
[3] 伪满《政府公报》第1号,1932年4月1日,第24页。
[4] 《满洲国史(分论)》下册,第970页。

均派有日本参事官①。"大同元年"7月5日颁布的《县官制》，使日本参事官制度合法化。此后，又改参事官为副县长，仍由日本人担任。

在占领初期，日本侵略者还无力对地方实行全面有效的控制，不得不借助于原有的东北地方势力，因而地方行政区划未有大的变动，由伪满政府部长兼任各省省长。日本侵略者为保证地方政权机构完全服从伪满中央政府，竭力控制地方势力的发展，避免各地游离于伪满中央控制之外。为了贯彻这一原则，关东军对地方采取分而治之的方针，不断改组省和地方的行政机构。地方行政区划在"康德元年"、"康德四年"和"康德十年"发生过三次重大变动。

"康德元年"10月1日，颁布新的《省官制》，改变了以前由伪满中央各部总长兼任省长的做法，省长的权力被削弱。"康德四年"，随着日本帝国主义对伪满洲国统治的强化，急需相应地强化对经济及其他领域的控制，以满足其战争资源的需求，在简化伪国务院中央机构的同时，增设通化、牡丹江两省。太平洋战争爆发后，为了全力以赴支撑战争，日本侵略者竭力集中人力、物力、财力等战争资源，以适应其战时体制。在地方上，为应付紧急事态的出现②，于"康德十年"将位于边境线上的牡丹江、间岛、东安等省合并成东满总省，将内蒙地区的兴安四省合并为兴安总省。对县级政区，则逐步实行行政制度的规范化，将原有的设治局在"大同二年"统一改置为县③；并在一些经济发达地区设立市，成为当时中国境内设市较多的区域，并形成了特别市、市、街的城市型管理体系。"康德元年"颁布《旗制》，使蒙旗从原来的蒙古族自治组织，转变为经"政府"正式批准设置，列入"国家"政权系统，职能、层级与县类似的地方行政单位。此一制度，在伪满洲国消亡后，仍被沿袭下来。县以下的基础行政设置为：农村地区置村，在县城及大的集镇置街。

一、《省公署官制》与省级政区的变化

伪满洲国出笼初期，当时的各省省长所拥有的势力及其影响是牢不可破的。日伪当局为了"改变以往的半独立性的东北三省（奉天、吉林、黑龙江）的旧面貌，以实现现代化的中央集权的统一国家为目标"④，在"大同元年"3月9日公布《省公署官制》，改省政府为省公署，使其成为介于伪满政府和县旗公署的中间

---

① 《臧式毅口供》，《伪满傀儡政权》，中华书局，1994年，第435页。
② 施玉森：《日本侵略中国东北与伪满傀儡政府机构》，日本东京雏忠会馆，2004年，第133页。
③ 伪满《政府公报》第218号，1933年9月9日，第2页。
④ 《满洲国史（分论）》上册，第274页。

机关,在伪国务总理及各部总长的指挥、监督下执行法令,管理省内行政事务,指挥、监督部下官吏的进退及赏罚①。同时,日本侵略者不得不让原有的各省长官继续任省长,"民政部"总长臧式毅兼奉天省长,"财政部"总长熙洽兼吉林省长,"军政部"总长马占山兼黑龙江省长,"参议府"议长张景惠兼北满特别区长官和哈尔滨市长。而在这些"省长"的眼中,省长是本职,"中央"各部的总长是兼职。因此,平时他们分散在各地,每周四到"新京"参加"国务院"会议②。"大同二年"3月,日伪军占领热河。5月3日,日伪增设热河省,任命张海鹏为"热河省警备司令官兼管省长事务"③,下辖16县。此年伪满洲国政区参见图7。

  日本侵略者为保证地方政权机构完全服从伪满中央政府,确保日本人在伪满洲国政府中的领导地位,竭力控制地方势力的发展,避免各地游离于伪满中央控制之外,对地方采取分而治之的方针,不断改组省和地方的行政机构。"康德元年"10月11日,日本帝国主义认为伪满洲国的基础已经巩固,帝制已经实现,无须再有所顾忌,"为避免发生急剧的变革,确立中央集权制"④,为了达到所谓"匪贼讨伐"、"检举反满抗日分子"及"建设国防,强化国防"等目的⑤,再次颁布《省公署官制》,进行地方行政制度改革。根据新的《省公署官制》,省公署的地位再次下降,不再受伪国务总理的指挥,"省长承民政部大臣之指挥、监督,关于各大臣主管事务承各大臣之指挥、监督,执行法律命令,管理省内行政事务"⑥。12月1日,公布新的省长人选,改变以前由伪各部总长兼任省长的做法,以防止其权限扩大。省长的权力由此被削弱,地位下降,使日本侵略者可以更迅速、高效地推行侵略政策。

  对于地方行政区划,伪满则将包括热河省在内的原东北四省划分为奉天、吉林、龙江、热河、滨江、锦州、安东、间岛、三江、黑河等10个省。具体而言,即保留奉天、吉林、热河3省,黑龙江省改名为龙江省,在辽西走廊置锦州省,以奉天旧东边道区域置安东省,在吉林延边地方设间岛省,在吉林三江平原设三江省,以吉林、哈尔滨及以东地区和原黑龙江部分地区设滨江省,在原黑龙江黑河地区设黑河省。此一制度从当年12月1日起实行。此次地方行政改制的影响是巨大的,它彻底打破了清代以来东北地区固有的行政界线。

---

① 伪满《政府公报》第1号,1932年4月1日,第26页。
② 《为加强中央集权进行省官制改革》,摘自战犯古海忠之等所写日本侵华史料。转引自《伪满傀儡政权》,第441页。
③ 伪满《政府公报》第130号,1933年5月10日,第8页。
④ 《满洲国史(分论)》上册,第17页。
⑤ 中央设计局东北调查委员会:《伪满现状》,1945年3月油印本,第1页。
⑥ 伪满《政府公报》,1934年10月11日,第61页。

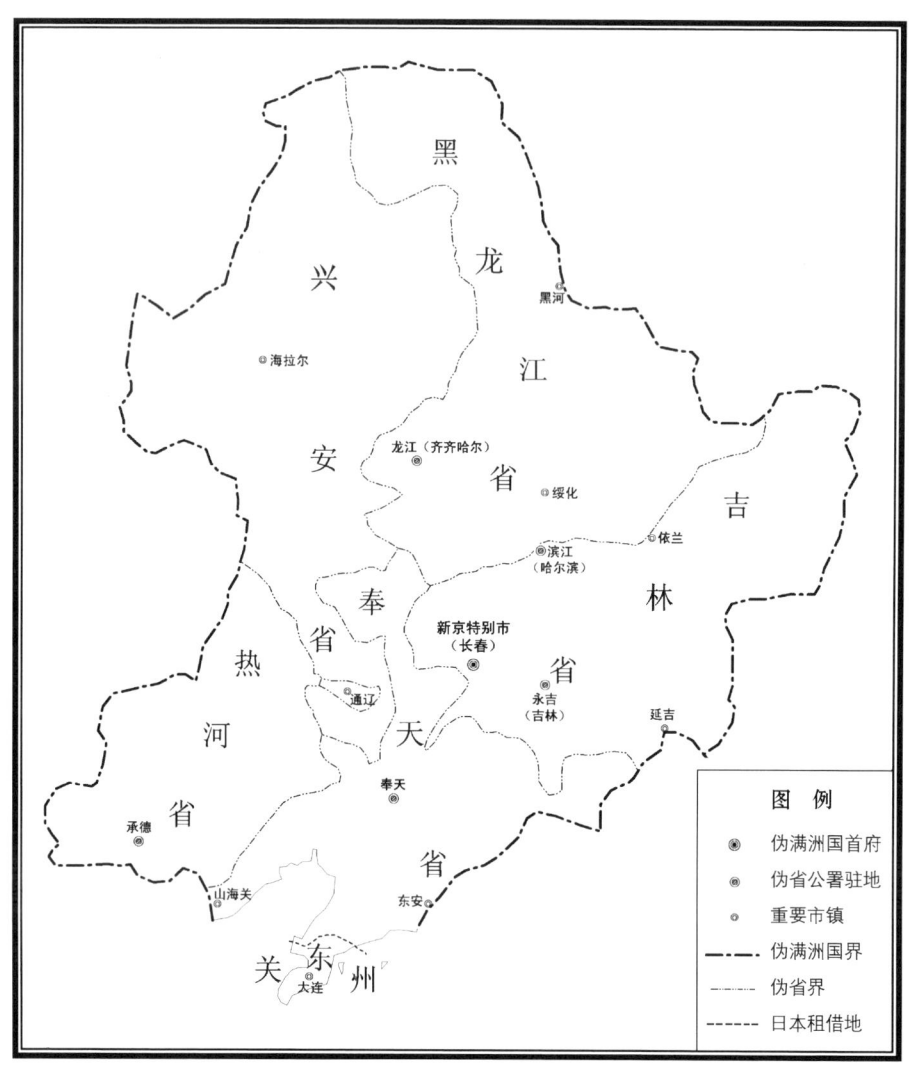

图 7　1933 年伪满洲国政区图

（说明：本图据日伪《满洲国略图》改绘）

此次改制的目的，各伪省公署在当年 12 月 1 日发布的布告中，多有所谓"治安"的辩解。伪龙江省省长在《划分行政区域要点布告》中说：

所有此次划分行政区域要点如下：旧时行政区划殊嫌庞大，于行政上不免窒碍之处。帝制实施以后，国基巩固，所有行政设施自应从地方政治入手,所以有缩小区划改定省制之提议。此次改变省公署制度,系为发挥中间机能,力谋人民幸福起见,有所上意下达、下意上达各事,均由省公署办理。在省区缩小以后,自无鞭长莫及之弊。改定省治,省县之间既易联络,呼应自灵,一切政治易入轨道。从前省区太广,事务太繁,地方兴革事务每难从容讨论。此后辖地较少,可专心致意研究进行。从前管辖地方过大,边远县分每因交通不便,地方情形无从洞悉,现在缩小省区,即可免除此弊,地方事业易于发展矣。地方治安最为紧要,省县相距过远,呼应每感困难,改制以后则诸形便利,于治安上具有极大之利益。①

伪滨江省省长吕荣寰的布告,文字较为简略,但实质性内容相差无几②,其行政区划改革的实质即"地方治安最为紧要"。伪黑河省省长钟毓布告的重点也是"关于治安的确保"③。由此可见,缩小省区最主要的目的,就是镇压和防止东北人民的反抗。

伪满政权为了适应其战时政治、军事、经济体系的需要,此后更是频繁修改行政区划。"康德四年"7月7日,为了加强对东部山区抗日联军的"讨伐",析安东省和奉天省置通化省,析滨江省东部置牡丹江省④,"后新设了通化与牡丹江两省,缘因通化附近的大栗子沟一带埋藏无限的优质的铁、煤矿藏的关系,所以以通化为中心,定为重工业发展的重要地区,因此也定为行政的中心地域。牡丹江是临国境地带的中心地,故划定为军事重要基地,而行政方面也随之划定为行政中心地域"⑤。

伪满洲国为了准备对苏联作战,加紧"开发边疆地区","加强国防建设",对边境地区的行政控制也随之加强。"康德六年"6月1日,"为振兴北部边疆设北安、东安两省"⑥,以三江省和牡丹江省部分地区设置东安省,以龙江省和滨江省各一部置北安省⑦。为了掠夺重要的战略物资粮食,"康德八年"7月1日,在被日本人称之为"满洲谷仓"的松辽平原中部设置四平省⑧。这一时期是伪满置省最多的时期,共有19省(见图8),但每省的辖境已大为缩小,少的

---

① 《伪满黑龙江省公署发布划分行政区域要点布告》("康德元年"12月1日),《黑龙江设治》,第319页。
② 《伪满滨江省公署发布成立布告》("康德元年"12月1日),《黑龙江设治》,第308页。
③ 伪满《政府公报》第249号,1934年12月27日,第235号。
④ 伪满《政府公报》号外,1937年6月27日,第29页。
⑤ 邢士廉:《一九三七年伪满机构改革的特点》,孙邦主编:《殖民政权》,吉林人民出版社,1993年,第164页。
⑥ 《满洲国史(分论)》上册,第274页。
⑦ 伪满《政府公报》第1537号,1939年6月1日,第18页。
⑧ 伪满《政府公报》第2145号,1941年6月30日,第462页。

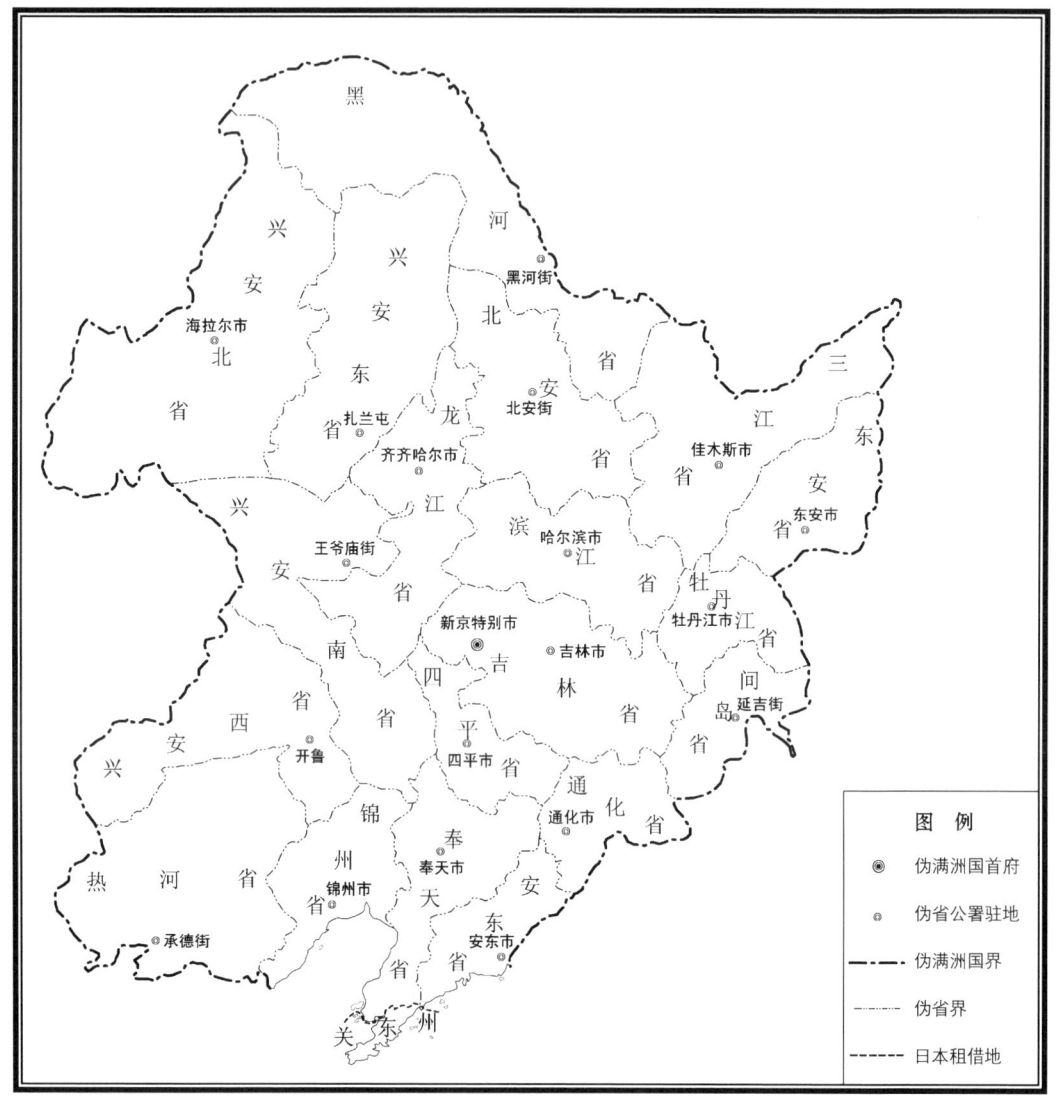

图 8　1941 年 8 月伪满洲国政区图

(说明：本图据《东北要览》之《伪"满洲国"行政区划图》和日伪《满洲帝国分省地图并地名总览》之《满洲帝国全图》改绘)

只有五六个县。

此外,伪满还因经济、军事的需要,实行过一些特殊的省制。

"康德元年"12月1日设立的黑河省,地处边境线上,地理位置偏僻,而且人口稀少,经济不发达。为此,伪满于"康德四年"12月1日颁布《黑河省官制》①,将黑河省定为特别省,不实行县制、县官制,"在财政、警备防卫,都不以其县为单位,而是作为省单位运营掌理行政事务"②。此后,随着伪满对北部边境的重视,于"康德十年"1月1日废除《黑河省官制》,将黑河省与其他省同等对待。

"康德十年"时,日军在太平洋战场上已经处于劣势,为了适应新的战争形势的需要,加紧掠夺物资,日伪对边境地区权力进行高度集中。"原来牡丹江、东安两省分别属于关东军不同军的管辖区,牡丹江设立以山下奉文大将为军司令官的方面军时,东安的军被纳入他的指挥之下"③。因此,为追求关东军方面军的管辖区与省的行政区划一致,于10月1日在牡丹江、间岛、东安3省地方设置东满总省,省公署驻牡丹江市(今黑龙江牡丹江市),由日本人出任总省长,废牡丹江省,保留间岛省、东安2省,由东满总省公署直接管辖④。"康德十二年"6月1日,日伪在统治灭亡前夕,对行政区划再次进行调整,废东满总省,仍置间岛省,以旧东安省和牡丹江省区域置东满省。

二、兴安省制与旗制

日本侵略者和伪满政权将蒙古旗民为主的游牧地区划定为蒙古特殊行政地区,总称兴安省,先后实行《兴安局官制》、《兴安各省公署官制》、《旗官制》等制度。在热河、锦州两省蒙旗地区则施行《热河省及锦州省内旗制》。

"大同元年"3月9日,伪满公布《兴安局官制》、《兴安省分设三分省之件》,在蒙旗地区单独设立兴安省:"兴安局所治区域定名为兴安省,分设三分省。北部为兴安北分省,南部为兴安南分省,东部为兴安东分省,由兴安局划定境界。"⑤兴安省与奉天、吉林、黑龙江等省不同,没有单独的省公署驻地,不设省公署。省公署的职能由伪国务院兴安局掌管:"兴安局隶属于国务院,掌管关于兴安省之一般行政事宜,并关于在另定地域内蒙古旗务,辅佐国

---

① 伪满《政府公报》第1102号"敕令"二,1937年12月1日,第4页。
② 《满洲国史(分论)》上册,第274页。
③ 《东满总省和兴安总省的设立》,《伪满傀儡政权》,第477页。
④ 伪满《政府公报》第2789号,1943年9月20日,第419页。
⑤ 伪满《政府公报》第1号,1932年4月1日,第26页。

务总理。"①同年 6 月 27 日,公布《关于划定兴安省、兴安各分省及各旗之区域之件》,规定兴安省由三个区域组成:(1)呼伦贝尔地方,九一八事变前共设有 7 总管、1 协领、14 旗,并设有呼伦、胪滨、室韦、奇乾 4 县;(2)西布特哈地方,原设有西布特哈总管公署、鄂伦春阿里多普库路协领公署,及雅鲁县、布西设治局、索伦设治局;(3)原哲里木盟的科尔沁左翼中、前、后 3 旗,右翼中、前、后 3 旗,以及扎赉特旗等。日伪当局在上述三个地方分别设置了兴安北、兴安东、兴安南 3 个分省,每分省设分省公署,长官为分省长,受伪国务总理的指挥监督执行法令,管理分省内的行政事务。兴安北分省和兴安东分省内的县治和设治局全部裁撤,实行单一的旗制。次年 3 月,日伪军占领热河省。5 月 10 日,以原热河省西喇木伦河流域以北区域置伪兴安西分省,管辖昭乌达盟各旗及热河省 10 县,分省公署设在开鲁镇。

"康德元年"12 月 1 日,实施《兴安各省公署官制》②,将兴安 4 个分省改置为兴安东省、兴安西省、兴安南省、兴安北省;同时废除兴安总署,设立蒙政部,兴安 4 省归蒙政部管辖。"康德四年"7 月 1 日又撤销蒙政部,兴安 4 省的特殊性大为减弱。"康德十年"10 月 1 日,兴安 4 省又被视作为一个整体,设立兴安总省,下设兴安北省(又称兴北地区)、兴东地区行署、兴中地区(由总省公署直辖)、兴南地区行署、兴西地区行署③。从总省到旗县的各级伪公署的副职,均由日本人担任。

九一八事变时,哲里木盟有 10 旗,卓索图盟 7 旗,昭乌达盟 13 旗,另有伊克明安特别旗,黑龙江呼伦贝尔有 24 旗。这些旗均属自治性质的建置。"大同元年"7 月 5 日,伪满公布《旗制》④,明确旗为地方自治团体。其具体内容大致和同日公布的《县官制》《自治县制》相近。与此同时,废除扎萨克、总管制度,旗长全部由伪满中央政府任命,打破了由王公统治的制度⑤。

"康德元年"省制改革的同时,在原先奉天 4 省境内,在行政上受旗长监督、土地上属于县长管辖的地区,实行旗制,新设郭尔罗斯前旗、郭尔罗斯后旗、依克明安旗及杜尔伯特旗,被称作省外蒙旗。这 4 旗虽然行政区划属于相关各省,但行政领导关系置于伪蒙政部的管辖之下⑥。伪满宣称,"蒙古民族

---

① 伪满《政府公报》第 1 号,1932 年 4 月 1 日,第 24 页。
② 伪满《政府公报》第 225 号,1934 年 11 月 29 日,第 345 页。
③ 伪满《政府公报》第 2822 号,1943 年 10 月 29 日,第 713 页。
④ 伪满《政府公报》第 21 号,1932 年 7 月 5 日,第 19 页。
⑤ 《满洲国史(分论)》下册,第 973 页。
⑥ 《满洲国现势》,1937 年,转引自《伪满傀儡政权》,第 463 页。

特别行政方面的自治团体,由于康德元年十二月一日的行政改革,兴安东省四,南省八,西省八,北省六,外加省外蒙旗四,合计三十旗。旗政方面,主要以蒙古人为本位而施政,此为显著特色"①。

"康德四年"1月1日,又实行《热河省及锦州省内旗制》,规定"旗为法人,承官之监督,于从前依惯例所认之范围内办理其公共事务,并处理从前依惯例及将来依法令属于旗之事务。旗之行政,第一级由省长监督之,第二级由蒙政部大臣监督之"②。其第三条规定:"旗长承省长之指挥监督执行法律命令,并管理旗内从前依惯例属于扎萨克之权限之行政事务。"③此次公布的旗制,"确立以蒙古人为对象的属人行政的根本方针",即在锦州省、热河省8旗地区,在其同一区域内,另外还设有县,为县公署配置满系(汉人)县长和日系参事官;在旗公署内,过去蒙古人的封建旗长原封不动,配置日系参事官,实行各自分别管辖蒙汉人的属人行政。这样,在赤峰一地,翁牛特右旗公署和赤峰县公署同时存在,"这是此外没有先例的特殊制度"④。"康德六年"12月28日再次公布《热河省及锦州省内旗制》⑤,在前述地区实行单一的旗制,废除建昌、宁城、赤峰、建平、新惠、乌丹、朝阳、阜新等县,从次年1月1日起实施。伪满洲国各省实施旗制的情况,参见表13。

表13　伪满洲国实行旗制区域表

省　别	旗　　名
兴安东省	喜扎嘎尔旗、布特哈旗、阿荣旗、莫力达瓦旗、巴彦旗
兴安南省	库伦旗(旧锡埒特库伦、旧喀尔左翼、旧唐古特尔喀各旗的区域)、科尔沁左翼前旗、科尔沁左翼后旗、科尔沁左翼中旗、科尔沁右翼前旗、科尔沁右翼后旗、科尔沁右翼中旗、扎赉特旗
兴安西省	扎鲁特旗、阿鲁科尔沁旗、巴林左翼旗、巴林右翼旗、克什克腾旗、奈曼旗
兴安北省	额尔克纳右翼旗、额尔克纳左翼旗、索伦旗、陈巴尔虎旗、新巴尔虎左翼旗、新巴尔虎右翼旗

---

① 《满洲国现势》,1937年,转引自《伪满傀儡政权》,第447页。
② 伪满《政府公报》第823号,1936年12月17日,第265页。
③ 同上,第268页。
④ 《满洲国史(分论)》下册,第969页。
⑤ 伪满《政府公报》第1713号,1939年12月28日,第787页。

续　表

省　别	旗　名
吉林省	郭尔罗斯前旗
滨江省	郭尔罗斯后旗
龙江省	杜尔伯特旗、依克明安旗
热河省	翁牛特右旗、翁牛特左旗、敖汉旗、喀喇沁右旗、喀喇沁中旗、喀喇沁左旗
锦州省	吐默特左旗、吐默特右旗

资料来源：《满洲国史(分论)》下册，第971页。原表名为《实行旗制的地区》，内容有改动。

三、特别市制与市制

"大同元年"(1932)3月10日，伪满洲国宣布以长春为"国都"，任命金壁东署理长春特别市市长。3月14日将长春改名为"新京"。8月17日公布《特别市制》和《特别市官制》①。次年4月19日"指定新京为特别市"。7月1日，伪满洲国又宣布哈尔滨为特别市，由原北满特别区哈尔滨特别市、吉林省滨江市、松浦市、滨江县、阿城县和黑龙江省呼兰县的部分村屯组成②。特别市"直接受国家的监督"③。"康德四年"(1937)7月1日，哈尔滨特别市降为普通市，隶属于滨江省④。

九一八事变前，东北地区各省会城市大多设有市政筹建处。"康德三年"4月1日，伪满公布《市制》及《市官制》，并指定奉天(今辽宁沈阳市)、吉林、齐齐哈尔为市。市是法人，掌管辖区内一般行政，对市民拥有课税权，是自治团体。因此，在实质上没有特别市与普通市之差别。特别市受大臣直接监督；普通市第一次受所辖省长、第二次受大臣的监督⑤。实际上，伪"满洲国的市，在法制上是地方团体，又具有作为国家行政官厅的地位，同日本的市町村不同，勿宁说它是类似县的组织"⑥。次年12月1日，伪满与日本签订所谓收回满铁附属地和取消治外法权的协定。为此，在设有满铁附属地的地方和一些重要城

---

① 伪满《政府公报》第36号，1932年8月17日，第1页。
② 伪满《政府公报》第148号，1933年6月21日，第2页。
③ 《满洲国史(分论)》上册，第276页。
④ 伪满《政府公报》号外，1937年6月27日，第3、38页。
⑤ 《满洲国现势》，1937年，转引自《伪满傀儡政权》，第446页。
⑥ 《满洲国史(分论)》上册，第276页。

市（大多是省公署驻地）设立市，计有鞍山、抚顺、辽阳、营口、铁岭、四平街（"康德八年"7月1日改称四平市）、锦州、安东、佳木斯、牡丹江10市。"康德六年"11月1日设本溪湖市。"康德七年"1月1日设阜新市，5月1日设海拉尔市。"康德八年"1月4日设满洲里市。"康德九年"1月1日设公主岭市、通化市和安东市。"康德十年"4月1日设间岛市。"康德十二年"1月1日设扎赉诺尔市。总计伪满末期共设23个市。

四、特别区制

伪满洲国初期，东省特别区一切维持原状，设长官公署，长官受伪国务总理的指挥、监督，管理特别区的一般行政事务。"大同二年"6月1日，中东铁路改名北满铁路。7月1日，东省特别区改称北满特别区，并对北洋政府时期设置的官制进行改革。

"康德元年"3月23日，日本、伪满、苏联三方经过长达一年半的谈判，终于达成协议，将中东铁路转让给伪满，日伪以1.7亿日元收买中东铁路及其附属财产。日伪接管后，着手解决中东铁路沿线地带的行政权问题，于"康德二年"1月1日宣布："北满特别区废止之。其原区域除满洲里市及海拉尔乡区域外……将其编入邻接县旗及特别市区域。"北满特别区管辖的土地分别编入下列县旗：自西到东有兴安省新巴尔虎右旗和左旗、陈巴尔虎旗，兴安东省布特哈旗，龙江省龙江县、林甸县、泰康县，滨江省安达县、肇东县、呼兰县、阿城县、宾县、珠河县、苇河县、宁安县、穆棱县、东宁县；自北到南有滨江省双城县，吉林省扶余县、德惠县、长春县，以及新京特别市。

此外，伪满洲国在"大同元年"初曾拟在今吉林省延吉地区设置间岛特别区，并已有具体构想，但未实施①。

五、《县官制》与县级政区的变化

九一八事变前，辽宁省辖58县（不包括日本人占领的金县），吉林省辖41县、1设治局，黑龙江辖42县、11设治局；民国二十二年（1933）热河省被占领前辖16县、4设治局。热河省被占领后，日伪还侵占了河北省长城以外的都山设治局并改称青龙县，隶属于热河省。

"大同元年"7月5日，伪满洲国公布《县官制》和《自治县制》②，改县知事

---

① 《满洲国年鉴》，1933年，转引自《伪满傀儡政权》，第432页。
② 伪满《政府公报》第21号，1932年7月5日，第12、14页。

为县长,由日本人出任县参事官(此前称自治指导员),掌控县行政实权。《自治县制》基本包含了《县官制》的内容,第二十四条规定县设自治委员会,第三十一条规定"县之预及决算"、"县条例之制定及改废"、"县税及使用料手数夫役并现品之赋课"、"县债之募集或其条件之变更"、"预算外支出及应为预算外支出义务之负担"、"县基本财产之设置并其管理及处分"、"不动产之购入及其处分"、"仓谷之设置并其管理及处分"等重大事项需经县自治委员议决,交由县长执行。《自治县制》虽号称"民主自治的色彩较强,但其施行要另行决定,实际上以未能施行而告终"①。

"大同二年"10月1日,伪满宣布将各省的设治局"一律改称县公署",使县级政区的形式统一;又因所谓的"国防建设"需要,在东部、北部边境地带设置孙吴、绥阳、林口、鹤立、鸡宁等县。"康德四年"在热河省、锦州省实行旗县复合制,增设建昌、新惠、乌丹等县。此外,伪满还废除了一批县,其原因有多种。因为设立市,原有的县或全部划为市区,或县公署驻在地划为市区,农村地区并入相邻各县。如滨江县并入哈尔滨特别市,沈阳县并入奉天市,以营口县街区改设营口市,农村地区并入相邻各县等。边远地区的小县,如合川县和凤山县,先后被裁并。为了在兴安各省和热河省实行单一"旗制",伪满洲国还将九一八事变前已置的县或伪满洲国新置的一些县,先后多次裁县设旗,或裁县入旗,如原黑龙江境内的呼伦、胪滨、室韦、奇乾、雅鲁5县和布西、索伦2局,又如原热河省的乌丹、赤峰、建平、宁城、建日、新惠、朝阳、阜新等8县。另有一部分县的名称被更改,或者恢复清代的旧名,如将吉林县改为兴京县、突泉县改为醴泉县;或改用土名,如将洮安改名白城;或因县城迁徙而改称,如额穆县因设治于额穆索罗而得名,伪满洲国时迁于蛟河,后来改名蛟河县。

六、街村制

伪满洲国出笼初期,为了镇压东北地区的抗日力量,在北满(原吉林、黑龙江两省区域)广大乡村实行保甲制度,意图"将在中国取得长期经验的有效的发挥地方自治性治安维持机能的保甲制度采用起来,与日满军警的积极的治安肃正工作并行,努力使国内治安完善起来"②。"大同二年"12月20日公布《暂行保甲法》,规定每10户为牌,10牌为甲,每个警察署管辖区内的甲组成保;牌设牌长,甲设正、副甲长,保设正、副保长;实行连坐制度。在南满(在原

---

① 《满洲国史(分论)》上册,第275页。
② 《满洲国现势》,1936年,转引自《伪满傀儡政权》,第498页。

辽宁省区域)则实行村镇制度。

为了加强对农村的控制,在初步理清了省、县关系后,"康德三年"起,伪满洲国参照日本的町村制度,逐步推行街村制,在县公署所在地及集镇地方设街,在一般的村屯设村。街以《街制》、村以《村制》为基础法,在"康德四年"12月1日起全面推行。《街制》共7章、54条,对于街的设置、行政、职员的薪水、街的财务、共同事务、监督等,均有明确的规定。其与行政区划有关的要点为:"街为法人,承官之监督,于法令范围内处理其公共事务,并依法令或惯例属于街之事务";"街的设置、废止或名称及区域之变更,由省长定之";"关于街之境界,有疑义时由省长裁定之";"街置街长、副街长、司计、事务员及其他必要之吏员,均为有给吏员";"街长、副街长及司计由县长任免之";"街为处务便宜,得将街之区域划为数区划,每区划置区划之长一人";"街第一次由县长,第二次由省长,第三次由国务总理大臣监督之"。《村制》共7章、52条,其基本内容与《街制》相似。

街村制的推行,使广大乡村的街、村长均由县公署委派,伪政权的基层统治机构更为强化。伪政权原定在五年内全面完成街村制,因伪满统治粮谷的需要,提前在二年内全部实行,把收买粮谷等统制物资事务全部交由街村完成①。在"康德五年"实行经济统制后,街村就成为直接执行、压榨掠夺农民粮食的专制机构。至"康德五年",伪满洲国共设街村1 056个,其中以"敕令"指定的街有开原街、公主岭街、本溪湖街、大石桥街、瓦房店街、海城街、凤城街、盖平街、范家屯街、熊岳城街、苏家屯街、桥头街和郭家店街等13个②。"康德五年"时,一县所辖最多者达33村,最少的仅5村③。

"康德六年"6月7日,伪国务院公布《关于街村育成之件》,对街村制的各个方面,进一步作了详细的规定。其中对街村的划分更为明确:"人口凡以集结二万以上而成为市街地形态之地域为街。但人口虽未达二万,然为政治、交通、产业上之要地,尚具有市街地形态之地域,亦得设为街";"户数凡以一千户、耕地约四万亩以上为标准,按地势、经济、习惯上及其他认为一村为适当之地域为村"④。"康德十年"12月6日,伪国务院会议又制定《村建设要纲》,对

---

① 《黄富俊笔供》,中央档案馆:《伪满洲国的统治与内幕——伪满官员供述》,中华书局,2000年,第213页。
② 《满洲国现势》,1939年,转引自《伪满傀儡政权》,第501页。
③ 龙江省令第12号《关于街及村设置之件》("康德五年"4月4日),伪满《政府公报》第1240号,1938年5月28日,第1015页。
④ 《关于街村育成之件》("康德六年"6月7日),伪满《政府公报》第1548号,1939年6月14日,第407页。

强化村屯制度也作了详尽的规定。伪满街村分布情况参见表14。

在一些旗中,伪满则实行奴图克制、保制、参佐领、阿塔曼、总屯长等地方基层组织。

表14 1943年7月伪满洲国市、县、旗及街村数量表

省(市)	市	县	旗	街村			
				指定街	街	村	小计
新京特别市	1						
吉　林	2	15	1	2	16	263	281
龙　江	1	15	2	2	10	177	189
北　安		15		3	13	165	181
黑　河		8		3		5	8
三　江	1	12		1	12	96	109
东　安	1	7		3	5	45	53
牡丹江	1	4		4	3	42	49
滨　江	1	16	1		26	303	329
间　岛		5		3	1	48	52
通　化	1	8		1	10	80	91
安　东	1	6		1	6	124	131
四　平	1	9		3	13	267	283
奉　天	7	14		7	14	431	452
锦　州	2	10	3	1	14	262	277
热　河		7	6	2	3	359	364
兴　西		2	6	1	4	60	65
兴　南		1	9	2		20	22
兴　东			4	1	2	3	
兴　北	2		6	2			2
总　计	22	154	38	42	152	2 747	2 914

资料来源:此表据伪满国务院总务厅统计处编《满洲经济参考资料》之《全国市县旗及街村数》编制,转引自《伪满傀儡政权》,第554页。

第二节 华北地区伪政权与伪临时政府的地方行政制度

民国二十四年(1935)11月,日本侵略者策动汉奸进行所谓"华北五省自治运动",妄图把华北变成第二个"满洲国"。同月25日,汉奸殷汝耕在通县(今北京通州区)宣布成立"冀东防共自治委员会",成为华北地区第一个伪政权。民国二十六年七七事变后,日军侵占华北大部,先后在各省市建立伪政权。至同年12月14日,华北地区统一的伪政权"中华民国临时政府"在北平成立,辖区包括河北、山西、山东、河南4省及北平、天津、青岛3市。民国二十九年3月29日该伪政权撤销,并入汪伪"中华民国",改称"华北政务委员会"。

一、抗战初期华北地区伪政权

1. 伪冀东防共自治政府

民国二十四年11月25日,汉奸殷汝耕在冀东通县建立"冀东防共自治委员会",同年12月25日改称"冀东防共自治政府"。伪政府驻通县,民国二十六年8月迁驻唐山。辖区包括通县、滦县、临榆、遵化、丰润、昌黎、抚宁、迁安、密云、蓟县、玉田、乐亭、卢龙、宝坻、宁河、昌平、香河、三河、顺义、怀柔、平谷、兴隆(原河北兴隆县南部,北部属伪满洲国热河省)等冀东22县,"自治政府"设政务长官。民国二十七年1月27日并入伪民国临时政府,此后为伪河北省冀东道。

2. 伪北平治安维持会

民国二十六年7月29日北平沦陷,翌日建立"北平治安维持会"。设会长1人,常务委员7人,并组成"北平市政府"。伪民国临时政府成立后,该会取消。

3. 伪天津治安维持会

民国二十六年7月30日天津失陷。8月1日伪天津治安维持会成立。设委员、会长及各局机关。伪临时政府成立后,该会取消。

4. 伪河南省自治政府

民国二十六年11月5日,日军占领豫北重镇安阳。同月27日,伪河南自治政府成立于安阳。设主席、秘书处及各厅机关。翌年5月1日归属伪临时政府。民国二十七年2月上旬,日军分两路进攻豫北各县,20日,焦作陷落,豫北大部县城沦入日军之手。

5. 伪山西省自治政府

民国二十七年1月1日伪山西省自治政府成立于阳曲,后迁太原。设主席、秘书长及各厅。6月20日归属伪临时政府。

6. 伪济南治安维持会

民国二十六年12月29日成立,三十八年3月6日结束。设会长。

7. 伪青岛治安维持会

民国二十七年1月10日成立,次年1月10日改为特别市公署。设会长。

二、伪临时政府、伪华北政务委员会

民国二十六年12月14日,华北统一的伪政权——"中华民国临时政府"在北平成立,辖区包括河北、河南、山西、山东4省及北平、天津、青岛3市。民国二十九年3月29日,因汪伪"国民政府"建立而撤销。次日,设立"华北政务委员会",名义上直接隶属于汪伪政府,但实际上仍操纵在日军手里,为一单独的区域。依日本特务机关拟定的《华北政务委员会组织条例》之规定,该会受汪伪政府的委托,"处理河北、山东、山西三省及北京(民国二十七年4月7日伪中华民国临时政府将北平改称北京)、天津、青岛三市境内防共治安、经济及其他由国民政府委任各项政务,并监督所属各省、市政府"①。河南实际上被该会控制,苏北、淮北地区于民国三十一年1月由该会划入汪伪政府直辖。

华北地区伪地方政权包括"中华民国临时政府"和"华北政务委员会"所辖河北、山东、山西、河南4省和北京、天津、青岛3特别市伪政府及苏北、威海2个行政区。省市政府名称原称省市公署,民国三十二年11月15日,根据汪伪中央政府指令改称省市政府。省市政府内部设置及直辖机构不尽一致,变动较大。伪省政府设省长、秘书处、参事室、顾问室及民政、财政、教育、建设、警务5厅及其他机构。伪市政府设市长、参事、秘书处及社会、财政、教育、工务、卫生、警察6局及其他机构。省下一级行政长官称道尹。民国三十一年10月22日,改订后的省、道、县组织大纲同时公布,各省普通市由省直辖。

第三节 伪蒙疆政权及其地方行政制度

民国二十五年(1936)2月12日,德穆楚克栋鲁普(德王)在西苏尼特旗王

---

① 《中华民国史档案资料汇编》第五辑第二编附录(上),第74页。

府建立"蒙古军总司令部",改元易帜,脱离南京国民政府,是为内蒙古地区第一个伪政权。至民国三十年8月,内蒙古地区统一的伪政权——"蒙古自治邦"建立。这些伪政权大多由日本人担任顾问等职,全面操控。该伪政权演变过程如下。

一、伪蒙古军总司令部

民国二十五年初,德王以蒙政会的名义下令成立察哈尔盟公署(正式由部改盟)。2月12日,德王在西苏尼特旗王府召开各盟首领会议,成立"蒙古军总司令部",用成吉思汗纪年(当年为成吉思汗纪年731年)①和蓝地、右上角红黄白三色条的蒙古(军)旗,脱离国民党中央政府,实际上等于公开宣布"独立"和投靠日本帝国主义。日本关东军参谋副长专程前来到会祝贺,并成立了日本顾问部,为内蒙古地区的第一个伪政权。伪政权设正、副总司令,政务、军务2部及秘书处。

二、伪蒙古军政府

由于"蒙古军总司令部"并无名正言顺的行政权,德王又接受日本方面的建议准备建立"蒙古军政府"。民国二十五年4月24日,在日本特务、顾问的直接参与下,德王在锡林郭勒盟乌珠穆沁旗索特那木拉布坦王(索王)府召集各盟旗首领举行第一次蒙古大会,讨论建立"蒙古国"和先成立"蒙古军政府"等事项。会议通过了"蒙日合作"成立"蒙古军政府"的《蒙古军政府组织大纲》,其第一条规定,"蒙古为筹备建国,设立蒙古军政府,至蒙古国成立时,改组为蒙古国政府";并将化德县改为"额尔德木索雅勒图浩特"(即汉名"德化"市)作为"军政府"所在地,同时将"德化"市从察哈尔盟划出来,改为伪蒙古军政府的直辖市②。同年5月12日,在"德化"市举行成立仪式。伪军政府设正副主席、总裁。总裁下设内务、财政等8署,分掌各项事务。伪军政府驻"德化",后迁张北。

三、伪蒙古联盟自治政府

民国二十六年七七事变后,傅作义率三十五军反攻察哈尔,一度进占商都、化德,德王等逃往多伦等地。9月,傅作义率三十五军奉命南下山西作战。

---

① 按:为叙述方便,本节仍用民国纪年。
② 卢明辉:《蒙古"自治运动"始末》,中华书局,1980年,第138页。

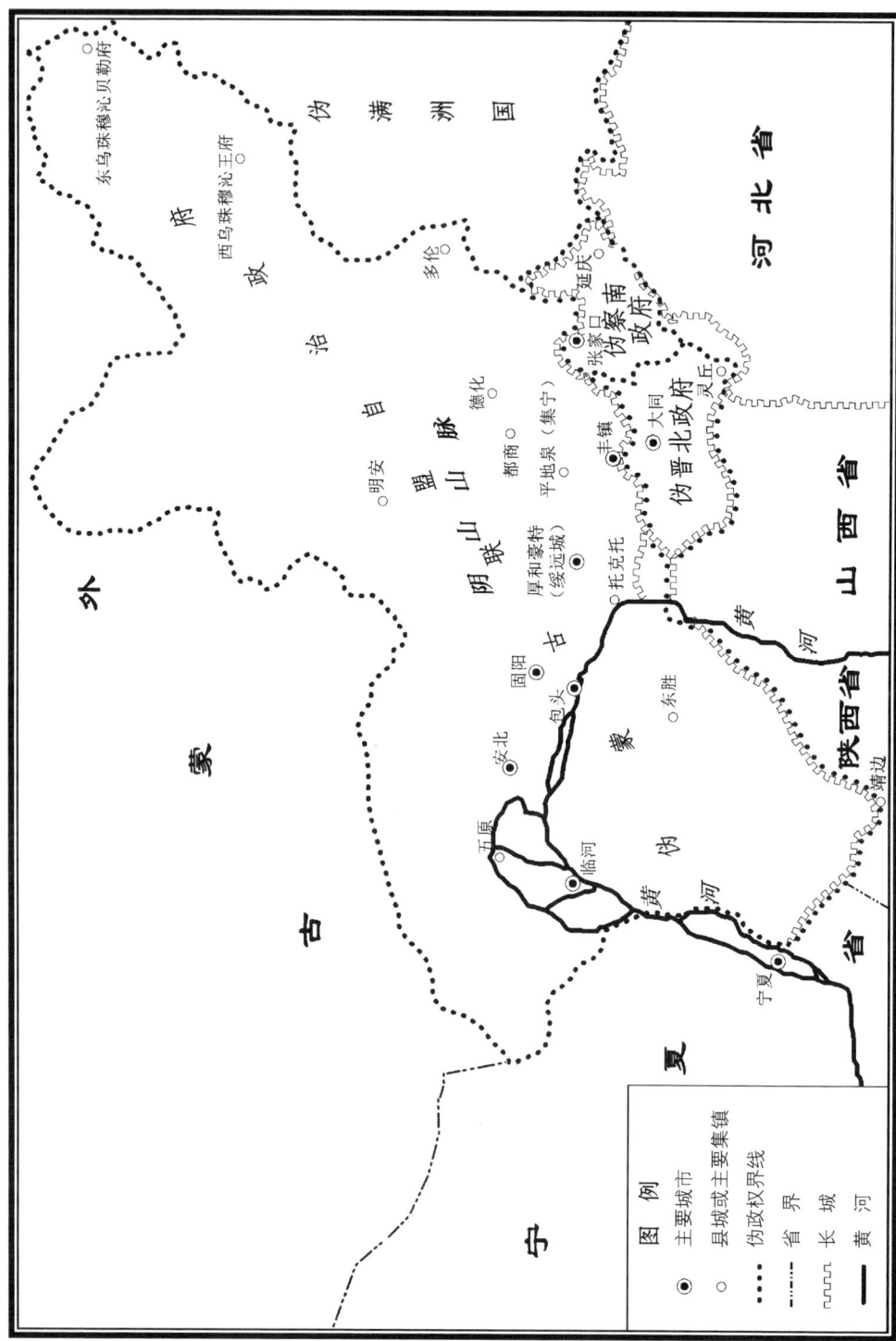

图 9 1937年内蒙古地区伪政权控制区域图

（说明：本图据《蒙中支那全图》(日本木崎纯一制图，昭和十六年改订第九十五版)之《内蒙古》图幅改绘）

大批日军经多伦西进,陆续侵占张家口、大同,操纵汉奸分别成立了伪察南、晋北自治政府。德王等指挥伪蒙古军配合日军进攻绥远,于 10 月 14 日和 17 日分别侵占归绥、包头。

民国二十六年 10 月 27 日,第二次"蒙古大会"在归绥召开①,决定成立"蒙古联盟自治政府",日本关东军参谋长东条英机到会"致贺"。28 日,会议通过《蒙古联盟自治政府组织大纲》、《蒙古联盟自治政府暂行组织法》和"第二次蒙古大会宣言"。《蒙古联盟自治政府组织大纲》第二条规定:"蒙古联盟自治政府以蒙古固有之疆土为领域,暂以乌兰察布盟、锡林郭勒盟、察哈尔盟、巴彦塔拉盟、伊克昭盟及厚和市、包头市为统治区域。"第五条规定:"蒙古联盟自治政府仍以成吉思汗纪元为年号,但用阳历。"第六条规定:"蒙古联盟自治政府设于厚和豪特。"②伪蒙古联盟自治政府下辖察哈尔(不含察南)、绥远 2 省日占区。德王将归绥县城恢复蒙古旧称,汉文写作厚和豪特,升为市,作为政府驻地,包头也一并升为市;又将原归化城土默特旗和察右四旗地域各旗县合并新设巴彦塔拉盟。各盟统一设立盟公署,正式建成一级地方行政建置。行政区域重新调整后,伪政权下辖锡林郭勒、察哈尔、伊克昭(实际占一小部分)、乌兰察布、巴彦塔拉 5 盟和包头、厚和豪特 2 市(见图 9)。

四、伪察南自治政府、伪晋北自治政府

民国二十六年 9 月 4 日(另说 5 日),伪察南自治政府在张家口成立,辖察哈尔省南部。日本侵略军占领大同后,组织"大同治安维持会"。民国二十六年 10 月 15 日成立伪晋北自治政府,辖晋北 13 县。两伪政权均于民国二十八年 9 月 1 日结束。

五、伪蒙疆联合委员会

日本为便于控制平绥线和掠夺物资,于民国二十六年 11 月 22 日在张家口召开"蒙古联盟自治政府"、"察南自治政府"和"晋北自治政府"3 个伪政权代表会议,成立协商性质的机构"蒙疆联合委员会",作为在这一地区建立统一的伪政权的过渡政权,并设总务委员会和 3 个专门委员会。此后,为加强与扩

---

① 卢明辉:《蒙古"自治运动"始末》,第 169 页。
② 原载伪蒙古联盟自治政府于 1938 年编印的《法令汇编》档案,转引自卢明辉:《蒙古"自治运动"始末》,第 176 页。

大"蒙疆联合委员会"的职能,于民国二十七年8月1日调整机构,于总务委员会下设6部。该"委员会"即由协商性机构变成高居于3个伪政权之上的发号施令的政权机关。

六、伪蒙疆联合自治政府

民国二十八年9月1日,日本侵略者不顾德王的反对(不愿与汉族伪政权合流),将蒙古、察南、晋北3个伪政权正式合并为驻张家口的"蒙疆联合自治政府",由德王任主席,"首府"设在张家口。原伪察南、晋北辖区改为与盟平行的政厅。同时,仍沿用成吉思汗纪元,只是将政权旗帜改为黄、蓝、白、赤四色七条旗,红色象征日本,取"以日本为中心,大同协和汉、蒙、回各族"之意。日本人由顾问变为次长,进一步显露了伪政权的傀儡性质。

七、伪蒙古自治邦

德王为实现其"独立建国"的梦想,在日本军部支持下,于民国三十年8月31日取消伪政权名称中的"蒙疆"字样,改称"蒙古自治邦政府"(蒙古语中,邦、国为同一词),改原伪政务院7部、1局为1厅、2部、4委员会、3局。民国三十一年1月1日,改伪察南政厅为宣化省、伪晋北政厅为大同省,伪政府共辖宣化省、大同省、张家口特别市、察哈尔盟、锡林郭勒盟、乌兰察布盟、巴彦塔拉盟、伊克昭盟。省、市由伪内政部管辖,五盟由伪兴蒙委员会管辖,均直隶于伪政务院[①]。民国三十二年2月,伪经济部扩充为经济、财政、产业3部。"建政"之初,最高顾问之下,伪政务院各部和伪蒙古军均设有日本顾问,各盟、市、旗、县均设有日本特务机关长。盟等于省,旗等于县。省长下置次长1人,由日本人充任,省公署内分设总务、民政、实业、建设(盟设实业处)、治安5处。县公署于县长、参事官下置总务、民政、实业等3科、12股。此后,更多的日本人出任各盟市县的次长等职。

第四节 华中、华南地区伪政权与汪伪政权的地方行政制度

民国二十六年(1937)8月13日,日军进攻上海,第二次淞沪战争爆发。11月12日,上海沦陷。12月13日,国民政府首都南京沦陷。此后,日军先后

---

① 《中华民国史档案资料汇编》第五辑第二编附录(上),第12、13页。

占领江苏、浙江、江西、福建、广东、湖北等省,并在各地建立伪政府。民国二十七年3月28日,伪维新政府建立,民国二十九年4月1日,汪伪国民政府在南京建立,直至民国三十四年8月,伪政权败亡。

一、抗战初期华中、华南地区伪政权

1. 伪上海大道市政府

民国二十六年11月9日,日军在上海浦东组织伪上海大道市政府,于民国二十七年4月28日取消。

2. 伪南京自治委员会

民国二十六年12月23日在南京成立,二十七年4月24日取消。

3. 伪杭州治安维护会

民国二十七年1月1日成立。伪维新政府成立后,于同年6月10日解散。

4. 伪武汉治安维持会

民国二十七年10月25日武汉沦陷后,日军即组织了"武汉治安维持会"。次年4月20日取消。

5. 伪武汉市政府

民国二十八年4月20日,伪武汉市政府在汉口成立。民国二十九年10月3日由汪伪国民政府改组。

6. 伪湖北省政府

因武汉市伪市长张仁蠡与伪参议府议长何佩瑢两人间素有矛盾,日本人分而治之,实行省市分治。民国二十八年11月5日,在武昌组建伪湖北省政府。民国二十九年10月3日由汪伪国民政府改组。

7. 伪广东治安维持会

民国二十七年12月10日在广州成立,同月21日取消,改立伪广东省政府。

8. 伪广东省政府

民国二十七年12月21日伪广东省政府成立,设正、副主席各1人。

9. 伪维新政府

民国二十七年3月28日,由日军策划的伪维新政府在南京成立。其统治区域为江苏、浙江、安徽3省及上海、南京2特别市。所谓的《中华民国维新政府政纲》第一条即宣称"实行三权鼎立之宪政制度,取消一党专政"[1],表示不

---

[1] 伪维新政府《政府公报》第1号,1938年4月11日,第3页,《汪伪国民政府公报》第13册。

是南京国民党政权的继承者；并宣称将"切实防剿共产,使赤化不致危及东亚,以定国本而消乱源","外交以平等为原则,以不丧权为主旨,促进中日敦睦以巩固东亚和平,并顺应世界现势,确保缔约各国之永远睦谊"①,其实质为反共卖国、投靠日本侵略者。伪政府置行政院、立法院、司法院(未成立)等机构。省设省长1人,总揽全省政务,监督所属职员,伪省政府设民政、财政、教育、建设、实业、秘书等厅。该"维新政府"在汪伪国民政府出笼前夕,于民国二十九年3月29日宣布裁撤。

在"维新政府"的行政区划中,最显著的是设立道,实行省、道、县三级制,并先后颁布了一系列条例。5月28日,首先公布《省政府组织条例》,规定"省政府受维新政府之命令,于省之区域内为该省行政最高机关";"省政府于不抵触维新政府之法令范围内,对于省行政事项得发布省令,并制定省单行条例及规程,但关于限制人民自由及增加人民负担者,非经维新政府核准,不得施行";"省政府设省长一人,特任,综理全省政务并指挥监督所属道县市等各机关及其职员"②。

同年6月28日,公布《道组织条例》、《县组织条例》。《道组织条例》共14条,规定:"第一条,道之管辖区域为旧道尹所管区域,或由省长酌量变更咨请内政部核定,转呈行政院呈准维新政府公布之。第二条,道设道尹一人,简任,隶属省长,管理所属各县各机关行政事务。第三条,道尹得由省长特保,呈请政府任命之。第四条,道尹依法律命令执行所属行政事务并受省长委任监督道区内各项行政事务。"③《县组织条例》规定:"县之区域依其现有之区域","县之废置及县区域之变更,由省长绘具图说,咨请内政部核定,转呈行政院呈准维新政府公布之","县设县知事一人,荐任,为一县行政长官,隶属于道尹之下"④。

同年8月8日,公布《普通市组织条例》,在设市条件上与南京国民政府制定的规章相似:"凡人民聚居地方具有左列各项之一者设普通市,隶属于省政府:一、人口在三十万以上者;二、人口在二十万以上,其所收入营业税、牌照税、土地税,每年合计占该地总收入二分之一以上者。"⑤对于南京、上海这两大城市,伪维新政府没有立即设立市政府,而是先委任过渡性质的市政督办。

---

① 伪维新政府《政府公报》第1号,1938年4月11日,第3页,《汪伪国民政府公报》第13册。
② 伪维新政府《政府公报》第9号,1938年6月6日,第5页,《汪伪国民政府公报》第13册。
③ 伪维新政府《政府公报》第13号,1938年7月4日,第3页,《汪伪国民政府公报》第13册。
④ 伪维新政府《政府公报》第13号,1938年7月4日,第4页,《汪伪国民政府公报》第13册。
⑤ 伪维新政府《政府公报》第17号,1938年8月8日,第2页,《汪伪国民政府公报》第13册。

民国二十七年4月1日,任命伪绥靖部长任缓道暂行督办南京市政①;4月22日,派苏锡文暂行督办上海市政②。

二、汪伪政权

民国二十九年3月30日,汪伪集团联合其他伪奸分子在南京宣告成立"中华民国国民政府",以南京为"首都",以"青天白日满地红"为"国旗"。至民国三十四年8月该伪政权败亡为止,先后辖有江苏、浙江、安徽、湖北、广东、江西、淮南等7省,苏淮、浙东两个特别区及南京、上海、汉口、厦门等4市。

伪政权省级建制初沿袭国民党政府旧制,实行合议制,设主席1人、委员9~11人。民国三十二年1月,汪伪向英美宣战后,进入战时体制。民国三十二年1月20日,伪最高国防会议第二次会议决定:行政机关采单一制,以明责任而增强行政效率;将省政府机构加以调整,废合议制而实行省长制,取消委员名义,改设参事4~6人。同月28日,伪最高国防会议第三次会议议决撤销秘书处与民政厅,改设政务厅。5月20日,伪国民政府清乡委员会撤销,"清乡"事务由各省自行办理;并在各省设清乡事务局。此后,各省普遍设立行政督察专员公署。

汪伪政权的地方行政区划在实际管辖区基本实行省、县二级制。省为最高地方政权机构,长官为省主席,民国三十年1月20日改为省长制。省公署下分设建设、民政、财政、教育、秘书、政务等厅及警务等处。民国三十三年5月,调整省政府机构,省长权力加强,下设行政督察专员公署。南京、上海等特别市下设社会、财政、教育、工务、地政、卫生等局。在实际控制各省内,伪政权对各县的等级,根据当时的实际情况作了相应的调整。

伪华北政务委员会为汪伪政权的地方机构,实行自治,由王克敏任委员长。"委员会"下设内务、财政、治安、实业、教育、建设等总署,以及政务厅、秘书厅。民国三十二年11月改组为绥靖、经济、农务、教育、工务等5个总署及总务、内务、财务3厅。在伪华北政务委员会管辖区域实行省、道、县三级制。民国三十二年11月,公布《直辖行政区公署暂行组织大纲》,并设立第一直辖行政区,直属于伪华北政务委员会。民国三十三年6月,设立冀东特别行政区。

特别市政府设市长、秘书处,参事设2~4人,下置社会、财政、工务、教育、

---

① 伪维新政府《政府公报》第2号,1938年4月18日,第1页,《汪伪国民政府公报》第13册。
② 伪维新政府《政府公报》第3号,1938年4月25日,第4页,《汪伪国民政府公报》第13册。

警察、卫生、经济7局,于必要时得设地政、公用、港务、粮食、社会福利各局和宣传处。

民国二十九年6月20日,汪伪中央政治委员会第11次会议决定对原"维新政府"之江苏省政府实行改组,治所仍在吴县(今江苏苏州市区)。民国三十二年6月1日设第一区行政督察专员,民国三十三年7月起设第二至九区行政督察专员公署。

下编　中华民国时期地方行政区划的沿革

第一章　江苏省

清宣统三年(1911),江苏省行政长官——两江总督与江宁布政使同驻江宁府(今江苏南京市城区),江苏巡抚与江苏布政使同驻苏州府(今江苏苏州市城区)。全省府级行政区有江宁、淮安、扬州、徐州、常州、镇江、苏州、松江等8府,以及海门直隶厅和海州、通州、太仓等3直隶州。县级行政区有4厅、3州、62县。江宁布政使司管辖江宁、淮安、扬州、徐州、海州、通州、海门等府、直隶州、直隶厅,江苏布政使司管辖苏州、松江、常州、镇江、太仓等府、直隶州。辖境大致为今江苏省大部(除盱眙县、泗洪县大部),上海市全部,安徽省砀山县、萧县,浙江省嵊泗县以及岱山县小部。

一、省行政机构

宣统三年辛亥革命爆发后,江苏是建立军政府较多的一个省。同年九月十三日(11月3日),上海起义。十五日,江苏巡抚程德全在苏州宣布独立,并于当日建立江苏都督府,下设参谋厅及民政等5部。次日,沪军都督府在上海成立,下设司令部、军务部、民政部等10部。同日,吴淞军政分府在宝山县吴淞建立。十月十二日(12月2日),江浙联军攻克南京,江苏都督府迁往南京。在此前后,多处军政分府及都督府相继建立,九月十四日建立青江浦军政分府(江北都督府),十六日建立松江军政分府、锡金军政分府(驻无锡),十七日建立镇江都督府(次年2月13日裁),十八日建立嘉定军政分府、南通军政分府,十九日建立扬州军政分府(次年4月19日裁),二十四日建立徐州军政分府,十月十二日建立江宁都督府(旋裁)。

民国元年(1912)元旦,中华民国临时政府在南京成立。1月9日,江苏都督府迁回苏州。此后废镇江都督府,置江北都督、徐州军政长,为江苏都督府的军政分府。沪军都督府改置为民政等厅,并于民国元年9月并入浙江都督府。南京临时政府结束后,江苏都督府再次迁往南京。民国元年11月19日,置江苏民政长,为全省民政长官,下设民政、内务等司。12月,军民分治,省行政公署成立①。民国三年5月23日,改民政长为巡按使,下设政务、财政等厅。民国五年7月6日,改巡按使为省长。

民国十六年3月23日,国民党中央政治会议议决建立江苏省政务委员会,筹备建省事宜,并执行政务。25日,武汉国民政府发布任命令。4月1日,蒋介石以国民革命军总司令名义裁撤江苏省政务委员会,建立江苏省临时政务委员会、临时军事委员会、临时财政委员会,并规定3个委员会的委员分别兼上海市临时政务、军事、财务委员会的委员。同日,蒋介石发布任命令。四一二政变后,江苏省隶属南京国民政府。4月26日,南京政府下令改组江苏省政务委员会,取消主席(主席团)制,从委员中推选5人为常务委员,下设民政、财政、教育、建设、农工、司法、军事7厅;同时裁撤省临时政务委员会、临时军事委员会和临时财政委员会。10月28日,南京国民政府第11次常务会议议决,将江苏省政务委员会改组为省政府委员会。11月1日,改组成立江苏省政府,下设民政、财政等厅。民国二十五年6月29日,全省分设10个区行政督察专署,为省政府的辅助机关。民国二十六年8月,抗日战争全面爆发。11月26日,国民政府令改组省政府委员会。12月,江苏全省沦陷,江苏省政府成为流亡政府。民国三十二年1月28日设江南行署,2月16日置徐州行署。同年12月,又以长江以北盐城、宝应以东地方为"江苏特别行政区",直隶中央②。民国三十四年8月,抗日战争胜利,江苏省光复。10月26日,国民政府下令改组省政府。民国三十八年(1949)4月,江苏省会镇江解放。

二、省会

清代江苏省有两个省会,分别是南京城和苏州城。南京临时政府时期,因南京为临时政府首都,江苏都督迁驻吴县(今江苏苏州市城区)。此后,复以南京为省会。民国十七年7月27日,因南京为国民政府所在地,设有南京特别市,江苏省会迁驻镇江县③。

三、统辖区域

北京政府时期,江苏省境同清代,全省土地面积约为109 687平方公里④。民国十六年,上海、南京先后划出置特别市,上海县、宝山县与江宁县的辖境缩

---

① 江苏省长公署统计处:《江苏省政治年鉴》,1924年,第2页。
② 《国民政府公报》渝字第630号,1943年12月11日,第19页。
③ 《国民政府公报》第79期,1928年7月,第44页。
④ 李长傅:《分省地志·江苏》,中华书局,1936年,第5页。

小。民国三十六年全省土地面积为 108 314 平方公里①。东滨黄海,北邻山东,西界安徽,南接浙江。

四、道、县、市

辛亥革命后,清代设置的江苏省各道自然消失。民国二年1月8日,临时大总统袁世凯的三个《划一令》公布后,江苏省因被革命势力所控制,没有立即设立道级行政区划。直至7月,才以清代徐州道(淮徐道)所辖区域设徐州观察使。8月,又以清代淮扬道区域设淮扬观察使。民国三年1月,以旧苏松道区域设上海观察使。5月,全省正式设立金陵、沪海、苏常、淮扬、徐海5道②。5月23日,任命各道道尹③。民国十六年,北伐军占领江苏省,取消各道。

辛亥革命爆发后,江苏部分同城州县即合建军政、民政机构,如常熟与昭文、昆山与新阳、吴江与震泽、太仓与镇洋等。但对于省城苏州,程德全仍委派江绍杰为苏州府知府,同城吴县、长洲、元和3县均未裁撤。在松江府城则建有松江军政分府,同城华亭、娄县两县也未合并,两县令均暂时办事。此后,江苏省都督府颁布《江苏暂行地方官制》,其第一条规定:"凡地方旧称为州者曰州,旧称为县者曰县,旧称为厅者改曰县,所有民政事宜统于州县民政长(从前之道、府、直隶厅均裁,知州、知县均改易名称,同城州县均裁并为一)。"④由此,裁苏州府及长洲、元和、吴县3县,设苏州民政长,辖原长洲、元和、吴县3县及附郭辖境,原苏州府所属其余各县均归都督府管辖。民国元年1月19日,江苏都督府遵行江苏临时省议会议决公布修改的《江苏暂行地方官制》,"凡地方无论旧称为州为厅为县者一律称县,各设一县民政长,同城州县均裁并为一","旧时府及直隶州均裁"⑤。

北京政府时期,江苏新析置灌云县,此外,由清代数县合并者有11个,由州、厅改名者有7个,共辖有60县。南京政府时期,先后设立启东县、嵊泗县,还设置过苏州、无锡、徐州、连云等市。民国末,全省辖62县、2市。

1. 道

金陵道,民国三年5月23日以清代江宁、镇江两府辖境置⑥。道尹为繁

---

① 内政部方域司:《中华民国行政区域简表》(第11版),上海商务印书馆,1947年,第9页。以下各省土地面积均据该书,不再注出。
②⑤ 《江苏省政治年鉴》,1924年,第2页。
③ 印铸局:《职官任免月表》,1917年,第102页。
④ 蔡鸿源主编:《民国法规集成》第2册,第60页。
⑥ 《江苏省政治年鉴》,1924年,第2页;印铸局:《职官任免月表》,1917年,第102页。

要缺,一等。驻江宁县(今江苏南京市)。辖江宁、句容、溧水、高淳、江浦、六合、丹徒、丹阳、金坛、溧阳、扬中等11县。民国十六年废。

沪海道,原为上海道,民国三年1月置,驻上海县(今上海市黄浦区老城厢),初辖上海、松江、南汇、昆山、宝山5县。后因"上海道之设置,所有职务、权限,既系参照前清苏松太道旧制,其应行管辖地方,按诸地理习惯,详加考核,仍以规复旧苏松太道所辖之十五县为适当。缘该十五县居苏省之东隅,为江海之门户,形势既属团结,沿习亦非一日,以之为上海道管辖范围,行政实多便利",同年3月改辖上海、吴县、吴江、常熟、昆山、松江、青浦、金山、奉贤、南汇、川沙、太仓、嘉定、宝山、崇明等15县①。5月23日改为沪海道,道尹为繁要缺,一等。辖上海、松江、南汇、青浦、奉贤、金山、川沙、太仓、嘉定、宝山、崇明、海门等12县。民国十六年废。

苏常道,民国三年5月23日以清代苏州、常州两府及通州直隶州辖境置。道尹为繁要缺,一等,驻吴县(今江苏苏州市)。辖吴县、常熟、昆山、吴江、武进、无锡、宜兴、江阴、靖江、南通、如皋、泰兴等12县。民国十六年废。

淮扬道,民国二年8月置,辖境包括清代淮安府、扬州府区域。民国三年5月23日驻淮阴县(今江苏淮安市城区)。道尹为繁缺,二等。辖淮阴、淮安、泗阳、涟水、阜宁、盐城、江都、仪征、东台、兴化、泰县、高邮、宝应等13县。民国十六年废。

徐海道,民国二年7月置徐州道,观察使驻铜山县(今江苏徐州市区)。民国三年5月23日改置徐海道。道尹为要缺,二等。同年11月改繁要缺,一等。辖铜山、丰县、沛县、萧县、砀山、邳县、宿迁、睢宁、东海、灌云、沭阳、赣榆等12县。民国十六年废。

2. 县、市

镇江县,清代为丹徒县,为镇江府治。治所即今江苏镇江市城区。北京政府时期属金陵道。民国十七年7月25日国民政府核准改名②。民国十八年7月27日经国民政府核准为江苏省会。

江宁县,清代为同城的上元县、江宁县,为江宁府治。治所即今江苏南京市城区。民国元年1月设南京府,为南京临时政府首都。4月,临时政府北迁后,改为江宁县。北京政府时期为金陵道驻地。民国十六年国民政府定都南京,析城区置南京特别市。民国十七年8月前为江苏省会。民国二十三年2

---

① 《政府公报》第677号,1914年3月27日,第23册,第661页。
② 《国民政府公报》第78期,1928年7月,第79页。

月5日行政院令准迁治土山镇(民国二十四年7月22日恢复原名东山镇①，即今江苏江宁县驻地东山镇)②。民国二十二年7月列为县政建设实验县。

句容县，治所即今江苏句容市驻地华阳镇。北京政府时期属金陵道。

溧水县，治所即今江苏南京市溧水区驻地永阳镇。北京政府时期属金陵道。

高淳县，治所即今江苏南京市高淳区驻地淳溪镇。北京政府时期属金陵道。

江浦县，治所即今江苏南京市浦口区驻地江浦街道。北京政府时期属金陵道。

六合县，治所即今江苏南京市六合区驻地雄州街道。北京政府时期属金陵道。

丹阳县，治所即今江苏丹阳市驻地云阳街道。北京政府时期属金陵道。

金坛县，治所即今江苏金坛市驻地金城镇。北京政府时期属金陵道。

溧阳县，治所即今江苏溧阳市驻地。北京政府时期属金陵道。

扬中县，清代为太平厅，治太平洲(今江苏扬中市驻地三茅街道东南)。民国元年1月改为太平县。民国二年迁治三茅镇，即今扬中市驻地。因与山西、安徽、浙江、四川4省县名重复，民国三年1月改名扬中县。因"该县本为太平洲，孤峙扬子江"③，故名。北京政府时期属金陵道。

上海县，治所在今上海市黄浦区老城厢。北京政府时期为沪海道驻地。民国十六年7月，县境北部划属上海特别市。民国二十年6月迁治北桥镇(今上海市闵行区驻地莘庄镇东南北桥)⑤。

松江县，清代为同城的华亭县、娄县，为松江府治。治所即今上海市松江区驻地松江老城。民国元年1月，娄县并入华亭县。民国三年1月，因与甘肃省县名重复，华亭县改名松江县。因清代为松江府治，且县境有松江，故名④。北京政府时期属沪海道。

南汇县，治所即今上海市浦东新区东南惠南镇。北京政府时期属沪海道。

青浦县，治所即今上海市青浦区驻地。北京政府时期属沪海道。

奉贤县，治奉贤城(今上海市奉贤区驻地南桥镇东奉城镇)。民国二年迁南桥镇今治。北京政府时期属沪海道。

金山县，治所在今上海市金山区北朱泾镇。北京政府时期属沪海道。

---

① 《国民政府公报》第1801号，1935年7月24日，第6页。
② 《国民政府公报》第1400号，1934年4月1日，第11页。
③④ 《内务部改定各省重复县名及存废理由清单》。
⑤ 《行政院公报》第266号，第31页。

川沙县,清代为川沙厅,治所在今上海市浦东新区川沙镇。民国元年1月改县。北京政府时期属沪海道。

太仓县,清代为同城的太仓直隶州直辖地及镇洋县。治所即今江苏太仓市驻地。民国元年1月改置。北京政府时期属沪海道。

嘉定县,治所即今上海市嘉定区驻地。北京政府时期属沪海道。

宝山县,治所在今上海市宝山区友谊街道。北京政府时期属沪海道。

崇明县,治所即今上海市崇明县驻地城桥镇。北京政府时期属沪海道。民国十八年7月,北部外沙析置启东县。

启东县,原为崇明县外沙,与内沙(今崇明县)间隔有长江水道,施政不便,当地民众从民国五年开始创议设立县治。民国十七年2月江苏省政府批准设立,行政院于十八年7月18日核准[1]。县名取"启我东疆"之义。治镇洋市(今江苏启东市驻地汇龙镇)。

海门县,清代为海门直隶厅,治茅家镇(今江苏海门市驻地海门街道)。民国元年1月改县。北京政府时期属沪海道。

吴县,清代为同城的吴县、长洲县、元和县3县,以及太湖厅、靖湖厅地。吴县、长洲、元和3县同治今江苏苏州市区,为苏州府治。太湖厅治所在今江苏苏州市吴中区西南东山镇。靖湖厅治所在今江苏苏州市吴中区西南后堡。民国元年1月,长洲、元和2县并入吴县。4月,太湖厅、靖湖厅并入吴县。北京政府时期为苏常道驻地。民国十六年,江苏省政府析吴县城区置苏州市政筹备处。民国十七年11月置苏州市,并于12月13日任命苏州市长[2]。民国十九年4月23日,行政院以"与立法院最近另定原则草案不符"为由[3],将苏州市裁入吴县。

常熟县,清代为同城的常熟县、昭文县,治所即今江苏常熟市驻地虞山镇。民国元年1月昭文县并入。北京政府时期属苏常道。

昆山县,清代为同城的昆山县、阳新县,治所即今江苏昆山市驻地玉山镇。民国元年1月阳新县并入。北京政府时期属苏常道。

吴江县,清代为同城的吴江县、震泽县,治所即今江苏苏州市吴江区驻地松陵镇。民国元年1月震泽县并入。北京政府时期属苏常道。

武进县,清代为同城的武进县、阳湖县,治所即今江苏常州市城区。民国元年1月阳湖县并入。北京政府时期属苏常道。

无锡县,清代为同城的无锡县、金匮县,治所即今江苏无锡市城区。民国元年1月金匮县并入。北京政府时期属苏常道。民国十六年江苏省政府析无

---

[1] 《国民政府公报》第237号,1929年8月8日,第8页。
[2] 《国民政府公报》第45号,1928年12月17日,第8页。
[3] 《国民政府公报》第452号,1930年4月24日,第5页。

锡县城区置无锡市,设市政府。民国十八年改设无锡市政筹备处,民国十九年4月撤销①。

宜兴县,清代为同城的宜兴县、荆溪县,治所即今江苏宜兴市驻地宜城街道。民国元年1月荆溪县并入。北京政府时期属苏常道。

江阴县,治所即今江苏江阴市驻地澄江街道。北京政府时期属苏常道。

靖江县,治所即今江苏靖江市驻地靖城街道。北京政府时期属苏常道。

南通县,清代为通州直隶州直辖地,治所即今江苏南通市崇川区。民国元年1月改县。因清代顺天府通州位于北方,江苏通州位于南方,故俗称江苏通州为南通州。北京政府时期属苏常道。

如皋县,治所即今江苏如皋市驻地如城街道。北京政府时期属苏常道。

泰兴县,治所即今江苏泰兴市驻地济川街道。北京政府时期属苏常道。

淮阴县,清代为清河县,治所即今江苏淮阴市清河区旧城区。因与直隶省县名重名,而且得名较晚,民国三年1月改名。因汉代为淮阴县地,故名②。北京政府时期为淮扬道驻地。

淮安县,清代为山阳县,治所即今江苏淮安市淮安区驻地淮城镇,为淮安府治。因与陕西省县名重名,民国三年1月改名,以旧府名得名③。北京政府时期属淮扬道。

泗阳县,清代为桃源县,治所即今江苏泗阳县驻地众兴镇西南老泗阳。因与湖南省县名重名,且定名较晚,民国三年1月改名。因汉置泗阳县于此,且泗水在县北,故名④。北京政府时期属淮扬道。民国三十四年,因县城被破坏,迁治众兴镇(今泗阳县驻地众兴镇)⑤。

涟水县,清代为安东县,治所即今江苏涟水县驻地涟城镇。因与奉天省县名重名,民国三年1月改名。因隋代古县名得名⑥。北京政府时期属淮扬道。

阜宁县,治所即今江苏阜宁县驻地阜城街道。北京政府时期属淮扬道。

盐城县,治所即今江苏盐城市驻地亭湖区。北京政府时期属淮扬道。

江都县,清代为同城的江都县、甘泉县,治所即今江苏扬州市城区,为扬州府治。民国元年1月,甘泉县并入。北京政府时期属淮扬道。

仪征县,清宣统年间为避溥仪之讳,改仪征县为扬子县,治所即今江苏仪征市驻地真州镇。辛亥革命后恢复原名。北京政府时期属淮扬道。

---

① 《内政年鉴》,第(B)138页。
②③④⑥ 《内务部改定各省重复县名及存废理由清单》。
⑤ 内政部方域司:《中华民国行政区域简表》(第11版),第12页。

东台县，治所即今江苏东台市驻地东台镇。北京政府时期属淮扬道。

兴化县，治所即今江苏兴化市驻地昭阳镇。北京政府时期属淮扬道。

泰县，清代为泰州，治所即今江苏泰州市驻地海陵区城中街道。民国元年1月改置。北京政府时期属淮扬道。

高邮县，清代为高邮州，治所即今江苏高邮市驻地高邮街道。民国元年1月改置。北京政府时期属淮扬道。

宝应县，治所即今江苏宝应县驻地安邑镇。北京政府时期属淮扬道。

徐州市，民国三十四年10月行政院核准析铜山县城厢置①。治徐州城（今江苏徐州市城区）。民国三十六年6月3日，行政院公布《徐州市政府组织规程》②。

铜山县，清代为徐州府附郭县，治所即今江苏徐州市城区。北京政府时期为徐海道驻地。

丰县，治所即今江苏丰县驻地中阳里街道。北京政府时期属徐海道。

沛县，治所即今江苏沛县驻地沛城镇。北京政府时期属徐海道。

萧县，治所即今安徽萧县驻地龙城镇。北京政府时期属徐海道。

砀山县，治所即今安徽砀山县驻地砀城镇。北京政府时期属徐海道。

邳县，清代为邳州，治邳城（今江苏邳州市驻地运河镇北邳城）。民国元年1月改置。北京政府时期属徐海道。

宿迁县，治所即今江苏宿迁市宿城区项里街道。北京政府时期属徐海道。

睢宁县，治所即今江苏睢宁县驻地睢城镇。北京政府时期属徐海道。

东海县，清代为海州直隶州，治所即今江苏连云港市西南海州区。民国元年1月改置。北京政府时期属徐海道。

连云市，连云地区处于江苏省北部，陇海铁路的终点，水陆交通便利，铁路通车后，人口增加。民国十一年曾设有海州商埠筹备处。民国二十四年2月，江苏省政府决定析灌云县墟沟老窑一带区域置市。内政部认为连云人口约在10万左右，税收也不多，尚未达到设市程度，但连云为滨海重镇，港埠市政的规划设施实属刻不容缓，故对于江苏省政府的提议，认为是一种变通办法，可暂准备案。行政院复交内政、军政、财政3部及江苏省政府再行审查，准予筹备设市。8月1日成立市政筹备处③。12月行政院批准设市。以连岛和云台

---

① 《全国行政区域变更一览表（三十三年九月至三十四年十一月）》。
② 《国民政府公报》第2843号，1947年6月5日，第5页。
③ 钱端升等：《民国政制史》下册，第424页。

山首字命名。治连云港(今江苏连云港市东北连云港)。

灌云县,民国元年4月江苏都督因东海县辖境辽阔,析县境板浦、大伊、东路、西路、莞渎、莞南、莞北、新安、张店、湖坊、铁牛等11镇置,并经省议会同意。省议会命名县名为"朐东",指地域为朐山之东①。省署命名为灌云县,因南带灌河,北枕云台山,故名,民国三年由内务部核定。治板浦(今江苏灌云县北板浦镇)②。北京政府时期属徐海道。解放后,于民国三十七年6月23日迁大伊山(今灌云县驻地伊山镇)③。

沭阳县,治所即今江苏沭阳县驻地沭城镇。北京政府时期属徐海道。

赣榆县,治今江苏赣榆县驻地青口镇西北城里。北京政府时期属徐海道。

嵊泗县,原为嵊泗列岛,属崇明县。民国三十五年12月,为江苏省直属区,直接受江苏省政府管辖,相当于县级,设有区长。民国三十六年10月置嵊泗设治局④,局所驻菜园镇(今浙江嵊泗县驻地菜园镇)。民国三十七年,设治局改由海军管辖⑤。民国三十八年9月3日升为县⑥。

五、行政区督察制与行政督察区

创设于民国二十年(1931)年底的江苏省党政委员分会裁撤以后,依照江苏省制定的《行政区监督署组织规程》,将全省各县分隶15个行政督察区。每区设置行政监督1人,简任,兼领区内首县县长。其15个首县为镇江、江宁、武进、吴县、上海、松江、嘉定、南通、江都、泰县、盐城、淮阴、东海、铜山及宿迁⑦。此后,又改划为13个行政督察区。各区辖县情况详见表15。

表15 江苏省行政督察区辖县表

区 别	首 县	辖 县
第一区	镇江	丹阳、高淳、句容、金坛、扬中、溧水
第二区	武进	无锡、宜兴、江阴、溧阳
第三区	吴县	常熟、昆山、吴江

---

① ③ 《灌云县志》,方志出版社,1999年,第80页。
② 吴承湜:《近六十年全国郡县增建表要》卷下,第1页。
④ 《国民政府公报》第2964号,1947年10月27日,第13页。
⑤ 《嵊泗县志》,浙江人民出版社,1989年,第361页。
⑥ 《总统府公报》第241号,1949年11月7日,第9册。
⑦ 钱端升等:《民国政制史》下册,第145页。

续表

区别	首县	辖县
第四区	松江	青浦、金山、奉贤
第五区	上海	南汇、川沙
第六区	嘉定	太仓、宝山
第七区	南通	如皋、崇明、海门、启东
第八区	泰县	东台、泰兴、清江
第九区	江都	高邮、宝应、六合、仪征、江浦
第十区	盐城	阜宁、兴化
第十一区	淮阴	淮安、涟水、宿迁、泗阳
第十二区	铜山	丰县、睢宁、沛县、萧县、砀山、邳县
第十三区	东海	灌云、沭阳、赣榆

资料来源：李长傅编：《分省地志·江苏》，第 197 页。

民国二十二年 3 月，根据行政院颁布的《各省行政督察专员暂行条例》及豫鄂皖三省"剿匪"总司令部的《剿匪区内各省行政督察专署组织条例》，全省划为 13 个行政督察区，每区设行政督察专员 1 人，兼任该区首县县长。江苏省政府认为所划督察区太多，决定改划为 9 区；同时为增加督察效率，决定试行专员不兼县长。先于距离省会较远、县政亟待改进的江都①、铜山、东海、淮阴、盐城、南通等 5 区设置专员，于民国二十三年 2 月成立专署。民国二十四年 5 月，为推广江宁自治实验县成果，增设江宁行政督察区，成为第十区，由江宁自治实验县县长兼该区专员。民国二十五年 2 月，又设松江、无锡两区。江都、溧阳两区因距省会较近，省政府指挥便利，暂时没有设置专员②。各区情形如下。

溧阳区，辖溧阳、丹阳、句容、金坛、镇江、宜兴、溧水、高淳、扬中县。句容、溧水、高淳 3 县于民国二十四年 5 月划属江宁区。

无锡区，专署驻无锡县，辖无锡、武进、江阴、常熟、太仓、昆山、吴县、吴江县。

松江区，专署驻松江县，辖松江、金山、奉贤、南汇、川沙、上海、宝山、嘉定、

---

① 按：陈果夫：《江苏省政述要》之《民政·县行政》（"近代中国史料丛刊续编"，第 969 册）作"江北"（第 1 页），《革命文献》第 71 辑（台北"中央"文物供应社，1978 年）作"江都"（第 137 页）。其余各区区名均以首县县名命名，故改作"江都"。
② 陈果夫：《江苏省政述要》之《民政·县行政》，第 1 页。

青浦县。

南通区,专署驻南通县,辖南通、崇明、启东、海门、如皋、靖江县。

江都区,辖江都、泰兴、泰县、江浦、六合、仪征、高邮县。

盐城区,专署驻盐城县,辖盐城、阜宁、兴化、东台县。

淮阴区,专署驻淮阴县,辖淮阴、淮安、泗阳、宿迁、宝应县。

东海区,专署驻东海县,辖东海、涟水、灌云、沭阳、赣榆县。

铜山区,专署驻铜山县,辖铜山、沛县、丰县、砀山、萧县、邳县、睢宁县[①]。

江宁区,专署驻江宁,辖江宁、句容、溧水、高淳县[②]。

此后,各区改以序数排列。民国二十六年4月,第五区所辖的江浦、六合两县划归第十区[③]。民国二十八年至三十二年间又调整为9区。如下。

第一区,专署驻溧阳县,辖溧阳、丹阳、金坛、镇江、宜兴、江宁、句容、溧水、高淳县。

第二区,专署驻无锡县,辖无锡、武进、江阴、常熟、太仓、昆山、吴县、吴江、宝山、嘉定县。

第三区,专署驻松江县,辖松江、金山、奉贤、南汇、川沙、上海、青浦县。民国三十四年8月,崇明县来属。

第四区,专署驻南通县,辖南通、崇明、启东、海门、如皋、靖江县。民国三十四年8月,崇明县改隶第三区[④]。

第五区,专署驻江都县,辖江都、泰兴、泰县、仪征、高邮、江浦、六合、扬中县。

第六区,专署驻盐城县,辖盐城、阜宁、兴化、东台县。

第七区,专署驻淮阴县,辖淮阴、淮安、泗阳、宿迁、宝应、涟水县。

第八区,专署驻东海县,辖东海、灌云、沭阳、赣榆县。

第九区,专署驻铜山县,辖铜山、丰县、砀山、萧县、邳县、睢宁、沛县。

民国三十四年8月,增设第十区,辖江浦、六合、仪征3县,驻地未定。并将宿迁县改隶第九区,阜宁县改隶第七区,宝应县改隶第六区[⑤]。此后,仍置9区,但各区辖县及驻地有所变化,连云市、徐州市由省政府直辖[⑥]。各区如下。

[①] 按:溧阳区至铜山区辖县据《革命文献》第71辑,第136~137页。
[②] 陈果夫:《江苏省政述要》之《民政·县行政》,第1页。
[③] 《国民政府公报》第2330号,1937年4月17日,第10页。
[④][⑤] 《全国行政区域变更一览表(三十三年九月至三十四年十一月)》。
[⑥] 内政部方域司:《中国之行政督察区》,第5页。

第一区,专署驻丹阳县,辖丹阳、江宁、镇江、句容、金坛、溧水、高淳、溧阳、宜兴县。

第二区,专署驻吴县,辖吴县、无锡、武进、江阴、常熟、太仓、吴江、昆山县。

第三区,专署驻松江县,辖松江、南汇、上海、青浦、金山、川沙、奉贤、宝山、崇明、嘉定县及嵊泗设治局。

第四区,专署驻南通县,辖南通、如皋、海门、启东、靖江县。

第五区,专署驻江都县,辖江都、高邮、泰县、泰兴、扬中、仪征、江浦、六合县。

第六区,专署驻盐城县,暂驻东台县,辖盐城、东台、兴化、阜宁县。

第七区,专署驻淮阴县,辖淮阴、淮安、涟水、泗阳、宝应、宿迁县。

第八区,专署驻东海县,辖东海、灌云、沭阳、赣榆县。

第九区,专署驻铜山县,暂驻徐州市,辖铜山、丰县、沛县、萧县、砀山、邳县、睢宁县。

附　南京临时政府首都——南京府

民国元年,江苏省境内还存在过一个特殊行政区划。南京临时政府奠都江宁县城,即南京城。因此,江宁县城就具有首都的地位。南京临时政府成立不久即拟设立南京府[1],并于民国元年2月3日任命首任南京府知事[2]。3月10日公布的《南京府官制》第一条规定了南京府的地位及管辖区域:"民国临时政府所在地方,设南京府,以原有之上元、江宁二县为区域,直隶于内务部。"[3]由此可见,南京府是与江苏省并列的省级行政单位。同年4月,南京临时政府结束后,南京府也随之取消。

---

[1] 按:《临时政府公报》第1号(1912年1月29日)《公报暂定门类》中有《南京府令》一栏。
[2] 按:《临时政府公报》第6号(1912年2月3日)有内务部委任南京府知事令,但无签署日期,暂作此日任命。
[3] 《临时政府公报》第34号,1912年3月10日。

第二章　浙江省

清宣统三年(1911)，浙江巡抚驻杭州府(今浙江杭州市城区)。全省府级行政区有杭州、嘉兴、湖州、金华、衢州、严州、宁波、绍兴、台州、温州、处州等11府，以及定海直隶厅；县级行政区有3厅、1州、76县。辖境与今浙江省相近，不包括嵊泗县以及岱山县北端小部。

一、省行政机构

辛亥革命爆发后，浙江新军于宣统三年九月十四日(11月4日)起义。十七日，浙江军政府在杭州成立，都督府置参议会及司令、政事两部。全省分设嘉兴、湖州、金华、衢州、严州、处州、宁波、绍兴、台州、温州军政分府。民国元年(1912)7月，根据修正后的《浙江都督府官制》规定，都督府下设民政、财政等4司、3处。7月12日，置民政长，为全省民政长官，下设民政(次年2月25日改内务)、财政等司。民国三年5月23日改民政长为巡按使。民国五年7月6日改巡按使为省长。民国十五年12月15日，国民党浙江省党部决定筹设省临时政治委员会，为全省临时政务最高权力机关，下设政务委员会与财政委员会，为执行机关。次年1月8日，各委员会在宁波成立。其时，在杭州仍有浙江省省长，并于民国十五年12月19日改任民政长。民国十六年，四一二政变后，浙江省隶属南京国民政府。4月18日，南京国民政府议决裁撤浙江省临时政治委员会及其所属的省政务委员会和财政委员会，设立新的省政务委员会，筹备建省事宜，并行使政务。27日，省政务委员会成立，下设民政、财政等厅，由委员兼各厅厅长。5月13日，南京国民政府发布任命令。7月25日，南京国民党中央政治会议决议将省政务委员会改组为省政府委员会。27日，省政府成立。民国二十五年6月29日，全省置11个区行政督察专署，并委派专员。民国二十六年，抗日战争全面爆发。11月26日，南京国民政府下令改组省政府。12月，浙江沦陷。民国三十四年8月，抗日战争胜利，浙江省光复。民国三十五年5月7日，南京国民政府下令改组浙江省政府。民国三十八年(1949)5月3日，省会杭州市解放。

二、省会

民国元年治杭县,民国十六年后治杭州市,即今浙江省杭州市城区。

三、统辖区域

民国年间无大的变化,民国三十六年全省土地面积为 102 646 平方公里。东滨东海,北邻江苏,西界安徽、江西,南接福建。

四、道、县、市

辛亥革命后,清代各道自然废除。民国元年 4 月改各府厅为县①。民国二年 1 月 8 日,袁世凯颁布三个《划一令》,通令全国设道:"按照政府计划,以民国二年三月以前为限,一律办齐。"②浙江都督反对设道,并在 2 月"电称各道裁撤后,于行政尚无阻碍"③,3 月再次电称"浙省财政困难,暂缓设道"④。民国三年 5 月 23 日,根据《道官制》,全省置钱塘道、会稽道、金华道、瓯海道等 4 道,并于 6 月 10 日任命道尹。民国五年 5 月 30 日,护国军起义后,浙江省政府以《道官制》未经正式国会决定,道尹职权与新设的省民政厅重叠,宣布将本省 4 道道尹一律裁撤⑤。民国六年 1 月 22 日,北京政府重新任命浙江省 4 个道的道尹,恢复 4 道区划⑥,并将金华道移驻衢县。民国十五年底、十六年初,随着北伐军的到达,道制自然撤销。南京政府时期,浙江先后置有杭州、宁波等市。民国末,全省辖 79 县、1 市⑦。

1. 道

钱塘道,民国三年 5 月 23 日置,辖境包括清代杭嘉湖道区域。道尹为繁要缺,一等。驻杭县(今浙江杭州市城区)。辖杭县、海宁、富阳、余杭、临安、於潜、新登、昌化、嘉兴、嘉善、海盐、崇德、平湖、桐乡、吴兴、长兴、德清、武康、安吉、孝丰等 20 县。民国十六年废。

会稽道,民国三年 5 月 23 日置,辖境包括清代宁绍台道区域。道尹为繁要缺,一等。驻鄞县(今浙江宁波市城区)。辖鄞县、慈溪、奉化、镇海、象山、南

---

① 《临时政府内务行政纪要》,第 49 页。
② 《政府公报》第 243 号,1931 年 1 月 9 日,第 9 册,第 71 页。
③ 《政府公报》第 499 号,1913 年 9 月 24 日,第 13 册,第 553 页。
④ 《临时政府内务行政纪要》,第 45 页。
⑤ 《东方杂志》第 13 卷第 7 号,1916 年 7 月 10 日,第 5 页。
⑥ 《政府公报》第 373 号,1917 年 1 月 23 日,第 57 册,第 619 页。
⑦ 按:吴以政《中华民国行政区域表》(民主评论社,1966 年,第 2 页)载浙江省有 80 县,多"括苍县"。

田、定海、绍兴、萧山、诸暨、余姚、上虞、嵊县、新昌、临海、黄岩、天台、仙居、宁海、温岭等20县。民国十六年废。

金华道,民国三年5月23日置,辖境包括清代金衢严道区域。道尹为简缺,三等。驻兰溪县(今浙江兰溪市),民国六年9月移驻衢县(今浙江衢州市)①。辖金华、兰溪、东阳、义乌、永康、武义、浦江、汤溪、衢县、龙游、江山、常山、开化、建德、淳安、桐庐、遂安、寿昌、分水等19县。民国十六年废。

瓯海道,民国三年5月23日置,辖境包括清代温处道区域。道尹为要缺,二等。驻永嘉县(今浙江温州市城区)。辖永嘉、丽水、青田、缙云、松阳、遂昌、龙泉、庆元、云和、宣平、景宁、瑞安、乐清、平阳、泰顺、玉环等16县。民国十六年废。

2. 县、市

杭州市,民国十六年4月28日国民党中央政府会议浙江分会第3次会议通过筹办杭州市市政厅案,并推定省务委员兼秘书长邵元冲任杭州市政厅厅长,电请南京政府任命②。5月26日,国民党政治会议浙江分会第12次会议议决通过《杭州市暂行条例》。同年6月30日,国民政府准予备案③。《条例》第二条规定:"杭州市行政区域之范围包括杭州城区及西湖之全部,东南沿海塘至钱塘江边闸口一带,西至天竺云溪,北至笕桥,及湖滨、拱宸桥。其区域四至由测量委员会测量后定之。"第三条规定:"杭州市行政区域直隶于省政府,不入县行政范围。"第四条规定杭州市的行政区域,在必要时可由省政府特许调整。治所即今浙江杭州市城区。为浙江省省会。6月20日,改市政厅为市政府,改厅长为市长。与杭县间界线,经多次划界勘址,至民国二十五年,全市面积为250.835平方公里④。

杭县,清代为仁和县、钱塘县,为杭州府治。治所即今浙江杭州市城区。民国元年2月两县合并⑤。为浙江省会。北京政府时期为钱塘道驻地。民国十六年5月析城区及湖墅、西湖、皋塘、会堡、江干等区域置杭州市⑥,辖境缩小。

海宁县,清代为海宁州,治盐官镇(今浙江海宁市西南盐官镇)。民国元年

---

① 《政府公报》第605号,1917年9月21日,第65册,第649页。
② 贺茂庆:《十年来之市政沿革》,第1页,载杭州市政府秘书处:《杭州市政府十周年纪念特刊》,1937年,"近代中国史料丛刊三编",第746册。
③ 《国民政府公报》第7号,1927年7月1日,第52页。
④ 贺茂庆:《十年来之市政沿革》,第1、3页,载《杭州市政府十周年纪念特刊》,1937年。
⑤ 吴承湜:《近六十年全国郡县增建志要》附录,第81页。
⑥ 同上书,第98页。

2月改为县。北京政府时期属钱塘道。

富阳县,治所即今浙江富阳市驻地富春街道。北京政府时期属钱塘道。

余杭县,治今浙江杭州市余杭区西南余杭镇。北京政府时期属钱塘道。

临安县,治所即今浙江临安市驻地锦城街道。北京政府时期属钱塘道。

於潜县,治今浙江临安市西於潜镇。北京政府时期属钱塘道。

新登县,清代为新城县,治今浙江富阳市驻地富春街道西南新登镇。因与直隶、吉林、山东、江西、贵州5省县名重名,民国三年1月改名,以古县名得名①。北京政府时期属钱塘道。

昌化县,治今浙江临安市西昌化镇。北京政府时期属钱塘道。

嘉兴县,清代为嘉兴县、秀水县,为嘉兴府治。治今浙江嘉兴市城区。民国元年1月合并,称嘉禾县②。因与湖南省县名重名,民国三年1月改名,以清代府名得名③。北京政府时期属钱塘道。

嘉善县,治所即今浙江嘉善县驻地魏塘街道。北京政府时期属钱塘道。

海盐县,治所即今浙江海盐县驻地武原街道。北京政府时期属钱塘道。

崇德县,清代为石门县,治今浙江桐乡市西南崇福镇。因与湖南省县名重名,民国三年1月改名,因古县名得名④。北京政府时期属钱塘道。

平湖县,治所即今浙江平湖市驻地当湖街道。北京政府时期属钱塘道。

桐乡县,治所即今浙江桐乡市驻地梧桐街道。北京政府时期属钱塘道。

吴兴县,清代为乌程县、归安县,为湖州府治。治今浙江湖州市城区。民国元年2月两县合并,以三国时郡名命名⑤。北京政府时期属钱塘道。

长兴县,治所即今浙江长兴县驻地雉城街道。北京政府时期属钱塘道。

德清县,治今浙江德清县东乾元镇。北京政府时期属钱塘道。

武康县,治所即今浙江德清县驻地武康镇。北京政府时期属钱塘道。

安吉县,治今浙江安吉县北安城镇。北京政府时期属钱塘道。

孝丰县,治今浙江安吉县西南孝丰镇。北京政府时期属钱塘道。

鄞县,清代为宁波府附郭县,治所即今浙江宁波市城区。北京政府时期为会稽道驻地。民国十六年4月析城区置宁波市,民国二十年2月2日裁,并入⑥。

慈溪县,治今浙江宁波市江北区西北慈城镇。北京政府时期属会稽道。

---

①③④ 《内务部改定各省重复县名及存废理由清单》。
② 吴承湜:《近六十年全国郡县增建志要》附录,第81页。
⑤ 同上书,第82页。
⑥ 《国民政府公报》第689号,1931年2月4日,第7页。

奉化县，治所即今浙江奉化市驻地锦屏街道。北京政府时期属会稽道。

镇海县，治今浙江宁波市镇海区驻地招宝山街道。北京政府时期属会稽道。

象山县，治所即今浙江象山县驻地丹东街道。北京政府时期属会稽道。

三门县，清宣统三年置南田厅①，治今浙江象山县驻地丹东街道南樊岙。民国元年2月改为南田县②。北京政府时期属会稽道。民国十九年11月以南田全境及宁海、临海两县部分地置三门县③。因位于三门湾畔，故名。治健康塘（在今浙江三门县驻地海游街道东六敖镇）。

定海县，清代为定海直隶厅。治定海（今浙江舟山市定海区昌国街道）。民国元年2月改为县。北京政府时期属会稽道。

绍兴县，清代为山阴县、会稽县，为绍兴府治。治所即今浙江绍兴市越城区。民国元年2月合并，以清代府名得名。北京政府时期属会稽道。

萧山县，治所即今浙江杭州市萧山区驻地城厢街道。北京政府时期属会稽道。

诸暨县，治所即今浙江诸暨市驻地暨阳街道。北京政府时期属会稽道。

余姚县，治所即今浙江余姚市城区。北京政府时期属会稽道。

上虞县，治今浙江上虞市东南丰惠镇。北京政府时期属会稽道。

嵊县，治所即今浙江嵊州市驻地剡湖街道。北京政府时期属会稽道。

新昌县，治所即今浙江新昌县驻地城关镇。北京政府时期属会稽道。

临海县，清代为台州府附郭县，治所即今浙江临海市驻地古城街道。北京政府时期属会稽道。

黄岩县，治今浙江台州市黄岩区城区。北京政府时期属会稽道。

天台县，治所即今浙江天台县驻地赤城街道。北京政府时期属会稽道。

仙居县，治所即今浙江仙居县驻地福应街道。北京政府时期属会稽道。

磐安县，民国二十八年4月析缙云、仙居、东阳、永康、天台5县地置。以境内有大磐、安文两镇，各取一字为名。拟治大皿镇（今浙江磐安县南双峰）④。县政府成立时驻大盘（今磐安县东南大盘镇）⑤。

宁海县，治所即今浙江宁海县驻地跃龙街道。北京政府时期属会稽道。

---

① 《职官录》（宣统三年冬季版，第1022页）载"新设南田厅"，长官为抚民通判。《清史稿》卷65《地理志十二·浙江》作清宣统三年置南田县。
② 内务部职方司第一科：《全国行政区划表》，1914年，第66页。
③ 内政部方域司：《中华民国行政区域简表》（第11版），第17页。
④ 同上书，第18页。
⑤ 中共磐安县委、磐安县人民政府：《磐安六十年纪略》，2000年，第246～252页。

温岭县，清代为太平县，治今浙江温岭市驻地太平街道。因与山西、江苏、安徽、四川4省县名重名，民国三年1月改名。因境内有温岭，故名①。北京政府时期属会稽道。

衢县，清代为西安县，为衢州府治。治所即今浙江衢州市柯城区府山街道。民国元年2月改名②，因唐代衢州得名。民国六年后为金华道驻地。

龙游县，治所即今浙江龙游县驻地龙洲街道。北京政府时期属金华道。

江山县，治所即今浙江江山市城区。北京政府时期属金华道。

常山县，治所即今浙江常山县驻地天马街道。北京政府时期属金华道。

开化县，治所即今浙江开化县驻地芹阳办事处。北京政府时期属金华道。

金华县，清代为金华府附郭县。治今浙江金华市婺城区城区。北京政府时期属金华道。

兰溪县，治所即今浙江兰溪市驻地云山街道。民国三年至五年为金华道驻地。

东阳县，治所即今浙江东阳市驻地吴宁街道。北京政府时期属金华道。

义乌县，治所即今浙江义乌市驻地稠城街道。北京政府时期属金华道。

永康县，治所即今浙江永康市驻地东城街道。北京政府时期属金华道。

武义县，治所即今浙江武义县驻地壶山街道。北京政府时期属金华道。

浦江县，治所即今浙江浦江县驻地浦阳街道。北京政府时期属金华道。

汤溪县，治今浙江金华市婺城区西汤溪镇。北京政府时期属金华道。

建德县，清代为严州府附郭县，治今浙江建德市东北梅城镇。北京政府时期属金华道。

淳安县，治所在今浙江淳安县驻地千岛湖镇西千岛湖中。北京政府时期属金华道。

桐庐县，治所即今浙江桐庐县驻地桐君街道。北京政府时期属金华道。

遂安县，治所在今浙江淳安县西南千岛湖中。北京政府时期属金华道。

寿昌县，治今浙江建德市西南寿昌镇。北京政府时期属金华道。

分水县，治今浙江桐庐县西北分水镇。北京政府时期属金华道。

永嘉县，清代为温州府附郭县，治所即今浙江温州市城区。北京政府时期为瓯海道驻地。

丽水县，清代为处州府附郭县，治所即今浙江丽水市莲都区城区。北京政

---

① 《内务部改定各省重复县名及存废理由清单》。
② 吴承湜：《近六十年全国郡县增建志要》附录，第82页。

府时期属瓯海道。

青田县，治所即今浙江青田县驻地鹤城街道。北京政府时期属瓯海道。

缙云县，治所即今浙江缙云县驻地五云街道。北京政府时期属瓯海道。

松阳县，治所即今浙江松阳县驻地西屏街道。北京政府时期属瓯海道。

遂昌县，治所即今浙江遂昌县驻地妙高街道。北京政府时期属瓯海道。

龙泉县，治所即今浙江龙泉市驻地龙渊街道。北京政府时期属瓯海道。

庆元县，治所即今浙江庆元县驻地松源街道。北京政府时期属瓯海道。

云和县，治所即今浙江云和县驻地浮云街道。北京政府时期属瓯海道。

宣平县，治今浙江武义县西南柳城畲族镇。北京政府时期属瓯海道。

景宁县，治所即今浙江景宁畲族自治县城区。北京政府时期属瓯海道。

瑞安县，治所即今浙江瑞安市城区。北京政府时期属瓯海道。

乐清县，治所即今浙江乐清市乐成街道。北京政府时期属瓯海道。

平阳县，治所即今浙江平阳县驻地昆阳镇。北京政府时期属瓯海道。

泰顺县，治所即今浙江泰顺县驻地罗阳镇。北京政府时期属瓯海道。

文成县，民国三十五年12月核准析瑞安、泰顺、青田3县交界地置，并奉准暂缓成立①，于民国三十七年7月正式成立。县为明开国功臣刘基故里，刘死后谥"文成"，故名。原拟治大岙镇（今浙江文成县驻地大岙镇），实际上县政府在黄坦镇（今文成县驻地大岙镇西黄坦镇）成立②。

玉环县，清代为玉环厅，治所即今浙江玉环县驻地玉城街道。民国元年4月改为县。北京政府时期属瓯海道。

四明县，民国三十七年8月析余姚、上虞、嵊县、新昌、奉化、鄞县、慈溪7县四明山区地置③，因四明山得名。治梁弄（今浙江余姚市西南梁弄镇）。民国四十八年5月解放后废④。

滃洲县⑤，原属定海县。民国三十八年5月国民党浙江省政府从大陆退

---

① 内政部方域司：《中华民国行政区域简表》（第11版），第19页。
② 《文成县志》，中华书局，1996年，第15、第984页。按：民国时期文成县驻地有不同说法，如《浙江分县简志》（浙江人民出版社，1984年，第1058页）言："关于文成建县的时间，据《中华民国行政区域简表》称：'民国三十五年（1946年）十二月核准以瑞安、泰顺、青田三县边界析置。'在同表《附说》中又称：'奉准暂缓成立。'……但据县公安局档案证实，文成县正式建立的时间为1948年1月。当时省定县政府驻黄坦，在大岙镇设办事处，但因大岙交通较黄坦方便，县政府实际设在大岙。解放后，县人民政府也驻大岙镇。"
③ 《总统府公报》第84号，1948年8月25日，第3册。
④ 《宁波市志》，中华书局，1995年，第9页；曹鸿飞、陈中器：《余姚县历史沿革》，《余姚文史资料》第一辑，1985年，第29页。
⑤ 《中华民国史地理志（初稿）》，1990年，第16页；吴以政：《中华民国行政区域表》，第1页。

踞舟山各岛。8月,析定海县之岱山、衢山、长涂、秀山、大鱼山、大羊、黄龙、东极、长白等岛置①。治所即今浙江岱山县高亭镇。

五、县政督察专员制与行政督察区

民国二十一年(1932)5月31日,根据浙江省《县政督察专员章程》,将全省各县划分为12区,首县分别为杭县、海宁、吴兴、鄞县、绍兴、临海、兰溪、衢县、建德、永嘉、丽水及龙泉②。同年8月,根据行政院公布的《行政督察专员暂行条例》,全省分为6区,旋增加第七区。离省会杭州较近的杭嘉湖地区未置。各区如下。

第一特区,辖衢县、龙游、江山、常山、开化、遂安县。

第二特区,辖丽水、青田、缙云、宣平、松阳、遂昌县。

第三特区,辖龙泉、景宁、庆元、云和、泰顺县。

第四特区,辖永嘉、瑞安、乐清、平阳、玉环县。

第五特区,辖临海、黄岩、温岭、天台、仙居县。

第六特区,辖金华、兰溪、浦江、义乌、东阳、汤溪、武义、永康县。

第七特区,辖新昌、嵊县、奉化、鄞县、镇海、慈溪、象山、南田、定海、余姚、上虞、宁海县③。

民国二十四年6月,浙江省政府将全省划为9个区,行政院于次年5月核准备案。如下。

第一区,专署驻吴兴县,辖吴兴、长兴、安吉、德清、武康、余杭、孝丰、临安、於潜、昌化县。

第二区,专署驻嘉兴县,辖嘉兴、杭县、海宁、嘉善、平湖、海盐、富阳、桐乡、崇德、新登县。

第三区,专署驻绍兴县,辖绍兴、萧山、诸暨、余姚、嵊县、上虞、新昌县。

第四区,专署驻金华县,辖金华、兰溪、东阳、浦江、义乌、永康、汤溪、武义、分水、桐庐、建德县。

第五区,专署驻衢县,辖衢县、江山、淳安、遂安、开化、常山、龙游、寿昌县。

第六区,专署驻鄞县,辖鄞县、慈溪、定海、镇海、奉化、象山、南田县。

第七区,专署驻临海县,辖临海、宁海、黄岩、天台、仙居、温岭县。

---

① 《岱山县志》,浙江人民出版社,1994年,第2页。
② 钱端升等:《民国政制史》下册,第146页。
③ 《革命文献》第71辑,第137~138页。

第八区,专署驻永嘉县,辖永嘉、平阳、瑞安、乐清、泰顺、玉环县。

第九区,专署驻丽水县,辖丽水、龙泉、遂昌、青田、缙云、景宁、庆元、松阳、云和、宣平县。

民国二十九年1月,重新划为10区。如下。

第一区,专署驻於潜县,辖於潜、昌化、临安、余杭、杭县、分水、新登、富阳县。

第二区,专署驻安吉县,辖安吉、孝丰、长兴、吴兴、武康、德清县。

第三区,专署驻绍兴县,辖绍兴、萧山、诸暨、余姚、嵊县、上虞、新昌县。

第四区,专署驻金华县,辖金华、东阳、兰溪、浦江、义乌、永康、汤溪、武义、桐庐、建德、磐安县。

第五区,专署驻衢县,辖衢县、江山、淳安、遂安、开化、常山、龙游、寿昌县。

第六区,专署驻鄞县,辖鄞县、慈溪、定海、镇海、奉化、象山、宁海县。

第七区,专署驻临海县,辖临海、黄岩、天台、仙居、温岭、南田县。11月裁南田县,改辖三门县。

第八区,专署驻永嘉县,辖永嘉、平阳、瑞安、乐清、泰顺、玉环县。

第九区,专署驻丽水县,辖丽水、龙泉、遂昌、青田、缙云、景宁、庆元、松阳、云和、宣平县。

第十区,专署驻桐乡县,辖桐乡、崇德、海宁、海盐、平湖、嘉兴、嘉善县。

民国三十二年重新划分为11区。如下。

第一区,专署驻於潜县,辖於潜、昌化、临安、余杭、杭县、分水、新登县。

第二区,专署驻安吉县,辖安吉、孝丰、长兴、吴兴、武康、德清县。

第三区,专署驻新昌县,辖新昌、绍兴、萧山、诸暨、余姚、嵊县、上虞、东阳、义乌、磐安县。

第四区,专署驻宣平县,辖宣平、金华、兰溪、永康、汤溪、武义县。

第五区,专署驻衢县,辖衢县、江山、遂安、开化、常山、龙游县。

第六区,专署驻宁海县,辖宁海、鄞县、慈溪、定海、镇海、奉化、象山、天台县。

第七区,专署驻临海县,辖临海、黄岩、仙居、温岭、三门县。

第八区,专署驻永嘉县,辖永嘉、平阳、瑞安、乐清、泰顺、玉环县。

第九区,专署驻丽水县,辖丽水、龙泉、遂昌、青田、缙云、景宁、庆元、松阳、云和县。

第十区,专署驻海盐县,辖海盐、桐乡、崇德、海宁、平湖、嘉兴、嘉善县。

第十一区,专署驻淳安县,后迁驻建德县,辖淳安、建德、富阳、桐庐、寿昌、浦江县。

抗战胜利后,重划为6区,杭州市及杭县、萧山、海宁等3县直属省政府。行政院于民国三十六年6月核准备案。如下。

第一区,专署驻吴兴县,辖吴兴、长兴、於潜、余杭、临安、昌化、安吉、孝丰、德清、武康、嘉兴、嘉善、平湖、海盐、崇德、桐乡县。

第二区,专署驻余姚县,辖余姚、绍兴、诸暨、鄞县、定海、镇海、嵊县、奉化、慈溪、象山、上虞、新昌县。

第三区,专署驻金华县,辖金华、衢县、东阳、兰溪、永康、江山、义乌、浦江、龙游、汤溪、武义、磐安县。

第四区,专署驻淳安县,辖淳安、常山、遂安、开化、寿昌、建德、桐庐、分水、新登、富阳县。

第五区,专署驻乐清县,辖乐清、黄岩、宁海、温岭、仙居、三门、天台、永嘉、平阳、瑞安、临海、玉环县。

第六区,专署驻丽水县,辖丽水、青田、龙泉、缙云、景宁、庆云、松阳、云和、宣平、遂昌、文成、泰顺县。

第三章　安徽省

清宣统三年(1911),安徽巡抚驻安庆府(今安徽安庆市城区)。全省府级行政区有安庆、徽州、宁国、池州、太平、凤阳、庐州、颍州等8府,广德、滁州、和州、六安、泗州等5直隶州;县级行政区有4州、51县。辖境包括今安徽省大部(除砀山、萧山2县全部,金寨县西部外),江苏省的泗洪、盱眙县与江西省的婺源县。

一、省行政机构

辛亥革命爆发后,安徽巡抚朱家宝于宣统三年九月十八日(11月8日)宣布独立,自任安徽都督府都督。十月二十二日(12月12日),省临时议会推选孙毓筠为都督,并于十一月初二日(12月21日)正式组建安徽军政府,下设军政、民政等4司。在安徽各地先后建立的军政分府有庐州军政分府(九月二十九日建立,翌年3月裁)、芜湖军政分府(九月二十九日建立)等①。民国元年(1912)4月,置民政长,为全省民政长官②,下设民政(7月改内务)、财政各司。民国三年5月改民政长为巡按使,巡按使公署下设政务、财政诸厅。民国五年7月,改巡按使为省长。

民国十六年3月25日,国民党中央政治会议议决建立安徽省政务委员会。30日,武汉国民政府发布任命令。同月27日,蒋介石以国民革命军总司令的名义,另行设立省政务委员会,并发布任命令。四一二政变后,安徽省隶属南京国民政府。7月25日,南京国民党中央政治会议决议将安徽省政务委员会改组为省政府委员会。8月10日,省政府成立,设省政府主席1人、省政府委员9~15人,下置民政、财政各厅。民国二十五年6月,全省设10个行政督察专署,为省政府辅助机关,并于当月20日委派专员。民国二十六年底,全省沦陷,省政府实际上成为流亡政府。民国三十四年8月,抗日战争胜利,安徽省光复。民国三十八年(1949)4月,安徽省解放。

---

① 郭卿友:《中华民国时期军政职官志》,甘肃人民出版社,1990年,第12页。
② 印铸局:《职官任免月表》,1917年,第107页。

二、省会

民国元年至三十四年 11 月间驻怀宁县(今安徽安庆市城区)。北京政府时期,因军阀混战,不少地方军政大员常驻军事重镇蚌埠,使蚌埠数度成为安徽省的临时省会①。抗日战争期间先后迁驻六安县(民国二十七年 1 月 13 日至 6 月 26 日,今安徽六安市)、立煌县(民国二十七年 6 月 27 日至抗日战争结束,今安徽金寨县西南梅山水库处)等地②。民国三十四年 11 月以后驻合肥县(今安徽合肥市城区)。

三、统辖区域

与清代相比,安徽省辖区有三处主要的变化:一是民国二十二年 4 月,析安徽省霍山、霍丘、六安及河南省商城、固始等县边境地置立煌县③,使辖境有所扩大;二是婺源县于民国二十三年 7 月改隶江西省④,民国三十六年 6 月复属安徽省⑤;三是英山县在民国二十五年 3 月划属湖北省⑥,使辖境缩小。民国三十六年全省土地面积为 146 303 平方公里。东界江苏,北邻山东,西界河南、湖北,南接浙江、江西。

四、道、县、市

辛亥革命后,裁撤清代各道。民国元年 1 月将各州厅改为县⑦。民国二年 7 月 22 日,据《划一现行各道地方行政官厅组织令》,设皖北道观察使,所辖区域未经划定⑧,民国三年 5 月裁⑨。同月,据《道官制》置安庆道、芜湖道、淮泗道等 3 道⑩。民国十六年,随着北伐的胜利,道制消亡。国民政府建立初,安徽省政府曾置蚌埠市市政筹备处、芜湖市市政筹备处,后分别于民国十九年 7 月、9 月裁撤⑪。安庆市、蚌埠市先后设立市政府。民国末,全省辖 63 县、

---

① 《安徽省志·建置沿革志》,方志出版社,1999 年,第 415 页。
② 同上书,第 422 页。
③ 《国民政府公报》第 1107 号,1933 年 4 月 17 日,第 3 页。
④ 《国民政府公报》第 1489 号,1934 年 7 月 17 日,第 4 页。
⑤ 内政部方域司:《中华民国行政区域简表》(第 11 版),第 22 页。
⑥ 《国民政府公报》第 2009 号,1936 年 3 月 31 日,第 5 页。
⑦ 《临时政府内务行政纪要》,第 50 页。按:《中华民国行政区域简表》(第 11 版)作 4 月。
⑧ 《政府公报》第 497 号,1913 年 9 月 22 日,第 13 册,第 542 页。
⑨ 印铸局:《职官任免月表》,第 107 页。
⑩ 同上书,第 108 页。
⑪ 钱端升等:《民国政制史》下册,第 425 页。

1市。

1. 道

安庆道,民国三年5月23日置,辖境包括清代安庐滁和道区域。道尹为繁要缺,一等。驻怀宁县(今安徽安庆市区)[1]。辖怀宁、桐城、宿松、太湖、潜山、望江、合肥、庐江、舒城、巢县、无为、滁县、全椒、来安、和县、含山等16县[2]。本道所辖的滁县、全椒、来安3县,与淮泗道所辖六安、英山、霍山3县,距各自道尹所在地距离较远。随着津浦铁路的通车,交通路线改变,距对方道尹所在地路程随之缩短。因此民国三年10月,将滁县、全椒、来安3县划属淮泗道,淮泗道六安、英山、霍山3县来属[3]。民国十六年废。

芜湖道,民国三年5月置,辖境包括清代徽宁池太广道区域。道尹为要缺,二等。驻芜湖县(今安徽芜湖市区)。辖芜湖、繁昌、当涂、广德、郎溪、歙县、黟县、休宁、婺源、祁门、绩溪、宣城、南陵、泾县、太平、旌德、宁国、贵池、铜陵、石埭、东流、秋浦、青阳等23县。民国十六年废。

淮泗道,民国三年5月置,辖境包括清代凤颍六泗道区域。道尹为要缺,二等。驻凤阳县(今安徽凤阳县驻地府城镇)。辖凤阳、定远、凤台、怀远、灵璧、寿县、宿县、阜阳、颍上、太和、霍丘、蒙城、涡阳、亳县、六安、英山、霍山、泗县、五河、盱眙、天长等21县。同年10月,原属安庆道的滁县、全椒、来安县来属,本道六安、英山、霍山往属安庆道。民国十六年废。

2. 县、市

合肥县,清代为庐州府附郭县,治今安徽合肥市城区。北京政府时期属安庆道。民国三十四年11月起为安徽省会。

怀宁县,清代为安庆府附郭县,治今安徽安庆市城区。民国三十四年11月前为安徽省会。曾为安庆道驻地。民国十六年,析城区置安庆市,民国十九年9月裁撤[4]。

桐城县,治所即今安徽桐城市城区。北京政府时期属安庆道。

宿松县,治所即今安徽宿松县驻地孚玉镇。北京政府时期属安庆道。

太湖县,治所即今安徽太湖县驻地晋熙镇。北京政府时期属安庆道。

潜山县,治所即今安徽潜山县驻地梅城镇。北京政府时期属安庆道。

岳西县,民国十八年至二十四年间,今岳西县境内多次爆发由共产党人领

---

[1] 《政府公报》第774号,1914年7月2日,第27册,第559页。
[2] 《政府公报》第745号,1914年6月3日,第26册,第38页。
[3] 《政府公报》第869号,1914年10月5日,第30册,第501页。
[4] 《内政年鉴》,第(B)138页。

导的农民暴动,并建立工农武装和苏区。国民党当局深感"鄂豫皖边区,万山丛错,险阻僻远",管理困难,"鄂豫皖三省剿匪总司令部"于民国二十一年11月颁布《收复匪区新设县驻地建置大纲》。民国二十四年5月21日,安徽省政府第462次常会讨论组建岳西县设治局①。民国二十五年2月,国民政府准令析潜山、舒城、霍山、太湖4县地置县②。因地处潜岳之西,故名。治衙前街(今安徽岳西县驻地天堂镇)③。

望江县,治所即今安徽望江县驻地华阳镇。北京政府时期属安庆道。

舒城县,治所即今安徽舒城县驻地城关镇。北京政府时期属安庆道。

庐江县,治所即今安徽庐江县驻地庐城镇。北京政府时期属安庆道。

巢县,治所即今安徽巢湖市驻地卧牛山街道。北京政府时期属安庆道。

无为县,清代为无为州,治所即今安徽无为县驻地无城镇。民国元年1月改县。北京政府时期属安庆道。

和县,清代为和州直隶州直辖地,治所即今安徽和县驻地历阳镇。民国元年1月改县。北京政府时期属安庆道。

含山县,治所即今安徽含山县驻地环峰镇。北京政府时期属安庆道。

六安县,清代为六安直隶州直辖地,治所即今安徽六安市金安区城区。民国元年1月改县。民国三年6月属淮泗道,10月改隶安庆道。

霍山县,治所即今安徽霍山县驻地衡山镇。民国三年6月属淮泗道,10月改隶安庆道。

芜湖县,治所即今安徽芜湖市城区。北京政府时期为芜湖道驻地。民国十九年前曾设有芜湖市政筹备处。

繁昌县,治所即今安徽繁昌县驻地繁阳镇。北京政府时期属芜湖道。

当涂县,清代为太平府附郭县,治所即今安徽当涂县驻地姑孰镇。北京政府时期属芜湖道。

广德县,清代为广德直隶州直辖地,治所即今安徽广德县驻地桃州镇。民国元年1月改县。北京政府时期属芜湖道。

郎溪县,清代为建平县,治所即今安徽郎溪县驻地建平镇。因与热河特别

---

① 《岳西县志》,黄山书社,1996年,第27页。
② 《国民政府公报》第1977号,1936年2月21日,第5页。
③ 《岳西县志》,第50、第204页。又,郭君:《岳西设治简介》载:"县治所在地点,原拟设于硃屋庙,后经查勘决定设于衙前街(即今天堂镇)。……硃屋庙在县城以西九公里处(现为硃屋乡政府所在地)。"(《岳西文史》第1辑,1987年,第4页)

区域县名重名,民国三年1月改名。因境内郎溪水得名①。北京政府时期属芜湖道。

歙县,清代为徽州府附郭县,治所即今安徽歙县驻地徽城镇。北京政府时期属芜湖道。

黟县,治所即今安徽黟县驻地碧阳镇。北京政府时期属芜湖道。

休宁县,治所即今安徽休宁县驻地海阳镇。北京政府时期属芜湖道。

祁门县,治所即今安徽祁门县驻地祁山镇。北京政府时期属芜湖道。

绩溪县,治所即今安徽绩溪县驻地华阳镇。北京政府时期属芜湖道。

宣城县,清代为宁国府附郭县,治所即今安徽宣城市宣州区城区。北京政府时期属芜湖道。

南陵县,治所即今安徽南陵县驻地籍山镇。北京政府时期属芜湖道。

泾县,治所即今安徽泾县驻地城关镇。北京政府时期属芜湖道。

太平县,治所即今安徽黄山市北仙源镇。北京政府时期属芜湖道。

旌德县,治所即今安徽旌德县驻地旌阳镇。北京政府时期属芜湖道。

宁国县,治所在今安徽宁国市驻地西津街道西南侧。北京政府时期属芜湖道。

贵池县,清代为池州府附郭县,治所即今安徽池州市贵池区驻地池阳街道。北京政府时期属芜湖道。

铜陵县,治所即今安徽铜陵市城区。北京政府时期属芜湖道。

石埭县,治所在今安徽黄山市黄山区西北广阳。北京政府时期属芜湖道。

东流县,治所在今安徽东至县西北东流镇。北京政府时期属芜湖道。

至德县,清代为建德县,治秋浦镇(今安徽东至县驻地尧渡镇东北梅城西侧)②。因与浙江省县名重名,民国三年1月改名秋浦县。唐置秋浦县于此,故名③。北京政府时期属芜湖道。民国二十一年10月改名至德县④。

青阳县,治所即今安徽青阳县驻地蓉城镇。北京政府时期属芜湖道。

凤阳县,清代为凤阳府附郭县,治所即今安徽凤阳县驻地府城镇。民国三年至十六年为淮泗道驻地。

---

① ③ 《内务部改定各省重复县名及存废理由清单》。

② 按:秋浦镇地理位置,安徽省民政劳动局《安徽省地图》(内部用图,1972年)东至县幅(第70页)、安徽省测绘局《安徽省地图册》(1983年)东至县幅(第60页)、中国地图出版社《安徽省地图册》(2000年)东至县幅(第64页)中均无秋浦地名。地图出版社编辑部《中国地图集》(地图出版社,1958年,第48页)有"秋浦"地名,与中国地图出版社《安徽省地图册》比较,在今尧渡镇稍北沿公路边、尧渡河北侧。

④ 《国民政府公报》洛字第34号,1932年10月15日,第5页。

蚌埠市,民国十九年前曾设有蚌埠市政筹备处,因受战事影响而结束①。民国三十六年3月15日公布《蚌埠市政府组织规程》②,4月析凤阳县蚌埠集置③。治所即今安徽蚌埠市城区。

定远县,治所即今安徽定远县驻地定城镇。北京政府时期属淮泗道。

凤台县,治所即今安徽凤台县驻地城关镇。北京政府时期属淮泗道。

怀远县,治所即今安徽怀远县驻地城关镇。北京政府时期属淮泗道。

灵璧县,治所即今安徽灵璧县驻地灵城镇。北京政府时期属淮泗道。

寿县,清代为寿州,治所即今安徽寿县驻地寿春镇。民国元年1月改县。北京政府时期属淮泗道。

宿县,清代为宿州,治所即今安徽宿州市驻地埇桥区埇桥街道。民国元年1月改县。北京政府时期属淮泗道。

阜阳县,清代为颍州府附郭县,治所即今安徽阜阳市颍州区清河街道。北京政府时期属淮泗道。

临泉县,民国二十三年9月析阜阳县西部置④。因县驻地濒临泉河,故名。治沈丘集(今安徽临泉县驻地城关镇)。

颍上县,治所即今安徽颍上县驻地慎城镇。北京政府时期属淮泗道。

太和县,治所即今安徽太和县驻地城关镇。北京政府时期属淮泗道。

霍丘县,治所即今安徽霍邱县驻地城关镇。北京政府时期属淮泗道。

蒙城县,治所即今安徽蒙城县驻地城关街道。北京政府时期属淮泗道。

涡阳县,治所即今安徽涡阳县驻地城关街道。北京政府时期属淮泗道。

亳县,清代为亳州,治所即今安徽亳州市驻地谯城区。民国元年1月改县。北京政府时期属淮泗道。

泗县,清代为泗州直隶州直辖地,治所即今安徽泗县驻地泗城镇。民国元年1月改县。北京政府时期属淮泗道。

五河县,治所即今安徽五河县驻地城关镇。北京政府时期属淮泗道。

盱眙县,治所即今江苏盱眙县驻地盱城镇。北京政府时期属淮泗道。

立煌县,民国二十一年,国民党"剿匪"总部析安徽省霍山、霍丘、六安及河南省商城、固始等县边境地置,属河南省⑤。民国二十二年4月经国民政府核

---

① 《内政年鉴》,第(B)138页。
② 《国民政府公报》第2774号,1947年3月15日,第5页。
③ 内政部方域司:《中华民国行政区域简表》(第11版),第23页。
④ 《国民政府公报》第1545号,1934年9月21日,第7页。
⑤ 吴承湜:《近六十年全国郡县增建志要》卷下,第2页。

准,改属安徽省①。以军队将领卫立煌名字命名。治金家寨(今安徽金寨县西南梅山水库区)。

嘉山县,民国二十一年 12 月析滁县、来安、定远、盱眙 4 县交界地置②,因境内有老、中、小 3 座嘉山,故名。治三界镇(老三界,今安徽明光市驻地明光街道东南三界镇)。民国二十七年,伪县政府迁治明光镇③,即今明光市驻地明光街道。

天长县,治所即今安徽天长市驻地天长街道。北京政府时期属淮泗道。

滁县,清代为滁州直隶州直辖地,治所即今安徽滁州市驻地琅琊区。民国元年 1 月改县。民国三年 6 月属安庆道,10 月改隶淮泗道。

全椒县,治所即今安徽全椒县驻地襄河镇。民国三年 6 月属安庆道,10 月改隶淮泗道。

来安县,治所即今安徽来安县驻地新安镇。民国三年 6 月属安庆道,10 月改隶淮泗道。

婺源县,治所即今江西婺源县驻地紫阳镇。北京政府时期属芜湖道。民国二十三年 7 月划属江西省④,民国三十六年 6 月复来属⑤。

五、首席县长制与行政督察区

民国二十一年(1932)4 月,吴忠信任安徽省主席,试行首席县长制,将全省分为 10 区,每区设置首席县长 1 人,由区内首县县长兼任。首席县长的职权,与一般县长相同⑥。实行行政督察专员制度后,首席县长即被取消。10 区如下。

第一区,辖怀宁、桐城、潜山、太湖、望江、宿松 6 县。

第二区,辖芜湖、当涂、繁昌、和县、含山、无为 6 县。

第三区,辖合肥、舒城、庐江、巢县、全椒 5 县。

第四区,辖凤阳、怀远、定远、寿县、凤台、滁县、来安 7 县。

第五区,辖六安、英山、霍山、霍邱 4 县。

第六区,辖阜阳、颍上、太和、涡阳、蒙城、亳县 6 县。

第七区,辖泗县、五河、盱眙、天长⑦、灵璧、宿县 6 县。

---

① 《国民政府公报》第 1107 号,1933 年 4 月 17 日,第 3 页。
② 《国民政府公报》第 998 号,1932 年 12 月 8 日,第 4 页。
③ 吴绍骙:《嘉山县设治情况》,《明光文史》第 5—6 辑,1995 年,第 62～64 页。
④ 《国民政府公报》第 1489 号,1934 年 7 月 17 日,第 4 页。
⑤ 内政部方域司:《中华民国行政区域简表》(第 11 版),第 25 页。
⑥ 钱端升等:《民国政制史》下册,第 144 页。
⑦ 按:钱端升《民国政制史》中无天长县。据《安徽省志·建置沿革志》第 423～424 页之《首县制时期所属一览表》补。

第八区,辖贵池、青阳、铜陵、石埭、秋浦、东流6县。
第九区,辖宣城、南陵、泾县、宁国、旌德、太平、广德、郎溪8县。
第十区,辖歙县、休宁、婺源、黟县、祁门、绩溪6县。

民国二十一年8月,据《行政督察专署暂行条例》将全省划为10区。民国二十六年9月改8区,嗣经呈准暂缓实行,仍为10区。如下。

第一区,专署驻太湖县,辖太湖、怀宁、宿松、桐城、潜山、望江县。民国二十五年2月增辖岳西县。

第二区,专署驻芜湖县,辖芜湖、繁昌、南陵、庐江、当涂、铜陵、无为、巢县。

第三区,专署驻六安县,辖六安、合肥、舒城、霍山县。民国二十二年4月增辖立煌县。

第四区,专署驻寿县,辖寿县、霍邱、凤台、怀远、凤阳、定远。

第五区,专署驻滁县,民国二十七年2月改驻含山县①,辖滁县、天长、来安、全椒、含山、和县。民国二十一年11月增辖嘉山县。

第六区,专署驻泗县,辖泗县、盱眙、五河、灵璧、宿县、蒙城县。

第七区,专署驻阜阳县,辖阜阳、颖上、涡阳、亳县、太和县。民国二十三年9月增辖临泉县。

第八区,专署驻贵池县,辖贵池、青阳、太平、石埭、东流、至德县。

第九区,专署驻宣城县,辖宣城、郎溪、广德、宁国、泾县、旌德县。

第十区,专署驻休宁县,辖休宁、祁门、歙县、黟县、绩溪县。

民国二十七年7月,因日本侵略军占领津浦、淮南铁路沿线城镇并侵占长江沿岸城镇,撤销第二专区,但保留第二区序号,将芜湖、繁昌、南陵、当涂4县并入第九区,将无为、庐江、巢县3县并入第五区,将铜陵县并入第八区。此外,将第五区的天长、来安、嘉山3县改属第六区,将第六区的蒙城县改属第七区。各区如下。

第一区,专署驻太湖县,辖太湖、桐城、怀宁、潜山、宿松、望江、岳西县。

第二区,裁撤专署,保留区序号。

第三区,专署驻六安县,辖六安、合肥、舒城、霍山、立煌县。

第四区,专署驻霍邱县,辖霍邱、寿县、凤台、怀远、凤阳、定远县。

第五区,专署驻含山县,民国二十七年12月改设于全椒县古河镇,辖含山、全椒、和县、滁县、无为、巢县、庐江县。

第六区,专署驻泗县,辖泗县、盱眙、五河、灵璧、宿县、天长、来安、嘉山县。

---

① 《安徽省志·建置沿革志》,第425页。

第七区，专署驻阜阳县，辖阜阳、颍上、涡阳、亳县、太和、临泉、蒙城县。

第八区，专署驻贵池县，辖贵池、青阳、太平、石埭、东流、至德、铜陵县。

第九区，专署驻泾县，辖泾县、宣城、郎溪、广德、宁国、旌德、芜湖、当涂、繁昌、南陵县。

第十区，专署驻休宁县，辖休宁、祁门、歙县、黟县、绩溪县。

民国二十七年10月，为适应军事和政治形势，又将有关专区进行调整，撤销第四专区，共设8个专区，中间有多次调整。民国二十八年，为减少机构，撤销第七专区，保留名义，直属皖南行署。

民国二十七年10月至二十九年3月各区统辖情形如下。

第一区，专署驻太湖，辖怀宁、太湖、潜山、岳西、宿松、望江县。

第三区，专署驻立煌，辖立煌、六安、合肥、无为、霍山、舒城、庐江县。

第五区，专署驻全椒，辖滁县、盱眙、全椒、和县、巢县、嘉山、天长、含山、来安县。

第六区，专署驻泗县，辖泗县、宿县、灵璧、凤阳、定远、怀远、五河县。

第七区，专署驻阜阳，辖阜阳、霍邱、临泉、亳县、寿县、颍上、太和、涡阳、凤台、蒙城县。

第八区，专署驻贵池，辖贵池、青阳、铜陵、太平、至德、东流、石埭县。

第九区，专署驻宣城，辖宣城、芜湖、广德、泾县、当涂、宁国、南陵、繁昌、郎溪县。

第十区，专署驻休宁，辖歙县、休宁、祁门、黟县、绩溪、旌德县。

民国二十九年4月至6月各区统辖情形如下。

第一区，专署驻桐城，辖桐城、怀宁、无为、太湖、宿松、潜山、庐江、望江县。

第三区，专署驻六安，辖六安、合肥、寿县、霍邱、立煌、舒城、霍山、岳西县。

第五区，专署驻全椒县古河镇，辖滁县、全椒、和县、定远、凤阳、巢县、含山县。

第六区，专署驻盱眙，辖盱眙、泗县、无为、嘉山、灵璧、来安、五河县。

第七区，专署驻阜阳，辖阜阳、亳县、临泉、宿县、颍上、凤台、怀远、涡阳、太和县。

第八区，专署驻贵池，辖贵池、青阳、铜陵、太平、石埭、东流、至德县。

第九区，专署驻泾县，辖宣城、芜湖、广德、泾县、当涂、宁国、南陵、繁昌、郎溪县。

第十区，专署驻休宁，辖歙县、休宁、祁门、黟县、绩溪、旌德县。

民国二十九年7月，将原有的8区改划为9区，各区辖县有所变动，如下。

第一区，专署驻桐城县，抗战胜利后迁驻安庆县，辖桐城、怀宁、无为、太湖、宿松、潜山、庐江、望江县。

第二区，专署驻六安县，辖六安、合肥、寿县、霍邱、立煌、舒城、霍山、岳西县。

第三区，专署驻阜阳县，辖阜阳、临泉、亳县、太和、涡阳、蒙城、怀远、凤台、颍上县。

第四区，专署驻宿县，辖五河、灵璧、泗县、宿县。

第五区，专署驻全椒县古河，抗战胜利后迁驻嘉山县，辖全椒、滁县、和县、定远、巢县、含山县。

第六区，专署驻泾县，抗战胜利后迁芜湖县，辖泾县、宣城、芜湖、广德、当涂、南陵、宁国、郎溪、繁昌县。

第七区，民国三十一年恢复，专署驻休宁县屯溪镇，辖休宁、祁门、黟县、歙县、绩溪、旌德县。

第八区，专署驻贵池县，辖贵池、至德、太平、东流、石埭、青阳、铜陵县。

第九区，专署先后驻盱眙县、嘉山县，辖盱眙、凤阳、天长、来安、嘉山县。民国三十三年6月撤销，保留名义，辖县由第五专区督察①，抗战胜利后恢复。

抗战胜利后，又重划为10区，蚌埠市由省政府直辖。民国三十六年6月正式核准。各区如下。

第一区，专署驻怀宁县，辖怀宁、太湖、桐城、潜山、岳西、宿松、望江县。

第二区，专署驻六安县，辖六安、立煌、霍山、舒城、霍邱。

第三区，专署驻阜阳县，辖阜阳、临泉、太和、亳县、涡阳、颍上县。

第四区，专署驻宿县，辖宿县、蒙城、灵璧、五河、泗县。

第五区，专署驻嘉山县明光镇，辖嘉山、凤阳、滁县、来安、天长、盱眙县。

第六区，专署驻芜湖县，辖芜湖、繁昌、郎溪、宣城、泾县、广德、当涂、南陵县。

第七区，专署驻休宁县屯溪镇，辖休宁、歙县、祁门、黟县、绩溪、旌德、宁国、婺源县。

第八区，专署驻铜陵县大通镇，暂驻贵池县，辖铜陵、贵池、至德、太平、东流、石埭、青阳县。

第九区，专署驻巢县，辖巢县、全椒、和县、含山、无为、庐江县。

第十区，专署驻寿县，暂驻凤台县田家庵，辖寿县、合肥、定远、怀远、凤台县。

---

① 《国民政府公报》渝字第681号，1944年6月7日，第6页。

第四章 江西省

清宣统三年(1911),江西巡抚驻南昌府(今江西南昌市城区)。全省设南昌、抚州、建昌、瑞州、袁州、临江、广信、饶州、九江、南康、吉安、南安、赣州等13府,以及宁都直隶州;县级行政区有4厅、1州、75县。辖境相当于除婺源县外的今江西省全境。

一、省行政机构

辛亥革命时期,江西建立的军政府较多。驻九江新军于宣统三年九月二日(10月23日)起义,建立九江军政分府,以都督为首领。九月十日,南昌新军起义,并于次日建立南昌军政府,下设参谋等厅和民政等部。此外,九月中旬先后建立的还有袁瑞临三路都督、鄱阳都督、赣州都督以及萍乡都督府。民国元年(1912)1月,裁九江军政分府,江西都督府掌管全省军政权力。12月,置民政长,下设内务、财政各司①。民国三年5月,改民政长为巡按使,巡按使公署下设政务、财政各厅。民国五年7月,改巡按使为省长。民国十五年11月12日,国民党江西省党部成立江西省临时政治委员,为全省临时最高军政机关,下设政务、财政两委员会,为执行机关。民国十六年2月20日,蒋介石以国民革命军总司令的名义裁撤江西省临时政治委员会,设省政府委员会,设委员9~11人,从委员中产生1人为主席,下设民政、财政各厅。3月26日,武汉国民政府决定改组江西省政府,并于同日发布免职令,后于30日发布任命令。9月宁汉合流后,隶属于南京国民政府。民国二十五年5月30日,全省分设11个区行政督察专署,为省政府的辅助机关。抗日战争中,南昌市和九江、星子、德安、瑞昌、南昌、永修、新建、安义、彭泽、湖口等县先后沦陷。民国三十四年8月抗日战争胜利,江西光复。民国三十八年(1949)5月22日,江西省会南昌解放。

二、省会

民国二十七年前治南昌县,二十七年起治南昌市,均在今江西省南昌市

---

① 印铸局:《职官任免月表》,第113页。

城区。

三、统辖区域

民国二十三年,国民政府军事委员会委员长南昌行营为了"围剿"苏区,将福建省辖之光泽县、安徽省辖之婺源县,划归江西省管辖。经国民党中央政治会议第415次会议讨论通过,南京政府于当年7月14日照办①。民国三十六年6月,两县又分别划归福建与安徽省②。民国三十六年,全省土地面积为165 258平方公里。东界浙江、福建,北邻安徽、湖北,西界湖南,南接广东。

四、道、县、市

辛亥革命后,清代各道被废除。民国二年8月置赣北观察使,民国三年4月置赣南观察使③。民国三年5月,全省置赣南、浔阳、豫章、庐陵等4道。民国十六年,北伐军占领后,各道撤销。

江西新军起义后,江西省政事部编制处制定了《江西暂行地方官制草案》19条④,将全省地方行政区划分为府、县两种,实行省、府县二级制。《草案》虽然保留了清代的府名,但它的形式与实质均发生了很大的变化:各府设府知事1员,由省政事部选定,呈请都督委任;各府裁首县,以首县原有的辖境为各府区域;改宁都直隶州为府,其余各厅州一律改县。此制度约在民国元年2月实行⑤。但实际执行时与草案有所不同:一是废除了清代的南康府,但保留了南康府的首县——星子县;二是宁都直隶州并未改府,而是改为县⑥。民国元年10月各府统一改为县⑦。民国十六年置南昌市,民国十八年置九江市。无设治局与县佐的设置。民国末,全省辖81县、1市⑧。

---

① 《国民政府公报》第1489号,1934年7月17日,第4页。
② 内政部方域司:《中华民国行政区域简表》(第11版),第25、67页。
③ 印铸局:《职官任免月表》,第113~114页。
④ 蔡鸿源:《民国法规集成》第2册,第52页。
⑤ 按:《近六十年全国郡县增建志要》卷上言江西省虔南厅、铜鼓厅均在民国元年2月改县,上栗市厅在民国元年2月裁并。这三处变化,在民国元年8月公布的《众议院议员各省复选区表》及此后的更正中已得到反映。因此,当是民国元年2月统一改州厅为县。
⑥ 按:1912年8月13日公布的《众议院议员各省复选区表》无南康府、宁都府,有星子县、宁都县。
⑦ 《临时政府内务行政纪要》,第50页。
⑧ 《中华民国史地理志(初稿)》中光泽县在江西省、福建省两见(第17、21页),光泽县时已属福建省,江西省下当为误入。

1. 道

豫章道，民国三年5月置，辖境为清代赣东道区域①。道尹为繁要缺，一等②。驻南昌县（今江西南昌市城区）③。辖南昌、新建、丰城、进贤、南城、黎川、南丰、广昌、资溪、临川、金溪、崇仁、宜黄、乐安、东乡、余江、上饶、玉山、弋阳、贵溪、铅山、广丰、横峰等23县。民国十六年废。

庐陵道，民国三年5月置，辖境为清代赣西道区域。为注重湘赣边界治安，且为兼顾萍乡煤矿事务起见，道尹驻宜春县（今江西宜春市），为简缺，三等。后因吉安地居要冲，事务繁剧，为省会至赣南水陆要道，于民国四年12月移驻吉安县（今江西吉安市）④。辖宜春、泰和、吉水、永丰、安福、遂川、万安、永新、宁冈、莲花、清江、新淦、新喻、峡江、吉安、分宜、萍乡、万载、高安、上高、宜丰等21县。民国十六年废。

赣南道，民国三年4月置赣南观察使，5月改置道尹，要缺，二等。驻赣县（今江西赣州市）。辖赣县、雩都、信丰、兴国、会昌、安远、寻邬、龙南、定南、虔南、大庾、南康、上犹、崇义、宁都、瑞金、石城等17县。民国十六年废。

浔阳道，民国二年8月置赣北道，但未划定区域⑤。民国三年5月改置，道尹为要缺，二等。因九江地当长江要冲，为江西全省门户，且庐山为外国人避暑胜地，民国五年2月升为一等⑥。驻九江县（今江西九江市）。辖九江、德安、瑞昌、湖口、彭泽、星子、都昌、永修、安义、鄱阳、余干、乐平、浮梁、德兴、万年、奉新、靖安、武宁、修水、铜鼓等20县。民国十六年废。

2. 县、市

南昌市，民国十六年1月析南昌县城区置⑦。治所即今江西南昌市城区。因财政困难，省政府会议决议暂行停办，国民政府于民国二十一年3月核准⑧。民国二十三年3月，省政府又以"'剿匪'军事日有进展，南昌市面逐渐繁荣，所有市区事业，若仍如前分隶各厅各处，实不足以收策进之效，但目前财政仍极困难，恢复市府尚非其时"，决定先成立南昌市政委员会。内政部因市政委员会于法无据，未予核转。民国二十四年7月，内政部允许变通办理，准

---

① 《政府公报》第745号，1914年6月3日，第26册，第38页。
② 《政府公报》第834号，1914年8月31日，第28册，801页。
③ 《政府公报》第774号，1914年7月2日，第27册，第559页。
④ 《政府公报》第1302号，1915年12月22日，第44册，第870页。
⑤ 《政府公报》第498号，1913年9月23日，第17册，第547页。
⑥ 《政府公报》第46号，1916年2月21日，第46册，第833页。
⑦ 钱端升等：《民国政制史》下册，第421页。
⑧ 《国民政府公报》洛字第2号，1932年3月31日，第57页。

予备案①。民国二十七年正式成立市政府。为江西省会。

南昌县，清代为南昌府附郭县，治所在今江西南昌市城区。辛亥革命后废，地入南昌府，府境仅辖原南昌县地。民国元年10月废府，复置县。北京政府时期为豫章道驻地。民国二十七年前为江西省会。民国二十六年以后先后迁谢埠、万舍。民国二十八年2月日军侵华期间迁三江，民国三十四年9月抗战胜利后迁莲塘，次年5月迁谢埠②。

新建县，清代为南昌府附郭县。治所在今江西南昌市城区。北京政府时期属豫章道。民国二十三年，江西省政府议决迁乐化③。民国三十四年迁治乐化（今新建县北乐化）④。

丰城县，治所即今江西丰城市驻地北剑光街道。北京政府时期属豫章道。

进贤县，治所即今江西进贤县驻地民和镇。北京政府时期属豫章道。

南城县，清代为建昌府附郭县，治所即今江西南城县驻地建昌镇。辛亥革命后废，地入建昌府，府境仅辖原南城县地。民国元年10月废府，复置县。北京政府时期属豫章道。

黎川县，清代为新城县，治所即今江西黎川县驻地日峰镇。因与吉林、直隶、山东、浙江、贵州5省县名重名，民国三年1月改名。因境内有黎滩水，一名黎川，故名⑤。北京政府时期属豫章道。

南丰县，治所即今江西南丰县驻地琴城镇。北京政府时期属豫章道。

广昌县，治所即今江西广昌县驻地盱江镇。北京政府时期属豫章道。

资溪县，清代为泸溪县，治所即今江西资溪县驻地鹤城镇。因与湖南省县名重名，民国三年1月改名。因境内有资溪水，故名⑥。北京政府时期属豫章道。

临川县，清代为抚州府附郭县，治所即今江西抚州市临川区驻地东北青云街道。辛亥革命后废县，地入抚州府，府仅辖原临川县境。民国元年10月废

---

① 钱端升等：《民国政制史》下册，第421页。
② 《南昌县志》，南海出版公司，1990年，第4~5页；马志超：《南昌县历史概况》，《南昌县文史资料》第1辑，1986年，第3页。按：《江西省南昌县地名志》（南昌县地名办公室编，1984年，第6页）谓："1937年迁谢埠。1939年日寇侵入后，迁三江南街蔡家。1945年抗战胜利迁回谢埠，1949年5月21日解放，1949年8月20日迁莲塘。"《赣文化通典·地理及行政区划沿革卷》（郑克强总主编，江西人民出版社，2013年，第415页）谓："民国期间，县治屡迁。二十七年（1938），迁万舍，次年迁三江口蔡家。三十四年（1945），迁莲塘，次年迁谢埠。"
③ 《江西省政府公报》第6期，1934年，第2页。
④ 《新建县志》，江西人民出版社，1995年，第15页。按：1939年，日军入侵，县政府迁松湖青山夏家村，伪政权驻乐化。
⑤⑥ 《内务部改定各省重复县名及存废理由清单》。

府,复置县。北京政府时期属豫章道。

金溪县,治所即今江西金溪县驻地秀谷镇。北京政府时期属豫章道。

崇仁县,治所即今江西崇仁县驻地巴山镇。北京政府时期属豫章道。

宜黄县,治所即今江西宜黄县驻地凤冈镇。北京政府时期属豫章道。

乐安县,治所即今江西乐安县驻地敖溪镇。北京政府时期属豫章道。

东乡县,治所即今江西东乡县驻地孝岗镇。北京政府时期属豫章道。

余江县,清代为安仁县,治所在今江西余江县驻地邓家埠镇东北锦江镇。因与湖南省县名重名,民国三年1月改名。因境内有余水,故名①。北京政府时期属豫章道。

上饶县,清代为广信府附郭县,治所在今江西上饶市信州区东市街道。辛亥革命后废,地入广信府,府仅辖原上饶县地。民国元年10月废府,复置县。北京政府时期属豫章道。

玉山县,治所即今江西玉山县驻地冰溪镇。北京政府时期属豫章道。

弋阳县,治所即今江西弋阳县驻地弋江镇。北京政府时期属豫章道。

贵溪县,治所即今江西贵溪市驻地雄石街道。北京政府时期属豫章道。

铅山县,治所在今江西铅山县东南永平镇。北京政府时期属豫章道。

广丰县,治所即今江西广丰县驻地永丰镇。北京政府时期属豫章道。

横峰县,清代为兴安县,治所即今江西横峰县驻地兴安街道。因与广西省县名重名,民国三年1月改名。因县北有横峰山,故名②。北京政府时期属豫章道。

吉安县,清代为吉安府附郭庐陵县,治所即今江西吉安市吉州区永叔街道。辛亥革命后废,地入吉安府,府仅辖原吉安县地。民国元年10月废府,复置庐陵县。因与本省庐陵道重名,民国三年6月改名。民国四年12月至十五年为庐陵道驻地。民国二十年9月,国民党陆海空军总司令行营党政委员会提议析县境东南部一带置平赤县,"东固地域辽阔,形势重要,'赤匪'既平,亟应设治以资善后"。行政院于9月12日令准"以吉安县属赣江以东全部,吉水县属张家渡、水南、白沙、白湖线以南之部,永丰县属沙溪、含下、君埠、南坑线以西之部设置"③,治南龙(今江西吉安市东南南龙)④。辖境约今江西吉安市

---

① ② 《内务部改定各省重复县名及存废理由清单》。
③ 《国民政府公报》第899号,1931年10月15日,第11页。
④ 江西省地图编辑委员会:《中华人民共和国江西省地图集》,1963年,第96~97页。又,江西省测绘局:《江西省地图集》,1988年,第78页。

东南部、吉水县和永丰县的南部、兴国县北侧等区域。旋经陆海空军总司令行营党政委员会决议,县政府暂行停止工作。国民政府于同年11月23日准予备案①,辖境划归原属3县。因平赤县实际久已废弃,江西省政府建议不再保留名义,国民政府于民国二十三年2月准予备案②。

宜春县,清代为袁州府附郭县,治所即今江西宜春市袁州区驻地灵泉街道。辛亥革命后废,地入袁州府,府仅辖原宜春县地。民国元年10月废府,复置县。民国四年12月前为庐陵道驻地,此后仍属庐陵道。

泰和县,治所即今江西泰和县驻地澄江镇。北京政府时期属庐陵道。

吉水县,治所即今江西吉水县驻地文峰镇。北京政府时期属庐陵道。

永丰县,治所即今江西永丰县驻地恩江镇。北京政府时期属庐陵道。

安福县,治所即今江西安福县驻地平都镇。北京政府时期属庐陵道。

遂川县,原名龙泉县,治所即今江西遂川县驻地泉江镇。因与浙江、贵州两省县名重名,民国三年1月改名。因县城在遂水之北,故名③。北京政府时期属庐陵道。

万安县,治所即今江西万安县驻地芙蓉镇。北京政府时期属庐陵道。

永新县,治所即今江西永新县驻地禾川镇。北京政府时期属庐陵道。

宁冈县,清代为永宁县,治今江西井冈山市西新城镇。因与山西、广西、河南、贵州4省县名重名,民国三年1月改名。由永宁县与瓦冈(即县驻地新城)各取一字为名④。北京政府时期属庐陵道。民国二十三年9月4日迁砻市⑤,即今井冈山市西龙市镇。

莲花县,清代为莲花厅,治所即今江西莲花县驻地琴亭镇。辛亥革命后改县。北京政府时期属庐陵道。

清江县,清代为临江府附郭县,治所在今江西樟树市西南临江镇。辛亥革命后废,地入临江府,府仅辖原清江县地。民国元年10月废府,复置县。北京政府时期属庐陵道。

新淦县,治所即今江西新干县驻地金川镇。北京政府时期属庐陵道。

新喻县,治所即今江西新余市渝水区城区。北京政府时期属庐陵道。

峡江县,治所在今江西峡江县西南巴丘镇。北京政府时期属庐陵道。

分宜县,治所在钤阳镇(今江西分宜县南江口水库中)。北京政府时期属

---

① 《国民政府公报》第934号,1931年11月26日,第5页。
② 《国民政府公报》第1373号,1934年2月27日,第8页。
③④ 《内务部改定各省重复县名及存废理由清单》。
⑤ 《国民政府公报》第1541号,1934年9月17日,第5页。

庐陵道。

萍乡县,治所即今江西萍乡市安源区城区。北京政府时期属庐陵道。又,上栗市厅,清光绪三十三年(1907)七月端方奏准析萍乡县境置,治所拟在今江西上栗县驻地上栗镇,一说辛亥革命后改县,一说民国元年2月已并入萍乡县①。

万载县,治所即今江西万载县驻地康乐街道。北京政府时期属庐陵道。

高安县,清代为瑞州府附郭县,治所即今江西高安市驻地瑞州街道。辛亥革命后废,地入瑞州府。民国元年10月废府,复置县。北京政府时期属庐陵道。

上高县,治所即今江西上高县充地敖阳街道。北京政府时期属庐陵道。

宜丰县,清代为新昌县,治所即今江西宜丰县驻地新昌镇。因与浙江省县名重名,民国三年1月改名。三国时置宜丰县于此,故名②。北京政府时期属庐陵道。

赣县,清代为赣州府附郭县,治所即今江西赣州市章贡区城区。辛亥革命后废,地入赣州府,府仅辖原赣县地。民国元年10月废府,复置县。北京政府时期为赣南道驻地。

雩都县,治所即今江西于都县驻地贡江镇。北京政府时期属赣南道。

信丰县,治所即今江西信丰县驻地嘉定镇。北京政府时期属赣南道。

兴国县,治所即今江西兴国县驻地潋江镇。北京政府时期属赣南道。

会昌县,治所即今江西会昌县驻地文武坝镇。北京政府时期属赣南道。

安远县,治所即今江西安远县驻地欣山镇。北京政府时期属赣南道。

寻邬县,清代为长宁县,治所即今江西寻乌县驻地长宁镇。因与四川、广东两省县名重名,民国三年1月改名。因县东五十里处有寻邬水,故名③。北京政府时期属赣南道。

龙南县,治所即今江西龙南县驻地龙南镇。北京政府时期属赣南道。

定南县,清代为定南厅,治所在今江西定南县南老城镇。辛亥革命后改置为县。北京政府时期属赣南道。因治所偏僻,难以控制全县,且衙署被焚毁,而下历镇交通便利,城池完固,民国十七年8月迁下历④,即今定南县驻地历

---

① 吴承湜:《近六十年全国郡县增建志要》卷上,第49页。又,民国元年9月16日公布的《更正众议院议员各省覆选区表》言:"第四区。原列之'上栗县'三字删。萍乡县下加一注:'旧萍乡、上栗两县'七字。"
②③ 《内务部改定各省重复县名及存废理由清单》。
④ 《国民政府公报》第84期,1928年8月,第10页。

市镇。

虔南县，清代为虔南厅，治所即今江西全南县驻地城厢镇。民国元年2月改县①。北京政府时期属赣南道。

大庾县，清代为南安府附郭县，治所即今江西大余县驻地南安镇。辛亥革命后废，地入南安府，府仅辖原大庾县地。民国元年10月废府，复置县。北京政府时期属赣南道。

南康县，治所即今江西南康市驻地蓉江街道。北京政府时期属赣南道。

上犹县，治所即今江西上犹县驻地东山镇。北京政府时期属赣南道。

崇义县，治所即今江西崇义县驻地横水镇。北京政府时期属赣南道。

宁都县，清代为宁都直隶州直辖地，治所即今江西宁都县驻地梅江镇。辛亥革命后改县。北京政府时期属赣南道。

瑞金县，治所即今江西瑞金市驻地象湖镇。北京政府时期属赣南道。

石城县，治所即今江西石城县驻地琴江镇。北京政府时期属赣南道。

九江县，清代为九江府附郭德化县，治所即今江西九江市浔阳区城区。辛亥革命后废，地入九江府，府仅辖原德化县地。民国元年10月废府，复置德化县。因与福建、四川两省县名重名，民国三年1月改名。因原九江府名得名②。北京政府时期为浔阳道驻地。民国十五年前，九江已设有商埠督办公署，主持市政。民国十六年，继南昌之后，析九江县城区、商埠设市政厅，置市长。民国十八年4月改设九江市政府。民国十九年9月，江西省政府因九江市人口未符合新颁布的《市组织法》规定，撤市。民国二十三年6月，江西省政府设九江市政委员会。次年6月，内政部认为市政委员会于法无据，但江西为"剿匪"区域，情形特殊，故予核议呈经行政院暂准备案。民国二十五年，江西省政府裁撤③。

德安县，治所即今江西德安县驻地蒲亭镇。北京政府时期属浔南道。

瑞昌县，治所即今江西瑞昌市驻地湓城街道。北京政府时期属浔南道。

湖口县，治所即今江西湖口县驻地双钟镇。北京政府时期属浔南道。

彭泽县，治所即今江西彭泽县驻地龙城镇。北京政府时期属浔南道。

星子县，清代为南康府附郭县，治所即今江西星子县驻地南康镇。辛亥革命后废，地入南康府，府仅辖原星子县地。民国元年10月废府，复置县。北京

---

① 吴承湜：《近六十年全国郡县增建志要》卷上，第49页。
② 《内务部改定各省重复县名及存废理由清单》。
③ 钱端升等：《民国政制史》下册，第421页。

政府时期属浔南道。

都昌县，治所即今江西都昌县驻地都昌镇。北京政府时期属浔南道。

永修县，清代为建昌县，治所在今江西永修县西北艾城镇。因与四川省建昌道重名，民国三年6月改名。因古县名得名。北京政府时期属浔南道。

安义县，治所即今江西安义县驻地龙津镇。北京政府时期属浔南道。

鄱阳县，清代为饶州府附郭县，治所即今江西波阳县驻地鄱阳镇。辛亥革命后废，地入饶州府。民国元年10月废府，复置县。北京政府时期属浔南道。

余干县，治所即今江西余干县驻地玉亭镇。北京政府时期属浔南道。

乐平县，治所即今江西乐平市驻地洎阳街道。北京政府时期属浔南道。

浮梁县，治所即今江西浮梁县驻地浮梁镇。因景德镇为江西省工商城市，一向设有县官行署，历任县官驻县城时间少而驻景德镇行署时间多，于民国五年10月迁治景德镇（今江西景德镇市区）①。北京政府时期属浔南道。

德兴县，治所即今江西德兴市驻地银城街道。北京政府时期属浔南道。

万年县，治所在今江西万年县西青云镇。北京政府时期属浔南道。

奉新县，治所即今江西奉新县驻地冯川镇。北京政府时期属浔南道。

靖安县，治所即今江西靖安县驻地双溪镇。北京政府时期属浔南道。

武宁县，治所即今江西武宁县驻地新宁镇。北京政府时期属浔南道。

修水县，清代为义宁州，治所即今江西修水县驻地义宁镇。辛亥革命后改为义宁县。因与广西省县名重名，民国三年1月改名修水县。县境西部有修水，故名②。北京政府时期属浔南道。

铜鼓县，清代为铜鼓厅，治所即今江西铜鼓县驻地永宁镇。辛亥革命后改为县。北京政府时期属浔南道。

五、区长官制与行政督察区

为了"围剿"革命根据地，国民政府军事委员会委员长南昌行营先是在江西境内实行党政委员分会制，企图实行"党政军三方联合"。后又改为区长官制，将全省划为13个行政区，每区设区长官1人，兼任驻在地县长。区长官在省政府指挥监督之下，管理区内行政保安事宜，并有指挥监督辖区内各县保安部队、水陆公安警察队及保卫团队，考核辖区内各县县长成绩等多项职权。各区驻在县如下：南昌、萍乡、武宁、九江、鄱阳、上饶、临川、宜黄、吉安、永新、赣

---

① 《政府公报》第282号，1916年10月17日，第54册，第573页。
② 《内务部改定各省重复县名及存废理由清单》。

县、宁都及龙南县①。

民国二十一年(1932)10月开始实行行政督察区制,全省置13区,辖区、首县同前江西行政长官辖区。后裁撤第一、第四两区。民国二十二年各区辖县如下②。

第二区,辖萍乡、宜丰、上高、新喻、分宜、宜春、万载县。

第三区,辖武宁、修水、靖安、奉新、铜鼓、永修、瑞昌县。

第五区,辖鄱阳、乐平、浮梁、德兴、万年、余干县。

第六区,辖上饶、玉山、广丰、铅山、横峰、弋阳县。

第七区,辖临川、金溪、东乡、资溪、贵溪、余江县。

第八区,辖南城、乐安、宜黄、南丰、黎川、崇仁县。

第九区,辖吉安、吉水、永丰、泰和、万安、兴国、峡江县。

第十区,辖永新、安福、宁冈、遂川、莲花县。

第十一区,辖赣县、南康、信丰、上犹、崇义、大庾县。

第十二区,辖宁都、广昌、石城、瑞金、会昌、雩都县。

第十三区,辖龙南、安远、寻邬、虔南、定南县。

民国二十三年1月,遵照军事委员会委员长南昌行营令,豫鄂皖三省"剿匪"总司令部制定的《剿匪区内各省行政督察专署组织条例》规定,江西全省重新划为第一至第十及第十二等11个区。民国二十四年4月又改划为8区,如下。

第一区,专署驻武宁县,辖武宁、南昌、新建、进贤、安义、永修、修水、铜鼓、奉新、靖安县。民国二十八年7月,进贤县改隶第七区。

第二区,专署驻萍乡县,辖萍乡、宜春、分宜、万载、新喻、上高、宜丰、高安、新淦、清江、丰城县。

第三区,专署驻吉安县,辖吉安、吉水、永丰、峡江、泰和、万安、遂川、安福、永新、宁冈、莲花县。

第四区,专署驻赣县,辖赣县、大庾、崇义、上犹、南康、虔南、定南、寻邬、安远、信丰、龙南县。

第五区,专署驻浮梁县,辖浮梁、鄱阳、九江、星子、湖口、彭泽、都昌、瑞昌、德安、乐平、婺源、德兴县。

第六区,专署驻上饶县,辖上饶、玉山、广丰、铅山、弋阳、横峰、余江、万年、

---

① 钱端升等:《民国政制史》下册,第146页。
② 《革命文献》第71辑,第139~140页。

贵溪、余干县。

第七区，专署驻南城县，辖南城、南丰、金溪、临川、宜黄、崇仁、乐安、黎川、光泽、东乡、资溪县。民国二十八年7月，第一区进贤县来属。

第八区，专署驻宁都县，辖宁都、广昌、石城、瑞金、会昌、雩都、兴国县。

民国二十八年9月改置为11区，各区辖县、专署驻地均有变化，如下。

第一区，专署驻铜鼓县，辖铜鼓、武宁、修水、永修县。民国三十年2月，永修县改隶第十区①。

第二区，专署驻萍乡县，辖萍乡、宜春、分宜、万载、新喻、上高、宜丰、高安、新淦、清江县。

第三区，专署驻吉安县，辖吉安、吉水、永丰、峡江、泰和、万安、遂川、安福、永新、宁冈、莲花县。

第四区，专署驻赣县，辖赣县、大庾、崇义、上犹、龙南、虔南、定南、安远、南康、信丰、寻邬县。

第五区，专署驻浮梁县，辖浮梁、鄱阳、湖口、彭泽、都昌、乐平、婺源、德兴县。民国三十一年6月，第九区星子县来属。

第六区，专署驻上饶县，辖上饶、玉山、广丰、铅山、弋阳、横峰、余江、万年、贵溪、余干县。

第七区，专署驻南城县，辖南城、南丰、金溪、临川、宜黄、崇仁、乐安、黎川、光泽、东乡、资溪县。

第八区，专署驻宁都县，辖宁都、广昌、石城、瑞金、会昌、雩都、兴国县。

第九区，专署驻德安县，辖德安、九江、星子、瑞昌县。民国三十一年6月，星子县划属第五区②。

第十区，专署驻奉新县，辖奉新、安义、靖安、新建县。民国三十年2月，第一区永修县来属。

第十一区，专署驻丰城县，辖丰城、南昌、进贤县。

民国三十二年裁撤第十、第十一两区，各区辖县有所调整。抗战胜利后，南昌市直属于省，婺源、光泽2县于民国三十六年6月分别划属安徽、福建省。各区如下。

第一区，专署驻丰城县，辖丰城、新建、南昌、进贤、高安、清江、新淦县。

第二区，专署驻宜春县，辖宜春、萍乡、万载、铜鼓、修水、宜丰、上高、新喻、

---

① 《国民政府公报》渝字第337号，1941年2月19日，第26页。
② 《国民政府公报》渝字第475号，1942年6月17日，第8页。

分宜等9县。

第三区，专署驻吉安县，辖吉安、泰和、万安、遂川、宁冈、莲花、永新、安福、峡江、永丰、吉水县。

第四区，专署驻赣县，辖赣县、南康、上犹、崇义、大庾、信丰、虔南、龙南、定南、寻邬、安远县。

第五区，专署驻浮梁县，辖浮梁、彭泽、湖口、都昌、鄱阳、乐平、德兴、婺源县。民国三十六年6月婺源县划属安徽省。

第六区，专署驻上饶县，辖上饶、横峰、弋阳、万年、余干、余江、贵溪、铅山、广丰、玉山县。

第七区，专署驻南城县，辖南城、金溪、东乡、临川、崇仁、乐安、宜黄、南丰、黎川、光泽、资溪县。民国三十六年6月，光泽县划属福建省。

第八区，专署驻宁都县，辖宁都、兴国、雩都、会昌、瑞金、石城、广昌县。

第九区，专署驻武宁县，民国三十二年6月9迁驻武宁县石门楼[1]，后又迁武宁县[2]，辖武宁、靖安、奉新、安义、永修、星子、九江、瑞昌、德安县。

---

[1] 《国民政府公报》渝字第583号，1943年6月30日，第13页。
[2] 按：内政部方域司《中国之行政督察区》(第12页)言第九区专署驻武宁县，疑是抗战胜利后迁回。

第五章 湖北省

清宣统三年(1911),湖北省行政长官——湖广总督兼巡抚驻武昌府(今湖北武汉市武昌)。府级行政区有武昌、汉阳、黄州、德安、安陆、襄阳、郧阳、荆州、宜昌、施南等10府,以及鹤峰直隶厅、荆门直隶州;县级行政区有1厅、6州、60县。辖境相当于今湖北省除英山县全部、大悟县东北部以外的地区。

一、省行政机构

清宣统三年八月十九日(10月10日),武昌新军起义。次日,成立中华民国军政府鄂军都督府,以黄帝纪元四千六百零九年为年号,推选黎元洪为都督。八月二十六日公布《中华民国军政府暂行条例》,九月初四日(10月25日)公布《中华民国鄂军政府改定暂行条例》,对军政府各部设置有所更动。民国元年(1912)4月19日,设民政长,为全省最高行政长官,下设内务、财政各司。民国三年5月23日,改民政长为巡按使,下设政务、财政等厅。民国五年7月6日,改巡按使为省长。民国十五年9月15日,国民党中央政治会议决定在汉口建立湖北省临时政治会议,为全省军政、财政最高领导机关,下设政务委员会与财政委员会,为执行机关。民国十六年1月18日,国民党中央政治会议议决改湖北省临时政治会议为湖北省政府筹备委员会,筹备建省事宜,并行使政务。3月25日,国民党中央政治会议决定,将筹备委员会改组为省政府委员会,湖北省政府正式成立。4月,国民党政府宁、汉两派分裂后,湖北省政府隶属武汉国民政府。7月20日,武汉国民政府下令改组省政府委员会。9月,宁汉合流,湖北省政府归属南京国民政府。12月19日,国民政府下令改组湖北省政府,并于翌年1月7日成立新的湖北省政府。民国二十一年10月起,全省陆续分设11个区行政督察专署,为省政府的辅助机关。抗战期间,省政府为流亡政府。从民国二十八年底起,先后设鄂东、宜昌、鄂北行署。民国二十九年11月14日裁宜昌行署。抗战胜利后,省政府迁回武汉。民国三十八年(1949)5月17日,武汉解放。

二、省会

辛亥革命后置武昌府,以原江夏县区域为辖境,为鄂军都督府的治所。民国元年起以武昌县为省会,民国二十四年7月起以武昌市为省会,均在今湖北武汉市武昌区。

三、统辖区域

民国三十六年全省土地面积为186 229平方公里。民国二十五年3月,英山县从安徽省划入。民国二十二年5月置礼山县时,河南省罗山县西南部划入,今大悟县段省界形成。辖境由此与今相近。东接安徽、江西,北邻河南,西界四川、陕西,南接湖南。

四、道、县、市

辛亥革命后,清代各道被废除,府、厅、州被改置为县。民国二年1月置鄂东、鄂北、鄂西3道观察使。民国三年5月23日,全省改置为江汉道、襄阳道、荆南道3道。民国十年8月,裁荆南道,以宜昌等13县与襄阳道荆门等3县合置荆宜道,以恩施等7县新置施鹤道。民国十五年北伐军占领后废道。民国末,全省辖70县、1市①。

1. 道

江汉道,民国二年1月17日②置武汉黄德道,旋改名鄂东道③,观察使驻夏口县(今湖北武汉市汉口),民国三年5月23日改设。道尹为繁要缺,一等。驻武昌县(今湖北武汉市武昌区)。辖武昌、鄂城、嘉鱼、蒲圻、崇阳、通山、通城、大冶、阳新、汉阳、夏口、汉川、黄陂、孝感、沔阳、黄冈、黄安、黄梅、蕲春、蕲水、麻城、罗田、广济、安陆、随县、云梦、应山、应城等29县。民国十五年废。

襄阳道,民国二年1月17日置安襄郧荆道,旋改名鄂北道,民国三年5月23日改设。道尹为要缺,二等。驻襄阳县(今湖北襄樊市汉江南岸襄城区)。辖襄阳、钟祥、京山、潜江、天门、荆门、当阳、远安、宜城、南漳、枣阳、谷城、光化、均县、郧县、房县、竹溪、竹山、保康、郧西等20县。民国十五年废。

荆宜道,民国二年1月23日置荆宜施鹤道,旋改名鄂西道,观察使驻江陵

---

① 按:《中华民国史地理志(初稿)》(第34页)、吴以政《中华民国行政区域表》(第3页)言湖北省有鸡公山管理局,设置年份及性质不详。
② 印铸局:《职官任免月表》,1917年,第132页。
③ 《政府公报》第499号,1913年9月24日,第13册,第557页。

县(今湖北荆州市驻地沙市镇西北江陵区)①,民国三年5月23日改设荆南道。道尹为要缺,二等。驻宜昌县(今湖北宜昌市)。辖宜昌、江陵、公安、石首、监利、松滋、枝江、宜都、长阳、兴山、巴东、五峰、秭归、恩施、宣恩、建始、利川、来凤、咸丰、鹤峰等20县。民国十年8月改名荆宜道,治所仍旧,辖区缩小,辖宜昌、江陵、公安、石首、监利、松滋、枝江、宜都、长阳、兴山、巴东、五峰、秭归、荆门、当阳、远安等县。民国十五年废。

施鹤道,民国十年8月析荆南道置②。治恩施县(今湖北恩施市)。辖恩施、宣恩、建始、利川、来凤、咸丰、鹤峰等7县。民国十六年废。

2. 县、市

武昌市,民国十八年6月武汉特别市改为汉口特别市后,湖北省请设武昌市,内政部以武昌未合设市条件,予以驳回。民国二十四年4月,湖北省政府筹设武昌市政处,谋求发展省会市政③。国民政府于同年7月令准④。治所在今湖北武汉市武昌区。为湖北省会。

武昌县,清代为武昌府附郭江夏县,治所在今湖北武汉市武昌区。辛亥革命后,废武昌府。民国元年1月以江夏县境置武昌府,为湖北省军政府驻地。北京政府成立后,仍改为江夏县。民国二年5月改名,以府名得名⑤。民国二十四年前为湖北省会。北京政府时期为江汉道治所,县佐驻山坡,在今武汉市江夏区纸坊镇南山坡。

汉阳县,清代为汉阳府附郭县,治所即今湖北武汉市汉阳区。北京政府时期属江汉道,县佐驻蔡甸,在今武汉市蔡甸区。又,夏口县,清代为夏口厅,治所在今武汉市汉口。辛亥革命后改置为县。北京政府时期属江汉道,县佐驻新沟,在今武汉市西北新沟。武汉国民政府时期,于民国十五年9月析夏口县置汉口市,兼辖汉阳县城,治所即今武汉市汉口。民国十六年4月,经武汉国民政府批准,与武昌市合并为武汉特别市⑥。民国十八年7月31日,国民政府指令撤销夏口县,分别划归汉口特别市政府及汉阳县管辖⑦。

鄂城县,清代为武昌县,治今湖北鄂州市鄂城区城区。因与本省县名重

---

① 《政府公报》第499号,1913年9月24日,第13册,第557页。
② 《政府公报》第1966号,1921年8月14日,第112册,第417页。
③ 钱端升等:《民国政制史》下册,第423页。
④ 《国民政府公报》第1790号,1935年7月11日,第4页。
⑤ 《政府公报》第499号,1913年9月24日,第13册,第553页。
⑥ 钱端升等:《民国政制史》下册,第413页。
⑦ 《国民政府公报》第231号,1929年8月1日,第7页。

名，民国二年5月改名寿昌县①。又因与浙江省县名重名，民国三年1月再次改名。县境有楚邑鄂城，故名②。北京政府时期属江汉道。

嘉鱼县，治所即今湖北嘉鱼县驻地鱼岳镇。北京政府时期属江汉道。

蒲圻县，治所即今湖北赤壁市蒲圻街道。北京政府时期属江汉道，县佐驻羊楼洞，即今蒲圻市西南羊楼洞。

咸宁县，治所即今湖北咸宁市咸安区永安街道。北京政府时期属江汉道。

崇阳县，治所即今湖北崇阳县驻地天城镇。北京政府时期属江汉道。

通山县，治所即今湖北通山县驻地通羊镇。北京政府时期属江汉道。又，大畈特别区，民国二十三年4月，湖北省政府析阳新县大部及大冶、鄂城、咸宁、通山等县部分地置。治大畈（今湖北通山县东北大畈）。次年6月撤销，各地分归原建制③。

通城县，治所即今湖北通城县驻地隽水镇。北京政府时期属江汉道。

大冶县，治所即今湖北大冶市驻地东岳路街道。北京政府时期属江汉道，县佐驻黄石港，即今黄石市驻地北黄石港。

阳新县，清代为兴国州，治所即今湖北阳新县驻地兴国镇。辛亥革命后改为兴国县。因与江西省县名重名，民国三年1月改名。以古县名得名④。北京政府时期属江汉道。

汉川县，治所即今湖北汉川市驻地仙女山街道。北京政府时期属江汉道。

黄陂县，治所即今湖北武汉市黄陂区驻地前川街道。北京政府时期属江汉道，县佐驻河口镇，即今武汉市黄陂区北河口。

孝感县，治所即今湖北孝感市孝南区城区。北京政府时期属江汉道，县佐驻小河溪，即今孝昌县驻地花园镇北小河镇。

礼山县，民国二十一年，红军第四方面军主力撤离鄂豫皖革命根据地，西进川陕，国民政府鄂豫皖三省"剿匪"总司令部以豫鄂边界"形势重要，距城弯远，控制不便"，政令不及，于民国二十二年1月以河南省罗山，湖北省黄陂、黄安、孝感4县接壤地带置县⑤。民国二十二年5月6日行政院令准⑥。治毛家集（在今湖北大悟县东南）。民国二十六年春迁治河背咀（今大悟县东南新

---

① 《政府公报》第499号，1913年9月24日，第13册，第553页。
②④ 《内务部改定各省重复县名及存废理由清单》。
③ 《通山县志》，中国文史出版社，1991年，第42页。
⑤ 《大悟县志》，湖北科学技术出版社，1996年，第42页。
⑥ 《国民政府公报》第1176号，1933年6月27日，第7页。

城)。抗战胜利后迁三里城何家塆,民国三十五年7月迁毛家集①。

沔阳县,清代为沔阳州,治所在今湖北仙桃市西南沔城。辛亥革命后改为县。北京政府时期属江汉道,县佐驻新堤镇,在今湖北洪湖市驻地新堤街道办事处。

黄冈县,清代为黄州府附郭县,治所在今湖北黄冈市黄州区赤壁街道。北京政府时期属江汉道,县佐驻新洲,在今武汉市新洲区邾城街道。因"原有县治偏处一隅,控制殊虑困难",而团风镇居全县中心,濒临长江,交通方便,民国十八年8月迁治团风镇(今湖北团风县驻地团风镇)②。民国二十年,团风镇遭遇水灾,于二十一年12月迁回黄州③。

黄安县,治所在今湖北红安县驻地城关镇。北京政府时期属江汉道。

黄梅县,治所即今湖北黄梅县驻地黄梅镇。北京政府时期属江汉道,县佐驻蔡山镇,在今黄梅县西南蔡山。

蕲春县,清代为蕲州,治所在今湖北蕲春县西南蕲州。辛亥革命后改为县,以古县名命名。北京政府时期属江汉道,县佐驻张塝,在今蕲春县驻地漕河镇东北张塝镇。

浠水县,清代为蕲水县,治所即今湖北浠水县驻地清泉镇。民国二十二年5月2日行政院令准改名④。因境内有浠水,故名。北京政府时期属江汉道,县佐驻团陂镇,在今浠水县驻地清泉镇北团陂。

麻城县,治所即今湖北麻城市驻地龙池桥街道。北京政府时期属江汉道,县佐驻宋埠,在今麻城市驻地麻城镇西南宋埠。

罗田县,治所即今湖北罗田县驻地凤山镇。北京政府时期属江汉道。

英山县,治所即今湖北英山县驻地温泉镇。民国三年6月属安徽省淮泗道,10月改隶安庆道。民国二十五年3月划属湖北省。

广济县,治所在今湖北武穴市北梅川镇。北京政府时期属江汉道,县佐驻武穴,在今武穴市驻地武穴镇。

安陆县,清代为德安府附郭县,治所即今湖北安陆市驻地府城街道。北京政府时期属江汉道。

随县,清代为随州,治所即今湖北随州市驻地曾都区城区。辛亥革命后改为县。北京政府时期属江汉道,县佐驻祝林总,在今随州市东北祝林。

---

① 《大悟县志》,第54页。
② 《国民政府公报》第262号,1929年9月6日,第10页。
③ 《国民政府公报》第1044号,1933年2月2日,第15页。又,《黄冈县志》,武汉大学出版社,1990年,第373页。
④ 《国民政府公报》第1176号,1933年6月27日,第7页。

云梦县,治所即今湖北云梦县驻地城关镇。北京政府时期属江汉道。

应山县,治所即今湖北广水市驻地应山街道。北京政府时期属江汉道。

应城县,治所即今湖北应城市驻地城中街道。北京政府时期属江汉道,县佐驻长江埠,在今应城市驻地东南长江埠。

襄阳县,清代为襄阳府附郭县,治所在今湖北襄樊市汉江南岸襄城区。北京政府时期为襄阳道驻地,县佐驻樊城,在今襄樊市汉江北岸樊城区。

钟祥县,清代为安陆府附郭县,治所即今湖北钟祥市驻地郢中街道。北京政府时期属襄阳道,县佐驻臼口镇,在今钟祥市南旧口。

京山县,治所即今湖北京山县驻地新市镇。北京政府时期属襄阳道,县佐驻多宝湾,即今天门市西多宝镇。

潜江县,治所即今湖北潜江市驻地园林街道。北京政府时期属襄阳道。

天门县,治所即今湖北天门市驻地竟陵街道。北京政府时期属襄阳道,县佐驻岳口镇,在今天门市西南岳口。

荆门县,清代为荆州直隶州直辖地,治所在今湖北荆门市东宝区城区。辛亥革命后改为县。民国三年属襄阳道,民国十年8月改隶荆宜道。北京政府时期,县佐驻沙洋镇,在今荆门市驻地城关镇东南沙洋。

当阳县,治所即今湖北当阳市驻地玉阳街道。民国三年属襄阳道,民国十年8月改隶荆宜道。北京政府时期,县佐驻河溶镇,在今当阳市东南河溶。

远安县,治所即今湖北远安县驻地鸣凤镇。民国三年属襄阳道,民国十年8月改隶荆宜道。

自忠县,原名宜城县,治所即今湖北宜城市驻地鄢城街道。北京政府时期属襄阳道。民国三十三年8月,为纪念抗日爱国将领张自忠而改名[①]。

南漳县,治所即今湖北南漳县驻地城关镇。北京政府时期属襄阳道,县佐驻马良坪,即今南漳县西南马良坪。

枣阳县,治所即今湖北枣阳市驻地北城街道。北京政府时期属襄阳道,县佐驻平林店,即今枣阳市南平林店。

谷城县,治所即今湖北谷城县驻地城关镇。北京政府时期属襄阳道,县佐驻石花街,即今谷城县西石花街。

光化县,治所在今湖北老河口市光化街道老县城。北京政府时期属襄阳道。因县城在抗战中被日军毁坏,民国三十四年迁治老河口镇(今光化街道中

---

① 《国民政府公报》渝字第699号,1944年8月9日,第15页。

山公园一带）①。

均县，清代为均州，治所在今湖北丹江口市西北丹江水库区。北京政府时期属襄阳道。

郧县，清代为郧阳府附郭县，治所在今湖北十堰市郧阳区南老城（大部已为丹江水库区）。北京政府时期属襄阳道。

房县，治所即今湖北房县驻地城关镇。北京政府时期属襄阳道，县佐驻上龛镇，在今房县西南上龛。

竹溪县，治所即今湖北竹溪县驻地城关镇。北京政府时期属襄阳道，县佐驻丰溪镇，在今竹溪县南丰溪。

竹山县，治所即今湖北竹山县驻地城关镇。北京政府时期属襄阳道。

保康县，治所即今湖北保康县驻地城关镇。北京政府时期属襄阳道。

郧西县，治所即今湖北郧西县驻地城关镇。北京政府时期属襄阳道。

宜昌县，清代为宜昌府附郭东湖县，治所即今湖北宜昌市西陵区城区。民国元年1月改名②，以府名得名。民国三年起为荆南道驻地，民国十年8月为荆宜道驻地。北京政府时期，县佐驻三斗坪，在今宜昌市西三斗坪。

江陵县，清代为荆州府附郭县，治所即今湖北荆州市江陵区城区。民国三年属荆南道，民国十年8月划属荆宜道。北京政府时期，县佐驻龙湾市，在今湖北潜江市西南龙湾镇③。

公安县，治所在今湖北公安县西南南平镇。民国三年属荆南道，民国十年8月划属荆宜道。

石首县，治所即今湖北石首市驻地绣林街道。民国三年属荆南道，民国十年8月划属荆宜道。

监利县，治所即今湖北监利县驻地容城镇。民国三年属荆南道，民国十年8月划属荆宜道。

松滋县，治所在今湖北松滋市北老城镇。民国三年属荆南道，民国十年8月划属荆宜道。民国二十一年6月迁驻磨市（今松滋市东南磨盘洲）④。民国二十三年2月迁回旧治⑤。民国三十六年6月又移治新江口（今松滋市驻地新江口镇）⑥。

---

① 《老河口市志》，新华出版社，1992年，第41页。
② 吴承湜：《近六十年全国郡县增建志要》附录，第76页。按：1912年10月3日公布的《省议会议员各省复选区表》中仍为东湖县。
③ 《湖北分县详图》（武昌亚新地学社，1930年）江陵幅有竜湾，即龙湾之异写，位于白鹭湖北。今已划入潜江市。
④ 《国民政府公报》洛字第10号，1932年6月10日，第37页。
⑤ 《国民政府公报》第1368号，1934年2月21日，第10页。
　按：《松滋县志》（1986年，第13页）谓1933年8月1日迁磨盘洲，旋迁回老城。
⑥ 内政部方域司：《中华民国行政区域简表》（第11版），第37页。

枝江县，治所在今湖北宜都市南枝城镇。民国三年属荆南道，民国十年8月划属荆宜道。北京政府时期，县佐驻江口，即今湖北枝江市东江口。

宜都县，治所即今湖北宜都市驻地陆城街道。民国三年属荆南道，民国十年8月划属荆宜道。

长阳县，治所即今湖北长阳土家族自治县驻地龙舟坪镇。民国三年属荆南道，民国十年8月划属荆宜道。

兴山县，治所在今湖北兴山县南昭君镇。民国三年属荆南道，民国十年8月划属荆宜道。

巴东县，治所即今湖北巴东县驻地信陵镇。民国三年属荆南道，民国十年8月划属荆宜道。北京政府时期，县佐驻野三关，在今巴东县南野三关。

五峰县，清代为长乐县，治所即今湖北五峰土家族自治县驻地五峰镇。因与福建、广东两省县名重名，民国三年1月改名五峰县。因明置五峰石宝长官司于此，故名①。民国三年属荆南道，民国十年8月划属荆宜道。

秭归县，清代为归州，治所在今湖北秭归县西北归州镇。辛亥革命后改为县。以汉代县名命名。民国三年属荆南道，民国十年8月划属荆宜道。

恩施县，清代为施南府附郭县，治所即今湖北恩施市驻地小渡船街道。民国三年属荆南道，民国十年8月起为施鹤道驻地。

宣恩县，治所即今湖北宣恩县驻地珠山镇。民国三年属荆南道，民国十年8月划属施鹤道。

建始县，治所即今湖北建始县驻地业州镇。民国三年属荆南道，民国十年8月划属施鹤道。

利川县，治所即今湖北利川市驻地都亭街道。民国三年属荆南道，民国十年8月划属施鹤道。北京政府时期，县佐驻忠路，在今利川市西南忠路。

来凤县，治所即今湖北来凤县驻地翔凤镇。民国三年属荆南道，民国十年8月划属施鹤道。北京政府时期，县佐驻卯洞，即今来凤县南卯洞。

咸丰县，治所即今湖北咸丰县驻地高乐山镇。民国三年属荆南道，民国十年8月划属施鹤道。

鹤峰县，清代为鹤峰直隶厅，治所即今湖北鹤峰县驻地容美镇。辛亥革命后改为县。民国三年属荆南道，民国十年8月划属施鹤道。

五、行政督察区

民国二十一年（1932）11月全省划为11个行政督察区。如下所示。

---

① 《内务部改定各省重复县名及存废理由清单》。

第一区，专署驻蒲圻县，辖蒲圻、武昌、汉阳、嘉鱼、咸宁、通城、崇阳县。

第二区，专署驻大冶县，民国二十三年迁驻阳新，辖大冶、阳新、鄂城、通山县。民国二十三年曾辖大畈特别区。

第三区，专署驻蕲春县，辖蕲春、浠水、黄梅、广济、罗田、英山县。

第四区，专署驻黄安县，辖黄安、黄冈、麻城、黄陂县。民国二十二年1月增领礼山县①。

第五区，专署驻随县，辖随县、安陆、孝感、应山、云梦、应城县。

第六区，专署驻天门县，辖天门、汉川、沔阳、京山、钟祥县。民国二十二年，第七区潜江县来属。

第七区，专署驻江陵县，辖江陵、荆门、监利、石首、公安、枝江、松滋、潜江县。民国二十二年，潜江县往属第六区。

第八区，专署驻襄阳县，辖襄阳、枣阳、宜城、光化、谷城、南漳、保康县。

第九区，专署驻宜昌县，辖宜昌、远安、当阳、宜都、兴山、秭归、五峰、长阳县。

第十区，专署驻恩施县，辖恩施、宣恩、建始、巴东、鹤峰、利川、咸丰、来凤县。

第十一区，专署驻郧县，辖郧县、均县、郧西、房县、竹山、竹溪县。

民国二十五年3月重划为8区。民国三十四年8月，第四区专署移驻松滋街阿市(今松滋县西南街河市镇)，第七区专署移驻咸丰县②。抗战胜利后仍为8区，武昌市由省政府直辖③。各区如下。

第一区，专署驻蒲圻县，抗战胜利后迁驻咸宁县，辖咸宁、武昌、汉阳、大冶、鄂城、阳新、蒲圻、崇阳、嘉鱼、通城、通山县。

第二区，专署驻黄冈县，辖黄冈、浠水、蕲春、黄陂、麻城、广济、黄梅、黄安、礼山、英山、罗田县。民国二十八年12月裁，民国三十年7月复置，第三区孝感县来隶。抗战胜利后，孝感县复属第三区。

第三区，专署驻随县，辖随县、钟祥、天门、京山、孝感、汉川、应城、安陆、应山、云梦县。民国三十年，孝感县往属第二区，抗战胜利后归还。

第四区，专署驻江陵县沙市，辖江陵、沔阳、监利、公安、松滋、荆门、潜江、石首、枝江县。民国三十年6月，荆门县暂时拨归第五区，旋归回。民国三十

---

① 湖北省政府民政厅：《湖北县政概况》，第543页，"近代中国史料丛刊三编"，第735册。
② 《全国行政区域变更一览表(三十三年九月至三十四年十一月)》。
③ 内政部方域司：《中国之行政督察区》，第13页。

三年,荆门县复属第五区,抗战胜利后归回。

第五区,专署驻襄阳县,辖襄阳、枣阳、南漳、宜城、谷城、光化、保康县。民国三十三年,荆门县来隶,宜城县改名自忠县。抗战胜利后荆门县复属第四区。

第六区,专署驻宜昌县,辖宜昌、当阳、宜都、秭归、长阳、远安、五峰、兴山县。

第七区,专署驻恩施县,辖恩施、巴东、来凤、利川、建始、鹤峰、宣恩、咸丰县。

第八区,专署驻郧县,辖郧县、房县、均县、竹山、竹溪、郧西县。

第六章 湖南省

清宣统三年(1911),湖南巡抚驻长沙府(今湖南长沙市)。全省府级政区有长沙、宝庆、岳州、常德、衡州、永州、辰州、永顺、沅州等 9 府,南洲、乾州、凤凰、永绥、晃州等 5 直隶厅,澧州、郴州、靖州、桂阳等 4 直隶州;县级政区为 1 厅、3 州、64 县。辖境与今湖南省相近。

一、省行政机构

辛亥革命爆发后,湖南新军于宣统三年九月一日(10 月 22 日)起义,当日成立中华民国湖南军政府,次日改名为中华民国军政府湖南都督府。三日,成立参议院,为军政府最高权力和立法机关。四日,都督府内置民政、军政两部。九日成立军政府宝庆分府。民国元年(1912)9 月 13 日,置民政长,为全省最高行政长官,下设内务、财政各司。民国三年 5 月 23 日,改民政长为巡按使,下设政务、财政等厅。民国五年 7 月 6 日,改巡按使为省长。民国十五年 8 月 3 日,广州国民政府设立湖南省政府。民国十六年 1 月,改隶武汉国民政府。9 月,属南京国民政府。民国十七年 2 月 11 日至 5 月 18 日,国民政府设立湘鄂临时政务委员会,为中央政府特派处理湖南省政务最高临时权力机关。同年 5 月 28 日,南京国民政府改组湖南省政府。民国二十五年 7 月起,设 4 个区行政督察专署,为省政府的辅助机关。抗日战争时期,先后设湘南、洪江两个行署,区行政督察专署从 4 个增加到 10 个。民国三十五年 4 月 19 日,国民政府下令改组湖南省政府。民国三十八年(1949)8 月 4 日,省主席程潜与国民党第一兵团司令陈明仁通电起义,湖南省宣告和平解放。

二、省会

民国二十二年 8 月前驻长沙县,民国二十二年 8 月起驻长沙市,均在今湖南长沙市区。

三、统辖区域

民国三十六年全省土地面积为 204 771 平方公里。辖境除局部界线有变化外,基本与今湖南省相似。东接江西,北邻湖北,西界四川、贵州,南接广东、广西。

四、道、县、市

辛亥革命后,清代各道被废除。民国二年9月置衡永彬桂道、辰沅永靖道。民国三年5月,全省置湘江道、衡阳道、武陵道、辰沅道等4道。民国九年9月,湖南省督军谭延闿发布通令,按照民国初年办法,将道署机关一律裁撤,改三级行政制度为二级行政制度①。民国元年2月裁府之附郭县,或并县留府,当与其他起义各省相近,实行两级制。民国二年9月改府州厅为县。民国末,全省辖77县、2市。

1. 道

湘江道,民国三年5月置,辖境包括清代长宝道区域。道尹为繁要缺,一等。驻长沙县(今湖南长沙市区)。辖长沙、湘阴、浏阳、醴陵、湘潭、宁乡、益阳、湘乡、攸县、安化、茶陵、宝庆、新化、武冈、新宁、城步等16县。民国九年裁。

衡阳道,民国二年9月置衡永彬桂道,民国三年5月23日改置。道尹为繁缺,二等。驻衡阳县(今湖南衡阳市)。辖衡阳、衡山、安仁、耒阳、常宁、酃县、零陵、祁阳、东安、道县、宁远、永明、江华、新田、郴县、永兴、资兴、宜章、汝城、桂东、桂阳、临武、蓝山、嘉禾等24县。民国九年裁。

武陵道,民国三年5月置,辖境包括清代岳常澧道区域。道尹为要缺,二等。驻常德县(今湖南常德市)。辖常德、岳阳、平江、临湘、华容、桃源、汉寿、沅江、澧县、石门、慈利、安乡、临澧、大庸、南县等15县。民国五年10月裁撤②,常德、岳阳、平江、临湘、华容、汉寿、沅江、澧县、安乡、临澧、南县等11县并入湘江道,桃源、石门、慈利、大庸等4县改隶辰沅道。

辰沅道,民国二年9月置辰沅永靖道,观察使驻沅陵县(今湖南沅陵县驻地沅陵镇)③。民国三年5月23日改置。道尹为要缺,二等。驻凤凰县(今湖南凤凰县驻地沱江镇)。辖沅陵、泸溪、辰溪、溆浦、芷江、黔阳、麻阳、永顺、保靖、龙山、桑植、古丈、靖县、绥宁、会同、通道、乾城、凤凰、永绥、晃县等20县。民国四年5月,因驻地凤凰县地理位置较为偏僻,交通不便,而沅陵县为湘西

---

① 《中国大事记》,《东方杂志》第17卷第20号,1920年10月25日,第140页。按:一说1922年后不见任命道尹,见郭卿友:《中华民国时期军政职官志》,甘肃人民出版社,1990年,第198页。
② 《政府公报》第274号,1916年10月8日,第54册,第104页。
③ 谢观:《各省区域沿革一览表》,上海商务印书馆,1914年,第77页。

下游门户,交通方便,位置适中,便于对全道辖境控制,暂移驻沅陵县(今湖南沅陵县驻地沅陵镇)①。民国五年1月,因芷江县地理位置较沅陵县为佳,移驻芷江(今湖南芷江侗族自治县驻地芷江镇)②。民国九年裁。

2. 县、市

长沙市,民国十七年,湖南省政府以长沙为省会城市、工商荟萃为由,划勘市区,设市政筹备处,以处长一人主持政务。民国二十一年,为缩短筹备时间,改市政筹备处为市政处。民国二十二年7月,省政府以长沙人口已逾30万,且市政筹备已有头绪,乃呈准行政院设市③。8月12日,国民政府令准④。治所即今湖南长沙市区。10月1日,市政府成立,隶属于湖南省政府。为湖南省会。民国二十八年2月,市政府一度裁撤。嗣以战局稳定,民国三十年11月复设立筹备处,拟定《市政府组织规程》及编制经费表,于12月23日提经省府委员会第259次常会议决通过施行,并呈报行政院及咨内政部备案。民国三十一年元旦,市政府再次成立⑤。

长沙县,清代为长沙府附郭长沙县、善化县,治所即今湖南长沙市区。民国元年4月裁县,仍置长沙府,辖境为原长沙、善化两县区域。民国二年9月裁府,置长沙县⑥。民国二十二年8月前为湖南省会,民国三年至九年为湘江道治所。民国二十二年8月划出省会警区各地为长沙市区⑦。民国三十三年,日军占领长沙,迁治河西卯田⑧(今湖南望城县西南麻田⑨)。

湘阴县,治所即今湖南湘阴县驻地文星镇。民国三年至九年属湘江道。

浏阳县,治所在今湖南浏阳市驻地西淮川街道。民国三年至九年属湘江道。

醴陵县,治所即今湖南醴陵市城区。民国三年至九年属湘江道。

湘潭县,治所即今湖南湘潭市雨湖区城区。民国三年至九年属湘江道。又,清光绪三十四年(1908)析湘潭县地置株洲厅⑩,治所即今湖南株洲市城区,似未实行,民国元年8月13日公布的《众议院议员各省复选区表》中湖南省无此厅。

---

① 《政府公报》第1194号,1915年9月3日,第41册,第93页。
② 《政府公报》第13号,1916年1月18日,第45册,第694页。
③ 钱端升等:《民国政制史》下册,第417页。
④ 《国民政府公报》第1209号,1933年8月15日,第4页。
⑤ 钱端升等:《民国政制史》下册,第418页。
⑥ 内务部职方司第一科:《全国行政区划表》,1914年,第77页。
⑦ 吴承湜:《近六十年全国郡县增建志要》附录,第98页。
⑧ 《长沙县志》,三联书店,1995年,第63页。
⑨ 吴亦吾:《沦陷时期的卯田》,《望城文史》第3辑,1987年,第12页。
⑩ 吴承湜:《近六十年全国郡县增建志要》附录,第52页。

宁乡县，治所即今湖南宁乡县驻地玉潭街道。民国三年至九年属湘江道。

益阳县，治所即今湖南益阳市赫山区城区。民国三年至九年属湘江道。

湘乡县，治所即今湖南湘乡市城区。民国三年至九年属湘江道。

攸县，治所在今湖南攸县驻地联星街道。民国三年至九年属湘江道。

安化县，治所即今湖南安化县驻地东坪镇东南梅城镇。民国三年至九年属湘江道。

茶陵县，清代为茶陵州，治所即今湖南茶陵县驻地城关镇。民国二年9月改县①。民国三年至九年属湘江道。

邵阳县，清代为宝庆府附郭县，治所即今湖南邵阳市驻地大祥区城区。民国元年废，地入府，府境仅辖原邵阳县地。民国二年9月裁府，复置县②。10月改名宝庆县，以清代府名得名③。民国三年至九年属湘江道。民国十五年复改宝庆县为邵阳县。

隆回县，民国三十六年3月析邵阳县隆回等8乡和桃花坪镇置④。因乡名得名。治寨市（今湖南隆回县西北六都寨）。

新化县，治所即今湖南新化县驻地上梅镇。民国三年至九年属湘江道。

武冈县，清代为武冈州，治所即今湖南武冈市城区。民国二年9月改县⑤。民国三年至九年属湘江道。

新宁县，治所即今湖南新宁县驻地金石镇。民国三年至九年属湘江道。

城步县，治所即今湖南城步苗族自治县驻地儒林镇。民国三年至九年属湘江道。

常德县，清代为常德府附郭武陵县，治所即今湖南常德市武陵区城区。辛亥革命后裁，地入府，府仅辖原武陵县地。民国二年9月废府，复置县⑥。同年10月改名，以府名得名⑦。民国三年至四年为武陵道驻地，五年至九年属湘江道。

岳阳县，清代为岳州府附郭巴陵县，治巴陵（今湖南岳阳市岳阳楼区城区）。民国元年2月裁县，地入府，府仅辖原岳阳县地。民国二年9月废府，复

---

① 内务部职方司第一科：《全国行政区划表》，1914年，第77页。
② 同上。按：民国元年8月13日公布的《众议院议员各省复选区表》有邵阳县，无宝庆府。存疑。
③ 吴承湜：《近六十年全国郡县增建志要》附录，第77页。
④ 《湘邵阳县西部各乡析置隆回县》，《南京市政府公报》第2卷第2期，1947年，第155页。
⑤ 内务部职方司第一科：《全国行政区划表》，1914年，第78页。
⑥ 同上书，第79页。按：民国元年8月13日公布的《众议院议员各省复选区表》有武陵县，无常德府。
⑦ 吴承湜：《近六十年全国郡县增建志要》附录，第77页。

置县①。同年10月改名,以古府名得名②。民国三年至四年属武陵道,五年至九年属湘江道。

平江县,治所即今湖南平江县驻地汉昌镇。民国三年至四年属武陵道,五年至九年属湘江道。

临湘县,治所在今湖南岳阳市云溪区北陆城镇。民国三年至四年属武陵道,五年至九年属湘江道。因陆城地处县境边缘,汛期四周环水,交通不便,民国十九年6月迁治长安驿(今湖南临湘市驻地城关镇)③。

华容县,治所即今湖南华容县驻地城关镇。民国三年至四年属武陵道,五年至九年属湘江道。

汉寿县,清代为龙阳县,治所即今湖南汉寿县驻地龙阳镇。民国元年2月改名④。因东汉旧县名得名。民国三年至四年属武陵道,五年至九年属湘江道。

沅江县,治所在今湖南沅江市驻地琼湖街道。民国三年至四年属武陵道,五年至九年属湘江道。

澧县,清代为澧州直隶州直辖地,治所即今湖南澧县驻地澧阳镇。民国二年9月改县⑤。民国三年至四年属武陵道,五年至九年属湘江道。

安乡县,治所即今湖南安乡县驻地深柳镇。民国三年至四年属武陵道,五年至九年属湘江道。

临澧县,清代为安福县,治今湖南临澧县驻地安福镇。因与江西省县名重名,民国三年1月改名。县驻地在澧水南裴家河,为晋临澧县地,故名⑥。民国三年至四年属武陵道,五年至九年属湘江道。

南县,清代为南洲直隶厅,治所即今湖南南县驻地南洲镇。民国二年9月改县⑦。民国三年至四年属武陵道,五年至九年属湘江道。

衡阳市,原为衡阳县城。衡阳为湖南省重镇,地当粤汉铁路、湘桂铁路交界处。湖南省临时参议会于民国二十九年10月20日函达省政府请予设市,并于三十年7月成立衡阳市政筹备处。民国三十年12月23日,湖南省政府

---

① 内务部职方司第一科:《全国行政区划表》,1914年,第77页。按:民国元年8月13日公布的《众议院议员各省复选区表》有巴陵县,无岳州府。
② 吴承湜:《近六十年全国郡县增建志要》附录,第77页。
③ 周鹤皋、张植生:《临湘县百年大事记(1840—1949)》,1987年,第34页。
④ 吴承湜:《近六十年全国郡县增建志要》附录,第77页;内务部职方司第一科:《全国行政区划表》,1914年,第79页。
⑤⑦ 内务部职方司第一科:《全国行政区划表》,1914年,第80页。
⑥ 《内务部改定各省重复县名及存废理由清单》。

委员会第 259 次会议通过《衡阳市政府组织规程》，并呈报行政院及咨内政部备案。民国三十一年元旦正式析衡阳县城区置①，治所即今湖南衡阳市石鼓区城区。

衡阳县，清代为衡州府附郭衡阳县、清泉县，治所即今湖南衡阳市石鼓区城区。民国元年 2 月废县，地入府，府仅辖原衡阳、清泉 2 县地。民国二年 9 月废府，置衡阳县②。民国三年至九年为衡阳道驻地。

衡山县，治所即今湖南衡山县驻地开云镇。民国三年至九年属衡阳道。

安仁县，治所即今湖南安仁县驻地永乐江镇。民国三年至九年属衡阳道。

耒阳县，治所即今湖南耒阳市驻地蔡子池街道。民国三年至九年属衡阳道。

常宁县，治所即今湖南常宁市驻地宜阳街道。民国三年至九年属衡阳道。

酃县，治所即今湖南炎陵县驻地霞阳镇。民国三年至九年属衡阳道。

零陵县，清代为永州府附郭县，治所在今湖南永州市零陵区徐家井街道。民国元年 6 月废县，地入永州府，府仅辖原零陵县地。民国二年 9 月废府，复为县③。民国三年至九年属衡阳道。

祁阳县，治所即今湖南祁阳县驻地长虹街道。民国三年至九年属衡阳道。又，民国十六年湖南省析零陵、宁远、祁阳、新田、常宁 6 县置阳明县④，民国十八年 12 月核准⑤。因境内阳明山得名。初治石鼓源（今祁阳县东南石鼓源乡），旋迁白果市（今祁阳县南白果市）。民国二十年 7 月并入零陵等 6 县⑥。

东安县，治所在今湖南东安县驻地白牙市镇西南紫溪市。民国三年至九年属衡阳道。民国三十六年 3 月迁治白牙市，即今治⑦。

道县，清代为道州，治所即今湖南道县驻地濂溪街道。民国二年 9 月改县⑧。民国三年至九年属衡阳道。

宁远县，治所即今湖南宁远县驻地舜陵镇。民国三年至九年属衡阳道。

永明县，治所即今湖南江永县驻地潇浦镇。民国三年至九年属衡阳道。

江华县，治所即今湖南江华瑶族自治县驻地沱江镇。民国三年至九年属

---

① 钱端升等：《民国政制史》下册，第 422 页。
② 内务部职方司第一科：《全国行政区划表》，1914 年，第 78 页。
③ 同上。按：民国元年 8 月 13 日公布的《众议院议员各省复选区表》有零陵县，无永州府。存疑。
④ 《祁阳县志》，社会科学文献出版社，1993 年，第 40 页。
⑤ 《国民政府公报》第 364 号，1930 年 1 月 9 日，第 11 页。
⑥ 吴承湜：《近六十年全国郡县增建序要》附录，第 95 页。
⑦ 《东安县志》，湖南出版社，1995 年，第 45 页。
⑧ 内务部职方司第一科：《全国行政区划表》，1914 年，第 78 页。

衡阳道。

新田县,治所即今湖南新田县驻地龙泉镇。民国三年至九年属衡阳道。

郴县,清代为郴州直隶州直辖地,治所即今湖南郴州市驻地北湖区城区。民国二年9月改县①。民国三年至九年属衡阳道。

永兴县,治所即今湖南永兴县驻地便江镇。民国三年至九年属衡阳道。

资兴县,清代为兴宁县,治所即今湖南资兴市东北兴宁镇。因与广东省县名重名,民国三年1月改名。因县境唐代为资兴县,又今县东二十里处有资兴水,故名②。民国三年至九年属衡阳道。

宜章县,治所即今湖南宜章县驻地玉溪镇。民国三年至九年属衡阳道。

汝城县,清代为桂阳县。治所即今湖南汝城县驻地卢阳镇。因与本省桂阳直隶州重名,民国二年2月改名③。因东晋置汝城县于此,故名。民国三年至九年属衡阳道。

桂东县,治所即今湖南桂东县驻地沤江镇。民国三年至九年属衡阳道。

桂阳县,清代为桂阳直隶州直辖地,治所即今湖南桂阳县驻地龙潭街道。民国二年9月改县④。民国三年至九年属衡阳道。

临武县,治所即今湖南临武县驻地舜峰镇。民国三年至九年属衡阳道。

蓝山县,治所即今湖南蓝山县驻地塔峰镇。民国三年至九年属衡阳道。

嘉禾县,治所即今湖南嘉禾县驻地珠泉镇。民国三年至九年属衡阳道。

芷江县,清代为沅州府附郭县,治所即今湖南芷江侗族自治县驻地芷江镇。民国元年3月裁县,地入沅州府,府仅辖原芷江县地。民国二年9月废府,复置县⑤。民国五年至九年为辰沅道驻地。

凤凰县,清代为凤凰直隶厅,治镇筸(今湖南凤凰县驻地沱江镇)。民国二年9月改县⑥。民国五年前为辰沅道驻地。

沅陵县,清代为辰州府附郭县,治所即今湖南沅陵县驻地沅陵镇。民国元年1月裁县,民国二年9月改府为县⑦。民国三年至九年属辰沅道。

泸溪县,治所即今湖南泸溪县驻地白沙镇北武溪镇。民国三年至九年属辰沅道。

---

①④ 内务部职方司第一科:《全国行政区划表》,1914年,第79页。
② 《内务部改定各省重复县名及存废理由清单》。
③ 吴承湜:《近六十年全国郡县增建志要》附录,第77页。
⑤⑥ 内务部职方司第一科:《全国行政区划表》,1914年,第80页。按:民国元年8月13日公布的《众议院议员各省复选区表》有芷江县,无沅州府。存疑。
⑦ 同上。按:民国元年8月13日公布的《众议院议员各省复选区表》有沅陵县,无辰州府。存疑。

辰溪县,治所即今湖南辰溪县驻地辰阳镇。民国三年至九年属辰沅道。

溆浦县,治所即今湖南溆浦县驻地卢峰镇。民国三年至九年属辰沅道。

黔阳县,治所在今湖南洪江市驻地黔城镇。民国三年至九年属辰沅道。

麻阳县,治所在今湖南麻阳苗族自治县西南锦和镇。民国三年至九年属辰沅道。

永顺县,清代为永顺府附郭县,治猛峒河(今湖南永顺县驻地灵溪镇)。民国元年2月裁县,地入府,永顺府仅辖原永顺县地。民国二年9月废府,复置县①。民国三年至九年属辰沅道。

保靖县,治所即今湖南保靖县驻地迁陵镇。民国三年至九年属辰沅道。

龙山县,治所即今湖南龙山县驻地民安街道。民国三年至九年属辰沅道。

桑植县,治所即今湖南桑植县驻地澧源镇。民国三年至九年属辰沅道。

古丈县,清代为古丈坪厅,治古丈坪(今湖南古丈县驻地古阳镇)。民国二年9月改县②。民国三年至九年属辰沅道。

靖县,清代为靖州直隶州直辖地,治所即今湖南靖州苗族侗族自治县驻地渠阳镇。民国二年9月改县③。民国三年至九年属辰沅道。

绥宁县,治所在今湖南绥宁县西南寨市镇。民国三年至九年属辰沅道。

会同县,治所即今湖南会同县驻地林城镇。民国三年至九年属辰沅道。

通道县,治所在今湖南通道侗族自治县西北县溪镇。民国三年至九年属辰沅道。

乾城县,清代为乾州直隶厅,治所在今湖南吉首市乾州街道南乾州古城。民国二年9月改为乾县④。因与陕西省县名重名,民国三年1月改名。因乾州城得名⑤。民国三年至九年属辰沅道。

永绥县,清代为永绥直隶厅,治所即今湖南花垣县驻地花垣镇。民国二年9月改县⑥。民国三年至九年属辰沅道。

晃县,清代为晃州直隶厅,治今湖南新晃侗族自治县东南旧晃城。民国二年9月改县⑦。民国三年至九年属辰沅道。民国十八年4月迁太阳坪,即今治新晃镇⑧。

桃源县,治所即今湖南桃源县驻地漳江镇。民国三年至四年属武陵道,五

---

① 内务部职方司第一科:《全国行政区划表》,1914年,第80页。按:民国元年8月13日公布的《众议院议员各省复选区表》有永顺县,无永顺府。存疑。

②③④⑥⑦ 内务部职方司第一科:《全国行政区划表》,1914年,第81页。

⑤ 《内务部改定各省重复县名及存废理由清单》。

⑧ 《新晃县志》,三联书店,1993年,第47页。

年至九年属辰沅道。

石门县,治所即今湖南石门县驻地楚江镇。民国三年至四年属武陵道,五年至九年属辰沅道。

慈利县,治所即今湖南慈利县驻地零阳镇。民国三年至四年属武陵道,五年至九年属辰沅道。

大庸县,清代为永定县,治所即今湖南张家界市永定区永定街道。因与福建省县名重名,民国三年1月改名。明代在此置大庸卫,故名①。民国三年至四年属武陵道,五年至九年属辰沅道。

怀化县,民国三十一年4月析辰溪、芷江、黔阳3县交界地置②。因治所怀化驿得名。治怀化驿(今湖南怀化市东北泸阳镇)。

五、行政督察区

民国二十四年(1935)5月,将湘西慈利等19个县划分为5个行政督察区,如下所示。

慈石庸区,专署驻慈利县,辖慈利、石门、大庸县。
永保龙桑区,专署驻永顺县,辖永顺、保靖、龙山、桑植县。
乾永凤古区,专署驻乾城县,辖乾城、永绥、凤凰、古丈县。
沅泸辰溆区,专署驻沅陵县,辖沅陵、泸溪、辰溪、溆浦县。
芷黔麻晃区,专署驻芷江县,辖芷江、黔阳、麻阳、晃县。
翌年6月划分为4区,如下。
第一区,专署驻沅陵县,辖沅陵、泸溪、辰溪、溆浦、永顺、龙山县。
第二区,专署驻慈利县,辖慈利、澧县、临澧、石门、大庸、桑植县。
第三区,专署驻乾城县,辖乾城、凤凰、永绥、古丈、保靖、麻阳县。
第四区,专署驻黔阳县,辖黔阳、芷江、晃县、靖县、会同、绥宁、通道县。
民国二十六年1月,将全省划分为9区,如下。
第一区,专署驻浏阳县,辖浏阳、平江、临湘、岳阳、醴陵、湘阴、长沙、湘潭、宁乡、益阳县。
第二区,专署驻常德县,辖常德、华容、南县、安乡、沅江、汉寿、澧县、临澧、石门、慈利、桃源县。
第三区,专署驻永顺县,辖永顺、大庸、桑植、龙山、保靖、古丈县。

---

① 《内务部改定各省重复县名及存废理由清单》。
② 《国民政府公报》渝字第462号,1942年5月2日,第44页。

第四区,专署驻乾城县,辖乾城、沅陵、永绥、凤凰、麻阳、泸溪、辰溪、溆浦县。

第五区,专署驻衡阳区,辖衡阳、常宁、衡山、耒阳、攸县、茶陵、安仁、酃县。

第六区,专署驻邵阳县,辖邵阳、湘乡、新化、武冈、新宁、城步县。

第七区,专署驻黔阳县,辖黔阳、绥宁、会同、芷江、靖县、通道、晃县。

第八区,专署驻郴县,辖郴县、桂东、汝城、永兴、宜章、桂阳、嘉禾、资兴、临武、蓝山县。

第九区,专署驻零陵县,辖零陵、祁阳、新田、宁远、江华、道县、东安、永明县。

民国二十七年4月改划为10区,如下。

第一区,专署驻浏阳县,后迁驻岳阳县。辖浏阳、长沙、醴陵、湘潭、平江、湘阴、岳阳、临湘县。

第二区,专署驻衡阳县,民国三十一年6月,迁驻茶陵县。辖衡阳、常宁、耒阳、安仁、酃县、茶陵、攸县、衡山县。

第三区,专署驻郴县,辖郴县、宜章、汝城、临武、蓝山、嘉禾、桂阳、永兴、资兴、桂东县。

第四区,专署驻常德县,辖常德、桃源、慈利、石门、临澧、澧县、安乡、华容、南县。

第五区,专署驻益阳县,辖益阳、宁乡、湘乡、安化、沅江、汉寿县。

第六区,专署驻邵阳县,辖邵阳、新化、武冈、新宁、城步县。

第七区,专署驻零陵县,辖零陵、祁阳、东安、新田、宁远、道县、江华、永明县。

第八区,专署驻永顺县,辖永顺、古丈、保靖、大庸、桑植、龙山县。

第九区,专署驻沅陵县,民国三十二年9月,迁驻乾城县所里①,辖沅陵、溆浦、泸溪、乾城、永绥、凤凰、辰溪、麻阳县。

第十区,专署驻会同县洪江镇,辖会同、芷江、黔阳、晃县、绥宁、靖县、通道县。民国三十一年4月,增领怀化县。

抗战胜利后,改划为8区,长沙、衡阳2市和长沙、湘潭、醴陵、浏阳、平江、临湘、岳阳、益阳、宁乡、湘阴等10县由省政府直辖。行政院于民国三十六年6月核准备案。各区如下。

第一区,专署驻会同县洪江镇,辖会同、晃县、芷江、怀化、黔阳、绥宁、通

---

① 《国民政府公报》渝字第603号,1943年9月8日,第9页。

道、靖县。

第二区,专署驻耒阳县,辖耒阳、衡阳、常宁、酃县、茶陵、攸县、衡山、安仁县。

第三区,专署驻郴县,辖郴县、汝城、桂东、资兴、永兴、桂阳、嘉禾、蓝山、临武、宜章县。

第四区,专署驻常德县,辖常德、桃源、慈利、石门、临澧、澧县、安乡、华容、南县、沅江、汉寿县。

第五区,专署驻沅陵县,辖沅陵、溆浦、辰溪、泸溪、麻阳、凤凰、乾城、永绥县。

第六区,专署驻邵阳县,辖邵阳、隆回、湘乡、安化、武冈、城步、新宁、新化县。

第七区,专署驻零陵县,辖零陵、祁阳、东安、道县、永明、江华、宁远、新田县。

第八区,专署驻永顺县,辖永顺、龙山、桑植、大庸、古丈、保靖县。

民国三十七年至三十八年 7 月间划为 10 区,长沙、衡阳 2 市直属省政府[①]。各区如下。

第一区,专署驻岳阳县,辖岳阳、长沙、湘阴、浏阳、醴陵、湘潭、平江、临湘县。

第二区,专署驻衡阳市,辖衡阳、茶陵、衡山、耒阳、攸县、常宁、安仁、酃县。

第三区,专署驻郴县,辖郴县、桂阳、永兴、宜章、临武、桂东、汝城、蓝山、嘉禾、资兴县。

第四区,专署驻常德县,辖常德、澧县、桃源、石门、慈利、南县、华容、安乡、临澧县。

第五区,专署驻益阳县,辖益阳、湘乡、安化、汉寿、宁乡、沅江县。

第六区,专署驻邵阳县,辖邵阳、新化、隆回、武冈、新宁、城步县。

第七区,专署驻零陵县,辖零陵、祁阳、宁远、东安、新田、永明、江华、道县。

第八区,专署驻永顺县,辖永顺、保靖、龙山、桑植、大庸、古丈县。

第九区,专署驻沅陵县,辖沅陵、溆浦、辰溪、凤凰、乾城、永绥、麻阳县。

第十区,专署驻会同县洪江镇,辖会同、芷江、绥宁、黔阳、晃县、靖县、通道、怀化县。

---

① 内政部方域司:《中国之行政督察区》,第 15 页。

第七章　四川省

清宣统三年(1911),四川总督兼巡抚驻成都府(今四川成都市区)。全省府级行政区有成都、龙安、重庆、夔州、绥定、保宁、潼川、顺庆、叙州、雅州、宁远、嘉定、巴安、康定、登科等15府,理番、松潘、懋功、石砫等4直隶厅,绵州、茂州、忠州、酉阳、泸州、永宁、资州、邛州、眉州等9直隶州①;县级政区有11厅、11州、120县。另在西康地区乍丫、察木多设有理事官,在得荣、江卡、贡觉、桑昂、杂瑜、三岩、甘孜、章谷、道坞、瞻对等地设有委员。辖境大致相当于今四川省(除攀枝花市金沙江以南地区)、重庆市全境,西藏自治区的江达、贡觉、江卡一线以东,青海黄河以南的久治、达日等县区域。

一、省行政机构

辛亥革命爆发后,张培爵、夏之时等人领导重庆新军于宣统三年十月七日(11月27日)起义,并于当日成立蜀军军政府,下设总司令处及军政、行政等部,由张培爵任都督。此前,十月一日(11月21日),在广安县已建立蜀北军政府。六日(26日),在泸州成立川南军政府,后又称川南军政分府。次日,在省会成都建立大汉四川军政府,长官为都督,下设内政厅、外交司等机构。民国元年(1912)1月,川南军政府并入蜀军军政府。2月2日,蜀军军政府与大汉军政府合并为四川军政府。7月12日,设民政长。民国三年5月23日,改民政长为巡按使,下设政务、财政等厅。民国五年7月6日,改巡按使为省长。民国十五年11月27日,国民党中央政治会议议决设立川康绥抚委员会,作为处理四川全省及西康特别区域军务、政务的临时权力机关。翌年1月1日,川康绥抚委员会在重庆成立。民国十六年1月后,四川省隶属于武汉国民政府。4月5日,武汉国民政府命令将川康绥抚委员会改组为四川省临时政务委员会。四一二政变后,四川省改隶南京国民政府。民国十七年11月7日,国民

---

① 牛平汉:《清代政区沿革综表》,中国地图出版社,1990年,第324~325页。按:赵泉澄《清代地理沿革表》(中华书局,1955年,第127~128页)在拟设的西康省内载有康定、巴安、登科、昌都4府。《职官录》(宣统三年冬季)则记四川省仅有12府,无巴安、康定、登科3府。

政府裁四川省临时政务委员会,置四川省政府委员会,下设民政、财政等4厅。民国二十五年4月后,在全省先后分设18个区行政督察专署,为省政府的辅助机关。1949年12月27日,四川省会成都解放。

二、省会

民国十九年2月前驻成都县,民国十九年2月起驻成都市,均即今四川成都市区。

三、统辖区域

民国三年将康定、安良、化林、雅江、道孚、理化、怀柔、定乡、稻城、贡噶、巴安、义敦、德荣、武成、盐井、宁静、昌都、察雅、贡县、察隅、科麦、恩达、邓科、甘孜、炉霍、石渠、德格、白玉、同普、丹巴、嘉黎、硕督、太昭等县划属川边特别区;民国二十七年9月将雅安、天全、荣经、芦山、汉源、宝兴、西昌、冕宁、盐源、昭觉、会理、盐边、越嶲、宁南等县及金汤设治局、宁东设治局划属西康省;民国二十八年5月将重庆市改置为院辖市,并将巴县沙坪坝、磁器口、小龙坎、歌乐山、石桥场、九龙铺、黄葛垭、唐家沱、寸滩、香国寺等地划归重庆市。因此,四川省辖区在民国时期有三次缩小。民国三十六年全省土地面积303 318平方公里。辖境包括今四川省大金川河流及宝兴、芦山、美姑、昭觉等县以东地区,重庆市大部(除渝中区外)。东滨湖南、湖北,北邻陕西、甘肃,西界西康,南接湖南、贵州。

四、道、县、市、设治局、管理局

辛亥革命后,四川省与其他起义各省不同,没有撤道。宣统三年底公布的《四川宣慰使章程》,对道的长官及其职责进行了新的规定,以清代四川省5个道的区域为基础,置5个宣慰使,各管辖一道,负责"察吏安民,绥靖地方"[1]。保留清代道的举措,可能与四川省区域辽阔、事务繁杂、各地情形不一有关。直至民国元年南京临时政府成立后,道仍继续存在。如四川军政府全权大使张治祥、蜀军军政府全权委员朱之洪致孙中山电报中称:"都督印文应定为中华民国军政府蜀军都督之印文,各道府厅州县印文应改为蜀军政府各种关防,以昭划一。"[2]关于民国元年四川省府、县行政区划的记载较为矛盾。一种说

---

[1] 《四川宣慰使章程》(1911年11月),蔡鸿源主编:《民国法规集成》第2册,第322页。
[2] 《临时政府公报》第24号,1912年2月28日。

法是民国元年府与附郭县并存,民国二年2月"裁府留县"①。另一种说法是保留清代的州、厅,废清代附郭县入府,使府有直辖地,《众议院议员各省复选区表》即载有成都府(旧成都县)、嘉定府(旧乐山县)、叙州府(旧宜宾县)、重庆府(旧巴县)、夔州府(旧奉节县)、绥定府(旧达县)、顺庆府(旧南充县)、保宁府(旧阆中县)、潼川府(旧三台县)、龙安府(旧平武县)、雅州府(旧雅安府)、宁远府(旧西昌县)、康定府(旧打箭炉)、理化府(旧理塘)、巴安府(旧巴塘)、邓科府(旧登科)等以"府"相称的行政区划。民国二年2月7日,全省置川西、川东、上川南、下川南、川北、边东、边西7道。同月,将各府厅州改置为县②。3月,由四川民政长将行政区划呈报内务部③。因懋功、松潘、理番等厅境内各族杂居,且地处边陲,民国二年2月改县时,仍保留厅制④,至民国三年6月才改县⑤。民国三年4月,边东、边西两道往属新置的川边特别区域⑥。5月,各道改名为西川、东川、建昌、永宁、嘉陵道。

此后,在接受南京国民政府领导后,四川省也没有立即废除道制。省政府在民国十八年底给南京政府的呈案中仍有"道尹"一词,南京政府为此发布《国民政府令四川省政府取消道尹制并更正实业厅等名称电》的公电:"查四川自流井井灶户代表廖树卿等代电呈,有'郭运使、张道尹一意颠顸'语,除原案交财政部外,足见该省尚有道尹制存在。昨经本府第五七次国务会议决议,电令该省取消道尹制在案。正办理间,又据该省政府呈复奉令抄发《农业推广规程》一案,已令实业、教育两厅会同各道道尹及各县知事遵照规程查酌各县情形详议呈复,再行核办等情。查现制并无道尹,各县知事早已改为县长,《修正省政府组织法》亦无实业厅,合行电令该省政府迅即遵照取消道尹制,并将实业厅及县知事名称均速更正具报。"⑦由此,当于民国十九年初废道。北京政府时期,四川省实行县佐制。民国十九年五月,四川省咨内政部称,四川各县幅员较为辽阔,县佐驻地距县城较远,县政府治理困难,仍需佐理,待各县自治

---

① 内务部职方司第一科:《中华民国行政区划简表》,1914年,第99页;谢观:《各省区域沿革一览表》,第129页。
② 内务部职方司第一科:《中华民国行政区划简表》,1914年,第99页。
③ 《临时政府内务行政纪要》,第49页。
④ 谢观:《各省区域沿革一览表》,第131页。
⑤ 内政部职方司第一科:《全国行政区划表》,1914年,第100页。
⑥ 印铸局:《职官任免月表》,第43页。
⑦ 《国民政府公报》第358号,1929年12月30日,第12页。按:《中华民国时期军政府职官志》记载有所不同,该书第210、211页云:永宁道尹在民国十年后,西川道尹在民国十三年后,东川道、建昌道、嘉陵道3道尹在民国十六年后,均不见任命。

区域划定后再行裁撤县佐①。民国末,全省辖 141 县、2 市、3 设治局及北碚管理局。

1. 道

西川道,民国二年 2 月置川西道,观察使驻成都县(今四川成都市区)。民国三年 5 月改名②。道尹为繁要缺,一等③。辖成都、华阳、简阳、广汉、崇庆、什邡、双流、新都、温江、新繁、金堂、郫县、灌县、彭县、崇宁、新津、平武、江油、北川、彰明、茂县、汶川、绵阳、德阳、安县、绵竹、梓潼、罗江、懋功、松潘、理番等 31 县④。民国十九年废。

东川道,民国二年 2 月 7 日置川东道,观察使驻巴县(今重庆市城区)。民国三年 5 月改名。道尹为繁要缺,一等。辖巴县、江津、长寿、永川、荣昌、綦江、南川、铜梁、大足、璧山、涪陵、合川、江北、武胜、奉节、巫山、云阳、万县、开县、巫溪、达县、开江、渠县、大竹、宣汉、万源、城口、忠县、酆都、垫江、梁山、酉阳、石砫、秀山、黔江、彭水等 36 县。民国十九年废。

建昌道,民国二年 2 月 7 日置上川南道,观察使驻雅安县(今四川雅安市)。民国三年 5 月改名。道尹为要缺,二等。辖雅安、名山、荣经、芦山、汉源、西昌、冕宁、盐源、昭觉、天全、会理、盐边、越嶲、乐山、峨眉、洪雅、峨边、夹江、犍为、荣县、威远、眉山、丹稜、彭山、青神、邛崃、大邑、蒲江等 28 县。民国十九年废。

永宁道,民国二年 2 月 7 日置下川南道,观察使驻宜宾县(今四川宜宾市)⑤。民国三年 5 月改名。道尹为简缺,三等。驻泸县(今四川泸州市城区)。民国四年 3 月改为二等⑥。辖泸县、宜宾、庆符、富顺、南溪、长宁、高县、筠连、珙县、兴文、隆昌、屏山、马边、合江、纳溪、江安、资中、仁寿、资阳、井研、内江、叙永、雷波、古宋、古蔺等 25 县。民国十九年废。

嘉陵道,民国二年 2 月 7 日置川北道,观察使驻阆中县(今四川阆中市驻地保宁镇)。民国三年 5 月改名。道尹为要缺,二等。辖阆中、南充、西充、营山、仪陇、邻水、岳池、苍溪、南部、广元、昭化、通江、南江、巴中、剑阁、蓬安、广安、三台、射洪、盐亭、中江、潼南、遂宁、蓬溪、乐至、安岳等 26 县。民国十九年废。

---

① 《内政年鉴》,第(B)247 页。
② 印铸局:《职官任免月表》,1917 年 3 月,第 163、164 页。
③ 《政府公报》第 834 号,1914 年 8 月 31 日,第 28 册,第 801 页。
④ 《政府公报》第 745 号,1914 年 6 月 3 日,第 26 册,第 38 页。
⑤ 谢观:《各省区域沿革一览表》,第 143 页。
⑥ 《政府公报》第 1016 号,1915 年 3 月 8 日,第 35 册,第 296 页。

边东道,民国二年3月22日置①,观察使驻巴安县(今四川巴塘县)②。辖康定、巴安、义敦、泸定、雅江、道孚、理化、怀柔、稻城、贡噶、盐井、甘孜、丹巴、定乡、安良、炉霍等16县。民国三年4月裁,地入川边特别区域。

边西道,民国二年3月22日置,观察使驻昌都县(今西藏自治区昌都县)。辖昌都、德荣、武成、宁静、察雅、贡县、察隅、科麦、恩达、邓柯、石渠、白玉、德格、同普、嘉黎、硕督、太昭等17县。民国三年4月裁,地入川边特别区域。

2. 县、市、设治局、管理局

成都市,民国十年6月设立成都市政筹备处,管辖成都、华阳两县城区。民国十一年,改组为市政公所,设督办、坐办及会办。民国十三年4月,根据北京、广州各市市制,拟定《成都市市政公所暂行条例》,设督办1人,由省长任命,综理全市行政事务,为市行政委员会会长。民国十九年2月,内政部核定成都市与《市组织法》第三条第一款的规定相符,准予照旧设立。10月8日任命市长③。治所即今四川成都市城区。辖区包括旧省会警区全部,东至大面铺,南至簇旗,西至土桥,北至天回镇,东南至中和场,东北至西和场,西南至苏坡桥,西北至崇义桥以内各地。为四川省会。

成都县,清代为成都府附郭县,治所即今四川成都市青羊区。辛亥革命后废县,地入成都府。成都府仅辖清代成都县、华阳县区域。民国二年2月废府,复置县。民国十九年2月前为四川省会。民国十九年前为西川道驻地。民国十九年2月划出城区为成都市区。抗战中疏散至茶店子。民国三十四年4月,成都县政府决定新县驻地设在洞子口模范乡。民国三十五年3月迁至茶店子钟家祠(今四川成都市金牛区驻地茶店子)④。

华阳县,清代为成都府附郭县,治所即今四川成都市锦江区。辛亥革命后废县,地入成都府。民国二年2月废府,复置县。民国十九年2月前为四川省会,民国十九年前为西川道驻地。民国十九年2月划出城区为成都市区。

简阳县,清代为简州,治所即今四川简阳市驻地简城街道。民国二年2月改县并改名⑤。民国十九年前属西川道。北京政府时,县佐驻龙泉驿,即今成都市龙泉驿区驻地龙泉街道。

广汉县,清代为汉州,治所即今四川广汉市驻地雒城镇。民国二年2月改县并改名。因古广汉郡名得名。民国十九年前属西川道。

---

① 印铸局:《职官任免月表》,第43页。
②⑤ 谢观:《各省区域沿革一览表》,第140～143页。
③ 《国民政府公报》第289号,1929年10月8日,第7页。
④ 《成都市金牛区志》,四川大学出版社,1996年,第11页。

崇庆县，清代为崇庆州，治所即今四川崇州市驻地崇阳街道。民国二年2月改县。民国十九年前属西川道。北京政府时期，县佐驻怀远，在今崇州市西北怀远。

什邡县，治所即今四川什邡市驻地方亭街道。民国十九年前属西川道。

双流县，治所即今四川双流县驻地东升街道。民国十九年前属西川道。

新都县，治所即今四川成都市新都区驻地新都街道。民国十九年前属西川道。

江油县，治今四川江油市北武都镇。民国十九年前属西川道。

北川县，清代为石泉县，治所在今四川北川县西北禹里镇治城。因与陕西省县名重名，民国三年1月改名。后周置北川县于此，故名①。民国十九年前属西川道。

温江县，治所即今四川成都市温江区驻地柳城街道。民国十九年前属西川道。

新繁县，治所在今四川成都市新都区西北新繁镇。民国十九年前属西川道。

金堂县，治所在今四川成都市青白江区东城厢镇。民国十九年前属西川道。

灌县，治所即今四川都江堰市驻地灌口街道。民国十九年前属西川道。

郫县，治所即今四川郫县驻地郫筒街道。民国十九年前属西川道。

彭县，治所即今四川彭州市驻地天彭镇。民国十九年前属西川道。

崇宁县，治所在今四川郫县西北唐昌镇。民国十九年前属西川道。

新津县，治所即今四川新津县驻地五津街道。民国十九年前属西川道。

平武县，清代为龙安府附郭县，治所即今四川平武县驻地龙安镇。辛亥革命后废县，地入龙安府。龙安府仅辖原平武县之地。民国二年2月废府，复置县。民国十九年前属西川道。北京政府时期，县佐分别驻青川（今青川县驻地乔庄镇）、大印山（在今平武县南大印）。

梓潼县，治所即今四川梓潼县驻地文昌镇。民国十九年前属西川道。

罗江县，治所即今四川罗江县驻地万安镇。民国十九年前属西川道。

彰明县，治所在今四川江油市南彰明镇。民国十九年前属西川道。

茂县，清代为茂州直隶州直辖地，治所即今四川茂县驻地凤仪镇。民国二年2月改县。民国十九年前属西川道。

汶川县，治所在今四川汶川县西南绵虒镇。民国十九年前属西川道。北京政府时期，县佐驻龙溪，在今四川都江堰市西北龙池。

---

① 《内务部改定各省重复县名及存废理由清单》。

绵阳县,清代为绵州直隶州直辖地,治所即今四川绵阳市涪城区城厢街道。民国二年2月改县①。因在绵山之南,故名。民国十九年前属西川道。北京政府时期,县佐分别驻丰谷井(在今绵阳市东南丰谷镇)、魏城驿(在今绵阳市东北魏城镇)。

德阳县,治所即今四川德阳市旌阳区旌阳街道。民国十九年前属西川道。

巴县,清代为重庆府附郭县,治所即今四川重庆市渝中区。辛亥革命后废县,地入重庆府。重庆府仅辖原巴县地。民国二年2月废府,复置县。民国十九年前为东川道驻地。北京政府时期,县佐分别驻白市驿(在今重庆九龙坡区西白市驿镇)、木洞镇(在今重庆巴南区东北木洞镇)。民国二十八年,迁治九龙坡人和镇(今重庆九龙坡区西华岩镇)。民国三十年迁治马王坪(今重庆九龙坡区北李家沱马王坪街)②。又,民国十六年3月划出城区商埠为重庆市,市政府隶属于四川省③。民国二十五年5月核准,面积为187平方里④。民国二十八年5月,重庆市改为院辖市⑤。

江津县,治所即今重庆江津市驻地几江街道。民国十九年前属东川道。

合川县,清代为合州,治所即今重庆合川区城区。民国二年2月改县。因古县名得名。民国十九年前属东川道。

江北县,清代为江北厅,治所在今重庆江北区南江北城。民国二年2月改县。民国十九年前属东川道。民国二十八年,因重庆升为院辖市且辖区扩大,迁治两路口(即今重庆渝北区驻地两路镇)⑥。民国三十三年迁治大竹林(一名大石场。今渝北区西南大竹林镇)⑦。

武胜县,清代为定远县,治所在今四川武胜县西南中心镇。因与安徽、陕西、云南3省县名重名,民国三年1月改名。元代置武胜军于此,且县东有武胜山,故名⑧。民国十九年前属东川道。

奉节县,清代为夔州府附郭县,治所即今重庆奉节县驻地永安街道东梅溪河与长江交汇处西侧江中。辛亥革命后废,地入夔州府,夔州府仅辖原奉节县地。民国二年2月废府,复置县。民国十九年前属东川道。

懋功县,清代为懋功直隶厅,治所即今四川小金县驻地美兴镇。因懋功、

---

① 吴承湜:《近六十年全国郡县增建志要》附录,第77页。
②⑥ 《四川省志·地理志》,成都地图出版社,1996年,第69页。
③ 钱端升等:《民国政制史》下册,第409页。
④ 《国民政府公报》第2071号,1936年6月11日,第11页。
⑤ 《国民政府公报》渝字第151号,1939年5月10日,第9页。
⑦ 《四川省政府公报》第279期,1944年,第11页。
⑧ 《内务部改定各省重复县名及存废理由清单》。

松潘、理番等厅境内各族杂居,且地处边陲,民国二年2月改县时,仍保留厅制①,至民国三年6月改县②。民国十九年前属西川道。

靖化县,民国二十五年10月以绥靖屯、崇化屯及绰斯甲土司地置③。治绥靖屯(今四川金川县驻地金川镇)。

松潘县,清代为松潘直隶厅,治所即今四川松潘县驻地进安镇。民国三年6月改县。民国十九年前属西川道。北京政府时期,县佐驻南坪,即今四川南坪县驻地永乐镇,民国二十五年撤销④。

理县,清代为理番直隶厅,治所在今四川理县东北薛城镇。民国三年6月改为理番县。民国十九年前属西川道。北京政府时期,县佐驻新堡关,在今理县东南。因县名取"治理番民"之义,含有对少数民族侮辱性的语言,民国三十四年12月改名⑤。

安县,治所即今四川安县驻地安昌镇。民国十九年前属西川道。

绵竹县,治所即今四川绵竹市驻地剑南镇。民国十九年前属西川道。

长寿县,治所即今重庆长寿区驻地凤城街道。民国十九年前属东川道。

永川县,治所即今重庆永川区城区。民国十九年前属东川道。

荣昌县,治所即今重庆荣昌县驻地昌元街道。民国十九年前属东川道。

綦江县,治所即今重庆綦江县驻地古南街道。民国十九年前属东川道。

南川县,治所即今重庆南川区城区。民国十九年前属东川道。

巫山县,治所即今重庆巫山县城区。民国十九年前属东川道。

云阳县,治所在今重庆云阳县东云阳镇。民国十九年前属东川道。北京政府时期,县佐驻云安场,在今云阳县驻地青龙嘴北云安镇。

万县,治所即今重庆万州区老城区。民国十九年前属东川道。民国十七年11月四川省政府设立万县市,民国二十四年撤销。

开县,治所即今重庆开县驻地汉丰街道。民国十九年前属东川道。

巫溪县,清代为大宁县,治今重庆巫溪县东城厢镇。因与山西省县名重名,民国三年1月改名。县境有巫溪水,故名⑥。民国十九年前属东川道。北京政府时期,县佐驻大宁场,在今巫溪县驻地城厢镇北宁厂镇(大宁厂)。

---

① 谢观:《各省区域沿革一览表》,第131页。
② 内政部职方司第一科:《全国行政区划表》,1914年,第100页。
③ 《国民政府公报》第2187号,1936年10月27日,第13页。
④ 《松潘县志》,民族出版社,1999年,第22页。
⑤ 内政部方域司:《中华民国行政区域简表》(第11版),第48页。
⑥ 《内务部改定各省重复县名及存废理由清单》。

垫江县,治所即今重庆垫江县驻地桂溪街道。民国十九年前属东川道。

梁山县,治所即今重庆梁平县驻地梁山街道。民国十九年前属东川道。北京政府时期,县佐驻沙河铺,在今梁平县驻地梁山镇西仁贤镇。

酉阳县,清代为酉阳直隶州直辖地,治所即今重庆酉阳土家族苗族自治县驻地桃花源街道。民国二年2月改县。民国十九年前属东川道。北京政府时期,县佐分别驻龙潭(今酉阳土家族苗族自治县东南龙潭镇)、龚滩(今酉阳土家族苗族自治县西龚滩镇)。

石砫县,清代为石砫直隶厅,治所即今重庆石柱土家族自治县驻地南宾镇。民国二年2月改县。民国十九年前属东川道。北京政府时期,县佐驻西沱,在今石柱土家族自治县北西沱镇。

秀山县,治所即今重庆秀山土家族自治县驻地中和镇。民国十九年前属东川道。北京政府时期,县佐驻石堤,在今秀山土家族苗族自治县北石堤。

黔江县,治所即今重庆黔江区城区。民国十九年前属东川道。

铜梁县,治所即今重庆铜梁区驻地巴川街道。民国十九年前属东川道。北京政府时期,县佐驻安居镇,在今铜梁县北安居镇。

大足县,治所即今重庆大足区驻地龙岗街道。民国十九年前属东川道。

璧山县,治所即今重庆璧山区驻地璧城街道。民国十九年前属东川道。

涪陵县,清代为涪州,治所在今重庆涪陵区驻地荔枝街道。民国二年2月改县。因古县名得名。民国十九年前属东川道。北京政府时期,县佐分别驻鹤游坪(在今垫江县南鹤游)、羊角碛(在今武隆县西北羊角)。

武隆县,民国三十年10月析涪陵县第五区置武隆设治局①。境内有武龙(武隆)山,故名。治所即今重庆武隆县驻地巷口镇。民国三十三年8月改县②。

达县,清代为绥定府附郭县,治所即今四川达州市通川区城区。辛亥革命后废,地入绥定府。绥定府仅辖原达县地。民国二年2月废府,复为县。民国十九年前属东川道。北京政府时期,县佐驻麻柳场,在今达州市达川区东南麻柳镇。

开江县,清代为新宁县,治所即今四川开江县驻地新宁镇。因与湖南、广东、广西3省县名重名,民国三年1月改名。县东有开江,为县境诸水汇流之

---

① 《国民政府公报》渝字第407号,1941年10月22日,第16页。
② 《国民政府公报》渝字第705号,1944年8月30日,第9页。

区,故名①。民国十九年前属东川道。

渠县,治所即今四川渠县驻地渠江镇。民国十九年前属东川道。北京政府时期,县佐驻三汇场,在今四川渠县东北三汇镇。

大竹县,治所即今四川大竹县驻地竹阳街道。民国十九年前属东川道。北京政府时期,县佐驻石桥铺,在今大竹县东石桥铺镇。

宣汉县,清代为东乡县,治今四川宣汉县驻地东乡镇。因与江西省县名重名,民国三年1月改名。汉置宣汉县于此,故名②。民国十九年前属东川道。北京政府时期,县佐驻大成寨,在今宣汉县西北大成。

万源县,清代为太平县,治所即今四川万源市驻地太平镇。因与山西、安徽、浙江、江苏4省县名重名,民国三年1月改名。县东北有万顷池,邻县之水多源于此,故名③。民国十九年前属东川道。北京政府时期,县佐驻黄钟堡,在今万源市西黄钟。

城口县,清代为城口厅,治所即今重庆城口县驻地葛城街道。民国二年2月改县。民国十九年前属东川道。北京政府时期,县佐驻高观场,在今城口县东南高观。

彭水县,治所即今重庆彭水苗族土家族自治县驻地汉葭街道。民国十九年前属东川道。北京政府时期,县佐驻郁山镇,在今彭水苗族土家族自治县东北郁山镇。

酆都县,治所即今重庆丰都县驻地三合街道北名山镇。民国十九年前属东川道。

乐山县,清代为嘉定府附郭县,治所即今四川乐山市市中区城区。辛亥革命后废,地入嘉定府。嘉定府仅辖原乐山县地。民国二年2月废府,复为县。民国十九年前属建昌道。

洪雅县,治所即今四川洪雅县驻地洪川镇。民国十九年前属建昌道。

峨边县,清代为峨边厅,民国三年6月改县。治今四川峨边彝族自治县西南大堡镇。民国十九年前属建昌道。北京政府时期,县佐驻沙坪,即今峨边彝族自治县驻地沙坪镇。

夹江县,治所即今四川夹江县驻地漹城镇。民国十九年前属建昌道。

犍为县,治所即今四川犍为县驻地玉津镇。民国十九年前属建昌道。北京政府时期,县佐分别驻牛华溪(在今四川乐山市南牛华镇)、四望关(在今四川乐山市南五通桥区)。

---

①②③ 《内务部改定各省重复县名及存废理由清单》。

荣县，治所即今四川荣县驻地旭阳镇。民国十九年前属建昌道。北京政府时期，县佐驻贡井，在今自贡市贡井区。

威远县，治所即今四川威远县驻地严陵镇。民国十九年前属建昌道。

眉山县，清代为眉州直隶州直辖地，治所即今四川眉山市东坡区苏祠街道。民国二年 2 月改县并改名。因峨眉山得名。民国十九年前属建昌道。

丹棱县，治所即今四川丹棱县驻地丹棱镇。民国十九年前属建昌道。

忠县，清代为忠州直隶州直辖地，治所即今重庆忠县驻地忠州街道。民国二年 2 月改县。民国十九年前属东川道。北京政府时期，县佐分别驻甑井（在今忠县北甘井场）、敦里八甲（在今忠县西拔山镇）。

名山县，治所即今四川名山县驻地蒙阳镇。民国十九年前属建昌道。

峨眉县，治所即今四川峨眉山市驻地绥山镇。民国十九年前属建昌道。

青神县，治所即今四川青神县驻地青神镇。民国十九年前属建昌道。

邛崃县，清代为邛州直隶州直辖地，治所即今四川邛崃市驻地临邛街道。民国二年 2 月改县并改名。因县南邛崃山得名。民国十九年前属建昌道。北京政府时期，县佐驻火井槽，在今邛崃市西火井镇。

大邑县，治所即今四川大邑县驻地晋原街道。民国十九年前属建昌道。

蒲江县，治所即今四川蒲江县驻地鹤山街道。民国十九年前属建昌道。

泸县，清代为泸州直隶州直辖地，治所即今四川泸州市江阳区城区。民国二年 2 月改县。民国三年至十八年为永宁道驻地。北京政府时期，县佐驻嘉明镇，在今泸州市北嘉明。

宜宾县，清代为叙州府附郭县，治所即今四川宜宾市翠屏区城区。辛亥革命后废，地入叙州府。叙州府仅辖原宜宾县地。民国二年 2 月废府，复为县。民国十九年前属永宁道。

庆符县，治所在今四川高县驻地庆符镇。民国十九年前属永宁道。

富顺县，治所即今四川富顺县驻地富世镇。民国十九年前属永宁道。北京政府时期，县佐分别驻自流井（在今自贡市自流井区）、邓井关（在今富顺县西邓井关镇）。

自贡市，民国二十八年 1 月设市政筹备处，隶属于四川省政府，并受省政府各厅处之指挥、监督，掌管自流井及贡井地方的市政事务，区域暂以盐场管辖区为范围①。民国三十一年 8 月析富顺县自流井及荣县贡井置市②。治自

---

① 钱端升等：《民国政制史》下册，第 423 页。
② 内政部方域司：《中华民国行政区域简表》（第 11 版），第 50 页。

流井（今四川自贡市自流井区城区）。

南溪县，治所即今四川宜宾市南溪区驻地南溪街道。民国十九年前属永宁道。

筠连县，治所即今四川筠连县驻地筠连镇。民国十九年前属永宁道。

珙县，治所即今四川珙县驻地东南珙泉镇。民国十九年前属永宁道。

资阳县，治所即今四川资阳市雁江区资溪街道。民国十九年前属永宁道。

井研县，治所即今四川井研县驻地研城镇。民国十九年前属永宁道。

内江县，治所即今四川内江市市中区城区。民国十九年前属永宁道。

叙永县，清代为永宁直隶州直辖地，治所即今四川叙永县驻地叙永镇。民国二年2月改县并改名。民国十九年前属永宁道。北京政府时期，县佐驻两河口，在今叙永县西北两河镇。

雷波县，清代为雷波厅，治所即今四川雷波县驻地锦城镇。民国三年6月改县。民国十九年前属永宁道。北京政府时期，县佐分别驻黄螂（在今雷波县东北黄琅）、猓子村（在今雷波县驻地锦城镇东北猓子坝）。

古宋县，治所即今四川兴文县驻地古宋镇。民国十九年前属永宁道。

古蔺县，治所即今四川古蔺县驻地古蔺镇。民国十九年前属永宁道。北京政府时期，县佐驻赤水河，在今蔺县西南赤水河。

彭山县，治所即今四川眉山市彭山区凤鸣镇。民国十九年前属建昌道。

高县，治所即今四川高县南文江镇。民国十九年前属永宁道。

长宁县，治所即在今四川长宁县南双河镇。民国十九年前属永宁道。

兴文县，治所在今四川兴文县西兴文镇[1]。民国十九年前属永宁道。北京政府时期，县佐驻建武，在今兴文县西南建武。

隆昌县，治所即今四川隆昌县驻地古湖街道。民国十九年前属永宁道。

屏山县，治所即今四川屏山县西南锦屏镇。民国十三年迁治沐川（今四川沐川县驻地沐溪镇）。民国十五年迁回屏山镇[2]。民国十九年前属永宁道。北京政府时期，县佐驻石角营，在今四川屏山县西新市镇。

马边县，清代为马边厅，治所即今四川马边彝族自治县驻地民建镇。民国三年6月改县。民国十九年前属永宁道。

合江县，治所即今四川合江县驻合江镇。民国十九年前属永宁道。

纳溪县，治所在今四川泸州市纳溪区安富街道。民国十九年前属永宁道。

---

[1] 按：《兴文县志》（四川辞书出版社，1994年，第32页）谓民国元年由建武城迁回兴文镇。
[2] 《屏山县志》，四川人民出版社，1998年，第51页。

江安县,治所即今四川江安县驻地江安镇。民国十九年前属永宁道。

资中县,清代为资州直隶州直辖地,治所即今四川资中县驻地重龙镇。民国二年2月改县并改名。因资水得名。民国十九年前属永宁道。北京政府时期,县佐驻罗泉井,在今资中县西罗泉镇。

阆中县,清代为保宁府附郭县,治所即今四川阆中市北保宁街道。辛亥革命后废,地入保宁府,保宁府仅辖原阆中县地。民国二年2月废府,复为县。民国十九年前为嘉陵道驻地。

南充县,清代为顺庆府附郭县,治所即今四川南充市顺庆区城区。辛亥革命后废,地入顺庆府。顺庆府仅辖原南充县地。民国二年2月废府,复为县。民国十九年前属嘉陵道。北京政府时期,县佐驻李渡场,在今南充市南李渡镇。

通江县,治所即今四川通江县驻地诺江镇。民国十九年前属嘉陵道。

南江县,治所即今四川南江县驻地南江镇。民国十九年前属嘉陵道。

巴中县,清代为巴州,治所即今四川巴中市巴州区城区。民国二年2月改县并改名。民国十九年前属嘉陵道。北京政府时期,县佐驻江口镇,在今平昌县驻地江口镇。

剑阁县,清代为剑州,治所即今四川剑阁县驻地下寺镇西南普安镇。民国二年2月改县并改名。以古县名命名。民国十九年前属嘉陵道。北京政府时期,县佐分别驻武连驿(在今剑阁县西南武连镇)、剑门驿(在今剑阁县南剑门关镇)。

蓬安县,清代为蓬州,治所在今四川蓬安县西锦屏镇。民国二年2月改县并改名。民国十九年前属嘉陵道。

广安县,清代为广安州,治所即今四川广安市广安区驻地浓洄街道。民国二年2月改县。民国十九年前属嘉陵道。

三台县,清代为潼川府附郭县,治所即今四川三台县驻地潼川镇。辛亥革命后废,地入潼川府。潼川府仅辖原三台县地。民国二年2月废府,复为县。民国十九年前属嘉陵道。北京政府时期,县佐驻葫芦溪,在今三台县西北芦溪镇。

射洪县,治所在今四川射洪县西北金华镇。民国十九年前属嘉陵道。北京政府时期,县佐分别驻太和镇(今射洪县驻地太和镇)、洋溪镇(今射洪县东南洋溪镇)。

盐亭县,治所即今四川盐亭县驻地云溪镇。民国十九年前属嘉陵道。

仁寿县,治所即今四川仁寿县驻地文林镇。民国十九年前属永宁道。

西充县,治所即今四川西充县驻地晋城镇。民国十九年前属嘉陵道。

营山县,治所即今四川营山县驻地朗池镇。民国十九年前属嘉陵道。

仪陇县,治所即今四川仪陇县北金城镇。民国十九年前属嘉陵道。

邻水县，治所即今四川邻水县驻地鼎屏镇。民国十九年前属嘉陵道。

岳池县，治所即今四川岳池县驻地九龙镇。民国十九年前属嘉陵道。

苍溪县，治所即今四川苍溪县驻地陵江镇。民国十九年前属嘉陵道。

南部县，治所即今四川南部县滨江街道。民国十九年前属嘉陵道。北京政府时期，县佐分别驻新镇坝（在今仪陇县驻地新政镇）、富村驿（在今盐亭县东北富驿镇）。

广元县，治所即今四川广元市利州区嘉陵街道。民国十九年前属嘉陵道。北京政府时期，县佐分别驻百丈关（在今旺苍县西南百丈）、神宣驿（在今广元市东北）。

旺苍县，民国三十年10月析广元县第三、第四两区全部及第二区郭家乡地置旺苍设治局[1]。因驻于旺苍坝（今四川旺苍县东北旺苍坝），故名。民国二十四年7月改置为县[2]。

昭化县，治所在今四川广元市昭化区昭化镇。民国十九年前属嘉陵道。

中江县，治所即今四川中江县驻地凯江镇。民国十九年前属嘉陵道。北京政府时期，县佐驻胖子店，在今中江县东南仓山镇。

遂宁县，治所即今四川遂宁市船山区城区。民国十九年前属嘉陵道。

潼南县，初为东安县，民国元年三月四川民政长析遂宁、蓬溪两县置，民国二年3月报内务部备案[3]。治东安（今重庆潼南县驻地梓潼街道）。因与顺天府、湖南、广东县名重名，民国三年1月改名。因地处潼川府南，故名[4]。民国十九年前属嘉陵道。

安岳县，治所即今四川安岳县驻地岳阳镇。民国十九年前属嘉陵道。

蓬溪县，治所即今四川蓬溪县驻地赤城镇。民国十九年前属嘉陵道。北京政府时期，县佐分别驻蓬莱镇（在今蓬溪县西南蓬莱镇）、康家渡（在今蓬溪县西南红江镇驻地康家渡）。

乐至县，治所即今四川乐至县驻地天池镇。民国十九年前属嘉陵道。

青川县，民国三十年10月析平武县置[5]。治所即今四川青川县驻地乔庄镇。

沐川县，民国二十九年12月析屏山县北部置沐川设治局[6]。因境内有沐

---

[1] 《国民政府公报》渝字第405号，1941年10月15日，第19页。
[2] 《国民政府公报》第835号，1945年8月20日，第6页。
[3] 吴承湜：《近六十年全国郡县增建志要》卷下，第4页。
[4] 《内务部改定各省重复县名及存废理由清单》。
[5] 《国民政府公报》渝字第403号，1941年10月8日，第25页。
[6] 内政部方域司：《中华民国行政区域简表》（第11版），第53页。

川,故名。局所驻今四川沐川县驻地沐溪镇。民国三十一年2月改县①。

兴中设治局,民国三十年3月析松潘县黄胜关以外地方置。局所驻古潘州(今四川若尔盖县东北求吉乡)。民国三十七年时尚未成立②。

麦桑设治局,民国三十年3月析松潘县黄胜关以外地方置。局所驻麦桑(中阿坝,今四川阿坝县驻地阿坝镇)。民国三十七年时尚未成立③。

沐爱县,民国三十三年10月析高县置沐爱设治局④。局所驻沐爱镇(博爱镇,今四川筠连县东南沐爱镇)。民国三十七年12月1日置县⑤。

平昌县,民国三十三年10月析巴中县置平昌设治局⑥。局所驻江口镇(今四川平昌县驻地同州街道)。民国三十五年9月1日正式设立。民国三十七年12月1日改置为县⑦。

农祥设治局,民国三十四年11月析酉阳、秀山两县地置。局所驻龙潭镇(今重庆酉阳土家族苗族自治县东南龙潭镇)。民国三十七年时尚未成立⑧。

北碚管理局,原为嘉陵江三峡乡村实验区,区域包括原巴县的北碚镇,江北县的文星、二岩、黄桷3镇及璧山县的澄口镇。实验区署同县政府待遇,但各乡镇联保主任仍由原管县政府委任。民国三十一年3月改置。管理局"照一等县设置,组织和权责与一般县政府相同"⑨。因北碚市街北面有一石梁伸入河中,被水切断,成一鱼形巨石,屹立江心,当地居民称为碚石,故名北碚。局所驻朝阳镇(今重庆市北碚区朝阳街道办事处)。设立该管理局具有县政改革实验意义,与其他管理局性质不同,为行政区划。

五、行政督察区

民国二十四年(1935)4月全省划为18区,次年7月呈准备案。各区

---

① 《国民政府公报》渝字第438号,1942年2月7日,第22页。
② 内政部方域司:《中国之行政督察区》,第19页。按:《若尔盖县志》(民族出版社,1996年)、《松潘县志》(民族出版社,1999年)均无设立兴中设治局之事,当一直未设立。
③ 同上。按:《阿坝县志》载,民国二十九年,"松潘县政府封华尔功臣烈为外52部落守备司令,阿坝保安司令,设治局长等职"(民族出版社,1993年,第10页)。无设治局具体成立经过,当是未正式设立。
④ 《国民政府公报》渝字第718号,1944年10月14日,第13页。
⑤ 《平昌县志》,四川科学技术出版社,1990年,第743页;《四川省志·地理志》,第70页。
⑥ 《国民政府公报》渝字第717号,1944年10月11日,第9页;《平昌县志》,第743页。
⑦ 《平昌县志》,第31、164、743页。
⑧ 内政部方域司:《中国之行政督察区》,第18页。按:检《中华人民共和国行政区域(1949—1997)》第2179页,1950年的川东行署区无"农祥设治局"或"农祥县",《酉阳志》中有关酉阳县沿革、疆域部分,亦无设立"农祥设治局"记载,当是未设立。
⑨ 《重庆市北碚区志》,第80、81、578页。

如下。

第一区，专署驻温江县，辖温江、成都、华阳、新都、灌县、新繁、郫县、双流、新津、崇庆、彭县。

第二区，专署驻资中县，辖资中、资阳、内江、威远、荣县、井研、仁寿、简阳县。

第三区，专署驻永川县，民国三十年8月，迁驻巴县土桥镇（今重庆巴南区北花溪镇土桥），辖永川、巴县、江津、綦江、荣昌、大足、璧山、江北、合川、铜梁县。民国三十年9月，增领北碚管理局。

第四区，专署驻眉山县，辖眉山、洪雅、夹江、青神、丹棱、彭山、蒲江、邛崃、大邑县。民国二十八年，第十七区名山县来属。

第五区，专署驻乐山县，辖乐山、犍为、屏山、峨嵋、马边、峨边、雷波县。

第六区，专署驻宜宾县，辖宜宾、南溪、长宁、庆符、江安、兴文、珙县、高县、筠连县。

第七区，专署驻泸县，辖泸县、隆昌、富顺、合江、纳溪、古宋、古蔺、叙永县。

第八区，专署驻酉阳县，辖酉阳、涪陵、鄷都、南川、彭水、黔江、秀山、石砫县。民国三十年10月，增领武隆设治局。

第九区，专署驻万县，辖万县、奉节、巫山、巫溪、云阳、开县、忠县、城口县。

第十区，专署驻大竹县，辖大竹、渠县、广安、梁山、邻水、垫江、长寿县。

第十一区，专署驻南充县，辖南充、岳池、西充、蓬安、营山、仪陇、南部、武胜县。

第十二区，专署驻遂宁县，辖遂宁、潼南、安岳、乐至、中江、三台、射洪、盐亭、蓬溪县。民国三十一年12月，增领沐川设治局。

第十三区，专署驻绵阳县，辖绵阳、梓潼、安县、罗江、绵竹、德阳、什邡、广汉、金堂县。

第十四区，专署驻剑阁县，辖剑阁、苍溪、广元、昭化、江油、彰明、北川、平武、阆中县。民国三十年10月，增领青川县和旺苍设治局。

第十五区，专署驻达县，辖达县、开江、巴中、宣汉、万源、通江、南江县。

第十六区，专署驻茂县，辖茂县、理番、汶川、懋功、松潘县。民国二十八年，增领靖化县。

第十七区，专署驻雅安县，辖雅安、名山、芦山、宝兴、天全、荥经、汉源县及金汤设治局。民国二十八年，名山县改属第四区，其余各县改属西康省。

第十八区，专署驻西昌县，辖西昌、昭觉、宁南、会理、盐边、盐源、冕宁、越嶲县。民国二十八年，改属西康省。

抗战胜利后,全省划为16区,各区辖县有所变化,成都市、自贡市直属于省政府。行政院于民国三十六年6月核准备案。各区如下。

第一区,专署驻温江县,辖温江、成都、华阳、灌县、新津、崇庆、新都、郫县、双流、彭县、新繁、崇宁、金堂县。

第二区,专署驻资中县,辖资中、资阳、内江、荣县、仁寿、简阳、威远、井研县。

第三区,专署驻璧山县,辖璧山、巴县、永川、江津、江北、合川、荣昌、綦江、大足、铜梁县和北碚管理局。

第四区,专署驻眉山县,辖眉山、蒲江、邛崃、大邑、彭山、洪雅、夹江、青神、名山、丹棱县。

第五区,专署驻乐山县,辖乐山、屏山、马边、峨边、雷波、犍为、峨嵋、沐川县。

第六区,专署驻宜宾县,辖宜宾、南溪、庆符、江安、兴文、珙县、高县、筠连、长宁县和沐爱设治局。

第七区,专署驻泸县,辖泸县、隆昌、富顺、叙永、合江、纳溪、古宋、古蔺县。

第八区,专署驻彭水县,辖彭水、酉阳、涪陵、南川、鄷都、黔江、秀山、武隆县。

第九区,专署驻万县,辖万县、奉节、开县、忠县、石砫、巫山、巫溪、云阳、城口县。

第十区,专署驻大竹县,辖大竹、渠县、广安、梁山、邻水、垫江、长寿县。

第十一区,专署驻南充县,辖南充、岳池、蓬安、营山、南部、武胜、西充、仪陇县。

第十二区,专署驻遂宁县,辖遂宁、安岳、中江、三台、潼南、蓬溪、乐至、射洪、盐亭县。

第十三区,专署驻绵阳县,辖绵阳、绵竹、广汉、安县、德阳、什邡、彭明、梓潼、罗江县。

第十四区,专署驻广元县,辖广元、剑阁、苍溪、江油、阆中、昭化、北川、平武、青川、旺苍县。

第十五区,专署驻达县,辖达县、巴中、开江、宣汉、万源、通江、南江县和平昌设治局。

第十六区,专署驻茂县,辖茂县、理县、懋功、松潘、汶川、靖化县。

第八章　西康省

西康地区位于我国的西南部,东接四川,西邻西藏,北与青海接壤,南界云南省和印度。北京政府时期先后为川边特别区域、西康特别区域,民国十七年(1928)建西康省。

第一节　川边特别区域、西康特别区域

清光绪三十年(1904)二月,日俄战争爆发,英国军队乘机由印度入侵西藏。为防止英军进攻和藏兵内犯,清政府于光绪三十二年设督办川滇边务大臣,驻巴塘(今四川巴塘县驻地夏邛镇),统辖四川西部打箭炉厅(治今四川康定县)及所属各土司和西藏的康部。因为"边地界于川藏之间,乃川省前行,为西藏后劲。南接云南,北连青海,地处高原,对于四方,皆有建瓴之势","近日改流及从前应行添设郡县之处犹多,已成建省规模",而川滇边务大臣不是常设的地方行政官,不能对地方实行长期有效的控制,设立行省的呼声不断出现。宣统三年(1911),川滇边务大臣傅嵩炑在奏折中,首次提出建立西康省:"查边境乃古康地,其地在西,拟名曰西康省",建省后可以"守康境,卫四川,援西藏,一举而三善备"[①]。西康地区由此得名。傅嵩炑设想中的西康省范围,"东自打箭炉起,西至丹达山顶止,计三千余里;南抵维西、中甸,北至甘肃西宁,计四千余里"。同年,清政府拟分设西康省,升打箭炉厅为康定府(下辖里化厅、安良厅、河口县、稻成县),升巴安厅为巴安府(下辖三坝厅、定乡县、盐井县),新设登科府(下辖德化州、白玉州、石渠县、同普县)、昌都府(下辖恩达厅、乍丫县),另有得荣、江卡、贡觉、桑昂、杂瑜、三岩、甘孜、章谷、道坞、瞻对、泸定桥等11委员以及硕搬多理事[②]。后因清朝覆灭,西康建省之事未能实行,各府县政区也大多没有设立。

辛亥革命后,驻西藏清军相继哗变。达赖遣藏兵内犯,攻陷硕般多、乍丫、

[①] 傅嵩炑:《请分设西康行省折(宣统三年闰六月十一日)》,傅嵩炑:《西康建省记》,第24～27页。
[②] 赵泉澄:《清代地理沿革表》,中华书局,1955年,第128页。

察木多等地。民国元年(1912)8月,北京政府改川滇边务大臣为川边镇抚使,驻巴安(今四川巴塘县驻地夏邛镇),管辖区域仍旧。袁世凯调四川都督尹昌衡任川边镇抚使兼西征军总司令,率兵西征。云南都督蔡锷也派滇军入西康声援。川军大破藏军于里塘、巴塘之间,收回察木多、乍丫各地。据同年8月13日公布的《众议院议员各省复选区表》,在川边区域内的行政区划有康定府、安良厅、化林县、泸定县、雅江县、道孚县、太宁分县、理化府、怀柔县、定乡县、稻城县、贡噶分县、巴安府、义敦县、德荣县、武成县、盐井县、宁静县、昌都县、察雅县、贡县、察隅县、科麦县、恩达厅、邓科府、甘孜州、炉霍县、石渠县、德化州、白玉县、同普县,共31个行政区域①。

四川都督兼川边镇抚使尹昌衡西征时,所部到达昌都以西地区,拟增设硕督等府:"外患方殷,我若弗图,人将踵至,请改划察木多附近之硕般多、拉里、江达等处,分设府治,控制蛮民,经尹督昌衡酌准,饬将硕般多改为硕督府,拉里改为嘉黎府,江达改为太昭府。"②10月1日,国务院回电同意设立硕督府,其余各处暂照旧制:"所请硕般多等处设治之处,查硕般多向归察木多辖境,应准改为府治。拉里、江达在察境以西,应俟尹督将近年边藏分管区域查明,再行核办。该两处所派官吏,暂仍照旧制,名为粮员可也。"③由此可知,尹昌衡很可能在此地设立了嘉黎府、恩达县、硕督县、太昭县、丹巴县④。11月15日,国务院致电尹昌衡,谓大总统要求迅速将清代边务大臣辖域地图送交北京政府,并将新改郡县名称添入,以备考核⑤。

民国二年,遵照1月8日公布的三个《划一令》,各府厅州一律改称为县。3月5日,川边镇抚使向内务部电陈设立边东、边西两道及新置各县。内务部

---

① 《政府公报》第106号,1912年8月14日,第4册,第78页。
② 《张培爵电政府改划硕般多等处设府治应请核示(9月28日)》,西藏研究编辑部:《民元藏事电稿》,西藏人民出版社,1983年,第79页。
③ 《国务院电张培爵等硕般多设治俟查明近年藏边分管区域再办(10月1日)》,《民元藏事电稿》,第84页。
④ 任乃强:《西康图经·境域篇》,新亚细亚学会,1933年,第46页。按:各府县名称,任乃强本人与他人之说均有矛盾。《西康图境·境域篇》第45页云:"民国元年,康藏叛乱,四川都督尹昌衡西征,兵威再达昌都以西,复增设一府五县。"但无"一府五县"的具体名称。第45页又云:拉里,民国元年置"嘉黎县(设县未成)";江达,民国元年置"太昭县(设县未成)"。是尹昌衡在民国元年仅设嘉黎县和江达县,并未设嘉黎府。《众议院议员各省复选区表》中已有恩达厅,与任说也有矛盾。邓少琴《西康建省治革考》云:民国元年,"且改江达为太昭府,统治拉里、边坝、硕般多、洛隆宗、类伍齐五县,军威甚盛","民国二年(公元1913年)就尹设太昭府改称县,原有三十一县而为三十二县"(《邓少琴西南民族史地论集》下册,巴蜀书社,2001年,第801页)。府名与《民元藏事电稿》所载相符,而县名大异。
⑤ 《国务院电尹昌衡仍将乡城剿抚详报前清边务大臣辖域地图望速送阅(11月15日)》,《民元藏事电稿》,第101页。

于3月13日电覆照准①,设立边东道、边西道,并设立道孚、瞻化(即怀柔县)、炉霍、昌都、德荣、武成、宁静、察雅、贡县、恩达、察隅、科麦、丹巴、嘉黎、硕督、太昭等16县②,"所有康定等三十三县,均沿用前清之旧,遵令改称今名"③。边东道辖康定、安良、泸定、雅江、道孚、理化、怀柔、稻城、贡噶、巴安、义敦、盐井、甘孜、炉霍、丹巴、定乡等16县,观察使驻康定县。边西道辖昌都、德荣、武城、宁静、察雅、贡县、察隅、科麦、恩达、邓柯、石渠、白玉、德格、同普、嘉黎、硕督、太昭等17县,观察使驻康定县④。6月,川边镇抚使改名川边经略使。

民国三年1月,裁川边经略使,改设川边镇守使,仍驻巴安县,总管辖区内军政、民政,受四川都督节制。4月,撤销四川省的边东、边西两道,依照这两道的区域,也就是清代川滇边务大臣辖境置川边特别区域,西康(川边)地区成为省级行政区划。因在四川的西边,故名川边。川边镇守使驻康定县(今四川康定县)⑤。

川边地区设有30余县,辖境辽阔,各族杂居,以川边镇守使为军事长官,亟需一位地方行政长官主管抚民事务。民国五年1月23日,经四川巡按使之请、北京政府批准,依旧边东、边西两道区域置川边道,道尹为边要缺,一等,暂驻康定县,负责民政⑥。这样,在川边地区,军事上由川边镇守使负责,民政上由川边道分管,实行军民分治。但川边道隶属于四川巡抚使,并不受川边镇守使节制,必然引起军政矛盾。为此,川边镇守使刘锐恒电请北京政府在川边区域执行《都统府官制》。4月8日,内务、财政、陆军3部对川边镇守使与川边道权限的划分进行了变通:"川边道道尹应仍隶属川边镇守使,一切川边地方政务,均由镇守使参照《都统府官制》,督饬办理。但遇有重要事务,得由道尹分报四川巡按使备案,庶几内地边疆互相策应,不致蹈隔阂之弊,而免鞭长弗及之虞。此项变通办法,原为暂时适用起见,将来考察该区财政及政治状况,再行斟酌呈请实行特别区域章制,以固边圉。"⑦由此,川边地区亦成为与绥远等地同样性质的特别区域。

民国初年,西康地区先后两次遭到藏军的内犯。民国三年,藏军占领太

---

① 《临时政府内务行政纪要》,第44页。
② 吴承湜:《近六十年全国郡县增建志要》卷下,第64~70页。
③ 内务部职方司第一科:《全国行政区划表》,1914年,第141页。按:表中的嘉黎、硕督、太昭、丹巴等县应是民国元年置,详见下。
④ 谢观:《各省区域沿革一览表》,第140页。
⑤ 印铸局:《职官任免月表》,第43页。
⑥ 《政府公报》第25号,1916年1月30日,第45册,第1247页。
⑦ 《政府公报》第93号,1916年4月8日,第48册,第250页。

昭、嘉黎、硕督、察隅、科麦等县,川边西部实际界线遂在瓦合山一线。民国七年,藏军又占领察雅、宁静、武成、白玉、恩达、同普、德格、昌都、石渠、邓柯等地。川边地区丧失过半,仅存康定、泸定、理化、巴安、盐井、得荣、定乡、稻城、丹巴、道孚、炉霍、甘孜、瞻化等15县。

民国十四年2月7日,临时执政府宣布改川边特别区域为西康特别行政区域①,裁镇守使,置西康屯垦使,兼管民政事宜②,为区内最高长官,下设民政长、财政厅长,仍辖1道、30县、1设治局。从此,川边改称西康。西康屯垦使刘成勋驻雅安,另在康定设屯垦使行署。嗣废川边道,设康东道(驻甘孜)、康北道(驻理化)③。民国十六年6月,刘成勋宣布下野后,屯垦使一职即无形中取消④。

清末及北京政府时期,西康地区县级行政区划的置废过程,各种史料记载互为矛盾,而以任乃强之说较为通行。其相关记载参见表16。

表16　清末民初西康郡县建置沿革对照表

赵尔丰建置之郡县	宣统三年核准之郡县	傅嵩炑拟设之县邑	尹昌衡时之郡县	民国之32县	现在之15县	备考
康定府	康定府	康定府	康定府	康定县	康定县	县驻地打箭炉
河口县	河口县	河口县	河口县	雅江县	雅江县	县驻地为清之中渡汛
		营官寨	安良县			安良县驻地原拟设阿娘坝,竟未设治而废
		诺米章谷	丹巴县	丹巴县	丹巴县	诺米章谷即鲁蜜章谷也
		卓斯				原拟设县驻地于漳斯甲布土司官署,未成事实
		九龙		九龙县	九龙县	民国九年增设
泸定巡检	泸定巡检	泸定县	泸定县	泸定县	泸定县	县驻地泸定桥
理化厅	理化府	理化府	理化府	理化县	理化县	县驻地里塘
稻成县	稻成县	稻成县	稻成县	稻成县	稻成县	县驻地稻坝

---

① 《政府公报》第3182号,1925年2月8日,第154册,第671页。
② 同上书,第672页。
③ 李亦人:《西康综览》,正中书局,1941年,第69页。
④ 同上书,第53页。

续　表

赵尔丰建置之郡县	宣统三年核准之郡县	傅嵩炑拟设之县邑	尹昌衡时之郡县	民国之32县	现在之15县	备　　考
贡噶岭县丞	贡噶岭县丞	贡噶县	贡噶县丞			并其地于稻成,未置县
巴安府	巴安府	巴安府	巴安府	巴安县	巴安县	
三坝厅	义敦县	义敦县	义敦县			今废其地,分属于巴、理两县
定乡县	定乡县	定乡县	定乡县	定乡县	定乡县	县驻地下乡城
盐井县	盐井县	盐井县	盐井县	盐井县	盐井县	县驻地盐卡龙
得荣县	得荣县	得荣县	得荣县	得荣县	得荣县	县驻地得荣
		莽岭				原拟增设县驻地于莽岭或空子顶,未实现
登科府	登科府	登科府	邓科府	邓科县		民国七年失陷
德化州	德化州	德化州	德化州	德格县		民国七年失陷
白玉州	白玉州	白玉州	白玉州	白玉县		民国七年失陷
同普县	同普县	同普县	同普县	同普县		民国七年失陷
石渠县	石渠县	石渠县	石渠县	石渠县		民国七年失陷
		林葱				未经设治
		赠科				未经设治
		葛察寺				未经设治
		俄洛				未经设治
		色达				未经设治
甘孜委员	甘孜州	甘孜州	甘孜县	甘孜县	甘孜县	县驻地甘孜。民国二十年失陷,旋经收复
瞻对委员	怀柔县	怀柔县	怀柔县	瞻化县	瞻化县	县驻地雅龙。民国二十年失陷,旋经收复
炉霍屯	炉霍县	炉霍县	炉霍县	炉霍县	炉霍县	县驻地霍尔章谷
道坞委员	道坞县	道坞县	道坞县	道孚县	道孚县	县驻地道坞
察本多理事官	昌都府	昌都府	昌都府	昌都县		民国七年失陷
乍丫理事官	察雅县	察雅县	察雅县	察雅县		民国七年失陷

续 表

赵尔丰建置之郡县	宣统三年核准之郡县	傅嵩炑拟设之县邑	尹昌衡时之郡县	民国之32县	现在之15县	备 考
贡觉委员	贡觉县	贡觉县	贡觉县	贡觉县①		民国七年失陷
三岩委员	武成县	武成县	武成县	武成县		民国七年失陷
江卡委员	宁静县	宁静县	宁静县	宁静县		民国七年失陷
		察哇				未经设治
桑昂委员	科麦县	科麦县	科麦县	科麦县		民国元年失陷
杂瑜委员	察隅县	察隅县	察隅县	察隅县		民国元年失陷
		上波密				未经设治
		下波密				未经设治
		白马岗				未经设治
		甲得东部				未经设治
		甲得西部				未经设治
		八宿	恩达县	恩达县		民国七年失陷
		类乌齐				未经设治
		洛隆宗				未经设治
		硕般多	硕督县	硕督县		民国元年失陷
		边坝				未经设治
			嘉黎府	嘉黎县		县驻地拉里。民国元年失陷
			太昭县	太昭县		县驻地江达。民国元年失陷

资料来源：任乃强：《西康图经·境域篇》，第46～49页。

第二节 西 康 省

一、建省过程

民国十五年(1926)11月27日，国民党中央政治会议议决设立"川康绥抚委员会"，为处理四川全省及西康特别区域军务、政务的临时权力机关，决定设

---

① 按：贡觉县当为贡县之误，贡县驻地在贡觉。参见吴承湜：《近六十年全国郡县增建志要》附录，第67页。

委员3~5人,从委员中指定1人为委员长。同日,由国民革命军总司令蒋介石发布任命令。翌年1月1日,川康绥抚委员会在重庆成立。民国十六年后,西康特别区域纳入南京国民政府兼辖势力范围。民国十七年3月10日,南京国民政府置西康特区政务委员会,作为处理政务事宜的临时权力机关,设委员5~7人,从委员中指定1人为主席。但西康地区的实际控制权掌握在第二十四军军长、川康边防总指挥刘文辉之手。

民国十七年9月17日,国民政府将西康特别区改建为西康省[1],治康定县。民国二十三年8月,国民党中央政治会议议决"在西康省政府未成立以前,设西康建省委员会,执行所属地方一切政务,该会直隶于中央,其经费由中央补助之"。内政部会同蒙藏委员会拟定《西康建省委员会组织条例》[2]。12月25日,行政院第192次国务会议议决设立西康建省委员会,任命刘文辉为委员长,筹备建省事宜,并执行政务。次年2月2日,公布《西康建省委员会组织条例》,规定建省委员会直隶于行政院,并受主管部会的指挥监督。7月22日,建省委员会在雅安成立。民国二十五年9月,西康建省委员会移驻康定,并于10月开始办公。民国二十七年4月,刘文辉在汉口向蒋介石陈述西康建省必须解决的三项基本问题:疆域调整、财政援助、交通改造[3]。民国二十七年12月17日,国民政府下令裁撤西康建省委员会,同时任命西康省政府委员与主席。民国二十八年1月1日,西康省政府在康定正式成立。1949年12月9日,西康省政府主席刘文辉于雅安通电起义,西康省和平解放。

二、省会

省会初为康定县,实际上驻雅安县(今四川雅安市)。民国二十年4月改驻巴安县(今四川巴塘县驻地夏邛镇)[4]。民国二十四年7月迁雅安县。民国二十五年11月迁康定县。

三、统辖区域

西康建省后,名义上辖有33县,因西部被藏军占领,实际控制区域仅11县。鉴于此,有关官员、学者呼吁扩充辖境。如川康边防总指挥刘自乾认为:"查西康辖区,旧为三十三县,道路崎岖,人口稀旷,财赋枯窘,气候荒

---

[1] 《国民政府公报》第93号,1928年9月,第5页。
[2] 《内政年鉴》,第(B)48页。
[3] 李亦人:《西康综览》,第55页。
[4] 《西康省各县名称、区域、程站调查表》,《水陆地图审查委员会会刊》第2期,1935年,第58页。

寒,以之建立省区,本嫌过于觳薄,加以民元而后,边事数纷,原有辖区,已大半沦为化外。故欲重整故基,别建新宇,除及时设法收复失地而外,增益辖境,实为要图。"①他建议将实际上由川边镇守使统治的四川省所属西昌、冕宁、盐源、昭觉、会理、盐边、越嶲7县,以及云南的中甸、维西、阿墩子3地划归西康省管辖。民国二十年,西康党务指导委员、巴塘人王天杰(革桑泽仁)也有类似主张。

为此,国民政府参照热河、察哈尔、绥远、宁夏、青海等地建省时,分别划入河北、山西、甘肃诸省相邻若干县的先例,并依据地理、历史、民族之关系②,于民国二十七年7月决定将四川的雅安、芦山、天全、荥经、汉源、宝兴、越嶲、冕宁、西昌、会理、昭觉、盐边、盐源、宁南等县及金汤、宁东2设治局划入西康省管辖③。

民国三十六年,全省土地面积估计约为451 521平方公里。实际控制区域,东至雅安金鸡关与四川分界,西至德格、巴安以金沙江与西藏相接,北至石渠一带与青海相连,南至会理、盐边与云南相邻。金沙江以西,至泡河老—鹿马岭—屈罗穆达一线的区域,被藏兵控制。民国末,辖48县、4设治局。金沙江以西的昌都地区13县被藏兵占领后,行政区划实际上已废除。东接四川,北邻青海,西界西藏,南接云南及印度。

四、县、设治局

康定县,清代为康定府直辖地,治打箭炉(今四川康定县驻地炉城镇)。民国二年3月改县④。又,民国初年拟析县境置安良县(安良厅),治安良坝(今四川康定县西安良),尚未设治即被裁撤⑤。民国二年3月为边东道观察使驻地,三年4月为川边特别区域首府,五年1月为川边道驻地,十七年9月为西康省会。

巴安县,清代为巴安府直辖地,治巴塘(今四川巴塘县驻地夏邛镇)。民国

---

① 刘自乾:《致蒙藏委员会建议西康建省办法建议书》,《边政》第2期,转引自任乃强:《西康图经·境域篇》,第70页。
② 邓少琴:《西康建省沿革考》,《邓少琴西南民族史地论集》,第807页。
③ 《国民政府公报》渝字第97号,1938年11月2日,第16页。
④ 内务部职方司第一科:《全国行政区划表》,1914年,第141页。
⑤ 按:《清史稿·地理志》、《清代政区沿革综表》中四川省均无安良厅。民国元年8月13日公布的《众议院议员各省复选区表》中四川省有安良厅;《全国行政区划表》(1914年)中有安良县,谓"沿前清之旧";任乃强《西康图经·境域篇》作尹昌衡时置,"安良县驻地原拟设阿娘坝,竟未设治而废";《近六十年全国郡县增建志要》(附录,第95页)作民国"二年三月析置,旋即裁撤并入康定县"。

二年3月改县。民国二年属四川边东道,三年4月属川边特别区域,五年1月属川边道,十七年9月属西康省。

义敦县,清代为三坝厅,治三坝(今四川巴塘县驻地夏邛镇东南)。民国二年3月改县①。属四川边东道。民国三年4月属川边特别区域,五年1月属川边道。民国十年裁撤,并入巴安、理化两县②。民国二十八年析巴安、理化两县地复置。治波密(今巴塘县东南波密乡波堆,又名老义敦)③。

九龙县,民国初年置九龙设治委员④。治九龙(一作三鸦,今四川九龙县驻地呷尔镇)。民国十五年1月置县⑤。属川边道。民国十七年9月属西康省。

泸定县,清代为康定府泸定桥巡检辖境,民国元年6月川边镇抚使置,二年3月列表报内务部⑥。治桥头(泸定桥,今四川泸定县驻地泸桥镇)。民国二年属四川边东道。民国三年4月属川边特别区域,五年1月属川边道,十七年9月属西康省。又,化林县,约民国元年析康定府沈边土司化林营置,治所约在今泸定县境,民国三年裁为泸定县化林县佐⑦。

雅江县,清代为河口县,治所即今四川雅江县驻地河口镇。民国二年3月改名⑧。因地处雅龙江岸,故名。民国二年属四川边东道,三年4月属川边特别区域,五年1月属川边道,十七年9月属西康省。

道孚县,清宣统三年(1911)置道坞委员,治道坞(今四川道孚县驻地鲜水镇)。民国二年3月改县⑨。道坞在藏语中意为马驹,因从山上俯视县城,形

---

① 内务部职方司第一科:《全国行政区划表》,1914年,第141页。按:《众议院议员各省复选区表》中已为县。
② 吴承湜:《近六十年郡县增建志要》卷上,第70页。一说民国七年省入理化县,见《四川省志·地理志》,第73页。
③ 《四川省志·地理志》,第73页。又,《理塘县志》,四川人民出版社,1996年,第34页。
④ 按:吴承湜《近六十年郡县增建志要》卷下(第65页)载:"民国元年,曾划康定县东南部分设九龙设治委员。"任乃强《西康图经·境域篇》(第45页)载:民国"三年,增设九龙委员,十五年改县"。邱得永《民国年间九龙历任县长简况》(《九龙县文史资料》第1辑,1989年,第113页)载:"民国二年五月,经'部准'建九龙县设治局。刘元治为九龙县设治局第一任委员。设治委员当时民众称作监督。"
⑤ 内政部方域司:《中华民国行政区域简表》(第11版),第56页。吴承湜:《近六十年郡县增建志要》卷下(第65页)言:"建置年月:十五年一月(一作十九年,但在十七年以前未报前内务部有案,故究系何年设置待考)。"
⑥ 吴承湜:《近六十年全国郡县增建志要》卷下,第64页。按:民国元年8月13日公布的《众议院议员各省复选区表》中四川省有雅江县,无河口县。
⑦ 同上书,第63页。
⑧ 内务部职方司第一科:《全国行政区划表》,1914年,第141页。
⑨ 吴承湜:《近六十年全国郡县增建志要》卷下,第64页。

似马,故名。民国二年属四川边东道,三年4月属川边特别区域,五年1月属川边道,十七年9月属西康省。

理化县,清代为理化厅,治里塘(今四川理塘县驻地高城镇)。民国元年称理化府①,二年3月改县。民国二年属四川边东道,三年4月属川边特别区域,五年1月属川边道,十七年9月属西康省。

瞻化县,清代为瞻对委员辖地,治中瞻对(今四川新龙县驻地茹龙镇)。民国元年置怀柔县。因与京兆地方怀柔县同名,民国五年4月改名②。因系旧瞻对土司地方改流,故名。民国二年属四川边东道,三年4月属川边特别区域,五年1月属川边道,十七年9月属西康省。

宁静县,清宣统三年置江卡委员,治江卡(今西藏芒康县驻地嘎托镇),民国元年置县。二年属四川边西道,民国三年4月属川边特别区域,五年1月属川边道,七年被藏军占领。

察雅县,清宣统三年置乍丫理事,治乍丫(在今西藏察雅县驻地烟多镇东)。民国元年置县。察雅,藏语意为岩檐,即地有山峰,下瞰如檐,故名。民国二年属四川边西道,三年4月属川边特别区域,五年1月属川边道,七年被藏军占领。

稻城县,治稻坝(今四川稻城县南稻城)。民国二年3月以稻城县县丞辖境置贡噶县,治贡噶岭(今四川稻城县南贡岭),旋并入稻城县③。一说未置县,将贡噶县丞辖境直接并入稻城县。民国二年属四川边东道,三年4月属川边特别区域,五年1月属川边道,十七年9月属西康省。

盐井县,治盐井(今西藏芒康县南盐井乡)。民国二年属四川边东道,三年4月属川边特别区域,五年1月属川边道,十七年9月属西康省。

甘孜县,清代为甘孜州,治所即今四川甘孜县驻地甘孜镇。民国二年3月改县。民国二年属四川边东道,三年4月属川边特别区域,五年1月属川边道,十七年9月属西康省。

炉霍县,民国元年置。治老街(今四川炉霍县新都镇西北老街)④。民国二年属四川边东道,三年4月属川边特别区域,五年1月属川边道,十七年9月属西康省。

---

① 《众议院议员各省复选区表》。
② 《政府公报》第93号,1916年4月8日,第48册,第251页。又,吴承湜:《近六十年全国郡县增建志要》附录,第92页。
③ 吴承湜:《近六十年全国郡县增建志要》附录,第95页。
④ 按:《四川省地图册》(成都地图出版社)1988年版作"老街",1995年版作"下街",2001年版未标注。

丹巴县，原为丹东、巴底、巴旺及章谷屯明正土司地，清宣统三年六月傅嵩炑奏请设县，并经清政府批准。八月，傅嵩炑发布丹巴建县布告，并附章程10条。因辛亥革命爆发，建县未果。民国元年川边经略使尹昌衡设县并任命设治委员。民国二年，因丹东、巴底、巴旺3土司作乱，设治委员逃回康定。陈遐龄、刘占廷率军平定后，另行委任设治委员。民国三年改县①。民国四年设县知事②。一作民国二年3月置县③。治章谷屯（今四川丹巴县驻地章谷镇）。民国二年属四川边东道，三年4月属川边特别区域，五年1月属川边道，十七年9月属西康省。

定乡县，治桑坡寺（今四川乡城县驻地香巴拉镇）。民国二年属四川边东道，三年4月属川边特别区域，五年1月属川边道，十七年9月属西康省。

昌都县，清代置察木多理事，治察木多（今西藏昌都市卡若区城关镇）。民国元年改县。民国二年为四川边西道治。民国三年4月属川边特别区域，五年1月属川边道，七年被藏军占领。

德荣县，清宣统三年置德荣委员，治索美村（今四川德荣县驻地松麦镇）。民国元年置县。民国二十年后，"德"、"得"兼用，民国三十六年定为得荣县。民国二年属四川边西道，三年4月属川边特别区域，五年1月属川边道，十七年9月属西康省。

武成县，清宣统三年置三岩委员。治中岩（今西藏贡觉县东南雄松乡）。民国元年置县。民国二年属四川边西道，三年4月属川边特别区域，五年1月属川边道，七年被藏军占领。

德格县，清代为德化州，治所即今四川德格县驻地更庆镇。民国元年改为德化县。因与福建、江西两省县名重名，民国三年1月改名④。因原德格土司得名。德格，藏语意为昌盛。民国二年属四川边西道，三年4月属川边特别区域，五年1月属川边道，七年被藏军占领。

同普县，治所在今西藏江达县驻地嘎通东北同普乡。民国二年属四川边西道，三年4月属川边特别区域，五年1月属川边道，七年被藏军占领。

贡县，清宣统三年设贡觉委员，治贡觉（今西藏贡觉县驻地莫洛镇南）。民国元年置县。民国二年属四川边西道，三年4月属川边特别区域，五年1月属川边道，七年被藏军占领。

---

① 吴承湜：《近六十年全国郡县增建志要》卷下，第69页。
② 《丹巴县志》，民族出版社，1996年，第52、416页。
③ 谢观：《各省区域沿革一览表》，第141页。
④ 《内务部改定各省重复县名及存废理由清单》。

察隅县，清宣统三年置杂瑜委员，治杂瑜（今西藏察隅县西南下察隅）。民国元年置县。民国二年属四川边西道，三年被藏军占领。

科麦县，清宣统三年置桑昂委员，治桑昂（今西藏察隅县北科麦）。民国元年置县。民国二年属四川边西道，三年被藏军占领。

恩达县，清为察木多属地，民国元年 8 月置设治委员，二年 3 月川边镇抚使改县并列表报部①。一说民国元年为恩达厅②。治恩达（今西藏类乌齐县南恩达）。民国二年属四川边西道，三年 4 月属川边特别区域，五年 1 月属川边道，七年被藏军占领。

石渠县，治杂渠卡（今四川石渠县驻地尼呷镇南菊母村）。民国二年属四川边西道，三年 4 月属川边特别区域，五年 1 月属川边道，七年被藏军占领。

雅安县，清代为雅州府附郭县，治所即今四川雅安市雨城区城区。辛亥革命后废，地入雅州府，雅州府仅辖原雅安县地。民国二年 2 月废府，复为县。民国十九年前为四川建昌道驻地。民国二十七年 9 月属西康省。

芦山县，治所即今四川芦山县驻地芦阳镇。民国十九年前属四川省建昌道。民国二十七年 9 月属西康省。

西昌县，清代为宁远府附郭县，治所即今四川西昌市城区。辛亥革命后废，地入宁远府，宁远府仅辖原西昌县地。民国二年 2 月废府，复为县。民国十九年前属四川省建昌道。民国二十七年 9 月属西康省。北京政府时期，县佐分驻德昌镇（在今四川德昌县驻地德州镇）、普格（在今四川普格县驻地普基镇）、礼州（在今四川西昌市北礼州镇）、普威（在今四川米易县西北普威彝族乡）。

德昌县，民国三十二年 1 月西康省政府析会理、西昌县置德昌设治局③，因元德昌路为名。局所驻德昌（今四川德昌县驻地德州镇）。民国三十四年 1 月升为县④。

盐源县，治所在今四川盐源县东卫城镇。民国十九年前属四川省建昌道。民国二十七年 9 月属西康省。北京政府时期，县佐分别驻盐井（在今盐源县西南盐塘乡西黑盐塘）、白盐井（即今盐源县驻地盐井镇）。

---

① 吴承湜：《近六十年全国郡县增建志要》卷下，68 页。
② 《众议院议员各省复选区表》。
③ 《德昌县志》，四川人民出版社，1998 年，第 51 页。按：刘光辉《德昌设治局成立的前因后果》（《德昌县文史资料简辑》第 4 辑，1986 年，第 32～36 页）、杨光才《民国时期的德昌地方职官》（《德昌县文史资料简辑》第 13 期，1994 年，第 25～27 页）均作民国三十一年置。
④ 《国民政府公报》渝字第 749 号，1935 年 1 月 31 日，第 20 页。

天全县，清代为天全州，治所即今四川天全县驻地城厢镇。民国二年2月改县。民国十九年前属四川省建昌道。民国二十七年9月属西康省。

宁南县，民国十七年析会理县属披砂土千户辖地置披砂设治局①。局所驻披砂（今四川宁南县驻地披砂镇）。民国十九年4月改县②。因地处"宁（远府）属"之南，故名。

嘉黎县，原名拉里，为阿里寺黑教呼图克图管辖之地，清宣统三年拟设流官，因辛亥革命爆发而未能实行。民国元年，尹昌衡拟设嘉黎县，后陷于藏军，未能实行③。其规划的县境为："本县在北经二十三度，东纬三十一度，踞冬拉冈里岭之阳，西倚鹿马岭，其形势南北长方如屏。全县面积共三万九千二百三十方里。其疆域北以扎拉岭与九族县界，东至鲁贡喇山顶与硕督县界，南至长乡与太昭县界，西以鹿马岭与西藏墨竹工卡界，西北一隅与德木相连"④，"本县治所踞大唐山之阳，中跨茹楮河"⑤。民国二年属四川边西道。民国三年被藏军占领。

硕督县，民国元年川边经略使尹昌衡拟置硕督府，国务院于10月1日电复核准⑥。民国二年3月川边镇抚使拟置县，治硕般多（今西藏洛隆县驻地孜托西硕督），属边西道。民国三年4月川边镇守使宥电称"该县现为藏人盘踞，尚未实行设治"⑦。

太昭县，原名江达尚。民国元年，川边经略使尹昌衡拟设太昭府，但未实行。嗣后通称该地为太昭县。其规划县境为："踞鹿马岭之左麓，中跨尼羊河。其形势东西长，南北狭，如一勾镰。全县面积共三万二千二百八十方里。其疆域北至常多与嘉黎县界，东以桑布硕松山与工布底穆宗界，南至绒吉以雅鲁藏布江与西藏奈布城界，西以鹿马岭与西藏墨竹工卡界"，"本县治所居尼羊河、布球河之间，地方平原，就以前官寨改为县署，无城郭"⑧。民国二年属四川边西道。民国三年被藏军占领。

邓柯县，清代为登科府，治登科（今四川石渠县驻地尼呷镇南洛须镇）。民国元年改为县。藏语"邓"即传说中格萨尔王之大臣邓玛，"柯"意为内部，因民

---

① 《宁南县建置沿革概况》，《宁南文史》第1辑，1992年，第1～3页。
② 《国民政府公报》第463号，1930年5月8日，第12页。
③ 刘赞廷：《嘉黎县志》，巴蜀书社，中国地方志集成本，第55页。
④ 同上书，第57页。
⑤ 同上书，第58页。
⑥ 《民元藏事电稿》，第79、84页。
⑦ 吴承湜：《近六十年全国郡县增建志要》卷下，第70页。
⑧ 刘赞廷：《太昭县志》，巴蜀书社，中国地方志集成本，第38页。

居在"邓玛属地"之内,故名。民国二年属四川边西道,三年4月属川边特别区域,五年1月属川边道,七年被藏军占领。

白玉县,清代为白玉州,治白玉(今四川白玉县驻地建设镇)。民国元年改县。民国二年属四川边西道,三年4月属川边特别区域,五年1月属川边道,七年被藏军占领。

荥经县,原为荣经县,治所即今四川荥经县驻地严道镇。约20世纪30年代初改名①。民国十九年前属四川省建昌道。民国二十七年9月属西康省。

汉源县,清代为清溪县,治所即今四川汉源县驻地富林镇北青溪。因与贵州省县名重名,民国三年1月改名。因县西北有飞越山,汉水(今名流沙河)发源于此,故名②。民国十九年前属四川省建昌道。民国二十七年9月属西康省。北京政府时期,县佐分别驻泥头(在今汉源县驻地富林镇西北)、黄木厂(在今汉源县驻地富林镇东皇木)。

冕宁县,治所即今四川冕宁县驻地城厢镇。民国十九年前属四川省建昌道。民国二十七年9月属西康省。北京政府时期,县佐驻冕山,在今喜德县驻地西冕山。

昭觉县,治所即今四川昭觉县驻地新城镇。民国十九年前属四川省建昌道。民国二十七年9月属西康省。

会理县,清代为会理州,治所即今四川会理县城区。民国二年2月改置为县。民国十九年前属四川省建昌道。民国二十七年9月属西康省。

乾宁县,民国二十九年置泰宁设治局③。局所驻惠远寺(今四川道孚县东南八美惠远寺)。民国三十四年12月改县④。

盐边县,清代为盐边厅,治所在今四川盐边县驻地桐子林镇西北二滩库区(原健康镇)。民国二年2月改县。民国十九年前属四川省建昌道。民国二十七年9月属西康省。北京政府时期,县佐驻披砂(在今四川宁南县驻地披砂镇)、迷易所(在今四川米易县西南撒莲镇)。

越嶲县,清代为越嶲厅,治所即今四川越西县驻地越城镇。民国三年6月改县。民国十九年前属四川省建昌道。民国二十七年9月属西康省。北京政

---

① 《现行行政区划一览表》(商务印书馆1930年8月第2版)仍作"荣经县",《全国行政区域简表》(1932年12月油印本,谭其骧教授藏)已作"荥经县"。《荥经县志》沿革部分在民国初年即写作"荥经县",未作说明。
② 《内务部改定各省重复县名及存废理由清单》。
③ 《四川省志·地理志》,第72页。
④ 内政部方域司:《中华民国行政区域简表》(第11版),第60页。

府时期,县佐驻大树堡,在今四川汉源县驻地富林镇南大树。

宝兴县,原属天全县。民国十七年因天全县属穆坪土司承袭无人,建昌道道尹黄熙昌废除穆坪土司制度,筹备建县①。因"穆坪土司辖境甚广,犷悍难驯,动滋边患。且富于五金矿产,亟应改土归流,设置县治,以奠边区而资开发",于民国十八年12月置县②。治穆坪(今四川宝兴县驻地穆坪镇)。县名取自《中庸》篇"宝藏兴焉"之义。属四川省,民国二十七年9月属西康省。

宁东设治局,民国二十七年析越嶲县境置③。局所驻米市(今四川喜德县东南米市)。属四川省。民国二十七年9月属西康省。

金汤设治局,民国二十一年6月析宝兴县上鱼通地方置④。局所驻金汤坝(今四川康定县驻地炉城镇东北金汤)。属四川省。民国二十七年9月属西康省。

普格设治局,民国三十五年3月析西昌县置⑤。局所驻中坝(今四川普格县驻地普基镇)。

泸宁设治局,民国三十五年3月析冕宁县置⑥。局所驻二四营(今四川冕宁县驻地城厢镇西南锦屏)。

五、行政督察区

民国二十四年(1935),西康置行政督察区,领31县,专署驻康定县。民国二十八年,西康成立省政府后,将全省划为5个行政督察区⑦,如下所示。

第一区,专署驻康定县,辖康定、九龙、雅江、道孚、丹巴县及金汤设治局、泰宁实验区。

第二区,专署驻荥经县,辖荥经、雅安、芦山、天全、宝兴、汉源、泸定县。

第三区,专署驻西昌县,辖西昌、越嶲、冕宁、会理、盐源、盐边、宁南、昭觉县和宁东设治局。

第四区,专署驻甘孜县,辖甘孜、德格、邓柯、石渠、白玉、瞻化、炉霍县。

第五区,专署驻理化县,辖理化、巴安、得荣、定乡、稻城、义敦县。

---

① 《宝兴县志》,方志出版社,2000年,第37页。
② 《国民政府公报》第364号,1930年1月9日,第11页。
③ 《四川省志·地理志》,第73页。
④ 《国民政府公报》洛字第15号,1932年7月31日,第43页。
⑤⑥ 《国民政府公报》第1201号,1946年3月29日,第5页。
⑦ 《四川省志·地理志》,第72页。按:《全国行政区域简表》(1944年)、《全国行政区域变更一览表(三十三年九月至三十四年十一月)》均无西康省行政督察区的记载。郭卿友主编《中华民国时期军政职官志》(第766页)有第一至第六区专员名单,均于1945年1月委派。存疑。

抗战胜利后，设立第一、第二两行政督察区，其余受省政府直辖，行政院于民国三十六年6月核准备案。

第一区，专署驻甘孜县，辖甘孜、炉霍、道孚、瞻化、白玉、德格、邓柯、石渠县。

第二区，专署驻理化县，辖理化、雅江、稻城、定乡、得荣、义敦、巴安县。

而直属于省政府的县、设治局则分为三部分：

省会附近者，有康定、丹巴、乾宁、九龙、泸定、汉源、荥经、雅安、天全、芦山、宝兴县和金汤设治局。

兼受宁属屯垦委员会督察者，有西昌、冕宁、越嶲、昭觉、宁南、德昌、会理、盐边、盐源县及宁东、普格、泸宁等3设治局。

在金沙江以西者，有同普、武成、贡县、察雅、宁静、盐井、科麦、察隅、昌都、恩达、硕督、嘉黎、太昭县[①]。此区被藏兵所占。

---

① 内政部方域司：《中国之行政督察区》，第21页。

第九章　福建省

清宣统三年(1911)，闽浙总督兼福建巡抚驻福州府(今福建省福州市区)。全省府级政区有福州、福宁、兴化、泉州、建宁、延平、邵武、汀州、漳州等9府，永春、龙岩2直隶州；县级政区有1厅、58县。辖区包括今福建省全境及广东省南澳岛东部。

一、省行政机构

辛亥革命爆发后，福建新军于宣统三年九月十九日(11月9日)起义。二十一日，新军建立福建都督府，下置参议会，协调都督掌理政权。二十五日，厦门军政分府建立。民国元年(1912)11月16日，遵照北京政府的制度，置民政长，为全省民政长官，下设内务、财政等司。民国三年5月23日改民政长为巡按使，巡按使公署下设政务、财政等厅。民国五年7月，改巡按使为省长。民国十五年12月24日，国民党筹建省临时政务委员会。次年1月2日，建立省临时政治委员会，为全省临时最高权力机关。25日，设省临时政务委员会和省财务委员会，为省临时政治委员会的下属机关。民国十六年四一二政变后，福建省临时政治委员会隶属于南京国民政府。5月1日，南京国民政府撤销福建省临时政治委员会及其所属省临时政务委员会和财务委员会，成立省政府委员会。民国二十二年11月20日，第十九路军将领陈铭枢、蔡廷锴等人，联合其他反蒋势力，发动福建事变。是日，在福州召开中国人民临时代表大会，议决建立中华共和国人民革命政府，公开与南京国民政府对抗。为此，南京政府于民国二十三年1月12日改组福建省政府，设委员9人。民国二十五年6月9日，全省设立7个行政督察专署，为省政府的辅助机关。抗日战争期间，省会福州沦陷，省政府实际上成为流亡政府。民国三十四年8月，抗日战争结束，福建光复。民国三十八年(1949)8月17日，省城福州解放。

二、省会

抗日战争前，驻闽侯县，抗战胜利后驻林森县，民国三十五年1月起驻福州市,均在今福建福州市区。抗日战争中曾迁至洪塘(今福建福州市西郊洪山乡)、甘蔗(今福建闽侯县驻地甘蔗镇)、小箬(今福建闽侯县西北小箬)、永安(今福建永安市)等地。

三、统辖区域

基本与清末及今天的福建省域相似。民国三十六年全省土地面积为120 114平方公里。光泽县曾于民国二十三年6月划归江西省管辖,民国三十六年6月复来属。东滨台湾海峡,北邻浙江,西界江西,南接广东。

四、道、县、市

辛亥革命后,保留清代兴泉永等守巡道,并改府厅州为县①。民国元年,增设思明府,改福州府为闽侯府,改建宁府为建瓯府,裁附郭县。民国二年2月12日置东路、南路、西路、北路4道②。同年,废府为县。民国三年5月命名为闽海道、厦门道、汀漳道、建安道③,辖区相同。民国十六年,北伐军占领后撤销各道。辛亥革命后,将清代在各县重要地方设置的州同、通判、县丞、巡检等缺全部裁撤,另设委员,负责经征钱粮、捕治盗匪。民国三年,民政长将各委员改为分驻科员,称为"某县分驻科员"。民国三年10月,又改为县佐制,共18缺④。民国十六年北伐军占领后废。南京政府时期,先后设有福州、厦门两市。福建省政府曾设有周墩、柘洋等特种区,职能与县相近。国民政府承认这两个特种区为行政区划⑤,但要求依照县政府分区署等级办理,或另行筹设新县⑥。民国末,下辖67县、2市。

1. 道

闽海道,民国二年2月置东路道,观察使驻闽侯县(今福建福州市区),辖闽侯、古田、屏南、闽清、长乐、连江、罗源、永泰、福清、霞浦、福鼎、宁德、寿宁、福安等14县⑦。民国三年5月改名。道尹驻闽侯县⑧,为繁要缺,一等⑨。后

---

① 蔡玑:《福建行政区域改革谈》,张文范主编:《中国省制》,中国大百科全书出版社,1995年,第149页。按:民国元年10月3日公布的《省议会议员各省复选区表》中,福建省已无府州厅,全部为县。
②⑦ 谢观:《各省区域沿革一览表》,第63页。
③ 印铸局:《职官任免月表》,第119页。
④ 《政府公报》,1914年10月7日,第41册,第265页。
⑤ 内政部编:《全国行政区域简表》,1944年油印本,第5页。
⑥ 《国民政府公报》渝字第574号,1943年5月29日,第10页。
⑧ 《政府公报》第774号,1914年7月2日,第27册,第559页。
⑨ 《政府公报》第834号,1914年8月31日,第28册,第801页。

增领平潭县①。民国十六年废。

厦门道,民国二年2月置南路道。民国三年5月改名。道尹驻思明县(今福建厦门市),为繁要缺,一等。辖莆田、仙游、思明、晋江、南安、惠安、安溪、同安、永春、德化、大田等11县。民国三年10月增领金门县。民国十六年废。

汀漳道,民国二年2月置西路道。民国三年5月改名。道尹驻龙溪县(今福建漳州市驻地城关镇),为要缺,二等。辖长汀、宁化、上杭、武平、清流、连城、归化、永定、云霄、龙溪、漳浦、南靖、长泰、平和、诏安、海澄、龙岩、漳平、宁洋等19县。沿袭清代旧制,以龙溪县为道尹驻地。但因龙溪县偏在本道东部,具有种种不便,而龙岩县在清代为直隶州治所,地居全道之中,与各县的距离相对平均,便于道尹控制局面②,故于同年7月移驻龙岩县(今福建龙岩市驻地城关镇)。民国四年9月增领东山县。民国十六年废。

建安道,民国二年2月置北路道。民国三年5月改名。道尹驻南平县(今福建南平市驻地城关镇),为简缺,三等。辖南平、将乐、沙县、尤溪、顺昌、永安、建瓯、建阳、崇安、浦城、政和、松溪、邵武、光泽、泰宁、建宁等16县。民国十六年废。

2. 县、市

福州市,民国二十二年5月析闽侯县城区置③,区域"东自魁歧、鼓山胶起,沿东岭、汤岭直达北岭迤西,绕白龙、保福至大腹山,越闽江,由怀南角入西南港,沿乌龙江至峡兜而止"。旋因福建事变而未能实施,并于次年7月裁撤④。民国三十一年5月置市政筹备处。民国三十五年1月复析林森县城厢区域置,治所即今福建福州市城区。辖鼓楼、大根、小桥、台江、仓山等5区。为福建省会。

林森县,清代为福州府附郭闽县、侯官县,民国元年合并为闽侯府,次年改为闽侯县⑤。一说合并为闽侯府,次年改为县⑥。治所即今福建福州市区。北京政府时期为闽海道驻地。县佐分别驻大湖(今福建闽侯县北大湖镇)、营前(今福建长乐市西营前镇)⑦。福建事变时,为中华共和国人民革命

---

① 《政府公报》第745号,1914年6月3日,第26册,第38页。
② 《政府公报》第800号,1914年7月28日,第27册,第905页。
③ 《国民政府公报》第1124号,1933年5月8日,第4页。又,《国民政府公报》第1176号,1933年6月27日,第6页。
④ 《国民政府公报》第1494号,1934年7月23日,第4页。
⑤ 蔡玑:《福建行政区域改革谈》。《福州市志》第1册,方志出版社,1998年,第116页。按:民国元年10月3日颁布的《省议会议员各省复选区表》中已有闽侯县,无闽县、侯官县。《近六十年全国郡县增废志要》附录(第82页)作民国二年3月合并。
⑥ 《福州市志》第1册,方志出版社,1998年,第116页。
⑦ 内务部职方司第一科:《最新全国行政区划表》,1917年,第69页。

政府"首都"。因辖区过于广阔，治理不便，民国二十二年5月又析置为闽县、侯官县两县，以大樟溪为界①。闽县驻营前（今长乐市西营前镇），侯官县驻白沙（今闽侯县西北白沙镇），均未成立县政府。次年7月合并闽县、侯官两县复置闽侯县②，治所仍旧。民国三十二年10月，为纪念已故国民政府主席林森（闽侯籍），改名林森县③。民国三十五年1月前为福建省会。民国三十五年1月，城厢区域析为福州市，9月21日开始迁移至洪塘④。一说次年迁西涧（今福州市西郊）⑤。

古田县，治所在今福建古田县驻地东古田溪水库区。北京政府时期属闽海道。

屏南县，治所在今福建屏南县驻地古峰镇东北双溪镇。北京政府时期属闽海道。

闽清县，治所即今福建闽清县驻地梅城镇。北京政府时期属闽海道。

长乐县，治所即今福建长乐市驻地吴航街道。北京政府时期属闽海道。

连江县，治所即今福建连江县驻地凤城街道。北京政府时期属闽海道。

罗源县，治所即今福建罗源县驻地凤山街道。北京政府时期属闽海道。

永泰县，清代为永福县，治所即今福建永泰县驻地樟城镇。因与广西省县名重名，民国三年1月改名。以唐代县名得名⑥。北京政府时期属闽海道。

福清县，治所即今福建福清市驻地玉屏街道。北京政府时期属闽海道，县佐驻南日澳（今福建莆田市东南南日岛）。

霞浦县，清代为福宁府附郭县，治所即今福建霞浦县驻地松城街道。民国元年6月裁，为福宁府。民国二年复为县。北京政府时期属闽海道。

福鼎县，治所即今福建福鼎市驻地桐山街道。北京政府时期属闽海道。

柘荣县，民国二十七年福建省析霞浦县北部置柘洋特种区。民国三十四年8月改县⑦。治所即今福建柘荣县驻地双城镇。

宁德县，治所即今福建宁德市蕉城区驻地蕉北街道。北京政府时期属闽海道，县佐分别驻三都澳（今宁德市东三都镇）、周墩（今周宁县驻地狮城镇）。

寿宁县，治所即今福建寿宁县驻地鳌阳镇。北京政府时期属闽海道。

---

① 《国民政府公报》第1124号，1933年5月8日，第4页。又，《国民政府公报》第1176号，1933年6月27日，第7页。
② 《国民政府公报》第1494号，1934年7月23日，第4页。
③ 《国民政府公报》渝字第617号，1943年10月27日，第16页。
④ 《林森县政府迁治洪塘》，《闽政导报》1945年第33期，第1页。
⑤ 《福州市志》第1册，第116页。
⑥ 《内务部改定各省重复县名及存废理由清单》。
⑦ 《全国行政区域变更一览表（三十三年九月至三十四年十一月）》。

周宁县，民国二十七年福建省置周墩特种区。民国三十四年2月以周墩特种区区域及宁德县部分地置县①，以周墩、宁德两地首字为名。治所即今福建周宁县驻地狮城镇。

福安县，治所即今福建福安市韩阳老城区。北京政府时期属闽海道。

平潭县，民国二年10月置②。治所即今福建平潭县驻地潭城镇。北京政府时期属闽海道。

厦门市，民国元年4月，析同安县属之厦门、金门及附近各岛为思明县，9月改为思明府③。民国二年，改置思明县④。治所即今福建厦门市。民国三年至十六年为厦门道驻地。厦门为福建南部重要港口，民国十六年海军管理时，曾有设市之动议，但未实现⑤。民国二十二年，福建省政府拟设思明市。同年5月，行政院令准析思明县置厦门市⑥，设市政筹备处，市区范围为原厦门公安局管辖区域及思明县鼓浪屿区。"中华共和国人民革命政府"（福建人民政府）期间，曾设立厦门市政府。民国二十三年4月，废市政筹备处，改设厦门特种公安局，管辖区域内一切行政，实为变相的市政府⑦。民国二十四年2月行政院再次令准设市⑧，辖区同前；同时废思明县，思明县禾山区并入同安县。

金门县，金门地区原属思明县，因"孤悬海隅，外通台澎，内障厦门，形势扼要，民物亦甚蕃庶"，经侨商及当地居民请求，民国三年7月析思明县属大、小金门等岛屿置⑨。民国四年1月县公署正式成立⑩。以金门岛得名。治所即今福建金门县驻地金门镇。北京政府时期属厦门道。

莆田县，清代为兴化府附郭县。治所即今福建莆田市城厢区。北京政府时期属厦门道。

---

① 《国民政府公报》渝字第753号，1945年2月14日，第5页。
② 按：1914年版《全国行政区划表》云旧为平潭厅，民国二年3月"遵令改称为县"；1947年版《中华民国行政区划简表》同。但内阁印铸局《职官录》（宣统三年冬季版，福建省第5页）福州府只有驻平潭的海防同知，《清史稿·地理志》亦无平潭厅的记载。清代平潭厅是否为行政区划，存疑。
③ 福建省政府编：《福建历年对外贸易统计》，福建省政府秘书处公报室，1935年，第198页。蔡玑：《福建行政区域改革谈》。
④ 按：民国元年10月3日颁布的《省议会议员各省复选区表》已有"思明县（旧厦门）"，1914年版《全国行政区划表》云旧为厦门厅，民国二年3月"遵令改称为县并改名"。
⑤ 钱端升等：《民国政制史》下册，第418页。
⑥ 《国民政府公报》第1124号，1933年5月8日，第4页。
⑦ 钱端升等：《民国政制史》下册，第419页。
⑧ 《国民政府公报》第1691号，1935年3月16日，第12页。
⑨ 《政府公报》第785号，1914年7月13日，第27册，第703页。
⑩ 《政府公报》第1016号，1915年3月8日，第35册，第295页。

仙游县，治所即今福建仙游县驻地鲤城街道。北京政府时期属厦门道。

晋江县，清代为泉州府附郭县。治所即今福建泉州市鲤城区城区。民国元年6月裁入泉州府，次年复为县。北京政府时期属厦门道。民国四年9月置县佐，驻安海（今福建晋江市西南安海镇）①。

南安县，治所即今福建南安市东丰州镇。北京政府时期属厦门道，县佐驻罗溪（今泉州市鲤城区北罗溪）。民国二十六年，迁治溪美（今南安市驻地溪美镇）②。

惠安县，治所即今福建惠安县驻地螺城镇。北京政府时期属厦门道。

安溪县，治所即今福建安溪县驻地凤城镇。北京政府时期属厦门道。

同安县，治所即今福建厦门市同安区大同街道。北京政府时期属厦门道，县佐驻马家巷（今厦门市同安区东南马巷镇）。

永春县，清代为永春直隶州直辖地，治所即今福建永春县驻地桃城镇。辛亥革命后改县。北京政府时期属厦门道。

德化县，治所即今福建德化县龙浔镇。北京政府时期属厦门道。

大田县，治所即今福建大田县驻地均溪镇。北京政府时期属厦门道。

龙岩县，清代为龙岩直隶州直辖地，治所即今福建龙岩市新罗区城区。辛亥革命后改县。民国三年7月至十六年为汀漳道驻地。北京政府时期，县佐驻溪口（今龙岩市北万安）。

长汀县，清代为汀州府附郭县，治所即今福建长汀县驻地汀州镇。辛亥革命后改县。北京政府时期属汀漳道。

宁化县，治所即今福建宁化县驻地翠江镇。北京政府时期属汀漳道。民国五年11月置县佐，驻泉上（今宁化县东北泉上镇）③。

上杭县，治所即今福建上杭县驻地临江镇。北京政府时期属汀漳道。

武平县，治所即今福建武平县驻地平川镇。北京政府时期属汀漳道。

清流县，治所即今福建清流县驻地龙津镇。北京政府时期属汀漳道。

连城县，治所即今福建连城县驻地莲峰镇。北京政府时期属汀漳道。

明溪县，清代为归化县，治明溪镇（今福建明溪县驻地雪峰镇）。北京政府时期属汀漳道。因县名意义不甚适宜，民国二十一年12月改为明溪县④，因境内明溪得名。

---

① 《政府公报》第1218号，1915年9月28日，第41册，第1121页。
② 《泉州市建置志》，海峡文艺出版社，1993年，第24页。
③ 《政府公报》第313号，1916年11月17日，第55册，第539页。
④ 《国民政府公报》第1015号，1932年12月28日，第10页。按：《中华民国行政区域简表》（第11版）作民国二十二年12月改名，误。

永定县,治所即今福建龙岩市永定区驻地凤城镇。北京政府时期属汀漳道。

云霄县,清代为云霄厅,治所即今福建云霄县驻地云陵镇。辛亥革命后改县。北京政府时期属汀漳道。

龙溪县,清代为漳州府附郭县,治所即今福建漳州市芗城区城区。民国三年7月为汀漳道驻地。北京政府时期,县佐分别驻石码镇(今福建龙海市驻地石码镇)、华封(今福建华安县驻地华封镇)。

华安县,原为龙溪县华封县佐辖境,因距县驻地百余里,难于控制,于民国十七年5月置县①。治所即今福建华安县驻地华丰镇。

漳浦县,治所即今福建漳浦县驻地绥安镇。北京政府时期属汀漳道。

南靖县,治所在今福建南靖县东北靖城镇。北京政府时期属汀漳道。民国二十七年7月迁治山城(今南靖县驻地山城镇)②。

长泰县,治所即今福建长泰县驻地武安镇。北京政府时期属汀漳道。民国二十七年7月迁山城镇,即今治东山城镇。

平和县,治大洋陂(今福建平和县西南九峰镇)。北京政府时期属汀漳道。

诏安县,治所即今福建诏安县驻地南诏镇。北京政府时期属汀漳道。曾置铜山镇县佐③,在今福建东山县东北铜陵镇,民国四年析置东山县。

东山县,民国四年,福建省拟析诏安县属之铜山镇(铜山岛)县佐辖境及漳浦县属古雷岛置铜山县。9月,内务部因江苏省已有铜山县,为避免重名,而铜山镇旧名东山,核定置县并定名东山县④。治铜山(今福建东山县东北铜陵镇)。北京政府时期属汀漳道。

海澄县,治所在今福建龙海市东南海澄镇。北京政府时期属汀漳道。

漳平县,治所即今福建漳平市驻地菁城镇。北京政府时期属汀漳道。

宁洋县,治所在今福建漳平市北双洋镇。北京政府时期属汀漳道。

南平县,清代为延平府附郭县,治所即今福建南平市驻地城关镇。民国元年5月裁入延平府,次年复为县。曾为建安道驻地。北京政府时期,县佐驻峡阳(今南平市西北峡阳镇)。

将乐县,治所即今福建将乐县驻地古镛镇。北京政府时期属建安道。

沙县,治所即今福建沙县驻地凤岗街道。北京政府时期属建安道。

尤溪县,治所即今福建尤溪县驻地城关镇。北京政府时期属建安道。

---

① 《国民政府公报》第94期,1928年9月,第34页。
② 《南靖县志》,方志出版社,1997年,第42页。
③ 内务部职方司第一科:《最新全国行政区划表》,1917年,第73页。
④ 《政府公报》第1218号,1915年9月28日,第41册,1121页。

顺昌县，治所即今福建顺昌县驻地双溪街道。北京政府时期属建安道，县佐驻仁寿里（今顺昌县北仁寿）。

永安县，治所即今福建永安市驻地燕西街道。北京政府时期属建安道。

建瓯县，清代为建宁府附郭建安县、瓯宁县，治所即今福建建瓯市芝山街道。民国元年8月合并为建瓯府，民政司核准为建宁府，于次年1月改换①。民国二年3月改县②，以两县首字为名。北京政府时期属建安道，县佐分别驻上洋（今顺昌县东洋口镇）、岚下（今顺昌县东北岚下）、迪口（今建瓯市东南迪口）。

崇安县，治所即今福建武夷山市驻地崇安街道。北京政府时期属建安道。民国二十年6月，红军攻进县城，县政府暂移赤石街（今福建武夷山市南赤石），国民政府于民国二十一年1月备案③。次年9月又迁星村（今星村乡）。民国二十三年1月迁回县城④。

浦城县，治所即今福建浦城县驻地南浦街道。北京政府时期属建安道。

政和县，治所即今福建政和县驻地熊山街道。北京政府时期属建安道。

松溪县，治所即今福建松溪县驻地松源街道。北京政府时期属建安道，县佐驻永和里（在今松溪县驻地松源镇东北渭田乡吴村）。

邵武县，清代为邵武府附郭县，治所即今福建邵武市驻地昭阳街道。民国元年6月裁入邵武府，次年改府为县。北京政府时期属建安道。

泰宁县，治所即今福建泰宁县驻地杉城镇。北京政府时期属建安道。

建宁县，治所即今福建建宁县驻地濉城镇。北京政府时期属建安道。

建阳县，治所即今福建建阳市建阳区潭城街道。北京政府时期属建安道，县佐驻麻沙（今建阳市西北麻沙镇）。

三元县，民国二十九年6月以原三元特种区管理区域及明溪、永安两县部分区域置⑤。治三元镇（今福建三明市西南三元区城关街道）。

水吉县，民国二十九年6月析建瓯县置⑥，因驻地水吉镇得名。治所即今福建南平市建阳区东水吉镇。

光泽县，治所即今福建光泽县驻地杭川镇。北京政府时期属建安道。民国二十三年7月划归江西省管辖⑦。民国三十六年6月划归福建省⑧。

---

① 蔡玑：《福建行政区划改革谈》。
② 内务部职方司第一科：《全国行政区划表》，1914年，第64页。
③ 《国民政府公报》第978号，1932年1月16日，第9页。
④ 《武夷山市志》，中国统计出版社，1994年，第658页。
⑤ 《国民政府公报》渝字第270号，1940年6月29日，第13页。
⑥ 同上，第14页。
⑦ 《国民政府公报》第1489号，1934年7月17日，第4页。
⑧ 内政部方域司：《中华民国行政区域简表》（第11版），第67页。

五、行政督察区

民国二十三年(1934)7月,奉军事委员会委员长南昌行营令,将全省划分为10个行政督察区,如下所示。

第一区,专署驻长乐县,辖长乐、闽侯、福清、连江、罗源、永泰、平潭县。

第二区,专署驻福安县,辖福安、宁德、福鼎、霞浦、寿宁、屏南县。

第三区,专署驻南平县,辖南平、沙县、尤溪、闽清、古田县。

第四区,专署驻仙游县,辖仙游、永春、德化、大田、惠安、莆田县。

第五区,专署驻同安县,辖同安、晋江、南安、金门、安溪县。

第六区,专署驻漳浦县,辖漳浦、诏安、南靖、平和、龙溪、长泰、海澄、东山、云霄县。

第七区,专署驻龙岩县,辖龙岩、永定、上杭、武平、漳平、宁洋、华安县。

第八区,专署驻长汀县,辖长汀、永安、连城、宁化、清流、明溪县。

第九区,专署驻邵武县,辖邵武、将乐、顺昌、建宁、泰宁县。

第十区,专署驻浦城县,辖浦城、建瓯、建阳、崇安、松溪、政和县。

民国二十四年10月改并为7区,如下。

第一区,专署驻长乐县,辖长乐、闽侯、连江、罗源、福清、平潭、霞浦、宁德、福安、福鼎县。民国二十八年7月,原属第三区的寿宁县来隶。

第二区,专署驻南平县,辖南平、永泰、闽清、古田、屏南、尤溪、沙县、永安、将乐、顺昌县。

第三区,专署驻浦城县,辖浦城、建瓯、建阳、邵武、崇安、松溪、政和、寿宁县。民国二十八年7月,寿宁县改隶第一区。

第四区,专署驻同安县,民国二十八年7月迁驻永春县,辖同安、莆田、仙游、惠安、晋江、南安、安溪、金门、永春、德化县。

第五区,专署驻漳浦县,辖漳浦、诏安、云霄、东山、龙溪、南靖、海澄、平和、长泰县。

第六区,专署驻龙岩县,辖龙岩、漳平、宁洋、大田、永定、上杭、华安县。

第七区,专署驻长汀县,辖长汀、连城、宁化、明溪、清流、武平、建宁、泰宁县。

民国二十九年9月,对各区辖县、驻地有所调整,如下。

第一区,专署驻闽侯县,辖闽侯、长乐、连江、罗源、福清、平潭、霞浦、宁德、福安、福鼎、寿宁县。

第二区,专署驻南平县,辖南平、永泰、闽清、尤溪、沙县、将乐、顺昌、建宁、泰宁、三元县。

第三区，专署驻建阳县，辖建阳、浦城、建瓯、邵武、崇安、松溪、政和、古田、屏南、水吉县。

第四区，专署驻永春县。辖永春、同安、莆田、仙游、惠安、晋江、南安、安溪、金门、德化县。

第五区，专署驻龙溪县，辖龙溪、漳浦、诏安、云霄、东山、南靖、海澄、平和、长泰县。

第六区，专署驻龙岩县，辖龙岩、漳平、宁洋、大田、永定、华安、永安县。

第七区，专署驻长汀县，辖长汀、连城、宁化、明溪、武平、清流、上杭县。

民国三十二年5月，改划为8区，辖县有所调整①。民国三十四年10月，增设第九区，专署驻永安县，辖永安、大田、宁洋、德化、清流、明溪、三元县。南靖、和平2县改隶第六区②。民国三十五年2月2日，又增置第八、第九2个行政督察专署区。

第一区，专署驻闽侯县（民国三十二年10月改名林森县），辖闽侯（林森）、长乐、连江、罗源、福清、平潭、永泰、古田、闽清县。

第二区，专署驻南平县，辖南平、尤溪、沙县、将乐、顺昌、建宁、泰宁、三元县。

第三区，专署驻建阳县，辖建阳、浦城、建瓯、邵武、崇安、松溪、政和、水吉县。

第四区，专署驻永春县，辖永春、同安、莆田、仙游、惠安、晋江、南安、安溪、金门县。民国三十四年7月，德化县来属③。

第五区，专署驻龙溪县，辖龙溪、漳浦、诏安、云霄、东山、南靖、海澄、平和、长泰县。民国三十四年4月，专署移驻平和县④。

第六区，专署驻龙岩县，辖龙岩、漳平、宁洋、大田、永定、华安、永安、德化县。民国三十四年7月，德化县改隶第四区。

第七区，专署驻长汀县，辖长汀、连城、宁化、明溪、清流、武平、上杭县。

第八区，专署驻福安县，辖福安、宁德、霞浦、福鼎、寿宁、屏南县及周墩特种区、柘洋特种区。

抗战胜利后，重新划为7区，福州、厦门2市及林森、闽清、永泰、长乐、福

---

① 《国民政府公报》渝字第574号，1943年5月29日，第10页。
②③ 《全国行政区域变更一览表（三十三年九月至三十四年十一月）》。
④ 《国民政府公报》第770号，1945年4月14日，第36页。

清、连江、平潭、罗源等县由省政府直辖①。民国三十六年6月核准。各区如下。

第一区,专署驻福安县,辖福安、霞浦、福鼎、宁德、寿宁、周宁、柘荣县。

第二区,专署驻南平县,辖南平、尤溪、沙县、顺昌、将乐、建宁、泰宁、古田、屏南县。

第三区,专署驻建阳县,辖建阳、建瓯、浦城、邵武、崇安、松溪、政和、水吉、光泽县。

第四区,专署驻晋江县。辖晋江、莆田、仙游、南安、同安、永春、惠安、安溪、金门县。

第五区,专署驻龙溪县,辖龙溪、云霄、漳浦、诏安、海澄、长泰、东山、南靖、平和、华安县。

第六区,专署驻永安县,辖永安、大田、德化、三元、宁化、清流、宁洋、明溪县。

第七区,专署驻龙岩县,辖龙岩、永定、长汀、上杭、武平、漳平、连城县。

---

① 内政部方域司:《中国之行政督察区》,第23页。

第十章　台湾省

一、建置过程

清光绪十一年(1885),台湾建省。二十一年,清政府与日本签订《马关条约》,依该约第二条,台湾本岛及附属岛屿与澎湖群岛被日本侵占。民国三十四年(1945)8月15日,日本投降,我国取得抗日战争胜利,恢复对台湾省的主权。10月25日,日本"台湾总督"安藤利吉签署投降书,中国政府正式接收台湾省。

抗战胜利初,已被内定为台湾长官的陈仪向蒋介石建议,接收台湾后,先不建省政府,而是设立权力较大的行政长官公署,待台湾省秩序正常后,再行设立省政府①。蒋介石采纳了陈仪的建议,并正式定名为台湾省行政公署。8月29日,蒋介石公告特任陈仪为台湾省行政长官②。8月31日,国民政府签署《台湾省行政长官公署组织大纲》③,设立台湾省④。9月21日,又以《台湾省行政长官公署组织条例》名义公布,规定:"台湾省暂设行政长官公署,隶属于行政院,置行政长官一人,依据法令综理台湾全省政务";"台湾省行政长官公署,于其职权范围内,得发布署令,并得制定台湾省单行条例及规章"⑤。台湾省会为台北市。10月25日,中国战区台湾省受降仪式在台北举行,从此,台湾及澎湖列岛重入中国版图。

但因陈仪在台湾实行高压政策,社会各界不断有废除行政长官公署、依法组织台湾省政府的请求,并在民国三十六年爆发二二八事变。4月24日,台湾省行政长官公署撤销,设立台湾省政府⑥,以魏道明为台湾省政府主席。5月16日,台湾省政府正式成立,实行合署办公。

---

① 褚静涛:《试论光复前后台湾省建制之过程》,《台湾研究》1999年第12期,第89页。
② 《国民政府公报》渝字第843号,1945年8月29日,第1页。
③ 《国民政府公报》渝字第847号,1945年9月4日,第6页。
④ 《全国行政区域变更一览表(三十三年九月至三十四年十一月)》。
⑤ 《国民政府公报》渝字第862号,1945年9月21日,第1页。
⑥ 《国民政府公报》第2810号,1947年4月28日,第2页。

台湾省辖区包括台湾岛、澎湖列岛、兰屿岛、绿岛、钓鱼岛、黄尾屿、赤尾屿等岛屿。民国三十六年全省土地面积为35 961平方公里。东滨太平洋,北临东海,西隔台湾海峡与福建相望,南隔巴士海峡与菲律宾相望。

中国政府在接收初期,地方行政区划暂依日本占领时期的旧制,为5州、3厅、11州厅辖市①。在此期间,国民政府中央设计局曾参照其他各省县制情形,拟订《台湾省各县市行政区域划分计划纲要草案》,将全省划分为24县、7省辖市及4县辖市。台湾省行政长官公署为了利用已有的行政区划基础,便于推行政令,根据修正的《市组织法》第四条和《县各级组织纲要》第十三条的规定,于民国三十四年12月6日公布《台湾省省辖市组织暂行规程》,11日公布《台湾省县政府组织规程》,将全省重新划分为8县、9省辖市及2县辖市,直至民国三十八年(1949)9月底未变。8县为台北、新竹、台中、台南、高雄(以上俗称五大县)、台东、花莲、澎湖(以上俗称三小县);9省辖市为台北、基隆、新竹、台中、彰化、嘉义、台南、高雄、屏东;2县辖市为宜兰、花莲。县辖市制度为民国时期台湾省独有,"惟县辖市之设置,纯为当时适应特殊情形,及将来市政发达,建设进步,人口增加,再逐渐改为省辖市之计划"②。县以下区划,根据《台湾省县政府组织规程》第十二条规定,以区为县政府之辅助机关,区的管理区域大致依照日占时期的郡或支厅的区域划定;区下设乡镇,由原有的街庄改易而成,属于山地者为新设,全省共有67镇,197乡。省辖市之下,亦依据《台湾省省辖市组织暂行规程》设置区。市下辖的区及县、乡、镇下辖的村、里、邻,系由保甲改名而来,属于乡的称村,属于区、镇的称里。

二、县、市

台北县,驻台北市城中区桦山,民国三十五年12月30日迁板桥镇(今台湾台北县驻地板桥市)③。辖宜兰市及基隆、宜兰、罗东、苏澳、七星、淡水、文山、海山、新庄等9区。

新竹县,县署驻桃园镇(今台湾桃园县驻地桃园市)。辖新竹、竹东④、桃园、中坜、大溪、竹南、苗栗、大湖等8区。

---

① 本章有关台湾省行政区划变化的资料,除另行注出者外,均据黄纯青、林熊祥主修:《台湾省通志稿》卷3《政事志行政篇》第一章《行政区域》,中国方志丛书本,第14册,第5642~5665页。
② 赵性源、王世庆等纂修:《高雄市志》之《民政篇》卷中第三章《光复后之一般行政》,中国地方志丛书本,第3册,第932页。
③ 《台湾省行政长官公署公报》,1947年,春字第62页。
④ 按:《台湾省通志稿》作8区,而区名仅7个,无竹东区。此据黄旺成主修、郭辉等纂《新竹县志》卷3《土地志》(中国地方志丛书本,第1册,第378页)补充。

台中县,县署初驻台中市,民国三十五年9月迁驻员林镇(今台湾彰化县南员林镇)①。辖彰化、大屯、丰原、东势、大甲、员林、北斗、南投、新高、能高、竹山等11区。

台南县,县署初驻台南市,民国三十五年4月迁驻新营镇(今台湾台南县驻地新营镇)②。辖嘉义、新丰、新化、曾文、北门、新营、斗六、虎尾、北港、东势等10区。

高雄县,县署初驻高雄市高雄中学,次年4月1日迁驻凤山镇(今台湾高雄县驻地凤山市)③。辖屏东、冈山、凤山、旗山、潮州、东港、恒春等7区。

台东县,县署驻台东镇(今台湾台东县驻地台东市)。辖台东、关山、新港等3区。

花莲县,县署驻花莲市(今台湾花莲县驻地花莲市)。辖花莲市及花莲、凤林、玉里等3区。

澎湖县,县署驻马公镇(今台湾澎湖县驻地马公镇)。辖马公、望安2区。

台北市,市署驻建成区。辖松山、大安、古亭、双园、龙山、城中、建成、延平、大同、中山等10区。为台湾省会。

基隆市,市署驻中正区。辖中正、信义、仁爱、安乐、中山等5区。

新竹市,市署驻北区。辖东、西、南、北、宝山、香山等6区。

台中市,市署驻中区。辖东、西、南、北、中等5区。

彰化市,市署驻彰南区。辖彰西、彰南、彰北、大竹等4区。

台南市,市署驻南区。辖东、西、南、北、中、安南、安顺等7区。

嘉义市,市署驻新北区。辖新东、新西、新南、新北、水上、太保等6区。

高雄市,市署驻盐埕区。辖旗津、前镇、连雅、前金、新兴、三民、盐埕、鼓山、左营、楠梓等10区。

屏东市,市署驻中区。辖东、南、北、中、长治、万丹、九如等7区。

附 中华民国时期日占台湾省行政区划

1909年(日本明治四十二年,清宣统元年),"台湾总督"佐久间左马太改变地方政制,将原先设置的20厅,重新组合为12厅:合原台北、基隆2厅及深坑厅的一部分为台北厅,合宜兰厅及深坑厅一部分为宜兰厅,合新竹厅及苗

---

① 《台湾省行政长官公署公报》1946年,冬字第108页。
② 《台湾省行政长官公署公报》,1946年,夏字第368页。
③ 《台湾省行政长官公署公报》,1946年,夏字第178页。

栗厅一部分为新竹厅，合台中、彰化2厅及苗栗厅的一部分为台中厅，合斗六、嘉义2厅及盐水港厅的一部分为嘉义厅，合台南、凤山2厅及盐水港厅的一部分为台南厅，合蕃薯藔、阿猴及恒春3厅为阿猴厅，将台东厅分为台东厅、花莲港厅，桃园厅、南投厅、澎湖厅照旧。厅下仍设置支厅，并依据同年9月13日公布的敕令第217号第一条规定，在支厅下设区，管辖街、庄、社。

1920年（日本大正九年，中华民国九年）9月1日，第八代"台湾总督"田健治郎为加强对台湾的统治，将地方行政区划作彻底的改变。依据敕令第218号的规定，废西部10厅，改设台北州、新竹州、台中州、台南州、高雄州，东部台东及花莲港2厅照旧。在州下设郡及市，厅下仍设支厅。郡下设街庄，支厅下设区，全台湾地区划分为47郡、3市、263街庄、18区。在不设街庄区的地域则设社，由郡及支厅管辖。1926年6月21日，敕令第180号修正台湾"总督府"地方官官制，除原5州、2厅外，新设澎湖厅，自7月1日起施行。

台北州，州署设于台北市（今台湾台北市区），辖台北市及七星、淡水、基隆、宜兰、罗东、苏澳、文山、海山、新庄等9郡。1924年升基隆为市。1940年（日本昭和十五年，中华民国二十九年）升宜兰街为宜兰市。

新竹州，州署设于新竹郡新竹街（今台湾新竹市区），辖新竹、中坜、桃园、大溪、竹东、竹南、苗栗、大湖等8郡。1930年升新竹街为新竹市。

台中州，州署设于台中市（今台湾台中市），辖台中市及大屯、丰原、东势、大甲、彰化、员林、北斗、南投、新高、能高、竹山等11郡。1933年升彰化街为彰化市。

台南州，州署设于台南市（今台湾台南市区），辖台南市及新丰、新化、曾文、北门、新营、嘉义、斗六、虎尾、北港、东石等10郡。1930年升嘉义街为嘉义市。

高雄州，州署设于高雄郡高雄街（今台湾高雄市区），辖高雄、冈山、凤山、旗山、屏东、潮州、东港、恒春、澎湖等9郡。1924年升高雄为市。1926年7月1日，析澎湖郡置澎湖厅。1933年升屏东街为屏东市。

台东厅，厅署设于台东街（今台湾台东县驻地台东市），直辖台东街及115个社，并设台东、新港、大武等3支厅。

花莲港厅，厅署设于花莲港街（今台湾花莲县驻地花莲市），直辖花莲港街、玉里庄及101个社，并设花莲港、玉里两支厅。1924年升所辖基隆为市。1940年升花莲港街为花莲港市。

澎湖厅，1926年7月1日析高雄州澎湖郡置。厅署设于马公街（今台湾澎湖县驻地马公镇），辖马公街、湖西庄、白沙庄、西屿庄、望安庄。

第十一章　广东省

清宣统三年(1911)，两广总督兼巡抚驻广州府(今广东广州市区)①。全省设广州、肇庆、韶州、惠州、潮州、高州、雷州、廉州、琼州等9府，佛冈、赤溪、连山等3直隶厅，罗定、南雄、连州、嘉应、阳江、钦州、崖州等7直隶州；县级政区有1厅、4州、79县。辖境大致为今广东省、海南省全部，广西壮族自治区的钦州市、北海市全部及防城港市的港口区、防城区和东兴市等区域。

一、省行政机构

辛亥革命爆发后，广东于宣统三年九月十九日(11月9日)宣布独立，建立都督府，下设军政、民政等8部、2处。民国二年(1913)置民政长，下设民政、军政等7司。民国三年5月，改民政长为巡按使，巡按使公署下置政务、财政等厅。民国五年7月，改巡按使为省长②。

民国十四年7月1日，广州国民政府建立的全国第一个省政府——广东省政府在广州成立。省政府置省务会议，管理全省一切政务事宜。根据广州国民政府于7月1日公布的《省政府组织法》，设委员9~11人，从委员中产生1人为主席，下设民政、财政等7厅，主席及各厅厅长由委员兼任。民国十五年11月10日，国民党中央政治会议议决将广东省省务会议改组成立为广东省政府委员会。是日，广州国民政府颁布《修正省政府组织法》，省政府下设民政、财政等厅。民国十六年四一二政变后，广东省政府隶属于南京国民政府。同年7月11日，省政府改组，废除常务委员制。次年6月28日，再次改组，撤销军事、农工等厅。民国二十五年7月29日，国民政府令广东省政府改组，先后增设保安、侨务等处局。10月3日，全省设立9个行政督察专署区。民国二十七年10月，广州失守，广东省沦陷。民国三十四年8月，日本投降，广东光复。1949年10月14日，省会广州市解放。

---

① 按：《清史稿》卷72载："两广总督旧驻肇庆，乾隆十一年徙(广州)。"《职官录》(宣统三年冬季)云两广总督驻广州、肇庆(第1211页)。
② 印铸局：《职官任免月表》，第169页。

二、省会

民国十四年7月以前治番禺县,此后治广州市,均在今广东广州市区。

三、统辖区域

辖境与清代基本相同。民国三年,南澳岛全部来属,辖境略有扩大。民国三十六年全省土地面积为218 511平方公里。民国三十八年5月,海南岛及南海诸岛析属海南特别行政区,辖境缩小。东接福建,北邻江西、湖南,西界越南及广西,南邻南海并隔琼州海峡与海南特别行政区相望。

四、道、县、市

辛亥革命爆发,广东宣布独立后,逐渐裁撤清代设置的各道、府、直隶州、直隶厅,改州、厅为县[①]。民国三年5月,全省置粤海道、岭南道、潮循道、高雷道、琼崖道、钦廉道等6道,并于6月任命道尹。这6个道的辖区完全与清代相同,驻地仅有一处不同:清代的潮循道员驻潮安县(今广东潮州市城区),民国的潮循道尹驻澄海县汕头。民国九年11月初,陈炯明任广东省省长后,首先将钦廉道、岭南道裁撤,12月6日又通电将粤海、潮循、高雷、琼崖4道一并裁撤[②]。广州国民政府建立后,公布《潮梅党治条例》,将潮梅地区改由国民党治理。广东省政府宣布将中山县实行党治。民国十四年5月23日,广州国民政府宣布邵元冲为潮梅行政长,廖仲恺等为委员[③]。民国十五年10月20日,国民党中央委员及各省特别市海外总支部代表联席会议通过省政府与县市政府及省民会议、县民会议议决案,规定县一级政权机构采取委员制,县政府由省政府任命的若干委员组成,称为县政府委员会。其长官称县委员长,由省政府指定,负责全县行政事务。下设教育、公路、公安、财政等局,局长由县政府委员兼任[④]。广东省曾设江门市政厅、海口市政厅、梅菉市政局等,民国十八

[①] 内务部职方司第一科:《全国行政区划表》,1914年,第109页。按:《临时政府内务行政纪要》载:"广东省,二年三月五日准广东都督咨送行政区域表内,该省各府厅州于民国纪元前旧历九月实行改县,当由部备案。"但《中华民国行政区域简表》(第11版)作民国元年。又民国元年8月13日公布的《省议会议员各省复选日表》中,广东省无府,仍有州厅,证明"旧历九月"并未改州厅为县,或未全部更改,改动时间当在民国元年8月后,与《中华民国行政区域简表》(第11版)所言相近。
[②] 《东方杂志》第18卷第1号,1921年1月10日,第148页。按:郭卿友《中华民国时期军政职官志》(第213页)作钦廉道在1918年后已不见任命。
[③] 《东方杂志》第22卷第13号,1925年7月10日,第155页。
[④] 钱端升等:《民国政制史》下册,第170页。

年10月一律改为市政局①,十九年11月接行政院指令,因不符合设市条件而不予批准②。民国四十八年5月,琼山、澄迈、定安、文昌、琼东、乐会、临高、儋县、崖县、万宁、陵水、感恩、昌江、乐东、保亭、白沙等16县往属海南特区。民国末,全省辖85县、2市。

1. 道

粤海道,民国三年5月置,辖境依清代广肇罗道区域③。道尹为繁要缺,一等④,驻番禺县(今广东广州市区)⑤。辖番禺、南海、顺德、东莞、从化、龙门、台山、增城、香山、新会、三水、清远、宝安、花县、佛冈、赤溪、高要、四会、新兴、高明、广宁、开平、鹤山、德庆、封川、开建、恩平、罗定、云浮、郁南等30县。民国九年12月6日裁。

岭南道,民国三年5月置,辖境依清代南韶连区域。道尹为简缺,三等,驻曲江县(今广东韶关市城区)。辖曲江、南雄、始兴、乐昌、仁化、乳源、英德、翁源、连县、阳山、连山等11县。民国九年11月底12月初裁。

潮循道,民国三年5月置,辖境依清代惠潮嘉道区域。道尹为繁缺,二等,驻澄海县汕头(今广东汕头市城区)。辖澄海、惠阳、博罗、新丰、紫金、海丰、陆丰、龙川、河源、和平、连平、潮安、丰顺、潮阳、揭阳、饶平、惠来、大埔、普宁、南澳、梅县、五华、兴宁、平远、蕉岭等25县。民国九年12月裁。

高雷道,民国三年5月置,辖境依清代高雷阳道区域。道尹为要缺,二等,驻茂名县(今广东茂名市区)。辖茂名、电白、信宜、化县、吴川、廉江、海康、遂溪、徐闻、阳江、阳春等11县。民国九年12月裁。

琼崖道,民国三年5月置,辖境依清代琼崖道区域。道尹为边要缺,一等,驻琼山县(今海南琼山市驻地府城镇)。辖琼山、澄迈、定安、文昌、琼东、乐会、临高、儋县、崖县、万宁、陵水、感恩、昌江13县。民国九年12月裁。

钦廉道,民国三年5月置,辖境包括清代廉钦道区域。道尹为边缺,二等,驻钦县(广西壮族自治区钦州市城区)。辖钦县、防城、合浦、灵山4县。民国九年11月底12月初裁。

2. 县、市

番禺县,清代为广州府附郭县,治所即今广东广州市老城区。民国十四年

---

① 《国民政府公报》第300号,1929年10月22日,第6页。
② 钱端升等:《民国政制史》下册,第426页。
③ 《政府公报》第745号,1914年6月3日,第26册,第38页。
④ 《政府公报》第834号,1914年8月31日,第28册,第801页。
⑤ 《政府公报》第774号,1914年7月2日,第27册,第559页。

7月以前为广东省会。民国三年至九年为粤海道驻地。民国十年2月中华民国军政府析广州城区置广州市。民国二十二年迁驻新造(今番禺市东北新造镇)①。民国三十四年迁驻市桥镇②,即今番禺区市桥街道。

中山县,清代为香山县,治所在今广东中山市石岐街道。北京政府时期属粤海道。民国十四年3月,孙中山先生逝世。为纪念孙中山先生,民国十四年4月改名为中山县,南京国民政府于民国十七年8月备案③。因唐家湾"有全县中心、交通便利、历史意义、天然形势及发展扩大性、工商发展性六大优点",经中山县训政实施委员会提议,行政院于民国十九年6月4日核准移治唐家湾(今珠海市东北唐家镇)④。民国二十三年10月,迁回石岐镇⑤。

南海县,清代为广州府附郭县,治所即今广东广州市区。民国元年迁治佛山(今佛山市),次年迁返广州。北京政府时期属粤海道。民国二十六年8月又迁治佛山⑥。

顺德县,治所即今广东佛山市顺德区驻地大良街道。北京政府时期属粤海道。

东莞县,治所即今广东东莞市莞城街道。北京政府时期属粤海道。

从化县,治所即今广东广州市从化区驻地街口街道。北京政府时期属粤海道。

龙门县,治所即今广东龙门县驻地龙城街道。北京政府时期属粤海道。

台山县,清代为新宁县,治所在今广东台山市驻地台城街道。因与湖南、四川、广西3省县名重名,民国三年1月改名台山县。因县城北有三台山,故名⑦。北京政府时期属粤海道。

增城县,治所即今广东增城区驻地荔城街道。北京政府时期属粤海道。

新会县,治所即今广东江门市新会区驻地会城街道。北京政府时期属粤海道。因"江门人口众多,市政较繁",民国二十年3月迁治江门(今广东江门市区)⑧,并接收江门。民国二十五年11月省政府核准迁回会城旧署,次年5月14日迁回⑨。广东省政府曾析置江门市,民国二十年1月,行政院训令裁撤⑩。

---

① 《番禺县志》,广东人民出版社,1995年,第93页。
② 内政部方域司:《中华民国行政区域简表》(第11版),第74页。
③ 吴承湜:《近六十年全国郡县增建志要》附录,第82页。
④ 《国民政府公报》第558号,1930年8月28日,第9页。
⑤ 《中山市志》,广东人民出版社,1997年,第130页。
⑥ 《南海市志》,中华书局,2000年,第95~96页。
⑦ 《内务部改定各省重复县名及存废理由清单》。
⑧ 《国民政府公报》第747号,1931年4月7日,第11页。
⑨ 《新会县志》,广东人民出版社,1995年,第122页。《县政府迁回会城》,《潭冈乡杂志》1936年第6期,第6页。
⑩ 《行政院公报》,第222号,第63页。

三水县，治所在今广东佛山市三水区驻地西南街道河口城内村。北京政府时期属粤海道。抗战胜利后迁治西南镇①，即今治。

清远县，治所即今广东清远市凤城街道。北京政府时期属粤海道。

宝安县，清代为新安县，治所在今广东深圳市南山区南头。因与河南省县名重名，民国三年1月改名。以东晋时置宝安县于此，故名②。北京政府时期属粤海道。

花县，治花城（今广东广州市花都区花山镇北花城村）。北京政府时期属粤海道。

佛冈县，清代为佛冈直隶厅，治府城（今广东佛冈县东南府城）。辛亥革命后，拟撤销佛冈直隶厅，并入清远、英德两县。因当地居民的反对，保留旧制③。民国三年6月改置为县④。北京政府时期属粤海道。民国二十七年9月后迁治石角镇⑤，即今治。

赤溪县，清代为赤溪直隶厅，民国元年8月后改置为县。治所在今广东台山市东南赤溪。北京政府时期属粤海道。

高要县，清代为肇庆府附郭县。治所即今广东肇庆市端州区城区。北京政府时期属粤海道。

四会县，治所即今广东四会市城中街道。北京政府时期属粤海道。

新兴县，治所即今广东新兴县驻地新城镇。北京政府时期属粤海道。

高明县，治所即今广东高明市西明城镇。北京政府时期属粤海道。

广宁县，治所即今广东广宁县驻地南街镇。北京政府时期属粤海道。

开平县，治所在今广东开平市西北苍城镇。北京政府时期属粤海道。

鹤山县，治所在今广东鹤山市西南鹤城镇。北京政府时期属粤海道。民国二年迁治沙坪（今广东鹤山市驻地沙坪镇）⑥。

德庆县，清代为德庆州，民国元年8月后改县。治所即今广东德庆县驻地德城街道。北京政府时期属粤海道。

封川县，治所在今广东封开县东南封川村。北京政府时期属粤海道。

---

① 《三水县志》，广东人民出版社，1995年，第130页。
② 《内务部改定各省重复县名及存废理由清单》。
③ 《政府公报》第503号，1913年9月28日，第17册，第572页。
④ 内务部职方司第一科：《全国行政区划表》，1914年，第210页。
⑤ 佛冈县档案局：《佛冈县历史沿革简述》，《佛冈文史》第1辑，1984年，第4页。
⑥ 《鹤山县志》，广东人民出版社，2001年，第77页。按：同书第88页又谓1916年5月，县公署迁江门，7月迁鹤城，次年再迁沙坪。宋寄萍供资料，编辑部整理《有关"鹤山"建县的历史资料》（《鹤山文史资料》，1983年，第1页）作"民国五年7月又迁回鹤城，次年10月，再迁回沙坪"。

开建县，治所在今广东封开县东北南丰镇。北京政府时期属粤海道。

恩平县，治所即今广东恩平市驻地恩城镇。北京政府时期属粤海道。

罗定县，清代为罗定直隶州直辖地，治所即今广东罗定市驻地罗城街道。民国元年8月后改县。北京政府时期属粤海道。

云浮县，清代为东安县，治所在今广东云浮市驻地云城街道。因与顺天府、湖南、四川县名重名，民国三年1月改名。因县境东南有云浮山，故名①。北京政府时期属粤海道。

郁南县，清代为西宁县，治所在今广东郁南县驻地都城镇南建城镇。因与直隶、甘肃两省县名重名，民国三年1月改名。因县在郁水（西江）之南，故名②。北京政府时期属粤海道。

曲江县，清代为韶州府附郭县，治韶关（今广东韶关市驻地浈江区城区）。民国三年至九年为岭南道驻地。又，抗日战争期间，广州失陷后，韶关在广东省的地位日趋重要，为此设韶关市政筹备处。民国三十二年10月，以市政筹备业经完竣，广东省政府制订《韶关市政府组织规程》，定于12月成立韶关市③。民国三十三年后废除④。

南雄县，清代为南雄直隶州直辖地，治所即今广东南雄市驻地雄州街道。民国元年8月后改县。北京政府时期属岭南道。

始兴县，治所即今广东始兴县驻地太平镇。北京政府时期属岭南道。

乐昌县，治所即今广东乐昌市驻地乐城街道。北京政府时期属岭南道。

仁化县，治所即今广东仁化县驻地丹霞街道。北京政府时期属岭南道。

乳源县，治所即今广东乳源瑶族自治县驻地乳城镇。北京政府时期属岭南道。

英德县，治所即今广东英德市驻地英城街道。北京政府时期属岭南道。

翁源县，治所在今广东翁源县西翁城镇。北京政府时期属岭南道。民国二十九年被日机炸毁，迁治龙仙⑤，即今治。

连县，清代为连州直隶州直辖地，治所即今广东连州市驻地连州镇。民国元年8月后改县。北京政府时期属岭南道。

阳山县，治所即今广东阳山县驻地阳城镇。北京政府时期属岭南道。

---

① ② 《内务部改定各省重复县名及存废理由清单》。
③ 钱端升等：《民国政制史》下册，第422页。
④ 按：《全国行政区域简表》（内政部编，1944年油印本，第6页）仍有韶关市。
⑤ 《翁源县志》，广东人民出版社，1997年，第66页。按：一说民国三十六年2月迁治，见内政部方域司：《中华民国行政区域简表》（第11版），第75页。

连山县,清代为连山直隶厅,治所在今广东连山壮族瑶族自治县东北太保。民国元年8月后改县。北京政府时期属岭南道。民国三十五年迁永和圩(今连山壮族瑶族自治县西北永和)①。

汕头市,民国十年3月,中华民国军政府广东省公署置,并颁布《汕头市暂行条例》,管理机构为市政厅。治所即今广东汕头市。民国十七年7月,依据《市组织法》,改市政厅为市政府。民国十八年9月,广东省政府以汕头设市咨请内政部转呈中央备案。内政部核议后,以汕头应否设市,应待修正《市组织法》核定颁布后再行办理。民国十八年《市组织法》公布后,广东省政府又呈请行政院,历述汕头设市的必要,谓汕头市人口依近年调查虽仅有14万,与《市组织法》不相符,但就交通、贸易及税收言,实有设市的必要。10月21日,国民政府核准析澄海县汕头埠和崎碌等区域置②,隶属于广东省。民国三十六年9月20日公布《广东省汕头市政府组织规程》③。

澄海县,治所即今广东汕头市澄海区澄华街道。北京政府时期属潮循道。民国十年划出汕头埠、崎碌、妈屿和龙眼、长厦、新湖、陵海、炮台、华坞、浔洄等村为汕头市区④。

惠阳县,清代为惠州府附郭归善县,治所在今广东惠州市惠城区城区。辛亥革命后改名。以惠州别称得名。北京政府时期属潮循道。

博罗县,治所即今广东博罗县驻地罗阳镇。北京政府时期属潮循道。

新丰县,清代为长宁县,治所即今广东新丰县驻地丰城街道。因与江西、四川省县名重名,民国三年1月改名。因南朝宋、齐时置新丰县于此,故名⑤。北京政府时期属潮循道。

紫金县,清代为永安县,治所在今广东紫金县驻地紫城镇。因与福建、广西两省县名重名,民国三年1月改名。因县城跨紫金山上,故名⑥。北京政府时期属潮循道。

海丰县,治所即今广东海丰县驻地海城镇。北京政府时期属潮循道。

陆丰县,治所即今广东陆丰市驻地东海街道。北京政府时期属潮循道。

龙川县,治所在今广东龙川县西南佗城镇。北京政府时期属潮循道。

河源县,治所即今广东河源市源城区上城街道。北京政府时期属潮循道。

---

① 《连山壮族瑶族自治县志》,三联书店,1997年,第65、483页。
② 《国民政府公报》第300号,1929年10月22日,第6页。
③ 《国民政府公报》第2936号,1947年9月23日,第6页。
④ 《澄海县志》,广东人民出版社,1992年,第75页。
⑤⑥ 《内务部改定各省重复县名及存废理由清单》。

和平县，治所即今广东和平县驻地阳明镇。北京政府时期属潮循道。

连平县，清代为连平州，治所即今广东连平县驻地元善镇。民国元年8月后改置为县。北京政府时期属潮循道。

潮安县，清代为潮州府附郭县海阳县，治所在今广东潮州市湘桥区湘桥街道。因与山东省县名重名，民国三年1月改名。因旧府名得名①。北京政府时期属潮循道。

丰顺县，治所在今广东丰顺县驻地汤坑镇北丰良镇。北京政府时期属潮循道。

潮阳县，治所即今广东汕头市潮阳区文光街道。北京政府时期属潮循道。

揭阳县，治所即今广东揭阳市榕城区城区。北京政府时期属潮循道。

饶平县，治所在今广东饶平县西北三饶镇。北京政府时期属潮循道。

惠来县，治所即今广东惠来县驻地惠城镇。北京政府时期属潮循道。

大埔县，治所在今广东大埔县北茶阳镇。北京政府时期属潮循道。

普宁县，治所在今广东普宁市北洪阳镇。北京政府时期属潮循道。

南澳县，清代为南澳厅，治所在今广东南澳县东北深澳镇。民国元年8月后改为县。北京政府时期属潮循道。南澳地区在清代为福建、广东两省共管，委任官吏及一切行政司法等权责属广东省。改县后，所有委任及一切行政司法之权均归广东省，福建省仅保留云青两澳地丁粮税的收解权。因一县归属两省管辖，不符合《县制》的规定，民国三年9月，全部划归广东省管辖②。民国十六年，因遭"匪乱"，县长无法到深澳上任，在隆澳（即今县驻地）就职。民国二十二年，省民政厅训令在隆澳设第二行署③。

梅县，清代为嘉应直隶州直辖地，治所即今广东梅州市梅江区金山街道。民国元年8月后改县并改名，因古梅州得名。北京政府时期属潮循道。

五华县，清代为长乐县，治华城（今广东五华县西北华城镇）④。因与福建、湖北两省县名重名，民国三年1月改名。因县驻地北枕五华山，故名⑤。北京政府时期属潮循道。

兴宁县，治所即今广东兴宁市驻地兴城街道。北京政府时期属潮循道。

平远县，治今广东平远县北仁居镇。北京政府时期属潮循道。

蕉岭县，清代为镇平县，治所即今广东蕉岭县驻地蕉城镇。因与河南省县名重名，民国三年1月改名。县城内有蕉岭，故名⑥。北京政府时期属潮循道。

---

① ⑤ ⑥ 《内务部改定各省重复县名及存废理由清单》。
② 《政府公报》第866号，1914年10月2日，第30册，第448页。
③ 《南澳县志》，中华书局，2000年，第81页。
④ 按：《中华民国行政区域简表》（第11版，第77页）谓民国三十年4月迁治安流镇（今五华县西南安流）。

茂名县，清代为高州府附郭县，治所在今广东高州市驻地潘州街道。民国三年至九年为高雷道驻地。

电白县，治所在今广东茂名市电白区东南电城镇。北京政府时期属高雷道。

信宜县，治镇隆墟（今广东信宜市南镇隆镇）。北京政府时期属高雷道。

化县，清代为化州，治所即今广东化州市河西街道。民国元年8月后改县。北京政府时期属高雷道。

吴川县，治所在今广东吴川市驻地梅菉街道西南吴阳镇。北京政府时期属高雷道。民国三十一年3月迁黄坡（今吴川市西南黄坡镇）①。又，民国十五年析置梅菉市②，二十年1月行政院训令废③。

湛江市，民国三十四年8月收回广州湾法国租借地后，行政院核准置④。以河流湛江得名。治西营（霞山，今广东湛江市驻地赤坎南霞山）。民国三十六年9月20日公布《广东省湛江市政府组织规程》⑤。

廉江县，清代为石城县，治所即今广东廉江市霞山区。因与江西省县名重名，民国三年1月改名。唐置廉江县于此，故名⑥。北京政府时期属高雷道。

海康县，清代为雷州府附郭县。治所即今广东雷州市驻地雷城街道。北京政府时期属高雷道。

遂溪县，治所即今广东遂溪县驻地遂城镇。北京政府时期属高雷道。

徐闻县，治所即今广东徐闻县驻地徐城街道。北京政府时期属高雷道。

阳江县，清代为阳江直隶州直辖地。治所即今广东阳江市江城区驻地南恩街道。辛亥革命后改县。北京政府时期属高雷道。

阳春县，治所即今广东阳春市驻地春城街道。北京政府时期属高雷道。

钦县，清代为钦州直隶州直辖地，治所即今广西钦州市钦南区文峰街道。辛亥革命后改县。民国三年至九年为钦廉道驻地。

防城县，治所即今广西防城港市防城区珠河街道。北京政府时期属钦廉道。

合浦县，清代为廉州府附郭县。治所即今广西合浦县驻地廉州镇。北京

---

① 《国民政府公报》渝字第452号，1942年3月28日，第17页。又，《吴川县志》（中华书局，2001年，第69页）谓1926年迁治黄坡，1928年迁回吴阳。1938年再迁黄坡，1941年迁塘㙍，1946年春迁回黄坡。
② 郑庆云、倪开瑞：《梅菉的历史沿革》，《吴川文史》第1辑，1983年，第66页。
③ 《行政院公报》第222号，第63页。
④ 《全国行政区域变更一览表（三十三年九月至三十四年十一月）》。
⑤ 《国民政府公报》第2936号，1947年9月23日，第7页。
⑥ 《内务部改定各省重复县名及存废理由清单》。

政府时期属钦廉道。

灵山县,治所即今广西灵山县驻地灵城街道。北京政府时期属钦廉道。

连南县,民国三十一年6月以连县八排地方及阳山、连山两县交界地置①。治三江镇(今广东连南瑶族自治县驻地三江镇)。

梅茂县,广东省政府曾置梅菉市,民国十九年12月裁②。民国三十六年9月以原梅菉管理局管辖的茂名、吴川2县接壤地区置③。治梅菉镇(今广东吴川市驻地梅菉街道)。

南山县,初为南山管理局。民国二十四年,国民党政权为加强对大南山地区的统治,设立"南山管理局"(县级),局址初设于林招乡,民国二十八年移驻两英镇(今广东潮阳市两英区两英镇)。辖区包括红场区、雷岭区、成田区的后坪乡等乡、两英区的古厝等13乡、仙城区的利陂等乡以及普宁县的白碗、惠来县的林樟等乡④。民国三十七年初,国民政府令准改为南山县⑤,但实际未设立⑥。

五、区行政委员与行政督察区

民国十四年11月,广东全省即将实现统一,省政府管理的区域将不断扩大。广东省政府决定对全省行政体制和官制进行一次较大的改革和调整。改革的基本思想是:民国初年,虽曾增设道尹六缺,分全省为六区,权限仍倾之省长及各镇守使,道尹形同虚设,故未久即废除。广东全省九十余县,非分区设行政委员,无以收监督之效。21日,广东省划分为广州、西江、东江、北江、南路、琼崖6个行政区,作为省与县之间的中间组织。行政委员由国民政府简任,多由其他官员兼任。民国十五年11月10日,广州国民政府改组广东省政府时裁撤。

民国二十三年(1934),按照行政院设立行政督察区的法规,全省划为9区,如下。

---

① 内政部方域司:《中华民国行政区域简表》(第11版),第79页。
② 《内政部整理各省行政区划之统计》,《内政公报》第8卷第14期。
③ 《国民政府公报》第2923号,1947年9月8日,第7页。按:吴川市地方志办公室《吴川县志》(中华书局,2001年,第634页)谓1948年1月成立县政府。
④ 李统生:《潮阳县沿革概述》,《潮阳文史》第1辑,1986年,第10页。参见郭亨渠:《南山管理局的建立及覆灭》,《汕头日报》2005年12月4日。
⑤ 《准内政部函告广东南山管理局设置南山县等由令仰知照》,《江西省政府公报》第1607、1608期,1948年,第18页。
⑥ 按:《潮阳县志》(广东人民出版社,1999年)无"南山县"记载,只载有"南山管理局"于1950年3月撤销。《惠来县志》(新华出版社,2002年,第45页)谓1949年5月解放惠来,撤销南山管理局。

第一区，专署驻南海县，辖南海、番禺、东莞、顺德、中山、新会、台山、开平、恩平、宝安、赤溪、花县、从化、增城、三水县。

第二区，专署驻曲江县，辖曲江、南雄、乐昌、始兴、仁化、翁源、英德、乳源、连县、连山、阳山、佛冈、清远县和安化管理局。

第三区，专署驻高要县，辖高要、广宁、四会、开建、封川、郁南、新兴、罗定、德庆、云浮、鹤山、高明县。

第四区，专署驻惠阳县，辖惠阳、博罗、海丰、陆丰、河源、紫金、新丰、龙门县。

第五区，专署驻潮安县，辖潮安、潮阳、揭阳、澄海、饶平、惠来、普宁、丰顺、南澳县及汕头市。

第六区，专署驻兴宁县，辖兴宁、梅县、五华、平远、蕉岭、龙川、连平、和平、大埔县。

第七区，专署驻茂名县，辖茂名、电白、化县、吴川、信宜、廉江、阳江、阳春县及梅菉管理局。

第八区，专署驻合浦县，辖合浦、钦县、防城、灵山、遂溪、海康、徐闻县。

第九区，专署驻琼山县，辖琼山、文昌、定安、儋县、澄迈、临高、乐会、琼东、崖县、陵水、万宁、感恩、昌江、乐东、保亭、白沙县。

民国二十九年5月，对各区辖县进行了调整，调整后的各区如下。

第一区，专署驻开平县，辖开平、台山、番禺、顺德、中山、新会、恩平、赤溪县。

第二区，专署驻连县，辖连县、曲江、南雄、乐昌、始兴、仁化、翁源、英德、乳源、连县、连山、阳山、佛冈、清远、从化、花县。民国三十一年6月增领连南县。民国三十二年增领韶关市。

第三区，专署驻高要县，辖高要、广宁、四会、开建、封川、郁南、新兴、罗定、德庆、云浮、鹤山、高明、三水、南海县。

第四区，专署驻惠阳县，辖惠阳、博罗、海丰、陆丰、河源、紫金、新丰、龙门、东莞、增城、宝安县。

第五区，专署驻潮安县，辖潮安、潮阳、揭阳、澄海、饶平、惠来、普宁、丰顺、南澳县及汕头市。

第六区，专署驻兴宁县，辖兴宁、梅县、五华、平远、蕉岭、龙川、连平、和平、大埔县。

第七区，专署驻茂名县，辖茂名、电白、化县、吴川、信宜、廉江、阳江、阳春县及梅菉管理局。

第八区,专署驻合浦县,辖合浦、钦县、防城、灵山、遂溪、海康、徐闻县。

第九区,专署驻琼山县,辖琼山、文昌、定安、儋县、澄迈、临高、乐会、琼东、崖县、陵水、万宁、感恩、昌江、乐东、保亭、白沙县。

抗战胜利后,全省仍划为9区,行政院于民国三十六年6月核准备案。各区如下。

第一区,专署驻南海县,暂驻广州市①,辖南海、中山、新会、番禺、东莞、顺德、台山、增城、宝安、开平、花县、三水、恩平、从化、赤溪县。

第二区,专署驻曲江县,辖曲江、清远、英德、南雄、连县、乐昌、始兴、翁源、阳山、乳源、佛冈、仁化、连山、连南、新丰县。

第三区,专署驻高要县,辖高要、新兴、云浮、高明、鹤山、罗定、四会、郁南、广宁、德庆、开建、封川县。

第四区,专署驻惠阳县,辖惠阳、海丰、博罗、河源、陆丰、紫金、龙门县。

第五区,专署驻潮安县,辖潮安、揭阳、潮阳、饶平、澄海、普宁、惠来、丰顺、南澳、南山县及汕头市。

第六区,专署驻兴宁县,辖兴宁、梅县、大埔、龙川、五华、和平、平远、连平、蕉岭县。

第七区,专署驻茂名县,辖茂名、阳江、化县、阳春、电白、信宜、廉江、吴川、梅茂县。

第八区,专署驻合浦县,辖合浦、灵山、钦县、海康、防城、徐闻、遂溪县和湛江市。

第九区,专署驻琼山县,辖琼山、文昌、定安、感恩、澄迈、临高、儋县、琼东、崖县、万宁、乐会、陵水、昌江、乐东、保亭、白沙县。后划属海南特区。

附　海南特区②

海南岛久为广东省的一部分。在20世纪30年代就有设立特别行政区的议案。民国二十一年5月27日,西南政务委员会修正公布《琼崖特别区长官公署组织条例》,其第一条规定"国民政府划琼崖全属为琼崖特别区,设特别区长官,简任,直隶于国民政府"③,但未能实行。

抗战时期,海南岛被日军占领。抗战胜利后,又有建省之议。民国三十六年8月,行政院院务会议决议设立海南特区,辖境包括海南岛及南海诸岛④,直

---

① 内政部方域司:《中国之行政督察区》,第25页。
② 《中华民国史地理志(初稿)》、吴以政《中华民国行政区域表》均作"海南特别行政区"。
③ 中国第二历史档案馆:《国民党政府政治制度档案史料选编》下册,第331页。
④ 莫先熊:《中华民国分省图》,台湾生力出版社,1983年,第18页。

隶于行政院。民国三十八年（1949）4月海南特区正式成立，区行政长官公署驻海口市，下辖1市、16县：海口市（民国三十八年4月置，即今海南海口市）以及琼山、澄迈、定安、文昌、琼东、乐会、临高、儋县、崖县、万宁、陵水、感恩、昌江、乐东、保亭、白沙县①。民国三十八年6月，公布《海南特区行政长官公署组织条例》，规定海南特区辖境包括海南岛、东沙群岛、西沙群岛、中沙群岛、南沙群岛及其他附属岛屿，海南特区行政长官公署直隶于行政院，置行政长官1人，依据中央法令，综理辖区政务。同日又公布《海南建省筹备委员会组织条例》②。

所辖各市、县沿革如下。

海口市，民国三十八年4月置。治所即今海南海口市。为海南特区首府。

琼山县，清代为琼州府附郭县，治所即今海南海口市琼山区驻地府城街道。民国三年至九年为琼崖道驻地。民国十年属广东省。民国三十八年4月属海南特区。广东省政府曾置海口市政厅，管辖琼山县海口地区，治所即今海口市，民国二十年1月行政院训令裁撤③。

澄迈县，治所在今海南澄迈县驻地金江镇老城。北京政府时期属琼崖道。民国十年属广东省。民国三十八年4月属海南特区。

定安县，治所即今海南定安县驻地定城镇。北京政府时期属琼崖道。民国十年属广东省。民国三十八年4月属海南特区。

文昌县，治所即今海南文昌市驻地文城镇。北京政府时期属琼崖道。民国十年属广东省。民国三十八年4月属海南特区。

琼东县，清代为会同县，治所在今海南琼海市东北旧琼东。因与湖南省县名重名，且得名在后，于民国三年1月改名。因地处琼州府治之东，故名④。北京政府时期属琼崖道。民国十年属广东省。民国三十八年4月属海南特区。

乐会县，治所在今海南琼海市南乐城村。北京政府时期属琼崖道。民国十年属广东省。民国三十八年4月属海南特区。

临高县，治所即今海南临高县驻地临城镇。北京政府时期属琼崖道。民国十年属广东省。民国三十八年4月属海南特区。

儋县，清代为儋州，治今海南儋州市西北新州镇。辛亥革命后改县。北京政府时期属琼崖道。民国十年属广东省。民国三十八年4月属海南特区。

---

① 《中华民国史地理志（初稿）》，第28页。
② 《总统府公报》第228号，1949年6月13日，第9册。
③ 《行政院公报》第222号，第63页。
④ 《内务部改定各省重复县名及存废理由清单》。

崖县，清代为崖州直隶州直辖地，治所在今海南三亚市崖州区城区。辛亥革命后改县。北京政府时期属琼崖道。民国十年属广东省。民国三十八年 4 月属海南特区。

万宁县，清代为万县，治万州（今海南万宁市驻地万城镇）。因与四川省县名重名，民国三年 1 月改名。宋绍兴中置万宁县于此，故名①。北京政府时期属琼崖道。民国十年属广东省。民国三十八年 4 月属海南特区。

陵水县，治所即今海南陵水黎族自治县驻地陵城镇。北京政府时期属琼崖道。民国十年属广东省。民国三十八年 4 月属海南特区。

感恩县，治所在今海南东方市南感城镇。北京政府时期属琼崖道。民国十年属广东省。民国三十八年 4 月属海南特区。

昌江县，清代为昌化县，治所在今海南昌江黎族自治县西昌化镇。因与浙江省县名重名，民国三年 1 月改名。以县境昌江得名②。北京政府时期属琼崖道。民国十年属广东省。民国三十八年 4 月属海南特区。

乐东县，民国二十五年 1 月析感恩、昌江两县置③，治所即今海南乐东黎族自治县驻地抱由镇。属广东省。民国三十八年 4 月属海南特区。

保亭县，民国二十五年 1 月析定安、乐会、崖县、万宁等县置④。明置宝停营于此，后转作保亭，故名。治宝亭（今海南保亭黎族苗族自治县驻地保城镇）。属广东省。民国三十八年 4 月属海南特区。

白沙县，民国二十五年 1 月析琼山、定安、儋县、陵水、崖县、昌江、感恩等县地置⑤。清初置薄沙营于此，由此音转为白沙，故名。治牙七（今海南白沙黎族自治县驻地牙叉镇）。属广东省。民国三十八年 4 月属海南特区。

---

①② 《内务部改定各省重复县名及存废理由清单》。
③④⑤ 《国民政府公报》第 1951 号，1936 年 1 月 22 日，第 11 页。

第十二章　广西省

清宣统三年(1911),广西巡抚驻桂林府(今广西桂林市)。全省府级政区有桂林、平乐、梧州、柳州、庆远、浔州、思恩、南宁、泗城、镇安、太平等11府,上思、百色2直隶厅,郁林、归顺2直隶州;县级政区为8厅、15州、49县;另有40多个土属行政区域。辖境约今广西壮族自治区大部(不包括钦州市、北海市全部及防城港市的港口区、防城区和东兴市)、广东省的怀集县。

一、省行政机构

辛亥革命爆发后,广西于宣统三年九月十七日(11月7日)宣布独立,建立大汉广西全省国民军。十九日,右江军政分府在柳州成立。二十一日,南宁副都督府建立[1]。民国元年(1912)1月,广西军政府改组,下设军政、民政等司,由都督兼管民政。3月1日,裁右江军政分府和南宁军政府[2]。民国三年5月,改民政长为巡按使,巡按使公署下设政务、财政等厅。民国五年7月,改巡按使为省长[3]。民国十四年8月3日,广州国民政府令建广西全省绥靖处,负责全省军民两政事务,设督办、会办、民政长各1人。民国十五年5月13日,广州国民政府决定裁撤广西全省绥靖处,改组为省务会议。民国十六年2月25日,国民党广州政治分会决定将广西省务会议裁撤,改组设立省政府委员会。5月15日,省政府委员会在南宁正式成立。四一二政变后,广西省隶属南京国民政府。民国二十九年12月,全省分建为13个行政督察专署。民国三十四年1月,成立桂北、桂东行政公署。1949年11月22日,省会桂林解放。

二、省会

清代广西省以桂林为省会。辛亥革命后,广西省参议会因桂林潜伏着巨

---

[1] 郭卿友:《中华民国时期军政职官志》,第13页。
[2] 同上书,第24页。
[3] 印铸局:《职官任免月表》,第169页。

大的反对势力,难以推行民主政治,主张把省治迁往南宁①。但桂林在清代久为广西省会,因此,反对迁省治的呼声也相当高。南宁、桂林及各团体相持不下。广西都督陆荣廷因南宁离家乡武鸣较近,又能兼顾边防,便将军政府6司中的军政、教育、司法3司暂留桂林,其余已迁南宁的各司局暂时维持现状,等待广西临时议会成立后再作决定。民国元年6月,大总统电饬广西都督照此办理②。8月,广西都督与广西议会正式在南宁办公,南宁成为广西省会,而6司中的3司仍在桂林办公③。民国三年4月25日,广西民政长经与广西都督等人协商,决定在五六月之间将省会迁回桂林④。民国四年6月,大总统下令以桂林为省会,巡按使和财政厅均应迁返桂林,而将军仍驻南宁,巡按使每年一次到南宁与将军接洽⑤。此令遭到广西各界的反对。因为南宁与桂林比较,具有较好的地理位置,地处全省的中部,"一望平原,四通八达,邕江一水为左右江之总汇,水深而流缓,轮船往来极为便利"。明代邝湛、清初顾祖禹等人已有建省南宁之议。北京政府不得已下令"遵照前令,暂缓迁桂"⑥。民国二十五年10月,在全面抗战前夕,李宗仁、白崇禧等以南宁不便防守为由,由南宁复迁驻桂林⑦。抗日战争时期曾迁宜山县,后复迁桂林县。民国二十九年6月起驻桂林市。

三、统辖区域

辖境与清代相同。民国三十六年,全省土地面积为218 923平方公里。东接广东,北邻湖南、贵州,西界云南,南接越南。

四、道、县、市及改土归流

辛亥革命后,清代设置的各道被废除。民国二年2月,全省置邕南、郁江、漓江、柳江、田南、镇南等6道⑧。4月5日,任命观察使⑨。民国三年5月,根据《道官制》,改置为南宁道、苍梧道、桂林道、柳江道、田南道、镇南道。民国十

---

① 魏继昌:《辛亥革命时期我在广西的一些见闻》,《广西文史资料选辑》第10辑,1981年,第91页。
② 《政府公报》第54号,1912年6月23日,第2册,第91页。
③ 《中国大事记》,《东方杂志》第9卷第4号,1912年10月1日,第20页。
④ 《中国大事记》,《东方杂志》第10卷第12号,1914年6月1日,第6页。
⑤ 《政府公报》第1115号,1915年6月15日,第38册,第580页。
⑥ 《政府公报》第1250号,1915年10月31日,第42册,第1373页。
⑦ 《国民政府公报》第2181号,1936年10月20日,第6页。
⑧ 《政府公报》第504号,1913年9月29日,第17册,第577页。
⑨ 印铸局:《职官任免月表》,1917年3月,第175页。

三年后苍梧道不见委任道尹①。民国十四年8月，广州国民政府掌管广西省政府，此后道级政区全部裁撤②。

民国元年1月将各州、厅改置为县，同时裁撤府的附郭县，改直隶州、直隶厅为府。保留府的名称，府不辖县，只辖原附郭县的区域③。民国二年6月将各府改为县④。

清末，广西共有25个土州、4个土县、10个土司、3个长官司，主要分布在庆远府、思恩府、南宁府、镇安府、太平府等地。各土州、土县、土司均由流县、流州、流厅分别承审。其中，崇善县承审江州土州，左州承审太平、安平2土州和罗白土县，养利州承审万承、龙茗、全茗、茗盈4土州，永康州承审结安、佶伦、都结、镇远4土州和罗阳土县，宁明州承审思州、下石西、思陵3土州，隆安县承审果化、归德2土州，新宁州承审忠州土州，龙州厅承审上下冻土州和上龙土司，天保县承审向武土州，奉议州承审都康、上映2土州，宜山县承审忻城土县和永定、永顺正2长官司，河池县承审南丹土州，天河县承审永顺副长官司，东兰州承审那地、凤山2土州，武缘县承审白山、兴隆、都阳、定罗、旧城、安定、古零7土司，恩隆县承审上林土县和下旺土司，上思直隶厅承审迁隆峒土司，归顺直隶州承审下雷土司⑤。这些土县、土司，在民国年间，有的改置为流县，有的并入流县境内。以一个土州、土县辖境单独置县的有：民国五年，忠州土州改流置绥渌县；民国七年，南丹土州改流置南丹县；民国八年，凤山土州改流置凤山县；民国十七年，忻城土县改流置忻城县，上龙土司改流置上金县。以数个土州、土司合置一个流县的有：民国四年8月，果化、归德两土州及旧城土司改流置果德县，都阳、安定2土司改流置都安县，兴隆、白山、古零3土司改流置隆山县；民国五年9月，以龙英、茗盈、全茗3土州改流置龙茗县，以镇远、结安、佶伦、都结4土州改流置镇结县，以思州、思陵2土州改流合置思乐县；民国六年2月，向武、都康、上映3土州改流置向都县；民国七年，上林土

---

① 郭卿友：《中华民国时期军政职官志》，第217页。按：该书同页又有龙州道尹、百色道尹，1924年委任。
② 广西省政府统计处：《广西年鉴（第三回）》（上册，1944年，第142页）载："至民国一五年，六道亦废，施行二级制。"
③ 按：《众议院议员各省复选区表》中有南宁府、武鸣府、上思府、梧州府、浔州府、郁林府、桂林府、平乐府、柳州府、庆远府、泗城府、百色府、太平府、归顺府，无清代各府的附郭县，亦无州、厅。参见广西省政府统计处：《广西年鉴（第三回）》上册，第199页。
④ 《临时政府内务行政纪要》，第51页。又，《政府公报》第504号，1913年9月29日，第17册，第577页；内政部方域司：《中华民国行政区域简表》（第11版），第82～89页。
⑤ 邓敏杰：《民国时期广西土属建制改流考异及其入志方略》，《广西地方志》1996年第1期，第27页。本节有关改土归流之事，除有注明外，均参考此文。

县与下旺土司改流置思林县；民国十七年2月，下雷、安平、太平3土州改流合置雷平县。

南京政府时期，广西省于民国二十二年召开全省第一次省行政会议。会议通过整理各县区域4项办法：(1)插花飞地的划拨，(2)墟市的变更管辖，(3)增设县驻地，(4)迁移县驻地①。此后即按照该办法调整各县区域，在民国二十四年新设田西、乐业、万冈、天峨、资源等5县，又将恩隆县、恩阳县等一批县重新划定区域并确定新的县驻地。民国三十一年设立金秀设治局，后废。民国二十九年设立桂林市，三十五年设立柳州、梧州、南宁等市。民国末，全省辖99县、4市。

1. 道

南宁道，民国二年2月置邕南道，观察使驻武鸣县（今广西武鸣县驻地城厢镇）。辖南宁（后改邕宁）、新宁（后改扶南）、隆安、永淳、横县、武鸣、武缘（后并入武鸣）、宾阳、上林、那马、上思等11县②，以及归德土州、土忠州、果化土州、定罗土司、都阳土司、安定土司、古零土司、兴隆土司、旧城土司、白山土司、迁隆土司等③。民国三年5月改名。道尹为繁要缺，一等④，驻邕宁县（今南宁市）⑤。民国四年8月，增领都安、隆山、果德3县。民国五年9月增领绥渌县。民国十五年废。

苍梧道，民国二年4月置郁江道，观察使驻苍梧县（今广西梧州市）。民国三年5月改名。道尹为简缺，三等，民国四年1月改为繁缺，二等。辖苍梧、藤县、容县、岑溪、怀集、桂平、平南、贵县、武宣、郁林、博白、北流、陆川、兴业、信都等15县。民国十五年废。

桂林道，民国二年4月置漓江道，观察使驻桂林县（今广西桂林市）。民国三年5月改名。道尹为要缺，二等。辖桂林、兴安、灵川、阳朔、永宁（后改古化）、永福、义宁、全县、灌阳、龙胜、中渡、平乐、恭城、富川、贺县、荔浦、修仁、昭平、永安（蒙山）等19县。民国五年10月增领钟山县。民国十三年新领榴江、西延2县。民国十五年废。

柳江道，民国二年4月置。道尹为简缺，三等，驻马平县（广西柳州市）。辖马平、雒容、融县、罗城、柳城、怀远（后改三江）、来宾、象县、宜山、天河、思

---

① 广西省政府统计处：《广西年鉴（第三回）》上册，第199页。
② 《政府公报》第504号，1913年9月29日，第17册，第577页。
③ 同上书，第584页。
④ 《政府公报》第834号，1914年8月31日，第28册，第801页。
⑤ 《政府公报》第774号，1914年7月2日，第27册，第559页。

恩、河池、安化(宜北)、迁江等14县,以及南丹土州、忻城土县、永顺土司、永定土司等。民国七年增领南丹县。民国十五年废。

田南道,民国二年4月置。道尹为简缺,三等,驻百色县(今广西百色市)。辖百色、恩隆、恩阳、凌云、西林、西隆、天保、奉议、东兰等9县,以及都康土州、上映土州、向武土州、那地土州、凤山土州、上林土县、下旺土司等。民国六年2月增置向都县。民国十五年废。

镇南道,民国二年4月置。道尹为边缺,三等,民国四年1月改为边要缺,一等①。驻龙州县(今广西龙州县)。辖龙州、凭祥、崇善、养利、左县、永康(后改同正)、宁明、明江、靖西、镇边等10县,以及上冻土州、下冻土州、万承土州、茗盈土州、全茗土州、龙英土州、太平土州、安平土州、信安土州、都结土州、镇远土州、思陵土州、下石土州、土江州、土思州、下雷土州、罗阳土县、罗白土县、上龙土司、金么宽土司等。民国五年9月增置龙茗、镇结、思乐3县。民国十五年废。

2. 县、市

桂林市,民国二十一年11月,广西省政府置桂林市政处,直隶于省政府,办理桂林市政,其辖区以桂林县公安局所辖城厢警区为限②。民国二十九年6月析桂林县城厢6镇及东、西南两附郭乡,太沙、柘林2乡,以及灵川县三合乡与乐清乡之三民、五权、乌石、上下街4村等地置市③。治所即今广西桂林市。为广西省会。

临桂县,清代为桂林府附郭临桂县,治所即今广西桂林市城区。民国元年1月,废县,地入桂林府,府不辖县。民国二年6月,改桂林府为桂林县④。北京政府时期为桂林道治所。民国二十五年10月至二十九年5月为广西省会。民国二十九年6月析置桂林市。因市县重名,民国二十九年6月改名⑤。

兴安县,治所即今广西兴安县驻地兴安镇。北京政府时期属桂林道。

阳朔县,治所即今广西阳朔县驻地阳朔镇。北京政府时期属桂林道。

百寿县,清代为永宁州,治所在今广西永福县西北百寿镇寿城。民国元年1月改为永宁县。因与山西、江西、河南、贵州4省县名重名,民国三年1月改

---

① 《政府公报》第977号,1915年1月27日,第33册,第871页。
② 钱端升等:《民国政制史》下册,第421页。
③⑤ 《国民政府公报》渝字第270号,1940年6月29日,第14页。
④ 《政府公报》第504、505号,1913年9月29日、30日,第17册,第577、583页。又,《临时政府内务行政纪要》,第14页。

名古化县。因县境在唐代为慕化县、古县，至宋时省慕化入古县，故名①。北京政府时期属桂林道。因县名"有背民众奋励求新之精神"，民国二十二年2月再次改名②。因县境百寿岩得名。

永福县，治所即今广西永福县驻地永福镇。北京政府时期属桂林道。

榴江县，民国十三年3月析永福县鹿寨、黄冕、寨沙3区置③。因县区有石榴水，故名。治寨沙圩（今广西鹿寨县东寨沙镇）。北京政府时期属桂林道。

义宁县，治所在今广西桂林市临桂区西北五通镇。北京政府时期属桂林道。

全县，清代为全州，治所即今广西全州县驻地全州镇。民国元年1月改县。北京政府时期属桂林道。

灵川县，治所在今广西灵川县东北三街镇。北京政府时期属桂林道。

资源县，民国十三年3月广西省长据省议会议决，析置西延县④。同年10月，经内务、财政两部呈准⑤，但未实行。民国二十五年7月，重新划定区域，析全县西延区、长万区以及兴安县北部车田、寻源2乡置⑥。因是资江发源地，资江自南至北贯穿全境，故名。治大埠头（今广西资源县驻地资源镇）。

灌阳县，治所即今广西灌阳县驻地灌阳镇。北京政府时期属桂林道。

龙胜县，清代为龙胜厅，治所即今广西龙胜各族自治县驻地龙胜镇。民国元年1月改县。北京政府时期属桂林道。

平乐县，清代为平乐府附郭县，治所即今广西平乐县驻地平乐镇。民国元年1月废县，并入平乐府，府不辖县。民国二年6月改县。北京政府时期属桂林道。

恭城县，治所即今广西恭城瑶族自治县驻地恭城镇。北京政府时期属桂林道。

富川县，治所即今广西富川瑶族自治县驻地富阳镇。北京政府时期属桂林道。

贺县，治所在今广西贺州市八步区东南贺街镇。北京政府时期属桂林道。

荔浦县，治所即今广西荔浦县驻地荔城镇。北京政府时期属桂林道。

修仁县，治所在今广西荔浦县西南修仁镇。北京政府时期属桂林道。又，

---

① 《内务部改定各省重复县名及存废理由清单》。
② 《国民政府公报》第1058号，1933年2月18日，第2页。
③ 《政府公报》第2880号，1924年3月28日，第143册，第1313页。
④ 吴承湜：《近六十年全国郡县增建志要》卷下，第19页。
⑤ 《政府公报》第3074号，1924年10月14日，第150册，第4399页。
⑥ 《国民政府公报》第2129号，1936年8月18日，第7页。

金秀设治局,民国二十九年析修仁县永平、崇义2乡,象县东北、东南2乡,桂平县木山乡,平南县罗香、罗运、平竹3乡,蒙山县古朴、岭祖2乡地置金秀警备区。民国三十一年10月改为设治局①,民国三十二年4月国民政府令准②,以驻地得名,驻金秀村(今广西金秀瑶族自治县驻地金秀镇)。民国三十六年3月裁撤③,复改为警备区署④。

昭平县,治所即今广西昭平县驻地昭平镇。北京政府时期属桂林道。

钟山县,民国五年10月析富川县钟山镇区及昭平县防乐区合置⑤。因县驻地钟山镇得名。治所即今广西钟山县驻地钟山镇。北京政府时期属桂林道。

蒙山县,清代为永安州,治所在今广西蒙山县驻地蒙山镇。民国元年1月改为永安县。因与福建、广东两省县名重名,民国三年1月改名。以县城西南蒙山,唐贞观中置蒙山郡于此,故名⑥。北京政府时期属桂林道。

中渡县,清代为中渡厅,治所在今广西鹿寨县西中渡镇。民国元年1月改县。北京政府时期属桂林道。

柳州市,民国十七年4月广西省政府置柳州市政筹备处,十七年10月裁撤⑦。民国三十五年8月析柳江县城厢置⑧。治所即今广西柳州市城中区城中街道。同年9月公布《柳州市政府组织规程》⑨。后因经济困难,废除《柳州市政府组织规程》,实施《柳州市政工程局组织规程》,不设市政府,设立市政工程局⑩。

柳江县,清代为柳州府附郭马平县,治所在今广西柳州市城中区城中街道。民国元年1月废县,并入柳州府,府不辖县。民国二年6月改为马平县。北京政府时期为柳江道驻所。民国十九年1月,广西省政府以清代府名改名柳州县⑪。民国二十六年6月,广西省政府报经内政部奉准,改名柳江县:"马

---

① 广西省政府统计处:《广西年鉴(第三回)》上册,第199页。
② 《国民政府公报》渝字第564号,1943年4月24日,第12页。
③ 内政部方域司:《中华民国行政区域简表》(第11版),第89页。
④ 《金秀瑶族自治县志》,中央民族学院出版社,1992年,第23页。
⑤ 《政府公报》第296号,1916年10月31日,第54册,第395页。
⑥ 《内务部改定各省重复县名及存废理由清单》。
⑦ 钱端升等:《民国政制史》下册,第426页。
⑧ 内政部方域司:《中华民国行政区域简表》(第11版),第83页。
⑨ 《国民政府公报》第2621号,1946年9月11日,第4页。
⑩ 《国民政府公报》第2839号,1947年5月31日,第5页。又,《国民政府公报》第2871号,1947年7月8日,第10页。
⑪ 吴承湜:《近六十年全国郡县增建志要》附录,第83页。

平县原系柳州府首县,故当地惯用柳州二字。惟为避免以'州'字名县起见,改名为柳江县。"①因境内柳江得名。民国三十五年8月,析城厢地区置柳州市。

雒容县,治所在今广西鹿寨县西南雒容镇。北京政府时期属柳江道。

融县,治所即今广西融水苗族自治县驻地融水镇。北京政府时期属柳江道。

罗城县,治所即今广西罗城仫佬族自治县驻地东门镇。北京政府时期属柳江道。

柳城县,治所在今广西柳城县南凤山镇。北京政府时期属柳江道。

三江县,清代为怀远县,治所在今广西三江侗族自治县西南丹洲镇。因与安徽、陕西两省县名重名,民国三年1月改名。明置三江镇巡检司于此,故名②。北京政府时期属柳江道。民国二十一年迁古宜③,即今治。

来宾县,治所即今广西来宾市兴宾区城厢乡。北京政府时期属柳江道。

象县,清代为象州,治所即今广西象州县驻地象州镇。民国元年1月改县。北京政府时期属柳江道。

兴业县,治所在今广西兴业县驻地石南镇。北京政府时期属苍梧道。

陆川县,治所即今广西陆川县驻地温泉镇。北京政府时期属苍梧道。

博白县,治所即今广西博白县驻地博白镇。北京政府时期属苍梧道。

郁林县,清代为郁林直隶州直辖地,治所在今广西玉林市玉州区驻地玉城街道。民国元年1月改为郁林府④,不辖县。民国二年6月改县。北京政府时期属苍梧道。

武宣县,治所即今广西武宣县驻地武宣镇。北京政府时期属苍梧道。

贵县,治所即今广西贵港市港北区驻地贵城街道。北京政府时期属苍梧道。

平南县,治所即今广西平南县驻地平南镇。北京政府时期属苍梧道。

桂平县,清代为浔州府附郭县,治所即今广西桂平市驻地西山镇。民国元年1月废县,并入浔州府,府不辖县。民国二年6月废府改县。北京政府时期属苍梧道。

信都县,清代为信都厅,治所在今广西贺州市八步区南信都镇。民国元年1月改县。北京政府时期属苍梧道。

---

① 《国民政府公报》第2408号,1937年7月17日,第14页。
② 《内务部改定各省重复县名及存废理由清单》。
③ 《广西公报》1932年第32期,第28页。
④ 广西省政府统计处:《广西年鉴(第三回)》上册,第138页。

怀集县，治所即今广东怀集县驻地怀城镇。北京政府时期属苍梧道。

岑溪县，治所即今广西岑溪市驻地岑城镇。北京政府时期属苍梧道。

容县，治所即今广西容县驻地容州镇。北京政府时期属苍梧道。

藤县，治所即今广西藤县驻地藤州镇。北京政府时期属苍梧道。

梧州市，民国十六年12月广西省政府置，区域包括苍梧县城区、三角咀及对河火山至高望一带。治所即今广西梧州市万秀区城区。因人口不满10万，不符合民国十七年7月颁布的《市组织法》有关规定。广西省政府以梧州市成立已逾两年，于民国十八年8月呈请内政部要求变通办理。民国十九年新的《市组织法》颁布后，广西省政府又因财政困难，于民国二十一年6月决定裁撤，其区域仍归苍梧县管辖①。民国三十五年8月析苍梧县城厢再次置市②。9月公布《梧州市政府组织规程》③。后因经济困难，废除《梧州市政府组织规程》，实行《梧州市政工程局组织规程》，不设市政府，设立市政工程局④。

苍梧县，清代为梧州府附郭县，治所在今广西梧州市万秀区城区。民国元年1月，废县，并入梧州府，府不辖县。民国二年6月裁府置县。北京政府时期为苍梧道驻所。

上思县，清代为上思直隶厅⑤，治所即今广西上思县驻地思阳镇。民国元年改置为上思府，不辖县⑥。民国二年6月改为县⑦。北京政府时期属南宁道。

那马县，清代为那马厅，治所在今广西马山县西南周鹿镇东北石塘。民国元年1月改县。民国四年8月，武鸣县承审之定罗土司全境及白山、古零、旧城、兴隆等土司插花地并入⑧。民国五年迁治周鹿街，即今周鹿镇⑨。北京政府时期属南宁道。

上林县，治所即今广西上林县驻地大丰镇。民国四年8月，武鸣县承审之古零土司所辖插花地并入⑩。北京政府时期属南宁道。

---

① 钱端升等：《民国政制史》下册，第420页。
② 内政部方域司：《中华民国行政区域简表》（第11版），第84页。
③ 《国民政府公报》第2621号，1946年9月11日，第4页。
④ 《国民政府公报》第2839号，1947年5月31日，第5页；《国民政府公报》第2871号，1947年7月8日，第10页。
⑤ 内阁印铸局：《职官录》（清宣统三年冬季），广西省，第15页。又，《清史稿》卷73《地理志二十》。
⑥ 按：《众议院议员各省复选区表》中广西省有上思府。
⑦ 按：《广西省区域沿革一览表》（《政府公报》第504号，1913年9月29日，第17册，第577页）、《全国行政区划表》（1914年，第115页）中"原名"、"今名"均为上思县；《中华民国行政区域简表》（第11版）作"旧上思直隶厅，清末改县"（第84页），似清末已为县，至民国三年未有变化。与前引资料有矛盾，待考。广西其他各府在民国二年6月改县，上思府当在同一时间改。
⑧⑩ 《政府公报》第1166号，1915年8月6日，第40册，第241页。
⑨ 《马山县志》，民族出版社，1997年，第33页。

宾阳县，清代为宾州，治所即今广西宾阳县驻地宾州镇。民国元年1月改县并改名①。因宾水从县南流过，故名。北京政府时期属南宁道。

果德县，民国四年8月，以右江流域之隆安县承审的归德、果化两土州全部，武鸣县承审的旧城土司全部及白山、都阳2土司各一部，思隆县承审之下旺土司插花地合置②。取果化、归德两土司首尾各一字为名。治码头圩（今广西平果县驻地马头镇）。北京政府时期属南宁道。

隆山县，民国四年8月，以红水江东南之武鸣县承审的白山、古零、兴隆等土司全境及恩隆县承审的下旺土司所属首城头等处地合置③。以兴隆土司和白山土司的尾字命名。治白山圩（今广西马山县驻地白山镇）。北京政府时期属南宁道。

都安县，民国四年8月，以红水江北之武鸣县承审的安定、都阳土司全部，兴隆土司一部及恩隆县承审的大化等地合置④。以都阳、安定两土司首字命名。治安定（今广西都安瑶族自治县驻地安阳镇）。北京政府时期属南宁道。

武鸣县，清代为思恩府直辖地及武缘县。思恩府治所在今广西武鸣县驻地城厢镇北府城镇，武缘县驻地所即今武鸣县驻地城厢镇。其沿革有两说：一说民国元年撤销武缘县，地入府，同时将思恩府改名为武鸣府，民国二年6月改府为县⑤；一说民国元年及二年初，武鸣府与武缘县同时存在⑥，民国二年6月并武鸣府入武缘县并改名武鸣县⑦。因武缘之鸣山得名，且寓广西都督陆荣廷以武功鸣天下之意⑧。治今广西武鸣县驻地城厢镇。北京政府时期属南宁道。

横县，清代为横州，治所即今广西横县驻地横州镇。民国元年1月改县。北京政府时期属南宁道。

永淳县，治所在今广西横县驻地横州镇西北峦城镇。北京政府时期属南宁道。

隆安县，治所即今广西隆安县驻地城厢镇。北京政府时期属南宁道。

绥渌县，清代为忠州土州，治所在今广西扶绥县西南东门镇旧城。民国五

---

① ⑥ 《政府公报》第504号，1913年9月29日，第17册，第577页。
② ③ ④ 《政府公报》第1166号，1915年8月6日，第40册，第241页。
⑤ 内政部职方司第一科：《全国行政区划表》，1914年，第115页；广西省政府统计处：《广西年鉴（第三回）》上册，第140页。
⑦ 吴承湜：《近六十年全国郡县增建志要》附录，第83页。
⑧ 吕式斌：《今县释名》卷5《广西省》，第23页。

年7月改置忠县。后为避免与四川省忠县同名,改名①。因山溪特多而壮语称溪为"渌",故名②。北京政府时期属南宁道。治所几经迁移,或在旧城,或在东门圩③。民国三十四年冬,由旧城迁东门圩④,即今东门镇。

扶南县,清代为新宁州,治所在今广西扶绥县驻地新宁镇。民国元年1月改为新宁县。因与湖南、四川、广东3省县名重名,民国三年1月改名。因县境在唐天宝初曾置扶南郡,故名⑤。北京政府时期属南宁道。

南宁市,民国十七年8月成立南宁市政筹备处,二十一年6月撤销⑥。民国三十五年8月析邕宁县城厢置⑦。9月公布《南宁市政府组织规程》⑧。治所即今广西南宁市。后因经济困难,未设市政府,废除《南宁市政府组织规程》,实行《南宁市政工程局组织规程》,设立市政工程局⑨。

邕宁县,清代为南宁府及附郭宣化县,治所即今广西南宁市青秀区城区。民国元年1月,废宣化县,地入南宁府,府不辖县。民国二年6月裁府,改为南宁县。因与本省南宁道重名,民国三年6月改名为邕宁县⑩。以邕江为名。民国二十五年10月前为广西省会。北京政府时期为南宁道驻所。民国二十三年3月31日迁治亭子(今广西南宁市城区南部亭子)⑪。

宜山县,清代为庆远府附郭县,治所在今广西宜州市驻地庆远镇。民国元年1月裁县,地入庆远府,府不辖县。民国二年6月裁府,改置为县。北京政府时期属柳江道。

天河县,治所在今广西罗城仫佬族自治县驻地东门镇西天河。北京政府时期属柳江道。

思恩县,治所在今广西环江毛南族自治县驻地思恩镇。北京政府时期属柳江道。

河池县,清代为河池州,治所在今广西河池市金城江区西河池镇。民国元

---

① 《政府公报》第267号,1916年10月1日,第54册,第21页。又,《政府公报》第269号,1916年10月3日,第54册,第476页。吴承湜:《近六十年全国郡县增志要》卷下,第13页。
② 《扶绥县志》,广西人民出版社,1989年,第29页。
③ 甘超礼:《扶绥县治革》,《扶绥文史资料》第1辑,第8页。
④ 《扶绥县志》,广西人民出版社,1989年,第10页。
⑤ 《内务部改定各省重复县名及存废理由清单》。
⑥ 钱端升等:《民国政制史》下册,第420页。
⑦ 内政部方域司:《中华民国行政区域简表》(第11版),第86页。
⑧ 《国民政府公报》第2621号,1946年9月11日,第4页。
⑨ 《国民政府公报》第2839号,1947年5月31日,第5页。又,《国民政府公报》第2871号,1947年7月8日,第10页。
⑩ 内政部职方司第一科:《全国行政区划表》,1914年,第115页。
⑪ 《邕宁县志》,中国城市出版社,1995年,第11页。

年1月改县。北京政府时期属柳江道。

迁江县,治所在今广西来宾市兴宾区西南迁江镇。北京政府时期属柳江道。

南丹县,民国七年以南丹土州辖地改置①。南丹为壮语音译,"南"在壮语中为"村"或"田"之意。治州街(今广西南丹县驻地城关镇)。北京政府时期属柳江道。

忻城县,民国十七年4月广西省政府改忻城土县置②。治所即今广西忻城县驻地城关镇。

百色县,清代为百色直隶厅,治所即今广西百色市右江区百城街道。民国元年1月改为百色府。民国二年改为县③。北京政府时期为田南道驻所。

田东县,清代为恩隆县,治那坡(今广西田阳县驻地田州镇西南那坡镇)。北京政府时期属田南道。民国二十五年6月改划区域并迁治、改名④,治平马圩(今广西田东县驻地平马镇)。

敬德县,民国元年以清代恩阳州判辖地置恩阳县⑤,治所在今广西田阳县西百峰乡。北京政府时期属田南道。民国二十五年6月改划区域并迁治、改名⑥,靖西县北部、天保县西部地并入,治多敬(今广西德保县西北敬德镇)⑦。

凌云县,清代为泗城府及附郭凌云县,治所即今广西凌云县驻地泗城镇。民国元年1月废县,地入泗城府,府不辖县。民国二年6月废府改县。北京政府时期属田南道。

西林县,治所在今广西田林县西定安镇。北京政府时期属田南道。

西隆县,清代为西隆州,治所即今广西隆林各族自治县驻地新州镇。民国元年1月改县。北京政府时期属田南道。

---

① 按:邓敏杰《民国时期广西土属建制改流考异及其入志方略》(《广西地方志》1996年第1期,第28页)作民国六年置。《南丹县志》(广西人民出版社,1994年,第27页)作民国七年置。广西省政府统计处《广西年鉴(第三回)》(上册,第138页)作民国八年置。《中华民国行政区划简表》(第11版)作民国十三年置。今《南丹县志》第939页有《南丹土州改县建置碑》,据碑文记载为民国六年呈请设县,民国七年建县署,当作民国七年设立。民国八年可能是省政府批复的年份。内务部职方司编《全国行政区划表删补(民国九年九月止)》中无南丹县,当是省政府还未向内务部呈报。
② 吴承湜:《近六十年全国郡县增建志要》卷下,第17页。按:《中华民国行政区域简表》(第11版,第80页)亦作民国十七年置。
③ 《百色市志》,广西人民出版社,1993年,第26页。
④⑥ 《国民政府公报》第2071号,1936年6月11日,第6页;《国民政府公报》第2097号,1936年7月11日,第13页。
⑤ 吴承湜:《近六十年全国郡县增建志要》卷下,第19页。
⑦ 《国民政府公报》第2097号,1936年7月11日,第14页。

东兰县，清代为东兰州，治所即今广西东兰县驻地东兰镇。民国元年1月改县。北京政府时期属田南道。

天保县，清代为镇安府附郭县，治所即今广西德保县驻地城关镇。民国元年1月废县，地入镇安府，府不辖县。民国二年6月改府为县。北京政府时期属田南道。

田阳县，清代为奉议州，治所在今广西田阳县驻地田州镇西南兴城村①。民国元年1月改为奉议县②。北京政府时期属田南道。民国二十五年6月改划区域并迁治、改名③，恩阳县部分地并入。以田州及恩阳各一字为名。治那坡（今田阳县驻地田州镇西那坡镇）④。

向都县，民国五年12月以天保县承审之向武土州，奉议县承审之都康土州、上映土州地置武都县。内务部因县名与甘肃渭川道武都县同名，于民国六年2月核准置县并改名⑤。取向武、都康2州首字为名。治向武（今广西天等县西北向都镇）。北京政府时期属田南道。

凤山县，民国八年以凤山土州辖地置⑥，治凤山土州城（今广西凤山县驻地凤城镇）。北京政府时期属田南道。

平治县，民国七年以上林土县、下旺土司辖地及恩隆县部分地合置思林县⑦。治驮用（今广西田东县东南思林镇）。北京政府时期属田南道。民国二十三年改划区域并迁治、改名⑧，由原思林县北部、恩隆县东北部、都安县西南部及果德县东北部组成。因平治乡名得名。治榜圩（今广西平果县北榜圩镇）。民国二十五年6月核准⑨。

龙津县，清代为龙州厅，治所即今广西龙州县驻地龙州镇。民国元年1月改为龙州县。北京政府时期为镇南道驻所。为符合全国各县命名通例，避免以"州"字名县，民国二十六年6月改名⑩。

---

① 按：兴城地名见广西壮族自治区测绘局：《广西地图册》，1987年，第71页。
② 吴承湜：《近六十年全国郡县增建志要》附录，第84页。
③⑨ 《国民政府公报》第2071号，1936年6月11日，第6页；《国民政府公报》第2097号，1936年7月11日，第13页。
④ 《国民政府公报》第2097号，1936年7月11日，第14页。
⑤ 《政府公报》第404号，1917年2月25日，第58册，第490页。
⑥ 邓敏杰：《民国时期广西土属建制改流考异及其入志方略》，《广西地方志》1996年第1期，第28页。按：一说民国十五年1月置县，民国二十三年6月广西省政府议决整理田南各县案内，将凌云县属3乡、百色县属2乡划入，民国二十五年6月咨报内政部转呈行政院核准。见《近六十年全国郡县增建志要》卷下，第16页。《中华民国行政区域简表》（第11版）亦作民国十五年置。
⑦ 邓敏杰：《民国时期广西土属建制改流考异及其入志方略》，《广西地方志》1996年第1期，第30页。按：《中华民国行政区域简表》（第11版，第87页）作民国十五年置。
⑧ 《平果县志》，广西人民出版社，1996年，第37页。又，黄俊诚：《平果历代郡县沿革简述》，《平果文史》第1辑，1994年，第2页。
⑩ 《国民政府公报》第2408号，1937年7月17日，第14页。

凭祥县，清代为凭祥厅，治所即今广西凭祥市驻地凭祥镇。民国元年1月改县。北京政府时期属镇南道。

崇善县，清代为太平府附郭县，治所即今广西崇左市江州区太平街道。民国元年1月废县，地入太平府，府不辖县。民国二年6月改府为县。民国七年江州土县、罗白土县并入①。北京政府时期属镇南道。

养利县，清代为养利州，治所在今广西大新县驻地桃城镇。民国元年1月改县。北京政府时期属镇南道。

龙茗县，民国五年7月，广西省政府以养利县承审之茗盈、全茗、龙英3土州辖地合置，同年9月核准②。取龙英之"龙"字，与茗盈、全茗之"茗"字为名。治龙英（今广西天等县西南龙茗镇）。北京政府时期属镇南道。

万承，民国十八年8月以万承土州地置，治州街（在今广西大新县东北龙门乡驻地龙门街）③。

左县，清代为左州，治所在今广西崇左县东北左州镇。民国元年1月改县。北京政府时期属镇南道。

同正县，清代为永康州，治所在今广西扶绥县北中东镇旧县。民国元年1月改为永康县。因与浙江、云南两省县名重名，民国三年1月改名县。以古县名得名④。北京政府时期属镇南道。

镇结县，民国五年5月，广西省政府以同正县承审之佶伦、结安、都结、镇远4土州辖地置，同年9月核准⑤。治佶伦（今广西天等县东北进结镇）。北京政府时期属镇南道。

宁明县，清代为宁明州，治所即今广西宁明县驻地城中镇。民国元年1月改县。北京政府时期属镇南道。

思乐县，民国五年8月，以宁明县承审的思州、思陵2土州等地置思陵县。治海渊圩（今广西宁明县东海渊镇）。同年9月核准，并改名⑥。北京政府时期属镇南道。

明江县，清代为明江厅，治所即今广西宁明县东明江镇。民国元年1月改县。北京政府时期属镇南道。

---

① 龙兆佛、莫凤欣：《广西地理沿革简编》，广西人民出版社，1983年，第36页。按：邓敏杰《民国时期广西土属建制改流考异及其入志方略》（《广西地方志》1996年第1期，第30页）一文认为有民国二年、五年、七年、十六年、十七年诸说，尚难定论。
②⑤⑥ 《政府公报》第267号，1916年10月1日，第54册，第21页。又，《政府公报》第269号，1916年10月3日，第54册，第476页。
③ 《国民政府公报》第262号，1929年9月6日，第10页。
④ 《内务部改定各省重复县名及存废理由清单》。

靖西县，清代为归顺直隶州直辖地，治所即今广西靖西县驻地新靖镇。民国元年改为归顺府，不辖县。民国二年6月改县①。因地处广西西部边境，取"西鄙安宁"之义，故名。北京政府时期属镇南道。

镇边县，治所在今广西那坡县驻地城厢镇。北京政府时期属镇南道。

雷平县，民国十七年4月广西省政府议决以太平、安平、下雷3土州地置②。治雹(宝)圩街(今广西大新县西南宝圩乡)。民国二十二年6月迁太平街(今大新县西南雷平镇)③。

上金县，民国十七年5月以上龙、金龙2土司辖地置④。治窑头圩(今广西龙州县东南上金旧街)。

田西县，民国二十四年2月广西省政府整理田南道属各县界时，析西林、凌云、西隆3县置，民国二十五年6月呈准⑤。因在田州之西，故名。治潞城(今广西田林县西北潞城圩)。

乐业县，民国二十四年2月广西省政府整理田南道属各县界时，析凌云县置，民国二十五年6月呈准⑥。以乐业墟得名。治乐业墟(今广西乐业县驻地同乐镇)。

万冈县，民国二十四年2月广西省政府整理田南道属各县界时，析凤山、百色、田东3县置，民国二十五年6月咨内政部呈准⑦。治邑马墟(今广西巴马瑶族自治县驻地巴马镇)。

天峨县，民国二十四年2月广西省政府整理田南道属各县界时，析凌云、凤山、南丹3县置。民国二十五年6月呈准⑧。以天峨乡得名。治天峨墟(今广西天峨县西北向阳镇)。

北流县，治所即今广西北流市驻地陵城街道。北京政府时期属苍梧道。

宜北县，清代为安化厅，治所即今广西环江毛南族自治县驻地思恩镇北明伦。民国元年1月改为安化县。因与湖南、甘肃、贵州3省县名重名，民国三年1月改名宜北县。因县驻地位于宜山之北，故名⑨。北京政府时期属柳江道。

---

① 《政府公报》第505号，1913年9月30日，第17册，第583页。
② 吴承湜：《近六十年全国郡县增建志要》卷下，第17页。又，《内政部整理各省行政区划之统计(民国十七年起二十三年止)》中已有雷平县(《水陆地图审查委员会会刊》第3期，1935年，第63页)。
③ 《大新县志》，上海古籍出版社，1989年，第6页。
④ 邓敏杰：《民国时期广西土属建制改流考异及其入志方略》，《广西地方志》1996年第1期，第29页。按：《中华民国行政区域简表》(第11版，第88页)亦作民国十七年置。
⑤⑥⑦⑧ 《国民政府公报》第2071号，1936年6月11日，第6页。又，《国民政府公报》第2097号，1936年7月11日，第13页。
⑨ 《内务部改定各省重复县名及存废理由清单》。

此外，已批准未实行之行政区划及县治变迁[①]有：凭祥、明江、宁明3县合并改置祥明县；扶南、绥渌2县合并为扶绥县；中渡、榴江、雒容3县合并为洛江县；万承、养利2县合并为万利县；镇结、向都2县合并为镇都县；左县、崇善2县合并为丽滨县；宜并、思恩2县合并为环江县；义宁、龙胜2县合并为义宁县；上金并入龙津，更名龙县；永福并入临桂，更名福临县；邕宁、扶南各一部分并入同正，命名为邕西县；罗城县迁治黄金；敬德县迁治东凌；融县迁治长安镇。以上各案均经南京政府于民国三十六年2月批准，但因种种原因，暂缓执行。

五、行政督察委员制与行政督察区

民国十六年，广西省政府因省境辽阔，地处边疆，各民族杂居，向国民政府呈送《广西各区行政督察署组织条例》，请核察备案。国民政府于11月14日批示："查《建国大纲》明载县为自治之单位，省立中央与县之间，以收联络之效。县隶于省，一切行政均受省政府直接监督，始足明系统而免隔阂。兹据拟具条例，核与旧日道尹制度相似，事等骈枝，徒滋糜费，且与现行《省政府组织法》相抵牾。所称设置行政监督署一节，着不准行。如已筹备成立，应由该省政府定期撤废。"[②]此后，广西省政府再次呈报，称已先设桂林、柳江、田南、镇南等4个区行政督察委员，并呈《广西各区行政督察委员暂行条例》及《经费表》、《办事细则》等文件。国民政府于民国十六年12月13日批复仍不同意设立[③]。广西省政府又向南京政府说明设置理由："广西省政府呈复该省设置督察委员系因辖境辽阔，选于边远各区设委员一人，专司调查特殊案件及督促各县进行要政，并非永久性质，再恳俯准备案。"国民政府至此才允准"暂行备案"[④]。当时广西设置行政督察委员之处，有桂林、柳江、田南及镇南等区[⑤]。

其后，为提高行政效率起见，广西省政府依据《广西省政府组织大纲》制定《广西省行政监督督察章程》，于民国二十三年（1934）3月10日公布。该章程与当时行政院颁布的《各省行政督察专员暂行条例》及豫鄂皖三省"剿匪"总司令部的《剿匪区内各省行政督察专署组织条例》均有所不同，规定行政督察对

[①] 内政部方域司：《中华民国行政区域简表》（第11版），第89页。
[②] 《国民政府公报》第7期，1927年11月，第14页。
[③] 《国民政府公报》第15期，1927年12月，第10页。
[④] 《国民政府公报》第18期，1927年12月，第17页。
[⑤] 钱端升等：《民国政制史》下册，第143页。

指定区域内各县政府,有下列职权:(1)督饬各县政府依照省政府所颁布的施政准则,分期进行;(2)督率各县政府办理县与县之间的关联事项;(3)承担省政府特别委任事项,并负责考核各县长、副县长工作成绩。行政督察由民团指挥官兼任,不特设机关①。各行政督察区辖县情形如下。

南宁区,辖邕宁、抚南、上思、绥渌、永淳、同正、横县、隆安、武鸣、迁江、那马、隆山、止林、果德、宾阳、都安县。

桂林区,辖桂林、阳朔、永福、百寿、义宁、龙胜、灵川、兴安、全县、灌阳县。

梧州区,辖苍梧、藤县、平南、桂平、贵县、武宣、郁林、陆川、博白、兴业、北流、容县、岑溪县。

平乐区,辖平乐、荔浦、修仁、恭城、富川、钟山、贺县、昭平、蒙山、怀集、信都县。

柳州区,辖柳州、柳城、融县、三江、中渡、榴江、雒容、来宾、象县、河池、南丹、天河、罗城、忻城、东兰、思恩、宜北、宜山县。

百色区,辖百色、西林、西隆、凌云、凤山、恩阳县。

龙州区,辖龙州、崇善、上金、思乐、明江、宁明、凭祥、左县、龙茗、万承、养利、雷平县。

天保区,辖思林、天保、向都、镇边、靖西、恩隆、奉议、镇结县。

民国二十五年9月全省改为9区,10月分为10区。民国二十八年2月又改为12区。

民国二十九年11月正式设立行政督察专员,全省划为12区,如下。

第一区,专署驻兴安县,辖桂林、临桂、阳朔、灵川、义宁、兴安、龙胜、灌阳、全县、资源、永福县。

第二区,专署驻贺县,辖平乐、恭城、富川、钟山、贺县、怀集、昭平、信都、蒙山、荔浦、修仁县。

第三区,专署驻苍梧县,辖苍梧、平南、藤县、容县、岑溪县。

第四区,专署驻柳江县,辖柳江、柳城、融县、三江、百寿、罗城、中渡、榴江、雒容县。

第五区,专署驻桂平县,辖桂平、象县、来宾、迁江、武宣、贵县。

第六区,专署驻郁林县,辖郁林、北流、兴业、博白、陆川县。

第七区,专署驻宜山县,辖天河、宜北、思恩、南丹、河池、天峨、东兰、忻城县。

---

① 广西省政府编辑室:《二十三年度广西省施政纪录》,1936年,第1～3页。

第八区，专署驻武鸣县，辖武鸣、上林、宾阳、隆山、那马、都安、平治、果德县。

第九区，专署驻隆安县，辖邕宁、永淳、横县、扶南、绥渌、上思、同正、隆安县。

第十区，专署驻百色县，辖百色、田阳、田东、万冈、凤山、乐业、田西、西林、西隆、凌云县。

第十一区，专署驻靖西县，辖靖西、天保、向都、镇结、敬德、镇边县。

第十二区，专署驻雷平县，辖龙津、雷平、万承、左县、养利、崇善、上金、宁明、凭祥、思乐、明江、龙茗县。

民国三十一年5月，调整为7区，原第一区所辖桂林市和临桂、永福、百寿、阳朔、兴安、全县、资源、灌阳、灵川、义宁、龙胜等11县直属于省政府①。调整后的各区如下。

第一区，专署驻贺县八步镇，辖贺县、修仁、蒙山、昭平、荔浦、恭城、富川、钟山、平乐、信都、怀集县。

第二区，专署驻柳江县，辖柳江、融县、雒容、中渡、榴江、三江、柳城、来宾、象县、迁江、忻城、宜山、天河、罗城、思恩、宜北、河池、南丹县。11月，第五区天峨县来属。民国三十二年4月，增领金秀设治局。

第三区，专署驻苍梧县，辖苍梧、岑溪、容县、藤县、平南、桂平、贵县、武宣、兴业、郁林、北流、博白、陆川县。

第四区，专署驻邕宁县，辖邕宁、永淳、横县、宾阳、上林、都安、隆山、平治、那马、果德、隆安、武鸣、扶南、绥渌、同正、上思县。

第五区，专署驻百色县，辖百色、东兰、凤山、田西、乐业、万冈、西隆、西林、凌云、天峨县。民国三十一年11月，天峨县改隶第二区②。

第六区，专署驻靖西县，辖靖西、天保、镇边、向都、镇结、龙茗、田东、田阳、敬德县。

第七区，专署驻龙津县，辖龙津、上金、左县、崇善、思乐、明江、宁明、凭祥、万承、雷平、养利县。

抗战胜利后，全省重划为9区，桂林市直属于省政府，行政院于民国三十六年6月核准备案。各区如下。

第一区，专署驻贺县八步镇，辖贺县、信都、怀集、钟山、富川、恭城、平乐、

---

① 《国民政府公报》渝字第467号，1942年5月20日，第20页。
② 《国民政府公报》渝字第520号，1942年11月21日，第17页。

昭平、蒙山、修仁、荔浦、榴江县。

第二区,专署驻柳江县,辖柳江、柳城、来宾、迁江、忻城、宜山、天河、罗城、思恩、宜北、河池、南丹、中渡、雒容、融县。

第三区,专署驻苍梧县,辖苍梧、岑溪、容县、藤县、平南、桂平、武宣、象县。

第四区,专署驻邕宁县,辖邕宁、永淳、宾阳、上林、都安、隆山、那马、隆安、扶南、绥渌、武鸣、上思县。

第五区,专署驻百色县,辖百色、东兰、凤山、田西、乐业、万冈、西隆、西林、田阳、凌云、天峨县。

第六区,专署驻靖西县,辖靖西、镇边、天保、向都、镇结、龙茗、敬德、田东、果德、平治县。

第七区,专署驻龙津县,辖龙津、上金、左县、崇善、思乐、明江、宁明、凭祥、万承、养利、同正、雷平县。

第八区,专署驻兴安县,辖兴安、全县、资源、灌阳、灵川、义宁、龙胜、百寿、阳朔、永福、临桂、三江县。

第九区,专署驻郁林县,辖郁林、博白、兴业、陆川、北流、贵县、横县。

第十三章 云南省

清宣统三年(1911),云贵总督驻昆明县(今云南昆明市)。全省府级政区有云南、大理、丽江、楚雄、永昌、顺宁、曲靖、东川、昭通、澂江、临安、开化、广南、普洱等14府,永北、蒙化、景东、镇沅、镇边等5直隶厅,武定、广西、元江等3直隶州;县级政区有13厅、26州、41县。辖境相当于今云南省全部、四川省渡口市局部,以及缅甸的相邻地区。

一、省行政机构

辛亥革命爆发后,滇军于宣统三年九月九日(10月30日)起义,十一日全城光复,清朝官吏总督以下全部散去。十三日,云南大汉军政府成立,各军官兵公推革命军总司令蔡锷为军政府都督,下设军政、军务、参谋、参议等院。在此前的九月六日,张文光等发动腾越起义,建立滇西都督府,后废。民国二年(1913),根据中华民国政府颁发的3个《划一令》,以民政长为省行政长官,下设民政、财政等司。民国三年5月,改民政长为巡按使,下设政务、财政等厅。民国四年12月25日,唐继尧宣布云南独立,撤销巡按使署,改称民政厅,隶属于都督府,后复旧。民国五年7月6日,改设省长,省长公署设政务、财政等厅。民国十六年3月9日,成立云南省政务委员会,接受广州国民政府领导。此后受南京国民政府领导。从民国二十九年起,全省先后置13个区行政督察专署,为省政府辅助机关。1949年12月9日,省主席卢汉在昆明通电起义,云南和平解放。

二、省会

民国二十四年3月前驻昆明县,此后驻昆明市,均即今云南昆明市。

三、统辖区域

民国三十六年全省土地面积为420 465平方公里。辖境包括今云南省全境、四川省渡口市局部及缅甸野人山区域。东接贵州、广西,北邻四川、西康,西、南接印度、缅甸、老挝、越南。

四、道、县、市、设治局

清代云南省设有迤东、迤西、迤南、临开广4道。辛亥革命后裁迤东道,因迤西、迤南、临开广3道兼任税关监督,暂时仍旧①。民国二年2月25日,将全省划为4区,增设滇中观察使一员,管辖省会附近各县及迤东各地,迤西、迤南、临开广3道改称滇西、滇南、临开广观察使。4月,裁府,改州厅为县②。民国三年6月24日,又将各道改名为滇中道、蒙自道、普洱道、腾越道,并于同日任命道尹。民国十六年废。北京政府时期,曾实行县佐制。民国十年,全省共有50多个县佐。民国二十一年3月,省政府奉南京政府令,裁县佐;并根据云南省实际情况,凡属地当冲要,距县城较远,县长权力不易达到者,县佐仍予保留。保留的10个县佐为武定县江驿、宣威县可渡、巧家县六城坝、彝良县牛街、双柏县碍嘉、富州县剥隘、永善县井桧、镇康县勐棒、澜沧县西盟及上下允县佐③,到民国三十三年全部裁撤。民国时期,先后设置过昆明市及一批设治局。民国十六年龙云统一云南全省政局,在边疆各土司地方逐渐实行改土归流,"土司袭职不再加委",以后逐步在这些地区设立设治局④。民国末,全省辖113县、1市、15设治局⑤。

1. 道

滇中道,民国二年2月置⑥。辖昆明、富民、宜良、呈贡、罗次、禄丰、易门、嵩明、晋宁、安宁、昆阳、武定、元谋、禄劝、曲靖、平彝、宣威、沾益、马龙、陆良、罗平、寻甸、巧家、东川、昭通、永善、绥江、鲁甸、大关、澄江、新兴、路南、江川、镇雄、彝良、楚雄、广通、摩刍、牟定、盐兴、大姚、镇南、姚安、盐丰等44县。民国三年道尹为繁要缺,一等⑦,驻昆明县(今昆明市)⑧,辖40县,大姚、镇南、姚

---

① 周钟岳编纂、蔡锷订正:《云南光复纪要·建设篇》,《云南文史资料选辑》第3辑,1963年,第151页。按:《职官录》中云南省民国元年无道级行政官员,当为地方所置,没有呈报北京政府核准。
② 《临时政府内务行政纪要》,第51页。
③ 《云南省志·民政志》,云南人民出版社,1996年,第82页。
④ 同上书,第275页。
⑤ 按:《中华民国史地理志(初稿)》第7页作云南省领119县,第19页有119县名单,但未定等级中的"马龙"、"武定"分别与三等县"马龙"、一等县"武定"重名,疑是误入;又有"昆昌县",是否是"昆明县"之字误,不能确定。宁蒗、德钦、龙武3设治局,实际上并没有改县。吴以政《中华民国行政区域表》第8页载云南省有119县,增加了"同春县、靖南县、南屏县",存疑。
⑥ 《临时政府内务行政纪要》,第45页。按:一作4月置,见内务部职方司第一科《云南省区域沿革一览表》(《政府公报》第505号,1913年9月30日,第17册,第584页),该表内县名为旧名。
⑦ 《政府公报》第834号,1914年8月31日,第28册,第801页。
⑧ 《政府公报》第774号,1914年7月2日,第27册,第559页。

安、盐丰等县改属腾越道①。民国十六年废。

蒙自道，民国二年2月置临开广道。民国三年5月改名。道尹为边缺，二等，驻蒙自县(治所即今云南蒙自县驻地文澜镇)。辖建水、蒙自、通海、河西、嶍峨、石屏、阿迷、黎县、个旧、文山、马关、广南、富州、广西、弥勒、师宗、丘北等17县。民国十六年废。

普洱道，民国二年2月置滇南道，观察使驻普洱县(今云南普洱哈尼族彝族自治县驻地宁洱镇)。辖普洱、思茅、他郎、威远、元江、新平、镇边、镇沅、景东等9县②。民国三年5月改名。道尹为简缺，三等，驻思茅县(治所即今云南思茅市驻地思茅镇)，增辖缅宁县。民国十五年，为避疟疾，迁回宁洱县③。民国十六年废。

腾越道，民国二年2月置滇西道，观察使驻大理县(今云南大理市驻地下关镇北大理)。辖大理、云南、洱源、赵县、邓川、宾川、云龙、弥渡、丽江、兰坪、鹤庆、剑川、维西、中甸、永昌、永平、永康、腾冲、龙陵、蒙化、漾濞、永北、华坪、顺宁、云县、缅宁等26县④。民国三年5月改名。道尹为边缺，二等，驻腾冲县(治所即今云南腾冲县驻地城关镇)，辖29县，缅宁县往属普洱道，滇中道姚安、镇南、大姚、盐丰等4县来属。民国十六年废。

2. 县、市、设治局

昆明市，民国八年，省长唐继尧以废督裁兵实行民治为由，设立云南市政公所，嗣因政变被裁撤。民国十一年，唐继尧重掌云南政权，恢复旧制，并改名昆明市政公所，辖区以省会为限。市政公所直接受省政府的监督，设督办1人、会办1~2人，由省长任命。民国十七年8月，省政府认为昆明为云南省"省会所在地，交通便利，工商业逐渐发达，有设市之必要"，决定设市⑤，划昆明县大小27村面积约250余万方丈为市区，于民国二十四年3月经行政院核准⑥。治所即今云南昆明市。为云南省会。

昆明县，清代为云南府附郭县，治所即今云南昆明市五华区城区。北京政府时期为滇中道驻地。民国二十四年3月前为云南省会。民国二十四年3月，经行政院核准，正式划出昆明县城及大小27村为昆明市区，辖境缩

---

① 《政府公报》第745号，1914年6月3日，第26册，第39页。
②④ 《政府公报》第505期，1913年9月30日，第13册，第590页。
③ 《思茅县志》，三联书店，1993年，第31页。
⑤ 钱端升等：《民国政制史》下册，第420页。
⑥ 《国民政府公报》第1748号，1935年5月23日，第11页。

小。因与昆明市重名,民国三十四年1月改名谷昌县①,并于8月迁治今昆明市东南官渡②。民国三十七年2月恢复原名③。

富民县,治所即今云南富民县驻地永定街道。北京政府时期属滇中道。

宜良县,治所即今云南宜良县驻地匡远街道。北京政府时期属滇中道。

呈贡县,治所即今云南昆明市呈贡区驻地龙城街道。北京政府时期属滇中道。

罗次县,治所在今云南禄丰县东北碧城镇。北京政府时期属滇中道。

禄丰县,治所即今云南禄丰县驻地金山镇。北京政府时期属滇中道。

易门县,治所即今云南易门县驻地龙泉街道。北京政府时期属滇中道。

嵩明县,清代为嵩明州,治所即今云南嵩明县驻地嵩阳街道。民国二年4月改县。北京政府时期属滇中道。

晋宁县,清代为晋宁州,治所在今云南晋宁县驻地昆阳街道东北晋城镇。民国二年4月改置为县。北京政府时期属滇中道。

安宁县,清代为安宁州,治所即今云南安宁市驻地连然街道。民国二年4月改县。北京政府时期属滇中道。

昆阳县,清代为昆阳州,治所在今云南晋宁县驻地昆阳街道。民国二年4月改县。北京政府时期属滇中道。

武定县,清代为武定直隶州直辖地,治所即今云南武定县驻地狮山镇。民国二年4月改县。北京政府时期属滇中道。县佐驻姜驿(今武定县西北姜驿)④,民国三十三年底裁撤。

元谋县,治所即今云南元谋县驻地元马镇。北京政府时期属滇中道。

禄劝县,治所即今云南禄劝彝族苗族自治县驻地屏山镇。北京政府时期属滇中道。

曲靖县,清代为曲靖府附郭南宁县,治所在今云南曲靖市麒麟区城区。民国二年4月改名,因府名得名⑤。北京政府时期属滇中道,县佐驻白水(今沾益县东白水镇)⑥。

平彝县,治所在今云南富源县驻地中安街道。北京政府时期属滇中道。

---

① 《国民政府公报》渝字第749号,1945年1月31日,第21页。
② 内政部方域司:《中华民国行政区域简表》(第11版),第92页。
③ 《国民政府公报》第3068号,1948年2月27日,第5页。按:《中华民国史地理志(初稿)》(第19页)仍作谷昌。
④⑥ 臧励和:《中国古今地名大辞典》附录《行政区划表》,上海商务印书馆,1931年,第40~43页。
⑤ 吴承湜:《近六十年全国郡县增建志要》附录,第84页。

宣威县，清代为宣威州，治所即今云南宣威市驻地宛水街道。民国二年4月改县。北京政府时期属滇中道。县佐驻可渡（今宣威市东北）①，民国三十三年底裁撤。

沾益县，清代为沾益州，治所在今云南曲靖市北西平镇。民国二年4月改县。北京政府时期属滇中道。县佐驻羊肠营（今宣威市东南羊场镇）②。

马龙县，清代为马龙州，治所即今云南马龙县驻地通泉街道。民国二年4月改县。北京政府时期属滇中道。

陆良县，清代为陆凉州，治所即今云南陆良县驻地中枢街道。民国二年4月改县并改名。北京政府时期属滇中道。

罗平县，清代为罗平州，治所即今云南罗平县驻地罗雄街道。民国二年4月改县。北京政府时期属滇中道。

寻甸县，清代为寻甸州，治所即今云南寻甸彝族自治县驻地仁德街道。民国二年4月改县。北京政府时期属滇中道。县佐驻易古（今寻甸回族彝族自治县南塘子镇南易隆村）③。

巧家县，清代为巧家厅，治所即今云南巧家县驻地白鹤滩镇。民国二年4月改县。北京政府时期属滇中道。县佐驻六城坝（今四川宁南县东北白鹤滩镇）④，民国三十三年底裁撤。

会泽县，清代为东川府附郭县，治所即今云南会泽县驻地古城街道。民国二年4月改名东川县，因府名得名⑤。北京政府时期属滇中道。民国十八年11月恢复原名⑥。

昭通县，清代为昭通府附郭恩安县，治所即今云南昭通市昭阳区城区。民国二年4月改名，以清代府名得名⑦。北京政府时期属滇中道。

永善县，治所在今云南永善县驻地溪洛渡镇南莲峰。北京政府时期属滇中道。县佐驻井桧（今永善县驻地景新镇）。

绥江县，清代为靖江县，治所在今云南绥江县驻地中城镇。因与江苏省县名重名，民国三年1月改名。县濒金沙江，故名⑧。北京政府时期属滇中道。

鲁甸县，清代为鲁甸厅，治所即今云南鲁甸县驻地文屏镇。民国二年4月改县。北京政府时期属滇中道。

---

①②③④　臧励和：《中国古今地名大辞典》附录《行政区划表》，第40～43页。
⑤⑦　吴承湜：《近六十年全国郡县增建志要》附录，第84页。
⑥　《国民政府公报》第343号，1929年12月12日，第11页。
⑧　《内务部改定各省重复县名及存废理由清单》。

大关县，清代为大关厅，治所即今云南大关县驻地翠华镇。民国二年3月改县。北京政府时期属滇中道。县佐驻滩头（今云南盐津县驻地盐井镇北滩头）①。

盐津县，因大关县区域辽阔，中有黎山横贯，上下游相距四百余里，管理不便，民国六年1月析大关县盐井渡地方置县②。县北有盐井渡，产盐，雅化而得名。治盐井渡（今云南盐津县驻地盐井镇稍南老街）。北京政府时期属滇中道。

澄江县，清代为澄江府附郭河阳县，治所即今云南澄江县驻地凤麓街道。民国二年4月改名，因府名得名。北京政府时期属滇中道。

玉溪县，清代为新兴州，治所即今云南玉溪市红塔区玉兴街道。民国二年4月改为新兴县。民国三年1月改名休纳县。因县驻地为古休纳县城，故名③。休纳为少数民族部落之名，词意不够雅驯，民国五年11月再次改名④。因县境有玉溪河，故名。北京政府时期属滇中道。

路南县，清代为路南州，治所即今云南石林彝族自治县驻地鹿阜街道。民国二年4月改县。北京政府时期属滇中道。

江川县，治所在今云南江川县驻地大街街道东北江城。北京政府时期属滇中道。

镇雄县，清代为镇雄直隶州直辖地，治所即今云南镇雄县驻地乌峰街道。民国二年4月改县。北京政府时期属滇中道。民国六年置县佐，驻母享（今镇雄县东北母享镇），民国十四年7月撤销⑤。

威信县，民国二十三年，省民政厅呈省府改威信行政区置⑥。民国二十五年7月国民政府令准⑦。治所在今云南威信县驻地扎西镇。

彝良县，治所即今云南彝良县驻地角奎镇。北京政府时期属滇中道。民国三年改分治员置县佐，驻牛街（今彝良县东北牛街镇），民国三十三年7月裁撤⑧。

楚雄县，清代为楚雄府附郭县，治所即今云南楚雄市驻地鹿城镇。北京政

---

① 臧励和：《中国古今地名大辞典》附录《行政区划表》，第40~43页。
② 《政府公报》第377号，1917年1月28日，第57册，第759页。
③ 《内务部改定各省重复县名及存废理由清单》。
④ 《政府公报》第320号，1916年11月24日，第55册，第305页。又，《政府公报》第322号，1916年11月26日，第55册，第619页。
⑤ 《镇雄县志》，云南人民出版社，1987年，第34、293页。
⑥ 《云南民政月刊》1934年第9期，第4页。
⑦ 《国民政府公报》第2099号，1936年7月14日，第13页。
⑧ 《彝良县志》，云南人民出版社，1995年，第11页。

府时期属滇中道。

广通县，治所在今云南禄丰县西广通镇。北京政府时期属滇中道。县佐驻舍资(今禄丰县西舍资镇)①。

双柏县，清代为南安州，治所在今云南楚雄市南子午镇东云龙。民国二年4月改为南安县。因与福建省县名重名，民国三年1月改名摩刍县，以元摩刍千户所名得名②。北京政府时期属滇中道。县佐驻碍嘉(今云南双柏县驻地妥甸镇西南碍嘉镇)③，民国三十三年底裁撤。因"摩刍"二字"本为夷寨之名，无意义，欠雅驯"④，民国十四年云南省政府批准改名⑤，十八年6月国民政府令准。以汉、晋古县名得名。

牟定县，清代为定远县，治所即今云南牟定县驻地共和镇。因与安徽、四川、陕西3省县名重名，民国三年1月改名。三国、元初分别置牟州于县境，故名⑥。北京政府时期属滇中道。

盐兴县，民国二年4月云南省析定远、广通两县之黑盐井(里井区河东山麓)等地置⑦。一说民国元年置⑧。治所在今云南禄丰县西北黑井镇。北京政府时期属滇中道。

蒙自县，治所即今云南蒙自市驻地文澜镇。民国三年至十八年为蒙自道驻地。

建水县，清代为临安府附郭县，治所即今云南建水县驻地临安镇。民国二年4月改名临安县，以清代府名得名。因与浙江省县名重名，民国三年1月恢复原名⑨。北京政府时期属蒙自道。县佐分别驻溪处(今红河县驻地迤萨镇南)、新街(今元阳县西南新街镇)、曲江(今建水县北曲江镇)⑩。

曲溪县，民国十八年11月析建水县北部置⑪，治曲江欧旗营(今云南建水县北曲江镇)。

通海县，治所即今云南通海县驻地秀山街道。北京政府时期属蒙自道。

河西县，治所在今云南通海县驻地秀山街道西北河西镇。北京政府时期属蒙自道。

---

① ③ ⑩　臧励和：《中国古今地名大辞典》附录《行政区划表》，第40～43页。
② ⑥ ⑨　《内务部改定各省重复县名及存废理由清单》。
④　《国民政府公报》第221号，1929年7月20日，第8页。
⑤　《双柏县志》，云南人民出版社，1996年，第2页。
⑦　内务部职方司第一科：《全国行政区划表》，1914年，第123页。又，吴承湜：《近六十年全国郡县增建志要》卷下，第20页。
⑧　《政府公报》第505号，1913年9月30日，第13册，第586页。
⑪　《国民政府公报》第343号，1929年12月12日，第10页。

峨山县，清代名嶍峨县，治所即今云南峨山彝族自治县驻地双江街道。因"嶍"字无电码，拍电报时有困难，民国十八年11月改名①。

石屏县，清代为石屏州，治所即今云南石屏县驻地异龙镇。民国二年4月改县。北京政府时期属蒙自道。县佐驻龙朋（今石屏县北龙朋镇）②。

开远县，清代为阿迷州，治所在今云南开远市灵泉街道。民国二年4月改为阿迷县。北京政府时期属蒙自道。民国二十年12月改名③，因明代县名得名。

华宁县，清代为宁州，治所即今云南华宁县驻地宁州街道。民国二年4月改为宁县。因与甘肃省县名重名，民国三年1月改名黎县。县境在唐代为黎州地，故名④。北京政府时期属蒙自道。因县名欠雅驯，民国二十年12月再次改名⑤。县城西北面紧靠华盖山，县境曾置宁州，故名。县佐驻婆兮（今华宁县驻地东盘溪镇）⑥，民国二十二年裁⑦。

个旧县，清宣统三年6月析蒙自县境置个旧厅⑧，治所即今云南个旧市驻地城区街道。民国二年4月改县。北京政府时期属蒙自道。

文山县，清代为开化府附郭文山县，治所即今云南文山县驻地开化街道。民国二年4月改名为开化县，以清代府名得名。因与浙江省县名重名，民国三年1月恢复原名⑨。北京政府时期属蒙自道。县佐驻江那（今云南砚山县驻地江那镇）⑩。

马关县，清代为安平厅，治马白关（今云南马关县驻地马白镇）。民国二年4月改为安平县。因与直隶、贵州两省县名重名，民国三年1月改名。以旧地名"马白关"去"白"字得名⑪。北京政府时期属蒙自道。

西畴县，民国十八年11月23日行政院核准析马关县属西洒、畴阳两区置⑫。因两区区名首字得名。治所即今云南西畴县驻地西洒镇。

广南县，清代为广南府附郭宝宁县，治所即今云南广南县驻地莲城镇。民国二年4月改名，因清广南府名得名⑬。北京政府时期属蒙自道。民国四年设县佐驻小维摩（今砚山县北维摩），民国二十一年析属砚山设治局。

富宁县，清代为富州厅，治所即今云南富宁县驻地新华镇。民国二年

---

① 《国民政府公报》第343号，1929年12月12日，第11页。
②⑥⑩ 臧励和：《中国古今地名大辞典》附录《行政区划表》，第40～43页。
③⑤ 《国民政府公报》洛字第1号，1932年2月29日，第56页。
④⑨⑪ 《内务部改定各省重复县名及存废理由清单》。
⑦ 《云南民政季刊》1933年第4期，第21页。
⑧ 吴承湜：《近六十年全国郡县增建志要》卷上，第81页。
⑫ 《国民政府公报》第343号，1929年12月12日，第10页。
⑬ 吴承湜：《近六十年全国郡县增建志要》附录，第85页。

4月改为富州县。北京政府时期属蒙自道。县佐驻剥隘（今富宁县东北剥隘镇）①，民国三十三年底裁撤。民国二十六年1月改名②。以古名富州、安宁州各取一字组成，寓富饶宁静之意。

泸西县，清代为广西直隶州直辖地，治所即今云南泸西县驻地中枢镇。民国二年4月改为广西县。北京政府时期属蒙自道。县佐驻五曹（今丘北县西北关寨）③。因与广西省名重名，民国十八年11月改名④。

弥勒县，治所即今云南弥勒市驻地弥阳镇。北京政府时期属蒙自道。县佐驻十八寨（今弥勒县西南虹溪镇）、竹园（今弥勒县南竹园镇）⑤。

师宗县，治所即今云南师宗县驻地丹凤街道。北京政府时期属蒙自道。

丘北县，治所即今云南丘北县驻地锦屏镇。北京政府时期属蒙自道。

思茅县，清代为思茅厅，治所即今云南普洱市思茅区驻地思茅镇。民国二年4月改为县。北京政府时期为普洱道驻地。又，民国十八年12月11日行政院核准以普思沿边行政总局第六区置普文县⑥，治所在今云南景洪市驻地允景洪镇东北普文镇。民国二十一年9月撤销，并入⑦。

宁洱县，清代为普洱府附郭宁洱县，治所即今云南宁洱哈尼族彝族自治县驻地宁洱镇。民国二年4月改名普洱县。因与本省道名重名，民国三年6月恢复原名⑧。北京政府时期属普洱道。县佐驻通关哨（今云南墨江哈尼族自治县西南通关镇）⑨，民国二十一年裁。

墨江县，清代为他郎厅，治所在今云南墨江哈尼族自治县驻地联珠镇。民国二年4月改为县⑩。"他郎"是村寨名称，词欠雅驯，民国五年11月改名⑪：因县境有阿墨江，故名。北京政府时期属普洱道。

双江县，民国十六年，普洱道尹以四排山、上改心两县佐公署和勐勐土司地合并设立，以澜沧江、小黑江汇合为界。民国十七年2月县政府成立⑫。民国十八年11月国民政府令准⑬。因澜沧江、小黑江流经县境，故名。为避瘴

---

① ③ ⑤ ⑨　臧励和：《中国古今地名大辞典》附录《行政区划表》，第40～43页。
②　《国民政府公报》第2265号，1937年1月29日，第8页。
④　《国民政府公报》第343号，1929年12月12日，第11页。
⑥　《国民政府公报》第364号，1930年1月9日，第11页。
⑦　吴承湜：《近六十年全国郡县增建志要》附录，第95页。
⑧　内务部职方司：《全国行政区划表》，1914年，第124页。
⑩　吴承湜：《近六十年全国郡县增建志要》附录，第85页。
⑪　《政府公报》第320号，1916年11月24日，第55册，第305页。又，《政府公报》第322号，1916年11月26日，第55册，第619页。
⑫　《双江拉祜族佤族布朗族傣族自治县志》，云南民族出版社，1995年，第63页。
⑬　《国民政府公报》第343号，1929年12月12日，第10页。

疠,冬春治勐勐(今云南双江拉祜族佤族布朗族傣族自治县驻地勐勐镇),夏秋移营盘(今勐勐镇西营盘)①。

腾冲县,清代为腾越厅,治所即今云南腾冲县驻地腾越镇。民国二年4月改为县并改名②。地产藤,旧称藤充,后演变为腾冲。一说此名源于白蛮。北京政府时期为腾越道驻地。县佐分别驻龙川江(今腾冲县北界头镇)、八撮(今云南梁河县东南大厂)。

保山县,清代为永昌府附郭保山县,治所即今云南保山市隆阳区城区。民国二年4月改名永昌县,因清永昌府得名。因与甘肃省县名重名,民国三年1月恢复原名③。北京政府时期属腾越道。县佐分别驻施甸(今云南施甸县驻地甸阳镇)、十五喧(今保山市西北)。

永平县,治所在今云南永平县驻地博南镇南曲硐。北京政府时期属腾越道。民国二十五年,因滇缅公路测定线路途经老街(今永平县驻地博南镇老街)④,复迁至老街。县佐分别驻龙街(今永平县东南龙街)、杉木和(今永平县西南杉阳街)⑤。

镇康县,清代为永康州,治德党(今云南永德县东北永康镇)。民国二年4月改为永康县。因与浙江、广西两省县名重名,民国三年1月改名。因县境在元代属镇康路,故名⑥。北京政府时期属腾越道。县佐分别驻小猛统(今永德县北小勐统镇)、猛棒(今云南镇康县北勐棒镇)⑦,民国三十三年底裁撤。

龙陵县,清代为龙陵厅,治所即今云南龙陵县驻地龙山镇。民国二年4月改为县。北京政府时期属腾越道。县佐驻潞江(今保山市西南潞江农场)⑧。

大理县,清代为大理府附郭太和县,治所即今云南大理市驻地下关镇北大理镇。民国二年4月改名,因清代大理府名得名⑨。北京政府时期属腾越道。

祥云县,清代为云南县,治所即今云南祥云县驻地祥城镇。北京政府时期属腾越道。因与省名重名,民国十八年11月23日改名⑩。"彩云南现,人以为祥",故名。

洱源县,清代为浪穹县,治所即今云南洱源县驻地茈碧湖镇。民国二年4月改名⑪。因洱源发源于县境,故名。北京政府时期属腾越道。

---

① 《双江拉祜族佤族布朗族傣族自治县志》,第432页。
②⑨⑪ 吴承湜:《近六十年全国郡县增建志要》附录,第86页。
③⑥ 《内务部改定各省重复县名及存废理由清单》。
④ 《永平县志》,云南人民出版社,1994年,第33页。
⑤⑦⑧ 臧励和:《中国古今地名大辞典》附录《行政区划表》,第40～43页。
⑩ 《国民政府公报》第343号,1929年12月12日,第11页。

凤仪县，清代为赵州，治所在今云南大理市东凤仪镇。民国二年4月改为赵县。因与直隶省县名重名，民国三年1月改名。因地处凤仪山（三耳山）东麓，故名①。北京政府时期属腾越道。

邓川县，清代为邓川州，治所在今云南洱源县东南邓川镇。民国二年4月改为县。北京政府时期属腾越道。县佐驻寅塘（一名羊塘里，今鹤庆县南黄坪镇）②。

宾川县，清代为宾川州，治所在今云南宾川县南州城镇。民国二年4月改为县。北京政府时期属腾越道。

云龙县，清代为云龙州，治所在今云南云龙县驻地石门镇南宝丰乡。民国二年4月改为县。民国十八年迁石门③，即今县驻地。北京政府时期属腾越道。县佐驻漕涧（今云龙县西南漕涧镇），民国二十一年裁撤④。

弥渡县，民国元年置⑤。治所即今云南弥渡县驻地弥城镇。北京政府时期属腾越道。

丽江县，清代为丽江府附郭县，治所即今云南丽江市古城区大研街道。北京政府时期属腾越道。

兰坪县，民国元年12月云南都督析丽江县属兰坪地方置⑥，民国二年内务部核准⑦。以县境上兰（今属剑川县）和白地坪两地尾字组成而得名。治白地坪（今云南兰坪白族普米族自治县驻地金顶镇）。北京政府时期属腾越道。县佐驻石登村（今兰坪白族普米族自治县西北石登）⑧。

鹤庆县，清代为鹤庆州，治所即今云南鹤庆县驻地云鹤镇。民国二年4月改为县。北京政府时期属腾越道。

剑川县，清代为剑川州，治所即今云南剑川县驻地金华镇。民国二年4月改为县。北京政府时期属腾越道。

维西县，清代为维西厅，治所即今云南维西傈僳族自治县驻地保和镇。民国二年4月改为县。北京政府时期属腾越道。县佐驻茨开（今贡山独龙族怒族自治县驻地茨开镇）⑨。

中甸县，清代为中甸厅，治所即今云南香格里拉市驻地建塘镇。民国二年4月改为县。北京政府时期属腾越道。

蒙化县，清代为蒙化直隶厅，治所即今云南巍山彝族自治县驻地南诏

---

① 《内务部改定各省重复县名及存废理由清单》。
②⑧⑨ 臧励和：《中国古今地名大辞典》附录《行政区划表》，第40～43页。
③ 《云龙县志》，农业出版社，1992年，第45页。
④ 《云龙县志》，第361页。
⑤ 《弥渡县志》，四川辞书出版社，1993年，第17页。《电蔡都督增设弥渡漾濞两县文》，《永昌府文征》文录卷29。
⑥ 吴承湜：《近六十年全国郡县增建志要》卷下，第20页。按：《兰坪白族普米族自治县志》言民国元年置兰坪州，民国三年改县（云南民族出版社，2003年，第97页）。
⑦ 《政府公报》第505期，1913年9月30日，第13册，第587页。

镇。民国二年 4 月改为县。北京政府时期属腾越道。县佐驻浪沧（今云南南涧彝族自治县西南公朗）、南涧（今南涧彝族自治县驻地南涧镇），民国二十三年裁①。

漾濞县，民国元年 6 月云南都督析蒙化厅属漾濞司和云龙州、永平县、浪穹县插花地置②。因漾濞江得名。治下街（今云南漾濞彝族自治县驻地苍山西镇东下街）。民国十四年迁治上街③，即今治苍山西镇。北京政府时期属腾越道。

永胜县，清代为永北直隶厅，治所即今云南永胜县驻地永北镇。民国二年 4 月改置为永北县。因"词欠雅驯"，民国二十三年 2 月改名④。北京政府时期属腾越道。县佐分别驻仁里（今永胜县东南仁和镇）、金江（今永胜县南金江街）、宁蒗（今云南宁蒗彝族自治县驻地大兴镇），民国二十三年废⑤。

华坪县，治华中镇（衙坪，今云南华坪县驻地中心镇）。北京政府时期属腾越道。

姚安县，清代为姚州，治所即今云南姚安县驻地栋川镇。民国二年 4 月改置为县并改名⑥。北京政府时期初属滇中道，民国三年 5 月改属腾越道。县佐驻普淜（今云南祥云县东南普淜街）⑦。

盐丰县，民国元年置⑧。一作民国二年 3 月云南民政长析姚州白盐井地方置，并报内务部备案⑨。治白盐井（今云南大姚县西北石羊镇）。北京政府时期初属滇中道，民国三年 5 月改属腾越道。

镇南县，清代为镇南州，治所即今云南南华县驻地龙川镇。民国二年 4 月改为县。北京政府时期初属滇中道，民国三年 5 月改属腾越道。县佐驻沙桥（今南华县西北沙桥镇），民国十三年移驻大马街（今南华县西南马街），民国二十一年裁⑩。

大姚县，治所即今云南大姚县驻地金碧镇。北京政府时期初属滇中道，民国三年 5 月改属腾越道。

佛海县，民国十八年 12 月 11 日行政院核准以普思沿边第三区辖境置⑪。

---

① 《巍山彝族回族自治县志》，云南人民出版社，1993 年，第 42 页。
②⑨ 吴承湜：《近六十年全国郡县增建志要》卷下，第 20 页。
③ 《漾濞彝族自治县志》，云南人民出版社，2000 年，第 473 页。一说民国五年迁治，见马守先：《解放前漾濞县县政见闻》，《漾濞文史资料》第 1 辑，1990 年，第 11 页。
④ 《国民政府公报》第 1369 号，1934 年 2 月 22 日，第 12 页。
⑤ 《永胜县志》，云南人民出版社，1989 年，第 37 页。
⑥ 吴承湜：《近六十年全国郡县增建志要》附录，第 86 页。
⑦ 臧励和：《中国古今地名大辞典》附录《行政区划表》，第 40～43 页。
⑧ 《政府公报》第 505 期，1913 年 9 月 30 日，第 13 册，第 586 页。
⑩ 《南华县志》，云南人民出版社，1995 年，第 453 页。
⑪ 《国民政府公报》第 364 号，1930 年 1 月 9 日，第 11 页。

治猛海(今云南勐海县驻地勐海镇)。

顺宁县,清代为顺宁府附郭县,治所即今云南凤庆县驻地凤山镇。辛亥革命后改为县。北京政府时期属腾越道。北京政府时期,县佐驻右甸(今昌宁县驻地右甸镇),民国二十年裁①。

昌宁县,原属顺宁县。民国元年,顺宁县属右甸等地乡绅即呈请设县。右甸县佐撤销后,顺宁县对右甸地方控制不便。为联络保山、顺宁两县边远地区,民国二十一年2月,省政府委派右甸设治专员筹备。民国二十二年8月省政府决定析保山、顺宁两县地置②。民国二十四年5月国民政府令准③。以清代永昌府、顺宁府各第二字为名,寓安祥、吉庆之意。治右甸(今云南昌宁县驻地田园镇)。

云县,清代为云州,治所即今云南云县驻地爱华镇。民国二年4月改为县。北京政府时期属腾越道。县佐驻大寨(今云县东南大寨街)。

车里县,民国十八年12月11日行政院核准以普思沿边行政局第一区置④。治景德(车里,即今云南景洪市驻地允景洪镇)。同时设立大勐笼县佐(今景洪市南勐龙)⑤。

南峤县,民国十八年12月11日行政院核准以普思沿边行政总局第二区置五福县⑥。治猛遮(今云南勐海县西勐遮街)。民国二十三年2月改名⑦。

砚山县,民国二十二年6月国民政府令准以文山县江那县佐及广南县小维摩县佐辖境置砚山设治局⑧。因境西北郊有山形如砚而得名。驻江那(今云南砚山县驻地江那镇)。民国二十四年11月改县⑨。

镇越县,民国十六年,改普思殖边督办公署第五殖边分署置。民国十八年省政府同意⑩,12月国民政府令准⑪。治勐捧(今云南勐腊县西南勐捧镇)。民国十九年迁治易武(今勐腊县北易武)⑫。又,民国十六年改普思殖边督办

---

① 《凤庆县志》,云南人民出版社,1993年,第608页。
② 《云南民政月刊》1934年第1期,第14页。《昌宁县志》,德宏民族出版社,1990年,第753~760页。
③ 《国民政府公报》第1748号,1935年5月23日,第6页。
④⑥⑪ 《国民政府公报》第364号,1930年1月9日,第11页。
⑤ 《西双版纳傣族社会综合调查(一)》,民族出版社,2009年,第180、185页。
⑦ 《国民政府公报》第1369号,1934年2月22日,第12页。
⑧ 《国民政府公报》第1198号,1933年8月2日,第5页。
⑨ 《国民政府公报》第1888号,1935年11月5日,第12页。
⑩ 《勐腊县志》,云南人民出版社,1994年,第473页。
⑫ 同上书,第47页。按:一说民国二十年始奉到国民政府颁发的铜印,委任县长,县治始成立。见《镇南县概况》,《云南民政月刊》1937年第38期,第1页。

公署第六殖边分署置象明县,治倚邦(今勐腊县西北倚邦街)。民国十八年裁撤,并入镇越县。

六顺县,民国十六年以普思殖边督办公署第八殖边分署置芦山县。民国十八年12月行政院令准,并改名①。治官房(今云南普洱市思茅区西南官房)。

江城县,民国十八年12月以猛烈行政区区域置②。因县城四周皆江,为天然城池,故名。治猛烈(今云南江城哈尼族彝族自治县驻地勐烈镇)。

金平县,民国二十三年8月,以金河、平河两行政区区域置,并委任县长③。民国二十五年7月,国民政府令准④。取两行政区首字为名。治金河(今云南金平苗族瑶族傣族自治县驻地金河镇)。

屏边县,清代拟设边直隶厅,未实施⑤。民国时曾为靖边行政区。民国二十二年2月,"因云南省行政区之设立与现行制度不符,将靖边行政区改置屏边县以符法令而固边防"⑥。县名寓意屏障边疆。治玉屏街(今云南屏边苗族自治区驻地玉屏镇)。

景东县,清代为景东直隶厅,治所即今云南景东彝族自治县驻地锦屏镇。民国二年4月改为县。北京政府时期属普洱道。县佐驻泰和街(今云南镇沅彝族哈尼族拉祜族自治县西太和街)⑦,民国二十一年裁。

景谷县,清代为威远厅,治所在今云南景谷傣族彝族自治县驻地威远镇老街。民国二年4月改为威远县。因与四川省县名重名,民国三年1月改名。因县驻地西临景谷江(威远江),故名⑧。北京政府时期属普洱道。县佐驻猛戛(今景谷傣族彝族自治县西永平镇勐戛大寨)⑨,民国二十一年裁。

元江县,清代为元江直隶州直辖地,治所即今云南元江哈尼族彝族傣族自治县澧江街道。民国二年4月改为县。北京政府时期属普洱道。县佐驻因远(今元江哈尼族彝族傣族自治县西南因远镇)⑩。

新平县,治所即今云南新平彝族傣族自治县驻地桂山街道。北京政府时期属普洱道。县佐驻扬武坝(今新平彝族傣族自治县东南扬武镇)⑪。

澜沧县,清代为镇边抚彝直隶厅,治谦糯(一作圈糯,今云南澜沧拉祜族自治县东北谦六乡驻地谦糯)。民国二年4月改为镇边县。因与广西省县名重

---

①② 《国民政府公报》第364号,1930年1月9日,第11页。
③ 《云南民政月刊》1934年第9期,第6页;又"表册"第1页。
④ 《国民政府公报》第2099号,1936年7月14日,第13页。
⑤ 按:吴承湜:《近六十年全国郡县增建志要》(卷上,第81页)载:"清宣统二年十一月,云贵总督李经羲奏以临安府南关同知移驻王布田,设直隶厅。三年三月,经吏部、民部、度支部会同覆奏议准","按:该厅似未实行"。
⑥ 《国民政府公报》第1103号,1930年4月12日,第8页。
⑦⑨⑩⑪ 臧励和:《中国古今地名大辞典》附录《行政区划表》,第40~43页。
⑧ 《内务部改定各省重复县名及存废理由清单》。

名,民国三年1月改名,因澜沧江得名①。民国十五年决定在勐朗坝建立县治,先行迁驻迤宋(今勐朗镇东佛房②,在大林窝西)。民国二十五年迁至勐朗坝(今勐朗镇)。民国二十九年又迁回佛房③。北京政府时期属普洱道。县佐分别驻上改心(今双江拉祜族佤族布朗族傣族自治县东南忙糯)、雅口(民国八年设,今澜沧拉祜族自治县东雅口街)、下改心(今澜沧拉祜族自治县勐朗镇东佛房。民国十五年移芒蚌老街,今县北谦六乡境)④、上下允(民国十八年设,今澜沧拉祜族自治县北上允镇)、西盟(民国十八年设,今澜沧拉祜族自治县西拉巴,民国二十三年移驻今云南西盟佤族自治县西北西盟镇)。雅口、下改心县佐在民国二十一年裁⑤。

镇沅县,清代为镇沅直隶厅,治恩乐(今云南镇沅彝族哈尼族拉祜族自治县驻地恩乐镇)。民国元年迁治按板井(南丘井。今镇沅彝族哈尼族拉祜族自治县西南按板镇)⑥。民国二年4月改为县。北京政府时期属普洱道。县佐分别驻新抚司(今镇沅彝族哈尼族拉祜族自治县南古城)、恩乐(今镇沅彝族哈尼族拉祜族自治县驻地恩乐镇)⑦,民国二十一年裁。

永仁县,民国十三年以苴却行政委员所辖之大姚县苴却地方置。初名方山县,旋改名,以境内永定、仁和两镇的首字命名⑧。驻永定镇(今云南永仁县驻地永定镇)。民国十八年11月核准⑨。

缅宁县,清代为缅宁厅,治所即今云南临沧市临翔区驻地凤翔街道。民国二年4月改为县。北京政府时期初属滇西道,民国三年5月属普洱道。县佐驻四排山(今云南双江拉祜族佤族布朗族傣族自治县西北营盘)⑩。

泸水设治局,民国二十一年云南省政府以泸水行政区区域置⑪。因行政区制度早已废除,为开发边疆起见,国民政府于民国二十四年6月令准⑫。因地处怒江(泸水)下游两岸,故名。驻鲁掌上寨(鲁掌街,今云南泸水县驻地六库镇北鲁掌镇)。

陇川设治局,民国二十一年云南省政府以陇川行政区区域置⑬。因行政区制度早已废除,为开发边疆起见,国民政府于民国二十四年6月令准⑭。境内有龙川江(陇川),故名。因境内瘴毒严重,夏秋二季局所驻杉木笼(今云南

---

① 《内务部改定各省重复县名及存废理由清单》。
② 云南省测绘局:《云南省地图集》,1982年,第94页。
③⑤ 《澜沧拉祜族自治县志》,云南人民出版社,1996年,第45~47、468页。
④⑦⑩ 臧励和:《中国古今地名大辞典》附录《行政区划表》,第40~43页。
⑥ 《镇沅彝族哈尼族拉祜族自治县志》,云南人民出版社,1995年,第9页。
⑧ 《楚雄彝族自治州志》第一卷,人民出版社,1993年,第152页。朱惠荣主编:《中华人民共和国地名词典·云南省》,商务印书馆,1994年,第166页。按:《永仁县志》(云南人民出版社,1995年)之《建置沿革》,只言1924年置县,未说初名方山县。
⑨ 《国民政府公报》第343号,1929年12月12日,第10页。
⑪⑬ 吴承湜:《近六十年全国郡县增建志要》卷下,第71页。
⑫⑭ 《国民政府公报》第1771号,1935年6月19日,第4页。

陇川县东北杉木笼),春冬二季局所驻张凤街(今陇川县驻地章凤镇)。

瑞丽设治局,民国二十一年云南省政府以猛卯行政区区域置①。因行政区制度早已废除,为开发边疆起见,国民政府于民国二十四年6月令准②。因位于瑞丽江畔,故名。因境内瘴毒严重,夏秋二季局所驻腊撒(今云南陇川县西北腊撒),春冬二季局所驻勐卯(今瑞丽市驻地勐卯镇)。

贡山设治局,民国二十一年云南省政府以菖蒲桶行政区区域置③。因行政区制度早已废除,为开发边疆起见,国民政府于民国二十四年6月令准④。因境内高黎贡山得名。局所驻打拉(今云南贡山独龙族怒族自治县北丙中洛乡打拉)。

龙武设治局,民国二十一年云南省政府以石屏县龙朋县佐辖地置⑤,设筹备专员。因行政区制度早已废除,为开发边疆起见,国民政府于民国二十四年6月令准⑥。局所驻猛鲊伍(今云南石屏县西北龙武镇)。民国三十八年5月总统令升为县,实际上未改⑦。

梁河设治局,民国二十一年云南省政府以腾冲县八撮县佐辖地置⑧。因行政区制度早已废除,为开发边疆起见,国民政府于民国二十四年6月令准⑨。因县境有南底河(旧名小梁河),故名。局所驻大厂街(今云南梁河县东南大厂乡)。

宁蒗设治局,民国二十五年11月以永胜县宁蒗县佐辖地置。设县佐时,以永宁土府、蒗蕖土州两地各一字得名⑩。局所驻大村街(平静街,今云南宁蒗彝族自治县驻地大兴镇)。民国三十八年5月总统令升为宁蒗县,实际当未实行⑪。

沧源设治局,民国二十三年1月,英国派兵侵占炉房,是为"班洪事件"。为保卫边境,地方人士要求建设县驻地。民国二十三年底,析澜沧县原勐角董、大蛮海、岩帅等土司地置,8月委任设治局长⑫。因其来源于澜沧县,故

---

① ③ ⑤ ⑧ 吴承湜:《近六十年全国郡县增建志要》卷下,第71页。
② ④ ⑥ ⑨ 《国民政府公报》第1771号,1935年6月19日,第4页。
⑦ 《总统府公报》第226号,1949年5月30日,第9册。按:《石屏县志》(云南人民出版社,1990年)载:民国"21年(1932年),云南省政府以其地多匪议设县。划河西、玉溪、峨山、华宁五县插花飞地与龙朋归治,设筹备专员,23年(1934年)7月正式成立龙武设治局(见《云南档案史料》第5期,第46页)。治所在龙武城。38年(1949年)7月15日,云南省政府奉政务院(当为行政院——引者)核准电令,核准将龙武设治局改置为县"(第46页)。又,1949年"7月15日,龙武设治局奉行政院核准改县(见《平民日报》民国三十八年7月16日披露)"(第17页)。又,1949年"12月13日,夏林代表中共滇南地委在龙武宣布组成中共龙武县委、龙武县人民政府,黎旭任县委书记兼县长"(第18页)。据此,龙武设治局改县之事,当是民国三十八年5月总统府令准,7月15日行政院令准,但实际上没有改。同年11月12日,龙武设治局长郭相卿起义,该地解放,并于12月13日成立龙武县人民政府。
⑩ 《宁蒗彝族自治县志》,云南民族出版社,1993年,第46页。
⑪ 《总统府公报》第226号,1949年5月30日,第9册。按:据《宁蒗彝族自治县志》记载,民国时期未设宁蒗县。
⑫ 《沧源设治局概述》,《沧源文史资料选辑》第1辑,1986年,第53页。《云南民政月刊》1934年第9期,"表册"第1页。

名。局所驻猛董(今云南沧源佤族自治县驻地勐董镇)。

莲山设治局,民国二十一年云南省政府以盏达行政区区域置①。因行政区制度早已废除,为开发边疆起见,国民政府于民国二十四年6月令准②。局所驻莲山镇(今云南盈江县驻地平原镇西莲花山),故名。

盈江设治局,民国二十一年云南省政府以干崖行政区区域置③。因行政区制度早已废除,为开发边疆起见,国民政府于民国二十四年6月令准④。因盈江流经境内,故名。局所驻旧城(一名乘龙街,今云南盈江县驻地平原镇东旧城镇)。

潞西县,民国二十一年云南省政府以芒遮板行政区区域置芒遮板设治局,民国二十三年改名潞西设治局⑤。因行政区制度早已废除,为开发边疆起见,国民政府于民国二十四年6月令准⑥。因地处怒江(潞江)西侧,故名。局所驻南练猛戛(今云南潞西市西南勐戛镇)。民国三十八年8月升为县⑦,治所在芒市,即今芒市驻地勐焕街道。

碧江设治局,民国二十一年云南省政府以知子罗行政区区域置⑧。因行政区制度早已废除,为开发边疆起见,国民政府于民国二十四年6月令准⑨。因地处碧罗雪山与怒江之间,故名。局所驻营盘街(今云南兰坪白族普米族自治县西营盘镇)。

福贡设治局,一作康乐设治局。民国二十一年云南省政府以上帕行政区区域置⑩。民国二十四年6月,内政部因行政区制度早已废除,为开发边疆起见,呈准设立⑪。局所驻上帕街(今云南福贡县驻地上帕镇)。

德钦设治局,民国元年曾拟置县⑫。民国二十一年云南省政府以阿墩子行政区区域置阿墩子设治局,后改名⑬。因行政区制度早已废除,为开发边疆起见,国民政府于民国二十四年6月令准⑭。以佛教寺庙德钦寺得名,藏语意为"极乐太平"。局所驻阿墩子(今云南德钦县驻地升平镇)。民国三十八年5

---

① ③ ⑧ ⑩ 吴承湜:《近六十年全国郡县增建志要》卷下,第71页。
② ④ ⑥ ⑨ 《国民政府公报》第1771号,1935年6月19日,第4页。
⑤ 《潞西县志》,云南教育出版社,1993年,第22页。按:吴承湜《近六十年全国郡县增建志要》卷下(第71页)言民国二十一年置潞西设治局。
⑦ 《总统府公报》第235号,1949年8月1日,第9册。
⑪ 《国民政府公报》第1807号,1935年7月31日,第7页。
⑫ 《临时政府内务行政纪要》,第51页。
⑬ 《德钦县志》,云南民族出版社,1997年,第21页。按:吴承湜《近六十年全国郡县增建志要》卷下(第70页)言民国二十一年置德钦设治局。
⑭ 《国民政府公报》第1771号,1935年6月19日,第4页。

月总统令升为县①,似未实行。

宁江设治局,民国二十一年云南省政府以临江行政区区域置②。因行政区制度早已废除,为开发边疆起见,国民政府于民国二十四年6月令准③。局所驻勐往城子(今云南勐海县北勐往城子)。

耿马设治局,民国二十八年10月析顺宁县原耿马土司地筹备设立,民国二十九年成立④。民国三十一年11月令准⑤。傣语"耿"义即地方,"马"即马,"耿马"意即"跟随马找到的地方"。局所驻耿马(今云南耿马傣族佤族自治县驻地耿马镇)。

五、殖边督办公署与行政督察区

云南西部、南部分别与英属缅甸、法属安南(今越南)等国接壤。北京政府时期,由道尹兼管沿边地区边防、关务、外交等各种要务⑥。腾越道兼管滇西北、滇西边疆的边务,普洱道兼管滇西南、滇南边疆的边务,蒙自道兼管滇南、滇东南边疆的边务。南京国民政府的地方行政制度为省县两级制,道制废除。但云南地处边疆,英法帝国主义对云南的侵略、渗透,从未间断;省内又是土流并立。为此,云南省政府于民国十八年(1929)11月成立第一(滇西)和第二(滇南)两殖边督办公署。次年9月,省政府将公署暂行章程及设立理由转请内政部查办,由内政部转行政院及国民政府。国民党中央政治会议议决"暂准执行"。督边公署为省、县间的一种组织,其权限仅限于殖边事务,如界务、垦殖、防守以及边地的交通、实业、文化、教育卫生等,在必要时对边境各县、设治局之常备团队有指挥权;边境发生非常紧急事件,可径行处理,再行呈请省政府查核等。各县、设治局之普通行政,仍由省民政厅直接管理⑦。两公署于民国二十七年撤销⑧。其具体情形如下。

第一殖边督办公署,驻腾冲县,辖12县、10行政区(设治局):腾冲、中甸、龙陵、维西、兰坪、镇康、丽江、剑川、云龙、保山、永平、顺宁等县,阿墩子(德钦)、菖蒲桶(贡山)、康乐(福贡)、知子罗(碧江)、泸水、干崖(盈江)、莲山、陇

---

① 《总统府公报》第226号,1949年5月30日,第9册。
② 吴承湜:《近六十年全国郡县增建志要》卷下,第70页。
③ 《国民政府公报》第1771号,1935年6月19日,第4页。
④ 《耿马傣族佤族自治县志》,云南民族出版社,1995年,第98页。
⑤ 《国民政府公报》渝字第520号,1942年11月21日,第19页。
⑥ 洪崇文:《民国时期云南殖边督办公署与道的承袭问题》,《云南社会科学》2000年增刊,第227页。
⑦ 钱端升等:《民国政制史》下册,第148页。
⑧ 《云南省志·民政志》,第83页。

川、芒遮板(潞西)、猛卯(瑞丽)等行政区(设治局)。

第二殖边督办公署，驻宁洱县，辖13县、2行政区(设治局)：宁洱、思茅、景谷、景东、缅宁、双江、澜沧、车里、南峤(五福)、佛海、镇越、六顺、江城等县，临江(宁江)、猛丁(平河)行政区(设治局)。

民国二十九年5月，以原普思边区辖境置第一行政督察区，专署驻宁洱县，辖宁洱、思茅、镇沅、景谷、景东、缅宁、双江、澜沧、六顺、沧源、宁江、车里、佛海、南峤等14县。

民国三十一年3月，全省重新划为7个行政督察区，如下所示。

第一区，专署驻昭通县，辖昭通、永善、绥江、盐津、大关、彝良、镇雄、威信、鲁甸、巧家县。

第二区，专署驻文山县，辖文山、砚山、丘北、广南、西畴、富宁、马关、屏边县。

第三区，专署驻建水县，辖建水、蒙自、个旧、石屏、元江、曲溪、新平、金平县和龙武设治局。

第四区，专署驻宁洱县，辖宁洱、思茅、墨江、六顺、澜沧、车里、佛海、南峤、江城、镇越、景谷、镇沅县和沧源、宁江设治局。

第五区，专署驻顺宁县，民国三十三年迁驻蒙化县，辖顺宁、蒙化、昌宁、云县、镇康、景东、缅宁、双江县。民国三十一年12月增领耿马设治局。

第六区，专署驻腾冲县，辖腾冲、龙陵2县以及泸水、梁河、盈江、莲山、陇川、潞西、瑞丽设治局。民国三十二年7月增领保山县[1]，为专署驻地。

第七区，专署驻丽江县，辖丽江、中甸、维西、鹤庆、剑川、兰坪、华坪、永胜县和德钦、贡山、福贡、碧江、宁蒗设治局。

抗战胜利后，昆明市和昆明、安宁、呈贡、晋宁、玉溪、昆阳、易门、禄丰、罗次、富民、禄劝、武定、嵩明县直隶于省政府，其余区域设立13个区，如下。

第一区，专署驻昭通县，辖昭通、威信、镇雄、彝良、绥江、大关、永善、鲁甸、巧家、盐津县。

第二区，专署驻曲靖县，辖曲靖、平彝、宣威、沾益、会泽、寻甸、马龙、陆良、罗平县。

第三区，专署驻弥勒县，辖弥勒、华宁、江川、澂江、宜良、路南、泸西、丘北、师宗县。

第四区，专署驻砚山县，辖砚山、文山、马关、西畴、广南、富宁县。

---

[1] 《国民政府公报》渝字第588号，1943年7月17日，第10页。

第五区，专署驻建水县，辖建水、石屏、河西、通海、曲溪、开远、个旧、蒙自、屏边、金平县。

第六区，专署驻新平县，辖新平、元江、墨江、镇沅、景东、双柏、峨山县和龙武设治局。

第七区，专署驻思茅县，辖思茅、宁洱、江城、镇越、车里、佛海、南峤、六顺县和宁江设治局。

第八区，专署驻姚安县，辖姚安、镇南、祥云、盐丰、永仁、大姚、牟定、楚雄、元谋、盐兴、广通县。

第九区，专署驻缅宁县，辖缅宁、双江、景谷、镇康、澜沧、云县和耿马、沧源设治局。

第十区，专署驻鹤庆县，辖鹤庆、剑川、洱源、宾川、永胜、华坪县和宁蒗设治局。

第十一区，专署驻大理县，辖大理、凤仪、蒙化、顺宁、昌宁、永平、云龙、漾濞、弥渡、邓川县。

第十二区，专署驻腾冲县，辖腾冲、保山、龙陵县和潞西、瑞丽、陇川、梁河、盈江、莲山设治局。

第十三区，专署驻维西县，辖维西、兰坪、丽江、中甸、德钦县和贡山、福贡、碧江、泸水设治局。

民国三十八年将第十三区并入第十区，将第十一区并入第八区，实际为11个行政督察区。

第十四章 贵州省

清宣统三年(1911),贵州巡抚驻贵阳府(今贵州贵阳市)。全省府级政区有贵阳、石阡、安顺、兴义、大定、遵义、黎平、思南、思州、镇远、铜仁、都匀等12府,以及平越直隶州、松桃直隶厅;县级政区有13厅、13州、34县。除局部界线有所差异外,辖境基本与今贵州省相近。

一、省行政机构

辛亥革命爆发后,贵州军政府于宣统三年九月十四日(11月4日)在贵阳成立。军政府由都督、行政院、枢密院三部分组成,都督主管军事,行政总长主管民政,枢密院院长策划军事、指导民政。民国元年(1912)6月,设民政长,民政长公署下设内务、财政等司。民国三年5月,改民政长为巡按使。民国五年7月,改巡按使为省长①。民国十六年2月21日,成立贵州省政务委员会,隶属于武汉国民政府。四一二政变后,南京国民政府于4月29日下令改组贵州省政务委员会,6月3日又成立贵州省政府委员会,两个委员会同时存在,政务委员会的委员兼政府委员会委员。民国十八年10月2日,国民政府裁撤贵州省政务委员会,成立省政府。民国二十五年6月,全省分设8个区行政督察专署,为省政府辅助机关。1949年11月15日,省城贵阳解放。

二、省会

民国三十年7月前驻贵阳县,此后驻贵阳市,均即今贵州贵阳市城区。

三、统辖区域

辖境除局部地区界线有差异外,大部与今贵州省相同。民国三十六年全省土地面积为170 196平方公里。东接湖南,北邻四川,西界西康、云南,南接广西。

---

① 印铸局:《职官任免月表》,第187页。

四、道、县、市

民国元年,废除清代所设各道。民国二年4月,任命黔中、黔东、黔西3道观察使①。民国三年6月,改置为黔中道、镇远道、贵西道。在护国战争期间,贵州省宣告独立,将道尹改为刺史,旋于民国五年8月后恢复为道尹②。民国九年废除黔中道,所属各县由省直辖。民国十二年废除镇远、贵西2道③。

清代贵州省除遵义府外,其余各府均有直辖地(一作亲辖地),即由府衙直接管理一部分土地和民人,这些土地和民人不入县的范围。民国元年仍有府。民国二年9月,贵州省民政长改府州厅为县,府的直辖地改置为县,原来的附郭县移治他处并改名,又在清代设有州判、州同的地区设立县治:"贵州从前设有首县地方,反正后,虽经裁撤,现因地土辽阔,控治实难,斟酌情势,择地移治,贵筑拟移治札佐,普定县拟移治定南,都匀县拟移治平舟改称平舟县,开泰县拟移治锦屏改称锦屏县。从前设有州判、州同地方,如大塘、长寨两州判,册亨、三脚坉两州同,皆有丁粮、辖地者,拟请列为小县。其无丁粮辖地,如向设府经、县丞、弹压委员、吏目、主簿分治者,或系地面辽阔,或系汉夷杂处,既未便一律裁撤,而地方人民复呈请改设县治者,拟请暂改分县名称,俟派员调查情形,划拨插花后,或改县,或合并,再行规定。其设有巡检、驿丞等处,拟一律裁并分区,专设巡警,以资防卫。"民国三年2月呈准④。由此,贵筑、普定、锦屏、平舟等4县移治,新设邛水、大塘、长寨、册亨、三合、沿河、后坪、省溪等8县。民国二十八年,贵州省政府决定成立整顿各县行政区域委员会,以数月时间翻阅史乘,查检旧案,参酌舆地,考究形势,拟订了"调整、筹商、改革"三方案。调整,就是在清理瓯脱、插花地的基础上,根据县境大小,截长补短,使之整齐;筹商,就是对于邻省沿边各县互有瓯脱之地,不问涉及若干县,一律以省为单位,酌请互拨;改革,就是按照新拟定的设县标准,面积在1 000平方公里以上、人口在5万人或1万户以上者方可设县,凡不宜设县者应行裁废,设县条件不具备者合并,地广民众而不便治理者分设新县。次年,省临时参议会通过该方案。民国三十年正式实施,裁撤省溪、青溪、丹江、后坪4县,合并永从、下江、三合、都江、平舟、大塘、长寨、广顺8县,析置贵阳市及望谟、金沙、纳雍、

---

① 印铸局:《职官任免月表》,第187页。
② 《政府公报》第233号,1916年8月27日,第52册,第683页。
③ 《贵州省志·地理志》上册,贵州人民出版社,1985年,第85页。
④ 《政府公报》第637号,1914年2月15日,第22册,第356页。

赫章、道真5县①。

民国三年3月4日,贵州省行政公署第103号训令称:"查本省自改革以来,各处分驻杂职仍沿前清佐贰杂职之旧,用州同、州判、县丞、吏目、巡检等名,至去岁改组,因名称复杂,于义无当,一律改称分县。"②设有县佐③。民国三十年4月省政府决定,待自治区划定后废除④。

南京政府时期,先后新设贵阳市等。民国末,全省辖1市、79县。

1. 道

黔中道,民国二年4月置,观察使驻贵阳县(今贵州贵阳市区)⑤。民国三年5月改道尹,为繁要缺,一等⑥。辖贵阳、贵筑、修文、龙里、贵定、紫江、定番、大塘、广顺、长寨、罗斛、平越、瓮安、湄潭、余庆、遵义、绥阳、桐梓、仁怀、正安、都匀、平舟、炉山、荔波、麻哈、独山、三合、八寨、都江、丹江等30县⑦。民国四年9月增领鳛水县。民国九年废。

镇远道,民国二年4月置黔东道,观察使驻镇远县(今贵州镇远县驻地㵲阳镇)。民国三年5月改名。道尹为要缺,二等。辖镇远、天柱、施秉、邛水、黄平、台拱、剑河、黎平、锦屏、永从、榕江、下江、铜仁、江口、省溪、思县、青溪、玉屏、思南、德江、沿河、印江、婺川、后坪、松桃、石阡、凤泉等27县。民国十二年废。

贵西道,民国二年4月置黔西道,观察使驻安顺县(今贵州安顺市城区)。民国三年5月改名。道尹为简缺,三等。辖安顺、普定、清镇、镇宁、郎岱、平坝、紫云、南笼、普安、兴义、兴仁、关岭、安南、贞丰、册享、盘县、大定、毕节、威宁、黔西、织金、水城、赤水等23县。民国六年移驻毕节县(今贵州毕节市驻地毕节镇)⑧。民国十二年废。

2. 县、市

贵阳市,民国十九年6月,贵州省政府根据《市组织法》第三条在政治、经济、文化上有特殊情形的城市可以设市的规定,认为贵阳为政治中心,有设市必要,咨请内政部转呈行政院准予设立贵阳市⑨。8月,国民政府令准析贵阳

---

① 《贵州省志·地理志》上册,第88页。
② 同上书,第84页。
③ 《内政年鉴》,第(B)250页。
④ 贵州省档案馆:《民国贵州省政府委员会会议辑要》,贵州人民出版社,2000年,第261页。
⑤ 《政府公报》第774号,1914年7月2日,第27册,第559页。
⑥ 《政府公报》第834号,1914年8月31日,第28册,第801页。
⑦ 《政府公报》第745号,1914年6月3日,第26册,第38页。
⑧ 《贵州省志·地理志》上册,第92页。又,《安顺市志》上册,贵州人民出版社,1995年,第120页。
⑨ 《民国贵州省政府委员会会议辑要》,第51页。又,钱端升等:《民国政制史》下册,第417页。

县城区(即省会警察区域)置市①。但因政局变动,未能实施。民国二十五年,贵州省政府认为川黔、桂黔、湘黔三条公路已通车,滇黔公路也将完工,湘黔铁路正在勘测并将施工,贵阳将成为西南交通枢纽,经济状况将有较大发展,因此组织市筹备处,准备设市。民国三十年7月贵阳市政府成立②,为贵州省会。民国三十七年5月,贵筑县属龙洞堡、大小寨、云关坡等地划入③。

贵筑县,清代为贵阳府直辖地,治所即今贵州贵阳市老城区。民国二年9月置贵阳县④。民国三十年前为贵州省会。北京政府时期为黔中道驻地。民国十九年8月,划省会警区区域为贵阳市区。10月,因与贵阳市同名,改名⑤。但因贵阳市并未正式成立,实际未改。民国三十年2月贵州省决定设立贵阳市后,正式改名⑥。同年9月国民政府令准迁治花溪(今贵阳市南花溪区城区)⑦,次年1月实施⑧。

息烽县,清代为贵阳府附郭贵筑县,治所即今贵州贵阳市区。辛亥革命后撤销,并入贵阳府。民国二年9月复设贵筑县,拟迁治扎佐(今贵州修文县驻地龙场镇东扎佐镇)⑨,并于民国三年2月间向内务部呈准⑩。经多次派员踏勘,认为扎佐地近修文县驻地,与贵阳、紫江等县城也很近,改以距离适中的息烽为县驻地⑪。民国三年8月迁治息烽(今贵州息烽县驻地永靖镇)并改名,贵阳、修文两县部分地区并入。明置息烽千户所于此,故名。北京政府时期属黔中道。

修文县,治所即今贵州修文县驻地龙场镇。北京政府时期属黔中道。

龙里县,治所即今贵州龙里县驻地冠山街道。北京政府时期属黔中道。

贵定县,治所即今贵州贵定县驻地金南街道。北京政府时期属黔中道。

开阳县,清代为开州,治所即今贵州开阳县驻地城关镇。民国二年9月改为开县。因与直隶、四川两省县名重名,民国三年1月改名紫江县。县西南有紫江,故名⑫。北京政府时期属黔中道。因取义狭隘,民国十九年4月再次改名⑬。

---

① 《国民政府公报》第543号,1930年8月11日,第9页。
② 《贵州省志·地理志》上册,第90页。
③ 《民国贵州省政府委员会会议辑要》,第261页。
④⑨ 吴承湜:《近六十年全国郡县增建史要》附录,第86页。
⑤ 《国民政府公报》第621号,1930年11月13日,第8页。
⑥ 《民国贵州省政府委员会会议辑要》,第55页。
⑦ 《国民政府公报》渝字第395号,1941年9月10日,第43页。
⑧ 《贵州省志·地理志》上册,第91页。
⑩ 《贵州省拟移治各县名称表》,《政府公报》第637号,1914年2月15日,第22册,第357页。
⑪ 《政府公报》第808号,1914年8月5日,第28册,第517页。
⑫ 《内务部改定各省重复县名及存废理由清单》。
⑬ 《国民政府公报》第464号,1930年5月9日,第10页。

惠水县，清代为定番州，治所即今贵州惠水县驻地涟江街道。民国二年9月改为定番县。北京政府时期属黔中道。因县名有伤民族感情，民国三十年9月改名①。以县境受涟江灌溉之惠得名②。

平塘县，原为大塘县、平舟县。大塘县，民国二年9月析清代定番州属大塘州判辖地置，治所即今贵州平塘县驻地平舟镇西大塘镇。以驻地得名③。民国二十五年4月迁治今平塘县驻地平舟镇西南通州镇④。同年9月，省政府会议议决更名为连云县，但未实行⑤。平舟县，清代为都匀府都匀县，治所即今贵州都匀市城区。辛亥革命后并入都匀府，在平舟设弹压委员。民国二年9月贵州省以原都匀县区域复置县，驻地移治平舟（今平塘县驻地平湖镇）并改名⑥。两县在北京政府时期属黔中道。民国三十年2月，贵州省政府决议合并平舟、大塘两县为平塘县，治所在今平塘县驻地平湖镇西南通州，民国三十一年1月迁平舟，即今治⑦。民国三十一年4月国民政府令准⑧。由两县县名各取一字而得名。

余庆县，治所即今贵州余庆县驻地白泥镇。北京政府时期属黔中道。

遵义县，清代为遵义府附郭县，治所即今贵州遵义市汇川区城区。民国元年裁县，地入府，府仅辖原遵义县地。民国二年9月废府，复置县。北京政府时期属黔中道。

罗甸县，清代为罗斛厅，治所即今贵州罗甸县驻地龙坪镇。民国二年9月改为罗斛县。北京政府时期属黔中道。因原名欠雅驯，民国十九年4月改名⑨。因罗斛地区在唐代为罗甸国封地，故名⑩。

平越县，清代为平越直隶州直辖地，治所在今贵州福泉市驻地金山街道。民国二年9月改县。北京政府时期属黔中道。

瓮安县，治所即今贵州瓮安县驻地雍阳街道。北京政府时期属黔中道。

湄潭县，治所即今贵州湄潭县驻地湄江街道。北京政府时期属黔中道。

正安县，清代为正安州，治所即今贵州正安县驻地凤仪镇。民国二年9月

---

① 《国民政府公报》渝字第396号，1941年9月13日，第25页。
② 《贵州省志·地理志》上册，第91页。
③⑥ 《政府公报》第637号，1914年2月15日，第22册，第357页。
④ 《国民政府公报》第2032号，1936年4月27日，第6页。
⑤ 《民国贵州省政府委员会会议辑要》，第262页。
⑦ 《贵州省志·地理志》上册，第96页。
⑧ 《国民政府公报》渝字第455号，1942年4月8日，第31页。
⑨ 《国民政府公报》第464号，1930年5月9日，第10页。
⑩ 《贵州省志·地理志》上册，第97页。

改县。北京政府时期属黔中道。

都匀县,清代为都匀府直辖地,治所即今贵州都匀市城区。民国二年9月改县。北京政府时期属黔中道。

绥阳县,治所即今贵州绥阳县驻地洋川镇。北京政府时期属黔中道。

桐梓县,治所即今贵州桐梓县驻地娄山关镇。北京政府时期属黔中道。

仁怀县,治所即今贵州仁怀市驻地中枢街道。北京政府时期属黔中道。民国三年,改原驻温水的遵义府经历为县佐①,驻地在今习水县东北温水镇。民国四年9月,以温水县佐辖地置鳛水县。

鳛水县,民国四年9月析仁怀县桐梓河以北区域置②。因县驻地在鳛水右岸,故名。治官渡场(今贵州赤水市驻地城关镇东官渡镇)。北京政府时期属黔中道。

独山县,清代为独山州,治所即今贵州独山县驻地百泉镇。民国二年9月改置为县。北京政府时期属黔中道。

三都县,原为三合、都江两县。三合县,民国二年9月贵州省析清代独山州属三脚坉州同辖境置。因县境有天河、大河、马场河三河合流,故名③。治所即今贵州三都水族自治县驻地三合街道。都江县,清代为都江厅,治所即今三都水族自治县驻地三合镇东南都江镇。民国二年9月改县。两县在北京政府时期属黔中道。民国二十九年12月,贵州省政府议决将都江县移驻坝街(今三都水族自治县东南坝街)④。民国三十年2月,贵州省政府议决三合、都江两县合并为三都县⑤。民国三十一年4月国民政府令准⑥。以原两县名首字得名。治所即今三都水族自治县驻地三合街道。

丹寨县,原为丹江、八寨两县。丹江县,清代为丹江厅,治所即今贵州雷山县驻地丹江镇。民国二年9月改县。八寨县,清代为八寨厅,治所在今贵州丹寨县驻地龙泉镇。民国二年9月改县。两县在北京政府时期属黔中道。民国三十年9月,合并丹江(大部)、八寨两县置丹寨县⑦。以两县名各取一字得名。治八寨(今丹寨县驻地龙泉镇)。

炉山县,清代为清平县,治所在今贵州凯里市西北炉山镇。因与山东省县

---

① 《贵州省志·地理志》上册,第104页。
② 《政府公报》第1194号,1915年9月3日,第41册,第101页。
③ 《政府公报》第637号,1914年2月15日,第22册,第357页。
④ 《民国贵州省政府委员会会议辑要》,第261页。
⑤ 《贵州省志·地理志》上册,第96页。
⑥ 《国民政府公报》渝字第458号,1942年4月18日,第25页。
⑦ 《国民政府公报》渝字第396号,1941年9月13日,第25页。

名重名,民国三年1月改名。因县城东有香炉山,故名①。北京政府时期属黔中道。县佐驻凯里(今凯里市),民国二十四年废②。

荔波县,治所即今贵州荔波县驻地玉屏街道。北京政府时期属黔中道。县佐驻方村(今荔波县西北方村),民国二十五年5月后撤销③。

麻江县,清代为麻哈州,治所在今贵州麻江县驻地杏山镇。民国二年9月改为麻哈县。因县名欠雅驯,民国十九年4月改名④。因县境有麻哈江,故名。

三穗县,民国二年9月贵州省以清代镇远县属邛水县丞辖地置邛水县,以驻地得名⑤。治所即今贵州三穗县驻地八弓镇。北京政府时期属镇远道。因当地人认为"邛"与"穷"同音,名称不当,民国十五年6月改名灵山县⑥。此县名又与广东省县名重复,民国十七年4月,省政府批准再次改名⑦。民国二十年10月国民政府核准⑧。相传县城附近稻田中一禾三穗,故名。

天柱县,治所即今贵州天柱县驻地凤城镇。北京政府时期属镇远道。县佐驻远口(今天柱县东南远口镇),民国二十五年5月后撤销⑨。

施秉县,治所即今贵州施秉县驻地城关镇。北京政府时期属镇远道。县佐驻胜秉(今施秉县驻地城关镇东南胜秉),民国二十五年5月后撤销⑩。

黄平县,清代为黄平州,治所即今贵州黄平县驻地新州镇。民国二年9月改县。北京政府时期属镇远道。县佐驻旧州(今黄平县西北旧州镇),民国二十五年5月后撤销⑪。

台江县,清代为台拱厅,治所在今贵州台江县驻地台拱镇。民国二年9月改为台拱县。北京政府时期属镇远道。民国三十年9月,丹江县东部地区并入并改名⑫。以台拱、丹江两地名各取一字得名。

镇远县,清代为镇远府附郭县,治所即今贵州镇远县驻地㵲阳镇。民国元

---

① 《内务部改定各省重复县名及存废理由清单》。
②③⑨⑩⑪ 《贵州省志·地理志》上册,第87页。
④ 《国民政府公报》第464号,1930年5月9日,第10页。
⑤ 《政府公报》第637号,1914年2月15日,第22册,第357页。
⑥ 《三穗县志》,民族出版社,1994年,第35页。又,内政部方域司:《中华民国行政区域简表》(第11版),第105页。一作民国十三年改,见《贵州省志·地理志》上册,第85页。
⑦ 《三穗县志》,第35页。
⑧ 内政部方域司:《中华民国行政区域简表》(第11版),第105页。按:一作民国十六年由灵山县改名三穗县,见《贵州省志·地理志》上册,第85页。一作民国二十年10月以邛水县改名三穗县,见《国民政府公报》第917号,1931年11月5日,第9页;吴承湜:《近六十年全国郡县增建志要》卷下第26页,附录第88页。
⑫ 《国民政府公报》渝字第396号,1941年9月13日,第25页。

年8月废,地入镇远府,府不辖县。民国二年9月废镇远府,复置县。北京政府时期为镇远道驻地。又,青溪县,治青溪(今镇远县东青溪镇)。北京政府时期属镇远道。民国三十一年5月裁撤,并入镇远、天柱两县①。

黎平县,清代为黎平府直辖地,治所即今贵州黎平县驻地德凤街道。辛亥革命后,附郭开泰县并入黎平府,府不辖县。民国二年9月废府,置县。北京政府时期属镇远道。县佐驻洪州(今黎平县东南洪州镇),后迁他处。民国二十一年1月,黎平县县长呈请将洪州分县移驻洪州原地,以资震慑②。民国二十五年5月后撤销县佐③。

锦屏县,民国二年9月,贵州省以清代开泰县区域置并改名,治锦屏乡(今贵州锦屏县驻地三江镇东南铜鼓镇)④。因锦屏山得名。民国三年3月徙治王寨⑤,即今县驻地三江镇。北京政府时期属镇远道。

岑巩县,清代为思州府直辖地,治所在今贵州岑巩县驻地思旸镇。民国二年9月改为思县。北京政府时期属镇远道。因易与本省思南县混淆,民国十九年4月改名⑥。以境内岑巩山得名。

榕江县,清代为古州厅,治所即今贵州榕江县驻地古州镇。民国二年9月改县并改名。因境内有榕江,故名。北京政府时期属镇远道。县佐驻朗洞(今榕江县北朗洞镇),民国二十五年5月后撤销⑦。

从江县,原为永从、下江两县。永从县驻地所在今贵州从江县驻地丙妹镇东北永从。下江县,清代为下江厅,治所在今从江县驻地丙妹镇西下江镇,民国二年9月改为县。两县在北京政府时期属镇远道。下江县县佐驻丙妹(今从江县驻地丙妹镇),民国二十五年5月后撤销,并入永从县⑧。民国三十年4月贵州省合并永从、下江两县置从江县⑨。以永从、下江两县名末字组合得名。治丙妹(今从江县驻地丙妹镇)。国民政府于民国三十一年4月核准⑩。

剑河县,清代为清江厅,治所在今贵州剑河县东南柳川镇。民国二年9月改为清江县。因与江西省县名重名,民国三年1月改名。县城位于沅江支流

---

① 《国民政府公报》渝字第463号,1942年5月6日,第18页。
② 《民国贵州省政府委员会会议辑要》,第262页。
③⑦⑧ 《贵州省志·地理志》上册,第87页。
④ 《政府公报》第637号,1914年2月15日,第22册,第357页。
⑤ 《锦屏县志》,贵州人民出版社,1995年,第50页。
⑥ 《国民政府公报》第464号,1930年5月9日,第10页。
⑨ 内政部方域司:《中华民国行政区域简表》(第11版),第106页。又,《民国贵州省政府委员会会议辑要》,第259页。
⑩ 《国民政府公报》渝字第458号,1942年4月18日,第25页。

清水江（剑河）南岸，故名①。北京政府时期属镇远道。县佐驻柳霁（今剑河县东柳霁），民国二十五年5月后撤销②。

沿河县，民国二年9月贵州省析清代思南府沿河巡检司地置。因驻地得名③。治沿河司（今贵州沿河土家族自治县驻地和平镇）。北京政府时期属镇远道。又，后坪县，民国二年9月贵州省析婺川县属后坪弹压委员所辖地方置。因驻地得名④。治所在今沿河土家族自治县西北后坪场。北京政府时期属镇远道。民国二十五年迁治茅田口（今贵州务川仡佬族苗族自治县东北茅天镇）⑤。民国二十八年5月，省政府会议原则同意迁治濯水（今务川仡佬族苗族自治县驻地都濡镇浞水镇）⑥，似未实施。民国三十年8月撤销，并入沿河、婺川两县⑦。民国三十三年12月国民政府令准⑧。

江口县，清代为铜仁县，治所即今贵州江口县驻地双江街道。民国二年9月，因与由铜仁府直辖地改置的铜仁县重名而改名。北京政府时期属镇远道。

印江县，治所即今贵州印江土家族自治县驻地峨岭镇。北京政府时期属镇远道。

婺川县，治所即今贵州务川仡佬族苗族自治县驻地都濡镇。北京政府时期属镇远道。

玉屏县，治所即今贵州玉屏侗族自治县驻地平溪镇。北京政府时期属镇远道。

铜仁县，清代为铜仁府直辖地，治所即今贵州铜仁市碧江区城区。民国二年9月改县。北京政府时期属镇远道。又，民国二年9月贵州省析铜仁府省溪司地置省溪县。因驻地得名⑨。治万山（今贵州万山特区驻地万山镇）。北京政府时期属镇远道。民国三十年5月贵州省政府议决裁撤⑩，并入铜仁、玉屏两县。

---

① 《内务部改定各省重复县名及存废理由清单》。
② 《贵州省志·地理志》上册，第87页。
③④⑨ 《政府公报》第637号，1914年2月15日，第22册，第357页。
⑤ 简学仕等：《原后坪县历史旧闻》，《务川县文史资料选辑》第3辑，1985年，第118页。又，《民国贵州省政府委员会会议辑要》，第263页。
⑥ 《民国贵州省政府委员会会议辑要》，第263页。按：民国《沿河县志》卷4《后坪沿革考》及新修《务川仡佬族苗族自治县志》之《大事记》均未记载。
⑦ 简学仕等：《原后坪县历史旧闻》，《务川县文史资料选辑》第3辑，1985年，第136页。又，《贵州省志·地理志》上册，第88页。
⑧ 《国民政府公报》渝字第741号，1945年1月3日，第8页。
⑩ 《民国贵州省政府委员会会议辑要》，第55页。又，《国民政府公报》渝字第452号，1942年3月28日，第17页。

石阡县，清代为石阡府直辖地，治所即今贵州石阡县驻地汤山镇。民国二年9月改县。北京政府时期属镇远道。

德江县，清代为安化县，治大堡（今贵州德江县驻地姜司镇）。因与甘肃、湖南、广西3省县名重名，民国三年1月改名。因境内有德江河，故名①。北京政府时期属镇远道。

毕节县，治所即今贵州毕节市七星关区城区。北京政府时期为贵西道驻所。

安顺县，清代为安顺府直辖地，治所在今贵州安顺市西秀区城区。民国二年9月改县。北京政府时期属贵西道。

普定县，清代为安顺府附郭县，治所即贵州安顺市西秀区城区。辛亥革命后裁撤，地入安顺府，府不辖县。民国二年9月，因"定南地方在安顺西北五十里，当水城、威宁等县至安顺县入省之冲，户口繁盛，地势开展，前清时曾设把总驻防，城垣衙署尚有地址，以之移设县治，尚属相宜"②，恢复设县并移治定南（今贵州普定县驻地城关镇）。民国三年2月内务部呈准③，同年8月内务部再次呈准④。北京政府时期属贵西道。

思南县，清代为思南府直辖地，治所即今贵州思南县驻地思唐街道。民国二年9月改县。北京政府时期属镇远道。

镇宁县，清代为镇宁州，治所即今贵州镇宁布依族苗族自治县驻地城关镇。民国二年9月改县。北京政府时期属贵西道。

凤冈县，清代为龙泉县，治所即今贵州凤冈县驻地龙泉镇。因与江西、浙江两省县名重名，民国三年1月改名凤泉县。县北凤凰山下有龙泉潭，故名⑤。北京政府时期属镇远道。因字义欠妥，民国十九年4月再次改名⑥。

平坝县，清代为安平厅，治所在今贵州安顺市平坝区城区。民国二年9月改为安平县。因与直隶、云南两省县名重名，民国三年1月再次改名。明代置平坝卫于此，故名⑦。北京政府时期属贵西道。

紫云县，清代为归化厅，治所在今贵州紫云苗族布依族自治县驻地松山镇。民国二年9月改为归化县。因与福建、山西两省县名重名，民国三年1月改名。县境西有紫云洞胜境，故名⑧。北京政府时期属贵西道。

---

① ⑤ ⑦ ⑧ 《内务部改定各省重复县名及存废理由清单》。
② 《政府公报》第808号，1914年8月5日，第27册，第517页。
③ 《政府公报》第637号，1914年2月15日，第22册，第357页。
④ 《政府公报》第819号，1914年8月16日，第27册，第644页。
⑥ 《国民政府公报》第464号，1930年5月9日，第10页。

贞丰县,清代为贞丰州,治所即今贵州贞丰县驻地珉谷街道。民国二年9月改县。北京政府时期属贵西道。

清镇县,治所即今贵州清镇市城区。北京政府时期属贵西道。

兴仁县,民国元年11月,贵州省析普安县新城县丞辖地置新城县,治所在今贵州兴仁县城区。次后,又将安南、兴义等县插花地划入①。因与直隶、山东、浙江、吉林、江西5省县名重名,民国三年1月改名。县境由兴仁等地组成,故名②。北京政府时期属贵西道。

兴义县,治所即今贵州兴义市驻地黄草坝街道。北京政府时期属贵西道。县佐驻捧鲊(今兴义市西南捧鲊镇),民国二十五年5月后撤销③。

金沙县,民国二十一年9月国民政府令准析黔西县置④,治新场(今贵州金沙县驻地鼓场街道)。因政局变化而未能实现。民国二十四年12月,省民政厅长提议先行设置纳雍、金沙两新县,由设治委员会筹备⑤。民国二十五年7月,省民政厅因民生困苦,建议暂缓设立,省政府会议议决通过⑥。民国二十九年6月,省政府会议决定从10月1日起成立设治筹备处⑦。民国三十年7月1日,县政府成立⑧。

晴隆县,清代为安南县,治所在今贵州晴隆县驻地莲城镇。北京政府时期属贵西道。因与法属安南(今越南)同名,民国三十年9月改名⑨。以城郊晴隆山为名。

织金县,清代为平远州,治所在今贵州织金县驻地文腾街道。民国二年9月改为平远县。因与陕西省县名重名,民国三年1月改名。县城东有织金河,故名⑩。北京政府时期属贵西道。

普安县,治所即今贵州普安县驻地盘水镇。北京政府时期属贵西道。

盘县,清代为盘州厅,治所在今贵州六盘水市盘县驻地东城关镇。民国二年9月改县。北京政府时期属贵西道。县佐驻亦资孔(今六盘水盘县特区西南亦资孔),民国二十五年5月后撤销⑪。

---

① 《政府公报》第231号,1912年12月18日,第8册,第447页。
②⑩ 《内务部改定各省重复县名及存废理由清单》。
③⑪ 《贵州省志·地理志》上册,第87页。
④ 《国民政府公报》洛字第50号,1932年11月3日,第11页。
⑤ 《民国贵州省政府委员会会议辑要》,第262页。
⑥ 同上书,第257页。
⑦ 同上书,第264页。
⑧ 《贵州省志·地理志》上册,第102页。
⑨ 《国民政府公报》渝字第396号,1941年9月13日,第25页。

大定县，清代为大定府直辖地，治所即今贵州大方县驻地红旗街道。民国二年9月改县。北京政府时期属贵西道。

关岭县，清代为永宁州，治所在今贵州关岭布依族苗族自治县驻地关索街道西永宁镇。民国二年9月改为永宁县。因与河南、山西、广西、江西4省县名重名，民国三年1月改名。县境有关索岭，故名①。县佐驻募役（今关岭布依族苗族自治县南花江镇）。民国五年，县驻地迁治募役，县佐迁驻原县城②。北京政府时期属贵西道。民国二十五年5月后撤销县佐。

黔西县，清代为黔西州，治所即今贵州黔西县驻地城关镇。民国二年9月改县。北京政府时期属贵西道。

水城县，清代为水城厅，治黄土坡（今贵州六盘水市钟山区黄土坡街道）。民国二年9月改县。北京政府时期属贵西道。

册亨县，民国二年9月贵州省析清代贞丰州属册亨州同辖地置。以驻地得名③。治册亨（今贵州册亨县西册阳）。北京政府时期属贵西道。民国三十年9月前曾经准备废除④。民国三十七年4月，因县驻地缺乏水源，建设困难，由县参议会议决迁治者楼（今册亨县驻地者楼镇），并经省民政厅核实，省政府会议通过⑤，因县长调离而搁浅。

纳雍县，民国二十一年9月国民政府令准析大定县置⑥，治大兔场（今贵州纳雍县驻地雍熙街道）。因贵州政局变化而未实现。民国二十四年12月，省民政厅长提议先行设置纳雍、金沙两新县，并由设治委员会筹备⑦。民国二十五年7月，贵州省民政厅因民生困苦，暂缓设立，省政府会议议决通过⑧。民国二十九年6月，省政府决定从10月1日起成立设治筹备处⑨。民国三十年7月，县政府成立⑩。

威宁县，清代为威宁州，治所即今贵州威宁彝族回族苗族自治县驻地城关镇。民国二年9月改县。北京政府时期属贵西道。县佐驻得胜坡（今威宁彝族回族苗族自治县西北观海镇）。民国七年，因滇军入川，县佐移驻赫章⑪。

---

① 《内务部改定各省重复县名及存废理由清单》。
② 《贵州省志·地理志》上册，第99页。
③ 《政府公报》第637号，1914年2月15日，第22册，第357页。
④ 《民国贵州省政府委员会会议辑要》，第267页。
⑤ 同上书，第269页。
⑥ 《国民政府公报》洛字第50号，1932年11月3日，第11页。
⑦ 《民国贵州省政府委员会会议辑要》，第262页。
⑧ 同上书，第257页。
⑨ 同上书，第264页。
⑩ 《贵州省志·地理志》上册，第101页。
⑪ 同上书，第100页。按：一说民国五年迁，见《威宁彝族回族苗族自治县志》，贵州人民出版社，1994年，第30页。

民国二十七年撤销①。

道真县，民国二十一年9月国民政府令准析正安县置②，以汉代学者伊珍字道真得名。治土溪场（今贵州道真仡佬族苗族自治县驻地玉溪镇）。因政局变化而未能实现。民国二十九年6月，省政府决定从10月1日起成立设治筹备处③。民国三十年7月，县政府成立④。

望谟县，民国二十七年冬，贵州省第三区行政督察专署向省政府呈请在贞丰县王母设立王母县。民国二十八年2月，省政府同意⑤。8月，省政府会议同意改名为双江县，并拟在9月设立。因与云南省双江县重名，11月改名望谟县⑥。民国二十九年3月析贞丰县东南部及紫云、关岭、罗甸3县部分地置县，成立县政府⑦。同年6月国民政府令准⑧。以县城王母谐音得名。治王母（今贵州望谟县驻地平洞街道）。

松桃县，清代为松桃直隶厅，治所即今贵州松桃苗族自治县驻地蓼皋镇。民国二年9月改县。北京政府时期属镇远道。县佐分别驻正大营（今松桃苗族自治县南正大）⑨、四十八溪（今松桃苗族自治县西南普觉镇）。民国十六年，驻四十八溪县佐改驻甘龙口（今松桃苗族自治县西北甘龙镇）⑩。民国二十五年5月后两县佐均撤销，并入松桃县⑪。

赤水县，清代为赤水厅，治所即今贵州赤水市驻地市中街道。民国二年9月改县。北京政府时期属贵西道。

郎岱县，清代为郎岱厅，治所在今贵州六盘水市六枝特区驻地平寨镇西南郎岱镇。民国二年9月改县。北京政府时期属贵西道。县佐驻羊场（今六枝特区西北岩脚镇）⑫，民国二十五年5月后撤销⑬。

安龙县，清代为兴义府直辖地，治所即今贵州安龙县招堤街道。民国二年9月改为南笼县。北京政府时期属贵西道。民国十五年9月改名⑭。民国二

---

① 彭润沽：《忆赫章设立分县衙门始末》，《赫章文史资料选辑》第1辑，第26页。按：一说民国二十五年5月后撤销，见《贵州省志·地理志》上册，第87页。
② 《国民政府公报》洛字第50号，1932年11月3日，第11页。
③⑥ 《民国贵州省政府委员会会议辑要》，第264页。
④ 《贵州省志·地理志》上册，第103页。
⑤ 《民国贵州省政府委员会会议辑要》，第258页。
⑦ 同上书，第53页。
⑧ 《国民政府公报》渝字第282号，1940年8月10日，第22页。
⑨ 《松桃苗族自治县志》，贵州人民出版社，1996年，第45页。
⑩ 《贵州省志·地理志》上册，第86页。
⑪⑬ 同上书，第87页。
⑫ 李逢时：《郎岱县志长编》，1995年，第41页。
⑭ 《政府公报》第3734号，1926年9月3日，第230册，第25页。

十年10月,南京国民政府核准改名①。

长顺县,原为长寨、广顺两县。长寨县,民国二年9月贵州省以清代广顺州属长寨州判辖地置。以驻地得名②。治所即今贵州长顺县驻地长寨镇。广顺县,清代为广顺州,治所在今长顺县驻地长寨镇北广顺镇。民国二年9月改县。北京政府时期,两县均属黔中道。民国三十一年6月,两县合并③。以两县名各一字得名。治所即今长顺县驻地长寨镇。

赫章县,民国二十年8月,威宁县赫章县佐以赫章地区"匪徒充斥,牵拉抢劫,目无法纪"为由,要求设县。民国二十五年,省民政厅认为威宁县面积为全省之最,难以治理,呈请在威宁石门坎地方设置新县。民国二十六年,省政府会议决定设立石门坎设治局,扩大管辖区域。同年10月,省政府决定停止设立。民国三十年,因道真、金沙、纳雍等地已筹设新县,民政厅提议将威宁五、六、七、八区划为一县,取名得胜县。7月,第四行政区督察专署认为石门坎地理位置过于偏僻,得胜坡作用不大,而赫章地当要冲,交通方便,人烟繁盛,请改为析置赫章县。民国三十一年9月国民政府令准备案④。治所即今贵州赫章县驻地城关镇。

雷山县,民国三十二年11月析丹寨、台江两县柳江、清江河两流域之间区域置雷山设治局⑤。因境内雷公山得名。局所驻小丹江(在今贵州雷山县东)。民国三十七年10月升为县⑥。

五、行政督察区

民国二十四年(1935),国民党中央势力尾随工农红军进入贵州,乘机解除贵州军阀王家烈执掌的军政大权,以"整饬吏治,绥靖地方,增进效率,以便清乡及办理善后"的名义,推行早在三年前已经颁布而在贵州未能施行的《行政督察专员条例》。6月,将全省划为11个行政督察区⑦,如下所示。

第一区,专署驻定番县,辖定番、贵阳、龙里、修文、息烽、清镇、开阳、罗甸、

---

① 《国民政府公报》第917号,1931年11月5日,第9页。
② 《政府公报》第637号,1914年2月15日,第22册,第357页。
③ 《国民政府公报》渝字第475号,1942年6月17日,第6页。按:《民国贵州省政府委员会会议辑要》作民国三十年7月贵州省政府议决裁撤。
④ 《国民政府公报》渝字第503号,1942年9月23日,第16页。又,《民国贵州省政府委员会会议辑要》,第267页。
⑤ 《国民政府公报》渝字第627号,1943年12月1日,第18页。
⑥ 《民国贵州省政府委员会会议辑要》,第261页。又,《贵州省志·地理志》上册,第95页。
⑦ 《贵州省志·地理志》上册,第86页。

长寨、广顺县。

第二区，专署驻安顺县，辖安顺、郎岱、织金、关岭、普定、镇宁、平坝、紫云县。

第三区，专署驻兴仁县，辖兴仁、兴义、盘县、安龙、贞丰、普安、安南、册亨县。

第四区，专署驻毕节县，辖毕节、黔西、大定、威宁、水城县。

第五区，专署驻桐梓县，辖桐梓、遵义、正安、赤水、仁怀、绥阳、鳛水县。

第六区，专署驻思南县，辖思南、德江、婺川、湄潭、凤冈、后坪、沿河、印江县。

第七区，专署驻平越县，辖平越、贵定、麻江、余庆、瓮安、炉山县。

第八区，专署驻镇远县，辖镇远、黄平、施秉、青溪、三穗、岑巩、台拱县。

第九区，专署驻铜仁县，辖铜仁、江口、松桃、玉屏、石阡、省溪县。

第十区，专署驻黎平县，辖黎平、榕江、锦屏、天柱、剑河、永从、下江县。

第十一区，专署驻独山县，辖独山、都匀、平舟、荔波、八寨、丹江、大塘、三合、都江县。

民国二十五年3月，因原划之行政督察区未尽适当，仿照江西省并区之例，斟酌地方形势、户口、交通状况、经济关系及各区邻界，重新划为8区①，如下。

第一区，专署驻定番县，辖定番、贵阳、龙里、修文、息烽、开阳、罗甸、长寨、广顺、贵定、大塘县。

第二区，专署驻安顺县，辖安顺、织金、郎岱、关岭、普定、镇宁、平坝、紫云、清镇县。

第三区，专署驻兴义县，暂驻兴仁县。辖兴义、兴仁、安龙、盘县、贞丰、安南、普安、册亨县。

第四区，专署驻毕节县，辖毕节、大定、黔西、威宁、水城县。

第五区，专署驻遵义县，辖遵义、桐梓、正安、赤水、仁怀、绥阳、鳛水、湄潭县。

第六区，专署驻铜仁县，辖铜仁、思南、德江、婺川、后坪、沿河、印江、江口、石阡、省溪、玉屏、松桃、凤冈县。

第七区，专署驻镇远县，辖镇远、黄平、施秉、青溪、三穗、岑巩、台拱、剑河、天柱、炉山、余庆、瓮安、平越县。

第八区，专署驻独山县，辖独山、黎平、榕江、锦屏、永从、下江、都匀、平舟、

---

① 《贵州省志·地理志》上册，第87页。

荔波、八寨、丹江、三合、都江、麻江县。

民国二十六年11月,为了适应抗日战争全面爆发的形势,又缩减为5区。定番、贵阳、龙里、贵定、修文、息烽、开阳、广顺、长寨、平坝、清镇、平越、瓮安、炉山、麻江等15县直属于省政府。各区如下。

第一区,专署驻镇远县,辖镇远、施秉、黄平、岑巩、天柱、台拱、铜仁、省溪、松桃、江口、印江、石阡、思南、沿河、青溪、三穗、剑河、余庆、锦屏、玉屏县。

第二区,专署驻独山县,辖独山、榕江、黎平、都匀、平舟、荔波、永从、下江、八寨、丹江、三合、都江、大塘、罗甸县。民国二十七年1月,专署改驻兴仁县①。

第三区,专署驻安顺县,辖安顺、郎岱、关岭、普定、镇宁、紫云、兴义、兴仁、安龙、盘县、贞丰、安南、普安、册亨县。

第四区,专署驻毕节县,辖毕节、大定、黔西、威宁、水城、织金县。

第五区,专署驻遵义县,辖遵义、桐梓、正安、赤水、仁怀、绥阳、鳛水、湄潭、婺川、凤冈、后坪、德江县。民国二十七年1月,专署改驻桐梓县②。

民国三十年8月,再次调整行政督察区。贵阳市及贵筑、惠水、龙里、贵定、平越、瓮安、麻江、炉山、修文、开阳、息烽、清镇、平坝、长顺等14县直属于省政府。调整后的5区如下。

第一区,专署驻镇远县,辖镇远、思南、铜仁、松桃、施秉、黄平、岑巩、天柱、台江、沿河、石阡、玉屏、锦屏、印江、余庆、江口、三穗、剑河县。

第二区,专署驻独山县,辖独山、黎平、从江、榕江、丹寨、都匀、三都、荔波、平塘、罗甸县。

第三区,专署驻安顺县,辖安顺、郎岱、关岭、镇宁、紫云、普定、兴义、兴仁、盘县、普安、晴隆、贞丰、安龙、册亨、望谟县。

第四区,专署驻毕节县,辖毕节、大定、黔西、威宁、水城、纳雍、金沙、赫章县。

第五区,专署驻遵义县,辖遵义、桐梓、正安、赤水、仁怀、湄潭、绥阳、凤冈、道真、德江、婺川、鳛水县。

民国三十二年3月,因第一行政督察区辖县过多,督察困难,新置第六区,各区辖县有所调整③。以贵阳市和贵筑、息烽、修文、龙里、贵定、开阳、惠水、安顺、长顺、平越、瓮安、麻江、清镇、平坝县为直辖区。抗战胜利后略有变化。如下。

---

①② 《贵州省志·地理志》上册,第88页。
③ 《国民政府公报》渝字第563号,1943年4月21日,第18页。

第一区，专署驻镇远县，辖镇远、施秉、黄平、岑巩、天柱、台江、三穗、剑河、余庆、锦屏、炉山县。抗战胜利后，第二区雷山设治局来属。

第二区，专署驻独山县，辖独山、榕江、黎平、都匀、平塘、荔波、从江、丹寨、三都、罗甸县。民国三十二年11月增领雷山设治局。抗战胜利后，雷山设治局改属第一区。

第三区，专署驻兴仁县，辖兴仁、兴义、安龙、盘县、贞丰、晴隆、普安、册亨、郎岱、关岭、普定、镇宁、紫云、望谟县。

第四区，专署驻毕节县，辖毕节、大定、黔西、威宁、水城、织金、金沙、纳雍、赫章县。

第五区，专署驻遵义县，辖遵义、桐梓、正安、赤水、仁怀、绥阳、湄潭、鳛水、凤冈、婺川、后坪、道真县。民国三十三年12月裁后坪县。

第六区，专署驻铜仁县，辖铜仁、思南、松桃、沿河、江口、石阡、玉屏、印江、德江县。

民国三十五年3月，将原属直辖区的平越、麻江2县划归第二区，将瓮安县划归第五区。设直辖区督导室，辖贵阳市及贵筑等11县。

民国三十七年6月，撤销直辖区督导室，贵阳市及贵筑等11县直属于省政府。其余各县编为6个行政督察区，如下。

第一区，专署驻镇远县，辖镇远、黄平、施秉、岑巩、三穗、天柱、锦屏、炉山、余庆、台江、剑河县及雷山设治局。

第二区，专署驻独山县，辖独山、都匀、平塘、罗甸、荔波、三都、黎平、从江、榕江、丹寨、平越、麻江县。

第三区，专署驻兴仁县，辖兴仁、兴义、盘县、普安、晴隆、关岭、镇宁、紫云、郎岱、普定、安龙、册亨、贞丰、望谟县。

第四区，专署驻毕节县，辖毕节、威宁、赫章、大定、纳雍、水城、织金、黔西、金沙县。

第五区，专署驻遵义县，辖遵义、桐梓、正安、道真、婺川、绥阳、湄潭、瓮安、凤冈、仁怀、鳛水、赤水县。

第六区，专署驻铜仁县，辖铜仁、松桃、江口、玉屏、印江、德江、剑河、思南、石阡县。

第十五章 河北省

河北省辖区在清代分别为顺天府与直隶省。北京政府改顺天府为京兆地方，南京政府以直隶省、京兆地方合并为河北省。

第一节 直 隶 省

清宣统三年(1911)，直隶总督兼巡抚驻保定府(今河北保定市)。除顺天府外，全省府级政区有保定、正定、大名、顺德、广平、天津、河间、承德、朝阳、宣化、永平等11府，张家口、独石口、多伦诺尔等3直隶厅，以及赤峰、遵化、易州、冀州、赵州、深州、定州等7直隶州；县级政区有1厅、12州、108县。顺天府辖5州、19县。直隶省及顺天府辖境大致相当于今河北省大部(除丘县、馆陶、武安、涉县等县外)，北京市、天津市全部，河南省南乐、清丰、濮阳、长垣等4县，山东省东明、宁津、庆云等3县，辽宁省阜新市区、阜新蒙古族自治县、北票市、朝阳市区、朝阳县、建平县、喀喇沁左翼蒙古族自治县、凌源市、建昌县等地，以及内蒙古自治区的赤峰市(除克什克腾旗外)及商都县、镶黄旗、德化县、正镶白旗、太仆寺旗、正蓝旗、多伦县等地。

一、省行政机构

辛亥革命后，直隶省仍为清政府管辖区域，行政区划未变，行政长官为直隶总督。民国元年(1912)3月，中华民国政府改直隶总督为直隶都督[1]，民政由都督兼管，仍设布政使、提法使、劝业道等职官。民国二年1月，根据《划一现行各省地方行政官厅组织令》，设民政长[2]，为直隶省行政长官，实行军民分治。民国三年5月，改民政长为巡按使，下设政务、财政等厅。民国五年7月，改巡按使为省长。民国十七年6月改置为河北省。

---

[1] 印铸局：《职官任免月表》，第51页。
[2] 同上书，第56页。

二、省会

初治保定县(今河北保定市),民国三年迁驻天津县(今天津市区)。

三、统辖区域

直隶省辖区有两次较大的变化,区域逐步缩小。一是顺天府完全划出,成为独立的省级行政区域——京兆地方。北京政府成立初,顺天府仍为顺直兼辖区域。民国二年1月废除各省府制时,保留顺天府。民国三年5月,内务部呈请将顺天府划出,成为独立区域,管辖北京附近20个县。二是析北部区域往属热河特别区域、察哈尔特别区域。民国三年1月,北京政府以清代热河道区域置热河特别区域,承德、滦平、平泉、隆化、丰宁、建昌、朝阳、阜新、建平、绥东、赤峰、开鲁、林西、围场等14县划属热河特别区域管辖①。同年6月,原属口北道之张北、独石、多伦3县往属察哈尔特别区域②。此外,民国十三年12月17日,奉天省长王永江与直隶委员商定,将临榆、昌黎、滦县、卢龙、乐亭、迁安、抚宁等7县划归奉天省管辖③。但此事未见当时临时执政指令,似未获批准。

四、道、县

民国元年,全省有天津、大广顺(12月裁)、通永(12月裁)、口北、热河(约同年年底裁)等道④,县级政区有155个厅、州、县⑤。民国二年2月,根据《划一现行各道地方行政官厅组织令》《划一现行各县地方行政官厅组织令》,废除原有的道、府,府的直辖地与直隶厅、直隶州、厅、州均改置为县⑥。同月,拟新设保、易、定、深等4道。内务部因这些道的名称繁复,令河北省重新拟定。此后,道名改为渤海、范阳、冀南、口北等4道。3月1日内务部照准⑦,旋任命观察使⑧。同年5月,将旧热河道区域改划为朝阳道(辖朝阳、阜新、建平、绥

---

① 内务部职方司第一科:《全国行政区划表》,1914年,第136页。
② 《政府公报》第757号,1914年6月15日,第26册,第182页。又,内务部职方司第一科:《全国行政区划表》,1914年,第140页。
③ 《东方杂志》第22卷第2号,1925年1月25日,第151页。
④ 印铸局:《职官任免月表》,第55页。
⑤ 《众议院议院各省复选区表》。
⑥ 《临时政府内务行政纪要》,第47页。
⑦ 同上书,第41页。
⑧ 按:印铸局:《职官任免月表》(1917年3月,第55页)载原大顺广道道员、口北道道员于1913年3月6日分别改任冀南观察使、范阳观察使,则废旧道置观察使时间当在是年3月6日。

东等4县)、赤峰道(辖赤峰、开鲁、林西、围场等4县),另有承德、滦平、平泉、隆化、丰宁、建昌等6县不属两道管辖①。但热河都统未将朝阳、赤峰两道区划向中央政府呈报②,因此,两道实际上并未设立。民国三年5月改观察使为道尹③。民国十七年,接受南京政府统辖后废道。

津海道,民国二年3月以原天津、河间、永平、承德、朝阳5府及遵化、赤峰2直隶州区域置渤海道。观察使驻天津县(今天津市区)。辖天津、青县、沧县、盐山、庆云、南皮、静海、河间、献县、阜城、肃宁、任丘、交河、宁津、景县、吴桥、故城、东光、卢龙、迁安、抚宁、昌黎、滦县、乐亭、临榆、遵化、丰润、玉田等28县④。民国三年5月,顺天府属文安、大城、新镇、宁河4县来属⑤。同月,更改道名。道尹为繁要缺,一等⑥,辖32县⑦。民国十七年废。

保定道,民国二年3月以原保定、正定2府及易、定、深3直隶州区域置范阳道。观察使驻清苑县(今河北保定市)。辖清苑、满城、安肃、定兴、新城、唐县、博野、望都、容城、完县、蠡县、雄县、安国、安新、束鹿、高阳、正定、获鹿、井陉、阜平、滦城、行唐、灵寿、平山、元氏、赞皇、晋县、无极、藁城、新乐、易县、涞水、涞源、定县、曲阳、深泽、深县、武强、饶阳、安平等40县。民国三年5月改名。道尹为繁要缺,一等,驻地、辖县仍旧。民国十七年废。

大名道,民国二年3月以原大名、广平、顺德3府及冀、赵2直隶州区域置冀南道。观察使驻大名县(今河北大名县)。辖大名、南乐、清丰、东明、濮阳、长垣、邢台、沙河、南和、平乡、广宗、巨鹿、唐山、内丘、任县、永年、曲周、肥乡、鸡泽、广平、邯郸、成安、威县、清河、磁县、冀县、衡水、南宫、新河、枣强、武邑、赵县、柏乡、隆平、临城、高邑、宁晋等37县。民国三年5月改名,道尹为要缺,二等,驻地、辖县仍旧。民国十七年废。

口北道,民国二年3月以原宣化府所属10县及张家口、独石口、多伦诺尔3厅区域置,观察使驻宣化县(今河北宣化县)。辖宣化、赤城、万全、龙关、怀来、阳原、怀安、蔚县、延庆、涿鹿、张北、独石、多伦县等13县。民国三年5月改观察使为道尹,为简缺,三等,驻地、辖县仍旧。同年7月6日,析张北、独

---

① 谢观:《各省区域沿革一览表》,第14页。
② 《临时政府内务行政纪要》,第41页。
③ 印铸局:《职官任免月表》,第57页。
④ 谢观:《各省区域沿革一览表》,第5页。
⑤ 《政府公报》第726号,1914年5月15日,第25册,第785页。
⑥ 《政府公报》第834号,1914年8月31日,第28册,第801页。
⑦ 《政府公报》第745号,1914年6月3日,第26册,第38页。

石、多伦3县往属察哈尔特别区域兴和道①。民国十七年废。

各县级政区的沿革,详见本章第二节河北省相关记载及本卷附录表18。

民国四年7月,直隶省拟实行县佐制,各县佐驻在地如下:天津县县佐驻葛沽(今天津市东南葛沽)、沧县县佐分别驻孟村(今孟村回族自治县驻地孟村镇)、李村(今黄骅市西北李村),盐山县县佐驻羊二庄(今黄骅市东南羊二庄),河间县县佐驻束城(今河间市东北束城),故城县县佐驻郑镇(今故城县驻地郑口镇),迁安县县佐驻大障子(今青龙满族自治县驻地青龙镇),滦县县佐分别驻倴城镇(今滦南县驻地倴城镇)、榛子镇(今滦县西北榛子镇),遵化县县佐驻半壁山(今兴隆县东半壁山),临榆县县佐驻乾沟镇(今青龙满族自治县东北干沟),文安县县佐驻胜芳镇(今霸州市东南胜芳镇),大城县县佐驻王吉镇(今天津静海县西工口镇),宁河县县佐驻芦台(今宁河县驻地芦台镇),束鹿县县佐驻小章村(今辛集市北小章村),易县县佐驻南管头村(今易县西南管头),涞水县县佐驻玉斗村(即今涞水县西北玉斗村),定县县佐驻李亲顾村(今定州市东南李亲顾),大名县县佐分别驻金滩集(今大名县东北金滩镇)、牙厘集(今魏县南牙里)、旧魏城(今魏县驻地魏城镇),濮阳县县佐分别驻沙堌堆集(今河南濮阳县南孟还城东南)、井店集(今河南内黄县西南井店镇),东明县县佐驻杜胜集(今山东东明县驻地城关镇南),长垣县县佐驻三春集(今东明县西南三春集镇)、邢台县县佐驻西黄村(今邢台市西北西黄村),永年县县佐驻临洺关(今永年县驻地临洺关镇),清河县县佐驻油坊镇(今清河县东南油坊),磁县县佐分别驻马头镇(今邯郸市南马头)、彭城镇(今邯郸市西南彭城),冀县县佐驻官道李庄(今冀州市西北官道李),宁晋县县佐驻百尺口(今宁晋县东北百尺口),怀来县县佐驻矾山堡(今涿鹿县东南矾山)②。但民国七年时上述县佐尚未设置③。

第二节 河 北 省

一、省行政机构

民国十七年(1928)6月28日,国民政府训令将直隶省改名河北省,废除京兆地方,其所属各县并入河北省④。唐代在黄河以北、太行山以东地区置河北

---

① 《政府公报》第779号,1914年7月7日,第27册,第122页。
② 《政府公报》第1140号,1915年7月11日,第39册,第506页。
③ 内务部职方司第一科:《全国行政区划表》,1918年,第11页。
④ 《国民政府公报》第71期,1928年6月,第5页。

道,故名。7月4日,省政府正式在天津成立。民国二十七年6月2日,国民政府为求战时统一,下令改组省政府。民国三十七年(1948)11月22日,省会保定解放。

二、省会

民国十七年10月12日,河北省政府由天津迁至北平市(今北京市)。民国十九年10月,陆海空军副司令张学良致电南京政府,建议将河北省会由北平市迁至天津市,并定于10月15日迁治。南京政府于10月29日训令照办①。民国二十三年12月,行政院第1 892次会议议决移设保定②。次年6月1日起,省政府机关分批迁移至保定(今河北保定市)③。民国二十六年7月卢沟桥事变后,省会保定于9月26日陷落。此后,全省被日伪占领,河北省政府撤离省境,成为流亡政府。民国三十四年9月20日,河北省政府在陕西省西安成立,并于11月迁回北平市。次年7月14日,再迁至保定。民国三十六年11月10日又迁回北平。

三、统辖区域

民国十七年9月17日,国民政府将原直隶省口北道宣化、赤城、万全、龙关、怀来、阳原、怀安、蔚县、延庆、涿鹿县等10县划归察哈尔省管辖④,辖境缩小,大致包括今北京市大部(除市中心区及延庆外),天津市大部(除市中心区外),河北省大部(南部除丘县、馆陶、武安、涉县等县外,北部在长城飞狐口、马水口、古北口、喜峰口、山海关一线),河南省南乐、清丰、濮阳、长垣4县,山东省的东明、宁津、庆云3县。民国三十六年全省土地面积为140 253平方公里。民国二十五年2月,应河北、河南两省政府的请求,为"便利行政并整理冀豫两省区域",国民政府同意将河北省的长垣、濮阳、东明3县划归河南省,将河南省的武安、涉县2县划归河北省⑤。后未执行。东滨渤海湾,北邻辽宁、热河、察哈尔,西界山西,南接河南、山东。

四、县、市、设治局

民国十九年6月北平特别市降为北平市,为河北省会,11月复为特别市⑥。

---

① 《国民政府公报》第611号,1930年10月31日,第2页。
② 《内政公报》第7卷第52期,1934年,第24页。
③ 《河北省会迁移保定经过》,《河北月刊》1935年第7期,第1页。
④ 《国民政府公报》第93期,1928年9月,第5页。
⑤ 《国民政府公报》第1983号,1936年2月28日,第11页。
⑥ 《内政部整理各省行政区划之统计》,《内政公报》第8卷第14期。

11月天津特别市降为天津市,为河北省会,民国二十四年7月又升为直辖市。民国十九年8月增领兴隆县,12月增领都山设治局。民国二十六年增领新海设治局。民国三十五年4月,增领唐山、石门两市,同年增领浭阳、滦宁2县①。至此,全省共辖2市、132县、2设治局②。

清苑县③,清代为保定府附郭县,治所即今河北保定市城区。民国十四年6月至二十六年9月,先后为直隶省、河北省会,民国三十五年7月后复为河北省会。民国三年至十七年初为保定道驻地。

大兴县,清顺天府附郭县之一,治所即今北京市东城区。民国元年有将大兴、宛平两县迁出北京城之主张,因官制未确定而没有实行。民国二年6月,直隶省议会决定将大兴、宛平两县移出北京城。7月,内务部表示同意:"前清时代,大、宛两县而外,又有四路同知首尾可以兼顾。今同知既裁,人、宛县治当然适中地点,以便管辖,此应移驻之理由一也。黄村、卢沟桥有东西两厅旧署,稍加修葺,即可作为大、宛两县官厅,并有分司废署,可为将来审判厅之用,不必择地兴筑,于经费一项自无浩大问题,此应移驻之理由二也。去岁八月二十七日,大总统令内有现在省官制及北京府官制均未颁定,所有大、宛两县着即暂缓移驻等因,在当时似因顺天府或裁或留,未经国会决议,故有暂缓移驻之令。今《顺天府属地方行政官厅组织令》业已公布,四路同知亦经裁撤,将来顺天府尹一职即仍存在,大、宛两县亦断无同城共治之理。即使官制变更,仿照外国京师特设行政区域之例,亦与大、宛两县毫无关系,此应移驻之理由三

---

① 《河北省志》第2卷《建置志》,河北人民出版社,1993年,第246页。
② 按:吴以政《中华民国行政区域表》第10页有"北戴河滨海区管理局"。又,《北戴河志》(天津人民出版社,1994年,第63页)载:"民国二十一年(1932)6月,北戴河避暑区改称北戴河海滨自治区,设自治区公署。民国二十三年(1934)3月北戴河海滨自治区与临榆县正式实行划界,直隶河北省。民国二十四年(1935)11月25日成立'冀东防共自治委员会'(1936年1月1日改为'冀东防共自治政府'),本地归其属。民国二十五年(1936)12月,北戴河海滨自治区改名为'北戴河海滨风景区',设管理局。……民国三十四年(1945)7月,改北戴河风景区为'北戴河海滨区管理局',隶属河北省公署。民国三十四年抗日战争胜利后,成立'河北省政府',北戴河海滨区管理局归其属。北戴河海滨1948年11月26日解放。"王凤华《北戴河海滨旧闻录》(中国城市出版社,1997年,第135页)载:"1932年5月,河北省政府颁布北戴河海滨自治区组织章程,建立了海滨自治区公署。……1933年,自治区公署仿效各国铁路经营沿线风景之先例,拟定了'北戴河海滨自治暂行办法',经河北省政府批准,于1934年3月划定东起鸽子窝西至戴河口、南北宽3华里海区域实行自治,由北宁铁路管理局经营管理,由北宁铁路派来经理和公安局长任自治区长官。1936年11月,日本帝国主义扶植下的伪冀东自治政府成立,北戴河改称风景管理局,隶属于伪冀东政府之下,管辖范围与自治区相同。……1945年日本投降前夕,北戴河海滨在日本铁蹄下获得解放,经河北省公署批准,于当年7月改为北戴河海滨管理局,至1948年11月北戴河解放。"
③ 按:本节各县除有说明者外,均初属直隶省,后属河北省,为节省篇幅,不一一说明。

也。……现既由国务会议议决,自应令其移驻,以期于治理、民情均有利益。"①但未能实施。民国三年属京兆地方。民国十七年6月属河北省。民国二十四年3月迁治南苑北大红门(今北京市丰台区东大红门)②。民国二十六年9月伪县公署成立时移至南苑万字镇。抗战胜利后仍治南苑③。

宛平县,清顺天府附郭县之一。治所即今北京市西城区。民国三年属京兆地方,十七年6月属河北省。民国十八年3月迁卢沟桥拱极城内清代西路厅旧署(今北京市西南郊卢沟桥)。民国二十六年11月,日伪迁驻长辛店(今北京市西南郊长辛店)④,抗战胜利后因之⑤。

良乡县,治所即今北京市房山区良乡。清属顺天府。民国三年10月属京兆地方,十七年6月属河北省。

固安县,治所即今河北省固安县驻地固安镇。清属顺天府。民国三年10月属京兆地方,十七年6月属河北省。

永清县,治所即今河北永清县驻地永清镇。清属顺天府。民国三年10月属京兆地方,十七年6月属河北省。

安次县,清代为东安县,治安次(今河北廊坊市南仇庄光荣村)。因与湖南、四川、广东3省县名重复,民国三年1月改名。汉置安次县于此,故名⑥。清属顺天府。民国三年10月属京兆地方,十七年6月属河北省。

香河县,治所即今河北香河县驻地淑阳镇。清属顺天府。民国三年10月属京兆地方,十七年6月属河北省。

三河县,治所即今河北三河市泃阳镇。清属顺天府。民国三年10月属京兆地方,十七年6月属河北省。

怀柔县,治所即今北京市怀柔区城区。清属顺天府。民国三年10月属京兆地方,十七年6月属河北省。

房山县,治所在今北京市房山区西城关街道。清属顺天府。民国三年10月属京兆地方,十七年6月属河北省。

霸县,清代为霸州,治所即今河北霸州市驻地城关镇。民国二年2月改为县。清属顺天府。民国三年10月属京兆地方,十七年6月属河北省。

涿县,清代为涿州,治所即今河北涿州市城区。民国二年2月改为县。清属顺天府。民国三年10月属京兆地方,十七年6月属河北省。

---

① 《政府公报》第430号,1913年7月17日,第15册,第337页。
② 陈铁卿:《大兴县迁治记》,《河北月刊》第3卷第4期,1935年,第1页。
③④ 伪河北省公署编:《河北省概况》,1943年,第17页。
⑤ 《北京市丰台区志》,北京出版社,2001年,第187页。
⑥ 《内务部改定各省重复县名及存废理由清单》。

通县,清代为通州,治所即今北京市通州区。民国二年2月改为县。原属顺天府。民国三年10月属京兆地方,十七年6月属河北省。

蓟县,清代为蓟州,治所即今天津市蓟县驻地文昌街街道。民国二年2月改为县。清属顺天府。民国三年10月属京兆地方,十七年6月属河北省。

昌平县,清代为昌平州,治所即今北京市昌平县城区。民国二年2月改置为县。清属顺天府。民国三年10月属京兆地方,十七年6月属河北省。

武清县,治所在今天津市武清区西北城关镇。清属顺天府。民国三年10月属京兆地方,十七年6月属河北省。

宝坻县,治所即今天津市宝坻区驻地宝平街街道。清属顺天府。民国三年10月属京兆地方,十七年6月属河北省。

顺义县,治所即今北京市顺义区城区。清属顺天府。民国三年10月属京兆地方,十七年6月属河北省。

密云县,治所即今北京市密云县城区。清属顺天府。民国三年10月属京兆地方,十七年6月属河北省。

静海县,治所即今天津市静海县驻地静海镇。北京政府时期属津海道。

河间县,清代为河间府附郭县,治所即今河北河间市驻地瀛州镇。北京政府时期属津海道。

平谷县,治所即今北京市平谷区城区。清属顺天府。民国三年10月属京兆地方,十七年6月属河北省。

天津县,清代为天津府附郭县,治所即今天津市城区。民国三年至十七年10月间先后为直隶、河北省会。民国二年2月为渤海道治,三年起为津海道治。民国十七年6月,天津县城区划出为天津市区。为实行市县分治,便利行政,民国二十四年1月迁治咸水沽(今天津市东南咸水沽)[①]。

青县,治所即今河北青县驻地清州镇。北京政府时期属津海道。

沧县,清代为沧州,治所即今河北沧州市运河区城区。民国二年2月改县。北京政府时期属津海道。

盐山县,治所即今河北盐山县驻地盐山镇。北京政府时期属津海道。

庆云县,治所在今山东庆云县驻地庆云镇北庆云。北京政府时期属津海道。

南皮县,治所即今河北南皮县驻地南皮镇。北京政府时期属津海道。

吴桥县,治所在今河北吴桥县东铁城镇。北京政府时期属津海道。

[①] 《国民政府公报》第1691号,1935年3月16日,第10页。

故城县，治所在今河北故城县东北故城镇。北京政府时期属津海道。

东光县，治所即今河北东光县驻地东光镇。北京政府时期属津海道。

卢龙县，清代为永平府附郭县，治所即今河北卢龙县驻地卢龙镇。北京政府时期属津海道。

献县，治所即今河北献县驻地乐寿镇。北京政府时期属津海道。

肃宁县，治所即今河北肃宁县驻地肃宁镇。北京政府时期属津海道。

任丘县，治所即今河北任丘市城区。北京政府时期属津海道。

阜城县，治所即今河北阜城县驻地阜城镇。北京政府时期属津海道。

交河县，治所在今河北泊头市西南交河镇。北京政府时期属津海道。

宁津县，治所即今山东宁津县城区。北京政府时期属津海道。

景县，清代为景州，治所即今河北景县驻地景州镇。民国二年2月改县。北京政府时期属津海道。

临榆县，治所在山海关西口（今河北秦皇岛市东北山海关区）。北京政府时期属津海道。

遵化县，清代为遵化直隶州直辖地，治所即今河北遵化市驻地城关镇。民国二年3月改县。北京政府时期属津海道。

兴隆县，民国十九年12月析遵化县属第七、八两区兴隆山镇地方置[①]。因境内兴隆山得名。治兴隆山（今河北兴隆县驻地兴隆镇）。因边北两个区被伪满洲国占领，民国二十二年4月移治马兰峪（今河北遵化市西北马兰峪镇）[②]。

丰润县，治所即今河北唐山市丰润区西丰润镇。北京政府时期属津海道。

迁安县，治所即今河北迁安市城区。北京政府时期属津海道。

抚宁县，治所即今河北抚宁县驻地抚宁镇。北京政府时期属津海道。

昌黎县，治所即今河北昌黎县驻地昌黎镇。北京政府时期属津海道。

滦县，清代为滦州，治所即今河北滦县驻地滦河街道。民国二年2月改县。北京政府时期属津海道。

唐山市，民国三十六年6月析滦县唐山镇置[③]。治所即今河北唐山市。

乐亭县，治所即今河北乐亭县驻地乐安街道。北京政府时期属津海道。

徐水县，清为安肃县，治所即今河北徐水县驻地安肃镇。因与甘肃省安肃道同名，民国三年6月改名[④]。因县内徐河得名。北京政府时期属保定道。

满城县，治所即今河北满城县驻地满城镇。北京政府时期属保定道。

[①] 《国民政府公报》第672号，1931年1月15日，第17页。按：内政部方域司：《中华民国行政区域简表》（第11版）作1931年3月置。

[②] 金仕民：《日伪时期马兰峪的机构设置》，《遵化党史资料》第2辑，1989年，第364页。《兴隆县志》，新华出版社，2004年，第648页。

[③] 《国民政府公报》第2867号，1947年7月3日，第6页。

[④] 吴承湜：《近六十年全国郡县增建志要》附录，第79页。

定兴县,治所即今河北定兴县驻地定兴镇。北京政府时期属保定道。

新城县,治所在今河北高碑店市东南新城镇。北京政府时期属保定道。

唐县,治所即今河北唐县驻地仁厚镇。北京政府时期属保定道。

博野县,治所即今河北博野县驻地博野镇。北京政府时期属保定道。

玉田县,治所即今河北玉田县驻地无终街道。北京政府时期属津海道。

文安县,治所即今河北文安县驻地文安镇。北京政府时期属津海道。

大城县,治所即今河北大城县驻地平舒镇。北京政府时期属津海道。

新镇县,清为保定县,治所在今河北文安县北新镇。民国三年6月,因与本省保定道同名,改名[①]。北京政府时期属津海道。

宁河县,治所在今天津市宁河县驻地芦台镇北宁河镇。北京政府时期属津海道。

蠡县,治所即今河北蠡县驻地蠡吾镇。北京政府时期属保定道。

雄县,治所即今河北雄县驻地雄州镇。北京政府时期属保定道。

安国县,清代为祁州,治所即今河北安国市驻地祁州镇。民国二年2月改为祁县。民国三年1月,因与山西省县名重复,改名。以汉代安国县得名[②]。北京政府时期属保定道。

安新县,清代为安州,治所在今河北安新县西南安州镇。民国二年2月改县[③]。北京政府时期属保定道。

束鹿县,治所在今河北辛集市东南新城。北京政府时期属保定道。

高阳县,治所即今河北高阳县驻地高阳镇。北京政府时期属保定道。

望都县,治所即今河北望都县驻地望都镇。北京政府时期属保定道。

容城县,治所即今河北容城县驻地容城镇。北京政府时期属保定道。

定县,清代为定州直隶州直辖地,治所即今河北定州市城区。民国二年2月改县。北京政府时期属保定道。

阜平县,治所即今河北阜平县驻地阜平镇。北京政府时期属保定道。

栾城县,治所即今河北栾城区驻地栾城镇。北京政府时期属保定道。

行唐县,治所即今河北行唐县驻地龙州镇。北京政府时期属保定道。

灵寿县,治所即今河北灵寿县驻地灵寿镇。北京政府时期属保定道。

平山县,治所即今河北平山县驻地平山镇。北京政府时期属保定道。

元氏县,治所即今河北元氏县驻地槐阳镇。北京政府时期属保定道。

[①][③] 吴承湜:《近六十年全国郡县增建志要》附录,第80页。
[②] 《内务部改定各省重复县名及存废理由清单》。

赞皇县，治所即今河北赞皇县驻地赞皇镇。北京政府时期属保定道。

晋县，清代为晋州，治所即今河北晋州市驻地晋州镇。民国二年2月改县。北京政府时期属保定道。

正定县，清代为正定府附郭县，治所即今河北正定县驻地正定镇。北京政府时期属保定道。

石门市，民国十四年8月，北京政府以石庄、休门两村合并置石门市①，为自治性质，设市政公所。民国二十八年取消市政公所，此后由公安局管理。民国二十八年10月，伪中华民国临时政府析获鹿县石家庄、休门两镇置市②。民国三十六年6月国民政府核准因之③。治石家庄（今河北石家庄市区）。

获鹿县，治所即今河北石家庄市鹿泉区驻地获鹿镇。北京政府时期属保定道。

井陉县，治所在今河北井陉县驻地微水镇西天长镇。北京政府时期属保定道。

藁城县，治所即今河北石家庄市藁城区驻地廉州镇。北京政府时期属保定道。

新乐县，治所在今河北新乐市东北承安镇。北京政府时期属保定道。

易县，清代为易州直隶州直辖地，治所即今河北易县驻地易州镇。民国二年2月改县。北京政府时期属保定道。

无极县，治所即今河北无极县驻地无极镇。北京政府时期属保定道。

涞水县，治所即今河北涞水县驻地涞水镇。北京政府时期属保定道。

涞源县，清为广昌县，治所即今河北涞源县驻地涞源镇。民国三年1月，因与江西省县名重名，改名。县内有涞山，涞水发源于此山，县南半里又有涞源泉，故名④。

完县，治所即今河北顺平县驻地蒲阳镇。北京政府时期属保定道。

曲阳县，治所即今河北曲阳县驻地恒州镇。北京政府时期属保定道。

深泽县，治所即今河北深泽县驻地深泽镇。北京政府时期属保定道。

武强县，治所在今河北武强县西南街关镇。北京政府时期属保定道。

饶阳县，治所即今河北饶阳县驻地饶阳镇。北京政府时期属保定道。

安平县，治所即今河北安平县驻地安平镇。北京政府时期属保定道。

大名县，清代分别为大名府附郭大名县、元城县。民国二年1月合并，仍

---

① 《政府公报》第3381号，1925年8月30日，第160册，第4194页。
② 高健：《石家庄的建市经过》，《石家庄文史资料》第1辑，1983年，第20、23页。又，《石家庄市志》第1卷，中国社会出版社，1995年，第45页。
③ 《国民政府公报》第2867号，1947年7月3日，第6页。
④ 《内务部改定各省重复县名及存废理由清单》。

名大名县,并析置魏县①。但是,这一计划遭到大名、元城及原魏县士绅的反对,争论不休,没有实现。民国三年3月,内务部呈准,不设魏县,将元城县并入大名县②。民国三年11月1日,两县正式合并③。治所即今河北大名县驻地大名镇。北京政府时期为大名道治所。

南乐县,治所即今河南南乐县驻地城关镇。北京政府时期属大名道。

清丰县,治所即今河南清丰县驻地城关镇。北京政府时期属大名道。

东明县,治所即今山东东明县驻地城关镇。北京政府时期属大名道。

濮阳县,清代为开州,治所即今河南濮阳县驻地城关镇。民国二年2月改名开县。民国三年1月,因与四川、贵州两省县名重复,改名④。汉置濮阳县于此,故名。北京政府时期属大名道。

长垣县,治所即今河南长垣县蒲东街道。北京政府时期属大名道。

永年县,清代为广平府附郭县,治所在今河北永年县东南广府镇。北京政府时期属大名道。

深县,清代为深州直隶州直辖地,治所即今河北深州市驻地深州镇。民国二年2月改县。北京政府时期属保定道。

邢台县,清代为顺德府附郭县,治所即今河北邢台县驻地(邢台市桥东区城区)。北京政府时期属大名道。

沙河县,治所在今河北沙河市北沙河城镇。北京政府时期属大名道。

南和县,治所即今河北南和县驻地和阳镇。北京政府时期属大名道。

平乡县,治所在今河北平乡县西南平乡镇。北京政府时期属大名道。

广宗县,治所即今河北广宗县驻地广宗镇。北京政府时期属大名道。

巨鹿县,治所即今河北巨鹿县驻地巨鹿镇。北京政府时期属大名道。

尧山县,清为唐山县,治所在今河北隆尧县西南尧城。北京政府时期属大名道。民国十七年10月,因与本省滦平县唐山镇重名,改名⑤。

内丘县,治所即今河北内丘县驻地内丘镇。北京政府时期属大名道。

任县,治所即今河北任县驻地任城镇。北京政府时期属大名道。

磁县,清代为磁州,治所即今河北磁县驻地磁州镇。民国二年2月改县。北京政府时期属大名道。

---

① 《政府公报》第263号,1913年1月29日,第9册,第577页。
② 《政府公报》第666号,1914年3月16日,第23册,第579页。
③ 《政府公报》第960号,1915年1月10日,第33册,第231页。
④ 内务部职方司第一科:《全国行政区划表》,1918年,第8页。
⑤ 《国民政府公报》第3号,1928年10月28日,第4页。

曲周县,治所即今河北曲周县驻地曲州镇。北京政府时期属大名道。
肥乡县,治所即今河北肥乡县驻地肥乡镇。北京政府时期属大名道。
鸡泽县,治所即今河北鸡泽县驻地鸡泽镇。北京政府时期属大名道。
广平县,治所即今河北广平县驻地广平镇。北京政府时期属大名道。
邯郸县,治所即今河北邯郸市丛台区老城区。北京政府时期属大名道。
成安县,治所即今河北成安县驻地成安镇。北京政府时期属大名道。
威县,治所即今河北威县驻地洺州镇。北京政府时期属大名道。
清河县,治所在今河北清河县驻地葛仙庄镇西东关村、西关村一带。北京政府时期属大名道。
隆平县,治所在今河北隆尧县驻地隆尧镇。北京政府时期属大名道。
高邑县,治所即今河北高邑县驻地高邑镇。北京政府时期属大名道。
冀县,清代为冀州直隶州直辖地,治所即今河北冀州市驻地冀州镇。民国二年2月改县。北京政府时期属大名道。
衡水县,治所即今河北衡水市桃山区城区。北京政府时期属大名道。
南宫县,治所即今河北南宫市驻地凤岗街道。北京政府时期属大名道。
新河县,治所即今河北新河县驻地新河镇。北京政府时期属大名道。
枣强县,治所即今河北枣强县驻地枣强镇。北京政府时期属大名道。
武邑县,治所即今河北武邑县驻地武邑镇。北京政府时期属大名道。
赵县,清代为赵州直隶州直辖地,治所即今河北赵县驻地赵州镇。民国二年2月改县。北京政府时期属大名道。
柏乡县,治所即今河北柏乡县驻地柏乡镇。北京政府时期属大名道。
临城县,治所即今河北临城县驻地临城镇。北京政府时期属大名道。
宁晋县,治所即今河北宁晋县驻地凤凰镇。北京政府时期属大名道。
都山设治局,民国二十二年8月析迁安、抚宁两县所属长城以北地区置①。驻大丈子(今河北青龙满族自治县驻地青龙镇)。
新海设治局,民国二十六年6月析沧县、盐山县滨海地区置②。驻韩村(今河北黄骅市城区)。
滦宁县,民国三十六年11月析滦县南部置③。治倴城(今河北滦南县驻地友谊路街道)④。在人民解放军的打击下,同年12月,县政府逃到董各庄

---

① 《国民政府公报》第1254号,1933年10月6日,第9页。
② 《准内政部咨请通令所属为河北省置新海设治局治所设于韩村一案令仰知照由》,《四川省政府公报》第91期,1937年,第15页。
③ 《国民政府公报》第2978号,1947年11月13日,第13页。
④ 《河北省志》第2卷《建置志》,第313页。

（今属南套乡）。次年5月又逃到滦县，被改编为河北省保安第五团，县自然消亡①。

浭阳县，民国三十六年11月析丰润县南部置②。治胥各庄（今河北唐山市丰南区驻地胥各庄街道）③。

五、行政督察区

民国二十一年（1932），南京政府颁布《各省行政督察专员暂行条例》、《行政督察专署条例》，令各省划定行政督察区，但河北省没有立即实行。随着日本侵略者先后占领热河省全境、河北省东北部和察哈尔省的北部，华北局势日益危急。在这种形势下，省政府无法直接管辖各县。自民国二十五年3月至二十六年2月间，全省先后设立了尧山、南宫、人名、博野、沧县、濮阳、天津、宛平、河间、获鹿等10个行政区，每区设专员1人；并拟再增设清苑、涿县、邢台、安次、武邑、景县6个行政区。但因与《条例》不合，被行政院下令即行停止增设。民国二十六年3月20日，河北省政府将全省111县、1设治局、1警察局（被日伪占领地区除外）划分为17个行政督察区，如下。

第一区，专署驻清苑县，辖清苑、安新、徐水、满城、完县、唐县、望都县。

第二区，专署驻涿县，辖涿县、涞水、易县、涞源、定兴、容城、新城、房山、良乡县。

第三区，专署驻宛平县，辖宛平、大兴、通县、昌平县。

第四区，专署驻天津县，辖天津、静海、武清、宁河县。

第五区，专署驻安次县，辖安次、固安、永清、雄县、霸县、新镇、文安县。

第六区，专署驻河间县，辖河间、高阳、任丘、大城、肃宁、饶阳、献县。

第七区，专署驻沧县，辖沧县、盐山、南皮、青县、庆云县和新海设治局。

第八区，专署驻景县，辖景县、故城、阜城、东光、吴桥、交河、宁津县。

第九区，专署驻深县，辖深县、衡水、武邑、武强、束鹿县。

第十区，专署驻博野县，辖博野、蠡县、安国、安平、无极、深泽、晋县。

第十一区，专署驻定县，辖定县、曲阳、新乐、行唐、阜平、灵寿县。

第十二区，专署驻获鹿县，辖获鹿、井陉、正定、栾城、元氏、平山、赞皇、藁城县及石门警察局。

---

① 《滦南县志》，三联书店，1997年，第61页。
② 《国民政府公报》第2978号，1947年11月13日，第13页。
③ 《河北省志》第2卷《建置志》，第306页；李继隆：《丰南县的历史沿革》，《丰南史志资料选编》第1辑，1984年，第6页。

第十三区，专署驻尧山县，辖尧山、内丘、隆平、任县、宁晋、赵县、高邑、临城、柏乡县。

第十四区，专署驻南宫县，辖南宫、冀县、枣强、新河、清河、巨鹿、广宗、威县、平乡县。

第十五区，专署驻邢台县，辖邢台、南和、沙河、鸡泽、永年、邯郸县。

第十六区，专署驻大名县，辖大名、肥乡、广平、磁县、成安、曲周、南乐县。

第十七区，专署驻濮阳县，辖濮阳、清丰、长垣、东明县。

民国二十六年 7 月 7 日，抗日战争爆发。9 月 26 日，省会保定陷落。民国二十七年 12 月，又将全省划为 10 个行政督察区①。民国二十八年又划为 17 个行政督察区②。民国三十年河北省政府在洛阳办公时，曾奉命规划全省行政建置，将全省划分为 18 个行政督察区③。民国三十一年、三十二年，行政院内政部两次公布河北省为 18 个行政督察区，但实际均未实行。

第一区，专署驻临榆县，辖临榆、抚宁、昌黎、迁安、卢龙县和都山设治局。

第二区，专署驻滦县，辖滦县、乐亭、丰润、玉田、遵化、兴隆县。

第三区，专署驻三河县，辖三河、香河、宝坻、蓟县、平谷、密云县。

第四区，专署驻通县，辖通县、大兴、顺义、怀柔、昌平、武清、安次县。

第五区，专署驻天津，辖天津、宁河、静海、青县、大城、文安县。

第六区，专署驻沧县，辖沧县、南皮、盐山、东光、吴桥、庆云、宁津县和新海设治局。

第七区，专署驻新城县，辖新城、永清、固安、容城、霸县、新镇、雄县、任丘县。

第八区，专署驻涿县，辖涿县、定兴、易县、涞水、涞源、宛平、房山、良乡县。

第九区，专署驻献县，辖献县、高阳、肃宁、河间、交河、景县、阜城县。

第十区，专署驻清苑县，辖清苑、徐水、完县、唐县、满城、望都、安新、蠡县。

第十一区，专署驻定县，辖定县、新乐、曲阳、阜平、行唐、安国、深泽、博野县。

第十二区，专署驻获鹿县，辖获鹿、正定、井陉、平山、灵寿、无极、藁城、栾城县和石门警察局。

第十三区，专署驻深县，辖深县、饶阳、安平、束鹿、晋县、武强、武邑、衡水县。

---

① 《国民政府公报》渝字第 115 号，1939 年 1 月 4 日，第 11 页。
② 《国民政府公报》渝字第 192 号，1939 年 9 月 30 日，第 6 页。
③ 《国民政府公报》渝字第 401 号，1941 年 10 月 1 日，第 29 页。

第十四区,专署驻南宫县,辖南宫、故城、枣强、冀县、新河、清河、广宗、威县。

第十五区,专署驻高邑县,辖高邑、赵县、宁晋、柏乡、临城、元氏、赞皇县。

第十六区,专署驻邢台县,辖邢台、内丘、沙河、尧山、隆平、任县、南和、巨鹿县。

第十七区,专署驻永年县,辖永年、邯郸、磁县、平乡、鸡泽、曲周、肥乡县。

第十八区,专署驻大名县,辖大名、广平、成安、南乐、清丰、濮阳、长垣、东明县。

民国三十四年11月,河北省政府迁回北平后,将原18个行政督察区调整为14个行政督察区。12月,又增领第十五督察区。各区如下。

第一区,专署驻秦皇岛,辖临榆、抚宁、昌黎、乐亭、滦县、辽安、卢龙县和都山设治局。民国三十六年11月增领滦宁县。

第二区,专署驻宁河县塘沽镇,辖天津、宁河、武清、宝坻、静海、青县、大城、安次县。

第三区,专署驻沧县,辖沧县、南皮、盐山、东光、吴桥、庆云、宁津县和新海设治局。

第四区,专署驻玉田县,暂驻丰润县①,辖丰润、玉田、遵化、兴隆、蓟县、平谷、密云县。民国三十六年增辖滠阳县。

第五区,专署驻通县,暂驻北平市,辖通县、大兴、宛平、良乡、房山、怀柔、顺义、昌平、三河、香河县。

第六区,专署驻涿县,辖涿县、固安、永清、霸县、新城、定兴、易县、涞水、涞源、新镇县。

第七区,专署驻河间县,辖河间、献县、交河、阜城、景县、肃宁、文安、任丘县。

第八区,专署驻清苑县,辖清苑、徐水、完县、满城、望都、雄县、容城、安新、高阳、蠡县。

第九区,专署驻定县,辖定县、新乐、唐县、曲阳、行唐、阜平、无极、安国、博野县。

第十区,专署驻深县,辖深县、饶阳、安平、束鹿、武邑、武强、衡水、晋县、深泽县。

第十一区,专署驻正定县,暂驻石门市,辖正定、获鹿、藁城、栾城、高邑、赵

---

① 内政部方域司:《中国之行政督察区》,第33页。

县、柏乡、灵寿、平山、元氏、井陉、赞皇县。

第十二区,专署驻南宫县,辖南宫、冀县、枣强、清河、故城、新河、威县、广宗、宁晋、巨鹿、平乡县。

第十三区,专署驻邢台县,辖邢台、任县、南和、沙河、鸡泽、隆平、尧山、临城、内丘县。

第十四区,专署驻大名县,民国三十七年改驻东明县,辖大名、广平、南乐、清丰、东明、长垣、濮阳县。

第十五区,民国三十四年12月析第十三、十四行政督察区置。专署驻磁县,辖磁县、永年、邯郸、曲周、成安、肥乡等6县。

民国三十七年5月,撤销第十二、十三、十四和十五行政督察区,设置冀南行政区。

附　京兆地方

北京附近的24个县,在清代属顺天府管辖,同时受直隶总督的节制,为顺(天府)直(隶)兼辖区域。中华民国政府成立初,因北京为首都所在地,地位重要,保持原状。民国二年(1913)1月8日,特别颁布《划一现行顺天府属地方行政官厅组织令》,保留顺天府,以顺天府尹为长官,其辖区及与直隶省的关系,一仍清代之旧,仅废除了清代的监尹一职。民国三年5月,宁河、文安、新镇、大城4县因离府尹驻地较远,划属直隶省。同时将顺天府尹辖区内原受直隶长官节制的司法、财政等权力全部划归顺天府尹,为此后京兆地方的设立奠定了基础:"查顺天各属原领二十四县,以形势论,关山险峻,川泽萦流,铁道四达,交通至便,惟宁河一县介于天津、遵化之间,大城、保定、文安三县距天津为近,现拟将该四县划归直隶管辖,而其他之二十县皆归顺天府直接管辖,庶几地势团结,控制易周,而无鞭长莫及之虑。此行政区域之应行规定者也。行政区域既已规定,凡在区域内行使政权,皆应由顺天府府尹统治之,从前旧制凡受制于直隶长官者,一切罢去。"①同年10月4日,北京政府公布《京兆尹官制》,将顺天府改名为京兆地方:"中央政府所在地方称京兆,置京兆尹一人,为京兆地方行政长官,依法律命令执行该管区域内行政事务,指挥、监督所属各县知事,管辖河工及巡防、警备等队,并受政府之特别委任监督财政暨其他特别官署之行政事务。"②由此,京兆地方成

---

① 《政府公报》第726号,1914年5月15日,第25册,第785页。
② 《政府公报》第869号,1914年10月5日,第30册,第71页。

为省级行政单位,但长官京兆尹的地位比省行政长官巡按使略低。京兆尹公署在北京城区。同日,公布《京兆地方区域表》,京兆尹辖大兴、宛平、良乡、固安、永清、安次、香河、三河、霸县、涿县、通县、蓟县、昌平、武清、宝坻、顺义、密云、怀柔、房山、平谷等20县。民国十七年6月裁撤,并入河北省。

北京政府时期,在北京城区建有京都市政公所。民国六年12月29日,督办京师市政公所公布《京都市政公所暂行编制》3章、14条,并刊登于次年1月10日的《政府公报》。由于北京是一国之都会,所以市政机构的行政地位相当高,"京都全市市政暂由内务总长兼任,督办市政事宜"。具体办事机构为京都市政公所,"关于办理京都市政,特置京都市政公所,由督办遴员组织之,有统辖全市执行市政之权"。市政公所下设4处,每处所办之事,均有明确规定。民国十一年6月17日,北京政府公布市自治施行日期及施行区域,并以京都市行特别市自治制,自9月1日起施行,所有从前之市政督办各职,即行裁撤,在自治机关未成立以前,由内务总长暂行兼理市政事宜[①]。辖区为北京城区。置市长1名,由内政部呈北京政府批准。

京兆地方所辖各县沿革,详见本章第二节河北省的相关记载。

[①] 《政府公报》第2260号,1922年6月18日,第122册,第2727页。

第十六章　山东省

清宣统三年(1911),山东巡抚驻济南府(今山东济南市区)。全省府级政区有济南、东昌、泰安、武定、兖州、曹州、沂州、登州、莱州、青州等10府,以及临清、济宁、胶州3直隶州;县级行政区划有8州、96县。辖境相当于今山东省大部(除东明县、宁津、庆云外),河南省的范县、台前县,河北省的馆陶、丘县及故城县西南部、海兴县东南部。

一、省行政机构

民国元年(1912)初,山东仍为清政府管辖区域,以山东巡抚为全省最高行政长官,巡抚之下设有民政使、提学使等。此后,改山东巡抚为都督,兼管民政事务。民国二年1月置民政长,为省行政长官,下设内务、财政等司。民国三年5月23日,改民政长为巡按使。民国五年7月6日,改巡按使为省长①。民国十七年5月16日,国民党中央政治会议第140次会议决定建立山东省政府。21日,南京政府发布任命令。民国二十五年8月,根据行政院指令,全省设置17个行政督察专署,为省政府辅助机关。民国二十六年底,山东全省沦陷。抗日战争胜利后,山东省光复。民国三十四年10月,南京国民政府改组山东省政府委员会。民国三十七年(1948)9月24日,省城济南市解放。

二、省会

初治历城县(今山东济南市城区)。济南五三惨案发生后,民国十七年6月迁治泰安县(今山东泰安市)。民国十八年5月迁回历城县,同年7月起治济南市(即今山东济南市城区)。

三、统辖区域

民国时期山东省统辖区域基本与清代相似。民国三十六年全省土地面积

---

① 印铸局:《职官任免月表》,第83页。

为146 736平方公里。东滨黄海,北邻河北,西界河南,南接安徽、江苏。

四、道、县、市、设治局

民国元年初,山东省仍设有济东泰临武道、兖沂曹济道。8月,裁济东泰临武道①。民国二年2月,依照《划一现行各道地方行政官厅组织令》,根据全省实际情况,设立岱北道、岱南道、济西道、胶东道等4道观察使,岱北道、济西道地处平原,所以领县多而幅员较狭,岱南道、胶东道处在沿海地带,县的数量较少,所以领县少而幅员较为广阔②。民国三年5月,改名为济南、济宁、东临、胶东道③。民国十四年10月22日,山东督办兼省长张宗昌重划为济南、东昌、泰安、武定、德临、淄清、莱胶、东海、兖济、琅琊、曹濮等11道④。民国十六年8月6日,北京政府大元帅令准:"山东改设道区,系参用从前府治及直隶州治遗意,职责较专,治理较易,于地方不无裨益,应准暂行试办。"⑤8月16日任命各道道尹⑥。民国十七年4月30日,张宗昌被北伐军逐出山东,各道被废除。

民国二年2月,裁府州改县⑦。

民国四年5月,山东省拟实行县佐制,驻在地如下:历城县县佐驻中公集(今济南市南仲宫),桓台县县佐驻张店(今淄博市驻地张店区),齐东县县佐驻长福镇(今邹平县西北),泰安县县佐驻娄德镇(今新泰市西楼德),惠民县县佐驻永利镇,滨县县佐驻北镇(今滨州市驻地北镇),乐陵县县佐驻旧县镇(今盐山县西南旧县),沾化县县佐驻庆城镇,博兴县县佐驻博昌镇(今博兴县东南),滕县县佐驻临城(今枣庄市薛城区),峄县县佐驻北庄集(今枣庄市东北北庄),鱼台县县佐驻古村(今鱼台县西旧城),临沂县县佐驻兰陵保(今苍山县西南兰陵),费县县佐驻梁丘集(今费县西南梁丘),莒县县佐驻十字路镇(今莒南县驻地十字路镇),沂水县县佐驻垛庄(今蒙阴县东南垛庄),菏泽县县佐驻沙土集(今菏泽市东沙土),曹县县佐驻刘口(今河南商丘市东北刘口集),恩县县佐驻旧城(今武城县南旧城),丘县县佐驻贺钊镇(今河北威县东北贺钊),德县县佐驻边临镇(今陵县北边临),东平县县佐驻靳口(今东平县西南),寿张县县佐驻

---

① 印铸局:《职官任免月表》,第81页。
② 《政府公报》第291号,1913年2月27日,第10册,第526页。
③ 印铸局:《职官任免月表》,第82页。
④ 《山东省志》第2卷《大事记》,山东人民出版社,2000年,第191页。
⑤ 《政府公报》第4056号,1927年8月7日,第184册,第2233页。
⑥ 《政府公报》第4066号,1927年8月17日,第184册,第2381页。
⑦ 《临时政府内务行政纪要》,第48页。

梁山(今梁山县驻地梁山镇)，濮县县佐驻王堌堆(今山东鄄城县驻地鄄城镇)，黄县县佐驻黄山馆(今龙口市南黄山馆)，牟平县县佐驻冯家集(今乳山市东北冯家)，文登县县佐分别驻威海卫(今威海市环翠区)、靖海卫(今文登市南靖海)，掖县县佐驻沙河镇(今莱州市西南沙河)，昌邑县县佐驻丈岭(今昌邑市东南丈岭)，胶县县佐分别驻灵山司(今胶南市东北灵山)、王台镇(今胶南市北王台)，高密县县佐驻双羊店(今高密市西双羊)，即墨县县佐驻金家口(今即墨市东北金口镇)，益都县县佐驻金岭镇(今淄博市驻地张店区东金岭)，寿光县县佐驻侯镇(今寿光县东北侯镇)，日照县县佐驻安东卫(今日照市西南安东卫)。但民国七年时上述县佐尚未实施①。

民国十八年置济南市，十九年置烟台市，三十四年改威海卫行政区为威海卫市。民国三十七年，辖3市、108县、1设治局②。

1. 道

济南道，民国二年1月置岱北道，观察使驻历城县(今山东济南市)。民国三年5月改名。道尹仍驻历城县③，为繁要缺，一等④。辖历城、章丘、邹平、淄川、长山、桓台、齐河、齐东、济阳、长清、泰安、新泰、莱芜、肥城、惠民、阳信、无棣、滨县、利津、乐陵、霑化、蒲台、商河、青城、博兴、高苑、博山等27县⑤。民国十四年10月辖区缩小，辖历城、章丘、邹平、淄川、长山、桓台、齐河、齐东、济阳、长清等10县。民国十七年5月废。

济宁道，民国二年1月置岱南道，观察使驻滋阳县(今山东兖州市城区)⑥。民国三年5月改名。道尹为要缺，二等，驻济宁县(今山东济宁市城区)。辖济宁、滋阳、曲阜、宁阳、邹县、滕县、泗水、汶上、峄县、金乡、嘉祥、鱼台、临沂、郯城、费县、蒙阴、莒县、沂水、菏泽、曹县、单县、城武、定陶、巨野、郓城等25县。民国十四年废。

东临道，民国二年1月置济西道，观察使驻聊城县(今山东聊城市城区)。民国三年5月改名。道尹为简缺，三等。辖聊城、堂邑、博平、茌平、清平、莘县、冠县、馆陶、高唐、恩县、临清、武城、夏津、丘县、德县、德平、平原、陵县、临邑、禹城、东平、东阿、平阴、阳谷、寿张、濮县、朝城、观城、范县等29县。民国

---

① 内务部职方司第一科:《全国行政区划表》，1918年，第34页。
② 按:《中华民国史地理志(初稿)》第34页有"临冠丘"设治局，具体情况不详。
③ 《政府公报》第774号，1914年7月2日，第27册，第559页。
④ 《政府公报》第834号，1914年8月31日，第28册，第801页。
⑤ 《政府公报》第745号，1914年6月3日，第26册，第38页。
⑥ 《政府公报》第291号，1913年2月27日，第10册，第526页。

十四年废。

胶东道,民国二年1月置。观察使驻福山县烟台(今山东烟台市城区)。道尹为繁要缺,一等。辖福山、蓬莱、黄县、栖霞、招远、莱阳、牟平、文登、荣城、海阳、掖县、平度、潍县、昌邑、胶县、高密、即墨、益都、临淄、广饶、寿光、昌乐、临朐、安丘、诸城、日照等26县。民国十四年废。

东昌道,民国十四年10月,山东督办兼省长张宗昌置。道尹驻聊城县。辖聊城、堂邑、博平、茌平、清平、莘县、冠县、馆陶、高唐、丘县、阳谷、寿张等12县。民国十七年5月废。

泰安道,民国十四年10月,山东督办兼省长张宗昌置。道尹驻泰安县。辖泰安、肥城、新泰、莱芜、东平、平阴、东阿等7县。民国十七年5月废。

武定道,民国十四年10月,山东督办兼省长张宗昌置。道尹驻惠民县。辖惠民、阳信、滨县、无棣、利津、沾化、乐陵、蒲台、商河、青城等10县。民国十七年5月废。

德临道,民国十四年10月,山东督办兼省长张宗昌置。辖德县、德平、平原、陵县、临邑、禹城、临清、武城、夏津、恩县等10县。民国十七年5月废。

淄青道,民国十四年10月,山东督办兼省长张宗昌置。辖益都、博山、临淄、博兴、高苑、广饶、寿光、昌乐、临朐等9县。民国十七年5月废。

莱胶道,民国十四年10月,山东督办兼省长张宗昌置。道尹驻胶县。辖胶县、高密、即墨、掖县、平度、潍县、昌邑、安丘、诸城等9县。民国十七年5月废。

东海道,民国十四年10月,山东督办兼省长张宗昌置。道尹驻福山县烟台。辖福山、蓬莱、栖霞、招远、黄县、莱阳、牟平、海阳、文登、荣成等10县。民国十七年5月废。

兖济道,民国十四年10月,山东督办兼省长张宗昌置。道尹驻济宁县。辖济宁、滋阳、曲阜、宁阳、汶上、泗水、邹县、滕县、峄县、金乡、嘉祥、鱼台等12县。民国十七年5月废。

琅琊道,民国十四年10月,山东督办兼省长张宗昌置。道尹驻临沂县。辖临沂、日照、郯城、莒县、沂水、费县、蒙阴等7县。民国十七年5月废。

曹濮道,民国十四年10月,山东督办兼省长张宗昌置。辖菏泽、曹县、单县、城武、定陶、巨野、郓城、濮县、观城、朝城、范县等11县。民国十七年5月废。

2. 县、市、设治局

济南市,济南在清光绪三十年(1904)开辟商埠,设商埠局办理商埠事宜。

民国六年改为市政公所,民国九年又改为市政厅。民国十八年5月,济南惨案一年后,山东省政府由泰安迁回济南。鉴于济南人口近40万,已符合设市条件,于是派员接收市政厅。7月1日,济南市政府正式成立,设市长1人①。10月29日,国民政府指令同意②,以历城县城区及四郊为行政区域。民国十九年2月任命市长③。治所即今山东济南市区。民国二十年1月,山东省政府下令裁撤,3月恢复。为山东省政府驻地。

历城县,清代为济南府附郭县,治所即今山东省济南市城区。民国十七年6月前、民国十八年5至6月为山东省会。北京政府时期为济南道驻地。民国十九年2月划出城区商埠地置济南市。民国二十六年4月行政院令准迁治王舍人庄(今山东济南市历城区东王舍人地方)④。

章丘县,治所在今山东章丘市驻地明水街道西北绣惠镇。北京政府时期属济南道。

邹平县,治所即今山东邹平县黛溪街道。北京政府时期属济南道。

淄川县,治所在今山东淄博市西南淄川区般阳路街道。北京政府时期属济南道。

长山县,治所在今山东邹平县东长山镇。北京政府时期属济南道。

桓台县,清代为新城县,治所在今山东桓台县西新城镇。因与吉林、直隶、江西、浙江、贵州等5省县名重复,民国三年1月改名耏水县。因县境乌河古名耏水,故名⑤。同月再次改名⑥。因县署东有桓台,相传齐桓公曾经驻于此,故名。北京政府时期属济南道。

齐河县,治所在今山东齐河县南祝阿镇南西关、北关一带。北京政府时期属济南道。

齐东县,治所在今山东邹平县西北台子镇北旧城村。北京政府时期属济南道。

滨县,清代为滨州,治所在今山东滨州市滨城区城区。民国二年2月改县。北京政府时期先后属济南道、武定道。

---

① 钱端升等:《民国政制史》下册,第416页。
② 《国民政府公报》第309号,1929年11月1日,第19页。
③ 《国民政府公报》第404号,1930年2月25日,第9页。
④ 《内政公报》第10卷第4期,1937年4月,第64页。按:《历城县志》(济南出版社,1990年,第43页)谓1937年11月迁治。
⑤ 《内务部改定各省重复县名及存废理由清单》。又,谢观:《各省区域沿革一览表》,第79页。
⑥ 按:内务部职方司第一科:《全国行政区划表》(1914年)、吴承湜:《近六十年全国郡县增建志要》(附录第79页)均记载1914年1月改新城县为桓台县。疑曾有改新城县为耏水县的计划,但实际上是将新城县直接改名为桓台县。

利津县，治所即今山东利津县驻地利津街道。北京政府时期先后属济南道、武定道。

济阳县，治所即今山东济阳县城区。北京政府时期属济南道。

长清县，治所即今山东济南市长清区文昌街道。北京政府时期属济南道。

泰安县，清代为泰安府附郭县。治所即今山东泰安市泰山区岱庙街道。北京政府时期先属济南道，后为泰安道治。

新泰县，治所即今山东新泰市驻地青云街道。北京政府时期先后属济南道、泰安道。

莱芜县，治所即今山东莱芜市驻地城关镇。北京政府时期先后属济南道、泰安道。

肥城县，治所在今山东肥城市北老城街道。北京政府时期先后属济南道、泰安道。

惠民县，清代为武定府附郭县。治所即今山东惠民县驻地惠民街道。北京政府时期先属济南道，后为武定道治。

阳信县，治所即今山东阳信县驻地信城街道。北京政府时期先后属济南道、武定道。

无棣县，清代为海丰县，治所在今山东无棣县海丰街道。因与广东省县名重复，民国三年1月改名。隋初置无棣县名于此，故名①。北京政府时期先后属济南道、武定道。

博山县，治所在今山东淄博市西南博山区。北京政府时期先后属济南道、淄青道。

济宁县，清代为济宁直隶州直辖地，治所在今山东济宁市任城区城区。民国二年2月改县。北京政府时期先后为济宁道、兖济道治。

乐陵县，治所即今山东乐陵市驻地市中街道。北京政府时期先后属济南道、武定道。

沾化县，治所在今山东滨州市沾化区西古城镇。北京政府时期先后属济南道、武定道。

蒲台县，治所在今山东滨州市滨城区南蒲城街道。北京政府时期先后属济南道、武定道。

商河县，治所即今山东商河县驻地许商街道。北京政府时期先后属济南道、武定道。

---

① 《内务部改定各省重复县名及存废理由清单》。

青城县，治所在今山东高青县西青城镇。北京政府时期先后属济南道、武定道。

博兴县，治所即今山东博兴县城区。北京政府时期先后属济南道、淄青道。

高苑县，治所在今山东高青县东南高城镇。北京政府时期先后属济南道、淄青道。

峄县，治所在今山东枣庄市南峄城区。北京政府时期先后属济宁道、兖济道。

金乡县，治所即今山东金乡县驻地金乡街道。北京政府时期先后属济宁道、兖济道。

嘉祥县，治所即今山东嘉祥县驻地嘉祥街道。北京政府时期先后属济宁道、兖济道。

鱼台县，治所在今山东鱼台县西南鱼城镇。北京政府时期先后属济宁道、兖济道。

滋阳县，清代为兖州府附郭县，治所即今山东济宁市兖州区鼓楼街道。北京政府时期先后属济宁道、兖济道。

曲阜县，治所即今山东曲阜市驻地鲁城街道。北京政府时期先后属济宁道、兖济道。

宁阳县，治所即今山东宁阳县驻地文庙街道。北京政府时期先后属济宁道、兖济道。

邹县，治所即今山东邹城市驻地钢山街道。北京政府时期先后属济宁道、兖济道。

滕县，治所即今山东滕州市城区。北京政府时期先后属济宁道、兖济道。

泗水县，治所即今山东泗水县驻地泗河街道。北京政府时期先后属济宁道、兖济道。

汶上县，治所即今山东汶上县驻地中都街道。北京政府时期先后属济宁道、兖济道。

沂水县，治所即今山东沂水县驻地沂城街道。北京政府时期先后属济宁道、琅琊道。

菏泽县，清代为曹州府附郭县，治所在今山东菏泽市牡丹区城区。北京政府时期先后属济宁道、曹濮道。

曹县，治所即今山东曹县驻地曹城街道。北京政府时期先后属济宁道、曹濮道。

单县，治所在今山东单县城区。北京政府时期先后属济宁道、曹濮道。

临沂县，清代为沂州府附郭兰山县，治所在今山东临沂市兰山区城区。因与甘肃省兰山道重名，民国三年6月改名①。县境东临沂水，故名。北京政府时期先属济宁道，后为琅琊道治。

郯城县，治所即今山东郯城县驻地郯城街道。北京政府时期先后属济宁道、琅琊道。

费县，治所即今山东费县驻地费城街道。北京政府时期先后属济宁道、琅琊道。

蒙阴县，治所即今山东蒙阴县驻地蒙阴街道。北京政府时期先后属济宁道、琅琊道。

莒县，清代为莒州，治所即今山东莒县驻地城阳街道。民国二年2月改县。北京政府时期先后属济宁道、琅琊道。

堂邑县，治所在今山东聊城市东昌府区西堂邑镇。北京政府时期先后属东临道、东昌道。

博平县，治所在今山东茌平县西博平镇。北京政府时期先后属东临道、东昌道。

茌平县，治所即今山东茌平县驻地振兴街道。北京政府时期先后属东临道、东昌道。

清平县，治所在今山东高唐县西南清平镇。北京政府时期先后属东临道、东昌道。

莘县，治所即今山东莘县驻地燕塔街道。北京政府时期先后属东临道、东昌道。

冠县，治所即今山东冠县驻地冠城街道。北京政府时期先后属东临道、东昌道。

城武县，治所即今山东成武县驻地文亭街道。北京政府时期先后属济宁道、曹濮道。

定陶县，治所即今山东定陶县驻地天中街道。北京政府时期先后属济宁道、曹濮道。

巨野县，治所即今山东巨野县驻地凤凰街道。北京政府时期先后属济宁道、曹濮道。

郓城县，治所即今山东郓城县驻地郓州街道。北京政府时期先后属济宁

---

① 吴承湜：《近六十年全国郡县增建志要》附录，第79页。

道、曹濮道。

聊城县,清代为东昌府附郭县,治所在今山东聊城市东昌府区古楼街道。北京政府时期先后为东临道、东昌道治。

临清县,清代为临清直隶州直辖地,治所即今山东临清市城区。民国二年2月改县。北京政府时期先后属东临道、德临道。

武城县,治所在今山东武城县西南老城镇。北京政府时期先后属东临道、德临道。

夏津县,治所即今山东夏津县驻地银城街道。北京政府时期先后属东临道、德临道。

丘县,治所在今河北邱县南邱城镇。北京政府时期先后属东临道、东昌道。

德县,清代为德州,治所即今山东德州市德城区新湖街道。民国二年3月改县。北京政府时期先后属东临道、德临道。

德平县,治所在今山东临邑县北德平镇。北京政府时期先后属东临道、德临道。

馆陶县,治所在今山东冠县北馆陶镇。北京政府时期先后属东临道、东昌道。

高唐县,清代为高唐州,治所即今山东高唐县驻地鱼邱湖街道。民国二年2月改县。北京政府时期先后属东临道、东昌道。

恩县,治所在今山东平原县西恩城镇。北京政府时期先后属东临道、德临道。

禹城县,治所即今山东禹城市驻地市中街道。北京政府时期先后属东临道、德临道。

东平县,清代为东平州,治所在今山东东平县西州城街道。民国二年2月改县。北京政府时期先后属东临道、泰安道。

东阿县,治所在今山东平阴县西南东阿镇。北京政府时期先后属东临道、泰安道。

平阴县,治所即今山东平阴县驻地榆山街道。北京政府时期先后属东临道、泰安道。

阳谷县,治所即今山东阳谷县城区。北京政府时期先后属东临道、东昌道。

寿张县,治所在今山东阳谷县东南寿张镇。北京政府时期先后属东临道、东昌道。

濮县，清代为濮州，治所在今河南范县西南濮城镇。民国二年2月改县。北京政府时期先后属东临道、曹濮道。民国二十年3月析濮县河东六区置鄄城县①，治王堌堆（今鄄城县驻地鄄城镇），民国二十五年10月裁撤，并入②。

朝城县，治所在今山东莘县西南朝城镇。北京政府时期先后属东临道、曹濮道。

平原县，治所即今山东平原县驻地平原街道。北京政府时期先后属东临道、德临道。

陵县，治所即今山东德州市陵城区临城街道。北京政府时期先后属东临道、德临道。

临邑县，治所即今山东临邑县驻地临邑镇。北京政府时期先后属东临道、德临道。

范县，治所在今山东莘县南古城镇。北京政府时期先后属东临道、曹濮道。

福山县，治所即今山东烟台市西福山区城区。北京政府时期先后为胶东道、东海道治。

烟台市，民国十九年1月山东省政府析福山县置。9月，行政院议决不符合法律要求，未予核准③。民国三十五年2月析福山、牟平等县地置④。治所即今山东烟台市芝罘区。民国三十六年5月公布《烟台市政府组织规程》⑤。

蓬莱县，清代为登州府附郭县，治所在今山东蓬莱市登州街道。北京政府时期先后属胶东道、东海道。

黄县，治所在今山东龙口市东莱街道。北京政府时期先后属胶东道、东海道。

栖霞县，治所即今山东栖霞市翠屏街道。北京政府时期先后属胶东道、东海道。

招远县，治所即今山东招远市罗峰街道。北京政府时期先后属胶东道、东海道。

莱阳县，治所即今山东莱阳市驻地城厢街道。北京政府时期先后属胶东

---

① 《国民政府公报》第747号，1931年4月7日，第11页。
② 《国民政府公报》第2187号，1936年10月27日，第11页。按：《近六十年全国郡县增建志要》（附录，第95页）作并入濮阳县，似误。
③ 钱端升等：《民国政制史》下册，第425页。又，《内政年鉴》，第(B)138页。
④ 内政部方域司：《中华民国行政区域简表》(第11版)，第123页。
⑤ 《国民政府公报》第2828号，1947年5月19日，第6页。

道、东海道。

牟平县，清代为宁海州，治所在今山东烟台市东南牟平区宁海街道。民国二年2月改宁海县。因与浙江省县名重名，民国三年1月再次改名。以隋置牟平县于此得名[1]。北京政府时期先后属胶东道、东海道。

威海卫市，民国三十四年10月改威海卫行政区置[2]。治所即今山东威海市环翠区。民国三十六年5月公布《威海卫市政府组织规程》[3]。

观城县，治所在今山东莘县西南观城镇。北京政府时期先后属东临道、曹濮道。

荣成县，治所在今山东荣城市东北成山镇。北京政府时期先后属胶东道、东海道。

海阳县，治所在今山东海阳市东南凤城街道。北京政府时期先后属胶东道、东海道。

掖县，清代为莱州府附郭县，治所即今山东莱州市驻地文昌路街道。北京政府时期先后属胶东道、莱胶道。

平度县，清代为平度州，治所即今山东平度市驻地城关街道。民国二年2月改为县。北京政府时期先后属胶东道、莱胶道。

潍县，治所即今山东潍坊市潍城区、奎文区老城区。北京政府时期先后属胶东道、莱胶道。

昌邑县，治所即今山东昌邑市城区。北京政府时期先后属胶东道、莱胶道。

胶县，清代为胶州直隶州直辖地，治所即今山东胶州市城区。民国二年2月改县。北京政府时期先属胶东道，后为莱胶道驻地。民国十八年4月，划出胶澳区及25岛为青岛市区[4]。

高密县，治所即今山东高密市城区。北京政府时期先后属胶东道、莱胶道。

即墨县，治所即今山东即墨市通济街道。北京政府时期先后属胶东道、莱胶道。

文登县，治所即今山东威海市文登区天福街道。北京政府时期先后属胶东道、东海道。

益都县，清代为青州府附郭县，治所即今山东青州市益都街道。北京政府时期先后属胶东道、淄青道。

---

[1]《内务部改定各省重复县名及存废理由清单》。
[2] 内政部方域司：《中华民国行政区域简表》（第11版），第123页。
[3]《国民政府公报》第2828号，1947年5月19日，第6页。
[4] 吴承湜：《近六十年全国郡县增建志要》附录，第97页。

临淄县,治所在今山东淄博市东临淄区齐都镇。北京政府时期先后属胶东道、淄青道。

广饶县,清代为乐安县,治所在今山东广饶县驻地广饶街道。因与江西省县名重名,民国三年1月改名。汉置广饶县于此,故名①。北京政府时期先后属胶东道、淄青道。

寿光县,治所即今山东寿光市城区。北京政府时期先后属胶东道、淄青道。

昌乐县,治所即今山东昌乐县驻地宝都街道。北京政府时期先后属胶东道、淄青道。

临朐县,治所即今山东临朐县驻地城关街道。北京政府时期先后属胶东道、淄青道。

安丘县,治所即今山东安丘市兴安街道。北京政府时期先后属胶东道、莱胶道。

诸城县,治所即今山东诸城市密州街道。北京政府时期先后属胶东道、莱胶道。

日照县,治所在今山东日照市东港区日照街道。北京政府时期先后属胶东道、琅琊道。

复兴县,民国三十七年3月前析沂水、临朐、蒙阴3县交界地区置②。驻南麻店(今山东沂源县南麻镇)。是否正式设立不详。

东莱设治局,民国十七年6月国民党东北海军进驻长岛,设民政局,与蓬莱县脱离行政隶属关系,翌年正式设长山八岛行政区,直隶于省。民国二十二年10月改置长山八岛特区,仍隶于省。民国二十四年3月该特区撤销,复并入蓬莱县。同年6月又恢复长山八岛特区,直隶于省。民国二十六年1月改属第七行政督察区。民国三十四年8月中国共产党设长山岛军政办事处。民国三十六年9月至三十八年8月被国民党军队占领,先是设立长山列岛区,属蓬莱县,后于三十七年10月以长山八岛置设治局③。局所驻地不详。

五、行政督察区

民国二十四年(1935)2月,山东省呈准以济宁等14县暂设第一行政督察

---

① 《内务部改定各省重复县名及存废理由清单》。
② 《准内政部公函以山东增设复兴县、张家口市更名张垣市及广东省南山管理局改置南山县等案》,《河南省政府公报》,1948年,复刊第41期,第1页。
③ 《总统府公报》第122号,1948年10月9日,第5册。

区。民国二十五年据《行政督察专员公署组织暂行条例》，将全省划分为12个区，但设立行政督察专署的仅3个区，如下所示。

第一区，专署驻济宁县，辖济宁、汶上、东平、嘉祥、鱼台、滕县、邹县、滋阳、曲阜、宁阳县。

第二区，专署驻菏泽县，辖菏泽、定陶、曹县、城武、单县、金乡、巨野、郓城、鄄城县。

第三区，专署驻临沂县，辖沂水、临沂、郯城、峄县、费县、莒县、日照、蒙阴县。

民国二十六年1月，增设第四至第七区行政督察专署，如下。

第四区，专署驻临清县，辖临清、德县、高唐、夏津、恩县、馆陶、丘县、平原、武城、清平县。

第五区，专署驻惠民县，辖惠民、商河、乐陵、无棣、阳信、沾化、临邑、德平、利津、陵县、滨县。

第六区，专署驻聊城县，辖聊城、阳谷、茌平、冠县、朝城、濮县、堂邑、莘县、寿张、观城、博平、范县。

第七区，专署驻牟平县，辖牟平、文登、荣城、招远、蓬莱、黄县、栖霞、福山、海阳县。

民国二十七年改划为15区。翌年4月裁撤第三区，共为14区。民国三十年9月复置第三区，并增设第十六区①。各区如下。

第一区，辖东阿、东平、宁阳、肥城、平阴、长清、汶上、滋阳、历城县。民国三十年9月，历城县划属第十二区。

第二区，辖巨野、郓城、菏泽、定陶、嘉祥、济宁县。

第三区，辖沂水、蒙阴、临沂、郯城、莒县、日照县。

第四区，辖清平、高唐、夏津、武城、齐河、禹城、平原、馆陶、恩县、临清、丘县、德县。民国三十一年，德县改属第十五区。

第五区，辖惠民、商河、无棣、沾化、利津、济阳、滨县、阳信县。

第六区，辖聊城、茌平、博平、堂邑、冠县、莘县、阳谷、寿张、朝城、范县、观城、濮县。

第七区，辖文登、牟平、荣城、福山、海阳县。民国三十年3月，海阳县改属第十三区。

第八区，辖安丘、高密、胶县、诸城、昌乐、益都、临朐县。民国三十年3月，

---

① 《国民政府公报》渝字第399号，1941年9月24日，第29页。

即墨县由第十三区来隶。

第九区,辖栖霞、招远、黄县、蓬莱县。

第十区,辖青城、齐东、章丘、邹平、长山、桓台、高苑县。

第十一区,辖单县、曹县、城武、金乡、鱼台县。

第十二区,辖泰安、莱芜、新泰、博山、淄川县。民国三十年9月,第一区历城县来属。

第十三区,辖莱阳、平度、即墨、掖县、昌邑、潍县。民国三十年3月,即墨县改隶第八区。

第十四区,辖寿光、广饶、临淄、博兴、蒲台县。

第十五区,辖德平、乐陵、临邑、陵县。民国三十二年,第四区德县来属。

第十六区,辖邹县、滕县、曲阜、泗水、费县、峄县。

民国三十三年3月,对各区辖县作了调整,如下所示。

第一区,辖宁阳、汶上、滋阳、邹县、滕县。

第二区,辖巨野、郓城、嘉祥、济宁、濮县、寿张、范县、观城县。

第三区,辖沂水、蒙阴、莒县、日照县。

第四区,辖清平、高唐、夏津、武城、齐河、禹城、平原、馆陶、恩县、临清、丘县、长清、德县。民国三十一年,德县改属第十五区。

第五区,辖无棣、沾化、利津、陵县、德平、乐陵、临邑县。

第六区,辖聊城、茌平、博平、堂邑、冠县、莘县、阳谷、朝城、平阴、东阿、肥城、东平县。

第七区,辖文登、牟平、荣城、福山、海阳县。

第八区,辖安丘、高密、胶县、诸城、昌乐、益都、临朐县。

第九区,辖栖霞、招远、黄县、蓬莱县。

第十区,辖青城、齐东、章丘、邹平、长山、桓台、高苑、惠民、商河、济阳、滨阳、阳信县。

第十一区,辖单县、金乡、鱼台县。

第十二区,辖泰安、莱芜、新泰、博山、淄川、历城县。

第十三区,辖莱阳、平度、即墨、掖县、昌邑、潍县。

第十四区,辖寿光、广饶、临淄、博兴、蒲台县。

第十五区,辖曲阜、泗水、费县、峄县、郯城、临沂县。

第十六区,辖定陶、菏泽、曹县、城武县。

抗战胜利后,对各区的辖县再作调整,济南、烟台、威海卫等3市由省政府直辖,行政院于民国三十六年6月核准备案。调整后的各区如下。

第一区，专署驻滕县，辖滕县、峄县、邹县、滋阳、鱼台、泗水、曲阜县。

第二区，专署驻济宁县，辖济宁、郓城、巨野、东平、汶上、寿张、嘉祥县。

第三区，专署驻临沂县，辖临沂、莒县、沂水、日照、郯城、费县。

第四区，专署驻临清县，辖临清、德县、长清、平原、恩县、禹城、齐河、高唐、夏津、馆陶、武城、清平、丘县。

第五区，专署驻惠民，辖惠民、无棣、滨县、阳信、商河、利津、沾化、乐陵、德平、临邑、陵县。

第六区，专署驻聊城县，辖聊城、阳谷、堂邑、茌平、博平、冠县、朝城、东阿、莘县、平阴县。

第七区，专署驻福山县，辖福山、牟平、荣城、文登县。

第八区，专署驻潍县，辖潍县、益都、安丘、临朐、昌乐县。

第九区，专署驻蓬莱县，辖蓬莱、栖霞、黄县、招远县。

第十区，专署驻桓台县张店镇，辖桓台、章丘、历城、淄川、济阳、长山、博山、邹平、齐东、青城、高苑县。

第十一区，专署驻曹县，辖曹县、单县、金乡、城武县。

第十二区，专署驻高密县，辖高密、诸城、昌邑、胶县。

第十三区，专署驻掖县，辖掖县、莱阳、即墨、平度、海阳县。

第十四区，专署驻寿光县，辖寿光、广饶、临淄、博兴、蒲台县。

第十五区，专署驻泰安县，辖泰安、莱芜、宁阳、肥城、蒙阴、新泰县。

第十六区，专署驻菏泽县，辖菏泽、濮县、定陶、范县、观城县。

附　威海卫行政区

清光绪二十四年五月（1898年7月），中英签订《订租威海卫专条》，将刘公岛及威海卫湾内各岛和沿岸10英里地方租给英国。民国十九年（1930）10月，中国政府正式收回，并于11月初成立威海卫行政区，直隶国民政府行政院，驻地即今山东威海市城区，辖境与租借地相同，相当于今山东威海市及荣成市北部部分地区。抗日战争中被日军侵占。民国三十四年10月，改为威海市，隶属于山东省。

第十七章 河南省

清宣统三年(1911)，河南巡抚驻开封府(今河南开封市)。府级行政区有开封、归德、陈州、河南、彰德、卫辉、怀庆、南阳、汝宁等9府，淅川直隶厅和许州、郑州、陕州、汝州、光州等5直隶州；县级行政区有5州、96县。辖境相当于今河南省大部(除濮阳市所属5县外)，河北省的临漳、武安、涉县，安徽省的金寨县大部，湖北省的大悟县东部。

一、省行政机构

民国元年(1912)3月，根据北京政府令，改河南巡抚为河南都督。民国二年1月，根据《划一现行各省行政官厅组织令》，设民政长，由都督兼任，为河南省民政长官。民国三年5月，根据《省官制》，改民政长为巡按使，省行政机关称巡按使公署。民国五年7月，大总统黎元洪下令改巡按使公署为省公署，改巡按使为省长。民国十六年6月，国民党郑州会议议决建立河南省政府，隶属武汉国民政府，冯玉祥在开封通电就任河南省主席。9月，武汉国民政府与南京国民政府统一后，河南省政府归属南京国民政府。民国二十五年6月，设11个区行政督察专署，为省政府的辅助机关。民国二十六年抗日战争全面爆发后，河南沦陷。次年2月，南京国民政府下令改组河南省政府。民国三十七年(1948)10月24日，省城开封县解放。

二、省会

驻开封县(今河南开封市)。抗战沦陷后，河南省政府于民国二十七年6月迁至镇平县，二十八年10月再迁至洛阳县。民国三十一年4月迁鲁山县，5月后又先后迁内乡县丹水镇(今河南西峡县东南丹水)、卢氏县朱阳关(今河南卢氏县东南朱阳关)等地。抗战胜利后迁回开封县。

三、统辖区域

民国三十六年全省土地面积为165 141平方公里。辖境基本与清代相似，今安徽省的金寨县大部、湖北省的大悟县东部已划出。民国二十五年2月,因河北、河南两省政府的请求,为"便利行政并整理冀豫两省区域",内政部奉准将河北省的长垣、濮阳、东明3县划归河南省,将河南省的武安、涉县2县划归河北省①。后未实行②。东接山东、安徽,北邻山西、河北,西界陕西,南接湖北。

四、道、县

民国元年初,河南省仍保留有清代设置的开归陈许郑道、彰卫怀道、河陕汝道等3道③。3月,裁开归陈许郑道、彰卫怀道。至民国二年,裁河陕汝道。民国元年,将商丘等县改为归德等府④,说明河南省是撤销各府首县,保留府名并有直辖地。民国二年1月,设豫东、豫北、豫西、豫南4观察使。2月,改各府厅州为县⑤。民国三年5月改设开封道、河北道、河洛道、汝阳道等4道。民国十六年6月,冯玉祥部占领河南后,各道裁撤。

民国四年6月,河南省拟实行县佐制,驻在地如下:开封县县佐驻朱仙镇(今开封市西南朱仙镇),兰封县县佐驻封乡(今兰考县东仪封),禹县县佐驻白沙镇(今禹州市西北白沙),商丘县县佐驻石榴堌⑥(今虞城县南站集),鹿邑县县佐驻郸城镇(今郸城县驻地城关镇),夏邑县县佐驻牛王堌(今夏邑县西北车站镇牛王堌),永城县县佐驻马村桥(今永城市西南马桥),睢县县佐驻王桥(今民权县东北王桥),考城县县佐驻旧城寨(今兰考县东),淮阳、项城、沈丘3县县佐驻槐店集(今沈丘县驻地槐店镇),淮阳县、商水县县佐驻周家口(今周口市驻地周口镇),西华县县佐驻逍遥镇(今西华县西南逍遥),项城、沈丘两县县佐驻新兴集(今平舆县东北东和店镇稍北)⑦,太康县县佐驻崔桥集(今扶沟县北崔桥),许昌县县佐驻繁城镇(今临颍县西北繁城),郾城县县佐驻五沟营镇(今西平县东北五沟营),安阳县县佐分别驻水冶(今安阳市西水冶镇)、回隆镇(今河北魏县西南回隆),林县县佐驻临淇镇(今林州市南临淇),浚县县佐驻道

---

① 《国民政府公报》第1983号,1936年2月28日,第11页。
② 吴承湜:《近六十年全国郡县增建志要》附录,第97页。
③ 《职官任免月表》,第89页。按:彰卫怀道即清代河北道。清代河南还有南汝光道,《职官任免月表》中未见记载。
④ 《政府公报》第156号,1912年10月3日,第6册,第165页。
⑤ 《临时政府内务行政纪要》,第48页。
⑥ 按:内务部职方司第一科《全国行政区表》(1918年)第36作"柘榴堌"。《清史稿·地理志》河南商丘县下有"石榴堌驿",丁文江等《中国分省新图》(战后订正第五版,第32页)商丘县东南有"石榴堌"。"柘"字当为"石"字之误。
⑦ 按:丁文江等《中国分省新图》(战后订正第五版,第32页)项城县南、近安徽省界处有新兴集,在安徽临泉县铜阳城西略南,约在今河南平舆县东北东和店镇北。

口镇(今滑县驻地道口镇),沁阳县县佐驻清化镇(今博爱县驻地清化镇),济源县县佐驻邵源镇(今济源市西邵原),洛阳县县佐驻彭婆镇(今伊川县东北彭婆),卢氏县县佐驻栾川镇(今栾川县驻地城关镇),临汝县县佐驻张官营(今地不详),信阳县县佐驻平昌关(今信阳县西北平昌),南阳、方城两县县佐驻赊旗镇(今社旗县驻地社旗镇),南召县县佐驻李青店(今南召县驻地城关镇),沘源县县佐驻埠口镇(今湖北襄樊市东北埠口镇),泌阳县县佐驻沙河店(今泌阳县东北沙河店),桐柏县县佐驻固县(今桐柏县东固县),邓县县佐驻厚坡镇(今淅川县南厚坡),内乡县县佐驻西峡口镇(今西峡县驻地城关镇),汝南县县佐驻杨埠口(今平舆县东杨埠),正阳县县佐驻岳城店(今正阳县东北岳城),西平县县佐驻出山寨(今西平县西南出山),遂平县县佐驻横山(今地不详),确山县县佐驻瓦岗集(今确山县西瓦岗),罗山县县佐驻大胜关(今罗山县南与湖北人悟县交界处大胜关),潢川、固始、商城3县县佐驻江家集(今潢川县东南江集),光山县县佐驻新店集(今新县驻地新集镇),息县县佐分别驻郑家店(今息县驻地城关镇东)、乌龙集(今淮滨县驻地城关镇),淅川县县佐驻荆紫关(今淅川县西北荆紫关)。但民国七年时上述县佐尚未实施①。

　　南京政府时期,河南省曾有将部分县进行合并的计划,但因故未能实现。民国二十四年11月,国民政府核准划卢氏、嵩县、内乡3县交界地置栾川县②。12月,国民政府核准河南省政府提出的将开封、陈留两县合并为陈留县,汜水、广武、荥阳3县合并为成皋县③。民国二十五年1月,因开封县并入陈留县,而开封城区为省会地方,地位重要,另设开封市④。2月,因"面积狭小,财赋支绌,不足以发展县政"⑤,国民政府令准原武、阳武2县合并为博浪县,宝丰、郏县2县合并为辅城县,洧川、长葛2县合并为宛陵县,考城、兰封2县合并为东仁县,宁陵、睢县2县合并为葵丘县,新安、渑池2县合并为铁门县,将孟津县分别并入洛阳、偃师、铁门3县⑥。民国二十五年5月,应河南省政府的请求,国民政府令暂缓实施,待政情稍定,再行办理⑦。民国末,全省辖111县。

1. 道

　　开封道,民国二年1月置豫东道。民国三年5月改名。道尹为繁要缺,一

---

① 内务部职方司第一科:《全国行政区划表》,1918年,第42页。
② 《国民政府公报》第1910号,1935年12月2日,第5页。
③ 《国民政府公报》第1912号,1935年12月4日,第6页。
④ 《国民政府公报》第1947号,1936年1月17日,第10页。
⑤ 《国民政府公报》第1996号,1936年3月18日,第9页。
⑥ 《国民政府公报》第1975号,1936年2月19日,第12页。
⑦ 《国民政府公报》第2049号,1936年5月16日,第11页。

等,驻开封县(今河南开封市)。辖开封、陈留、杞县、通许、尉氏、洧川、鄢陵、中牟、兰封、禹县、密县、新郑、商丘、宁陵、鹿邑、夏邑、永城、虞城、睢县、考城、柘城、淮阳、商水、西华、项城、沈丘、太康、扶沟、许昌、临颍、襄城、郾城、长葛、郑县、荥阳、河阴、荥泽、汜水等38县。民国十六年撤销。

河北道,民国二年1月置豫北道。民国三年5月改名。道尹为要缺,二等,驻武陟县(今河南武陟县驻地木城镇西南、大虹桥乡东北沁河河道中间)。辖安阳、汤阴、临漳、林县、内黄、武安、涉县、汲县、新乡、获嘉、淇县、辉县、延津、浚县、滑县、封丘、沁阳、济源、原武、修武、武陟、孟县、温县、阳武等24县。道尹驻武陟县,是沿袭清代旧制,侧重于黄河防治。民国成立后,设有河防局专管黄河水利。道尹仍驻武陟,位置偏于全道西侧,给行政管理带来诸多不便,而"汲县居道区正中,且当京汉、道清两铁路交贯之冲,若建为道治,理民治河,均较在武陟为便",同年8月,经内务部核覆,移驻汲县(今河南卫辉市城区)①。民国十六年撤销。

河洛道,民国二年1月置豫西道。民国三年5月改名。道尹为简缺,三等,民国三年11月改为繁缺,二等②,驻陕县(今河南三门峡市西陕县老城)。辖洛阳、偃师、巩县、孟津、宜阳、登封、洛宁、新安、渑池、嵩县、陕县、灵宝、阌乡、卢氏、临汝、鲁山、郏县、宝丰、伊阳等19县。陕县在清代已为道员驻地,地理位置不如洛阳,民国三年8月27日,经内务部呈准,迁驻洛阳县(今河南洛阳市)。当时因陕西、河南两省交界处,"匪氛尚未绝迹,南山一带防务吃紧",决定先将道尹治所改在洛阳,道尹仍驻陕县,"一俟军务肃清,再行移治"③。民国十六年撤销。

汝阳道,民国二年1月置豫南道。民国三年5月改名。道尹为要缺,二等,驻信阳县(今河南信阳市城区)。辖南阳、南召、镇平、沘源、泌阳、桐柏、邓县、内乡、新野、方城、舞阳、叶县、汝南、正阳、上蔡、新蔡、西平、遂平、确山、信阳、罗山、潢川、光山、固始、息县、商城、淅川等27县。民国十六年撤销。

2. 县

开封县,清代为开封府附郭祥符县。治所即今河南开封市城区。民国元年已废,由开封府直辖④。民国二年2月复置并改名,以清代开封府名命名。

---

①③ 《政府公报》第833号,1914年8月30日,第28册,第785页。
② 《政府公报》第911号,1914年11月17日,第31册,第641页。
④ 《众议院议员各省复选区表》。

为河南省会。北京政府时期为开封道驻地。民国十六年析城区置开封市政筹备处,民国十八年9月改组为市政府①。民国十九年9月,河南省政府以市县分设增加负担,且开封市人口不及20万,决议裁撤。国民政府于民国二十年1月令准②。民国二十四年冬,河南省政府因省会地方关系重要,应另行设市,以资治理③。民国二十五年1月,国民政府令准④。同年5月撤销,并入开封县。

陈留县,治所在今河南开封市祥符区东南陈留。北京政府时期属开封道。

杞县,治所即今河南杞县驻地城关镇。北京政府时期属开封道。

通许县,治所即今河南通许县驻地城关镇。北京政府时期属开封道。

尉氏县,治所即今河南尉氏县驻地城关镇。北京政府时期属开封道。

洧川县,治所在今河南尉氏县西南洧川镇。北京政府时期属开封道。

鄢陵县,治所即今河南鄢陵县驻地安陵镇。北京政府时期属开封道。

中牟县,治所即今河南中牟县城区。北京政府时期属开封道。

兰封县,治所在今河南兰考县驻地城关镇。北京政府时期属开封道。

禹县,清代为禹州,治所即今河南禹州市钧台街道。民国二年2月改为县。北京政府时期属开封道。民国十七年析登封、禹县地置民治县,治白沙(今禹州市西北白沙)。民国二十年裁撤,并入登封、禹县。

密县,治所即今河南新密市南城关镇。北京政府时期属开封道。

新郑县,治所即今河南新郑市新建路街道。北京政府时期属开封道。

商丘县,清代为归德府附郭县,治所即今河南商丘市睢阳区城区。民国元年已废,由归德府直辖⑤。民国二年2月复置。北京政府时期属开封道。

宁陵县,治所即今河南宁陵县驻地城关镇。北京政府时期属开封道。

鹿邑县,治所即今河南鹿邑县城区。北京政府时期属开封道。

夏邑县,治所即今河南夏邑县驻地城关镇。北京政府时期属开封道。

永城县,治所即今河南永城市城区。北京政府时期属开封道。

虞城县,治所在今河南虞城县北利民镇。北京政府时期属开封道。

睢县,清代为睢州,治所即今河南睢县驻地城关回族镇。民国二年2月改为县。北京政府时期属开封道。

---

① 《内政年鉴》,第(B)139页。
② 《国民政府公报》第676号,1931年1月20日,第24页。
③ 钱端升等:《民国政制史》下册,第420页。
④ 《国民政府公报》第1947号,1936年1月17日,第10页。
⑤ 《更正众议院议员河南复选区表》。

民权县，民国十七年3月河南省政府析杞县东北部、睢县北部置，国民政府于十八年7月核准①。以孙中山三民主义之"民权"得名。治李坝集（今河南民权县驻地绿州街道西北老城）。民国三十七年徙今县驻地绿州街道火车站。

考城县，治所在今河南兰考县驻地城关镇东北堌阳镇。北京政府时期属开封道。

柘城县，治所即今河南柘城县驻地城关镇。北京政府时期属开封道。

淮阳县，清代为陈州府附郭淮宁县，治所即今河南淮阳县驻地城关镇。民国元年已废，由陈州府直辖②。民国二年2月复置并改名，因古县名得名③。北京政府时期属开封道。

商水县，治所即今河南商水县老城街道。北京政府时期属开封道。

西华县，治所即今河南西华县城区。北京政府时期属开封道。

项城县，治所在今河南项城市南秣陵镇。北京政府时期属开封道。

沈丘县，治所在今河南沈丘县东南老城镇。北京政府时期属开封道。

太康县，治所即今河南太康县驻地城关回族镇。北京政府时期属开封道。

扶沟县，治所即今河南扶沟县驻地城关镇。北京政府时期属开封道。

许昌县，清代为许州直隶州直辖地，治所即今河南许昌市魏都区城区。民国二年2月改为县。北京政府时期属开封道。

临颍县，治所即今河南临颍县驻地城关镇。北京政府时期属开封道。

襄城县，治所即今河南襄城县驻地城关镇。北京政府时期属开封道。

郾城县，治所即今河南漯河市郾城区驻地城关镇。北京政府时期属开封道。

长葛县，治所在今河南长葛市驻地东老城镇。北京政府时期属开封道。

郑县，清代为郑州直隶州直辖地，治所即今河南郑州市城区。民国二年2月改为县。北京政府时期属开封道。民国十六年析城区置郑州市政筹备处。民国十七年3月成立市政府。次年9月任命市长④。民国二十年1月17日国民政府令准裁撤，并入郑县⑤。

荥阳县，治所即今河南荥阳市西城关乡城关村。北京政府时期属开封道。

---

① 《国民政府公报》第237号，1929年8月8日，第9页。
② 《更正众议院议员河南复选区表》。
③ 吴承湜：《近六十年全国郡县增建志要》附录，第79页。
④ 《国民政府公报》第283号，1929年10月1日，第9页。
⑤ 《国民政府公报》第676号，1931年1月20日，第24页。

广武县,原为荥泽县、河阴县。荥泽县治所在今河南郑州市惠济区西古荥。河阴县,民国元年 5 月河南省议会议决析荥泽县河阴乡置,9 月设治①,治所在今荥阳市东北广武镇。北京政府时期,两县均属开封道。因荥泽、河阴两县"土地、财赋均难独立,为整齐区域,便利行政起见"②,民国二十年 6 月合并为广武县,治河阴城(今河南荥阳市东北广武镇)。

汜水县,治所在今河南荥阳市西北汜水镇。北京政府时期属开封道。

汲县,清代为卫辉府附郭县,治所即今河南卫辉市汲水镇。民国元年已废,由卫辉府直辖③。民国二年 2 月复置。北京政府时期为河北道驻地。

武陟县,治所在今河南武陟县驻地木城街道西南、阳城东北沁河河道中间④。北京政府时期属河北道。民国二十八年,日军入侵武陟,在木栾店(今武陟县驻地木城街道)置伪武陟县公署。抗战胜利后,流亡乡间的武陟县政府改驻木栾店⑤。

安阳县,清代为彰德府附郭县,治所即今河南安阳市文峰区城区。民国元年已废,由彰德府直辖⑥。民国二年 2 月复置。北京政府时期属河北道。

汤阴县,治所即今河南汤阴县驻地城关镇。北京政府时期属河北道。

临漳县,治所即今河北临漳县驻地临漳镇。北京政府时期属河北道。

林县,治所即今河南林州市城区。北京政府时期属河北道。

内黄县,治所即今河南内黄县驻地城关镇。北京政府时期属河北道。

武安县,治所即今河北武安市驻地武安镇。北京政府时期属河北道。

涉县,治所即今河北涉县驻地平安街道。北京政府时期属河北道。

新乡县,治所即今河南新乡市红旗区城区。北京政府时期属河北道。

获嘉县,治所即今河南获嘉县驻地城关镇。北京政府时期属河北道。

淇县,治所即今河南淇县驻地朝歌街道。北京政府时期属河北道。

辉县,治所即今河南辉县市驻地城关街道。北京政府时期属河北道。

延津县,治所即今河南延津县驻地城关镇。北京政府时期属河北道。

浚县,治所即今河南浚县城区。北京政府时期属河北道。

滑县,治所在今河南滑县驻地道口镇东南城关镇。北京政府时期属河

---

① 吴承湜:《近六十年全国郡县增建志要》卷下,第 9 页;附录,第 95 页。
② 《国民政府公报》第 822 号,1931 年 7 月 15 日,第 10 页。
③⑥ 《更正众议院议员河南复选区表》。
④ 按:河南省革命委员会生产指挥组编《河南省地图》(1970)作武陟县木城镇西南老城。1981 年沁河改道,老城城址成为沁河河道。
⑤ 《武陟县志》,中州古籍出版社,1993 年,第 51 页。

北道。

封丘县,治所即今河南封丘县驻地城关镇。北京政府时期属河北道。

沁阳县,清代为怀庆府附郭河内县,治所即今河南沁阳市城区。民国元年已废,由怀庆府直辖①。民国二年2月复置并改名,以故沁阳城为名②。北京政府时期属河北道。

博爱县,民国十六年8月河南省政府析沁阳县东北部丹河以东、沁河以北地置,并勘划界线,设立县政府。国民政府于民国十八年7月令准③。以孙中山三民主义之"博爱"得名。治所即今河南博爱县驻地清化镇街道。

济源县,治所即今河南济源市驻地济水街道。北京政府时期属河北道。

原武县,治所在今河南原阳县西南原武镇。北京政府时期属河北道。

修武县,治所即今河南修武县驻地城关镇。北京政府时期属河北道。

孟县,治所即今河南孟州市大定街道。北京政府时期属河北道。

温县,治所即今河南温县驻地温泉镇。北京政府时期属河北道。

阳武县,治所即今河南原阳县原兴街道。北京政府时期属河北道。

洛阳县,清代为河南府附郭县,治所即今河南洛阳市老城区。北京政府时期为河洛道驻地。

陕县,清代为陕州直隶州直辖地,治所在今河南三门峡市湖滨区西北陕县老城。民国二年2月改为县。北京政府时期属河洛道。

偃师县,治所在今河南偃师市东南偃师老城。北京政府时期属河洛道。民国二十四年夏,伊、洛、黄三河同时涨溢,县城被淹,县政府暂迁北窑,后移槐庙(今槐新街道槐庙村)。旋在火车站北邙岭半坡上筹建新城,民国二十六年县政府迁入新城,即今城关镇④。

巩县,治所在今河南巩义市东北站街镇西老城。北京政府时期属河洛道。民国十七年,因县城内长期积水,奉省政府令迁鳌岭(今河南巩义市东北站街)⑤。

孟津县,治所在今河南孟津县东孟津老城。北京政府时期属河洛道。

宜阳县,治所即今河南宜阳县驻地城关镇。北京政府时期属河洛道。

登封县,治所即今河南登封市驻地嵩阳街道。北京政府时期属河洛道。

---

① 《更正众议院议员河南复选区表》。
② 吴承湜:《近六十年全国郡县增建志要》附录,第79页。
③ 《国民政府公报》第237号,1929年8月8日,第9页。
④ 《偃师县志》,三联书店,1992年,第97页。
⑤ 《巩县志》,中州古籍出版社,1991年,第54页。

洛宁县，清代为永宁县，治所在今河南洛宁县驻地城关镇。因与四川省永宁道重名，民国三年6月改名①。因洛河得名。北京政府时期属河洛道。

新安县，治所即今河南新安县驻地城关镇。北京政府时期属河洛道。

渑池县，治所即今河南渑池县驻地城关镇。北京政府时期属河洛道。

嵩县，治所在今河南嵩县东北陆浑水库区。北京政府时期属河洛道。

灵宝县，治所在今河南灵宝市东北老城。北京政府时期属河洛道。民国三十三年县城被日军占领，迁虢略镇（今灵宝市驻地城关镇）②。后县城旋被我军夺回，同年迁返老城。

阌乡县，治所在今河南灵宝市西三门峡水库区。北京政府时期属河洛道。

卢氏县，治所即今河南卢氏县驻地城关镇。北京政府时期属河洛道。

临汝县，清代为汝州直隶州直辖地，治所即今河南汝州市钟楼街道。民国二年2月改县③。因城南临汝水，故名。北京政府时期属河洛道。

鲁山县，治所即今河南鲁山县驻地鲁阳街道。北京政府时期属河洛道。

郏县，治所即今河南郏县驻地龙山街道。北京政府时期属河洛道。

宝丰县，治所即今河南宝丰县驻地城关镇。北京政府时期属河洛道。

伊阳县，治所在今河南汝阳县驻地城关镇。北京政府时期属河洛道。

伊川县，民国十六年12月河南省政府析洛阳、登封、临汝、伊阳4县地置自由县，并勘划界线、设立县治。国民政府于十八年7月核准④。治所在今河南伊川县东南白沙镇。为便利行政，民国二十一年10月改名⑤。因伊水得名。后因县城白沙"地方太偏于东，行政不便"，民国二十二年7月移驻南府店⑥，即今县驻地城关镇。又，民国十六年12月河南省政府析嵩县、洛阳、宜阳、伊阳4县地置平等县，并勘划界线完竣、设立县治。国民政府于十八年7月令准⑦。以孙中山"自由、平等、博爱"之义得名。治辛营（新营，今伊川县西南平等乡）。民国二十年10月裁撤⑧，并入伊阳、嵩、宜阳、自由4县。实际裁撤时间在民国二十二年10月⑨。

---

①③　吴承湜：《近六十年全国郡县增建志要》附录，第80页。
②　《国民政府公报》渝字第654号，1944年3月4日，第8页。
④⑦　《国民政府公报》第237号，1929年8月8日，第9页。
⑤　《国民政府公报》洛字第66号，1932年11月22日，第3页。
⑥　《国民政府公报》第1230号，1933年9月8日，第9页。
⑧　《国民政府公报》第899号，1931年10月15日，第7页。
⑨　吴承湜：《近六十年全国郡县增建志要》附录，第95页。又，《国民政府指令第651号》(《国民政府公报》第1400号，1934年4月2日，第8页)载："内政部呈现报撤销河南省平等县治，现已交割清楚，附缴该县铜质印信。"

信阳县，清代为信阳州，治所即今河南信阳市浉河区老城街道。民国二年2月改为县。北京政府时期为汝阳道驻地。

南阳县，清代为南阳府附郭县，治所在今河南南阳市城区。民国元年已废，由南阳府直辖①。民国二年2月复置。北京政府时期属汝阳道。

南召县，治所在今河南南召县东南云阳镇。北京政府时期属汝阳道。因县治偏僻，民国三十二年2月移治地势适中的李青店②，即今治。

镇平县，治所即今河南镇平县驻地涅阳街道。北京政府时期属汝阳道。

唐河县，清代为唐县，治所即今河南唐河县城区。因与直隶省县名重名，民国三年1月改名沘源县。因境内大狐山为沘水之源，故名③。属汝阳道。民国十二年3月再次改名④，因县境北部唐河得名。

泌阳县，治所即今河南泌阳县驻地古城街道。北京政府时期属汝阳道。

桐柏县，治所即今河南桐柏县驻地城关镇。北京政府时期属汝阳道。

邓县，清代为邓州，治所即今河南邓州市城区。民国二年2月改为县。北京政府时期属汝阳道。

内乡县，治所即今河南内乡县驻地城关镇。北京政府时期属汝阳道。

新野县，治所即今河南新野县驻地汉城街道。北京政府时期属汝阳道。

方城县，清代为裕州，治所即今河南方城县释之街道。民国二年2月改为县⑤，以古县名得名。北京政府时期属汝阳道。

舞阳县，治所即今河南舞阳县驻地舞泉镇。北京政府时期属汝阳道。

叶县，治所即今河南叶县昆阳街道。北京政府时期属汝阳道。

汝南县，清代为汝宁府附郭汝阳县，治所即今河南汝南县驻地汝宁街道。民国元年已废，由汝宁府直辖⑥。民国二年2月复置并改名，因清代汝宁府得名⑦。北京政府时期属汝阳道。

正阳县，治所即今河南正阳县驻地真阳镇。北京政府时期属汝阳道。

上蔡县，治所即今河南上蔡县蔡都街道。北京政府时期属汝阳道。

新蔡县，治所即今河南新蔡县驻地古吕街道。北京政府时期属汝阳道。

西平县，治所即今河南西平县驻地柏城街道。北京政府时期属汝阳道。

遂平县，治所即今河南遂平县驻地灈阳街道。北京政府时期属汝阳道。

确山县，治所即今河南确山县驻地盘龙街道。北京政府时期属汝阳道。

---

①⑥　《更正众议院议员河南复选区表》。
②　《国民政府公报》渝字第548号，1943年2月27日，第18页。
③　《内务部改定各省重复县名及存废理由清单》。
④⑤⑦　吴承湜：《近六十年全国郡县增建志要》附录，第80页。

罗山县，治所即今河南罗山县驻地城关镇。北京政府时期属汝阳道。

潢川县，清代为光州直隶州直辖地，治所即今河南潢川县老城街道。民国二年2月改为县①。因县城濒潢水西北岸，故名。北京政府时期属汝阳道。

光山县，治所即今河南光山县驻地紫水街道。北京政府时期属汝阳道。

经扶县，民国二十二年9月国民政府令准析光山县新集一带地方置②。以进攻鄂豫皖苏区的国民党军将领刘峙别号命名。治所在今河南新县驻地新集镇。

固始县，治所即今河南固始县蓼城街道。北京政府时期属汝阳道。

息县，治所即今河南息县驻地谯楼街道。北京政府时期属汝阳道。民国二十四年6月迁治包信集（今息县东北包信镇）③。

商城县，治所即今河南商城县驻地赤城街道。北京政府时期属汝阳道。

淅川县，清代为淅川直隶厅，治所在今河南淅川县西南老城镇。民国二年2月改为县。北京政府时期属汝阳道。

五、行政督察区

民国二十一年（1932），全省划为11个行政督察区，各区辖县如下。

第一区，专署驻郑县，辖郑县、开封、中牟、尉氏、通许、密县、新郑、禹县、洧川、长葛、广武、汜水、荥阳县。

第二区，专署驻商丘县，辖商丘、陈留、杞县、民权、柘城、永城、夏邑、虞城、宁陵、睢县、兰封、考城县。

第三区，专署驻安阳县，辖安阳、汤阴、林县、临漳、武安、涉县、内黄、汲县、浚县、滑县、淇县。

第四区，专署驻新乡县，辖新乡、沁阳、博爱、修武、武陟、温县、孟县、济源、获嘉、封丘、延津、辉县、原武、阳武县。

第五区，专署驻许昌县，辖许昌、临颍、襄城、鄢陵、郾城、临汝、鲁山、宝丰、郏县。

第六区，专署驻南阳县，辖南阳、方城、新野、唐河、泌阳、内乡、淅川、邓县、镇平、桐柏、南召、舞阳、叶县。

第七区，专署驻淮阳县，辖淮阳、沈丘、商水、西华、鹿邑、太康、扶沟、项

---

① 吴承湜：《近六十年全国郡县增建志要》附录，第80页。
② 《国民政府公报》第1283号，1933年11月10日，第9页。
③ 《国民政府公报》第1782号，1935年7月2日，第15页。

城县。

第八区，专署驻汝南县，辖汝南、上蔡、西平、遂平、确山、正阳、新蔡县。

第九区，专署驻潢川县，辖潢川、光山、固始、商城、息县、信阳、罗山县。次年增辖经扶县。

第十区，专署驻洛阳县，辖洛阳、巩县、偃师、登封、孟津、伊川、宜阳、嵩县、伊阳县。

第十一区，专署驻陕县，辖陕县、灵宝、阌乡、卢氏、洛宁、渑池、新安县。

民国二十七年8月调整第一、第二区辖县，增设第十二区；11月增置第十三区。调整后的各区如下。

第一区，专署驻郑县，辖郑县、中牟、尉氏、密县、新郑、禹县、洧川、长葛、广武、汜水、荥阳县。民国三十二年11月，专署移驻新郑县①。

第二区，专署驻商丘县，辖商丘、柘城、永城、夏邑、虞城、宁陵、鹿邑县。

第三区，专署驻安阳县，辖安阳、汤阴、林县、临漳、武安、涉县、淇县、汲县。民国二十八年1月淇县划属第十三区。同年3月，淇县划回本区，汲县划属第十三区②。

第四区，专署驻新乡县，辖新乡、沁阳、博爱、修武、武陟、温县、孟县、济源、获嘉县。

第五区，专署驻许昌县，辖许昌、临颍、襄城、鄢陵、郾城、临汝、鲁山、宝丰、郏县。

第六区，专署驻南阳县，辖南阳、方城、新野、唐河、泌阳、内乡、淅川、邓县、镇平、桐柏、南召、舞阳、叶县。

第七区，专署驻淮阳县，辖淮阳、沈丘、商水、西华、太康、扶沟、项城县。

第八区，专署驻汝南县，辖汝南、上蔡、西平、遂平、确山、正阳、新蔡县。

第九区，专署驻潢川县，辖潢川、光山、固始、商城、息县、信阳、罗山、经扶县。

第十区，专署驻洛阳县，辖洛阳、巩县、偃师、登封、孟津、伊川、宜阳、嵩县、伊阳县。

第十一区，专署驻陕县，辖陕县、灵宝、阌乡、卢氏、洛宁、渑池、新安县。

第十二区，专署驻通许县，辖通许、陈留、兰封、民权、睢县、杞县、考城、开封县。

---

① 《国民政府公报》渝字第526号，1942年12月12日，第20页。
② 《国民政府公报》渝字第137号，1939年3月22日，第17页。

第十三区，专署驻滑县，辖滑县、浚县、内黄、汲县、封丘、原武、阳武、延津、辉县。民国二十八年3月，第三区汲县改隶本区。

民国三十一年5月，裁撤第十三区，所属各县分隶于第三、第四区。抗战胜利后，仍为12个区，行政院于民国三十六年6月核准备案。各区如下。

第一区，专署驻郑县，民国三十三年9月迁驻新郑县，民国三十七年4月又迁驻郑县①，辖郑县、开封、中牟、广武、汜水、尉氏、密县、新郑、禹县、洧川、长葛、荥阳县。

第二区，专署驻商丘县，辖商丘、柘城、永城、夏邑、虞城、宁陵、鹿邑县。

第三区，专署驻安阳县，辖安阳、汤阴、林县、临漳、武安、涉县、淇县、内黄、汲县、浚县、滑县。

第四区，专署驻新乡县，辖新乡、沁阳、博爱、修武、武陟、温县、孟县、济源、获嘉、封丘、原武、阳武、延津、辉县。

第五区，专署驻许昌县，辖许昌、临颍、襄城、鄢陵、郾城、临汝、鲁山、宝丰、郏县。

第六区，专署驻南阳县，辖南阳、方城、新野、唐河、泌阳、内乡、淅川、邓县、镇平、桐柏、南召、舞阳、叶县。

第七区，专署驻淮阳县，辖淮阳、沈丘、商水、西华、太康、扶沟、项城县。

第八区，专署驻汝南县，辖汝南、上蔡、西平、遂平、确山、正阳、新蔡县。

第九区，专署驻潢川县，辖潢川、光山、固始、商城、息县、信阳、罗山、经扶县。

第十区，专署驻洛阳县，辖洛阳、巩县、偃师、登封、孟津、伊川、宜阳、嵩县、伊阳县。

第十一区，专署驻陕县，辖陕县、灵宝、阌乡、卢氏、洛宁、渑池、新安县。

第十二区，专署驻通许县，民国三十六年迁驻兰封县，辖通许、陈留、兰封、民权、睢县、杞县、考城县。

---

① 《郑州市志》，中州古籍出版社，1999年，第206页。

第十八章　山西省

清宣统三年(1911),山西巡抚驻太原府(今山西太原市)。全省府级行政区有太原、汾州、潞安、泽州、平阳、蒲州、大同、宁武、朔平等9府,归化城、绥远城、萨拉齐、清水河、丰镇、托克托城、宁远、和林格尔、兴和、陶林、武川、五原、东胜等12直隶厅,辽州、沁州、平定、霍州、隰州、绛州、解州、保德、代州、忻州等10直隶州;县级行政区有6州、85县。辖境相当于今山西省全部,内蒙古自治区的商都县以西,苏尼特右旗、四子王旗、达尔罕茂明安联合旗、固阳县以南,以及包头市、黄河一线以东的区域。

一、省行政机构

宣统三年九月八日(10月29日),太原新军起义,成立军政府,下设军政、政事等7部。十月二十三日(12月13日),起义军与清军战斗失利,军政府北上,于民国元年(1912)1月8日退守包头。此前,河东军政府于宣统三年十一月十二日(12月31日)在运城建立,至次年4月4日撤销。大同军政府于民国元年1月初建立,15日失败。民国二年3月置民政长,为全省行政长官。民国三年5月改民政长为巡按使,下设政务厅、财政厅等。民国五年7月6日,改巡按使为省长。民国十六年6月,晋绥陆军总司令阎锡山下令改称国民革命军,自任国民革命军北方总司令;又裁撤山西省长公署,改建省政府,自任省政府主席,并任命各厅主管人员。民国十七年3月,山西省政府在太原正式成立。民国三十年1月后,先后设置17个区行政督察专署。民国三十八年(1949)4月24日,省会太原解放。

二、省会

民国三十六年4月前驻阳曲县,此后驻太原市,均即今山西太原市城区。

三、统辖区域

民国二年11月,归化(含绥远)、萨拉齐、清水河、托克托、和林格尔、五原、武川、东胜、丰镇、宁远、兴和、陶林等12县划属绥远特别行政区,省辖区缩小,基本与今山西省相似,只有两处有所不同：一是河曲县黄河以北地区,今已划属内蒙古自治区；二是阳高县东南部,今已划属河北省。民国三十六年全省土地面积为156 419平方公里。东接河北,北邻绥远,西界陕西,南接河南。

四、道、县、市

辛亥革命后,山西省已将清代各道裁撤。民国二年3月置中路、北路、河东、归绥4道①。11月,归绥道划属绥远特别行政区。民国三年5月,改置冀宁、雁门、河东道。民国十六年废道。

民国元年5月裁府,将各州厅改置为县②,并于民国二年5月咨呈内务部备案。民国初,将徐沟县的清源乡、潞城县的平顺乡、朔县的马邑乡,改置为县。此后,冀宁、河东、雁门等道道尹联合向山西巡按使提出,"新设之清源等县,辖县均非辽阔,政务亦甚简单,无分建县治之必要。且距原隶县治地甚近,实多窒碍,请行合并,添设县佐"。民国四年3月,内务部呈准裁并清源、平顺、马邑3县③。民国六年5月,复置清源、平顺2县④。民国末,全省领1市、105县。

1. 道

冀宁道,民国二年3月置中路道。民国三年5月改名。道尹为繁要缺,一等,驻阳曲县(今山西太原市城区)。辖阳曲、太原、榆次、太谷、祁县、交城、文水、岚县、兴县、徐沟、清源、岢岚、汾阳、孝义、平遥、介休、石楼、临县、中阳、离石、长治、长子、屯留、襄垣、潞城、平顺、壶关、黎城、晋城、高平、阳城、陵川、沁水、辽县、和顺、榆社、沁县、沁源、武乡、平定、昔阳、盂县、寿阳县等43县。民国十六年废。

雁门道,民国二年3月置北路道。民国三年5月改名。道尹为简缺,二等,驻代县(今山西代县驻地城关镇)。辖大同、怀仁、山阴、阳高、天镇、广灵、灵丘、浑源、应县、右玉、左云、平鲁、朔县、马邑、宁武、偏关、神池、五寨、忻县、定襄、静乐、代县、五台、崞县、繁峙、保德、河曲等27县。因大同县邻近直隶省,张绥铁路已达县境,交通便利,商业繁荣,民国四年6月迁驻大同县(今山西大同市)。道尹移治大同后,"政务必因之稍剧,较之原驻代县,实有繁简之

---

①② 《政府公报》第491~495号,1913年9月16日至9月20日,第17册,第522~533页。
③ 《政府公报》第1021号,1915年3月13日,第34册,第513页。
④ 《政府公报》第473号,1917年5月6日,第61册,第206页。

分,例以地当冲要,辖有重要商埠之标准",符合要缺、二等的标准,因此同时将道缺改为二等①。民国十六年废。

河东道,民国二年3月置。道尹为要缺,二等,驻安邑县运城(今山西运城市)。辖临汾、洪洞、浮山、乡宁、安泽、曲沃、翼城、汾城、襄陵、吉县、永济、临晋、虞乡、荣河、万泉、猗氏、解县、安邑、夏县、平陆、芮城、新绛、垣曲、闻喜、绛县、稷山、河津、霍县、汾西、灵石、赵城、隰城、大宁、蒲县、永和等35县。民国十六年废。

2. 县、市

太原市,民国十年,山西省政府设市政公所,管理省城以及城厢地区东至耙儿沟,西至汾河,北到新城,南到大营盘范围内的市政建设。民国三十六年4月核准析阳曲县城区置②。治所即今山西太原市区。为山西省会。

阳曲县,清代为太原府附郭县,治所即今山西太原市城区。民国三十六年4月前为山西省会。北京政府时期为冀宁道驻地。县佐分别驻阳兴镇(今阳曲县东北杨兴)、北小店镇(今西北北小店)。

晋源县,清代为太原县,治晋源(今山西太原市晋源区晋源街道)。北京政府时期属冀宁道。因与新设太原市同名,民国三十六年6月改名。

榆次县,治所即今山西晋中市榆次区老城。北京政府时期属冀宁道。县佐驻什贴镇(今榆次市东北什贴镇)。

太谷县,治所即今山西太谷县驻地明星镇。北京政府时期属冀宁道。县佐驻范村(今太谷县东范村镇)。

祁县,治所即今山西祁县驻地昭余镇。北京政府时期属冀宁道。

交城县,治所即今山西交城县驻地天宁镇。北京政府时期属冀宁道。县佐分别驻古交镇(今山西古交市城区)、寨则村(今交城县西北寨则)。

文水县,治所即今山西文水县驻地凤城镇。北京政府时期属冀宁道。

岚县,治所在今山西岚县驻地东村镇北岚城。北京政府时期属冀宁道。

兴县,治所即今山西兴县驻地蔚汾镇。北京政府时期属冀宁道。

中阳县,清代为宁乡县,治所即今山西中阳县驻地宁乡镇。因与湖南省县名重名,民国三年1月改名。西汉中阳县驻地所在今县西二十五里处,故名③。北京政府时期属冀宁道。

---

① 《政府公报》第1142号,1915年7月13日,第39册,第538页。
② 内政部方域司:《中华民国行政区域简表》(第11版),第134页。
③ 《内务部改定各省重复县名及存废理由清单》。

离石县，清代为永宁州，治所即今山西吕梁市离石区城区。民国元年5月改为永宁县①。因与河南、广西、江西、贵州4省县名重名，民国三年1月改名。以境内离石山得名②。北京政府时期属冀宁道。县佐分别驻碛口镇（今临县南碛口镇）、柳林镇（今柳林县驻地柳林镇）、方山镇（今方山县东北方山）③，民国七年3月裁撤④。

徐沟县，治所在今山西清徐县东南徐沟镇。北京政府时期属冀宁道。县佐驻清源乡（今清徐县驻地清源镇），民国六年5月裁撤，改置为县。

清源县，民国元年5月析徐沟县清源乡置⑤，以清代旧名得名。次年6月经山西民政长电内务部备案⑥。治所即今山西清徐县驻地清源镇。因财政困难，且辖境与徐沟县犬牙交错，增设县驻地后增加民生负担，民国四年3月10日裁入徐沟县⑦。民国八年5月复置，仍治清源⑧。北京政府时期属冀宁道。

岢岚县，清代为岢岚州，民国元年5月改置为县。治所即今山西岢岚县驻地岚漪镇。北京政府时期属冀宁道。

汾阳县，清代为汾州府附郭县，治所即今山西汾阳市城区。北京政府时期属冀宁道。

孝义县，治所即今山西孝义市驻地中阳楼街道。北京政府时期属冀宁道。

平遥县，治所即今山西平遥县驻地古陶镇。北京政府时期属冀宁道。

介休县，治所即今山西介休市城区。北京政府时期属冀宁道。

石楼县，治所即今山西石楼县驻地灵泉镇。北京政府时期属冀宁道。

临县，治所即今山西临县驻地临泉镇。北京政府时期属冀宁道。

壶关县，治所即今山西壶关县驻地龙泉镇。北京政府时期属冀宁道。

黎城县，治所即今山西黎城县驻地黎侯镇。北京政府时期属冀宁道。

---

① ⑤ 《政府公报》第491～495号，1913年9月16日至9月20日，第17册，第522～533页。
② 《内务部改定各省重复县名及存废理由清单》。
③ 《政府公报》，1915年3月14日，第35册，第557页。按：碛口，《山西省各县县佐名称驻在地及理由表》及1918年版《全国行政区划表》均作"碛口镇"，《大总统指令第584号》（1918年3月25日）及《内务总长钱能训、财政总长王克敏呈大总统会核山西省长请增设方山县缺并裁撤县佐一案祈鉴核文》（《政府公报》第783号，1918年3月29日，第71册，第857页）均作"碛石"，丁文江等《中国分省新图》各版、杜秀荣《山西省地图册》（中国地图出版社，2002年）均作"碛口"，"碛石"当为"碛口"之误。
④ 《政府公报》第783号，1918年3月29日，第71册，第857页。
⑥ 吴承湜：《近六十年全国郡县增建志要》卷下，第6页。
⑦ 《政府公报》第1021号，1915年3月13日，第34册，第513页。
⑧ 《政府公报》第473号，1917年5月6日，第61册，第206页。又，吴承湜：《近六十年全国郡县增建志要》卷下，第6页。

方山县,民国七年3月析离石县北部碛石、柳林、方山3处县佐辖境置①。因县境有方山,故名。治方山镇(今山西方山县东北积翠乡)。北京政府时期属冀宁道。

长治县,清代为潞安府附郭县,治所即今山西长治市城区。北京政府时期属冀宁道,县佐驻西火镇(今长治县东南西火镇)。

长子县,治所即今山西长子县驻地丹朱镇。北京政府时期属冀宁道。

屯留县,治所即今山西屯留县驻地麟绛镇。北京政府时期属冀宁道。

襄垣县,治所即今山西襄垣县驻地古韩镇。北京政府时期属冀宁道。

潞城县,治所即今山西潞城市驻地潞华街道。北京政府时期属冀宁道。县佐分别驻虹梯关(今平顺县东虹梯关)、平顺乡(今平顺县驻地青羊镇),民国六年5月裁撤平顺乡县佐,复置平顺县。

平顺县,民国元年5月析潞城县平顺乡置②,因清代旧县名命名。次年6月由山西民政长电内务部备案。治所即今山西平顺县驻地青羊镇③。因财政困难,且辖境与潞城县犬牙交错,增设县治后增加民生负担,民国四年3月内务部呈准裁入潞城县④。民国六年5月复置⑤,治所仍旧。北京政府时期属冀宁道。

榆社县,治所即今山西榆社县驻地箕城镇。北京政府时期属冀宁道。

沁县,清代为沁州直隶州直辖地,治所即今山西沁县驻地定昌镇。民国元年5月改为县。北京政府时期属冀宁道。

沁源县,治所即今山西沁源县驻地沁河镇。北京政府时期属冀宁道。

武乡县,治所在今山西武乡县东故县。北京政府时期属冀宁道。

晋城县,清代为泽州府附郭凤台县,治所即今山西晋城市城区。因与安徽省县名重名,民国三年1月改名。以唐晋城县名命名⑥。北京政府时期属冀宁道。县佐驻拦车镇(今泽州县南晋庙铺镇南拦车)。

高平县,治所即今山西高平市城区。北京政府时期属冀宁道。

阳城县,治所即今山西阳城县驻地凤城镇。北京政府时期属冀宁道。

陵川县,治所即今山西陵川县驻地崇文镇。北京政府时期属冀宁道。

---

① 《政府公报》第783号,1918年3月29日,第71册,第857页。
② 《政府公报》第491～495号,1913年9月16日至9月20日,第17册,第522～533页。
③ 吴承湜:《近六十年全国郡县增建志要》卷下,第6页。
④ 《政府公报》第1021号,1915年3月13日,第34册,第513页。
⑤ 《政府公报》第473号,1917年5月6日,第61册,第206页。
⑥ 《内务部改定各省重复县名及存废理由清单》。

沁水县，治所即今山西沁水县驻地龙港镇。北京政府时期属冀宁道。

辽县，清代为辽州直隶州直辖地，治所即今山西左权县驻地辽阳镇。民国元年5月改为县。北京政府时期属冀宁道。

和顺县，治所即今山西和顺县驻地义兴镇。北京政府时期属冀宁道。县佐驻松烟庄（今和顺县东南松烟镇）。

代县，清代为代州直隶州直辖地，治所即今山西代县驻地上馆镇。民国元年5月改为县。民国三年4月前为北路道驻地，后属雁门道。县佐驻广武镇（今代县西北新广武）。

怀仁县，治所即今山西怀仁县驻地云中镇。北京政府时期属雁门道。

山阴县，治所在今山西山阴县东南山阴城镇。北京政府时期属雁门道。县佐驻岱岳镇，即今县驻地。

阳高县，治所即今山西阳高县驻地龙泉镇。北京政府时期属雁门道。

平定县，清代为平定直隶州直辖地，治所即今山西平定县驻地冠山镇。民国元年5月改为县。北京政府时期属冀宁道。

昔阳县，民国元年5月析平定直隶州乐平乡置乐平县[1]，因旧县名命名。民国二年6月山西民政长电内务部备案。治所在今山西昔阳县驻地乐平镇[2]。因与江西省县名重名，民国三年1月改名。县驻地东五十里处有昔阳城，故名[3]。北京政府时期属冀宁道。

盂县，治所即今山西盂县驻地秀水镇。北京政府时期属冀宁道。

寿阳县，治所即今山西寿阳县驻地朝阳镇。北京政府时期属冀宁道。

大同县，清代为大同府附郭县，治所即今山西大同市城区。北京政府时期为雁门道驻地。县佐驻得胜口（今大同市城区北得胜堡）。

右玉县，清代为朔平府附郭县，治所在今山西右玉县西北右卫镇。北京政府时期属雁门道。县佐分别驻威远堡（今右玉县西南威远堡镇）、杀虎口（今右玉县北杀虎口）。

左云县，治所即今山西左云县驻地云兴镇。北京政府时期属雁门道。

平鲁县，治所在今山西朔州市平鲁区北凤凰城镇。北京政府时期属雁门道。

朔县，清代为朔州，治所即今山西朔州市驻地城关镇。民国元年5月改为

---

[1] 《政府公报》第491～495号，1913年9月16日至9月20日，第17册，第522～533页。
[2] 吴承湜：《近六十年全国郡县增建志要》卷下，第5页。
[3] 《内务部改定各省重复县名及存废理由清单》。

县。北京政府时期属雁门道。县佐驻马邑乡(今朔州市朔城区东北马邑)。又，马邑县，民国元年5月析朔州马邑乡置①。因旧县名得名。治所在今山西朔州市朔城区东北马邑。因财政困难，且辖境与朔县犬牙交错，增设县治后增加民生负担，民国四年3月裁入朔县②。民国六年曾拟复置，遭内务总长否决③。

宁武县，清代为宁武府附郭县，治所即今山西宁武县驻地凤凰镇。北京政府时期属雁门道。县佐驻宁化所④(今宁武县南宁化)。

神池县，治所即今山西神池县驻地龙泉镇。北京政府时期属雁门道。

天镇县，治所即今山西天镇县驻地玉泉镇。北京政府时期属雁门道。

广灵县，治所即今山西广灵县驻地壶泉镇。北京政府时期属雁门道。

灵丘县，治所即今山西灵丘县驻地武灵镇。北京政府时期属雁门道。

浑源县，清代为浑源州，治所即今山西浑源县驻地永安镇。民国元年5月改为县。北京政府时期属雁门道。

应县，清代为应州，治所即今山西应县驻地金城镇。民国元年5月改为县。北京政府时期属雁门道。县佐驻安东卫(今山阴县西北玉井镇东口前村)。

定襄县，治所即今山西定襄县驻地晋昌镇。北京政府时期属雁门道。

静乐县，治所即今山西静乐县驻地鹅城镇。北京政府时期属雁门道。

五台县，治所即今山西五台县驻地台城镇。北京政府时期属雁门道。

崞县，治所在今山西原平市北崞阳镇。北京政府时期属雁门道。县佐驻宏道镇(今定襄县北宏道镇)。

繁峙县，治所即今山西繁峙县驻地繁城镇。北京政府时期属雁门道。县佐驻小石口(今繁峙县东北小石口)。

保德县，清代为保德直隶州直辖地，治所即今山西保德县驻地东关镇。民国元年5月改为县。北京政府时期属雁门道。

偏关县，治所即今山西偏关县驻地新关镇。北京政府时期属雁门道。

五寨县，治所即今山西五寨县驻地砚城镇。北京政府时期属雁门道。

忻县，清代为忻州直隶州直辖地，治所即今山西忻州市忻府区城区。民国元年5月改为县。北京政府时期属雁门道。

河曲县，治所即今山西河曲县驻地文笔镇。北京政府时期属雁门道。县

---

① 《政府公报》第491号，1913年9月16日，第17册，第522页。
② 《政府公报》第1021号，1915年3月13日，第34册，第513页。
③ 《政府公报》第473号，1917年5月6日，第61册，第206页。
④ 按：《山西省各县县佐名称驻在地理由表》(民国四年3月10日)为"宁代所"(《政府公报》同月14日)，明代在宁武县境内置有宁化千户所，"代"字当为"化"字之误。

佐驻旧县镇(在河曲县南旧县)。

安邑县,治所在今山西运城市盐湖区东北安邑。因运城为商旅荟萃之地,政务繁忙,民国四年3月迁治运城(今运城市城区),在安邑设立县佐①。次年12月迁回安邑,县佐移治运城②。北京政府时期,河东道尹驻本县运城。

临汾县,清代为平阳府附郭县,治所即今山西临汾市尧都区驻地西侧。北京政府时期属河东道。

洪洞县,治所即今山西洪洞县驻地大槐树镇。北京政府时期属河东道。

浮山县,治所即今山西浮山县驻地天坛镇。北京政府时期属河东道。

乡宁县,治所即今山西乡宁县驻地昌宁镇。北京政府时期属河东道。

安泽县,清代为岳阳县,治所即今山西古县驻地岳阳镇北城关村。因与湖南省县名重名,民国三年6月改名③。以北魏时安泽县名命名。北京政府时期属河东道。

曲沃县,治所即今山西曲沃县驻地乐昌镇。北京政府时期属河东道。县佐驻侯马镇(今山西侯马市城区)。

翼城县,治所即今山西翼城县驻地唐兴镇。北京政府时期属河东道。

汾城县,清代为太平县,治所即今山西襄汾县驻地新城镇西南汾城镇。因与安徽、浙江、四川、江苏4省县名重名,民国三年1月改名。因汾水得名④。北京政府时期属河东道。县佐驻史村(今襄汾县驻地城关镇)。

襄陵县,治所在今山西襄汾县驻地新城镇北襄陵镇。北京政府时期属河东道。

吉县,清代为吉州,治所即今山西吉县驻地吉昌镇。民国元年5月改为县。北京政府时期属河东道。

永济县,清代为蒲州府附郭县,治所在今山西永济市西蒲州镇。北京政府时期属河东道。县佐驻永乐镇(今芮城县西三门峡水库区)。

临晋县,治所在今山西临猗县西南临晋镇。北京政府时期属河东道。

虞乡县,治所在今山西永济市东虞乡镇。北京政府时期属河东道。

荣河县,治宝井村(今山西万荣县西南宝井)。民国初年,黄河东侵,县城屡遭河患,民国七年呈准以北乡冯村(今万荣县西南荣河镇)为新县城,九年

---

① 《政府公报》第1021号,1915年3月13日,第34册,第513页。
② 《政府公报》第340号,1916年12月14日,第56册,第112页。又,《政府公报》第342号,1916年12月16日,第56册,第463页。
③ 吴承湜:《近六十年全国郡县增建志要》附录,第79页。
④ 《内务部改定各省重复县名及存废理由清单》。

12月迁治①。北京政府时期属河东道。

万泉县，治所在今山西万荣县西南万泉乡古城。北京政府时期属河东道。

猗氏县，治所即今山西临猗县驻地猗氏镇。北京政府时期属河东道。

解县，清代为解州直隶州直辖地，治所在今山西运城市西南解州镇。民国元年5月改为县。北京政府时期属河东道。

芮城县，治所即今山西芮城县驻地古魏镇。北京政府时期属河东道。

新绛县，清代为绛州直隶州直辖地，治所即今山西新绛县驻地龙兴镇。民国元年5月改为县。北京政府时期属河东道。

垣曲县，治所在今山西垣曲县东南古城镇。北京政府时期属河东道。

闻喜县，治所即今山西闻喜县驻地桐城镇。北京政府时期属河东道。

绛县，治所即今山西绛县驻地古绛镇。北京政府时期属河东道。

稷山县，治所即今山西稷山县驻地稷峰镇。北京政府时期属河东道。

夏县，治所即今山西夏县驻地瑶峰镇。北京政府时期属河东道。

平陆县，治所在今山西平陆县西南三门峡水库区。北京政府时期属河东道。县佐驻郭原村（今平陆县东郭垣村）。

河津县，治所即今山西河津市驻地城区街道。北京政府时期属河东道。县佐驻禹门渡（今河津市西北禹门口）。

霍县，清代为霍州直隶州直辖地，治所即今山西霍州市鼓楼街道。民国元年5月改为县。北京政府时期属河东道。

汾西县，治所即今汾西县驻地永安镇。北京政府时期属河东道。

灵石县，治所即今山西灵石县驻地翠峰镇。北京政府时期属河东道。县佐驻仁义镇（今灵石县南仁义）。

赵城县，治所在今山西洪洞县驻地大槐镇北赵城镇。北京政府时期属河东道。

隰县，清代为隰州直隶州直辖地，治所即今山西隰县驻地龙泉镇。民国元年5月改为县。北京政府时期属河东道。县佐驻大麦郊（今山西交口县东北桃红坡镇大麦郊）。

大宁县，治所即今山西大宁县驻地昕水镇。北京政府时期属河东道。

蒲县，治所即今山西蒲县驻地蒲城镇。北京政府时期属河东道。

永和县，治所即今山西永和县驻地芝河镇。北京政府时期属河东道。

---

① 《万荣县志》，海潮出版社，1995年，第26页。

五、行政督察区

抗日战争胜利前,阎锡山曾设有行政督察区,但均未得到行政院的核准。民国三十四年(1945)8月,全省划为16个行政督察区①。各区辖县如下。

第一区,专署驻地未定,辖平定、寿阳、盂县、定襄、五台、代县、繁峙县。

第二区,专署驻地未定,辖崞县、忻县、宁武、静乐、保德、五寨、岢岚县。

第三区,专署驻地未定,辖昔阳、和顺、辽县、榆社、沁县、沁源、襄垣、黎城、武乡县。

第四区,专署驻石楼县,辖石楼、离石、中阳、临县、方山、岚县、兴县。

第五区,专署驻浮山县,辖浮山、晋城、高平、陵川、阳城、沁水、长子、屯留、长治、潞城、平顺、壶关县。

第六区,专署驻隰县,辖隰县、大宁、永和县。

第七区,专署驻平陆县,辖平陆、永济、虞乡、解县、闻喜、夏县、芮城、垣曲、绛县、翼城、曲沃县。

第八区,专署驻地未定,辖阳曲、太原、徐沟、清源、交城、祁县、太谷、榆次县。

第九区,专署驻乡宁县,辖乡宁、稷山、河津、新绛县。

第十区,专署驻地未定,辖灵丘、广灵、山阴、应县、浑源、阳高、天镇、大同县。

第十一区,专署驻地未定,辖怀仁、左云、右玉、神池、朔县、偏关、平鲁、河曲县。

第十二区,专署驻汾西县,辖汾西、灵石、霍县。

第十三区,专署驻蒲县,辖蒲县、安泽、临汾、洪洞、赵城县。

第十四区,专署驻吉县,辖吉县、汾城、襄陵县。

第十五区,专署驻万泉县,辖万泉、安邑、荣河、临晋、猗氏县。

第十六区,专署驻孝义县,辖孝义、汾阳、平遥、介休、文水县。

此后,改设14个行政督察区,太原市及阳曲、榆次、徐沟、清源、晋源等5县由省政府直辖②。各区如下。

第一区,专署驻灵石县,辖灵石、祁县、太谷、平遥、交城、文水、介休县。

第二区,专署驻平定县,辖平定、盂县、寿阳、昔阳、和顺、辽县、榆社县。

---

① 《全国行政区域变更一览表(三十三年九月至三十四年十一月)》。
② 内政部方域司:《中国之行政督察区》,第39页。

第三区，专署驻忻县，辖忻县、崞县、代县、繁峙、五台、定襄、静乐县。

第四区，专署驻汾阳县，辖汾阳、中阳、离石、临县、兴县、岚县、方山、孝义县。

第五区，专署驻曲沃县，辖曲沃、晋城、陵川、壶关、高平、沁水、阳城、翼城县。

第六区，专署驻隰县，辖隰县、大宁、永和、石楼、蒲县、汾西县。

第七区，专署驻解县，辖解县、虞乡、临晋、永济、芮城、平陆县。

第八区，专署驻宁武县，辖宁武、神池、河曲、保德、岢岚、五寨、朔县。

第九区，专署驻乡宁县，辖乡宁、吉县、河津、稷山、新绛、汾城县。

第十区，专署驻大同县，辖大同、怀仁、阳高、天镇、浑源、广灵、灵丘县。

第十一区，专署驻右玉县，辖右玉、山阴、应县、左云、平鲁、偏关县。

第十二区，专署驻临汾县，辖临汾、洪洞、赵城、安泽、浮山、霍县、襄陵县。

第十三区，专署驻长治县，辖长治、潞城、襄垣、武乡、沁县、屯留、长子、黎城、沁源、平顺县。

第十四区，专署驻安邑县，辖安邑、夏县、垣曲、闻喜、万泉、猗氏、荣河、绛县。

第十九章 陕西省

清宣统三年(1911),陕西巡抚驻西安府(今陕西西安市区)。全省府级行政区有西安、凤翔、同州、汉中、兴安、延安、榆林等7府,乾州、鄜州、邠州、商州、绥德等5直隶州;县级行政区有8厅、5州、73县①。实际辖境与今相近。

一、省行政机构

辛亥年九月一日(1911年10月22日),陕西新军起义。三日,建立秦陇复汉军总司令部,以大统领为长官,下置兵马、军令、粮饷、军务等大都督。十月六日(11月26日),成立陕西军政府,改大统领为都督,都督兼管民政事务。民国元年(1912)7月,置民政长,为全省民政长官。民国三年5月,改民政长为巡按使。民国五年7月,裁巡按使,改设省长②。民国十六年6月,国民党郑州会议决议建立陕西省政府,隶属武汉国民政府。宁汉合流后,陕西省政府隶属于南京国民政府。7月18日,省政府改组。民国二十五年6月,全省分设7个区行政督察专署,为省政府辅助机关。12月12日,张学良、杨虎城发动"西安事变",并改组陕西省政府。民国二十六年1月,国民政府委派省政府主席。2月,下令改组陕西省政府委员会,并将行政督察区公署从7个增加到10个。民国三十八年(1949)5月20日,陕西省城西安解放。

二、省会

民国三十二年前省政府驻长安县,此后驻西安市,均即今陕西西安市城区。

三、统辖区域

民国三十六年,全省土地面积为187 691平方公里。东接山西、河南、湖北,北邻绥远,西界甘肃,南接四川。东部、南部界线基本与今相近。西部界线

---

① 内阁印铸局:《职官录》(清宣统三年冬季),陕西省。
② 印铸局:《职官任免月表》,第143页。

亦与今相近,但西南角宁强县西界与今不同,今界已西移。北部,法律界线仍以长城一线为界,事实界线已与今界相近①。

四、道、县、设治局

辛亥革命后,陕西省废除清代各道。民国二年2月将各府厅州一律改县,并于3月1日由陕西都督咨呈内务部备案②。民国二年3月,因清代旧有道区,设陕中、陕东、陕南、陕西、陕北等5道。由于陕西省"地形南北广而东西狭,分设五道,殊形破碎",陕西民政长拟将东、西两道裁撤,由民政长兼理③。内务部饬令就地理形势划分为陕西中道、陕西南道、陕西北道等3道,并调整各道辖县。民国三年5月改设关中道(原中路道改设)、汉中道(原陕南道改设)、榆林道(原陕北道改设)等3道。原隶西道之凤县,东道之山阳、镇安、商南4县划归汉中道;原隶中道的鄜县、中部、宜君、洛川,东道的宜川等5县划归榆林道,原隶东道的大荔等13县、西道的凤翔等15县,归并关中道管辖。约民国十五年年底废关中道④。民国三十二年置西安市,后改为直辖市。民国年间新设的县、设治局有镇坪、平民等县和黄龙、龙驹寨等设治局。北京政府时期设有县佐31缺,其中定边县安边堡县佐设于民国四年6月,其余均于是年4月申报内务部备案⑤。至民国二十年撤销⑥。民国末,全省辖92县、2设治局。

1. 道

关中道,民国二年3月置陕中道,观察使驻长安县(今陕西西安市城区)。辖长安、咸宁、咸阳、兴平、临潼、高陵、鄠县、蓝田、泾阳、三原、盩厔、渭南、富平、醴泉、同官、耀县、鄜县、洛川、中部、宜君等县⑦。民国三年5月改置。道尹为繁要缺,一等⑧,仍驻长安县⑨。辖长安、咸阳、兴平、临潼、高陵、鄠县、蓝田、泾阳、三原、盩厔、渭南、富平、醴泉、同官、耀县、大荔、朝邑、郃阳、澄城、白

---

① 按:二者的差别,参考申报馆《中国分省新图》第一、二版与第三、四、五版陕西幅的差异。
② 《临时政府内务行政纪要》,第48页。又,《政府公报》第499号,1913年9月24日,第13册,第558页。
③ 《政府公报》第644号,1914年2月22日,第22册,第541页。
④ 《西安市志》,西安出版社,1996年,第239页。按:陕西各道废除时间,近年出版的陕西地方志中记载的主要有民国十五年、十七年、二十二年等三种。民国二十二年之说肯定不正确,现暂采用民国十五年年底之说。
⑤ 《政府公报》第1067号,1915年4月28日,第36册,第1053页。
⑥ 《西安市志》,第240页。
⑦ 《政府公报》第499号,1913年9月24日,第17册,第558页。
⑧ 《政府公报》第834号,1914年8月31日,第28册,第801页。
⑨ 《政府公报》第774号,1914年7月2日,第27册,第559页。

水、韩城、华阴、潼关、华县、商县、蒲城、雒南、柞水、凤翔、岐山、宝鸡、扶风、郿县、麟游、汧阳、陇县、邠县、栒邑、淳化、长武、乾县、武功、永寿等43县①。民国十五年11月撤销②。

汉中道，民国二年3月置陕南道，观察使驻南郑县（今陕西汉中市城区）。辖南郑、褒城、城固、洋县、西乡、宁羌、沔县、略阳、佛坪、定远、留坝、汉阴、砖坪、安康、平利、洵阳、白河、紫阳、石泉、宁陕等县③。民国三年5月改置。道尹为要缺，二等，仍驻南郑县。辖南郑、褒城、城固、洋县、西乡、宁羌、沔县、略阳、佛坪、镇巴、留坝、汉阴、砖坪、安康、平利、洵阳、白河、紫阳、石泉、宁陕、山阳、镇安、商南、凤县等24县。

榆林道，民国二年3月置陕北道，观察使驻榆林县（今陕西榆林市城区）。辖榆林、神木、府谷、怀远、葭县、肤施、安塞、甘泉、保安、安定、延长、延川、定边、靖边、绥德、米脂、清涧、吴堡等县④。民国三年5月改置。道尹为边缺，二等，仍驻榆林县。辖榆林、神木、府谷、横山、葭县、肤施、安塞、甘泉、保安、安定、延长、延川、定边、靖边、绥德、米脂、清涧、吴堡、鄜县、洛川、中部、宜君、宜川等23县。民国十二年7月，道尹移治肤施县（今陕西延安市）⑤。

陕东道，民国二年3月置，观察使驻潼关县（今陕西潼关县北港口镇）。辖潼关、大荔、朝邑、郃阳、澄城、韩城、白水、华阴、蒲城、华县、商县、镇安、雒南、山阳、商南、宜川、孝义等县⑥。民国三年5月废。

陕西道，民国二年3月置，观察使驻凤翔县（今陕西凤翔县驻地城关镇）。辖凤翔、岐山、宝鸡、扶风、郿县、麟游、汧阳、陇县、邠县、三水、淳化、长武、乾县、武功、永寿、凤县等县⑦。民国三年5月废。

2. 县、设治局

长安县，清代为西安府附郭长安县、咸宁县，治所即今陕西西安市城区。民国三年1月，咸宁县并入长安县⑧。民国二十八年5月，县治迁至西安城东南17公里的大兆镇（今长安县驻地韦曲镇东大兆）⑨。北京政府时期为关中道驻地。县佐驻草滩镇（今西安市北草滩镇）。民国三十二年前为陕西省会。民国十七年，析西安城内及四关置西安市。民国十九年11月撤销西安市，辖地复入本县。

---

① 《政府公报》第745号，1914年6月3日，第26册，第38页。
② 《西安市志》，第239页。
③④⑥⑦ 《政府公报》第500号，1913年9月25日，第17册，第561～564页。
⑤ 《政府公报》第2627号，1923年7月6日，第135册，第3413页。
⑧ 内政部职方司第一科：《全国行政区划表》，1914年，第83页。按：《西安市志》（第239页）谓1913年2月撤销。
⑨ 《西安市志》，第240页。

此后，西安城关基层行政归陕西省会警察局管辖，县不再管理西安城关[1]。民国二十二年1月，析城区置院辖西京市[2]，但未成立市政府。民国三十二年3月，陕西省政府呈准析城区设立西安市[3]，浐河以西、涝河以东、吴家坟以北、广大门和讲武殿以南地区划归西安市[4]。民国三十六年6月，西安市改为院辖市[5]。

咸阳县，治所即今陕西咸阳市城区。北京政府时期属关中道。

兴平县，治所即今陕西兴平市驻地东城街道。北京政府时期属关中道。

临潼县，治所即今陕西西安市临潼区驻地骊山街道。北京政府时期属关中道。县佐驻关山镇(今阎良区东北关山)。

高陵县，治所即今陕西西安市高陵区驻地鹿苑街道。北京政府时期属关中道。

鄠县，治所即今陕西户县驻地甘亭镇。北京政府时期属关中道。

蓝田县，治所即今陕西蓝田县驻地蓝关镇。北京政府时期属关中道。

泾阳县，治所即今陕西泾阳县驻地泾干镇。北京政府时期属关中道。

三原县，治所即今陕西三原县驻地城关镇。北京政府时期属关中道。

盩厔县，治所即今陕西周至县驻地二曲镇。北京政府时期属关中道。县佐驻祖庵镇(今户县西祖庵镇)。

渭南县，治所在今陕西渭南市驻地临渭区东侧老城街。北京政府时期属关中道。县佐驻故市镇(今渭南市北故市镇)。

富平县，治所在今陕西富平县驻地城关镇西北侧老县城。北京政府时期属关中道。县佐驻美原镇(今富平县东北美原镇)。

醴泉县，治所即今陕西礼泉县驻地城关镇。北京政府时期属关中道。

铜川县，清代为铜官县，治所即今陕西铜川市印台区城关街道。北京政府时期属关中道。因与本省潼关县同音易混，民国三十五年7月改名[6]。

耀县，清代为耀州，治所即今陕西铜川市耀州区天宝路街道。民国二年2月改县[7]。北京政府时期属关中道。

大荔县，清代为同州府附郭县，治所即今陕西大荔县驻地城关镇。北京政府时期属关中道。县佐驻羌白镇(今大荔县西南羌白镇)。

---

[1] 《西安市志》，第240页。又，《内政年鉴》，第(B)139页。
[2] 《国民政府公报》第1023号，1933年1月9日，第2页。
[3] 内政部方域司：《中华民国行政区域简表》(第11版)，第216页。
[4] 《西安市志》，第240页。
[5] 《国民政府公报》第2845号，1947年6月7日，第1页。
[6] 内政部方域司：《中华民国行政区域简表》(第11版)，第140页。
[7] 《政府公报》第500号，1913年9月25日，第13册，第562页。

朝邑县，治所在今陕西大荔县东朝邑镇。北京政府时期属关中道。

郃阳县，治所即今陕西合阳县驻地城关镇。北京政府时期属关中道。

澄城县，治所即今陕西澄城县驻地城关镇。北京政府时期属关中道。

白水县，治所即今陕西白水县驻地城关镇。北京政府时期属关中道。

韩城县，治所即今陕西韩城市金城街道。北京政府时期属关中道。

华阴县，治所即今陕西华阴市驻地太华路街道。北京政府时期属关中道。

平民县，民国十八年2月析朝邑、华阴两县黄河滩地置。治大庆关（今陕西大荔县驻地城关镇东平民镇）[1]。民国二十三年迁黄河西岸堤浒镇东（仍属今平民镇）。

潼关县，清代为潼关厅，治潼关（今陕西潼关县北港口镇）。民国二年2月改县。北京政府时期属关中道。

华县，清代为华州，治所即今陕西华县驻地华州镇。民国二年2月改县。北京政府时期属关中道。

商县，清代为商州直隶州直辖地，治所即今陕西商洛市商州区驻地城关街道。民国二年2月改县。北京政府时期属关中道。县佐驻龙驹寨（今丹凤县驻地龙驹寨镇）。

蒲城县，治所即今陕西蒲城县驻地城关镇。北京政府时期属关中道。

雒南县，治所即今陕西洛南县驻地城关镇。北京政府时期属关中道。县佐驻三要司（今洛南县东南三要）。

柞水县，清代为孝义厅，治今陕西柞水县驻地乾佑镇。民国二年2月改为孝义县。因与山西省县名重名，民国三年1月改名。因县境有柞水，故名[2]。北京政府时期属关中道。

凤翔县，清代为凤翔府附郭县，治所即今陕西凤翔县驻地城关镇。北京政府时期属关中道。

岐山县，治所即今陕西岐山县驻地凤鸣镇。北京政府时期属关中道。

宝鸡县，治所即今陕西宝鸡市渭滨区。北京政府时期属关中道。县佐驻虢镇（今宝鸡县驻地虢镇镇）。

栒邑县，清代为三水县，治所即今陕西旬邑县驻地城关镇。因与广东省县名重名，民国三年1月改名，以古县名命名[3]。北京政府时期属关中道。县佐驻石门关（今旬邑县驻地城关镇东石门）。

---

[1] 内政部方域司：《中华民国行政区域简表》（第11版），第141页。
[2][3] 《内务部改定各省重复县名及存废理由清单》。

郿县,治所即今陕西眉县驻地首善镇。北京政府时期属关中道。

麟游县,治所在今陕西麟游县驻地九成宫镇东城关村老城。北京政府时期属关中道。

汧阳县,治所即今陕西千阳县驻地城关镇。北京政府时期属关中道。

陇县,清代为陇州,治所即今陕西陇县驻地城关镇。民国二年2月改县。北京政府时期属关中道。县佐驻马鹿镇(今甘肃张家川回族自治县东南马鹿镇)。

邠县,清代为邠州直隶州直辖地,治所即今陕西彬县驻地城关镇。民国二年2月改县。北京政府时期属关中道。

南郑县,清代为汉中府附郭县,治所即今陕西汉中市汉台区城区。北京政府时期为汉中道驻地,县佐驻青石关(今南郑县南小南海镇青石关)。

淳化县,治所即今陕西淳化县驻地城关镇。北京政府时期属关中道。

长武县,治所即今陕西长武县驻地昭仁镇。北京政府时期属关中道。

乾县,清代为乾州直隶州直辖地,治所即今陕西乾县驻地城关镇。民国二年2月改县。北京政府时期属关中道。

武功县,治所在今陕西武功县西北武功镇(旧武功)。北京政府时期属关中道。

永寿县,治所在今陕西永寿县驻地监军镇西北永寿村。北京政府时期属关中道。民国十九年迁监军镇①,即今治。

沔县,治所即今陕西勉县驻地勉阳镇西武侯镇。北京政府时期属汉中道。民国二十四年8月迁治菜园镇,即今治②。

褒城县,治所在今陕西勉县东褒城镇褒城。北京政府时期属汉中道。县佐驻黄官岭(今南郑县南黄官镇)③。

城固县,治所即今陕西城固县驻地博望镇。北京政府时期属汉中道。

洋县,治所即今陕西洋县驻地洋州镇。北京政府时期属汉中道。县佐驻华阳镇(今洋县驻地洋州镇北华阳镇)。

西乡县,治所即今陕西西乡县驻地城关镇。北京政府时期属汉中道。县佐驻五里坝(今西乡县东南五里坝)。

宁强县,清代为宁羌州,治所即今陕西宁强县驻地汉源镇。民国二年2月

---

① 《永寿县志》,三秦出版社,1991年,第59页。
② 《勉县志》,地震出版社,1989年,第59页。《勉县新城即将告竣》,《西北问题》第2卷第16期,1935年,第22页。
③ 《政府公报》第1067号,1915年4月28日,第36册,第1053页。按:内务部职方司第一科《全国行政区划表》(1918年,第96页)作"黄关岭",误。

改为宁羌县。北京政府时期属汉中道。县佐驻阳平关（今宁强县西北阳平关）。因名称涉及少数民族，民国三十年3月改名宁强县①。

岚皋县，清代为砖坪厅，治所即今陕西岚皋县驻地城关镇。民国二年2月改为砖坪县。因砖坪原为县内一小地名，与县治无关，驻省城砖坪县人士要求改名岚皋县。民国六年5月，经陕西省长呈请中华民国政府核准。因岚河流域贯通全县，县居岚河上游，古称岚皋，故名②。北京政府时期属汉中道。

略阳县，治所即今陕西略阳县驻地城关镇。北京政府时期属汉中道。县佐驻观音寺（今略阳县东观音寺）。

佛坪县，清代为佛坪厅，治佛爷坪（今陕西周至县西南老县城）。民国二年2月改县。民国十五年9月迁袁家庄，即今治③。北京政府时期属汉中道。县佐驻袁家庄（今佛坪县驻地袁家庄镇）。

镇巴县，清代为定远厅，治所即今陕西镇巴县驻地泾洋镇。民国二年2月改为定远县。因与安徽、四川、云南3省县名重名，民国三年1月改名。因县治在巴山之北，故名④。北京政府时期属汉中道。县佐分别驻简池坝（今镇巴县西南简池）、渔渡坝（今镇巴县南渔渡镇）。

汉阴县，清代为汉阴厅，治所即今陕西汉阴县驻地城关镇。民国二年2月改县。北京政府时期属汉中道。

留坝县，清代为留坝厅，治所即今陕西留坝县驻地城关镇。民国二年2月改县。北京政府时期属汉中道。

扶风县，治所即今陕西扶风县驻地城关镇。北京政府时期属关中道。

安康县，清代为兴安府附郭县，治所即今陕西安康市汉滨区老城街道。北京政府时期属汉中道。

平利县，治所即今陕西平利县驻地城关镇。北京政府时期属汉中道。县佐驻镇平镇（即镇坪，今陕西镇坪县南钟宝），民国九年5月废，改置为县。

镇坪县，原为平利县属镇坪镇地方，地连四川、湖北，距县城360里，管理甚为不便，因而于民国九年5月置县⑤。治旧城街（今陕西镇坪县南钟宝）。北京政府时期属汉中道。因屡遭土匪袭击，县政府多次迁治，民国二十五年迁牛头店（今镇坪县北牛头店）⑥。

洵阳县，治所即今陕西旬阳县驻地城关镇。北京政府时期属汉中道。

---

① 内政部方域司：《中华民国行政区域简表》(第11版），第142页。
② 《政府公报》第496号，1917年5月29日，第61册，第925页。
③ 《佛坪县志》，三秦出版社，1993年，第22页。
④ 《内务部改定各省重复县名及存废理由清单》。
⑤ 《政府公报》第1519号，1920年5月7日，第97册，第166页。
⑥ 罗德学、陶俊和：《县政府搬迁记》，《镇坪文史资料》第1辑，1987年，第47页。《镇坪县志》，陕西人民出版社，2004年，第44页。

白河县，治所即今陕西白河县驻地城关镇。北京政府时期属汉中道。

紫阳县，治所即今陕西紫阳县驻地城关镇。北京政府时期属汉中道。县佐驻毛坝关(今紫阳县驻地城关镇西南毛坝镇)。

石泉县，治所即今陕西石泉县驻地城关镇。北京政府时期属汉中道。

宁陕县，清代为宁陕厅，治所在今陕西宁陕县北老城。民国二年2月改县。北京政府时期属汉中道。县佐驻江口(今宁阳夹县东北江口)。民国二十五年县治迁关口，即今治①。

山阳县，治所即今陕西山阳县驻地城关镇。北京政府时期属汉中道。

镇安县，治所即今陕西镇安县驻地永乐镇。北京政府时期属汉中道。

商南县，治所即今陕西商南县驻地城关镇。北京政府时期属汉中道。

凤县，治所即今陕西凤县东凤州镇。北京政府时期属汉中道。县佐驻三岔驿(今凤县东南三岔)。

榆林县，清代为榆林府附郭县，治所即今陕西榆林市榆阳区城区。民国三年至八年为榆林道驻地。

神木县，治所即今陕西神木县驻地神木镇。北京政府时期属榆林道。

府谷县，治所即今陕西府谷县驻地府谷镇。北京政府时期属榆林道。县佐驻麻地沟②(今府谷县驻地府谷镇北麻镇)。

横山县，清代为怀远县，治柴兴梁(旧城，今陕西横山县东南1公里处)。因与安徽、广西两省县名重名，民国三年1月改名。因县境南部有横山，故名③。北京政府时期属榆林道。

葭县，清代为葭州，治所即今陕西佳县驻地佳芦镇。民国二年2月改县。北京政府时期属榆林道。

延安县，清代为延安府附郭肤施县，治所即今陕西延安市宝塔区城区。民国九年至十六年为榆林道驻地。县佐驻望瑶堡(今陕西子长县驻地瓦窑堡镇)。约民国三十六年改名延安县④。

安塞县，治所在今陕西安塞县东南沿河湾镇碟子沟。北京政府时期属榆林道。

甘泉县，治所即今陕西甘泉县驻地城关镇。北京政府时期属榆林道。县佐驻临真镇(今陕西延安市宝塔区东南临镇)。

---

① 《宁陕县志》，陕西人民出版社，1992年，第48页。按：该书第11页作1937年5月迁治。
② 按：《全国行政区划表》(1918年，第97页)作"麻池沟"，误。
③ 《内务部改定各省重复县名及存废理由清单》。
④ 按：内政部方域司《中国之行政督察区》(第41页)有延安县，无肤施县。《中华民国史地理志(初稿)》(第23页)仍作肤施县。《延安市志》(陕西人民出版社，1994年，第453页)载："1947年3月—1948年4月胡宗南军队占领延安期间，组建延安县政府。"又，第21页载：1947年"3月底，国民党军占领延安后，企图成立所谓'宗南县'，实行保甲制"。

保安县,治所在今陕西志丹县驻地保安镇。北京政府时期属榆林道。

安定县,治所在今陕西子长县西安定镇。北京政府时期属榆林道。民国二十六年4月,行政院令准迁望瑶堡(今陕西子长县驻地瓦窑堡镇)①。

延长县,治所即今陕西延长县驻地七里村镇。北京政府时期属榆林道。

延川县,治所即今陕西延川县驻地延川镇。北京政府时期属榆林道。

定边县,治所即今陕西定边县驻地定边镇。北京政府时期属榆林道。县佐驻安边堡(今定边县东安边镇)。

靖边县,治镇靖堡(今陕西靖边县南镇靖)。北京政府时期属榆林道。县佐驻宁条梁(今靖边县西宁条梁镇)。民国二十四年,县城被红军攻克,迁治宁条梁②。

绥德县,清代为绥德直隶州直辖地,治所即今陕西绥德县驻地名州镇。民国二年2月改县。北京政府时期属榆林道。

米脂县,治所即今陕西米脂县驻地银州镇。北京政府时期属榆林道。

清涧县,治所即今陕西清涧县驻地宽洲镇。北京政府时期属榆林道。

吴堡县,治所在今陕西吴堡县东北吴堡城。北京政府时期属榆林道。

鄜县,清代为鄜州直隶州直辖地,治所即今陕西富县驻地富城镇。民国二年2月改县。北京政府时期属榆林道。县佐驻黑水寺(今富县西黑水寺)。

洛川县,治所即今陕西洛川县驻地凤栖镇。北京政府时期属榆林道。

黄陵县,清代为中部县,治所即今陕西黄陵县驻地桥山镇。北京政府时期属榆林道。民国三十三年6月改名③。因县北桥山有中华民族祖先轩辕黄帝陵,故名。

宜君县,治所即今陕西宜君县驻地城关镇。北京政府时期属榆林道。县佐驻马栏镇(今旬邑县东马栏)。

宜川县,治所即今陕西宜川县驻地丹州镇。北京政府时期属榆林道。

黄龙设治局,民国三十年7月以黄龙山垦区及韩城、澄城、洛川、宜川、甘泉、白水、鄜县及邰阳等8县相邻地置④。局所驻石堡镇(今陕西黄龙县驻地石堡镇)。

龙驹设治局,民国三十七年6月析商、雒南、山阳3县地置⑤。治龙驹寨(今陕西丹凤县驻地龙驹寨镇)⑥。

---

① 《准内政部咨以陕西省安定县县治移驻望瑶堡一案业奉令准备案请查照等由令仰知照》,《江西省政府公报》第916期,1938年,第8页。
② 《靖边县志》,陕西人民出版社,1993年,第32页。
③ 《国民政府公报》渝字第686号,1944年6月24日,第16页。
④ 内政部方域司:《中华民国行政区域简表》(第11版),第144页。
⑤ 《陕西省龙驹设治局组织规程》,《总统府公报》第36号,1948年6月30日,第1册。
⑥ 《丹凤县志》,陕西人民出版社,1994年,第26、52页。

五、行政督察区

民国二十四年(1935)8月,全省划为榆林、绥德、洛川、商县、安康、南郑等6个行政督察区。各区辖县如下。

第一区,专署驻榆林县,辖榆林、神木、府谷、靖边、定边、米脂、葭县、横山县。

第二区,专署驻绥德县,辖绥德、延长、延川、安塞、安定、保安、清涧、肤施、吴堡县。

第三区,专署驻洛川县,辖洛川、中部、宜郡、鄜县、宜川、甘泉县。

第四区,专署驻商县,辖商县、雒南、商南、镇安、山阳、柞水、宁陕县。

第五区,专署驻安康县,辖安康、洵阳、白河、平利、镇坪、岚皋、紫阳、石泉、汉阴县。民国二十六年5月,宁陕县自第四区来属①。

第六区,专署驻南郑县,辖南郑、城固、洋县、佛坪、西乡、镇巴、褒城、留坝、略阳、宁羌、凤县、沔县。

民国三十五年7月增设第七区邠县区②,如下。

第七区,专署驻邠县,辖邠县、乾县、耀县、醴泉、同官、长武、永寿、栒邑、淳化县。

民国二十七年9月全省重新划分为10区,如下。

第一区,专署驻榆林县,辖榆林、府谷、葭县、靖边、定边、米脂、神木、横山县。

第二区,专署驻绥德县,辖绥德、延长、延川、安塞、安定、保安、清涧、肤施、吴堡县。

第三区,专署驻洛川县,辖洛川、中部、宜君、鄜县、宜川、甘泉县。民国三十年2月,第七区同官县来属;7月,增领黄龙设治局。

第四区,专署驻商县,辖商县、雒南、商南、镇安、山阳、柞水县。

第五区,专署驻安康县,辖安康、洵阳、白河、平利、镇坪、岚皋、紫阳、石泉、汉阴、宁陕县。

第六区,专署驻南郑县,辖南郑、城固、洋县、佛坪、西乡、镇巴、褒城、留坝、略阳、宁羌、凤县、沔县。

第七区,专署驻邠县,辖邠县、乾县、醴泉、长武、永寿、栒邑、淳化、耀县、同官县。民国三十年2月,同官县改属第三区,耀县改属第十区③。

---

① 《内政公报》第10卷第5期,1937年,第128页。
② 《国民政府公报》第2098号,1936年7月13日,第9页。
③ 《国民政府公报》渝字第340号,1941年3月1日,第27页。

第八区，专署驻大荔县，辖大荔、潼关、朝邑、平民、郃阳、华阴、华县、澄城、蒲城、渭南、韩城、白水县。

第九区，专署驻凤翔县，辖凤翔、陇县、宝鸡、汧阳、岐山、麟游、扶风、郿县、武功、鳌屋县。

第十区，专署驻咸阳县，辖咸阳、长安、鄠县、蓝田、临潼、高陵、富平、泾阳、兴平、三原县。民国三十年2月，第七区耀县来属。

民国三十三年，各区辖县有所变动，如下。

第一区，专署驻榆林县，辖榆林、神木、府谷、葭县、靖边、定边、米脂、横山县。

第二区，专署驻耀县，辖耀县、宜君、同官、栒邑、淳化、绥德、延长、延川、安塞、安定、保安、清涧、肤施、吴堡县。

第三区，专署驻洛川县，辖洛川、黄陵、鄜县、宜川、甘泉县和黄龙设治局。

第四区，专署驻商县，辖商县、雒南、商南、镇安、山阳、柞水县。

第五区，专署驻安康县，辖安康、洵阳、白河、平利、镇坪、岚皋、紫阳、石泉、汉阴、宁陕县。

第六区，专署驻南郑县，辖南郑、城固、洋县、佛坪、西乡、镇巴、褒城、留坝、略阳、宁强、凤县、沔县。

第七区，专署驻邠县，辖邠县、乾县、醴泉、长武、永寿县。

第八区，专署驻大荔县，辖大荔、潼关、朝邑、平民、郃阳、华阴、华县、澄城、蒲城、渭南、韩城、白水县。

第九区，专署驻凤翔县，辖凤翔、陇县、宝鸡、汧阳、岐山、麟游、扶风、郿县、武功、鳌屋县。

第十区，专署驻咸阳县，辖咸阳、长安、鄠县、蓝田、临潼、高陵、富平、泾阳、兴平、三原县。

抗战胜利后，全省又划分为11个区，行政院于民国三十六年6月核准备案。各区如下。

第一区，专署驻榆林县，辖榆林、府谷、神木、葭县、横山、定边、靖边县。

第二区，专署驻延安县，辖延安、延长、保安、安塞、甘泉、鄜县。

第三区，专署驻洛川县，辖洛川、宜川、黄陵、宜君、铜川县和黄龙设治局。

第四区，专署驻商县，辖商县、雒南、商南、山阳、柞水、镇边县。此后又增辖龙胸寨设治局。

第五区，专署驻安康县，辖安康、汉阴、洵阳、白河、平利、紫阳、石泉、镇坪、岚皋、宁陕县。

第六区,专署驻南郑县,辖南郑、城固、西乡、洋县、沔县、褒城、宁强、略阳、凤县、镇巴、佛坪、留坝县。

第七区,专署驻邠县,辖邠县、乾县、醴泉、长武、永寿、栒邑、淳化县。

第八区,专署驻大荔县,辖大荔、渭南、蒲城、华县、郃阳、韩城、华阴、朝邑、澄城、白水、潼关、平民县。

第九区,专署驻宝鸡县,辖宝鸡、凤翔、盩厔、扶风、陇县、岐山、武功、郿县、汧阳、麟游县。

第十区,专署驻咸阳县,辖咸阳、长安、临潼、泾阳、富平、鄠县、蓝田、兴平、三原、高陵、耀县。

第十一区,专署驻绥德县,辖绥德、清涧、延川、米脂、吴堡、安定县。

第二十章　甘肃省

清宣统三年(1911),陕甘总督驻兰州府(今甘肃兰州市)。全省府级行政区划有兰州、平凉、庆阳、巩昌、宁夏、西宁、凉州、甘州等8府,化平川直隶厅和泾州、固原、秦州、阶州、肃州、安西等6直隶州;县级行政区划有8厅、6州、47县,其中庄浪厅与平番县同治。辖境约相当于今甘肃省、宁夏回族自治区的全境,青海省河南蒙古族自治县、贵南县、共和县、海晏县、祁连县及土尔根达坂山一线以东、以北区域,以及新疆维吾尔自治区若羌县东南部。

一、省行政机构

辛亥革命后,宁夏地区于宣统三年十月一日(11月21日)成立宁夏军政府,同月失败。民国元年(1912)3月11日,甘肃临时军政府在天水建立,以都督为长官,6月7日撤销。同年3月,设甘肃都督,为军政长官,兼管民政事;保留清代设立的布政使、提学使、提法使等官员。民国二年,军民分治,布政使改称民政长,为省民政长官,下辖内务、财政等司。民国三年5月,改民政长为巡按使,巡按使公署下设政务、财政等厅。民国五年7月,改巡按使为省长[①]。民国十六年6月,国民党郑州会议决定建立甘肃省政府,隶属于武汉国民政府。民国二十年8月,南京国民政府改组甘肃省政府委员会。民国二十五年4月后,全省分设9个区行政督察专署,为省政府辅助机关。民国三十八年(1949)8月26日省会兰州解放。

二、省会

民国三十年前驻皋兰县,此后驻兰州市,均即今甘肃兰州市区。

三、统辖区域

中华民国政府时期,甘肃省区域与清代相同,幅员之广,为内地诸省之

---

① 印铸局:《职官任免月表》,第149页。

首。民国十七年10月,裁宁夏区行政长,改设宁夏省,宁夏、宁朔、灵武、盐池、平罗、中卫、金积、豫旺等县往属宁夏省;裁西宁区行政长,改设青海省,西宁、大通、乐都、循化、贵德、巴燕、湟源等县往属青海省。民国十八年1月,旧宁夏道各县、旧青海道各县之一切行政事务,分别由宁夏省政府、青海省政府处理①。由此,辖境大幅减小。民国三十六年,全省土地面积为391 506平方公里,区域包括今甘肃省全境(除玛曲县外),宁夏回族自治区的隆德、固原、海原、化平、西吉等县。东接陕西,北邻宁夏、蒙古,西界新疆,南接青海、四川。

四、道、县、市、设治局

民国元年,甘肃省仍照清代旧制,置有西宁道、宁夏道、巩秦阶道、平庆泾固化道、甘凉道、安肃道。民国二年4月,大总统核准甘肃都督赵惟熙改划各道区域的计划:一是清宣统三年废兰州道,改设劝业道,为权宜之计,民国取消府级政区,而兰州地区边地,应恢复兰州道;二是清代的道,其下级行政单位为府,所以有的县距上级道治的距离很远,而距邻道道治又很近,民国废府,道的辖区的划分应以距道治的远近为准则②。由此置兰山、陇南、陇东、朔方、海东、河西、边关等7道。民国三年5月,改名为兰山、渭川、泾源、宁夏、西宁、甘凉、安肃等7道。民国十六年6月,裁道尹,改设渭川、泾源、宁夏、安肃、西宁、兰山6个行政区③。民国十七年撤销行政区公署,实行省、县二级区划④。

民国二年4月将各府厅州改置为县⑤。民国六年,在青海西部和南部地区设置都兰理事、玉树理事,为牧区设置行政机构的发端。民国十七年初,甘肃省政府因狄道、导河、镇戎、伏羌、碾伯、巴戎、平番、镇番、抚彝、毛目等县名含有对少数民族不尊重之意,为"以新观听",决定分别改名为临洮、临夏、豫旺、甘谷、乐都、巴燕、永登、民勤、临泽、鼎新县。国民政府于同年3月批复同意⑥。民国末,全省辖69县、1市、2设治局。

1. 道

兰山道,民国二年4月置,辖境包括清代的兰州府和巩秦阶道所属的安

---

① 《国民政府公报》第80号,1929年1月31日,第8页。
②⑤ 《政府公报》第354号,1913年5月2日,第13册,第343页。
③ 郭卿友:《中华民国时期军政职官志》,第790页。
④ 《甘肃省志》第9卷《民政志》,甘肃人民出版社,1995年,第81页。
⑥ 《国民政府公报》第37期,1928年3月,第22页。

定、陇西、临潭、会宁、岷县、漳县等地,观察使驻狄道县(今甘肃临洮县驻地洮阳镇)①。民国三年5月,道尹为繁要缺,一等②,驻皋兰县(今甘肃兰州市区)③。辖皋兰、狄道、红水、导河、洮沙、靖远、金县、渭源、定西、陇西、临潭、会宁、岷县、漳县14县④。民国十六年废⑤。

渭川道,民国二年4月置陇南道,辖境包括清代巩秦阶道大部(除安定、陇西、临潭、会宁、岷县、漳县)⑥。民国三年5月改名。道尹为要缺,二等,驻天水县(今甘肃天水市城区)。辖天水、秦安、清水、徽县、两当、礼县、通渭、武山、伏羌、西和、武都、西固、文县、成县14县。民国十六年废。

泾原道,民国二年4月置陇东道,辖境为清代平庆泾固道全境(除平远县外)。民国三年5月改名。道尹为简缺,三等,驻平凉县(今甘肃平凉市城区)。辖平凉、华亭、静宁、隆德、庄浪、庆阳、宁县、正宁、合水、环县、泾川、崇信、镇原、灵台、固原、海原、化平17县。民国十六年废。

宁夏道,民国二年4月置朔方道⑦,辖境包括清代宁夏道全境及平庆泾固道属之平远县。民国三年5月改名。道尹为简缺,三等,驻宁夏县(今宁夏银川市城区)。辖宁夏、宁朔、灵武、盐池、平罗、中卫、金积、镇戎8县。民国十六年废。

西宁道,民国二年4月置海东道⑧,辖境包括清代西宁道全境。民国三年5月改名。道尹为边缺,二等,驻西宁县(今青海西宁市城区)。辖西宁、大通、碾伯、循化、贵德、巴戎、湟源7县。民国十六年废。

甘凉道,民国二年4月置河西道⑨,辖境包括清代甘凉道全境。民国三年5月改名。道尹为边缺,二等,驻武威县(今甘肃武威市城区)。辖武威、永昌、镇番、古浪、平番、张掖、东乐、山丹、抚彝9县。民国十六年废。

安肃道,民国二年4月置边关道⑩,辖境包括清代安肃道全境。民国三年

---

① 《政府公报》第354号,1913年5月2日,第13册,第343页。又,谢观:《各省区域沿革一览表》,第123页。
② 《政府公报》第834号,1914年8月31日,第28册,第801页。
③ 《政府公报》第774号,1914年7月2日,第27册,第559页。
④ 《政府公报》第745号,1914年6月3日,第26册,第38页。
⑤ 《甘肃通志稿》第1册,中国西北稀见方志本,第241页。
⑥ 按:印铸局《职官任免月表》(第149页)作"巩秦阶道"。
⑦ 按:印铸局《职官任免月表》(第149页)作"宁夏道"。
⑧ 按:印铸局《职官任免月表》(第149页)作"西宁道"。
⑨ 按:印铸局《职官任免月表》(第149页)作"甘凉道"。
⑩ 按:印铸局《职官任免月表》(第149页)无此道,谓安肃道尹设于1914年5月,说明1913年4月实际上未设边关道。

5月改名。道尹为简缺,三等,驻酒泉县(今甘肃酒泉市城区)。辖酒泉、金塔、高台、毛目、安西、敦煌、玉门7县。

2. 县、市、设治局

兰州市,民国十八年2月,甘肃省政府主席以兰州为甘肃省会,人烟稠密,市政亟待促进,电请行政院准许设市,国民政府准予照办,但未设立市政府。嗣因频年灾祸,商业萧条,户口减少,难以设市,民国二十二年2月,甘肃省政府请求撤销兰州市。内政部认为"我国西北正宜渐次开发,兰州实为西北工商业之重镇,与西北国防之建设及农村经济之发展,关系甚切"①,要求甘肃省政府积极筹设兰州市政府。民国三十年5月正式析皋兰县城厢地区置②。治所即今甘肃兰州市城区。为甘肃省会。民国三十六年5月,国民政府公布《兰州市政府组织规程》③。

皋兰县,清代为兰州府附郭县。治所即今甘肃兰州市城关区。民国三十年5月前为甘肃省省会。北京政府时期为兰山道治。民国三十年5月,析城厢地区置兰州市。

景泰县,清代为皋兰县红水分县辖境,因距皋兰太远,民国二年4月置红水县④。因境内有明万历年间所建红水堡,故名。治宽沟(今甘肃景泰县驻地一条山镇西宽沟)。北京政府时期属兰山道。与靖远县划界以后,县城宽沟位于县境西端,行政管理不便,民国二十二年4月决定迁治一条山(今景泰县驻地一条山镇),并改名。因"红水原名殊无取义,改名景泰,藉为中国收复失地之纪念"⑤。由于一条山地处沙漠,人烟稀少⑥,迁治遭反对。民国二十三年3月迁治大芦塘(今甘肃景泰县东芦阳镇)⑦。

临洮县,清代为狄道州,治所即今甘肃临洮县驻地洮阳镇。民国二年4月改为狄道县。北京政府时期属兰山道。民国十七年3月改名⑧。因元置临洮府于此,故名。

临夏县,清代为河州,治所即今甘肃临夏市城区。民国二年4月改为导河县⑨。北京政府时期属兰山道。民国十七年3月改名⑩。因濒临大夏河,

---

① 钱端升等:《民国政制史》下册,第418页。
② 内政部方域司:《中华民国行政区域简表》(第11版),第146页。
③ 《国民政府公报》第2829号,1947年5月20日,第3页。
④⑨ 《政府公报》第354号,1913年5月2日,第13册,第343页。
⑤ 《国民政府公报》第1150号,1933年6月7日,第10页。
⑥ 《内政公报》第6卷第44期,1933年,第1343页。
⑦ 《国民政府公报》第1395号,1934年3月26日,第5页。
⑧⑩ 《国民政府公报》第37期,1928年3月,第22页。

故名。

洮沙县，清代为狄道州沙泥分州，"向征钱粮，且词讼繁多"，民国二年4月置沙县①。治沙泥城（今甘肃临洮县北太石铺镇北侧）②。因与福建省县名重名，民国三年1月改名。县在洮水之东，由沙泥分州改置，故名③。民国八年移治太石铺（今甘肃临洮县北太石铺镇）④。北京政府时期属兰山道。

宁定县，民国六年7月甘肃省析导河县地置，后经内务部核准，于同年10月成立县署。因甘肃省政府未报县署成立日期，内务部未向大总统转呈。民国八年3月，由内务部、财政部会呈照准⑤。宋设宁羌城、元设定羌县于此，故名。治太子寺（今甘肃广河县驻地城关镇）。北京政府时期属兰山道。

永靖县，民国十八年4月析临夏县地置⑥。县名寓"永远安定"之义。治莲花城（今甘肃临夏县东北莲花）。

和政县，民国十八年10月析临洮、临夏两县置⑦。治宁河堡（一名和政驿，今甘肃和政县驻地城关镇）。

靖远县，治所即今甘肃靖远县驻地乌兰镇。北京政府时期属兰山道。

榆中县，清代为金县，治所即今甘肃榆中县驻地城关镇。因与奉天省县名重名，民国三年1月遗漏未改，民国八年8月内务部改名金城县并获大总统令准。因晋代曾为金城郡治，故名⑧。而"金城郡望，向属省垣，金县改名金城，未免淆混"，甘肃省政府又拟改名兴隆县，旋又咨请改名榆中县。因汉榆中县得名。同年10月奉大总统令准⑨。北京政府时期属兰山道。

渭源县，治所即今甘肃渭源县驻地清源镇。北京政府时期属兰山道。

定西县，清代为安定县，治所即今甘肃定西市安定区城区。因与陕西省县名重名，民国三年1月改名。因原县名是以定西、安西两城得名，而安西县在宋贞祐时属定西州，元至元中又并入州，因此以定西为名⑩。北京政府时期属兰山道。

陇西县，清代为巩昌府附郭县，治所即今甘肃陇西县驻地巩昌镇。北京政

---

① 《政府公报》第354号，1913年5月2日，第13册，第343页。
② 按：清代《甘肃详图》（手绘本，复旦大学图书馆藏）中，沙泥驿州判驻地在太石铺稍北处。
③ 《内务部改定各省重复县名及存废理由清单》。
④ 《甘肃通志稿》第1册，第245页。《临洮县志》，甘肃人民出版社，1990年，第25页。按：《甘肃通志稿》（第274页）又谓民国五年迁治。
⑤ 《政府公报》第1120号，1919年3月18日，第83册，第548页。按：《甘肃通志稿》（第1册，第548页）作1913年置，似误。
⑥ 《国民政府公报》第152号，1929年4月29日，第5页。
⑦ 《国民政府公报》第297号，1929年10月18日，第8页。
⑧ 《政府公报》第1277号，1919年8月26日，第88册，第697页。
⑨ 《政府公报》第1335号，1919年10月26日，第90册，第628页。
⑩ 《内务部改定各省重复县名及存废理由清单》。

府时期属兰山道。

漳县,原为清代陇西县漳县丞辖地,面积虽不甚广阔,而人口达 4.6 万以上,又为产盐之地,因而于民国二年 4 月析置为县①。以清道光九年(1829)裁撤的漳县得名。治所即今甘肃漳县驻地武阳镇。北京政府时期属兰山道。

临潭县,清代为洮州厅,治所在今甘肃临潭县东新城镇。民国二年 4 月改县并改名②,因古县名得名。北京政府时期属兰山道。

夏河县,民国十五年析导河、临潭及循化县置拉卜楞设治局③。因境南有拉卜楞寺,故名。局所驻拉卜楞(今甘肃夏河县驻地拉卜楞镇)。北京政府时期属西宁道。民国十六年甘肃省政府改县,十七年 3 月国民政府批准④。因地处大夏河滨,故名。

会宁县,治所即今甘肃会宁县驻地会师镇。北京政府时期属兰山道。

岷县,清代为岷州,治所即今甘肃岷县驻地岷阳镇。民国二年 4 月改县⑤。北京政府时期属兰山道。

天水县,清代为秦州直隶州直辖地,治所即今甘肃天水市秦州区城区。民国二年 4 月改县并改名⑥,因古天水郡得名。北京政府时期为渭川道治。

秦安县,治所即今甘肃秦安县驻地兴国镇。北京政府时期属渭川道。

清水县,治所即今甘肃清水县驻地永清镇。北京政府时期属渭川道。

徽县,治所即今甘肃徽县驻地城关镇。北京政府时期属渭川道。

两当县,治所即今甘肃两当县驻地城关镇。北京政府时期属渭川道。

礼县,治所即今甘肃礼县驻地城关镇。北京政府时期属渭川道。

通渭县,治所即今甘肃通渭县驻地平襄镇。北京政府时期属渭川道。

武山县,清代为宁远县,治所即今甘肃武山县驻地城关镇。因与奉天、山西、新疆、湖南 4 省县名重名,民国三年 1 月改名。县境有武城山,故名⑦。北京政府时期属渭川道。

甘谷县,清代为伏羌县,治所即今甘肃甘谷县驻地大像山镇。北京政府时期属渭川道。民国十七年 3 月改名,因宋代甘谷县为名⑧。

西和县,治所即今甘肃西和县驻地汉源镇。北京政府时期属渭川道。

武都县,清代为阶州直隶州直辖地,治所即今甘肃陇南市武都区驻地城关镇。民国二年 4 月改县并改名⑨,因汉代武都郡得名。北京政府时期属渭川道。

---

①②⑤⑥⑨ 《政府公报》第 354 号,1913 年 5 月 2 日,第 13 册,第 343 页。
③ 内政部方域司:《中华民国行政区域简表》(第 11 版),第 147 页。
④ 《国民政府公报》第 37 期,1928 年 3 月,第 14 页。
⑦ 《内务部改定各省重复县名及存废理由清单》。
⑧ 《国民政府公报》第 37 期,1928 年 3 月,第 22 页。

西固县，清代为阶州西固州同辖境。因"西固地面辽阔，北、西两面接洮、岷番界，南连马土司番界，钱粮向由西固征收，并入武都甚难"，于民国二年4月置县①。治西固（今甘肃舟曲县驻地城关镇）。北京政府时期属渭川道。

康县，原为武都县东部，地近陕西省，区域辽阔，距武都县驻地过远，民国十七年6月置永康县②。治白马关（今甘肃康县东北云台镇）。因与浙江省永康县重名，民国十八年4月改名③，因古康州得名。民国三十一年11月移驻岸门口（今康县南岸门口镇）④。次年1月，因经费紧张，暂缓迁移⑤。民国三十三年5月正式实施⑥。

文县，治所即今甘肃文县驻地城关镇。北京政府时期属渭川道。

成县，治所即今甘肃成县驻地城关镇。北京政府时期属渭川道。

平凉县，清代为平凉府附郭县，治所即今甘肃平凉市崆峒区城区。北京政府时期为泾原道治。

华亭县，治所即今甘肃华亭县驻地东华镇。北京政府时期属泾原道。

静宁县，清代为静宁州，治所即今甘肃静宁县驻地城关镇。民国二年4月改县⑦。北京政府时期属泾原道。

隆德县，治所即今宁夏隆德县驻地城关镇。北京政府时期属泾原道。

庄浪县，原为隆德县庄浪分县，"向征钱粮，且词讼繁多"，民国二年4月置县⑧。治所在今甘肃庄浪县驻地水洛城镇西北南湖。北京政府时期属泾原道。

庆阳县，清代为庆阳府附郭安化县，治所即今甘肃庆城县驻地庆城镇。因与湖南、广西、贵州3省县名重名，民国三年1月改名。因清代庆阳府名得名⑨。北京政府时期属泾原道。

宁县，清代为宁州，治所即今甘肃宁县驻地新宁镇。民国二年4月改县⑩。北京政府时期属泾原道。

正宁县，治所在今甘肃正宁县西南永和镇西罗川。北京政府时期属泾原道。民国十九年迁驻山河镇⑪，即今治。

---

① ⑦ ⑧ ⑩ 《政府公报》第354号，1913年5月2日，第13册，第343页。
② 《国民政府公报》第71期，1928年6月，第10页。
③ 《国民政府公报》第187号，1929年6月10日，第10页。
④ 《国民政府公报》渝字第523号，1942年12月2日，第12页。
⑤ 《国民政府公报》渝字第539号，1943年1月27日，第15页。
⑥ 《康县志》，甘肃人民出版社，1989年，第37页。
⑨ 《内务部改定各省重复县名及存废理由清单》。
⑪ 《正宁县志》，1986年，内部发行，第4页。

合水县，治所在今甘肃合水县北合水老城镇。北京政府时期属泾原道。

环县，治所即今甘肃环县驻地环城镇。北京政府时期属泾原道。

泾川县，清代为泾州直隶州直辖地，治所即今甘肃泾川县驻地城关镇。民国二年4月改为泾县①。因与安徽省县名重名，民国三年1月改名。汉置泾川县于此，故名②。北京政府时期属泾原道。

崇信县，治所即今甘肃崇信县驻地锦屏镇。北京政府时期属泾原道。

镇原县，治所即今甘肃镇原县驻地城关镇。北京政府时期属泾原道。

灵台县，治所即今甘肃灵台县驻地中台镇。北京政府时期属泾原道。

固原县，清代为固原直隶州直辖地，治所即今宁夏固原市原州区城区。民国二年4月改县③。北京政府时期属泾原道。

海原县，清代为海城县，治海喇都堡（今宁夏海原县驻地三河镇西北海城镇）。民国二年4月打拉池地方并入。因与奉天省县名重名，民国三年1月改名。县境有海都原，故名④。北京政府时期属泾原道。

化平县，清代为化平川直隶厅⑤。民国二年4月改县⑥。治所即今宁夏泾源县驻地香水镇。北京政府时期属泾原道。

武威县，清代为凉州府附郭县，治所即今甘肃武威市凉州区城区。北京政府时期为甘凉道治。

永昌县，治所即今甘肃永昌县驻地城关镇。北京政府时期属甘凉道。

民勤县，清代为镇番县，治所即今甘肃民勤县驻地三雷镇。北京政府时期属甘凉道。"因旧名不雅驯"，民国十七年3月改名⑦，取"勤奋创业"之义。

古浪县，治所即今甘肃古浪县驻地古浪镇。北京政府时期属甘凉道。

永登县，清代为平番县，治所即今甘肃永登县驻地城关镇。北京政府时期属甘凉道。民国十七年3月改名，因六朝时永登县得名⑧。

张掖县，清代为甘州府附郭县，治所即今甘肃张掖市甘州区城区。北京政府时期属甘凉道。

民乐县，民国二年4月，以清代东乐分县管辖区域置东乐县⑨，治所在今甘肃山丹县西东乐乡。北京政府时期属甘凉道。因县治处县境北部，而洪水

---

① ③ ⑥ ⑨　《政府公报》第354号，1913年5月2日，第13册，第343页。
② ④　《内务部改定各省重复县名及存废理由清单》。
⑤　内阁印铸局：《职官录》（宣统三年冬季），甘肃省第5页。按：《全国行政区划表》（1914年，第91页）作"化平直隶厅"，《中华民国行政区域简表》（第11版）第149页作"化平州"，误。
⑦ ⑧　《国民政府公报》第37期，1928年3月，第22页。

堡地处全县中心,各区人民纳粮甚为便利①,民国二十二年6月迁治洪水堡(今民乐县驻地洪水镇)并更名,又重划东乐、山丹两县县界②,以山丹县属童子坝、沐化坝来属,以旧东乐县城属山丹县③。

山丹县,治所即今甘肃山丹县驻地清泉镇。北京政府时期属甘凉道。

临泽县,清代为抚彝厅,治所在今甘肃临泽县西北蓼泉镇。民国二年4月改为抚彝县。北京政府时期属甘凉道。民国十七年3月改名,因汉临泽县名得名④。

酒泉县,清代为肃州直隶州直辖地,治肃州(今甘肃酒泉市肃州区城区)。民国二年4月改县并改名⑤,以古地名得名。北京政府时期为安肃道治。

金塔县,原为肃州王子庄分州,因"王子庄地面辽阔,北至蒙古一百余里,且钱粮向由州同征收",民国二年4月置县⑥。县治东南2公里处有金塔寺,故名。治王子庄(今甘肃金塔县驻地金塔镇)。北京政府时期属安肃道。

高台县,治所即今甘肃高台县驻地城关镇。北京政府时期属安肃道。

鼎新县,原为高台县毛目分县,因"地面辽阔,北连蒙古,与王子庄同,由分县驻地至高台县治程途有二百余里",民国二年4月置毛目县⑦。治毛目屯(今甘肃金塔县东北鼎新镇)。北京政府时期属安肃道。民国十七年3月改名⑧。

安西县,清代为安西直隶州直辖地,治所即今甘肃瓜州县驻地渊泉镇。民国二年4月改县⑨。北京政府时期属安肃道。

敦煌县,治所即今甘肃敦煌市驻地沙州镇。北京政府时期属安肃道。

玉门县,治东达里图(今甘肃玉门市驻地玉门镇)。北京政府时期属安肃道。

康乐县,民国二十一年6月,析临洮、岷县、临潭等县地置洮西设治局,治所在丰台堡⑩(今甘肃康乐县西南苏集镇东丰台村)。民国二十二年2月更名为康乐设治局⑪。宋置康乐寨于此,故名。局所驻新集堡(今甘肃康乐县驻地附城镇)。民国二十九年8月改县⑫。

---

① 《国民政府公报》第1198号,1933年8月2日,第5页。
② 《国民政府公报》第1156号,1933年6月14日,第9页。
③ 《甘肃通志稿》第1册,第580页下。
④⑧ 《国民政府公报》第37期,1928年3月,第22页。
⑤⑥⑦⑨ 《政府公报》第354号,1913年5月2日,第13册,第343页。
⑩ 《康乐县志》,三联书店,1995年,第28页。
⑪ 《国民政府公报》第1103号,1933年2月27日,第8页。
⑫ 《国民政府公报》渝字第287号,1940年8月28日,第29页。

西吉县,民国三十年12月析固原、海原、隆德3县交界处穆家营地方置①。以当地回族最大教派哲赫忍耶的宗教活动中心"西吉滩"(席芨滩)为名。治穆家营(今宁夏回族自治区西吉县驻地吉强镇)。

会川县,民国三十三年2月析临洮、岷县、漳县、临潭、渭源及卓尼设治局交界地置②。因大、小南川河交汇于此,故名。治官堡(今甘肃渭源县西会川镇)。

肃北设治局,民国二十六年10月析安西、玉门等县北部马鬃山一带成立马鬃山设治局③,局所驻公婆泉(一作滚坡泉,今甘肃肃北蒙古族自治县东北马鬃山镇驻地公婆泉)。民国二十七年2月国民政府令准设立④。因地处肃州西北,故名。民国二十八年6月徙治将军台⑤(在今肃北蒙古族自治县东北马鬃山镇南将军台)。民国三十年3月,设治局机关迁到安西县三道沟(今安西县东三道沟镇)。民国三十八年3月18日又撤销三道沟办公地点,由安西县县长兼任设治局局长⑥。

卓尼设治局,民国二十八年以卓尼土司辖地置⑦。局所驻卓尼(今甘肃卓尼县驻地柳林镇)。

五、行政督察区

民国二十四年(1935)8月全省划分为7个行政督察区。各区辖县如下。

第一区,专署驻临洮县,辖临洮、皋兰、榆中、洮沙、渭源、景泰、靖远、定西、会宁、陇西、漳县、临潭、岷县、永登县和康乐设治局。

第二区,专署驻平凉县,辖平凉、华亭、化平、隆德、庄浪、静乐、崇信、固原、海原县。

第三区,专署驻庆阳县,辖庆阳、泾川、灵台、环县、合水、宁县、正宁、镇原县。

第四区,专署驻天水县,辖天水、甘谷、武山、礼县、西和、秦安、通渭、清水、两当、徽县、成县、武都、康县、文县、西固县。

---

① 《国民政府公报》渝字第421号,1941年12月10日,第20页。
② 《国民政府公报》渝字第648号,1944年2月12日,第12页。
③ 《肃北蒙古族自治县概况》,甘肃民族出版社,1986年,第41页。又,《甘肃省志》第9卷《民政志》,第152页。
④ 《准内政部咨请通令所属为设治肃北设治局治所设于公婆泉一案令仰转饬知照由》,《四川省政府公报》第112期,1938年,第7页。
⑤ 《国民政府公报》渝字第178号,1939年8月12日,第23页。
⑥ 《肃北蒙古族自治县概况》,第42页。
⑦ 内政部方域司:《中华民国行政区域简表》(第11版),第150页。按:《甘肃省志》第9卷《民政志》(第159页)作1937年置。

第五区，专署驻临夏、永靖、宁定、和政、夏河县。

第六区，专署驻武威县，辖武威、民勤、永昌、山丹、民乐、张掖、临泽、古浪县。

第七区，专署驻酒泉县，辖酒泉、金塔、鼎新、高台、玉门、安西、敦煌县。民国二十七年2月，增领肃北设治局。

民国二十八年4月，第一、四、五区辖县有所调整，并以兰州市、皋兰等县设直辖区。民国三十年11月，新置第八区，对第一、第四区辖县进行调整[①]。以兰州市和皋兰、榆中、洮沙、临洮、景泰、靖远、定西、会宁、永登、康乐县为直辖区。调整后的各区如下。

第一区，专署驻岷县，辖岷县、渭源、陇西、临潭、夏河、漳县和卓尼设治局。

第二区，专署驻平凉县，辖平凉、华亭、化平、隆德、庄浪、静宁、崇信、固原、海原县。民国三十年12月增领西吉县。

第三区，专署驻庆阳县，辖庆阳、泾川、灵台、环县、合水、宁县、正宁、镇原县。

第四区，专署驻天水县，辖天水、甘谷、武山、礼县、西和、秦安、通渭、清水、两当、徽县。

第五区，专署驻临夏县，辖临夏、永靖、宁定、和政县。

第六区，专署驻武威县，辖武威、民勤、永昌、山丹、民乐、张掖、临泽、古浪县。

第七区，专署驻酒泉县，辖酒泉、金塔、鼎新、高台、玉门、安西、敦煌县及肃北设治局。

第八区，专署驻武都县，辖武都、文县、西固、成县、康县。

民国三十三年4月增设第九区，各区辖县略有变动，兰州市和皋兰、景泰、靖远、会宁、永登县仍直属省政府。各区辖县如下。

第一区，专署驻岷县，辖岷县、陇西、漳县、临潭、夏河县和卓尼设治局。

第二区，专署驻平凉县，辖平凉、华亭、化平、隆德、庄浪、静宁、崇信、固原、海原、西吉县。抗战胜利后，固原县改属第三区。

第三区，专署驻庆阳县，辖庆阳、泾川、灵台、环县、合水、宁县、正宁、镇原县。抗战胜利后，固原县自第二区来隶。

第四区，专署驻天水县，辖天水、甘谷、武山、礼县、西和、秦安、通渭、清水、两当、徽县。

---

① 《国民政府公报》渝字第413号，1941年11月12日，第14页。

第五区,专署驻临夏县,辖临夏、永靖、宁定、和政县。

第六区,专署驻武威县,辖武威、民勤、永昌、山丹、民乐、张掖、临泽、古浪县。

第七区,专署驻酒泉县,辖酒泉、金塔、鼎新、高台、玉门、安西、敦煌县及肃北设治局。

第八区,专署驻武都县,辖武都、文县、西固、成县、康县。

第九区,专署驻临洮县,辖临洮、洮沙、康乐、定西、榆中、会川、渭源县。

第二十一章　宁夏省

一、建省过程

南京国民政府成立后,冯玉祥为了巩固自己在西北的地位,于民国十七年(1928)9月通过时任国民政府内政部长的冯系人物薛笃弼,提出了甘肃省分治案,以宁夏、青海距离甘肃省省城太远,交通不便,不易发展为由,提出新设宁夏、青海两行省的提案①。青海设省以后,内政部以"甘肃面积过广,北部阿拉善额鲁特旗及额济纳土尔扈特旗地方,汉蒙杂处,夙号难治,甘肃省政府鞭长莫及,难以控制",且"宁夏地方东濒黄河,土地肥沃",提出设立宁夏省,一面"先就宁夏附近之地从事屯垦,一面向阿拉善额济纳地方逐渐开发"②。10月17日,国民党中央政治会议第159次会议议决建立宁夏省。10月19日,国民政府令正式公布设置宁夏省,行政区域为原甘肃省宁夏道所属8县及宁夏护军使辖地③。民国十八年1月1日宁夏省政府成立,下设民政、财政等厅。原属甘肃省宁夏道各县来属④。省会先后驻宁夏县、银川市,即今宁夏回族自治区银川市。民国三十六年土地面积为233 320平方公里,辖1市、13县、2设治局,另,境内有蒙旗3旗。辖境相当于今宁夏回族自治区大部(隆德、固原、海原、化平、西吉等县除外)和内蒙古自治区阿拉善盟、甘肃省肃北蒙古族自治县马鬃山镇东部。未设行政督察区⑤。民国三十八年(1949)9月23日,省城银川市解放。

二、县、市、设治局

银川市,民国三十四年1月,宁夏省政府析贺兰县城区置⑥,治宁夏城(今

---

①⑥　陈育宁:《宁夏通史(近现代卷)》,宁夏人民出版社,1993年,第101页。
②　《内政年鉴》,第(B)48页。
③　《国民政府公报》第2号,1928年10月27日,第9页。
④　《国民政府公报》第80号,1929年1月31日,第8页。
⑤　按:内政部《全国行政区域简表》(1944年)、《中国之行政督察区》均未载宁夏省之行政督察区。《全国行政区域变更一览表(三十三年九月至三十四年十一月)》言宁夏省增设第一、第二两行政督察区,行政院于1945年2月2日核准。疑未能施行。

宁夏银川市城区)。行政院于8月公布《宁夏省银川市政筹备处组织规程》①，核准设市②。为宁夏省会。

贺兰县，清代为宁夏府附郭宁夏县，治宁夏城(今宁夏银川市城区)。北京政府时期为甘肃省宁夏道治。民国十八年1月1日属宁夏省③，为省会。因与省名重名，民国三十一年3月改名④，并迁治谢岗堡(今宁夏贺兰县驻地习岗镇)⑤。

宁朔县，清代为宁夏府附郭首县，治宁夏城(今宁夏银川市城区)。宁夏、宁朔两县同驻一城，按照大总统指令应该裁并为一县。但两县区域甚为宽广，地近蒙古，户口甚繁，钱粮征收甚巨，裁并后行政管理不便，得以保留。民国二年4月移治满城(今银川市西新城区)⑥。属甘肃省宁夏道。民国十八年1月属宁夏省。民国二十一年迁王洪堡(今宁夏南望洪堡)，三十年迁瞿靖堡(今宁夏青铜峡市西北瞿靖堡)⑦，三十一年3月迁治小坝(今宁夏青铜峡市驻地小坝镇)⑧。

灵武县，清代为灵州，治所即今宁夏回族自治区灵武市城区街道。民国二年4月改县并改名⑨，因古灵武郡为名。属甘肃省宁夏道。民国十八年1月属宁夏省。

盐池县，原为灵州花马池分州辖区，民国二年4月置县⑩。因境内有盐池，故名。治花马池(今宁夏盐池县驻地花马池镇)。民国四年又将灵武县属之惠安、盐积、隰宁、萌城4堡并入。属甘肃省宁夏道。民国十八年1月属宁夏省。民国二十五年6月，红军解放花马池，红白两地的分界逐渐形成，国民党县政府迁治惠安堡(今宁夏盐池县西南惠安堡)⑪，并于民国三十三年2月获国民政府批准，同时将同心县的韦州及下马关、金积县的红寺堡划入⑫。

---

① 《国民政府公报》渝字第843号，1945年8月29日，第5页。
② 《全国行政区域变更一览表(三十三年九月至三十四年十一月)》。
③ 按：《国民政府指令第189号》(民国十八年1月29日)载："旧宁夏、青海两道遵令各依固有区域分别划归宁夏、青海两省，自十八年一月一日起，各县一切行政分别由宁夏、青海两省政府处理。"(《国民政府公报》第80号，同月31日，第8页)而内政部方域司《中华民国行政区域简表》(第11版)谓宁夏等县于民国"十七年十月划归宁夏省管辖"，并不是实际执行的时间。
④⑧ 《国民政府公报》渝字第448号，1942年3月14日，第15页。
⑤ 内政部方域司：《中华民国行政区域简表》(第11版)，第152页。按：一说民国二十四年迁治，见《贺兰县志》(宁夏人民出版社，1994年，第2页)和《贺兰县设置沿革》(《贺兰文史资料》第1辑，1985年，第9页)。
⑥⑨⑩ 《政府公报》354号，1913年5月2日，第13册，第344页。
⑦ 冯茂：《宁夏现代政区变迁沿革》，宁夏人民出版社，1998年，第140页。又，唐振东：《青铜峡市建置历史沿革》，《青铜峡文史资料》第1辑，1988年，第9页。
⑪ 刘广增：《国民党在惠安堡设立盐池县驻地的回忆》，《盐池县文史资料》第5辑，1989年，第24页。
⑫ 《国民政府公报》第653号，1944年3月1日，第7页。按：《盐池县志》(宁夏人民出版社，1986年，第73页)谓"1947年盐池县城失陷，民国县政府又迁入盐池县城"。

平罗县，治所即今宁夏平罗县驻地城关镇。属甘肃省宁夏道。民国十八年1月属宁夏省。

磴口县，甘肃省平罗县属之磴口地方，为甘绥往来孔道，形势扼要。民国十五年12月，甘肃省政府批准设县，并委员署理，同时上报内政部核议。民国十八年1月，国民政府核准①。治磴口（今内蒙古阿拉善左旗东北巴彦木仁苏木）②。民国三十一年3月，国民政府核准迁治广兴源③，实际并未施行④。

中卫县，治所即今宁夏中卫市沙坡头区城区。属甘肃省宁夏道。民国十八年1月属宁夏省。民国三十年析置香山设治局⑤，驻香山堡（今宁夏中卫县南香山堡），民国三十六年前裁撤，并入中卫县⑥。

中宁县，民国二十二年秋，宁夏省政府民政厅长向省政府建议：为便于治理，拟将中卫县划为两县，以黄河为界，黄河以南增设宁安县，以宁安堡为县城，黄河以北仍为中卫县。9月，省政府原则同意。由于黑龙江已有宁安县，决定新县以中卫、宁安两地名的首字命名为中宁县。但因以黄河为界，仍有不便，遭到中卫县乡绅的反对，改为东西划界，黄河以南以山河桥为界，黄河以北以胜金关为界，界西为中卫县，界东为中宁县⑦。12月国民政府令准⑧。治宁安堡（今宁夏中宁县驻地宁安镇）。

金积县，清代为宁灵厅，治金积堡（今宁夏吴忠市利通区西南金积镇）。民国二年4月改县并改名⑨，因金积山得名。属甘肃省宁夏道。民国十八年1月属宁夏省。

同心县，清代为平远县，治所即今宁夏同心县驻地豫海镇东北下马关。因

---

① 《国民政府公报》第81号，1929年2月1日，第8页。
② 按：冯茂《宁夏现代政区变迁沿革》（第2页）作"县驻地三盛公"，与国民政府指令有异。三盛公即今磴口县驻地巴彦高勒镇西南粮台。
③ 《国民政府公报》渝字第448号，1942年3月14日，第15页。又，内政部方域司：《中华民国行政区域简表》（第11版），第152页。
④ 按：申报馆《中国分省新图》（战后订正第五版）、光华舆地学社《中华人民共和国新地图》（1950年）中磴口县驻地均在磴口（今巴彦木仁苏木）。赵钟贤《回忆共产党接管国民党磴口县政府前的历史背景及接管过程》（《磴口县文史资料》第11辑，1994年，第1页）述及1949年解放前县政府仍在磴口。
⑤ 冯茂：《宁夏现代政区变迁沿革》（第153页）载："1941年宁夏省又将中卫所属的香山地区划出，设香山设治局。1945年宁夏省组建行政督察专员区，中卫属第二督察专员区，也称银南专区。不久，香山设治局撤销，回归中卫，专区也撤销，中卫县又直属宁夏省。"
⑥ 按：内政部方域司《中华民国行政区域简表》（第11版）中宁夏省无此局。
⑦ 《中宁县志》，宁夏人民出版社，1994年，第89页。
⑧ 《国民政府公报》第1329号，1934年1月6日，第2页。
⑨ 《政府公报》第354号，1913年5月2日，第13册，第344页。

与广东、贵州2省县名重名，民国三年1月改名镇戎县。因县由西安、平远、镇戎3所改置，故名①。属甘肃省宁夏道。民国十七年3月改名豫旺县②，因地名豫旺堡得名。民国十八年1月属宁夏省。民国二十七年4月，因下马关县城建筑遭毁坏，迁治同心镇（今同心县驻地同心镇），并改名③。

陶乐县，民国十八年11月析东旗鄂托克辖地置陶乐设治局④。因驻地得名。局所驻陶乐湖滩（今宁夏陶乐县西南高仁镇），位于黄河之东，横亘二百余里，与平罗、灵武、磴口3县接界。但绥远省反对宁夏省在此设治，请求内政部撤销，并于民国十九年8月在此处设沃野设治局⑤，治所在杨柜（今宁夏陶乐县西南杨柜）⑥。经国民政府内政部派员勘察，民国二十六年裁决仍归宁夏省，裁撤沃野设治局，并于11月重设陶乐设治局。民国三十年7月改县⑦。

永宁县，民国三十一年3月析贺兰、宁朔2县置⑧。治杨和堡（养和堡，今宁夏永宁县驻地杨和镇）。

惠农县，民国三十一年3月析平罗县置⑨。因惠农渠得名。治宝丰镇（今宁夏平罗县东北宝丰镇）。

紫湖设治局，民国十八年11月析原西旗阿拉善辖地置⑩。因驻地得名。局所驻紫泥湖（今内蒙古阿拉善左旗西北锡林高勒苏木）。民国三十七年4月仍暂缓设局。当未设治⑪。

居延设治局，民国十八年11月析原额济纳辖地置⑫。因驻地得名。局所驻居延湖泊（今内蒙古额济纳旗西北居延海）。民国三十七年4月仍暂缓设局。当未设治⑬。

---

① 《内务部改定各省重复县名及存废理由清单》。
② 《国民政府公报》第37期，1928年3月，第22页。
③ 《国民政府公报》渝字第64号，1938年7月9日，第15页。
④⑩⑫ 《国民政府公报》第343号，1929年12月12日，第8页。
⑤ 冯茂：《宁夏现代政区变迁沿革》，第77、104页。又，吴承湜：《近六十年全国郡县增建志要》附录，第74页。
⑥ 白凤和：《民国时期陶乐县的部分情况》，《石嘴山文史资料》第5辑，1986年，第16页。
⑦ 内政部方域司：《中华民国行政区域简表》（第11版），第153页。
⑧⑨ 《国民政府公报》渝字第448号，1942年3月14日，第15页。
⑪ 按：据内政部方域司《中华民国行政区域简表》（第11版，第153页），1947年时仍"暂缓设局"。据内政部方域司《中国之行政督察区》（第56页）载，"该（宁夏）省境内居延、紫湖两设治局尚未成立"。又按：《阿拉善左旗志》（内蒙古教育出版社，2000年，第89页）载："民国三十年（1941年）4月1日，经国民政府批准，对宁夏省行政区划进行调整，变动较大，同时在阿拉善旗'紫泥湖'设置治局。"
⑬ 按：据内政部方域司《中华民国行政区域简表》（第11版，第153页），1947年时仍"暂缓设局"。据内政部方域司《中国之行政督察区》（第56页）载，"该（宁夏）省境内居延、紫湖两设治局尚未成立"。

三、境内盟旗[1]

鄂尔多斯右翼中旗,俗称鄂托克旗。旗府驻地在今内蒙古鄂托克旗驻地乌兰镇北侧。抗日战争胜利后(实际在20世纪30年代伪蒙疆政权时)迁河拉庙(今鄂托克旗东南吉拉苏木)。

阿拉善额鲁特旗,旗府驻定远营(今内蒙古阿拉善左旗驻地巴彦浩特镇)[2]。

额济纳旧土尔扈特旗,简称额济纳旗,在今内蒙古额济纳旗境内,旗府无固定驻地。

---

[1] 《蒙古盟部旗名称及所在省区县驻地一览表》,《水陆地图审查委员会会刊》第2期,1935年,第61页。

[2] 《阿拉善左旗志》载:"民国三十六年(1947年),宁夏省提出了阿拉善旗的隶属关系问题,国民党政府蒙藏委员会于同年4月16日训令答复:'阿拉善旗政府方面按蒙古盟旗组织法第四条仍隶属中央;旗与省之关系就近接受西北行辕之督导;阿拉善旗的军事事项由军委驻旗军事专员负责协调处理,同时受西北行辕节制。'"(第89页)

第二十二章　青海省

一、建省过程

民国十七年(1928)9月17日,国民政府令以青海地区建立青海省①,暂以甘肃西宁县为省治。10月20日,又令将甘肃西宁道属西宁、乐都、大通、巴燕戎(化隆)、循化、贵德、湟源等7县划入:"甘肃省旧西宁道属各县与青海形势毗连,应即划入青海省,并定西宁为青海省治。"②民国十八年1月20日,省政府在西宁成立③。省会先后驻西宁县、西宁市,均即今甘肃省西宁市区。民国二十年8月,青海省政府咨请明令撤销青海省土司各职。经国务会议议决,国民政府于8月22日令准④。民国三十八年(1949)9月5日,省会西宁解放。

民国三十六年,全省土地面积667 236平方公里,辖1市、19县、2设治局,境内另有蒙旗29旗。辖境与今相似,东部界线有所变化,包括今甘肃省玛曲县区域。东、北接甘肃,西界新疆、西藏,南邻四川、西康。

二、县、市、设治局

民国二十年6月2日,内政部公布《设治局条例》。青海省因县级政区数量较少,根据此条例设立了多个设治局。一些设治局被上报内政部,经国民政府批准,此后有些又升为县;另有一些设治局未经内政部批准,设立不久便被取消。这一时期先后设立的设治局有河曲、和顺、和兴、白玉、星川、香德、海东、哈姜、西乐、祁连、兴海、通新、南屏等。民国二十四年,省政府又拟设立江源、河源、柴达木等3个设治局,但未能实施。经过改县和撤废,至民国三十八年解放时,全省仅有祁连、星川两个设治局⑤。

---

① 《国民政府公报》第93期,1928年9月,第5页。
② 《国民政府公报》第2号,1928年10月27日,第9页。又,《国民政府公报》第80号,1929年1月31日,第8页。
③ 郭卿友:《中华民国时期军政职官志》,第793页。
④ 《国民政府公报》第857号,1931年8月25日,第8页。
⑤ 《青海省志·政事志·省政府》,青海人民出版社,2001年,第21页。

西宁市,民国三十四年11月行政院核准析西宁县城区置①,并于同月30日公布《青海省西宁市政筹备处组织规程》②。治所即今青海西宁市城区。为青海省会。

湟中县,清代为西宁府附郭西宁县,治所即今青海西宁市城中区城区。北京政府时期为甘肃省西宁道治。民国十八年1月1日改属青海省③,为省会。民国三十二年12月迁治鲁沙尔(今湟中县驻地鲁沙尔镇)。民国三十五年1月,因与西宁市同名,改名④。

互助县,民国十九年8月析西宁县威远堡地方置⑤,民国二十年3月国民政府令准⑥。治威远堡(今青海互助土家族自治县驻地威远镇)。

大通县,治白塔城(今青海大通回族自治县西北城关镇)。北京政府时期属甘肃省西宁道。民国十八年1月属青海省。

亹源县,民国十八年7月析大通县大坂山以北红山堡及原属西宁县朱古仙等处置⑦。民国二十年3月国民政府令准⑧。因地近浩亹河上源,故名。治北大通(今青海门源回族自治县驻地浩门镇)。

乐都县,清代为碾伯县,治所即今青海海东市乐都区驻地碾伯镇。北京政府时期属甘肃省西宁道。民国十七年3月改名,因晋乐都县为名⑨。藏语"乐都"意为"沟口"。民国十八年1月属青海省。

民和县,民国十九年4月1日析乐都县和循化县置,治上川口(今青海民和回族土族自治县驻地川口镇),同年12月移治古鄯驿(今民和回族土族自治县南古鄯镇)⑩。民国二十年3月国民政府令准设县⑪。为便利行政,民国二十二年12月迁回上川口⑫。

循化县,清代为循化厅,治积石(今青海循化撒拉族自治县驻地积石镇)。民

---

① 《全国行政区域变更一览表(三十三年九月至三十四年十一月)》。
② 《国民政府公报》第921号,1945年12月1日,第2页。
③ 按:《国民政府指令第189号》(民国十八年1月29日)载:"旧宁夏、青海两道遵令各依固有区域分别划归宁夏、青海两省,自十八年一月一日起,各县一切行政分别由宁夏、青海两省政府处理。"(《国民政府公报》第80号,同月31日,第8页)内政部方域司《中华民国行政区域简表》(第11版)谓湟中等县于"民国十七年九月划归青海省管辖",并不是实际执行的时间。
④ 《湟中县志》,青海人民出版社,1990年,第35、40页。
⑤ 青海省政府民政厅:《最近之青海》,南京新亚细亚学会,1934年,第41页。参见《互助土族自治县志》,青海人民出版社,1993年,第34页。
⑥⑧⑪ 《国民政府公报》第735号,1931年4月1日,第8页。
⑦ 《最近之青海》,第38页。参见《门源县志》,甘肃人民出版社,1993年,第54页。
⑨ 《国民政府公报》第37期,1928年3月,第22页。
⑩ 《最近之青海》,第39页。参见《民和县志》,陕西人民出版社,1993年,第42页。
⑫ 《国民政府公报》第1312号,1933年12月14日,第2页。

国二年4月改县①。北京政府时期属甘肃省西宁道。民国十八年1月属青海省。

共和县,民国十八年7月析西宁县上下郭密、湟源县恰卜恰一带地方置②。民国二十年3月国民政府令准③。治曲沟大庄(今青海共和县东南曲沟),民国三十一年10月迁治恰卜恰(今共和县驻地恰卜恰镇)④。一说民国三十三年迁治⑤。

同仁县,民国十八年8月析循化县西部所属之保安置⑥。民国二十年3月核准⑦。治隆务寺(一作隆武寺,今青海同仁县驻地隆务镇)。

贵德县,清代为贵德厅,治曲喀沙甲(今青海贵德县驻地河阴镇)。民国二年4月改县⑧。北京政府时期属甘肃省西宁道。民国十八年1月属青海省。

化隆县,清代为巴燕戎格厅,治巴燕戎(今青海化隆回族自治县驻地巴燕镇)。民国二年4月改为巴戎县⑨。北京政府时期属甘肃省西宁道。民国十七年3月改名巴燕县⑩。蒙古语"巴燕"意为"富饶"。民国十八年1月属青海省。民国二十年6月改名化隆县⑪。县境在西魏时有化隆县,故名。

湟源县,清代为丹噶尔厅,治丹噶尔(今青海湟源县驻地城关镇)。民国二年4月改县并改名⑫。因地处湟水之源,故名。北京政府时期属甘肃省西宁道。民国十八年1月属青海省。

玉树县,民国十八年8月以玉树理事员辖地置⑬。民国二十年3月核准⑭。因部落为名,藏语"玉树"意为"遗址"。治结古(今青海玉树市驻地结古镇)。

称多县,民国二十七年2月析玉树县称多土司地置⑮。治所即今青海称多县驻地周均(一作周筠,在今驻地称文镇镜内)。

都兰县,民国六年设立都兰理事公署,驻地都兰寺(今青海乌兰县东北都兰寺)⑯。民国十九年11月置县。民国二十年3月核准⑰。蒙古语"都兰"意

---

① ⑧ ⑨ ⑫ 《政府公报》第354号,1913年5月2日,第13册,第344页。
② 《最近之青海》,第37页。参见《共和县志》,青海人民出版社,1991年,第52页。
③ ⑦ ⑭ 《国民政府公报》第735号,1931年4月1日,第8页。
④ 《国民政府公报》渝字第513号,1942年10月28日,第12页。
⑤ 《共和县志》,第56页。
⑥ 《最近之青海》,第38页。
⑩ 《国民政府公报》第37期,1928年3月,第22页。
⑪ 内政部方域司:《中华民国行政区域简表》(第11版),第157页。按:吴承湜《近六十年全国郡县增建志要》附录(第91页)作1921年6月改名。
⑬ 《最近之青海》,第42页。
⑮ 内政部方域司:《中华民国行政区域简表》(第11版),第157页。
⑯ 《海西州志》,陕西人民出版社,1995年,第75页。按:一作1919年置,见吴中申:《旧都兰县行政建置沿革及都兰垦务局》,《海西文史资料》第1辑,1988年,第173页。
⑰ 《国民政府公报》第735号,1931年4月1日,第8页。

为"暖和"。民国二十年10月迁治希里沟(今乌兰县驻地希里沟镇)①。

囊谦县,民国二十二年12月以玉树五十五族之囊谦族果洛游牧场及觉拉寺等地方置②。因部族名命名。治色鲁马(在今青海囊谦县驻地香达镇南)。

同德县,民国二十四年5月,因加拉寺地方为青海省南、东重镇,森林茂盛,畜牧发达,析贵德县鲁仓、汪什科及白佛所辖地及同仁县属黄河沿岸拉加寺、什则寺一带地方置③。由同仁、贵德各取一字为名。治拉加寺(今青海玛沁县东北拉加寺)。

海晏县,民国二十六年青海省政府以湟源县之南达如玉旗尔力克贝勒、水硖贝子、托毛公君贝子等所属地区置海晏设治局④。治三角城(今青海海晏县驻地三角城镇)。民国三十二年5月国民政府核准⑤。同年11月升为县⑥。

兴海县,民国二十八年10月析共和县置兴海设治局⑦。局所驻大河坝(今青海兴海县西北大河坝)。因局所在大河坝,习称大河坝设治局⑧。民国三十二年11月改县⑨。

祁连设治局,民国二十八年10月析亹源县置。因祁连山得名,局所驻八宝(今青海祁连县驻地八宝镇)⑩。民国三十二年,拟升为祁连县,因古佛寺归属问题与甘肃省意见不一,暂缓设县,至民国三十四年复定为设治局⑪。

星川设治局,民国二十九年7月,青海省政府以下果洛班玛、鄂陵湖东及野马滩、长石头一带置⑫。局所驻达的海(约在今青海玛多县境)⑬。约民国三十七年迁治哈姜(乌吉哈羌,今青海玛多县西北哈姜)。

和兴设治局,民国二十七年青海省政府以中果洛地区置。民国二十九年7月省政府以两年来"政令推行,颇称顺利",将设治局的界图、名称、区划表送内政部审核⑭。民国三十二年1月国民政府令准⑮。局所驻阿什姜贡麻(在今

---

① 《最近之青海》,第42页。
② 《国民政府公报》第1304号,1933年12月5日,第7页。
③ 《国民政府公报》第1774号,1935年6月22日,第8页。
④ 《海晏县志》,甘肃文化出版社,1994年,第18、374页。按:《海北藏族自治州志》(第104页)作1939年置。《青海省志·政事志·省政府》(第21页)谓初名海东设治局,后改称海晏设治局。
⑤ 《国民政府公报》渝字第567号,1943年5月5日,第10页。
⑥⑨ 《国民政府公报》渝字第621号,1943年11月10日,第14页。
⑦⑩ 《国民政府公报》渝字第198号,1939年10月21日,第19页。
⑧ 《共和县志》,第52页。
⑪ 《青海省志·民政志》,黄山书社,1998年,第16页。
⑫ 同上书,第15页。又,《果洛藏族自治州志》,民族出版社,2001年,第70页。
⑬ 《青海省志·政事志·省政府》,第21页。
⑭ 《果洛藏族自治州志》,第70页。
⑮ 《国民政府公报》渝字第540号,1943年1月30日,第20页。

青海甘德县境)。民国三十五年2月裁①。

和顺设治局,民国二十七年4月青海省政府以果洛地区置。民国二十九年7月省政府以两年来"政令推行,颇称顺利",将设治局的界图、名称、区划表送内政部审核②。一说民国二十九年省政府置③。民国三十二年1月国民政府令准④。局所驻昂欠多巴(在今青海玛多县境)。民国三十五年2月裁。

西乐设治局,民国二十九年7月青海省政府以汪什代海、麦仓一带区域置⑤。民国三十二年1月国民政府令准⑥。局所驻玛沁(在今青海玛沁县境)。民国三十五年2月裁。

通新设治局,民国二十八年10月由可鲁德令哈地方置⑦。局所驻可鲁德令哈(今青海德令哈市西南可鲁沟)。民国三十五年2月裁。

香日德设治局,一作香德设治局,民国三十二年青海省政府析都兰县西南部宗家、巴隆、台吉乃、香日德4旗置⑧。一作先置察汗乌苏设治局,后改名⑨。民国三十二年10月国民政府令准⑩。藏语"香德"意为"树木之乡"。局所驻香日德(今青海都兰县西南香日德镇)。民国三十五年2月裁,并入都兰县⑪。

河曲设治局,民国二十八年青海省政府置⑫。局所驻藏寺(今青海同德县东南赛德)。民国三十年裁⑬。

白玉设治局,一作白玉寺设治局。民国二十九年青海省政府析下果洛班玛、雅砻江上游及黄河沿岸一带置⑭。一作民国二十八年置⑮。因驻地白玉寺得名。局所驻白玉寺(今青海久治县驻地)。民国三十年撤销⑯。

---

① 内政部方域司:《中华民国行政区域简表》(第11版),第158页。按:以下和顺、西乐、通新、香德等设治局同。
② 《果洛藏族自治州志》,第70页。
③ 《玛多县志》,中国县镇年鉴出版社,2001年,第2页。
④⑥ 《国民政府公报》渝字第540号,1943年1月30日,第20页。
⑤ 《青海省志·民政志》,第15页。又,《果洛藏族自治州志》,第70页。
⑦ 《国民政府公报》渝字第198号,1939年10月21日,第19页。
⑧ 《海西州志》卷一,陕西人民出版社,1995年,第83页。又,《青海省志·民政志》,第16页。
⑨ 《青海省志·政事志·省政府》,第21页。
⑩ 《国民政府公报》渝字第618号,1943年10月30日,第11页。
⑪ 《青海省志·政事志·省政府》,第21页。又,《青海省志·民政志》,第16页。
⑫ 《青海省志·民政志》,第15页。
⑬ 《同德县志》,北京民族出版社,1999年,第325页。又,《青海省志·民政志》,第15页。按:《青海省志·政事志·省政府》(第21页)作"1948年裁"。
⑭ 《果洛藏族自治州志》,第70页。又,《青海省志·民政志》,第16页。
⑮ 《同德县志》,北京民族出版社,1999年,第9页。
⑯ 同上书,第325页。又,《青海省志·民政志》,第15页。按:《青海省志·政事志·省政府》(第21页)作"1948年裁"。《果洛藏族自治州志》(第70页)作"1941年废"。

哈姜设治局，民国三十年青海省政府以乌吉哈姜盐池一带原布久（红柯）、多仓、俄仓、白沙、哈秀、朵托、干巴、阿拉麻等部落辖地置①。局所驻哈姜（乌吉哈芜，今青海玛多县西北哈姜）。民国三十二年并入星川设治局②。

南屏设治局，民国三十一年青海省政府析贵德县鲁仓、霸茫拉一带置。局所驻鲁仓（今青海贵南县北鲁仓寺）。民国三十三年裁③。

三、行政督察区

民国二十七年（1938）全省划为 7 个行政督察区。民国二十九年 1 月改划为 6 区，在离省会西宁较远的第五、六、七区设立行政督察专署。旋因第七区仅辖同德一县，没有设置专员的必要，裁撤专署。

第五区，专署驻都兰县，辖都兰、共和县及兴海、通新设治局。民国三十二年 1 月，增领西乐设治局。民国三十二年 5 月，增领海晏设治局（同年 11 月改县），10 月增领香德设治局，11 月兴海设治局改县。

第六区，专署驻囊谦县，民国三十一年迁驻玉树县，辖囊谦、玉树、称多县。民国三十二年 1 月，增领和兴、和顺 2 设治局。

民国三十三年，仍设第五、第六区行政督察专署。

第五区，专署驻都兰县，辖都兰、共和、兴海、海晏县及通新、西乐、香德设治局。

第六区，专署驻玉树县，辖玉树、囊谦、称多县及和兴、和顺设治局。

民国三十四年 1 月，改第五、第六区分别为第一、第二区④，另置第三区。

第一区，专署驻都兰县，辖都兰、共和、兴海、海晏县及通新、西乐、香德设治局。

第二区，专署驻玉树县，辖玉树、囊谦、称多县。

第三区，专署驻同德县，辖同德县及和兴、和顺设治局⑤。

抗战胜利后，仅设第一区行政督察专署，西宁市及湟中等 16 县和祁连设设局直属于省政府。行政院于民国三十六年 6 月核准备案。

第一区，专署驻玉树县，辖玉树、囊谦、称多县。

---

① 《玛多县志》，第 2 页。又，《果洛藏族自治州志》，第 70 页。
② 《果洛藏族自治州志》，第 70 页。又，《青海省志·民政志》，第 16 页。按：《青海省志·政事志·省政府》（第 21 页）作"1948 年废"。
③ 《贵南县志》，三秦出版社，1996 年，第 38 页。又，《青海省志·民政志》，第 15 页。按：《同德县志》（第 325 页）作"1941 年裁"，《青海省志·政事志·省政府》（第 21 页）作"1948 年裁"。
④ 《国民政府公报》渝字第 745 号，1945 年 1 月 17 日，第 8 页。
⑤ 《国民政府公报》渝字第 749 号，1945 年 1 月 31 日，第 22 页。

四、境内盟旗①

霍硕特南右翼中旗，在今青海泽库县城附近。

霍硕特南左翼中旗，在今青海同德县东南、河南蒙古族自治县西南。

霍硕特前首旗，一称霍（和）硕特前头旗，在今青海河南蒙古族自治县东南。

土尔扈特南前旗，在今青海河南蒙古族自治县西南。

绰尔罗斯北中旗，一称水峡贝子旗，俗称哈尔格贝子旗。在今青海海晏县南。

霍硕特前左翼首旗，一称霍（和）硕特前左翼头旗，俗称默勒王旗。在今青海刚察县东北。

霍硕特西右翼前旗，俗称默勒札萨克旗。在今青海祁连县西南。

喀尔喀南右翼旗，俗称喀尔喀札萨克旗。在今青海刚察县西北。

土尔扈特南中旗，俗称永安札萨克旗。在今青海海晏县西北。

霍硕特北右（翼）旗，俗称郡贝子旗。在今青海刚察县北。

霍硕特南左翼末旗，俗称群科札萨克旗。在今青海海晏县西南、共和县东北。

霍硕特东上旗，俗称巴汗俄尔札萨克旗。在今青海乌兰县南。

霍硕特西右翼后旗，俗称巴隆札萨克旗。在今青海都兰县西南。

霍硕特西左翼后旗，俗称宗札萨克旗。在今青海都兰县南。

绰尔罗斯南右翼首旗，一称绰尔罗斯面右翼头旗，俗称尔什克贝勒旗。在今青海共和县东北。

辉特南旗，俗称端达哈公旗。在今青海共和县西北。

霍硕特南右翼末旗，俗称善力格札萨克旗。在今青海共和县西南、兴海县北。

霍硕特西前旗，俗称青海王旗。在今青海德令哈市东。

霍硕特西后旗，俗称柯柯的贝勒旗。在今青海德令哈市西南。

霍硕特北左翼旗，俗称柯尔洛贝子旗。在今青海德令哈市西南。

霍硕特北左末旗，俗称盐札萨克旗。在今青海乌兰县东南。

霍硕特北右末旗，俗称柯尔洛果札萨克旗。在今青海德令哈市西。

---

① 《蒙古盟部旗名称及所在省区县驻地一览表》，《水陆地图审查委员会会刊》第 2 期，1935 年，第 61～63 页。

霍硕特西右翼中旗,俗称台吉爱尔札萨克旗。在今青海格尔木市南。

霍硕特南右翼后旗,俗称托莫公旗。在今青海天峻县东南。

霍硕特南左翼后旗,俗称阿喀公旗。在今青海共和县西北、天峻县东南。

土尔扈特西旗,俗称托尔和札萨克。在今青海刚察县北。

土尔扈特南后旗,俗称角昂札萨克旗。在今青海海晏县西北、祁连县东南。

霍硕特北前旗,俗称布哈公旗。在今青海天峻县西北。

察罕诺们汗旗,俗称白佛旗。在今青海贵南县南与同德县北交界处。

另有青海右翼盟、青海左翼盟等。

第二十三章 绥远省

绥远地区在清代属山西省归绥道辖境和内蒙古乌兰察布、伊克昭2盟区域。民国二年(1913)11月,北京政府置绥远特别区域。民国十七年9月,南京政府改置为绥远省。

第一节 绥远特别区域

民国二年11月,大总统批准以山西归绥道所属12县暨内蒙古乌兰察布、伊克昭2盟区域置绥远特别区域,以绥远都统统辖各县暨蒙旗事务①,绥远特别区域正式形成。都统公署驻归绥县(今内蒙古呼和浩特市)。民国三年6月,丰镇、凉城、兴和、陶林4县往属察哈尔特别区域,辖境缩小,约相当于今内蒙古巴彦淖布盟、鄂尔多斯市、包头市、呼和浩特市全境及乌兰察布盟四子王旗大部②。同年7月,置绥远道,道尹主管各县、设治局行政事务,为边要缺,一等③,驻归绥县(今内蒙古呼和浩特市),辖归绥、萨拉齐、清水河、托克托、和林格尔、五原、武川、东胜县④。民国九年5月增领固阳设治局(十二年3月改县)。民国十三年3月增领包头设治局(十四年11月改县)。民国十四年7月增领大佘太设治局,9月增领临河设治局。

第二节 绥 远 省

一、建省过程

民国十七年(1928)9月5日,国民党中央政治会议第153次会议决议将

---

① 内务部职方司第一科:《全国行政区划表》,1914年,第137页。
② 按:绥远特别区域的界线,可参考陈镐基:《中国新舆图》第3版,上海商务印书馆,1917年,第25图。
③ 《政府公报》第834号,1914年8月31日,第28册,第801页。
④ 《政府公报》第779号,1914年7月7日,第27册,第121页。

绥远特别区域改建为绥远省。17日,国民政府通电改置①。10月20日,国民政府发布任命令。12月8日,徐永昌在归绥县就任省政府主席。民国十八年1月1日,接收察哈尔省的丰镇、凉城、兴和、陶林、集宁等5县,辖境约相当于今内蒙古巴彦淖尔盟、鄂尔多斯市、包头市、呼和浩特市及乌兰察布盟大部(除德化、商都外)。其中,与宁夏接界的西界曾有争议。民国十八年11月,宁夏省析东旗鄂托克地置陶乐设治局,局所在黄河东岸。绥远省认为两省间应以黄河为界,反对宁夏省在此设治,请求内政部撤销,并于民国十九年8月在此处设沃野设治局②,治所在杨柜(今宁夏陶乐县西南杨柜)③。经国民政府内政部派员勘察,于民国二十六年裁决仍归宁夏省,裁撤沃野设治局。民国二十六年10月后,绥远大部分地区被日军占领,绥远省政府仅保有伊克昭盟大部分和河套地区各旗县,以陕坝为临时省会。民国二十七年12月,全省分设4个区行政督察专署,为省政府辅助机关。民国三十八年(1949)9月19日,省主席董其武在归绥市通电起义,绥远和平解放。

民国三十六年底全省土地面积为329 397平方公里,辖20县、3市。境内另有蒙旗17旗④。东接察哈尔,北邻蒙古,西界宁夏,南接山西、陕西。

二、县、市、设治局

归绥市,民国二十六年底,伪蒙古联盟自治政府改归绥县为厚和浩特市。抗日战争胜利后,国民政府仍以归绥县为绥远省省会⑤。民国三十六年11月,国民政府公布《归绥市政府组织规程》⑥,正式设市。治所即今内蒙古呼和浩特市。

归绥县,清代为归化城直隶厅,治归化城(今呼和浩特市旧城),民国元年5月改为归化县⑦,属山西省。民国二年11月改属绥远特别区域。因与福建

---

① 《国民政府公报》第93期,1928年9月,第5页。
② 冯茂:《宁夏现代政区变迁沿革》,第77、104页。又,吴承湜:《近六十年全国郡县增建志要》附录,第74页。
③ 白凤和:《民国时期陶乐县的部分情况》,《石嘴山文史资料》第5辑,1986年,第16页。
④ 按:《中华民国史地理志(初稿)》(第9册)作18旗,多"土默特特别旗"。
⑤ 内政部方域司:《中华民国行政区域简表》(第11版),第160页。
⑥ 《国民政府公报》第2979号,1947年11月14日,第9页。
⑦ 内务部职方司第一科编《山西省区域沿革一览表》(《政府公报》第491号,1913年9月16日,第17册,第532页)有归化县,无绥远县。内务部职方司第一科编《全国行政区划表》(1914年,第137页):"(民国)元年五月,将归化、绥远两厅改称为县。二年四月,因两县置于同一区域内,并县,定名归化。"谢观编《各省区域沿革一览表》(第107页)同,作"民国元年五月改归化、绥远两厅为归化县。"《绥远通志稿》卷1(内蒙古人民出版社,2007年,第1册,第75页)谓:"民国元年改(归化理事同知)厅为归化县。二年,以绥远城粮饷同知厅并入,始移归绥县。"绥远同知在清代已不管地方,应未改绥远县。

省县名重名,民国三年1月改名①。先后为绥远都统驻地、绥远省会。

包头市,民国二十二年2月,绥远省政府以包头地居要冲,虽然人口、财政均未达到设市的标准,"然待中俄复交,西北开发,实有设市之必要"②,成立包头市政筹备处。同年4月国民政府核准③。治所即今内蒙古包头市东河区。

包头县,民国十三年3月析萨拉齐县包头镇及五原、东胜2县和固阳县地置包头设治局④。治包头镇(今内蒙古包头市东河区)。民国十四年11月改为县⑤。民国二十二年4月,城区划归包头市。

五原县,清代为五原厅,治隆兴长(兴隆旺,今内蒙古五原县驻地隆兴昌镇)。民国元年5月改县,暂驻大佘太(今内蒙古乌拉特前旗东北大佘太镇)⑥,属山西省。民国二年11月改属绥远特别区域。民国四年5月迁治隆兴长⑦。

临河县,民国十四年9月析五原县丰济渠以西后套西部地方置临河设治局⑧。因汉代临河县为名。治强油房(今内蒙古巴彦淖尔市临河区城区)。因临河设治局早逾设治时期,国民党中央政治会议太原分会同意绥远省政府请改县治,南京政府于民国十八年1月核准⑨。

武川县,清代为武川厅,拟治翁滚城(约今内蒙古呼和浩特市与武川县交界处翁滚山附近)⑩,因地方偏远,寄治归化城⑪。民国元年5月改为县。属山西省。民国二年11月改属绥远特别区域。置县后,县治初定大滩(今内蒙古察哈尔右翼中旗西大滩)⑫,后定翁滚(公滚),均未实行。而县境所辖东西两地,中隔草地及归绥县插花地,行政管理不便。民国四年6月,内务部核准县治设在可可以力更镇(今内蒙古武川县驻地可可以力更镇),同时将归绥县阴

---

① 《内务部改定各省重复县名及存废理由清单》。
② 钱端升等:《民国政制史》下册,第423页。
③ 《国民政府公报》第1113号,1933年4月24日,第9页。
④ 《政府公报》第2880号,1924年3月28日,第143册,第1313页。又,吴承湜:《近六十年全国郡县增建志要》卷下,第63页。
⑤ 《政府公报》第3464号,1925年11月25日,第163册,第5735页。
⑥ 吴承湜:《近六十年全国郡县增建志要》卷上,第47页。
⑦ 《政府公报》第1264号,1915年11月14日,第43册,第634页。
⑧ 《政府公报》第3392号,1925年9月10日,第161册,第4386页。
⑨ 《国民政府公报》第120号,1929年3月20日,第5页。
⑩ 光华舆地学社《中华人民共和国新地图》(三联书店,1950年第2版)绥远省幅,在归绥市北有翁滚山,翁滚城当在此附近。
⑪ 吴承湜:《近六十年全国郡县增建志要》卷上,第46页。
⑫ 丁文江、翁文灏、曾世英《中国分省新图》(申报馆发行,1939年4月)绥远幅,在武川县与陶林县间有大滩,当是。在今察哈尔右翼中旗西部。

山以北地方划归武川县管辖①。同年9月30日移治②。

固阳县,民国九年5月析五原、武川两县地置固阳设治局③。治广义奎(今内蒙古固阳县驻地金山镇)。民国十二年3月改县④。

东胜县,清代为东胜厅,治羊肠壕(坂素壕,今内蒙古鄂尔多斯市东胜区驻地羊场壕)。民国元年5月改县,暂治包头(今内蒙古包头市东河区)⑤。属山西省。民国二年11月改属绥远特别区。民国四年还治羊肠壕,北京政府于次年8月核准⑥。因境内土匪猖獗,县城屡被攻破,县署多次迁移。民国五年6月,寄治包头。民国九年夏,复迁羊肠壕。次年又寄治包头。民国十三年10月,迁回羊肠壕。次年3月,再次避往包头。民国十七年5月,在陶油坊(今内蒙古伊金霍洛旗纳林陶亥乡境内)设立县署临时办公处。民国十九年6月,绥远省建设厅批准羊肠壕为县治。次年10月,县署及所属机关由陶油坊迁至东胜城(羊肠壕)⑦。

丰镇县,清代为丰镇厅,治所即今内蒙古丰镇市城区。民国元年5月改县。属山西省。民国二年11月改属绥远特别区域,三年6月改属察哈尔特别区域。民国十四年12月临时执政令准置隆盛县佐⑧,治隆盛庄(今丰镇市东北隆盛庄镇),民国十七年2月裁⑨。民国十七年9月划归绥远省。

凉城县,清代为宁远厅,治新堂(今内蒙古凉城县西永兴镇)。民国元年5月改为宁远县。属山西省。民国二年11月改属绥远特别区域。因与湖南、奉天、甘肃、新疆4省县名重名,民国三年1月改名。以北魏凉城郡名得名⑩。民国三年6月改属察哈尔特别区域,十七年9月划归绥远省。

兴和县,清代为兴和厅,治三道河子(今内蒙古兴和县驻地城关镇)。民国元年5月改为县。属山西省。民国二年11月改属绥远特别区域,三年6月改属察哈尔特别区域,十七年9月划归绥远省。

集宁县,民国十一年2月析丰镇、凉城、兴和3县地置集宁招垦设治局⑪。

---

① 《政府公报》第1110号,1915年6月10日,第38册,第381页。
② 《政府公报》第1264号,1915年11月14日,第43册,第634页。
③ 《政府公报》第1544号,1920年6月1日,第98册,第4页。又,吴承湜:《近六十年全国郡县增建志要》卷下,第62页。
④ 《政府公报》第2529号,1923年3月27日,第131册,第1518页。
⑤ 吴承湜:《近六十年全国郡县增建志要》卷上,第47页。
⑥ 《政府公报》第1264号,1915年11月14日,第43册,第634页。
⑦ 《东胜市志》,内蒙古人民出版社,1997年,第30~38页。
⑧ 《政府公报》第3479号,1925年12月30日,第164册,第6198页。
⑨ 《政府公报》第4244号,1928年2月24日,第238册,第633页。
⑩ 《内务部改定各省重复县名及存废理由清单》。
⑪ 《政府公报》第2129号,1922年2月4日,第118册,第514页。

因古县名得名。因驻平地泉(今内蒙古乌兰察布市集宁区城区),一称平地泉设治局。集宁地处京绥铁路中枢,地方冲要,事务殷繁,民国十二年已有居民1 000多户,商店300多家,工厂林立。民国十二年12月16日大总统指令照准改县①。属察哈尔特别区域。民国十七年9月划归绥远省。

陶林县,清代为陶林直隶厅,治康堡(科布尔,今内蒙古察哈尔右翼中旗驻地科布尔镇)。民国元年5月改为县。属山西省。民国二年11月改属绥远特别区域,三年6月改属察哈尔特别区域,十七年9月划归绥远省。

安北县,民国十四年7月析五原、固阳县及包头设治局地置大佘太设治局②。因局所驻地得名,"大佘太"为汉蒙语混合地名,意谓"泥沙大"。治大佘太(今内蒙古乌拉特前旗东北大佘太镇)。民国二十年6月改名安北设治局③。民国三十一年4月,将安北设治局未沦陷区域改置为县④。治东槐木(今乌拉特前旗西北东槐木)。

米仓县,民国三十一年4月析临河县置⑤。治三道桥(今内蒙古杭锦后旗西三道桥)。

狼山县,民国三十一年4月析临河县北部区域置狼山设治局⑥。驻永安堡(今内蒙古临河市驻地临河镇北狼山镇)。民国三十三年4月改县⑦。

晏江县,民国三十一年4月析五原县西部地区置晏江设治局⑧。驻刘长镇(在今内蒙古五原县西南)。同年11月迁塔尔湖(今五原县西塔尔湖镇)⑨。民国三十三年4月改县⑩。

萨拉齐县,清代为萨拉齐厅,治所即今内蒙古土默特右旗驻地萨拉齐镇。民国元年5月改县。属山西省。民国二年11月改属绥远特别区域。

清水河县,清代为清水河厅,治所即今内蒙古清水河县驻地城关镇。民国元年5月改为县。属山西省。民国二年11月改属绥远特别区域。

托克托县,清代为托克城厅,治所即今内蒙古托克托县驻地双河镇。民国元年5月改县。属山西省。民国二年11月改属绥远特别区域。

---

① 《政府公报》第2807号,1924年1月13日,第141册,第141页。又,吴承湜:《近六十年全国郡县增建志要》卷下,第62页。按:内政部方域司《中华民国行政区域简表》(第11版,第161页)作1921年10月置设治局,1922年12月改县。当误。
② 《政府公报》第3334号,1925年7月14日,第159册,第3381页。
③ 吴承湜:《近六十年全国郡县增建志要》附录,第73页。又,《内政部整理各省行政区划之统计》,《内政公报》第8卷第14期。
④⑤⑧ 《国民政府公报》渝字第458号,1942年4月18日,第25页。
⑦⑩ 《国民政府公报》渝字第665号,1944年4月12日,第14页。
⑨ 《国民政府公报》渝字第522号,1942年11月28日,第16页。按:《五原县志》(内蒙古人民出版社,1996年,第32页)谓1942年6月置县,1944年秋从刀老召搬迁到塔尔湖。

和林格尔县,清代为和林格尔厅,治二十家子(今内蒙古和林格尔县驻地城关镇)。民国元年 5 月改为县。属山西省。民国二年 11 月改属绥远特别区域。

陕坝市,民国三十二年 10 月析临河县陕坝地方置①,成立市政筹备处②。因驻地得名。治所即今内蒙古杭锦后旗驻地陕坝镇。

三、行政督察区

民国二十七年(1938)11 月,设 3 个行政督察区,如下所示。

第一区,专署驻归绥县,辖归绥、萨拉齐、武川、托克托、和林格尔、清水河县。

第二区,专署驻丰镇县,辖丰镇、集宁、陶林、凉城、兴和县。

第三区,专署驻五原县,辖五原、临河、包头、东胜、固阳县及安北设治局。民国三十一年 3 月,增领米仓县;4 月改安北设治局为县,增领狼山、晏江 2 设治局(民国三十三年 4 月升县)。

抗战胜利后,改划为 4 区。归绥市及归绥县由省政府直辖,行政院于民国三十六年 6 月核准。各区如下。

第一区,专署驻武川县,辖武川、固阳、萨拉齐、包头县及包头市。

第二区,专署驻集宁县,辖集宁、丰镇、凉城、陶林、兴和县。

第三区,专署驻东胜县,辖东胜、托克托、和林格尔、清水河县。

第四区,专署驻陕坝市,辖陕坝市及五原、临河、安北、米仓、狼山、晏江县。

四、境内盟旗③

1. 察哈尔右翼 4 旗

察哈尔部的察哈尔右翼 4 旗,原属察哈尔省,民国二十五年 1 月改隶绥远省。

察哈尔右翼正黄旗,旗府驻今内蒙古察哈尔右翼后旗南大六号镇东,抗日战争胜利后改驻今察哈尔右翼前旗东北。

察哈尔右翼正红旗,旗府驻今内蒙古察哈尔右翼前旗西北大土城一带,抗

---

① 内政部方域司:《中华民国行政区域简表》(第 11 版),第 162 页。按:《杭锦后旗志》(中国城市经济社会出版社,1989 年,第 17 页)谓置于 1942 年夏。
② 同上书,第 15 页。
③ 《蒙古盟部旗名称及所在省区县驻地一览表》,《水陆地图审查委员会会刊》第 2 期,1935 年,第 44～45 页。

日战争胜利后迁红旗庙(今察哈尔右翼后旗西南红旗庙)。

察哈尔右翼镶红旗,旗府驻今内蒙古察哈尔右翼中旗东北,抗战胜利后迁今察哈尔右翼中旗南。

察哈尔右翼镶蓝旗,旗府驻今内蒙古察哈尔右翼中旗西北,抗日战争胜利后迁六苏木(今内蒙古卓资县南六苏木)。

2. 乌兰察布盟

四子部落旗,俗称四子王旗。旗府驻王府(内蒙古四子王旗北王府),抗日战争胜利后(实际在20世纪30年代伪蒙疆政权时)迁治今四子王旗驻地北查干补力格苏木。

喀尔喀右翼旗,俗称达尔罕贝勒旗。旗府驻今内蒙古达尔罕茂明安联合旗驻地百灵庙北。

茂明安旗,旗府驻白灵淖(今内蒙古固阳县东北白灵淖),抗日战争胜利后(实际在30年代伪蒙疆政权时)迁今白灵淖西北。

乌喇特后旗,俗称东公旗。旗府驻今内蒙古乌拉特中旗东北与达尔罕茂明联合旗交界处。

乌喇特中旗,俗称中公旗。旗府驻今内蒙古乌拉特中旗西北巴彦杭盖苏木。

乌喇特前旗,俗称西公旗。旗府驻今内蒙古包头市西北哈德门(哈达门),30年代迁哈拉干补隆(今内蒙古乌拉特前旗东南巴彦花镇)。

3. 伊克昭盟

归化土默特旗,旗府驻今内蒙古呼和浩特市西南。

鄂尔多斯左翼前旗,俗称准噶尔旗。旗府驻西营子(今内蒙古准格尔旗西南西营子)。抗日战争胜利后(实际在20世纪30年代伪蒙疆政权时)迁沙圪堵(今内蒙古准格尔旗西南沙圪堵镇)。

鄂尔多斯左翼中旗,俗称郡王旗。旗府驻今内蒙古伊金霍洛旗驻地阿勒腾席热镇。

鄂尔多斯左翼后旗,俗称达拉特旗。旗府驻今内蒙古达拉特旗西北大树湾一带,抗日战争胜利后(实际在30年代伪蒙疆政权时)迁树林召(今达拉特旗治工业街道)。

鄂尔多斯右翼后旗,俗称杭锦旗。旗府驻都贵庙(今内蒙古杭锦旗西北巴音乌索苏木),抗日战争胜利后(实际在30年代伪蒙疆政权时)迁今内蒙古杭锦旗北。

鄂尔多斯右翼前旗,俗称乌审旗。旗府驻乌审召(今内蒙古乌审旗北乌审召苏木),抗日战争胜利后(实际在30年代伪蒙疆政权时)迁今达布察克镇。

鄂尔多斯右翼前末旗,俗称札萨克旗。旗府驻新街(今内蒙古伊金霍洛旗南新街镇)。

第二十四章 察哈尔省

清末的察哈尔地区,仅指察哈尔部八旗区域,行政事务分属于两个系统:府县地方行政属直隶省管辖,蒙旗事务由察哈尔都统(驻张家口)掌管。民国三年(1914)6月置察哈尔特别区域。民国十七年9月改置察哈尔省。

第一节 察哈尔特别区域

中华民国政府成立后,察哈尔区域的行政管理体制一如清代。民国三年6月,察哈尔区域成为一个独立的、与省平行的行政区,称察哈尔特别区域。7月,实行《都统署官制》,军政、行政长官为都统,掌管所部军队,管理区域内军政、民政事务,管辖所属区域内民政各官及巡防警备等队,并受政府之特别委任监督财政及司法、行政暨其他特别官署之行政事务。行政区域包括外长城以北的原直隶省口北道张北、独石、多伦3县,原绥远特别区域丰镇、凉城、兴和、陶林4县,蒙旗的锡林郭勒10旗、察哈尔部8旗、各旗牧厂、达里冈崖商都各牧厂等。辖境大致包括今山西北部长城以外区域,河北张家口市的长城以外区域,内蒙古锡林郭勒盟大部(苏尼特右旗西部除外)、乌兰察布盟大部(除四子王旗大部外)等地区[①]。

察哈尔都统公署驻张北县(侨治今河北张家口市,民国六年迁今河北张北县驻地张北镇)。因张家口为万全县驻地,直隶巡按使只允许以张家口都统旧署为察哈尔都统行馆,不允许在张家口行使地方行政权,察哈尔都统以侨治甚为不便,请将张家口镇地方行政权借归察哈尔都统暂行管理,于民国三年10月获大总统批准[②]。民国四年1月,直隶巡按使请求将张家口仍归直隶省万全县管辖,但将警察、禁烟两项移归察哈尔都统管理。民国十四年5月1日,察哈尔要求中央政府拨款迁治康保。

[①] 按:察哈尔特别区域的界线,可参考陈镐基:《中国新舆图》第3版,上海商务印书馆,1917年,第25图。
[②] 《政府公报》第893号,1914年10月30日,第30册,第348页。

民国三年7月置兴和道①,以道尹管辖区内的县、设治局。道尹为边缺,二等②。民国九年4月,参照其他特别区道尹的等级,改为一等③。治张北县(今河北张北县驻地)。辖张北、独石、多伦、丰镇、凉城、兴和、陶林7县,境内另有锡林郭勒盟10旗、察哈尔部8旗。民国七年11月增领商都县。民国十一年12月增领集宁县。民国十四年6月增领康保县,8月增领宝昌县。

第二节 察哈尔省

一、建省过程

民国十七年(1928)9月5日,国民党中央政治会议第153次会议议决将察哈尔特别区域改建为察哈尔省,旧直隶省口北道10县划归察哈尔省。17日,南京国民政府通电,将原察哈尔特别区域(丰镇、凉城、兴和、陶林、集宁5县除外)及原直隶省口北道10县(万全、赤城、宣化、龙关、怀来、阳原、怀安、蔚县、延庆、涿鹿)改置为察哈尔省④,省会万全县(今河北张家口市,抗战胜利后置张家口市)。11月1日,省政府在万全县正式成立。12月1日,接收口北道10县,共辖16县、18旗、4牧群及达里冈厓牧厂。辖境相当于今河北张家口市,北京延庆县,内蒙古锡林郭勒盟大部(苏尼特右旗西部除外)、乌兰察布盟的商都、化德2县等地区。民国二十三年至二十四年增设化德、崇礼、尚义3设治局。民国二十四年底被日军占领。日伪占领时期,察哈尔右翼4旗划归绥远省。抗日战争胜利后,察哈尔省大部分地区获得解放。民国三十六年8月置第四区、民国三十七年4月置第一区行政督察专署。民国三十七年(1948)12月24日,省会张家口解放。

民国三十六年,全省土地面积为283 675平方公里,辖19县、1市。境内另有蒙旗19旗。东接热河、辽北,北邻蒙古,西界绥远、山西,南接河北。

二、县、市、设治局

张垣市,初名张家口市,民国三十六年6月置⑤。治所即今河北张家口市

---

① 《政府公报》第779号,1914年7月7日,第27册,第121页。
② 《政府公报》第834号,1914年8月31日,第28册,第801页。
③ 《政府公报》第1613号,1920年8月11日,第98册,第226页。
④ 《国民政府公报》第93期,1928年9月,第5页。
⑤ 内政部方域司:《中华民国行政区域简表》(第11版),第164页。

城区。为省会。民国三十七年3月更名张垣市①。

万全县,治张家口上堡(今河北万全县北万全镇)。民国三年6月迁张家口下堡(今河北张家口市城区)。北京政府时期属直隶省口北道。民国十七年6月属河北省,9月来属。

宣化县,清代为宣化府附郭县,治所即今河北张家口市宣化区。北京政府时期为直隶省口北道治所。民国十七年6月属河北省,9月来属。

赤城县,治所即今河北赤城县驻地赤城镇。北京政府时期属直隶省口北道。民国十七年6月属河北省,9月来属。

龙关县,原名龙门县,治龙门卫(今河北赤城县西南龙关镇)。因与广东省县名重复,民国三年1月改名。县境有龙门关,为北方要塞,故名②。北京政府时期属直隶省口北道。民国十七年6月属河北省,9月来属。

怀来县,治怀来卫(今河北怀来县东官厅水库内)。北京政府时期属直隶省口北道。民国十七年6月属河北省,9月来属。

阳原县,原名西宁县,治西城镇(今河北阳原县驻地西城镇)。因与广东、甘肃两省县名重名,民国三年1月改名。县境在汉代为阳原县地,故名③。北京政府时期属直隶省口北道。民国十七年6月属河北省,9月来属。

怀安县,治怀安卫(今河北怀安县东南怀安镇)。北京政府时期属直隶省口北道。民国十七年6月属河北省,9月来属。

蔚县,清代为蔚州,民国二年2月改县。治所即今河北蔚县驻地蔚州镇。北京政府时期属直隶省口北道。民国十七年6月属河北省,9月来属。

延庆县,清代为延庆州,民国二年2月改县。治所即今北京市延庆县城区。北京政府时期属直隶省口北道。民国十七年6月属河北省,9月来属。

涿鹿县,清代为保安州,民国二年2月改保安县。治所即今河北涿鹿县驻地涿鹿镇。因与陕西省县名重复,民国三年1月改名。汉置涿鹿县于此,民国初年县西南尚有涿鹿城,故名④。北京政府时期属直隶省口北道。民国十七年6月属河北省,9月来属。

张北县,清代为张家口厅。民国二年2月改县,侨治万全县驻地张家口(今河北张家口市),属直隶省。民国三年6月改属察哈尔特别区域。民国七年迁治兴和城(今河北张北县驻地张北镇)⑤。民国十七年9月属察哈尔省。民国十

---

① 《准内政部公函以山东增设复兴县、张家口市更名张垣市及广东省南山管理局改置南山县等案》,《河南省政府公报》,1948年,复刊第41期,第10页。
②③④ 《内务部改定各省重复县名及存废理由清单》。
⑤ 尹自先:《张北城历史沿革》,《张北文史资料》第1辑,1991年,第10页。按:民国《张北县志》卷1《沿革》谓"民国六年在兴和旧城遗址建筑县公署,遂由张家口下堡移治焉",应是建筑县公署年份。

四年 7 月 3 日设县佐,驻朝阳①,约在今张北县南,民国十七年 2 月裁②。

商都县,民国四年 8 月析商都牧厂及张北、兴和、陶林县地置商都垦务行局兼设治局。满语"商都"意为"漩流"。布动河从北部流来,清流湍急,在此拐弯成漩,故名。治七台(今内蒙古商都县驻地七台镇)。民国六年 4 月改称商都招垦设治局。因筹设完备,民国七年 11 月改置县③。属察哈尔特别区域,民国十七年 9 月属察哈尔省。

康保县,民国十一年 8 月析张北、商都 2 县地置康保招垦设治局④。因附近有康保泊,故名。治康保(康巴尔,今河北康保县驻地康保镇)。民国十四年 6 月改县⑤。属察哈尔特别区域,民国十七年 9 月属察哈尔省。

沽源县,清代为独石口厅,民国二年 2 月改独石县⑥。侨治赤城县独石口(今河北赤城县北独石口)。属直隶省。民国三年 6 月改属察哈尔特别区域。民国四年 4 月,治小河子(今河北沽源县南小河子),改名⑦。一说民国七年迁治⑧。民国十七年 9 月属察哈尔省。

多伦县,清代为多伦诺尔厅,民国二年 2 月改县。治多伦诺尔(今内蒙古多伦县驻地多伦淖尔镇)。属直隶省。民国三年 6 月改属察哈尔特别区域,十七年 9 月属察哈尔省。

宝昌县,民国六年 4 月析察哈尔两翼牧场及正白旗熟荒地置太仆寺两翼招垦设治局,一称太仆寺两翼清丈局,不久又改称宝昌招垦设治局⑨。以元代在此设宝昌州,故名。治宝昌(今内蒙古太仆寺旗驻地宝昌镇)。民国十四年 6 月改县⑩。属察哈尔特别区域,民国十七年 9 月属察哈尔省。

新明县,民国二十三年 9 月析康保、商都两县置化德设治局⑪。驻加普寺(加卜寺,今内蒙古化德县驻地长顺镇)。因蒙古王公德穆楚克栋鲁普认为"化德"一名有"化掉德王"之意,表示不满⑫,国民政府于民国二十五年 2 月改名

---

① 《政府公报》第 3325 号,1925 年 7 月 5 日,第 159 册,第 3230 页。
② 《政府公报》第 4244 号,1928 年 2 月 24 日,第 238 册,第 633 页。
③ 《政府公报》第 994 号,1918 年 11 月 2 日,第 79 册。
④ 《政府公报》第 2322 号,1922 年 8 月 20 日,第 124 册,第 3715 页。
⑤⑩ 《政府公报》第 3311 号,1925 年 6 月 19 日,第 158 册,第 2961 页。
⑥⑦ 吴承湜:《近六十年全国郡县增建志要》附录,第 91 页。
⑧ 《沽源县志》,中国三峡出版社,2003 年,第 10 页。
⑨ 吴承湜:《近六十年全国郡县增建志要》卷下,第 61 页。又,《太仆寺旗志》(内蒙古文化出版社,2000 年,第 44 页)作 1918 年。
⑪ 吴承湜:《近六十年全国郡县增建志要》附录,第 73 页。
⑫ 邢玉林:《化德县历史沿革》,《化德文史资料》第 1 辑,1999 年,第 8 页。

新明设治局①。但因此时该地已被日本人占领,当地民众仍习称化德县。民国三十五年10月26日,傅作义军占领县城,改化德县为新明县②。民国三十六年5月核准③。

崇礼县,民国二十三年12月析张北县第二、四两区置崇礼设治局④。驻太平庄(今河北崇礼县北太平庄)。民国三十六年5月改县⑤,驻西湾子(今崇礼县驻地西湾子镇)⑥。

尚义县,民国二十四年3月析商都县第二区全部及第三、五区各一部置尚义设治局⑦。驻大青沟(今河北尚义县东北大青沟)。民国三十六年5月改县⑧,驻南壕堑,即今治。

三、行政督察区

抗战胜利后,全省划为4区,张家口市及宣化、万全、张北、怀安、怀来等5县直属省政府。行政院于民国三十六年(1947)6月核准备案。民国三十六年8月6日置第四区,三十七年4月27日置第一区行政督察专署。各区辖县如下。

第一区,专署驻多伦县,辖多伦、沽源、宝昌县。
第二区,专署驻新明县,辖新明、尚义、商都、康保县。
第三区,专署驻龙关县,辖龙关、崇礼、赤城、延庆县。
第四区,专署驻蔚县,辖蔚县、涿鹿、阳原县。

四、境内盟旗⑨

1. 察哈尔盟

察哈尔左翼正蓝旗,旗府驻今内蒙古正蓝旗西北准赛汗淖尔西赛汗诺尔。

察哈尔左翼镶白旗,旗府驻阿拉腾打不苏(今内蒙古正镶白旗西北阿拉坦嘎达苏苏木)。

---

① 《国民政府公报》第1965号,1936年2月7日,第10页。
② 邢玉林:《化德县历史沿革》,《化德文史资料》第1辑,1999年,第10页。
③ 内政部方域司:《中华民国行政区域简表》(第11版),第165页。
④ 《国民政府公报》第1609号,1934年12月7日,第5页。
⑤⑧ 内政部方域司:《中华民国行政区域简表》(第11版),第166页。
⑥ 《崇礼县志》,中国社会出版社,1995年,第49页。
⑦ 《国民政府公报》第1748号,1935年5月23日,第12页。
⑨ 本部分参考《蒙古盟部旗名称及所在省区县驻地一览表》,《水陆地图审查委员会会刊》第2期,1935年,第43~44页。

察哈尔左翼正白旗,旗府驻今内蒙古化德县东北七号村一带,抗战胜利后迁布尔痕(今正蓝旗西北)。

察哈尔左翼镶黄旗,旗府驻苏门哈达(今内蒙古镶黄旗东北)。

2. 锡林郭勒盟

乌珠穆沁左翼旗,旗府驻嘎海庙(今内蒙古东乌珠穆沁旗东北乌拉盖苏木)。

乌珠穆沁右翼旗,旗府原驻今内蒙古西乌珠穆沁旗北,抗战胜利后迁乌兰哈拉格庙(今西乌珠穆沁旗东北乌兰哈拉嘎苏木)。

浩济特左翼旗,旗府驻今内蒙古西乌珠穆沁旗西北赛汗诺尔。

浩济特右翼旗,旗府驻阿由勒哈(今内蒙古锡林浩特市北乌尤特)。

阿巴噶左翼旗,旗府驻雄王府(今内蒙古阿巴嘎旗东南昆对敖斯附近)。

阿巴噶右翼旗,旗府驻今内蒙古阿巴嘎旗南。

阿巴哈那尔左翼旗,旗府驻贝子庙(今内蒙古锡林浩特市)。

阿巴哈那尔右翼旗,旗府驻今内蒙古锡林浩特市东北,抗战胜利后迁伊利勒特(今内蒙古锡林浩特西北伊利浩特)。

苏尼特左翼旗,旗府驻今内蒙古苏尼特左旗东南都都音沃博勒卓。

苏尼特右翼旗,旗府驻今内蒙古苏尼特右旗西南,抗战胜利后迁温都尔庙(今内蒙古苏尼特右旗东南温都尔苏莫)。

3. 牧群

商都旗,原为商都牧群,民国二十五年2月改置。旗府驻哈印海尔巴庙(今内蒙古镶黄旗北哈音海尔瓦苏)。

明安旗,原为牛羊群,民国二十五年2月改置。旗府驻多恩海拉汗(今内蒙古正蓝旗西北)。

太仆寺左翼旗,原为左翼牧群,民国二十五年2月改置。旗府驻炮台营子(今太仆寺旗南贡宝拉格苏木)。

太仆寺右翼旗,原为右翼牧群,民国二十五年2月改置。旗府驻上都河(今内蒙古多伦县西北上都河)。

达里冈厓牧厂,在今内蒙古苏尼特左旗至蒙古人民共和国阿沙盖图以南地区。

第二十五章 热河省

清末的热河地区,行政事务分属于两个系统。府县地方行政属直隶省热河道管辖。清宣统三年(1911),直隶省热河道员驻承德府,辖承德、朝阳2府和赤峰直隶州,县级政区有平泉州及滦平、隆化、丰宁、建昌、阜新、建平、绥东、开鲁、林西等10州县。蒙旗及围场事务由理藩院(在热河都统衙门内派有司员一名)和热河都统管辖。热河都统(武职,从一品)下辖热河道并掌管内蒙古卓索图盟、昭乌达盟等盟旗事务。热河地区名义上属直隶省,实自成一省级政区。民国二年(1913)6月置热河特别区域。民国十七年9月改置热河省。

第一节 热河特别区域

民国元年年初,热河地区仍为清廷管辖区域,以热河都统管辖热河地区。民国二年5月,北京政府颁布《热河现行官厅组织暂行章程》,共18条,规定"热河依现行规制,就现治区域设都统一人,为全境行政长官","都统之职任权限依现行规制兼任军政、民政及满蒙各旗事宜"①。民国三年1月置热河特别区域②。热河地区完全脱离直隶省。7月,中华民国政府颁布《都统府官制》③,以都统为热河特别区域的军政、民政长官,由大总统简任,地位略低于各省长官。特别区域行政公署称都统府,驻承德(今河北承德市)。同月,置热河道,以热河道尹管辖区内的县、设治局。民国十七年7月,热河都统汤玉麟通电易帜,拥护南京政府。9月,国民党中央政治会议第153次会议议决改建为热河省。

民国二年,国务院拟设朝阳、赤峰两道,但热河都统未行咨报④。民国三年7月,置热河道,道尹为边要缺,一等⑤,驻承德县(今河北承德市)。辖14县、1设治局:承德、滦平、丰宁、隆化、平泉、凌源、朝阳、阜新、建平、绥东、赤

---

① 《政府公报》第363号,1913年5月11日,第13册,第309页。
② 内务部职方司第一科:《全国行政区划表》,1914年,第136页。
③ 《政府公报》第779号,1914年7月7日,第27册,第123页。
④ 《临时政府内务行政纪要》,第41页。
⑤ 《政府公报》第834号,1914年8月31日,第28册,第801页。

峰、开鲁、林西、围场县及经棚设治局①。民国十七年废。

第二节 热 河 省

一、建省过程

民国十七年(1928)9月,国民政府明令改热河特别区域为热河省②。12月,国民政府发布任命令。次年1月1日,热河省政府正式在承德成立。省政府驻承德县(今河北承德市)。民国二十二年2月,热河沦陷,属伪满洲国,其间变化见本编第三十四章第五节。民国二十二年3月,国民政府将汤玉麟撤职查办,并撤销热河省政府委员会。民国三十四年8月,抗日战争胜利,热河光复。10月2日,国民政府令重建热河省政府。民国三十六年2月,行政院会议同意省会迁治赤峰③。同年6月,内政部公函暂缓迁移④。民国三十七年11月12日,省会承德解放。

全省辖境约相当于今内蒙古自治区赤峰市全境、通辽市大部(科尔沁区以西),辽宁省义县,锦州市以北,彰武县以西区域,河北省承德市大部。民国十七年据舆地学社调查,全省面积约147 500平方公里。而据民国二十三年《中华民国新地图》记载为173 960平方公里⑤。民国二十二年3月前,全省有承德、朝阳、赤峰、滦平、平泉、凌源、开鲁、林西、经棚、围场、阜新、隆化、丰宁、达平、绥东等15县,凌南、林东、大宁、鲁北、天山等5设治局。沦陷期间,盟旗、县多有变化。民国三十六年,全省土地面积为179 982平方公里,辖20县。境内另有蒙旗20旗⑥。东接辽宁、辽北,西界察哈尔,南接河北。

二、县、市、设治局

承德县,清代为承德府直辖地,民国二年2月改县。治热河(今河北承德市双桥区城区)。先后为热河特别区域都统驻地、热河省会。北京政府时期为热河道尹驻地。

滦平县,治喀喇河屯(今河北承德市西滦河镇西南)。北京政府时期属热河道。

---

① 《政府公报》第779号,1914年7月7日,第27册,第121页。
② 《国民政府公报》第93期,1928年9月,第5页。
③ 《交通部训令(总字第一九三二号)》《中华民国三十六年三月二十七日》,《交通公报》,1947年,第10卷第17期,第34页。
④ 《台湾省政府秘书处通报(叁陆申支秘文字第五五二六四号)》《中华民国三十六年九月四日》,《台湾省政府公报》,1947年,秋字第934页。
⑤ 国立东北大学编:《东北要览》,国立东北大学出版社,1944年,第50～51页。
⑥ 按:《中华民国史地理志(初稿)》第9页作19旗,第31页却载有卓索图盟8旗、昭乌达盟13旗,共21旗。其中,卓索图盟另有"土默特中旗"。

平泉县,清代为平泉州,民国三年2月改县。治八沟(今河北平泉县驻地平泉镇)。北京政府时期属热河道。

隆化县,治唐三营(今河北隆化县北唐三营)。因县治偏于县境北部,行政司法极为不便,又县署地近河边,时虞冲塌,民国四年7月迁治黄姑屯①,即今隆化县驻地安州街道。北京政府时期属热河道。

丰宁县,治四旗(今河北丰宁满族自治县东凤山镇)。北京政府时期属热河道。

凌源县,原为建昌县,治塔子沟(今辽宁凌源市城区)。因与江西省县名重名,民国三年1月拟改名塔沟县,以县治塔子沟得名②,实际改名凌源县③。地处大凌河之源,故名。北京政府时期属热河道。

朝阳县,清代为朝阳府直辖地,民国二年2月改县。治三座塔(今辽宁朝阳市双塔区城区)。北京政府时期属热河道。

阜新县,治水泉(今辽宁阜新市海州区城区)。北京政府时期属热河道。

建平县,治新丘(今辽宁建平县北建平)。北京政府时期属热河道。

绥东县,治库伦街(今内蒙古库伦旗驻地库伦镇)。因县治地点偏僻,控制不便,而八仙峒地势平坦,方位适中④,民国二十年9月迁治八仙筒(今内蒙古奈曼旗驻地大沁他拉镇东北八仙筒镇)⑤。北京政府时期属热河道。

赤峰县,清代为赤峰直隶州直辖地,民国二年2月改县。治乌兰哈达(今内蒙古赤峰市红山区城区)。北京政府时期属热河道。又,全宁县,民国二十年析赤峰县地置全宁设治局⑥,驻乌丹城(今内蒙古翁牛特旗驻地乌丹镇)。同年改置为县。次年裁⑦。

开鲁县,治所即今内蒙古开鲁县驻地开鲁镇。北京政府时期属热河道。

林西县,治所即今内蒙古林西县驻地林西镇。北京政府时期属热河道。

围场县,清代为围场厅,属直隶口北道。民国二年2月改县,此后属热河都统⑧。治克勒沟(今河北围场满族蒙古族自治县东克勒沟镇)。因县署驻地居全县东侧,施政困难,而锥子山镇为全县中心,商业繁盛,民国二十年9月迁治锥子山镇⑨,即今县驻地围场镇。北京政府时期属热河道。

---

① 《政府公报》第1151号,1915年7月22日,第39册,第682页。
② 《内务部改定各省重复县名及存废理由清单》。
③ 按《全国行政区划表》(1914年,第135页)言1914年1月建昌县改名凌源县。
④⑨ 《国民政府公报》第899号,1931年10月15日,第11页。
⑤ 《奈曼旗志》(方志出版社,2002年,第66页)谓1940年迁治。
⑥ 吕式斌:《今县释名》卷4,1931年,第2页。
⑦ 《赤峰市志》,第180页。
⑧ 《口北观察使呈民政长围场县是否改回直隶专辖请示遵文并批》(1913年5月28日),《直隶公报》1913年第3505期,第14页。

经棚县，民国二年9月置经棚设治局①，驻经棚（今内蒙古克什克腾旗驻地经棚镇）。属直隶省。民国三年5月划属热河特别区域。因地处热河北边，东接林西，西邻多伦，为通外蒙古的交通要道，民国三年11月改置为县②。北京政府时期属热河道。

林东县，民国十四年9月析巴林左、右两旗地置林东设治局。因在巴林之东，故名。驻贝子庙（小巴林贝子府，在今内蒙古巴林左旗驻地林东镇）③。设治后，荒地开放，特产丰富，面积达5万方里，人口达8万余名，已到设县程度，民国二十一年8月改县④。

宁城县，民国二十年析平泉县地置大宁设治局，同年12月改为宁城设治局⑤。治小城子（今内蒙古宁城县西北小城子镇）。民国三十六年5月改县⑥。

凌南县，民国二十年，析大凌河之南朝阳、凌源两县地置凌南设治局⑦。民国三十六年5月改县⑧。治牤牛营子（今辽宁建昌县驻地建昌镇南牤牛营子）。

天山县，民国十五年7月析阿鲁科尔沁旗地置天山设治局⑨，驻昆都（今内蒙古阿鲁科尔沁旗西北坤都镇）。民国二十年迁驻查布杆庙（今阿鲁科尔沁旗驻地天山镇）⑩。民国三十六年5月改县⑪。

鲁北县，民国十三年2月析开鲁县置鲁北设治局⑫。治所即今内蒙古扎鲁特旗驻地鲁北镇。民国三十六年5月改县⑬。

三、境内盟旗⑭

1. 卓索图盟

喀喇沁右翼旗，俗称王旗。旗府驻喀喇沁王府（今内蒙古喀喇沁旗西南王

---

① 吴承湜：《近六十年全国郡县增建志要》卷下，第59页。
② 《政府公报》第972号，1914年12月3日，第32册，第442页。
③ 《巴林左旗志》，1985年内部发行本，第22页。
④ 《国民政府公报》洛字第21号，1932年9月30日，第90页。
⑤ 《宁城县志》，内蒙古人民出版社，1992年，第74页。又，吕式斌：《今县释名》卷4，第2页。参见吴承湜：《近六十年全国郡县增建志要》附录，第74页。
⑥⑧⑪⑬ 《国民政府公报》第2839号，1947年5月31日，第5页。
⑦ 吕式斌：《今县释名》卷4，第2页。
⑨⑫ 吴承湜：《近六十年全国郡县增建志要》附录，第74页。
⑩ 《赤峰市志》，内蒙古人民出版社，1996年，第1669页。阿拉坦格日勒、石磊：《天山设治局组建始末》（《阿鲁科尔沁文史》第1辑，1985年，第147页）谓："原拟在乌及漠勒河（即今乌力吉沐伦河）北岸道头庙（即道德庙）地方设置。嗣因地势不便，民国十六年迁于距原治之五里查旦浩特地方。"
⑭ 按：内政部方域司《中华民国行政区域简表》（第11版）云"本省境内二十蒙旗另详本部编印之《蒙古盟旗一览表》"。本处据水陆地图审查委员会审定《蒙古盟部旗名称及所在省区县驻地一览表》（《水陆地图审查委员会会刊》第2期，第42页）。又，《中华民国史地理志（初稿）》谓卓索图盟8旗，多"土默特中翼旗"（第31页）。吴以政《中华民国行政区域表》谓昭乌达盟11旗，有敖汉旗，无敖汉南、左翼、右翼旗（第18页）。

爷府镇)。

喀喇沁中旗,俗称马公旗。旗府驻大城子(今内蒙古宁城县西北大城子镇)。

喀喇沁左翼旗,俗称南公旗。旗府驻公营子(今辽宁喀喇沁左翼蒙古族自治县南南公营子镇)。

土默特右翼旗,旗府驻黑城子(今辽宁北票市驻地北票镇东北黑城子)。

土默特左翼旗,俗称蒙古真旗。旗府驻蒙古营(今辽宁阜新蒙古族自治县西王府)。

唐古特喀尔喀旗,旗府驻唐图哈拉哈王府(今内蒙古库伦旗西南格尔林苏木)。

锡埒图库伦旗,俗称小库伦旗。游牧在今内蒙古库伦旗驻地库伦镇西南一带,抗战胜利后驻库伦镇。

2. 昭乌达盟

巴林右翼旗,旗府驻大巴林王府(在今内蒙古巴林右旗西北巴彦琥须镇),抗战胜利后迁大板上(今巴林右旗驻地大板镇)。

巴林左翼旗,旗府驻小巴林贝子府(在今内蒙古巴林左旗西南),抗战胜利后迁林东(今巴林左旗驻地林东镇)。

克什克腾旗,旗府驻克什克腾王府(托里庙,在今内蒙古克什克腾旗西岗更诺尔东南岸),民国三年迁驻经棚(今克什克腾旗驻地经棚镇)①。

翁牛特左翼旗,旗府驻今内蒙古翁牛特旗驻地乌丹镇东朝格温都。

翁牛特右翼旗,旗府驻今内蒙古赤峰市西王府镇(牛家营子)。

敖汉右翼旗,旗府驻今内蒙古敖汉旗西北四道湾子镇。

敖汉左翼旗,旗府驻今内蒙古敖汉旗驻地新惠镇北面的西孟家铺子附近。

敖汉南旗,民国十一年析敖汉左旗置。旗府今内蒙古敖汉旗东北上敖套海附近。

奈曼旗,旗府驻今内蒙古奈曼旗驻地大沁塔拉镇。

喀尔喀左翼旗,旗府驻今内蒙古奈曼旗东朝古台苏木。

札鲁特左翼旗,旗府驻东札鲁特贝勒府(今内蒙古扎鲁特旗北),抗战胜利后迁驻今扎鲁特旗东。

札鲁特右翼旗,旗府驻西札鲁特王府(今内蒙古扎鲁特旗西北),抗战胜利后迁鲁北镇。

阿鲁科尔沁旗,旗府驻阿鲁科尔沁王府(今内蒙古阿鲁科尔沁旗西北),抗战胜利后迁昆都(今阿鲁科尔沁旗北坤都镇)。

---

① 《克什克腾旗志》,内蒙古人民出版社,1993年,第178页。

第二十六章　辽宁省、安东省、辽北省

第一节　辽宁省

辽宁省的前身为奉天省。清宣统三年(1911),奉天省行政长官——东三省总督兼奉天巡抚驻奉天府(今辽宁省沈阳市)。全省府级政区有奉天、锦州、新民、兴京、海龙、长白、洮南、昌图等8府,法库门、营口、凤凰、庄河、辉南等5直隶厅;县级政区有辽阳、复州、宁远、义州、辽源、岫岩州等6州,金州、锦西、盘山厅等3厅,抚顺、辽中、本溪、海城、盖平、开原、铁岭、绥中、广宁、东平、西丰、西安、柳河、镇安、彰武、怀德、奉化、康平、安东、宽甸、通化、怀仁、临江、辑安、靖安、开通、安广、镇东、醴泉、安图、抚松县等31县①。范围相当于今辽宁省大部(彰武、黑山、义县、绥中等县以西地区除外),吉林省东南部的安图、抚松、长白、临江、集安、通化、柳河、海龙、辉南、东丰、辽源与西部的镇赉、白城、洮安、通榆、双辽、怀德、四平、梨树等市县地区,内蒙古自治区兴安盟的乌兰浩特市、突泉县、科尔沁右翼中旗的全部和科尔沁右翼前旗的大部及哲里木盟的科尔沁左翼中旗、双辽县、通辽市等地区。

一、省行政机构与省名变迁

辛亥革命后至南京临时政府时期,奉天省仍为清政府控制地区,行政制度与行政区划未发生变化,东三省总督兼奉天巡抚为全省最高军政、民政长官,并仍管辖吉林、黑龙江两省。民国元年(1912)7月,改东三省总督为奉天都督,为省军政长官,兼管民政,但不再管辖吉林、黑龙江两省事务②。民国二年1月,置民政长,为奉天省民政长官。省行政公署下设内务、财政等司。民国

---

① 《清史稿》卷55《地理志二·奉天》。按:《清史稿》云奉天省领"县三十三",疑误,因文内只有31县,且《职官录》(宣统三年冬季)载奉天省也只有31县。
② 《政府公报》第79号,1912年7月18日,第3册,第77页。

三年5月,改民政长为巡按使,巡按使署下设政务、财政等厅。民国五年7月,改巡按使为省长,改巡按使署为省公署。民国十七年12月31日,张学良等东北军将领通电易帜,奉行三民主义。当日,南京国民政府令建奉天省政府。民国十八年1月,东北政务委员会成立,国民政府始对东北三省实行行政管辖,以张学良为主任委员,管理东北三省事务,辽宁省受东北政务委员会的直接管辖。

民国十八年1月,南京政府国务会议议决奉天省改名辽宁省,寓辽水流域永久安宁之义。2月,国民政府正式下令改名辽宁省①。省政府通告全省,宣布从3月1日起统一改称辽宁省②。

民国二十年九一八事变后,辽宁被日军占领,成为伪满洲国的一部分。民国三十四年8月,日军投降,伪满洲国灭亡,东北光复。国民政府以原辽宁省区域为主,设立了辽宁、安东、辽北3省。9月4日,国民政府任命辽宁省省长③。民国三十六年6月5日,南京政府正式公布东北9省的行政区域,以原伪满奉天、锦州两省区域置辽宁省。由于全省辖境较小,不设行政督察区。本省区域在民国三十七年(1948)辽沈战役后大部分地区已经解放,11月2日,省会沈阳解放。国民政府于民国三十六年公布的行政区划实行的时间很短。

二、省会

民国二十年九一八事变前,省政府驻沈阳县;抗日战争胜利后,省政府驻沈阳市。均即今辽宁沈阳市老城区。

三、统辖区域

民国十三年12月,奉天省长王永江与直隶委员商定,将临榆、昌黎、滦县、卢龙、乐亭、迁安、抚宁等7县划归奉天省管辖。但未见当时临时执政指令④。辽东半岛貔子窝至普兰店以南一线,包括金县及旅顺、大连为日本租借地,南满铁路路界亦为日本占有。民国十九年,据各县调查报告汇总,辽宁全省面积为288 518.3平方公里。民国二十三年,据中央地质调查所曾世英、翁文灏、丁文江3位学者测量,全省面积为250 813平方公里。

---

① 《国民政府公报》第86号,1929年2月7日,第13页。
② 《辽宁省政府关于奉天省自三月一日始改称辽宁省的训令》,辽宁省档案馆:《辽宁省档案馆珍藏张学良档案——张学良与东北易帜》,广西师范大学出版社,1999年,第388页。
③ 《国民政府公报》渝字第849号,1945年9月6日,第3页。
④ 《东方杂志》第22卷第2号,1925年1月25日,第151页。

民国三十六年6月5日,国民政府正式公布东北9省的行政区域《东北九省辖境地名一览表》①,辽宁省辖4市、22县。新辽宁省辖境包括九一八事变前辽宁省的中西部,相当于今辽宁省的葫芦岛市南票区、义县以东,彰武县、开原市以南,新宾满族自治县,凤城市以西地区,面积为68 303.43平方公里。东接安东,北邻辽北,西界河北、热河,南滨辽东湾、黄海。

四、道

清代奉天省的锦新营口道、洮昌道、临长海道,在民国元年被裁撤,仅保留兴凤道②。民国二年1月,临时大总统公布三个《划一令》。次月,奉天省据此裁兴凤道,划分全省为中路、东路、西路、南路、北路5道③。

因经费问题,中路、西路两道于民国二年9月裁撤,并调整各路辖境:"拟以中路之沈阳、铁岭、开原、东平、西安、西丰六属划归南路,抚顺、本溪、海龙、辉南、柳河五属划归东路,以西路之锦县、新民、彰武、镇安、盘山、广宁、义县、宁远、绥中、锦西十属划归南路,法库一属划归北路,另以南路观察使原管之金县、复县、岫岩、庄河四属划归东路。"④民国三年实施,重划为南路、东路、北路3道,并于5月分别改名为辽沈道、东边道、洮昌道⑤,6月正式公布各道区域⑥。民国十八年1月,东北易帜后,根据国民政府的地方行政制度,裁撤各道。

辽沈道,民国二年2月置南路道,辖海城、盖平、辽中、辽阳、营口、金县、复县、岫岩、庄河等县。同年9月,因中路、西路两道撤销,辖境调整扩大为沈阳、海城、盖平、铁岭、开原、辽中、辽阳、锦县、广宁、绥中、义县、宁远、盘山、锦西、新民、镇安、彰武、营口、东平、西安、西丰等21县⑦。民国三年7月改名。道尹为繁要缺,一等⑧,初驻营口县(今辽宁营口市城区),民国三年6月改驻沈阳县(今辽宁沈阳市城区)⑨。辖沈阳、铁岭、开原、东丰(即东平)、西丰、西安、营口、辽阳、辽中、台安、盖平、海城、锦县、新民、彰武、黑山(即镇安)、盘山、北镇(即广宁)、义县、兴城、绥中、锦西22县⑩。民国十四年2月,复县来属,彰武划归洮昌道⑪。民国十八年废。

---

① 《国民政府公报》第2844号,1947年6月6日,第11页。
②⑤ 印铸局:《职官任免月表》,第63页。
③ 同上。又,《政府公报》第489号,1913年9月14日,第17册,第515页。
④ 《政府公报》第479号,1913年9月4日,第17册,第345页。
⑥ 《政府公报》第745号,1914年6月3日,第26册,第40页。
⑦ 《政府公报》第489号,1913年9月14日,第17册,第515页。
⑧ 《政府公报》第834号,1914年8月31日,第28册,第801页。
⑨ 按:《各省所属各道道尹驻在地表》(《政府公报》第774号,1914年7月2日,第27册,第559页)载:"查辽沈道应改驻省会,毋庸仍驻营口县。"
⑩ 《政府公报》第745号,1914年6月3日,第26册,第39页。
⑪ 《奉天公报》,1925年2月6日,第4629期,第1页。

东边道，民国二年2月置东路道，辖安东、兴京、通化、凤凰、宽甸、桓仁、临江、辑安、长白、安图、抚松等县。同年9月，因中路、西路两道撤销，辖县增加庄河、岫岩、辉南、海龙、柳河、复县、金县、抚顺、本溪等县。民国三年6月改名。道尹为边缺，二等，驻安东县(今辽宁丹东市)，仍辖20县。民国十四年2月，复县往属辽沈道。民国十五年增领金川设治局。民国十八年废。

洮昌道，民国二年2月置北路道。辖辽源、昌图、奉化、怀德、康平、洮南、开通、靖安、安广、醴泉、镇东等县。同年9月，法库县来属。民国三年6月改名。道尹为要缺，二等，驻洮南县(今吉林洮南市)①，民国六年4月前迁治辽源县(今吉林双辽市)②。辖洮南、辽源、昌图、康平、开通、洮安(即靖安)、梨树(即奉化)、安广、怀德、突泉(即醴泉)、镇东、法库12县。民国三年8月增领双山县，四年5月增领瞻榆县、突泉设治局，七年6月增领通辽县。民国十四年2月，彰武县来属。民国十八年废。

中路道，民国二年2月置，辖沈阳、铁岭、开原、东丰、西安、西丰、抚顺、本溪、海龙、辉南、柳河等县。同年9月撤销，分别并入南路道、东路道。

西路道，民国二年2月置，辖锦县、新民、彰武、镇安、盘山、广宁、义县、宁远、绥中、锦西、法库等县。同年9月撤销，分别并入南路道、北路道。

五、九一八事变前所辖县、设治局

民国二年1月，临时大总统公布三个《划一令》。次月，奉天省原来直辖地方的府、直隶厅、直隶州、厅、州等，一律改为县③。民国四年7月设置县佐④。民国十八年1月，东北易帜后，根据国民政府的地方行政制度，将各县佐缺一律裁撤。民国二十年九一八事变前，县及设治局屡有增设。

沈阳县，清代为奉天府直辖地，治所即今辽宁沈阳市。民国二年2月改为承德县⑤，治奉天(今辽宁沈阳市)。因与直隶承德县同名，民国二年5月改名沈阳县⑥。为辽沈道驻地，先后为奉天、辽宁省会。

---

① 《政府公报》第774号，1914年7月2日，第27册，第559页。
② 《政府公报》第354号，1916年12月30日，第56册，第264页。又，《政府公报》第457号，1917年4月20日，第60册，第487页。
③ 《政府公报》第489号，1913年9月14日，第17册，第515页。又，《临时政府内务行政纪要》，第51页。
④ 《政府公报》第1154号，1915年7月25日，第39册，第736页。
⑤ 《政府公报》第489号，1913年9月14日，第17册，第515页。
⑥ 内务部职方司第一科：《全国行政区划表》，1914年，第11页。又，吴承湜：《近六十年全国郡县增建志要》附录，第88页。按：内政部方域司《中华民国行政区域简表》(第11版，第17页)作1914年5月改名，疑误。

铁岭县，治所即今辽宁铁岭市银州区城区。北京政府时期属辽沈道。

开原县，治所在今辽宁开原市东北老城。北京政府时期属辽沈道。

清原县，民国十四年9月奉天省析开原县地置清源县①。取"大地清平"之义。治八家镇（今辽宁清原满族自治县驻地清原镇）。北京政府时期属辽沈道。民国十七年8月，因与山西省清源县同名，奉天省长公署下令改名。国民政府于民国十八年7月核准②。

东丰县，原为东平县，治大杜川（今吉林东丰县驻地东丰镇）。因与山东省县名重名，民国三年1月改名。因"该县地方旧名东流水，当时与西丰县同时放荒，故定今名"③。北京政府时期属辽沈道。

西丰县，治所即今辽宁西丰县驻地西丰镇。北京政府时期属辽沈道。

西安县，治所在今吉林辽源市龙山区城区。北京政府时期属辽沈道。

营口县，清代为营口直隶厅，治所即今辽宁营口市站前区城区。民国二年2月改为县。民国二年为南路道观察使驻地，三年6月初为辽沈道尹驻地，此后属辽沈道。

辽阳县，清代为辽阳州，治所即今辽宁辽阳市文圣区城区。民国二年2月改为县。北京政府时期属辽沈道。

辽中县，治所即今辽宁辽中县驻地蒲西街道。北京政府时期属辽沈道。

台安县，民国元年10月，奉天省议会因镇安县桑林子乡、辽中县八角台镇建议设治。民国二年5月，奉天民政长判令设治，拟名台安，并置设治委员。嗣以辽中县人民因地亩争执，至同年12月，由民政长向中华民国政府呈请设县。民国三年1月，内务部呈准，并划定县界④。县名取八角台与镇安各一字为名。治八角台（今辽宁台安县驻地八角台街道）。北京政府时期属辽沈道。

盖平县，治所即今辽宁盖州市城区。北京政府时期属辽沈道。

海城县，治所即今辽宁海城市海州街道。北京政府时期属辽沈道。县佐驻牛庄（今海城市驻地海城镇西北牛庄镇）。

锦县，清代为锦州府直辖地，治所即今辽宁省锦州市。民国二年2月改为锦县。北京政府时期属辽沈道。县佐驻大桥厂（今锦州市南天桥）。

新民县，清代为新民府直辖地，治所即今辽宁新民市城区。民国二年2月改为县。北京政府时期属辽沈道。

---

① 《奉天公报》，1925年9月18日，第4848号，第2页。
② 《国民政府公报》第237号，1929年8月8日，第8页。
③ 《内务部改定各省重复县名及存废理由清单》。
④ 《政府公报》第623号，1914年1月31日，第21册，第657页。

彰武县,治横道子(今辽宁彰武县驻地彰武镇)。北京政府时期属辽沈道,民国十四年2月改属洮昌道。县佐驻哈尔套街(今彰武县驻地彰武镇西北哈尔套)。

黑山县,原为镇安县,治小黑山(今辽宁省黑山县驻地黑山街道)。因与陕西省县名重名,民国三年1月改名。因县治小黑山得名①。北京政府时期属辽沈道。县佐驻小三家子(今黑山县东北小东镇)。

盘山县,清代为盘山厅,治双台子(今辽宁盘锦市双台子区城区)。民国二年2月改为县。北京政府时期属辽沈道。

北镇县,原为广宁县,治所即今辽宁北镇市北镇街道。因与广东省县名重名,民国三年1月改名。因"广宁县西十里有医巫闾山,《周礼·职方氏》:北曰幽州,其山镇曰医巫闾山。即指此也"②。北京政府时期属辽沈道。

义县,清代为义州,治所即今辽宁义县驻地义州街道。民国二年2月改为县。北京政府时期属辽沈道。

兴城县,清代为宁远州,治宁远(今辽宁兴城市兴城古城)。民国二年2月改县③。因与山西、甘肃、湖南、新疆4省县名重名,民国三年1月改名。辽代置严州兴城县于此,故名④。北京政府时期属辽沈道。

绥中县,治中后所(今辽宁绥中县驻地绥中镇)。北京政府时期属辽沈道。

锦西县,清代为锦西厅,治江家屯(今辽宁葫芦岛市连山区钢屯镇)。民国二年2月改县。北京政府时期属辽沈道。

安东县,治沙河(今辽宁丹东市元宝区城区)。北京政府时期为东边道驻地。

新宾县,清代为兴京府直辖地,治新宾(今辽宁新宾满族自治县驻地新宾镇)。民国二年2月改设兴京县。北京政府时期属东边道。因"兴京县名称系清代义取发祥,含有帝制意义"⑤,民国十八年6月改名新宾县。

通化县,治头道江(今吉林通化市东昌区城区)。北京政府时期属东边道。

凤城县,清代为凤凰直隶厅,治凤凰城(今辽宁凤城市驻地凤凰城街道)。民国二年2月改为凤凰县。因与湖南省县名重名,民国三年1月改名凤城县。以县治凤凰城得名⑥。北京政府时期属东边道。

宽甸县,治所即今辽宁宽甸满族自治县驻地宽甸镇。北京政府时期属东

---

①②④⑥ 《内务部改定各省重复县名及存废理由清单》。
③ 按:内务部职方司第一科《全国行政区划表》(1914年,第12页)中无宁远县在清代为宁远州、1913年2月改县之记载。查《清史稿》、《众议院议员各省复选区表》均为"宁远州",当有这一变化过程。
⑤ 《国民政府公报》第221号,1929年7月20日,第8页。

边道。县佐分别驻长甸河(今宽甸满族自治县西南长甸河口)、二龙渡(今宽甸县东二龙渡村)。

桓仁县，原为怀仁县，治所即今辽宁桓仁满族自治县驻地八卦城街道。因与山西省县名重名，民国三年1月改名。县境古为渤海桓州，故名①。北京政府时期属东边道。县佐驻四平街(今新宾满族自治县西南大四平镇)。

临江县，治帽儿山(今吉林临江市城区)。北京政府时期属东边道。县佐驻八道江(今吉林白山市驻地八道江镇)。

辑安县，治通沟(今吉林集安市团结街道)。北京政府时期属东边道。县佐驻岔沟门(今吉林集安市驻地西南外岔沟)。

长白县，清代为长白府直辖地，治塔甸(今吉林长白朝鲜族自治县驻地长白镇)。民国二年2月改县。北京政府时期属东边道。

安图县，治安图(今吉林安图县西南松江镇)。北京政府时期属东边道。

抚松县，治双甸子(今吉林抚松县驻地抚松镇)。北京政府时期属东边道。

抚顺县，治抚顺旧城(在今辽宁抚顺市浑河北岸顺城区抚顺城街道)。民国五年迁移至浑河南岸千金寨(今望花区西露天矿)。北京政府时期属东边道。

本溪县，治本溪湖(今辽宁本溪市溪湖区)。北京政府时期属东边道。县佐驻赛马集(今凤城市驻地凤城镇北赛马)。

海龙县，清代为海龙府直辖地，治海龙城(今吉林梅河口市东北海龙镇)。民国二年2月改县。北京政府时期属东边道。

辉南县，清代为辉南直隶厅，治谢家埠(今吉林辉南县东南辉南镇)。民国二年2月改县。北京政府时期属东边道。

柳河县，治柳树河子(今吉林柳河县驻地柳河镇)。北京政府时期属东边道。县佐驻样子哨(今吉林辉南县南样子哨)。

金县，清代为金州厅，治所即今辽宁大连市北金州区。民国二年2月改县。北京政府时期属东边道。清光绪二十四年(1898)将该地租借给俄国，以99年为限，厅城主权仍属中国。光绪三十一年日俄战争后，连厅城一起被日本占据。抗日战争胜利后中国政府收回。

复县，清代为复州，治所即今辽宁瓦房店市西北复州城。民国二年2月改县。北京政府时期属东边道，民国十四年3月改属辽沈道，12月迁治瓦房店②。县佐分别驻沙包子(今普兰店市北沙包)、长兴岛(今瓦房店市西长兴岛)。

岫岩县，清代为岫岩州，治所即今辽宁岫岩满族自治县驻地阜昌街道。民国二年2月改县。北京政府时期属东边道。

---

① 《内务部改定各省重复县名及存废理由清单》。
② 《瓦房店市志》，大连出版社，1994年，第49页。

庄河县，清代为庄河直隶厅，治所即今辽宁庄河市城关街道。民国二年2月改县。北京政府时期属东边道。县佐分别驻石城岛（今庄河市南石城岛）、大孤山（今辽宁东港市西孤山镇）。

金川县，民国十五年2月析柳河县置金川设治局。治小金川（今吉林辉南县东南金川镇）。北京政府时期属东边道。民国十八年7月改县①。

洮南县，清代为洮南府直辖地，治双流镇（今吉林洮南市城区）。民国二年2月改县。民国二年为北路道观察使驻地，三年6月为洮昌道驻地。民国六年起属洮昌道。

辽源县，清代为辽源州，治郑家屯（今吉林双辽市郑家屯街道）。民国二年2月改县。民国三年属洮昌道，六年至十八年间为洮昌道驻地。县佐驻通辽镇（今内蒙古自治区通辽市城区）。民国九年3月增设太平川镇（今吉林长岭县西太平川镇）县佐②。

昌图县，清代为昌图府直辖地，治昌图老城（今辽宁昌图县西老城镇）。民国二年2月改县。北京政府时期属洮昌道。县佐分别驻八面城（今昌图县北八面城镇）、同江口（今昌图县西南通江口）。

康平县，治康平屯（今辽宁康平县驻地胜利街道）。北京政府时期属洮昌道。县佐驻后新秋（今辽宁彰武县驻地彰武镇东北后新秋），民国九年3月移驻辽源县太平川镇。

开通县，治七井子（今吉林通榆县驻地开通镇）。北京政府时期属洮昌道。

洮安县，清代为靖安县，治白城子（今吉林白城市洮北区城区）。因与江西县名重名，民国三年1月改名。地濒洮儿河，故名③。北京政府时期属洮昌道。

梨树县，清代为奉化县，治梨树城（今吉林梨树县驻地梨树镇）。因与浙江省县名重名，民国三年1月改名。因县治梨树城得名④。北京政府时期属洮昌道。

安广县，治解家窝堡（今吉林大安市西南平安）。北京政府时期属洮昌道。

怀德县，治八家镇（今吉林公主岭市北怀德镇）。北京政府时期属洮昌道。

突泉县，清代为醴泉县，治醴泉镇（今内蒙古突泉县驻地突泉镇）。因与陕西省县名重名，民国三年1月改名突泉县。县治醴泉镇有马突泉，故名⑤。因辖境辽阔，主要居民点在县南，民国四年5月废县，以县境南部置瞻榆县，以县境北部与洮南县乾安镇县佐辖地置突泉设治局⑥，治醴泉镇（今内蒙古突泉县驻地突泉镇）。北京政府时期属洮昌道。民国十七年又改为突泉县⑦。

---

① 《国民政府公报》第237号，1929年8月8日，第8页。
② 《政府公报》第1484号，1920年4月1日，第155册，第17页。
③④⑤ 《内务部改定各省重复县名及存废理由清单》。
⑥ 《政府公报》第1092号，1915年5月23日，第37册，第777页。
⑦ 吴承湜：《近六十年全国郡县增建志要》卷下，第31页。

镇东县,治南叉干挠(今吉林镇赉县驻地镇赉镇)。北京政府时期属洮昌道。

法库县,清代为法库直隶厅,治法库门(今辽宁法库县驻地法库镇)。民国二年2月改县。北京政府时期属洮昌道。

双山县,原为内蒙古哲里木盟达尔汗王旗地,名采哈新甸。清光绪三十三年经东三省总督派员丈放,设安垦局,隶辽源州。民国元年9月因双山镇安垦局地方设治,置设治委员,属昌图府。次年属北路道①。民国三年8月奉天巡按使以成绩昭著,咨请设县②。9月大总统令准③。县治东北有大、小哈拉巴山,故名。治双山镇(今吉林双山市东北双山镇)。北京政府时期属洮昌道。

瞻榆县,民国四年5月析突泉县南段置④。因县治有老榆树,取瞻榆望杏之义,故名⑤。治开化镇(今吉林通榆县西南瞻榆镇),初暂治镇南十余里六家子(今吉林通榆县东南六家子)。北京政府时期属洮昌道。

通辽县,辽源县西240里处有通辽镇,民国四年曾经呈准设立县佐,但未实行。其后垦务发达,户口日增,加上铁路建成,成为赴内外蒙古、热河贸易的交通要道。民国七年6月经内务、财政、司法部呈准置县⑥。治通辽镇(今内蒙古通辽市科尔沁区城区)。北京政府时期属洮昌道。

六、抗日战争胜利后所辖县、市、旗

民国三十六年(1947)6月5日,国民政府正式公布东北9省的行政区域《东北九省辖境地名一览表》⑦,辽宁省辖4市、22县。新设的4市中,锦州、营口、鞍山3市在伪满洲国时期已经存在。其实际的沿革过程,请参阅本编第三十四章第五节。沈阳、锦县、金县、复县、盖平、海城、辽阳、本溪、抚顺、新民、辽中、台安、黑山、北镇、盘山、义县、锦西、兴城、绥中、庄河、岫岩、铁岭等县治所仍旧,见前文。新设市沿革如下⑧。

锦州市,民国三十六年6月核准设置。治所即今辽宁锦州市。

---

① 牛尔裕:《双山县乡土志·历史》(1914年铅印本)载:"民国元年,农商大集。九月,改设县驻地,以安垦局局长兼任设治委员,隶于昌图府。今无府名。二年县驻地成立,北路观察使属之"。
② 吴承湜:《近六十年全国郡县增建重要》卷下,第30页,瞻榆县条。
③ 《政府公报》第839号,1914年9月5日,第29册,第447页。
④ 《政府公报》第1092号,1915年5月23日,第37册,第777页。
⑤ 《政府公报》第1052号,1915年4月13日,第36册,第486页。
⑥ 《政府公报》第871号,1918年6月27日,第74册,第781页。又,《政府公报》第874号,1918年6月30日,第74册,第898页。
⑦ 《国民政府公报》第2844号,1947年6月6日,第11页。
⑧ 按:本节的行政区划,均据内政部方域司《中华民国行政区域简表》(第11版)。

营口市，民国三十六年6月核准设置。治所即今辽宁营口市站前区。

鞍山市，民国三十六年6月核准设置。治所即今辽宁鞍山市铁东区。

旅顺市，民国三十六年6月核准设置。治旅顺口（今辽宁大连市西南旅顺口区）。

第二节 安 东 省

民国三十四年（1945）8月，日军投降，伪满洲国灭亡，东北光复。9月4日，国民政府任命安东省省长①。民国三十六年6月5日，国民政府公布东北9省的行政区域，以原伪满安东、通化两省区域置安东省，省会为通化市（今吉林通化市），下辖2市、18县。辖境包括九一八事变前辽宁省的东部，相当于今辽宁省清原满族自治县、新宾满族自治县、桓仁满族自治县、宽甸满族自治县、凤城市、丹东市、东港市，吉林省通化地区，面积为62 279.23平方公里。东以鸭绿江与朝鲜为界，北邻松江、吉林，西界辽宁、辽北，南滨黄海。由于全省辖境较小，不设行政督察区。因本省区域在抗战胜利后部分地区已经解放，国民政府于民国三十六年颁布的行政区划并没有得到全部执行。其实际的行政区划变迁，详见本编第三十三章第三节。通化、安东、凤城、宽甸、桓仁、辑安、临江、长白、抚松、辉南、金川、柳河、海龙、东丰、清原、新宾等县原属辽宁省，濛江县原属吉林省，通化、安东2市在伪满洲国时期已经存在，仅新设孤山县。其新领市、县沿革如下：

通化市，民国三十六年6月核准析通化县置。治所即今吉林通化市东昌区城区。为安东省会②。

安东市，民国三十六年6月析安东县置。治所即今辽宁丹东市元宝区城区。

孤山县，民国三十六年6月析庄河、岫岩、凤城、安东4县地置。因境内有大孤山得名。治大孤山（今辽宁东港市西孤山镇）。

第三节 辽 北 省

民国三十四年8月，东北光复。9月4日，国民政府任命辽北省省长③。民国三十六年6月，南京政府正式公布东北9省的行政区域，以原伪满四平、

---

①③ 《国民政府公报》渝字第849号，1945年9月6日，第3页。

② 按：本节的行政区划，均据内政部方域司《中华民国行政区域简表》（第11版）。

兴安南两省大部及黑龙江省小部置辽北省，省会为辽源县（今辽宁省双辽市），下辖1市、18县、6旗。东接吉林，北邻嫩江、兴安，西界热河、察哈尔，南接辽宁、安东。辖境包括九一八事变前辽宁省的西北部，相当于今辽宁省的彰武县、法库县、康平县、昌图县，吉林省的四平市、梨树县、双辽县，内蒙古自治区的哲里木盟大部、兴安盟的小部，面积为121 624.17平方公里。由于全省辖境较小，不设行政督察区。本省区域在民国三十七年辽沈战役胜利后，大部分地区已经解放。3月14日，省会四平市解放。故国民政府于民国三十六年颁布的行政区划实行的时间很短暂。其实际的行政区划变迁，详见本编第三十三章第三节。辽源、西丰、开原、彰武、法库、康平、昌图、梨树、通辽、开通、瞻榆、洮南、突泉、洮安、镇东等县原属辽宁省，长岭县原属吉林省。四平市、安广县及6旗的变化，参见本编第三十四章第五节。仅北丰县为新改名。

四平市，民国三十六年6月核准置。治所即今吉林四平市。

北丰县，民国三十六年6月核准由西安县改名。治所即今吉林辽源市龙山区城区。

安广县，治龙泉镇（今吉林大安市西安广镇）。

科尔沁右翼前旗，治王爷庙（今内蒙古科尔沁右翼前旗驻地乌兰浩特市）。

科尔沁右翼中旗，治代钦塔拉（今内蒙古科尔沁右翼中旗北代钦塔拉苏木）。

科尔沁右翼后旗，治苏鄂公爷府（今内蒙古科尔沁右翼前旗西北察尔森镇）。

科尔沁左翼前旗，治后新秋（今辽宁彰武县东北后新秋）。

科尔沁左翼中旗，治加马吐（今内蒙古科尔沁左翼中旗西南架玛吐镇）。

科尔沁左翼后旗，治吉尔嘎郎（今内蒙古科尔沁左翼后旗东北吉尔嘎朗镇）。

第二十七章 吉林省、松江省、合江省

第一节 吉 林 省

清宣统三年(1911),吉林省行政长官——东三省总督驻奉天府,吉林巡抚驻吉林府(今吉林吉林市)①。全省设有吉林、长春、新城、双城、宾州、五常、延吉、宁安、依兰、临江、密山等11府,榆树、宾江、东宁、珲春、虎林等5厅,伊通、濛江、绥远等3州,盘石、舒兰、农安、长岭、桦甸、德惠、双阳、阿城、长寿、穆棱、额穆、汪清、和龙、敦化、方正、桦川、富锦、饶河等18县,共37个行政单位。吉林省的行政层级与其他各省不同,府、厅、州、县为同一层级,府、州不辖县,仅比县的地位尊崇。道为省、县间行政层级,各府、厅、州、县分别隶属于东南路、东北路、西南路、西北路4道。全省辖境相当于今黑龙江省松花江、黑龙江以南地区,吉林省的大安、通榆两县以南,和龙、安图、抚松、海龙、辽源、怀德等县以北地区。

一、省行政机构

民国元年(1912)南京临时政府时期,吉林省仍为清廷辖区,以东三省总督、吉林巡抚为地方长官。3月,废东三省总督,改吉林巡抚为吉林都督,为吉林军政长官;以原吉林巡抚下属的民政使为全省民政长官。民国二年1月,改民政使为民政长,为全省行政长官,省行政公署设内务、财政等司。民国三年5月,改民政长为巡按使,巡按使署内设政务、财政等厅。民国五年7月,改巡按使为省长,改巡按使署为省公署。民国十七年12月31日,张学良等东北军将领通电易帜。当日,南京国民政府令建吉林省政府。民国二十年九一八事变后,吉林沦陷,成为伪满洲国的一部分。民国三十四年8月,日军投降,伪满

---

① 内阁印铸局:《职官录》(清宣统三年冬季),第579页。

洲国灭亡,东北光复。国民政府以原吉林省区域为主,设立了吉林、松江、合江3省。9月,改组重建吉林省政府。由于全省辖境较小,不设行政督察区。本省区域在抗战胜利后,大部分地区已经解放,至民国三十七年(1948)年底全部解放。因此,国民政府于民国三十六年公布的行政区划实际上没有得到执行。

二、省会

民国二十年九一八事变前,省政府驻吉林县;抗日战争胜利后,省政府驻吉林市。均即今吉林省吉林市城区。

三、统辖区域

民国二十年九一八事变前,辖境与清代相近,中俄合办中东铁路的附属区域(铁路沿线两侧各30华里)属东省特别行政区管辖。民国十九年,据各县调查报告汇总,吉林全省面积为329 662.5平方公里;另据民国二十三年中央地质调查所曾世英、翁文灏、丁文江3位学者测量,为282 332平方公里[1]。民国三十六年6月5日,南京政府正式公布东北9省的行政区域[2],以原伪满吉林全省及滨江省部分区域置吉林省,东接松江,北邻嫩江,西界辽北,南接安东。辖境包括九一八事变前吉林省的西南部,相当于今吉林省的长春市、吉林市和四平地区、白城地区大部,及延边朝鲜族自治州的西侧小部,面积为72 675.93平方公里,辖2市、18县、1旗。

四、道

清代吉林省设立的东南路、东北路、西南路、西北路4道,在民国元年已经裁撤[3]。民国二年1月,临时大总统公布三个《划一令》。据此,全省划为东南路、西南路、东北路、西北路4道,并任命观察使[4]。民国三年5月,各道改名为延吉、吉长、依兰、滨江道,并委任道尹[5]。6月,公布各道辖区[6],共辖37县。民国十八年2月,根据南京政府有关地方行政制度的规定,裁撤各道。

吉长道,原为西南路道,民国二年1月置,民国三年5月改名。道尹为繁

---

[1] 国立东北大学:《东北要览》,第50~51页。
[2] 《国民政府公报》第2844号,1947年6月6日,第11页。
[3] 按:印铸局《职官任免月表》(第69页)中未见1912年吉林省道级行政官员的记载,当已裁撤。
[4] 印铸局:《职官任免月表》,第69页;《临时政府内务行政纪要》,第42页。
[5] 印铸局:《职官任免月表》,第70页。
[6] 《政府公报》第745号,1914年6月3日,第26册,第38页。

要缺,一等①,初驻长春县(今吉林长春市城区),民国三年6月驻吉林县(今吉林吉林市城区)②。辖吉林、长春、伊通、濛江、农安、长岭、舒兰、桦甸、磐石、双阳、德惠11县③。民国十八年2月废。

滨江道,原为西北路道,民国二年1月置,民国三年5月改名。道尹为繁要缺,一等,驻滨江县(今黑龙江哈尔滨市)。辖滨江、扶余、双城、宾县、五常、榆树、同宾、阿城8县。民国十一年置乌珠河、苇沙河设治局,民国十六年改置为珠河、苇河县。民国十八年2月废。

延吉道,原为东南路道,民国二年1月置,民国三年5月28日改名。道尹为边缺,二等,民国十年9月升为一等④,驻延吉县(今吉林延吉市)。辖延吉、宁安、珲春、东宁、敦化、额穆、汪清、和龙8县。民国十八年2月废。

依兰道,原为东北路道,民国二年1月置,民国三年5月改名。道尹为简缺,三等,民国四年5月改为边缺,二等⑤,驻依兰县(今黑龙江依兰县)。辖依兰、同江、密山、虎林、绥远、桦川、富锦、饶河、方正、穆棱10县。民国五年4月增置宝清县。民国六年5月增置勃利县。民国十八年2月废。

五、九一八事变前所辖县、设治局

民国二年1月,临时大总统公布三个《划一令》。据此,全省直辖地方的府、直隶厅、直隶州和厅、州等,于3月8日前一律改为县⑥。民国二十年九一八事变前,吉林省共辖41县、1设治局。

永吉县,清代为吉林府,治所即今吉林吉林市。民国二年3月改为吉林县。为吉林省会。北京政府时期为吉长道治所。因与省名重名,民国十八年9月改名⑦。清雍正年间置永吉州于此,故名。

长春县,清代为长春府,治所即今吉林长春市。民国二年3月改县。北京政府时期属吉长道。

伊通县,清代为伊通直隶州,治伊通河(今吉林伊通满族自治县驻地伊通镇)。民国二年3月改县。北京政府时期属吉长道。

濛江县,清代为濛江州,治濛江(今吉林靖宇县驻地靖宇镇)。民国二年3

---

① 《政府公报》第834号,1914年8月31日,第28册,第801页。
② 《政府公报》第774号,1914年7月2日,第27册,第559页。
③ 《政府公报》第745号,1914年6月3日,第26册,第38页。
④ 《政府公报》第2000号,1921年9月18日,第113册,第468页。
⑤ 《政府公报》第1087号,1915年5月18日,第37册,第707页。
⑥ 《临时政府内务行政纪要》,第47页。
⑦ 《国民政府公报》第293号,1929年10月14日,第10页。

月改县。北京政府时期属吉长道。

农安县,治龙湾(今吉林农安县驻地农安镇)。北京政府时期属吉长道。

长岭县,治长岭子(今吉林长岭县驻地长岭镇)。北京政府时期属吉长道。

舒兰县,治朝阳川(今吉林舒兰市西南朝阳镇)。北京政府时期属吉长道。

桦甸县,治官街(民国九年改名桦甸。今吉林桦甸市城区)[1]。北京政府时期属吉长道。

磐石县,治磨磐山(今吉林磐石市城区)。北京政府时期属吉长道。

双阳县,治双阳镇(今吉林长春市东南双阳区)。北京政府时期属吉长道。

德惠县,治大房身(今吉林德惠市东大房身镇)。北京政府时期属吉长道。

滨江县,清代为滨江厅,治哈尔滨(今黑龙江哈尔滨市老城区)。民国二年3月改县。为滨江道治。

扶余县,清代为新城府,治伯都纳城(今吉林松原市宁江区城区)。民国二年3月改为新城县。因与直隶、山东、江西、浙江、贵州5省县名重名,民国三年1月改名。县境原为扶余地,故名[2]。北京政府时期属滨江道。

双城县,清代为双城府,治双城堡(今黑龙江哈尔滨市双城区驻地双城镇)。民国二年3月改县。北京政府时期属滨江道。

宾县,清代为宾州府,治苇子沟(今黑龙江宾县驻地宾州镇)。民国二年3月改县。北京政府时期属滨江道。

五常县,清代为五常府,治欢喜岭(今黑龙江五常市驻地五常镇)。民国二年3月改县。北京政府时期属滨江道。

榆树县,清代为榆树直隶厅,治孤榆树(今吉林榆树市城区)。民国二年3月改县。北京政府时期属滨江道。

延寿县,清代为长寿县,治长寿山(今黑龙江延寿县驻地延寿镇),民国三年6月改名同宾县[3]。清代曾属宾州厅,取其会同之意,故名。北京政府时期属滨江道。因与宾县名称相近,民国十八年9月再次改名[4]。驻地为长寿山,境内有蚂蜒河,各取一字命名。

阿城县,治阿什河(今黑龙江哈尔滨市阿城区城区)。北京政府时期属滨江道。

珠河县,因乌吉密河"地势平坦,系同宾、五常、方正、依兰等处粮石会聚之

---

[1] 《桦甸县志》,吉林人民出版社,1995年,第45页。
[2] 《内务部改定各省重复县名及存废理由清单》。
[3] 内务部职方司第一科:《全国行政区划表》,1914年,第16页。
[4] 《国民政府公报》第293号,1929年10月14日,第10页。

区,且交通便利,工商业易于发达"①,民国十年12月析五常、同宾2县地置乌珠河设治局。治乌珠河镇(今黑龙江尚志市驻地尚志镇)。北京政府时期属滨江道。民国十六年11月改县②。

苇河县,民国十年12月析同宾、五常两县地置苇沙河设治局③,治苇沙河镇(今黑龙江尚志市东南苇河镇)。北京政府时期属滨江道。因试办有年,成绩明显,民国十六年11月改县④。

延吉县,清代为延吉府,治延吉冈(今吉林延吉市城区)。民国二年3月改县。北京政府时期为延吉道治所。

宁安县,清代为宁安府,治宁古塔(今黑龙江宁安市驻地宁安镇)。民国二年3月改县。北京政府时期属延吉道。

珲春县,清代为珲春厅,治所即今吉林珲春市城区。民国二年3月改县。北京政府时期属延吉道。

东宁县,清代为东宁厅,治三岔口(今黑龙江东宁县东南三岔口朝鲜族镇)。民国二年3月改县。北京政府时期属延吉道。

敦化县,治阿克敦城(今吉林敦化市城区)。北京政府时期属延吉道。

额穆县,治额穆索(今吉林敦化市北额穆)。北京政府时期属延吉道。

汪清县,治百草沟(今吉林汪清县驻地汪清镇西南百草沟镇)。北京政府时期属延吉道。

和龙县,治大拉子(今吉林延吉县驻地龙井镇东南智新镇)。北京政府时期属延吉道。

依兰县,清代为依兰府,治三姓城(今黑龙江依兰县驻地依兰镇)。民国二年3月改县。民国三年至十八年初为依兰道驻地。

同江县,清代为临江府,治拉哈苏苏(今黑龙江同江市驻地同江镇)。民国二年3月改临江县。因与奉天省县名重名,民国三年1月改名同江县。地濒混同江,故名⑤。北京政府时期属依兰道。

密山县⑥,清代为密山府,治蜂蜜山(今黑龙江密山市驻地密山镇东知一镇)。民国二年3月改密山县。北京政府时期属依兰道。

---

① ③ 《政府公报》第2159号,1922年3月7日,第119册,第1097页。
② ④ 《政府公报》第4144号,1927年11月6日,第187册,第3583页。又,《政府公报》第4174号,1927年12月7日,第188册,第4023页。
⑤ 《内务部改定各省重复县名及存废理由清单》。
⑥ 按:"密山"之"密"字,清末民国初亦常作"蜜"字。《清史稿·地理志三》、《省议会议员各省复选区表》、《全国行政区划表》(1914年,第16页)、陈镐基《中华新舆图》(1917年,吉林省幅)均作"密山",《职官录》(宣统三年冬季)、谢观《各省区域沿革一览表》(第25页)均作"蜜山"。

虎林县,清代为虎林厅,治所即今黑龙江虎林市驻地虎林镇东北虎头镇。民国二年3月改县。北京政府时期属依兰道。

抚远县,清代为绥远州,治绥远(今黑龙江抚远县驻地抚远镇),长官为设治委员。民国二年3月改设绥远县。北京政府时期属依兰道。因与绥远省名重名,民国十八年9月国民政府令准改名[1]。由于县长未接到省民政厅改县名指令,延迟至民国十九年1月中旬才实施[2]。

桦川县,治悦来镇(今黑龙江桦川县驻地悦来镇)。北京政府时期属依兰道。

富锦县,治富克锦(今黑龙江富锦市驻地城关街道)。北京政府时期属依兰道。

饶河县,治小佳河(今黑龙江饶河县西北小佳河镇)。长官原为设治委员,民国二年1月改为县知事[3]。民国六年徙治饶河口(一作挠力口子。今黑龙江饶河县北东安),民国十四年迁饶河镇,即今治[4]。北京政府时期属依兰道。

方正县,治所即今黑龙江方正县驻地方正镇。北京政府时期属依兰道。

穆棱县,治穆棱(今黑龙江穆棱市南穆棱镇)。北京政府时期属依兰道。

宝清县,民国四年2月吉林巡按使请析同江县宝清河地方置县,民国五年3月吉林巡按使重新申请,同年4月内政部、财政部呈准[5]。治宝清河(今黑龙江宝清县驻地宝清镇)。北京政府时期属依兰道。

勃利县,民国五年12月吉林省长请析依兰县勃利地方置县[6],民国六年5月核准[7]。以古勃利州为名。民国六年9月设立勃利县设治筹备处,暂驻四站地方(今黑龙江勃利县驻地勃利镇)[8]。民国七年9月,正式成立县署[9]。北京政府时期属依兰道。

乾安设治局,民国十七年4月析郭尔罗斯前旗地置。初定名"长伐",因伐字有争战、干戈之意而没有采用。因县境位于省会西北方向,按八卦方位属

---

[1] 《国民政府公报》第293号,1929年10月14日,第10页。
[2] 黑龙江省档案馆:《黑龙江设治》,哈尔滨,1985年,第685页。
[3] 同上书,第687页。
[4] 《饶河县志》,黑龙江人民出版社,1992年,第77、85页。
[5] 《政府公报》第108号,1916年4月23日,第48册,第728页。又,吴承湜:《近六十年全国郡县增建志要》卷下,第32页。
[6] 吴承湜:《近六十年全国郡县增建志要》卷下,第33页。
[7] 《政府公报》第480号,1917年5月13日,第61册,第415页。
[8] 《黑龙江设治》,第635、640页。
[9] 同上书,第642页。

"乾",故取乾方地安之义命名①。驻长发屯(今吉林乾安县驻地乾安镇)。

六、抗日战争胜利后所辖县、市、旗

民国三十六年(1947)6月,南京政府正式公布东北9省的行政区域,吉林省仅辖18县、2市、1旗。永吉、长春、敦化、桦甸、磐石、双阳、伊通、农安、扶余、德惠、舒兰、榆树、五常、双城等县仍旧,见前;怀德县原属辽宁省。新设的政区中,大部分在伪满洲国时期已经存在,它们的实际沿革过程,请参阅本编第三十四章第二节。

吉林市,民国三十六年6月核准设立。治所即今吉林省吉林市。为吉林省会②。

长春市,民国三十六年6月核准设立。治所即今吉林长春市。

蛟河县,民国三十六年6月核准由额穆县更名。治蛟河镇(今吉林蛟河市)。

九台县,民国三十六年6月核准由永吉、德惠2县析置。治下九台(今吉林九台市驻地九台镇)。

乾安县,民国三十六年6月核准升乾安设治局置。治长发屯(今吉林乾安县驻地乾安镇)。

郭尔罗斯旗,治郭前旗(今吉林前郭尔罗斯蒙古族自治县驻地前郭镇)。

第二节 松 江 省

民国三十四年(1945)8月,日军投降,伪满洲国灭亡,东北光复。9月4日,国民政府任命松江省省长③。省会驻哈尔滨市。民国三十六年6月5日,国民政府正式公布东北9省的行政区域,以原伪满牡丹江全省及滨江、三江两省部分区域置松江省,省会为牡丹江市(今黑龙江牡丹江市),下辖2市、15县。全省面积为84 559.31平方公里。东接苏联,北邻合江、嫩江,西界辽北,南接朝鲜。辖境包括九一八事变前吉林省的中部和东南部,相当于今吉林省的延边朝鲜族自治州大部,及黑龙江牡丹江市大部、松花江地区通河与依兰以南地区。由于全省辖境较小,不设行政督察区。本省区域在抗战胜利后,大部分地区已经解放,故南京政府于民国三十六年公布的行政区划大多没有得到

---

① 孙兴、田士安:《乾安县行政区划及其演变》,《乾安文史资料》第4辑,1988年,第60页。
② 按:本节的行政区划,均据内政部方域司:《中华民国行政区域简表》(第11版)。
③ 《国民政府公报》渝字第849号,1945年9月6日,第3页。

执行。本省在民国三十六年新设立的行政区划,绝大多数在伪满洲国时期已经存在。其实际的演变过程,参阅本编第三十四章第二节。

宁安、延吉、和龙、汪清、珲春、东宁、穆棱、苇河、延寿、珠河、宾县、阿城、方正等县与抗战前吉林省所领县相同,安图县原属辽宁省。以下新设或治所有变化的县、市、旗,除绥芬县外,实际变化时间均在伪满洲国时期。

牡丹江市,民国三十六年6月核准设立。治所即今黑龙江牡丹江市。为松江省省会①。

延吉市,民国三十六年6月5日核准设立。治所即今吉林延吉市。

绥芬县,民国三十六年6月核准由穆棱、东宁两县析置。治所即今黑龙江东宁县东北绥阳镇。

第三节 合 江 省

民国三十四年(1945)8月,日军投降,伪满洲国灭亡,东北光复。9月4日,国民政府任命合江省省长②。民国三十六年6月5日,南京政府正式公布东北9省的行政区域,以原伪满东安全省及三江省大部区域置合江省,下辖1市、17县。全省面积为135 406.27平方公里。东、北邻苏联,西界黑龙江、嫩江,南接松江。辖境包括九一八事变前吉林省的东北部、黑龙江省南部的绥滨、萝北、汤原、凤山、通河等县区域,相当于今黑龙江省东北部的铁力以东、黑龙江以南、穆棱及依兰以北地区。由于全省辖境较小,不设行政督察区。本省区域在抗战胜利后,大部分地区已经解放,故南京政府于民国三十六年公布的行政区划大多没有得到执行,并且绝大多数行政区划在伪满洲国时期已经存在或改变,其实际的演变过程,参阅本编第三十四章第三节。

桦川、依兰、勃利、虎林、宝清、饶河、抚远、同江、富锦等县与抗战前吉林省所领县相同,绥滨、萝北、汤原、通河县原属黑龙江省。以下新设或治所有变化的市、县,实际变化时间均在伪满洲国时期。

佳木斯市,民国三十六年6月核准设置。治所即今黑龙江佳木斯市③。为合江省省会。

密山县,治知一(今黑龙江密山市驻地密山镇东知一)。

凤山县,民国三十六年6月核准由凤山设治局改置。治凤山屯(今黑龙江

---

① ③ 本节的行政区划,均据内政部方域司:《中华民国行政区域简表》(第11版)。
② 《国民政府公报》渝字第849号,1945年9月6日,第3页。

通河县驻地通河镇西北凤山镇)。

鹤立县,民国三十六年6月核准由汤原县析置。治鹤立岗(今黑龙江汤原县驻地汤原镇东北鹤立镇)。

林口县,民国三十六年6月核准由穆棱、勃利两县析置。治林口镇(今黑龙江林口县驻地林口镇)。

第二十八章 黑龙江省、嫩江省、兴安省

第一节 黑龙江省

清宣统三年(1911),黑龙江省行政长官——东三省总督驻奉天府(今辽宁沈阳市),黑龙江巡抚驻齐齐哈尔(今黑龙江齐齐哈尔市)。全省设兴东、呼伦、瑷珲3道,龙江、呼兰、绥化、海伦、嫩江、黑河、胪滨等7府,讷河、肇州、大赉、安达、瑷珲、呼伦等6直隶厅,巴彦州,兰西、木兰、余庆、青冈、拜泉、大通、汤原等7县[①]。另有奏准缓设的17府、厅、州、县:佛山府,呼玛、漠河、室韦、萝北、乌云、车陆、春源、武兴、舒都、布西、甘南直隶厅,鹤冈、林甸、诺敏、通北、铁骊县[②]。黑龙江省的行政层级与吉林省相似,除呼兰、绥化、海伦府外,府、直隶厅与县为同一层级,府不辖县,仅地位比县高。道为省县间行政层级,下辖府、州、县。辖境大致为今黑龙江省松花江以西,齐齐哈尔市、龙江县及以北区域,以及内蒙古自治区的呼伦贝尔地区。

一、省行政机构

民国元年(1912)初,黑龙江省仍为清政府管辖区域,以东三省总督、黑龙江巡抚为行政长官,在巡抚之下设有民政使、提学使。民国元年3月15日,废东三省总督,改黑龙江巡抚为黑龙江都督,为省军政长官;升民政使为全省民政长官。民国二年1月,民政使改称民政长,民政长公署设内务、财政等司。民国三年5月,改民政长为巡按使,巡按使署下设政务、财政等厅。民国五年7月,改巡按使为省长,改巡按使署为省公署。民国十七年12月31日,张学良等东北军将领通电易帜。当日,国民政府令建黑龙江省政府。民国二十年

[①] 内阁印铸局:《职官录》,清宣统三年冬季,第605~615页。又,《清史稿》卷57《地理志四》。
[②] 吴承湜:《近六十年全国郡县增建志要》卷上,第41页。

九一八事变后,黑龙江沦陷,成为伪满洲国的一部分。民国三十四年8月,日军投降,伪满洲国灭亡,黑龙江省光复。国民政府以原黑龙江省区域为主,设立黑龙江、嫩江、兴安、合江(部分)4省。9月4日,国民政府任命黑龙江省省长①。由于新的黑龙江省辖境较小,不设行政督察区。本省区域在抗战胜利后,大部分已经解放,至民国三十七年(1948)年底全部解放。因此,国民政府于民国三十六年公布的行政区划实际上并没有得到执行。

二、省会

民国二十年九一八事变前,省政府驻龙江县(齐齐哈尔,今黑龙江齐齐哈尔市)。抗日战争胜利后,省政府驻北安市(今黑龙江省北安市)。

三、统辖区域

民国二十年九一八事变前,黑龙江省辖境与清代相近,中俄合办中东铁路的附属区域(铁路沿线两侧各30华里)属东省特别行政区管辖。民国十九年,据各县调查报告汇总,黑龙江全省面积为572 502.5平方公里;另据民国二十三年中央地质调查所曾世英、翁文灏、丁文江3位学者在测量,为577 964平方公里。民国三十六年6月5日,国民政府公布东北9省的行政区域②,新黑龙江省辖境相当于今黑龙江省绥化市以北、依安县以东、嘉荫县以西地区。全省面积257 762.75平方公里。东接合江,北邻苏联,西界兴安,南接嫩江。

四、呼伦贝尔"独立"与"自治"

呼伦贝尔地区指清代黑龙江大兴安岭以西、额尔古纳河以东区域,相当于今内蒙古自治区呼伦贝尔盟大兴安岭以西的地区。清光绪年间,俄国人不断越界侵边,开垦土地,淘金挖煤。清政府为防范沙俄对呼伦贝尔边境的侵略,于光绪三十四年(1908)改呼伦贝尔副都统为呼伦道,在满洲里设胪滨府,在海拉尔设呼伦厅,在吉拉林驻设治委员,并鼓励内地移民前往屯垦。辛亥革命后,沙俄驻海拉尔领事乌萨蒂策动额鲁特总管胜福、陈巴尔虎总管车和扎等人叛乱"独立"。在清宣统三年年底,沙俄非法越境向呼伦贝尔地区运入俄兵万余人。民国元年1月15日,胜福等人以反对共和为名,组成"大清帝国义军",占领呼伦城(今海拉尔市),宣布"独立",脱离黑龙江,成立呼伦贝尔地方"自治政府",归

---

① 《国民政府公报》渝字第849号,1945年9月6日,第3页。
② 《国民政府公报》第2844号,1947年6月6日,第11页。

属外蒙古"库伦政府",恢复清代的副都统衙门,废除呼伦直隶厅、胪滨府、吉拉林设治委员①。呼伦贝尔地区事实上脱离了黑龙江省的行政范围②。

民国四年11月6日,中俄双方多次交涉后,在北京签订《中俄会订呼伦贝尔条件》8条,亦称《呼伦条约》。条约规定:"一、呼伦贝尔定为一特别区域,直接归中国中央政府节制,并受黑龙江省长官监督。遇有必须之事及便利文牍之往来,则呼伦官府可与该省长官相商。二、呼伦贝尔定副都统[由]中国大总统以策令任命之,并享有省长的职权。"③这一《条件》,从法律上规定呼伦贝尔地区与黑龙江省的行政地位是平行的,虽"受黑龙江省长官监督",实际上已不是黑龙江省直接管辖区域。《条件》是沙俄用"特别区域"代替"独立"的一个翻版,它同沙俄在外蒙古所采取的将"独立"改为"自治"的手段一样,只是在表面上取消了"独立"字样。

此后,俄国十月革命推翻了沙皇的统治,为真正取消呼伦贝尔"独立"创造了有利条件。民国八年12月14日,呼伦贝尔副都统胜福病亡④。21日,呼伦贝尔护理副都统贵福等联名上书中央政府,要求取消"特别区域"称号,"将自治政权归还中央,及时治理所有呼伦贝尔区域"⑤。民国九年1月28日,大总统发布命令,取消中俄会订《条件》及"特别区域"⑥。由此,呼伦贝尔地区重新成为黑龙江省行政区域的一部分,由呼伦贝尔善后督办公署处理善后事务。3月14日,大总统指令在呼伦贝尔地方恢复设立县治⑦。

五、道

清末的黑龙江省设有兴东、呼伦、瑷珲3道。因该省财政异常困难,民国元年6月26日,东三省都督赵尔巽、黑龙江都督宋小濂下令裁兴东、呼伦两道,将瑷珲道改置为黑河道,并上报内务部⑧。

---

① 《蒙古族通史(修订版)》下卷,北京民族出版社,2001年,第301～317页。又,《呼伦贝尔盟志》,内蒙古文化出版社,1999年,第26页。
② 按:黑龙江省在1915年举行议员选举时,未将呼伦县、胪滨县列入选举区域,见《政府公报》第1165号,1915年8月5日,第40册,第211页。
③ 《关于呼伦贝尔撤销自治报查文件》,《东北国际约章汇释(1689—1919年)》,黑龙江人民出版社,1987年,第532～535页。转引自《蒙古族通史(修订版)》下卷,第315页。又,《中国大事记》,《东方杂志》第12卷第12号,1915年12月10日,第5页。
④ 《东方杂志》第17卷第1号,1920年1月10日,第144页。
⑤ 《东方杂志》第17卷第2号,1920年1月25日,第135页。
⑥ 《政府公报》第1423号,1920年1月29日,第93册,第727页。
⑦ 《政府公报》第1467号,1920年3月15日,第95册,第369页。
⑧ 黑龙江省档案馆:《黑龙江设治》,哈尔滨,1985年,第101页。

民国二年1月,置黑河观察使①。民国三年5月,置龙江、绥兰、黑河3道②。8月,龙江、绥兰两道道尹公署成立③。民国十四年3月2日,废呼伦贝尔善后督办公署,改置呼伦道④。民国十八年2月,裁撤各道。新置的黑河市政筹备处、呼伦市政筹备处(后改市政厅)等市政机构,其主要职能是筹办本地的市政建设,但分担了原属道尹的部分行政事务。如黑河市政筹备处奉省政府之指令,可以命令逊河、奇克特、鸥浦3设治局从速勘划管辖界址,绘图附说,以便转呈⑤。

龙江道,民国三年5月置,道尹为繁要缺,一等⑥。治龙江县(今黑龙江省齐齐哈尔市城区)。辖龙江、嫩江、大赉、肇州、安达、讷河、青冈、拜泉、肇东、呼伦、胪滨等县及泰来镇设治局、吉拉林设治局、西布特哈地方⑦。但呼伦、胪滨两县及吉拉林设治局位于呼伦贝尔地区,实际上民国三年均已废除。民国四年4月增领布西设治局⑧,5月增领景星设治局,8月增领克山县。民国五年2月增领索伦山宣抚局(次年3月改设治局)。民国六年8月增领林甸县。民国十四年增领依安、明水设治局。民国十八年2月废。

绥兰道,民国三年5月置,道尹为繁缺,二等,民国四年9月改为一等⑨。治绥化县(今黑龙江绥化市驻地绥化镇)。辖9县、1设治局、2地方:绥化、呼兰、海伦、巴彦、庆城、兰西、木兰、通河、汤原县及龙门镇设治局,铁山包协领所辖地方、东兴镇协领所辖地方⑩。两协领所辖均为蒙旗。民国六年5月增领龙镇、绥楞、通北3县。民国七年2月增领望奎县。民国十八年2月废。

黑河道,民国元年6月合并清代兴东、瑷珲两道区域置,辖区"西北自额尔古讷河流入黑龙江口起,沿黑龙江流域东至松花江与黑龙江汇流处止,西与呼伦、嫩江、讷河、海伦、绥化、余庆、木兰接界,南与汤原、大通接界"⑪。治瑷珲县黑河(今黑龙江黑河市城区)⑫。辖瑷珲县暨呼玛厅设治局⑬以及各卡伦⑭。民国

---

① 印铸局:《职官任免月表》,第75页。
② 同上书,第76页。
③ 《黑龙江设治》,第111页。
④ 《政府公报》第3204号,1925年3月3日,第155册,第1108页。
⑤ 《黑龙江设治》,第590页。
⑥ 《政府公报》第834号,1914年8月31日,第28册,第801页。
⑦⑩ 《政府公报》第759号,1914年6月17日,第26册,第204页。
⑧ 《黑龙江设治》,第121页。
⑨ 《政府公报》第1202号,1915年9月11日,第41册,第436页。
⑪ 《黑龙江设治》,第104页。
⑫ 同上书,第103页。
⑬ 《政府公报》第491号,1913年9月16日,第17册,第521页。
⑭ 按:卡伦,又作卡路、喀伦、喀龙等,为满语的音译,意为更番候望之所,也就是军事哨所。清代在东北和西部地区的辽阔边境上主要靠无数的卡伦来维持治安。

三年5月依原黑河道及前兴东道区域划定,领瑷珲、呼玛、萝北3县及漠河设治局①。道尹改驻瑷珲县(今黑龙江黑河市南爱辉镇)②,为边要缺,一等。民国五年5月增领乌云设治局。民国六年4月增领绥东设治局,5月漠河设治局改县。民国十六年9月增领佛山设治局。至民国十七年,领4县、3设治局。民国十八年2月废。

呼伦道,原为呼伦贝尔督办公署辖境,民国九年2月,呼伦贝尔地区取消"特别区域"后置③,驻地在今内蒙古海拉尔市。下辖呼伦、胪滨、室韦3县及奇乾设治局(民国十年改县)。民国十四年3月改置为道④,辖区相同,驻呼伦县(今内蒙古海拉尔市)。领呼伦、胪滨、室韦、奇乾县与索伦设治局。民国十八年2月废,道尹公署改为市政筹备处⑤。

六、民国初年的佐治局制度

清代光绪末年至宣统年间,为了开垦荒地,维护地方治安,弥补黑龙江地区县级行政机构较少的缺陷,设立了一批由经历、巡检等官吏组成的分防机构。民国二年初,这些分防机构大多改置为警察事务所。11月,黑龙江巡按使决定将警察事务所和甘井子巡防局改组为县佐治局,并报内务部备案⑥。民国三年7月,黑龙江巡按使依据《黑龙江各属佐治局章程》,实施佐治局制。该《章程》共7条,全文如下:

第一条,佐治局设佐治员,由道尹详请巡按使委任,并咨陈内务部备案。

第二条,佐治局辖界,依旧制各该分防区域。如有疑问,由该管县知事或设治员,查酌划分,详经道尹,转详巡按使核定。

第三条,佐治县直接受该管县知事或设治员之监督,佐理行政事项。

第四条,佐治局辖境以内司法事项,仍由该管县知事或设治员办理。但违警罪不在此限。

第五条,佐治员上行文件,详由该管县知事或设治县核转。但遇紧要事件,除详县外,得径详道尹。

---

① 《政府公报》第745号,1914年6月3日,第26册,第38页。
② 《政府公报》第774号,1914年7月2日,第27册,第559页。
③ 《黑龙江设治》,第928页。又,《呼伦贝尔盟志》,第26页。
④ 《政府公报》第3204号,1925年3月3日,第155册,第1108页。
⑤ 《呼伦贝尔盟志》,第26页。
⑥ 《黑龙江设治》,第112页。

第六条，佐治局经费，依照部准预算，按月请领开支。

第七条，本章程由民国三年七月一日施行。如有未尽事宜，随时由巡按使核定。①

由此可见，佐治局的职能与中华民国政府稍后公布的《县佐官制》规定的县佐职能极为相近，《县佐官制》在官员的职责范围、官署人员组成等方面，规定得更为详尽。7月10日，中华民国政府内务部民治司"通饬遵行"，将《黑龙江各属佐治局章程》发送部内各司备案，佐治局制度正式成为黑龙江省地方行政制度的组成部分。此时，全省设有龙江县甘井子、景星镇，拜泉县三道镇，泰来设治局武兴，绥化县上集厂，巴彦县兴隆镇，木兰县木兰镇，萝北县高家屯等8个佐治局，同时拟设呼玛县倭西门佐治局。同年8月，中华民国政府公布《县佐官制》，佐治局因与其抵触而改制为县佐。上述8个佐治局中，因泰来设治局不是县，其下属的武兴佐治局不能改称为县佐，仍照旧制，其余7个县佐治局均改为县佐。萝北县高家屯因名称"似欠雅训"，改为绥东城县佐。同时，内务部批准设立呼玛县倭西门县佐。因此，民国三年10月初，经内务部批准的黑龙江省县佐共为8个，保留武兴佐治局，待泰来镇改设县治后改为县佐②。民国十八年2月14日，省政府下令，"其各县佐缺着一律裁撤"③。

七、九一八事变前所辖县、设治局

民国二年1月，黑龙江省都督据三个《划一令》，下令全省各府、厅、州均改置为县④，"呼伦等府因蒙乱尚未解决，暂仍其旧"⑤。民国九年1月，黑龙江省恢复在呼伦贝尔地区的行政权。3月14日，大总统批准在呼伦贝尔地区复设县治，"经部核议后，呈请照原管区域，设置呼伦、胪滨、室韦三县，归呼伦贝尔善后督办管辖"⑥。民国二十年九一八事变前，全省共辖42县、11设治局。

龙江县，清代为龙江府，治所即今黑龙江齐齐哈尔市建华区卜奎街道，为黑龙江省会。民国二年1月改县，仍为黑龙江省会。北京政府时期为龙

---

① 《黑龙江设治》，第108页。
② 《政府公报》第876号，1914年10月13日，第30册，第582页。
③ 《黑龙江设治》，第488页。
④ 同上书，第105页。
⑤ 《临时政府内务行政纪要》，第48页。
⑥ 《政府公报》第1472号，1920年3月20日，第95册，第502页。

江道治所。县佐驻景星镇(今龙江县西南景星镇):民国三年7月改警察事务所置景星镇佐治局①,10月改置为景星镇县佐②。民国四年3月析置为景星镇设治局③。

嫩江县,清代为嫩江府,治墨尔根城(今黑龙江嫩江县驻地嫩江镇)。民国二年1月改县。北京政府时期属龙江道。

大赉县,清代为大赉直隶厅,治莫勒红冈子(今吉林大安市城区)。民国二年1月,所属景星镇地方因距厅治达580里,交通不便,而距龙江府仅180里,改隶龙江府管辖④,辖境缩小。同月稍后,改厅为县。北京政府时期属龙江道。

肇州县,清代为肇州直隶厅,治五台(肇州古城,今黑龙江肇源县驻地肇源镇)。民国二年1月改县。北京政府时期属龙江道。

肇东县,民国元年11月以昌五城分防经历辖区置昌五城设治局,民国二年10月改名肇东设治局⑤。驻昌五城(今黑龙江肇东市西昌五镇)。民国二年12月,因铁道纵贯全境,人稠地辟,改县。民国三年7月正式设治⑥。北京政府时期属龙江道。

拜泉县,治巴拜(大泡子,今黑龙江拜泉县驻地拜泉镇)。北京政府时期属龙江道。县佐驻三道镇(今拜泉县东南三道镇)⑦:民国三年7月改警察事务所置三道镇佐治局,10月改置为三道镇县佐⑧,民国十六年1月废⑨。

讷河县,清代为讷河直隶厅,治东布特哈(今黑龙江讷河市驻地通江街道)。民国二年1月改县。北京政府时期属龙江道。

青冈县,治柞树岗(今黑龙江青冈县驻地青冈镇)。北京政府时期属龙江道。

安达县,清代为安达直隶厅,治安达(今黑龙江安达市东北任民镇)。民国二年1月改县。北京政府时期属龙江道。

克山县,民国四年5月析讷河县三站地方置克山设治局⑩,因境内人户较多,同年8月改县⑪。暂治克山镇(二克山,今黑龙江克东县驻地克东镇),民

---

① 《黑龙江设治》,第108页。
②⑧ 同上书,第112页。
③ 同上书,第850页。
④ 《政府公报》第250号,1913年1月16日,第9册,第309页。
⑤ 内务部职方司第一科:《全国行政区划表》,1914年,第19页。黑龙江省在民国元年设治初即以肇东设治局相称。见《黑龙江设治》,第521页。
⑥ 《黑龙江设治》,第522页。
⑦ 同上书,第110页。
⑨ 《政府公报》第3874号,1927年2月1日,第178册,第269页。
⑩ 《政府公报》第1086号,1915年5月17日,第37册,第692页。
⑪ 《政府公报》第1164号,1915年8月4日,第40册,第150页。

国十七年前已迁治三站(今黑龙江克山县驻地克山镇)①。北京政府时期属龙江道。县佐驻齐家堡(今克山县西北向华乡东南鳌龙沟旁)②；民国十五年5月黑龙江省置③，民国十六年1月大总统令准④，民国十八年3月裁撤。

泰来县，民国二年11月析杜尔伯特、扎赉特两旗屯垦局屯垦地方置泰来镇设治局⑤。治泰来镇(今黑龙江泰来县驻地泰来镇)。民国六年5月改县⑥。北京政府时期属龙江道。县佐驻武兴(即多耐，在今黑龙江杜尔伯特蒙古族自治县北部巴彦查干乡泰和村)；清光绪年间拟在武兴设武兴直隶厅，民国二年筹设佐治局时拟名塔子城设治局⑦，民国三年7月正式改塔子城警察事务所为佐治局，并改名武兴佐治局，民国六年1月泰来设治局改设为泰来县时，或改置为县佐⑧，民国十八年3月裁撤。

林甸县，清光绪时拟设林甸县，因人口稀少而从缓设置。民国三年9月改安达县东集镇稽垦局置林甸设治局⑨，治大林家甸(今黑龙江林甸县驻地林甸镇)。民国六年8月改县⑩。北京政府时期属龙江道。

景星县，原属龙江县景星镇县佐辖境。因与县治距离较远，且居民增加，民国四年5月置景星设治局⑪，驻景星镇(今黑龙江龙江县西南景星镇)。北京政府时期属龙江道。民国十八年1月省政府改县⑫，行政院于11月核准⑬。

庆城县，原名余庆县，治余庆(今黑龙江庆安县驻地庆安镇)。因与贵州省余庆县名重复，民国三年1月改名⑭。北京政府时期属绥兰道。

兰西县，治双庙子(今黑龙江兰西县驻地兰西镇)。北京政府时期属绥兰道。

木兰县，治五站(今黑龙江木兰县驻地木兰镇)。北京政府时期属绥兰道。

---

① 《黑龙江设治》，第773页。
② 按：国际地学协会《满洲帝国分省地图并地名总揽》(昭和五十五年12月，东京国书刊行会株式会社影印本)中的《北安省全图》B2有齐家窝堡，应即齐家堡。
③ 《黑龙江设治》，第772页。
④ 《政府公报》第3874号，1927年2月1日，第178册，第269页。
⑤ 《黑龙江设治》，第830页。
⑥ 《政府公报》第486号，1917年5月19日，第61册，第604页。又，《黑龙江设治》，第124、834页。
⑦ 《黑龙江设治》，第831页。
⑧ 《全国行政区划表》(1918年，第24页)仍为"武兴佐治局"，但与制度不符。
⑨ 《黑龙江设治》，第803页。
⑩ 《政府公报》第574号，1917年8月21日，第64册，第616页。
⑪ 《政府公报》第1086号，1915年5月17日，第37册，第692页。
⑫ 《黑龙江设治》，第139页。
⑬ 《国民政府公报》第343号，1929年12月12日，第8页。
⑭ 《内务部改定各省重复县名及存废理由清单》。

县佐驻木兰镇(今黑龙江木兰县北新民镇)①；民国三年7月改警察事务所置木兰镇佐治局,同年10月改置为县佐②,民国十八年3月裁。

龙镇县,民国元年10月析海伦县属龙门、安古、乌鱼3镇地方荒段置龙门镇设治局(一作龙门设治局)③,初治龙门镇(老龙门,今黑龙江五大连池市东北龙门农场场部)④。后因打不出水及闹胡匪等原因,民国四年迁治龙镇(龙门镇、新龙门,今五大连池市东北龙镇)⑤。民国六年5月置龙门县⑥。因与广东省龙门县重名,改名。北京政府时期属绥兰道。

绥棱县,原属绥化县,置有上集厂县佐。因居民增加,且与县治距离较远,民国四年5月置绥楞设治局⑦。治上集厂(今黑龙江绥棱县东南上集镇)。民国六年5月升绥楞县⑧,属绥兰道。民国十年6月民国政府颁发县印,将"楞"字铸成"棱"字,后即改称⑨。

望奎县,民国五年9月黑龙江省析海伦县望奎镇地方置望奎设治局⑩,内务部于民国六年4月核准⑪。治望奎镇(旧名双龙城,土名大五井子,今黑龙江望奎县驻地望奎镇)。民国七年2月改置为县⑫。北京政府时期属绥兰道。

汤原县,治汤旺河(今黑龙江汤原县驻地汤原镇)。北京政府时期属绥兰道。

通河县,原名大通县,治崇古尔库(三站,今黑龙江通河县东三站乡)。因与甘肃省县名重复,民国三年1月改名⑬,因县境大通河得名⑭。民国三年4月迁治岔林河口(今黑龙江通河县驻地通河镇)⑮。北京政府时期属绥兰道。

---

① 按：申报馆编《中华民国新舆图》(战后订正第五版)中嫩江省幅标注有木兰镇,约在今利东镇附近。
② 《黑龙江设治》,第112页。
③ 《政府公报》第491号,1913年9月16日,第17册,第521页。又,《黑龙江设治》,第603页。
④ 按：国际地学协会《满洲帝国分省地图并地名总揽》中的《北安省全图》C3有老龙门。
⑤ 《北安县志》,1993年内部发行版,第31页。
⑥ 《政府公报》第484号,1917年5月17日,第61册,第520页。又,《黑龙江设治》,第124页。
⑦ 《政府公报》第1086号,1915年5月17日,第37册,第692页。又,《黑龙江设治》,第119页。
⑧ 《政府公报》第486号,1917年5月19日,第61册,第604页。又,《黑龙江设治》,第506页。
⑨ 《绥棱县志》,黑龙江人民出版社,1988年,第48页。又,《黑龙江省志》第62卷《民政志》,黑龙江人民出版社,1993年,第51页。
⑩ 《黑龙江设治》,第489页。
⑪ 《政府公报》第454号,1917年4月17日,第60册,第467页。
⑫ 《政府公报》第740号,1918年2月14日,第70册,第211页。
⑬ 按：实际改名在4月,见《通河县知事为该县改称换印事呈》(民国三年5月8日),《黑龙江设治》,第421页。
⑭ 《内务部改定各省重复县名及存废理由清单》。
⑮ 《黑龙江设治》,第419页。

通北县,清光绪年间拟设通北县。民国四年5月以海伦县通北稽垦局改置通北设治局①,治通肯镇(今黑龙江北安市东南通北镇)。民国六年5月改县②。属绥兰道。

布西设治局,清宣统二年计划在西布特哈地区设立布西厅、诺敏县,但未能实施。民国初年,仍由西布特哈总管管理③。民国四年5月以西布特哈总管辖区、景星县札兰屯及甘井子县佐辖区置④,驻西布特哈(今尼尔基镇北后宜卧奇村)。民国十四年,迁尼尔基屯,今内蒙古莫力达瓦达斡尔族自治旗驻地尼尔基镇⑤。北京政府时期属龙江道。又,民国三年7月,改甘井子巡防局为龙江县属甘井子佐治局⑥,驻甘井子(今黑龙江甘南县驻地甘南镇)。同年10月改为龙江县甘井子县佐⑦。民国四年12月,甘井子县佐改隶布西设治局,又改置为甘井子佐治局⑧。民国十五年3月改置为甘南设治局。

索伦山设治局,民国五年2月置索伦山宣抚局,为"军民合治之特别区域"⑨。驻索伦山(今内蒙古科尔沁右翼前旗西北索伦镇)。民国六年3月改设治局⑩。北京政府时期属龙江道。

明水县,原为拜泉县属之兴隆镇,为克山、安达、拜泉各属往返孔道,交通便利,民国十二年12月黑龙江省析拜泉、青冈、林甸等县地置明水设治局⑪,民国十四年10月中华民国政府临时执政令准⑫。因县治兴隆镇附近有明水泉,故名。治兴隆镇(三里三镇,即今黑龙江明水县驻地明水镇)。北京政府时期属龙江道。民国十八年11月改县⑬。

依安县,原为林甸县属之龙泉镇,为黑龙江省城(齐齐哈尔)赴拜泉、海伦各县必经之路,地势冲要,土质膏腴,民国十二年12月置依安设治局⑭,民国十四年10月中华民国政府临时执政令准⑮。因区域在清代为依克明安部游

---

① 《政府公报》第1086号,1915年5月17日,第37册,第692页。又,《黑龙江设治》,第119页。
② 《政府公报》第486号,1917年5月19日,第61册,604页。又,《黑龙江设治》,第124页。
③ 《政府公报》第491号,1913年9月16日,第17册,第521页。
④ 《黑龙江设治》,第121页。
⑤ 《中国民族问题资料·档案集成》,第4辑,中央民族大学出版社,2005年,第390页。《莫力达瓦达斡尔族自治旗志》,内蒙古人民出版社,1998年,第21页。按:《呼伦贝尔盟志》作1921年迁至尼尔基。
⑥ 《黑龙江设治》,第108页。
⑦ 同上书,第112页。
⑧ 同上书,第851页。
⑨ 同上书,第944页。
⑩ 《政府公报》第426号,1917年3月19日,第59册,第654页。又,《黑龙江设治》,第946页。
⑪⑭ 《黑龙江设治》,第139页。
⑫ 《政府公报》第3426号,1925年10月17日,第162册,第5025页。
⑬ 《国民政府公报》第343号,1929年12月12日,第8页。
⑮ 《政府公报》第3426号,1925年10月17日,第162册,第5025页。

牧地,故名。驻龙泉镇(在今黑龙江依安县南依龙镇)①。北京政府时期属龙江道。民国十八年11月改县②。

甘南设治局,民国十四年12月析布西设治局属甘井子佐治局辖境置③。治甘井子(今黑龙江甘南县驻地甘南镇)。北京政府时期属绥兰道。

雅鲁县,民国十四年12月合并扎兰屯、济沁河两稽垦局区域置雅鲁设治局④。治扎兰屯(今内蒙古自治区扎兰屯市城区)。北京政府时期属龙江道。民国十八年11月改县⑤。

泰康设治局,民国十六年5月析泰来县东境和林甸县、安达县部分地置⑥。治小蒿子站(今黑龙江杜尔伯特蒙古族自治县驻地泰康镇)。北京政府时期属龙江道。

绥化县,清代为绥化府⑦,治北林子(今黑龙江绥化市北林区城区)。民国二年3月改县。北京政府时期属绥兰道。县佐驻上集厂(今黑龙江绥棱县东南上集镇):民国三年7月改警察事务所置上集厂佐治局⑧,同年10月改置为上集厂县佐⑨,民国四年4月改置为绥楞设治局⑩。又,另一县佐驻兴农镇(今黑龙江省绥棱县驻地绥棱镇):约民国四年以后置⑪,民国十八年3月裁撤⑫。

呼兰县,清代为呼兰府,治所即今黑龙江哈尔滨市呼兰区城区。民国二年2月改置县⑬。北京政府时期属绥兰道。

海伦县,清代为海伦府,治通肯(今黑龙江海伦市驻地海伦镇)。民国二年1月改县。北京政府时期属绥兰道。

巴彦县,清代为巴彦州⑭,治巴彦苏苏(今黑龙江巴彦县驻地巴彦镇)。民国二年1月改县。北京政府时期属绥兰道。县佐驻兴隆镇(今黑龙江巴彦县

---

① 《黑龙江设治》,第796页。
② 《国民政府公报》第343号,1929年12月12日,第8页。又,《黑龙江设治》,第139页。
③④ 《黑龙江设治》,第872页。
⑤ 《国民政府公报》第343号,1929年12月12日,第8页。
⑥ 《黑龙江设治》,第815页。
⑦ 同上书,第485页。
⑧ 同上书,第110页。
⑨ 同上书,第112页。
⑩ 同上书,第121页。
⑪ 按:设置年代不详,似在绥化县上集厂县佐取消后设置。
⑫ 《黑龙江设治》,第488页。
⑬ 同上书,第380页。
⑭ 同上书,第388页。

西北兴隆镇)①：民国三年7月改警察事务所置兴隆镇佐治局，同年10月改置为兴隆镇县佐②，民国十八年3月裁撤。

铁骊设治局，清光绪间拟设铁骊县。民国四年5月析庆城县铁山包协领辖地置③，治铁山包(今黑龙江铁力市驻地铁力镇)。北京政府时期属绥兰道。

东兴设治局，民国十六年10月析木兰县北境东兴镇协领辖地置④。治东兴镇(今黑龙江木兰县北东兴镇)。北京政府时期属绥兰道。

瑷珲县，清代为瑷珲直隶厅，治瑷珲城(今黑龙江黑河市爱辉区南爱辉镇)，为黑河道治。同年又置黑河府，治所即今黑龙江黑河市区。民国元年11月废黑河府入瑷珲厅⑤，辖区扩大为"暂依从前瑷珲厅及黑河府属境为界，东沿黑龙江流域，北与呼玛厅设治局属境接界，南与萝北厅设治局属境接界，西与嫩江府接界"⑥。民国二年1月改县。北京政府时期属黑河道。

萝北县，清光绪间拟设萝北直隶厅。民国元年7月置萝北厅设治局⑦。因处托萝山之北，故名。治兴东(今黑龙江萝北县北兴东)。辖境为"除汤原、大通两县辖境以外，暂依从前兴东道饬属本境为界"⑧。后又称萝北设治局⑨。因接近中俄边境，民国二年12月改县⑩，三年7月正式设治⑪。北京政府时期属黑河道。县佐驻绥东城：民国三年7月改警察事务所置高家屯佐治局，驻高家屯(今黑龙江绥滨县东北绥东镇)⑫，同年10月改置为绥东城县佐⑬，民国六年4月改置绥东设治局。

漠河县，清光绪间拟设漠河直隶厅。民国三年3月以漠河总卡辖地置漠河设治局⑭，治漠河(今黑龙江漠河县北漠河)。民国六年5月改县⑮。北京政府时期属黑河道。

呼玛县，清光绪间拟设呼玛直隶厅。民国元年7月置呼玛厅设治局⑯。

---

① ⑫　《黑龙江设治》，第108页。
② ⑬　同上书，第112页。
③　《政府公报》第1086号，1915年5月17日，第37册，第692页。又，《黑龙江设治》，第119页。
④　《政府公报》第4135号，1927年10月28日，第188册，第3446页。
⑤　《政府公报》第491号，1913年9月16日，第17册，第521页。
⑥ ⑧　《黑龙江设治》，第103页。
⑦　同上书，第658页。
⑨　按：萝北厅设治局改名萝北设治局之事，《黑龙江设治》中无记载。1913年9月编制的《黑龙江省区域沿革一览表》作"萝北厅设治局"。1914年版《全国行政区划表》(第20页)为"萝北设治局"。在此时间段内或有一个变化过程，或是两种称呼同时存在。
⑩　内务部职方司第一科：《全国行政区划表》，1914年，第20页。
⑪　《黑龙江设治》，第660页。
⑭　吴承湜：《近六十年全国郡县增建志要》卷上，第42页。又《黑龙江设治》，第898页。
⑮　《政府公报》第486号，1917年5月19日，第61册，第604页。又《黑龙江设治》，第124、899页。
⑯　《政府公报》第491号，1913年9月16日，第17册，第521页。又《黑龙江设治》，第103页。

治库口(金山口,在今黑龙江呼玛县北金山)。辖区"暂依拟设呼玛及漠河两厅属境为界,东北两面均沿黑龙江流域,西与呼伦接界,南与嫩江府及瑷珲厅现在辖境接界"①。因地近中俄边境,民国二年12月改县②,次年7月正式设治③。因"设置年余,毫无起色",民国三年10月迁治地处平原大川、便于招垦的古站地方(今呼玛县驻地呼玛镇)④。北京政府时期属黑河道。县佐驻倭西门(今呼玛县北鸥浦),民国三年10月置⑤,辖呼玛县黑龙江上游原倭西门卡伦管理之地,民国十八年改置鸥浦设治局。

乌云县,清光绪间拟设乌云直隶厅。民国五年5月析萝北县属乌云河段温河镇、宝兴镇两卡伦地置乌云设治局,治温河镇(今黑龙江嘉荫县西北乌云镇东旧城),"区域大致东临黑龙江,西界兴安岭,南至宝兴镇迤南乌拉嘎河,北滨克尔芬河龙门已放荒界"⑥。北京政府时期属黑河道。民国十八年11月改县⑦。民国二十一年迁乌云村(今乌云镇)。

绥滨县,民国六年4月由萝北县绥东城县佐改置绥东设治局,治敖来密屯(今黑龙江绥滨县驻地绥滨镇)⑧。北京政府时期属黑河道。民国十八年1月省政府批准改县⑨,11月行政院核准⑩。初名绥东县,旋因与热河省绥东县重名,改名。

佛山县,清光绪年间拟设佛山府。民国十六年9月析乌云设治局、萝北县交界处地置佛山设治局,驻佛山镇(旧名观音山,土名乌拉嘎河,今黑龙江嘉荫县东南保兴乡)⑪。北京政府时期属黑河道。民国十八年11月改县⑫。

呼伦县,清代为呼伦直隶厅⑬,治海拉尔(今内蒙古呼伦贝尔市海拉尔区正阳街道)。一般作民国初改县⑭,实际并未改动⑮。民国元年"呼伦贝尔地

---

① 《黑龙江设治》,第103页。
② 吴承湜:《近六十年全国郡县增建志要》卷下,34页。
③ 《黑龙江设治》,第881页。
④ 《政府公报》第872号,1914年10月8日,第30册,第542页。
⑤ 《黑龙江设治》,第885页。
⑥ 同上书,第364页。
⑦ 《国民政府公报》第343号,1929年12月12日,第8页。又,《黑龙江设治》,第141页。
⑧ 《政府公报》第458号,1917年4月21日,第60册,第492页。
⑨ 《黑龙江设治》,第668页。
⑩ 《国民政府公报》第343号,1929年12月12日,第8页。
⑪ 《黑龙江设治》,第365页。
⑫ 《国民政府公报》第343号,1929年12月12日,第8页。又,《黑龙江设治》,第367页。
⑬ 《黑龙江设治》,第927页。
⑭ 内务部职方司第一科:《全国行政区划表》,1914年,第19页。
⑮ 按:内务部职方司第一科《黑龙江省区域沿革一览表》载:"查呼伦道所属三处,现因蒙古变乱尚未解决,名称均未改正。"(《政府公报》第491号,1913年9月16日,第17册,第522页)

方自治政府"废呼伦直隶厅后,并未设县①。民国九年,呼伦贝尔地区取消"特别区域"地位,恢复县治,"九年二月十八日,奉省长第二五号委任令开:案照筹办呼贝尔善后,应即复设各县,以资治理"②。初属呼伦贝尔督办公署,民国十四年5月至十八年1月为呼伦道驻地。

胪滨县,清代为胪滨府③。治满洲里(今内蒙古满洲里市城区)。一般作民国初改县,但实际上并未改动。民国元年"呼伦贝尔地方自治政府"废胪滨府后,并未置县。民国九年,呼伦贝尔地区取消"特别区域"地位,恢复县治。初属呼伦贝尔督办公署,民国十四年5月至十八年1月属呼伦道。

室韦县,清光绪年间拟设室韦直隶厅,后为吉拉林设治局(设治委员)④,治吉拉林(今内蒙古额尔古纳市北室韦镇)。或作民国初置⑤。但民国元年"呼伦贝尔地方自治政府"废吉拉林局(设治委员)后,并未置县。民国九年,呼伦贝尔地区取消"特别区域"地位,恢复县治。初属呼伦贝尔督办公署,民国十四年5月至十八年1月属呼伦道。因驻地吉拉林孤悬一隅,不便控制全县,民国十九年5月移治苏沁(今额尔古纳市西北苏沁回族民族乡)⑥。

奇乾县,民国九年12月以奇雅河卡伦置奇乾设治局⑦,治奇乾(今内蒙古额尔古纳市北奇雅河)。民国十年12月改县⑧。初属呼伦贝尔督办公署,民国十四年5月至十八年1月属呼伦道。民国十四年4月迁治珠尔干河(今内蒙古额尔古纳市北奇乾)⑨。

逊河县,民国十七年11月省政府以逊河稽垦局区域置逊河设治局⑩,国民政府于十八年11月核准⑪。治逊河(今黑龙江逊克县西南逊河镇)。民国二十年10月,国民政府批准改县,但未实行。伪满洲国时期,伪黑龙江省长公署于"大同元年"(1932)4月15日下令将逊河设治局改组为逊河县⑫。

---

① 《蒙古族通史》(修订版),北京民族出版社,2000年,第301~317页。又,《呼伦贝尔盟志》,第26页。
② 《黑龙江设治》,第920页。
③⑥ 同上书,第925页。
④ 按:内务部职方司第一科《黑龙江省区域沿革一览表》(《政府公报》第491号,1913年9月16日,第17册,第521页)已有吉拉林设治局,当是1911年已经有该设治局。
⑤ 内务部职方司第一科:《全国行政区划表》,1914年,第20页。又,吴承湜:《近六十年全国郡县增建志要》(卷下,第38页)载:"前清拟请设室韦直隶厅,未实行。民国四年始设设治局。"
⑦ 《政府公报》第1736号,1920年12月15日,第104册,第548页。又,《黑龙江设治》,第914页。
⑧ 《政府公报》第2089号,1921年12月18日,第116册,第263页。
⑨ 《政府公报》第3245号,1925年4月14日,第156册,第1831页。
⑩ 《黑龙江设治》,第587页。
⑪ 《国民政府公报》第343号,1929年12月12日,第8页。
⑫ 《黑龙江设治》,第595页。

克东设治局,民国十八年1月析克山县置①,驻二克山镇(今黑龙江克东县驻地克东镇)。同年11月,因二克山镇地理位置较偏,裁克东设治局,另在德都(今黑龙江五大连池市驻地青山街道)置德都设治局②。因克东与德都间地域辽阔,民国十八年12月,国民政府核准仍析置克东设治局③,驻二克山镇④。

德都设治局,民国十八年11月以原克东设治局区域置,治德都(今黑龙江五大连池市驻地青山街道)⑤。

奇克县,民国十八年2月析瑷珲县奇克特县佐置奇克设治局⑥,驻奇克特(今黑龙江逊克县驻地奇克镇)。民国十八年11月改县⑦。

鸥浦县,民国十八年1月析呼玛县倭西门县佐置鸥浦设治局⑧,治倭西门(今黑龙江呼玛县北鸥浦乡驻地西北3公里处老街基岛)。同年11月改县⑨。

凤山设治局,因通河县凤山镇地居岔林河上游,森林繁茂,特产丰富,开设伐林场后,户口日盛,而距通河县治甚远⑩,民国十八年11月置⑪。局所驻凤山镇(今黑龙江通河县西北凤山镇)。

富裕设治局,民国十八年11月置⑫。局所驻大来克屯(今黑龙江富裕县东南富路镇)。

八、抗日战争胜利后所辖县、市、旗

民国三十六年(1947)6月5日,南京政府正式公布东北9省的行政区域,黑龙江省辖25县、1市、1旗。瑷珲、漠河、鸥浦、呼玛、逊河、奇克、乌云、佛山、龙镇、克山、通北、海伦、绥楞、庆城、绥化、望奎、明水、拜泉、依安、讷河等县治

---

① 《黑龙江设治》,第778页。
②⑤ 《国民政府公报》第343号,1929年12月12日,第8页。又,《黑龙江设治》,第612页。
③ 《国民政府公报》第364号,1930年1月9日,第11页。
④ 《黑龙江设治》,第779页。
⑥ 同上书,第588页。
⑦ 《国民政府公报》第343号,1929年12月12日,第8页。又,《黑龙江设治》,第589、141页。
⑧ 《国民政府公报》第343号,1929年12月12日,第8页。又,《黑龙江设治》,第140页。
⑨ 《国民政府公报》第343号,1929年12月12日,第8页。又,《黑龙江设治》,第894、141页。按:《呼玛县志》(1980年,第131页)载:"民国十八年(一九二九年)四月十六日,黑龙江省政府令,呼玛县属地倭西门县佐,改为鸥浦设治局,地点仍在倭西门。同一天,黑龙江省政府又旋复训令,将鸥浦设治局改升为丁等县,即鸥浦县。"
⑩ 黑龙江省档案馆:《黑龙江设治》,第421页。
⑪ 《国民政府公报》第343号,1929年12月12日,第8页。又,《黑龙江设治》,第421页。
⑫ 《国民政府公报》第343号,1929年12月12日,第8页。又,《黑龙江设治》,第756页。

所仍旧,见前。新领县、市、旗如下。新设的政区中,大部分在伪满洲国时期已经存在,它们的实际沿革过程,请参阅本编第三十四章第二、三节。

北安市,民国三十六年 6 月核准设立。治所即今黑龙江北安市驻地城区①。为省会。

嫩城县,民国三十六年 6 月核准由嫩江县改名,并将伪满设立的巴彦旗并入。更名的原因当是与新设立的嫩江省同名。治墨尔根城(今黑龙江嫩江县驻地嫩江镇)。

孙吴县,民国三十六年 6 月核准析瑷珲县置。治孙吴街(今黑龙江孙吴县驻地孙吴镇)。

德都县,民国三十六年 6 月核准升德都设治局置。治所即今黑龙江五大连池市驻地青山街道。

克东县,民国三十六年 6 月核准升克东设治局置。治所即今黑龙江克东县驻地克东镇。

铁骊县,民国三十六年 6 月核准升铁骊设治局置。治所即今黑龙江铁力市驻地铁力镇。

依克明安旗,治杜尔布德努克图(大泉,今黑龙江富裕县驻地富裕镇东大泉子)。

第二节　嫩　江　省

民国三十四年(1945)8 月,日军投降,伪满洲国灭亡,东北光复。9 月 4 日,国民政府任命嫩江省省长②。省会驻齐齐哈尔(今黑龙江齐齐哈尔市)。民国三十六年 6 月,国民政府正式公布东北 9 省的行政区域,嫩江省会仍为齐齐哈尔市,下辖 1 市、18 县、2 旗。全省面积 67 034.13 平方公里。东接合江,北邻黑龙江,西界兴安,南接松江、辽北、吉林。辖境相当于今黑龙江省西部的依安县、明水县、绥化市以南,通河县以西,松花江以北地区。由于全省辖境较小,不设行政督察区。本省区域在抗战胜利后,大部分已经解放,故国民政府于民国三十六年颁布的行政区划大多没有得到执行。其实际的行政区划变迁,详见本编第三十三章第三节。

龙江、景星、泰来、林甸、青冈、兰西、肇东、呼兰、巴彦、木兰、大赉等县与九

---

① 按:本节的行政区划,均据内政部方域司:《中华民国行政区域简表》(第 11 版)。
② 《国民政府公报》渝字第 849 号,1945 年 9 月 6 日,第 3 页。

一八事变前黑龙江省所领县相同,见前。以下新设或治所有变化的县、市、旗,实际变化时间均在伪满洲国时期。

齐齐哈尔市,民国三十六年6月核准设置。治所即今黑龙江齐齐哈尔市建华区卜奎街道①。

安达县,治安达站(今黑龙江安达市驻地安达镇)。

肇州县,治所即今黑龙江肇州县驻地肇州镇。

甘南县,民国三十六年6月核准升甘南设治局置。治甘井子(今黑龙江甘南县驻地甘南镇)。

富裕县,民国三十六年6月核准升富裕设治局置。治大来克屯(今黑龙江富裕县东南富路镇)。

东兴县,民国三十六年6月核准升东兴设治局置。治东兴(今黑龙江木兰县北东兴镇)。

泰康县,民国三十六年6月核准升泰康设治局置。治泰康镇(小蒿子,今黑龙江杜尔伯特蒙古族自治县驻地泰康镇)。辖区分散在杜尔伯特旗四周,东与安达、肇州县接壤,南与郭尔罗斯后旗为邻,西濒嫩江与泰来相望,北界龙江、林甸县②。

肇源县,民国三十六年6月核准改郭尔罗斯后旗置③。治肇州古城(今黑龙江肇源县驻地肇源镇)。

杜尔伯特旗,治巴彦查干(今黑龙江杜尔伯特蒙古族自治县西南巴彦查干)。

札赉特旗,治音德尔(今内蒙古扎赉特旗驻地音德尔镇)。

第三节 兴 安 省

民国三十四年(1945)8月,日军投降,伪满洲国灭亡,东北光复。9月4日,国民政府任命兴安省省长④。省会驻海拉尔(今内蒙古自治区呼伦贝尔市海拉尔区正阳街道)。民国三十六年6月5日,国民政府正式公布东北9省的行政区域,兴安省区域与伪满时期相同,下辖1市、7县、11旗。全省面积278 436.91平方公里。东接嫩江,北邻黑龙江,西界蒙古、苏联,南接辽北、察哈

---

① 按:本节的行政区划,均据内政部方域司:《中华民国行政区域简表》(第11版)。
② 《杜尔伯特蒙古族自治县志》,黑龙江人民出版社,1996年,第43页。
③ 按:《中华民国史地理志(初稿)》第27页有肇源县,第31页仍有郭尔罗斯后旗。
④ 《国民政府公报》渝字第849号,1945年9月6日,第3页。

尔。辖境约当于今内蒙古自治区呼伦贝尔盟地区。由于全省辖境较小，没有设立行政督察区。本省区域在抗战胜利后，其大部分已经解放，故国民政府于民国三十六年颁布的行政区划，大多没有得到执行，其实际的行政区划变迁，详见本编第三十三章第三节。

呼伦县、胪滨县、雅鲁县、奇乾县与抗战前黑龙江省所领县相同，见前。以下新设或治所有变化的县、市、旗，实际变化时间均在伪满洲国时期。

海拉尔市，民国三十六年 6 月 5 日核准设置。治所即今内蒙古呼伦贝尔市海拉尔区正阳街道[1]。

室韦县，治吉拉林（今内蒙古额尔古纳市北室韦镇）。

布西县，民国三十六年 6 月 5 日核准升布西设治局置。治西布特哈（今内蒙古莫力达瓦达斡尔族自治旗驻地尼尔基镇）。

索伦县，民国三十六年 6 月 5 日核准升索伦山设治局置。治索伦山（今内蒙古科尔沁右翼前旗西北索伦镇）。

索伦旗，治南屯（今内蒙古鄂温克族自治旗驻地巴彦托海镇）。

新巴尔虎左翼旗，治阿穆古朗（今内蒙古新巴尔虎左旗驻地阿穆古郎镇）。

新巴尔虎右翼旗，治阿拉坦额莫勒（今内蒙古新巴尔虎右旗驻地阿拉坦额莫勒镇）。

陈阿尔虎旗，治巴彦库仁（今内蒙古陈巴尔虎旗驻地巴彦库仁镇）。

额尔克讷左翼旗，治奈如穆图（今内蒙古额尔古纳市北三河镇）。

额尔克讷右翼旗，治奇乾（今内蒙古额尔古纳市北奇乾）。

巴彦旗，治额尔和（今内蒙古莫力达瓦达斡尔族自治旗东北额尔和）。

莫力达瓦旗，治西布特哈（今内蒙古莫力达瓦达斡尔族自治旗驻地尼尔基镇）。

布特哈旗，治扎兰屯（今内蒙古扎兰屯市城区）。

阿荣旗，治所即今内蒙古阿荣旗驻地那吉镇。

喜扎嘎尔旗，治索伦山（今内蒙古科尔沁右翼前旗西北索伦）。

---

[1] 按：本节的行政区划，均据内政部方域司：《中华民国行政区域简表》（第 11 版）。

第二十九章 新疆省

清宣统三年(1911),新疆巡抚驻乌鲁木齐。全省府级行政区有迪化、伊犁、温宿、焉耆、疏勒、莎车等6府,镇西、吐鲁番、哈密、库尔喀喇乌苏、塔尔巴哈台、精河、乌什、英吉沙尔等8直隶厅,库车、和阗2直隶州;县级行政区有1厅、1州、21县。全省范围相当于今新疆维吾尔自治区大部(除阿尔泰地区外)。

一、省行政机构

民国元年(1912),新疆省仍按清代旧制,设镇迪道、伊犁道、阿克苏道、喀什噶尔道,府、州、厅均未变动。在伊犁地区,于1月7日建立新疆临时都督府,下设总司令部、民政部(司)等。3月,原新疆省巡抚改任都督。5月,置民政长,为全省最高民政长官,民政长公署下设司法、内务等司。民国三年5月,改民政长为巡按使,巡按使公署下设政务、财政等厅。民国五年7月,改巡按使为省长。民国十七年6月,新疆督办杨增新通电拥护南京国民政府,自任省长兼总司令。同年7月,新疆政变,杨增新遇害,各界公推金树仁为省主席。10月,国民党中央政治会议第161次会议议决建立新疆省政府。11月,国民政府发布任命令,新疆省政府正式成立。民国三十二年7月,全省分设10个区行政督察专署,并委派第二至十区专员(第一区专员于民国三十三年5月委派),为省政府辅助机关。民国三十五年6月,根据新疆三区革命运动领导人与国民政府代表签订的和平条款,新疆省政府实行改组。民国三十八年(1949)9月25日与26日,省警备司令陶峙岳与省主席鲍尔汉先后通电起义,新疆宣告和平解放。

二、省会

民国二十二年前驻迪化县,二十二年起驻迪化市,均即今新疆乌鲁木齐市。

三、统辖区域

初与清代相似。民国八年6月,阿尔泰区域并入,辖境扩大,与今新疆维吾尔自治区相近。据申报馆《中国分省新图》,新疆东北部与外蒙古间以科布多山山脉为界。民国二十二年,因新疆发生事变,外蒙古军占领布尔根等地。民国三十六年全省土地面积为 1 711 931 平方公里。东接甘肃、青海,北邻蒙古,西界苏联、阿富汗、巴基斯坦、印度,南接西藏。

四、道、县、市、设治局

民国元年,保留清代的镇迪、伊犁、阿克苏、喀什噶尔 4 道。民国二年 1 月,临时大总统颁布三个《划一令》。根据这些组织令,新疆省于二年 4 月裁府、州、厅,改置为县;并于同年 6 月前,先后改置镇迪、伊塔、阿克苏、喀什噶尔 4 道①。民国三年 5 月,全省改设迪化、伊犁、阿克苏、喀什噶尔等 4 道②。民国五年 12 月增设塔城道,道尹加副都统衔,除管辖道尹原有之事务外,并管辖原塔尔巴哈台参赞所管之蒙、哈事务及交涉各职③。民国八年 6 月,阿尔泰地区并入新疆省,置阿山道。民国九年 4 月,因南疆只设有阿克苏、喀什噶尔两道,辖区过于宽广,增置焉耆、和阗两道④。至此,全省共置 8 道。民国十七年废道⑤。

新疆巡按使杨增新在民国三年 12 月以新疆地广人稀、财政困难,曾要求不分设县佐⑥。但从民国四年 4 月起,新疆仍设置了多个县佐。由于各县地域广阔,这些县佐与原县大多"划分疆界、粮税、差徭","以清境界"⑦,实际作用已与设治局相似,而无升县的压力,县佐辖境成为与县相近的独立行政区划。其后,南京政府颁布《县组织法》等法律,规定县不设县佐。但由于新疆省的县佐已经具有行政区划的意义,不可能并入原来的县,为此,新疆省从民国十八年起,新设立了一批县、设治局,国民政府于十九年 10 月令准设立 5 县、6 设治局。原有的县佐辖区中,经济条件较好、基本达到设县标准的,改升县治;未达设县标准的,则改设治局。此后,新疆省县、设治局的置废,往往由省府决定,事后再申报内政部,内政部发函请依法报部核准⑧。至民国三十六年时,部分变动仍在办理法律手续过程中⑨。

---

① 《政府公报》第 503 号,1913 年 9 月 28 日,第 17 册,第 571 页。
② 内务部职方司第一科:《全国行政区划表》,1914 年,第 97 页。
③ 《政府公报》第 346 号,1916 年 12 月 20 日,第 56 册,第 164 页。
④ 《政府公报》第 1492 号,1920 年 4 月 10 日,第 96 册,第 212 页。
⑤ 黄慕松:《新疆概述》(一作《黄慕松自述》),台北文海出版社,1977 年影印本,"近代中国史料丛刊续编"第 46 辑。又,《新疆通志》第 24 卷《民政志》(新疆人民出版社,1992 年,第 7 页)言 1930 年废道,并改道为区。
⑥ 《政府公报》第 950 号,1914 年 12 月 26 日,第 32 册,第 262 页。
⑦ 《政府公报》第 1994 号,1921 年 9 月 11 日,第 113 册,第 317 页。
⑧ 内政部编:《全国行政区域简表》,1944 年油印本,第 18 页。
⑨ 内政部方域司:《中华民国行政区域简表》(第 11 版),第 214 页。

民国末,全省辖1市、78县、2设治局。境内曾有下列蒙旗:巴图塞特奇勒图部中路霍硕特中旗、右旗、左旗(均在今新疆焉耆县西北查鲁木土司台达哈特岭一带);乌讷恩素珠克图部南路旧土尔扈特汉旗、中旗、右旗、左旗(均在今焉耆县北蒙王府一带),均在今焉耆县、和静县一带;东路旧土尔扈特右旗、左旗(均在乌苏县南奎屯河济尔噶郎河间一带),在今乌苏市、奎屯市一带;西路旧土尔扈特旗(在今新疆精河县亚南哈拉达坂一带),北路旧土尔扈特旗、右旗、左旗(均在今新疆和什托落盖设治局西和博克河上游亲王府一带),在今和布克赛尔蒙古自治县一带;青塞特奇勒图部新土尔扈特右旗、左旗(在今蒙古国布尔根一带),新霍硕特旗(在布尔根县佐北青吉斯河流域),乌梁海左翼4旗、右翼3旗(在今新疆阿勒泰市东北、蒙古国巴彦乌列盖以西地区)①。

1. 道

迪化道,清代为镇迪道,民国元年因之。观察使驻迪化县(今新疆乌鲁木齐市)。民国三年5月改名。道尹为繁要缺,一等②,仍驻迪化县③。辖迪化、奇台、昌吉、阜康、孚远、绥来、镇西、哈密、吐鲁番、乌苏、鄯善11县④。民国四年5月增领沙湾县。民国五年11月,沙湾、乌苏两县改属塔城道。民国七年2月,增领呼图壁县。民国九年4月,鄯善、吐鲁番两县改属焉耆道。民国十二年2月,焉耆道鄯善县及七角井县佐来属⑤。民国十七年6月废⑥。

伊犁道,清代为伊犁道。民国二年6月改为伊塔道,辖绥定、宁远、精河、塔城等4县⑦。此后改名,道尹为边缺,二等,驻伊宁县(今新疆伊宁市)。辖绥定、伊宁、精河、塔城、霍尔果斯5县。民国五年12月,塔城县改隶塔城道。民国九年1月,增领博乐县。民国十七年6月废。

阿克苏道,清代为阿克苏道,民国元年因之。观察使驻温宿县(今新疆温宿县驻地温宿镇)。民国三年5月改道尹,为简缺,三等,驻阿克苏县(今新疆阿克苏市区)。辖阿克苏、温宿、拜城、乌什、库车、沙雅、焉耆、轮台、尉犁、婼羌10县。民国四年2月2日,且末县由喀什噶尔道来属。民国九年4月,焉耆、轮台、尉犁、婼羌、且末等5县改隶焉耆道。民国十七年6月废。

---

① 《水陆地图审查委员会会刊》第二期,1935年,第47~48页。
② 《政府公报》第834号,1914年8月31日,第28册,第801页。
③ 《政府公报》第774号,1914年7月2日,第27册,第559页。
④ 《政府公报》第745号,1914年6月3日,第26册,第38页。
⑤ 《政府公报》第2482号,1923年2月6日,第130册,第619页。
⑥ 按:黄慕松《新疆概述》云新疆各区行政长置于1928年,当是此年废道。1928年6月16日,新疆督办杨增新通电易帜,拥护国民政府。据此,当在6月废。
⑦ 《政府公报》第500号,1913年9月25日,第17册,第566页。

喀什噶尔道,清代为喀什噶尔道,民国元年因之。道尹为边要缺,一等,驻疏勒县(今新疆疏勒县)。辖疏勒、巴楚、疏附、伽师、莎车、蒲犁、叶城、皮山、英吉沙、和阗、于阗、洛浦、且末13县。民国四年2月2日,且末县划属阿克苏道①。民国八年5月增领墨玉县。民国九年4月,和阗、墨玉、于阗、洛浦、皮山、叶城等6县划属和阗道。民国十年11月,增领泽普县。民国十一年6月,增领麦盖提县。民国十七年6月废。

塔城道,民国五年12月大总统指令置,道尹并加副都统衔,原塔尔巴哈台参赞管辖的蒙、哈事务与交涉事务均由道尹办理,驻塔城县(今新疆塔城市)②。辖塔城、沙湾、乌苏等3县③。民国七年增领额敏县。民国十七年6月废。

阿山道,民国八年6月,阿尔泰区域并入新疆省,裁阿尔泰办事长官,置阿山道,以原阿尔泰区域为辖境。道尹驻承化寺(今新疆阿勒泰市驻地阿勒泰镇)。辖布尔津设治局、布伦托海设治局。民国八年9月增领布尔根设治局。民国十年3月增领耳里匮设治局,10月增领承化县。道尹加副都统衔,同时管辖青色哲勒图盟3部、10旗。民国十七年6月废。

焉耆道,民国九年4月8日析阿克苏道、迪化道置④。道尹为边缺,三等⑤,驻焉耆县(今新疆焉耆回族自治县)。辖焉耆、轮台、尉犁、婼羌、且末、鄯善、吐鲁番7县。民国十二年2月,鄯善县及七角井县佐划归迪化道管辖。民国十七年6月撤销。

和阗道,民国九年4月析喀什噶尔道置⑥。道尹为边缺,三等⑦,驻和阗县(今新疆和田市)。辖和阗、墨玉、于阗、洛浦、皮山、叶城6县。民国十七年6月废。

2. 县、市、设治局

迪化市,民国二十三年5月,以迪化县城区设立迪化市政筹备处⑧,"其组织及任务,与内地普通市相仿,惟未完善耳"⑨。民国三十四年8月置市,行政院公布《新疆省迪化市政府组织规程》⑩,核准设市⑪。11月成立市政府。治

---

① 《政府公报》第986号,1915年2月5日,第34册,第185页。
② 《政府公报》第346号,1916年12月20日,第56册,第164页。
③ 《政府公报》第653号,1917年11月10日,第67册,第429页。
④⑥ 《政府公报》第1492号,1920年4月10日,第96册,第212页。
⑤⑦ 《政府公报》第1498号,1920年4月16日,第96册,第392页。
⑧ 《乌鲁木齐市志》第1卷《总类》,新疆人民出版社,1994年,第158页。
⑨ 黄慕松:《新疆概述》,第2页。
⑩ 《国民政府公报》渝字第842号,1945年8月28日,第4页。
⑪ 《全国行政区域变更一览表(三十三年九月至三十四年十一月)》。

所即今新疆乌鲁木齐市天山区城区。

迪化县，清代为迪化府附郭首县，治所即今新疆乌鲁木齐市天山区城区。为新疆省会。北京政府时期为迪化道尹驻地。民国三十四年8月，城区正式划属迪化市。

奇台县，治古城（今新疆奇台县驻地奇台镇）。北京政府时期属迪化道。民国六年10月设木垒河县佐①，驻地即今新疆木垒河哈萨克自治县驻地木垒镇，民国十七年4月改为木垒河县。

绥来县，治玛纳斯（今新疆玛纳斯县驻地玛纳斯镇）。北京政府时期属迪化道。

昌吉县，治所即今新疆昌吉市城区。北京政府时期属迪化道。民国四年4月置呼图壁县佐②，驻地即今呼图壁县驻地呼图壁镇，民国七年2月改为呼图壁县。

鄯善县，治辟展（今新疆鄯善县驻地鄯善镇）。民国三年6月属迪化道。民国九年4月划属焉耆道。民国七年4月置七角井县佐③，驻今新疆哈密市西北七角井镇，民国十九年10月改为七角井设治局。

吐鲁番县，清代为吐鲁番直隶厅，治吐鲁番城（今新疆吐鲁番市老城路街道）。民国二年4月改县。民国三年6月属迪化道，九年4月划属焉耆道。

景化县，原为昌吉县呼图壁县佐，治呼图壁（旧景化城，今新疆呼图壁县驻地呼图壁镇）。东界昌吉县，西界绥来县，南界焉耆县，北界阿尔泰，东西160里，南北千里。因人口增加，地方多事，且长期与附近各县分治，民国七年2月改为呼图壁县④。因呼图壁河得名。北京政府时期属迪化道。后更名景化县，民国三十六年12月国民政府令准⑤。

乾德县，原为迪化县乾德城县佐，民国十年8月置⑥，治乾德城。民国十七年7月，"因该城为边防重地，幅员辽阔，垦务发达，民族杂居，难资控制"，改为县⑦。因治所得名。治乾德城（在二道坝，滨黑沟河右岸。今三道坝东南1千米）。民国二十二年5月，迁治三道坝（今新疆米泉市北三道坝镇）⑧。

阜康县，治所即今新疆阜康市城区。北京政府时期属迪化道。

孚远县，治吉木萨尔镇（今新疆吉木萨尔县驻地吉木萨尔镇）。北京政府

---

① ② ③ 内务部职方司第一科：《全国行政区划表》，1918年，第110页。
④ 《政府公报》第750号，1918年2月24日，第70册，第478页。
⑤ 《为准内政部函以新疆省增设裁撤各县局及其更名升县已呈奉令准等由转仰知照由》，《江苏省政府公报》第3卷第4期，1948年，第5页。
⑥ 《政府公报》第1977号，1921年8月25日，第112册，第700页。又，吴承湜：《近六十年全国郡县增建志要》卷下，48页。
⑦ 《国民政府公报》第78期，1928年7月，第77页。
⑧ 《米泉年鉴2006》，第32页。《米泉大事记》，《米泉文史》第3辑，1992年，第247、248页。

时期属迪化道。

托克逊县,原为吐鲁番托克逊县佐,民国九年11月置①。驻托克逊城(今新疆托克逊县驻地托克逊镇)。民国十九年10月改置托克逊设治局②。民国二十五年改置为县③,三十六年12月国民政府令准④。

木垒河县,民国十七年4月新疆省长析奇台县木垒河县佐辖境置,5月中华民国政府大元帅令准⑤。民国十九年2月新疆省政府复行呈请,国民政府于同月15日核准⑥。治所即今新疆木垒哈萨克自治县驻地木垒镇。

伊宁县,清代为宁远县,治宁远城(今新疆伊宁市)。因与奉天、山西、甘肃、湖南4省县名重名,民国三年1月改名。县"为伊犁东南屏藩,远接俄境",故名⑦。北京政府时期为伊犁道驻地。

绥定县,清代为伊犁府附郭首县,治绥定城(今新疆霍城县驻地水定镇)。北京政府时期属伊犁道。

精河县,清代为精河直隶厅,治安阜城(今新疆精河县驻地精河镇)。民国二年4月改县。北京政府时期属伊犁道。

霍城县,民国三年5月,新疆巡按使以"地处边要,土田增辟",电请以绥定县霍尔果斯地方置县,中华民国政府照准⑧。治霍尔果斯城(旧拱宸城,今新疆霍城县西北六十二团场场部⑨)。北京政府时期属伊犁道。民国三十年改名⑩,三十六年12月国民政府令准⑪。

博乐县,民国九年1月析精河县大营盘地方置⑫。因博乐塔拉河得名。治大营盘(今新疆博乐市城区)。北京政府时期属伊犁道。

巩留县,民国二十一年3月析伊宁县东南置⑬。治托古斯塔柳(今新疆巩

---

① 《政府公报》第1716号,1920年11月25日,第103册。
② 《国民政府公报》第620号,1930年11月11日,第3页。按:内政部方域司《中华民国行政区域简表》(第11版,第208页)作1929年12月置,疑为新疆省政府批准设置年月。
③ 《新疆通志》第24卷《民政志》,第10页。又,《新疆通志》第52卷《城乡建设志》,第393页。
④⑪ 《为准内政部函以新疆省增设裁撤各县局及其更名升县已呈奉令准等由转仰知照由》,《江苏省政府公报》第3卷第4期,1948年,第5页。
⑤ 《政府公报》第4324号,1928年5月15日,上海书店影印本,第240册,第179页。
⑥ 《国民政府公报》第398号,1930年2月18日,第6页。
⑦ 《内务部改定各省重复县名及存废理由清单》。
⑧ 吴承湜:《近六十年全国郡县增建市要》卷下,第42页。又,内务部职方司第一科:《全国行政区划表》,1914年,第96页。
⑨ 按:《霍城县志》(新疆人民出版社,1998年,第568页)谓:"现在,历史上的拱宸城城墙遗址少部尚存。城内驻有农四师六十二团场场直机关单位。"今新疆地图标为"六十二团场场部"、"62团场"等。
⑩ 《新疆通志》第24卷《民政志》,第18页。
⑫ 《政府公报》第1402号,1920年1月8日,第93册,第130页。
⑬ 《国民政府公报》洛字第2号,1931年3月31日,第69页。按:王念伦:《中华民国疆域沿革录》(北平,1935年,第112页)载:"巩留县,二十一年三月析伊宁县置。据新疆民政厅函未列,应系尚未设治。"

留县驻地巩留镇)。行政区域包括伊宁县属东南托古斯塔柳一带地方、伊犁河南喀什河东各圩。

宁西县,民国二十六年析伊宁县属锡伯营区域置河南设治局。因地处伊犁河南,故名。局所驻察布查尔(今新疆察布查尔锡伯自治县驻地察布查尔镇)。民国二十八年置河南县,因与河南省名重复,民国三十三年改名①。民国三十六年12月国民政府令准②。

特克斯县,民国二十六年6月置特克斯设治局③。一说民国二十年析巩留县置特克斯设治局,因特克斯河得名。局所驻科布(今新疆特克斯县东南齐勒乌泽克乡阔布村)。民国二十六年3月升为县④。民国二十八年10月迁治特克斯,即今治。民国三十六年12月国民政府令准⑤。

巩哈县,原为尼勒克设治局,一名巩哈设治局。民国二十七年析伊宁县属巩团斯、哈什河两牧区置⑥。因喀什河支流尼勒克河得名。局所驻尼勒克(今新疆尼勒克县驻地尼勒克镇)。民国二十八年改县⑦,民国三十六年12月国民政府令准⑧。

温泉县,原为温泉设治局,民国二十七年析绥定县察哈尔营置。因境内有数处温泉,故名。局所驻温泉城(今新疆温泉县驻地博格达尔镇)。民国三十一年改县⑨,三十六年12月国民政府令准⑩。

昭苏县,原为昭苏设治局,民国二十七年1月析特克斯县置。局所驻昭苏城(今新疆昭苏县驻地昭苏镇)。民国三十一年12月改县⑪,三十六年12月国民政府令准⑫。

新源县,原为卡克满设治局,民国二十六年析巩留县置。局所驻那里格(今新疆新源县驻地新源镇)。民国三十一年改名新源设治局⑬。民国三十四年改设巩乃斯县,因境内巩乃斯河得名。"巩乃斯"为哈萨克语,汉语意为新源。民国三十五年6月又改名新源县,三十六年12月国民政府令准⑭。

疏附县,治喀什噶尔回城(今新疆喀什市城区)。北京政府时期属喀什噶尔道。

---

① 《新疆通志》第24卷《民政志》,第18页。
②⑤⑧⑩⑫⑭ 《为准内政部函以新疆省增设裁撤各县局及其更名升县已呈奉令准等由转仰知照由》,《江苏省政府公报》第3卷第4期,1948年,第5页。
③ 《国民政府公报》第2408号,1937年7月17日,第14页。
④ 《特克斯县志》,新疆人民出版社,2004年,第41页。
⑥⑬ 《新疆通志》第24卷《民政志》,第13页。
⑦ 同上书,第10页。
⑨ 《温泉县志》,新疆人民出版社,2003年,第860页。
⑪ 《昭苏县志》,新疆人民出版社,2004年,第384、47页。

疏勒县，清代为疏勒府直辖地，治喀什噶尔汉城（今新疆疏勒县驻地疏勒镇）。民国二年4月改县。北京政府时期为喀什噶尔道驻地。

伽师县，治排素巴特（伽师城，今新疆伽师县驻地巴仁镇）。北京政府时期属喀什噶尔道。

英吉沙县，清代为英吉沙尔直隶厅，治所即今新疆英吉沙县驻地英吉沙镇。民国二年4月改县。北京政府时期属喀什噶尔道。

巴楚县，清代为巴楚州，治巴尔楚克（今新疆巴楚县驻地巴楚镇）。民国二年4月改县。北京政府时期属喀什噶尔道。

蒲犁县，清代为蒲犁厅，治色勒车尔（今新疆塔什库尔干塔吉克自治县驻地塔什库尔干镇）。民国二年4月改县。北京政府时期属喀什噶尔道。

乌恰县，原为疏附县乌鲁克恰提卡县佐，民国九年12月置[①]。驻乌鲁克恰提（今新疆乌恰县西北乌鲁克恰提乡）。民国十九年10月改置为乌鲁克恰提设治局[②]。"乌鲁克恰提"系柯尔克孜语，意为"大峡谷"。民国二十七年改置为县[③]。治黑孜围（今新疆乌恰县驻地乌恰镇）。民国三十六年12月国民政府令准[④]。

岳普湖县，原为岳普湖设治局，民国二十九年4月析疏勒、英吉沙、伽师等县置[⑤]。因岳普湖河而得名。局所驻岳普湖（今新疆岳普湖县驻地岳普湖镇）。民国三十二年4月改县，曾拟迁治人口较多、商业较繁荣的下罕庄（今县西也克先拜巴扎），因经费困难，未能实行。民国三十六年12月国民政府令准[⑥]。

阿图什县，原为阿图什设治局，民国二十七年析疏附县置。"阿图什"系柯尔克孜语，意为"两山之间"。局所驻集兴镇（今新疆阿图什市东南松他克乡买谢特村）。民国三十二年改县[⑦]，三十六年12月国民政府令准[⑧]。

阿克苏县，清代为温宿府直辖地，治阿克苏（今新疆阿克苏市城区）。民国二年4月裁府改县并改名，因阿克苏河得名。北京政府时期为阿克苏道驻地。民国四年4月设柯坪县佐[⑨]，驻地即今柯坪县驻地柯坪镇，民国十九年10月改为柯坪县。

温宿县，治所即今新疆温宿县驻地温宿镇。北京政府时期属阿克苏道。

---

① 《政府公报》第1727号，1920年12月6日，第104册，第204页。
② 《国民政府公报》第622号，1930年11月13日，第8页。
③ 《乌恰县志》，新疆人民出版社，1995年，第43页。
④⑥⑧ 《为准内政部函以新疆省增设裁撤各县局及其更名升县已呈奉令准等由转仰知照由》，《江苏省政府公报》第3卷第4期，1948年，第5页。
⑤ 《岳普湖县志》，新疆人民出版社，1996年，第54页。
⑦ 《阿图什市志》，新疆大学出版社，1996年，第142页。按：《新疆通志》第24卷《民政志》（第11页）作1942年置县。
⑨ 内务部职方司第一科：《全国行政区划表》，1918年，第110页。

库车县,清代为库车直隶州直辖地,治所即今新疆库车县驻地库车镇。民国二年4月改县。北京政府时期属阿克苏道。

拜城县,治所即今新疆拜城县驻地拜城镇。北京政府时期属阿克苏道。

沙雅县,治所即今新疆沙雅县驻地沙雅镇。北京政府时期属阿克苏道。

乌什县,清代为乌什直隶厅,治所即今新疆乌什县驻地乌什镇。民国二年4月改置为县。北京政府时期属阿克苏道。

柯坪县,民国十九年10月改阿克苏县柯坪县佐地置①。治柯尔坪庄(今新疆柯坪县驻地柯坪镇)。

阿瓦提县,原为阿克苏县阿瓦提县佐,民国十一年6月置②。治阿瓦提庄(今新疆阿瓦提县驻地阿瓦提镇)。民国十九年10月改县③。"阿瓦提"为突厥语,意为"繁荣"。

新和县,原为库车县托克苏县佐,民国十一年6月置④。治托克苏八栅(托克苏庄,今新疆新和县驻地新和镇)。民国十九年10月改置托克苏县⑤。"托克苏"系维吾尔语,意为"水足"、"饱水"。因与本省托克逊县名音韵相近,公文往往误发,民国三十年改名⑥,三十六年12月国民政府令准⑦。寓"新疆永久和平"之义。

阿合奇县,民国二十七年析乌什县置阿合奇设治局⑧。"阿合奇"系突厥语,意为"白色的芨芨草",因当地盛产芨芨草而得名。局所驻阿合奇(今新疆阿合奇县驻地阿合奇镇)。民国三十三年改县⑨,三十六年12月国民政府令准⑩。

塔城县,清代为塔尔巴哈台直隶厅,治绥靖城(今新疆塔城市城区)。民国二年4月改县并改名⑪。民国三年属伊犁道,五年12月改属塔城道。

额敏县,民国七年8月以塔城县属额敏勒河地置⑫。治额敉勒河(今新疆额敏县驻地额敏镇)。北京政府时期属塔城道。

乌苏县,清代为库尔哈喇乌苏直隶厅,治庆绥城(今新疆乌苏市城区)。民国二年4月改置为县并改名⑬。民国三年6月属迪化道,五年12月划属塔城道。

沙湾县,民国四年5月析绥来县西北地方置⑭。因境内多沙梁、沙湾,故

---

① ③ ⑤ 《国民政府公报》第620号,1930年11月11日,第3页。
② ④ 《政府公报》第2272号,1922年6月30日,第122册,第2933页。
⑥ 《新疆通志》第24卷《民政志》,第18页。
⑦ ⑩ 《为准内政部函以新疆省增设裁撤各县局及其更名升县已呈奉令准等由转仰知照由》,《江苏省政府公报》第3卷第4期,1948年,第5页。
⑧ 《新疆通志》第24卷《民政志》,第13页。
⑨ 同上书,第11页。
⑪ ⑬ 吴承湜:《近六十年全国郡县增建志要》附录,第89页。
⑫ 《政府公报》第907号,1918年8月3日,第76册,第52页。
⑭ 吴承湜:《近六十年全国郡县增建志要》卷下,第43页。又,《政府公报》第1296号,1915年12月16日,第44册,第585页。

名。同年10月县署成立①。治沙湾（今新疆沙湾县北老沙湾）②。民国四年属迪化道，同年12月划属塔城道。民国五年2月设和什托落盖县佐③，驻地即今新疆和布克赛尔蒙古自治县东南和什托落盖镇，民国十九年10月改为和什托落盖设治局。

和丰县，民国十九年10月改沙湾县和什托落盖县佐地置和什托落盖设治局④。"和什托落盖"系蒙古语，意为"双山头"。局所驻和什托落盖（今新疆和布克赛尔蒙古自治县东南和什托落盖镇）。民国三十年改名和丰设治局。民国三十三年改县，迁治今和布克赛尔蒙古自治县驻地和布克赛尔镇⑤。民国三十六年12月国民政府令准⑥。

裕民县，民国二十九年析额敏县置古尔班宗设治局，次年改名察汗托海设治局，为蒙古语"白杨树甚多"之意。民国三十一年更名为裕民设治局。局所驻察汗托海（在今新疆裕民县西南察汗托海牧场）。民国三十三年改县⑦，三十六年12月国民政府令准⑧。

承化县，民国十年11月析布尔津县东承化寺地方置⑨。因喇嘛庙承化寺得名。治承化寺（今新疆阿勒泰市城区）。北京政府时期为阿山道驻地。

富蕴县，原为可可托海设治局，民国二十六年6月析布伦托海县佐辖境置⑩。"可可托海"为哈萨克语"绿色丛林"之意。局所驻可可托海（今新疆富蕴县东北可可托海镇）。民国三十年改置为县⑪，三十六年12月国民政府令准⑫。因境内矿产丰富，故名。

布尔津县，原为布尔津河设治局，民国三年8月置⑬。局所驻布尔津（今新疆布尔津县驻地布尔津镇）。属阿尔泰区域。民国八年7月改布尔津

---

① 《政府公报》第1298号，1915年12月18日，第44册，第697页。
② 吴承湜：《近六十年全国郡县增建志要》卷下，第42页。又，陈镐基：《中国新舆图》第3版第19图。按：《沙湾县志》（新疆人民出版社，1999年，第52页）云初治小拐，1929年迁治沙湾庄，似误。
③ 《政府公报》第40号，1916年2月15日，第46册，第597页。
④ 《国民政府公报》第620号，1930年11月11日，第3页。按：内政部方域司《中华民国行政区域简表》（第11版，第208页）作1929年12月置，疑为新疆省政府批准设置年月。
⑤ 《和布克赛尔蒙古自治县志》，新疆人民出版社，1999年，第41页。又，《新疆通志》第52卷《城乡建设志》（第360页）。按：《新疆通志》第24卷《民政志》（第11页）作1942年改县。
⑥⑧⑫ 《为准内政部函以新疆省增设裁撤各县局及其更名升县已呈奉令准等由转仰知照由》，《江苏省政府公报》第3卷第4期，1948年，第5页。
⑦ 《裕民县志》，新疆人民出版社，2003年，第39页。
⑨ 《政府公报》第2053号，1921年11月12日，第115册，第169页。
⑩ 《国民政府公报》第2408号，1937年7月17日，第14页。
⑪ 《富蕴县志》，新疆人民出版社，2003年，第30页。
⑬ 内务部职方司第一科：《全国行政区划表》，1916年，第165页。又，吴承湜：《近六十年全国郡县增建志要》卷下，第44页。

河县①,属新疆省阿山道。约20世纪30年代简化为布尔津县②。

哈巴河县,原为哈巴河设治局,民国三年8月由阿尔泰区域哈巴河地方置③。因哈巴河得名。治哈巴河(今新疆哈巴河县驻地阿克齐镇)。属阿尔泰区域。民国十年11月改为布尔津县哈巴河县佐④。民国十九年10月以哈巴河县佐辖境置县⑤。

吉木乃县,民国五年11月核准设吉木乃设治局,但未设置⑥。民国十五年8月核准置吉木乃县佐,在县佐未设立前,先置吉木乃设治局⑦。治吉木乃(今新疆吉木乃县驻地托普铁热克镇西北吉木乃)。后改县佐。民国十九年10月以吉木乃县佐辖境置县⑧。

青河县,原为青格里河设治局,民国二十六年6月析布伦托海县置,包括原布尔根河县未被外蒙古侵占的地区⑨。因乌伦古河的上游青格里河而得名。局所驻青格里河(今新疆青河县驻地青河镇)。民国三十年改县⑩,三十六年12月国民政府令准⑪。

福海县,原为布伦托海设治局,民国三年8月以阿尔泰区域布伦托海地方置⑫。局所驻地即今新疆福海县驻地福海镇。属阿尔泰区域。民国八年7月改置为布尔津河县布伦托海县佐⑬。民国十年11月改布伦托海县佐置布伦托海县⑭。属阿山道。民国三十一年改名⑮,三十六年12月国民政府令准⑯。因境内布伦托海湖内鱼产丰富,湖边有大片盐场,附近又有广阔的牧场,人们称之为福海,故名。

乌河设治局⑰,民国三十六年析沙湾、和丰两县置,12月国民政府令准⑱。

---

① ⑬ 《政府公报》第1245号,1919年7月25日,第87册,第592页。
② 按:内务部编《全国行政区域表》(《水陆地图审查委员会会刊》第一期,1934年,第58页)已作"布尔津县",1935年出版的王念伦《中华民国疆域沿革录》(第111页)仍作"布尔津河县"。《伊犁哈萨克自治州志》(新疆人民出版社,2004年,第35页)谓1930年改称。
③ ⑫ 内务部职方司第一科:《全国行政区划表》,1916年,第165页。
④ 吴承湜:《近六十年全国郡县增建志要》卷下,第49页。
⑤ 《国民政府公报》第620号,1930年11月11日,第3页。
⑥ 内务部职方司第一科:《全国行政区划表》,1918年,第165页。
⑦ 《政府公报》第3715号,1926年8月15日,第172册,第2343页。
⑧ 《国民政府公报》第620号,1930年11月11日,第3页。
⑨ 《国民政府公报》第2408号,1937年7月17日,第14页。按:《新疆通志》第24卷《民政志》(第12页)作1932年置。
⑩ 《青河县志》,新疆人民出版社,2003年,第43页。
⑪ ⑯ ⑱ 《为准内政部函以新疆省增设裁撤各县局及其更名升县已呈奉令准等由转仰知照由》,《江苏省政府公报》第3卷第4期,1948年,第5页。
⑭ 《政府公报》第2054号,1921年11月13日,第115册,第188页。
⑮ 《福海县志》,新疆人民出版社,第58页。
⑰ 按:民政部《中华人民共和国行政区划(1949—1997)》(中国社会出版社,1998年)中新疆省1949年已无该设治局。又,《新疆通志》第24卷《民政志》、《乌尔禾区志》沿革部分均无乌河设治局的记载。《中华民国史地理志(初稿)》第34页仍有乌河设治局。

局所驻乌纳木河（今新疆克拉玛依市乌尔禾区）。

布尔根设治局，民国八年9月析新土尔扈特旗、新和硕特旗布尔根地方置布尔根设治局①。局所驻布尔根（今蒙古国科布多省布尔根）。民国九年11月改为布尔根县佐②。民国十三年7月以布尔根河县佐辖境置布尔根县③，治所同前，民国二十二年后被外蒙古占领。民国二十六年6月国民政府令准析布伦托海县置布尔根设治局④，似未实施。民国三十六年时，辖境已并入青河县境⑤。

和阗县，清代为和阗直隶州直辖地，治所在今新疆和田市古江巴格街道一带。民国二年4月改县。民国三年属喀什噶尔道，九年4月划属和阗道，为道尹驻地。

于阗县，治所即今新疆于田县驻地木尕拉镇。民国三年属喀什噶尔道，九年4月划属和阗道。

墨玉县，民国八年5月析和阗县哈拉哈什（喀拉喀什）地方置⑥。因产墨玉，故名。治哈拉哈什城（回语，意即黑玉；今新疆墨玉县驻地喀拉喀什镇）。民国八年属喀什噶尔道，九年4月划属和阗道。

洛浦县，治所即今新疆洛浦县驻地洛浦镇。民国三年属喀什噶尔道，九年4月划属和阗道。

策勒县，原为于阗县策勒村县佐，民国八年6月置⑦。治策勒村（今新疆策勒县驻地策勒镇）。"因其地幅员辽阔，县佐权轻，难为治理。为便利诉讼，开发荒地，注重边防"⑧，民国十八年1月改县。

皮山县，治所即今新疆皮山县驻地固玛镇。民国三年属喀什噶尔道，九年4月划属和阗道。又，赛图拉设治局，民国十九年10月析皮山县赛图拉县佐辖境置⑨，局所驻赛图拉（今新疆皮山县南赛图拉）。民国三十三年裁撤，并入皮山县，民国三十六年12月国民政府令准⑩。

---

① 《政府公报》第1309号，1919年9月27日，第89册，第233页。
② 《政府公报》第1716号，1920年11月25日，第103册。
③ 《政府公报》第3003号，1924年8月1日，第148册，第3248页。
④ 《国民政府公报》第2408号，1937年7月17日，第14页。
⑤ 内政部方域司：《中华民国行政区域简表》（第11版），第214页。按：《中华民国史地理志（初稿）》第34页仍有布尔根设治局。
⑥ 《政府公报》第1183号，1919年5月21日，第85册，第526页。
⑦ 《政府公报》第1206号，1919年6月14日，第86册，第393页。
⑧ 《国民政府公报》第120号，1929年3月20日，第5页。
⑨ 《国民政府公报》第621号，1930年11月13日，第8页。
⑩ 《为准内政部函以新疆省增设裁撤各县局及其更名升县已呈奉令准等由转仰知照由》，《江苏省政府公报》第3卷第4期，1948年，第5页。

民丰县，原为民丰设治局，民国三十二年置①。局所驻尼雅城（今新疆民丰县城镇街道办事处②）。民国三十五年改置为县③，次年12月国民政府令准④。

焉耆县，清代为焉耆府直辖地，治所即今新疆焉耆回族自治县驻地焉耆镇。民国二年4月改县。民国三年属阿克苏道，九年4月划属焉耆道，为道尹驻地。民国六年10月置库尔勒县佐⑤，驻地即今库尔勒市驻地库尔勒镇，民国十九年10月改为库尔勒设治局。

尉犁县，原名新平县，治哈喇洪庄（在今新疆尉犁县北兴平乡喀喇洪村）。因与云南省县名重复，民国三年1月改名⑥。因古尉犁国得名。因哈喇洪沙多土薄，居民均已迁徙，而孔雀河地方地理位置重要，又处河流之滨，土质膏腴，于民国二年迁治孔雀河，民国三年11月呈准⑦，即今县驻地尉犁镇。民国三年属阿克苏道，九年划属焉耆道。

轮台县，治所即今新疆轮台县驻地轮台镇。民国三年属阿克苏道，九年4月划属焉耆道。

且末县，民国三年5月析于阗县卡墙地方置⑧。因汉且末国得名。治车尔城（今新疆且末县驻地且末镇）。民国三年属喀什噶尔道，四年2月划属阿克苏道，九年4月改隶焉耆道。

库尔勒县，民国十九年10月改焉耆县库尔勒县佐辖境置库尔勒设治局⑨，局所驻地即今新疆库尔勒市城区。民国二十八年改为县⑩，民国三十六年12月国民政府令准⑪。

婼羌县，治所即今新疆若羌县驻地若羌镇（卡克里克）。民国三年属阿克苏道，九年划属焉耆道。

和靖县，民国二十七年11月，南路旧土尔扈特盟长公署召开全盟临时会议，同意改制，设立县驻地。民国二十八年2月，拟定县驻地在和通苏木（前汗

---

① 《新疆通志》第24卷《民政志》，第13页。
② 按：《中华人民共和国行政区划简册2015》（中国地图出版社）谓驻尼雅镇。《民丰年鉴（2009）》（新疆人民出版社，2010年，第265页）谓镇所属3个居委会在2008年8月划归新成立的民丰县街道办事处。尼雅网（民丰县政府门户网站）有"街道办事处"。
③ 同上书，第11页。
④⑪ 《为准内政部函以新疆省增设裁撤各县局及其更名升县已呈奉令准等由转仰知照由》，《江苏省政府公报》第3卷第4期，1948年，第5页。
⑤ 内务部职方司第一科：《全国行政区划表》，1918年，第110页。
⑥ 《内务部改定各省重复县名及存废理由清单》。
⑦ 《尉犁县志》，新疆大学出版社，1993年，第17、33页。《中国大事记》，《东方杂志》第11卷第6号，1914年12月1日，第19页。
⑧ 内务部职方司第一科：《全国行政区划表》，1914年，第97页。
⑨ 《国民政府公报》第621号，1930年11月13日，第8页。按：内政部方域司《中华民国行政区域简表》（第11版，第208页）作1929年置。
⑩ 《库尔勒市志》，新疆人民出版社，1995年，第44页。按：《新疆通志》第24卷《民政志》（第10页）作1943年改县。

王府所在地，今新疆和静县驻地和静镇），县名为和通县。6月，正式成立，隶属焉耆行政督察专署。因蒙古语称维吾尔族人为"和通"，"和通县"等于是"维吾尔族县"，呈请省政府改为和顺县。8月，省政府因山西省已有和顺县，改为和靖县①。民国三十六年12月国民政府令准②。

和硕县，原为和硕设治局，民国二十七年析焉耆县地置③。为蒙古和硕特部驻地，故名。局所驻塔温觉肯（今新疆博湖县东北本布图乡芒南查干村）。民国二十九年12月迁驻乌什塔拉（今和硕县驻地和硕镇东乌什塔拉）④。民国三十五年升县⑤。民国三十六年12月国民政府令准⑥。

哈密县，清代为哈密直隶厅，治哈密城（今新疆哈密市城区）。民国二年4月改县。北京政府时期属迪化道。

镇西县，清代为镇西直隶厅，治巴里坤（今新疆巴里坤哈萨克自治县驻地巴里坤镇）。民国二年4月改县。北京政府时期属迪化道。

伊吾县，民国二十六年6月析哈密县置伊吾设治局⑦。因哈密古名得名。局所驻阿都鲁克（伊吾城，今新疆伊吾县驻地伊吾镇）。民国三十二年改县⑧。

七角井设治局，民国十九年10月改鄯善县七角井县佐辖境置⑨，局所驻七角井（今新疆哈密市西北七角井镇）。

莎车县，清代为莎车府直辖地，治莎车汉城（今新疆莎车县驻地莎车镇）。民国二年4月改县。北京政府时期属喀什噶尔道。又，叶尔羌县，民国十七年2月析莎车县回城西面密霞等11庄置，5月北京政府大元帅令准⑩。民国十八年11月新疆省政府复行呈请，同月国民政府核准⑪。治莎车县回城（今新疆莎车县东叶尔羌）。民国三十一年裁⑫，并入莎车县，三十六年12月国民政府令准⑬。

---

① 《和静县志》，新疆人民出版社，1995年，第58、452页。又，《新疆通志》第52卷《城乡建设志》，第404页。按：《新疆通志》第24卷《民政志》（第10页）作1941年改县。
②⑥⑬ 《为准内政部函以新疆省增设裁撤各县局及其更名升县已呈奉令准等由转仰知照由》，《江苏省政府公报》第3卷第4期，1948年，第5页。
③ 《新疆通志》第24卷《民政志》，第13页。
④ 黄荫洁、刘天金：《和硕县建置沿革》，《和硕县文史资料》第1辑，1993年，第2页。
⑤ 《新疆通志》第24卷《民政志》，第10页。又，《新疆通志》第52卷《城乡建设志》，第403页。叶娜主编：《民国新疆焉耆地区蒙古族档案选编》，新疆人民出版社，2013年，第374页。
⑦ 《国民政府公报》第2408号，1937年7月17日，第14页。按：《新疆通志》第24卷《民政志》（第13页）作1935年置。
⑧ 《新疆通志》第24卷《民政志》，第11页。
⑨ 《国民政府公报》第621号，1930年11月13日，第8页。按：内政部方域司《中华民国行政区域简表》（第11版，第208页）作1929年10月置。
⑩ 《政府公报》第4325号，1928年5月16日，第240册，第191页。
⑪ 《国民政府公报》第319号，1929年11月14日，第9页。又，吴承湜：《近六十年全国郡县增建志要》卷下，第48页。
⑫ 《新疆通志》第24卷《民政志》，第10页。

叶城县,治所即今新疆叶城县驻地喀格勒克镇(叶城镇)。民国三年属喀什噶尔道,九年4月划属和阗道。

泽普县,民国十年11月析叶城县北境置①。以《西域水道记》中的泽勒普善河之简称得名。治波斯坎(波斯恰木,今新疆泽普县驻地泽普镇)。北京政府时期属喀什噶尔道。

麦盖提县,民国十一年6月析巴楚县置②。因驻地麦盖提庄得名。治麦盖提庄(今新疆麦盖提县驻地麦盖提镇)。北京政府时期属喀什噶尔道。

耳里匮设治局,一名乌列盖。民国十年3月析乌梁海蒙古族地置③。局所驻乌列盖(今蒙古国吉尔格朗图西乌列盖)。属阿山道。后被外蒙古占领。

五、行政区与行政督察区

民国十七年(1928)废道后,因新疆幅员辽阔,治理不便,新疆省政府按原8道区域改置为8个行政区。民国二十二年四一二政变后,增置哈密区④。次年,新疆省政府向南京政府提出"将哈密地方划分为区,置行政长一员,其区域先以哈密、镇西两县划归管辖,俟察酌地方情形,再行渐次设置县治,以期开发"。国民党中央政治会议"查新省地处边陲,幅员辽阔,情形特殊,为便利行政,巩固边围起见,似可暂准设置,以利进行"⑤。行政区制度在法律上得到了政府的承认。民国三十一年,增置莎车区。民国三十二年7月废除行政区,改设行政督察专署。

新疆的行政区,其长官称行政长,"代表省府处理本区一切政务,督察属县行政,监督地方税收,喀什、伊犁、塔城、阿山四区行政长兼办交涉事宜。遇有军务时期,各区行政长得受本省军事最高机关之委令,兼带军队,或任营务处各职。自政变后,军民分治,此等兼任军事之职务,已完全取消"⑥。各行政区具体情形如下。

迪化区,民国十七年改迪化道置。行政长驻迪化县(今新疆乌鲁木齐市)。辖迪化、哈密、奇台、孚远、阜康、昌吉、绥来、鄯善、镇西、呼图壁等10县。同年7月增领乾德县。民国十九年2月增领木垒河县,10月增领七角井设治局。民国三十二年废。

---

① 《政府公报》第2052号,1921年11月11日,第115册,第154页。
② 《政府公报》第2272号,1922年6月30日,第122册,第2934页。
③ 吴承湜:《近六十年全国郡县增建志要》附录,第74页。
④⑥ 黄慕松:《新疆概述》,第2页。
⑤ 《国民政府公报》第1530号,1934年9月4日,第2页。

伊犁区，民国十七年改伊犁道置。行政长驻伊宁县（今新疆伊宁市）。辖绥定、伊宁、精河、霍尔果斯、博乐等5县。民国二十一年3月增领巩留县，二十三年增领温泉设治局，二十六年增领特克斯、昭苏两设治局，二十七年增领尼勒克设治局。民国三十二年废。

塔城区，民国十七年改塔城道置。行政长驻塔城县（今新疆塔城市）。辖塔城、额敏、乌苏、沙湾等4县。民国十九年10月增领和什托落盖设治局。民国三十二年废。

阿山区，民国十七年改阿山道置。行政长驻承化县（今新疆阿勒泰市）。辖承化、布尔津、布伦托海3县及哈巴河设治局。民国十九年10月改哈巴河设治局为县，增领吉木乃县。民国二十六年6月增领可可托海、布尔根、青格里河等3设治局。民国三十二年废。

哈密区，民国二十二年四一二政变后置①。民国二十三年9月，国民政府令准②。行政长驻哈密县（今新疆哈密市）。辖哈密、镇西两县。民国二十六年6月增领伊吾设治局。民国三十二年废。

焉耆区，民国十七年改焉耆道置。行政长驻焉耆县（今新疆焉耆回族自治县）。辖焉耆、吐鲁番、轮台、尉犁、且末、婼羌等6县。民国十九年10月增领托克逊及库尔勒设治局。民国三十二年废。

阿克苏区，民国十七年改阿克苏道置。行政长驻阿克苏县（今新疆阿克苏市）。辖阿克苏、乌什、温宿、拜城、库车、沙雅等6县。民国十九年10月增领柯坪、托克苏、阿瓦提3县。民国三十二年废。

喀什区，民国十七年改喀什道置。行政长驻疏勒县（今新疆疏勒县）。辖疏勒、疏附、巴楚、莎车、泽普、蒲犁、英吉沙、麦盖提、伽师等9县。民国十八年增领叶尔羌县，十九年增领乌鲁克恰提设治局。民国三十一年莎车、蒲犁两县往属莎车区。民国三十二年废。

和阗区，即原和阗道区域。行政长驻和阗县（今新疆和田市）。辖和阗、于阗、叶城、皮山、洛浦、墨玉等6县。民国十八年1月增领策勒县，十九年10月增领赛图拉设治局。民国三十一年，叶城县往属莎车区。民国三十二年废。

莎车区，民国三十一年置③。行政长驻莎车县（今新疆莎车县）。辖莎车、蒲犁、叶城3县。民国三十二年废。

---

① 黄慕松：《新疆概述》，第2页。
② 《国民政府公报》第1530号，1934年9月4日，第2页。
③ 《新疆通志》第24卷《民政志》，第7页。

内政部于民国二十一年颁布《省行政督察专员暂行条例》后,新疆省未立即执行,民国三十二年7月才将行政区改为行政督察专署。各区如下。

第一区,专署驻迪化县,辖12县、1设治局:迪化、昌吉、乾德、呼图壁、吐鲁番、绥来、阜康、孚远、奇台、鄯善、托克逊、木垒河县及七角井设治局。

第二区,专署驻伊宁县,辖10县、1设治局:伊宁、绥定、河南、霍尔果斯、昭苏、博乐、温泉、特克斯、巩留、巩哈县及新源设治局。

第三区,专署驻疏附县,辖9县:疏附、疏勒、伽师、巴楚、英吉沙、蒲犁、乌恰、阿图什、岳普湖县。

第四区,专署驻阿克苏县,辖9县、1设治局:阿克苏、温宿、拜城、库车、沙雅、乌什、阿瓦提、柯坪、新和县及阿合奇设治局。

第五区,专署驻塔城县,辖4县、2设治局:塔城、额敏、沙湾、乌苏县及和丰、裕民设治局。

第六区,专署驻承化县,辖7县:承化、福海、青河、哈巴河、吉木乃、富蕴、布尔津县。

第七区,专署驻和阗县,辖6县、1设治局:和阗、墨玉、策勒、于阗、洛浦、皮山县及民丰设治局。

第八区,专署驻焉耆县,辖7县、1设治局:焉耆、和靖、轮台、尉犁、婼羌、且末、库尔勒县及和硕设治局。

第九区,专署驻哈密县,辖3县:哈密、镇西、伊吾县。

第十区,专署驻莎车县,辖4县:莎车、泽普、叶城、麦盖提县。

民国三十六年6月调整各区辖县。调整后的各区如下。

第一区,专署驻迪化市,辖1市、12县、1设治局:迪化市和迪化、奇台、绥来、吐鲁番、鄯善、昌吉、乾德、阜康、孚远、景化、托克逊、木垒河县及乌河设治局。

第二区,专署驻伊宁县,辖12县:伊宁、精河、霍城、绥定、博乐、昭苏、巩留、特克斯、巩哈、宁西、温泉、新源县。

第三区,专署驻疏附县,辖9县:疏附、疏勒、伽师、英吉沙、巴楚、莆犁、乌恰、阿图什、岳普湖县。

第四区,专署驻阿克苏县,辖10县:阿克苏、库车、温宿、乌什、拜城、沙雅、新和、阿瓦提、柯坪、阿合奇县。

第五区,专署驻塔城县,辖6县:塔城、乌苏、额敏、沙湾、和丰、裕民县。

第六区,专署驻承化县,辖7县:承化、布尔津、富蕴、福海、哈巴河、吉木乃、青河县。

第七区，专署驻和阗县，辖7县：和阗、于阗、墨玉、皮山、策勒、洛甫、民丰县。

第八区，专署驻焉耆县，辖8县：焉耆、库尔勒、尉犁、轮台、婼羌、且末、和靖、和硕县。

第九区，专署驻哈密县，辖3县、1设治局：哈密、镇西、伊吾县及七角井设治局。

第十区，专署驻莎车县，辖4县：莎车、叶城、麦盖提、泽普县。

附　阿尔泰区域

全称阿尔泰办事长官区域。阿尔泰区域位于新疆北面，包括今新疆维吾尔自治区阿勒泰地区乌伦古河、布尔津以北区域。清代包括阿尔泰乌梁海、新土尔扈特、和硕特3部。居民以蒙古族和哈萨克族为主，其次为汉族和维吾尔族。阿尔泰地广人稀，土地肥沃，水草丰美，尤以金矿闻名。

清代，阿尔泰为科布多的一部分，属科布多参赞大臣、科布多办事大臣辖区。因科布多城在阿尔泰山脉以北，而阿尔泰地处阿尔泰山脉以南，"越岭施治，殊欠灵通。且以两大臣同一驻所，事权歧出，更类骈枝"[1]。光绪三十二年（1906），以阿尔泰山脉为界，以参赞大臣驻科布多，以办事大臣驻阿尔泰，划疆而治。

民国元年5月，大总统令署科布多办事大臣帕勒塔改任阿尔泰办事长官[2]。民国三年（1914）8月，大总统批令认为根据当时情形，阿尔泰区域不另定官制[3]。因阿尔泰地方事务简单，办事长官公署仅设总务处，下设布尔津设治局、哈巴河设治局、布伦托海设治局，境内有乌梁海左翼散秩大臣一旗、副都统一旗、总管二旗，乌梁海右翼散秩大臣一旗、总管二旗，新土尔扈特郡王一旗、贝子一旗，霍硕特扎萨克台吉一旗[4]。外蒙古反动活佛在沙俄唆使下宣布"独立"后，发兵侵犯阿尔泰。停战后，沙俄又借口驻兵承化寺，威胁中国国防。在危难局势下，代理库伦都护使陈毅及新疆都督杨增新请求中央允准，将阿尔泰归并新疆，改区为道。

民国八年4月，北京政府国务院会议决定撤销阿尔泰办事长官，改阿尔泰区域为道，并入新疆省。同年6月，北京政府大总统令："阿尔泰办事长官，着即裁撤。所辖区域，归并新疆省，改设阿山道尹一缺。所有该长官原管之蒙哈等事务，均由该道尹循旧接管。"[5]从此，阿尔泰地区归并新疆省。

---

[1] 《库伦陈都护使陈毅呈请府院拟将阿尔泰归并新疆改建道区》（1918年8月），李毓澍：《外蒙近世史》，第114～124页，转引自《新疆地方历史资料选辑》，人民出版社，1987年，第645页。
[2] 《西北杂志》，1912年，第1卷第1期，第4页。
[3] 《政府公报》第819号，1914年8月16日，第28册，第209页。
[4] 内务部职方司第一科：《全国行政区划表》，1918年，第165页。
[5] 《政府公报》第1195号，1919年6月2日，第86册，第33页。

第三十章 直辖市

第一节 南 京 市

民国十六年(1927)3月底,北伐军占领南京。4月,国民党决定以南京为首都,成立市政厅。5月25日,南京政府任命刘纪文为南京特别市市长①。6月6日,南京政府公布《南京特别市暂行条例》,共6章、34条。《条例》第一条为建立特别市的原因:"本市为中华民国国民政府所在地之特别行政区域,定名为南京特别市。"第四条规定了它的行政范围:"本市区域暂以南京城厢内外及浦口之原有区域为南京特别市行政范围。其区域之分别,由市政府呈请中央政府核定之。"②市设市长1人,下辖财政、工务等局。民国十七年7月,根据新公布的《特别市组织法》,改为土地、社会等局。民国十九年6月27日,根据《市组织法》,改名为南京市,直隶于行政院③。《市组织法》规定的设区条件,南京市设区有一定困难。民国二十二年1月,经南京政府同意,援照杭州市设区的变通办法,依原有警区界改订为8区④。民国二十六年,南京沦陷。民国三十四年8月抗日战争胜利,南京光复。次年11月6日委任市长。民国三十六年1月13日,行政院公布《南京市政府组织规程》⑤,设市长1人、参事2人,下设民政、财政等局。民国三十八年(1949)3月23日,南京解放。

由于南京向为江苏省会,经济发达,江苏省政府与南京特别市政府在有关行政区域、税收等问题上,存在着不同的观点。因省、市双方分歧很大,南京政府多次修正《条例》的第四条。民国十六年10月,《修正南京特别市暂行条例》规定:"本市区域暂以南京城厢内外原有区域及八卦洲为南京特别市行政范

---

① 《国民政府公报》宁字第4号,1927年6月1日,第5页。
② 《国民政府公报》宁字第5号,1927年6月11日,第9页。
③ 《国民政府公报》第507号,1930年6月28日,第3页。
④ 《国民政府公报》第1040号,1933年1月28日,第5页。
⑤ 《国民政府公报》第2725号,1947年1月16日,第3页。

围。"①8月22日再作修正:"本市区域暂以江宁县原有区域为行政范围,以原有之江宁县属之。"②民国十七年3月15日、16日,南京政府各相关部局、江苏省政府、南京特别市政府在南京共同商讨相关问题,在有关行政区划方面,达成下列共识:"南京特别市暂以城厢内外原有区域及八卦洲为其区域,但西南可划入大胜关江心洲一带,东北可划入乌龙山一带。省市疆界应由划界委员会依据前项标准勘定。划界委员会由省市政府代表及内政部代表组成之";"江宁县政府应于何时迁出市区,可由江苏省政府酌量决定。但该县政府在市区内之行政权应完全交与南京特别市政府"③。

因市区范围过小,不利于首都建设,南京特别市政府向国民政府要求将浦口商埠暂行划归首都市政府管辖。民国十七年9月14日遭到国民政府否定④。此后,国民党中央执行委员会政治会议第164次会议对南京特别市的范围又进行了重新调整,决定废除江宁县,将江宁县全境及浦口商埠全部划入南京特别市区域⑤。这一决定又遭到江苏省方面的反对。南京政府、江苏省、南京特别市三方再次协商,决定扩大南京特别市市区,将孙中山陵园及其他有关首都建设的区域划入市区,重行由内政部督同省市两政府勘定区域后,将原江宁县政府迁出市区。国民党中央政治会议第168次会议据此协商结果作出决议:(1)由内政部会同江苏省政府及南京特别市政府勘定南京特别市区域;(2)江宁县治暂缓撤废,待第二期扩充市区时再决定撤废日期。此决议于12月26日以国民政府训令公布⑥。民国三十四年12月将江苏省江宁县属汤水、麒麟、东流、古泉4乡镇划入,面积达至465.75平方公里⑦。

第二节　上　海　市

上海是近代中国最大的城市,在北京政府时期就有设置淞沪特别市的设想。民国十三年(1924)爆发的苏浙军阀战争使上海地区损失惨重,社会各界一再呼吁设立特别市。北京政府迫于形势,于民国十四年1月15日下令裁撤淞沪护军使一缺,停办上海兵工厂,上海永远不得驻扎军队及设置各种军事机

---

① 《国民政府公报》第2期,1927年10月,第7页。
② 《国民政府公报》宁字第12号,1927年9月30日,第13页。
③ 《国民政府公报》第45期,1928年3月,第32页。
④ 《国民政府公报》第92期,1928年9月,第22页。
⑤ 《国民政府公报》第31号,1928年11月30日,第2页。
⑥ 《国民政府公报》第53号,1928年12月27日,第6页。
⑦ 内政部方域司:《中华民国行政区域简表》(第11版),第215页。

关。1月29日,江苏省省长韩国钧电令上海市董李平书等筹备自治,以上海为特别市。2月1日,上海市董李平书等11位筹备委员集议,决定采用淞沪特别市名称,并讨论特别市的区域①。由上海市董组成的自治会及特别临时市议会草拟了《淞沪特别市公约》。该《公约》拟定特别市区域包括上海、宝山、川沙3县全境,以及南汇县属远北市、太仓县属浏河市,共8市、32乡②。但该《公约》没有得到北京政府的批准③。5月31日,临时执政公布《淞沪市区督办署官制》、《淞沪市自治制》④,设立淞沪特别市的方案被抛弃。民国十五年5月,军阀孙传芳在上海县龙华镇设立淞沪商埠督办公署,宣布以上海县全境,宝山县吴淞、高桥、殷行、江湾、真如、彭浦等共25个市乡的范围为商埠的区域,保留上海县署;商埠的一切行政事务,全部由督办公署管辖,不属于江苏省行政范围。孙传芳自任淞沪商埠督办,以丁文江为总办,并公布督办公署组织大纲。

在南京政府建立前,上海还建立过一个临时市政府。民国十六年3月21日,上海工人举行第三次武装起义。22日,召开上海市民代表会议第二次会议,选举产生了上海特别市临时政府。23日,推选钮永建、白崇禧、杨杏佛、王晓籁、汪寿华等5人为常务委员。市政府隶属于武汉国民政府,并于同月25日经汉口国民党中央政治会议议决批准。3月29日,市政府委员会举行就职典礼,正式建立临时政府。4月12日,蒋介石发动四一二政变,上海特别市临时政府被迫停止活动,并于4月14日被查封。上海市政权由国民党上海临时政治委员会掌握。

民国十六年5月7日,国民党中央政治会议第89次会议议决通过并公布《上海特别市暂行条例》,共6章、37条。《条例》第一条规定上海为特别市;第二条规定上海特别市直隶中央政府,不入省县行政范围;第四条规定上海特别市的行政区域"以上海、宝山两县所属原有之淞沪地区为特别市行政范围"⑤。该条例制定时间早于《南京特别市暂行条例》,因此,习惯上称上海市为中国第一个特别市。《条例》规定市政府设市长1人、参事若干人,下置财政、工务等局。5月18日,国民政府任命黄郛为上海特别市市长⑥。7月7日,上海特别市政府正式成立。7月14日,国民政府再次公布《上海特别市暂行条例》⑦,基

---

① 《东方杂志》第22卷第5号,1925年3月10日,第139页。
② 中华图书馆编辑、出版:《特别市组织汇要》,1925年,第102页。
③ 钱端升等:《民国政制史》下册,第362页。
④ 《政府公报》第3292号,1925年5月31日,第157册,第2640、2644页。
⑤ 《国民政府公报》宁字第2号,1927年5月11日,第12页。
⑥ 《国民政府公报》宁字第3号,1927年5月21日,第10页。
⑦ 《国民政府公报》宁字第9号,1927年7月21日,第18页。

本内容与前一条例相同,个别条款作了修改。民国十九年6月27日,依据《市组织法》,上海特别市改为上海市,直辖于行政院。上海市共辖17个区和特别区(公共租界、法租界)。民国二十六年11月12日,上海失陷。民国三十四年8月,上海光复,重建市政府,市长于8月14日赴任。民国三十六年11月27日,行政院公布《上海市政府组织规程》①,市政府隶属于行政院,设市长1人、秘书长1人、参事6人,下置民政、财政等9局。由于租界已经收回,全市共划为32个区。民国三十八年(1949)5月27日,上海解放。

《上海特别市暂行条例》规定上海特别市行政范围为淞沪地区,包括上海县的全境、宝山县的一半,以及松江、青浦、南汇3县的各一小部分。上海县为当时江苏省最富庶的县之一,如果将整个上海县区域全部划给上海特别市,会给江苏省的税收带来很大的影响。因此,江苏省、上海县方面一直不同意将上海县全部划属上海市,造成上海特别市的实际行政区域、市政府地位、行政权不能迅速确定。为此,国民政府相关各部局、江苏省政府、上海特别市政府于民国十七年3月15日、16日在南京共同商讨相关问题。会议对上海特别市行政区划达成下列共识,采取了一个折中的方案:"上海特别市区域以曾经国民政府核准备案之《上海特别市区域图》为准,但对于下列各市乡应暂缓接收,俟事业进展有接收必要时,再行呈报国府,并商请江苏省政府令饬各该县将治权移交。"②暂缓接收的区域有上海县属陈行乡、塘湾乡、北桥乡、颛桥乡、马桥乡、闵行乡、曹行乡、三林乡,南汇县属周浦市,松江县、青浦县属七宝乡,松江县属莘庄乡,宝山县属杨行乡、大场乡。由此,上海特别市的实际行政区域大大缩小。江苏省政府则同意"此次划归上海特别市接收之各市乡应将其行政权完全移交上海特别市政府"。抗战胜利后,原属宝山的大场区划入。民国三十五年,上海市请将尚未接收之各市乡移交管辖。民国三十六年,上海市土地面积为893.25平方公里③。民国三十七年,经过上海、江苏两省市的多次商谈,上海市苏州河以南的西界,以南北向的小涞塘、竹港等河流为准。

第三节 北 平 市

民国初年,北京作为新成立的中华民国的首都,市政管理体系仍然承袭清

---

① 《国民政府公报》第2992号,1947年11月29日,第9页。
② 《国民政府公报》第45期,1928年3月,第32页。
③ 内政部方域司:《中华民国行政区域简表》(第11版),第215页。

代旧制。民国三年(1914)4月,内务总长朱启钤鉴于京师市政的重要,划定市区,设立京都市政公所,置督办1人,由内务总长兼任。督办之下设总务处,综理全所事务。京都市政公所内部分设文书、登记、捐务等科。民国五年9月,京都市政公所改组,裁撤总务处,仍设提调一职。督办之下分设文书、调查、经理、测绘、工程、交际、出纳7科,稍具市政组织规模。民国七年1月,根据《京都市政公所暂行编制》,将科扩展为处,将营造局改为第四处。处设处长、副处长各1人。民国十六年11月,颁布《修正京都市政公所暂行编制》,仍置督办、会办、坐办,会办改由京师警察厅总监兼任,以收合作之效;并为听取市民意见,增设评议会,评议长由督办兼任。

经国民党中央政治会议第145次会议决定,南京政府于民国十七年6月28日将北京改名为北平,并成立北平特别市,直隶国民政府[1]。此前的26日,南京政府任命北平特别市市长[2]。8月21日,北平特别市政府正式成立。依据《特别市组织法》,设市长1人、参事若干人,下置财政、土地等局。民国十七年10月起,河北省政府驻此。民国十九年6月,根据新颁布的《市组织法》,省会所在地必须是省辖市,由此,北平特别市改称北平市,隶属于河北省政府。同年10月,河北省会迁驻天津。次月,北平市又成为直辖市,直隶于行政院。民国二十六年7月,北平沦陷。民国三十四年8月,北平光复,南京政府重组北平市政府。民国三十六年1月13日,行政院公布《北平市政府组织规程》[3],市政府直隶于行政院,设市长1人、参事2人,下置民政、财政等局。是年,全市土地面积为707平方公里,下辖20区。民国三十七年1月,南京政府定北平为陪都[4]。民国三十八年(1949)1月31日,北平和平解放。

北京政府时期,京都市政公所管理的区域屡经变更,至民国十四年9月才确定将四郊划归市辖。北平特别市政府成立后,南京政府没有明确划定它的行政区域。为此,市政府自行拟定了行政区域:"拟将本市区域东达通县张家湾,南抵丰台镇,西包西山,北收大小汤山,庶绾水陆之形胜,以蕲永久之建设。"并于民国十七年8月14日电呈南京政府。南京政府下令在省市界线未经勘定以前,北京市行政范围暂以前北京市政公所及警察总监原管之界限为准[5]。此后又下令遵照南京、上海等市先例,先由北平特别市与河北省进行协

---

[1] 《国民政府公报》第71期,1928年6月,第5页。
[2] 《国民政府公报》第70期,1928年6月,第5页。
[3] 《国民政府公报》第2726号,1947年1月17日,第3页。
[4] 《国民政府公报》第3030号,1948年1月14日,第1页。
[5] 《国民政府公报》第14号,1928年11月9日,第6页。

商。省市双方协商结果为:"将东部界限悉依旧界,以免通县割裂之虞。此外就事实之必要,仍将西、南、北三面量加展拓,另定界址,以足敷建设,毋碍发展为度。东界北自东坝镇,南抵大羊坊,东北划入孙河镇,东南达马驹桥;南界包有南苑全部,抵魏善庄;西界北自石窝村北,南抵门头沟,再南凭永定河岸;北界展至大小汤山以北。计周延四百里,得大兴、苑平两县之大部分,兼昌平县之一部。"南京政府于10月2日令内政部、河北省政府与北平市政府据此勘界①。

第四节 青岛市

清光绪二十三年(1897),德国政府借口曹州教案派兵强占胶州湾。次年3月,强迫清政府签订《胶澳租借条约》,划定胶澳口南北两岸及其附近岛屿为胶澳租界,陆海面积为1128.25平方公里,租期99年。此后,德国沿用原有"青岛"一名,称胶澳租借地的新市区为青岛。第一次世界大战中,日本强占青岛,直至民国十二年(1923)12月才交还中国。在此之前,北京政府于民国十一年11月17日公布《胶澳商埠暂行章程》21条,其第四条规定:"市定名为青岛市,以青岛市街台东镇及台西镇之界址为区域,其他各地均称为乡。各乡之区域由商埠督办规定之。"②18日公布《青岛市施行市自治制令》、《胶澳各乡施行乡自治制令》③,规定青岛为特别市,与胶澳各乡一起接受胶澳商埠局的监督。胶澳商埠督办公署直隶北京政府,其区域以胶州湾为中心,沿胶州湾之四围划出陆地若干成为胶澳商埠区。东北界崂山,与即墨县接壤;西跨海,抵胶县北境,距即墨县城15公里;西北境距胶县城10公里。民国十四年,胶澳商埠督办公署改为胶澳商埠局,隶山东省政府。

民国十八年4月,行政院以济南惨案已经解决,命令内政部考察青岛情形,规划青岛市政制度。内政部"以青岛内联铁路,外通航线,港内水深,隆冬不冻,津沪分居南北,呼应殊灵,实为中国海岸线上最优良之贸易港而兼有军事上之重要地位,且华洋杂处,贸易发达。察其现状,既已有特殊之情形,而期诸将来,则更有无穷之发展"④,提出设立青岛特别市。4月20日,南京政府公布《青岛特别市暂行条例》。8月24日,国民政府下令以前胶澳商埠地界为青

---

① 《国民政府公报》第97期,1928年10月,第13页。
② 《政府公报》第2410号,1922年11月19日,第127册,第5421页。
③ 同上,第5328、5329页。
④ 钱端升等:《民国政制史》下册,第407页。

岛特别市管辖区域①。民国十九年6月,依据《市组织法》改为青岛市,直隶于行政院。民国二十四年5月,崂山全部主要山脉亦划入青岛市管辖。民国二十七年1月青岛失陷,被日军侵占,于抗战胜利后收回。民国三十六年1月13日,行政院公布《青岛市政府组织规程》②,青岛市政府隶属于行政院,置市长1人、秘书长1人、参事2人,下置民政、财政等局。民国三十七年全市土地面积为749平方公里。民国三十八年(1949)6月2日,青岛解放。

第五节 天 津 市

天津为华北工商业中心。民国初年,天津设有市政公所,附属于警察厅,管辖华界。第一次世界大战中,因中国加入协约国,收回德奥两国租界。民国六年(1917)8月14日,公布《天津、汉口特别区市政管理局简章》③,设天津特别区市政管理局管理收回的德奥两国租界。第一次世界大战争结束后,改设天津特别区市政局,办理地方行政并管理警察事务。设局长、主任各1人,由内务部派充。民国十二年10月6日,北京政府以天津为特别市④。民国十六年11月3日,天津特别区市政局被改组为直隶津沽市政公署⑤。

民国十七年6月21日,国民党中央政治会议第145次会议决定设立天津特别市⑥,以原天津警区及特别一、二、三区为市政府管辖区域。8月21日,市政府正式成立,设市长1人,参事若干人,下置财政、土地等局。民国十九年6月,根据《市组织法》改称天津市,直隶于行政院。同年11月25日,因河北省政府由北平移驻天津,改组为普通市,隶属于河北省⑦。民国二十三年正式勘定天津城区的总面积为54.75平方公里。民国二十四年6月4日,河北省政府迁治保定,天津市恢复为直辖市⑧。民国二十六年7月30日,天津失陷。民国三十四年8月,天津光复,重建市政府。民国三十六年全市土地面积为54.5平方公里,划分为10区。8月16日,行政院公布《天津市政府组织规程》⑨,市政府

---

① 《国民政府公报》第252号,1929年8月24日,第2页。
② 《国民政府公报》第2727号,1947年1月18日,第3页。
③ 《政府公报》第567号,1917年8月14日,第64册,第381页。
④ 《政府公报》第2719号,1923年10月7日,第138册,第4829页。
⑤ 《政府公报》第4142号,1927年11月4日,第187册,第3553页。
⑥ 《国民政府公报》第71期,1928年6月,第5页。
⑦ 《国民政府公报》第634号,1930年11月28日,第3页。
⑧ 《国民政府公报》第1760号,1935年6月6日,第13页。
⑨ 《国民政府公报》第2905号,1947年8月16日,第2页。

直隶于行政院,设市长、秘书长各1人,参事2人,下置民政、财政等局。民国三十八年(1949)1月15日,天津解放。

第六节 重 庆 市

重庆原为四川省巴县、江北两县分辖地区。民国十六年以前已设有市政商埠督办公署,处理日常政务。民国十六年(1927)3月改组为重庆市政府,隶属于四川省政府。民国二十五年5月核准,面积为187平方里①。民国二十六年11月,日军进逼首都南京,国民政府决定移驻重庆。26日,国民政府主席林森抵达重庆。12月1日,国民政府及各部、院、会开始在重庆办公。12月13日,南京陷落,重庆成为战时首都,成为全国的政治、军事、经济和文化中心。行政院决定按照院辖市规格组织市政府,但仍隶属于四川省政府。为了提高行政效率起见,市政府必要时得迳函行政院秘书处转呈核示。12月,公布《重庆市政府组织规则》,设市长1人,下设社会等5局。民国二十八年5月5日,改为院辖市②,并将沙坪坝、磁器口、小龙坎、歌乐山、石桥场、九龙铺、黄葛垭、唐家沱、寸滩、香国寺等地划入。民国二十九年9月6日,国民政府令"明定重庆为陪都"③。此后,全市土地面积为300平方公里。民国三十六年12月2日,行政院颁布《重庆市政府组织规程》④。重庆市政府置市长、秘书长各1人,参事2人,下置民政、财政等局,下设18区。1949年11月30日,重庆解放。

第七节 大 连 市

民国三十四年(1945)8月31日,国民政府明令大连市为直辖市⑤,9月4日发布任命令⑥。大连在民国三十四年8月22日被苏军解放,国民党政府虽任免了官吏,但始终未能行使对大连市的实际管辖权。同年11月,由中国共产党领导的大连市政府正式成立。

---

① 《国民政府公报》第2071号,1936年6月11日,第11页。
② 《国民政府公报》渝字第151号,1939年5月10日,第9页。
③ 《国民政府公报》渝字第290号,1940年9月7日,第10页。
④ 《国民政府公报》第2995号,1947年12月3日,第12页。
⑤ 郭卿友主编:《中华民国时期军政职官志》,第850页。
⑥ 《国民政府公报》渝字第849号,1945年9月6日,第3页。

第八节 哈尔滨市

民国三十四年(1945)8月31日,国民政府明令哈尔滨市改为直辖市①,9月4日发布任命令②。哈尔滨市由苏联红军解放。是年底,国民政府派员接收。土地面积为803.8平方公里。苏军撤离哈尔滨后,东北抗日民主联军在民国三十五年4月28日进驻哈尔滨,哈尔滨市实际已成为东北解放区的后方基地。

第九节 汉口市

汉口为长江中游大城市。民国六年(1917)8月,北京政府设立汉口特别区市政管理局,接管旧德租界。民国九年12月改为汉口特别区市政局,设局长及评议会,制度与天津相同。

民国十五年秋,国民革命军克复武汉。同年10月置汉口市,12月置武昌市,隶属湖北省。民国十六年1月,国民政府迁都武汉,以武昌、汉口、汉阳三城为一大区域,称为京兆区。同年4月,将武昌、汉口2市合并为武汉特别市,直隶于国民政府。民国十八年1月改设武汉市政府,管辖区域包括汉口三镇,改隶湖北省政府。同年4月又改为武汉特别市,直隶于国民政府,区域包括武昌、汉阳、汉口之地。后因财政困难,将武昌划归湖北省。同年6月改为汉口特别市,辖汉口、汉阳两区。嗣后,湖北省政府请求将汉阳划归湖北省管辖。民国十九年4月,经省市联席会议议决,将汉阳划归湖北省,并于同年7月实施:"拟将汉阳城区,仍旧归入汉阳县属,以免行政上困难,并照所划辖区定界,俾市府得专力于汉口市政之建设。"③民国二十年7月,应湖北省政府的呈请,经第25次国务会议议决,将汉口特别市降为省辖市,称汉口市④。民国三十六年6月核准为行政院直辖市⑤。土地面积为133.71平方公里。是年11月17日,行政院制定《汉口市政府组织规程》⑥,设市长1人、参事2人,下置民

---

① 郭卿友主编:《中华民国时期军政职官志》,第850页。
② 《国民政府公报》渝字第849号,1945年9月6日,第3页。
③ 《国民政府公报》第525号,1930年7月21日,第10页。
④ 钱端升等:《民国政制史》下册,第413页。
⑤ 《国民政府公报》第2845号,1947年6月7日,第1页。
⑥ 《国民政府公报》第2983号,1947年11月19日,第7页。

政、财政等局。民国三十八年(1949)5月17日,汉口解放。

第十节 广　州　市

民国十年(1921)2月中旬,中华民国军政府广东省公署会议通过由孙科起草的《广州市暂行条例》。《条例》第三条规定:"广州市为地方行政区域,直接隶属于省政府,不入县行政范围。"广州市成为中国第一个城市型政区。2月15日,依据此《条例》,成立广州市政厅,组成广州市政府,孙科为首任广州市长。

民国十七年,国民政府在广州成立。广州成为国民政府的首都后,推进市政成为当务之急。7月,改市政厅为市政府,设市政委员会,取消市长名义,改设市政委员长。8月18日,广州市政委员会成立。市政委员会为市立法机关。执行机关为市行政会议,由市政委员长及所属5局局长组成①。

民国十八年10月26日,国民政府明令改广东省属广州市改为广州特别市,直隶于国民政府,于民国十九年1月施行②。民国十九年6月20日,依据《市组织法》,因广州特别市为广东省省会,降为广东省辖市。此后,民国二十六年3月,广州市政府要求改为院辖市,南京政府因此举违背法令而未予同意。民国三十五年11月20日,行政院公布《广州市政府组织规程》③,广州市政府隶属于广东省政府,设市长1人,下置民政等局。民国三十六年6月7日,国民政府改广州市为行政院直辖市④。9月18日,行政院公布《广州市政府组织规程》⑤,增设公用等局。全市土地面积为253.25平方公里。1949年10月14日,广州解放。

民国十五年1月前的广州市区域以原有警区为范围,即东由鹿鸣岗之东至大涌口之东,南由大涌口之东至白鹤洞之南,西由白鹤洞之西至塘埗之西,北由增埗之北至鹿鸣岗之东南。此后扩展为北以白云山为界,西以增埗对河两岛为界,西南以贝底水石围塘为界,南以河南黄埔为界,东以黄埔对河之东圃及沿东坡涌北至水土岗为界。

---

① 钱端升等:《民国政制史》下册,第411页。
② 《国民政府公报》第305号,1929年10月28日,第4页。又,《内政部整理各省行政区划之统计》,《水陆地图审查委员会会刊》第3期,1935年,第66页。
③ 《国民政府公报》第2681号,1946年11月22日,第2页。
④ 《国民政府公报》第2845号,1947年6月7日,第1页。
⑤ 《国民政府公报》第2934号,1947年9月21日,第4页。

第十一节 西 安 市

民国十七年(1928)冬,析长安县城区及四关置西安市。民国十九年11月间,陕西省政府呈行政院,因经费原因裁撤西安市。民国二十一年5月3日,国民政府公布《西京筹备委员会组织条例》①。民国二十二年1月7日,以陕西长安为陪都,定名西京,设西京市,直隶于行政院。西京市的区域,"东至灞桥,南至终南山,西至沣水,北至渭水"②。嗣即成立西京筹备委员会,直隶于国民政府,主持其事;并设市政建设委员会及工程处,办理市政建设事宜。但一直未设立市政府。其后因抗日战争关系,市政建设事宜进行迟缓,几陷停顿。民国二十二年3月,陕西省政府呈准设置西安市,由该省政府管辖③,仍继续进行筹设陪都事宜。民国三十六年6月7日,国民政府复将西安市改为院辖市④。全市土地面积为207.66平方公里。9月26日,行政院颁布《西安市政府组织规程》⑤。民国三十八年(1949)5月20日,西安解放。

第十二节 沈 阳 市

民国三十六年(1947)6月7日,国民政府令沈阳市改为行政院直辖市⑥。8月18日行政院公布《沈阳市政府组织规程》⑦,置市长、秘书长各1人,参事2人,下置民政、财政等局。民国三十七年5月6日,行政院公布《修正沈阳市政府组织规程》⑧。同年11月2日,沈阳解放。

---

① 《国民政府公报》洛字第7号,1932年5月10日,第3页。
② 《国民政府公报》第1023号,1933年1月9日,第2页。
③ 内政部方域司:《中华民国行政区域简表》(第11版),第216页。
④⑥ 《国民政府公报》第2845号,1947年6月7日,第1页。
⑤ 《国民政府公报》第2940号,1947年9月27日,第8页。
⑦ 《国民政府公报》第2906号,1947年8月18日,第5页。
⑧ 《国民政府公报》第3128号,1947年5月8日,第10页。

第三十一章 西藏地方

民国时期西藏地方的官制,沿袭清代旧制,实行中央派遣官吏与地方"自治官吏"双轨建制。西藏地方所属的行政区域,则实行自治制。

辛亥革命后,西藏地方某些上层亲英分子在英国策动下,迫使中央政府派驻西藏的军队撤离。民国二年(1913)10月,英国威逼袁世凯政府同意,在印度的西姆拉召开所谓"中英藏会议",英国提出了实际由英国统治西藏的条约草案。民国三年7月,英、藏代表签署了所谓的《西姆拉条约》,中国政府代表拒绝签字,并声明不承认英、藏片面签订的文件,使英国企图将西藏从中国分裂出去的阴谋未能得逞。

北京政府时期,中央政府派遣驻西藏的最高行政官,先是称西藏办事长官,于民国元年5月起任,民国九年9月改称驻藏办事长官。民国十八年5月,南京国民政府决定将设在印度的驻藏办事长官公署改设于川边巴塘,但未能实现,该公署名存实亡。民国二十三年11月,致祭十三世达赖喇嘛专使黄慕松离开西藏时,在拉萨设立专使行署。民国二十九年4月1日,国民政府蒙藏委员会驻藏办事处在拉萨成立。

西藏地方行政机构由达赖的噶厦(西藏地方政府)和班禅的堪布会议厅组成,构成了西藏地方政教合一的政权。民国十二年7月,班禅离开西藏后,达赖系统控制全藏。

西藏全境分前藏、后藏、阿里3部。前藏驻拉萨,后藏驻日喀则,阿里驻噶大克(今西藏噶尔县驻地狮泉河南噶尔新)。其地方政权的基本单位为宗(清代为营,相当于内地的县,并有大、中、小、边宗之分)和豁(宗以下或相当于宗的基层行政组织)。宗大多数设于要隘和人口众多的地方。宗设宗本1人或2人,如为2人,向例为1僧、1俗。西藏全境原有123宗,后来略有增减。宗本之下设有尔(书记)、居勒尔(管仓库),帮办该宗事务,有如内地之县佐。

大宗或重要的地方则置基巧(略相当于内地的专员),管理3宗或5宗的事务。民国时期,西藏地方政府共辖6个基巧公署。日喀则基巧公署,民国三年始设,总管后藏16宗。昌都基巧公署,又称昌都噶厦,设于民国七年,管理金沙江以西约 22 宗,担任总管者均为噶伦一级,故称昌都噶厦。绛曲基巧公署,即黑河总管公署,管辖黑河牧区及藏北 14 宗,公署设于黑河。山南基巧公署,设于清末,管理雅鲁藏布江以南 30 宗,公署设于泽当。阿里基巧公署,又称堆里嘎本,管理 11 宗,嘎本驻噶大克。卓木基巧公署,其任务为征收出入中印的货物税,兼商务总管并卓木宗(辖地仅此宗)宗本,公署设在春丕塘。此外,在军事、政治重要地区还设有总管(如南山总管、黑河总管、卓木总管等)和督办(如属于西康省的昌都在藏军内犯后设有督办)等官员。

民国三十六年 6 月,西藏地方土地面积为 1 215 780 平方公里,首邑拉萨(今西藏拉萨市)。

一、前藏

1. 大宗

乃东宗,治所即今西藏乃东县驻地泽当镇乃东①。

琼结宗,治所即今西藏琼结县驻地琼结镇。

贡噶尔宗,治所即今西藏贡噶县驻地吉雄镇西②。

仑孜宗,治所即今西藏隆子县驻地隆子镇西松巴③。

桑昂曲宗,驻科麦(今西藏察隅县驻地竹瓦根镇古玉一带)④。据《科麦县志》记载:"科麦县原称桑昂曲宗,藏名察洼冈,一称察洼隆坝,藏史为西藏十三部落之一。"⑤

贡布则冈宗,治所即今西藏林芝县驻地八一镇南嘎玛⑥。

江孜宗,治所即今西藏江孜县驻地江孜镇。

昔孜宗,治所即今西藏日喀则市桑珠孜区。

---

① 今地定位参考牛平汉主编:《清代政区沿革综表》,第 424~434 页。今地名均据西藏自治区测绘局:《西藏自治区地图册》,中国地图出版社,1995 年。
② 曾世英、方俊增订《中国分省新图》(1948 年)第 53~54 页有贡喀,在曲水南;《中华人民共和国地图集》(地图出版社,1958 年)第 72~73 页有贡噶尔,亦在曲水南。两者为同一地点,贡喀与贡噶当为同音异写。曲水即今曲水县驻地曲水镇。贡噶的位置当在今贡噶县治所吉雄西的冻噶一带(在曲水南)。西藏自治区测绘局《西藏自治区地图册》载:"1960 年县府由贡嘎学村迁至热麦村。县府现驻吉雄。"
③ 曾世英、方俊增订《中国分省新图》(1948 年)作"隆次宗",《中华人民共和国行政区划(1949—1997)》作"隆子宗"。西藏自治区测绘局《西藏自治区地图册》载:"1972 年,县人民政府驻地由松巴乡宗学村迁到新巴。"
④ 西藏自治区测绘局:《西藏自治区地图册》,第 160 页。
⑤ 《中国地方志集成·西藏府县志辑》,巴蜀书社,1995 年,第 221 页。
⑥ 曾世英、方俊增订《中国分省新图》(1948 年)作"次拉宗",《中华人民共和国地图集》(地图出版社,1958 年)作"则拉宗"。

协噶尔宗,治所即今西藏定日县驻地协格尔镇①。
纳仓宗,治所即今西藏申扎县驻地申扎镇(岗桑夺)。

2. 中宗

洛隆宗,治所即今西藏洛隆县驻地孜托镇东康沙。
角木宗,治所即今西藏林芝县驻地八一镇西足木。
打孜宗,治所即今西藏达孜县驻地德庆镇东北达孜。
桑叶宗,治所即今西藏扎囊县驻地扎塘镇东北桑伊。
巴浪宗,治所即今西藏白朗县驻地洛江镇北白朗学。
仁本宗,治所即今西藏仁布县驻地德吉林镇。
仁孜宗,治所即今西藏萨迦县驻地萨迦镇东下嘎。
朗岭宗,治所即今西藏南木林县驻地南木林镇。
宗喀宗,治所即今西藏吉隆县驻地宗嘎镇。
撒噶宗,治所即今西藏萨嘎县驻地加加镇。
作岗宗,治所即今西藏左贡县西北田妥镇(亚中)。
达尔宗,治所在今西藏波密县西北。
江达宗,治所即今西藏江达县驻地江达镇。
古浪宗,治所在今西藏朗县西仲达②。
沃卡宗,治所即今西藏桑日县驻地桑日镇(雪巴)东北沃卡。
冷竹宗,治所即今西藏林周县驻地甘丹曲果镇北松盘。
曲水宗,治所即今西藏曲水县驻地曲水镇。
突宗,一作夺宗,治所即今西藏洛扎县驻地洛扎镇。
僧宗,治所即今西藏洛扎县驻地洛扎镇东南生格乡。
杂仁宗,治所即今西藏札达县驻地托林镇西札布让。
茹拖宗,治所即今西藏日土县驻地日土镇西北日土。
锁庄子宗,治所在今西藏索县驻地亚拉镇。
结登宗,治所在今西藏边坝县西北沙丁。
直谷宗,治所即今西藏措美县驻地措美镇(当许)东北哲古。
硕般多宗,治所即今西藏洛隆县驻地孜托镇西硕督。
拉里宗,治所在今西藏嘉黎县西北嘉黎。

---

① 西藏自治区测绘局:《西藏自治区地图册》,第 112 页;《中华人民共和国地图集》,第 72~73 页。
② 古浪宗又名古鲁纳木吉牙。《中华人民共和国地图集》(1958 年)作"库耶木吉宗",相对位置即今仲达。

朗宗,治所即今西藏朗县驻地朗镇。
沃隆宗,治所在今西藏米林县西南卧龙。
墨竹工卡宗,治所即今西藏墨竹工卡县驻地工卡镇。
卡尔孜宗,治所在今西藏当雄县驻地当曲卡镇西南。
文扎卡宗,治所即今西藏乃东县驻地泽当镇东北。
辖鲁宗,治所即今西藏曲松县驻地曲松镇西下洛。
策堆得宗,治所即今西藏堆龙德庆县驻地东嘎镇。
达尔玛宗,治所即今西藏措美县驻地措美镇(当许)西南乃西。
聂母宗,治所即今西藏尼木县驻地塔荣镇西尼木。
拉噶孜宗,治所即今西藏浪卡子县驻地浪卡子。
岭宗,治所即今西藏浪卡子县驻地浪卡子镇东南林。
纳布宗,治所即今西藏南木林县驻地南木林镇东北拉布普。
岭喀尔宗,治所在今西藏南木林县东南邬郁。
错朗宗,今地不详。
羊八井宗,治所即今西藏当雄县驻地当曲卡镇西南羊八井镇。
麻尔江宗,治所即今西藏尼木县驻地塔荣镇西北麻江。

3. 小宗

雅尔堆宗,治所即今西藏乃东县驻地泽当镇东南亚堆。
金东宗,治所在今西藏朗县东南金东。
拉岁宗,治所即今西藏加查县驻地安饶镇西南拉绥。
撒拉宗,治所即今西藏林周县驻地甘丹曲果镇西。
浪荡宗,治所即今西藏林周县驻地甘丹曲果镇西。
颇章宗,治所即今西藏乃东县驻地泽当镇东南颇章。
扎溪宗,治所即今西藏扎囊县驻地扎塘镇东扎其。
色宗,治所即今西藏曲水县驻地曲水镇西。
堆冲宗,治所即今西藏江孜县驻地德庆镇西南。
汪垫宗,治所即今西藏白朗县驻地洛江镇南旺丹。
甲错宗,治所在今西藏定日县东北加措。
拉康宗,治所即今西藏洛扎县驻地洛扎镇东南拉康。
琼科尔结宗,治所即今西藏加查县驻地安饶镇北崔久。
蔡里宗,治所即今西藏拉萨市东蔡公堂。
曲隆宗,治所即今西藏达孜县驻地德庆镇西南曲龙。
扎称宗,治所即今西藏扎囊县驻地扎塘镇西北。

札布岭宗,治所在今西藏比如县东南白嘎。
札什宗,治所即今西藏拉萨市东北。
洛美宗,治所即今西藏林周县驻地甘丹曲果镇北哈母。
嘉尔布宗,治所即今西藏拉萨市西北。
朗茹宗,治所在今西藏拉萨市与墨竹工卡县之间。
里乌宗,治所即今西藏堆龙德庆县驻地东嘎镇东柳梧。
降宗,治所即今西藏曲水县驻地雪水镇东北。
业党宗,治所即今西藏曲水县驻地雪水镇东北聂唐。
工布唐宗,治所即今西藏拉萨市东南。

4. 边宗

红卡宗,今地不详。
堆噶尔宗,治所即今西藏噶尔县驻地狮泉河镇南噶尔新。
喀喇乌苏宗,治所即今西藏那曲县驻地那曲镇。
错拉宗,治所即今西藏错那县驻地错那镇。
帕克里宗,治所即今西藏亚东县驻地下司马镇东北帕里镇。
定结宗,治所即今西藏定结县驻地江嘎镇东定结。
聂拉木宗,治所即今西藏聂拉木县驻地聂拉木镇。
济龙宗,治所即今西藏吉隆县驻地宗嘎镇东南吉隆镇。
官觉宗,在今西藏贡觉县东南曲卡。
补人宗,治所即今西藏普兰县驻地普兰镇。
博窝宗,治所在今西藏波密县东南松宗。
工布硕卡宗,治所在今西藏工布江达县东北雪卡。
绒辖尔宗,治所即今西藏定结县驻地江嘎镇南萨尔。
达巴喀尔宗,治所即今西藏札达县驻地托林镇东南达巴。

二、后藏

1. 大宗

拉孜宗,治所即今西藏拉孜县驻地曲下东北拉孜镇。
练宗,治所即今西藏日喀则市东南联阿。
金龙宗,治所即今西藏定结县驻地江嘎镇东北。

2. 中宗

昂忍宗,治所即今西藏昂仁县驻地卡嘎镇。
仁侵孜宗,治所即今西藏谢通门县驻地卡嘎镇东仁钦则。

结侵孜宗,治所即今西藏日喀则市西。
帕克仲宗,治所即今西藏日喀则市西南帕中。
翁贡宗,治所即今西藏日喀则市东北哼格棍巴寺。
干殿热布结宗,治所即今西藏南木林县驻地南木林镇东南土布加。
扎布甲宗,治所即今西藏日喀则市东妥家。
里卜宗,驻地不详。
德庆热布结宗,治所即今西藏昂仁县驻地卡嘎镇西南鲁杰棍巴。
央宗,治所即今西藏南木林县驻地南木林镇南杨村。
绒错宗,治所即今西藏拉孜县驻地曲下镇西绒村。
葱堆宗,治所即今西藏日喀则市东南冲堆。
胁营宗,治所即今西藏谢通门县驻地卡嘎镇南。
千坝宗,治所即今西藏岗巴县驻地贡巴镇。

3. 小宗

彭错岭宗,治所即今西藏拉孜县驻地曲下镇东北彭措林。
伦珠子宗,治所即今西藏谢通门县驻地卡嘎镇东仁钦则附近。
拉耳塘宗,治所即今西藏日喀则市西南那当西。
甲冲宗,治所即今西藏日喀则市西南那当西。
哲宗,治所即今西藏拉孜县驻地曲下镇附近。
擦耳宗,治所即今西藏南木林县驻地南木林镇东南。
晤欲宗,驻地不详。
碌洞宗,驻地不详。
科朗宗,治所即今西藏日喀则市东南。
扎喜孜宗,驻地不详。
波多宗,治所即今西藏林周县驻地甘丹曲果镇北旁多。
达木牛厂宗,治所即今西藏当雄县驻地当曲卡镇。
冻噶尔宗,治所即今西藏日喀则市北东嘎。
苦宗,治所即今西藏江孜县驻地江孜镇东南。

三、民国三十八年的宗豀

民国三十八年(1949),西藏地方的行政区划,资料记载如下①。
拉萨直辖区,辖德庆宗、东嘎宗、蚌堆豀、南木吉才豀、聂当豀、列乌豀、折

---

① 民政部:《中华人民共和国行政区划(1949—1997)》,中国社会出版社,1998年,第1848页。

布林豀、洛麦豀、朗如豀、蔡豀、曲隆豀、札什豀、札豀、隆巴豀、昌谷豀、南木岗杰豀、江豀、吉崩堂豀。

绛曲基巧公署,辖黑河宗、朗如宗、申扎宗、朋已宗、当雄豀、白仓豀。

洛喀基巧公署,辖乃东宗、桑日宗、温宗、沃卡宗、隆子宗、拉加里宗、错那宗、多宗、僧格宗、琼结宗、札囊宗、桑耶宗、贡嘎宗、加查宗、朗宗、哲古豀、达马豀、拉康豀、札期豀、堆豀、拉绥豀、古如朗木杰豀。

日喀则基巧公署,辖日喀则宗、南木林宗、定结宗、康巴宗、色仁孜宗、拉孜宗、协嘎尔宗、昂仁宗、聂拉木宗、古隆宗、宗嘎宗、萨嘎宗、帕里宗、仁布宗、白朗宗、江孜宗、彭错林宗、兰伦绕豀、拉布豀、嘉错豀、邻噶尔豀、金龙豀、萨迦豀、定日豀、梅康萨豀、谢通门豀、拉那仁钦孜豀、杜穷豀、汪丹豀。

堆里嘎本,辖噶大克宗、日土宗、达巴宗。

第三十二章 外蒙古

清代的蒙古地区,包括外蒙古地区的扎萨克图汗、土谢图汗、三音诺颜、车臣汗、科布多、唐努乌梁海等游牧部,以及内蒙古地区的内蒙古六盟、察哈尔、归化城土默特、套西二旗等部。民国时期,内蒙古各盟旗仍实行自治制度,但其区域在北京政府时期分别划入绥远等特别区域管辖,南京政府时期分别归属绥远等省;外蒙古地区在民国时期则仍为一单独的区域。在南京政府时期,外蒙古地区常被称为"蒙古地方",如"蒙古地方虽经我政府于民国三十五年一月五日承认其独立,但详确疆界,尚待勘定"①。本章即叙述外蒙古地区独立前的地方行政区划沿革。

辛亥革命爆发后,外蒙古封建主在沙俄策动下宣布"独立"。民国四年(1915),中、俄、蒙三方在恰克图签订《中俄蒙协约》,外蒙古承认中国宗主权,中国、俄国承认外蒙古自治,为中国领土的一部分。民国六年,俄国沙皇政权被推翻,外蒙古遂于民国八年撤销自治。民国十年初,外蒙古在白俄残匪策划下,再次宣布"独立"。同年7月,蒙古国民党在苏俄支持下击败白俄,成立君主立宪政府。民国十三年5月,中俄签订《中俄解决悬案大纲协定》,苏联政府承认外蒙古为完全中华民国之一部分。同年11月,蒙古废除君主立宪制,成立蒙古人民共和国。民国三十四年8月14日,中国政府与苏联政府签订《中苏友好同盟条约》及其附件,中国政府同意于抗战胜利后在外蒙古举行公民投票,如民意赞成独立,则中国承认外蒙古独立。民国三十五年(1946)1月,国民政府发表关于外蒙古问题的公告,承认外蒙古独立,唯详确疆界,尚待勘定。

外蒙古面积为6 484 803平方市里②。其地方行政组织采用盟、旗制度。盟为本地区最高行政组织,设盟长,治理全盟事务,受中央派遣官员和中央政府蒙藏事务局(院)的双重监督。盟下设旗,旗以扎萨克为长官,以协理台吉为

---

① 内政部方域司:《中华民国行政区域简表·凡例》(第11版)。
② 此为国民政府参谋本部陆地测量总局发表数,据内政部统计处编印:《全国行政区划及土地面积统计》(战时内务行政应用统计专刊第四种),1938年5月。

副职,管理章京承扎萨克之命管理旗内民众。20 世纪 30 年代,外蒙古地区盟旗名称及今地如下①。

一、三音济雅图右翼盟

三音济雅图右翼盟和三音济雅图左翼盟在清代由科布多参赞大臣管辖,一作科布多。民国元年,在沙俄策划下宣布"独立"。其地包括今蒙古国科布多、巴彦乌列盖两省和乌布苏省的大部分,以及俄罗斯图瓦自治州唐努乌梁山以南地区。

杜尔伯特前旗,旗府在今蒙古国乌布苏省乌兰固木。
杜尔伯特前右旗,旗府在今蒙古国乌布苏省乌兰固木。
杜尔伯特中右旗,旗府在今蒙古国乌布苏省乌兰固木。
辉特下前旗,旗府在今蒙古国乌布苏省乌布苏诺尔湖南。
札哈沁旗,旗府在今蒙古国科布多省莫斯特。
明阿特旗,旗府在今蒙古国科布多省科布多东北缅嘎德。
额鲁特旗,旗府在今蒙古国科布多省科布多西北额尔德讷布仁一带。

二、三音济雅图左翼盟

杜尔伯特汗旗,旗府在今蒙古国乌布苏省乌布苏诺尔湖南。
杜尔伯特中旗,旗府在今蒙古国乌布苏省乌布苏诺尔湖南。
杜尔伯特中左旗,旗府在今蒙古国乌布苏省乌布苏诺尔湖南。
杜尔伯特中前旗,旗府在今蒙古国乌布苏省乌布苏诺尔湖南。
杜尔伯特中后旗,旗府在今蒙古国乌布苏省乌布苏诺尔湖南。
杜尔伯特中上旗,旗府在今蒙古国乌布苏省乌布苏诺尔湖南。
杜尔伯特中下旗,旗府在今蒙古国乌布苏省乌布苏诺尔湖南。
杜尔伯特中前左旗,旗府在今蒙古国乌布苏省乌布苏诺尔湖南。
杜尔伯特中前右旗,旗府在今蒙古国乌布苏省乌布苏诺尔湖南。
杜尔伯特中后左旗,旗府在今蒙古国乌布苏省乌布苏诺尔湖南。
杜尔伯特中后右旗,旗府在今蒙古国乌布苏省乌布苏诺尔湖南。
辉特下后旗,旗府在今蒙古国乌布苏省乌兰固木。

---

① 此处蒙古盟旗名称、顺序,均据水陆地图审查委员会第 26 次会议审定的《蒙古盟部旗名称及所在省区县治一览表》(《水陆地图审查委员会会刊》第二期,1935 年,第 49~55 页);又见《内政年鉴》第(B)190~202 页。

三、唐努乌梁海部

清代乌梁海三部之一,以境内有唐努山得名。清宣统三年(1911)后中部为沙俄强占,东部为当时宣布"独立"的喀喀尔封建主占领。俄国十月革命后,一度由中国政府收复。民国十三年(1924),中部地区成立"乌梁海共和国"。民国十五年改称"唐努图瓦人民共和国"。民国三十三年并入苏联版图。民国初,辖5旗、36佐领[1]。

托锦旗,旗府在今俄罗斯克孜尔—奥尔达州贝克穆河东岸托腊贺梅。

萨拉吉克旗,旗府在今俄罗斯克孜尔—奥尔达州巴耳加津一带。

库布苏库诺尔旗,旗府在今蒙古国库苏古尔省欠德曼温都尔。

唐努旗,旗府在今俄罗斯克孜尔—奥尔达州霍耳耶茹一带。

奇木奇克旗,又称肯木次克旗,旗府在今俄罗斯克孜尔—奥尔达州奇克河南岸,克孜耳马惹累克东南。

乌梁海二佐领,在今蒙古国库苏古尔省察干西北。

乌梁海四佐领,在今俄罗斯克孜尔—奥尔达州贝克穆河东岸。

三音诺颜部乌梁海十三佐领,在今俄罗斯克拉斯诺亚尔斯克自治区卡腊马舍沃一带。

乌梁海四佐领,在今俄罗斯克拉斯诺亚尔斯克自治区楚拉克司一带。

乌梁海三佐领,在今俄罗斯克孜尔—奥尔达州乌鲁克穆河南厄列格斯特一带。

乌梁海二佐领,在今蒙古国库苏古尔省木伦河北岸、阿尔布拉格东。

扎萨克图汗部乌梁海一佐领,在今俄罗斯克孜尔—奥尔达州乌鲁克穆河西乌尤克一带。

扎萨克图汗部乌梁海一佐领,在今俄罗斯克孜尔—奥尔达州乌鲁克穆河南岸。

扎萨克图汗部乌梁海一佐领,在今俄罗斯克孜尔—奥尔达州卡腊苏格南一带。

扎萨克图汗部乌梁海一佐领,在今蒙古国库苏古尔省库苏古淖尔湖北岸偏西一带。

扎萨克图汗部乌梁海一佐领,在今蒙古国库苏古尔省察汗乌拉一带。

---

[1] 按:《蒙古盟部旗名称及所在省区县治一览表》中为5旗,陈镐基《现行行政区划一览表》(商务印书馆,1926年,第34页)作"唐努乌梁海部三十六佐领"。

哲布尊丹巴呼图克图属乌梁海三佐领,在今蒙古国库苏古尔省乌鲁克穆河北岸。

四、毕都哩雅诺尔盟

一作札萨克图汗部。清雍正三年(1725)后为喀尔喀四部之一,为喀尔喀西路。牧地在今蒙古国扎布汗、库苏古尔、乌布苏等省部分地区和戈壁阿尔泰省。

西路札萨克图汗旗,旗府在今蒙古国戈壁阿尔泰省巴彦布拉林呼热。
西路左翼左旗,旗府在今蒙古国扎布汗省桑特马尔嘎次。
西路左翼右旗,旗府在今蒙古国科布多省达尔维西南。
西路左翼前旗,旗府在今蒙古国乌布苏省温都尔杭盖南。
西路左翼后旗,旗府在今蒙古国巴彦洪古尔省巴彦察干。
西路左翼中旗,旗府在今蒙古国戈壁阿尔泰省加尔嘎郎南。
西路左翼后末旗,旗府在今蒙古国乌布苏省温都尔杭盖南。
西路中左翼左旗,旗府在今蒙古国库苏古尔省车车尔勒格。
西路中左翼右旗,旗府在今蒙古国库苏古尔省新依德尔北。
西路中左翼末旗,旗府在今蒙古国库苏古尔省木伦。
西路中右翼左旗,旗府在今蒙古国科布多省其其格南。
西路中右翼末旗,旗府在今蒙古国戈壁阿尔泰省凤黑尔。
西路中右翼末次旗,旗府在今蒙古国扎布汗省桑特马尔嘎次。
西路右翼右旗,旗府在今蒙古国戈壁阿尔泰省欠德曼。
西路右翼前旗,旗府在今蒙古国戈壁阿尔泰省额尔德讷。
西路右翼后旗,旗府在今蒙古国戈壁阿尔泰省加尔嘎郎南。
西路右翼右末旗,旗府在今蒙古国库苏古尔省图木尔布拉格西。
西路右翼后末旗,旗府在今蒙古国戈壁阿尔泰省阿尔泰西南。
西路辉特旗,旗府在今蒙古国戈壁阿尔泰省哈萨格图吉尔戞兰。

五、齐齐尔哩克盟

一作三音诺颜部。清雍正三年分土谢图汗西境置,为喀尔喀四部之一,系中路。牧地在今蒙古国后杭爱、巴彦洪古尔等省和前杭爱、扎布汗、南戈壁等省部分地区。

中部三音诺颜旗,旗府在今蒙古国前杭爱省海尔汗杜兰。
中路左翼左旗,旗府在今蒙古国巴彦洪古尔省古尔班布拉格西北。

中路左翼右旗,旗府在今蒙古国南戈壁省诺莫冈西南。
中路左翼中旗,旗府在今蒙古国布尔根省巴彦阿格特一带。
中路左翼左末旗,旗府在今蒙古国后杭爱省罕鄂尤特东南。
中路右翼末旗,旗府在今蒙古国巴彦洪古尔省博木博果尔一带。
中路中左旗,旗府在今蒙古国后杭爱省塔里亚特。
中路中右旗,旗府在今蒙古国巴彦古尔省巴彦洪古尔南。
中路中前旗,旗府在今蒙古国前杭爱省阿尔拜赫雷东,翁金河东岸。
中路中后旗,旗府在今蒙古国扎布汗省察干海尔汗一带。
中路中左末旗,旗府在今蒙古国后杭爱省策策尔勒格西北北特,大临河西岸。
中路中右翼末旗,旗府在今蒙古国后杭爱省图斯哈勒图黑德东。
中路中末旗,旗府在今蒙古国库苏古尔省塔里亚郎南,色楞河北岸。
中路中后末旗,旗府在今蒙古国后杭爱省温都尔乌兰一带。
中路右翼前旗,旗府在今蒙古国布尔根省赛汗西北,哈努依河东岸。
中路右翼后旗,旗府在今蒙古国后杭爱省加尔嘎郎特一带。
中路右末旗,旗府在今蒙古国扎布汗省呼亚格特南,依德尔河北岸。
中路右翼中左旗,旗府在今蒙古国杭爱省塔尔加图东南。
中路右翼中右旗,旗府在今蒙古国后杭爱省查干苏木一带。
中路右翼中末旗,旗府在今蒙古国巴彦洪古尔省哈拉纽杜延呼都格井一带。
中路右翼左末旗,旗府在今蒙古国前杭爱省巴特沃勒吉东南。
中路右翼右后旗,旗府在今蒙古国巴彦洪古尔省巴彦布尔德西。
中路额鲁特旗,旗府在今蒙古国前杭爱省哈尔赫林一带。
中路额鲁特前旗,旗府在今蒙古国后杭爱省北特,大临河北岸,巴特曾格勒东。

六、汗山盟

即图什业图汗部,一作土谢图汗部。清代为喀尔喀四部之一,系北路。牧地在今蒙古国色楞格、布尔根、中央、中戈壁等省和东戈壁省西部、南部,南戈壁省东部以及前杭爱省东部。

后路图什业图汗旗,旗府在今蒙古国前杭爱省萨克哈一带。
后路左翼前旗,旗府在今蒙古国布尔根省赫希格温都尔西。
后路左翼左后旗,旗府在今蒙古国中戈壁省德勒格尔杭盖西南。

后路左翼中旗,旗府在今蒙古国东戈壁省赛图汗都兰南。
后路左翼末旗,旗府在今蒙古国东戈壁省满达满达赫一带。
后路左翼中左旗,旗府在今蒙古国中戈壁省乌勒吉图南。
后路左翼右末旗,旗府在今蒙古国中戈壁省戈壁乌嘎塔拉东南。
后路左翼左中末旗,旗府在今蒙古国前杭爱省巴彦温都尔东北。
后路中旗,旗府在今蒙古国首都乌兰巴托市。
后路中次旗,旗府在今蒙古国东戈壁省阿尔山图西北。
后路中左旗,旗府在今蒙古国布尔根省达辛其楞南。
后路中右旗,旗府在今蒙古国中央省额尔德讷桑特。
后路中右末旗,旗府在今蒙古国中央省土拉河北岸那万策仁古内呼勒。
后路中左翼末旗,旗府在今蒙古国色楞格省东布仁西南（河北岸）。
后路右翼左旗,旗府在今蒙古国布尔根省布尔根。
后路右翼右旗,旗府在今蒙古国前杭爱省巴彦温都尔西南。
后路右翼后旗,旗府在今蒙古国布尔根省罕博音呼热东南。
后路右翼左末旗,旗府在今蒙古国色楞格省那腊苏台敖若斯东。
后路右翼右末旗,旗府在今蒙古国中央省木胡雷诺扬驿站。
后路右翼右末次旗,旗府在今蒙古国布尔根省色楞格东北。

七、克鲁伦巴尔城盟

即车臣汗部。清代喀尔喀四部之一,为东路。牧地在今蒙古国东方、肯特、苏赫巴托等省和东戈壁省东北部。

东路车臣汗旗,旗府在今蒙古国肯特省温都尔汗。
东路左翼左旗,旗府在今蒙古国东方省巴颜乌拉东南。
东路左翼右旗,旗府在今蒙古国肯特省依德尔莫格西北。
东路左翼前旗,旗府在今蒙古国东方省巴音布尔地东。
东路左翼后旗,旗府在今蒙古国苏赫巴托省苏赫巴托。
东路左翼中旗,旗府在今蒙古国肯特省巴特瑙饶布东。
东路左翼后末旗,旗府在今蒙古国东方省马塔特。
东路中左旗,旗府在今蒙古国苏赫巴托省巴颜特热木。
东路中右旗,旗府在今蒙古国东方省塔木察格布拉格。
东路中前旗,旗府在今蒙古国东方省乔巴山。
东路中后旗,旗府在今蒙古国肯特省中巴颜西。
东路中末旗,旗府在今蒙古国肯特省戈勒希尔一带。

东路中左前旗，旗府在今蒙古国东方省乔巴山西、克鲁伦河北。
东路中右后旗，旗府在今蒙古国中央省蒙滚第日特东北、克鲁伦河东岸。
东路中末右旗，旗府在今蒙古国东戈壁省萨尔呼都格一带。
东路中末次旗，旗府在今蒙古国肯特省哈尔次扎内。
东路右翼前旗，旗府在今蒙古国肯特省南德勒格尔东。
东路右翼后旗，旗府在今蒙古国苏赫巴托省额热格策金呼都格井一带。
东路右翼左旗，旗府在今蒙古国肯特省依德尔莫格西南。
东路右翼中旗，旗府在今蒙古国中戈壁省巴彦加尔嘎郎北。
东路右翼中前旗，旗府在今蒙古国肯特省温都尔汗西南、克鲁伦河北岸。
东路右翼中左旗，旗府在今蒙古国肯特省克鲁伦东。
东路右翼中右旗，旗府在今蒙古国肯特省达尔汗东南。

第三十三章 革命根据地

由中国共产党领导的人民革命武装,在土地革命战争时期创立了苏维埃区域(简称苏区),在抗日战争时期建立了抗日民主根据地,在解放战争时期建立了解放区,这些都统称为革命根据地。

第一节 土地革命战争时期

土地革命战争时期,中国共产党开辟了农村革命根据地,在全国范围内先后建立了十几块革命根据地,并建立了各级地方政权机构。到民国十九年(1930)6月,中国共产党领导的赣南、闽西、赣东北、鄂豫皖、湘鄂西、东江、琼崖、左右江等8块革命根据地,都已建立了苏维埃政府。民国二十年11月7日至20日,中华苏维埃共和国第一次全国代表大会在江西省瑞金县叶坪召开。中华苏维埃共和国领导的省与特区苏维埃政府有江西、福建、湘赣、湘鄂赣、赣东北、闽赣、粤赣、赣南、鄂豫皖、川陕、湘鄂西省及黔东、广东东江、广东琼崖、广西右江、陕甘边特区等。

一、中央革命根据地

中央革命根据地是土地革命战争时期最大的一块根据地,范围包括江西南部和福建西部的20多个县,面积约5万平方公里,人口250万以上。它是在赣南、闽西根据地的基础上发展起来的。民国十九年3月,赣西南和闽西两个苏维埃政府相继建立,赣南、闽西根据地基本形成。从民国十九年10月到二十一年9月,赣南、闽西根据地连成一片。民国二十一年11月,第一次全国苏维埃代表大会在江西瑞金召开,中华苏维埃共和国临时中央政府成立,赣南闽西根据地正式成为中央革命根据地。它先后辖有5个省和4个中央直属县。

1. 江西省

原为赣南根据地。民国十六年(1927)11月,赣西特委在泰和、万安、吉安等县领导农民起义,建立地方革命政权。民国十八年1月,红四军主力进入赣南,开辟根据地,11月成立赣西特区苏维埃政府。民国十八年4月后,红四军往返于赣南闽西之间,相继建立了10多个县的革命政权。县级革命政权有兴国县革命委员会(民国十八年4月上旬成立)、雩都县(于都)革命委员会(民国十八年4月上旬成立)、宁都县革命委员会(民国十八年4月27日成立)、寻邬(寻乌)县革命委员会(民国十九年3月25日成立)、南康县革命委员会(民国十九年3月成立)、万安县革命委员会(民国十六年12月11日成立)、泰和县革命委员会(民国十九年2月成立)。民国十九年3月,赣西、赣南、湘赣边3特区工农兵代表联合大会在吉安富田召开,选举产生赣西南特区苏维埃政府,辖45县。是年8月,茶陵等6县分出划归新成立的湘东南特委领导。10月4日,红一军团攻占吉安,赣西南苏维埃政府迁此。7日扩大改组为江西省苏维埃政府,颁布《江西苏维埃临时组织法》,省苏维埃主席为曾山,辖有宁都、兴国、石城、公略、赤水、胜利、龙冈、广昌、赣县、万太、长胜、永丰、康都、新淦、太雷、宜黄、杨殷、崇仁、南丰、洛口、乐安等21县。省政府所在地先在兴国,后迁宁都七里坪。民国二十四年春结束。

2. 福建省

原为闽西根据地。民国十七年(1928)3月至6月,闽西特委先后在平和、龙岩、上杭、永定等县领导农民起义,建立以永定县溪南区为中心的10余个乡级革命政权。民国十八年3月至12月间,红军主力三度进入闽西,开辟闽西根据地,先后建立有永定县溪南区苏维埃政府(民国十七年8月成立)、长汀县革命委员会(民国十八年3月14日成立)、永定县革命委员会(民国十八年5月27日成立)、龙岩县革命委员会(民国十八年6月5日成立)、上杭县革命委员会(民国十八年10月2日成立)。民国十九年3月18日至25日,闽西特区第一次工农兵代表大会在龙岩召开,成立闽西特区苏维埃政府,通过《闽西苏维埃政权组织法》,辖龙岩等6县。9月1日至7日,闽西特区第二次工农兵代表大会修正通过《闽西苏维埃政府组织法》。10月,苏维埃政府移驻永定。民国二十年10月,第三次反"围剿"战争结束后,发展到11县,与苏维埃江西省连接组成苏维埃中央区。民国二十一年3月18日至21日,福建省第一次工农兵代表大会在长汀县汀州镇召开,选举产生第一届执行委员会。辖长汀、龙岩、宁化、上杭、汀东、代英、清流、兆征、连城、新泉、武平、永定、澎湃等13个县。省政府先设在龙岩,后移长汀。民国二十四年春结束。

3. 闽赣省

民国二十二年(1933)4月26日,临时中央政府人民委员会第40次常委会决定划原闽浙赣省的一部分设立,辖黎川、金溪、资溪、铅山、东方、建宁、太宁、光泽、将乐、崇安、浦城和沙县等12县。省政府驻黎川县湖坊。民国二十二年12月2日,闽赣省第一次工农兵代表大会在黎川县召开。民国二十三年5月,省会移建宁县。7月迁澎湃县(今属宁化县)。民国二十四年春结束。

4. 粤赣省

民国二十二年(1933)8月16日,为了向西南发展红色区域,对付粤桂敌人,发展出口贸易,人民委员会第48次会议决定以苏维埃江西省最南端区域置粤赣省,管辖雩都、会昌、西江、门岭、寻邬、安远、信康等7县。省政府在会昌县文武坝。9月6日,省苏维埃政府正式成立。民国二十四年春结束。

5. 赣南省

民国二十三年(1934)7月设于雩都,辖雩都、赣县、登贤(原为信康)、杨殷等4县。此时粤赣省仅辖会昌和门岭两县。瑞金、西江、长胜、太雷则为中央直属县。民国二十四年春结束。

二、闽浙赣根据地

闽浙赣根据地位于闽、浙、皖、赣4省交界地区。民国二十二年(1933)春,闽浙赣根据地发展到全盛时期,其中心区域和游击区域先后包括江西的弋阳、横峰、德兴、贵溪、余江、万年、上饶、铅山、玉山、广丰、乐平、浮梁(包括景德镇)、都昌、湖口、波阳、彭泽、余干、东乡、资溪、金溪,福建的崇安、建阳、建瓯、邵武、光泽、浦城、福鼎、福安、寿宁、屏南、松溪、政和,浙江的江山、开化、衢县、平阳、常山、遂昌、云和、泰顺、永嘉、青田、瑞安、庆元、景宁,安徽的婺源、祁门、东流、秋浦、休宁、太平、泾县等52县。

闽浙赣革命根据地各级政权的组织,是随着革命斗争的发展和革命根据地的扩大巩固逐渐建立起来的。民国十七年1月,以方志敏为书记的中共弋、横工委领导了以江西弋阳、横峰为中心的信江地区农民起义,开辟赣东北根据地,开始由"农民革命团"来代行临时的乡村政权的作用。随后,"农民革命团"的组织解散,正式建立了苏维埃政权。民国十七年5月中旬,闽浙赣第一个苏维埃政权——弋阳县苏维埃政府成立,旋成立横峰县苏维埃政府。民国十八年10月1日至3日,信江特区第一次工农兵代表大会在弋阳县九区漆工镇湖塘邵家村召开,宣布成立信江特区苏维埃政府,辖弋阳、横峰等8县。民国十九年7月,以闽安为中心的闽北根据地划入。8月1日,赣东北特区第一次工农兵代表大会在弋阳召开,宣布成立赣东北特区苏维埃政府。民国二十一年12月,临时中央政府决定将赣东北省苏维埃政府改名为闽浙赣省苏维埃政府。中旬,在弋阳县召开闽浙赣省第一次工农兵代表大会,宣布成立闽浙赣省苏维埃政府,辖30余县,省府驻弋阳。民国二十二年3月,闽浙赣省第二次工农兵代表大会召开。会后,省政府加强了各级政权建设,使各级政权机构进一步健全和完善。省苏维埃设主席1人、副主席2人。民国二十四年3月结束。

民国二十二年12月,福安中心县委领导闽东农民起义,创建闽东根据地。民国二十三年6月成立闽东特区苏维埃政府。民国二十六年春改组为闽东特区抗日军政委员会。

民国二十四年4月在永定县溪南赤寨成立闽西南军政委员会,民国二十六年10月12日取消。

三、鄂豫皖根据地

鄂豫皖根据地位于湖北、河南、安徽3省交界的大别山区,曾建立了黄安、麻城、黄冈、陂安南(黄陂、黄安南部)、河口、陂孝北(黄陂、孝感北部)、罗山、潢川、光山、赤城、赤南、固始、信阳、六安、霍邱、英山、罗田、浠水、广济、黄梅、三星、太湖、宿松、潜山、舒城等26个县的革命政权,并拥有黄安、麻城、英山、罗田、霍邱等5座县城。根据地东西长600余里,南北宽500余里,面积共约4万平方公里,人口350万,是土地革命战争时期规模较大的一块革命根据地。

民国十六年(1927)11月,中共黄麻特委领导黄安、麻城农民起义,开辟以河南光山县为中心的鄂豫边根据地。先后建立的地方政权有黄安县农民政府(民国十六年11月18日成立)、(黄)陂(黄)安南县农民政府(民国十七年1月成立)、(黄)陂孝(感)北县农民政府(民国十七年1月成立)。民国十八年5月,鄂东特委(由黄麻特委改建)领导豫东南商(城)南农民起义,开辟以安徽金寨县南溪、吴家店为中心的豫东南根据地。11月,六安中心县委领导皖西六安、霍山农民起义,开辟以金家寨为中心的皖西根据地。11月20日,豫东南与鄂豫边统一建立鄂豫边特区。12月27日至29日,鄂豫边特区工农兵代表大会在河南光山县云细吴家召开,宣布成立鄂豫边特区革命委员会,下辖黄安、商城等8县。民国十九年4月皖西根据地与鄂豫边特区合并成立鄂豫皖边特区。6月下旬,鄂豫皖边特区第一次工农兵代表大会在河南光山县王家塘召开,宣布成立鄂豫皖边特区苏维埃政府,辖20余县。至此,以大别山为中心的鄂豫皖根据地形成。民国二十年5月12日,特区改建为相当于省的区。7月1日,鄂豫皖第二次工农兵代表大会在河南光山县新集召开,通过了《鄂豫皖区苏维埃临时政府组织大纲》,对各级政权组织机构作了规定。11月7

日,鄂豫皖区改称鄂豫皖省。民国二十三年11月,红二十五军撤出根据地,省府结束。

四、湘赣根据地

湘赣根据地是在井冈山革命根据地的基础上发展起来的。民国十六年(1927)10月27日,毛泽东率秋收起义部队进入井冈山地区,建立革命根据地。翌年5月下旬成立湘赣边特区工农兵政府,辖宁冈、永新、莲花3县全部,茶陵、酃县、遂川、吉安5县各一部分。县级革命政权有茶陵县人民委员会(民国十六年11月18日成立)、茶陵县工农兵政府(民国十六年11月成立)、遂川县工农兵政府(民国十七年1月24日成立)、宁冈县工农兵政府(民国十七年2月21日成立)、永新县工农兵政府(民国十七年5月9日成立)、酃县工农兵政府(民国十七年6月上旬成立)、莲花县工农兵政府(民国十七年7月下旬成立)。

民国十七年5月下旬在宁冈县茅坪仓边村成立湘赣边特区工农兵政府。民国十八年1月红四军主力转移赣南,不久根据地失守。是年5月,彭德怀率红五军主力从赣南返回井冈山,恢复并扩大湘赣边根据地。特区工农兵政府行政区域扩大为以永新为中心的十几个县。民国十九年3月改组为赣西南特区苏维埃政府西路分区办事处。

民国二十年7月,根据中共中央指示,苏维埃江西省所属的赣江以西地区各县(原湘赣边特区)与湘东南特委辖区合并成立湘赣省。10月17日,湘赣省第一次工农兵代表大会在永新召开,通过《湘赣苏区各级苏维埃暂行组织法》,省会为永新县禾川镇,辖区包括江西省赣江以西各县和湖南省东南与江西邻近的边界各县,即永新、宁冈、莲花、吉安、酃县、安福、上犹、崇义等十几个县的地区,加上游击区,共25个县,东西长约300里,南北约300余里。民国二十一年1月,湘赣革命根据地召开了第一次苏维埃代表大会,制定了《湘赣根据地各级苏维埃政府暂行组织法》。民国二十四年7月改组成立省军政委员会。

五、湘鄂西根据地

湘鄂西根据地位于长江与汉水之间和附近的广大地区,南达洞庭湖和武陵山脉,西抵长江三峡和神农架一带,北至桐柏山南麓,东至武汉西部边缘。它以湖北省的洪湖为中心,由几块大小不等的根据地组成:洪湖根据地——以当时的沔阳、监利为中心,包括江陵、石首、潜江、公安、天门等13个县;湘鄂边根据地——以鹤峰、桑植为中心,包括五峰、长阳、松滋、恩施、建始、宣恩、巴东、大庸、慈利、石门等县的部分地区。此外还有鄂西北和鄂北两块小根据地和其他一些游击区。湘鄂西根据地在全盛时期辖有30余县,拥有2万红军和大量的地方武装。

民国十七年(1928)3月,贺龙、周逸群在桑植、鹤峰领导湘鄂边武装起义,建立红四军(后改为红二军)及部分县革命政权,开辟了湘鄂边根据地。民国十八年春、夏,湘鄂边的红军攻克了鹤峰、桑植等县城,组织了县苏维埃政府。随后,各地成立了临时革命机构——革命委员会,负责筹备江陵、公安、石首、监利等县的革命政权。5月,周逸群到洪湖地区活动,会合当地多支革命武装,建立红六军。同年底,洪湖根据地逐步建立起了苏维埃政权。民国十九年初,江陵、监利、石首3个县均成立了苏维埃政府。4月,鄂西江陵、石首、监利、沔阳、潜江5县第一次工农兵代表大会在石首县调弦口召开,建立鄂西特区联县苏维埃政府。7月,红二、六军会师公安组成红二军团,湘鄂边与洪湖两根据地连接起来。9月24日,在监利召开了湘鄂西工农兵贫民代表大会,把鄂西5县联县苏维埃政府改建为湘鄂西特区联县苏维埃政府,辖10余县,湘鄂西根据地形成。民国二十年3月下旬,改建为湘鄂西省革命委员会。6月下旬,随着中共湘鄂西省委的成立,湘鄂西省革命委员会改建为湘鄂西省苏维埃政府。

在此前后,民国十七年3月,巴东县委领导巴东农民起义,开辟巴(东)、兴(山)、(秭)归根据地。民国十六年11月,鄂北特委领导枣阳农民起义,开辟襄(阳)、枣(阳)、宜(城)根据地。民国二十年6月,红三军攻占鄂西北的房县,开辟鄂西北房(县)、均(县)、谷(城)根据地。这3个区统归湘鄂西特区(省)领导。

民国二十一年10月,第四次反"围剿"战争失败后,洪湖根据地失守,省府转移湘鄂边。次年3月24日,湘鄂西分局在鹤峰县金果坪举行扩大会议,宣布解散省苏维埃政府。

六、湘鄂赣根据地

湘鄂赣根据地位于湘东北、鄂东南、赣西北的边界地区,包括湖南的平江、浏阳,以及湘阴、岳阳县的一部分,湖北的阳新、大冶、通城、通山、崇阳以及蒲圻、咸宁、鄂城的一部分,江西的修水、铜鼓、万载以及武宁、宜丰、宜春、奉新、高安、萍乡、瑞昌一部分,共计20余县,东西300余里,南北600余里,计有人口200余万。

民国十七年(1928)7月,彭德怀、滕代远、黄公略领导平江起义,组建红五军,转战湘鄂赣边开辟根据地。民国十八年4月,湘鄂赣边暴动委员会成立,随后改建为湘鄂赣边区,这是统一领导湘鄂赣边区革命斗争的第一个政权组织。民国十九年4月,湘鄂赣边区革命委员会召开了各县民众团体联席会议,积极筹备各县革命政权的建立工作。此后,根据地各县召开乡、区、县工农兵代表大会,选举产生了各级苏维埃政府,先后建立平江县苏维埃政府(民国十七年7月24日成立)、修水县苏维埃政府(民国十七年8月上旬成立)、浏阳县苏维埃政府(民国十八年5月成立)、铜鼓县苏维埃政府(民国十八年9月成立)、德安县苏维埃政府(民国十九年4月6日成立)、新余县苏维埃政府(民国十九年4月下旬成立)、万(载)宜(春)县苏维埃政府(民国十九年4月成立)、万载县苏维埃政府(民国十九年7月12日成立)。民国十九年7月27日,红三军团攻占长沙,7月30日宣布成立湖南省苏维埃政府,颁布《湖南省工农兵苏维埃政府暂行组织法》。8月5日,省府移驻浏阳东门。民国二十年8月移驻平江长寿街。9月23日至10月4日,湘鄂赣边区第一次工农兵代表大会在长寿街召开,改组成立了湘鄂赣省苏维埃政府,辖30余县。省会驻平江县长寿街,不久迁修水县上杉,民国二十一年5月又迁万载县小源。民国二十三年1月,省府移铜鼓县幽居村。民国二十一年6月,又成立了湘鄂赣省鄂东南苏维埃政府。

七、川陕根据地

川陕根据地位于四川北部和陕西南部地区。在它发展的鼎盛时期所辖范围东起城口,西抵嘉陵江,南到营山,北至陕南的镇巴、西乡、宁强,共建立了23个县和1个市的苏维埃政权,面积4.2万平方公里,人口700余万,红军从1.5万人发展到8万人,是土地革命战争时期第二块大的根据地。

民国二十一年(1932)10月,红四方面军主力撤离鄂豫皖根据地,转战至川陕地区发动群众,开展建立根据地的斗争。12月上旬,红四方面军越过秦岭,经陕南入川。12月25日攻占川北重镇通江县城,29日成立川陕省临时革命委员会。民国二十二年元旦前后,先后攻占了通江、南江、巴中地区。2月15日,川陕省第一次工农兵代表大会在通江举行,正式成立了川陕省工农民主政府,下辖红江、赤江、南江、巴中5县和巴中特别市、陕南特别区。民国二十三年10月,反击国民党军队六路围攻战役结束后,川陕省行政区域已达川北、陕南26县、市。民国二十四年3月28日红四方面军退出川陕苏区后结束。

八、湘鄂川黔根据地

湘鄂川黔根据地是土地革命战争时期红二军团和红六军团创建的一块

根据地,其范围包括湘鄂边、湘川边、鄂川边、川黔边、湘黔边的广阔地区。它以湘西北的永顺、大庸、龙山、桑植为中心,包括澧水、沅江流域的慈利、石门、临澧、澧县、津市、桃源、沅陵、保靖以及鄂西的宣恩、来凤、咸丰等部分地区。

民国二十二年(1933)年底,湘鄂西中央分局决定创建湘鄂川黔革命根据地,翌年5月,红二军团自鄂西进入黔东地区,开辟了川黔边的沿河、印江、德江、松桃、酉阳等县部分地区的黔东特区。10月下旬,西征入黔的红六军团与红二军团会师,创建了湘鄂川黔根据地。根据地先后建立了永顺、郭亮、桑植、龙山、宣恩、大庸、慈利、石门等县革命委员会或苏维埃政府,永(顺)龙(山)桑(植)曾建立过10个县的革命委员会或苏维埃政府、53个区苏维埃政府和300多个乡苏维埃政府。7月21日至22日在沿河县铅石坝召开黔东特区第一次工农兵代表大会,成立黔东特区革命委员会。是年10月28日,红二、六军团撤出黔东,向湘西进军。

九、其他革命根据地

土地革命战争时期还有广东琼崖、广西左右江等根据地。民国十六年(1927)10月,琼崖特委在海南岛领导全琼一周总暴动,开辟以乐会(今琼海)为中心,包括临高、澄迈、定安、琼山、文昌、万宁、陵水、崖县(今三亚)等县全部或一部分的琼崖根据地。11月25日成立陵水县苏维埃政府,12月成立琼山县苏维埃政府。民国十七年4月15日,琼崖特区第一次人民代表大会在乐会县四区高岜村召开,宣布成立琼崖特区苏维埃政府。5月,迁驻定安田瑞山。民国二十一年12月,琼崖红军独立第二师溃败,根据地失守,该政府解体。

民国十八年12月11日,中共中央代表邓小平、张云逸及广西特委领导百色起义,占领广西右江流域的恩隆(今田东)、百色、隆安等11县,11日、12日两天,在恩隆县平马镇召开右江特区工农兵代表大会,宣布成立右江特区苏维埃政府,下属恩隆等12县的苏维埃政府也相继成立。民国十九年2月1日,邓小平、李明瑞、俞作豫领导广西警备大队第五大队在龙州起义,占领左江流域的龙州、宁明、靖西等10余县,成立红八军和左江革命委员会。5日,红八军退出左江流域,编入红七军。11月中旬,红七军奉命离开右江根据地,转移至湘赣边,韦拔群、陈洪涛率红二十一师坚持根据地斗争。民国二十年3月20日,东兰县城失守,政府移至西山。8月,右江苏维埃政府改为右江革命委员会。民国二十一年6月,在天峨县改建为黔桂边革命委员会。

民国二十三年10月，由于第五次反"围剿"失败，中央苏区和南方其他苏区相继丧失，红军被迫北上长征，中华苏维埃共和国政府也随之北迁，同时在中央苏区设立苏维埃中央政府办事处，以陈毅为主任。

民国二十一年12月24日，陕甘游击队改编为红二十六军四十二师第二团，开辟以耀县照金为中心，包括栒邑、淳化、耀县、同官（今铜川）、宜君5县边界山区的照金根据地。民国二十二年4月5日，召开陕甘边特区第一次工农兵代表大会，成立陕甘边特区革命委员会。10月上旬，照金苏区失守。红军转战庆阳、合水地区，开辟以南梁为中心的陕甘边根据地。民国二十三年2月25日，陕甘边特区第二次工农兵代表大会在四合台召开，改组特区革命委员会。10月底，陕甘边特区行政区域已扩大到陕甘边的16个县。民国二十三年11月1日至7日，陕甘边特区第三次工农兵代表大会在南梁荔园堡举行，成立陕甘边特区苏维埃政府。民国二十四年11月3日，改组为陕甘省苏维埃政府。

另一方面，从民国二十二年5月至二十三年4月，在陕北特委领导下，陕北地区先后建立红军陕北游击第一至六支队，在延川、神府（神木、府谷）、葭县（今佳县）、吴堡、清涧、绥德等地建立了一些小块根据地。民国二十四年1月，成立红二十七军；同时各根据地连成一片。民国二十四年1月29日至31日，陕北特区第一次工农兵代表大会在安定县白庙岔召开，成立陕北特区苏维埃政府，辖14县。是年11月3日改组为陕北省苏维埃政府，辖9县。

中央红军长征到达陕北后，于民国二十四年11月成立中华苏维埃共和国中央政府西北办事处；同时，将陕甘苏区划分为陕北省、陕甘省、关中特区、神府特区和三边特区。

民国二十三年10月28日，红二、六军团自黔东出发，发动湘西攻势，先后攻占永顺、大庸、桑植县城。11月26日，成立湘鄂川黔省革命委员会。民国二十四年11月19日，红二、六军团被迫退出根据地，经湘中折向西行，民国二十五年1月中旬进入贵州东部。2月7日改组湘鄂川黔革命委员会为川滇黔省革命委员会。3月下旬，红二、六军团北上西康甘孜与红四方面军会合，川滇黔省革命委员会结束。

第二节 抗日战争时期

华北事变后，抗日救亡成为整个中华民族的首要任务。民国二十四年（1935）12月，中共中央在陕北瓦窑堡召开政治局会议，制定了抗日民族统一战线的策略,决定将"工农共和国"改为"人民共和国",使之成为代表全中华民族的政权。民国二十五年8月25日,中共中央在《中国共产党致中国国民党书》中又提出与国民党中央共同建立全国统一的民主共和国的主张:"全中国统一的民主共和国建立之时,苏维埃区域即可成为全中国统一的民主共和国的一个组成部分,苏区人民的代表将参加全中国的国会,并在苏区实行与全中国一样的民主制度。"①西安事变和平解决后,全国停止内战。中共中央于民国二十六年2月10日致电国民党五届三中全会,提出5项要求和4项保证,表示只要国民党停止内战、一致抗日,并在全国实行广泛、真正的民主,则中共将取消两个政权的对立,将工农政府改名为中华民国特区政府,接受南京中央政府的指导。2月24日,中共中央政治局常委决定由林伯渠负责筹建陕甘宁边区政府。次月,陕甘宁苏区改为陕甘宁特区。9月6日,原中华苏维埃共和国中央政府西北办事处正式改称为陕甘宁边区政府。此后,中国共产党领导八路军、新四军和其他人民抗日武装,深入敌后,先后建立了晋察冀、晋冀鲁豫、晋绥等抗日根据地。各抗日根据地都建立了民主政权。到民国三十四年,根据地总面积约95万平方公里,人口9550余万,共建立行政公署24个、专员公署104个、县政府678个。

一、陕甘宁边区②

陕甘宁边区是抗日战争时期一块非常重要的模范抗日根据地。它北起陕北的府谷、横山,南达陕中的淳化、栒邑,东临黄河,西至甘肃的固原和宁夏的豫旺堡,南北约900华里,东西约800华里,包括陕西、甘肃、宁夏相接的各一部分,总计有23个县,人口约150万。民国二十六年(1937)7月17日,经国共双方代表在庐山会谈,国民党承认陕甘宁边区。9月6日,中国共产党根据国共协议,宣布撤销中华苏维埃共和国中央政府,将西北办事处改为陕甘宁边区政府,首府驻延安。10月12日,国民政府行政院第333次会议通过决议,确认陕甘宁边区为行政院直辖区域。11月10日,边区政府发出《关于统一各级政府名称的通令》,决定将陕甘宁边区政府改名为陕甘宁特区政府③。民国二十七年1月,陕甘宁特区政府复改名为陕甘宁边区政府。

---

① 《中国共产党致中国国民党书》,《中共中央文件选集》第11册,中共中央党校出版社,1991年,第83页。
② 本节依据《陕甘宁边区政府大事记》(档案出版社,1991年)编写。
③ 《陕甘宁特区政府通令——关于统一政府名称问题》(1937年11月10日),《陕甘宁边区政府文件选编》第一辑,档案出版社,1986年,第30页。

民国二十八年2月12日，边区政府呈请国民政府鉴核陕甘宁边区行政区域，"陕甘宁边区现在实际管辖者为下列各县……计开肤施、甘泉、富县、延长、延川、安塞、安定、保安、靖边、定边、淳化、栒邑（以上陕境）、正宁、宁县、庆阳、合水、环县（以上甘境）、盐池（以上宁夏），另有神木、府谷之一部分"；并请将早已划归八路军河防部队驻守，且与边区有历史联系的清涧、米脂、吴堡、绥德、佳县等5县划归边区管辖，同时放弃民国二十六年12月将洛川、镇原、固原、海原、靖远等环绕边区的县划入边区的要求①。民国二十八年冬至二十九年春，国民党军占据淳化、栒邑（今旬邑）、正宁、宁县、镇原等5县县城和边区边境的16个区、48个乡，边区辖地略有缩小。

民国三十年12月23日，陕甘宁边区政府公布陕甘宁边区建制，共辖28个市县：延安市及延安、延长、甘泉、安塞、志丹、富县、固临、延川、清涧、葭县、安定（现子长）、靖边、神府、新正、新宁、赤水、淳耀、定边、吴堡、盐池、庆阳、合水、镇原（驻孟坝）、曲子、华池、环县、米脂县。

民国三十一年1月6日，边区政府发布通令，为健全各级行政组织，加强区划的管理，依据人口、富力、自然环境及政治环境等条件与标准，将分区至乡之各级行政区划分别规定为甲、乙、丙三个等级。专区分等如下：绥德、陇东专区为甲等专区，关中专区为乙等专区，三边专区为丙等专区。县分等如下：人口在8万以上者为甲等县，计有绥德、清涧、延安、延川、庆阳、定边等6县；人口在4万以上者为乙等县，计有富县、靖边、安塞、环县、曲子、新宁、镇原、合水、吴堡、淳耀、延长、安定、志丹、延安市等14县、1市；人口在4万以下者为丙等县，计有新正、固临、甘泉、盐池、华池、赤水、同宜耀等7县。区等级如下：人口在7 000以上者为甲等区，人口在4 000以上者为乙等区，人口在4 000以下者为丙等区。乡等级如下：甲等乡，人口至多不逾1 500人，面积纵横不逾10里；乙等乡，人口至多不逾1 000人，面积纵横不逾20里；丙等乡，人口至多不逾1 000人，面积纵横不逾30里。民国三十二年10月，取消乡的分等。

陕甘宁边区实行边区、分区、县三级行政制度。民国二十九年5月6日，边区政府为提高各分区专员公署领导工作效率，决定各分区专署兼各该所驻县之县政府，即三边分区专署兼定边县县政府，关中分区专署兼新正县县政府，庆环分区专署兼庆阳县县政府。

---

① 《陕甘宁边区政府给国民政府行政院的签呈——呈请鉴核陕甘宁边区行政区域》（民国二十八年12月12日），《陕甘宁边区政府文件选编》第一辑，第165页。

各分区置废情况如下。

关中分区,民国二十六年秋置。

庆环分区,民国二十六年秋置陕甘分区,二十七年初改名,二十九年1月分置陇东分区、环县分区。

陇龙分区,民国二十九年1月析庆环分区置,驻庆阳,辖庆阳、合水、镇原等3县,民国二十九年7月边区政府第32次政府委员会议决定将庆环分区并入。

环县分区,民国二十九年4月20日析庆环分区置,驻环县,民国二十九年8月23日并入陇东分区。

神府分区,民国二十六年秋置,二十八年2月前已废。

定盐分区,民国二十六年秋置三边分区,驻定边,辖盐池、定边、靖边等3县,约二十六年底改名定盐分区,二十八年2月后改名三边分区。

绥德分区,民国二十九年设。

延属分区,民国三十一年12月27日置。

县的置废情况如下:民国二十六年9月废赤安县,依旧县界划归保安、环县、华池县管辖。民国二十七年3月7日,边区政府第23次主席团会议决定取消固北县,并入环县。民国三十一年5月20日,边区政府命令米脂、葭县分别成立县政务委员会。6月16日,边区政府以华池、定边、靖边、志丹4县交界地区置吴旗县,属三边分区管辖。8月,新划的鄜县县政府成立。民国三十三年1月1日成立米脂县政府和葭县政府,改绥西办事处为子洲县。5月,边区政府第74次政务会议决定成立南泥湾垦区,由延属专署领导。

另,延安市,民国二十六年10月13日首任市长赴任,治所即今陕西延安市。为边区政府所在地①。民国二十九年12月13日,边区政府第42次政府委员会议决定延安市辖区,东至桥儿沟,北至杨家湾中央医院,西至裴庄侯家沟门,南至阳马家沟、背马家沟。民国三十一年11月3日属延属分区。

二、晋察冀边区②

晋察冀边区是八路军进入华北抗日前线所创立的第一个敌后根据地,地

---

① 《陕甘宁边区政府命令——成立延安市政府》(1937年10月),《陕甘宁边区政府文件选编》第一辑,第28页。
② 本节有关专署与县级行政区划的变化,除注明出处的以外,均据谢忠厚、居之芬、李铁虎《晋察冀抗日民主政权简史》(河北人民出版社,1985年)一书。

跨山西、河北、察哈尔、热河、辽宁5省,位于同蒲路以东、津浦路以西,张家口、多伦、锦州以南,正太、德石路以北。边区共分北岳、冀中、冀热辽3区。

民国二十六年(1937)七七事变后,抗日战争全面爆发。7月底,北平、天津沦陷。8月27日,察哈尔省府所在地张家口沦陷。9月17日,毛泽东致电朱德、彭德怀、任弼时等,对八路军进入华北后的活动与进军区域作了明确指示。遵照这一指示,一一五师进入山西省东北部五台地区。10月10日,华北重镇石家庄沦陷。23日,中央中央军委华北军分会决定:八路军一一五师主力南下驰援娘子关,一一五师副师长兼政委聂荣臻率独立团、骑兵营和两个不完整的连,约两千人留守五台,开展敌后游击战争。独立团收复涞源、广灵、繁峙、灵丘、蔚县等县城,开辟了雁北、察南游击区。骑兵营收复曲阳、完县、唐县等县城,开辟了冀西游击区。11月7日,奉八路军朱德总司令、彭德怀副总司令电令,晋察冀军区宣告成立,聂荣臻任军区司令员兼政委。11月8日,山西省会太原沦陷。12月5日,晋察冀边区军政民代表大会筹备处在河北阜平县成立,着手筹建边政府。

民国二十七年1月10日,晋察冀边区第一届军政民代表大会在河北阜平县召开。14日通过《晋察冀边区军政民代表大会宣言》:"边区临时行政委员会,是以民族统一战线的政权形式,包含着各党、各派、各阶层及各种民族分子。他的实际内容是贯彻抗日与真正民主。在行政的体系上,也是中华民国的地方政府,服从中央政府的领导,经过中央政府的批准,接受中央政府的法律与命令。在将来收复全部失地,恢复晋察冀三省政权的时候,边区临时行政委员会的任务,即告终结。"①15日,大会选举产生了晋察冀边区行政委员会,即边区政府。边区军政民代表大会后,经阎锡山转呈,国民政府行政院和军事委员会于民国二十七年1月31日正式批准晋察冀边区行政委员会,并任命了各委员。

边区行政委员会成立后,将所辖区域划分为3个行政区,其领导机构为政治主任公署。

晋东北行政区,初设晋东北政治主任公署,不久即改置晋东北行政督察专员公署,简称"专署",由边区行政委员会直接管辖。专署下辖20个县。民国二十七年9月,阎锡山将雁北、灵丘等八九个县抢夺去,成立山西省"第十一专署"。9月22日,边区政府在该处置察南雁北办事处,以加强边区对雁北察南

---

① 《晋察冀边区军政民代表大会宣言》,《晋察冀抗日根据地史料选编》上册,河北人民出版社,1983年,第4页。

地区的领导。民国二十八年10月，打退国民党第一次反共高潮后，部分地区重归边区控制。

冀西行政区，民国二十七年秋粉碎日军围攻后，下设3个专署。至年底，撤销冀西政治主任公署，各专署直隶于边区行政委员会。民国二十八年3月，在平西设冀西第四专区。

冀中行政区，民国二十七年4月1日建政治主任公署，驻安平。同年秋，下设4个专署。民国二十八年2月，在日军对冀中实行五次围攻的紧急形势下，建立起各分区的军政民领导机关，并新设了冀中五专署。民国二十九年3月20日，裁撤冀中政治主任公署，改设冀中行署。各专署间的辖县，因形势的变化而经常有调整。由于敌我力量的消长，各专署的辖境也经常有变化，时大时小。

民国二十七年9月20日，日寇在"中攻武汉，南取广州，北围五台"的作战方针下，调集5万兵力，分25路向晋察冀边区五台、涞源、阜平中心地区围攻。经过边区军民45天的浴血奋战，日寇仅占领了完县、唐县、曲阳、五台、灵丘、涞源6个县城。10月13日，彭真在《解放》杂志第55期发表《论晋察冀边区抗日根据地的政权》一文，介绍了边区政权一年来不断壮大发展的过程：经过我军的英勇战斗，晋察冀边区已经成为华北坚强的抗日游击根据地之一，"已经由原来五台、阜平、灵丘等县的狭小地区，扩大发展至冀中，东至津浦，西至同蒲，北至北宁、平绥，南至沧石、正太这几条交通要道中间的广大领土。附近过平汉路一条狭窄的线和其附近的县城以外，在其他大小七十一个完整的或不完整的、巩固的或不甚巩固的县份内，我们的抗日部队已先后驱逐了敌寇的军队，摧毁了敌寇的伪政权，恢复了中华民国的政权"；并形成了一个完整的行政体系，"在边区政府下，在冀中、冀西、晋东北和察南，又划为七个行政区，设有七个专员，专员下共有四十五个县政府，八个联合县政府（管辖十八个县）和八个县佐（管辖着八个不完整的县）。县以下区有民选的区长，村有民选的村长"①。至民国二十八年7月，"从三十六个残缺不完[整]的县政府发展到今天，边区政府之下有两个政治主任公署，九个专员公署，六十七个县政府，五百三十六个区公所"②。

民国二十八年10月，日寇集中两万兵力进行冬季大"扫荡"，我军被迫转入外线作战，除阜平外，边区其他县城均被敌人占领。

---

① 《晋察冀抗日根据地史料选编》上册，第4页。
② 《晋察冀边区政权工作检讨总结》，《晋察冀抗日根据地史料选编》上册，第148页。

民国二十九年夏天,边区行政委员会结合民主大选运动,根据《晋察冀边区行政督察专员公署组织大纲》,将所辖各专署按整个边区统一顺序进行编排。晋东北为第一、第二专署,冀西设第三至第六专署,冀中置第八至第十一专署。民国二十九年上半年,由于冀东游击战争的蓬勃开展和冀热察挺进军向平北的胜利进军,开辟了冀东、平北游击根据地。至民国二十九年夏,包括冀中、平北在内,边区共辖有 90 余县①。

边区行政委员会决定在冀东设第十三专署,在平北设第十四专署。民国二十九年 12 月 26 日,为加强对冀热察地区的行政领导,边区行政委员会设立冀北办事处,领导平西第六专署、十一专署和平北第十四专署。至此,边区行政委员会下共设 1 个冀中行署、1 个冀北办事处、13 个专署和 90 余个县政府。民国三十年,冀北办事处下辖的第十一专署复归冀中行署管辖。

太平洋战争爆发后,日寇为把华北变成"大东亚战争的兵站基地",加紧对华北抗日根据地的疯狂"扫荡"和掠夺。民国三十一年 4 月 1 日起,日寇对冀东抗日根据地进行了残酷的春季大"扫荡"。至民国三十一年夏,冀东的平原根据地变为游击区和敌占区,晋北的一、二专区和冀西平原根据地也大部分变为游击区。至此,晋察冀边区抗日根据地的巩固区大为缩小,游击区占了百分之八十以上。

民国三十二年,为了应对边区面临的严重困难,边区政府对行政机构实行精简,加强领导。2 月 26 日,边区行政委员会决定撤销冀北办事处,将第十四专署改设平北办事处,由第六专署就近领导。7 月 1 日,又裁撤第十三专署,在冀东设冀热边行署,下辖 5 个专署。8 月,撤销冀中行署,各专署直属边区行政委员会领导。至此年底,晋察冀边区行政委员会直接管辖 11 个专署,冀热边行署管辖 5 个专署。

民国三十三年,苏联军队对德国法西斯发动了总反攻。日寇为打通从中国东北穿过华北、华中和华南,直达东南亚的大陆交通线,对河南、湖南和广西的国民党政府控制区进攻。同年秋季,北岳、冀中形势好转,冀东根据地也有所发展,抗日战争进入局部反攻阶段。为适应这一新形势,边区行政委员会于 9 月 30 日决定,设立冀晋、冀察、冀中、冀热辽 4 个区行署。冀晋区辖第二、三、五专署;冀察区辖第一、十一、十二专署,后在察南地区设立第十三专署;冀

---

① 《晋察冀边区行政委员会关于胜利完成各级选举的批示信》,《晋察冀抗日根据地史料选编》上册,第 337 页。

中区辖第六、七、八、九、十专署；冀热辽区（民国三十四年1月由冀热辽行署改建）辖第十四、十五、十六、十七、十八专署。

民国三十四年8月15日，日本帝国主义宣布无条件投降，抗日战争胜利。8月23日，察哈尔省会张家口市解放。同日，边区行政委员会通令成立张家口市政府，为边区政府直辖市。至此，晋察冀边区抗日民主政权行政区域包括察哈尔省、热河省、河北省大部、山西省东北部、绥远省东部和辽宁省西部，设有4个行署区、1个边区直辖市、19个专区和140多个县。

民国二十七年至三十四年8月晋察冀边区政区沿革见表17—24。

表17　民国二十七年（1938）晋察冀边区政区表

行政区	专　　署	辖　　　县
	晋东北专署	五台、孟县、繁峙、代县、定襄、忻县、崞县、平定、寿阳、灵丘、广灵、浑源、应县
冀西政治主任公署	一专署	蔚县、涞源、易县、满城、徐水（西）
	二专署	阜平、曲阳、完县、望都、唐县、定县（北）
	三专署	平山、灵寿、井陉、获鹿、行唐、新乐（西）
冀中政治主任公署	一专署	深县、饶阳、武强、肃宁、河间、献县、沧县、青县、交河
	二专署	安平、蠡县、博野、安国、正定、深泽、无极、新乐（东）、定县（南）
	三专署	任丘、大城、文安、新镇、霸县、永清、静海、安次
	四专署	高阳、清苑、徐水（东）、雄县、容城、新城、固安、新安

表18　民国二十八年（1939）晋察冀边区政区表

行政区	专　　署	辖　　　县
	晋东北专署	五台、孟县、繁峙、代县、定襄、忻县、崞县、平定、寿阳
	雁北察南办事处	灵丘、广灵、浑源、应山
	一专署	蔚县、涞源、易县、满城、徐水（西）、定兴
	二专署	阜城、曲阳、完县、唐县、定县（北）、望都
	三专署	平山、灵寿、井获、行唐、新乐（西）

续　表

行政区	专署	辖　　县
	四专署	宛平、房良、宜涿怀、涞涿（县）、涞涿（办）
冀中政治主任公署	一专署	深县、饶阳、武强、献县、交河
	二专署	安平、博野、安国、定县（南）、深泽、无极、新乐（东）
	三专署	任丘、大城、文安、河间、青县、建国
	四专署	高阳、清苑、徐水（东）、肃宁、容城、安新、新安、蠡县
	五专署	新城、安次、霸县、静海、雄县、固安、永清、新镇
	冀东办事处	丰滦迁

表19　民国二十九年（1940）晋察冀边区政区表

行署	专署	辖　　县
	一专署	五台、孟平、代县、定襄、忻县、崞县、寿阳、阳曲、榆次
	二专署	灵丘、广灵、繁峙、浑源、应山
	三专署	涞源、易县、龙华、满城、徐水、定兴
	四专署	阜平、曲阳、完县、唐县、定北、望都
	五专署	平山、灵寿、井陉、平定、行唐、正定、建屏
冀北办事处	六专署	昌宛、宜涿怀、蔚县、房涞涿、涞涿（办）
	十四专署	龙延怀、龙赤、昌延、丰滦密
	十一专署	新城、安次、霸县、静海、雄县、固安、永清、新镇
冀中行署	七专署	深南、晋县、藁城、赵藁栾、束北、束冀、宁晋、藁正获
	八专署	安平、安国、定县、晋北、深北、深无、藁无、新乐
	九专署	任河、大城、文新、饶阳、武强、河间、青县、建国、献县、交河、献交
	十专署	高阳、清苑、肃宁、博野、安新、蠡县、任丘
	十三专署	遵玉丰、平密兴、蓟宝三、丰滦迁、遵化、迁遵兴

表20 民国三十年(1941)晋察冀边区政区表

行 署	专 署	辖 县
	一专署	五台、孟县、定襄、代县、山阴、忻县、寿阳、阳曲、榆次、崞县
	二专署	灵丘、广灵、繁峙、浑源、应县
	三专署	涞源、易县、龙华、满城、徐水、定兴
	四专署	阜平、曲阳、完县、唐县、定北、望都
	五专署	平山、灵寿、井陉、平定、行唐、正定、建屏
冀北办事处	六专署	昌宛、蔚县、昌宛房、房涞涿、涞水
	十四专署	龙延怀、龙赤、龙崇直、昌延、丰滦密、滦昌怀
冀中行署	七专署	深南、晋藁、赵城、栾城、赵元宁、深束、束冀、宁晋、藁正获
	八专署	安平、安国、定南、束晋、深北、晋深极、藁无、新乐
	九专署	任河、大城、饶阳、武强、献交、河间、青县、建国、献县、交河
	十专署	高阳、清苑、肃宁、博野、安新、蠡县、任丘、之光
	十一专署	文新、第一联合县、第二联合县、第三联合县
	十三专署	遵玉丰、平三密、蓟宝三、迁滦卢、丰滦迁、迁遵兴、迁青平、承滦兴、丰玉宁

表21 民国三十一年(1942)晋察冀边区政区表

行 署	专 署	辖 县
	一专署	五台、孟平、孟阳、定襄、代县、忻县、寿阳、崞县、山阴
	二专署	灵丘、广灵、繁峙、浑源、应县
	三专署	涞源、易县、龙华、满城、徐定
	四专署	阜平、曲阳、完县、云彪、唐县、定唐、望定
	五专署	平山、灵寿、井陉、平定、行唐、正定、建屏
冀北办事处	六专署	蔚县、昌宛房(县佐)、房涞涿、涞水、昌宛房
	十四专署	龙延怀、龙赤、龙崇直、昌延、丰滦密、滦昌怀

续 表

行 署	专 署	辖 县
冀中行署	七专署	栾城、宁晋、赵元宁、藁正获、赵县、深南、深束、束冀、晋藁
	八专署	安平、安国、定南、束晋、新乐、深北、藁无、晋深极
	九专署	大城、饶阳、武强、交河、献交、河间、青县、献县、建国、任河
	十专署	高阳、清苑、肃宁、博野、安新、蠡县、任丘、之光
	十一专署	第一、第二、第三联合县,文新
	十三专署	遵玉丰、平三密、蓟宝三、丰玉宁、丰滦昌乐、迁滦丰、迁遵兴、迁青平、承滦兴

表22 民国三十二年(1943)晋察冀边区政区表

行 署	专 署	辖 县
北岳区	一专署	五台、孟平、孟阳、孟寿、寿阳、寿东、忻县、定襄、山阴、代县、崞县
	二专署	灵丘、广灵、繁峙、浑源、应县
	三专署	涞源、易县、龙华、定易涞、满城、徐定、徐涞定
	四专署	阜平、曲阳、完县、云彪、唐县、定唐、望定
	五专署	平山、灵寿、井陉、平定、行唐、正定、建屏
	六专署	蔚县、昌宛房、蔚阳宣、房涞涿、涞水、怀涿
	平北办事处	龙延怀、龙赤、昌延、龙崇宣
冀中区	七专署	栾城、赵县、宁晋、深南、深束、束冀、晋藁、藁正获、赵元宁
	八专署	安平、安国、新乐、定南、深北、束晋、藁无、晋深极
	九专署	饶阳、武强、交河、献县、献交、河间、大城、青县、建国、任河
	十专署	博野、蠡县、肃宁、任丘、高阳、安新、清苑、之光
	十一专署	第一联合县、第二联合县、第三联合县、文新

续 表

行 署	专 署	辖 县
冀热边行署	一专署	丰滦密、平三蓟、承兴密、蓟遵兴
	二专署	迁滦丰、承青遵、迁青平、承青(办)、青平(办)
	三专署	迁卢抚昌、临抚昌、凌青绥
	四专署	丰滦、昌乐、滦卢
	五专署	遵玉丰、武宝宁、遵化、玉蓟宝、丰玉宁

表23 民国三十三年(1944)晋察冀边区政区表

行 署	专 署	辖 县
冀晋区行署	二专署	五台、孟县、阳曲、榆次、忻定、崞县、寿阳
	三专署	阜平、曲阳、完县、唐县、定北、云彪
	四专署	平山、灵寿、井陉、平定、行唐、正定、建屏
	五专署	灵丘、繁峙、代县、浑源、应县、山阴
冀察区行署	一专署	涞源、易县、龙华、满城、徐水、定易涞
	十一专署	昌宛、昌宛怀、宣化(办)、房涞涿、涞水
	十二专署	龙延怀、龙赤、龙崇宣、昌延、龙崇赤、滦昌怀顺
	十三专署	广灵、怀阳、阳蔚、怀涿、蔚涿宣
冀中区行署	六专署	赵县、宁晋、深束、藁南、束冀、高元、栾正获
	七专署	安平、安国、定县、新乐、博野、清苑、束晋、藁无、晋深极
	八专署	饶阳、武强、交河、献县、献交、任河、河间、大城、青县、建国、青沧交
	九专署	蠡县、肃宁、任丘、高阳、安新、武清、天津、文安、新镇、静大、白洋、津南、津沽
	十专署	容城、雄县、霸县、永清、固安、新城、大兴、定新、安次、新涿、涿良宛

续 表

行　署	专　署	辖　　县
冀热边行署	一专署	丰滦密、平三蓟、承兴密、蓟遵兴
	二专署	迁滦丰、迁遵青、承青、青平、迁青平
	三专署	迁卢抚昌、临抚昌、迁卢青、凌青绥
	四专署	丰滦、昌乐、滦卢
	五专署	遵玉丰、武宝宁、遵化、玉蓟宝、丰玉宁

表 24　民国三十四年(1945)8 月晋察冀边区政区表

行　署	专　署	辖　　县
冀晋区行署	二专署	五台、孟县、阳曲、榆次、忻定、崞代、寿阳
	三专署	阜平、曲阳、完县、唐县、定北、云彪
	四专署	平山、灵寿、井陉、平定、行唐、正定、建屏
	五专署	灵丘、繁峙、代县、怀仁、大同、浑源、应县、山阴、阳高、兴和
冀察区行署	一专署	涞源、易县、龙华、满城、徐水、易定涞
	十一专署	昌宛、昌平、涿鹿、房山、涞水、良乡
	十二专署	龙关、延庆、宣怀、赤城、崇礼、昌平、怀顺、滦平、丰宁、丰滦密
	十三专署	广灵、怀安、蔚县、阳原、宣化、万全、天镇
冀中区行署	六专署	藁南、赵县、高元、栾正获、深束、束冀、宁晋
	七专署	安平、安国、定县、束晋、博野、晋深极、藁无、新乐、清苑
	八专署	任河、大城、饶阳、武强、献交、青沧交、河间、青县、建国、献县、交河
	九专署	高阳、肃宁、白洋、文安、新镇、静大、武清、安新、蠡县、任丘、津南、天津、津沽
	十专署	新城、安次、霸县、容城、大兴、涿良宛、雄县、固安、永清、新涿、定新

续 表

行　署	专　署	辖　　县
冀热边行署	一专署	平三蓟、三通香、蓟县(办)、承兴密、三通顺
	二专署	迁滦丰、蓟遵兴、遵化、兴隆、迁青平
	三专署	迁安、卢龙、抚宁、昌黎、临榆、建昌
	四专署	丰滦、乐亭、滦卢、滦昌
	五专署	遵玉丰、香武宝(办)、武通(办)、丰玉宁、玉遵、玉蓟

说明：表中"(办)"指县级办事处，"(东)"、"(南)"等指抗日政权管辖的该县的区域。

资料来源：以上各表均来源于谢忠厚、居之芬、李铁虎纂：《晋察冀抗日民主政权简史》附录3《晋察冀边区行政区划一览表(1938—1945.8)》，河北人民出版社，1985年。

三、晋冀鲁豫边区

晋冀鲁豫边区包括晋冀豫、冀鲁豫两个战区。晋冀豫区包括山西的东南部、河北的西南部，面积约294 000平方华里，人口约700万。冀鲁豫区包括河北的南部、山东的西部、河南的北部，以及江苏陇海路以北一小部分，面积约315 000平方华里，人口约1 800万。

民国二十六年(1937)11月，一二九师遵照中共中央的批示，开始创建以太行山为依托的晋冀豫根据地。民国二十七年4月起，一二九师分兵进入冀西、冀南、豫北等平原地区，并正式成立了晋冀豫军区，建立了晋冀豫根据地。同年8月，召开冀南各县代表会议，成立冀南行政主任公署。民国二十九年4月，成立了冀鲁豫军区。6月，建立了冀南军区、太行军区和太岳军区。8月，成立了冀南、太行、太岳行政联合办事处，作为过渡性质的全区统一政权组织。民国三十年1月，成立冀鲁豫边区行政主任公署。3月，联合办事处第二次行政会议决定接受中共中央北方局关于成立晋冀鲁豫边区临时参议会的建议。7月19日，在辽县举行的临时参议会第四次大会通过决议成立晋冀鲁豫边区政府，下辖198个县，并通过了《晋冀鲁豫边区政府组织条例》及《晋冀鲁豫边区县政府组织暂行条例草案》等关于政权组织的法令，确定了各级政权的具体组织办法。

四、晋绥边区

晋绥边区抗日根据地，包括山西西北部和绥远东南部，东起平绥(今京包)、同蒲铁路,西至黄河,南迄汾(阳)离(石)公路,北达绥远之包头、百灵庙、武川、陶林,最大时面积达33.1万平方公里,人口达322万,中心区域为晋西北之兴县、临县、河曲、保德、偏关、岢岚一带。它是陕甘宁边区通向华北、华中各敌后抗日根据地的重要通道,又是保卫陕甘宁边区的重要屏障。

从民国二十七年开始,八路军一二〇师粉碎日军的几次围攻后,建立了晋西北根据地。民国二十九年1月,在兴县召开各界代表会议,通过六大施政纲领,成立新的山西省第二游击区行政公署,驻兴县。民国三十年7月31日,第二游击区行政公署第14次政务会议决定自8月1日起改称晋西北区行政公署。公署下先后设立8个行政督察专员公署区。民国三十一年10月22日至11月11日,晋西北区临时参议会在兴县召开,通过《晋西北参议会组织条例》《晋西北行政公署组织大纲》,选举了相关行政机构,仍设置8个专署。

在开辟晋西北根据地的同时,一二〇师一部又开辟了大青山根据地。民国二十九年8月,在武川县八区西果村召开了绥察各族、各界、各党派抗日力量代表会议,决定成立晋绥游击区行政公署绥察行政办事处,下辖绥西、绥中、绥南、绥东、雁门(民国三十年4月撤归晋西北区)5个专署。大青山根据地后来与晋西北抗日根据地逐步连成一片,成为晋绥边区抗日根据地。民国三十年开始,晋绥边区进行了普选,按"三三制"原则,经过民主选举,产生了各级抗日民主政府。民国三十年4月15日,绥察行政办事处改组为绥察行政公署,下辖绥西、绥中、绥南3个专区,并批准了萨拉齐、固阳、武川、陶林等9个县政府。民国三十一年8月,中共中央晋绥分局兴县会议决定将绥远、雁门两区合并成立塞北区,绥察行政公署改组为塞北行政公署,驻晋西北偏关。

民国三十二年11月,晋西北行政公署与塞北行政公署合并改称晋绥边区行政公署,下辖晋西北的8个专署和塞北行署。民国三十四年7月15日调整行政区划,新设吕梁、雁门两个行署和绥蒙政府,其中绥蒙政府与雁门行署辖境即原塞北行政公署辖境,下辖11个专署。

五、山东抗日根据地与华中、华南抗日根据地

山东抗日根据地以山东省沂蒙山区为中心,包括鲁中、鲁南、胶东、泰(山)西、(微山)湖西、清河、冀鲁边、鲁西北、鲁东南等数小块根据地。它在山东地方党组织领导下,经过人民武装起义和游击战争,得到了初步的开辟。

民国二十七年(1938)冬至二十八年冬,八路军一一五师进入山东,粉碎日伪的扫荡,正式建立起了山东抗日根据地。到民国二十九年底,该抗日根据地发展为大小10块,包括了95个县、14个专员公署、1个行政公署。此年7月,

山东省召开"联合大会",选举成立了山东省临时参议会,并由参议会选举成立了行使政府职权的山东省战时工作推动委员会,统一了全省民主政权的领导。民国三十二年8月,山东战时工作推行委员会改称山东省战时行政委员会。民国三十四年8月,行政委员会改称山东省政府,下辖100多个县,人口2000万以上。

抗日战争时期,新四军挺进华中敌后,建立了华中敌后抗日根据地。民国二十九年至三十四年春,华中抗日根据地先后成立了苏中行政委员会、鄂豫边行署、苏南行署、淮北行署、苏北行署、淮海行署、皖中行署、浙东行政委员会、河南行署、湘鄂赣边区行署。华中抗日民主政权共辖有100多个县,3 000万人口。

华中区的重要组成部分——鄂豫边区,包括土地革命战争时期鄂豫皖、湘鄂西、湘鄂赣三大革命根据地的大部分地区,东达浙、赣、苏、皖,西临川、陕,南连湘、贵,北通冀、鲁。边区拥有9万平方公里的土地,1 300万人口,是抗日战争时期具有重要战略地位的根据地。抗战之初,中共中央决定成立鄂豫皖省委,并派出一批干部深入该地区发动人民起来抗日。民国二十七年中原局派出由李先念为司令的一支独立游击队,南下鄂豫敌后,统一领导当地的各种抗日武装,建立民主政权。在中国共产党的推动下,民国二十七年11月,国民党第五战区成立了鄂豫边抗敌工作委员会。它是一个国共合作的统一战线性质的政权雏形组织。民国二十九年9月,鄂豫边第一次军政代表大会召开,按三三制原则,成立了鄂豫边区军政联合办事处,下设民政、财政、教育、人事、建设、公安、司法等处。民国三十年3月底4月初,鄂豫边军政第二次代表大会召开,通过选举正式成立了边区行政的最高领导机构——边区行政公署,并通过了《鄂豫边区各级代表大会组织条例》《鄂豫边区行政公署组织条例》《鄂豫边区各级政府组织条例》等法令,进一步完善了边区的各级政权机构。

此外,广东人民抗日游击队东江纵队、琼崖人民抗日游击队独立纵队等武装,还先后创建了琼崖、东江和珠江等抗日游击根据地。民国三十年,琼崖东北区抗日民主政府在海南岛成立。同年9月,广九路西专员公署在东江成立。华南抗日民主政权共约有300万人口。

第三节 解放战争时期

抗日战争胜利后,中国共产党领导的解放区得到进一步巩固和扩大。在东北地区,从民国三十四年(1945)8月至三十五年5月,相继建立起11个省政府,下辖160多个县,2 700万人口,成为当时中共领导下的最大的一个解放区。在晋察冀,民国三十四年11月成立热河和察哈尔两个省政府。在华东,苏中、苏北、淮南、淮北4解放区合并为苏皖边区,于民国三十四年11月成立边区政府,下辖72市县。随着人民解放战争的胜利,解放区面积不断扩大,原来分散、隔离的小块解放区逐渐连成一片。为了加强集中、统一、有效的领导,中共中央决定将原来分立的各边区政权合并为若干个大行政区的人民民主政权,主要有东北人民政府、华北人民政府、陕甘宁边区政府、中原临时人民政府、山东省人民政府、苏皖边区政府、华中行政办事处等。

一、东北解放区

民国三十四年8月15日日本投降后,中共领导的军队迅速进入东北,领导人民粉碎敌伪残余,建立各级民主政权。对于苏联军队驻扎及国民党利用苏军驻扎条件而"接收"的大城市,则暂时不去接收,曾一度接收沈阳,马上又退出;而对于一切被敌伪残余势力控制的地方政权,则立即接收。东北局向各省,省向下属各市县派遣的干部到达地方以后,立即酝酿召开参议会或代表会,选出省长、市长和县长。至民国三十四年末,原伪满洲国各省级政权均已接收完毕。民国三十四年10月13日,奉天省民主政府成立。11月14日,嫩江省民主政府成立。11月3日,安东省民主政府成立。民国三十五年5月5日,松江省民主政府成立。随后相继在吉林、龙江、辽北、热河、合江、兴安、绥宁等省也成立了省民主政府。至该年5月,东北解放区先后成立11个省政府、2个特别市及旅大的2个市政府。这一个阶段的特点,是中共军队迅速接收旧政权,建立人民民主政权,人民民主政权的行政范围大多数与旧政权的控制区域相同,新增设的行政区划较少。

民国三十四年10月,东北各地人民代表在沈阳召开会议,准备建立整个东北地区的民主政权。11月,国民党军队大举向东北解放区进攻,形势发生很大变化,会议暂时休会。

民国三十五年7月以后,东北地区处于暂时休战的状态。为了加强政权建设和统一对东北解放区的行政领导,8月6日,东北各省代表联席会议在哈尔滨召开。8月11日,会议通过了《东北各省市(特别市)民主政府共同施政纲领》《东北各省市(特别市)行政联合办事处组织大纲》,选举产生了东北行政委员会委员。《组织大纲》规定,东北各省市(特别市)行政联合办事处是东北地区的最高行政机构,办事处设行政委员会,简称"政委会",共由27人组成,为东北解放区最高行政机构,并于15日宣誓就职。此时,东北地区被国民党军队分割成几大块。9月下旬,为统一南满地区行政领导,政委会决定成立东北行政委员会辽东办事处,驻临江县,直接领导辽宁、安东两省及辽南行署。11月23日,成立旅大联合行政办事处,下辖大连县及金县,至民国三十六年4月,改组为关东公署。

在呼伦贝尔地区,于民国三十五年5月成立兴安省民主政府,省府驻王爷庙(今内蒙古乌兰浩特市),直辖兴安、哲里木、那文木仁、呼伦贝尔4盟,共29个旗、县。同年9月,呼伦贝尔盟改为自治区。10月,在海拉尔市成立呼伦贝尔自治政府。民国三十六年4月23日,内蒙古自治政府成立,废省,所辖盟旗并入内蒙古自治区。

至民国三十六年8月,东北行政委员会卜辖松江、合江、辽北、吉林、热河、安东、辽宁、牡丹江、黑龙江、嫩江等10省,冀东和热察两个行署,共46个专区,210个县政府。这一阶段的特点,是东北地区的主要城市和铁路沿线被国民党军队占领,解放区的实际控制区有所缩小,并被分割成几大块。为此,解放区的各级行政区划变化较多,并析频繁,东北政委会设立了派出机构,建立了与省同级的行署。

民国三十七年,东北全境解放,东北解放区进入了一个新的时期。为了更好地完成新时期的经济建设任务,东北政委会于12月9日迁至沈阳办公。此时,东北政委会直辖辽宁、安东、辽北、吉林、黑龙江、嫩江、松江等7个省,沈阳、长春、哈尔滨等3个特别市,以及冀察热辽办事处。冀察热辽办事处下辖热河省、冀东行署、冀热察行署、关东行署。因东北地区已完全解放,民国三十八年1月10日,裁政委会冀察热辽办事处,置辽西省;热河省、辽西省、冀东行署由政委会直接领导。2月6日,政委会决定将各特别市一律取消"特别"两字,改称为某某市,仍归政委会直辖。

民国三十八年4月21日,东北政委会决定将东北解放区重新划分为6省、4直辖市:辽东省(原辽宁、安东两省合并),治安东市,辖5市、28县;辽西省(原辽北、辽西两省合并),驻锦州市,辖4市、21县;吉林省,驻吉林市;黑龙江省(原嫩江、黑龙江两省合并),驻齐齐哈尔市;松江省(原合江、松江省合并),驻哈尔滨市;热河省,驻承德市;以及沈阳市、抚顺市、鞍山市、本溪市等。旅大地区于民国三十八年4月27日召开第一届人民代表大会,将关东公署改为旅大行政公署。

民国三十八年8月27日,东北人民政府第一次委员会召开,东北人民政府宣告成立。

1. 辽东省

民国三十八年(1949)4月21日合并辽宁省、安东省置。

辽宁省的前身为伪满时期的奉天省，民国三十四年10月成立奉天省民主政府，省会驻沈阳市。同年11月25日撤至本溪市。民国三十五年4月，再迁至安东，与安东省政府合署办公。7月，在通化组成新的辽宁省政府。11月，因通化失陷而迁治临江县。民国三十六年6月再迁至梅河口。民国三十七年7月与辽南行署区合并，组成新的辽宁省，将辽宁省所辖之通化地区以及沈海路以南、以东(今沈吉线沈阳至海龙段)地区的通化市，通化、辑安、抚松、长西、柳河、辉南、靖宇等县划归安东省领导，沈海路以西、以北地区的开原、清原、沈铁抚联合县、海龙、东丰、西丰、西安、梨东等县划归辽北省领导，原辽北省所辖之白城子地区各县划归嫩江省管辖。合并后的辽宁省省府驻瓦房店市，辖4市、14县：瓦房店、辽阳、鞍山、营口市，辽阳、海城、岫岩、青城、营口、牛庄、辽中、台安、盘山、复县、庄河、万福、盖平、新金县。民国三十七年12月8日，为适应东北全境解放后新形势的需要，辽宁省政府决定撤销万福、青城、牛庄3县。至此，辽宁省共辖3市、11县：鞍山、营口、辽阳市，海城、辽阳、辽中、台安、盘山、营口、盖平、庄河、岫岩、新金、复县。民国三十八年4月21日与安东省合并为辽东省。

安东省于民国三十四年11月成立民主政府，省会驻安东市，民国三十五年10月24日撤出安东。民国三十六年6月10日，安东收复，复为省会。下辖安东市及新宾、本溪、抚顺、宽甸、赛马、桓仁、凤城、安东、孤山等县。民国三十七年辖安东、孤山、新宾、本溪、扶顺、凤城、赛马、桓仁、宽甸、通化、临江、辑安、抚松、长白、柳河、辉南、靖宇等县和安东市，共计17县、1市①。民国三十八年4月21日与辽宁省合并为辽东省。

辽东省省府驻安东市，辖安东、营口、通化、辽阳、西安5市，庄河、新金、复县、盖平、营口、辽阳、海城、岫岩、孤山、宽甸、抚顺、安东、凤城、桓仁、本溪、西安、海龙、东丰、西丰、清原、新宾、通化、辑安、临江、长白、抚松、靖宇、辉南、柳河29县②。

安东市，治沙河(今辽宁丹东市)。民国三十七年属安东省，次年4月改隶辽东省。

营口市，治营口(今辽宁营口市)。民国三十七年属辽宁省，次年4月改隶

---

① 《黑龙江设治》，第280页。
② 同上书，第283页。

辽东省。

通化市，治通化（今吉林通化市）。民国三十七年属安东省，次年4月改隶辽东省。

辽阳市，治所即今辽宁辽阳市城区。民国三十七年属辽宁省，次年4月改属辽东省。

西安市，民国三十八年4月析西安县城及矿区置，治所即今吉林辽源市。

庄河县，治所即今辽宁庄河市驻地庄河镇。民国三十七年属辽宁省，次年4月改隶辽东省。又，孤山县，民国三十六年6月析庄河、岫岩、凤城、安东4县置。因境内大孤山得名。治大孤山（今辽宁庄河市东北孤山镇），属安东省。民国三十八年4月改属辽东省，6月裁撤，并入凤城、安东、岫岩、庄河4县。

新金县，民国三十四年9月析金县置，治貔子窝（今辽宁普兰店市东皮口）。属辽宁省。民国三十八年4月改隶辽东省。

复县，治瓦房店（今辽宁瓦房店市）。民国三十七年属辽宁省，次年4月改隶辽东省。

盖平县，治所即今辽宁盖州市。民国三十七年属辽宁省，次年4月改隶辽东省。

营口县，民国三十七年析营口市置，治大石桥（今辽宁大石桥市）。属辽宁省。民国三十八年4月改隶辽东省。

辽阳县，治所即今辽宁辽阳市。民国三十七年属辽宁省，次年4月改隶辽东省。

海城县，治所即今辽宁海城市。民国三十七年属辽宁省，次年4月改属辽东省。

岫岩县，治所即今辽宁岫岩满族自治县驻地岫岩镇。民国三十七年属辽宁省，次年4月改隶辽东省。

宽甸县，治所即今辽宁宽甸满族自治县驻地宽甸镇。民国三十七年属安东省，次年4月改隶辽东省。

抚顺县，治所即今辽宁抚顺市。民国三十七年属安东省，次年4月改隶辽东省。

安东县，治沙河（今辽宁丹东市）。民国三十七年属安东省，次年4月改隶辽东省，并迁治大东沟（今辽宁东港市驻地大东镇）。

凤城县，治所即今辽宁凤城市驻地凤城镇。民国三十七年属安东省，次年4月改隶辽东省。

桓仁县,治所即今辽宁桓仁满族自治县驻地桓仁镇。民国三十七年属安东省,次年4月改隶辽东省。

本溪县,治本溪湖(今辽宁本溪市)。民国三十七年属辽宁省,次年4月改隶辽东省,并迁桥头(今辽宁本溪市南桥头)。

西安县,治西安(今吉林辽源市)。民国三十六年6月改隶辽北省,改名北丰县。民国三十七年属辽东省,次年1月复名西安县,4月改属辽东省。

海龙县,治海龙城(今吉林梅河口市东北海龙镇)。民国三十七年属安东省,次年4月改隶辽东省。

东丰县,治所即今吉林东丰县驻地东丰镇。民国三十七年属辽宁省,次年4月改隶辽东省。

西丰县,治所即今辽宁西丰县驻地西丰镇。民国三十七年属辽宁省,次年4月改隶辽东省。

清原县,治所即今辽宁清原满族自治县驻地清原镇。民国三十七年属辽宁省,次年4月属辽东省。

新宾县,治所即今辽宁新宾满族自治县驻地新宾镇。民国三十七年属安东省,次年4月改隶辽东省。

通化县,治所即今吉林通化市。民国三十七年属安东省,次年4月改隶辽东省。

辑安县,治所即今吉林集安市驻地集安镇。民国三十七年属安东省,次年4月改隶辽东省。

临江县,治所即今吉林临江市驻地临江镇。民国三十七年属安东省,次年4月改隶辽东省。

长白县,治所即今吉林长白朝鲜族自治县驻地长白镇。民国三十七年属安东省,次年4月改隶辽东省。

抚松县,治所即今吉林抚松县驻地抚松镇。民国三十七年属安东省,次年4月改隶辽东省。

靖宇县,原为金川县(治今吉林辉南县驻地朝阳镇东南金川)、濛江县(治濛江,今吉林靖宇县驻地靖宇镇)。民国三十五年解放后合并。治濛江(今吉林靖宇县驻地靖宇镇),属安东省。民国三十八年4月改隶辽东省。

辉南县,治谢家埠(今吉林辉南县驻地朝阳镇东南辉南)。民国三十七年属安东省,次年4月改隶辽东省。

柳河县,治所即今吉林柳河县驻地柳河镇。民国三十七年属安东省,次年4月改隶辽东省。

2. 辽西省

民国三十八年(1949)1月以冀察热辽办事处辖境置,省府驻锦州市,辖9县、1市。

辽北省于民国三十四年11月成立民主政府,省会驻四平市,辖区同伪满洲国时期的四平省相近。12月撤至洮南。民国三十五年2月,成立吉江行政区。同年4月又恢复辽北省建制。6月,辽北省政府一部分撤到通化与通化行署合并,组成辽宁省政府;一部分与辽西区行署合并,成立辽吉行政区,行政公署驻洮南镇(今吉林洮南市驻地洮南镇)。12月1日,东北行政委员会将辽西区行政区改置为辽北省①。民国三十六年2月1日,辽北省政府在白城子建立。全省共划为5个专区、28个县旗。第一专区辖铁岭、法库、康平、昌图、昌北等县和克尔沁左翼前旗。第二专区辖梨树、怀德、长岭等县。第三专区辖农安、长春、乾安、大赉、安广等县和郭前旗。第四专区辖镇东、洮南、瞻榆、开通等县。第五专区辖通辽、开鲁、阜新、彰武、黑山等县和科尔沁左翼中旗、科尔沁左翼后旗、库伦旗、奈曼旗。8月5日,第四专区撤销,与省政府合并,其所辖各县由省政府直接领导。8月9日,镇东、赉北两县合并为镇赉县。民国三十七年2月29日,省府迁至郑家屯,辖康平、法库、铁岭、昌图、新民、东科前旗、长农、怀德、长岭、双辽、昌北、梨树、通辽、开鲁、东科中旗、东科后旗、扎鲁特旗、南部办事处、彰武、北镇、黑山、奈曼旗、库伦、阜新、西安、开原、西丰、东丰、海龙、沈铁抚、清原、四平市、阜新市,共计30县旗、2市、1办事处②。民国三十八年4月21日,辽北省并入辽西省。

辽西省辖锦州、四平、阜新、山海关4市,锦县、锦西、绥中、兴城、盘山、台安、辽中、义县、新民、彰武、阜新、北镇、黑山、昌图、梨树、法库、康平、双辽、开原、铁岭、昌北21县③。

锦州市,民国三十七年10月14日解放。治所即今辽宁锦州市。民国三十八年1月为辽西省省会,辖7区。

四平市,治所即今吉林四平市。民国三十七年属辽北省,次年4月改隶辽西省。

阜新市,治所即今辽宁阜新市。民国三十七年属辽北省,次年4月划属辽西省,辖3区。

---

① 《黑龙江设治》,第278页。
② 同上书,第280页。
③ 同上书,第283页。

山海关市,民国三十八年2月析临榆县置,治山海关西口(今河北秦皇岛市东北山海关区)。属辽西省。

锦县,治锦州(今辽宁锦州市)。民国三十七年徙流水堡(今辽宁凌海市驻地大凌河镇西流水堡),同年3月迁今凌海市驻地大凌河镇。

锦西县,治所在今辽宁葫芦岛市驻地北连山区。

绥中县,治所即今辽宁绥中县驻地绥中镇。

兴城县,治所即今辽宁兴城市驻地兴城镇。

盘山县,治双台子(今辽宁盘锦市驻地)。

台安县,治所即今辽宁台安县驻地台安镇。

辽中县,治所即今辽宁辽中县驻地辽中镇。

义县,治所即今辽宁义县驻地义州镇。

新民县,治所即今辽宁新民市驻地新民镇。民国三十七年属辽北省,次年4月改隶辽西省。

彰武县,治所即今辽宁彰武县驻地彰武镇。民国三十七年属辽北省,次年4月改隶辽西省。又,科尔沁左翼前旗,民国三十四年8月解放,民国三十五年2月属东蒙古人民自治政府兴安盟,三十六年5月划归内蒙古自治区。民国三十八年4月撤销,并入本县①。

阜新县,治所即今辽宁阜新市。民国三十七年属辽北省,次年4月改隶辽西省。

北镇县,治所即今辽宁北宁市驻地广宁镇。民国三十七年属辽北省,次年4月改隶辽西省。

黑山县,治所即今辽宁黑山县驻地黑山镇。民国三十七年属辽北省,次年4月改隶辽西省。

昌图县,治所即今辽宁昌图县西老城镇。民国三十七年属辽北省,次年4月改隶辽西省。

梨树县,治所即今吉林梨树县驻地梨树镇。民国三十七年属辽北省,次年4月改隶辽西省。

法库县,治所即今辽宁法库县驻地法库镇。民国三十七年属辽北省,次年4月改隶辽西省。

康平县,治所即今辽宁康平县驻地康平镇。民国三十七年属辽北省,次年4月改隶辽西省。

---

① 《彰武县志》,1988年,第55页。

双辽县，治所即今吉林双辽市驻地郑家屯镇。民国三十七年属辽北省，次年4月改隶辽西省。

开原县，治所即今辽宁开原市驻地开原镇。民国三十七年属辽北省，次年4月改隶辽西省。

铁岭县，治所即今辽宁铁岭市城区。民国三十七年属辽北省，次年4月改隶辽西省。

昌北县，民国三十七年4月析昌图县北部置，治所在今辽宁昌图县北八面城镇。属辽北省，次年4月改隶辽西省。

3. 吉林省

民国三十四年（1945）12月27日成立民主政府，省府驻岔路河（今吉林永吉县西岔路河镇）。民国三十五年2月迁至磐石（今吉林磐石市驻地），4月16日再迁至吉林市，5月28日迁至敦化县。民国三十七年3月10日省府迁回吉林市①。辖延吉、双阳、永吉、伊通、榆树、九台、德惠、长春、舒兰、磐石、桦甸、珲春、和龙、安图、蛟河、敦化、汪清等县和吉林市，共计17县、1市②。民国三十八年4月21日长春市并入，辖长春、吉林市，永吉、榆树、九台、德惠、长春、舒兰、磐石、蛟河、双阳、伊通、桦甸、敦化、农安、乾安、扶余、怀德、长岭、延吉、和龙、汪清、珲春、安图县以及郭尔罗斯前旗③。后增置丰满特区。

长春市，民国三十七年6月置长春特别市政府，治所即今吉林长春市，属东北行政委员会。民国三十八年4月降为吉林省辖市，为吉林省会。辖长春、中华、净月、胜利、和顺、春阳、头道沟、双德、劝农、宽城、东荣等11区。

吉林市，治所即今吉林吉林市。民国三十七年3月9日解放。民国三十八年4月前为吉林省会。民国三十八年辖昌邑、朝阳、通天、船营、德胜、江北、兴隆、江南、白山等9区。

永吉县，治吉林（今吉林吉林市）。

榆树县，治所即今吉林榆树市驻地榆树镇。

九台县，治下九台（今吉林九台市驻地九台镇）。

德惠县，治张家湾（今吉林德惠市驻地德惠镇）。

长春县，治长春（今吉林长春市）。

---

① 《吉林省志·大事记》，吉林人民出版社，2001年，第388、390、426页。
② 《黑龙江设治》，第280页。
③ 同上书，第283页。

舒兰县,治朝阳川(今吉林舒兰市西南朝阳镇)。

磐石县,治所即今吉林磐石市驻地磐石镇。

蛟河县,治蛟河镇(今吉林蛟河市)。民国三十七年春曾为吉林省人民政府驻地。

双阳县,民国三十五年析通阳县置,治双阳(今吉林长春市双阳区)。

伊通县,民国三十五年析通阳县置,治所即今吉林伊通满族自治县驻地伊通镇。

桦甸县,治桦树林子(今吉林桦甸市东北桦树林子)。民国三十八年迁桦甸镇,即今治。

敦化县,治所即今吉林敦化市驻地敦化镇。

农安县,治龙湾(今吉林农安县驻地农安镇)。

乾安县,治乾安街(今吉林前郭尔罗斯蒙古族自治县驻地前郭镇)。属辽北省。民国三十七年9月隶嫩江省①,次年4月划属吉林省。

扶余县,治伯都讷城(今吉林松原市宁江区)。民国三十四年8月解放。民国三十五年10月属嫩江省,三十八年4月改隶吉林省。

怀德县,治八家镇(今吉林公主岭市北怀德镇)。民国三十七年属辽北省,次年改属吉林省。

长岭县,治所即今吉林长岭县驻地长岭镇。属辽北省。民国三十八年4月改隶吉林省。

延吉县,治所即今吉林延吉市。民国三十四年8月解放。民国三十五年10月隶牡丹江行政区,三十六年隶牡丹江省,次年改隶松江省。

和龙县,治所即今吉林和龙县驻地和龙镇。民国三十四年8月解放。

汪清县,治所即今吉林汪清县西百草沟。民国三十四年8月解放。

珲春县,治所即今吉林珲春市驻地珲春镇。民国三十四年8月解放。

安图县,治安图(今吉林安图县东南松江镇)。民国三十四年8月解放。民国三十八年迁明月镇,即今治。

郭尔罗斯前旗,一作前郭旗。驻郭前旗(今吉林郭尔罗斯蒙古族自治县驻地前郭镇)。民国三十四年8月解放,属辽北省。民国三十五年10月隶嫩江省,三十八年4月划属吉林省。

丰满特区,民国三十八年置,县级。治丰满街(今吉林吉林市东南大丰满)。属吉林省。

---

① 《黑龙江设治》,第950页。

4. 黑龙江省

民国三十四年(1945)11月13日成立民主政权,省府驻北安,辖瑷珲、漠河、乌云、呼玛、欧浦、逊河、奇克、孙吴、海伦、绥化、北安、通北、克东、德都、泰安、拜泉、克山、绥棱、望奎、明水、庆安、铁力等22个县。民国三十六年2月与嫩江省合并为黑龙江嫩江联合省政府①,简称黑嫩省政府②,下设第一至第五5个专署。同年9月,黑龙江恢复原有辖区,省府驻北安县(今黑龙江北安市驻地北安镇)③,民国三十七年辖绥化、庆安、铁骊、望奎、青冈、兰西、海伦、北安、德都、泰安、克山、克东、绥棱、拜泉、明水、通北、逊克、孙吴、瑷珲、呼玛等20县④。民国三十八年4月21日,东北行政委员会批准将嫩江省并入黑龙江省。5月15日,黑龙江省新政府成立,省府迁齐齐哈尔市⑤,下辖1市、41县旗:齐齐哈尔市,肇东、肇州、讷河、龙江、洮安、安达、大赉、镇赉、泰来、绥化、海伦、望奎、拜泉、泰安、克山、青冈、兰西、庆安、克东、明水、洮南、林甸、富裕(伊克明安旗在内)、嫩江、甘南、景星、瞻榆、开通、安广、北安、通北、绥棱、德都、铁骊、孙吴、瑷珲、呼玛、逊克、佛山县,以及杜尔伯特旗、郭尔罗斯后旗⑥。

嫩江省,于民国三十四年11月成立民主政府,省府驻齐齐哈尔市。后因齐齐哈尔被国民党军队占领,省府迁至甘南县。因辖区被国民党军分割,下设嫩南、嫩北行政公署。民国三十五年4月末,中共军队收复齐齐哈尔市,省府迁回。5月15日,因齐齐哈尔市被解放,交通便利,两行政公署撤销⑦。民国三十六年2月,东北行政委员会第十三次常委会议决定,将黑龙江省与嫩江两省政府合并为黑龙江嫩江联合省(黑嫩省)政府,黑嫩省政府驻齐齐哈尔市。民国三十六年9月恢复两省建置。民国三十七年辖景星、林甸、泰来、甘南、富裕、嫩江、肇东、讷河、安达、龙江、肇州、扶余、杜尔伯特旗、郭后旗、洮安、洮南、洮北、瞻榆、开通、镇赉、安广、大赉、乾安、郭前旗、齐齐哈尔市,共计24县旗、1市⑧。民国三十八年4月21日,东北行政委员会批准撤销,并入黑龙江省。

齐齐哈尔市,民国三十四年11月24日解放后首次成立民主政府。民

---

① 《黑龙江设治》,第321页。
② 同上书,第278页。
③ 同上书,第156页。
④⑧ 同上书,第280页。
⑤ 同上书,第161页。
⑥ 同上书,第283页。
⑦ 同上书,第155页。

三十五年 4 月 24 日再次被解放。治所即今黑龙江齐齐哈尔市。民国三十五年 10 月隶嫩江省，为省会。民国三十六年 2 月 22 日属黑嫩联合省，后复属嫩江省。民国三十八年 4 月划属黑龙江省，为省会。

肇东县，民国三十四年 8 月解放。治甜草岗(今黑龙江肇东市驻地肇东镇)。

肇州县，民国三十四年 8 月解放。治所即今黑龙江肇州县驻地肇州镇。民国三十五年 10 月隶嫩江省，三十八年 4 月划属黑龙江省。

讷河县，治所即今黑龙江讷河市驻地讷河镇。民国三十四年 8 月解放，次年 10 月属嫩江省，三十八年 4 月划属黑龙江省。

龙江县，民国三十四年 8 月解放。治所即今黑龙江齐齐哈尔市。民国三十五年 10 月隶嫩江省。民国三十五年 4 月迁富拉尔基区(今齐齐哈尔市西南富拉尔基区)。民国三十八年 4 月改属黑龙江省。

龙东县，民国三十五年 6 月析龙江县置。因在龙江县东部，故名。治昂昂溪街(今齐齐哈尔市昂昂溪区驻地)①。民国三十七年 4 月 28 日东北行政委员会批准裁撤，并入龙江县②。

洮安县，民国三十四年 8 月解放。治白城子(今吉林白城市城区)。属辽北省。民国三十五年 9 月改隶嫩江省，三十八年 4 月改属黑龙江省。又，洮北县，民国三十五年 4 月嫩南行政公署析洮南县属之庆平、庆远、永平、永安、万宝、宝利、瓦房、新立、富贵、兴隆等 10 村置③。治瓦房(今吉林洮南市驻地洮南镇西北瓦房)。属嫩江省。民国三十八年 4 月裁撤，并入洮安县。

安达县，民国三十四年 8 月解放。治所即今黑龙江安达市驻地安达镇。民国三十五年 10 月隶嫩江省，三十八年 4 月划属黑龙江省。

大赉县，民国三十四年 8 月解放。治绰尔城(今吉林大安市驻地大赉镇)。原属辽北省。民国三十五年 10 月隶嫩江省，三十八年 4 月划属黑龙江省。

镇赉县，民国三十五年 10 月以镇东县与赉北县合并置。治所即今吉林镇赉县治镇赉镇。属嫩江省。民国三十八年 4 月改隶黑龙江省。

镇东县，民国三十四年 8 月解放。治所即今吉林镇赉县治镇赉镇。民国三十五年 10 月与赉北县合并为镇赉县，隶嫩江省。

泰来县，民国三十四年 8 月解放。治所即今黑龙江泰来县驻地泰来镇。民国三十五年 10 月隶嫩江省，三十八年 4 月划属黑龙江省。

---

① 《黑龙江省志·地名录》，第 114 页。
② 《黑龙江设治》，第 860 页。
③ 同上书，第 950 页。

绥化县,治所即今黑龙江绥化市驻地绥化镇。民国三十四年8月解放,11月13日属黑龙江省。又,民国三十五年10月析置东部地区置绥东县,驻双河镇(今黑龙江绥化市驻地东北双河镇)①。民国三十六年6月,黑嫩省政府决定将绥东县并入②。

海伦县,治所即今黑龙江海伦市驻地海伦镇。民国三十四年8月解放,11月13日属黑龙江省。又,通肯县,民国三十五年10月析海伦县、拜泉县地置,治三道镇(今黑龙江拜泉县东南三道镇),属黑龙江省。民国三十七年9月7日,东北政委会批准裁撤,分别划归海伦、拜泉县③。

望奎县,治所即今黑龙江望奎县驻地望奎镇。民国三十四年8月解放,11月13日属黑龙江省。

拜泉县,治所即今黑龙江拜泉县驻地拜泉镇。民国三十四年8月解放,11月13日属黑龙江省。

泰安县,原名依安县,治龙泉镇(今黑龙江依安县南依龙镇)。民国三十四年8月解放,11月13日属黑龙江省。民国三十六年10月17日,因依安县城在泰安城,火车站等亦名泰安车站;而县城以南70余里处有依安区(原依安镇),引起混乱,故改名④。治所即今黑龙江依安县驻地依安镇。属黑龙江省。

克山县,治所即今黑龙江克山县驻地克山镇。民国三十四年8月解放,11月13日属黑龙江省。

青冈县,民国三十四年8月解放。治所即今黑龙江青冈县驻地青冈镇。民国三十五年10月后隶黑龙江省。

兰西县,民国三十四年8月解放。治所即今黑龙江兰西县驻地兰西镇。属松江省。民国三十五年8月属黑龙江省。

庆安县,治所即今黑龙江庆安县驻地庆安镇。民国三十四年8月解放,11月13日属黑龙江省。

克东县,治所即今黑龙江克东县驻地克东镇。民国三十四年8月解放,11月13日属黑龙江省。

明水县,治所即今黑龙江明水县驻地明水镇。民国三十四年8月解放,11月13日属黑龙江省。

洮南县,民国三十四年8月解放。治双流镇(今吉林洮南市驻地)。民国

---

① 《黑龙江省志·地名录》,第38页。
② 《黑龙江设治》,第489页。
③ 同上书,第792、793页。
④ 同上书,第797、798页。

三十六年1月属辽北省,次年7月改隶嫩江省,三十八年4月属黑龙江省。

林甸县,民国三十四年8月解放。治所即今黑龙江林甸县驻地林甸镇。民国三十五年10月隶嫩江省,三十八年4月划属黑龙江省。

富裕县,民国三十四年8月解放。治富裕村(今黑龙江富裕县东南富路镇),民国三十七年11月迁至宁年镇(今黑龙江省富裕县驻地富裕镇)[①]。民国三十五年10月隶嫩江省,三十八年4月划属黑龙江省。又,依克明安旗,驻今黑龙江富裕县东大泉子。属嫩江省,民国三十六年并入富裕县。

嫩江县,治所即今黑龙江嫩江县驻地嫩江镇。隶嫩江省。民国三十八年4月改属黑龙江省。

甘南县,民国三十四年8月解放。治所即今黑龙江甘南县驻地甘南镇。民国三十五年10月隶嫩江省,三十八年4月划属黑龙江省。

景星县,民国三十四年8月解放。治景星镇(今黑龙江龙江县西南景星)。民国三十五年10月隶嫩江省,三十八年4月划属黑龙江省。

瞻榆县,民国三十四年8月解放。治开化镇(今吉林通榆县东南瞻榆镇)。属辽北省。民国三十五年改隶嫩江省,三十八年4月改属黑龙江省。

开通县,治七井子(今吉林通榆县驻地开通镇)。民国三十四年8月解放,隶辽北省。民国三十五年5月改隶嫩江省,三十八年4月划属黑龙江省。

安广县,民国三十四年8月解放。治龙泉镇(今吉林大安市西安广镇)。属辽北省。民国三十五年9月与大赉县合并为赉广县,属辽吉行政区。民国三十六年5月恢复大赉县和安广县,仍隶辽北省,三十七年7月隶嫩江省,三十八年4月划属黑龙江省。

杜尔伯特旗,民国三十四年8月解放。驻巴彦查干(今黑龙江杜尔伯特蒙古族自治县西南巴彦查干)。民国三十五年10月隶嫩江省,三十八年4月划属黑龙江省。

郭尔罗斯后旗,一作郭后旗。民国三十四年8月解放。治肇州古城(今黑龙江肇源县驻地肇源镇)。民国三十五年10月隶嫩江省,三十八年4月划属黑龙江省。

北安县,治所即今黑龙江北安市驻地北安镇。民国三十四年8月解放,同年11月13日属黑龙江,至民国三十八年4月间为黑龙江省政府驻地。

通北县,治通肯镇(今黑龙江北安市驻地北安镇南通北镇)。民国三十四年8月解放,11月13日属黑龙江省。

[①] 《富裕县志》,中共党史资料出版社,1990年,第57页。

绥棱县，治所即今黑龙江海伦市驻地海伦镇。民国三十四年8月解放，11月13日属黑龙江省。

德都县，治所即今黑龙江省五大连池市青山镇。民国三十四年8月解放，11月13日属黑龙江省。又，龙镇县，治龙门镇（今黑龙江五大连池市东北龙镇），民国三十四年8月解放，属黑龙江省，民国三十八年并入德都县。

铁骊县，治所即今黑龙江铁力市驻地铁力镇。民国三十四年11月13日属黑龙江省。

孙吴县，驻孙吴街（今黑龙江孙吴县驻地孙吴镇）。民国三十四年8月解放，11月13日属黑龙江省。

瑷珲县，驻瑷珲城（今黑河市黑河镇南爱辉镇）。民国三十四年8月解放，11月13日属黑龙江省。

呼玛县，治所即今黑龙江呼玛县驻地呼玛镇。民国三十四年8月解放，11月13日属黑龙江省。又，鸥浦县，治倭西门（今黑龙江呼玛县北鸥浦）。民国三十四年8月解放，11月13日属黑龙江省。民国三十六年3月并入呼玛县[①]。又，漠河县，治漠河（今黑龙江漠河县北漠河），民国三十四年8月解放，11月13日属黑龙江省，民国三十六年3月并入呼玛县。

逊克县，治所即今黑龙江逊克县驻地奇克镇。民国三十四年8月解放，11月13日属黑龙江省。又，乌云县，治温河镇（今黑龙江嘉荫县西北乌云），民国三十四年8月解放，11月13日属黑龙江省，民国三十六年5月并入逊克县[②]。

佛山县，驻佛山镇（今黑龙江嘉荫县东南朝阳镇）。民国三十四年8月解放，11月13日属黑龙江省。

5. 松江省

原为伪满时期的滨江省，民国三十四年（1945）8月解放，9月成立民主政府[③]，省会驻哈尔滨市（今黑龙江省哈尔滨市），辖区同伪满时期的滨江省。与此同时，南京政府在抗战胜利后，新设松江省，治所在牡丹江市（今黑龙江牡丹江市）。同年12月，南京政府委任的松江省省长关吉玉接收省政，并改省名为松江省。当时，南京政府指定的松江省省会牡丹江市和全省广大地区已经解放，故关玉吉并未能管辖整个松江省。民国三十五年4月14日至25日，松江省人民代表大会在宾县举行，并选出了松江省民主政府。4月28日，南京政

[①②] 《黑龙江省志·地名录》，第92页。
[③] 《黑龙江设治》，第309页。

府委任的松江省官员逃离。5月5日,松江省民主政府在哈尔滨市举行就职典礼①。民国三十七年,牡丹江省部分县市并入,松江省辖双城、五常、拉林、阿城、尚志、宾县、方正、通河、巴彦、延寿、林兰、呼兰、宁安、海林、绥阳、穆棱县,以及牡丹江市,共计16县、1市。民国三十八年4月21日,东北行政委员会决定将合江省、哈尔滨市并入松江省②,于5月11日完成。至此,松江省辖哈尔滨、牡丹江、佳木斯、兴山4市,双城、阿城、呼兰、五常、巴彦、宾县、尚志、延寿、木兰、海林、宁安、方正、拉林、通河、东宁、穆棱、勃利、桦川、依兰、富锦、绥滨、汤原、萝北、抚远、宝清、林口、饶河、虎林、密山、集贤、鸡宁、桦南32县,省府驻哈尔滨市③。

合江省于民国三十四年11月成立民主政府,省府驻佳木斯市,下辖依兰、勃利、抚远、同江、富锦、桦川、汤原、鹤立、萝北、绥滨、佛山、密山、虎林、饶河、宝清、鸡宁、东安、通河和佳木斯等县市。民国三十四年12月底设富锦专区,下辖富锦、绥滨、同江、勤勉北、抚远、佛山6县。民国三十七年7月,牡丹江省撤销,其所辖林口等县并入,辖勃利、桦川、鹤立、富锦、集贤、桦南、绥滨、刁翎、同江、汤原、萝北、抚远、鸡西、虎林、密山、宝清、林口、饶河、依兰、佳木斯市,合计19县、1市④。民国三十八年4月并入松江省。

绥宁省于民国三十四年12月、民国三十五年4月10日两次成立民主政府,省府驻牡丹江市,辖牡丹江市,及宁安、穆棱、东宁、绥阳、林口、鸡宁、密山、虎林县等1市、8县⑤。民国三十五年10月8日改置为东北政联直属牡丹江专区⑥,专员公署驻牡丹江市。民国三十六年7月20日以牡丹江专区和合江省东安专区合并置牡丹江省,驻牡丹江市,辖牡丹江市,及宁安、镜泊、新海、五林、东宁、绥阳、穆棱、林口、鸡宁、虎林、密山、宝清、饶河县等市县。民国三十七年7月撤销,所属市县分别并入松江省、合江省⑦。

哈尔滨市,民国三十七年6月14日成立哈尔滨特别市人民政府。治所即今黑龙江哈尔滨市。辖道里、新阳、南岗、马家、东傅家、西傅家、北傅家、大平、顾乡、香坊、松浦等11区⑧。民国三十八年4月21日并入松江省,为省会。

---

① 《黑龙江设治》,第309页。
②③ 同上书,第283页。
④ 同上书,第280页。
⑤ 同上书,第711页。
⑥⑦ 同上书,第712页。
⑧ 同上书,第220页。

牡丹江市,治所即今黑龙江牡丹江市。民国三十四年8月解放。民国三十五年4月15日属绥宁省①,10月8日隶牡丹江行政区②。民国三十六年为牡丹江省省会。民国三十七年7月9日划属松江省③。

佳木斯市,治所即今黑龙江佳木斯市。民国三十四年8月解放。民国三十五年将纯农村各屯子划归桦川县管辖④,10月隶合江省。民国三十八年5月改隶松江省。

兴山市,民国三十五年7月析汤原县兴山镇置,治所即今黑龙江鹤岗市驻地兴山镇。属合江省。民国三十八年9月改隶松江省。

双城县,治所即今黑龙江双城市驻地双城镇。民国三十四年8月解放,次年10月隶松江省。

阿城县,治所即今黑龙江阿城市驻地阿城镇。民国三十四年8月解放,次年10月隶松江省。

呼兰县,治所即今黑龙江呼兰县驻地呼兰镇。民国三十四年8月解放,次年10月隶松江省。

五常县,治所即今黑龙江市驻地五常镇。民国三十四年8月解放,次年10月隶松江省。

巴彦县,民国三十四年8月解放。治所即今黑龙江巴彦县驻地巴彦镇。次年10月隶松江省。

宾县,治所即今黑龙江宾县驻地宾州镇。民国三十四年8月解放,次年10月隶松江省。

尚志县,原名珠河县。民国三十四年8月解放,次年10月隶松江省。民国三十六年5月8日经东北行政委员会批准,为纪念抗日捐躯的赵尚志将军,由改名尚志县⑤。治乌珠河(今黑龙江尚志市驻地尚志镇)。属松江省。又,苇河县,治苇沙河(今黑龙江尚志市东南苇河),民国三十四年8月解放,次年10月隶松江省,民国三十六年7月裁撤,并入尚志县。

延寿县,治所即今黑龙江延寿县驻地延寿镇。民国三十四年8月解放,次年10月隶松江省。

木兰县,治所即今黑龙江木兰县驻地木兰镇。民国三十四年8月解放,次年10月隶松江省。又,东兴县,民国三十四年8月解放,治东兴(今黑龙江木

---

① 《黑龙江设治》,第711页。
②③ 同上书,第712页。
④ 同上书,第278页。
⑤ 同上书,第474页。

兰县北东兴镇)。民国三十五年10月隶松江省,三十六年11月1日裁撤,并入木兰县①。

海林县,原为五林县、新海县。五林县,民国三十五年5月置,治所在今黑龙江林口县东南五林镇。属绥宁省②。民国三十七年7月改属松江省③。新海县,民国三十五年8月15日析宁安县新安镇、海林、横道河子、山市等地区置,治所在今黑龙江海林市驻地海林镇。属绥宁省④。民国三十七年7月改属松江省⑤。民国三十七年10月以五林县、新海县及牡丹江市磨刀石区置海林县⑥。属松江省。

宁安县,治所即今黑龙江宁安市驻地宁安镇。民国三十四年8月解放,次年4月15日属绥宁省⑦,10月隶牡丹江行政区。民国三十六年隶牡丹江省,次年7月改隶松江省⑧。10月,镜泊县与牡丹江市海浪区并入⑨。又,镜泊县,民国三十五年析宁安县置,治所在今宁安市西南渤海镇,属牡丹江行政区。民国三十六年属牡丹江省,次年7月改属松江省⑩。民国三十七年10月并入宁安县⑪。

方正县,治所即今黑龙江方正县驻地方正镇。民国三十四年8月解放,次年10月隶松江省。

拉林县,民国三十五年析五常县置,治所在今黑龙江五常市西北拉林镇。属松江省。民国三十六年11月7日并入双城县,10月复置。

通河县,治所即今黑龙江通河县驻地通河镇。民国三十四年8月解放,次年10月隶松江省。

东宁县,治三岔口(今黑龙江东宁县东南三岔口)。民国三十四年8月解放,次年4月15日属绥宁省⑫,10月隶牡丹江行政区。民国三十六年改隶牡丹江省,三十七年7月改属松江省⑬。同年10月,绥阳县并入,迁治绥芬河(今黑龙江绥芬河市驻地绥芬河镇)⑭。又,绥阳县,民国三十四年8月解放,治绥阳(今绥芬河市西绥阳)。民国三十五年4月15日属绥宁省⑮,同年10月隶牡丹江行政区,三十六年改隶牡丹江省,次年7月改属松江省⑯,10月裁撤,并入东宁县⑰。

穆棱县,治穆棱(今黑龙江穆棱市南穆棱)。民国三十四年8月解放,次年

---

①③⑤⑧⑩⑬⑯ 《黑龙江设治》,第157页。
②④ 同上书,第727页。
⑥⑨⑪⑭⑰ 同上书,第158页。
⑦⑫⑮ 同上书,第711页。

4月15日属绥宁省①,10月隶牡丹江行政区,三十六年改隶牡丹江省,次年7月改属松江省②。

勃利县,治所即今黑龙江勃利县驻地勃利镇。民国三十四年8月解放,次年10月隶合江省,三十八年5月改隶松江省。又,双河县,民国三十六年4月析依兰县双河镇置,驻双河镇(今黑龙江勃利县西北双河镇),属黑龙江省。民国三十七年5月裁,并入勃利县③。

桦川县,治悦来镇(今黑龙江桦川县驻地悦来镇)。民国三十四年8月解放,次年10月隶合江省,三十八年5月改隶松江省,迁驻佳木斯市(今黑龙江佳木斯市)。

依兰县,治所即今黑龙江依兰县驻地依兰镇。民国三十四年8月解放,次年8月汤原县日生区划入④,10月隶合江省,三十八年5月改隶松江省。

富锦县,治所即今黑龙江富锦市驻地富锦镇。民国三十四年8月解放,10月隶合江省。民国三十八年1月同江县并入⑤,5月改隶松江省。又,绥滨县,治敖来密屯(今黑龙江绥滨县驻地绥滨镇)。民国三十四年8月解放,次年10月隶合江省,三十八年5月改隶松江省,6月23日并入富锦县⑥。又,同江县,治所即今黑龙江同江市驻地同江镇。民国三十四年8月解放,次年10月隶合江省,三十八年1月裁撤,并入富锦县⑦。

汤原县,治所即今黑龙江汤原县驻地汤原镇。民国三十四年8月解放,次年10月隶合江省,三十八年5月改隶松江省。又,鹤立县,治鹤立街(今汤原县东北鹤立镇)。民国三十四年8月解放,次年7月隶合江省,三十七年10月1日,经东北行政委员会批准,并入汤原县⑧。

萝北县,治凤翔(今黑龙江萝北县驻地凤翔镇)。民国三十四年8月解放,次年10月隶合江省。民国三十六年1月迁兆兴(今黑龙江萝北县东北肇兴镇)。民国三十八年5月改隶松江省。

抚远县,治所即今黑龙江抚远县驻地抚远镇。民国三十四年8月解放,次年10月隶合江省,三十八年5月改隶松江省。

宝清县,治所即今黑龙江宝清县驻地宝清镇。民国三十四年8月解放,属

---

① 《黑龙江设治》,第711页。
② 同上书,第157页。
③ 《黑龙江省志·地名录》,第390页。
④ 《黑龙江设治》,第277页。
⑤⑦ 同上书,第159页。
⑥ 同上书,第670页。
⑧ 同上书,第656页。

松江省,次年10月隶牡丹江行政区,三十六年隶牡丹江省,三十七年7月改隶合江省①,三十八年5月改隶松江省。

林口县,治所即今黑龙江林口县驻地林口镇。民国三十五年4月15日属绥宁省②。同年5月,绥宁省决定将林口县与牡丹江市五河林区合并置五林县,驻五河林(今林口县西南五林镇)。同年10月属牡丹江专区。民国三十六年2月,又从五林县划出分设林口县,属合江省,同年10月属牡丹江省,次年7月又属合江省。民国三十八年5月改隶松江省。又,刁翎县,民国三十五年析依兰县刁翎镇、三道通一带区域置,治刁翎镇(今林口县西北刁翎镇)。民国三十五年7月正式成立。属合江省。民国三十八年1月裁撤,并入林口县③。

饶河县,治所即今黑龙江饶河县驻地饶河镇。民国三十四年8月解放,属合江省。民国三十五年10月隶牡丹江行政区,三十六年隶牡丹江省,三十七年7月改隶合江省④,三十八年5月改隶松江省。

虎林县,治呢吗口(今黑龙江虎林市东北虎头)。民国三十四年8月解放,属绥宁省。民国三十五年10月隶牡丹江行政区,三十六年7月隶牡丹江省,三十七年7月改隶合江省⑤,三十八年5月改隶松江省,迁今治。

密山县,治知一(今黑龙江密山市东知一)。民国三十四年8月解放,民国三十五年10月隶牡丹江行政区,三十六年改隶牡丹江省,三十七年7月属合江省,迁东安街(今黑龙江密山市驻地密山镇)。民国三十八年5月改隶松江省。又,永安县,民国三十六年5月10日析密山县属永安等区置⑥。治永安(今黑龙江鸡东县东北永安镇)。同年9月废。

集贤县,民国三十五年6月析富锦县第四、五区置⑦。因驻地集贤镇得名,"集贤"满语意为"穿鹿皮衣服的人"。治集贤(今黑龙集贤县东北集贤镇)。属合江省。民国三十八年5月改隶松江省。

鸡西县,原为鸡宁县,治鸡宁(今黑龙江鸡西市)。民国三十四年8月解放。民国三十五年4月15日属绥宁省⑧,10月属牡丹江行政区,三十六年改隶牡丹江省,三十七年7月属合江省⑨,三十八年5月改隶松江省。民国三十八年7月30日,东北行政委员会批准改名⑩。因抗日战争时,抗日联军在鸡

---

① ④ ⑤ ⑨ 《黑龙江设治》,第157页。
② ⑧ 同上书,第711页。
③ 同上书,第159页。
⑥ 同上书,第730页。
⑦ 同上书,第277页。
⑩ 同上书,第339页。

西撤退后,伪满以为从此就可安宁,故称在鸡西地方新置的县为鸡宁县。但鸡西地方的车站、矿务局等企业仍名鸡西,故改名①。

桦南县,民国三十五年6月析桦川县南部第五、六、七、八区置②。治湖南营(今黑龙江桦南县驻地桦南镇)。属合江省。民国三十八年5月改隶松江省。

6. 热河省

热河省南部是老解放区,抗日战争时期为冀热辽根据地的一部分。民国三十四年(1945)8月8日苏联对日宣战后,冀热辽军中路部队迅速配合苏军解放了承德,并于9月间成立热河省政府,省会在承德。民国三十五年8月,省政府迁至林西,此时热河省辖4个专区、1个盟、28个县、12个旗。热东专署辖9县、1旗:建昌县、凌源县、叶柏寿县、羊山县、义县、兴城县、绥中县、锦县、锦西县和喀喇沁左旗。热中专署辖6县、2旗:隆东县、承北县、平宁县、宁城县、建赤县、建西县和喀喇沁中旗、喀喇沁右旗。热辽专署辖6县、2旗:建平县、朝阳县、北票县、北阜义县、新惠县、新东县和敖汉旗、土默特旗。第二十二专区辖4县、2旗:围北县、赤西县、赤峰县、乌丹县和翁牛特后旗、翁敖旗。昭乌达盟(民国三十五年5月建,盟政府驻巴林左翼旗林东街)辖5旗、3县:克什克腾旗、巴林左旗、巴林右旗、阿鲁科尔沁旗、扎鲁特旗和经棚县、林西县、林东县。同年11月,第二十二专区撤销,并入热中专区。民国三十六年6月省会迁至赤峰。民国三十八年4月省府驻承德市,辖2市、23县旗:承德市、赤峰市,承德县、赤峰县、凌源县、平泉县、建昌县、建平县、喀喇沁右旗、宁城县、敖汉旗、围场县、乌丹县、青龙县、叶柏寿县、隆化县、丰宁县、栾平县、兴隆县、青平县、北票县、朝阳县、羊山县、翁牛特旗、喀喇沁左旗③。

承德市,民国三十七年11月析承德县城区置,治所即今河北承德市城区。

赤峰市,民国三十四年8月析赤峰县城区置,治所即今内蒙古赤峰市城区。民国三十六年6月并入赤峰县,三十七年初复置。

承德县,治热河(今河北承德市城区)。民国三十七年11月解放后迁三沟(承德县北三沟),三十八年徙下板城(今河北承德县驻地下板城镇)。

赤峰县,民国三十四年10月重建,驻赤峰街(今内蒙古自治区赤峰市城区)。民国三十五年10月至三十六年6月间,县政府流动于波罗胡同和桥头

---

① 《黑龙江设治》,第338页。
② 同上书,第277页。
③ 同上书,第283页。

一带。民国三十六年9月至三十七年9月驻北水泉,同年10月迁驻初头朗(今赤峰市西初头朗镇)。民国三十六年9月与翁牛特右旗合并为翁牛特右旗赤峰县联合政府。民国三十八年3月,翁牛特右旗并入赤峰县①。

凌源县,治所即今辽宁凌源市驻地凌源镇。

平泉县,治八沟(今河北平泉县驻地平泉镇)。

建昌县,原为凌南县,解放后于民国三十四年10月改名。治所即今辽宁建昌县驻地建昌镇。民国三十五年1月被国民党军队占领,复为凌南县。是年10月再次解放,又为建昌县②。

建平县,治新丘(今辽宁建平县北建平)。又,叶柏寿县,于民国三十六年4月析建平县置。治所即今辽宁建平县治叶柏寿镇。民国三十八年7月废③。

宁城县,民国三十五年析平泉县北部地置。治小城子(今内蒙古宁城县西北小城子镇)。民国三十七年1月与喀喇沁中旗合并设立喀喇沁中旗宁城县联合政府,先后迁治八里突罕、瓦房、一肯中一带。民国三十八年5月改为宁城县,治八里罕(今宁城县西八里罕镇)④。

围场县,治锥子山镇(今河北围场满旗蒙古族自治县驻地围场镇)。

乌丹县,民国三十四年解放后置,治乌丹城(今内蒙古翁牛特旗驻地乌丹镇)。

青龙县,原属河北省,民国三十八年4月来属。治大杖子(今河北青龙满族自治县驻地青龙镇)。又,青平县,民国三十六年7月析青龙县和平泉县相连地区置。治所待考。民国三十八年7月并入青龙县。

隆化县,治黄姑屯,即今河北隆化县驻地隆化镇。

丰宁县,治四旗(今河北丰宁满族自治县东凤山镇)。

滦平县,治喀喇河屯(今河北承德市西滦河镇西南)。

兴隆县,原属河北省,民国三十八年9月来属。治兴隆山(今河北兴隆县驻地兴隆镇)。

北票县,民国三十四年10月析朝阳县置。因北票煤矿得名。治所即今辽宁北票市驻地北票镇。

朝阳县,治三座塔(今辽宁辽阳市城区)。

羊山县,一称朝北县。民国三十七年当地解放后置。治羊山镇(今辽宁朝

---

① 《赤峰市志》,内蒙古人民出版社,1996年,第169页。
② 《建昌县志》,辽宁大学出版社,1992年,第30页。
③ 《建平县志》,辽海出版社,1999年,第42页。
④ 《宁城县志》,内蒙古人民出版社,1992年,第75页。

阳县南羊山镇)。

喀喇沁右旗,驻地即今内蒙古喀喇沁旗西南王爷府镇。

敖汉旗,驻地即今内蒙古敖汉旗驻地新惠镇。

翁牛特旗,驻地即今内蒙古赤峰市西王府。

喀喇沁左旗,驻地即今辽宁喀喇沁左翼蒙古族自治县驻地大城子镇南公营子。

7. 沈阳市

民国三十四年(1945)9月6日成立沈阳市民主政府,次年3月13日沈阳失守。民国三十七年11月2日解放,次日成立沈阳市政府,治所即今辽宁沈阳市,为东北行政区直辖市。民国三十八年辖9区(和平、沈河、大东、皇姑、铁西、南市、北市、北关、市郊)。又,沈阳县,治所即今辽宁沈阳市。民国三十八年4月撤销,并入沈阳市。

8. 抚顺市

治所即今辽宁抚顺市。民国三十六年12月裁撤。民国三十八年4月复析抚顺县置,为东北行政区直辖市。

9. 鞍山市

治所即今辽宁鞍山市。民国三十七年属辽宁省。民国三十八年4月升为东北行政区直辖市。辖铁东、铁西、千山、工业、沙河、七岭子等6区。

10. 本溪市

伪满洲国时置。抗战胜利后,南京政府废。民国三十七年10月解放,11月复置。民国三十八年4月升为东北行政区直辖市。

11. 旅大行政公署

民国三十五年11月23日,成立旅大联合行政办事处,下辖大连市、旅顺市、大连县及金县。民国三十六年4月3日,改组为关东公署,三十七年改组为关东行署。民国三十八年4月27日旅大地区召开第一届人民代表大会,改为旅大行政公署。

大连市,治所即今辽宁大连市。民国三十四年9月南京政府置,为行政院直辖市,但未能行使实际管辖权。10月27日,民主政府正式成立。民国三十五年将市区划为东部、岭前、中山、西岗、沙河口5区,市郊置大连县。

旅顺市,治旅顺口(今辽宁大连市西南旅顺口区)。

金县,治金州(今辽宁大连市北金州区)。

大连县,民国三十五年1月析大连市置,治所即今辽宁大连市。

金州市,民国三十八年9月析金县置,治所即今辽宁大连市北金州区。

二、华北解放区

华北解放区是以抗日战争结束后的晋察冀边区与晋冀鲁豫边区、晋绥边区为基础发展而成的。民国三十六年(1947)11月9日，晋察冀野战军发起石家庄战役，于12日全歼守敌，解放石家庄，使晋察冀和晋冀鲁豫解放区连成一片，形成更大规模的华北解放区。民国三十七年5月9日，中共中央根据刘少奇的提议，决定将晋察冀、晋冀鲁豫两个解放区及其领导机构合并，分别成立中共中央华北局、华北联合行政委员会和华北军区，由董必武任华北联合行政委员会主任，负责筹建华北人民政府。6月12日，晋察冀边区行政委员会与晋冀鲁豫边区政府正式宣布合署办公，改称为华北联合行政委员会，推举董必武为主席。华北联合行政委员会所辖区划如下：

晋察冀边区，设有行政委员会，下辖北岳区、冀中区。民国三十七年5月起属华北联合行政委员会，三十七年9月属华北人民政府，10月24日废。

晋冀鲁豫边区，民国三十四年8月20日成立政府，下辖冀鲁豫、冀南、太行、太岳4个行政公署。民国三十七年5月属华北联合委员会，9月属华北人民政府，10月24日废。

晋绥边区，设有行政公署。民国三十四年9月18日下辖吕梁、雁门2个行署与绥蒙政府。绥蒙政府于民国三十八年6月13日改建为绥远省人民政府。吕梁、雁门2个行署于9月1日归入山西省人民政府。

察哈尔省，民国三十四年11月2日于宣化召开察哈尔省人民代表大会，6日选举省民主政府。民国三十八年1月15日改建为察哈尔省人民政府。

民国三十七年7月11日，晋察冀边区行政委员会与晋冀鲁豫边区政府联合发布《关于召开华北临时人民代表大会暨选举办法的决定》。8月7日，华北临时人民代表大会在石家庄隆重召开，会议通过了《华北人民政府组织大纲》，决定将晋察冀行政委员会、晋冀鲁豫边区政府、山东渤海解放区民主政权合并为华北人民政府，并选举由27人组成的华北人民政府委员会。9月20日，华北人民政府委员会第一次全体委员会议选举了华北人民政府主席、副主席，各政府各部会的领导人员。9月26日，华北人民政府正式宣告成立，董必武任主席[①]。

随着解放区的不断扩大，华北地区还先后成立了下列市政府：张家口市

[①] 《华北人民政府关于启用印信、撤销晋察冀鲁豫边区政府和晋察冀边区行政委员会令》(1948年9月26日)，中央档案馆：《共和国雏型——华北人民政府》，第140页。

政府(民国三十七年12月24日)、石家庄市政府(民国三十七年10月24日)、保定军事管制委员会(民国三十七年11月21日)、宣化军事管制委员会(民国三十七年12月8日)、唐山市军事管制委员会(民国三十七年12月24日建)、阳泉市政府(民国三十七年10月24日)、太原市政府(民国三十八年3月16日)、大同市军事管制委员会(民国三十八年5月1日)、包头市政府(民国三十七年10月23日)、北平市人民政府(民国三十八年1月1日)、天津市人民政府(民国三十八年1月15日)。

民国三十八年1月19日,华北人民政府决定成立察哈尔省政府,辖区包括原北岳行政区全部和原冀热察行政区的部分。原冀热察行政区所属的旧热河省部分仍划归热河,平古铁路以东的旧河北省部分划归冀东行政区,其余地区属察哈尔省[1]。

民国三十八年8月9日,随着华北全部和华东大部的解放,华北人民政府决定调整行政区划,以适应大规模生产建设的需要。调整分三个方面进行。首先是"商得陕甘宁边区政府与苏北行署同意,划入晋西北、晋南两区五十个县,并将现属冀鲁豫原属江苏省之沛县、丰县、华山(新设县)、铜北(新设县)等四县划归苏北行政署领导"[2]。至此,华北区包含了抗日战争前的河北省、山西省、察哈尔省、绥远省的全部或大部,及河南省的部分区域。其次是撤销冀东、冀中、冀南、冀鲁豫、太行、太岳、太原等7个行政区,"以旧省界为基础,并照顾到经济条件、群众历史关系及自然条件等,划分为河北省、山西省、察哈尔省、绥远省,并于鲁西南、豫北、冀南衔接地区成立平原省。华北直辖北平、天津两市"。

1949年10月1日前,华北人民政府所辖地方政府如下:河北省人民政府(民国三十八年8月1日正式成立,省会保定)、山西省人民政府(民国三十八年9月1日正式成立,省会太原)、绥远省人民政府(民国三十八年6月13日由绥蒙人民政府改称,省会归绥,暂驻丰镇)、察哈尔省人民政府(民国三十八年1月15日由原省政府改建)、平原省人民政府(民国三十八年8月20日正式建省,省会新乡)、北平市人民政府(1949年10月1日改称北京市人民政府)、天津市人民政府、内蒙古自治区人民政府(民国三十八年5月1日正式成立)。

---

[1] 《华北人民政府关于成立察哈尔省政府并任命省府主席的通知》(1949年1月19日),中央档案馆:《共和国雏型——华北人民政府》,第205页。
[2] 《华北人民政府关于重新调整行政区划的决定》(1949年8月9日),中央档案馆:《共和国雏型——华北人民政府》,第229页。

河北省共设 10 个专区、132 县以及唐山、保定、石家庄、秦皇岛 4 个省辖市，省政府驻保定。具体见表 25。

表 25　华北人民政府河北省政区表

专区	专署驻地	县数	辖　县
唐山	开平	13	临榆、抚宁、迁安、迁西、滦县、滦南、昌黎、卢龙、丰润、丰南、玉田、遵化、乐亭
天津	杨柳青	10	天津、宁河、宝坻、武清、安次、永清、霸县、文新、大城、静海
通县	通县	13	通县、蓟县、三河、香河、平谷、顺义、密云、怀柔、昌平、大兴、宛平、良乡、房山
保定	保定	17	定兴、固安、涿县、涞水、易县、涞源、满城、清苑、高阳、安新、徐水、容城、雄县、新城、完县、唐县、望都
定县	定县	12	定县、新乐、安国、博野、蠡县、安平、饶阳、深泽、无极、阜平、行唐、曲阳
沧县	沧县	9	沧县、青县、黄骅、建国、任丘、河间、献县、肃宁、交河
石家庄	石家庄	14	正定、平山、建屏、灵寿、井陉、获鹿、晋县、藁城、滦城、赵县、束鹿、元氏、赞皇、高邑
衡水	衡水	13	衡水、深县、武强、武邑、阜城、景县、枣强、冀县、故城、清河、夏津、恩县、武城
邢台	邢台	15	邢台、沙河、内丘、临城、柏乡、宁晋、隆尧、任县、南和、新河、巨鹿、南宫、广宗、平乡、威县
邯郸	邯郸	16	邯郸、武安、涉县、磁县、永年、鸡泽、丘县、曲周、肥乡、广平、成安、临漳、魏县、大名、馆陶、临清

山西省共设 7 个专区、92 县，以及太原 1 省辖市，省政府驻太原。见表 26。

表 26　华北人民政府山西省政区表

专区	专署驻地	县数	辖　县
忻县	忻县	10	忻县、代县、繁峙、宁武、静乐、五台、定襄、崞县、盂县、阳曲
兴县	兴县	11	兴县、临县、方山、离石、偏关、神池、五寨、河曲、保德、岚县、岢县
阳泉	榆次	11	榆次、平定、寿阳、祁县、太谷、介休、平遥、昔阳、和顺、辽县、榆社

续表

专区	专署驻地	县数	辖县
汾阳	汾阳	10	汾阳、交城、文水、清源、晋源、徐沟、灵石、孝义、中阳、石楼
长治	长治	26	长治、长子、屯留、武乡、沁县、沁水、沁源、襄垣、黎城、潞城、壶关、平顺、高平、晋城、阳城、陵川
临汾	临汾	17	临汾、隰县、永和、大宁、蒲县、吉县、乡宁、汾西、霍县、赵城、洪洞、安泽、浮山、襄陵、汾城、曲沃、翼城
运城	运城	17	安邑、河津、稷山、新绛、荣河、万泉、闻喜、绛县、垣曲、夏县、平陆、解县、猗氏、临晋、永济、虞乡、芮城

绥远省共设丰镇、集宁、凉城、兴和、陶林、和林、龙胜、清水河、归绥、开东、开西、萨拉齐、托克托、包头、固阳、五原、临河、狼山、米仓、晏江、安北、东胜等22县，以及正红旗、正黄旗、镶红旗、镶蓝旗、土默特旗5旗。

察哈尔省共设3个专区、32县以及张家口、大同2省辖市，见表27。

表27　华北人民政府察哈尔省政区表

专区	专署驻地	县数	辖县
雁北	大同	13	大同、浑源、阳高、天镇、广灵、灵丘、应灵、怀仁、山阴、左云、右玉、平鲁、朔县
察南	宣化（或浑源）	11	蔚县、宣化、涿鹿、阳原、怀安、怀来、龙关、赤城、延庆、万全、四海
察北	张北	8	张北、崇礼、化德、商都、宝源、康保、尚义、多伦

平原省建立于1949年8月，所辖区域为鲁西南、豫北、冀南衔接地区。据华北人民政府通令（民政字第150号）《为重新调整行政区划由通令》（1949年8月1日），平原省共设6个专区、56县以及新乡、安阳2省辖市，省政府驻新乡。见表28。

表28　华北人民政府平原省政区表

专区	专署驻地	县数	辖县
湖西	单县	7	全乡、单县、鱼台、巨野、城武、嘉祥、复程
菏泽	菏泽	7	菏泽、曹县、东明、定陶、鄄城、郓城、梁山
聊城	聊城	11	聊城、高唐、茌平、博平、清平、堂邑、莘县、冠县、阳谷、寿阳、东阿

续　表

专　区	专署驻地	县数	辖　　　县
濮　阳	濮　阳	10	濮阳、范县、朝城、观城、濮县、南乐、南丰、滑县、长垣、内黄
新　乡	新　乡	15	新乡、封丘、延津、原武、阳武、济源、孟县、获嘉、温县、辉县、汲县、修武、武陟、博爱、沁阳
安　阳	安　阳	6	安阳、林县、邺县、汤阴、淇县、浚县

资料来源：表 25 至表 28，均据《华北人民政府关于重新调整行政区划的决定》（1949 年 8 月 9 日），中央档案馆：《共和国雏型——华北人民政府》，第 229～233 页。

同年 9 月 19 日，平原省人民政府发布《关于本省专市县区划调整通令》（民政字第 2 号），对一些行政区划进行了调整。全省仍设 6 个专区和新乡、安阳 2 省辖市，同时决定新乡专区专署驻焦作，并于焦作周围划为焦作矿区①，汲县城关划分为城关区，区政府均直接受专署领导；安阳专区新辖漳南县，道口镇直接受专署领导；濮阳专区所属的濮阳城关划为城关区，直接受专署领导；菏泽专区菏泽城关划为城关区，直接受专署领导；湖西专区新辖南旺县，单县城关划为城关区，直接受专署领导。由此，平原省共辖 2 市、58 个县及 1 个矿区、5 个城关区及 1 个专署直辖镇。②

华北人民政府管辖的区域还包括内蒙古地区。民国三十四年 8 月，日本侵略者宣布投降后，除国共两党争夺、拉锯的绥远地区之外，内蒙古大部分地区被苏联红军和苏蒙联军解放。摆脱了日本殖民统治之后，寻求民族解放，实现民族平等和自治，再度成为蒙古族人民的普遍愿望和要求。内蒙古各地出现了多起蒙古民族自治运动。其中，除了中国共产党直接领导的之外，主要是由蒙古族各阶层自发组织发动的，先后建立有东蒙古人民自治政府（民国三十五年 1 月成立，辖哲里木省、兴安省等）、呼伦贝尔临时地方自治政府（民国三十五年 3 月成立）、苏尼特右旗"内蒙古人民共和国临时政府"（民国三十四年 9 月成立）等地方政权。

民国三十四年 11 月 6 日，内蒙古自治运动联合会筹备委员会在张家口组成。11 月 26 日，正式召开自治运动联合会成立大会。此后，成立了各盟人民

---

① 按：据《焦作百年文献（1898～2005）》（中共焦作市委党史研究室、焦作市档案局，2006 年，第 454 页）载，焦作于 1945 年 9 月经太行行署批准设市，1948 年 3 月改县，1949 年 5 月重新设市，8 月移交平原省。同年 9 月，平原将焦作市所辖 17 个农村划归博爱县，25 个农村划归修武县，矿区连同市划改为焦作矿区。
② 《平原省人民政府关于本省专市县区划调整通令》，河南邮电史志编纂委员会编：《平原省邮电史料》，方志出版社，2002 年，第 36～38 页。

政府和自治运动联合会盟分会。民国三十五年4月3日,内蒙古自治运动联合会与东蒙古人民自治政府的代表正式举行了内蒙古自治运动统一会议(史称"四三会议"),决定解散东蒙古人民自治政府,成立自治运动联合会东蒙古总分会,领导东四盟(哲里木、兴安、纳文慕仁、呼伦贝尔)工作;卓索图、昭乌达等盟由联合会直接领导。

民国三十五年4月26日,东蒙古人民第二次临时代表大会在王爷庙召开。会议决定撤销东蒙古人民自治政府,成立兴安省政府和临时参议会。兴安省下辖兴安、哲里木、呼伦贝尔、纳文慕仁4盟,受东北行政委员会领导。6月下旬,全面内战爆发,国民党军队大举进攻各解放区。兴安省政府机关北撤至海拉尔。11月,成立锡察行政委员会,领导锡察解放区地方行政工作。在此前后,卓索图盟及昭乌达、察哈尔等盟大部分地区成为敌占区。民国三十六年夏,先后收复了开鲁、通辽、赤峰及哲昭两盟大部分地区。

民国三十六年(1947)3月23日,中共中央再次发出指示,同意建立"内蒙统一的民族自治政府"。4月23日,内蒙古人民代表大会在王爷庙隆重开幕。29日,选举产生了由121人组成的内蒙古临时参议会。5月1日,临时参议会选举产生了自治政府和参议会领导成员。乌兰夫当选为政府主席。选举结束后,大会宣布内蒙古自治政府正式成立。自治政府驻地暂设王爷庙,改王爷庙为乌兰浩特(意为红色的城)。民国三十八年1月平津战役结束后,锡察地区和绥远省东部均成为解放区。5月1日,内蒙古自治区人民政府成立,成为在中国共产党领导下的中国第一个省级民族区域自治的政权,下辖呼纳、兴安、哲里木、昭乌达、锡林郭勒、察哈尔6盟,人口230余万。9月19日,以董其武为首的绥远军政当局宣布和平起义,土默特旗和乌兰察布盟、伊克昭盟地区均告和平解放。

全区所辖盟与县、市、旗,详见表29。

表29　华北人民政府内蒙古自治区政区表

盟	盟驻地	县市旗数	市、县、旗
呼纳盟	海拉尔市	10	海拉尔市、满洲里市 索伦旗、阿荣旗、布特哈旗、莫力达瓦旗、新巴尔虎左翼旗、新巴尔虎右翼旗、陈巴尔虎旗、额尔古纳旗
兴安盟	乌兰浩特市	6	乌兰浩特市 突泉县 扎赉特旗、科尔沁右翼中旗、科尔沁右翼前旗、科尔沁右翼后旗

续 表

盟	盟驻地	县市旗数	市、县、旗
哲里木盟	通辽县	7	通辽县、开鲁县 扎鲁特旗、库伦旗、奈曼旗、科尔沁左翼中旗、科尔沁左翼后旗
昭乌达盟	巴林左旗	5	林西县 巴林左旗、巴林右旗、克什克腾旗、阿鲁科尔沁旗
锡林郭勒盟	中部联合旗	5	东部联合旗、中部联合旗、西部联合旗、苏尼特左旗、苏尼特右旗
察哈尔盟	明安太右联合旗	5	正蓝旗、商都镶黄联合旗、正白镶白联合旗、太仆寺左旗、明安太右联合旗

原属东北解放区，后划属内蒙古自治区之市、县、旗沿革如下。

满洲里市，民国三十四年8月解放，驻满洲里（今内蒙古满洲里市）。次年隶呼伦贝尔地方自治政府。民国三十七年1月改隶内蒙古自治区呼伦贝尔盟，次年4月属呼纳盟。

海拉尔市，民国三十四年8月解放，治所即今内蒙古呼伦贝尔市海拉尔区，为呼伦贝尔地方自治政府、呼伦贝尔盟及呼纳盟政府所在地。民国三十七年1月隶内蒙古自治区。

通辽县，治白音太来（今内蒙古通辽市科尔沁区）。民国三十四年8月解放，次年6月隶哲里木盟，为盟政府驻地。民国三十七年属辽宁省，次年改隶内蒙古自治区。

突泉县，治所即今内蒙古突泉县驻地突泉镇。民国三十八年5月属内蒙古自治区兴安盟。

乌兰浩特市，民国三十六年析科尔沁右翼前旗驻地王爷庙置，治所即今内蒙古乌兰浩特市。蒙古语意为红色的城市。由内蒙古自治区直辖。民国三十八年3月改属兴安盟。

科尔沁右翼前旗，原名西科前旗，治王爷庙（今内蒙古科尔沁右翼前旗东南）。民国三十四年8月解放，次年2月起为东蒙古人民自治政府兴安盟驻地。民国三十六年5月起属内蒙古自治区。民国三十七年复名科尔沁右翼前旗。又，喜扎嘎尔旗，民国三十四年8月解放，驻索伦山（今科尔沁右翼前旗西北索伦）。民国三十五年2月隶东蒙古人民自治政府兴安盟，次年5月划属内蒙古自治区。民国三十七年11月裁入科尔沁右翼前旗。

科尔沁右翼中旗，原名西科中旗，治代钦塔拉（今内蒙古科尔沁右翼中旗北代钦塔拉苏木）。民国三十四年8月解放，次年2月属东蒙古人民自治政府兴安盟。民国三十六年5月划归内蒙古自治区，次年复名科尔沁右翼中旗。民国三十八年迁高力坂镇（今科尔沁右翼中旗东南高力坂镇）。

科尔沁右翼后旗，原名西科后旗，治苏鄂公爷府（今内蒙古科尔沁右翼前旗西北察尔森镇）。民国三十四年8月解放，次年2月属东蒙古人民自治政府兴安盟。民国三十六年5月划归内蒙古自治区。民国三十七年复名科尔沁右翼后旗。

科尔沁左翼中旗，先后治库里根庙、架马吐（今科尔沁左翼中旗西南架玛吐镇）等地。先后属东蒙古人民自治政府哲里木盟、兴安省、辽吉省。民国三十八年4月划属内蒙古自治区。

科尔沁左翼后旗，俗称博王旗。民国三十四年8月解放，治吉尔嘎郎（今科尔沁左翼后旗东北吉尔嘎朗镇）。先后属东蒙古人民自治政府哲里木盟、兴安省、辽吉省。民国三十八年4月划属内蒙古自治区。

额尔古纳旗，原为额尔克纳左翼旗、右翼旗。额尔克纳左翼旗驻奈如穆图（今内蒙古额尔古纳市北三河镇）。民国三十四年8月解放，隶呼伦贝尔自治省。民国三十五年3月改隶呼伦贝尔临时地方政府，10月属呼伦贝尔地方自驻政府。民国三十七年1月划属内蒙古自驻区。同年，与额尔克纳右翼旗合并为额尔古纳旗。又，额尔克纳右翼旗，驻吉如穆图（今额尔古纳市北奇乾），民国三十四年8月解放，隶呼伦贝尔自治省。民国三十五年3月改隶呼伦贝尔临时地方政府，10月属呼伦贝尔地方自治政府。民国三十七年1月划属内蒙古自治区。民国三十七年1月两旗合并，驻三河镇（今额尔古纳市驻地北三河镇）。

布特哈旗，民国三十四年8月解放，驻扎兰屯（今内蒙古扎兰屯市城区）。先后隶于东蒙古自治政府纳文慕仁省、纳文慕仁盟。民国三十六年5月改属于内蒙古自治区。

莫力达瓦旗，民国三十四年8月解放，驻西布特哈（今内蒙古莫力达瓦达斡尔族自治县驻地尼尔基镇）。先后隶东蒙古自治政府纳文慕仁省、纳文慕仁盟。民国三十六年5月划属内蒙古自治区。又，巴彦旗，民国三十四年8月解放，驻额尔和（今莫力达瓦达斡尔族自治旗东北额尔和）。先后隶东蒙古自治政府纳文慕仁省、纳文慕仁盟。民国三十六年5月划属内蒙古自治区。民国三十八年5月并入莫力达瓦旗。

索伦旗，民国三十四年8月解放，驻南屯（今内蒙古鄂温克族自治旗驻地巴彦托海镇）。民国三十四年 10 月隶呼伦贝尔自治省。民国三十五年 3 月改隶呼伦贝尔临时地方自治政府，10 月属呼伦贝尔地方自治。民国三十七年 1 月划属内蒙古自治区呼伦贝尔盟。民国三十八年 4 月属内蒙古自治区呼纳盟。

新巴尔虎左翼旗，民国三十四年 8 月解放，驻阿穆古朗镇（今内蒙古新巴尔虎左旗驻地阿木古郎镇）。民国三十四年 10 月隶呼伦贝尔自治省，次年 3 月改隶呼伦贝尔临时地方自治政府，10 月属呼伦贝尔地方自治政府。民国三十七年 1 月划属内蒙古自治区呼伦贝尔盟。民国三十八年 4 月属内蒙古自治区呼纳盟。

新巴尔虎右翼旗，民国三十四年 8 月解放，驻阿尔坦额莫勒（今内蒙古新巴尔虎右旗驻地阿拉坦额莫勒镇）。民国三十四年 10 月隶呼伦贝尔自治省，次年 3 月改隶呼伦贝尔临时地方自治政府，10 月属呼伦贝尔地方自治政府。民国三十七年 1 月划属内蒙古自治区呼伦贝尔盟。民国三十八年 4 月属内蒙古自治区呼纳盟。

陈巴尔虎旗，民国三十四年 8 月解放，驻巴彦库仁（今内蒙古陈巴尔虎旗驻地巴彦库仁镇）。民国三十四年 10 月隶呼伦贝尔自治省，次年 3 月改隶呼伦贝尔临时地方自治政府，10 月属呼伦贝尔地方自治。民国三十七年 1 月划属内蒙古自治区呼伦贝尔盟。民国三十八年 4 月属内蒙古自治区呼纳盟。

阿荣旗，民国三十四年 8 月解放，驻红花梁子（今内蒙古阿荣旗西红花梁子镇）。民国三十五年起隶东蒙古人民自治政府纳文慕仁省、纳文慕仁盟，次年 5 月划属内蒙古自治区。

扎赉特旗，驻音德尔（今内蒙古扎赉特旗驻地音德尔镇）。民国三十五年隶兴安盟。民国三十六年 4 月划属内蒙古自治区。

三、西北解放区

西北解放区是在抗日战争结束后的陕甘宁边区的基础上发展起来的。民国三十五年（1946）4 月 2 日，陕甘宁边区参议会第三届第一次会议在延安召开，改选边区政府。民国三十八年 2 月 8 日至 17 日，陕甘宁边区参议会常驻议员、边区政府委员与晋绥边区代表举行联席会议，决定将晋绥边区划归陕甘宁边区政府统一领导。原晋绥行署撤销，分建为晋西北与晋南两个行署。新的陕甘宁边区政府主席为林伯渠，下辖晋南、晋西北、陕北 3 个行署。6 月，陕甘宁边区政府由延安迁至西安。此后，随着解放战争的胜利，先后建立西安市人民政府（民国三十八年 5 月 25 日成立）、宝鸡市人民政府（民国三十八年 7

月16日成立)、兰州市人民政府(民国三十八年8月26日成立)、临夏市军事管制委员会(民国三十八年8月26日成立)、西宁市人民政府(民国三十八年9月8日成立)、青海省人民军政委员会(民国三十八年9月26日成立,暂行青海省人民政府的职权)。

四、中原解放区

中原解放区是在解放战争中发展起来的。民国三十六年(1947)8月,人民解放军进抵中原。至1949年底,先后建立豫皖苏、豫西、鄂豫、皖西、桐柏、江汉、陕南7个行署。民国三十八年3月3日,中原临时人民代表会议在开封举行。会议通过《中原临时人民政府组织大纲》,选举临时人民政府委员会委员21人,推选邓子恢为主席,中原临时人民政府宣告成立,下辖河南省及鄂豫、江汉、陕南3个行署。6月25日,中原临时人民政府由开封迁至武汉办公。随着解放战争的胜利,先后成立河南省人民政府(民国三十八年5月10日成立于开封)、开封市人民政府(民国三十七年11月23日)、湖北省人民政府(民国三十八年5月17日)、武汉市人民政府(民国三十八年5月17日)、宜昌市军事管制委员会(民国三十八年7月22日)、沙市军事管制委员会(民国三十八年7月成立)、长沙市人民政府(民国三十八年8月22日)、湖南省临时人民政府(民国三十八年8月29日)、九江市军事管制委员会(民国三十八年5月17日)、南昌市人民政府(民国三十八年6月7日)、赣东北行政公署(民国三十八年6月12日)、江西省人民政府(民国三十八年6月17日)。

五、华东解放区

华东解放区是在抗日战争胜利后以山东省民主政府为基础,随着解放战争的胜利发展建立起来的。

山东省在抗日战争时期就辟有抗日根据地。民国三十四年(1945)至三十五年上半年(抗战胜利后),山东解放区的行政区划如下[①]。

胶东行署:莱东、莱西两县为行署直辖县。下辖4个专署区、2个特区、31个县。东海专区辖文登、荣成、昆嵛、牟平、牙前、海阳、乳山等7县和石岛特区,北海专区辖黄县、招远、招北、栖霞、栖东、福山、蓬莱7县和长山特区、龙口特区,南海专区辖五龙、莱西、平南、平东、即东、即墨、胶高等7县,西海专区辖

---

① 郑新道:《民国时期山东行政区划变迁述略(1912—1949)》,《山东史志资料》1984年第2辑,第154～174页。

掖县、掖南、平度、平西、昌邑、潍县、潍南、昌南等8县。

鲁中行署：辖3个专署和淄博特区。第一专署（泰山区）领泰安、莱芜、章丘、章历、历城县，第二专署（沂蒙、泰南区）领新泰、沂南、泰宁、沂水、沂东、沂源、蒙阴、费北县，第三专署（沂山区）领临朐、沂北、淮安、安丘、昌乐、莒沂、益都县，淄博特别专署区辖淄川、博山县。

鲁南行署：划为2个专署、14个县。第一专署（北部区）领曲阜、滋阳、邹县、泗水、平邑、费县、滕县，第二专署（南部区）领赵镈、邳县、峄县、临城、运河、麓水、铜山县。

渤海行署：辖4个专署、36个县、3个市。第一专署（冀鲁边区）领黄骅、靖远、沧县、南皮、吴桥、东光、振华、乐陵、庆云县，第二专署（鲁北区）领齐河、济阳、匡吾、商河、临邑、德县、平禹、德平县及惠民市等，第三专署（清河区）领寿光、益寿、广饶、临淄、桓台、博兴、高苑、长山、邹平、青城、齐东县及周村市、羊角沟市等，第四专署（垦区）领沾化、利津、垦利、阳信、无棣、惠民、蒲台、滨县等。

滨海行署：第一专署（滨北区）领诸城、莒县、莒北、日北、藏马、胶县、胶南、高密县等，第二专署（滨南区）领临沂、郯城、东海、竹庭（赣榆）、临沭、日照、莒南县等。

民国三十五年下半年，国民党对山东解放区发动进攻。为适应战争的需要，解放区于8月份将滨海行署所辖的滨北专署划归胶东行署管辖，滨海行政公署改为滨海专员公署，直属省领导。该署领临沂、郯城、莒县、莒南、东海、竹庭、日照、临沭等8县。民国三十七年，人民解放军转入反攻，先后收复和解放张店、淄博、威海、泰安、昌潍、枣庄、济南、临沂、烟台、连云港等地。同年6月，成立昌潍直属专署。9月，鲁南、鲁中两个行署与滨海专署合并，成立鲁中南行政公署，领7个专署和淄博特区。全省辖渤海、胶东、鲁中南3个行署区、1个直属专署区、17个专署区、140个县单位。民国三十八年3月，山东省政府更名为山东省人民政府，并于4月15日进驻济南市。6月2日解放青岛市，至此山东全境解放。全省辖渤海、胶东、鲁中南3个行署区，济南、青岛、徐州、潍坊4个直辖市，淄博工矿特区、昌潍直属专署区和15个专区、2个行署辖市、9个专署辖市、137个县、1个特区、3个办事处、29个市辖区。

随着解放战争的胜利开展，华东解放区先后成立有苏南行政公署（民国三十八年4月27日成立于无锡）、南京市人民政府（民国三十八年4月28日）、皖南行政公署（民国三十八年5月成立于屯溪）、上海市人民政府（民国三十八年5月28日）、浙江省人民政府（民国三十八年8月19日成立于杭州）、福建省人民政府（民国三十八年8月25日成立于福州）等。

第三十四章 伪满洲国

第一节 新京特别市

伪满洲国成立后,于"大同元年"(1932)3月析长春县城区置长春特别市,治所即今吉林长春市城区。同月10日伪满国务院宣布"满洲国国都设于长春"①。14日,改长春为"新京"②。同年6月初,长春特别市改名为新京特别市③。初设特别市政公所,旋改特别市政公署④。8月17日实行《特别市制》⑤。次年特别市统辖区域为:"一、自大同广场至西北七·六公里之崔家营子为西北隅,由此往东,经过上白子,至约九公里之金钱堡为东北隅之地点;二、自金钱堡南经一·九公里王家皮铺,自东一·五公里八里堡,至南吉林街道,经十里堡、靠山屯,再至南柳贯窑子;三、自柳贯窑子南,经一〇·五公里四河腰、逯家窝棚、三家子及吴家店,至西十里堡为东南隅地点;四、自西十里堡西经小朝阳沟,至无名河之六·三公里地点为西南隅地点;五、自西南隅北经三家子、司家屯、二十五里堡、五孤林、大随窝堡、李家屯、范家店、火李子及车家窝棚,至西北隅崔家营子。"⑥"康德八年"(1941)时,特别市辖有长春、顺天、宽城、敷岛、吉野、东光、承德、惠仁、和顺、净月、大屯、大经、北河东等区。

---

①② 伪满《政府公报》第1号,1932年4月1日,第36页。
③ 按:长春特别市改为新京特别市的日期,伪满《政府公报》未见刊登。5月24日发布的《"民政部"训令第62号》(伪满《政府公报》第10号,1932年5月31日,第1页),仍称长春特别市。6月3日发布的《"民政部"训令第84号》(伪满《政府公报》第11号,1932年6月4日,第3页),已见"新京特别市公所"之名。当在此时间内改名。
④ 按:《"民政部"训令第84号》(伪满《政府公报》第11号,1932年6月4日,第3页)称"市政公所";《"民政部"训令第93号》(伪满《政府公报》第13号,1932年6月11日,第15页)称"市公署"。
⑤ 伪满《政府公报》第36号,1932年8月17日,第1页。
⑥ 伪满《政府公报》第124号,1933年4月26日,第1页。

第二节 吉林省、龙江省、北安省

一、吉林省

民国二十年(1931)初,吉林省辖 41 县、1 设治局。日军侵占吉林省以后,恣惠宗社党头目熙洽于民国二十年 9 月 26 日成立伪吉林省长官公署。9 月 28 日,熙洽发表声明,最先在东北宣告"独立"。"大同元年"(1932)3 月 9 日,改省政府为省公署①,驻永吉县(今吉林吉林市)。"康德元年"(1934)12 月 1 日省制改革时,析置为吉林、滨江、三江、间岛等 4 省。吉林省县级行政单位减少了 25 个,下辖吉林市和长春、双阳、伊通、德惠、农安、长岭、乾安、扶余、永吉、舒兰、额穆、敦化、桦甸、磐石、榆树及怀德(原属奉天省)等县。阿城、宾县、双城、五常、珠河、苇河、延寿、东宁、宁安、穆棱、密山、虎林改属滨江省②,延吉、汪清、和龙、珲春改属间岛省,方正、依兰、勃利、宝清、饶河、抚远、同江、富锦、桦川等县改属三江省。"康德八年"7 月 1 日,长岭县改属四平省③。至伪满洲国灭亡前,吉林省只辖 1 市、15 县、1 旗,从行政单位数量和区域来说,均约为九一八事变前的三分之一。

伪满洲国灭亡前属吉林省之市、县沿革如下。

吉林市,"康德元年"12 月 1 日析永吉县城区置④,"康德三年"4 月 1 日,根据《市制》定为政区并划定区域⑤。驻地即今吉林吉林市。为伪吉林省公署所在地。

吉林县,原为永吉县,驻吉林市(即今吉林吉林市)。"康德元年"12 月前为伪省公署所在地。"康德十年"7 月 1 日改名⑥。

蛟河县,原为额穆县,驻额穆索(今吉林敦化市北额穆)。"大同元年"暂在蛟河设立行署。"大同二年"秋,因抗日武装多次袭击额穆索,伪省公署核准迁蛟河街(今吉林蛟河市城区)⑦。"康德六年"10 月 1 日改名⑧。因蛟河得名。

---

① 伪满《政府公报》第 1 号,1932 年 4 月 1 日,第 26 页。
②④ 伪满《政府公报》第 183 号,1934 年 10 月 11 日,第 63 页。
③ 伪满《政府公报》第 2145 号,1941 年 6 月 30 日,第 462 页。
⑤ 伪满《政府公报》号外,1936 年 3 月 26 日,第 9 页。
⑥ 伪满《政府公报》第 2715 号,1943 年 6 月 21 日,第 561 页。
⑦ 高俭秋等:《漫话蛟河》,《蛟河文史资料》第 1 辑,1985 年,第 2 页。
⑧ 伪满《政府公报》第 1638 号,1939 年 9 月 29 日,第 693 页。

敦化县，驻敦化街（今吉林敦化市城区）。

桦甸县，驻桦甸街（今吉林桦甸市驻地桦甸镇）。

磐石县，驻磐石街（今吉林磐石市城区）。

通阳县，原为伊通县（驻今吉林伊通满族自治县驻地伊通镇）、双阳县（驻今吉林长春市双阳区）。"康德八年"1月1日合并①，驻伊通街（今伊通满族自治县驻地伊通镇）。

九台县，吉长铁路通车后，地处永吉、长春、德惠3县间的永吉县九台镇附近交通便利，经济发展，民国七年至八年间，吉林省即派员前往招商放垦。此后"市内及附近居民人口已约达十数万之多，每年当粮石上市，商贾云集，交易之畅旺且欲驾省城而上之，公家税收比额亦年满六十万元上"②。伪吉林省公署要求设置新县。"大同元年"7月27日，伪民政部指令吉林省划定新县界，拟定县名③。同年10月，伪吉林省公署称伪县公署已成立④。但是"康德元年"12月1日施行的《省公署官制》中，吉林省无此县。"康德二年"2月2日又有设立九台县的敕令⑤。清初修柳条边，各边门间筑7个烽火台，共28个，县境处第九台，故名。驻九台街（今吉林长春市九台区九台街道）。

长春县，驻新京特别市（即今吉林长春市区）。

公主岭市，"康德九年"1月1日析怀德县置⑥。治所即今吉林公主岭市城区。

怀德县，原属奉天省，"康德元年"10月来属。驻公主岭（今吉林公主岭市城区）。

乾安县，原为乾安设治局，驻长发屯（即乾安街，今吉林乾安县驻地乾安镇）。"大同二年"10月1日改县⑦。

扶余县，驻扶余街（今吉林松原市宁江区）。

农安县，驻农安街（今吉林农安县驻地农安镇）。

德惠县，驻大房身（今吉林市德惠市东大房身镇），"康德三年"4月23日

---

① 伪满《政府公报》第2002号，1940年12月25日，第582页。
② 伪满《政府公报》第30号，1932年7月30日，第15页。
③ 伪满《政府公报》第30号，1932年7月30日，第14页。
④ 伪满《政府公报》第54号，1932年10月12日，第3页。按：《九台县志》（第622~623页）谓1932年9月14日置县，并有各任伪县长名单，似未中断。是否1932年为伪吉林省公署批准置县，直到1935年伪满中央政府才批准，存疑。
⑤ 伪满《政府公报》第276号，1935年2月2日，第9页。
⑥ 伪满《政府公报》第2293号，1941年12月27日，第563页。
⑦ 伪满《政府公报》第218号，1933年9月18日，第2页。

迁治德惠街(当时称张家湾,今吉林德惠市城区)①。

榆树县,驻榆树街(今吉林榆树市城区)。

舒兰县,驻舒兰街(今吉林舒兰市西南朝阳镇)。

郭尔罗斯前旗,原为蒙古族盟旗组织,"大同元年"6月27日来属②。"康德元年"12月1日起实行旗制③。驻哈拉茂都(今吉林前郭尔罗斯蒙古族自治县驻地南卡拉木)。"康德六年"1月25日迁驻前郭旗(今前郭尔罗斯蒙古族自治县驻地前郭镇)④。

二、龙江省

原为黑龙江省南部。民国二十一年(1932)1月1日,日本关东军参谋板垣征四郎指使张景惠发表"独立宣言",就任伪黑龙江省省长。省政府驻龙江县(今黑龙江齐齐哈尔市城区)。"大同元年"(1932)3月9日,根据《省公署官制》,改省政府为省公署,任命马占山为省长⑤。6月27日,札赉图旗、郭尔罗斯后旗、杜尔伯特旗、伊克明安旗、东布特哈八旗、齐齐哈尔八旗、墨尔根八旗来属⑥。12月,胪滨、室韦、奇乾、呼伦等县由兴安北分省接收,布西设治局、索伦设治局、雅鲁县由兴安东分省接收⑦。"康德元年"(1934)12月省制改革,改置为龙江、黑河2省,黑龙江省之名消失。龙江省辖齐齐哈尔市和龙江、泰来、泰康、景星、甘南、富裕、林甸、依安、讷河、克山、明水、克东、拜泉、德都、嫩江、龙镇、通北、大赉、突泉、安广、镇东、开通、瞻榆、洮南、洮安等县⑧。原黑龙江省绥化、呼兰、海伦、巴彦、肇东、肇州、兰西、木兰、望奎、青冈、安达、庆城、绥棱、铁骊、东兴、郭尔罗斯后旗等县旗改隶滨江省,瑷珲、漠河、佛山、乌云、奇克、鸥浦、呼玛、逊河等县改隶黑河省,汤原、萝北、绥滨、通河、凤山等县改隶三江省。"康德三年"后,伪省公署驻齐齐哈尔市。"康德六年"6月1日,东北部克山、明水、克东、拜泉、德都、依安、嫩江、北安、通北等县划属北安省⑨。"康德十年"10月1日,醴泉县划属兴安总省⑩。"康德十二年"8月1日,黑河省嫩江县来隶⑪。

---

① 伪满《政府公报》第645号,1936年5月15日,第157页。
②⑥ 伪满《政府公报》第18号,1932年6月27日,第4页。
③ 伪满《政府公报》第225号,1934年11月29日,第348页。
④ 伪满《政府公报》第1503号,1939年4月19日,第477页。
⑤ 伪满《政府公报》第1号,1932年4月1日,第32页。
⑦ 伪满《政府公报》第74号,1932年12月10日,第6页。
⑧ 伪满《政府公报》第183号,1934年10月11日,第63页。
⑨ 伪满《政府公报》第1537号,1939年6月1日,第18页。
⑩ 伪满《政府公报》第2789号,1943年9月20日,第424页。
⑪ 伪满《政府公报》第3332号,1945年7月30日,第218页。

伪满洲国灭亡前属龙江省之市县沿革如下。

齐齐哈尔市，"康德元年"12月1日析龙江县城区置①。"康德三年"4月1日根据《市制》定为政区并划定区域②。驻地在今黑龙江齐齐哈尔市区。为伪龙江省公署驻地。

龙江县，原属黑龙江省。驻齐齐哈尔市(今黑龙江齐齐哈尔市区)。

景星县，原属黑龙江省。驻景星村(今黑龙江龙江县西南景星镇)。

甘南县，原属黑龙江省，为甘南设治局，驻甘南村(今黑龙江甘南县驻地甘南镇)。"大同二年"10月1日改县③。

富裕县，原属黑龙江省，为富裕设治局，"大同元年"迁至宁年镇(原名兴杨镇，今黑龙江富裕县驻地富裕镇)④。"大同二年"4月，迁回隆昌镇(即大来克屯，后名富裕村，今黑龙江富裕县东南富路镇)。同年10月1日改县。

讷河县，原属黑龙江省。驻讷河街(今黑龙江讷河市驻地通江街道)。

林甸县，原属黑龙江省。驻林甸村(今黑龙江林甸县驻林甸镇)。

泰来县，原属黑龙江省。驻泰来街(今黑龙江泰来县驻地泰来镇)。

镇东县，原属奉天省。驻镇东村(今吉林镇赉县驻地镇赉镇)。

大赉县，原属黑龙江省。驻大赉街(今吉林大安市城区)。

安广县，原属奉天省。驻平安镇(今吉林大安市西南新平安镇)。"康德四年"3月25日迁治安广街(原名龙泉，今大安市西安广镇)⑤。

白城县，原名洮安县，属奉天省。驻白城子街(今吉林白城市洮北区)。"康德五年"5月12日改名⑥。

嫩江县，原属黑龙江省。驻嫩江街(今黑龙江嫩江县驻地嫩江镇)。"康德六年"6月1日划属北安省。"康德十二年"8月1日复来属⑦。

洮南县，原属奉天省。驻洮南街(今吉林洮南市城区)。

开通县，原属奉天省。驻开通街(今吉林通榆县驻地开通镇)。

瞻榆县，原属奉天省。驻瞻榆街(今吉林通榆县西南瞻榆镇)。

---

① 伪满《政府公报》第183号，1934年10月11日，第63页。
② 伪满《政府公报》号外，1936年3月26日，第9页。
③ 《民政部》令第16号载："兹决定，从前各省设治局名称，自大同二年十月一日起一律改称县公署。特此公布，此令。"(伪满《公报公报》第218号，1933年9月18日，第2页)
④ 《富裕县志》，中共党史资料出版社，1990年，第53页。
⑤ 伪满《政府公报》第900号，1937年4月2日，第24页。
⑥ 伪满《政府公报》第1226号，1938年5月12日，第385页。
⑦ 伪满《政府公报》第3332号，1945年7月30日，第218页。

杜尔伯特旗,原属哲里木盟,"大同元年"6月27日来属①。"康德元年"12月1日施行旗制②。驻巴彦查干(今黑龙江杜尔伯特蒙古族自治县西南巴彦查干)。又,泰康县,原为黑龙江省泰康设治局,驻地即今黑龙江杜尔伯特蒙古自治县驻地泰康镇,"大同二年"10月1日改县,"康德七年"5月并入③。同月,旗公署迁驻太康村(杜尔伯特蒙古自治县驻地泰康镇)④。

伊克明安旗,原属哲里木盟,"大同元年"6月27日来属。"康德元年"12月1日施行旗制⑤。驻大泉(杜尔布德努克图,今黑龙江富裕县驻地富裕镇东大泉子)。

三、北安省

"康德六年"(1939)6月1日,以滨江省的海龙地区与龙江省的东北地区置⑥。伪省公署驻北安县(今黑龙江北安市)。"康德十年"1月1日,嫩江县改属黑河省⑦。

伪满洲国灭亡前北安省所辖县沿革如下。

北安县,原为龙镇县,驻今黑龙江五大连池市驻地青山街道东北龙镇,"大同元年"12月迁驻北安街(今黑龙江北安市城区)⑧。"康德六年"1月1日改名⑨。

克山县,原属龙江省。驻克山街(今黑龙江克山县驻地克山镇)。

明水县,原属龙江省。驻明水街(三百三镇,即今黑龙江明水县驻地明水镇)。

克东县,原属黑龙江省,为克东设治局,驻克东街(二克山,今黑龙江克东县驻地克东镇)。"大同二年"10月1日改县。"康德元年"10月属龙江省。

拜泉县,原属龙江省。驻拜泉街(大泡子,今黑龙江拜泉县驻地拜泉镇)。

德都县,原属龙江省,为德都设治局,驻德都村(今黑龙江五大连池市驻地青山街道)。"大同二年"10月1日改县。"康德元年"10月属龙江省。

依安县,原属龙江省。驻依安村(今黑龙江依安县南依龙镇)。

通北县,原属龙江省。驻通北村(今黑龙江北安市南通北镇)。

---

① 伪满《政府公报》第18号,1932年6月27日,第4页。
②⑤ 伪满《政府公报》第225号,1934年11月29日,第348页。
③ 按:此据《文官给予令施行细则》(伪满《政府公报》第1810号,1940年5月9日,第180页)。因影印本4月20日后伪满《政府公报》不全,是否颁布过"敕令"及具体施行日期不得而知,按惯例当在5月1日改。
④ 《杜尔伯特蒙古族自治县志》,黑龙江人民出版社,1996年,第43页。
⑥ 伪满《政府公报》第1537号,1939年6月1日,第18页。
⑦ 伪满《政府公报》第2578号,1942年12月23日,第404页。
⑧ 《北安县志》,1993年,第31页。
⑨ 伪满《政府公报》第1416号,1938年12月24日,第515页。

绥化县,原属滨江省。驻绥化街(今黑龙江绥化市北林区)。

望奎县,原属滨江省。驻望奎街(今黑龙江望奎县驻望奎镇)。

庆安县,"康德十年"7月1日合并庆城县、铁骊县置①,驻庆城街(今黑龙江庆安县驻地庆安镇)。庆城县原属滨江省,驻庆城街。铁骊县初属黑龙江省,为铁骊设治局,"大同二年"10月1日改县,驻铁骊街(今黑龙江铁力市驻地铁力镇),"康德元年"10月属滨江省。

绥棱县,原为绥棱县,属滨江省,"康德四年"改字。"康德六年"来属。"康德八年"7月,由上集厂迁兴农镇(1941年改名为绥棱镇。今黑龙江省绥棱县驻地绥棱镇)②。

海伦县,原属滨江省。驻海伦街(今黑龙江海伦市驻地海伦镇)。

第三节 黑河省、东满省、间岛省

一、黑河省

"康德元年"(1934)12月1日,析黑龙江省原黑河道区域置③。伪省公署驻瑷珲县黑河街(今黑龙江黑河市爱辉区),辖漠河、鸥浦、呼玛、瑷珲、奇克、逊河、佛山、乌云等8县。伪满当局宣称析置的原因为:"黑河地居险要,为国境屏藩,原系道区,今改为省制,集中所属瑷珲等八县,关于治安之确保,地利之开发,国防之巩固,及其他各项政令得以随时联络呼应,确有莫大之利益。"④"康德四年"增领孙吴县。"康德八年"8月1日,佛山县划属三江省⑤。"康德十年"1月1日,北安省嫩江县来属;7月1日,奇克、逊河两县合并为逊克县。"康德十二年"8月1日,嫩江县划属龙江省⑥。

漠河县,原属黑龙江省。驻漠河(今黑龙江漠河县北漠河)。

鸥浦县,原属黑龙江省。驻倭西门(今黑龙江呼玛县北鸥浦乡老街基岛),"康德三年"移驻鸥浦⑦(当时作下地营子,今呼玛县北鸥浦乡)。

呼玛县,原属黑龙江省。驻呼玛(今黑龙江呼玛县驻地呼玛镇)。

---

① 伪满《政府公报》第2715号,1943年6月21日,第561页。
② 《绥棱县志1986—2000》,黑龙江人民出版社,2008年,第35页。
③ 伪满《政府公报》第183号,1934年10月11日,第63页。
④ 伪满《政府公报》第249号,1934年12月27日,第235页。
⑤ 伪满《政府公报》第2168号,1941年7月28日,第435页。
⑥ 伪满《政府公报》第3332号,1945年7月30日,第218页。
⑦ 《呼玛县志》,1980年,第216页。

瑷珲县，原属黑龙江省。驻瑷珲城(今黑龙江黑河市爱辉区南爱辉镇)，"大同二年"8月31日迁黑河街(今黑河市爱辉区)①。

乌云县，原属黑龙江省。驻乌云(今黑龙江嘉荫县西北乌云镇)。

孙吴县，"康德四年"12月1日析瑷珲县置②。相传最早有孙、吴二姓居于此，故名。驻孙吴街(今黑龙江孙吴县驻地孙吴镇)。

逊克县，"康德十年"7月1日，合并奇克县、逊河县置③，驻奇克(今黑龙江逊克县驻地奇克镇)。奇克县，驻地即今黑龙江逊克县驻地奇克镇。逊河县，原为逊河设治局，南京政府于民国二十年10月批准改县，但实际上尚未实行。九一八事变后，伪满黑龙江省长公署于"大同元年"4月15日下令改县④，并于7月1日设立县公署⑤。驻地在今逊克县西南逊河镇，属黑龙江省。

二、东满省

原为牡丹江、东安2省。

牡丹江省，"康德四年"(1937)7月1日以滨江省牡丹江办事处管辖区域置⑥，辖宁安、东宁、穆棱、密山、虎林等县，伪省公署驻牡丹江(同年12月1日置牡丹江市)，"康德十年"10月1日废入东满总省。

东安省，"康德六年"6月1日，析三江、牡丹江两省密山、虎林、林口、宝清、饶河等县地置⑦，伪省公署驻密山县东安街(今黑龙江密山市)。"康德十年"10月1日归东满总省管辖，"康德十二年"6月1日废入东满省。

"康德十年"10月1日合并牡丹江、东安、间岛3省置东满总省⑧，伪省公署驻牡丹江市(今黑龙江牡丹江市)，下辖间岛省、东安省及牡丹江市和宁安、东宁、绥阳、穆棱等县。"康德十二年"6月1日废东满总省，以原东安省及牡丹江省区域置东满省⑨。伪东满省公署驻牡丹江市，辖牡丹江市、东安市和宁安、东宁、绥阳、穆棱、密山、虎林、林口、宝清、饶河、勃利及鸡宁等县。仍置间岛省。

伪满洲国灭亡前东满省所辖市县沿革如下。

---

① 伪《政府公报》第255号，1933年11月4日，第11页。
② 按："敕令"第177号《省公署官制中修正之件》("康德四年"6月27日)中无此县，"敕令"第398号《黑河省官制》("康德四年"12月1日)中有县长9人，在此期间无设置新县公告，当是12月1日置。
③ 伪《政府公报》第2715号，1943年6月21日，第561页。
④ 黑龙江省档案馆：《黑龙江设治》，第595页。
⑤ 同上书，第594页。
⑥ 伪《政府公报》号外，1937年6月27日，第29页。
⑦ 伪《政府公报》第1537号，1939年6月1日，第18页。
⑧ 伪《政府公报》第2789号，1943年9月20日，第419页。
⑨ 伪《政府公报》第3280号，1945年5月28日，第373页。

牡丹江市,"康德四年"12月1日析宁安县地置①,驻地即今黑龙江牡丹江市。先后为伪牡丹江省、东满总省、东满省公署驻地。

宁安县,原属滨江省。驻宁安街(今黑龙江宁安市驻地宁安镇)。"康德四年"7月1日属牡丹江省,"康德十年"10月1日属东满总省,"康德十二年"6月1日属东满省。

东宁县,原属滨江省。驻东宁街(今黑龙江东宁县东南三岔口)。"康德五年"2月前已迁驻东宁街(今东宁县驻地东宁镇)②。"康德四年"7月1日属牡丹江省,"康德十年"10月1日属东满总省,"康德十二年"6月1日属东满省。

穆棱县,原属滨江省。驻穆棱街(今黑龙江穆棱市南穆棱)③。"康德四年"7月1日属牡丹江省,同年12月改"稜"为"棱"。"康德十年"10月1日属东满总省,"康德十二年"6月1日属东满省。

绥阳县,"康德六年"6月1日析东宁、穆棱两县部分区域置④。驻绥阳街(今黑龙江东宁县西绥阳镇)。"康德四年"7月1日属牡丹江省,"康德十年"10月1日属东满总省,"康德十二年"6月1日属东满省。

东安市,"康德九年"1月1日析密山县东安街置⑤。驻地即今黑龙江密山市驻地密山镇。伪东安省公署驻此。"康德十二年"6月1日属东满省。

密山县,原属滨江省,"康德四年"7月1日属牡丹江省,驻密山街(在今黑龙江密山市东知一镇)。"康德六年"6月1日属东安省,"康德十二年"6月1日属东满省。

鸡宁县,"康德八年"9月1日析密山县鸡宁街、滴道村、黄泥村、哈达河村、哈达岗村、新平村、平阳镇村及曲河村等区域置⑥,驻鸡宁街(今黑龙江鸡西市鸡冠区)。原属东安省,"康德十二年"6月1日属东满省。

林口县。"康德六年"6月1日析三江省勃利,牡丹江省密山、穆棱县置⑦,驻林口街(今黑龙江林口县驻地林口镇)。原属东安省,"康德十二年"6月1日属东满省。

---

① 伪满《政府公报》第1102号"敕令"二,1937年12月1日,第18页。
② 按:《"国务院"布告第4号》(伪满《政府公报》第1158号,1938年2月16日,第280页)载东宁县公署所在地在东宁,旧在三岔口,说明在1938年2月前已迁治。
③ 按:《新撰大满洲国地图》(昭和八年3月出版,无编纂、发行者)、《大满洲帝国分省详图》(辽阳大兴书局,1935年)滨江省幅、《满洲帝国分省地图并地名总揽》(大阪国际地学协会编)牡丹江省幅中,穆稜(棱)县治所均在穆稜(棱),不在八面通,说明县公署没有迁治。《"国务院"布告第4号》(伪满《政府公报》第1158号,1938年2月16日,第280页)谓穆棱县公署所在地为八面通,但没有说明原在穆棱。存疑。
④ 伪满《政府公报》第1537号,1939年6月1日,第4页。
⑤ 伪满《政府公报》第2293号,1941年12月27日,第563页。
⑥ 伪满《政府公报》第2198号,1941年9月1日,第10页。
⑦ 伪满《政府公报》第1537号,1939年6月1日,第6页。

勃利县，原属三江省。驻勃利街（今黑龙江勃利县驻地勃利镇）。"康德八年"1月1日属东安省①，"康德十二年"6月1日属东满省。

宝清县，原属三江省。驻宝清街（今黑龙江宝清县驻地宝清镇）。"康德六年"6月1日属东安省，"康德十二年"6月1日属东满省。

饶河县，原属三江省。驻饶河街（今黑龙江饶河县驻地饶河镇）。"康德六年"6月1日属东安省，"康德十二年"6月1日属东满省。

虎林县，原属滨江省，"康德四年"7月1日属牡丹江省，驻虎林（今黑龙江虎林市东北虎头镇）。"康德五年"8月迁安乐镇（今虎林市驻地虎林镇），并改名虎林；原公署所在地虎林改称虎头②。"康德六年"6月1日属东安省，"康德十二年"6月1日属东满省。

三、间岛省

"康德元年"（1934）12月1日，以原吉林省的延吉、汪清、珲春、和龙4县和奉天省的昌图县置③。伪省公署先后驻延吉县延吉街、间岛市，均即今吉林延吉市。"间岛为吉林省北部和龙、汪清、延吉、珲春四县所属地方之总称。东控俄境，南接朝鲜，位居国境地带，自古即因经济的及地理的关系，鲜北农民前来垦植者甚多，故间岛之发展，彼等之力非少也。但在三十年前，不过一荒芜之地，自宣统元年间岛协约成立，龙井村、延吉、百草沟、头道沟四处开放为商埠地，同时承认朝鲜人在间岛之居住权及土地所有权，于是日本在间岛设立总领事馆，中国则特置行政机关奖励移民，遂有今日之盛况。居民计本国人十七万五千人，日本人及朝鲜人四十三万余名，开垦土地二十三万余日顷。……以言面积，合延吉、和龙、汪清、珲春四县约计面积一万一千一百六十一里，其中可耕之地约四十万日顷，既耕地面积达二十三万日顷有奇"④。由此可见，伪满洲国时期的间岛地区居民以日本人及朝鲜人为主，具有其特殊地位，伪满洲国由此置省。"康德十年"10月1日归东满总省管辖⑤。"康德十二年"6月1日仍直属伪国务院⑥。

伪满洲国灭亡前间岛省所辖市县沿革如下。

间岛市，"康德十年"4月1日析延吉县延吉街置⑦。驻地即今吉林延

---

① 伪满《政府公报》第2002号，1940年12月25日，第585页。
② 伪满《政府公报》第1298号，1938年8月5日，第105页。
③ 伪满《政府公报》第183号，1934年10月11日，第63页。
④ 伪满《政府公报》第3号，1934年3月7日，第25页。
⑤ 伪满《政府公报》第2789号，1943年9月20日，第419页。
⑥ 伪满《政府公报》第3280号，1945年5月28日，第373页。
⑦ 伪满《政府公报》第2648号，1943年3月29日，第808页。

吉市。

延吉县，原属吉林省。驻延吉街(今吉林延吉市)。

汪清县，原属吉林省。驻百草沟(今吉林汪清县西南百草沟镇)，"康德五年"11月迁驻春明村大肚川(今汪清县驻地汪清镇)①。

和龙县，原属吉林省。驻和龙(今吉林龙井市东南智新镇)，"康德七年"7月迁明新村和龙(原三道沟，今吉林和龙市城区)②。

珲春县，原属吉林省。驻珲春街(今吉林珲春市城区)。

安图县，原属奉天省。驻安图村(今吉林安图县驻地明月镇东南松江镇)。

第四节　三江省、滨江省、通化省、安东省

一、三江省

"康德元年"(1934)12月1日，析吉林省方正、依兰、勃利、宝清、饶河、抚远、同江、富锦、桦川等9县和原黑龙江省通河、凤山、汤原、萝北、绥滨等5县置③。伪省公署驻桦川县佳木斯(今黑龙江佳木斯市)，"康德四年"12月1日驻佳木斯市。"康德六年"6月1日，宝清县、饶河县划属东安省④。"康德八年"1月1日，勃利县划属东安省⑤。

伪满灭亡前三江省所辖市县沿革如下。

佳木斯市，"康德四年"12月1日析桦川县佳木斯置⑥，驻地即今黑龙江佳木斯市。为伪省公署驻地。

方正县，原属吉林省。驻方正街(今黑龙江方正县驻地方正镇)。

依兰县，原属吉林省。驻依兰街(三姓城，今黑龙江依兰县驻地依兰镇)。

抚远县，原属吉林省。驻抚远村(今黑龙江抚远县驻地抚远镇)。

同江县，原属吉林省。驻同江街(今黑龙江同江市驻地同江镇)。

富锦县，原属吉林省。驻富锦街(今黑龙江富锦市驻地富锦街道)。

桦川县，原属吉林省。初驻悦来街(今黑龙江桦川县驻地悦来镇)。"大同

---

① 《汪清县志》，2002年，第16页。
② 《和龙县志》，吉林文史出版社，1992年，第16页。
③ 伪满《政府公报》第183号，1934年10月11日，第63页。
④ 伪满《政府公报》第1537号，1939年6月1日，第18页。
⑤ 伪满《政府公报》第2002号，1940年12月25日，第585页。
⑥ 伪满《政府公报》第1102号"敕令"二，1937年12月1日，第18页。

二年",赴佳木斯办公。"康德元年"8月,移驻佳木斯(今黑龙江佳木斯市)①。

通河县,原属黑龙江省。驻通河街(今黑龙江通河县驻地通河镇)。又,凤山县,原属黑龙江省,为凤山设治局,驻凤山(今黑龙江通河县西北凤山镇),"大同二年"10月1日改县,"康德六年"6月1日废入②。

汤原县,原属黑龙江省。驻汤原街(今黑龙江汤原县驻地汤原镇)。

鹤立县,"康德六年"6月1日析汤原、萝北两县部分区域置③,驻鹤立街(今黑龙江汤原县东北鹤立镇)。

萝北县,原属黑龙江省。驻兴东(今黑龙江萝北县北兴东)。"大同二年"迁萝北村(原名兆兴。今萝北县东北肇兴镇)。"康德八年"11月15日迁凤凰村④(今萝北县驻地凤翔镇)。

绥滨县,原属黑龙江省。驻绥滨街(今黑龙江绥滨县驻地绥滨镇)。

佛山县,原属黑河省,"康德八年"8月1日来隶⑤,并按《县制》重新设置伪县公署⑥。驻佛山街(今黑龙江嘉荫县驻地朝阳镇)。

二、滨江省

"康德元年"(1934)12月1日析原吉林省、黑龙江省的部分区域置⑦,伪省公署驻哈尔滨特别市("康德四年"7月1日改哈尔滨市),辖原属吉林省的阿城、宾县、双城、五常、珠河、苇河、延寿、东宁、宁安、穆棱、密山、虎林,原属黑龙江省的呼兰、巴彦、木兰、肇东、肇州、兰西、绥化、东兴、安达、青冈、望奎、庆城、铁骊、绥棱、海伦等27县。滨江省"幅员广袤,形势特殊,地当国际要冲,水陆交通贯络,而所属各县,或依山林,或带江河,或居沃壤,或界边隅,率皆人民殷庶,物产丰饶"⑧。"康德四年"7月1日,宁安、东宁、穆棱、密山、虎林等县析属牡丹江省⑨。"康德六年"6月1日,绥化、望奎、庆城、铁骊、绥棱、海伦等县析属北安省⑩。历经析置,由初置时的27县缩小为后期的1市、16县、1旗。

伪满洲国灭亡前属滨江省之市县沿革如下。

---

① 《桦川县志》,黑龙江人民出版社,1991年,第447页。
② 伪满《政府公报》第1537号,1939年6月1日,第15页。
③ 伪满《政府公报》第1537号,1939年6月1日,第7页。
④ 伪满《政府公报》第2309号,1942年1月22日,第267页。
⑤ 伪满《政府公报》第2168号,1941年7月28日,第435页。
⑥ 伪满《政府公报》第2168号,1941年7月28日,第436页。
⑦ 伪满《政府公报》第183号,1934年10月11日,第63页。
⑧ 《伪满滨江省公署发布成立布告》("康德元年"12月1日),《黑龙江设治》,第308页。
⑨ 伪满《政府公报》号外,1937年6月27日,第29页。
⑩ 伪满《政府公报》第1537号,1939年6月1日,第18页。

哈尔滨市，"大同二年"7月1日置哈尔滨特别市，直隶于伪满洲国国务院民政部，伪市公署驻地即今黑龙江哈尔滨市。市区范围包括原北满特别区哈尔滨市、吉林省滨江市、滨江县，以及阿城县的成高子、庙台子沟、万家窝棚、丁家屯、张家油房、小南屯、耿家油房、杨咕噜屯、黄家窝棚、纪家店、苇家沟、黄家凹子、五惠屯、杜家店、马家窝棚、袁家窝棚、韩家洼子、张家屯、王家屯、洛道屯、拉拉屯、大平桥、万治、万德号、顾家屯、灰菜沟、谢家屯、五力屯、怀家窝屯、兴隆沟、刘成沟等31屯，黑龙江省松浦市以及呼兰县的王家窝棚、穷棒子岗、吴家店、韩增店、小南屯、双口面、斗清子、新街口、耿家窝棚、老陈家等11屯①。因市区由原来的3个省级行政区内的多个区域合并而成，所以设立了多处管理机构：伪市公署的第一厅舍（总务、行政、财务3个处）在原特别市市政局厅舍，第二厅舍（工务处）在原东省特别区市政管理局厅舍；下设第一办事处在原东省特别市政管理局厅舍，第二办事处在滨江县公署厅舍，第三办事处在原松浦市政局厅舍②。伪北满特别区公署驻地也在哈尔滨，故市长由北满特别区长官兼任③。"康德三年"6月划为江东、三棵树、太平、滨江、埠头、新阳、南岗、满家、香坊、中央、东阳、金山、朝阳、富山、太阳、松浦等16区。"康德四年"7月1日降为普通市④，隶滨江省，为伪省公署驻地。

阿城县，原属吉林省。驻阿城街（今黑龙江哈尔滨市阿城区城区）。

宾县，原属吉林省。驻宾州街（今黑龙江宾县驻地宾州镇）。

双城县，原属吉林省。驻双城街（今黑龙江哈尔滨市双城区驻地双城镇）。

五常县，原属吉林省。驻五常街（今黑龙江五常市驻地五常镇）。

珠河县，原属吉林省。驻珠河街（今黑龙江尚志市驻地尚志镇）。

苇河县，原属吉林省。驻苇河街（今黑龙江尚志市驻地尚志镇东南苇河镇）。

延寿县，原属吉林省。驻延寿街（今黑龙江延寿县驻地延寿镇）。

呼兰县，原属黑龙江省。驻呼兰街（今黑龙江哈尔滨市呼兰区城区）。

巴彦县，原属黑龙江省。驻巴彦街（今黑龙江巴彦县驻地巴彦镇）。

木兰县，原属黑龙江省。驻木兰街（今黑龙江木兰县驻地木兰镇）。

肇东县，原属黑龙江省。驻昌五街（今黑龙江肇东市西昌五镇）。"康德四年"12月3日迁肇东街（时作满沟街，"康德七年"5月1日改称，今黑龙江肇东市驻地肇东镇）⑤。

---

① 伪满《政府公报》第148号，1933年6月21日，第2页。
② 伪满《政府公报》第158号，1933年7月7日，第2页。
③ 伪满《政府公报》第153号，1933年7月1日，第18页。
④ 伪满《政府公报》号外，1937年6月27日，第3、38页。
⑤ 《肇东县志》，1985年，第69页。

肇州县，原属黑龙江省。驻肇州街（今黑龙江肇州县驻地肇州镇）。

兰西县，原属黑龙江省。驻兰西街（今黑龙江兰西县驻地兰西镇）。

东兴县，原属黑龙江省，为东兴设治局，驻东兴街（今黑龙江木兰县北东兴镇）。"大同二年"10月1日改县。

安达县，原属黑龙江省。驻安达街（今黑龙江安达市驻地安达镇）。

青冈县，原属黑龙江省。驻青冈街（今黑龙江青冈县驻地青冈镇）。

郭尔罗斯后旗，原为内蒙古盟旗组织，"大同元年"6月27日属黑龙江省。"康德元年"（1934）12月1日施行旗制①。驻老爷屯（肇东四站，今黑龙江肇东市南四站镇）。"康德二年"8月迁驻肇源街（肇州古城，今黑龙江肇源县驻地肇源镇）②。

三、通化省

"康德四年"（1937）7月1日，析安东省通化、临江、长白、抚松、辑安等5县和奉天省辉南、柳河、金川、濛江等4县区域置③。伪省公署先后驻通化县、通化市。"康德十二年"8月1日，安东省桓仁县来属。

伪满洲国灭亡前通化省所辖市县沿革如下。

通化市，"康德九年"1月1日析通化县治通化街置④。治所即今吉林通化市东昌区。为伪省公署驻地。

通化县，原属安东省。驻通化市（今吉林通化市东昌区）。"康德九年"前为伪通化省公署驻地。

临江县，原属安东省。驻临江街（今吉林临江市城区）。

长白县，原属安东省。驻长白街（今吉林长白朝鲜族自治县驻地长白镇）。

抚松县，原属安东省。驻抚松街（今吉林抚松县驻地抚松镇）。

辉南县，原属奉天省。驻辉南街（今吉林辉南县东南辉南镇）。又，金川县，原属奉天省。驻样子哨街（原名金川。今吉林辉南县东南样子哨镇）。"康德八年"7月1日废，样子哨街、板石河村、小金川村及大椅山村等并入辉南县，姜家店村、凉水河村及大荒沟村并入柳河县⑤。

柳河县，原属奉天省。驻柳河街（今吉林柳河县驻地柳河镇）。

---

① 伪满《政府公报》第225号，1934年11月29日，第348页。
② 《黑龙江设治》，第529页。
③ 伪满《政府公报》号外，1937年6月27日，第29页。
④ 伪满《政府公报》第2293号，1941年12月27日，第563页。
⑤ 伪满《政府公报》第2145号，1941年6月30日，第462页。

濛江县，原属奉天省。驻濛江街（今吉林靖宇县驻地靖宇镇）。

辑安县，原属安东省。驻辑安街（今吉林集安市城区）。

桓仁县，原属安东省。驻桓仁街（今辽宁桓仁满族自治县驻地八卦城街道）。"康德十二年"8月1日来属①。

四、安东省

"康德元年"（1934）12月1日，析奉天省安东、凤城、岫岩、庄河、宽甸、桓仁、辑安、通化、临江、长白、抚松等11县置②。伪省公署驻安东县。"康德四年"7月1日，辑安、通化、临江、长白、抚松等县往属通化省③。"康德十二年"8月1日，桓仁县往属通化省④。伪满末期辖1市、5县。

安东市，"康德四年"12月1日析安东县城区置⑤，驻地即今辽宁丹东市元宝区城区。为伪省公署所在地。

安东县，原属奉天省。驻安东市（今辽宁丹东市元宝区城区）。"康德四年"12月以前为伪安东省公署所在地。

岫岩县，原属奉天省。驻岫岩街（今辽宁岫岩满族自治县城区）。

庄河县，原属奉天省。驻庄河街（今辽宁庄河市城区）。

宽甸县，原属奉天省。驻宽甸街（今辽宁宽甸满族自治县驻地宽甸镇）。

凤城县，原属奉天省。驻凤城街（今辽宁凤城市驻地凤凰城街道）。

第五节 四平省、奉天省、锦州省、热河省

一、四平省

"康德八年"（1941）7月1日，伪满洲国政府析奉天省属四平街市和梨树、西安、东丰、海龙、西丰、开原、昌图、双辽等县，以及吉林省长岭县置⑥，伪省公署驻四平市。伪满末期辖1市、9县。

四平市，"康德四年"12月1日析梨树县地置四平街市⑦。因东通吉林半拉山门，北至奉化县，西达八面城，南抵鸳鸯村，为四达之衢，故名。驻地即今

---

① ④ 伪满《政府公报》第3332号，1945年7月30日，第218页。
② 伪满《政府公报》第183号，1934年10月11日，第63页。
③ 伪满《政府公报》号外，1937年6月27日，第29页。
⑤ ⑦ 伪满《政府公报》第1102号"敕令"二，1937年12月1日，第18页。
⑥ 伪满《政府公报》第2145号，1941年6月30日，第462页。

吉林四平市。属奉天省。"康德八年"7月1日改属并改名①,为伪省公署所在地。

开原县,原属奉天省。驻开原城街(今辽宁开原市城区)。

西丰县,原属奉天省。驻西丰街(今辽宁西丰县驻地西丰镇)。

梨树县,原属奉天省。驻梨树街(今吉林梨树县驻地梨树镇)。

双辽县,原属奉天省。原为双山县(驻今吉林双辽市东北双山镇)、辽源县(驻今双辽市城区),"康德七年"5月合并②,驻郑家屯街(今双辽市城区)。

海龙县,原属奉天省。驻海龙(今吉林梅河口市东北海龙镇)。

东丰县,原属奉天省。驻东丰街(今吉林东丰县驻地东丰镇)。

西安县,原属奉天省。驻西安街(今吉林辽源市龙山区城区)。

长岭县,原属吉林省。驻长岭街(今吉林长岭县驻地长岭镇)。

昌图县,原属奉天省。驻昌图城街(今辽宁昌图县驻地昌图镇西老城镇)。

二、奉天省

九一八事变次日晨,日本侵略军将辽宁省改名为奉天省,伪省政府驻奉天市(今辽宁沈阳市)③。"大同元年"(1932)3月9日,改为伪省公署④。"康德元年"12月省制改革时,析置为奉天、安东、锦州等3省,奉天省县级行政单位减少了31个,下辖奉天市和辽阳、辽中、本溪、抚顺、沈阳、铁岭、开原、新民、法库、康平、海城、营口、盖平、复县、兴京、清原、西丰、昌图、梨树、双山、辽源、海龙、辉南、金川、柳河、东丰、西安、濛江等县。"康德元年"(1934)12月1日,怀德县划属吉林省⑤,锦县、义县、兴城、绥中、黑山、北镇、台安、彰武、盘山、锦西等县划属锦州省,安东、凤城、岫岩、庄河、宽甸、桓仁、辑安、通化、临江、长白、抚松等县划属安东省,洮南、洮安、安广、开通、突泉、镇东、瞻榆等县划属龙江省,安图县划属间岛省,通辽县划属兴安南省。"康德四年"7月1日,辉南、柳河、金川、濛江等县划属通化省⑥。"康德八年"7月1日,四平街市和海龙、开

---

① 伪满《政府公报》第2145号,1941年6月30日,第462页。
② 按:此据《文官给于令施行细则》(伪满《政府公报》第1810号,1940年5月9日,第180页)。因影印本4月20日后伪满《政府公报》不全,是否颁布过"敕令"及具体施行日期不得而知,按惯例当在5月1日改。
③ 《臧式毅笔供》,《伪满洲国的统治与内幕》,中华书局,2002年,第70页。
④ 伪满《政府公报》第1号,1932年4月1日,第26页。
⑤ 伪满《政府公报》第183号,1934年10月11日,第63页。
⑥ 伪满《政府公报》号外,1937年6月27日,第29页。

原、昌图、东丰、西丰、西安、双辽、梨树等县划属四平省①。在伪满洲国统治时期，奉天省所辖的行政单位数量随省制的变化而遂次下降，至伪满洲国灭亡前，全省仅辖7市、14县。从行政单位数量来说，为九一八事变前的三分之一强；而行政区域面积，约为九一八事变前的三分之一弱。

伪满洲国灭亡前属奉天省之市县沿革如下。

奉天市，九一八事变次日，日本关东军在辽宁省会奉天（今辽宁沈阳市）组织了以日本军人土肥原为首的奉天市政府。为掩饰"军政"真相，于10月15日启用汉奸赵欣伯充当伪市长。为伪省公署所在地。"康德三年"3月26日《市制》颁布后，正式确定所属区域②。"康德八年"辖城内、大和、铁西、大东、浑河、永信、于洪、皇姑、北陵、沈海、东陵、敷岛、朝日、北关、东关、大西、小西等区③。又，沈阳县，驻奉天市（今辽宁沈阳市），"康德十一年"1月1日撤销，分别并入奉天市和抚顺市④。

抚顺市，"康德四年"12月1日析抚顺县城区置⑤，驻地即今辽宁抚顺市新抚区城区。

营口市，"康德四年"12月1日析营口县城区置⑥，驻地即今辽宁营口市站前区城区。同时废营口县，并入盖平、海城、盘山3县⑦。

鞍山市，"康德四年"12月1日析辽阳县地置⑧，驻地即今辽宁鞍山市城区。

辽阳市，"康德四年"12月1日析辽阳县城区置⑨，驻地即今辽宁辽阳市文圣区城区。

铁岭市，"康德四年"12月1日析铁岭县城区置⑩，驻地即今辽宁铁岭市银州区城区。

本溪湖市，"康德六年"10月1日析本溪县本溪湖街置⑪，驻地即今辽宁本溪市溪湖区。

本溪县，驻本溪湖（今辽宁本溪市溪湖区）。

铁岭县，驻铁岭市（今辽宁铁岭市银州区城区）。

辽阳县，驻辽阳市（今辽宁辽阳市文圣区城区）。

抚顺县，驻今辽宁抚顺市望花区西露天坑。"康德三年"迁移至今抚顺市新抚区福民街道⑫。

---

① 伪满《政府公报》第2145号，1941年6月30日，第462页。
② 伪满《政府公报》号外，1936年3月26日，第9页。
③ 《沈阳市志》，第1卷，沈阳出版社，1989年，第401页。
④ 伪满《政府公报》第2866号，1943年12月21日，第499页。
⑤⑥⑧⑨⑩ 伪满《政府公报》第1102号"敕令"二，1937年12月1日，第18页。
⑦ 伪满《政府公报》第1102号"敕令"二，1937年12月1日，第36页。
⑪ 伪满《政府公报》第1638号，1939年9月29日，第699页。
⑫ 《抚顺市志》第1卷《建置》，辽宁民族出版社，1993年，第161页。

辽中县,驻辽中街(今辽宁辽中县驻地蒲西街道)。
新民县,驻新民街(今辽宁新民市城区)。
法库县,驻法库街(今辽宁法库县驻地法库镇)。
康平县,驻康平(今辽宁康平县城区)。
盖平县,驻盖平街(今辽宁盖州市城区)。
复县,驻瓦房店(今辽宁瓦房店市城区)。
兴京县,驻兴京街(今辽宁新宾满族自治县驻地新宾镇)。
清原县,驻清原街(今辽宁清原满族自治县驻地清原镇)。
海城县,驻海城街(今辽宁海城市城区)。

三、锦州省

"康德元年"(1934)12月1日,以奉天省锦县、锦西、兴城、绥中、义、北镇、盘山、台安、黑山、彰武等县及热河省朝阳、阜新等县置①。伪省公署先后驻锦县(今辽宁锦州市城区)、锦州市。伪满末期辖2市、10县、3旗。

锦州市,"康德四年"12月1日析锦县置②,驻地即今辽宁锦州市。为伪锦州省公署所在地。

阜新市,"康德七年"1月1日析阜新县阜新街置③,驻地即今辽宁阜新市。

锦县,原属奉天省。驻在即今辽宁锦州市区。"康德四年"12月以前为伪锦州省公署所在地。

锦西县,原属奉天省。治江家屯(今辽宁葫芦岛市连山区钢屯镇)。"大同元年"1月16日迁至锦西街(时称连山,今辽宁葫芦岛市连山区城区)④。

兴城县,原属奉天省。驻兴城街(今辽宁兴城市兴城古城)。

绥中县,原属奉天省。驻绥中街(今辽宁绥中县驻地绥中镇)。

义县,原属奉天省。驻义州街(今辽宁义县驻地义州街道)。

北镇县,原属奉天省。驻北镇街(广宁,今辽宁北镇市北镇街道)。

盘山县,原属奉天省。驻盘山街(今辽宁盘锦市双台子区城区)。

台安县,原属奉天省。驻台安街(今辽宁台安县驻地八角台街道)。

黑山县,原属奉天省。驻黑山街(今辽宁黑山县驻地黑山街道)。

---

① 伪满《政府公报》第183号,1934年10月11日,第63页。
② 伪满《政府公报》第1102号"敕令"二,1937年12月1日,第18页。
③ 伪满《政府公报》第1713号,1939年12月28日,第795页。
④ 《锦西市志》,1988年,第57页。

彰武县，原属奉天省。驻彰武街（今辽宁彰武县驻地彰武镇）。

土默特右旗，简称西土旗。原为内蒙古盟旗组织，"康德四年"1月1日实行旗制①。驻黑城子（今辽宁北票市东北黑城子）。又，朝阳县，原属热河省，驻朝阳街（今辽宁朝阳市双塔区城区）。"康德七年"1月1日裁，并入本旗②。同年3月7日旗公署迁驻朝阳街（今朝阳市双塔区城区）③。

土默特中旗，"康德七年"1月1日析土默特右旗置④，驻北票街（今辽宁北票市城区）⑤。

土默特左旗，简称东土旗。原为内蒙古盟旗组织，"康德四年"1月1日实行旗制⑥，驻王府（今辽宁阜新蒙古自治县西王府）。又，阜新县，驻阜新街（今辽宁阜新市海州区城区）。"康德七年"1月1日裁，并入本旗⑦。旗公署迁驻阜新市（今辽宁阜新市海州区城区）⑧。

四、热河省

九一八事变后，热河省主席汤玉麟投降，任伪满洲国参议府副议长兼热河省行政长官，后反正。"大同二年"（1933）3月，日军攻陷热河，成立热河省行政指导公署。3月10日，将原昭乌达盟西喇木伦河流域以北区域（包括经棚、开鲁、林西、林东4县及天山、鲁北2设治局）划归兴安总署兴安西分省管辖，辖境缩小。热河省下置2个办事处：朝阳办事处，管辖朝阳、阜新、凌源、平泉、大宁、凌南各县；赤峰办事处，管辖赤峰、建平、全宁、绥东4县。伪省公署直辖承德、围场、隆化、滦平、丰宁、青龙等县⑨。5月3日，设立热河省公署，由热河省警备司令官办理热河省公署事务并兼任省长⑩。"康德元年"（1934）5月31日裁撤两个办事处⑪。12月1日，全省辖承德、滦平、丰宁、隆化、平泉、凌源、凌南、青龙、宁城、赤峰、围场、建平等县。朝阳、阜新等县划属锦州省⑫。"康德四年"1月1日实行《热河省及锦州省内旗制》⑬，境内各旗成为行政区划。同日，翁牛特左旗自兴安西省来属。"康德七年"1月1日，废除热河、锦

---

①⑥⑬ 伪满《政府公报》第823号，1936年12月17日，第265页。
②⑦ 伪满《政府公报》第1713号，1939年12月28日，第795页。
③⑤ 伪满《政府公报》第1761号，1940年3月7日，第97页。
④ 伪满《政府公报》第1713号，1939年12月28日，第787页。
⑧ 《阜新蒙古族自治县志》，辽宁民族出版社，1998年，第70页。
⑨ 伪满《政府公报》第105号，1933年3月13日，第7页。
⑩ 伪满《政府公报》第128号，1933年5月5日，第5页。
⑪ 伪满《政府公报》第79号，1934年6月7日，第38页。
⑫ 伪满《政府公报》第183号，1934年10月11日，第63页。

州两省共 8 个县的县制,在这些地区实行单一的旗行政体制。伪省公署驻承德县承德街(今河北承德市城区)。

伪满洲国灭亡前热河省所辖县旗沿革如下。

承德县,驻承德街(今河北承德市双桥区城区)。为伪省公署驻地。

滦平县,驻滦平村(今河北承德市区西滦河镇),"康德六年"11 月 4 日迁治鞍匠屯村(后改名滦平村,今河北滦平县驻地滦平镇)[1]。

丰宁县,驻土城子(今河北丰宁满族自治县驻地大阁镇东凤山镇),"康德七年"迁驻丰宁村(今丰宁满族自治县驻地大阁镇)[2]。

隆化县,驻隆化村(黄姑屯,今河北隆化县驻地安州街道)。

青龙县,"大同二年"5 月改原河北省长城外的都山设治局置[3],驻青龙村(今河北青龙满族自治县驻地青龙镇)。

围场县,驻围场街(今河北围场满族蒙古族自治县驻地围场镇)。

兴隆县,原属河北省,伪满占领后撤废。"康德五年"1 月 1 日复置[4]。驻兴隆村(今河北兴隆县驻地兴隆镇)。

喀喇沁左旗,简称东喀旗。"康德四年"1 月 1 日实行旗制[5]。驻公营子(今辽宁喀喇沁左翼蒙古族自治县南公营子)。又,建昌县,原为凌源县(驻地即今辽宁凌源市城区)、凌南县(原为凌南设治局,驻地在今辽宁建昌县驻地建昌镇南牤营子,"大同二年"10 月 1 日改为县)[6],"康德四年"3 月 1 日,合并为建昌县[7],驻建昌街(今建昌县驻地建昌镇);"康德七年"1 月 1 日裁撤,并入本旗[8]。旗公署迁驻建昌街[9]。

喀喇沁右旗,简称西喀旗。"康德四年"1 月 1 日实行旗制。驻喀喇沁王府(今内蒙古喀喇沁旗西南王爷府镇)。又,建平县,驻地在今辽宁建平县北建平镇。"康德七年"1 月 1 日裁,并入喀喇沁右旗[10]。旗公署迁驻古山村(今内蒙古赤峰市驻地东南元宝山区驻地平庄镇)[11]。

喀喇沁中旗,简称中喀旗。"康德四年"1 月 1 日实行旗制。驻大城子(今

---

[1] 伪满《政府公报》第 1743 号,1940 年 2 月 13 日,第 147 页。
[2] 《丰宁满族自治县志》,中国和平出版社,1994 年,第 67 页。
[3] 伪满《政府公报》第 149 号,1933 年 6 月 23 日,第 4 页。
[4] 伪满《政府公报》第 1124 号,1937 年 12 月 27 日,第 1147 页。
[5] 伪满《政府公报》第 823 号,1936 年 12 月 17 日,第 265 页。以下 4 旗同。
[6] 伪满《政府公报》第 218 号,1933 年 9 月 18 日,第 2 页。
[7] 伪满《政府公报》第 864 号,1937 年 2 月 9 日,第 151 页。
[8][10] 伪满《政府公报》第 1713 号,1939 年 12 月 28 日,第 795、787 页。
[9] 《喀喇沁左翼蒙古族自治县地名志》,辽宁民族出版社,1991 年,第 9 页。
[11] 《赤峰市志》,内蒙古人民出版社,1996 年,第 170 页。

内蒙古宁城县西北大城子镇)。又,宁城县,原为宁城设治局,驻宁城(小城子,今宁城县西北小城子镇)。"大同二年"(1933)10月1日改为县。"康德七年"1月1日裁,并入喀喇沁中旗①。又,平泉县,驻地即今河北平泉县驻地平泉镇。"康德四年"3月1日撤销,并入青龙县、喀喇沁中旗②。旗公署于"康德六年"6月迁驻小城子,"康德七年"11月末迁平泉街(今河北平泉县驻地平泉镇)③。

翁牛特右旗,简称西翁旗。驻翁牛特王府(今内蒙古赤峰市西王府),"大同二年"迁驻赤峰街(今内蒙古赤峰市区)④。"康德四年"1月1日实行旗制。又,赤峰县,驻地即今内蒙古赤峰市区。"康德七年"1月1日裁,并入⑤。

翁牛特左旗,简称东翁旗。驻东翁牛特贝子府(今内蒙古翁牛特旗东北巴彦呼舒)。原属热河省,"康德元年"12月1日划属兴安西省。"康德二年"9月17日已迁治朝根德山⑥(在今乌丹镇东北与巴嘎塔拉苏木之间)⑦。辖区为"由旧本旗区域中除乌丹城以西三十二牌及查干套海之区域"⑧。"康德四年"1月1日来属⑨。同年3月1日析置乌丹县,旗、县同驻乌丹城(今翁牛特旗驻地乌丹镇)⑩。"康德七年"1月撤县,并入翁牛特左旗⑪。

敖汉旗,简称敖旗。"康德四年"1月1日实行旗制。辖区包括原敖汉左旗、敖汉右旗及敖汉南旗的区域。驻新惠村(今内蒙古自治区敖汉旗驻地新惠镇)。又,新惠县,"康德四年"3月1日析敖汉旗置⑫。"康德七年"1月1日裁撤,并入⑬。

第六节 兴 安 总 省

"大同元年"(1932)3月9日,《兴安省分设三分省之件》规定:被伪满洲国

---

① ⑤ ⑪ ⑬ 伪满《政府公报》第1713号,1939年12月28日,第795页。
② 伪满《政府公报》第864号,1937年2月9日,第151页。
③ 《宁城县志》,内蒙古人民出版社,1992年,第74页。
④ 《赤峰市志》,第169页。
⑥ 伪满《政府公报》第455号,1935年9月17日,第149页。
⑦ 按:《满洲帝国分省地图并地名总揽》(大阪国际地学协会编)之《热河省全图》有朝根德山居民点,在此方位。
⑧ 伪满《政府公报》第225号,1934年11月29日,第345页。
⑨ 伪满《政府公报》第823号,1936年12月17日,第267页。
⑩ 《翁牛特旗志》,内蒙古人民出版社,1993年,第228页。又,尹麟春:《沦陷十三年的乌丹城》,《翁牛特文史》第2辑,1998年,第32页。
⑫ 伪满《政府公报》第864号,1937年2月29日,第151页。

占领的内蒙古盟旗地区置兴安省及3个分省,北部为兴安北分省,南部为兴安南分省,东部为兴安东分省①。与其他省不同,兴安省不设省公署,其行政管理机构为"国务院"兴安局②,协助"国务总理"管辖"另定区域"内的蒙古旗务。"国务院"于4月5日公布兴安三分省的分省公署驻在地③,6月27日公布各分省管辖区域④。8月1日,任命各分省省长、各旗旗长⑤。8月3日,将兴安局改为兴安总署。"大同二年",以原属热河省的昭乌达盟西喇木伦河流域以北区域(包含经棚县)置兴安西分省⑥。7月12日再次公布关于兴安省行政区划的文件。"康德元年"(1934)12月1日废兴安总署⑦,所属各分省改置为省。"康德十年"10月1日,兴安四省又合并为兴安总省⑧,伪总省公署驻兴安街(原名王爷庙街⑨,今内蒙古乌兰浩特市),划分为兴安北省(公署驻海拉尔市,辖6旗、2市。又称兴北地区)、兴东地区(行署驻扎兰屯街,辖4旗)、兴中地区(总省公署直辖,有6旗、1县)、兴南地区(行署驻开鲁街,辖5旗、2县)、兴西地区(行署驻林西街,辖4旗、1县)⑩,共辖25旗、4县、2市。从总省到旗县的各级伪公署的副职,均由日本人担任。"康德十二年"1月1日兴安总省增领扎赉诺尔市。

扎赉诺尔市,原为北满特别区之地,后属新巴尔虎右翼旗,"康德八年"9月1日置扎赉诺尔街⑪。"康德十二年"1月1日置市⑫,驻地在今内蒙古满洲里市东南扎赉诺尔矿区。

一、兴东地区

"大同元年"3月9日置兴安东分省,同月29日额勒春任分省长⑬。伪分

---

① 伪满《政府公报》第1号,1932年4月1日,第26页。
② 伪满《政府公报》第1号,1932年4月1日,第24页。
③ 伪满《政府公报》第2号,1932年4月15日,第14页。
④ 伪满《政府公报》第18号,1932年6月27日,第3页。
⑤ 伪满《政府公报》第65号,1932年11月12日,第1页。
⑥ 伪满《政府公报》第130号,1933年5月10日,第1页。
⑦ 伪满《政府公报》第225号,1934年11月29日,第343页。
⑧ 伪满《政府公报》第2789号,1943年9月20日,第424页。
⑨ 《兴安南省令第10号》载:"兹将科尔沁右翼前旗王爷庙街名变更为兴安街。……本令自康德十年十月一日施行。"(伪满《政府公报》第2799号,1943年10月1日,第11页)又,《康德四年敕令第四百十三号关于置官吏之街及街官吏之件中修正之件》(伪满《政府公报》第2824号,1943年11月1日,第14页)谓从"公布日施行",则是"康德十年"11月1日起改名。
⑩ 伪满《政府公报》第2822号,1943年10月29日,第713页。
⑪ 伪满《政府公报》第2210号,1941年9月15日,第278页。
⑫ 伪满《政府公报》第3157号,1944年12月19日,第321页。
⑬ 伪满《政府公报》第1号,1932年4月1日,第34页。

省公署驻布西(今内蒙古莫力达瓦达斡尔族自治旗驻地尼尔基镇)①,原定于6月5日设立,因"地面不靖",暂在黑龙江省城(今黑龙江齐齐哈尔市区)设立临时办事处,于6月1日开始办公②,进行筹划分省行政事宜。因布西交通不便,而扎兰屯铁路、公路交通方便,宜于控制全省,兴安总署提议分省公署改驻扎兰屯(今内蒙古扎兰屯市城区)③。"大同二年"1月12日,迁治扎兰屯,并于23日正式在扎兰屯办公④。"大同元年"6月批准的管辖范围为"嫩江之支流呼裕尔河(别称诺敏河)口为起点,溯嫩(河)[江]入于其支流库图奇河,自其根源至山顶,西行小兴安岭之伊勒呼里山岭,至英吉里山而南下大兴安岭,自索岳尔吉山起,沿兴安南分省境界东行,自该境界之北端,沿长春边墙北上,至呼裕尔河而下,至河口之线周围以内之区域,为本分省区域"⑤。"大同元年"12月起,黑龙江省所属雅鲁、布西、索伦3县局正式移交兴安东分省。"大同二年"5月10日,重新公布兴安东分省之区域:"以嫩江之支流诺敏河旧河口为起点,溯嫩江入其支流库尔奇河,自其发源至山顶,西行小兴安岭之伊勒呼里山岭至英吉里山而南,下大兴安岭,自索岳尔吉山起,沿兴安南分省境界,东行自该境界之北端,沿长春边墙北上,至诺敏河而下,至旧河口之线周围以内之区域为本分省区域。"⑥"大同元年"6月27日曾置那文旗,行政区域为"甘河迤东北之区域"⑦,"大同二年"5月已经废除⑧。"康德元年"12月1日改置为兴安东省⑨,伪省公署驻扎兰屯,辖喜扎嘎尔、布特哈、阿荣、莫力达瓦及巴彦等旗。"康德八年",喜扎嘎尔旗往属兴安南省。"康德十年"10月1日,并入兴安总省,改设兴东地区行署,驻扎兰屯街。

伪满洲国灭亡前兴东地区所辖4旗沿革如下。

布特哈旗,简称布旗,原为布特哈左翼旗、布特哈右翼旗。布特哈左翼旗,简称东布旗,"大同元年"6月置,驻扎兰屯,统辖区域为"多伦山岭迤南、索伦县界迤北,以沁河之支流哈拉河之根源为起点,下之至其河口与阿伦河之支流博尔合尼河之根源相连之线迤西之区域"⑩。布特哈右翼旗,简称西布旗,"大

---

① 伪《政府公报》第2号,1932年4月15日,第14页。
② 伪《政府公报》第10号,1932年5月31日,第13页。
③ 伪《政府公报》第85号,1933年1月14日,第6页。
④ 伪《政府公报》第85号,1933年1月14日,第3页。又,伪《政府公报》第91号,1933年2月4日,第8页。
⑤⑦⑩ 伪《政府公报》第18号,1932年6月27日,第3页。
⑥ 伪《政府公报》第130号,1933年5月10日,第1页。
⑧ 按:《关于划定兴安省兴安各分省及各旗县之区域之件》("大同二年"5月10日)中已无该旗。
⑨ 伪《政府公报》第225号,1934年11月29日,第345页。

同元年"9月5日,伪旗公署在布西(今内蒙古莫力达瓦达斡尔族自治旗驻地尼尔基镇)成立,12月15日正式驻博克图(今内蒙古牙克石市驻地东南博克图镇)①,雅鲁县并入②。统辖区域为"伊萨奇山岭迤西南索伦县界,迤北以沁河之支流拉哈河之根源为起点下之其河口,与阿伦河之支流博尔台尼河之根源相连之线迤西之区域"。"大同二年"5月10日两旗合并,驻扎兰屯(今内蒙古扎兰屯市城区),统辖区域为"溯音河其发源与伊萨奇山岭相连之线迤南,绰尔河迤北之范围"③。

阿荣旗,"大同元年"6月27日以原布西县等地置,驻黄花岭子(后作红花梁子,今内蒙古阿荣旗西红花梁子镇)。次年3月10日开始办公④。统辖区域为"萨起山岭迤南、伊萨奇山岭及多伦山岭迤北之区域"⑤。"康德八年"1月21日迁那吉屯(今内蒙古阿荣旗驻地那吉镇)⑥。

莫力达瓦旗,简称莫旗、莫力旗。"大同元年"6月27日以原布西县等地置,驻布西(尼尔基,今内蒙古莫力达瓦达斡尔族自治旗驻地尼尔基镇)。统辖区域为"自尼尔吉山顶,经札克奇山岭至北纬五十度之山顶,自此山顶沿呼裕尔河至其根源之线迤西南,萨起山岭迤北之区域"⑦。"大同二年"1月1日旗长就职⑧,办理旗属事务。

巴彦旗,"大同元年"6月27日置,驻巴彦街(今内蒙古莫力达瓦达斡尔族自治旗北巴彦街)。后因"巴彦街地方远居深谷,孤屯单落,户口稀少,交通梗阻,不若和礼屯之人烟荟萃,且为该旗中心",于次年4月19日前迁驻和礼屯(约今莫力达瓦达斡尔族自治旗北腾克)⑨。"康德三年"8月25日迁治李屯(一作额尔和,今莫力达瓦达斡尔族自治旗东北额尔和西李屯)⑩。统辖区域为"甘河迤西南自尼尔吉山岭起,经札克奇山岭至北纬五十度之山顶,自此山顶沿呼裕尔河至其根源之线迤东北之区域"⑪。

---

① 伪满《政府公报》第103号,1933年3月8日,第10页。
② 《东北要览》,国立东北大学出版组,1944年,第55页。
③ 伪满《政府公报》第130号,1933年5月10日,第1页。
④ 《阿荣旗志》,内蒙古人民出版社,1992年,第11页。
⑤⑦⑪ 伪满《政府公报》第18号,1932年6月27日,第3页。
⑥ 伪满《政府公报》第2048号,1941年3月3日,第466页。
⑧ 伪满《政府公报》第95号,1933年2月18日,第11页。
⑨ 伪满《政府公报》第124号,1933年4月26日,第9页。
⑩ 伪满《政府公报》第756号,1936年9月28日,第372页。按:《满洲帝国分省地图并地名总揽》(大阪国际地学协会编)之《兴安东省全图》有"额尔和(李屯)"地名。

二、兴中地区

"康德十年"(1943)10月划分,共6旗、1县,由伪总省公署直辖。

伪满洲国灭亡前兴中地区县旗沿革如下。

扎鲁特旗,原为扎鲁特左翼旗、扎鲁特右翼旗。扎鲁特左翼旗,简称东扎旗,"大同二年"5月10日置,驻鲁北(今内蒙古扎鲁特旗驻地鲁北镇),鲁北设治局并入①,统辖区域为"从旧本旗区域内除去开鲁县之地域外其余区域"②。扎鲁特右翼旗,简称西扎旗,原属热河省,"大同二年"5月10日来属,驻西王府(在今内蒙古自治区扎鲁特旗西北),统辖区域为"从旧本旗区域内除去开鲁县之地域外其余区域"③。"康德二年"5月24日,两旗合并④。驻鲁北(今扎鲁特旗驻地鲁北镇)。先后属兴安西分省、兴安西省、兴中地区。

科尔沁右翼中旗,简称西科中旗。"大同元年"6月27日置。驻代钦塔拉(察尔森,今内蒙古科尔沁右翼中旗北代钦塔拉苏木)⑤。统辖区域为"从旧本旗区域内除去瞻榆及突泉各县之地域外,其余区域。但突泉县中含学堂地迤西北部之地域属于本旗"⑥。先后属兴安南分省、兴安南省、兴中地区。

科尔沁右翼前旗,简称西科前旗。"大同元年"6月27日置。驻乌兰哈达(札萨克图王府,今内蒙古科尔沁右翼前旗驻地东乌兰哈达苏木)。统辖区域为"从旧本旗区域内,除去开通、洮南、洮安各县及自突泉县中之茂叶山北之六户起,经敖牛山昂代山至孟琴哈达止之线迤南地域外其余区域。但兴安屯垦区石头井子段荒及七十七道岭段荒属于本旗"⑦。"康德二年"已迁驻王爷庙街(今乌兰浩特市区)⑧。先后属兴安南分省、兴安南省、兴中地区。

科尔沁右翼后旗,简称西科后旗。"大同元年"6月27日置。驻察尔森(代钦塔拉,今内蒙古乌兰浩特市西北察尔森)⑨。统辖区域为"从旧本旗区域内除去安广镇及东各县之地域外其余县域,但兴安屯垦区新字段、荒明字段荒及安字段荒地域属于本旗"⑩。先后属兴安南分省、兴安南省、兴中地区。

扎赉特旗,"特"一作"图",简称扎赉旗、扎旗。"大同元年"6月27日置。

---

① 《赤峰市志》,第181页。
②③ 伪满《政府公报》第130号,1933年5月10日,第1页。
④ 伪满《政府公报》第359号,1935年5月24日,第237页。
⑤⑨ 伪满《政府公报》第310号,1934年1月15日,第21页。
⑥⑦⑩ 伪满《政府公报》第18号,1932年6月27日,第3页。
⑧ 伪满《政府公报》第455号,1935年9月17日,第149页。

驻音德尔(巴彦哈喇,今内蒙古扎赉特旗驻地音德尔镇)。统辖区域为"从旧本旗区域内,除去太赉县及自泰来县中之沙巴尔台山起,经鹰山、大榆树至喇嘛庙(别称恩合吉乎庙)前鄂博止之线迤东南,与自景星县中之喇嘛庙前鄂博起至白起庙(别称博拉吉尔庙)前鄂博,又自该鄂博起至正东北方罕达罕河止,而溯之入其支流胡王尔库河(别称乌尔根河)至其根源之线迤东北之地域外其余区域"①。先后属兴安南分省、兴安南省、兴中地区。

喜扎嘎尔旗,"扎"一作"札"。简称喜扎旗。原属兴安东省,为索伦山设治局,"大同元年"6月1日升为索伦县。同月27日改为旗。次年2月1日正式实施②。驻索伦街(今内蒙古自治区乌兰浩特市西北索伦)。统辖区域为原索伦县全区域③。"康德八年"8月1日属兴安南省④。"康德十年"10月属兴中地区。

醴泉县,原名突泉县,属奉天省,"康德元年"10月改隶龙江省。"康德四年"3月25日改名⑤。驻醴泉街(今内蒙古突泉县驻地突泉镇)。因"在地理上将科尔沁部分隔为南北两部分,并向乌吉姆沁方向延伸"⑥,"康德十年"10月1日来属。

三、兴南地区

"大同元年"3月9日,据《兴安省分设三分省之件》置兴安南分省,同月29日伪满洲国任命分省长⑦。分省公署驻达尔汉王府(今内蒙古科尔沁左翼中旗驻地保康镇西南)⑧。临时办公处设在奉天省辽源县(今吉林双辽市驻地郑家屯镇),于6月1日开始办公⑨。下辖科尔沁左翼前旗、科尔沁左翼后旗、科尔沁左翼中旗、科尔沁右翼中旗、科尔沁右翼前旗、科尔沁右翼后旗、札赉图旗等7旗⑩。"康德元年"12月1日改置为兴安南省⑪,辖库伦、科尔沁左翼前、科尔沁左翼后、科尔沁左翼中、科尔沁右翼中、科尔沁右翼前、科尔沁右翼后、扎赉特等旗及通辽县。"康德二年"9月1日,迁驻王爷庙(后称兴安,今内

---

① ③ ⑩ 伪满《政府公报》第18号,1932年6月27日,第3页。
② 《兴安盟志》,内蒙古人民出版社,1997年,第90页。参见《东北要览》,第55页。
④ 伪满《政府公报》第2168号,1941年7月28日,第435页。
⑤ 伪满《政府公报》第893号,1937年3月25日,第460页。
⑥ 《满洲国史(分论)》下册,第1014页。
⑦ 伪满《政府公报》第1号,1932年4月1日,第34页。
⑧ 伪满《政府公报》第2号,1932年4月15日,第14页。
⑨ 伪满《政府公报》第10号,1932年5月31日,第13页。
⑪ 伪满《政府公报》第225号,1934年11月29日,第345页。

蒙古乌兰浩特市)①。"康德十年"10月1日撤销,并入兴安总省。兴安总省设派出机构——兴南地区行署,管理该地区,辖5旗、2县。

伪满洲国灭亡前兴南地区县旗沿革如下。

科尔沁左翼中旗,简称东科中旗。"大同元年"6月27日置。驻巴彦塔拉(今内蒙古科尔沁左翼中旗南巴彦塔拉镇)。统辖区域为"从旧本旗区域内,除去梨树、怀德、双山、辽源、法库、康平、昌图及通辽各县之域外其余区域"②。先后属兴安南分省、兴安南省、兴南地区。

科尔沁左翼后旗,简东科后旗。"大同元年"6月27日置。驻吉尔嘎朗(塔木格勒、吉尔嘎朗图塔拉,今内蒙古科尔沁左翼后旗东北吉尔嘎朗镇)。统辖区域为"从旧本旗区域内,除去昌图、辽源之各县,及自康平县中之二道河子起,经辽阳窝堡葛家炉至哈拉沁屯止之线迤南之地域外其余区域"③。先后属兴安南分省、兴安南省、兴南地区。

科尔沁左翼前旗,简称东科前旗。"大同元年"6月27日置。驻西扎哈旗(今辽宁彰武县北四合城)。"康德元年"12月迁治后新秋村(今彰武县东北后新秋镇)④。统辖区域为"从旧本旗区域内除去自康平县中之上三棵树起,经哈拉沁屯至王爷陵南大屯止之线迤东,及自法库县中之王爷陵南大屯起,至十家子止之线迤南之地域外其余区域"⑤。"康德十年"移治章古台(今彰武县驻地彰武镇北章古台镇)⑥。先后属兴安南分省、兴安南省、兴南地区。

库伦旗,"康德元年"12月1日合并原属热河省的旧锡埒图库伦旗、旧喀尔喀左翼旗、旧唐古特喀尔喀3旗置。驻库伦(今内蒙古库伦旗驻地库伦镇)。

奈曼旗,原属热河省。"康德元年"12月1日来属兴安西省,实行旗制。驻大沁塔拉街(今内蒙古奈曼旗驻地大沁他拉镇)。统辖区域为"旧绥东县除去原锡埒图库伦旗以外之蒙汉各区"⑦。又,绥东县,治今内蒙古库伦县西北八仙筒。"康德元年"12月裁,并入兴安省奈曼、库伦两旗⑧。"康德二年"9月,旗公署已迁驻八仙筒(今内蒙古奈曼旗北八仙筒)⑨。"康德十年"10月属兴南地区。

通辽县,原属奉天省。驻通辽街(白音太来,今内蒙古通辽市科尔沁区)。

---

① 伪满《政府公报》第444号,1935年9月3日,第21页。
②③⑤ 伪满《政府公报》第18号,1932年6月27日,第3页。
④ 伪满《政府公报》第245号,1934年12月22日,第163页。
⑥ 《彰武县志》,1988年,第55页。
⑦ 伪满《政府公报》第300号,1935年3月14日,第96页。
⑧ 伪满《政府公报》第227号,1934年12月1日,第11页。
⑨ 伪满《政府公报》第455号,1935年9月17日,第149页。

"康德元年"12月1日属兴安南省①。"康德十年"10月属兴南地区。

开鲁县,原属热河省。简称开县。驻开鲁(今内蒙古开鲁县驻地开鲁镇)。统辖区域为"本县之全区域,但西喇木伦河迤北之奈曼旗地属于本县"②。先后属兴安西分省、兴安西省、兴南地区。

四、兴西地区

"大同二年"3月,日伪占领热河省全境,伪满取消了该省昭乌达盟建置。5月10日,在西拉木伦河(西辽河)以北地区设立兴安西分省,驻开鲁县城(今内蒙古自治区开鲁县驻地开鲁镇)③,辖扎鲁特左翼旗、扎鲁特右翼旗、阿鲁科尔沁旗、巴林左翼旗、巴林右翼旗、克什克腾旗、开鲁县、林西县等旗县。"康德元年"12月1日改置为兴安西省,驻大板上(今内蒙古巴林右旗驻地大板镇)④,辖扎鲁特左翼、扎鲁特右翼、阿鲁科尔沁、巴林左翼、巴林右翼、克什克腾、翁牛特左翼、奈曼等旗及开鲁县、林西县。因交通问题,仍驻开鲁⑤。"康德四年"1月,翁牛特左翼旗划归热河省。"康德十年"10月改为兴西地区,辖4旗、1县。

伪满洲国灭亡前兴西地区县旗沿革如下。

阿鲁科尔沁旗,简称阿鲁旗。"大同二年"5月10日置。驻昆都(在今内蒙古阿鲁特科尔沁旗北坤都镇)。天山设治局并入⑥。统辖区域为"从旧本旗区域内除去开鲁县之地域外其余区域"⑦。

巴林左翼旗,"大同二年"5月10日置。驻林东城街(今内蒙古巴林左旗驻地林东镇)。林东县并入⑧。统辖区域为"旧本旗全区域"⑨。

巴林右翼旗,"大同二年"5月10日置。驻大板上(大板,今内蒙古巴林右旗驻地大板镇)。统辖区域为"从旧本旗区域内除去林西县之地域外其余区域"⑩。

克什克腾旗,"大同二年"5月10日置。驻经棚(今内蒙古克什克腾旗驻地经棚镇)。经棚县并入⑪。统辖区域为"旧本旗全区域"⑫。

林西县,原属热河省,"大同二年"5月10日来属。简称林县。驻林西(今内蒙古林西县驻地林西镇)。统辖区域仍旧⑬。

---

① ④ 伪满《政府公报》第225号,1934年11月29日,第345页。
② ⑦ ⑨ ⑩ ⑫ ⑬ 伪满《政府公报》第130号,1933年5月10日,第1页。
③ 伪满《政府公报》第160号,1933年7月10日,第4页。
⑤ 〔日〕善邻协会调查部编,白拉都格其译,潘世宪校:《满洲国属内蒙古》,《内蒙古近代史译丛》第一辑,内蒙古人民出版社,1986年,第175页。
⑥ ⑪ 《赤峰市志》,第181页。
⑧ 《巴林左旗志》,第23页。

五、兴北地区(兴安北省)

"大同元年"3月9日,根据《兴安省分设三分省之件》置兴安北分省。同月29日伪满洲国任命分省长,驻海拉尔(今内蒙古呼伦贝尔市海拉尔区)[①];同时置索伦左翼旗、索伦右翼旗、新巴尔虎左翼旗、新巴尔虎右翼旗、陈巴尔虎旗、鄂鲁特旗、布里雅特旗、鄂伦春旗("大同元年"6月至次年7月间在托河路一带建,后因无固定居民而裁撤[②])。统辖范围包括"大兴安岭英吉里山为起点,北行大兴安岭,沿漠河县界而至国境之线,与西方国境及兴安东分省之境界之周围以内之区域为本分省区域",相当于原黑龙江省呼伦贝尔地区。"康德元年"12月1日改置为兴安北省[③],辖索伦、新巴尔虎左翼、新巴尔虎右翼、陈巴尔虎、额尔克纳左翼及额尔克纳右翼等旗。"康德三年"1月1日裁撤销北满特别区后,满洲里市和海拉尔乡的区域并入,伪满洲国政府为此特别颁布《满洲里及海拉尔市政管理处官制》,规定"满洲里市及海拉尔乡置市政管理处","处长承省长之指挥监督执行法令,管理管内行政事务"[④],成为与市县旗并列的特殊行政区划[⑤]。"康德十年"10月1日,隶属于兴安总省。伪满末期,所辖区域为6旗、2市。其沿革如下。

索伦旗,"大同二年"7月12日合并索伦左翼旗(简称东索旗,"大同元年"6月27日以原索伦左翼4旗置)、索伦右翼旗(简称西索旗,"大同元年"6月27日以原索伦右翼正黄、正红、镶红、镶蓝4旗置)、鄂鲁特旗(简称鄂鲁旗,"大同元年"6月27日置)、布里亚特旗(简称布雅旗,"大同元年"6月27日置)。驻南屯(今内蒙古鄂温克族自治旗驻地巴彦托海镇)。统辖区域为"以克勒都尔河之发源为起点而下行,该河入于多勒吉河,由其发源下行特尼克河及海拉尔河,自依克绰格经北满铁路第十二号待避驿西端及奇尔嘎苏鄂博而至锡伯山,由该山麓溯辉果勒河及乌伊尔克齐河至其发源之线以西之区域,但除海拉尔市之区域"[⑥]。呼伦县并入[⑦]。

新巴尔虎左翼旗,简称东新巴旗。"大同元年"6月27日合并原新巴尔虎左翼正白、正蓝、镶白、镶黄4旗置。驻阿穆克朗(今内蒙古新巴尔虎左旗驻地

---

① 伪满《政府公报》第2号,1932年4月15日,第14页。
② 《呼伦贝尔盟志》上册,第27页。
③ 伪满《政府公报》第225号,1934年11月29日,第345页。
④ 伪满《政府公报》第542号,1935年12月28日,第265页。
⑤ 同上,第266页。又,伪满《政府公报》第560号,1936年1月30日,第397页。
⑥ 伪满《政府公报》第162号,1933年7月12日,第4页。
⑦ 《东北要览》,第55页。

阿木古郎镇)。统辖区域为"以孟赫锡里之西端额尔克讷河岸为起点,南下赫尔洪得西端,由牧丹阿木吉溯辉果勒河及乌伊尔克齐河,至其发源之线以西、乌尔顺河及达伦鄂鲁穆河以东为区域。但乌尔顺河及达伦鄂鲁穆河两河口相连之线以东之达赖诺尔湖属于本旗"①。

新巴尔虎右翼旗,简称西新巴旗。"大同元年"6月27日合并原新巴尔虎右翼正黄、正红、镶红、镶蓝4旗置。驻阿尔坦额莫勒(阿尔坦敖勒,今内蒙古新巴尔虎右旗驻地阿拉坦额莫勒镇)。统辖区域为"乌尔顺河及达伦鄂鲁穆河以西之区域。但乌尔顺河及达伦鄂鲁穆河两河口相连之线以西之达赖诺尔湖属于本旗"②。

陈巴尔虎旗,简称陈巴旗。"大同元年"6月27日置。驻巴彦库仁(乌珠尔和硕,今内蒙古陈巴尔虎旗驻地巴彦库仁镇)。统辖区域为"以克勒都尔河之发源为起点而下行,该河入于多勒吉河,由其发源下行特尼克河及海拉尔河,自依克绰格经北满铁路第十二号待避驿西端,及奇尔嘎苏鄂博而至锡伯山,由该山麓溯辉果勒河,由牧丹阿木吉北上赫尔洪得西端,而至孟赫锡里西端额尔克纳河岸之线以北,以根河河口为起点,溯此由库列业尔山麓东走锡喇扎勒嘎、乌哩雅苏台扎勒及海拉汗山岭至大兴安岭之山顶之线以南之区域"③。

额尔克纳左翼旗,原为室韦县,治吉拉林(今内蒙古根河市西北室韦镇)。原属黑龙江省。"大同二年"1月1日属兴安北分省,裁县治,改置为室韦办事处。"大同二年"6月27日,改置为吉拉林旗,简称吉旗。7月12日改名④,简称东额旗。驻奈勒穆图(奈如穆图,今内蒙古额尔古纳市北三河镇)。统辖区域为"以根河河口为起点,溯此由库列业尔山麓东走锡喇扎勒嘎乌哩雅苏台扎勒嘎,及海拉汗山岭至大兴安岭之山顶之线以北,以莫尔道嘎河河口为起点,而溯该河入于哈拉尔河至其发源之线以南之区域"⑤。

额尔克纳右翼旗,原为奇乾县,治珠尔干河(今内蒙古额尔古纳市北奇乾)。原属黑龙江省。"大同二年"1月1日属兴安北分省,裁县治,改置为奇乾办事处。7月12日,改置为旗,简称西额旗。驻吉勒穆图(吉如穆图,今内蒙古额尔古纳市北奇乾)。统辖区域为"以莫尔道嘎河河口为起点,而溯该河入于哈拉尔河至其发源之线以北之区域"⑥。

海拉尔市,简称海市。原先分属黑龙江省呼伦县和北满特别区。"大同二

---

①②③⑤⑥　伪满《政府公报》第162号,1933年7月12日,第4页。
④　伪满《政府公报》第175号,1933年7月28日,第4页。

年"1月1日兴安北分省接收呼伦县后,改为索伦旗,将海拉尔析出,设立海拉尔市办事处①。同年7月12日重新划定兴安省行政区划时仍称市,为单独的政区②。驻地即今内蒙古呼伦贝尔市海拉尔区。为伪省公署驻地。"康德三年"1月1日,废除北满特别区,置海拉尔乡市政管理处,直属兴安北省。"康德七年"5月1日施行市制③。

满洲里市,原先分属黑龙江省胪滨县和北满特别区。"大同二年"1月1日兴安北分省接收胪滨县后,废除县制,改城区为满洲里市办事处④,其余区域并入新巴尔虎左翼旗及右翼旗⑤。"康德三年"1月1日,废除北满特别区,置满洲里市政管理处,直属于兴安北省。"康德七年"5月1日改置满洲里街,仍直属于兴安北省,管辖区域同前⑥。"康德八年"1月1日置市⑦。驻地即今内蒙古满洲里市。

第七节 北满特别区

原为中俄合办中东铁路两侧附属区域,民国十三年(1924)中国政府收回行政权后改置为东省特别区。行政长官公署驻滨江县(今黑龙江哈尔滨市)。管辖区域以滨江县为中心,西起满洲里(今内蒙古满洲里市),东至绥芬河(今黑龙江绥芬河市),南达长春(今吉林长春市)。民国二十年9月27日,张景惠设立"东省特别区治安维持会",自任会长。"大同元年"(1932)3月14日,伪满洲国任命张景惠为东省特别区长官⑧。"大同二年"7月1日改置为北满特别区⑨,但不包括哈尔滨特别市区域。"康德三年"(1936)1月1日裁撤,所属区域并入相邻各省市县⑩。

"康德三年"1月1日,经伪民政部、伪蒙政部确定,北满特别区涉及各省蒙旗、县及特别市的区域如下⑪。

---

① 伪满《政府公报》第125号,1933年4月28日,第11页。
② 伪满《政府公报》第162号,1933年7月12日,第4页。
③ 《海拉尔市志》,内蒙古人民出版社,1997年,第14页。
④ 伪满《政府公报》第93号,1933年2月16日,第8页。
⑤ 《东北要览》,第55页。
⑥ 伪满《政府公报》第1871号,1940年7月20日,第485页。
⑦ 伪满《政府公报》第2002号,1940年12月25日,第585页。
⑧ 伪满《政府公报》第1号,1932年4月1日,第32页。
⑨ 伪满《政府公报》第148号,1933年6月21日,第3页。
⑩ 伪满《政府公报》第542号,1935年12月28日,第264页。
⑪ 伪满《政府公报》第542号,1935年12月28日,第281页。

1. 兴安东省

布特哈旗,自郭尔雷起至兴安止之地域,不包括兴安之地。

2. 兴安北省

索伦旗,自兴安起至海拉尔乡止之地域。

陈巴尔虎旗,自海拉尔乡至赫勒洪德止之地域,不包括海拉尔乡。

新巴尔虎左翼旗,自赫勒洪德起至扎赉诺尔止之地域,不包括赫勒洪德。

新巴尔虎右翼旗,自扎赉诺尔起至满洲里止之地域,不包括扎赉诺尔。

3. 滨江省

东宁县,自绥芬河起至滴分巴河止之区域,包括滴分巴河。

穆棱县,自滴分巴河起至里土尼止之区域,包括里土尼。

宁安县,自里土尼起至苇拉河子止之区域,包括苇拉河子。

苇河县,自苇拉河子起至沙漠哈瓦罗克止之区域,包括沙漠哈瓦罗克。

珠河县,自沙漠哈瓦罗克起至小九站止之区域,包括小九站。

双城县,自小九站起至帽儿山止之地域,及自蔡家沟起至五家止之地域,包括帽儿山及五家,蔡家沟属扶余县。

宾县,自帽儿山起至白帽子止之地域,包括白帽子。

阿城县,自白帽子起至成高子止之地域,包括成高子。

呼兰县,自陶楚起至对青山止之地域,包括陶楚及对青山。

肇东县,自对青山起至宋站止之地域,包括宋站。

安达县,自宋站起至船治流特纳止之地域,包括船治流特纳。

4. 吉林省

长春县,自宽城子起至哈拉哈止之地域,但宽城子区域中属于新京特别市之地域除外,哈拉哈属本县。

九台县,自哈拉哈起至卧虎城止之地域,包括卧虎城。

德惠县,自卧虎城起至松花江止之地域,包括松花江。

扶余县,自松花江起至蔡家沟止之地域,包括蔡家沟。

泰康县,自船治流特纳起至赉希起克止之地域,包括赉希起克。

5. 龙江省

林甸县,自赉希起克起至五家子止之地域,包括五家子。

龙江县,自五家子起至郭尔雷止之地域,包括郭尔雷。

6. 新京特别市

自崔家营子起经白子至金钱堡之线以南之地域。

第三十五章 汪伪政权及其他伪政权

第一节 伪临时政府、伪华北政务委员会

一、河北省

民国二十七年1月1日,伪临时政府组建河北省公署,治所先在天津,次年3月15日移治清苑县(今河北保定市)。

省以下,有道、特别行政区、行政区的设置。民国二十七年7月,划定津海(驻沧县,辖37县、1设治局)、保定(驻清苑县,辖38县)、冀南(驻邢台县,辖33县)、冀东(驻唐山市,辖21县、1办事处)四道区域。此后重新划定各道区域,民国二十九年7月1日,保定(驻保定,辖23县)、燕京(驻北京市,辖15县)、冀东(驻唐山市,辖10县、1办事处)、津海(驻天津市,辖12县)、渤海(驻沧县,辖18县、1设治局)、真定(驻石门市,辖22县)、顺德(驻邢台县,辖15县)、冀南(驻邯郸县,辖14县)等道伪公署成立。

日伪当局为了"剿匪",加强地方行政与军事的协调,伪华北政务委员会于民国三十一年4月13日公布《真渤特别区行政公署设置纲领》,设立真渤特别区。特别区隶属于伪河北省公署,驻山东德县,德县亦受指挥,辖深县等22县。同年6月1日成立。民国三十二年夏撤销。民国三十四年3月7日,省政会议通过《河北省真定行政区公署组织大纲》[1],5月22日成立[2]。驻地、辖区当同真定道。

全省先后设有唐山(民国二十七年1月)、石门(民国二十八年10月7日)、保定(民国三十一年10月1日)三市。

---

[1] 《河北省政府第一六七次省政会议纪录》(1945年3月7日),《河北省公报》第340、341号合刊,1945年3月15日,第11页。
[2] 《河北省志·建置志》,第221页。

兴隆县长城以外部分被伪满洲国占领,长城以内部分仅有马兰峪19乡,辖境狭小。伪冀东政府于民国二十七年3月改设办事处,设主任一人。伪河北省署接收后,改委处长。民国三十二年7月14日,裁办事处处长,改由遵化县知事兼代①。新海设治局改县,于民国三十二年5月12日经省政会议议决核准②。

表30　1942年伪河北省政区表

道 名	驻 地	辖　县（市、办事处）
保定道	清苑县	清苑、定县、定兴、新城、蠡县、安国、易县、满城、徐水、唐县、博野、望都、容城、完县、雄县、安新、高阳、阜平、行唐、新乐、涞水、涞源、曲阳
燕京道	北京特别市	通县、大兴、宛平、涿县、蓟县、昌平、密云、固安、良乡、房山、三河、香河、顺义、怀柔、平谷
冀东道	唐山市	唐山市、滦县、丰润、迁安、昌黎、乐亭、遵化、临榆、抚宁、玉田、卢龙、兴隆办事处
津海道	天津特别市	天津、武清、宝坻、霸县、静海、宁河、永清、安次、青县、文安、大城、新镇
渤海道	沧县	沧县、河间、盐山、任丘、庆云、肃宁、新海
真定道	正定县	正定、获鹿、平山、藁城、赵县、井陉、栾城、灵寿、无极、高邑、元氏、赞皇
顺德道	邢台县	邢台、南宫、沙河、南和、平乡、广宗、巨鹿、尧山、内丘、任县、威县、清河、柏乡、隆平、临城
冀南道	邯郸县	磁县、大名、濮阳、永年、曲周、邯郸、肥乡、鸡泽、广平、成安、南乐、东明、长垣、清丰
真渤特别区	山东省德县	深县、束鹿、献县、饶阳、宁晋、冀县、枣强、交河、景县、吴桥、宁津、武强、安平、深泽、晋县、新河、衡水、武邑、阜城、故城、东光、南皮

二、山东省

伪临时政府于民国二十七年(1938)3月5日组建山东省公署,治济南(今

---

① 《河北省公署第一三一次省政会议纪录》(1943年7月14日),《河北省公报》第261号,1943年8月16日,第20页。
② 《河北省公署第一二六次省政会议纪录》(1943年5月12日),《河北省公报》第258号,1943年7月26日,第16页。

山东济南市)。省以下实行道、县制,划为鲁西、鲁东、鲁北、鲁南4道和济南、烟台2市,共辖107县,即墨县、胶县划归青岛特别市后,为105县①。民国二十七年该省政区如表31所示。

表31　1938年伪山东省政区表

道名	驻地	辖县
鲁东道	烟台市	平度、掖县、蓬莱、黄县、招远、栖霞、福山、牟平、海阳、文登、荣成、莱阳、即墨、胶县、高密、日照、诸城等17县和一度隶属的烟台市。1939年6月1日,即墨、胶县二县划归青岛特别市
鲁西道	4月临时设在济南,5月迁泰安县,12月迁济宁县	济宁、泰安、宁阳、汶上、东平、平阴、东阿、肥城、新泰、莱芜、滋阳、曲阜、泗水、邹县、滕县、峄县、金乡、嘉祥、鱼台、郓城、巨野、曹县、单县、城武、菏泽、定陶、寿张、阳谷、濮县、范县、观城、朝城等32县
鲁南道	益都县	益都、寿光、昌乐、潍县、昌邑、安丘、临朐、淄川、博山、临淄、桓台、广饶、博兴、长山、高苑、蒙阴、费县、莒县、沂水、临沂、郯城等21县
鲁北道		德县、临清、德平、平原、恩县、武城、夏津、高唐、聊城、茌平、博平、清平、冠县、馆陶、丘县、莘县、堂邑、惠民、商河、禹城、临邑、陵县、邹平、阳信、利津、滨县、沾化、无棣、乐陵、蒲台、青城、济东、历城、章丘、济阳、齐河、长清等37县。1939年3月划历城、章丘、长清、济阳、齐河等5县为"模范区",直隶于伪省公署

民国二十九年6月15日,伪山东省公署将鲁东等4道改为登州道、青州道、兖济道、东临道、济南道、莱潍道、泰安道、曹州道、沂州道、武定道等10道。济南市仍为省辖市,烟台市降为道辖市。民国三十一年该省政区如表32所示。

表32　1942年伪山东省政区表

道名	驻地	辖县
济南道	济南市	历城、济阳、齐河、长清、章丘、邹平、齐东

---

① 郑新道:《民国时期山东行政区划变迁述略(1912—1949)》,《山东史志资料》1984年第2辑,第154~174页。

续表

道 名	驻 地	辖　县
东临道	临清县	临清、莘县、丘县、聊城、平原、武城、冠县、馆陶、茌平、博平、清平、堂邑、德县、禹城、恩县、夏津、高唐、阳谷、寿张。阳谷、寿张后属曹州道
武定道	惠民县	惠民、滨县、商河、阳信、临邑、乐陵、无棣、沾化、利津、蒲台、青城、德平、陵县
青州道	益都县	益都、临淄、淄川、博山、长山、桓台、广饶、寿兴、博兴、高苑、临朐
登州道	烟台市	烟台市、威海卫特别区、龙口特别区、黄县、福山、莱阳、牟平、蓬莱、荣成、海阳、栖霞、招远、文登
莱潍道	潍县	潍县、高密、安丘、昌乐、昌邑、平度、掖县、诸城（曾属沂州道）
泰安道	泰安县	泰安、肥城、莱芜、平阴、东平、东阿、新泰、蒙阴（后属沂州道）
兖济道	济宁县	济宁、宁阳、滋阳、汶上、曲阜、滕县、峄县、嘉祥、金乡、邹县、泗水、鱼台
曹州道	菏泽县	菏泽、郓城、曹县、巨野、单县、城武、定陶、濮县、范县、观城、朝城、阳谷、寿张。阳谷、寿张一度属于东临道
沂州道	临沂县	临沂、莒县、沂水、日照、费县、郯城、诸城（后改属莱潍道）、蒙阴（曾属泰安道）

三、山西省

民国二十七年6月20日，伪临时政府组织山西省公署，治所在太原。民国三十年11月22日设太原市长，设雁门道、冀宁道、河东道、上党道。民国三十二年2月改太原县为晋泉县。民国三十一年该省政区如表33所示。

表33　1942年伪山西省政区表

道 名	驻 地	辖　县
雁门道	太原市	榆次、阳曲、平定、忻县、代县、崞县、太原、盂县、寿阳、五台、宁武、徐沟、昔阳、定襄、五寨、繁峙、清源、神池、静乐、岚县
冀宁道	临汾县	临汾、平遥、太谷、祁县、离石、灵石、汾阳、文水、介休、交城、霍县、赵城、洪洞、浮山、汾西、安泽、中阳
上党道	长治县	长治、高平、晋城、长子、辽县、沁县、襄垣、和顺、潞城、壶关、屯留

续表

道 名	驻 地	辖 县
河东道	安邑县	安邑、永济、闻喜、襄陵、荣河、河津、临晋、新绛、曲沃、汾城、翼城、猗氏、夏县、稷山、解县、虞乡、万泉、绛县、平陆、芮城

四、河南省

民国二十七年 5 月 19 日，日军占领战略要地徐州。29 日，豫东重镇归德（今商丘）陷入敌手。6 月 3 日，日军攻占长葛、新郑等县，豫东各县为日军占领。6 月 4 日，日军分两股进攻省会开封。6 月 6 日，日军占领开封。在此之前，伪临时政府于 5 月 1 日正式任命河南省公署官员，治所先在安阳，民国二十八年初迁开封。民国二十七年 10 月设开封市长。置有豫北道、豫东道。民国三十一年该省政区如表 34 所示。

表 34　1942 年伪河南省政区表

道 名	驻 地	辖 县
豫东道	商丘县	开封市、开封、兰封、商丘、宁陵、鹿邑、虞城、陈留、杞县、通许、睢城、柘城、淮阳、民权、太康、中牟、考城、永城
豫北道	彰德县	彰德、汤阴、临漳、武安、内黄、汲县、新乡、辉县、获嘉、淇县、延津、温县、浚县、封丘、沁阳、清化①、武陟、原武、阳武、滑县、济源、孟县、涉县、修武、林县

五、北京特别市

民国二十七年（1938）1 月 10 日，伪临时政府重新组织北京特别市公署，分为内城 6 区、外城 5 区、郊区 4 区。

六、天津特别市

民国二十六年 12 月 17 日，伪临时政府重新组建天津市公署。辖 9 区，另有特一至特三区。民国三十二年将特一至特三区改为十至十二区。同年将日、英、法租界改为兴亚一至三区，意租界改为特管区。民国三十三年又将全

---

① 按：民国二十七年 12 月，伪临时政府以博爱县恢复旧名。

市重划为8区。

七、青岛特别市

民国二十八年1月10日,伪临时政府组建青岛特别市公署。同年6月1日,胶县和即墨县来属,民国二十九年3月,两县分别改称为胶州区、即墨区。辖境约相当于今山东青岛市、胶州市以及崂山县东部、胶南县北部、即墨县东部地区。

八、苏北行政专员公署

民国二十六年7月12日由江苏省政府徐州办事处改称,民国二十九年后属汪伪中央政府。设专员。

九、威海卫行政专员公署

民国二十七年3月25日成立,后归伪山东省政府管辖。

十、第一直辖行政区、冀东特别行政区

民国三十二年11月18日,伪华北政务委员会公布《直辖行政区公署暂行组织大纲》。直辖行政区直属于伪华北政务委员会,"直辖行政区之名称应按其设置之先后称为第几直辖行政区,其管辖区域由华北政务委员会以命令定之。"[1]同日划定河北省固安、霸县、永清、安次四县属第一直辖行政区[2]。次年12月15日,河北省房山、良乡、涿县3县划入[3]。

民国三十三年6月22日,伪华北政务委员会公布《冀东特别区行政公署组织大纲》,撤销冀东道,设立冀东特别行政区,直属于伪华北政务委员会[4]。6月26日,日伪委任冀东特别区行政公署行政长[5]。

第二节 伪维新政府

伪维新政府成立后,即先后对上海、南京、江苏、浙江、安徽原临时性的伪

---

[1] 《华北政务委员会直辖行政区公署暂行组织大纲》(1943年11月18日公布),《华北政务委员会公报》第251期,影印本第20册,第282页。
[2] 《华北政务委员会训令(总字第三九号)》(1943年11月18日),《华北政务委员会公报》第251期,影印本第20册,第285页。
[3] 《河北省志·建置志》,第221页。
[4] 《冀东特别区行政公署组织大纲》(1944年6月22日公布),《华北政务委员会公报》第291、292期合刊,影印本第21册,第410页。
[5] 《华北政务委员会令(政字1492号)》(1944年6月26日),《华北政务委员会公报》第293、294期合刊,影印本第21册,第448页。

政权进行改组,组织正式的伪政权。

伪江苏省政府于民国二十七年4月5日开始筹备,4月9日任命陈则民为省长①,5月23日在苏州成立。设省长、民政等厅。

伪浙江省政府于民国二十七年5月17日开始筹备,6月22日成立于杭州市。

伪安徽省政府于民国二十七年7月2日开始筹备,10月28日在蚌埠成立。

伪南京特别市政府于民国二十七年4月1日由"绥靖部长"任援道兼任督办南京市政②,24日成立伪南京市政督办公署,民国二十八年3月2日改南京特别市政府。

伪上海特别市政府于民国二十七年4月28日成立伪上海市政督办公署,同年10月14日改称上海特别市政府。

第三节　汪伪国民政府

一、江苏省

民国二十九年(1940)6月20日,汪伪中央政治委员会第11次会议决定对原"维新政府"之江苏省政府实行改组。治所在吴县(今江苏苏州市区)。战前的江苏省61县被分裂成三部分:上海等7县暂归上海特别市管辖,淮阴等15县暂行分隶苏北行政专员公署,其余属江苏省。民国二十九年其实际控制区域为吴县、常熟、昆山、吴江、镇江、江宁、句容、溧水、江浦、六合、金坛、丹阳、扬中、松江、青浦、金山、太仓、海门、武进、无锡、宜兴、江阴、靖江、南通、如皋、江都、仪征等县③。高淳、溧阳、扬中、启东、泰兴、阜宁、盐城、东台、兴化、泰县、高邮、宝应、萧县等县,或是"尚未设治",或是成为共产党领导的抗日根据地的一部分。民国三十年9月15日置"军事委员会委员长驻苏北行营",驻泰县(今江苏泰州市),兼管民政,实行军民一体化,辖泰县、兴化、东台、高邮、宝应、盐城、阜宁、淮安、江都、仪征、扬中、泰兴、靖江、如皋、南通、海门、启东等县。民国三十二年6月1日设第一区行政督察专员分署,民国三十三年7月起设第二至九区行政督察专员公署。

民国三十二年5月27日,伪最高国防会议第16次会议决定撤销苏北行营,在扬州改设苏北"绥靖"主任公署,仍兼管民政。民国三十三年10月23日

---

① 伪维新政府《政府公报》第2号,1938年4月18日,第2页,《汪伪国民政府公报》第13册。
② 伪维新政府《政府公报》第2号,1938年4月18日,第2页,《汪伪国民政府公报》第13册。
③ 江苏省政府秘书处:《中华民国二十九年度江苏省政年刊》,1941年,第55~59页。

公布驻苏北"绥靖"公署暂行兼理苏北行政要规,公署下设政务厅,厅内设民政、财政、建设、教育4处,下辖泰县、东台、兴化、盐城、高邮、宝应、江都、仪征、泰兴、靖江、如皋、南通、海门、启东、阜宁等县。由于这两个军事机构地位均与省相等,因此,江苏省的实际管辖区域极小。

二、浙江省

民国二十九年10月3日,汪伪中央政治委员会第22次会议决定对原"维新政府"之浙江省政府实行改组。省会驻杭州市。辖杭州市、杭县、吴兴、嘉兴、嘉善、海宁、平湖、长兴、余杭、崇德、桐乡、德清、武康、海盐、富阳、萧山、绍兴等县。民国三十二年3月,浙江东行政公署裁撤,所辖余姚、奉化、慈溪、象山、镇海、鄞县并入。民国三十一年设行政督察专员。民国三十二年4—5月设第一区、第二区行政督察专员,民国三十三年7月设第三至七区行政督察专员。又,为适应日本掠夺浙东地区棉花、盐等战略物资的需要,汪伪行政院于民国三十一年5月26日第113次会议决定设置浙东特别区公署,拟定《浙东行政公署暂行组织条例草案》,并呈报伪国民党中央政府委员会①。6月4日,伪国民政府公布该《条例》②,规定浙东行政区暂辖余姚、奉化、慈溪、象山、镇海、鄞县等6县,公署直隶于行政院,下设秘书、民政、财政、教育、建设、保安、警务等7处。民国三十二年3月23日伪行政院第154次会议决定自3月30日撤销该公署,恢复原浙江省政府建制;并以此6县与上虞、定海2县划为浙江省第一行政督察专员公署③。

三、安徽省

民国二十九年9月19日,汪伪中央政治委员会第21次会议决定改组原"维新政府"之安徽省政府。省会驻蚌埠。下辖盱眙、凤阳、嘉山、来安、滁县、全椒、天长、五河、怀远、凤台、寿县、合肥、巢县、含山、和县、当涂、芜湖、宣城、繁昌、怀宁、望江、无为、定远、桐城、宿松等县。民国三十三年9月时又辖有铜陵、贵池、东流、旌德、郎溪等县和定淮特别区、兴淮特别区。民国三十三年3月14日设第一、二区专员,7月设第三、六、八区专员,8月设第四、五、七区专员。

四、湖北省

民国二十九年10月3日,汪伪中央政治委员会第22次会议决定改组伪湖北省政府,省会驻武昌。"初成立的伪湖北省府,其管辖范围名义上包括北至信

---

① 《汪伪政府行政院会议录》第13册,档案出版社,1992年,第266页。
② 汪伪《国民政府公报》第339号,1942年6月8日,第1页,《汪伪国民政府公报》第6册。
③ 《汪伪政府行政院会议录》第18册,第173页。

阳(属河南,由湖北代管),西至宜昌、沙市,南至岳阳、临湘(属湖南,临时划归湖北),东至九江、湖口、南昌(此时江西尚未成立伪省府,临时划归湖北代管)"①。此后,南昌等县析出。辖有武昌、鄂城、嘉鱼、蒲圻、咸宁、大冶、阳新、汉阳、汉川、黄陂、孝感、黄冈、黄梅、浠水、蕲春、广济、应城、钟祥、京山、潜江、天门、荆门、当阳、宜昌、监利、江陵、沔阳、沔北(民国三十二年3月析沔阳县置,在荆河以北,治所即今湖北仙桃市驻地仙桃镇)、沔南(民国三十二年3月析沔阳县置,在荆河以南,治所即今湖北洪湖市驻地新堤镇)②、应山、云梦、崇阳、通山、麻城、随县、安陆、岳阳、临湘、信阳等县,及礼山、宜都、枝江、通城等县的部分地区。

又,民国二十九年10月3日,汪伪中央政治委员会第22次会议决定改汉口为伪行政院直辖市。10月5日,伪国民政府"特任张仁蠡为汉口市市长"③。10月8日,伪行政院第28次会议决议:"汉口市改为行政院直辖市,并特任张仁蠡为汉口市市长,均经奉中央政治委员会议决通过。"④民国三十二年10月19日,伪行政院第183次会议决定改汉口为普通省辖市,隶属湖北省政府管辖⑤。

五、广东省

民国二十九年4月24日,汪伪行政院第4次会议决定成立伪广东省政府。治所在广州市,原伪广东省政府撤销。下辖广州市、汕头市和南海、番禺、顺德、新会、中山、三水、花县、东莞、增城、宝安、从化、博罗、惠阳、潮安、潮阳、澄海、南澳等县,另有海南岛军管区所属琼山、澄迈、定安、文昌、琼东、乐会、临高、儋县、崖县、感恩、昌江、陵水、万宁等县。民国三十三年9月8日设第一至第四区行政督察专员。

六、江西省

日军占领江西北部后,将九江、星子、德安、瑞昌、南昌、永修、新建、安义等8县及南昌市、庐山特别区划归湖北省管辖,将彭泽、湖口两县划归安徽省管辖。民国三十二年5月6日,伪中央政治委员会第123次会议决定设置江西省。伪行政院第161次会议决议:"本院以江西省各市县均经先后拓展为和平区域,亟应设置省政府,以资治理,并拟特任邓祖禹为江西省省长。"并决定:

---

① 程华:《日军卵翼下的伪湖北省政府》,《文史资料存稿选编·日伪政权卷》,第899页。
② 《奉政委会令为奉府令核准湖北沔阳县划分为沔南、沔北两县等因令仰知照由》,《市政公报》第192期,1943年,第10页。
③ 汪伪《国民政府公报》第83号,1940年10月9日,第6页,《汪伪国民政府公报》第2册。
④ 《汪伪政府行政院会议录》第4册,第330页。
⑤ 汪伪《国民政府公报》第559号,1943年10月19日,第20页,《汪伪国民政府公报》第10册。

"江西省政府现已设置成立,所有暂属湖北省管辖之九江、星子、德安、瑞昌、南昌、永修、新建、安义等8县及南昌市、庐山特别区暨暂属安徽省管辖之彭泽、湖口两县,均应归还江西省政府管辖,业已令饬各该省政府遵照办理,并分行内政部知照。"①省政府设在九江。同日,任命伪江西省省长及各厅厅长②。

七、淮海省

以徐州为中心的苏北及皖东北1市、21县是一个特别地区。民国二十七年5月徐州沦陷后,该地区由日本海军和华北伪政权控制。汪伪政府成立后,名义上属苏北行政专员管辖。至民国三十一年1月,日本政府"交回"汪伪国民政府管辖。1月15日,伪国民党中央政治委员会第78次会议决定设置苏淮特别区行政公署,治所在徐州市。1月24日,伪国民政府公布《苏淮特别区行政公署暂行组织条例》③。29日,特任郝鹏举为苏淮特别区行政长官④。民国三十二年10月5日,伪行政院第181次会议通过决议,设第一至第六6个行政督察区:第一区,辖铜山、萧县、亳县等3县,办事处设在铜山县;第二区,辖砀山、沛县、丰县等3县,办事处设在砀山县;第三区,辖宿县、灵璧、泗县,办事处设在宿县;第四区,辖宿迁、邳县、睢宁等3县,办事处设在宿迁县;第五区辖淮阴、淮安、涟水、泗阳等4县,办事处设在淮阴县;第六区辖东海、灌云、沭阳、赣榆、阜宁等5县,办事处设在东海县⑤。民国三十三年1月3日,伪中央政治委员会第131次会议决定将苏淮特别区改为淮海省,省治徐州。1月20日,任命郝鹏举兼淮海省保安司令⑥。下辖第一至六专员。

八、南京特别市

民国二十九年6月20日,汪伪中央政治委员会第11次会议议决对原"维新政府"的南京特别市政府进行改组,为汪伪政权的"首都"。

---

① 《汪伪政府行政院会议录》第19册,第120~121页。
② 汪伪《国民政府公报》第483号,1943年5月12日,第1页,《汪伪国民政府公报》第9册。
③ 汪伪《国民政府公报》第285号,1942年1月30日,第1页,《汪伪国民政府公报》第5册。
④ 汪伪《国民政府公报》第286号,1942年2月2日,第2页,《汪伪国民政府公报》第5册。
⑤ 《汪伪政府行政院会议录》第22册,第52页。
⑥ 汪伪《国民政府公报》第592号,1944年1月25日,第21页,《汪伪国民政府公报》第11册。按:伪行政会议记录与汪伪《国民政府公报》中均未见改苏淮特别区置淮海省的正式公告。第591号汪伪《国民政府公报》中有1月17日的"国民政府令":"苏淮特别区行政公署财政处处长何庭桢另有作用",是1月17日仍为苏淮特别区。1月18日的伪行政院第193次会议录亦作"苏淮特别行政区"。此后,1月31日任命淮海省各厅处局长(载《国民政府公报》2月2日第596号)。因此,1月20日可能是任命郝鹏举为淮海省省长兼保安司令。

九、上海特别市

民国二十六年11月12日,日军占领上海,租界成为孤岛。12月5日,伪上海市大道政府在浦东成立。伪政权为加强对上海市区及相邻地区的控制,标榜以维护治安为施政之首,逐渐扩展行政地域,将原上海市区域改置为浦东区、南市区、沪西区、闸北区、真如区、市中心区,并拟将江苏省上海、嘉定、宝山、奉贤、南汇、川沙、崇明等县划入。民国二十七年4月28日,伪上海市大道政府改组为伪督办上海市政公署,直隶伪维新政府。10月16日又改称伪上海特别市政府。12月1日,伪维新政府正式将与上海市相邻的江苏省南汇、川沙、奉贤、宝山、嘉定、崇明等6个县,划归伪上海特别市政府管辖,各县改置为区。原上海市区域的行政区划进过多次调整后,到此年底设有下列区:市中心(原引翔、殷行、江湾等区)、闸北(原闸北、彭浦、大场等区)、南市(原沪南区)、沪西(原漕泾、蒲淞等区)、北桥(原上海县黄浦江以西区域)、浦东南(原杨思、塘桥、洋泾等区)、浦东北(原高桥、高行、陆行等区)和南汇、川沙、奉贤、宝山、嘉定、崇明等13个区。次年5月1日,闸北区改称沪北区。民国三十年1月1日,上海特别市改称上海市。6月1日,上海市复称上海特别市。12月11日,撤销南市区,其区域改由伪市政府直接管辖。民国三十二年7月30日,伪上海市政府宣布"接收"法租界,改置为第一区;8月1日,"接收"公共租界,改置为第八区。至年底,市区划分为第一至第八8个区,郊区划为北桥、嘉定等6区。民国三十三年2月,第八区(原法租界)并入第一区(原公共租界)。8月,第一区(原公共租界、法租界)、第七区(原南市区)撤销,改由伪市府直辖。至此,伪市府除直辖区域外,共设江湾区(原市中心区)、闸北区、沪西区、浦东北区、浦东南区和北桥、嘉定、宝山、川沙、南汇、奉贤、崇明等7县。

十、厦门特别市

日本占领厦门后,厦门一直为日本海军所控制。民国三十二年3月26日,汪伪国民政府令"福建厦门市着改为厦门特别市"[①]。次日,日汪签订《厦门鼓浪屿公共租界收回实施条款》。9月22日伪行政院第180次会议通过《修正厦门特别市政府组织规则草案》,共8章、48条。其中,第三条规定了厦门特别市的管辖范围:"本市管辖区域为厦门岛鼓浪屿、金门岛、浯屿及各附属

---

① 汪伪《国民政府公报》第465号,1943年3月26日,第11页,《汪伪国民政府公报》第8册。

岛,暂定为左列各区:一、市中心区;二、禾山区;三、鼓浪屿区;四、金门区;五、浯溪区。各区之行政区划另定之。"①在"说明"中,厦门市伪政府道出了实际的管辖区域:"现在管辖区域虽视原市区为广,而因鼓浪屿、金门、浯屿各特别区设置行政公署,本市政府所属各局直辖之区域仅市中心区与禾山区。"②鼓浪屿、金门、浯屿等地,实际上一直处于日军控制之下。

第四节 伪蒙疆政权

德王为了加强统治,对盟旗行政设置进行了较大的调整。民国二十六年(1937)10月,伪蒙古联盟自治政府成立后,将锡、乌、察3盟均确定为行政单位。各盟旗的行政首脑,由伪政府重新任命。各盟公署也根据所辖区域的大小不同,分别设立总务(民国二十七年秋后改为官房)、民政、保安、教育、畜产等各厅,使盟旗正式成为行政区划。

新设"巴彦塔拉盟"(巴彦塔拉,蒙古语为富饶平原的意思),区域包括原绥远省东部以农业为主的大部分县、旗——土默特、正红、正黄、镶红、镶蓝5旗,归绥(后改为巴彦县)、萨拉齐、清水河、托克托、陶林、丰镇、集宁、凉城、和林、兴和等10县,成为伪蒙古联盟自治政府所辖的5盟中人口最多、土地资源最富庶的一个盟③。又将原绥远省的小部分县、旗划归乌、伊两盟管辖:东胜、五原、临河县和沃野设治局划归伊克昭盟,武川、固阳县和安北设治局等划归乌兰察布盟。伪政府成立后,在原归化城和绥远城区域置"厚和豪特"市,由伪政府直辖,成为伪政府的首府。后又把巴彦县撤销,并入"厚和豪特"市。将包头县撤销,改设为包头市,亦由伪政府直辖。这样,伪蒙古联盟自治政府管辖区域共设5盟、2市,土地面积约为350 000余方里,人口约250万人,其中蒙族约为30万人④。

锡林郭勒盟,辖苏尼特右翼旗、苏尼特左翼旗、乌珠穆沁右翼旗、乌珠穆沁左翼旗、浩济特右翼旗、浩济特左翼旗、阿巴嘎右翼旗、阿巴嘎左翼旗、阿巴哈那尔右翼旗、阿巴哈那尔左翼旗。

巴彦塔拉盟,辖正黄旗、正红旗、镶红旗、镶蓝旗、巴彦县、萨拉齐县、清水河县、托克托县、凉城县、兴和县、集宁县、丰镇县、陶林县、和林格尔县。

---

① 《汪伪政府行政院会议录》第21册,第574页。
② 同上书,第588页。
③④ 卢明辉:《蒙古"自治运动"始末》,中华书局,1980年,第184页。

察哈尔盟，辖明安旗、上都旗、太仆寺右翼旗、太仆寺左翼旗、镶白旗、正蓝旗、正白旗、镶黄旗、张北县、沽源县、商都县、崇礼县、康保县、多伦县、德化县、尚义县。

伊克昭盟（实际全部未占领），辖准噶尔旗、郡王旗、达拉特旗、鄂托克旗、乌审旗、杭锦旗、扎萨克旗、东胜县、五原县、临河县、沃野设治局。

乌兰察布盟，辖四子部落旗、茂明安旗、喀尔喀右翼旗、乌拉特中公旗、乌拉特西公旗、乌拉特东公旗、固阳县、安北县（未占领）、武川县。

民国二十七年初，伊盟副盟长兼杭锦旗扎萨克郡王阿拉坦瓦齐尔得利欲熏心，欲获得伊盟盟长的职位，投靠德王。因伪政府仅控制伊盟准噶尔、达拉特两旗黄河以东的局部地区，伪盟公署暂设在包头市办公。

伪蒙疆联合自治政府成立后，原伪察南、晋北两自治政府改为两个政厅，与原伪蒙古联盟自治政府所辖的5盟一起直隶伪政务院。伪蒙疆联合自治政府所设政区如下。

察南政厅，原为察南自治政府，治所在宣化，辖1市、9县：张家口市，万全、宣化、蔚、阳原、怀来、怀安、涿鹿、龙关、赤城等县。民国二十九年冬改张家口为特别市。民国三十年春，将万全、怀安两县合并为万安县①。民国三十二年2月撤销，改置宣化省②，同年6月移驻宣化县，辖宣化、赤城、龙关、延庆、涿鹿、蔚县、阳原、万安、怀来、涞源等县。

晋北政厅，原为晋北自治政府，治所在大同，辖1市、12县：大同市，朔县、浑源、应县、阳高、天镇、左云、怀仁、山阴、灵丘、广灵、右玉、平鲁等县。民国三十二年2月改置为大同省。

巴彦塔拉盟公署，治所在巴彦，辖2市、5旗、12县：厚和豪特市、包头市，正红、镶红、正黄、镶蓝、土默特旗，集宁、凉城、萨拉齐、兴和、武川、丰镇、托克托、陶林、和林格尔、清水河县。

察哈尔盟公署，辖8旗、8县：正黄、正白、镶黄、镶白、太仆寺左翼、太仆寺右翼、上都、明安等旗和多伦、张北、康保、商都、崇礼、尚义、德化、宝源（民国二十七年伪政府将宝昌、沽源两县合并而成）等县。伪盟公署设于张北县城。

锡林郭勒盟公署，辖10旗：乌珠穆沁左翼、乌珠穆沁右翼、苏尼特左翼、苏尼特右翼、阿巴嘎左翼、阿巴嘎右翼、浩济特左翼、浩济特右翼、阿巴哈纳尔

---

① 《中华民国史档案资料汇编》第五辑第二编附录（上），第13页。按：《河北省志》第2卷《建置志》作"1937年改"。
② 同上书，第12页。

左翼、阿巴哈纳尔左翼旗。

乌兰察布盟公署,辖6旗、1县：四子部落、喀尔喀右翼、茂明安、乌拉特中、乌拉特前、乌拉特后旗,固阳县。

伊克昭盟公署,辖7旗、4县：杭锦、乌审、准噶尔、郡王、扎萨克、达拉特、鄂托克旗,五原、临河、东胜、沃野县。当时其实际控制区域为黄河以东的准噶尔、达拉特旗的局部地区。

厚和豪特特别市,民国二十六年10月27日置市,二十七年7月1日改为特别市。治所即今内蒙古呼和浩特市。

张家口特别市,民国二十八年9月1日于张家口成立,设市。民国二十九年冬改为特别市。

附录 中华民国时期行政区划变迁表

附录　中华民国时期行政区划变迁表

表1　1912—1926年省级政区变迁表①

1912	直隶省				山西省	
1913	顺天府	直隶省			山西省	
1914	京兆地方	直隶省	热河特别区域	察哈尔特别区域	山西省	绥远特别区域
1926	京兆地方	直隶省	热河特别区域	察哈尔特别区域	山西省	绥远特别区域

1912	奉天省	吉林省		黑龙江省	山东省		河南省
1922	奉天省	吉林省	东省特别行政区	黑龙江省	山东省		河南省
1923	奉天省	吉林省	东省特别行政区	黑龙江省	山东省	胶澳商埠	河南省
1925	奉天省	吉林省	东省特别行政区	黑龙江省	山东省		河南省
1926	奉天省	吉林省	东省特别行政区	黑龙江省	山东省		河南省

1912	江苏省	安徽省	江西省	福建省	浙江省	湖北省	湖南省
1926	江苏省	安徽省	江西省	福建省	浙江省	湖北省	湖南省

1912	陕西省	甘肃省	新疆省	阿尔泰区域	四川省	
1914	陕西省	甘肃省	新疆省	阿尔泰区域	四川省	川边特别区域
1919	陕西省	甘肃省	新疆省		四川省	川边特别区域
1926	陕西省	甘肃省	新疆省		四川省	西康特别区域

1912	广东省	广西省	云南省	贵州省	青海	西藏地方	外蒙古
1926	广东省	广西省	云南省	贵州省	青海	西藏地方	外蒙古

表2　1926—1949年省级政区变迁表

1926	江苏省			浙江省	安徽省	江西省
1927	南京特别市	上海特别市	江苏省	浙江省	安徽省	江西省
1930	南京市	上海市	江苏省	浙江省	安徽省	江西省
1949	南京市	上海市	江苏省	浙江省	安徽省	江西省

1926	湖北省		湖南省	四川省	西康特别区域	福建省
1927	湖北省	武汉特别市	湖南省	四川省	西康特别区域	福建省
1928	湖北省	武汉特别市	湖南省	四川省	西康省	福建省
1930	湖北省	汉口市	湖南省	四川省	西康省	福建省
1931	湖北省		湖南省	四川省	西康省	福建省

---

① 为节省篇幅，本表及以下各表中除起止年份外，均只列出政区有变化的年份。另外，为尽量在一个表格中表现某一政区的变迁，制表的不规范之处请读者见谅。

续　表

1946	湖北省		湖南省		四川省		西康省	福建省
1947	湖北省	汉口市	湖南省		四川省		西康省	福建省
1949	湖北省	汉口市	河南省		四川省		西康省	福建省
1926			广东省		广西省		云南省	贵州省
1945	台湾省		广东省		广西省		云南省	贵州省
1947	台湾省	广州市	广东省		广西省		云南省	贵州省
1949	台湾省	广州市	广东省	海南特区	广西省		云南省	贵州省
1926			京兆地方				直隶省	
1928		北平特别市			河北省		天津特别市	
1930		北平市			河北省			
1935		北平市			河北省		天津市	
1949		北平市			河北省		天津市	
1926			山东省			河南省	山西省	
1929		山东省		青岛特别市		河南省	山西省	
1930	威海卫行政区	山东省		青岛市		河南省	山西省	
1945		山东省		青岛市		河南省	山西省	
1949		山东省		青岛市		河南省	山西省	
1926	陕西省		甘肃省			青海	绥远特别区域	
1928	陕西省		甘肃省		宁夏省	青海省	绥远省	
1947	陕西省	西安市	甘肃省		宁夏省	青海省	绥远省	
1949	陕西省	西安市	甘肃省		宁夏省	青海省	绥远省	
1926	察哈尔特别区域		热河特别区域			奉天省		
1929	察哈尔省		热河省			辽宁省		
1945	察哈尔省		热河省		沈阳市	辽宁省	安东省	辽北省
1949	察哈尔省		热河省		沈阳市	辽宁省	安东省	辽北省
1926		吉林省			黑龙江省		东省特别区	
1945	吉林省	松江省	合江省	黑龙江省	嫩江省	兴安省	哈尔滨市	
1949	吉林省	松江省	合江省	黑龙江省	嫩江省	兴安省	哈尔滨市	

续　表

1926	新疆省	西藏地方	外蒙古
1946	新疆省	西藏地方	外蒙古
1949	新疆省	西藏地方	

说明：1. 本表为南京国民政府理论上的省级辖区，革命根据地、伪政权对政区的改变均不包括在内。以该年度底为时间标准，该年度中间的变化不予反映。2. 哈尔滨市与东省特别区的区域并不相同，只是小部分重合。

表3　伪满洲国省级政区变迁表

九一八事变前	辽宁省				吉林省	
1932.3	奉天省				吉林省	
1934	安东省		奉天省		锦州省	吉林省	间岛省
1937	安东省	通化省	奉天省		锦州省	吉林省	间岛省
1941	安东省	通化省	奉天省	四平省	锦州省	吉林省	间岛省
1943.10	安东省	通化省	奉天省	四平省	锦州省	吉林省	东满总省
1945.6	安东省	通化省	奉天省	四平省	锦州省	吉林省	间岛省

九一八事变前	黑龙江省		吉林省		黑龙江省	
1932.3	黑龙江省		吉林省		黑龙江省	
1934	三江省		滨江省		龙江省	黑河省
1937	三江省	牡丹江省	滨江省		龙江省	黑河省
1939	三江省	东安省	牡丹江省	滨江省	北安省	龙江省	黑河省
1943.10	三江省	东满总省		滨江省	北安省	龙江省	黑河省
1945.6	三江省	东满省		滨江省	北安省	龙江省	黑河省

九一八事变前	热河省	黑龙江(呼伦贝尔盟)	辽宁省(哲里木盟)		
1932.3	热河省(未占)	兴安总省			
		兴安北分省	兴安东分省	兴安南分省	
1933	热河省	兴安总省			
		兴安西分省	兴安北分省	兴安东分省	兴安南分省
1934	热河省	兴安西省	兴安北省	兴安东省	兴安南省
1943.10	热河省	兴安总省			
		兴安北省			
1945.6	热河省	兴安总省			
		兴安北省			

说明：伪满省级政区除本表内的各省外，还有北满特别区域与新京特别市、哈尔滨特别市等，详见本卷下编第三十四章。

表 4　1911—1949 年江苏省政区变迁表①

年 份	1	2	3	4	5	6	7	8
1911	常镇通海道	江宁道						常镇通海道
	镇江府	江宁府						镇江府
	丹徒	上元	江宁	句容	溧水	高淳	江浦	六合	丹阳
1912	丹徒	江宁	句容	溧水	高淳	江浦	六合	丹阳
1914	金陵道							
	丹徒	江宁	句容	溧水	高淳	江浦	六合	丹阳
1927	丹徒	江宁	句容	溧水	高淳	江浦	六合	丹阳
1928	镇江	江宁	句容	溧水	高淳	江浦	六合	丹阳
1949	镇江	江宁	句容	溧水	高淳	江浦	六合	丹阳

年 份	9	10	11	12	13	14	15	16
1911	常镇通海道			苏松太道				
	镇江府			松江府				
	金坛	溧阳	太平厅	上海	华亭	娄县	南汇	青浦	奉贤
1912	金坛	溧阳	太平	上海	华亭	南汇	青浦	奉贤
1914	金陵道			沪海道				
	金坛	溧阳	扬中	上海	松江	南汇	青浦	奉贤
1927	金坛	溧阳	扬中	上海	松江	南汇	青浦	奉贤
1949	金坛	溧阳	扬中	上海	松江	南汇	青浦	奉贤

年 份	17	18	19	20	21	22	23	24
1911	苏松太道							常镇通海道
	松江府			太仓直隶州				海门直隶厅
	金山	川沙厅	太仓州	镇洋	嘉定	宝山	崇明	

① 以下各省 1911—1949 年政区变迁表,反映各省级政区内,从清宣统三年(或该省级政区设立之年)到 1949 年中华人民共和国成立之前道级、县级行政区划的变化。有变化则列出道或县级政区的全部名称,无变化则不予反映。表中列出清宣统三年(1911)的政区,以便与民国元年(1912)的政区进行对比,同时体现两者间的衔接关系。抗日战争、解放战争时期,国民政府未能控制的区域,政区往往发生变化,对于这种变化,本表不予反映,请参看相关章节。县、市排列顺序,与《中华民国行政区域简表》(第 11 版)同。1947 年以后新增加的县市,按设置时间先后排在表末。以下各表同。

续 表

年份	17	18	19	20	21	22	23	24
1912	金山	川沙	太仓	嘉定	宝山	崇明		海门
1914	沪海道							
	金山	川沙	太仓	嘉定	宝山	崇明		海门
1927	金山	川沙	太仓	嘉定	宝山	崇明		海门
1929	金山	川沙	太仓	嘉定	宝山	崇明	启东	海门
1947	金山	川沙	太仓	嘉定	宝山	崇明	嵊泗局	启东	海门
1949	金山	川沙	太仓	嘉定	宝山	崇明	嵊泗	启东	海门

年份	25				26	27	28
1911	苏松太道						
	苏州府						
	吴县	长洲	元和	太湖厅	靖湖厅	常熟	昭文	昆山	新阳	吴江	震泽
1912	吴县				常熟	昆山	吴江
1914	苏常道						
	吴县				常熟	昆山	吴江
1927	吴县				常熟	昆山	吴江
1928	吴县		苏州市		常熟	昆山	吴江
1930	吴县				常熟	昆山	吴江
1949	吴县				常熟	昆山	吴江

年份	29	30	31	32	33
1911	常镇通海道				
	常州府				
	武进	阳湖	无锡	金匮	宜兴	荆溪	江阴	靖江
1912	武进	无锡	宜兴	江阴	靖江
1914	苏常道				
	武进	无锡	宜兴	江阴	靖江
1927	武进	无锡	无锡市	宜兴	江阴	靖江
1930	武进	无锡	宜兴	江阴	靖江
1949	武进	无锡	宜兴	江阴	靖江

续 表

年份	34	35	36	37	38	39	40	41	42
1911	常镇通海道			淮扬海道					
	通州直隶州			淮安府					
	通州	如皋	泰兴	清河	山阳	桃源	安东	阜宁	盐城
1913	淮扬道								
	南通	如皋	泰兴	清河	山阳	桃源	安东	阜宁	盐城
1914	苏常道			淮扬道					
	南通	如皋	泰兴	淮阴	淮安	泗阳	涟水	阜宁	盐城
1927	南通	如皋	泰兴	淮阴	淮安	泗阳	涟水	阜宁	盐城
1949	南通	如皋	泰兴	淮阴	淮安	泗阳	涟水	阜宁	盐城

年份	43	44	45	46	47	48	49	50	51
1911	淮扬海道							淮徐道	
	扬州府							徐州府	
	江都	甘泉	扬子	东台	兴化	泰州	高邮州	宝应	铜山
1912	江都		仪征	东台	兴化	泰县	高邮	宝应	铜山
1913	淮扬道							徐海道	
	江都		仪征	东台	兴化	泰县	高邮	宝应	铜山
1927	江都		仪征	东台	兴化	泰县	高邮	宝应	铜山
1945	江都		仪征	东台	兴化	泰县	高邮	宝应	徐州市	铜山
1949	江都		仪征	东台	兴化	泰县	高邮	宝应	徐州市	铜山

年份	52	53	54	55	56	57	58	59	60	61
1911	淮徐道							淮扬海道		
	徐州府							海州直隶州		
	丰县	沛县	萧县	砀山	邳州	宿迁	睢宁	海州		
1912	丰县	沛县	萧县	砀山	邳县	宿迁	睢宁	东海	灌云	
1913	徐海道							淮扬道		
	丰县	沛县	萧县	砀山	邳县	宿迁	睢宁	东海	灌云	
1914	徐海道									
	丰县	沛县	萧县	砀山	邳县	宿迁	睢宁	东海	灌云	

续 表

年份	52	53	54	55	56	57	58	59	60	61
1927	丰县	沛县	萧县	砀山	邳县	宿迁	睢宁	东海		灌云
1935	丰县	沛县	萧县	砀山	邳县	宿迁	睢宁	东海	连云市	灌云
1949	丰县	沛县	萧县	砀山	邳县	宿迁	睢宁	东海	连云市	灌云

年 份	62	63	年 份	62	63
1911	淮扬海道		1914	徐海道	
	海州直隶州			沭阳	赣榆
	沭阳	赣榆	1927	沭阳	赣榆
1912	沭阳	赣榆	1949	沭阳	赣榆
1913	淮扬道				
	沭阳	赣榆			

表5 1911—1949年浙江省政区变迁表

年 份	1	2	3	4	5	6	7	8	9
1911	杭嘉湖道								
	杭州府								
	仁和	钱塘	海宁州	富阳	余杭	临安	於潜	新城	昌化
1912	杭县		海宁	富阳	余杭	临安	於潜	新城	昌化
1914	钱塘道								
	杭县		海宁	富阳	余杭	临安	於潜	新登	昌化
1917	杭县		海宁	富阳	余杭	临安	於潜	新登	昌化
1926	钱塘道								
	杭县		海宁	富阳	余杭	临安	於潜	新登	昌化
1927	杭州市	杭县	海宁	富阳	余杭	临安	於潜	新登	昌化
1949	杭州市	杭县	海宁	富阳	余杭	临安	於潜	新登	昌化

年 份	10	11	12	13	14	15	16	17	
1911	杭嘉湖道								
	嘉兴府						湖州府		
	嘉兴	秀水	嘉善	海盐	石门	平湖	桐乡	乌程	归安	长兴

续　表

年份	10	11	12	13	14	15	16	17
1912	嘉禾	嘉善	海盐	石门	平湖	桐乡	吴兴	长兴
1914	钱塘道							
	嘉兴	嘉善	海盐	崇德	平湖	桐乡	吴兴	长兴
1917	嘉兴	嘉善	海盐	崇德	平湖	桐乡	吴兴	长兴
1926	钱塘道							
	嘉兴	嘉善	海盐	崇德	平湖	桐乡	吴兴	长兴
1927	嘉兴	嘉善	海盐	崇德	平湖	桐乡	吴兴	长兴
1949	嘉兴	嘉善	海盐	崇德	平湖	桐乡	吴兴	长兴

年份	18	19	20	21	22	23	24	25
1911	杭嘉湖道				宁绍台道			
	湖州府				宁波府			
	德清	武康	安吉	孝丰	鄞县	慈溪	奉化	镇海
1912	德清	武康	安吉	孝丰	鄞县	慈溪	奉化	镇海
1914	钱塘道				会稽道			
	德清	武康	安吉	孝丰	鄞县	慈溪	奉化	镇海
1917	德清	武康	安吉	孝丰	鄞县	慈溪	奉化	镇海
1926	钱塘道							
	德清	武康	安吉	孝丰	鄞县	慈溪	奉化	镇海
1927	德清	武康	安吉	孝丰	鄞县	宁波市	慈溪	奉化	镇海
1931	德清	武康	安吉	孝丰	鄞县	慈溪	奉化	镇海
1949	德清	武康	安吉	孝丰	鄞县	慈溪	奉化	镇海

年份	26	27	28	29	30	31	32	33
1911	宁绍台道							
	宁波府			定海直隶厅	绍兴府			
	象山	石浦厅	南田厅		山阴	会稽	萧山	诸暨	余姚	上虞
1912	象山	南田		定海	绍兴	萧山	诸暨	余姚	上虞
1914	会稽道							
	象山	南田		定海	绍兴	萧山	诸暨	余姚	上虞

续 表

年 份	26	27	28	29	30	31	32	33
1917	象山	南田	定海	绍兴	萧山	诸暨	余姚	上虞
1926	会稽道							
	象山	南田	定海	绍兴	萧山	诸暨	余姚	上虞
1927	象山	南田	定海	绍兴	萧山	诸暨	余姚	上虞
1940	象山	三门	定海	绍兴	萧山	诸暨	余姚	上虞
1949	象山	三门	定海	绍兴	萧山	诸暨	余姚	上虞

年 份	34	35	36	37	38	39	40	41	42	43
1911	宁绍台道									金衢严道
	绍兴府		台州府							衢州府
	嵊县	新昌	临海	黄岩	天台	仙居		宁海	太平	西安
1912	嵊县	新昌	临海	黄岩	天台	仙居		宁海	太平	衢县
1914	会稽道									金华道
	嵊县	新昌	临海	黄岩	天台	仙居		宁海	温岭	衢县
1917	嵊县	新昌	临海	黄岩	天台	仙居		宁海	温岭	衢县
1926	会稽道									金华道
	嵊县	新昌	临海	黄岩	天台	仙居		宁海	温岭	衢县
1927	嵊县	新昌	临海	黄岩	天台	仙居		宁海	温岭	衢县
1939	嵊县	新昌	临海	黄岩	天台	仙居	磐安	宁海	温岭	衢县
1949	嵊县	新昌	临海	黄岩	天台	仙居	磐安	宁海	温岭	衢县

年 份	44	45	46	47	48	49	50	51	52
1911	金衢严道								
	衢州府				金华府				
	龙游	江山	常山	开化	金华	兰溪	东阳	义乌	永康
1912	龙游	江山	常山	开化	金华	兰溪	东阳	义乌	永康
1914	金华道								
	龙游	江山	常山	开化	金华	兰溪	东阳	义乌	永康
1917	龙游	江山	常山	开化	金华	兰溪	东阳	义乌	永康

续表

年份	44	45	46	47	48	49	50	51	52
1926	金华道								
	龙游	江山	常山	开化	金华	兰溪	东阳	义乌	永康
1927	龙游	江山	常山	开化	金华	兰溪	东阳	义乌	永康
1949	龙游	江山	常山	开化	金华	兰溪	东阳	义乌	永康

年份	53	54	55	56	57	58	59	60	61
1911	金衢严道								
	金华府			严州府					
	武义	浦江	汤溪	建德	淳安	桐庐	遂安	寿昌	分水
1912	武义	浦江	汤溪	建德	淳安	桐庐	遂安	寿昌	分水
1914	金华道								
	武义	浦江	汤溪	建德	淳安	桐庐	遂安	寿昌	分水
1917	武义	浦江	汤溪	建德	淳安	桐庐	遂安	寿昌	分水
1926	金华道								
	武义	浦江	汤溪	建德	淳安	桐庐	遂安	寿昌	分水
1927	武义	浦江	汤溪	建德	淳安	桐庐	遂安	寿昌	分水
1949	武义	浦江	汤溪	建德	淳安	桐庐	遂安	寿昌	分水

年份	62	63	64	65	66	67	68	69	70
1911	温处道								
	温州府			处州府					
	永嘉	丽水	青田	缙云	松阳	遂昌	龙泉	庆元	云和
1912	永嘉	丽水	青田	缙云	松阳	遂昌	龙泉	庆元	云和
1914	瓯海道								
	永嘉	丽水	青田	缙云	松阳	遂昌	龙泉	庆元	云和
1917	永嘉	丽水	青田	缙云	松阳	遂昌	龙泉	庆元	云和
1926	瓯海道								
	永嘉	丽水	青田	缙云	松阳	遂昌	龙泉	庆元	云和
1927	永嘉	丽水	青田	缙云	松阳	遂昌	龙泉	庆元	云和
1949	永嘉	丽水	青田	缙云	松阳	遂昌	龙泉	庆元	云和

续　表

年份	71	72	73	74	75	76	77	78		
1911	温处道									
	处州府		温州府							
	宣平	景宁	瑞安	乐清	平阳	泰顺		玉环厅		
1912	宣平	景宁	瑞安	乐清	平阳	泰顺		玉环		
1914	瓯海道									
	宣平	景宁	瑞安	乐清	平阳	泰顺		玉环		
1917	宣平	景宁	瑞安	乐清	平阳	泰顺		玉环		
1926	瓯海道									
	宣平	景宁	瑞安	乐清	平阳	泰顺		玉环		
1927	宣平	景宁	瑞安	乐清	平阳	泰顺		玉环		
1948	宣平	景宁	瑞安	乐清	平阳	泰顺	文成	玉环	四明	
1949	宣平	景宁	瑞安	乐清	平阳	泰顺	文成	玉环	四明	瀛洲

表6　1911—1949年安徽省政区变迁表

年份	1	2	3	4	5	6	7	8
1911	皖北道		皖南道					
	庐州府		安庆府					
	合肥	怀宁	桐城	宿松	太湖	潜山		望江
1912	合肥	怀宁	桐城	宿松	太湖	潜山		望江
1914	安庆道							
	合肥	怀宁	桐城	宿松	太湖	潜山		望江
1927	合肥	怀宁	安庆市	桐城	宿松	太湖	潜山	望江
1930	合肥	怀宁		桐城	宿松	太湖	潜山	望江
1936	合肥	怀宁		桐城	宿松	太湖	潜山	岳西 望江
1949	合肥	怀宁		桐城	宿松	太湖	潜山	岳西 望江

年份	9	10	11	12	13	14	15	16
1911	皖北道							
	庐州府				和州直隶州		六安直隶州	
	舒城	庐江	巢县	无为州	和州	含山	六安州	霍山

续 表

年份	9	10	11	12	13	14	15	16
1912	舒城	庐江	巢县	无为	和县	含山	六安	霍山
1914	安庆道						淮泗道	
	舒城	庐江	巢县	无为	和县	含山	六安	霍山
1927	舒城	庐江	巢县	无为	和县	含山	六安	霍山
1949	舒城	庐江	巢县	无为	和县	含山	六安	霍山

年份	17	18	19	20	21	22	23	24
1911	皖南道							
	太平府			广德直隶州		徽州府		
	芜湖	繁昌	当涂	广德州	建平	歙县	黟县	休宁
1912	芜湖	繁昌	当涂	广德	建平	歙县	黟县	休宁
1914	芜湖道							
	芜湖	繁昌	当涂	广德	郎溪	歙县	黟县	休宁
1927	芜湖	繁昌	当涂	广德	郎溪	歙县	黟县	休宁
1949	芜湖	繁昌	当涂	广德	郎溪	歙县	黟县	休宁

年份	25	26	27	28	29	30	31	32
1911	皖南道							
	徽州府		宁国府					
	祁门	绩溪	宣城	南陵	泾县	太平	旌德	宁国
1912	祁门	绩溪	宣城	南陵	泾县	太平	旌德	宁国
1914	芜湖道							
	祁门	绩溪	宣城	南陵	泾县	太平	旌德	宁国
1927	祁门	绩溪	宣城	南陵	泾县	太平	旌德	宁国
1949	祁门	绩溪	宣城	南陵	泾县	太平	旌德	宁国

年份	33	34	35	36	37	38	39	40
1911	皖南道						皖北道	
	池州府						凤阳府	
	贵池	铜陵	石埭	东流	建德	青阳	凤阳	

续 表

年 份	33	34	35	36	37	38	39	40
1912	贵池	铜陵	石埭	东流	建德	青阳	凤阳	
1914	芜湖道						淮泗道	
	贵池	铜陵	石埭	东流	秋浦	青阳	凤阳	
1927	贵池	铜陵	石埭	东流	秋浦	青阳	凤阳	
1932	贵池	铜陵	石埭	东流	至德	青阳	凤阳	
1947	贵池	铜陵	石埭	东流	至德	青阳	凤阳	蚌埠市
1949	贵池	铜陵	石埭	东流	至德	青阳	凤阳	蚌埠市

年 份	41	42	43	44	45	46	47	48
1911	皖北道							
	凤阳府						颍州府	
	定远	凤台	怀远	灵璧	寿州	宿州	阜阳	
1912	定远	凤台	怀远	灵璧	寿县	宿县	阜阳	
1914	淮泗道							
	定远	凤台	怀远	灵璧	寿县	宿县	阜阳	
1927	定远	凤台	怀远	灵璧	寿县	宿县	阜阳	
1934	定远	凤台	怀远	灵璧	寿县	宿县	阜阳	临泉
1949	定远	凤台	怀远	灵璧	寿县	宿县	阜阳	临泉

年 份	49	50	51	52	53	54	55	56
1911	皖北道							
	颍州府						泗州直隶州	
	颍上	太和	霍邱	蒙城	涡阳	亳州	泗州	五河
1912	颍上	太和	霍邱	蒙城	涡阳	亳县	泗县	五河
1914	淮泗道							
	颍上	太和	霍邱	蒙城	涡阳	亳县	泗县	五河
1927	颍上	太和	霍邱	蒙城	涡阳	亳县	泗县	五河
1949	颍上	太和	霍邱	蒙城	涡阳	亳县	泗县	五河

续 表

年份	57	58	59	60	61	62	63	64
1911	皖北道							皖南道
1911	泗州直隶州			泗州直隶州	滁州直隶州			徽州府
1911	盱眙			天长	滁州	全椒	来安	婺源
1912	盱眙			天长	滁县	全椒	来安	婺源
1914	淮泗道				安庆道			芜湖道
1914	盱眙			天长	滁县	全椒	来安	婺源
1927	盱眙			天长	滁县	全椒	来安	婺源
1932	盱眙		嘉山	天长	滁县	全椒	来安	婺源
1933	盱眙	立煌（河南划入）	嘉山	天长	滁县	全椒	来安	婺源
1934	盱眙	立煌	嘉山	天长	滁县	全椒	来安	划入江西
1947	盱眙	立煌	嘉山	天长	滁县	全椒	来安	婺源（自江西划入）
1949	盱眙	立煌	嘉山	天长	滁县	全椒	来安	婺源

表7　1911—1949年江西省政区变迁表

年份	1	2	3	4	5	6	7	8
1911	南抚建道（督粮道）							
1911	南昌府				建昌府			
1911	南昌	新建	丰城	进贤	南城	新城	南丰	
1912	南昌	新建	丰城	进贤	南城	新城	南丰	
1914	豫章道							
1914	南昌	新建	丰城	进贤	南城	黎川	南丰	
1927	南昌	新建	丰城	进贤	南城	黎川	南丰	
1938	南昌市	南昌	新建	丰城	进贤	南城	黎川	南丰
1949	南昌市	南昌	新建	丰城	进贤	南城	黎川	南丰

年份	9	10	11	12	13	14	15	16
1911	南抚建道（督粮道）							
1911	建昌府		抚州府					
1911	广昌	泸溪	临川	金溪	崇仁	宜黄	乐安	东乡

续表

年份	9	10	11	12	13	14	15	16
1912	广昌	泸溪	临川	金溪	崇仁	宜黄	乐安	东乡
1913	广昌	泸溪	临川	金溪	崇仁	宜黄	乐安	东乡
1914	豫章道							
	广昌	资溪	临川	金溪	崇仁	宜黄	乐安	东乡
1927	广昌	资溪	临川	金溪	崇仁	宜黄	乐安	东乡
1949	广昌	资溪	临川	金溪	崇仁	宜黄	乐安	东乡

年份	17	18	19	20	21	22	23	24
1911	广饶九南道							
	饶州府	广信府						
	安仁	上饶	玉山	弋阳	贵溪	铅山	广丰	兴安
1912	安仁	上饶	玉山	弋阳	贵溪	铅山	广丰	兴安
1914	豫章道							
	余江	上饶	玉山	弋阳	贵溪	铅山	广丰	横峰
1927	余江	上饶	玉山	弋阳	贵溪	铅山	广丰	横峰
1949	余江	上饶	玉山	弋阳	贵溪	铅山	广丰	横峰

年份	25	26	27	28	29	30	31	32
1911	吉南赣宁道	瑞袁临道	吉南赣宁道					
	吉安府	袁州府	吉安府					
	庐陵	宜春	泰和	吉水	永丰	安福	龙泉	万安
1912	庐陵	宜春	泰和	吉水	永丰	安福	龙泉	万安
1914	庐陵道							
	吉安	宜春	泰和	吉水	永丰	安福	遂川	万安
1927	吉安	宜春	泰和	吉水	永丰	安福	遂川	万安
1949	吉安	宜春	泰和	吉水	永丰	安福	遂川	万安

年份	33	34	35	36	37	38	39	40
1911	吉南赣宁道			瑞袁临道				
	吉安府			临江府				袁州府
	永新	永宁	莲花厅	清江	新淦	新喻	峡江	分宜

续表

年份	33	34	35	36	37	38	39	40
1912	永新	永宁	莲花	清江	新淦	新喻	峡江	分宜
1914	庐陵道							
	永新	宁冈	莲花	清江	新淦	新喻	峡江	分宜
1927	永新	宁冈	莲花	清江	新淦	新喻	峡江	分宜
1949	永新	宁冈	莲花	清江	新淦	新喻	峡江	分宜

年份	41	42	43	44	45	46	47	48
1911	瑞袁临道					吉南赣宁道		
	袁州府		瑞州府			赣州府		
	萍乡	万载	高安	上高	新昌	赣县	雩都	信丰
1912	萍乡	万载	高安	上高	新昌	赣县	雩都	信丰
1913						赣南道		
	萍乡	万载	高安	上高	新昌	赣县	雩都	信丰
1914	庐陵道					赣南道		
	萍乡	万载	高安	上高	宜丰	赣县	雩都	信丰
1927	萍乡	万载	高安	上高	宜丰	赣县	雩都	信丰
1949	萍乡	万载	高安	上高	宜丰	赣县	雩都	信丰

年份	49	50	51	52	53	54	55	56
1911	吉南赣宁道							
	赣州府							南安府
	兴国	会昌	安远	长宁	龙南	定南厅	虔南厅	大庾
1912	兴国	会昌	安远	长宁	龙南	定南	虔南	大庾
1913	赣南道							
	兴国	会昌	安远	长宁	龙南	定南	虔南	大庾
1914	赣南道							
	兴国	会昌	安远	寻邬	龙南	定南	虔南	大庾
1927	兴国	会昌	安远	寻邬	龙南	定南	虔南	大庾
1949	兴国	会昌	安远	寻邬	龙南	定南	虔南	大庾

续 表

年 份	57	58	59	60	61	62	63	64
1911	吉南赣宁道						广饶九南道	
	赣州府			宁都直隶州			九江府	
	南康	上犹	崇义	宁都州	瑞金	石城	德化	德安
1912	南康	上犹	崇义	宁都	瑞金	石城	德化	德安
1913	赣南道						赣北道	
	南康	上犹	崇义	宁都	瑞金	石城	德化	德安
1914	赣南道						浔阳道	
	南康	上犹	崇义	宁都	瑞金	石城	九江	德安
1927	南康	上犹	崇义	宁都	瑞金	石城	九江	德安
1949	南康	上犹	崇义	宁都	瑞金	石城	九江	德安

年 份	65	66	67	68	69	70	71	72
1911	广饶九南道							
	九江府			南康府				饶州府
	瑞昌	湖口	彭泽	星子	都昌	建昌	安义	鄱阳
1912	瑞昌	湖口	彭泽	星子	都昌	建昌	安义	鄱阳
1913	赣北道							
	瑞昌	湖口	彭泽	星子	都昌	建昌	安义	鄱阳
1914	浔阳道							
	瑞昌	湖口	彭泽	星子	都昌	永修	安义	鄱阳
1927	瑞昌	湖口	彭泽	星子	都昌	永修	安义	鄱阳
1949	瑞昌	湖口	彭泽	星子	都昌	永修	安义	鄱阳

年 份	73	74	75	76	77	78	79	80
1911	广饶九南道					南抚建道(督粮道)		
	饶州府					南昌府		
	余干	乐平	浮梁	德兴	万年	奉新	靖安	武宁
1912	余干	乐平	浮梁	德兴	万年	奉新	靖安	武宁
1913	赣北道							
	余干	乐平	浮梁	德兴	万年	奉新	靖安	武宁

年份	73	74	75	76	77	78	79	80
1914	浔阳道							
	余干	乐平	浮梁	德兴	万年	奉新	靖安	武宁
1927	余干	乐平	浮梁	德兴	万年	奉新	靖安	武宁
1949	余干	乐平	浮梁	德兴	万年	奉新	靖安	武宁

年份	81	82			
1911	南抚建道(督粮道)				
	南昌府				
	义宁州	铜鼓厅			
1912	义宁	铜鼓			
1913	赣北道				
	义宁	铜鼓			
1914	浔阳道				
	修水	铜鼓			
1927	修水	铜鼓			
1934	修水	铜鼓	婺源(自安徽划入)	光泽(自福建划入)	
1947	修水	铜鼓			
1949	修水	铜鼓	划归安徽	划归福建	

表8 1911—1949年湖北省政区变迁表

年份	1	2	3	4	5	6	7	8
1911	武昌道	汉黄德道		武昌道				
	武昌府	汉阳府		武昌府				
	江夏	夏口厅	汉阳	武昌	嘉鱼	蒲圻	咸宁	崇阳
1912	江夏	夏口	汉阳	武昌	嘉鱼	蒲圻	咸宁	崇阳
1913	鄂东道							
	武昌	夏口	汉阳	寿昌	嘉鱼	蒲圻	咸宁	崇阳
1914	江汉道							
	武昌	夏口	汉阳	鄂城	嘉鱼	蒲圻	咸宁	崇阳

续 表

年 份	1	2		3	4	5	6	7	8
1926	武昌市	武昌	汉口市	夏口	汉阳	鄂城	嘉鱼	蒲圻	咸宁	崇阳
1927	武昌			夏口	汉阳	鄂城	嘉鱼	蒲圻	咸宁	崇阳
1929	武昌				汉阳	鄂城	嘉鱼	蒲圻	咸宁	崇阳
1931	武昌		汉口市		汉阳	鄂城	嘉鱼	蒲圻	咸宁	崇阳
1932	武昌				汉阳	鄂城	嘉鱼	蒲圻	咸宁	崇阳
1934	武昌				汉阳	鄂城	嘉鱼	蒲圻	咸宁	崇阳
1935	武昌市	武昌			汉阳	鄂城	嘉鱼	蒲圻	咸宁	崇阳
1936	武昌市	武昌	汉口市		汉阳	鄂城	嘉鱼	蒲圻	咸宁	崇阳
1947	武昌市	武昌			汉阳	鄂城	嘉鱼	蒲圻	咸宁	崇阳
1949	武昌市	武昌			汉阳	鄂城	嘉鱼	蒲圻	咸宁	崇阳

年 份	9	10	11	12	13	14	15	16
1911		武昌道				汉黄德道		
		武昌府				汉阳府		
	通山	通城	大冶	兴国州	汉川	黄陂	孝感	
1912	通山	通城	大冶	兴国	汉川	黄陂	孝感	
1913				鄂东道				
	通山	通城	大冶	兴国	汉川	黄陂	孝感	
1914				江汉道				
	通山	通城	大冶	阳新	汉川	黄陂	孝感	
1927	通山	通城	大冶	阳新	汉川	黄陂	孝感	
1933	通山	通城	大冶	阳新	汉川	黄陂	孝感	礼山
1949	通山	通城	大冶	阳新	汉川	黄陂	孝感	礼山

年 份	17	18	19	20	21	22	23	24
1911				汉黄德道				
	汉阳府			黄州府				
	沔阳州	黄冈	黄安	黄梅	蕲州	蕲水	麻城	罗田
1912	沔阳	黄冈	黄安	黄梅	蕲春	蕲水	麻城	罗田

续　表

年　份	17	18	19	20	21	22	23	24
1913	鄂东道							
	沔阳	黄冈	黄安	黄梅	蕲春	蕲水	麻城	罗田
1914	江汉道							
	沔阳	黄冈	黄安	黄梅	蕲春	蕲水	麻城	罗田
1927	沔阳	黄冈	黄安	黄梅	蕲春	蕲水	麻城	罗田
1933	沔阳	黄冈	黄安	黄梅	蕲春	浠水	麻城	罗田
1949	沔阳	黄冈	黄安	黄梅	蕲春	浠水	麻城	罗田

年　份	25	26	27	28	29	30	31	32
1911		汉黄德道						安襄郧荆道
		黄州府	德安府					襄阳府
		广济	安陆	随州	云梦	应山	应城	襄阳
1912		广济	安陆	随县	云梦	应山	应城	襄阳
1913		鄂东道						鄂北道
		广济	安陆	随县	云梦	应山	应城	襄阳
1914		江汉道						襄阳道
		广济	安陆	随县	云梦	应山	应城	襄阳
1927		广济	安陆	随县	云梦	应山	应城	襄阳
1936	英山（自安徽划入）	广济	安陆	随县	云梦	应山	应城	襄阳
1949	英山	广济	安陆	随县	云梦	应山	应城	襄阳

年　份	33	34	35	36	37	38	39	40
1911	安襄郧荆道							
	安陆府				荆门直隶州			襄阳府
	钟祥	京山	潜江	天门	荆门州	当阳	远安	宜城
1912	钟祥	京山	潜江	天门	荆门	当阳	远安	宜城
1913	鄂北道							
	钟祥	京山	潜江	天门	荆门	当阳	远安	宜城
1914	襄阳道							
	钟祥	京山	潜江	天门	荆门	当阳	远安	宜城

续 表

年 份	33	34	35	36	37	38	39	40
1921	襄阳道				荆宜道			襄阳道
	钟祥	京山	潜江	天门	荆门	当阳	远安	宜城
1927	钟祥	京山	潜江	天门	荆门	当阳	远安	宜城
1944	钟祥	京山	潜江	天门	荆门	当阳	远安	自忠
1949	钟祥	京山	潜江	天门	荆门	当阳	远安	自忠

年 份	41	42	43	44	45	46	47	48
1911	安襄郧荆道							
	襄阳府					郧阳府		
	南漳	枣阳	谷城	光化	均州	郧县	房县	竹溪
1912	南漳	枣阳	谷城	光化	均县	郧县	房县	竹溪
1913	鄂北道							
	南漳	枣阳	谷城	光化	均县	郧县	房县	竹溪
1914	襄阳道							
	南漳	枣阳	谷城	光化	均县	郧县	房县	竹溪
1927	南漳	枣阳	谷城	光化	均县	郧县	房县	竹溪
1931	南漳	枣阳	谷城	光化	均县	郧县	房县	竹溪
1949	南漳	枣阳	谷城	光化	均县	郧县	房县	竹溪

年 份	49	50	51	52	53	54	55	56
1911	安襄郧荆道			荆宜道				
	郧阳府			宜昌府	荆州府			
	竹山	保康	郧西	东湖	江陵	公安	石首	监利
1912	竹山	保康	郧西	宜昌	江陵	公安	石首	监利
1913	鄂北道			鄂西道				
	竹山	保康	郧西	宜昌	江陵	公安	石首	监利
1914	襄阳道			荆南道				
	竹山	保康	郧西	宜昌	江陵	公安	石首	监利
1921	襄阳道			荆宜道				
	竹山	保康	郧西	宜昌	江陵	公安	石首	监利

续 表

年 份	49	50	51	52	53	54	55	56
1927	竹山	保康	郧西	宜昌	江陵	公安	石首	监利
1949	竹山	保康	郧西	宜昌	江陵	公安	石首	监利

年 份	57	58	59	60	61	62	63	64
1911	荆宜道							
	荆州府			宜昌府				
	松滋	枝江	宜都	长阳	兴山	巴东	长乐	归州
1912	松滋	枝江	宜都	长阳	兴山	巴东	长乐	归县
1913	鄂西道							
	松滋	枝江	宜都	长阳	兴山	巴东	长乐	归县
1914	荆南道							
	松滋	枝江	宜都	长阳	兴山	巴东	五峰	秭归
1921	荆宜道							
	松滋	枝江	宜都	长阳	兴山	巴东	五峰	秭归
1927	松滋	枝江	宜都	长阳	兴山	巴东	五峰	秭归
1949	松滋	枝江	宜都	长阳	兴山	巴东	五峰	秭归

年 份	65	66	67	68	69	70	71
1911	施鹤道						
	施南府					鹤峰直隶厅	
	恩施	宣恩	建始	利川	来凤	咸丰	鹤峰厅
1912	恩施	宣恩	建始	利川	来凤	咸丰	鹤峰
1913	鄂西道						
	恩施	宣恩	建始	利川	来凤	咸丰	鹤峰
1914	荆南道						
	恩施	宣恩	建始	利川	来凤	咸丰	鹤峰
1921	施鹤道						
	恩施	宣恩	建始	利川	来凤	咸丰	鹤峰
1927	恩施	宣恩	建始	利川	来凤	咸丰	鹤峰
1949	恩施	宣恩	建始	利川	来凤	咸丰	鹤峰

表9 1911—1949年湖南省政区变迁表

年 份	1	2	3	4	5	6	7	8
1911	长宝道							
1911	长沙府							
1911	长沙	善化	湘阴	浏阳	醴陵	湘潭	宁乡	益阳
1912	长沙府		湘阴	浏阳	醴陵	湘潭	宁乡	益阳
1913	长沙		湘阴	浏阳	醴陵	湘潭	宁乡	益阳
1914	湘江道							
1914	长沙		湘阴	浏阳	醴陵	湘潭	宁乡	益阳
1922	长沙		湘阴	浏阳	醴陵	湘潭	宁乡	益阳
1933	长沙市	长沙	湘阴	浏阳	醴陵	湘潭	宁乡	益阳
1949	长沙市	长沙	湘阴	浏阳	醴陵	湘潭	宁乡	益阳

年 份	9	10	11	12	13	14	15	16
1911	长宝道							
1911	长沙府				宝庆府			
1911	湘乡	攸县	安化	茶陵州	邵阳		新化	武冈州
1912	湘乡	攸县	安化	茶陵州	宝庆府		新化	武冈州
1913	湘乡	攸县	安化	茶陵	宝庆		新化	武冈
1914	湘江道							
1914	湘乡	攸县	安化	茶陵	宝庆		新化	武冈
1922	湘乡	攸县	安化	茶陵	宝庆		新化	武冈
1947	湘乡	攸县	安化	茶陵	邵阳	隆回	新化	武冈
1949	湘乡	攸县	安化	茶陵	邵阳	隆回	新化	武冈

年 份	17	18	19	20	21	22	23	24
1911	长宝道		岳常澧道					
1911	宝庆府		常德府	岳州府				常德府
1911	新宁	城步	武陵	巴陵	平江	临湘	华容	龙阳
1912	新宁	城步	常德府	岳州府	平江	临湘	华容	龙阳
1913	新宁	城步	常德	岳阳	平江	临湘	华容	汉寿

续　表

年　份	17	18	19	20	21	22	23	24
1914	湘江道		武陵道					
	新宁	城步	常德	岳阳	平江	临湘	华容	汉寿
1922	新宁	城步	常德	岳阳	平江	临湘	华容	汉寿
1949	新宁	城步	常德	岳阳	平江	临湘	华容	汉寿

年　份	25	26	27	28	29	39	31	32
1911	岳常澧道					衡永郴桂道		
	常德府	澧州直隶州			南洲直隶厅	衡州府		
	沅江	澧州	安乡	安福		衡阳	清泉	衡山
1912	沅江	澧州	安乡	安福	南洲厅	衡州府		衡山
1913						衡永郴桂道		
	沅江	澧县	安乡	安福	南县	衡阳		衡山
1914	武陵道					衡阳道		
	沅江	澧县	安乡	临澧	南县	衡阳		衡山
1922	沅江	澧县	安乡	临澧	南县	衡阳		衡山
1942	沅江	澧县	安乡	临澧	南县	衡阳市	衡阳	衡山
1949	沅江	澧县	安乡	临澧	南县	衡阳市	衡阳	衡山

年　份	33	34	35	36	37	38	39	40
1911	衡永郴桂道							
	衡州府				永州府			
	安仁	耒阳	常宁	酃县	零陵	祁阳	东安	道州
1912	安仁	耒阳	常宁	酃县	永州府	祁阳	东安	道州
1913	衡永郴桂道							
	安仁	耒阳	常宁	酃县	零陵	祁阳	东安	道县
1914	衡阳道							
	安仁	耒阳	常宁	酃县	零陵	祁阳	东安	道县
1922	安仁	耒阳	常宁	酃县	零陵	祁阳	东安	道县
1949	安仁	耒阳	常宁	酃县	零陵	祁阳	东安	道县

续表

年份	41	42	43	44	45	46	47	48
1911	衡永郴桂道							
1911	永州府				郴州直隶州			
1911	宁远	永明	江华	新田	郴州	永兴	兴宁	宜章
1912	宁远	永明	江华	新田	郴州	永兴	兴宁	宜章
1913	衡永郴桂道							
1913	宁远	永明	江华	新田	郴县	永兴	兴宁	宜章
1914	衡阳道							
1914	宁远	永明	江华	新田	郴县	永兴	资兴	宜章
1922	宁远	永明	江华	新田	郴县	永兴	资兴	宜章
1949	宁远	永明	江华	新田	郴县	永兴	资兴	宜章

年份	49	50	51	52	53	54	55	56
1911	衡永郴桂道						辰沅永靖道	
1911	郴州直隶州		桂阳直隶州				沅州府	凤凰直隶厅
1911	桂阳	桂东	桂阳州	临武	蓝山	嘉禾	芷江	
1912	桂阳	桂东	桂阳州	临武	蓝山	嘉禾	沅州府	凤凰厅
1913	衡永郴桂道						辰沅永靖道	
1913	汝城	桂东	桂阳	临武	蓝山	嘉禾	芷江	凤凰
1914	衡阳道						辰沅道	
1914	汝城	桂东	桂阳	临武	蓝山	嘉禾	芷江	凤凰
1922	汝城	桂东	桂阳	临武	蓝山	嘉禾	芷江	凤凰
1949	汝城	桂东	桂阳	临武	蓝山	嘉禾	芷江	凤凰

年份	57	58	59	60	61	62	63	64
1911	辰沅永靖道							
1911	辰州府				沅州府		永顺府	
1911	沅陵	泸溪	辰溪	溆浦	黔阳	麻阳	永顺	保靖
1912	辰州府	泸溪	辰溪	溆浦	黔阳	麻阳	永顺府	保靖
1913	辰沅永靖道							
1913	沅陵	泸溪	辰溪	溆浦	黔阳	麻阳	永顺	保靖

续 表

年 份	57	58	59	60	61	62	63	64
1914	辰沅道							
	沅陵	泸溪	辰溪	溆浦	黔阳	麻阳	永顺	保靖
1922	沅陵	泸溪	辰溪	溆浦	黔阳	麻阳	永顺	保靖
1949	沅陵	泸溪	辰溪	溆浦	黔阳	麻阳	永顺	保靖

年 份	65	66	67	68	69	70	71	72
1911	辰沅永靖道							
	永顺府			靖州直隶州				乾州直隶厅
	龙山	桑植	古丈坪厅	靖州	绥宁	会同	通道	
1912	龙山	桑植	古丈坪厅	靖州	绥宁	会同	通道	乾州厅
1913	辰沅永靖道							
	龙山	桑植	古丈	靖县	绥宁	会同	通道	乾县
1914	辰沅道							
	龙山	桑植	古丈	靖县	绥宁	会同	通道	乾城
1922	龙山	桑植	古丈	靖县	绥宁	会同	通道	乾城
1949	龙山	桑植	古丈	靖县	绥宁	会同	通道	乾城

年 份	73	74	75	76	77	78	79	
1911	辰沅永靖道		岳常澧道					
	永绥直隶厅	晃州直隶厅	常德府	澧州直隶州				
	永绥厅		桃源	石门	慈利	永定		
1912	永绥厅	晃州厅	桃源	石门	慈利	永定		
1913	辰沅永靖道							
	永绥	晃县	桃源	石门	慈利	大庸		
1914	辰沅道		武陵道					
	永绥	晃县	桃源	石门	慈利	大庸		
1922	永绥	晃县	桃源	石门	慈利	大庸		
1928	永绥	晃县	桃源	石门	慈利	大庸	阳明	
1931	永绥	晃县	桃源	石门	慈利	大庸		
1942	永绥	晃县	桃源	石门	慈利	大庸	怀化	
1949	永绥	晃县	桃源	石门	慈利	大庸	怀化	

表10　1911—1949年四川省政区变迁表

年 份	1	2	3	4	5	6	7	8
1911	成绵龙茂道							
	成都府							
	成都	华阳	简州	汉州	崇庆州	什邡		双流
1912	成绵龙茂道							
	成都府							
	成都	华阳	简州	汉州	崇庆州	什邡		双流
1913	川西道							
	成都	华阳	简阳	广汉	崇庆	什邡		双流
1914	西川道							
	成都	华阳	简阳	广汉	崇庆	什邡		双流
1930	成都市	成都	华阳	简阳	广汉	崇庆	什邡	双流
1949	成都市	成都	华阳	简阳	广汉	崇庆	什邡	双流

年 份	9	10	11	12	13	14	15	16
1911	成绵龙茂道							
	成都府	龙安府		成都府				
	新都	江油	石泉	温江	新繁	金堂	灌县	郫县
1912	成绵龙茂道							
	成都府	龙安府		成都府				
	新都	江油	石泉	温江	新繁	金堂	灌县	郫县
1913	川西道							
	新都	江油	石泉	温江	新繁	金堂	灌县	郫县
1914	西川道							
	新都	江油	北川	温江	新繁	金堂	灌县	郫县
1930	新都	江油	北川	温江	新繁	金堂	灌县	郫县
1949	新都	江油	北川	温江	新繁	金堂	灌县	郫县

续　表

年　份	17	18	19	20	21	22	23	24
1911	成绵龙茂道							
	成都府			龙安府	绵州直隶州		龙安府	茂州直隶州
	彭县	崇宁	新津	平武	梓潼	罗江	彰明	茂州
1912	成绵龙茂道							
	成都府			龙安府	绵州直隶州		龙安府	茂州直隶州
	彭县	崇宁	新津	平武	梓潼	罗江	彰明	茂州
1913	川西道							
	彭县	崇宁	新津	平武	梓潼	罗江	彰明	茂县
1914	西川道							
	彭县	崇宁	新津	平武	梓潼	罗江	彰明	茂县
1930	彭县	崇宁	新津	平武	梓潼	罗江	彰明	茂县
1949	彭县	崇宁	新津	平武	梓潼	罗江	彰明	茂县

年　份	25	26	27	28	29	30	31
1911	成绵龙茂道			川东道			
	茂州直隶州	绵州直隶州		重庆府			
	汶川	绵州	德阳	巴县	江津	合州	江北厅
1912	成绵龙茂道			川东道			
	茂州直隶州	绵州直隶州		重庆府			
	汶川	绵州	德阳	巴县	江津	合州	江北厅
1913	川西道			川东道			
	汶川	绵阳	德阳	巴县	江津	合川	江北
1914	西川道			东川道			
	汶川	绵阳	德阳	巴县	江津	合川	江北
1927	西川道			东川道			
	汶川	绵阳	德阳	重庆市	巴县	江津	合川	江北
1930	汶川	绵阳	德阳	重庆市	巴县	江津	合川	江北
1939	汶川	绵阳	德阳	升直辖市	巴县	江津	合川	江北
1949	汶川	绵阳	德阳		巴县	江津	合川	江北

续 表

年份	32	33	34	35	36	37
1911	川东道		成绵龙茂道		成绵龙茂道	
	重庆府	夔州府	懋功直隶厅		松潘直隶厅	理番直隶厅
	定远	奉节				
1912	川东道		成绵龙茂道		成绵龙茂道	
	重庆府	夔州府	懋功厅		松潘厅	理番厅
	定远	奉节				
1913	川东道		川西道		川西道	
	定远	奉节	懋功厅		松潘厅	理番厅
1914	东川道		西川道		西川道	
	武胜	奉节	懋功		松潘	理番
1930	武胜	奉节	懋功		松潘	理番
1936	武胜	奉节	懋功	靖化	松潘	理番
1938	武胜	奉节	懋功	靖化	松潘	理县
1949	武胜	奉节	懋功	靖化	松潘	理县

年份	38	39	40	41	42	43	44	45
1911	成绵龙茂道		川东道					
	绵州直隶州		重庆府					夔州府
	安县	绵竹	长寿	永川	荣昌	綦江	南川	巫山
1912	成绵龙茂道		川东道					
	绵州直隶州		重庆府					夔州府
	安县	绵竹	长寿	永川	荣昌	綦江	南川	巫山
1913	川西道		川东道					
	安县	绵竹	长寿	永川	荣昌	綦江	南川	巫山
1914	西川道		东川道					
	安县	绵竹	长寿	永川	荣昌	綦江	南川	巫山
1930	安县	绵竹	长寿	永川	荣昌	綦江	南川	巫山
1949	安县	绵竹	长寿	永川	荣昌	綦江	南川	巫山

续 表

年 份	46	47	48	49	50	51	52
1911	川东道							
	夔州府				忠州直隶州		酉阳直隶州
	云阳	万县	开县	大宁	垫江	梁山	酉阳州
1912	川东道						
	夔州府				忠州直隶州		酉阳直隶州
	云阳	万县	开县	大宁	垫江	梁山	酉阳州
1913	川东道						
	云阳	万县	开县	大宁	垫江	梁山	酉阳
1914	东川道						
	云阳	万县	开县	巫溪	垫江	梁山	酉阳
1929	东川道						
	云阳	万县市	万县	开县	巫溪	垫江	梁山	酉阳
1930	云阳	万县市	万县	开县	巫溪	垫江	梁山	酉阳
1935	云阳	万县		开县	巫溪	垫江	梁山	酉阳
1949	云阳	万县		开县	巫溪	垫江	梁山	酉阳

年 份	53	54	55	56	57	58	59	60
1911	川东道							
	石砫直隶厅	酉阳直隶州		重庆府				
	石砫厅	秀山	黔江	铜梁	大足	璧山	涪州	
1912	川东道							
	石砫直隶厅	酉阳直隶州		重庆府				
	石砫厅	秀山	黔江	铜梁	大足	璧山	涪州	
1913	川东道							
	石砫	秀山	黔江	铜梁	大足	璧山	涪陵	
1914	东川道							
	石砫	秀山	黔江	铜梁	大足	璧山	涪陵	
1930	石砫	秀山	黔江	铜梁	大足	璧山	涪陵	
1941	石砫	秀山	黔江	铜梁	大足	璧山	涪陵	武隆局

续 表

年 份	53	54	55	56	57	58	59	60
1944	石砫	秀山	黔江	铜梁	大足	璧山	涪陵	武隆
1949	石砫	秀山	黔江	铜梁	大足	璧山	涪陵	武隆

年 份	61	62	63	64	65	66	67	68
1911	川东道							
	绥定府						西阳直隶州	
	达县	新宁	渠县	大竹	东乡	太平	城口厅	彭水
1912	川东道							
	绥定府						西阳直隶州	
	达县	新宁	渠县	大竹	东乡	太平	城口厅	彭水
1913	川东道							
	达县	新宁	渠县	大竹	东乡	太平	城口	彭水
1914	东川道							
	达县	开江	渠县	大竹	宣汉	万源	城口	彭水
1930	达县	开江	渠县	大竹	宣汉	万源	城口	彭水
1949	达县	开江	渠县	大竹	宣汉	万源	城口	彭水

年 份	69	70	71	72	73	74	75	76
1911	川东道		建昌上南道					
	忠州直隶州		嘉定府					
	酆都	乐山	洪雅	峨边厅	夹江	犍为	荣县	威远
1912	川东道		建昌上南道					
	忠州直隶州		嘉定府					
	酆都	乐山	洪雅	峨边厅	夹江	犍为	荣县	威远
1913	川东道		上川南道					
	酆都	乐山	洪雅	峨边厅	夹江	犍为	荣县	威远
1914	东川道		建昌道					
	酆都	乐山	洪雅	峨边	夹江	犍为	荣县	威远
1930	酆都	乐山	洪雅	峨边	夹江	犍为	荣县	威远
1949	酆都	乐山	洪雅	峨边	夹江	犍为	荣县	威远

续　表

年　份	77	78	79	80	81	82
1911	建昌上南道		川东道	建昌上南道		
	眉州直隶州		忠州直隶州	雅州府	嘉定府	眉州直隶州
	眉州	丹棱	忠州	名山	峨眉	青神
1912	建昌上南道		川东道	建昌上南道		
	眉州直隶州		忠州直隶州	雅州府	嘉定府	眉州直隶州
	眉州	丹棱	忠州	名山	峨眉	青神
1913	上川南道		川东道	上川南道		
	眉山	丹棱	忠县	名山	峨眉	青神
1914	建昌道		东川道	建昌道		
	眉山	丹棱	忠县	名山	峨眉	青神
1930	眉山	丹棱	忠县	名山	峨眉	青神
1949	眉山	丹棱	忠县	名山	峨眉	青神

年　份	83	84	85	86	87	88	89
1911	建昌上南道			川南永宁道			
	邛州直隶州			泸州直隶州	叙州府		
	邛州	大邑	蒲江	泸州	宜宾	庆符	富顺
1912	建昌上南道			川南永宁道			
	邛州直隶州			泸州直隶州	叙州府		
	邛州	大邑	蒲江	泸州	宜宾	庆符	富顺
1913	上川南道			下川南道			
	邛崃	大邑	蒲江	泸县	宜宾	庆符	富顺
1914	建昌道			永宁道			
	邛崃	大邑	蒲江	泸县	宜宾	庆符	富顺
1930	邛崃	大邑	蒲江	泸县	宜宾	庆符	富顺
1949	邛崃	大邑	蒲江	泸县	宜宾	庆符	富顺

年　份	90	91	92	93	94	95	96
1911		川南永宁道					
		叙州府			资州直隶州		
		南溪	筠连	珙县	资阳	井研	内江

续 表

年 份	90	91	92	93	94	95	96
1912		川南永宁道					
		叙州府			资州直隶州		
		南溪	筠连	珙县	资阳	井研	内江
1913		下川南道					
		南溪	筠连	珙县	资阳	井研	内江
1914		永宁道					
		南溪	筠连	珙县	资阳	井研	内江
1930		南溪	筠连	珙县	资阳	井研	内江
1942	自贡市	南溪	筠连	珙县	资阳	井研	内江
1949	自贡市	南溪	筠连	珙县	资阳	井研	内江

年 份	97	98	99	100	101	102	103	104
1911		川南永宁道			建昌上南道	川南永宁道		
	永宁直隶州	叙州府	永宁直隶州		眉州直隶州	叙州府		
	永宁州	雷波厅	古宋	古蔺	彭山	高县	长宁	兴文
1912		川南永宁道			建昌上南道	川南永宁道		
	永宁直隶州	叙州府	永宁直隶州		眉州直隶州	叙州府		
	永宁州	雷波厅	古宋	古蔺	彭山	高县	长宁	兴文
1913		下川南道			上川南道	下川南道		
	叙永	雷波厅	古宋	古蔺	彭山	高县	长宁	兴文
1914		永宁道			建昌道	永宁道		
	叙永	雷波	古宋	古蔺	彭山	高县	长宁	兴文
1930	叙永	雷波	古宋	古蔺	彭山	高县	长宁	兴文
1949	叙永	雷波	古宋	古蔺	彭山	高县	长宁	兴文

年 份	105	106	107	108	109	110	111	112
1911				川南永宁道				川北道
	叙州府			泸州直隶州			资州直隶州	保宁府
	隆昌	屏山	马边厅	合江	纳溪	江安	资州	阆中

续表

年份	105	106	107	108	109	110	111	112
1912	川南永宁道							川北道
	叙州府			泸州直隶州			资州直隶州	保宁府
	隆昌	屏山	马边厅	合江	纳溪	江安	资州	阆中
1913	下川南道							川北道
	隆昌	屏山	马边厅	合江	纳溪	江安	资中	阆中
1914	永宁道							嘉陵道
	隆昌	屏山	马边	合江	纳溪	江安	资中	阆中
1930	隆昌	屏山	马边	合江	纳溪	江安	资中	阆中
1949	隆昌	屏山	马边	合江	纳溪	江安	资中	阆中

年份	113	114	115	116	117	118	119	120
1911	川北道							
	顺庆府	保宁府				顺庆府		潼川府
	南充	通江	南江	巴州	剑州	蓬州	广安州	三台
1912	川北道							
	顺庆府	保宁府				顺庆府		潼川府
	南充	通江	南江	巴州	剑州	蓬州	广安州	三台
1913	川北道							
	南充	通江	南江	巴中	剑阁	蓬安	广安	三台
1914	嘉陵道							
	南充	通江	南江	巴中	剑阁	蓬安	广安	三台
1930	南充	通江	南江	巴中	剑阁	蓬安	广安	三台
1949	南充	通江	南江	巴中	剑阁	蓬安	广安	三台

年份	121	122	123	124	125	126	127	128
1911	川北道	川南永宁道	川北道					
	潼川府	资州直隶州	顺庆府					
	射洪	盐亭	仁寿	西充	营山	仪陇	邻水	岳池
1912	川北道	川南永宁道	川北道					
	潼川府	资州直隶州	顺庆府					
	射洪	盐亭	仁寿	西充	营山	仪陇	邻水	岳池

续 表

年份	121	122	123	124	125	126	127	128
1913	川北道		下川南道	川北道				
	射洪	盐亭	仁寿	西充	营山	仪陇	邻水	岳池
1914	嘉陵道		永宁道	嘉陵道				
	射洪	盐亭	仁寿	西充	营山	仪陇	邻水	岳池
1930	射洪	盐亭	仁寿	西充	营山	仪陇	邻水	岳池
1949	射洪	盐亭	仁寿	西充	营山	仪陇	邻水	岳池

年份	129	130	131	132	133	134	135	136
1911	川北道							
	保宁府				潼川府			
	苍溪	南部	广元	昭化	中江	遂宁		
1912	川北道							
	保宁府				潼川府			
	苍溪	南部	广元	昭化	中江	遂宁		
1913	川北道							
	苍溪	南部	广元	昭化	中江	遂宁	东安	
1914	嘉陵道							
	苍溪	南部	广元	昭化	中江	遂宁	潼南	
1930	苍溪	南部	广元		昭化	中江	遂宁	潼南
1940	苍溪	南部	广元	旺苍局	昭化	中江	遂宁	潼南
1945	苍溪	南部	广元	旺苍	昭化	中江	遂宁	潼南
1949	苍溪	南部	广元	旺苍	昭化	中江	遂宁	潼南

年份	137	138	139	140	141	142	143	144
1911	川北道							
	潼川府							
	安岳	蓬溪	乐至					
1912	川北道							
	潼川府							
	安岳	蓬溪	乐至					

续表

年份	137	138	139	140	141	142	143	144
1913		川北道						
	安岳	蓬溪	乐至					
1914		嘉陵道						
	安岳	蓬溪	乐至					
1930	安岳	蓬溪	乐至					
1940	安岳	蓬溪	乐至		沐川局			
1941	安岳	蓬溪	乐至	青川	沐川局	兴中局	麦桑局	
1942	安岳	蓬溪	乐至	青川	沐川	兴中局	麦桑局	
1944	安岳	蓬溪	乐至	青川	沐川	兴中局	麦桑局	沐爱局
1949	安岳	蓬溪	乐至	青川	沐川	兴中局*	麦桑局*	沐爱

年份	145	146	147					
1911				建昌上南道				
					雅州府			宁远府
				雅安	荥经	芦山	清溪	西昌
1912				建昌上南道				
					雅州府			宁远府
				雅安	荥经	芦山	清溪	西昌
1913				上川南道				
				雅安	荥经	芦山	清溪	西昌
1914				建昌道				
				雅安	荥经	芦山	汉源	西昌
1930				雅安	荥经	芦山	汉源	西昌
1938				划属西康省				
1944	平昌局							
1945	平昌局	农祥局	北碚局					
1949	平昌	农祥局*	北碚局					

续 表

年 份								
1911	建昌上南道							
	宁远府			雅州府			宁远府	
	冕宁	盐源	昭觉	天全州			会理	
1912	建昌上南道							
	宁远府			雅州府			宁远府	
	冕宁	盐源	昭觉	天全州			会理	
1913	上川南道							
	冕宁	盐源	昭觉	天全			会理	
1914	建南道							
	冕宁	盐源	昭觉	天全			会理	
1929	建南道							
	冕宁	盐源	昭觉	天全	宝兴		会理	拔砂局
1930	冕宁	盐源	昭觉	天全	宝兴		会理	宁南
1932	冕宁	盐源	昭觉	天全	宝兴	金汤局	会理	宁南
1936	冕宁	盐源	昭觉	天全	宝兴	金汤局	会理	宁南
1938	划属西康省							
1949								

年 份								
1911	建昌上南道		康安道			边北道	康安道	边北道
	宁远府		康定府			登科府	康定府	登科府
	盐边厅	越嶲	康定府	泸定桥委员	河口	道坞委员	里化厅	瞻对委员
1912	建昌上南道		康安道			边北道	康安道	边北道
	宁远府		康定府			登科府	康定府	登科府
	盐边厅	越嶲	康定府	泸定	河口	道坞	里化厅	怀柔
1913	上川南道		边东道					
	盐边	越嶲	康定	泸定	雅江	道孚	理化	怀柔
1914	建南道		划属川边特别区域					
	盐边	越嶲						

续　表

年　份									
1930	盐边	越嶲							
1938	划属西康省		划属川边特别区域						
1949									

年　份									
1911	康安道				边北道			康安道	
	康定府	巴安府			登科府			巴安府	
	稻成	巴安府	三坝厅	盐井	甘孜委员	章谷委员			定乡
1912	康安道				边北道		康安道		
	康定府	巴安府			登科府		康定府	巴安府	
	稻成	巴安府	三坝厅	盐井	甘孜州	炉霍	丹巴		定乡
1913	边东道								
	稻城	巴安	义敦	盐井	甘孜	炉霍	丹巴		定乡
1914	划属川边特别区域								
1949									

年　份									
1911	边北道	康安道	边北道						
	昌都府	巴安府	登科府						
	察木多理事官	得荣委员	三岩委员	江卡委员	乍丫理事官	贡觉委员	杂瑜委员	桑昂委员	
1912	边北道								
	昌都府								
	昌都府	德荣	武成	宁静	察雅	贡县	察隅	科麦	
1913	边西道								
	昌都	德荣	武成	宁静	察雅	贡县	察隅	科麦	
1914	划属川边特别区域								
1949									

续　表

年　份								
1911	边北道							
		登科府				硕般多理事官		
		登科府	石渠	白玉州	德化州	同普	硕般多理事官	
1912	边北道							边北道
	昌都府	登科府						
	恩达	登科府	石渠	白玉州	德化州	同普	嘉黎	硕督	太昭
1913	边西道							
	恩达	邓柯	石渠	白玉	德化	同普	嘉黎	硕督	太昭
1914	划属川边特别区域							
1949								

说明：表中加 * 者表示实际未成立。

表11　1914—1949年西康地区政区变迁表

年　份	1	2	3	4	5	6	7	8
1914	康定	巴安	义敦	九龙局	泸定	雅江	道孚	理化
1916	川边道							
	康定	巴安	义敦	九龙局	泸定	雅江	道孚	理化
1921	川边道							
	康定	巴安		九龙局	泸定	雅江	道孚	理化
1926	川边道							
	康定	巴安		九龙	泸定	雅江	道孚	理化
1928	康定	巴安		九龙	泸定	雅江	道孚	理化
1938	康定	巴安	义敦	九龙	泸定	雅江	道孚	理化
1949	康定	巴安	义敦	九龙	泸定	雅江	道孚	理化
年　份	9	10	11	12	13	14	15	16
1914	怀柔	宁静	察雅	稻城	盐井	甘孜	炉霍	丹巴
1916	川边道							
	瞻化	宁静	察雅	稻城	盐井	甘孜	炉霍	丹巴

续　表

年份	9	10	11	12	13	14	15	16
1928	瞻化	宁静	察雅	稻城	盐井	甘孜	炉霍	丹巴
1949	瞻化	宁静	察雅	稻城	盐井	甘孜	炉霍	丹巴

年份	17	18	19	20	21	22	23	24
1914	定乡	昌都	得荣	武成	德格	同普	贡县	察隅
1916	川边道							
	定乡	昌都	得荣	武成	德格	同普	贡县	察隅
1928	定乡	昌都	得荣	武成	德格	同普	贡县	察隅
1949	定乡	昌都	得荣	武成	德格	同普	贡县	察隅

年份	25	26	27	28	29	30	31	32
1914	科麦	恩达	石渠					
1916	川边道							
	科麦	恩达	石渠					
1928	科麦	恩达	石渠					
1938	科麦	恩达	石渠	自四川省划入				
				雅安	芦山	西昌		盐源
1943	科麦	恩达	石渠	雅安	芦山	西昌	德昌局	盐源
1945	科麦	恩达	石渠	雅安	芦山	西昌	德昌	盐源
1949	科麦	恩达	石渠	雅安	芦山	西昌	德昌	盐源

年份	33	34	35	36	37	38	39	40
1914			嘉黎	硕督	太昭	邓柯	白玉	
1916			川边道					
			嘉黎	硕督	太昭	邓柯	白玉	
1928			嘉黎	硕督	太昭	邓柯	白玉	
1938	自四川省划入		嘉黎	硕督	太昭	邓柯	白玉	荥经(自四川省划入)
	天全	宁南						
1949	天全	宁南	嘉黎	硕督	太昭	邓柯	白玉	荥经

续　表

年 份	41	42	43	44	45	46	47	48
1914								
1928								
1938	自四川省划入					自四川省划入		
	汉源	冕宁	昭觉	会理		盐边	越嶲	宝兴
1940	汉源	冕宁	昭觉	会理	泰宁局	盐边	越嶲	宝兴
1943	汉源	冕宁	昭觉	会理	泰宁	盐边	越嶲	宝兴
1949	汉源	冕宁	昭觉	会理	乾宁	盐边	越嶲	宝兴

年 份	49	50	51	52
1914				
1938	自四川省划入			
	宁东局	金汤局		
1946	宁东局	金汤局	普格局（析西昌置）	泸宁局（析冕宁置）
1949	宁东局	金汤局	普格局	泸宁局

表12　1911—1949年福建省政区变迁表

年 份	1	2	3	4	5	6	7
1911	宁福道						
	福州府						
	闽县	侯官	古田	屏南	闽清	长乐	连江
1912	闽侯府		古田	屏南	闽清	长乐	连江
1913	东路道						
	闽侯		古田	屏南	闽清	长乐	连江
1914	闽海道						
	闽侯		古田	屏南	闽清	长乐	连江
1928	闽侯		古田	屏南	闽清	长乐	连江
1943	林森		古田	屏南	闽清	长乐	连江
1946	福州市	林森	古田	屏南	闽清	长乐	连江
1949	福州市	林森	古田	屏南	闽清	长乐	连江

续 表

年 份	8	9	10	11	12	13	14	15
1911	宁福道						宁福道	
	福州府			福宁府			福宁府	
	罗源	永福	福清	霞浦	福鼎		宁德	寿宁
1913	东路道						东路道	
	罗源	永福	福清	霞浦	福鼎		宁德	寿宁
1914	闽海道						闽海道	
	罗源	永泰	福清	霞浦	福鼎		宁德	寿宁
1928	罗源	永泰	福清	霞浦	福鼎		宁德	寿宁
1945	罗源	永泰	福清	霞浦	福鼎	柘荣	宁德	寿宁
1949	罗源	永泰	福清	霞浦	福鼎	柘荣	宁德	寿宁

年 份	16	17	18	19	20	21	22	23
1911		宁福道				兴泉永道		
		福宁府				兴化府		泉州府
		福安				莆田	仙游	晋江
1912		福安		思明府		莆田	仙游	泉州府
1913		东路道			南路道			
		福安	平潭	思明		莆田	仙游	晋江
1914		闽海道			厦门道			
		福安	平潭	思明	金门	莆田	仙游	晋江
1928		福安	平潭	思明	金门	莆田	仙游	晋江
1938		福安	平潭	厦门市	金门	莆田	仙游	晋江
1945	周宁	福安	平潭	厦门市	金门	莆田	仙游	晋江
1949	周宁	福安	平潭	厦门市	金门	莆田	仙游	晋江

年 份	24	25	26	27	28	29	30	31
1911	兴泉永道							汀漳龙道
	泉州府				永春直隶州			龙岩直隶州
	南安	惠安	安溪	同安	永春州	德化	大田	龙岩州
1913	南路道							西路道
	南安	惠安	安溪	同安	永春	德化	大田	龙岩

续 表

年份	24	25	26	27	28	29	30	31
1914	厦门道							汀漳道
	南安	惠安	安溪	同安	永春	德化	大田	龙岩
1928	南安	惠安	安溪	同安	永春	德化	大田	龙岩
1949	南安	惠安	安溪	同安	永春	德化	大田	龙岩

年份	32	33	34	35	36	37	38	39
1911	汀漳龙道							
	汀州府							
	长汀	宁化	上杭	武平	清流	连城	归化	永定
1913	西路道							
	长汀	宁化	上杭	武平	清流	连城	归化	永定
1914	汀漳道							
	长汀	宁化	上杭	武平	清流	连城	归化	永定
1928	长汀	宁化	上杭	武平	清流	连城	归化	永定
1933	长汀	宁化	上杭	武平	清流	连城	明溪	永定
1949	长汀	宁化	上杭	武平	清流	连城	明溪	永定

年份	40	41	42	43	44	45	46	47
1911	汀漳龙道							
	漳州府							
	云霄厅	龙溪	漳浦	南靖	长泰	平和	诏安	
1913	西路道							
	云霄	龙溪	漳浦	南靖	长泰	平和	诏安	
1914	汀漳道							
	云霄	龙溪	漳浦	南靖	长泰	平和	诏安	
1928	云霄	龙溪	华安	漳浦	南靖	长泰	平和	诏安
1949	云霄	龙溪	华安	漳浦	南靖	长泰	平和	诏安

年份	48	49	50	51	52	53	54	55
1911		汀漳龙道			延建邵道			
		漳州府	龙岩直隶州		延平府			
		海澄	漳平	宁洋	南平	将乐	沙县	尤溪
1912		海澄	漳平	宁洋	延平府	将乐	沙县	尤溪

续　表

年　份	48	49	50	51	52	53	54	55
1913					北路道			
		海澄	漳平	宁洋	南平	将乐	沙县	尤溪
1914			汀漳道			建安道		
		海澄	漳平	宁洋	南平	将乐	沙县	尤溪
1915			汀漳道			建安道		
	东山	海澄	漳平	宁洋	南平	将乐	沙县	尤溪
1928	东山	海澄	漳平	宁洋	南平	将乐	沙县	尤溪
1949	东山	海澄	漳平	宁洋	南平	将乐	沙县	尤溪

年　份	56	57	58		59	60	61	62
1911				延建邵道				
	延平府				建宁府			
	顺昌	永安	建安	瓯宁	崇安	浦城	政和	松溪
1912	顺昌	永安	建宁府		崇安	浦城	政和	松溪
1913				北路道				
	顺昌	永安	建瓯		崇安	浦城	政和	松溪
1914				建安道				
	顺昌	永安	建瓯		崇安	浦城	政和	松溪
1928	顺昌	永安	建瓯		崇安	浦城	政和	松溪
1949	顺昌	永安	建瓯		崇安	浦城	政和	松溪

年　份	63	64	65	66	67	68	69
1911		延建邵道					延建邵道
		邵武府		建宁府			邵武府
	邵武	泰宁	建宁	建阳			光泽
1912	邵武府	泰宁	建宁	建阳			光泽
1913		北路道					北路道
	邵武	泰宁	建宁	建阳			光泽
1914		建安道					建安道
	邵武	泰宁	建宁	建阳			光泽
1928	邵武	泰宁	建宁	建阳			光泽
1934	邵武	泰宁	建宁	建阳			划归江西省

续 表

年份	63	64	65	66	67	68	69
1940	邵武	泰宁	建宁	建阳	三元	水吉	
1947	邵武	泰宁	建宁	建阳	三元	水吉	光泽（自江西省划入）
1949	邵武	泰宁	建宁	建阳	三元	水吉	光泽

表13 1945—1949年台湾省政区变迁表

时间	1		2	3	4	5
1945.10.25	台北州		宜兰市	新竹州	台中州	台南州	高雄州
1945.12	台北			新竹	台中	台南	高雄
1949.8	台北			新竹	台中	台南	高雄

时间	6	7	8	9	10	11
1945.10.25	台东厅	花莲港厅 花莲港市	澎湖厅	台北市	基隆市	新竹市
1945.12	台东	花莲	澎湖	台北市	基隆市	新竹市
1949.8	台东	花莲	澎湖	台北市	基隆市	新竹市

时间	12	13	14	15	16	17
1945.10.25	台中市	彰化市	台南市	嘉义市	高雄市	屏东市
1945.12	台中市	彰化市	台南市	嘉义市	高雄市	屏东市
1949.8	台中市	彰化市	台南市	嘉义市	高雄市	屏东市

说明：1945年10月25日台湾各市为州辖市，台北市、基隆市属台北州，高雄市、屏东市属高雄州，新竹市属新竹州，台中市、彰化市属台中州，台南市、嘉义市属台南州。

表14 1911—1949年广东省政区变迁表

年份	1	2	3	4	5	6	7	8
1911	广肇罗道							
	广州府							
		番禺	香山	南海	顺德	东莞	从化	龙门	新宁
1912		番禺	香山	南海	顺德	东莞	从化	龙门	新宁
1914	粤海道							
		番禺	香山	南海	顺德	东莞	从化	龙门	台山

续 表

年份	1	2	3	4	5	6	7	8
1920		番禺	香山	南海	顺德	东莞	从化	龙门	台山
1921	广州市	番禺	香山	南海	顺德	东莞	从化	龙门	台山
1947	升直辖市	番禺	中山	南海	顺德	东莞	从化	龙门	台山
1949		番禺	中山	南海	顺德	东莞	从化	龙门	台山

年份	9	10	11	12	13	14	15	16
1911	广肇罗道							
	广州府						佛冈直隶厅	赤溪直隶厅
	增城	新会	三水	清远	新安	花县		
1912	增城	新会	三水	清远	新安	花县	佛冈厅	赤溪
1914	粤海道							
	增城	新会	三水	清远	宝安	花县	佛冈	赤溪
1920	增城	新会	三水	清远	宝安	花县	佛冈	赤溪
1949	增城	新会	三水	清远	宝安	花县	佛冈	赤溪

年份	17	18	19	20	21	22	23	24
1911	广肇罗道							
	肇庆府							
	高要	四会	新兴	高明	广宁	开平	鹤山	德庆州
1912	高要	四会	新兴	高明	广宁	开平	鹤山	德庆
1914	粤海道							
	高要	四会	新兴	高明	广宁	开平	鹤山	德庆
1920	高要	四会	新兴	高明	广宁	开平	鹤山	德庆
1949	高要	四会	新兴	高明	广宁	开平	鹤山	德庆

年份	25	26	27	28	29	30	31	32
1911	广肇罗道						南韶连道	
	肇庆府			罗定直隶州			韶州府	南雄直隶州
	封川	开建	恩平	罗定州	东安	西宁	曲江	南雄州
1912	封川	开建	恩平	罗定	东安	西宁	曲江	南雄

续 表

年 份	25	26	27	28	29	30	31	32
1914	粤海道						岭南道	
	封川	开建	恩平	罗定	云浮	郁南	曲江	南雄
1920	封川	开建	恩平	罗定	云浮	郁南	曲江	南雄
1949	封川	开建	恩平	罗定	云浮	郁南	曲江	南雄

年 份	33	34	35	36	37	38	39	40
1911	南韶连道							
	南雄直隶州	韶州府					连州直隶州	
	始兴	乐昌	仁化	乳源	英德	翁源	连州	阳山
1912	始兴	乐昌	仁化	乳源	英德	翁源	连县	阳山
1914	岭南道							
	始兴	乐昌	仁化	乳源	英德	翁源	连县	阳山
1920	始兴	乐昌	仁化	乳源	英德	翁源	连县	阳山
1949	始兴	乐昌	仁化	乳源	英德	翁源	连县	阳山

年 份	41	42	43	44	45	46	47	48
1911	南韶连道		惠潮嘉道					
	连山直隶厅		潮州府	惠州府				
			澄海	归善	博罗	长宁	永安	海丰
1912	连山		澄海	惠阳	博罗	长宁	永安	海丰
1914	岭南道		潮循道					
	连山		澄海	惠阳	博罗	新丰	紫金	海丰
1920	连山		澄海	惠阳	博罗	新丰	紫金	海丰
1930	连山	汕头市	澄海	惠阳	博罗	新丰	紫金	海丰
1949	连山	汕头市	澄海	惠阳	博罗	新丰	紫金	海丰

年 份	49	50	51	52	53	54	55	56
1911	惠潮嘉道							
	惠州府					潮州府		
	陆丰	龙川	河源	和平	连平州	海阳	丰顺	潮阳

续 表

年 份	49	50	51	52	53	54	55	56
1912	陆丰	龙川	河源	和平	连平	海阳	丰顺	潮阳
1914	潮循道							
	陆丰	龙川	河源	和平	连平	潮安	丰顺	潮阳
1920	陆丰	龙川	河源	和平	连平	潮安	丰顺	潮阳
1949	陆丰	龙川	河源	和平	连平	潮安	丰顺	潮阳

年 份	57	58	59	60	61	62	63	64
1911	惠潮嘉道							
	潮州府						嘉应直隶州	
	揭阳	饶平	惠来	大埔	普宁	南澳厅	嘉应州	长乐
1912	揭阳	饶平	惠来	大埔	普宁	南澳	梅县	长乐
1914	潮循道							
	揭阳	饶平	惠来	大埔	普宁	南澳	梅县	五华
1920	揭阳	饶平	惠来	大埔	普宁	南澳	梅县	五华
1949	揭阳	饶平	惠来	大埔	普宁	南澳	梅县	五华

年 份	65	66	67	68	69	70	71	72
1911	惠潮嘉道			高雷阳道				
	嘉应直隶州			高州府				
	兴宁	平远	镇平	茂名	电白	信宜	化州	吴川
1912	兴宁	平远	镇平	茂名	电白	信宜	化县	吴川
1914	潮循道			高雷道				
	兴宁	平远	蕉岭	茂名	电白	信宜	化县	吴川
1920	兴宁	平远	蕉岭	茂名	电白	信宜	化县	吴川
1949	兴宁	平远	蕉岭	茂名	电白	信宜	化县	吴川

年 份	73	74	75	76	77	78	79	80
1911	惠潮嘉道							琼崖道
		高州府	雷州府			阳江直隶州		琼州府
		石城	海康	遂溪	徐闻	阳江州	阳春	琼山
1912		石城	海康	遂溪	徐闻	阳江	阳春	琼山

续 表

年份	73	74	75	76	77	78	79	80
1914		高雷道						琼崖道
1914		廉江	海康	遂溪	徐闻	阳江	阳春	琼山
1920		廉江	海康	遂溪	徐闻	阳江	阳春	琼山
1945	湛江市	廉江	海康	遂溪	徐闻	阳江	阳春	琼山
1949	湛江市	廉江	海康	遂溪	徐闻	阳江	阳春	划归海南特区

年份	81	82	83	84	85	86	87	88
1911		琼崖道						崖州直隶州
1911		琼州府						
1911	澄迈	定安	文昌	会同	乐会	临高	儋州	崖州
1912	澄迈	定安	文昌	会同	乐会	临高	儋县	崖县
1914		琼崖道						
1914	澄迈	定安	文昌	琼东	乐会	临高	儋县	崖县
1920	澄迈	定安	文昌	琼东	乐会	临高	儋县	崖县
1949		划归海南特区						

年份	89	90	91	92	93	94	95	96
1911		琼崖道						廉钦道
1911		崖州直隶州						钦州直隶州
1911	万县	陵水	感恩	昌化				钦州
1912	万县	陵水	感恩	昌化				钦县
1914		琼崖道						钦廉道
1914	万宁	陵水	感恩	昌江				钦县
1920	万宁	陵水	感恩	昌江				钦县
1932	万宁	陵水	感恩	昌江	乐东	保亭	白沙	钦县
1949		划归海南特区						钦县

年份	97	98	99	100
1911	廉钦道			
1911	钦州直隶州	廉州府		
1911	防城	合浦	灵山	

续　表

年　份	97	98	99	100	
1912	防城	合浦	灵山		
1914	钦廉道				
	防城	合浦	灵山		
1920	防城	合浦	灵山		
1942	防城	合浦	灵山	连南	
1947	防城	合浦	灵山	连南	梅茂
1949	防城	合浦	灵山	连南	梅茂

表 15　1911—1949 年广西省政区变迁表

年　份	1	2	3	4	5	6	7	8
1911	桂平梧道							
	桂林府							
	临桂	兴安	阳朔	永宁州		永福		义宁
1912	桂平梧道							
	桂林府		兴安	阳朔	永宁		永福		义宁
1913	漓江道							
	桂林		兴安	阳朔	古化		永福		义宁
1914	桂林道							
	桂林		兴安	阳朔	古化		永福		义宁
1924	桂林道							
	桂林		兴安	阳朔	古化	永福	榴江	义宁
1926	桂林		兴安	阳朔	古化	永福	榴江	义宁
1933	桂林		兴安	阳朔	百寿	永福	榴江	义宁
1940	桂林市	临桂	兴安	阳朔	百寿	永福	榴江	义宁
1949	桂林市	临桂	兴安	阳朔	百寿	永福	榴江	义宁
年　份	9	10	11	12	13	14	15	16
1911	桂平梧道							
	桂林府					平乐府		
	全州	灵川		灌阳	龙胜厅	平乐	恭城	富川

续 表

年 份	9	10	11	12	13	14	15	16
1912	桂平梧道							
	全县	灵川		灌阳	龙胜	平乐	恭城	富川
1913	漓江道							
	全县	灵川		灌阳	龙胜	平乐	恭城	富川
1914	桂林道							
	全县	灵川		灌阳	龙胜	平乐	恭城	富川
1926	全县	灵川		灌阳	龙胜	平乐	恭城	富川
1936	全县	灵川	资源	灌阳	龙胜	平乐	恭城	富川
1949	全县	灵川	资源	灌阳	龙胜	平乐	恭城	富川

年 份	17	18	19	20	21	22	23	24
1911	桂平梧道							
	平乐府						桂林府	
	贺县	荔浦	修仁	昭平		永安州	中渡厅	
1912	桂平梧道							
	贺县	荔浦	修仁	昭平		永安	中渡	
1913	漓江道							
	贺县	荔浦	修仁	昭平		永安	中渡	
1914	桂林道							
	贺县	荔浦	修仁	昭平		蒙山	中渡	
1916	桂林道							
	贺县	荔浦	修仁	昭平	钟山	蒙山	中渡	
1926	贺县	荔浦	修仁	昭平	钟山	蒙山	中渡	
1946	贺县	荔浦	修仁	昭平	钟山	蒙山	中渡	柳州市
1949	贺县	荔浦	修仁	昭平	钟山	蒙山	中渡	柳州市

年 份	25	26	27	28	29	30	31	32
1911	桂平梧道							
	柳州府							
	马平	雒容	融县	罗城	柳城	怀远	来宾	象州

续　表

年　份	25	26	27	28	29	30	31	32
1912	桂平梧道							
	马平	雒容	融县	罗城	柳城	怀远	来宾	象县
1913	柳江道							
	马平	雒容	融县	罗城	柳城	怀远	来宾	象县
1914	柳江道							
	马平	雒容	融县	罗城	柳城	三江	来宾	象县
1926	马平	雒容	融县	罗城	柳城	三江	来宾	象县
1930	柳州	雒容	融县	罗城	柳城	三江	来宾	象县
1937	柳江	雒容	融县	罗城	柳城	三江	来宾	象县
1949	柳江	雒容	融县	罗城	柳城	三江	来宾	象县

年　份	33	34	35	36	37	38	39	40
1911	左江道				右江道			
	郁林直隶州				浔州府			
	兴业	陆川	博白	郁林州	武宣	贵县	平南	桂平
1912	左江道				右江道			
	兴业	陆川	博白	郁林府	武宣	贵县	平南	浔州府
1913	郁江道							
	兴业	陆川	博白	郁林	武宣	贵县	平南	桂平
1914	苍梧道							
	兴业	陆川	博白	郁林	武宣	贵县	平南	桂平
1926	兴业	陆川	博白	郁林	武宣	贵县	平南	桂平
1949	兴业	陆川	博白	郁林	武宣	贵县	平南	桂平

年　份	41	42	43	44	45	46	47	48
1911	桂平梧道							太平思顺道
	平乐府	梧州府						
	信都厅	怀集	岑溪	容县	藤县	苍梧		上思直隶厅
1912	桂平梧道							太平思顺道
	信都	怀集	岑溪	容县	藤县	梧州府		上思府

续 表

年 份	41	42	43	44	45	46	47	48
1913	郁江道							邕南道
	信都	怀集	岑溪	容县	藤县	苍梧		上思
1914	苍梧道							南宁道
	信都	怀集	岑溪	容县	藤县	苍梧		上思
1926	信都	怀集	岑溪	容县	藤县	苍梧		上思
1927	信都	怀集	岑溪	容县	藤县	梧州市	苍梧	上思
1930	信都	怀集	岑溪	容县	藤县	苍梧		上思
1946	信都	怀集	岑溪	容县	藤县	梧州市	苍梧	上思
1949	信都	怀集	岑溪	容县	藤县	梧州市	苍梧	上思

年 份	49	50	51	52	53	54	55	56
1911	右江道						右江道	左江道
	思恩府						思恩府	南宁府
	那马厅	上林	宾州				武缘	横州
1912	右江道						右江道	左江道
	那马	上林	宾阳				武鸣府	横县
1913	邕南道						邕南道	
	那马	上林	宾阳				武鸣	横县
1914	南宁道						南宁道	
	那马	上林	宾阳				武鸣	横县
1915	南宁道							
	那马	上林	宾阳	果德	隆山	都安	武鸣	横县
1926	那马	上林	宾阳	果德	隆山	都安	武鸣	横县
1949	那马	上林	宾阳	果德	隆山	都安	武鸣	横县

年 份	57	58	59	60	61	62	63	64
1911	左江道						右江道	
	南宁府						庆远府	
	永淳	隆安		新宁州		宣化	宜山	天河

续 表

年 份	57	58	59	60	61	62	63	64
1912	左江道						右江道	
	永淳	隆安		新宁	南宁府		庆远府	天河
1913	邕南道						柳江道	
	永淳	隆安		新宁	南宁		宜山	天河
1914	南宁道						柳江道	
	永淳	隆安		扶南	邕宁		宜山	天河
1916	南宁道						柳江道	
	永淳	隆安	绥渌	扶南	邕宁		宜山	天河
1926	永淳	隆安	绥渌	扶南		邕宁	宜山	天河
1946	永淳	隆安	绥渌	扶南	南宁市	邕宁	宜山	天河
1949	永淳	隆安	绥渌	扶南	南宁市	邕宁	宜山	天河

年 份	65	66	67	68	69	70	71	72
1911	右江道					左江道		
	庆远府		思恩府			百色直隶厅		
	思恩	河池州	迁江			百色厅	恩隆	
1912	右江道					左江道		
	思恩	河池	迁江			百色府	恩隆	恩阳
1913	柳江道					田南道		
	思恩	河池	迁江			百色	恩隆	恩阳
1924	柳江道					田南道		
	思恩	河池	迁江	南丹		百色	恩隆	恩阳
1928	思恩	河池	迁江	南丹	忻城	百色	恩隆	恩阳
1936	思恩	河池	迁江	南丹	忻城	百色	田东	敬德
1949	思恩	河池	迁江	南丹	忻城	百色	田东	敬德

年 份	73	74	75	76	77	78	79	80
1911	左江道			右江道		左江道		
	泗城府			庆远府		镇安府		
	凌云	西林	西隆州	东兰州	天保	奉议州		

续 表

年份	73	74	75	76	77	78	79	80
1912		左江道		右江道		左江道		
	泗城府	西林	西隆	东兰	镇安府	奉议		
1913			田南道					
	凌云	西林	西隆	东兰	天保	奉议		
1917			田南道					
	凌云	西林	西隆	东兰	天保	奉议	向都	
1919			田南道					
	凌云	西林	西隆	东兰	天保	奉议	向都	凤山
1926	凌云	西林	西隆	东兰	天保	奉议	向都	凤山
1936	凌云	西林	西隆	东兰	天保	田阳	向都	凤山
1949	凌云	西林	西隆	东兰	天保	田阳	向都	凤山

年份	81	82	83	84	85	86	87	88
1911			太平思顺道					太平思顺道
			太平府					太平府
		龙州厅	凭祥厅	崇善	养利州			左州
1912			太平思顺道					太平思顺道
		龙州府	凭祥	太平府	养利			左县
1913			镇南道					镇南道
		龙州	凭祥	崇善	养利			左县
1916			镇南道					镇南道
		龙州	凭祥	崇善	养利	龙茗		左县
1918	?		镇南道					镇南道
	思林	龙州	凭祥	崇善	养利	龙茗		左县
1926	思林	龙州	凭祥	崇善	养利	龙茗		左县
1929	思林	龙州	凭祥	崇善	养利	龙茗	万承	左县
1936	平治	龙州	凭祥	崇善	养利	龙茗	万承	左县
1937	平治	龙津	凭祥	崇善	养利	龙茗	万承	左县
1949	平治	龙津	凭祥	崇善	养利	龙茗	万承	左县

续　表

年份	89	90	91	92	93	94	95	96
1911	太平思顺道							
	太平府				归顺直隶州			
	永康州		宁明州		明江厅	归顺州	镇边	
1912	太平思顺道							
	永康		宁明		明江	归顺府	镇边	
1913	镇南道							
	永康		宁明		明江	靖西	镇边	
1914	镇南道							
	同正		宁明		明江	靖西	镇边	
1916	镇南道							
	同正	镇结	宁明	思乐	明江	靖西	镇边	
1926	同正	镇结	宁明	思乐	明江	靖西	镇边	
1928	同正	镇结	宁明	思乐	明江	靖西	镇边	雷平
1949	同正	镇结	宁明	思乐	明江	靖西	镇边	雷平

年份	97	98	99	100	101	102	103	
1911						左江道	右江道	
						郁林直隶州	庆远府	
						北流	安化厅	
1912						左江道	右江道	
						北流	安化	
1913						郁江道	柳江道	
						北流	安化	
1914						苍梧道	柳江道	
						北流	宜北	
1926						北流	宜北	
1928	上金					北流	宜北	
1936	上金	田西	乐业	万冈	天峨	北流	宜北	
1943	上金	田西	乐业	万冈	天峨	北流	宜北	金秀局
1949	上金	田西	乐业	万冈	天峨	北流	宜北	

表16 1911—1949年云南省政区变迁表

年 份	1	2	3	4	5	6	7	8
1911	云武粮储道							
	云南府							
	昆明	富民	宜良	呈贡	罗次	禄丰		易门
1912	云武粮储道							
	云南府							
	昆明	富民	宜良	呈贡	罗次	禄丰		易门
1913	滇中道							
	昆明	富民	宜良	呈贡	罗次	禄丰		易门
1934	昆明	富民	宜良	呈贡	罗次	禄丰		易门
1935	昆明市	谷昌	富民	宜良	呈贡	罗次	禄丰	易门
1948	昆明市	昆明	富民	宜良	呈贡	罗次	禄丰	易门
1949	昆明市	昆明	富民	宜良	呈贡	罗次	禄丰	易门

年 份	9	10	11	12	13	14	15	16
1911	云武粮储道							迤东道
	云南府				武定直隶州			曲靖府
	嵩明州	晋宁州	安宁州	昆阳州	武定州	元谋	禄劝	南宁
1912	云武粮储道							迤东道
	云南府				武定直隶州			曲靖府
	嵩明州	晋宁州	安宁州	昆阳州	武定州	元谋	禄劝	南宁
1913	滇中道							
	嵩明	晋宁	安宁	昆阳	武定	元谋	禄劝	曲靖
1927	嵩明	晋宁	安宁	昆阳	武定	元谋	禄劝	曲靖
1949	嵩明	晋宁	安宁	昆阳	武定	元谋	禄劝	曲靖

年 份	17	18	19	20	21	22	23	24
1911	迤东道							
	曲靖府							东川府
	平彝	宣威州	沾益州	马龙州	陆凉州	罗平州	寻甸州	巧家厅

续 表

年 份	17	18	19	20	21	22	23	24
1912	迤东道							
	曲靖府							东川府
	平彝	宣威州	沾益州	马龙州	陆凉州	罗平州	寻甸州	巧家厅
1913	滇中道							
	平彝	宣威	沾益	马龙	陆良	罗平	寻甸	巧家
1927	平彝	宣威	沾益	马龙	陆良	罗平	寻甸	巧家
1949	平彝	宣威	沾益	马龙	陆良	罗平	寻甸	巧家

年 份	25	26	27	28	29	30	31	32
1911	迤东道							
	东川府		昭通府					澂江府
	会泽	恩安	永善	靖江	鲁甸厅	大关厅		河阳
1912	迤东道							
	东川府		昭通府					澂江府
	会泽	恩安	永善	靖江	鲁甸厅	大关厅		河阳
1913	滇中道							
	东川	昭通	永善	靖江	鲁甸	大关		澂江
1914	滇中道							
	东川	昭通	永善	绥江	鲁甸	大关		澂江
1917	滇中道							
	东川	昭通	永善	绥江	鲁甸	大关	盐津	澂江
1927	东川	昭通	永善	绥江	鲁甸	大关	盐津	澂江
1929	会泽	昭通	永善	绥江	鲁甸	大关	盐津	澂江
1949	会泽	昭通	永善	绥江	鲁甸	大关	盐津	澂江

年 份	33	34	35	36	37	38	39	40
1911	迤东道						迤西道	
	澂江府			镇雄直隶州			楚雄府	
	新兴州	路南州	江川	镇雄州			楚雄	广通

续 表

年份	33	34	35	36	37	38	39	40
1912	迤东道						迤西道	
	澂江府			镇雄直隶州			楚雄府	
	新兴州	路南州	江川	镇雄州			楚雄	广通
1913	滇中道							
	新兴	路南	江川	镇雄	彝良		楚雄	广通
1914	滇中道							
	休纳	路南	江川	镇雄	彝良		楚雄	广通
1916	滇中道							
	玉溪	路南	江川	镇雄	彝良		楚雄	广通
1927	玉溪	路南	江川	镇雄	彝良		楚雄	广通
1934	玉溪	路南	江川	镇雄	威信	彝良	楚雄	广通
1949	玉溪	路南	江川	镇雄	威信	彝良	楚雄	广通

年份	41	42	43	44	45	46	47	48
1911	迤西道			临安开广道				
	楚雄府			临安府				
	南安州	定远		蒙自	建水		通海	河西
1912	迤西道			临安开广道				
	楚雄府			临安府				
	南安州	定远		蒙自	建水		通海	河西
1913	滇中道			临开广道				
	南安	定远	盐兴	蒙自	临安		通海	河西
1914	滇中道			蒙自道				
	摩刍	牟定	盐兴	蒙自	建水		通海	河西
1927	摩刍	牟定	盐兴	蒙自	建水		通海	河西
1929	双柏	牟定	盐兴	蒙自	建水	曲溪	通海	河西
1949	双柏	牟定	盐兴	蒙自	建水	曲溪	通海	河西

续 表

年 份	49	50	51	52	53	54	55	56
1911	临安开广道							
	临安府					开化府		
	嶍峨	石屏州	阿迷州	宁州	个旧厅	文山	安平厅	
1912	临安开广道							
	临安府					开化府		
	嶍峨	石屏州	阿迷州	宁州	个旧厅	文山	安平厅	
1913	临开广道							
	嶍峨	石屏	阿迷	宁县	个旧	开化	安平	
1914	蒙自道							
	嶍峨	石屏	阿迷	黎县	个旧	文山	马关	
1927	嶍峨	石屏	阿迷	黎县	个旧	文山	马关	
1929	峨山	石屏	阿迷	黎县	个旧	文山	马关	西畴
1949	峨山	石屏	开远	华宁	个旧	文山	马关	西畴

年 份	57	58	59	60	61	62	63	64
1911	临安开广道		迤东道				迤南道	
	广南府		广西直隶州				普洱府	
	宝宁	富州厅	广西州	弥勒	师宗	丘北	思茅厅	宁洱
1912	临安开广道		迤东道				迤南道	
	广南府		广西直隶州				普洱府	
	宝宁	富州厅	广西州	弥勒	师宗	丘北	思茅厅	宁洱
1913	临开广道						滇南道	
	广南	富州	广西	弥勒	师宗	丘北	思茅	普洱
1914	蒙自道						普洱道	
	广南	富州	广西	弥勒	师宗	丘北	思茅	宁洱
1927	广南	富宁	广西	弥勒	师宗	丘北	思茅	宁洱
1928	广南	富宁	泸西	弥勒	师宗	丘北	思茅	宁洱
1929	广南	富宁	泸西	弥勒	师宗	丘北	思茅	普文	宁洱
1932	广南	富宁	泸西	弥勒	师宗	丘北	思茅	宁洱
1949	广南	富宁	泸西	弥勒	师宗	丘北	思茅	宁洱

续 表

年份	65	66	67	68	69	70	71	72
1911	迤南道		迤西道					
	普洱府		永昌府					大理府
	他郎厅		腾越厅	保山	永平	永康州	龙陵厅	太和
1912	迤南道		迤西道					
	普洱府		永昌府					大理府
	他郎厅		腾越厅	保山	永平	永康州	龙陵厅	太和
1913	滇南道		滇西道					
	他郎		腾冲	永昌	永平	永康	龙陵	大理
1914	普洱道		腾越道					
	他郎		腾冲	保山	永平	镇康	龙陵	大理
1916	普洱道		腾越道					
	墨江		腾冲	保山	永平	镇康	龙陵	大理
1927	墨江		腾冲	保山	永平	镇康	龙陵	大理
1928	墨江	双江	腾冲	保山	永平	镇康	龙陵	大理
1949	墨江	双江	腾冲	保山	永平	镇康	龙陵	大理

年份	73	74	75	76	77	78	79	80
1911	迤西道							
	大理府							丽江府
	云南	浪穹州	赵州	邓川州	宾川州	云龙州		丽江
1912	迤西道							
	大理府							丽江府
	云南	浪穹州	赵州	邓川州	宾川州	云龙州	弥渡	丽江
1913	滇西道							
	云南	洱源	赵县	邓川	宾川	云龙	弥渡	丽江
1914	腾越道							
	云南	洱源	凤仪	邓川	宾川	云龙	弥渡	丽江
1927	云南	洱源	凤仪	邓川	宾川	云龙	弥渡	丽江
1929	祥云	洱源	凤仪	邓川	宾川	云龙	弥渡	丽江
1949	祥云	洱源	凤仪	邓川	宾川	云龙	弥渡	丽江

续表

年份	81	82	83	84	85	86	87	88
1911		迤西道						
1911		丽江府				蒙化直隶厅		永北直隶厅
1911		鹤庆州	剑川州	维西厅	中甸厅	蒙化厅		永北厅
1912		迤西道						
1912		丽江府				蒙化直隶厅		永北直隶厅
1912	兰坪	鹤庆州	剑川州	维西厅	中甸厅	蒙化厅	漾濞	永北厅
1913	滇西道							
1913	兰坪	鹤庆	剑川	维西	中甸	蒙化	漾濞	永北
1914	腾越道							
1914	兰坪	鹤庆	剑川	维西	中甸	蒙化	漾濞	永北
1927	兰坪	鹤庆	剑川	维西	中甸	蒙化	漾濞	永北
1934	兰坪	鹤庆	剑川	维西	中甸	蒙化	漾濞	永胜
1949	兰坪	鹤庆	剑川	维西	中甸	蒙化	漾濞	永胜

年份	89	90	91	92	93	94	95	96
1911		迤西道					迤西道	
1911	永北直隶厅	楚雄府					顺宁府	
1911	华坪	姚州		镇南州	大姚		顺宁	
1912		迤西道					迤西道	
1912	永北直隶厅	楚雄府					顺宁府	
1912	华坪	姚州	盐丰	镇南州	大姚		顺宁	
1913	滇西道	滇中道					滇西道	
1913	华坪	姚安	盐丰	镇南	大姚		顺宁	
1914	腾越道							
1914	华坪	姚安	盐丰	镇南	大姚		顺宁	
1927	华坪	姚安	盐丰	镇南	大姚		顺宁	
1929	华坪	姚安	盐丰	镇南	大姚	佛海	顺宁	
1933	华坪	姚安	盐丰	镇南	大姚	佛海	顺宁	昌宁
1949	华坪	姚安	盐丰	镇南	大姚	佛海	顺宁	昌宁

续 表

年 份	97	98	99	100	101	102	103	104
1911	迤西道							
	顺宁府							
	云州							
1912	迤西道							
	顺宁府							
	云州							
1913	滇西道							
	云县							
1914	腾越道							
	云县							
1927	云县				镇越	象明	芦山	
1929	云县	车里	五福		镇越	六顺	江城	
1933	云县	车里	五福	砚山局	镇越	六顺	江城	
1934	云县	车里	南峤	砚山局	镇越	六顺	江城	
1935	云县	车里	南峤	砚山	镇越	六顺	江城	
1934	云县	车里	南峤	砚山	镇越	六顺	江城	金平
1949	云县	车里	南峤	砚山	镇越	六顺	江城	金平

年 份	105	106	107	108	109	110	111	112
1911		迤西道	迤南道					
		景东直隶厅	普洱府	元江直隶州		镇边直隶厅	镇沅直隶厅	
			威远厅	元江州	新平			
1912		迤西道	迤南道					
		景东直隶厅	普洱府	元江直隶州		镇边直隶厅	镇沅直隶厅	
			威远厅	元江州	新平			
1913			滇南道					
		景东	威远	元江	新平	镇边	镇沅	
1914			普洱道					
		景东	景谷	元江	新平	澜沧	镇沅	

续 表

年份	105	106	107	108	109	110	111	112
1927		景东	景谷	元江	新平	澜沧	镇沅	
1929		景东	景谷	元江	新平	澜沧	镇沅	永仁
1933	屏边	景东	景谷	元江	新平	澜沧	镇沅	永仁
1949	屏边	景东	景谷	元江	新平	澜沧	镇沅	永仁

年份	113	114	115	116	117	118	119	120
1911	迤西道 顺宁府 缅宁厅							
1912	迤西道 顺宁府 缅宁厅							
1913	滇南道 缅宁							
1914	普洱道 缅宁							
1927	缅宁							
1932	缅宁	泸水局	陇川局	瑞丽局	贡山局	龙武局	梁河局	
1936	缅宁	泸水局	陇川局	瑞丽局	贡山局	龙武局	梁河局	宁蒗局
1949	缅宁	泸水局	陇川局	瑞丽局	贡山局	龙武局	梁河局	宁蒗局

年份	121	122	123	124	125	126	127	128
1911								
1912								
1932		莲山局	盈江局	芒遮板局	碧江局	福贡局	阿墩子局	宁江局
1934	沧源局	莲山局	盈江局	潞西局	碧江局	福贡局	德钦局	宁江局
1949	沧源局	莲山局	盈江局	潞西	碧江局	福贡局	德钦局	宁江局

表 17 1911—1949 年贵州省政区变迁表

年 份	1	2	3	4	5	6	7	8
1911	贵平石道							
1911	贵阳府							
1911	贵阳府		贵筑	修文	龙里	贵定	开州	定番州
1912	贵阳府			修文	龙里	贵定	开州	定番州
1913	黔中道							
1913	贵阳		贵筑	修文	龙里	贵定	开县	定番
1914	黔中道							
1914	贵阳		息烽	修文	龙里	贵定	紫江	定番
1920	贵阳		息烽	修文	龙里	贵定	紫江	定番
1930	贵阳		息烽	修文	龙里	贵定	开阳	定番
1941	贵阳市	贵筑	息烽	修文	龙里	贵定	开阳	惠水
1949	贵阳市	贵筑	息烽	修文	龙里	贵定	开阳	惠水

年 份	9	10	11	12	13	14	15
1911	贵东道		贵平石道	贵西道	贵平石道		
1911	都匀府		平越直隶州	遵义府	贵阳府	平越直隶州	
1911	都匀		余庆	遵义	罗斛厅	平越州	瓮安	湄潭
1912	都匀府		余庆	遵义府	罗斛厅	平越州	瓮安	湄潭
1913	黔中道						
1913	平舟	大塘	余庆	遵义	罗斛	平越	瓮安	湄潭
1920	平舟	大塘	余庆	遵义	罗斛	平越	瓮安	湄潭
1930	平舟	大塘	余庆	遵义	罗甸	平越	瓮安	湄潭
1941	平塘		余庆	遵义	罗甸	平越	瓮安	湄潭
1949	平塘		余庆	遵义	罗甸	平越	瓮安	湄潭

年 份	16	17	18	19	20	21	22
1911	贵西道	贵东道	贵西道				贵东道
1911	遵义府	都匀府	遵义府				都匀府
1911	正安州	都匀府	绥阳	桐梓	仁怀		独山州
1912	正安州	都匀府	绥阳	桐梓	仁怀		独山州

续 表

年份	16	17	18	19	20	21	22
1913	黔中道							
	正安	都匀	绥阳	桐梓	仁怀		独山
1915	黔中道							
	正安	都匀	绥阳	桐梓	仁怀	鳛水	独山
1920	正安	都匀	绥阳	桐梓	仁怀	鳛水	独山
1949	正安	都匀	绥阳	桐梓	仁怀	鳛水	独山

年份	23	24	25	26	27	28
1911	贵东道					
	都匀府					
		都江厅	丹江厅	八寨厅	清平	荔波	麻哈州
1912		都江厅	丹江厅	八寨厅	清平	荔波	麻哈州
1913	黔中道						黔东道
	三合	都江	丹江	八寨	清平	荔波	麻哈	邛水
1914	黔中道						镇远道
	三合	都江	丹江	八寨	炉山	荔波	麻哈	邛水
1920								镇远道
	三合	都江	丹江	八寨	炉山	荔波	麻哈	邛水
1923	三合	都江	丹江	八寨	炉山	荔波	麻哈	邛水
1926	三合	都江	丹江	八寨	炉山	荔波	麻哈	灵山
1928	三合	都江	丹江	八寨	炉山	荔波	麻哈	三穗
1930	三合	都江	丹江	八寨	炉山	荔波	麻江	三穗
1941	三都		丹寨		炉山	荔波	麻江	三穗
1949	三都		丹寨		炉山	荔波	麻江	三穗

年份	29	30	31	32	33	34	35	36
1911	贵东道							
	镇远府					思州府	黎平府	思州府
	天柱	施秉	黄平州	台拱厅	镇远	青溪	黎平府	开泰	思州府
1912	天柱	施秉	黄平州	台拱厅	镇远府	青溪	黎平府		思州府

续表

年份	29	30	31	32	33	34	35	36
1913	黔东道							
	天柱	施秉	黄平	台拱	镇远	青溪	黎平	锦屏	思县
1914	镇远道							
	天柱	施秉	黄平	台拱	镇远	青溪	黎平	锦屏	思县
1923	天柱	施秉	黄平	台拱	镇远	青溪	黎平	锦屏	思县
1930	天柱	施秉	黄平	台拱	镇远	青溪	黎平	锦屏	岑巩
1941	天柱	施秉	黄平	台江	镇远	青溪	黎平	锦屏	岑巩
1942	天柱	施秉	黄平	台江	镇远		黎平	锦屏	岑巩
1949	天柱	施秉	黄平	台江	镇远		黎平	锦屏	岑巩

年份	37	38	39	40	41	42	43
1911	贵东道						
	黎平府		镇远府		铜仁府	思南府	
	古州厅	永从	下江厅	清江厅		铜仁	印江	婺川
1912	古州厅	永从	下江厅	清江厅		铜仁	印江	婺川
1913	黔东道						
	榕江	永从	下江	清江	沿河	后坪	江口	印江	婺川
1914	镇远道						
	榕江	永从	下江	剑河	沿河	后坪	江口	印江	婺川
1923	榕江	永从	下江	剑河	沿河	后坪	江口	印江	婺川
1941	榕江	从江		剑河	沿河		江口	印江	婺川
1949	榕江	从江		剑河	沿河		江口	印江	婺川

年份	44	45	46	47	48	49	50	51
1911	贵东道			贵平石道	贵东道	贵西道		贵东道
	思州府	铜仁府		石阡府	思南府	大定府	安顺府		思南府
	玉屏	铜仁府		石阡府	安化	毕节	安顺府	普定	思南府
1912	玉屏	铜仁府		石阡府	安化	毕节	安顺府		思南府
1913	黔东道				黔西道		黔东道
	玉屏	省溪	铜仁	石阡	德江	毕节	安顺	普定	思南

续 表

年 份	44	45	46	47	48	49	50	51
1914	镇远道					贵西道		镇远道
	玉屏	省溪	铜仁	石阡	德江	毕节	安顺	普定	思南
1923	玉屏	省溪	铜仁	石阡	德江	毕节	安顺	普定	思南
1941	玉屏		铜仁	石阡	德江	毕节	安顺	普定	思南
1949	玉屏		铜仁	石阡	德江	毕节	安顺	普定	思南

年 份	52	53	54	55	56	57	58	59
1911	贵西道	贵平石道	贵西道					
	安顺府	石阡府	安顺府	兴义府	安顺府			兴义府
	镇宁州	龙泉	安平厅	归化厅	贞丰州	清镇		兴义
1912	镇宁州	龙泉	安平厅	归化厅	贞丰州	清镇	新城	兴义
1913	黔西道	黔东道	黔西道					
	镇宁	龙泉	安平	归化	贞丰	清镇	新城	兴义
1914	贵西道	镇远道	贵西道					
	镇宁	凤泉	平坝	紫云	贞丰	清镇	兴仁	兴义
1923	镇宁	凤泉	平坝	紫云	贞丰	清镇	兴仁	兴义
1930	镇宁	凤冈	平坝	紫云	贞丰	清镇	兴仁	兴义
1949	镇宁	凤冈	平坝	紫云	贞丰	清镇	兴仁	兴义

年 份	60	61	62	63	64	65	66	67
1911		贵西道						
		兴义府	大定府	兴义府		大定府	安顺府	大定府
		安南	平远州	普安	盘州厅	大定府	永宁州	黔西州
1912		安南	平远州	普安	盘州厅	大定府	永宁州	黔西州
1913		黔西道						
		安南	平远	普安	盘县	大定	永宁	黔西
1914		贵西道						
		安南	织金	普安	盘县	大定	关岭	黔西
1923		安南	织金	普安	盘县	大定	关岭	黔西
1941	金沙	晴隆	织金	普安	盘县	大定	关岭	黔西
1949	金沙	晴隆	织金	普安	盘县	大定	关岭	黔西

续表

年份	68	69	70	71	72	73	74	75
1911	贵西道			贵西道			贵东道	贵西道
	大定府			大定府			松桃直隶厅	遵义府
	水城厅			威宁州				赤水厅
1912	水城厅			威宁州			松桃厅	赤水厅
1913	黔西道			黔西道			黔东道	黔西道
	水城	册亨		威宁			松桃	赤水
1914	贵西道			贵西道			镇远道	贵西道
	水城	册亨		威宁			松桃	赤水
1923	水城	册亨		威宁			松桃	赤水
1940	水城	册亨		威宁		望谟	松桃	赤水
1941	水城	册亨	纳雍	威宁	道正	望谟	松桃	赤水
1949	水城	册亨	纳雍	威宁	道正	望谟	松桃	赤水

年份	76	77	78	79	80
1911	贵西道		贵平石道		
	安顺府	兴义府	贵阳府		
	郎岱厅		广顺州		
1912	郎岱厅	兴义府	广顺州		
1913	黔西道		黔中道		
	郎岱	南笼	长寨	广顺	
1914	贵西道		黔中道		
	郎岱	南笼	长寨	广顺	
1915	贵西道		黔中道		
	郎岱	南笼	长寨	广顺	
1920	贵西道				
	郎岱	南笼	长寨	广顺	
1923	郎岱	南笼	长寨	广顺	
1931	郎岱	安龙	长寨	广顺	
1942	郎岱	安龙	长顺		赫章

续 表

年 份	76	77	78	79	80
1943	郎岱	安龙	长顺	赫章	雷山局
1948	郎岱	安龙	长顺	赫章	雷山
1949	郎岱	安龙	长顺	赫章	雷山

表18　1911—1949年河北地区政区变迁表

年 份	1	2	3	4	5	6	7
1911	清河道	通永道					
	保定府	顺天府					
	清苑	大兴	宛平	良乡	固安	永清	东安
1913	范阳道	顺天府					
	清苑	大兴	宛平	良乡	固安	永清	东安
1914	保定道	往属京兆地方					
	清苑						
1928	清苑	大兴	宛平	良乡	固安	永清	安次
1949	清苑	大兴	宛平	良乡	固安	永清	安次

年 份	8	9	10	11	12	13	14
1911	通永道						
	顺天府						
	香河	三河	怀柔	房山	霸州	涿州	通州
1913	顺天府						
	香河	三河	怀柔	房山	霸县	涿县	通县
1914	往属京兆地方						
1928	香河	三河	怀柔	房山	霸县	涿县	通县
1949	香河	三河	怀柔	房山	霸县	涿县	通县

年 份	15	16	17	18	19	20	21
1911	通永道						天津道
	顺天府						天津府
	蓟州	昌平州	武清	宝坻	顺义	密云	静海

续 表

年 份	15	16	17	18	19	20	21
1913	顺天府						渤海道
	蓟县	昌平	武清	宝坻	顺义	密云	静海
1914	往属京兆地方						津海道
							静海
1928	蓟县	昌平	武清	宝坻	顺义	密云	静海
1949	蓟县	昌平	武清	宝坻	顺义	密云	静海

年 份	22	23	24	25	26	27	28
1911	天津道	通永道	天津道				
	河间府	顺天府	天津府				
	河间	平谷	天津	青县	沧州	盐山	庆云
1913	渤海道	顺天府	渤海道				
	河间	平谷	天津	青县	沧县	盐山	庆云
1914	津海道	往属京兆地方	津海道				
	河间		天津	青县	沧县	盐山	庆云
1928	河间	平谷	天津	青县	沧县	盐山	庆云
1949	河间	平谷	天津	青县	沧县	盐山	庆云

年 份	29	30	31	32	33	34	35
1911	天津道				通永道	天津道	
	天津府	河间府			永平府	河间府	
	南皮	吴桥	故城	东光	卢龙	献县	肃宁
1913	渤海道						
	南皮	吴桥	故城	东光	卢龙	献县	肃宁
1914	津海道						
	南皮	吴桥	故城	东光	卢龙	献县	肃宁
1928	南皮	吴桥	故城	东光	卢龙	献县	肃宁
1949	南皮	吴桥	故城	东光	卢龙	献县	肃宁

续　表

年　份	36	37	38	39	40	41	42
1911	天津道					通永道	
	河间府					永平府	遵化直隶州
	任丘	阜城	交河	宁津	景州	临榆	遵化州
1913	渤海道						
	任丘	阜城	交河	宁津	景县	临榆	遵化
1914	津海道						
	任丘	阜城	交河	宁津	景县	临榆	遵化
1928	任丘	阜城	交河	宁津	景县	临榆	遵化
1949	任丘	阜城	交河	宁津	景县	临榆	遵化

年　份	43	44	45	46	47	48	49
1911		通永道					
	遵化直隶州	永平府					
		丰润	迁安	抚宁	昌黎	滦州	
1913	渤海道						
		丰润	迁安	抚宁	昌黎	滦县	
1914	津海道						
		丰润	迁安	抚宁	昌黎	滦县	
1928		丰润	迁安	抚宁	昌黎	滦县	
1930	兴隆	丰润	迁安	抚宁	昌黎	滦县	
1947	兴隆	丰润	迁安	抚宁	昌黎	滦县	唐山市
1949	兴隆	丰润	迁安	抚宁	昌黎	滦县	唐山市

年　份	50	51	52	53	54	55	56
1911	通永道	清河道					
	永平府	保定府					
	乐亭	安肃	满城	定兴	新城	唐县	博野
1913	渤海道	范阳道					
	乐亭	安肃	满城	定兴	新城	唐县	博野

续 表

年 份	50	51	52	53	54	55	56
1914	津海道	保定道					
	乐亭	徐水	满城	定兴	新城	唐县	博野
1928	乐亭	徐水	满城	定兴	新城	唐县	博野
1949	乐亭	徐水	满城	定兴	新城	唐县	博野

年 份	57	58	59	60	61	62	63
1911	通永道					清河道	
	遵化直隶州	顺天府				保定府	
	玉田	文安	大城	保定	宁河	蠡县	雄县
1913	渤海道	顺天府				范阳道	
	玉田	文安	大城	保定	宁河	蠡县	雄县
1914	津海道					保定道	
	玉田	文安	大城	新镇	宁河	蠡县	雄县
1928	玉田	文安	大城	新镇	宁河	蠡县	雄县
1949	玉田	文安	大城	新镇	宁河	蠡县	雄县

年 份	64	65	66	67	68	69	70
1911	清河道						
	保定府						定州直隶州
	祁州	安州	束鹿	高阳	望都	容城	定州
1913	范阳道						
	祁县	安新	束鹿	高阳	望都	容城	定县
1914	保定道						
	安国	安新	束鹿	高阳	望都	容城	定县
1928	安国	安新	束鹿	高阳	望都	容城	定县
1949	安国	安新	束鹿	高阳	望都	容城	定县

年 份	71	72	73	74	75	76	77
1911	清河道						
	正定府						
	阜平	栾城	行唐	灵寿	平山	元氏	赞皇

续　表

年　份	71	72	73	74	75	76	77
1913	范阳道						
	阜平	栾城	行唐	灵寿	平山	元氏	赞皇
1914	保定道						
	阜平	栾城	行唐	灵寿	平山	元氏	赞皇
1928	阜平	栾城	行唐	灵寿	平山	元氏	赞皇
1949	阜平	栾城	行唐	灵寿	平山	元氏	赞皇

年　份	78	79	80	81	82	83	84
1911	清河道			清河道			
	正定府			正定府			
	晋州	正定		获鹿	井陉	藁城	新乐
1913	范阳道			范阳道			
	晋县	正定		获鹿	井陉	藁城	新乐
1914	保定道			保定道			
	晋县	正定		获鹿	井陉	藁城	新乐
1928	晋县	正定		获鹿	井陉	藁城	新乐
1947	晋县	正定	石门市	获鹿	井陉	藁城	新乐
1949	晋县	正定	石门市	获鹿	井陉	藁城	新乐

年　份	85	86	87	88	89	90	91
1911	清河道						
	易州直隶州	正定府	易州直隶州		保定府	定州直隶州	
	易州	无极	涞水	广昌	完县	曲阳	深泽
1913	范阳道						
	易县	无极	涞水	广昌	完县	曲阳	深泽
1914	保定道						
	易县	无极	涞水	涞源	完县	曲阳	深泽
1928	易县	无极	涞水	涞源	完县	曲阳	深泽
1949	易县	无极	涞水	涞源	完县	曲阳	深泽

续 表

年份	92	93	94	95		96	97
1911	清河道			大名道			
	深州直隶州			大名府			
	武强	饶阳	安平	大名	元城	南乐	清丰
1913	范阳道			冀南道			
	武强	饶阳	安平	大名		南乐	清丰
1914	保定道			大名道			
	武强	饶阳	安平	大名		南乐	清丰
1928	武强	饶阳	安平	大名		南乐	清丰
1949	武强	饶阳	安平	大名		南乐	清丰

年份	98	99	100	101	102	103	104
1911	大名道				清河道	大名道	
	大名府			广平府	深州直隶州	顺德府	
	东明	开州	长垣	永年	深州	邢台	沙河
1913	冀南道				范阳道	冀南道	
	东明	开县	长垣	永年	深县	邢台	沙河
1914	大名道				保定道	大名道	
	东明	濮阳	长垣	永年	深县	邢台	沙河
1928	东明	濮阳	长垣	永年	深县	邢台	沙河
1949	东明	濮阳	长垣	永年	深县	邢台	沙河

年份	105	106	107	108	109	110	111
1911			大名道				
			顺德府				
	南和	平乡	广宗	巨鹿	唐山	内丘	任县
1913	冀南道						
	南和	平乡	广宗	巨鹿	唐山	内丘	任县
1914	大名道						
	南和	平乡	广宗	巨鹿	唐山	内丘	任县
1928	南和	平乡	广宗	巨鹿	尧山	内丘	任县
1949	南和	平乡	广宗	巨鹿	尧山	内丘	任县

续 表

年 份	112	113	114	115	116	117	118
1911	大名道						
	广平府						
	磁州	曲周	肥乡	鸡泽	广平	邯郸	成安
1913	冀南道						
	磁县	曲周	肥乡	鸡泽	广平	邯郸	成安
1914	大名道						
	磁县	曲周	肥乡	鸡泽	广平	邯郸	成安
1928	磁县	曲周	肥乡	鸡泽	广平	邯郸	成安
1949	磁县	曲周	肥乡	鸡泽	广平	邯郸	成安

年 份	119	120	121	122	123	124	125
1911	大名道		大名道				
	广平府		赵州直隶州		冀州直隶州		
	威县	清河	隆平	高邑	冀州	衡水	南宫
1913	冀南道						
	威县	清河	隆平	高邑	冀县	衡水	南宫
1914	大名道						
	威县	清河	隆平	高邑	冀县	衡水	南宫
1928	威县	清河	隆平	高邑	冀县	衡水	南宫
1949	威县	清河	隆平	高邑	冀县	衡水	南宫

年 份	126	127	128	129	130	131	132
1911	大名道						
	冀州直隶州			赵州直隶州			
	新河	枣强	武邑	赵州	柏乡	临城	宁晋
1913	冀南道						
	新河	枣强	武邑	赵县	柏乡	临城	宁晋
1914	大名道						
	新河	枣强	武邑	赵县	柏乡	临城	宁晋
1928	新河	枣强	武邑	赵县	柏乡	临城	宁晋
1949	新河	枣强	武邑	赵县	柏乡	临城	宁晋

续　表

年　份	133	134						
1911			口北道					
			宣化府						
			宣化	赤城	万全	龙门	怀来	
1913			口北道						
			宣化	赤城	万全	龙门	怀来	
1914			口北道						
			宣化	赤城	万全	龙关	怀来	
1928			划属察哈尔特别区域						
1930								
1931								
1933	都山局							
1937	都山局	新海局						
1947	都山局	新海局	滦宁	溴阳				
1949	都山局	新海局	滦宁	溴阳				

年　份								
1911	口北道							
	宣化府					张家口直隶厅	独石口直隶厅	
	西宁	怀安	蔚州	延庆州	保安州	张家口厅	独石口厅	
1913	口北道							
	西宁	怀安	蔚县	延庆	保安	张北	独石	
1914	口北道					划属察哈尔特别区域		
	阳原	怀安	蔚县	延庆	涿鹿			
1928	划属察哈尔特别区域							
1949								

年　份								
1911	口北道		热河道					
	多伦诺尔厅		承德府					
	多伦诺尔厅		承德府	平泉州	滦平	隆化	丰宁	

年 份						
1913	口北道	热河道*				
	多伦	承德	平泉	滦平	隆化	丰宁
1914 1949	划属察哈尔特别区域	划属热河特别区域				

年 份							
1911	热河道						
	承德府	朝阳府				赤峰直隶州	
	围场厅	朝阳府	建昌	阜新	建平	绥东	赤峰州
1913	赤峰道*	朝阳道*				赤峰道*	
	围场	朝阳	建昌	阜新	建平	绥东	赤峰
1914 1949	划属热河特别区域						

年 份		
1911	热河道	
	赤峰直隶州	
	开鲁	林西
1913	赤峰道*	
	开鲁	林西
1914 1949	划属热河特别区域	

说明：表中标*处表示未正式实行。

表19 1911—1949年山东省政区变迁表

年 份	1	2	3	4	5	6	7	8
1911	济东泰武临道							
	济南府							
	历城	章丘	邹平	淄川	长山	新城	齐河	
1913	岱北道							
	历城	章丘	邹平	淄川	长山	新城	齐河	

续表

年份	1	2	3	4	5	6	7	8
1914	济南道							
	历城	章丘	邹平	淄川	长山	桓台	齐河	
1928	历城	章丘	邹平	淄川	长山	桓台	齐河	
1929	济南市	历城	章丘	邹平	淄川	长山	桓台	齐河
1949	济南市	历城	章丘	邹平	淄川	长山	桓台	齐河

年份	9	10	11	12	13	14	15	16
1911	济东泰武临道							
	济南府	武定府	济南府		泰安府			
	齐东	滨州	利津	济阳	长清	泰安	新泰	莱芜
1913	岱北道							
	齐东	滨县	利津	济阳	长清	泰安	新泰	莱芜
1914	济南道							
	齐东	滨县	利津	济阳	长清	泰安	新泰	莱芜
1925	济南道	武定道	济南道		泰安道			
	齐东	滨县	利津	济阳	长清	泰安	新泰	莱芜
1928	齐东	滨县	利津	济阳	长清	泰安	新泰	莱芜
1949	齐东	滨县	利津	济阳	长清	泰安	新泰	莱芜

年份	17	18	19	20	21	22	23	24
1911	济东泰武临道				兖沂曹济道		济东泰武临道	
	泰安府	武定府			青州府	济宁直隶州	武定府	
	肥城	惠民	阳信	海丰	博山	济宁州	乐陵	沾化
1913	岱北道					岱南道	岱北道	
	肥城	惠民	阳信	海丰	博山	济宁	乐陵	沾化
1914	济南道					济宁道	济南道	
	肥城	惠民	阳信	无棣	博山	济宁	乐陵	沾化
1925	泰安道	武定道	武定道	淄青道	兖济道	武定道		
	肥城	惠民	阳信	无棣	博山	济宁	乐陵	沾化
1928	肥城	惠民	阳信	无棣	博山	济宁	乐陵	沾化
1949	肥城	惠民	阳信	无棣	博山	济宁	乐陵	沾化

续表

年 份	25	26	27	28	29	30	31	32
1911	济东泰武临道				登莱青胶道			兖沂曹济道		
	武定府			青州府			兖州府	济宁直隶州	
	蒲台	商河	青城	博兴	高苑	峄县	金乡	嘉祥
1913	岱北道					岱南道		
	蒲台	商河	青城	博兴	高苑	峄县	金乡	嘉祥
1914	济南道					济宁道		
	蒲台	商河	青城	博兴	高苑	峄县	金乡	嘉祥
1925	武定道			淄青道			兖济道		
	蒲台	商河	青城	博兴	高苑	峄县	金乡	嘉祥
1928	蒲台	商河	青城	博兴	高苑	峄县	金乡	嘉祥
1949	蒲台	商河	青城	博兴	高苑	峄县	金乡	嘉祥

年 份	33	34	35	36	37	38	39	40
1911				兖沂曹济道				
	济宁直隶州	兖州府						
	鱼台	滋阳	曲阜	宁阳	邹县	滕县	泗水	汶上
1913	岱南道							
	鱼台	滋阳	曲阜	宁阳	邹县	滕县	泗水	汶上
1914	济宁道							
	鱼台	滋阳	曲阜	宁阳	邹县	滕县	泗水	汶上
1925	兖济道							
	鱼台	滋阳	曲阜	宁阳	邹县	滕县	泗水	汶上
1928	鱼台	滋阳	曲阜	宁阳	邹县	滕县	泗水	汶上
1949	鱼台	滋阳	曲阜	宁阳	邹县	滕县	泗水	汶上

年 份	41	42	43	44	45	46	47	48
1911				兖沂曹济道				
	兖州府	曹州府			沂州府			
	沂水	菏泽	曹县	单县	兰山	郯城	费县	蒙阴

续 表

年 份	41	42	43	44	45	46	47	48
1913	岱南道							
	沂水	菏泽	曹县	单县	兰山	郯城	费县	蒙阴
1914	济宁道							
	沂水	菏泽	曹县	单县	临沂	郯城	费县	蒙阴
1925	琅琊道	曹濮道			琅琊道			
	沂水	菏泽	曹县	单县	临沂	郯城	费县	蒙阴
1928	沂水	菏泽	曹县	单县	临沂	郯城	费县	蒙阴
1949	沂水	菏泽	曹县	单县	临沂	郯城	费县	蒙阴

年 份	49	50	51	52	53	54	55	56
1911	兖沂曹济道	济东泰武临道						兖沂曹济道
	沂州府	东昌府						曹州府
	莒州	堂邑	博平	茌平	清平	莘县	冠县	城武
1913	岱南道	济西道						岱南道
	莒县	堂邑	博平	茌平	清平	莘县	冠县	城武
1914	济宁道	东临道						济宁道
	莒县	堂邑	博平	茌平	清平	莘县	冠县	城武
1925	琅琊道	东昌道						曹濮道
	莒县	堂邑	博平	茌平	清平	莘县	冠县	城武
1928	莒县	堂邑	博平	茌平	清平	莘县	冠县	城武
1949	莒县	堂邑	博平	茌平	清平	莘县	冠县	城武

年 份	57	58	59	60	61	62	63	64
1911	兖沂曹济道				济东泰武临道			
	曹州府				临清直隶州			
	定陶	巨野	郓城	聊城	临清州	武城	夏津	丘县
1913	岱南道				济西道			
	定陶	巨野	郓城	聊城	临清	武城	夏津	丘县
1914	济宁道				东临道			
	定陶	巨野	郓城	聊城	临清	武城	夏津	丘县

续　表

年　份	57	58	59	60	61	62	63	64
1925	曹濮道			东昌道	德临道			东昌道
	定陶	巨野	郓城	聊城	临清	武城	夏津	丘县
1928	定陶	巨野	郓城	聊城	临清	武城	夏津	丘县
1949	定陶	巨野	郓城	聊城	临清	武城	夏津	丘县

年　份	65	66	67	68	69	70	71	72
1911	济东泰武临道							
	济南府		东昌府		济南府		泰安府	
	德州	德平	馆陶	高唐州	恩县	禹城	东平州	东阿
1913	济西道							
	德县	德平	馆陶	高唐	恩县	禹城	东平	东阿
1914	东临道							
	德县	德平	馆陶	高唐	恩县	禹城	东平	东阿
1925	德临道		东昌道		德临道			
	德县	德平	馆陶	高唐	恩县	禹城	东平	东阿
1928	德县	德平	馆陶	高唐	恩县	禹城	东平	东阿
1949	德县	德平	馆陶	高唐	恩县	禹城	东平	东阿

年　份	73	74	75	76	77	78	79	80
1911	济东泰武临道			兖沂曹济道		济东泰武临道		
	泰安府	兖州府		曹州府		济南府		
	平阴	阳谷	寿张	濮州	朝城	平原	陵县	临邑
1913	济西道							
	平阴	阳谷	寿张	濮县	朝城	平原	陵县	临邑
1914	东临道							
	平阴	阳谷	寿张	濮县	朝城	平原	陵县	临邑
1925	东昌道			曹濮道		德临道		
	平阴	阳谷	寿张	濮县	朝城	平原	陵县	临邑
1928	平阴	阳谷	寿张	濮县	朝城	平原	陵县	临邑
1931	平阴	阳谷	寿张	濮县	鄄城	朝城	平原	陵县	临邑

续 表

年 份	73	74	75	76	77	78	79	80
1936	平阴	阳谷	寿张	濮县	朝城	平原	陵县	临邑
1949	平阴	阳谷	寿张	濮县	朝城	平原	陵县	临邑

年 份	81	82	83	84	85	86	87	88
1911	兖沂曹济道	登莱青胶道						
	曹州府	登州府						
	范县	福山	蓬莱	黄县	栖霞	招远	莱阳	
1913	济西道	胶东道						
	范县	福山	蓬莱	黄县	栖霞	招远	莱阳	
1914	东临道	胶东道						
	范县	福山	蓬莱	黄县	栖霞	招远	莱阳	
1925	曹濮道	东海道						
	范县	福山	蓬莱	黄县	栖霞	招远	莱阳	
1928	范县	福山	蓬莱	黄县	栖霞	招远	莱阳	
1930	范县	福山	烟台市	蓬莱	黄县	栖霞	招远	莱阳
1931	范县	福山	蓬莱	黄县	栖霞	招远	莱阳	
1946	范县	福山	烟台市	蓬莱	黄县	栖霞	招远	莱阳
1949	范县	福山	烟台市	蓬莱	黄县	栖霞	招远	莱阳

年 份	89	90	91	92	93	94	95	96
1911	登莱青胶道		兖沂曹济道	登莱青胶道				
	登州府		曹州府	登州府		莱州府		
	宁海州		观城	荣城	海阳	掖县	平度州	潍县
1913	胶东道		济西道	胶东道				
	宁海		观城	荣城	海阳	掖县	平度	潍县
1914	胶东道		济西道	胶东道				
	牟平		观城	荣城	海阳	掖县	平度	潍县
1925	东海道		曹濮道	东海道		莱胶道		
	牟平		观城	荣城	海阳	掖县	平度	潍县

续　表

年　份	89	90	91	92	93	94	95	96
1928	牟平		观城	荣城	海阳	掖县	平度	潍县
1945	牟平	威海卫市	观城	荣城	海阳	掖县	平度	潍县
1949	牟平	威海卫市	观城	荣城	海阳	掖县	平度	潍县

年　份	97	98	99	100	101	102	103	104
1911	登莱青胶道							
	莱州府		胶州直隶州		登州府		青州府	
	昌邑	胶州	高密	即墨	文登	益都	临淄	乐安
1913	胶东道							
	昌邑	胶县	高密	即墨	文登	益都	临淄	乐安
1914	胶东道							
	昌邑	胶县	高密	即墨	文登	益都	临淄	广饶
1925	莱胶道				东海道		淄青道	
	昌邑	胶县	高密	即墨	文登	益都	临淄	广饶
1928	昌邑	胶县	高密	即墨	文登	益都	临淄	广饶
1949	昌邑	胶县	高密	即墨	文登	益都	临淄	广饶

年　份	105	106	107	108	109	110
1911	登莱青胶道				兖沂曹济道	
	青州府				沂州府	
	寿光	昌乐	临朐	安丘	诸城	日照
1913	胶东道					
	寿光	昌乐	临朐	安丘	诸城	日照
1914	胶东道					
	寿光	昌乐	临朐	安丘	诸城	日照
1925	淄青道			莱胶道		琅琊道
	寿光	昌乐	临朐	安丘	诸城	日照
1928	寿光	昌乐	临朐	安丘	诸城	日照
1948	寿光	昌乐	临朐	安丘	诸城	日照	东莱局
1949	寿光	昌乐	临朐	安丘	诸城	日照	东莱局

表20 1911—1949年河南省政区变迁表

年份	1	2	3	4	5	6	7	8	9	10	
1911	开归陈许郑道											
	开封府											
	祥符	陈留	杞县	通许	尉氏	洧川	鄢陵	中牟	兰封	禹州	
1912	开封府											
	开封府	陈留	杞县	通许	尉氏	洧川	鄢陵	中牟	兰封	禹州	
1913	豫东道											
	开封	陈留	杞县	通许	尉氏	洧川	鄢陵	中牟	兰封	禹县	
1914	开封道											
	开封	陈留	杞县	通许	尉氏	洧川	鄢陵	中牟	兰封	禹县	
1927	开封	陈留	杞县	通许	尉氏	洧川	鄢陵	中牟	兰封	禹县	
1929	开封市	开封	陈留	杞县	通许	尉氏	洧川	鄢陵	中牟	兰封	禹县
1931	开封	陈留	杞县	通许	尉氏	洧川	鄢陵	中牟	兰封	禹县	
1949	开封	陈留	杞县	通许	尉氏	洧川	鄢陵	中牟	兰封	禹县	
年份	11	12	13	14	15	16	17	18	19	20	21
1911	开归陈许郑道											
	开封府		归德府								
	密县	新郑	商丘	宁陵	鹿邑	夏邑	永城	虞城	睢州		考城
1912	开封府		归德府								
	密县	新郑	归德府	宁陵	鹿邑	夏邑	永城	虞城	睢州		考城
1913	豫东道											
	密县	新郑	商丘	宁陵	鹿邑	夏邑	永城	虞城	睢县		考城
1914	开封道											
	密县	新郑	商丘	宁陵	鹿邑	夏邑	永城	虞城	睢县		考城
1927	密县	新郑	商丘	宁陵	鹿邑	夏邑	永城	虞城	睢县		考城
1929	密县	新郑	商丘	宁陵	鹿邑	夏邑	永城	虞城	睢县	民权	考城
1949	密县	新郑	商丘	宁陵	鹿邑	夏邑	永城	虞城	睢县	民权	考城

续 表

年份	22	23	24	25	26	27	28	29	30	31
1911	开归陈许郑道									
1911	归德府	陈州府							许州直隶州	
1911	柘城	淮宁	商水	西华	项城	沈丘	太康	扶沟	许州	临颍
1912	归德府	陈州府							许州直隶州	
1912	柘城	陈州府	商水	西华	项城	沈丘	太康	扶沟	许州	临颍
1913	豫东道									
1913	柘城	淮阳	商水	西华	项城	沈丘	太康	扶沟	许昌	临颍
1914	开封道									
1914	柘城	淮阳	商水	西华	项城	沈丘	太康	扶沟	许昌	临颍
1927	柘城	淮阳	商水	西华	项城	沈丘	太康	扶沟	许昌	临颍
1949	柘城	淮阳	商水	西华	项城	沈丘	太康	扶沟	许昌	临颍

年份	32	33	34	35	36	37	38	39	40
1911	开归陈许郑道							河北道	
1911	许州直隶州			郑州直隶州				卫辉府	怀庆府
1911	襄城	郾城	长葛	郑州	荥阳	荥泽	汜水	汲县	武陟
1912	许州直隶州			郑州直隶州				卫辉府	怀庆府
1912	襄城	郾城	长葛	郑州	荥阳	荥泽	河阴	汜水	卫辉府	武陟
1913	豫东道							豫北道	
1913	襄城	郾城	长葛	郑县	荥阳	荥泽	河阴	汜水	汲县	武陟
1914	开封道							河北道	
1914	襄城	郾城	长葛	郑县	荥阳	荥泽	河阴	汜水	汲县	武陟
1927	襄城	郾城	长葛	郑县	荥阳	荥泽	河阴	汜水	汲县	武陟
1929	襄城	郾城	长葛	郑州市	郑县	荥阳	荥泽	河阴	汜水	汲县	武陟
1931	襄城	郾城	长葛	郑县	荥阳	广武	汜水	汲县	武陟
1949	襄城	郾城	长葛	郑县	荥阳	广武	汜水	汲县	武陟

年份	41	42	43	44	45	46	47	48	49	50
1911	河北道									
1911	彰德府							卫辉府		
1911	安阳	汤阴	临漳	林县	内黄	武安	涉县	新乡	获嘉	淇县

续 表

年份	41	42	43	44	45	46	47	48	49	50
1912	彰德府							卫辉府		
	彰德府	汤阴	临漳	林县	内黄	武安	涉县	新乡	获嘉	淇县
1913	豫北道									
	安阳	汤阴	临漳	林县	内黄	武安	涉县	新乡	获嘉	淇县
1914	河北道									
	安阳	汤阴	临漳	林县	内黄	武安	涉县	新乡	获嘉	淇县
1927	安阳	汤阴	临漳	林县	内黄	武安	涉县	新乡	获嘉	淇县
1949	安阳	汤阴	临漳	林县	内黄	武安	涉县	新乡	获嘉	淇县

年份	51	52	53	54	55	56	57	58	59	60	61
1911	河北道										
	卫辉府					怀庆府					
	辉县	延津	浚县	滑县	封丘	河内	济源	原武	修武		孟县
1912	卫辉府					怀庆府					
	辉县	延津	浚县	滑县	封丘	怀庆府	济源	原武	修武		孟县
1913	豫北道										
	辉县	延津	浚县	滑县	封丘	沁阳	济源	原武	修武		孟县
1914	河北道										
	辉县	延津	浚县	滑县	封丘	沁阳	济源	原武	修武		孟县
1927	辉县	延津	浚县	滑县	封丘	沁阳	博爱	济源	原武	修武	孟县
1949	辉县	延津	浚县	滑县	封丘	沁阳	博爱	济源	原武	修武	孟县

年份	62	63	64	65	66	67	68	69	70	71
1911	河北道		河陕汝道							
	怀庆府	河南府	陕州直隶州		河南府					
	温县	阳武	洛阳	陕州	偃师	巩县	孟津	宜阳	登封	永宁
1912		怀庆府	河南府	陕州直隶州	河南府					
	温县	阳武	洛阳	陕州	偃师	巩县	孟津	宜阳	登封	永宁
1913	豫北道		豫西道							
	温县	阳武	洛阳	陕县	偃师	巩县	孟津	宜阳	登封	永宁

续　表

年 份	62	63	64	65	66	67	68	69	70	71
1914	河北道			河洛道						
	温县	阳武	洛阳	陕县	偃师	巩县	孟津	宜阳	登封	洛宁
1927	温县	阳武	洛阳	陕县	偃师	巩县	孟津	宜阳	登封	洛宁
1949	温县	阳武	洛阳	陕县	偃师	巩县	孟津	宜阳	登封	洛宁

年 份	72	73	74	75	76	77	78	79	80	81
1911	河陕汝道									
	河南府			陕州直隶州			汝州直隶州			
	新安	渑池	嵩县	灵宝	阌乡	卢氏	汝州	鲁山	郏县	宝丰
1912	河南府			陕州直隶州			汝州直隶州			
	新安	渑池	嵩县	灵宝	阌乡	卢氏	汝州	鲁山	郏县	宝丰
1913	豫西道									
	新安	渑池	嵩县	灵宝	阌乡	卢氏	临汝	鲁山	郏县	宝丰
1914	河洛道									
	新安	渑池	嵩县	灵宝	阌乡	卢氏	临汝	鲁山	郏县	宝丰
1927	新安	渑池	嵩县	灵宝	阌乡	卢氏	临汝	鲁山	郏县	宝丰
1949	新安	渑池	嵩县	灵宝	阌乡	卢氏	临汝	鲁山	郏县	宝丰

年 份	82	83	84	85	86	87	88	89	90
1911	河陕汝道			南汝光淅道					
	汝州			汝宁府		南阳府			
	伊阳			信阳州	南阳	南召	镇平	唐县	泌阳	桐柏
1912	汝州			汝宁府		南阳府			
	伊阳			信阳州	南阳府	南召	镇平	唐县	泌阳	桐柏
1913	豫西道			豫南道					
	伊阳			信阳	南阳	南召	镇平	唐县	泌阳	桐柏
1914	河洛道			汝阳道					
	伊阳			信阳	南阳	南召	镇平	沘县	泌阳	桐柏
1927	伊阳	自由	平等	信阳	南阳	南召	镇平	唐河	泌阳	桐柏

续 表

年份	82	83		84	85	86	87	88	89	90
1931	伊阳	自由		信阳	南阳	南召	镇平	唐河	泌阳	桐柏
1949	伊阳	伊川		信阳	南阳	南召	镇平	唐河	泌阳	桐柏

年份	91	92	93	94	95	96	97	98	99	100	101
1911	南汝光淅道										
	南阳府					汝宁府					
	邓州	内乡	新野	裕州	舞阳	叶县	汝阳	正阳	上蔡	新蔡	西平
1912	南阳府					汝宁府					
	邓州	内乡	新野	裕州	舞阳	叶县	汝宁府	正阳	上蔡	新蔡	西平
1913	豫南道										
	邓县	内乡	新野	方城	舞阳	叶县	汝南	正阳	上蔡	新蔡	西平
1914	汝阳道										
	邓县	内乡	新野	方城	舞阳	叶县	汝南	正阳	上蔡	新蔡	西平
1927	邓县	内乡	新野	方城	舞阳	叶县	汝南	正阳	上蔡	新蔡	西平
1949	邓县	内乡	新野	方城	舞阳	叶县	汝南	正阳	上蔡	新蔡	西平

年份	102	103	104	105	106	107	108	109	110	111
1911	南汝光淅道									
	汝宁府			光州直隶州					淅川直隶厅	
	遂平	确山	罗山	光州	光山	固始	息县	商城	淅川厅	
1912	汝宁府			光州直隶州					淅川直隶厅	
	遂平	确山	罗山	光州	光山	固始	息县	商城	淅川厅	
1913	豫南道									
	遂平	确山	罗山	潢川	光山	固始	息县	商城	淅川	
1914	汝阳道									
	遂平	确山	罗山	潢川	光山	固始	息县	商城	淅川	
1927	遂平	确山	罗山	潢川	光山	固始	息县	商城	淅川	
1933	遂平	确山	罗山	潢川	光山	经扶	固始	息县	商城	淅川
1949	遂平	确山	罗山	潢川	光山	经扶	固始	息县	商城	淅川

表21　1911—1949年山西省政区变迁表

年份	1	2	3	4	5	6	7	8
1911	冀宁道							
	太原府							
	阳曲	太原	榆次	太谷	祁县	交城	文水	
1912	阳曲	太原	榆次	太谷	祁县	交城	文水	
1913	中路道							
	阳曲	太原	榆次	太谷	祁县	交城	文水	
1914	冀宁道							
	阳曲	太原	榆次	太谷	祁县	交城	文水	
1927	阳曲	太原	榆次	太谷	祁县	交城	文水	
1947	太原市	阳曲	晋源	榆次	太谷	祁县	交城	文水
1949	太原市	阳曲	晋源	榆次	太谷	祁县	交城	文水

年份	9	10	11	12	13	14	15	16
1911	冀宁道							
	太原府		汾州府		太原府			汾州府
	岚县	兴县	宁乡	永宁州	徐沟		岢岚州	汾阳
1912	岚县	兴县	宁乡	永宁	徐沟	清源	岢岚	汾阳
1913	中路道							
	岚县	兴县	宁乡	永宁	徐沟	清源	岢岚	汾阳
1914	冀宁道							
	岚县	兴县	中阳	离石	徐沟	清源	岢岚	汾阳
1927	岚县	兴县	中阳	离石	徐沟	清源	岢岚	汾阳
1949	岚县	兴县	中阳	离石	徐沟	清源	岢岚	汾阳

年份	17	18	19	20	21	22	23	24
1911	冀宁道							
	汾州府					潞安府		
	孝义	平遥	介休	石楼	临县	壶关	黎城	
1912	孝义	平遥	介休	石楼	临县	壶关	黎城	

续 表

年份	17	18	19	20	21	22	23	24
1913	中路道							
	孝义	平遥	介休	石楼	临县	壶关	黎城	
1914	冀宁道							
	孝义	平遥	介休	石楼	临县	壶关	黎城	
1918	冀宁道							
	孝义	平遥	介休	石楼	临县	壶关	黎城	方山
1927	孝义	平遥	介休	石楼	临县	壶关	黎城	方山
1949	孝义	平遥	介休	石楼	临县	壶关	黎城	方山

年份	25	26	27	28	29	30	31	32
1911	冀宁道							
		潞安府					辽州直隶州	沁州直隶州
	长治	长子	屯留	襄垣	潞城		榆社	沁州
1912	长治	长子	屯留	襄垣	潞城	平顺	榆社	沁县
1913	中路道							
	长治	长子	屯留	襄垣	潞城	平顺	榆社	沁县
1914	冀宁道							
	长治	长子	屯留	襄垣	潞城	平顺	榆社	沁县
1915	冀宁道							
	长治	长子	屯留	襄垣	潞城		榆社	沁县
1917	冀宁道							
	长治	长子	屯留	襄垣	潞城	平顺	榆社	沁县
1927	长治	长子	屯留	襄垣	潞城	平顺	榆社	沁县
1949	长治	长子	屯留	襄垣	潞城	平顺	榆社	沁县

年份	33	34	35	36	37	38	39	40
1911	冀宁道							
	沁州直隶州		泽州府					辽州直隶州
	沁源	武乡	凤台	高平	阳城	陵川	沁水	辽州
1912	沁源	武乡	凤台	高平	阳城	陵川	沁水	辽县

续 表

年 份	33	34	35	36	37	38	39	40
1913	中路道							
	沁源	武乡	凤台	高平	阳城	陵川	沁水	辽县
1914	冀宁道							
	沁源	武乡	晋城	高平	阳城	陵川	沁水	辽县
1927	沁源	武乡	晋城	高平	阳城	陵川	沁水	辽县
1949	沁源	武乡	晋城	高平	阳城	陵川	沁水	辽县

年 份	41	42	43	44	45	46	47	48
1911	冀宁道	雁平道				冀宁道		
	辽州直隶州	代州直隶州	大同府			平定直隶州		
	和顺	代州	怀仁	山阴	阳高	平定州		盂县
1912	和顺	代县	怀仁	山阴	阳高	平定	乐平	盂县
1913	中路道	北路道				中路道		
	和顺	代县	怀仁	山阴	阳高	平定	乐平	盂县
1914	冀宁道	雁门道				冀宁道		
	和顺	代县	怀仁	山阴	阳高	平定	昔阳	盂县
1927	和顺	代县	怀仁	山阴	阳高	平定	昔阳	盂县
1949	和顺	代县	怀仁	山阴	阳高	平定	昔阳	盂县

年 份	49	50	51	52	53	54	55	56
1911	冀宁道	雁平道						
	平定直隶州	大同府	朔平府				宁武府	
	寿阳	大同	右玉	左云	平鲁	朔州		宁武	神池
1912	寿阳	大同	右玉	左云	平鲁	朔县	马邑	宁武	神池
1913	中路道	北路道						
	寿阳	大同	右玉	左云	平鲁	朔县	马邑	宁武	神池
1914	中路道	雁门道						
	寿阳	大同	右玉	左云	平鲁	朔县	马邑	宁武	神池
1915	中路道	雁门道						
	寿阳	大同	右玉	左云	平鲁	朔县		宁武	神池

续 表

年份	49	50	51	52	53	54	55	56
1927	寿阳	大同	右玉	左云	平鲁	朔县	宁武	神池
1949	寿阳	大同	右玉	左云	平鲁	朔县	宁武	神池

年份	57	58	59	60	61	62	63	64
1911	雁平道							
	大同府					忻州直隶州		代州直隶州
	天镇	广灵	灵丘	浑源州	应州	定襄	静乐	五台
1912	天镇	广灵	灵丘	浑源	应县	定襄	静乐	五台
1913	北路道							
	天镇	广灵	灵丘	浑源	应县	定襄	静乐	五台
1914	雁门道							
	天镇	广灵	灵丘	浑源	应县	定襄	静乐	五台
1927	天镇	广灵	灵丘	浑源	应县	定襄	静乐	五台
1949	天镇	广灵	灵丘	浑源	应县	定襄	静乐	五台

年份	65	66	67	68	69	70	71	72
1911	雁平道							河东道
	代州直隶州	保德直隶州	宁武府			忻州直隶州	保德直隶州	解州直隶州
	崞县	繁峙	保德州	偏关	五寨	忻州	河曲	安邑
1912	崞县	繁峙	保德	偏关	五寨	忻县	河曲	安邑
1913	北路道							河东道
	崞县	繁峙	保德	偏关	五寨	忻县	河曲	安邑
1914	雁门道							河东道
	崞县	繁峙	保德	偏关	五寨	忻县	河曲	安邑
1927	崞县	繁峙	保德	偏关	五寨	忻县	河曲	安邑
1949	崞县	繁峙	保德	偏关	五寨	忻县	河曲	安邑

年份	73	74	75	76	77	78	79	80
1911	河东道							
	平阳府							
	临汾	洪洞	浮山	乡宁	岳阳	曲沃	翼城	太平

续　表

年　份	73	74	75	76	77	78	79	80
1912	临汾	洪洞	浮山	乡宁	岳阳	曲沃	翼城	太平
1913	河东道							
	临汾	洪洞	浮山	乡宁	岳阳	曲沃	翼城	太平
1914	河东道							
	临汾	洪洞	浮山	乡宁	安泽	曲沃	翼城	汾城
1927	临汾	洪洞	浮山	乡宁	安泽	曲沃	翼城	汾城
1949	临汾	洪洞	浮山	乡宁	安泽	曲沃	翼城	汾城

年　份	82	83	84	85	86	87	88	89
1911	河东道							
	平阳府		蒲州府					
	襄陵	吉州	永济	临晋	虞乡	荣河	万泉	猗氏
1912	襄陵	吉县	永济	临晋	虞乡	荣河	万泉	猗氏
1913	河东道							
	襄陵	吉县	永济	临晋	虞乡	荣河	万泉	猗氏
1927	襄陵	吉县	永济	临晋	虞乡	荣河	万泉	猗氏
1949	襄陵	吉县	永济	临晋	虞乡	荣河	万泉	猗氏

年　份	89	90	91	92	93	94	95	96
1911	河东道							
	解州直隶州		绛州直隶州					解州直隶州
	解州	芮城	绛州	垣曲	闻喜	绛县	稷山	夏县
1912	解县	芮城	新绛	垣曲	闻喜	绛县	稷山	夏县
1913	河东道							
	解县	芮城	新绛	垣曲	闻喜	绛县	稷山	夏县
1927	解县	芮城	新绛	垣曲	闻喜	绛县	稷山	夏县
1949	解县	芮城	新绛	垣曲	闻喜	绛县	稷山	夏县

年　份	97	98	99	100	101	102	103	104
1911	河东道							
	解州直隶州	绛州直隶州	霍州直隶州	平阳府	霍州直隶州		隰州直隶州	
	平陆	河津	霍州	汾西	灵石	赵城	隰州	大宁

续表

年份	97	98	99	100	101	102	103	104
1912	平陆	河津	霍县	汾西	灵石	赵城	隰县	大宁
1913	河东道							
	平陆	河津	霍县	汾西	灵石	赵城	隰县	大宁
1927	平陆	河津	霍县	汾西	灵石	赵城	隰县	大宁
1949	平陆	河津	霍县	汾西	灵石	赵城	隰县	大宁

年份	105	106			
1911	河东道		归绥道		
	隰州直隶州		归化城直隶厅	绥化城直隶厅	和林格尔直隶厅
	蒲县	永和			
1912	蒲县	永和	归化	绥远	和林格尔
1913	河东道		划属绥远特别区域		
	蒲县	永和			
1927	蒲县	永和			
1949	蒲县	永和			

年份				
1911	归绥道			
	清水河直隶厅	托克托城直隶厅	萨拉齐直隶厅	丰镇直隶厅
1912	清水河	托克托	萨拉齐	丰镇
1913	划属绥远特别区域			
1949				

年份				
1911	归绥道			
	宁远直隶厅	五原直隶厅	陶林直隶厅	武川直隶厅
1912	宁远	五原	陶林	武川
1913	划属绥远特别区域			
1949				

续 表

年 份		
1911	归绥道	
	兴和直隶厅	东胜直隶厅
1912	兴和	东胜
1913	划属绥远特别区域	
1949		

表 22　1911—1949 年陕西省政区变迁表

年 份	1	2	3	4	5	6	7
1911	西乾鄜道						
	西安府						
	长安	咸宁	咸阳	兴平	临潼	高陵	鄠县	蓝田
1912	西乾鄜道						
	西安府						
	长安	咸宁	咸阳	兴平	临潼	高陵	鄠县	蓝田
1913	陕中道						
	长安	咸宁	咸阳	兴平	临潼	高陵	鄠县	蓝田
1914	关中道						
	长安		咸阳	兴平	临潼	高陵	鄠县	蓝田
1926	长安		咸阳	兴平	临潼	高陵	鄠县	蓝田
1928	西安市	长安	咸阳	兴平	临潼	高陵	鄠县	蓝田
1930	长安		咸阳	兴平	临潼	高陵	鄠县	蓝田
1943	西安市	长安	咸阳	兴平	临潼	高陵	鄠县	蓝田
1947	升为直辖市	长安	咸阳	兴平	临潼	高陵	鄠县	蓝田
1949		长安	咸阳	兴平	临潼	高陵	鄠县	蓝田

年 份	8	9	10	11	12	13	14	15
1911	西乾鄜道							
	西安府							
	泾阳	三原	盩厔	渭南	富平	醴泉	铜官	耀州

续表

年份	8	9	10	11	12	13	14	15
1912	西乾鄜道							
	西安府							
	泾阳	三原	盩厔	渭南	富平	醴泉	铜官	耀州
1913	陕中道							
	泾阳	三原	盩厔	渭南	富平	醴泉	铜官	耀县
1914	关中道							
	泾阳	三原	盩厔	渭南	富平	醴泉	铜官	耀县
1926	泾阳	三原	盩厔	渭南	富平	醴泉	铜官	耀县
1947	泾阳	三原	盩厔	渭南	富平	醴泉	铜川	耀县
1949	泾阳	三原	盩厔	渭南	富平	醴泉	铜川	耀县

年份	16	17	18	19	20	21	22	23
1911	潼商道							
	同州府							
	大荔	朝邑	郃阳	澄城	白水	韩城	华阴	
1912	潼商道							
	同州府							
	大荔	朝邑	郃阳	澄城	白水	韩城	华阴	
1913	陕东道							
	大荔	朝邑	郃阳	澄城	白水	韩城	华阴	
1914	关中道							
	大荔	朝邑	郃阳	澄城	白水	韩城	华阴	
1926	大荔	朝邑	郃阳	澄城	白水	韩城	华阴	
1929	大荔	朝邑	郃阳	澄城	白水	韩城	华阴	平民
1949	大荔	朝邑	郃阳	澄城	白水	韩城	华阴	平民

年份	24	25	26	27	28	29	30	31
1911	潼商道					西乾鄜道	凤邠道	
	同州府	商州隶州府	同州府	商州直隶州	西安府	凤翔府		
	潼关厅	华州	商州	蒲城	雒南	孝义厅	凤翔	岐山

续　表

年　份	24	25	26	27	28	29	30	31
1912	潼商道				西乾鄜道		凤邠道	
	同州府		商州直隶州	同州府	商州直隶州	西安府	凤翔府	
	潼关厅	华州	商州	蒲城	雒南	孝义厅	凤翔	岐山
1913	陕东道						陕西道	
	潼关	华县	商县	蒲城	雒南	孝义	凤翔	岐山
1914	关中道							
	潼关	华县	商县	蒲城	雒南	柞水	凤翔	岐山
1926	潼关	华县	商县	蒲城	雒南	柞水	凤翔	岐山
1949	潼关	华县	商县	蒲城	雒南	柞水	凤翔	岐山

年　份	32	33	34	35	36	37	38	39
1911	凤邠道							陕安道
	凤翔府	邠州直隶州	凤翔府				邠州直隶州	汉中府
	宝鸡	三水	郿县	麟游	汧阳	陇州	邠州	南郑
1912	凤邠道							陕安道
	凤翔府	邠州直隶州	凤翔府				邠州直隶州	汉中府
	宝鸡	三水	郿县	麟游	汧阳	陇州	邠州	南郑
1913	陕西道							陕南道
	宝鸡	三水	郿县	麟游	汧阳	陇县	邠县	南郑
1914	关中道							汉中道
	宝鸡	栒邑	郿县	麟游	汧阳	陇县	邠县	南郑
1926	宝鸡	栒邑	郿县	麟游	汧阳	陇县	邠县	南郑
1949	宝鸡	栒邑	郿县	麟游	汧阳	陇县	邠县	南郑

年　份	40	41	42	43	44	45	46	47
1911	凤邠道		西乾鄜道			陕安道		
	邠州直隶州		乾州直隶州			汉中府		
	淳化	长武	乾州	武功	永寿	沔县	褒城	城固
1912	凤邠道		西乾鄜道			陕安道		
	邠州直隶州		乾州直隶州			汉中府		
	淳化	长武	乾州	武功	永寿	沔县	褒城	城固

续　表

年 份	40	41	42	43	44	45	46	47
1913	陕西道					陕南道		
	淳化	长武	乾县	武功	永寿	沔县	褒城	城固
1914	关中道					汉中道		
	淳化	长武	乾县	武功	永寿	沔县	褒城	城固
1926	淳化	长武	乾县	武功	永寿	沔县	褒城	城固
1949	淳化	长武	乾县	武功	永寿	沔县	褒城	城固

年 份	48	49	50	51	52	53	54	55
1911	陕安道							
	汉中府			兴安府		汉中府		兴安府
	洋县	西乡	宁羌州	砖坪厅	略阳	佛坪厅	定远厅	汉阴厅
1912	陕安道							
	汉中府			兴安府		汉中府		兴安府
	洋县	西乡	宁羌州	砖坪厅	略阳	佛坪厅	定远厅	汉阴厅
1913	陕南道							
	洋县	西乡	宁羌	砖坪	略阳	佛坪	定远	汉阴
1914	汉中道							
	洋县	西乡	宁羌	砖坪	略阳	佛坪	镇巴	汉阴
1926	洋县	西乡	宁羌	岚皋	略阳	佛坪	镇巴	汉阴
1941	洋县	西乡	宁强	岚皋	略阳	佛坪	镇巴	汉阴
1949	洋县	西乡	宁强	岚皋	略阳	佛坪	镇巴	汉阴

年 份	56	57	58	59	60	61	62	63
1911	陕安道	凤邠道	陕安道					
	汉中府	凤翔府	兴安府					
	留坝厅	扶风	安康	平利	洵阳	白河	紫阳	
1912	陕安道	凤邠道	陕安道					
	汉中府	凤翔府	兴安府					
	留坝厅	扶风	安康	平利	洵阳	白河	紫阳	

续 表

年 份	56	57	58	59	60	61	62	63
1913	陕南道	陕西道	陕南道					
	留坝	扶风	安康	平利		洵阳	白河	紫阳
1914	汉中道	关中道	汉中道					
	留坝	扶风	安康	平利		洵阳	白河	紫阳
1920	汉中道	关中道	汉中道					
	留坝	扶风	安康	平利	镇坪	洵阳	白河	紫阳
1926	留坝	扶风	安康	平利	镇坪	洵阳	白河	紫阳
1949	留坝	扶风	安康	平利	镇坪	洵阳	白河	紫阳

年 份	64	65	66	67	68	69	70	71
1911	陕安道	西乾鄜道	潼商道			陕安道	延榆绥道	
	兴安府	西安府	商州直隶州			汉中府	榆林府	
	石泉	宁陕厅	山阳	镇安	商南	凤县	榆林	神木
1912	陕安道	西乾鄜道	潼商道			陕安道	延榆绥道	
	兴安府	西安府	商州直隶州			汉中府	榆林府	
	石泉	宁陕厅	山阳	镇安	商南	凤县	榆林	神木
1913	陕南道		陕东道			陕西道	陕北道	
	石泉	宁陕	山阳	镇安	商南	凤县	榆林	神木
1914	汉中道						榆林道	
	石泉	宁陕	山阳	镇安	商南	凤县	榆林	神木
1926	石泉	宁陕	山阳	镇安	商南	凤县	榆林	神木
1949	石泉	宁陕	山阳	镇安	商南	凤县	榆林	神木

年 份	72	73	74	75	76	77	78	79
1911	延榆绥道							
	榆林府			延安府				
	府谷	怀远	葭州	肤施	安塞	甘泉	保安	安定
1912	延榆绥道							
	榆林府			延安府				
	府谷	怀远	葭州	肤施	安塞	甘泉	保安	安定

续 表

年份	72	73	74	75	76	77	78	79
1913	陕北道							
1913	府谷	怀远	葭县	肤施	安塞	甘泉	保安	安定
1914	榆林道							
1914	府谷	横山	葭县	肤施	安塞	甘泉	保安	安定
1917	榆林道							
1917	府谷	横山	葭县	肤施	安塞	甘泉	保安	安定
1920	榆林道							
1920	府谷	横山	葭县	肤施	安塞	甘泉	保安	安定
1926	府谷	横山	葭县	肤施	安塞	甘泉	保安	安定
1947	府谷	横山	葭县	延安	安塞	甘泉	保安	安定
1949	府谷	横山	葭县	延安	安塞	甘泉	保安	安定

年份	80	81	82	83	84	85	86	87
1911	延榆绥道							
1911	延安府				绥德直隶州			
1911	延长	延川	定边	靖边	绥德州	米脂	清涧	吴堡
1912	延榆绥道							
1912	延安府				绥德直隶州			
1912	延长	延川	定边	靖边	绥德州	米脂	清涧	吴堡
1913	陕北道							
1913	延长	延川	定边	靖边	绥德	米脂	清涧	吴堡
1914	榆林道							
1914	延长	延川	定边	靖边	绥德	米脂	清涧	吴堡
1926	延长	延川	定边	靖边	绥德	米脂	清涧	吴堡
1949	延长	延川	定边	靖边	绥德	米脂	清涧	吴堡

年份	88	89	90	91	92	93	94
1911	西乾鄜道				延榆绥道		
1911	鄜州直隶州				延安府		
1911	鄜州	洛川	中部	宜君	宜川		

续 表

年 份	88	89	90	91	92	93	94
1912	西乾鄜道				延榆绥道		
1912	鄜州直隶州				延安府		
1912	鄜州	洛川	中部	宜君	宜川		
1913	陕中道				陕东道		
1913	鄜县	洛川	中部	宜君	宜川		
1914	榆林道						
1914	鄜县	洛川	中部	宜君	宜川		
1926	鄜县	洛川	中部	宜君	宜川		
1941	鄜县	洛川	中部	宜君	宜川	黄龙局	
1944	鄜县	洛川	黄陵	宜君	宜川	黄龙局	
1947	鄜县	洛川	黄陵	宜君	宜川	黄龙局	龙驹寨局
1949	鄜县	洛川	黄陵	宜君	宜川	黄龙局	龙驹寨局

表23 1911—1949年甘肃省政区变迁表

年 份	1	2	3	4	5	6	7	8
1911	兰州府							
1911		皋兰		狄道州	河州			
1912	兰州府							
1912		皋兰		狄道州	河州			
1913	兰山道							
1913		皋兰	红水	狄道	导河	沙县		
1914	兰山道							
1914		皋兰	红水	狄道	导河	洮沙		
1917	兰山道							
1917		皋兰	红水	狄道	导河	洮沙	宁定	
1927		皋兰	红水	狄道	导河	洮沙	宁定	
1928		皋兰	红水	临洮	临夏	洮沙	宁定	
1929		皋兰	红水	临洮	临夏	洮沙	宁定	永靖

续　表

年份	1	2	3	4	5	6	7	8
1933		皋兰	景泰	临洮	临夏	洮沙	宁定	永靖
1941	兰州市	皋兰	景泰	临洮	临夏	洮沙	宁定	永靖
1949	兰州市	皋兰	景泰	临洮	临夏	洮沙	宁定	永靖

年份	9	10	11	12	13	14	15	16
1911			兰州道			巩秦阶道		
1911			兰州府			巩昌府		
1911		靖远	金县	渭源	安定	陇西		洮州厅
1912			兰州道			巩秦阶道		
1912			兰州府			巩昌府		
1912		靖远	金县	渭源	安定	陇西		洮州厅
1913				兰山道				
1913		靖远	金县	渭源	安定	陇西	漳县	临潭
1914				兰山道				
1914		靖远	金县	渭源	定西	陇西	漳县	临潭
1919				兰山道				
1919		靖远	榆中	渭源	定西	陇西	漳县	临潭
1927		靖远	榆中	渭源	定西	陇西	漳县	临潭
1929	和政	靖远	榆中	渭源	定西	陇西	漳县	临潭
1949	和政	靖远	榆中	渭源	定西	陇西	漳县	临潭

年份	17	18	19	20	21	22	23	24
1911					巩秦阶道			
1911		巩昌府			秦州直隶州			
1911		会宁	岷州	秦州	秦安	清水	徽县	两当
1912					巩秦阶道			
1912		巩昌府			秦州直隶州			
1912		会宁	岷州	秦州	秦安	清水	徽县	两当
1913		兰山道			陇南道			
1913		会宁	岷县	天水	秦安	清水	徽县	两当

续表

年份	17	18	19	20	21	22	23	24
1914		兰山道		渭川道				
		会宁	岷县	天水	秦安	清水	徽县	两当
1926	西宁道	兰山道		渭川道				
	拉卜楞局	会宁	岷县	天水	秦安	清水	徽县	两当
1928	夏河	会宁	岷县	天水	秦安	清水	徽县	两当
1949	夏河	会宁	岷县	天水	秦安	清水	徽县	两当

年份	25	26	27	28	29	30	31	32
1911			巩秦阶道					
	秦州直隶州	巩昌府				阶州直隶州		
	礼县	通渭	宁远	伏羌	西和	阶州		
1912			巩秦阶道					
	秦州直隶州	巩昌府				阶州直隶州		
	礼县	通渭	宁远	伏羌	西和	阶州		
1913			陇南道					
	礼县	通渭	宁远	伏羌	西和	武都	西固	
1914			渭川道					
	礼县	通渭	武山	伏羌	西和	武都	西固	
1927	礼县	通渭	武山	伏羌	西和	武都	西固	
1928	礼县	通渭	武山	甘谷	西和	武都	西固	永康
1929	礼县	通渭	武山	甘谷	西和	武都	西固	康县
1949	礼县	通渭	武山	甘谷	西和	武都	西固	康县

年份	33	34	35	36	37	38	39	40
1911	巩秦阶道		平庆泾固化道					
	阶州直隶州		平凉府					庆阳府
	文县	成县	平凉	华亭	静宁州	隆德		安化
1912	巩秦阶道		平庆泾固化道					
	阶州直隶州		平凉府					庆阳府
	文县	成县	平凉	华亭	静宁州	隆德		安化

续表

年份	33	34	35	36	37	38	39	40
1913	陇南道		陇东道					
	文县	成县	平凉	华亭	静宁	隆德	庄浪	安化
1914	渭川道		泾原道					
	文县	成县	平凉	华亭	静宁	隆德	庄浪	庆阳
1927	文县	成县	平凉	华亭	静宁	隆德	庄浪	庆阳
1949	文县	成县	平凉	华亭	静宁	隆德	庄浪	庆阳

年份	41	42	43	44	45	46	47	48
1911	平庆泾固化道							
	庆阳府				泾州直隶州			
	宁州	正宁	合水	环县	泾州	崇信	镇原	灵台
1912	平庆泾固化道							
	庆阳府				泾州直隶州			
	宁州	正宁	合水	环县	泾州	崇信	镇原	灵台
1913	陇东道							
	宁县	正宁	合水	环县	泾县	崇信	镇原	灵台
1914	泾原道							
	宁县	正宁	合水	环县	泾川	崇信	镇原	灵台
1927	宁县	正宁	合水	环县	泾川	崇信	镇原	灵台
1949	宁县	正宁	合水	环县	泾川	崇信	镇原	灵台

年份	49	50	51	52	53	54	55	56
1911	平庆泾固化道			甘凉道				
	固原直隶州		化平川厅	凉州府				
	固原州	海城	化平川厅	武威	永昌	镇番	古浪	平番
1912	平庆泾固化道			甘凉道				
	固原直隶州		化平川厅	凉州府				
	固原州	海城	化平川厅	武威	永昌	镇番	古浪	平番
1913	陇东道			河西道				
	固原	海城	化平	武威	永昌	镇番	古浪	平番

续　表

年　份	49	50	51	52	53	54	55	56
1914	泾原道			甘凉道				
	固原	海原	化平	武威	永昌	镇番	古浪	平番
1927	固原	海原	化平	武威	永昌	镇番	古浪	平番
1928	固原	海原	化平	武威	永昌	民勤	古浪	永登
1949	固原	海原	化平	武威	永昌	民勤	古浪	永登

年　份	57	58	59	60	61	62	63	64
1911	甘凉道				安肃道			
	甘州府				肃州直隶州			
	张掖	山丹	抚彝厅		肃州		高台	
1912	甘凉道				安肃道			
	甘州府				肃州直隶州			
	张掖	山丹	抚彝厅		肃州		高台	
1913	河西道				边关道			
	张掖	东乐	山丹	抚彝	酒泉	金塔	高台	毛目
1914	甘凉道				安肃道			
	张掖	东乐	山丹	抚彝	酒泉	金塔	高台	毛目
1927	张掖	东乐	山丹	抚彝	酒泉	金塔	高台	毛目
1928	张掖	东乐	山丹	临泽	酒泉	金塔	高台	鼎新
1933	张掖	民乐	山丹	临泽	酒泉	金塔	高台	鼎新
1949	张掖	民乐	山丹	临泽	酒泉	金塔	高台	鼎新

年　份	65	66	67	68	69	70	71	72
1911	安肃道							
	安西直隶州							
	安西州	敦煌	玉门					
1912	安肃道							
	安西直隶州							
	安西州	敦煌	玉门					

续 表

年份	65	66	67	68	69	70	71	72
1913	边关道							
	安西	敦煌	玉门					
1914	安肃道							
	安西	敦煌	玉门					
1927	安西	敦煌	玉门					
1932	安西	敦煌	玉门	洮西局				
1933	安西	敦煌	玉门	康乐局				
1937	安西	敦煌	玉门	康乐局			马鬃山局	
1938	安西	敦煌	玉门	康乐局			萧北局	
1939	安西	敦煌	玉门	康乐局			萧北局	卓尼局
1940	安西	敦煌	玉门	康乐			萧北局	卓尼局
1941	安西	敦煌	玉门	康乐	西吉		萧北局	卓尼局
1944	安西	敦煌	玉门	康乐	西吉	会川	萧北局	卓尼局
1949	安西	敦煌	玉门	康乐	西吉	会川	萧北局	卓尼局

年份								
1911	宁夏道						平庆泾固化道	
	宁夏府						固原直隶州	
	宁夏	宁朔	灵州	平罗	中卫	宁灵厅	平远	
1912	宁夏道						平庆泾固化道	
	宁夏府						固原直隶州	
	宁夏	宁朔	灵州	平罗	中卫	宁灵厅	平远	
1913	朔方道							
	宁夏	宁朔	灵武	盐池	平罗	中卫	金积	平远
1914	宁夏道							
	宁夏	宁朔	灵武	盐池	平罗	中卫	金积	镇戎
1927	宁夏	宁朔	灵武	盐池	平罗	中卫	金积	镇戎
1928	划归宁夏省							
1949								

续　表

年　份							
1911	西宁道						
	西宁府						
	西宁	大通	碾伯	循化厅	贵德厅	巴燕戎格厅	丹噶尔厅
1912	西宁道						
	西宁府						
	西宁	大通	碾伯	循化厅	贵德厅	巴燕戎格厅	丹噶尔厅
1913	海东道						
	西宁	大通	碾伯	循化	贵德	巴戎	湟源
1914	西宁道						
	西宁	大通	碾伯	循化	贵德	巴戎	湟源
1926	西宁	大通	碾伯	循化	贵德	巴戎	湟源
1928	划归青海省						
1949							

表24　1928—1949年宁夏省政区变迁表

年　份	1	2	3	4	5	6	7	8
1928	宁夏		宁朔	灵武	盐池	平罗		中卫
1929	宁夏		宁朔	灵武	盐池	平罗	磴口	中卫
1942	贺兰		宁朔	灵武	盐池	平罗	磴口	中卫
1945	银川市	贺兰	宁朔	灵武	盐池	平罗	磴口	中卫
1949	银川市	贺兰	宁朔	灵武	盐池	平罗	磴口	中卫

年　份	9	10	11	12	13	14	15	16
1928		金积	豫旺					
1929		金积	豫旺	陶乐局			紫湖局	居延局
1933	中宁	金积	豫旺	陶乐局			紫湖局	居延局
1938	中宁	金积	同心	陶乐局			紫湖局	居延局
1941	中宁	金积	同心	陶乐			紫湖局	居延局	香山局
1942	中宁	金积	同心	陶乐	永宁	惠农	紫湖局	居延局	香山局
1949	中宁	金积	同心	陶乐	永宁	惠农	紫湖局	居延局	并入中卫

表 25 1928—1949 年青海省政区变迁表

年份	1	2	3	4	5	6	7	8
1928	西宁			大通		乐都		循化
1929	西宁			大通	亹源	乐都		循化
1930	西宁			大通	亹源	乐都	民和	循化
1931	西宁		互助	大通	亹源	乐都	民和	循化
1945	西宁市	西宁	互助	大通	亹源	乐都	民和	循化
1946	西宁市	湟中	互助	大通	亹源	乐都	民和	循化
1949	西宁市	湟中	互助	大通	亹源	乐都	民和	循化

年份	9	10	11	12	13	14	15	16
1928			贵德	巴燕	湟源			
1929	共和	同仁	贵德	巴燕	湟源	玉树		
1930	共和	同仁	贵德	化隆	湟源	玉树		
1931	共和	同仁	贵德	化隆	湟源	玉树		都兰
1938	共和	同仁	贵德	化隆	湟源	玉树	称多	都兰
1949	共和	同仁	贵德	化隆	湟源	玉树	称多	都兰

年份	17	18	19	20	21	22	23	24
1928								
1933	囊谦							
1935	囊谦	同德						
1937	囊谦	同德	海晏局					
1938	囊谦	同德	海晏局				和兴局	和顺局
1939	囊谦	同德	海晏局	兴海局	祁连局		和兴局	和顺局
1940	囊谦	同德	海晏局	兴海局	祁连局	星川局	和兴局	和顺局
1943	囊谦	同德	海晏	兴海	祁连局	星川局	和兴局	和顺局
1946	囊谦	同德	海晏	兴海	祁连局	星川局		
1949	囊谦	同德	海晏	兴海	祁连局	星川局		

年份	25	26	27	28	29	30	31
1928							
1939		通新局		河曲局			

续　表

年　份	25	26	27	28	29	30	31
1940	西乐局	通新局		河曲局	白玉局		
1941	西乐局	通新局				哈姜局	
1942	西乐局	通新局				哈姜局	南屏局
1943	西乐局	通新局	香德局				南屏局
1944	西乐局	通新局	香德局				
1949	西乐局	通新局	香德局				

表 26　1913—1949 年绥远地区政区变迁表

年　份	1	2	3	4	5	6	7
1913	析自山西省						
1913	归化			五原		武川	
1914	绥远道						
1914	归绥			五原		武川	
1920	绥远道						
1920	归绥			五原		武川	固阳局
1923	绥远道						
1923	归绥			五原		武川	固阳
1924	绥远道						
1924	归绥	包头局		五原		武川	固阳
1925	绥远道						
1925	归绥	包头		五原	临河局	武川	固阳
1928	归绥	包头		五原	临河局	武川	固阳
1929	归绥	包头		五原	临河	武川	固阳
1933	归绥	包头市	包头	五原	临河	武川	固阳
1947	归绥市	归绥	包头市	包头	五原	临河	武川	固阳
1949	归绥市	归绥	包头市	包头	五原	临河	武川	固阳

年　份	8	9	10	11	12	13	14	15
1913	析自山西省							
1913	东胜	丰镇	凉城	兴和		陶林		

续 表

年份	8	9	10	11	12	13	14	15
1914	绥远道	划归察哈尔特别区						
	东胜							
1925	绥远道						绥远道	
	东胜						大佘太局	
1928	自察哈尔特别区划入							
	东胜	丰镇	凉城	兴和	集宁	陶林	大佘太局	
1931	东胜	丰镇	凉城	兴和	集宁	陶林	安北局	
1942	东胜	丰镇	凉城	兴和	集宁	陶林	安北	米仓
1949	东胜	丰镇	凉城	兴和	集宁	陶林	安北	米仓

年份	16	17	18	19	20	21	22	23
1913	析自山西省							
			萨拉齐	清水河	托克托	和林格尔		
1914	绥远道							
			萨拉齐	清水河	托克托	和林格尔		
1928			萨拉齐	清水河	托克托	和林格尔		
1930			萨拉齐	清水河	托克托	和林格尔		沃野局
1937			萨拉齐	清水河	托克托	和林格尔		
1942	狼山局	晏江局	萨拉齐	清水河	托克托	和林格尔		
1943	狼山局	晏江局	萨拉齐	清水河	托克托	和林格尔	陕坝市	
1944	狼山	晏江	萨拉齐	清水河	托克托	和林格尔	陕坝市	
1949	狼山	晏江	萨拉齐	清水河	托克托	和林格尔	陕坝市	

表27 1914—1949年察哈尔地区政区变迁表

年份	1	2	3	4	5	6	7
1914							
1928	自河北省划入						
	万全		宣化	赤城	龙关	怀来	阳原
1947	张家口市	万全	宣化	赤城	龙关	怀来	阳原
1949	张家口市	万全	宣化	赤城	龙关	怀来	阳原

续 表

年 份	8	9	10	11	12	13	14
1914					自直隶划入		
					兴和道		
					张北		
1915						兴和道	
					张北	商都局	
1922						兴和道	
					张北	商都	康保局
1925						兴和道	
					张北	商都	康保
1928		自河北省划入					
	怀安	蔚县	延庆	涿鹿	张北	商都	康保
1949	怀安	蔚县	延庆	涿鹿	张北	商都	康保

年 份	15	16	17	18	19	20
1914	自直隶划入					自绥远划入
	兴和道					兴和道
	独石	多伦				丰镇
1915	兴和道					兴和道
	沽源	多伦				丰镇
1917	兴和道					兴和道
	沽源	多伦	宝昌局			丰镇
1925	兴和道					兴和道
	沽源	多伦	宝昌			丰镇
1928	沽源	多伦	宝昌			划归绥远
1934	沽源	多伦	宝昌	化德局	崇礼局	
1935	沽源	多伦	宝昌	化德局	崇礼局	尚义局
1936	沽源	多伦	宝昌	新明局	崇礼局	尚义局
1947	沽源	多伦	宝昌	新明	崇礼	尚义
1949	沽源	多伦	宝昌	新明	崇礼	尚义

续　表

年 份				
1914	自绥远划入			
	兴和道			
	凉城	兴和	陶林	
1921	兴和道			
	凉城	兴和	陶林	集宁局
1922	兴和道			
	凉城	兴和	陶林	集宁
1925	兴和道			
	凉城	兴和	陶林	集宁
1928	划归绥远			
1949				

表28　1914—1949年热河地区政区变迁表

年份	1	2	3	4	5	6	7
1914	自直隶划入						
	热河道						
	承德	滦平	平泉	隆化	丰宁	凌源	朝阳
1928	承德	滦平	平泉	隆化	丰宁	凌源	朝阳
1949	承德	滦平	平泉	隆化	丰宁	凌源	朝阳

年份	8	9	10	11	12	13	14	15
1914	自直隶划入							
	热河道							
	阜新	建平	绥东	赤峰	开鲁	林西	围场	经棚
1928	阜新	建平	绥东	赤峰	开鲁	林西	围场	经棚
1949	阜新	建平	绥东	赤峰	开鲁	林西	围场	经棚

年份	16	17	18	19	20
1914					
1924					热河道
					鲁北局

续　表

年　份	16	17	18	19	20	
1926				热河道		
			天山局	鲁北局		
1928	林东局			天山局	鲁北局	
1931	林东局	宁城局	凌南局	天山局	鲁北局	全宁
1932	林东	宁城局	凌南局	天山局	鲁北局	
1947	林东	宁城	凌南	天山	鲁北	
1949	林东	宁城	凌南	天山	鲁北	

表29　1911—1949年辽宁地区政区变迁表

年　份	1	2	3	4	5	6	7	8
1911						锦新营口道		
	奉天府					锦州府	奉天府	
	奉天府					锦州府	金州厅	复州
1912	奉天府					锦州府	奉天府	
	奉天府					锦州府	金州厅	复州
1913	南路道					南路道	东路道	
	沈阳					锦县	金县	复县
1914	辽沈道					辽沈道	东边道	
	沈阳					锦县	金县	复县
1929	沈阳					锦县	金县	复县
1947	沈阳	锦州市	营口市	鞍山市	旅顺市	锦县	金县	复县
1949	沈阳	锦州市	营口市	鞍山市	旅顺市	锦县	金县	复县

年　份	9	10	11	12	13	14	15	16
1911						锦新营口道		
			奉天府			新民府	奉天府	
	盖平	海城	辽阳州	本溪	抚顺	新民府	辽中	

续 表

年份	9	10	11	12	13	14	15	16
1912	奉天府					新民府	奉天府	
	盖平	海城	辽阳州	本溪	抚顺	新民府	辽中	
1913	南路道			东路道		南路道		
	盖平	海城	辽阳	本溪	抚顺	新民	辽中	
1914	辽沈道			东边道		辽沈道		
	盖平	海城	辽阳	本溪	抚顺	新民	辽中	台安
1929	盖平	海城	辽阳	本溪	抚顺	新民	辽中	台安
1949	盖平	海城	辽阳	本溪	抚顺	新民	辽中	台安

年份	17	18	19	20	21	22	23	24
1911		锦新营口道						兴凤道
	新民府	锦州府						庄河直隶厅
	镇安	广宁	盘山厅	义州	锦西厅	宁远州	绥中	
1912								兴凤道
	新民府	锦州府						庄河直隶厅
	镇安	广宁	盘山厅	义州	锦西厅	宁远州	绥中	
1913	南路道							东路道
	镇安	广宁	盘山	义县	锦西	宁远	绥中	庄河
1914	辽沈道							东边道
	黑山	北镇	盘山	义县	锦西	兴城	绥中	庄河
1929	黑山	北镇	盘山	义县	锦西	兴城	绥中	庄河
1949	黑山	北镇	盘山	义县	锦西	兴城	绥中	庄河

年份	25	26	27	28	29	30	31	32
1911	兴凤道			临长海道			锦新营口道	
	凤凰直隶厅	奉天府		海龙府			营口直隶厅	新民府
	岫岩州	铁岭	开原	东平	西丰	西安		彰武
1912	兴凤道							
	凤凰直隶厅	奉天府		海龙府			营口直隶厅	新民府
	岫岩州	铁岭	开原	东平	西丰	西安		彰武

续表

年份	25	26	27	28	29	30	31	32
1913	东路道			南路道				
	岫岩	铁岭	开原	东平	西丰	西安	营口	彰武
1914	东边道			辽沈道				
	岫岩	铁岭	开原	东丰	西丰	西安	营口	彰武
1929	岫岩	铁岭	开原	东丰	西丰	西安	营口	彰武
1947	岫岩	铁岭	划属辽北省	划属安东省	划属辽北省		并入营口市	划属辽北省
1949	岫岩	铁岭						

年份	33	34	35	36	37	38	39	40
1911	兴凤道							
	凤凰直隶厅	兴京府		凤凰直隶厅		兴京府		
	安东	兴京府	通化	凤凰厅	宽甸	怀仁	临江	辑安
1912	兴凤道							
	凤凰直隶厅	兴京府		凤凰直隶厅		兴京府		
	安东	兴京府	通化	凤凰厅	宽甸	怀仁	临江	辑安
1913	东路道							
	安东	兴京	通化	凤凰	宽甸	怀仁	临江	辑安
1914	东边道							
	安东	兴京	通化	凤城	宽甸	桓仁	临江	辑安
1929	安东	新宾	通化	凤城	宽甸	桓仁	临江	辑安
1947	划属安东省							
1949								

年份	41	42	43	44	45	46	47	48
1911	临长海道				临长海道		洮昌道	
	长白府			海龙府	辉南直隶厅	奉天府	洮南府	
	长白府	安图	抚松	海龙府		柳河	洮南府	
1912		长白府			海龙府	辉南直隶厅	奉天府	洮南府
	长白府	安图	抚松	海龙府		柳河	洮南府	

续 表

年 份	41	42	43	44	45	46	47	48
1913	东路道							北路道
	长白	安图	抚松	海龙	辉南	柳河		洮南
1914	东边道							洮昌道
	长白	安图	抚松	海龙	辉南	柳河		洮南
1926	东边道							洮昌道
	长白	安图	抚松	海龙	辉南	柳河	金川局	洮南
1929	长白	安图	抚松	海龙	辉南	柳河	金川	洮南
1947	划属安东省	划属松江省	划属安东省					划属辽北省
1949								

年 份	49	50	51	52	53	54	55	56
1911	洮昌道							
		昌图府		洮南府		昌图府	洮南府	昌图府
	辽源州	昌图府	康平	开通	靖安	奉化	安广	怀德
1912		昌图府		洮南府		昌图府	洮南府	昌图府
	辽源州	昌图府	康平	开通	靖安	奉化	安广	怀德
1913	北路道							
	辽源	昌图	康平	开通	靖安	奉化	安广	怀德
1914	洮昌道							
	辽源	昌图	康平	开通	洮安	梨树	安广	怀德
1929	辽源	昌图	康平	开通	洮安	梨树	安广	怀德
1947	划属辽北省							划属吉林省
1949								

年 份	57	58	59	60	61	62	63
1911	洮昌道						
	洮南府						
	醴泉	镇东	法库门直隶厅				

续 表

年份	57	58	59	60	61	62	63
1912	洮南府		法库门直隶厅				
	醴泉	镇东		双山			
1913			北路道				
	醴泉	镇东	法库	双山			
1914			洮昌道				
	突泉	镇东	法库	双山			
1915			洮昌道				
	突泉局	镇东	法库	双山	瞻榆		
1918			洮昌道				
	突泉局	镇东	法库	双山	瞻榆	通辽	
1925			洮昌道				
	突泉局	镇东	法库	双山	瞻榆	通辽	清源
1926			洮昌道				
	突泉局	镇东	法库	双山	瞻榆	通辽	清源
1928			洮昌道				
	突泉	镇东	法库	双山	瞻榆	通辽	清源
1929	突泉	镇东	法库	双山	瞻榆	通辽	清原
1947	划属辽北省				划属辽北省		划属安东省
1949							

表30　1947—1949年安东省政区变迁表

年份	1	2	3	4	5	6	7	8
1947					自辽宁省划来			
	通化市	安东市	通化	安东	凤城	宽甸	桓仁	辑安
1949	通化市	安东市	通化	安东	凤城	宽甸	桓仁	辑安

年份	9	10	11	12	13	14	15	16
1947	自辽宁省划来			自吉林省划来		自辽宁省划来		
	临江	长白	抚松	濛江	辉南	金川	柳河	海龙
1949	临江	长白	抚松	濛江	辉南	金川	柳河	海龙

续 表

年 份	17	18	19	20
1947	自辽宁省划来			
	东丰	清原	新宾	孤山
1949	东丰	清原	新宾	孤山

表31　1947—1949年辽北省政区变迁表

年 份	1	2	3	4	5	6	7	8
1947	析自辽宁省		析自辽宁省					
	辽源	四平市	北丰	西丰	开原	彰武	法库	康平
1949	辽源	四平市	北丰	西丰	开原	彰武	法库	康平

年 份	9	10	11	12	13	14	15	16
1947	析自辽宁省							
	昌图	梨树	通辽	开通	瞻榆	安广	洮南	突泉
1949	昌图	梨树	通辽	开通	瞻榆	安广	洮南	突泉

年 份	17	18	19	20	21
1947	析自辽宁省		析自吉林省		
	洮安	镇东	长岭	科尔沁右翼前旗	科尔沁右翼中旗
1949	洮安	镇东	长岭	科尔沁右翼前旗	科尔沁右翼中旗

年 份	22	23	24	25
1947	科尔沁右翼后旗	科尔沁左翼前旗	科尔沁左翼中旗	科尔沁左翼后旗
1949	科尔沁右翼后旗	科尔沁左翼前旗	科尔沁左翼中旗	科尔沁左翼后旗

表32　1911—1949年吉林省政区变迁表

年 份	1	2	3	4	5	6	7	8
1911			西南路道		东南路道		西南路道	
			吉林府	长春府	敦化	额穆	桦甸	磐石
1912			西南路道		东南路道		西南路道	
			吉林府	长春府	敦化	额穆	桦甸	磐石

续 表

年 份	1	2	3	4	5	6	7	8
1913			西南路道		东南路道		西南路道	
			吉林	长春	敦化	额穆	桦甸	磐石
1914			吉长道		延吉道		吉长道	
			吉林	长春	敦化	额穆	桦甸	磐石
1929			永吉	长春	敦化	额穆	桦甸	磐石
1947	吉林市	长春市	永吉	长春	敦化	蛟河	桦甸	磐石
1949	吉林市	长春市	永吉	长春	敦化	蛟河	桦甸	磐石

年 份	9	10	11	12	13	14	15	16
1911	西南路道			西南路道		西北路道	西南路道	
	双阳	伊通直隶州		农安		新城府	德惠	舒兰
1912	西南路道			西南路道		西北路道	西南路道	
	双阳	伊通直隶州		农安		新城府	德惠	舒兰
1913	西南路道			西南路道		西北路道	西南路道	
	双阳	伊通		农安		新城	德惠	舒兰
1914	吉长道			吉长道		滨江道	吉长道	
	双阳	伊通		农安		扶余	德惠	舒兰
1929	双阳	伊通		农安		扶余	德惠	舒兰
1947	双阳	伊通	怀德(析自辽宁省)	农安	九台	扶余	德惠	舒兰
1949	双阳	伊通	怀德	农安	九台	扶余	德惠	舒兰

年 份	17	18	19	20	21	22	23
1911	西北路道					西南路道	
	榆树直隶厅	五常府	双城府			濛江州	长岭
1912	西北路道					西南路道	
	榆树直隶厅	五常府	双城府			濛江州	长岭
1913	西北路道					西南路道	
	榆树	五常	双城			濛江	长岭

续 表

年 份	17	18	19	20	21	22	23
1914	滨江道					吉长道	
	榆树	五常	双城			濛江	长岭
1928	滨江道					吉长道	
	榆树	五常	双城	乾安局		濛江	长岭
1929	榆树	五常	双城	乾安局		濛江	长岭
1947	榆树	五常	双城	乾安	郭尔罗斯旗	划属安东省	划属辽北省
1949	榆树	五常	双城	乾安	郭尔罗斯旗		

年 份	24	25	26	27	28	29	30	31
1911	西北路道						东南路道	
	滨江厅	宾州府	长寿	阿城			延吉府	宁安府
1912	西北路道						东南路道	
	滨江厅	宾州府	长寿	阿城			延吉府	宁安府
1913	西北路道						东南路道	
	滨江	宾县	长寿	阿城			延吉	宁安
1914	滨江道						吉长道	
	滨江	宾县	同宾	阿城			延吉	宁安
1921		滨江道					吉长道	
	滨江	宾县	同宾	阿城	乌珠河局	苇沙河局	延吉	宁安
1927			滨江道				吉长道	
	滨江	宾县	同宾	阿城	珠河	苇河	延吉	宁安
1928			滨江道				吉长道	
	滨江	宾县	同宾	阿城	珠河	苇河	延吉	宁安
1929	滨江	宾县	延寿	阿城	珠河	苇河	延吉	宁安
1947				划属松江省				
1949								

年 份	32	33	34	35	36	37	38	39
1911	东南路道				东北路道			
	珲春厅	东宁厅	汪清	和龙	依兰府	临江府	密山府	虎林厅

续 表

年份	32	33	34	35	36	37	38	39
1912	东南路道				东北路道			
	珲春厅	东宁厅	汪清	和龙	依兰府	临江府	密山府	虎林厅
1913	东南路道				东北路道			
	珲春	东宁	汪清	和龙	依兰	临江	密山	虎林
1914	吉长道				依兰道			
	珲春	东宁	汪清	和龙	依兰	同江	密山	虎林
1929	珲春	东宁	汪清	和龙	依兰	同江	密山	虎林
1947	划属松江省				划属合江省			
1949								

年份	40	41	42	43	44	45	46	47
1911	东北路道				东南路道			
	绥远州	桦川	富锦	饶河	方正	穆棱		
1912	东北路道				东南路道			
	绥远州	桦川	富锦	饶河	方正	穆棱		
1913	东北路道							
	绥远	桦川	富锦	饶河	方正	穆棱		
1914	依兰道							
	绥远	桦川	富锦	饶河	方正	穆棱		
1916	依兰道							
	绥远	桦川	富锦	饶河	方正	穆棱	宝清	
1917	依兰道							
	绥远	桦川	富锦	饶河	方正	穆棱	宝清	勃利
1929	抚远	桦川	富锦	饶河	方正	穆棱	宝清	勃利
1947	划属松江省							
1949								

表33 1947—1949年松江省政区变迁表

年份	1	2	3	4	5	6	7
1947			析自吉林省		析自辽宁省	析自吉林省	
	牡丹江市	延吉市	宁安	延吉	安图	和龙	汪清
1949	牡丹江市	延吉市	宁安	延吉	安图	和龙	汪清

年份	8	9	10	11	12	13	14
1947	析自吉林省						
	珲春	东宁	穆棱	苇河	延寿	珠河	宾县
1949	珲春	东宁	穆棱	苇河	延寿	珠河	宾县

年份	15	16	17
1947	析自吉林省		
	阿城	方正	绥芬
1949	阿城	方正	绥芬

表34 1947—1949年合江省政区变迁表

年份	1	2	3	4	5	6	7
1947	析自吉林省						
	佳木斯市	桦川	依兰	勃利	密山	虎林	宝清
1949	佳木斯市	桦川	依兰	勃利	密山	虎林	宝清

年份	8	9	10	11	12	13	14
1947	析自吉林省				析自黑龙江省		
	饶河	抚远	同江	富锦	绥滨	萝北	汤原
1949	饶河	抚远	同江	富锦	绥滨	萝北	汤原

年份	15	16	17	18
1947	析自黑龙江省			
	通河	凤山	鹤立	林口
1949	通河	凤山	鹤立	林口

表35 1911—1949年黑龙江省政区变迁表

年 份	1	2	3	4	5	6	7
1911		瑷珲道					
		黑河府	瑷珲直隶厅	漠河直隶厅#		呼玛直隶厅#	
1912		黑河道					
			瑷珲			呼玛局	
1913		黑河道					
			瑷珲			呼玛	
1914		黑河道					
			瑷珲	漠河局		呼玛	
1917		黑河道					
			瑷珲	漠河		呼玛	
1929		瑷珲	漠河	鸥浦	呼玛	逊河局	奇克
1931		瑷珲	漠河	鸥浦	呼玛	逊河	奇克
1947	北安市	瑷珲	漠河	鸥浦	呼玛	逊河	奇克
1949	北安市	瑷珲	漠河	鸥浦	呼玛	逊河	奇克

年 份	8	9	10	11	12	13	14
1911	乌云直隶厅#	佛山府#	嫩江府				通北#
1912			嫩江府	龙门镇局			
1913			嫩江	龙门镇局			
1914			龙江道	绥兰道			
			嫩江	龙门镇局			
1915			龙江道	绥兰道		龙江道	绥兰道
			嫩江	龙门镇局		克山	通北局
1916	黑河道		龙江道	绥兰道		龙江道	绥兰道
	乌云局		嫩江	龙门镇局		克山	通北局

续　表

年　份	8	9	10	11	12	13	14
1917	黑河道		龙江道	绥兰道		龙江道	绥兰道
	乌云局		嫩江	龙镇		克山	通北
1927	黑河道	呼伦道	龙江道	绥兰道		龙江道	绥兰道
	乌云局	佛山局	嫩江	龙镇		克山	通北
1929	乌云	佛山	嫩江	龙镇		克山	通北
1947	乌云	佛山	嫩城	龙镇	孙吴	克山	通北
1949	乌云	佛山	嫩城	龙镇	孙吴	克山	通北

年　份	15	16	17	18	19	20	21
1911	海伦府		绥化府			海伦府	
			余庆	绥化府		拜泉	
1912	海伦府		余庆	绥化府		拜泉	
1913	海伦		余庆	绥化		拜泉	
1914	绥兰道		绥兰道			龙江道	
	海伦		庆城	绥化		拜泉	
1915			绥兰道			龙江道	
	海伦	绥楞局	庆城	绥化		拜泉	
1917			绥兰道			龙江道	
	海伦	绥楞	庆城	绥化	望奎局	拜泉	
1918			绥兰道			龙江道	
	海伦	绥楞	庆城	绥化	望奎	拜泉	
1923			绥兰道			龙江道	
	海伦	绥棱	庆城	绥化	望奎	明水局	拜泉
1929	海伦	绥棱	庆城	绥化	望奎	明水	拜泉
1949	海伦	绥棱	庆城	绥化	望奎	明水	拜泉

续 表

年 份	22	23	24	25	26	27
1911		讷河直隶厅			铁骊#	
1912		讷河厅				
1913		讷河				
1914		龙江道				
		讷河				
1915		龙江道			绥兰道	
		讷河			铁骊局	
1923	龙江道	龙江道			绥兰道	
	依安局	讷河			铁骊局	
1929	依安	讷河	德都局	克东局	铁骊局	
1945	依安	讷河	德都局	克东局	铁骊局	
1947	依安	讷河	德都	克东	铁骊	依克明安旗
1949	依安	讷河	德都	克东	铁骊	依克明安旗

年 份	28	29	30	31	32	33
1911	龙江府	大赉直隶厅	肇州直隶厅	安达直隶厅	海伦府	
					青冈	
1912	龙江府	大赉厅	肇州厅	安达厅	青冈	昌五城局
1913	龙江	大赉	肇州	安达	青冈	肇东
1914	龙江道					
	龙江	大赉	肇州	安达	青冈	肇东
1929	龙江	大赉	肇州	安达	青冈	肇东
1947	划属嫩江省					
1949						

续 表

年 份	34	35	36	37	38	39	40
1911	呼伦道						
	呼伦直隶厅	胪滨府		室韦直隶厅	林甸直隶厅#	布西直隶厅#	
1912	呼伦厅*	胪滨府		吉拉林局*			
1913	呼伦*	胪滨*	泰来镇局	吉拉林局*			
1914	龙江道						
	呼伦*	胪滨*	泰来镇局	吉拉林局*	林甸局		
1915	龙江道						
	呼伦*	胪滨*	泰来镇局	吉拉林局*	林甸局	布西局	景星镇局
1920		龙江道			龙江道		
	呼伦	胪滨	泰来	室韦	林甸	布西局	景星镇局
1925	呼伦道	龙江道		呼伦道	龙江道		
	呼伦	胪滨	泰来	室韦	林甸	布西局	景星镇局
1929	呼伦	胪滨	泰来	室韦	林甸	布西局	景星
1947	划属兴安省	划属嫩江省	划属兴安省	划属兴安省	划属兴安省	划属兴安省	划属嫩江省
1949							

年 份	41	42	43	44	45	46	47
1911					呼兰府		
					呼兰府	巴彦州	
1912					呼兰府	巴彦州	
1913					呼兰	巴彦	
1914					绥兰道		
					呼兰	巴彦	
1917	龙江道				绥兰道		
	索伦山局				呼兰	巴彦	
1925	龙江道				绥兰道		
	索伦山局	雅鲁局			呼兰	巴彦	

续 表

年份	41	42	43	44	45	46	47
1927	龙江道				绥兰道		
	索伦山局	雅鲁局	泰康局		呼兰	巴彦	
1929	索伦山局	雅鲁	泰康局		呼兰	巴彦	
1947	划属兴安省		划属嫩江		划属嫩江省		
1949							

年份	48	49	50	51	52	53	54
1911		呼兰府		兴东道			甘南直隶厅#
		兰西	木兰	大通	汤原		
1912		兰西	木兰	大通	汤原		
1914		绥兰道					
		兰西	木兰	通河	汤原		
1925		绥兰道					绥兰道
		兰西	木兰	通河	汤原		甘南局
1927		绥兰道					
		兰西	木兰	通河	汤原	东兴局	甘南局
1929		兰西	木兰	通河	汤原	东兴局	甘南局
1947		划属嫩江省		划属合江省		划属嫩江省	
1949							

年份	55	56	57	58	59
1911	萝北直隶厅#				
1912	萝北局				
1913	萝北				
1914	黑河道				
	萝北				
1917	黑河道				
	萝北	绥东局			

续　表

年　份	55	56	57	58	59
1920	黑河道				
	萝北	绥东局	奇乾局		
1921	黑河道				
	萝北	绥东局	奇乾		
1929	萝北	绥滨	奇乾	凤山局	富裕局
1947	划属合江省		划属兴安省	划属合江省	划属嫩江
1949					

说明：带♯号者为清代拟设而未设之政区；＊表示实际已废除。

表36　1947—1949年嫩江省政区变迁表

年　份	1	2	3	4	5	6	7
1947	析自黑龙江省						
	齐齐哈尔市	龙江	景星	泰来	林甸	安达	青冈
1949	齐齐哈尔市	龙江	景星	泰来	林甸	安达	青冈

年　份	8	9	10	11	12	13	14
1947	析自黑龙江省						
	兰西	肇东	肇州	大赉	呼兰	巴彦	木兰
1949	兰西	肇东	肇州	大赉	呼兰	巴彦	木兰

年　份	15	16	17	18	19	20	21
1947	析自黑龙江省						
	甘南	富裕	东兴	泰康	肇源	杜尔伯特旗	札赉特旗
1949	甘南	富裕	东兴	泰康	肇源	杜尔伯特旗	札赉特旗

表37　1947—1949年兴安省政区变迁表

年　份	1	2	3	4	5	6	7
1947	析自黑龙江省						
	海拉尔市	呼伦	奇乾	室韦	胪滨	雅鲁	布西
1949	海拉尔市	呼伦	奇乾	室韦	胪滨	雅鲁	布西

续表

年份	8	9	10	11	12
1947	析自黑龙江省				
	索伦	索伦旗	新巴尔虎左翼旗	新巴尔虎右翼旗	陈巴尔虎旗
1949	索伦	索伦旗	新巴尔虎左翼旗	新巴尔虎右翼旗	陈巴尔虎旗

年份	13	14	15	16	17
1947	析自黑龙江省				
	额尔克讷左翼旗	额尔克讷右翼旗	巴彦旗	莫力达瓦旗	布特哈旗
1949	额尔克讷左翼旗	额尔克讷右翼旗	巴彦旗	莫力达瓦旗	布特哈旗

年份	18	19
1947	析自黑龙江省	
	阿荣旗	喜扎嘎尔旗
1949	阿荣旗	喜扎嘎尔旗

表38 1911—1949年新疆省政区变迁表

年份	1	2	3	4	5	6	7
1911	镇迪道						
	迪化府					吐鲁番直隶厅	
	迪化	奇台	绥来	昌吉	鄯善	吐鲁番厅	
1913	镇迪道						
	迪化	奇台	绥来	昌吉	鄯善	吐鲁番	
1914	迪化道						
	迪化	奇台	绥来	昌吉	鄯善	吐鲁番	
1920	迪化道					焉耆道	
	迪化	奇台	绥来	昌吉	鄯善	吐鲁番	
1924	迪化区					焉耆区	
	迪化	奇台	绥来	昌吉	鄯善	吐鲁番	
1943	迪化	奇台	绥来	昌吉	鄯善	吐鲁番	
1945	迪化市	迪化	奇台	绥来	昌吉	鄯善	吐鲁番
1949	迪化市	迪化	奇台	绥来	昌吉	鄯善	吐鲁番

续 表

年份	8	9	10	11	12	13	14
1911			镇迪道				伊塔道
			迪化府				伊犁府
			阜康	孚远			宁远
1913			镇迪道				伊塔道
			阜康	孚远			宁远
1914			迪化道				伊犁道
			阜康	孚远			伊宁
1918	迪化道		迪化道				伊犁道
	呼图璧		阜康	孚远			伊宁
1924	迪化区		迪化区				伊犁区
	呼图璧		阜康	孚远			伊宁
1928			迪化区			迪化区	伊犁区
	呼图璧	乾德	阜康	孚远		木垒河	伊宁
1929					迪化区		伊犁区
	呼图璧	乾德	阜康	孚远	托克逊局	木垒河	伊宁
1936					迪化区		伊犁区
	呼图璧	乾德	阜康	孚远	托克逊	木垒河	伊宁
1943	呼图璧	乾德	阜康	孚远	托克逊	木垒河	伊宁
1947	景化	乾德	阜康	孚远	托克逊	木垒河	伊宁
1949	景化	乾德	阜康	孚远	托克逊	木垒河	伊宁

年份	15	16	17	18	19	20	21
1911	伊塔道						
	伊犁府						
	绥定	精河直隶厅					
1913	伊犁道						
	绥定	精河	15				
1914	伊犁道						
	绥定	精河	霍尔果斯				

续　表

年份	15	16	17	18	19	20	21
1920	伊犁道						
	绥定	精河	霍尔果斯	博乐			
1924	伊犁区						
	绥定	精河	霍尔果斯	博乐			
1931	伊犁区						伊犁区
	绥定	精河	霍尔果斯	博乐			特克斯局
1932		伊犁区					伊犁区
	绥定	精河	霍尔果斯	博乐	巩留		特克斯局
1937			伊犁区				
	绥定	精河	霍尔果斯	博乐	巩留	河南局	特克斯
1939			伊犁区				
	绥定	精河	霍尔果斯	博乐	巩留	河南	特克斯
1941			伊犁区				
	绥定	精河	霍城	博乐	巩留	河南	特克斯
1943	绥定	精河	霍城	博乐	巩留	河南	特克斯
1944	绥定	精河	霍城	博乐	巩留	宁西	特克斯
1949	绥定	精河	霍城	博乐	巩留	宁西	特克斯

年份	22	23	24	25	26	27	28
1911					喀什噶尔道		
					疏勒府		
					疏附	疏勒府	伽师
1913					喀什噶尔道		
					疏附	疏勒	伽师
1924					喀什区		
					疏附	疏勒	伽师
1937				伊犁区	喀什区		
				卡克满局	疏附	疏勒	伽师

续 表

年 份	22	23	24	25	26	27	28
1938	伊犁区				喀什区		
	尼勒克局	温泉局	昭苏局	卡克满局	疏附	疏勒	伽师
1939	伊犁区				喀什区		
	巩哈	温泉局	昭苏局	卡克满局	疏附	疏勒	伽师
1941	伊犁区				喀什区		
	巩哈	温泉	昭苏局	卡克满局	疏附	疏勒	伽师
1942	伊犁区				喀什区		
	巩哈	温泉	昭苏	新源局	疏附	疏勒	伽师
1943	巩哈	温泉	昭苏	新源局	疏附	疏勒	伽师
1945	巩哈	温泉	昭苏	巩乃斯	疏附	疏勒	伽师
1946	巩哈	温泉	昭苏	新源	疏附	疏勒	伽师
1949	巩哈	温泉	昭苏	新源	疏附	疏勒	伽师

年 份	29	30	31	32	33	34	35
1911	喀什噶尔道						阿克苏道
	英吉沙尔直隶厅	莎车府					温宿府
		巴楚州	蒲犁厅				温宿府
1913	喀什噶尔道						阿克苏道
	英吉沙	巴楚	蒲犁				阿克苏
1924	喀什区						阿克苏区
	英吉沙	巴楚	蒲犁				阿克苏
1930	喀什区						阿克苏区
	英吉沙	巴楚	蒲犁	乌鲁克恰提局			阿克苏
1934	喀什区		莎车区	喀什区			阿克苏区
	英吉沙	巴楚	蒲犁	乌鲁克恰提局			阿克苏
1938	喀什区		莎车区	喀什区		喀什区	阿克苏区
	英吉沙	巴楚	蒲犁	乌恰		阿图什局	阿克苏
1940	喀什区		莎车区	喀什区			阿克苏区
	英吉沙	巴楚	蒲犁	乌恰	岳普湖局	阿图什局	阿克苏

续 表

年 份	29	30	31	32	33	34	35
1943	英吉沙	巴楚	蒲犁	乌恰	岳普湖	阿图什	阿克苏
1949	英吉沙	巴楚	蒲犁	乌恰	岳普湖	阿图什	阿克苏

年 份	36	37	38	39	40	41	42
1911	阿克苏道						
	温宿府	库车直隶州	温宿府	库车直隶州	乌什直隶厅		
	温宿	库车州	拜城	沙雅			
1913	温宿	库车	拜城	沙雅	乌什		
1914	阿克苏道						
	温宿	库车	拜城	沙雅	乌什		
1924	阿克苏区						
	温宿	库车	拜城	沙雅	乌什		
1930	阿克苏区						
	温宿	库车	拜城	沙雅	乌什	柯坪	阿瓦提
1943	温宿	库车	拜城	沙雅	乌什	柯坪	阿瓦提
1949	温宿	库车	拜城	沙雅	乌什	柯坪	阿瓦提

年 份	43	44	45	46	47	48	49
1911			伊犁道		镇迪道		
			塔尔巴哈台直隶厅		库尔喀喇乌苏直隶厅		
1913			伊犁道		迪化道		
			塔城		乌苏		
1915			伊犁道		迪化道	塔城道	
			塔城		乌苏	沙湾	
1918					塔城道		
			塔城	额敏	乌苏	沙湾	
1924					塔城区		
			塔城	额敏	乌苏	沙湾	

续表

年份	43	44	45	46	47	48	49
1930	阿克苏区				塔城区		
	托克苏		塔城	额敏	乌苏	沙湾	和什托落盖局
1938	阿克苏区				塔城区		
	托克苏	阿合奇局	塔城	额敏	乌苏	沙湾	和什托落盖局
1941	阿克苏区				塔城区		
	新和	阿合奇局	塔城	额敏	乌苏	沙湾	和丰局
1942	阿克苏区				塔城区		
	新和	阿合奇局	塔城	额敏	乌苏	沙湾	和丰
1943	新和	阿合奇局	塔城	额敏	乌苏	沙湾	和丰
1944	新和	阿合奇	塔城	额敏	乌苏	沙湾	和丰
1949	新和	阿合奇	塔城	额敏	乌苏	沙湾	和丰

年份	50	51	52	53	54	55	56
1911							
1913							
1914				阿尔泰区域			
			布尔津河局	哈巴河局			
1919				阿山道			
			布尔津河	哈巴河局			
1921		阿山道		阿山道			
		承化		布尔津河			
1924		阿山区		阿山区			
		承化		布尔津河			
1930		阿山区		阿山区			
		承化		布尔津	哈巴河	吉木乃	
1937				阿山区			
		承化	可可托海局	布尔津	哈巴河	吉木乃	青格里河局
1940	塔城区			阿山区			
	古尔班宗局	承化	可可托海局	布尔津	哈巴河	吉木乃	青格里河局

续　表

年份	50	51	52	53	54	55	56
1941	塔城区	阿山区					
	察汗托海局	承化	富蕴	布尔津	哈巴河	吉木乃	青河
1942	塔城区	阿山区					
	裕民局	承化	富蕴	布尔津	哈巴河	吉木乃	青河
1943	裕民局	承化	富蕴	布尔津	哈巴河	吉木乃	青河
1944	裕民	承化	富蕴	布尔津	哈巴河	吉木乃	青河
1949	裕民	承化	富蕴	布尔津	哈巴河	吉木乃	青河

年份	57	58	59	60	61	62	63
1911				喀什噶尔道			喀什噶尔道
				和阗直隶州			和阗州
			和阗州	于阗			洛浦
1913				喀什噶尔道			喀什噶尔道
			和阗	于阗			洛浦
1914	阿尔泰区域			新疆喀什噶尔道			喀什噶尔道
	布伦托海局			和阗	于阗		洛浦
1919	并入布尔津	阿山道		喀什噶尔道			
		布尔根局	和阗	于阗		墨玉	洛浦
1920				和阗道			
			和阗	于阗		墨玉	洛浦
1921	阿山道			和阗道			
	布伦托海		和阗	于阗		墨玉	洛浦
1924	阿山区	阿山区		和阗区			
	布伦托海	布尔根	和阗	于阗		墨玉	洛浦
1933	阿山区			和阗区			
	布伦托海		和阗	于阗		墨玉	洛浦
1937	阿山区	阿山区		和阗区			
	布伦托海	布尔根局	和阗	于阗		墨玉	洛浦
1942	阿山区	阿山区		和阗区			
	福海	布尔根局	和阗	于阗		墨玉	洛浦

续 表

年份	57	58	59	60	61	62	63
1943	福海		布尔根局	和阗	于阗	墨玉	洛浦
1947	福海	乌河局		和阗	于阗	墨玉	洛浦
1949	福海	乌河局		和阗	于阗	墨玉	洛浦

年份	64	65	66	67	68	69	70
1911		喀什噶尔道		阿克苏道			
		莎车府		焉耆府			
		皮山		焉耆府	新平	轮台	
1913		喀什噶尔道		阿克苏道			
		皮山		焉耆	新平	轮台	
1914		喀什噶尔道		阿克苏道			喀什噶尔道
		皮山		焉耆	尉犁	轮台	且末
1915		喀什噶尔道		阿克苏道			
		皮山		焉耆	尉犁	轮台	且末
1924		和阗区		焉耆区			
		皮山		焉耆	尉犁	轮台	且末
1929		和阗区		焉耆区			
	策勒	皮山		焉耆	尉犁	轮台	且末
1930		和阗区		焉耆区			
	策勒	皮山	赛图拉局	焉耆	尉犁	轮台	且末
1943	策勒	皮山	赛图拉局	民丰局	焉耆	尉犁	轮台	且末
1944	策勒	皮山		民丰局	焉耆	尉犁	轮台	且末
1945	策勒	皮山		民丰局	焉耆	尉犁	轮台	且末
1946	策勒	皮山		民丰	焉耆	尉犁	轮台	且末
1949	策勒	皮山		民丰	焉耆	尉犁	轮台	且末

年份	71	72	73	74	75	76	77
1911		阿克苏道			镇迪道		
		焉耆府			哈密直隶厅	镇西直隶厅	
		婼羌					

续 表

年份	71	72	73	74	75	76	77
1913		阿克苏道			镇迪道		
		婼羌			哈密	镇西	
1914		阿克苏道			迪化道		
		婼羌			哈密	镇西	
1924		焉耆区			迪化区		
		婼羌			哈密	镇西	
1930	焉耆区				哈密区		
	库尔勒局	婼羌			哈密	镇西	
1937	焉耆区				哈密区		
	库尔勒局	婼羌			哈密	镇西	伊吾局
1938	焉耆区			焉耆区	哈密区		
	库尔勒局	婼羌		和硕局	哈密	镇西	伊吾局
1939		焉耆区				哈密区	
	库尔勒	婼羌	和靖	和硕局	哈密	镇西	伊吾局
1943	库尔勒	婼羌	和靖	和硕局	哈密	镇西	伊吾
1946	库尔勒	婼羌	和靖	和硕	哈密	镇西	伊吾
1949	库尔勒	婼羌	和靖	和硕	哈密	镇西	伊吾

年份	78	79	80	81	82
1911		喀什噶尔道			
		莎车府			
		莎车府	叶城		
1913		喀什噶尔道			
		莎车	叶城		
1920		喀什噶尔道	和阗道		
		莎车	叶城		
1921		喀什噶尔道	和阗道	喀什噶尔道	阿山道
		莎车	叶城	泽普	耳时匮局
1922		喀什噶尔道	和阗道	喀什噶尔道	
		莎车	叶城	泽普	麦盖提

年份	78	79	80	81	82
1928		喀什区	和阗区	喀什区	
1928		莎车	叶尔羌	叶城	泽普	麦盖提
1930	迪化区	喀什区	和阗区	喀什区	
1930	七角井局	莎车	叶尔羌	叶城	泽普	麦盖提
1934	迪化区	莎车区		喀什区	
1934	七角井局	莎车	叶尔羌	叶城	泽普	麦盖提
1942	迪化区	莎车区		喀什区	
1942	七角井局	莎车		叶城	泽普	麦盖提
1943	七角井局	莎车		叶城	泽普	麦盖提
1949	七角井局	莎车		叶城	泽普	麦盖提

表39　1945—1949年4月东北解放区省级政区变迁表

1945		绥宁省	合江省		热河省	
1946	松江省	牡丹江专区	合江省		热河省	兴安省
1947	松江省	牡丹江省	合江省		热河省	划属内蒙古
1948	松江省	合江省		哈尔滨市	热河省	
1949.1	松江省	合江省		哈尔滨市	热河省	
1949.4	松江省				热河省	

1945		沈阳市				嫩江省
1946	旅大联合办事处				黑龙江省	嫩江省
1947	旅大行署				黑龙江省	嫩江省
1948	旅大行署	沈阳市			黑龙江省	嫩江省
1949.1	旅大行署	沈阳市		析自辽宁省	黑龙江省	嫩江省
1949.5	旅大行署	沈阳市	抚顺市	鞍山市	本溪市	黑龙江省

1945	奉天省	安东省	辽北省				
1946	辽宁省	安东省	辽北省			吉林省	
1947	辽宁省	安东省	辽北省			吉林省	
1948	辽宁省	安东省	辽北省	冀热察行署	四平市	吉林省	长春特别市
1949.1	辽宁省	安东省	辽北省	辽西省		吉林省	长春市
1949.4	辽东省			辽西省		吉林省	

表 40　1932—1945 年 6 月伪满洲国吉林省政区变迁表

1932	永吉		长春	扶余	双城	延吉	宁安
1934	永吉		长春	扶余	改属滨江省	改属间岛省	改属滨江省
1936	永吉	吉林市	长春	扶余			
1945.6	永吉	吉林市	长春	扶余			
1932	德惠	磐石	宾县	榆树	延寿	珲春	依兰
1934	德惠	磐石	改属滨江省	榆树	改属滨江省	改属间岛省	改属三江省
1945.6	德惠	磐石		榆树			
1932	汪清	伊通	双阳	长岭	舒兰	农安	五常
1934	改属间岛省	伊通	双阳	长岭	舒兰	农安	改属滨江省
1940		通阳		长岭	舒兰	农安	
1941		通阳		改属四平省	舒兰	农安	
1945.6		通阳			舒兰	农安	
1932	阿城	珠河	苇河	和龙	敦化	桦川	富锦
1934	改属滨江省			改属间岛省	敦化	改属三江省	
1945.6					敦化		
1932	方正	额穆	抚远	东宁	穆棱	宝清	密山
1934	改属三江省	额穆	改属三江省	改属滨江省	改属三江省	改属滨江省	
1939		蛟河					
1945.6		蛟河					
1932	桦甸	濛江	同江	饶河	虎林	勃利	九台
1934	桦甸	濛江	改属三江省	改属滨江省	改属滨江省		九台
1937	桦甸	改属三江省					九台
1945.6	桦甸						九台

续　表

1932	乾安设治局	郭尔罗斯前旗
1933	乾安	郭尔罗斯前旗
1945.6	乾安	郭尔罗斯前旗

表41　1932—1934年伪满洲国黑龙江省政区变迁表

1932	龙江县	拜泉	克山	绥化	呼兰	海伦	巴彦
1934	改属龙江省			改属滨江省			
1932	肇东	肇州	讷河	泰来	兰西	木兰	望奎
1934	改属滨江省	改属龙江省			改属滨江省		
1932	瑷珲	青冈	安达	庆城	林甸	汤原	通河
1934	改属黑河省	改属滨江省		改属龙江省		改属三江省	
1932	通北	明水	依安	大赉	嫩江	萝北	漠河
1934	改属龙江省				改属三江省	改属黑河省	
1932	佛山	景星	龙镇	绥棱	绥滨	乌云	奇克
1934	改属黑河省	改属龙江省	改属滨江省	改属三江省	改属黑河省		
1932	鸥浦	呼玛	甘南局	泰康局	克东局	富裕局	铁骊局
1933	鸥浦	呼玛	甘南	泰康	克东	富裕	铁骊
1934	改属黑河省		改属龙江省		改属龙江省		改属滨江省
1932	东兴局	逊河	德都局	凤山局			
1933	东兴	逊河	德都	凤山	杜尔伯特旗	伊克明安旗	郭尔罗斯后旗
1934	改属滨江省	改属黑河省	改属龙江省	改属三江省	改属龙江省		

表42　1934—1945年6月伪满洲国龙江省政区变迁表

1934	龙江		龙镇	景星	泰来	甘南	富裕
1936	龙江	齐齐哈尔市	龙镇	景星	泰来	甘南	富裕
1939	龙江	齐齐哈尔市	北安	景星	泰来	甘南	富裕
1945.6	龙江	齐齐哈尔市	北安	景星	泰来	甘南	富裕

1934	林甸	讷河	大赉	克山	明水	克东	拜泉	德都
1939	林甸	讷河	大赉	改属北安省				
1945.6	林甸	讷河	大赉					

续 表

1934	嫩江	依安	通北	突泉	安广	镇东	开通
1939	改属北安省			醴泉	安广	镇东	开通
1943				改属兴安总省	安广	镇东	开通
1945.6					安广	镇东	开通
1934	瞻榆	洮南	洮安	泰康	杜尔伯特旗		伊克明安旗
1938	瞻榆	洮南	白城	泰康	杜尔伯特旗		伊克明安旗
1945.6	瞻榆	洮南	白城	泰康	杜尔伯特旗		伊克明安旗

表 43　1939—1945 年 6 月伪满洲国北安省政区变迁表

1939 年前	原属龙江省							
1939	北安	克山	明水	克东	拜泉	德都	通北	依安
1945.6	北安	克山	明水	克东	拜泉	德都	通北	依安
1939 年前	原属龙江省	原属滨江省						
1939	嫩江	绥化	望奎	庆城	铁骊	绥棱		海伦
1943	改属黑河省	绥化	望奎	庆安		绥棱		海伦
1945.6		绥化	望奎	庆安		绥棱		海伦

表 44　1934—1945 年 6 月伪满洲国黑河省政区变迁表

1934 年前	原属黑龙江省						
1934	瑷珲		奇克	逊河	佛山	乌云	呼玛	鸥浦
1937	瑷珲	孙吴	奇克	逊河	佛山	乌云	呼玛	鸥浦
1943	瑷珲	孙吴	逊克		改属三江省	乌云	呼玛	鸥浦
1945.6	瑷珲	孙吴	逊克		改属三江省	乌云	呼玛	鸥浦
1934 年前	原属黑龙江省				原属北安省		
1934	漠河				嫩江		
1945.6	漠河				嫩江		

表 45　1937—1943 年伪满洲国牡丹江省政区变迁表

1937 年前	原属滨江省					
1937	牡丹江市	密山	虎林	宁安	穆棱		东宁
1939	牡丹江市	改属东安省		宁安	穆棱	绥阳	东宁
1943	裁入东满总省			裁入东满总省			

表46　1939—1943年伪满洲国东安省政区变迁表

1939年前	原属牡丹江省			原属三江省			原属牡丹江省
1939	密山		虎林	勃利	宝清	饶河	林口
1941	密山	鸡宁	虎林	勃利	宝清	饶河	林口
1942	东安市　密山	鸡宁	虎林	勃利	宝清	饶河	林口
1943	裁入东满总省						

表47　1943—1945年6月伪满洲国东满总省、东满省政区变迁表

1943年前	原属牡丹江省						原属东安省
1943	东满总省直属						东满总省东安省
	牡丹江市	东安市	宁安	东宁	绥阳	穆棱	密山
1945.6	东满省						
	牡丹江市	东安市	宁安	东宁	绥阳	穆棱	密山

1943年前	原属东安省						原属间岛省
1943	东满总省东安省						东满总省直属
	虎林	林口	宝清	饶河	勃利	鸡宁	间岛市
1945.6	东满省						复置间岛省
	虎林	林口	宝清	饶河	勃利	鸡宁	

1943年前	原属间岛省				
1943	东满总省直属				
	延吉	汪清	和龙	珲春	安图
1945.6	复置间岛省				

表48　1934—1945年6月伪满洲国间岛省政区变迁表

1934	延吉	汪清	和龙	珲春	安图
1936	延吉	汪清	和龙	珲春	安图
1943	裁入东满总省				
1945.6	间岛市	汪清	和龙	珲春	安图

表49　1934—1945年6月伪满洲国三江省政区变迁表

1934年前	原属吉林省					
1934	方正	依兰	抚远	同江	富锦	桦川

续 表

1937	方正	依兰	抚远	同江	富锦	佳木斯市	桦川
1945.6	方正	依兰	抚远	同江	富锦	佳木斯市	桦川

1934年前	原属黑龙江省					原属吉林省
1934	通河	凤山	汤原	萝北	绥滨	饶河
1939	通河		汤原	鹤立	鹤立	绥滨	改属东安省
1945.6	通河		汤原	鹤立	萝北	绥滨	

1934年前	原属吉林省		原属黑河省
1934	宝清	勃利	
1939	改属东安省	勃利	
1941		改属东安省	佛山
1945.6			佛山

表50 1934—1945年6月伪满洲国滨江省政区变迁表

1934年前	原为哈尔滨特别市	原属吉林省					
1934		阿城	宾县	双城	五常	珠河	苇河
1937	哈尔滨市	阿城	宾县	双城	五常	珠河	苇河
1945.6	哈尔滨市	阿城	宾县	双城	五常	珠河	苇河

1934年前	原属吉林省					原属黑龙江省	
1934	延寿	东宁	宁安	密山	穆棱	虎林	呼兰	巴彦
1937	延寿	改属牡丹江省					呼兰	巴彦
1945.6	延寿						呼兰	巴彦

1934年前	原属黑龙江省						
1934	木兰	肇东	肇州	兰西	东兴	安达	青冈
1945.6	木兰	肇东	肇州	兰西	东兴	安达	青冈

1934年前	原属黑龙江省						
1934	绥化	绥棱	望奎	庆城	铁骊	海伦	郭尔罗斯后旗
1939	改属北安省						郭尔罗斯后旗
1945.6							郭尔罗斯后旗

表51　1937—1945年6月伪满洲国通化省政区变迁表

1937年前	原属安东省					原属奉天省			原属吉林省
1937	通化	临江	长白	抚松	辑安	辉南	柳河	金川	濛江
1941	通化	临江	长白	抚松	辑安	辉南	柳河	裁入辉南、柳河两县	濛江
1942	通化市	通化	临江	长白	抚松	辑安	辉南	柳河	濛江
1945.6	通化市	通化	临江	长白	抚松	辑安	辉南	柳河	濛江

表52　1934—1945年6月伪满洲国安东省政区变迁表

1934年前	原属奉天省						
1934	安东		岫岩	桓仁	庄河	宽甸	凤城
1937	安东市	安东	岫岩	桓仁	庄河	宽甸	凤城
1945.6	安东市	安东	岫岩	桓仁	庄河	宽甸	凤城

1934年前	原属奉天省				
1934	通化	临江	长白	抚松	辑安
1937	改属通化省				
1945.6					

表53　1941—1945年6月伪满洲国四平省政区变迁表

1941年前	原属奉天省								原属吉林省
1941	四平市	开原	西丰	梨树	双辽	海龙	东丰	西安	昌图	长岭
1945.6	四平市	开原	西丰	梨树	双辽	海龙	东丰	西安	昌图	长岭

表54　1932—1945年6月伪满洲国奉天省政区变迁表

1932	沈阳	辽阳		铁岭		营口	锦县	安东	昌图
1934	沈阳	辽阳		铁岭		营口	改属锦州省	改属安东省	昌图
1936	奉天市	辽阳		铁岭		营口			昌图
1937	奉天市	辽阳	辽阳市	铁岭	铁岭市	营口市			昌图
1941	奉天市	辽阳	辽阳市	铁岭	铁岭市	营口市			改属四平省
1945.6	奉天市	辽阳	辽阳市	铁岭	铁岭市	营口市			

续　表

1932	海城		盖平	新民	海龙	复县	洮南	开原
1934	海城		盖平	新民	海龙	复县	改属龙江省	开原
1937	海城	鞍山市	盖平	新民	海龙	复县		开原
1941	海城	鞍山市	盖平	新民	改属四平县	复县		改属四平县
1945.6	海城	鞍山市	盖平	新民		复旦		

1932	东丰	西丰	西安	义县	兴城	绥中	凤城
1934	东丰	西丰	西安				
1941	改属四平省			改属锦州省			改属安东省
1945.6							

1932	抚顺		本溪		辽源	梨树		怀德	黑山
1934	抚顺		本溪		辽源	梨树		改属吉林省	改属锦州省
1937	抚顺	抚顺市	本溪		辽源	梨树	四平街市		
1941	抚顺	抚顺市	本溪	本溪湖市	改属四平省				
1945.6	抚顺	抚顺市	本溪	本溪湖市					

1932	北镇	兴京	宽甸	长白	庄河	法库	辽中	台安
1934	改属锦州省	兴京	改属安东省			法库	辽中	改属锦州省
1945.6		兴京				法库	辽中	

1932	彰武	盘山	锦西	通化	桓仁	临江	辑安
1934	改属锦州省			改属安东省			

1932	辉南	柳河	清原	康平	洮安	通辽	岫岩
1934	辉南	柳河	清原	康平	改属龙江省	改属兴安南分省	改属安东省
1937	改属通化省		清原	康平			
1945.6			清原	康平			

1932	金川	安广	开通	双山	镇东	瞻榆	安图	抚松	突泉
1934	金川	改属龙江省		双山	改属龙江省		改属间岛省	改属安东省	改属龙江省

续 表

1939			双山				
1940			并入双辽				
1945.6							

表55 1934—1945年6月伪满洲国锦州省政区变迁表

1934年前	原属奉天省					
1934	锦县	锦西	兴城	绥中	义县	北镇
1937	锦州市	锦县	锦西	兴城	绥中	义县	北镇
1945.6	锦州市	锦县	锦西	兴城	绥中	义县	北镇

1934年前	原属奉天省				原属热河省	
1934	盘山	台安	黑山	彰武	阜新	朝阳
1940	盘山	台安	黑山	彰武	阜新市	裁入土默特左旗
1945.6	盘山	台安	黑山	彰武	阜新市	

1934年前	原属热河省		
1934	土默特左旗	土默特右旗	土默特中旗
1945.6	土默特左旗	土默特右旗	土默特中旗

表56 1933—1945年6月伪满洲国热河省政区变迁表

1933	承德	滦平	丰宁	隆化	围场	赤峰	建平
1945.6	承德	滦平	丰宁	隆化	围场	赤峰	建平

1933	绥东	阜新	朝阳	凌源	凌南	平泉	宁城	青龙	兴隆
1934		改属锦州省		凌源	凌南	平泉	宁城	青龙	兴隆
1937				建昌		平泉	宁城	青龙	兴隆
1940				裁入喀喇沁左旗		裁入喀喇沁中旗		青龙	兴隆
1945.6								青龙	兴隆

1933					
1937	新惠	乌丹	喀喇沁右旗	喀喇沁中旗	喀喇沁左旗
1940			喀喇沁右旗	喀喇沁中旗	喀喇沁左旗
1945.6			喀喇沁右旗	喀喇沁中旗	喀喇沁左旗

续　表

1933					
1934			敖汉左旗	敖汉右旗	敖汉南旗
1937	翁牛特左旗	翁牛特右旗	敖汉旗		
1945.6	翁牛特左旗	翁牛特右旗	敖汉旗		

1933	喀尔喀左翼旗	唐古特喀尔喀旗	锡埒图库伦旗
1934	合并为库伦旗，改属兴安南省		
1945.6			

表57　1932—1945年6月伪满洲国兴安四省政区变迁表

1932	兴安东分省				兴安东分省
	东布旗	西布旗			喜扎嘎旗

1933	兴安东分省				
	布特哈旗	阿荣旗	莫力达瓦旗	巴彦旗	喜扎嘎旗

1934	兴安东省				
	布特哈旗	阿荣旗	莫力达瓦旗	巴彦旗	喜扎嘎旗

1941	兴安东省				兴安南省
	布特哈旗	阿荣旗	莫力达瓦旗	巴彦旗	喜扎嘎旗

1943	兴东地区				兴中地区
	布特哈旗	阿荣旗	莫力达瓦旗	巴彦旗	喜扎嘎旗

1945.6	兴东地区				兴中地区
	布特哈旗	阿荣旗	莫力达瓦旗	巴彦旗	喜扎嘎旗

1933	原属热河省						
	兴安西分省						
	开鲁	林西	西扎旗	东扎旗	阿鲁科尔沁旗	巴林左翼旗	巴林右翼旗

1934	兴安西省						
	开鲁	林西	西扎旗	东扎旗	阿鲁科尔沁旗	巴林左翼旗	巴林右翼旗

1935	兴安西省					
	开鲁	林西	扎鲁特旗	阿鲁科尔沁旗	巴林左翼旗	巴林右翼旗

1943	兴南地区	兴西地区	兴中地区	兴西地区			
	开鲁	林西	扎鲁特旗	阿鲁科尔沁旗	巴林左翼旗	巴林右翼旗	

续表

1945.6	兴南地区	兴西地区	兴中地区	兴西地区		
	开鲁	林西	扎鲁特旗	阿鲁科尔沁旗	巴林左翼旗	巴林右翼旗
1932	原属热河省					
1933	兴安西分省					
	克什克腾旗			原属奉天省		
1934	兴安西省			兴安南省		
	克什克腾旗	奈曼旗	翁牛特左旗	通辽		
1936	兴安西省			兴安南省		
	克什克腾旗	奈曼旗	翁牛特左旗	通辽		
1937	兴安西省			兴安南省		
	克什克腾旗	奈曼旗	改属热河省	通辽		
1943	兴西地区	兴南地区		兴南地区	兴中地区	
	克什克腾旗	奈曼旗		通辽	醴泉	
1945.6	兴西地区	兴南地区		兴南地区	兴中地区	
	克什克腾旗	奈曼旗		通辽	醴泉	

1932	兴安南分省						
	东科前旗	东科后旗	东科中旗	西科中旗	西科前旗	西科后旗	扎赉特旗
1933	兴安南分省						
	东科前旗	东科后旗	东科中旗	西科中旗	西科前旗	西科后旗	扎赉特旗
1934	兴安南省						
	东科前旗	东科后旗	东科中旗	西科中旗	西科前旗	西科后旗	扎赉特旗
1943	兴南地区			兴中地区			
	东科前旗	东科后旗	东科中旗	西科中旗	西科前旗	西科后旗	扎赉特旗
1945.6	兴南地区			兴中地区			
	东科前旗	东科后旗	东科中旗	西科中旗	西科前旗	西科后旗	扎赉特旗
1932							兴安北分省
							东索旗

续 表

1933	原属热河省					兴安北分省
						东索旗
1934	兴安南省					兴安北省
	库伦旗					索伦旗
1941	兴安南省			兴安北省		
	库伦旗			海拉尔市	满洲里市	索伦旗
1943	兴南地区			兴北地区(兴安北省)		
	库伦旗			海拉尔市	满洲里市	索伦旗
1945.6	兴南地区			兴北地区(兴安北省)		
	库伦旗			海拉尔市	满洲里市	索伦旗
1932	兴安北分省				原为室韦县	原为奇乾县	
	西索旗	东新巴旗	西新巴旗	陈巴旗			
1933	兴安北分省						
	西索旗	东新巴旗	西新巴旗	陈巴旗	东额旗	西额旗	
1934	兴安北省						
	并入索伦旗	东新巴旗	西新巴旗	陈巴旗	东额旗	西额旗	
1945.6	兴北地区(兴安北省)						兴安总省
		东新巴旗	西新巴旗	陈巴旗	东额旗	西额旗	扎赉诺尔市

主要参考文献

一、政府公报、行政区划表

（清）内阁印铸局：《内阁官报》，台湾文海出版社影印本，1965年。

南京大总统府印铸局：《临时政府公报》，江苏古籍出版社《南京临时政府公报》影印本，1981年；《近代史资料》1961年第1号《辛亥革命资料》节选本，中华书局，1961年。

中华民国政府印铸局：《政府公报》，台湾文海出版社影印本，1971年；上海书店影印本，1988年。

国民政府文官处印铸局：《国民政府公报》，台湾成文出版社有限公司影印本。

总统府第三局：《中华民国总统府公报》，台湾成文出版社有限公司影印本，1981年。

伪《满洲国政府公报》，辽沈书社《伪满洲国政府公报》影印本，1990年。

伪满《政府公报》，辽沈书社《伪满洲国政府公报》影印本，1990年。

汪伪《政府公报》，中国第二历史档案馆《汪伪〈国民政府公报〉》影印本，江苏古籍出版社，1991年。

汪伪《国民政府公报》，中国第二历史档案馆《汪伪〈国民政府公报〉》影印本，江苏古籍出版社，1991年。

内务部职方司第一科：《各省区域沿革一览表》，1913年8月。

内务部职方司第一科：《全国行政区划表》，1914年8月。

内务部职方司第一科：《全国行政区划表》，1916年4月。

内务部职方司第一科：《最新全国行政区划表》，1917年11月。

内务部职方司第一科：《全国行政区划表》，1918年8月第5次修正本。

《全国行政区划表删补（民国九年九月止）》[①]，附入1918年8月刊行本。

---

① 按：除笔者所见的《全国行政区划表删补（民国九年九月止）》外，《近六十年全国郡县增建志要》之附录注一（卷下第74页）记载有1925年11月出版的《全国行政区划表删补》。据此，内务部职方司编的《全国行政区划表》，单印至1918年8月第5次修正本为止，此后为散页形式的《全国行政区划表删补》。《全国行政区划表删补》总共出版过几种，尚待查考。

内政部统计处：《全国行政区划及土地面积统计》（战时内务行政应用统计专刊第 4 种），1938 年。

内政部：《全国行政区域简表》，1944 年 9 月油印本。附：《全国行政区域变更一览表（三十三年九月至三十四年十一月）》。

内政部方域司：《中华民国行政区域简表》，商务印书馆，1947 年，第 11 版。

内政部方域司：《中国之行政督察区》，内政部方域丛刊，上海大中国图书局，1948 年。

民政部：《中华人民共和国行政区划（1949—1997）》，中国社会出版社，1998 年。

谢观：《各省区域沿革一览表》，商务印书馆，1914 年。

陈镐基：《现行行政区划一览表》，商务印书馆，1926 年，第 9 版。

《现行行政区划一览表》，商务印书馆，1930 年，第 2 版。

《全国行政区域简表》，油印本，1932 年 12 月。谭其骧教授藏书。

吴以政：《中华民国行政区域表》，台湾民主评论社，1966 年。

二、地方志

牛尔裕编：《双山县乡土志》，1914 年。

赵琪修，袁荣叜纂：《胶澳志》，1928 年。

《甘肃通志稿》，中国西北稀见方志影印本，1994 年。

《中国地方志集成·西藏府县志辑》，巴蜀书社影印本，1995 年。

《阿坝县志》，民族出版社，1993 年。

《阿拉善左旗志》，内蒙古教育出版社，2000 年。

《阿荣旗志》，内蒙古人民出版社，1992 年。

《阿图什市志》，新疆大学出版社，1996 年。

《安徽省志·建置沿革志》，方志出版社，1999 年。

《安顺市志》，贵州人民出版社，1995 年。

《巴林左旗志》，1985 年。

《百色市志》，广西人民出版社，1993 年。

《宝兴县志》，方志出版社，2000 年。

《北安县志》，1993 年。

《重庆市北碚区志》，科学技术文献出版社重庆分社，1989 年。

《北戴河志》，天津人民出版社，1994 年。

《北京市丰台区志》,北京出版社,2001年。
《昌宁县志》,德宏民族出版社,1990年。
《长沙县志》,三联书店,1995年。
《潮阳县志》,广东人民出版社,1997年。
《成都市金牛区志》,四川大学出版社,1996年。
《澄海县志》,广东人民出版社,1992年。
《赤峰市志》,内蒙古人民出版社,1996年。
《崇礼县志》,中国社会出版社,1995年。
《大悟县志》,湖北科学技术出版社,1996年。
《大新县志》,上海古籍出版社,1989年。
《大兴县志》,北京出版社,2002年。
《岱山县志》,浙江人民出版社,1994年。
《丹巴县志》,民族出版社,1996年。
《丹凤县志》,陕西人民出版社,1994年。
《德昌县志》,四川人民出版社,1998年。
《德钦县志》,云南民族出版社,1997年。
《东安县志》,湖南出版社,1995年。
《东胜市志》,内蒙古人民出版社,1997年。
《杜尔伯特蒙古族自治县志》,黑龙江人民出版社,1996年。
《番禺县志》,广东人民出版社,1995年。
《丰宁满族自治县志》,中国和平出版社,1994年。
《佛坪县志》,三秦出版社,1993年。
《扶绥县志》,广西人民出版社,1989年。
《阜新蒙古族自治县志》,辽宁民族出版社,1998年。
《富裕县志》,中共党史资料出版社,1990年。
《富蕴县志》,新疆人民出版社,2003年。
《甘肃省志》第9卷《民政志》,甘肃人民出版社,1995年。

赵性源、王世庆等纂修:《高雄市志》,台湾成文出版社有限公司,1983年。

《耿马傣族佤族自治县志》,云南民族出版社,1995年。
《巩县志》,中州古籍出版社,1991年。
《共和县志》,青海人民出版社,1991年。
《贵南县志》,三秦出版社,1996年。

《贵州省志·地理志》,贵州人民出版社,1985年。
《果洛藏族自治州志》,民族出版社,2001年。
《海拉尔市志》,内蒙古人民出版社,1997年。
《海西州志》,陕西人民出版社,1995年。
《海晏县志》,甘肃文化出版社,1994年。
《杭锦后旗志》,中国城市经济社会出版社,1989年。
《和布克赛尔蒙古自治县志》,新疆人民出版社,1999年。
《和静县志》,新疆人民出版社,1995年。
《和龙县志》,吉林文史出版社,1992年。
《河北省志》第2卷《建置志》,河北人民出版社,1993年。
《鹤山县志》,广东人民出版社,2001年。
《黑龙江省志·民政志》,黑龙江人民出版社,1993年。
《黑龙江省志·地名录》,黑龙江人民出版社,1998年。
《呼伦贝尔盟志》,内蒙古文化出版社,1999年。
《呼玛县志(一九八〇年版)》,1980年。
《呼图壁县志》,新疆人民出版社,1992年。
《互助土族自治县志》,青海人民出版社,1993年。
《桦川县志》,黑龙江人民出版社,1991年。
《黄冈县志》,武汉大学出版社,1990年。
《湟中县志》,青海人民出版社,1990年。
《吉林省志·大事记》,吉林人民出版社,2001年。
《建昌县志》,辽宁大学出版社,1992年。
《建平县志》,辽海出版社,1999年。
《金秀瑶族自治县志》,中央民族学院出版社,1992年。
《锦屏县志》,贵州人民出版社,1995年。
《锦西市志》,1988年。
《九台县志》,2001年。
《喀喇沁左翼蒙古族自治县地名志》,辽宁民族出版社,1991年。
《康县志》,甘肃人民出版社,1989年。
《克什克腾旗志》,内蒙古人民出版社,1993年。
《库尔勒市志》,新疆人民出版社,1995年。
《澜沧拉祜族自治县志》,云南人民出版社,1996年。
李逢时:《郎岱县志长编》,1995年。

《老河口市志》，新华出版社，1992年。
《历城县志》，济南出版社，1990年。
《连山壮族瑶族自治县志》，三联书店，1997年。
《潞西县志》，云南教育出版社，1993年。
《玛多县志》，中国县镇年鉴出版社，2001年。
《门源县志》，甘肃人民出版社，1993年。
《勐腊县志》，云南人民出版社，1994年。
《民和县志》，陕西人民出版社，1993年。
《南澳县志》，中华书局，2000年。
《南昌县志》，南海出版公司，1990年。
《南丹县志》，广西人民出版社，1994年。
《南海市志》，中华书局，2000年。
《宁波市志》，中华书局，1995年。
《宁城县志》，内蒙古人民出版社，1992年。
《宁蒗彝族自治县志》，云南民族出版社，1993年。
《宁陕县志》，陕西人民出版社，1992年。
《平昌县志》，四川科学技术出版社，1990年。
《平果县志》，广西人民出版社，1996年。
《屏山县志》，四川人民出版社，1998年。
《祁阳县志》，社会科学文献出版社，1993年。
《青海省志·民政志》，黄山书社，1998年。
《青海省志·政事志·省政府》，青海人民出版社，2001年。
《清原县志》，辽宁人民出版社，1991年。
《饶河县志》，黑龙江人民出版社，1992年。
《若尔盖县志》，民族出版社，1996年。
《三江侗族自治县志》，中央民族学院出版社，1992年。
《三水县志》，广东人民出版社，1995年。
《三穗县志》，民族出版社，1994年。
《沙湾县志》，新疆人民出版社，1999年。
《山东省志》第2卷《大事记》，山东人民出版社，2000年。
《沈阳市志》，沈阳出版社，1989年。
《嵊泗县志》，浙江人民出版社，1989年。
《石家庄市志》，中国社会出版社，1995年。

《石屏县志》,云南人民出版社,1990年。
《双柏县志》,云南人民出版社,1996年。
《双江拉祜族佤族布朗族傣族自治县志》,云南民族出版社,1995年。
《思茅县志》,三联书店,1993年。
《四川省志·地理志》,成都地图出版社,1996年。
《松潘县志》,民族出版社,1999年。
《松桃苗族自治县志》,贵州人民出版社,1996年。
《绥棱县志》,黑龙江人民出版社,1988年。
黄纯青、林熊祥主修:《台湾省通志稿》,台湾成文出版社有限公司影印本,1983年。
《太仆寺旗志》,内蒙古文化出版社,2000年。
《通山县志》,中国文史出版社,1991年。
《同德县志》,民族出版社,1999年。
《万荣县志》,海潮出版社,1995年。
《汪清县志》,2002年。
《威宁彝族回族苗族自治县志》,贵州人民出版社,1994年。
《巍山彝族回族自治县志》,云南人民出版社,1993年。
《文成县志》,中华书局,1996年。
《翁牛特旗志》,内蒙古人民出版社,1993年。
《乌鲁木齐市志》第1卷《总类》,新疆人民出版社,1994年。
《吴川县志》,中华书局,2001年。
《武夷山市志》,中国统计出版社,1994年。
《武陟县志》,中州古籍出版社,1993年。
《西安市志》,西安出版社,1996年。
《新疆通志》第24卷《民政志》,新疆人民出版社,1992年。
《新疆通志》第52卷《城乡建设志》,新疆人民出版社,1995年。
黄旺成主修、郭辉等纂:《新竹县志》,台湾成文出版社有限公司,1983年。
《兴安盟志》,内蒙古人民出版社,1997年。
《偃师县志》,三联书店,1992年。
《彝良县志》,云南人民出版社,1995年。
《荥经县志》,西南师范大学出版社,1998年。
《邕宁县志》,中国城市出版社,1995年。

主要参考文献　793

《永胜县志》,云南人民出版社,1989年。
《永寿县志》,三秦出版社,1991年。
《裕民县志》,新疆人民出版社,2003年。
《岳普湖县志》,新疆人民出版社,1996年。
《岳西县志》,黄山书社,1996年。
《云龙县志》,农业出版社,1992年。
《云南省志·民政志》,云南人民出版社,1996年。
《彰武县志》,1988年。
《昭苏县志》,新疆人民出版社,2004年。
《肇东县志》,1985年。
浙江分县简志编纂组:《浙江分县简志》,浙江人民出版社,1984年。
《镇雄县志》,云南人民出版社,1987年。
《正宁县志》,1986年。
台湾"国史馆"地理志编纂委员会:《中华民国史地理志(初稿)》,台湾"国史馆",1990年。
《中宁县志》,宁夏人民出版社,1994年。

三、地图

陈镐基:《中国新舆图》,商务印书馆,1917年第3版。
童世亨:《中华民国新区域图》,商务印书馆,1917年第4版。
丁文江、翁文灏、曾世英:《中华民国新地图》,上海申报馆,1934年。
丁文江、翁文灏、曾世英:《中国分省新图》,上海申报馆,1933年第1版;方俊订正第2版,1934年;方俊订正第3版,1936年;第4版,1939年;曾世英、方俊战后订正第5版,1948年。
地图出版社编辑部:《中华人民共和国地图集》(甲种本),地图出版社,1958年。
《中华人民共和国地图集》,地图出版社内部发行第1版,1972年。
《中华人民共和国地图集》(内部用图),地图出版社,1974年。
莫先熊:《中华民国分省图》,台湾生力出版社,1983年。
谭其骧主编:《中国历史地图集》第八册,地图出版社,1987年。
《甘肃省详图》,清末或民国刊本,复旦大学图书馆藏。
《湖北分县详图》,武昌亚新地学社,1930年。
恩元:《大满洲帝国分省详图》,辽阳大兴书局,1935年。

《新撰大满洲国地图》,出版者、出版地不详,昭和八年(1933)3月。

[日]大阪国际地学协会:《满洲帝国分省地图并地名总揽》,昭和十七年(1942)版;东京国书刊行会株式会社影印本,昭和五十五年。

安徽省民政劳动局:《安徽省地图》,1972年。

安徽省测绘局:《安徽省地图册》,1983年。

甘肃省测绘局:《甘肃省地图册》,1986年。

河南省革命委员会生产指挥组:《河南省地图》,1970年。

江西省测绘局:《江西省地图集》,1988年。

张红主编:《宁夏回族自治区地图册》,中国地图出版社,2002年。

青海省测绘局:《青海省地图册》,1990年。

《四川省地图册》,成都地图出版社,1988年,1995年,2001年。

西藏自治区测绘局:《西藏自治区地图册》,中国地图出版社,1995年。

尹嘉珉、乔俊军主编:《新疆维吾尔自治区地图册》,中国地图出版社,2003年。

云南省测绘局:《云南省地图集》,1982年。

甘肃省地图集编纂办公室:《中华人民共和国甘肃省地图集》,1975年。

江西省地图编辑委员会:《中华人民共和国江西省地图集》,1963年。

光华舆地学社:《中华人民共和国新地图》,三联书店,1950年。

新疆维吾尔自治区地图集编纂委员会:《中华人民共和国新疆维吾尔自治区地图集》,1966年。

广西壮族自治区测绘局:《广西地图册》,1987年。

四、资料汇编与文集

广西省政府编辑室:《二十三年度广西省施政纪录》,1936年。

广西省政府编辑室:《广西省施政纪录》,1933年,台湾文海出版社影印本。

广西省政府统计处:《广西年鉴(第三回)》,1944年。

湖北省政府民政厅:《湖北县政概况》,1934年,台湾文海出版社影印本。

江苏省长公署统计处:《江苏省政治年鉴》,1924年,台湾文海出版社影印本。

江苏省政府秘书处:《江苏省政述要》,1936年,台湾文海出版社影印本。

国立东北大学:《东北要览》,国立东北大学出版组,1944年。

杭州市政府秘书处:《杭州市政府十周年纪念特刊》,1937年,台湾文海出版社影印本。

内阁印铸局：《职官录》(宣统三年冬季)，台湾文海出版社影印本。

印铸局：《职官任免月表》，1917年，台湾文海出版社影印本。

内务部：《改划全国郡区说明书》，民国时期出版。

内务部：《临时政府内务行政纪要》，1914年，台湾文海出版社影印本。

内政部年鉴编纂委员会：《内政年鉴》，商务印书馆，1936年。

李炳卫主编：《中华民国省县地名三汇》，北平民社，1935年。

青海省政府民政厅：《最近之青海》，南京新亚细亚学会，1934年。

水陆地图审查委员会：《水陆地图审查委员会会刊》，1935年。

王念伦：《中华民国疆域沿革录》，北平五典书房，1935年。

吴承湜：《近六十年全国郡县增建志要》，东亚印书局，1936年，台湾鼎文书局影印本。

中华年鉴社：《中华年鉴》，1948年。

中央设计局东北调查委员会：《伪满现状》，油印本，1945年3月。

赵尔巽等：《清史稿》，中华书局，1976年。

《孙中山选集》，人民出版社，1956年。

《西藏研究》编辑部：《民元藏事电稿》，西藏人民出版社，1983年。

安徽省民政厅：《安徽民政工作纪要》，台湾文海出版社影印本。

蔡鸿源主编：《民国法规集成》，黄山书社，1999年。

邓少琴：《邓少琴西南民族史地论集》，巴蜀书社，2001年。

丁晓春、戈福禄、王世英：《东北解放战争大事记》，中共党史资料出版社，1987年。

贵州省档案馆：《民国贵州省政府委员会会议辑要》，贵州人民出版社，2000年。

郭卿友主编：《中华民国时期军政职官志》，甘肃人民出版社，1990年。

河北省社会科学院历史研究所、河北省档案馆等：《晋察冀抗日根据地史料选编》，河北人民出版社，1983年。

黑龙江省档案馆：《黑龙江设治》，1985年。

江西省档案馆、中共江西省委党校党史教研室：《中央革命根据地史料选编》，江西人民出版社，1982年。

辽宁省档案馆：《辽宁省档案馆珍藏张学良档案——张学良与东北易帜》，广西师范大学出版社，1999年。

牛平汉主编：《清代政区沿革综表》，中国地图出版社，1990年。

山东省地方史志编纂委员会：《山东史志资料》，1984年第2辑，山东人民出版社。

陕西省档案馆、陕西省社会科学院：《陕甘宁边区政府文件选编》第1辑，档案出版社，1986年。

陕西省档案馆：《陕甘宁边区政府大事记》，档案出版社，1991年。

《肃北蒙古族自治县概况》编写组：《肃北蒙古族自治县概况》，甘肃民族出版社，1986年。

台湾地区新闻处：《台湾光复廿年》，1965年。

张俊南、张宪臣、牛玉民：《陕甘宁边区大事记》，三秦出版社，1986年

张在普：《中国近现代政区沿革表》，福建省地图出版社，1987年。

赵泉澄：《清代地理沿革表》，中华书局，1955年。

浙江省辛亥革命史研究会、浙江省图书馆：《辛亥革命浙江史料选辑》，浙江人民出版社，1981年。

郑宝恒：《民国时期政区沿革》，湖北教育出版社，2000年。

中国第二历史档案馆：《国民党政府政治制度档案史料选编》，安徽教育出版社，1994年。

中国第二历史档案馆：《汪伪政府行政院会议录》，档案出版社影印本，1992年。

中国第二历史档案馆编：《中华民国史档案资料汇编》，江苏古籍出版社。

中国国民党中央委员会党史史料编纂委员会：《革命文献》，台北"中央"文物供应社。

中国科学院历史研究所第三所：《云南、贵州辛亥革命资料》，科学出版社，1959年。

中央档案馆、中国第二历史档案馆、吉林省社会科学院：《伪满傀儡政权》，中华书局，1994年。

中央档案馆：《共和国雏型——华北人民政府》，西苑出版社，2000年。

中央档案馆：《伪满洲国的统治与内幕——伪满官员供述》，中华书局，2000年。

中央档案馆：《中共中央文件选集》第11册，中共中央党校出版社，1991年。

周鹤皋、张植生：《临湘县百年大事记(1840—1949)》，1987年。

五、专著

花楞：《内蒙古纪要》，北京经纬书局，1916年，台湾文海出版社影印本。

吕式斌：《今县释名》，1931年。

傅嵩炑：《西康建省记》，《中国西南文献丛书·西南史地文献》影印本，兰州大学出版社，2003年。

任乃强：《西康图经·境域编》，新亚细亚学会，1933年。

李亦人：《西康综览》，正中书局，1941年。

黄慕松：《新疆概述》（一作《黄慕松自述》），台湾文海出版社影印本。

俞顶贤：《安徽区划概述》，安徽人民出版社，1983年。

王凤华：《北戴河海滨旧闻录》，中国城市出版社，1997年。

钱实甫：《北洋政府时期的政治制度》，中华书局，1984年。

龙兆佛、莫凤欣：《广西地理沿革简编》，广西人民出版社，1983年。

曾庆榴：《广州国民政府》，广东人民出版社，1996年。

孔庆泰等著：《国民党政府政治制度史》，安徽教育出版社，1998年。

谢忠厚、居之芬、李铁虎：《晋察冀抗日民主政权简史》，河北人民出版社，1985年。

[日]满洲国史编纂刊行会：《满洲国史（分论）》，东北沦陷十四年史吉林编写组译，长春，1990年。

卢明辉：《蒙古"自治运动"始末》，中华书局，1980年。

留金锁等：《蒙古族通史》（修订版），民族出版社，2001年。

钱端升、萨师炯、郭登皞等：《民国政制史》，商务印书馆，1945—1946年，上海书店《民国丛书》影印本。

谭惕吾：《内蒙之今昔》，商务印书馆，1935年。

陈育宁：《宁夏通史（近现代卷）》，宁夏人民出版社，1993年。

冯茂：《宁夏现代政区变迁沿革》，宁夏人民出版社，1998年。

刘大可、马福震、沈国良：《日本侵略山东史》，山东人民出版社，1991年。

施玉森：《日本侵略中国东北与伪满傀儡政府机构》，日本东京雏忠会馆，2004年。

邢汉三：《日伪统治河南见闻录》，河南大学出版社，1986年。

胡绳武、金冲及：《辛亥革命史稿》第4卷《革命的成功与失败》，上海人民出版社，1991年。

华林甫：《中国地名学源流》，湖南人民出版社，1999年。

白寿彝总主编,王桧林等著:《中国通史》第12卷,上海人民出版社,1999年。

刘君德、靳润成、周克瑜:《中国政区地理》,科学出版社,1999年。

邱远猷、张希坡:《中华民国开国法制史——辛亥革命法律制度研究》,首都师范大学出版社,1997年。

徐矛:《中华民国政治制度史》,上海人民出版社,1992年。

袁继成、李进修、吴德华等:《中华民国政治制度史》,湖北人民出版社,1991年。

六、论文

双城:《"沽源"名称由来》,《沽源文史资料》第1辑,1985年。

《沧源设治局概述》,《沧源文史资料选辑》第1辑,1986年。

李统生:《潮阳县沿革概述》,《潮阳文史》第1辑,1986年。

彭代群:《从西康的变迁看其历史作用》,《文史杂志》2001年第1期。

刘光辉:《德昌设治局成立的前因后果》,《德昌县文史资料简辑》第4辑,1986年。

佛冈县档案局:《佛冈县历史沿革简述》,《佛冈文史》第1辑,1984年。

刘广增:《国民党在惠安堡设立盐池县治的回忆》,《盐池县文史资料》第5辑,1989年。

黄荫洁、刘天金:《和硕县建置沿革》,《和硕县文史资料》第1辑,1993年。

文史小组:《贺兰县设置沿革》,《贺兰文史资料》第1辑,1985年。

色尔森太:《呼伦贝尔地方自治政府成立始末》,《呼伦贝尔文史资料选编》第3辑,1982年。

邢玉林:《化德县历史沿革》,《化德文史资料》第1辑,1999年。

赵钟贤:《回忆共产党接管国民党磴口县政府前的历史背景及接管过程》,《磴口县文史资料》第11辑,1994年。

吴绍骙:《嘉山县设治情况》,《明光文史》第5—6辑,1995年。

马守先:《解放前漾濞县县政见闻》,《漾濞文史资料》第1辑,1990年。

吴中申:《旧都兰县行政建置沿革及都兰垦务局》,《海西文史资料》第1辑,1988年。

孙天霖:《柯树勋治理普思沿边少数民族地区始末》,《云南文史资料选辑》第十一辑,1961年。

尹麟春:《沦陷十三年的乌丹城》,《翁牛特文史》第2辑,1998年。

吴亦吾：《沦陷时期的卯田》，《望城文史》第 3 辑，1987 年。
郑庆云、倪开瑞：《梅菉的历史沿革》，《吴川文史》第 1 辑，1983 年。
邱得永搜集：《民国年间九龙历任县长简况》，《九龙县文史资料》第 1 辑，1989 年。
杨光才：《民国时期的德昌地方职官》，《德昌县文史资料简辑》第 13 期，1994 年。
邓敏杰：《民国时期广西土属建制改流考异及其入志方略》，《广西地方志》1996 年第 1 期。
陈新海：《民国时期青海管理方略》，《青海民族研究(社会科学版)》，1997 年第 3 期。
郑新道：《民国时期山东行政区划变迁述略(1912—1949)》，《山东史志资料》1984 年第 2 辑。
白凤和：《民国时期陶乐县的部分情况》，《石嘴山文史资料》第 5 辑，1986 年。
洪崇文：《民国时期云南殖边督办公署与道的承袭问题》，《云南社会科学》2000 年增刊。
傅林祥：《民国行政区划三题》，《历史地理》第 20 辑，上海人民出版社，2003 年。
李廷辅：《民国以来东胜县县政建制概况》，《东胜文史资料》第 1 辑，1984 年。
希儒博：《奈曼旗历史上的行政沿革》，《奈曼旗文史资料》第 1 辑，1986 年。
马志超：《南昌县历史概况》，《南昌县文史资料》第 1 辑，1986 年。
宁南县县志办：《宁南县建置沿革概况》，《宁南文史》第 1 辑，1992 年。
黄俊诚：《平果历代郡县沿革简述》，《平果文史》第 1 辑，1994 年。
孙兴、田士安：《乾安县行政区划及其演变》，《乾安文史资料》第 4 辑，1988 年。
刘喜堂：《青海建省述评》，《西北史地》，1994 年第 1 期。
唐振东：《青铜峡市建置历史沿革》，《青铜峡文史资料》第 1 辑，1988 年。
程华：《日军卵翼下的伪湖北省政府》，《文史资料存稿选编·日伪政权卷》，中国文史出版社，2002 年。
高健：《石家庄的建市经过》，《石家庄文史资料》第 1 辑，1983 年。
褚静涛：《试论光复前后台湾省建制之过程》，《台湾研究》1999 年第 2 期。

张浩:《泗阳县城的变迁》,《泗阳文史资料》第 4 辑,1986 年。

杨尘:《特克斯设县始末》,《伊犁日报》2004 年 7 月 18 日第 7 版。

阿必德、宝德整理:《伪满兴安北省的机构及其他一些情况》,《呼伦贝尔文史资料选编》第 4 辑,1988 年。

巴达荣嘎:《伪满兴安东省的成立经过》,《呼伦贝尔文史资料选编》第 2 辑,1985 年。

高纯德:《伪满兴安东省政治机构》,《呼伦贝尔文史资料选编》第 4 辑,1988 年。

韦燕徽:《吴川县的地理沿革》,《吴川文史》第 2 辑,1984 年。

罗德学、陶俊和:《县政府搬迁记》,《镇坪文史资料》第 1 辑,1987 年。

魏继昌:《辛亥革命时期我在广西的一些见闻》,《广西文史资料选辑》第 10 辑,1989 年。

彭润沽:《忆赫章设立分县衙门始末》,《赫章文史资料选辑》第 1 辑,1985 年。

宋寄萍供资料,编辑部整理:《有关"鹤山"建县的历史资料》,《鹤山文史资料》,1983 年。

曹鸿飞、陈中器:《余姚县历史沿革》,《余姚文史资料》第 1 辑,1985 年。

简学仕等:《原后坪县历史旧闻》,《务川县文史资料选辑》第 3 辑,1985 年。

郭君:《岳西设治简介》,《岳西文史》第 1 辑,1987 年。

周钟岳编纂,蔡锷订正:《云南光复纪要·建设篇》,《云南文史资料选辑》第 3 辑,1963 年。

尹自先:《张北城历史沿革》,《张北文史资料》第 1 辑,1991 年。

后　　记

　　本卷的撰写,起于1999年下半年。根据主编周振鹤教授对《中国行政区划通史》的总体要求,我们共同商讨了本卷的编写大纲,商定由郑宝恒撰写绪篇和上篇,由傅林祥撰写下篇。2000年,郑宝恒撰写了十余万字的书稿并提供了部分资料。其后,郑宝恒退休后另有他事,由傅林祥负责全书的撰写。2002年底,全书初稿完成后,主编周振鹤教授、复旦大学出版社史立丽编辑和吴仁杰编审先后审阅了全文,并提出了许多宝贵的意见。此后,我们又对全部书稿进行了大量的修改。修改稿完成后,周振鹤教授再次审阅了全文。

　　在本卷的编写过程中,承蒙中国人民大学华林甫教授帮助查阅了国家图书馆等北京地区10余家图书馆的相关资料,上海图书馆黄国荣副研究员提供了部分资料,复旦大学历史地理研究中心博士生倪文君、徐建平先后帮助查阅了部分《国民政府公报》,同仁孙涛与博士生潘威帮助绘制了地图。在此,一并表示我们的真诚谢意。由于我们的学识有限,书稿中肯定存在着种种不足,恳请专家学者和广大读者提出宝贵意见。

傅林祥　郑宝恒
2007年5月

　　本卷出版后,多位读者指出了本书存在的一些问题。利用本次修订再版的机会,我们根据读者的意见和新见史料,订正了其中的一些错误,增补了日伪时期河北省政区的变化,同时将民国时期政区的今地统一改为2014年底的行政区划。由于我们的学识有限,修改时间紧迫,本卷还会存在不足之处,敬请广大读者指正。

傅林祥
2016年10月

图书在版编目(CIP)数据

中国行政区划通史·中华民国卷/周振鹤主编;傅林祥,郑宝恒著. —2版. —上海:复旦大学出版社,2017.9(2025.2重印)
ISBN 978-7-309-12704-1

Ⅰ.中… Ⅱ.①周…②傅…③郑… Ⅲ.①政区沿革-历史-中国②政区沿革-历史-中国-民国 Ⅳ.K928.2

中国版本图书馆CIP数据核字(2016)第283014号

中国行政区划通史·中华民国卷(第二版)
周振鹤　主编　傅林祥　郑宝恒　著
责任编辑/史立丽

复旦大学出版社有限公司出版发行
上海市国权路579号　邮编:200433
网址:fupnet@fudanpress.com　http://www.fudanpress.com
门市零售:86-21-65102580　　团体订购:86-21-65104505
出版部电话:86-21-65642845
浙江新华数码印务有限公司

开本787毫米×1092毫米　1/16　印张51　字数844千字
2025年2月第2版第3次印刷

ISBN 978-7-309-12704-1/K·604
定价:130.00元

如有印装质量问题,请向复旦大学出版社有限公司出版部调换。
版权所有　侵权必究